MW01504740

CLASICOS UNIVERSALES PLANETA

Dirección:
GABRIEL OLIVER
catedrático de la Universidad de Barcelona

Francisco de Quevedo

POESÍA ORIGINAL COMPLETA

Edición, introducción y notas de
JOSÉ MANUEL BLECUA
catedrático de Literatura Española
de la Universidad de Barcelona

Planeta

© Editorial Planeta, S. A., 1981
    Córcega, 273-277, Barcelona-8 (España)
Diseño colección y cubierta de Hans Romberg (realización de
Jordi Royo)
Ilustración cubierta: retrato realizado por Velázquez, Instituto
Valencia de Don Juan, Madrid (foto Oronoz)
Primera edición en Clásicos Universales Planeta: mayo de 1981
Depósito legal: B. 12963 - 1981
ISBN 84-320-3853-9
ISBN 84-320-1609-8 primera publicación
Printed in Spain - Impreso en España
«Duplex, S. A.», Ciudad de la Asunción, 26-D, Barcelona-30

SUMARIO

INTRODUCCIÓN

Don Francisco de Quevedo, como otros muchos poetas españoles —fray Luis, Góngora, los Argensolas, Villamediana—, no publicó sus obras poéticas, y sólo conozco dos menciones muy tardías de que tenía el propósito de publicarlas.[1] Al no darlas a la estampa, los aficionados se procuraban copias de los manuscritos, pero estas copias fueron poco a poco creciendo con poemas que nunca escribió don Francisco, al mismo tiempo que se imprimían poemas suyos como anónimos en distintos romanceros y romancerillos de la época, procedentes de copias manuscritas y de cantores, muy alejadas de los originales. Porque una gran parte de la poesía de Quevedo, y de Góngora y Lope, se cantó por todas las esquinas y callejas de España, y no sólo en el siglo XVII.

Al morir nuestro poeta en 1645, heredó los papeles, aunque no aparecieron todos, su sobrino don Pedro Aldrete y Villegas, quien los vendió a cierto editor amigo de Quevedo, llamado Pedro Coello. Este editor quiso imprimir la obra poética de Quevedo con ilustraciones y notas, como entonces se decía, y encargó esta tarea al humanista don José González de Salas, buen conocedor de la tragedia clásica, pero el prosista más indigesto del siglo XVII. Don José González de Salas preparó la edición del conocido volumen El Parnaso español, monte en dos cumbres

---

[1] Véanse en Luis Astrana Marín, *Epistolario completo de don Francisco de Quevedo-Villegas* (Madrid, 1946), págs. 482 y 486.

dividido, con las nueve Musas, *título bastante ba-*
rroco, que apareció en Madrid en 1648. La edición
está muy bien hecha, impresa en buen papel, con
muy esmerada corrección de pruebas, y no hay nin-
gún poema que no sea rigurosamente auténtico. Pero
González de Salas, que pone notas muy certeras, se
permitió retocar o «refingir», como él dice, algunos
poemas, aunque tiene la honradez de decirlo. Ahora
bien, ese volumen no contiene todos los poemas de
don Francisco, y González de Salas murió en 1651
sin publicar los que faltaban, los cuales editó el pro-
pio sobrino de Quevedo en 1670, en la Imprenta Real,
bajo el título de Las tres Musas últimas castellanas.
Y con este volumen comienzan otros problemas, por-
que don Pedro Aldrete no retoca los versos —y tiene
buen cuidado en advertirlo—, pero le ahíja a don
Francisco poemas que nunca escribió, como alguno
de Lupercio Leonardo de Argensola, y otros que no
pudo escribir porque estaban publicados en cierta
obra de Pedro de Padilla impresa cuando Quevedo
tenía un año. Durante más de tres siglos se han atri-
buido a don Francisco multitud de poemas, abun-
dando los satíricos, los burlescos y los eróticos.

Don Francisco de Quevedo, que sólo, como vimos,
al final de su vida piensa publicar sus obras en ver-
so, corrigió tanto sus poemas como fray Luis de
León o Góngora, y puedo poner multitud de ejem-
plos, pero me contentaré sólo con un par; el pri-
mero sumamente curioso por haber llegado impre-
so en las dos ediciones primeras. En la edición de
Las tres Musas últimas castellanas *(p. 30) se encuen-*
tra este soneto:

   Amor me ocupa el seso y los sentidos;
   absorto estoy en éxtasi amoroso;
   no me concede tregua ni reposo
   esta guerra civil de los nacidos.

¡Ay, cómo van mis pasos tan perdidos
tras dueño, si gallardo, riguroso!
Quedaré como ejemplo lastimoso
a todos cuantos fueren atrevidos.

Mi vida misma es causa de mi muerte,
y a manos de mi bien mil males paso,
y cuando estoy rendido me hago fuerte.

Quiero encubrir el fuego en que me abraso,
por ver si puedo mejorar mi suerte,
y hallo en darme favor al cielo escaso.

Pero este soneto se había publicado antes en El
Parnaso español *(p. 388), en una versión última prodigiosamente retocada por el propio Quevedo:*

Amor me ocupa el seso y los sentidos;
absorto estoy en éxtasi amoroso;
no me concede tregua ni reposo
esta guerra civil de los nacidos.

Explayóse el raudal de mis gemidos
por el grande distrito y doloroso
del corazón, en su penar dichoso,
y mis memorias anegó en olvidos.

Todo soy ruinas, todo soy destrozos,
escándalo funesto a los amantes,
que fabrican de lástima sus gozos.

Los que han de ser, y los que fueron antes,
estudien su salud en mis sollozos,
y invidien mi dolor si son constantes.

*Supongo que González de Salas tuvo en sus ma-
nos la versión autógrafa retocada, y que don Pedro*

de Aldrete encontró la primitiva entre los papeles de
Quevedo y la publicó sin advertir que ya lo estaba
en El Parnaso español.

El otro ejemplo es también sumamente curioso,
puesto que es González de Salas quien publica las
dos versiones, advirtiendo que «Este soneto refingió
después casi todo, con mucho espíritu, deste modo».
La primera versión es la siguiente:

> Ven ya, miedo de fuertes y de sabios;
> huya el cuerpo indignado con gemido
> debajo de las sombras, y el olvido
> beberán por demás mis secos labios.
>
> Fallecieron los Curios y los Fabios,
> y no pesa una libra, reducido
> a cenizas, el rayo amanecido
> en Macedonia a fulminar agravios.
>
> Desata de este polvo y de este aliento
> el nudo frágil en que está animada
> sombra que sucesivo anhela el viento.
>
> ¿Por qué emperezas el venir rogada
> a que me obre deuda el monumento,
> pues es la humana vida larga, y nada?

El «refingido» es el siguiente:

> Ven ya, miedo de fuertes y de sabios;
> irá la alma indignada con gemido
> debajo de las sombras, y el olvido
> beberán por demás mis secos labios.
>
> Por tal manera Curios, Decios, Fabios
> fueron; por tal ha de ir cuanto ha nacido;
> si quieres ser a alguno bien venido,
> trae con mi vida fin a mis agravios.

Esta lágrima ardiente con que miro
el negro cerco que rodea mis ojos,
naturaleza es, no sentimiento.

Con el aire primero este suspiro
empecé, y hoy le acaban mis enojos,
porque me deba todo al monumento.

Durante tres siglos la obra poética de don Fran-
cisco se editó siguiendo las primeras ediciones, en
las cuales los poemas se agrupaban por las Musas.
Yo tuve el atrevimiento, quizá excesivo, de romper
esa tradición y agrupé los poemas de distinto modo,
comenzando por aquellos en los que Quevedo plan-
tea los más graves problemas de la existencia, a los
que llamé metafísicos. En realidad partía de algo
bien sabido, del conocido «temple de ánimo» de Hei-
degger, Jaspers y Pfeifer, como revelación de lo in-
terior del alma, revelación que realiza precisamente,
y mejor, la poesía, y esto significa, en frase de Pfei-
fer, «que la poesía dice más de lo que enuncia».

En Quevedo encontraremos una serie de poemas
que nos revelarán su autenticidad más honda y, por
tanto, su profunda originalidad. Y esta autenticidad
y originalidad consisten en algo muy elemental: en
haber asumido las ideas estoicas de la época en una
serie de poemas donde se plantea el problema del
tiempo como vida y muerte, ideas muy frecuentes en
su prosa y hasta en unas cuantas cartas, cuyos an-
tecedentes estoicos son sumamente claros y bien co-
nocidos por los estudiosos.

La originalidad de este grupo de poemas metafí-
sicos de Quevedo es el timbre de voz que denuncia
una autenticidad, intensamente agónica, porque sólo
los grandes poetas pueden dar el tono inédito a ideas
bien conocidas desde la antigüedad, pasando por una
ascética cristiana. Quevedo nos dirá muchas veces,

en prosa y verso, que «antes que sepa andar el pie, se mueve / camino de la muerte»; que el tiempo fabrica nuestro monumento funeral, como dice en dos soberbios sonetos:

Ayer se fue; mañana no ha llegado;
hoy se está yendo sin parar un punto;
soy un fue y un será y un es cansado.
En el hoy y mañana y ayer junto
pañales y mortaja, y he quedado
presentes sucesiones de difunto.

Ya no es ayer; mañana no ha llegado;
hoy pasa, y es, y fue, con movimiento
que a la muerte me lleva acelerado.
Azadas son la hora y el momento
que, a jornal de mi pena y mi cuidado,
cavan en mi vivir mi monumento.

No hace falta demasiada erudición para saber que las fuentes son bien conocidas; para saber la pasión de Quevedo por los estoicos (dice una vez «mi Séneca»); para saber cómo tradujo a Epicteto y Séneca y leyó los comentarios de Justo Lipsio, al que tanto admiró.

Quevedo, con un corazón «que es reino del espanto», acepta estoicamente la idea de que la muerte «naturaleza es, no sentimiento»; pero como buen español del Barroco cristianiza esas ideas, aunque las exponga con tonos nuevos y hasta llenos de paganía, como dice Dámaso Alonso. Así escribe un prodigioso soneto, que lleva el siguiente encabezamiento:

ENSEÑA A MORIR ANTES Y QUE LA MAYOR PARTE
DE LA MUERTE ES LA VIDA, Y ÉSTA NO SE SIENTE,
Y LA MENOR, QUE ES EL ÚLTIMO SUSPIRO,
ES LA QUE DA PENA

Señor don Juan, pues con la fiebre apenas
se calienta la sangre desmayada,
y por la mucha edad, desabrigada,
tiembla, no pulsa, entre la arteria y venas;

pues que de nieve están las cumbres llenas,
la boca, de los años saqueada,
la vista, enferma, en noche sepultada,
y las potencias, de ejercicio ajenas,

salid a recibir la sepultura,
acariciad la tumba y monumento:
que morir vivo es la última cordura.

La mayor parte de la muerte siento
que se pasa en contentos y locura,
y a la menor se guarda el sentimiento.

*Ahora bien, ¿por qué nos conmueven esos poemas
de Quevedo y no los de otros muchos poetas que escribieron cosas parecidas? La explicación, como siempre, está en el estilo, el tono y el timbre de voz, que
individualizan tanto esa lengua poética. Conoce Quevedo todos los recursos poéticos habidos y por haber,
pero en esos poemas graves tendrá mucho cuidado
en usar hasta una lengua coloquial, sin metáforas
llamativas ni juegos de voces. Véase este ejemplo
tan genial donde no hay una palabra que no sea de
uso muy corriente en la actualidad:*

Ya formidable y espantoso suena
dentro del corazón del postrer día;

y la última hora, negra y fría,
se acerca, de temor y sombras llena.

Si agradable descanso, paz serena
la muerte en traje de dolor envía,
señas da su desdén de cortesía;
más tiene de caricia que de pena.

¿Qué pretende el temor desacordado
de la que a rescatar piadosa viene
espíritu en miserias anudado?

Llegue rogada, pues mi bien previene;
hálleme agradecido, no asustado;
mi vida acabe, y mi vivir ordene.

*Ocho meses antes de su muerte, retocó una esplén-
dida canción que principia «Oh tú, que inadvertido
peregrinas», que termina así:*

Nací muriendo y he vivido ciego,
y nunca al cabo de mi muerte llego.
Tú, pues, oh caminante, que me escuchas,
si pretendes salir con la victoria
del monstruo con quien luchas,
harás que se adelante tu memoria
a recibir la muerte,
que obscura y muda viene a deshacerte.

*Pero, a su vez, Quevedo, en su Heráclito cristiano
y en otros lugares de su obra, dará entrada a una
serie de poemas religiosos, llenos de inquietud y angustia, que sólo pueden compararse con los mejores
de Lope o de Unamuno, coincidiendo con el Fénix en
el rechazo de una vida pasada, indigna de un cristiano. Por eso suspira por «un nuevo corazón, un
hombre nuevo», que albergue su alma purificada por*

*el dolor, y, por eso, pide a Dios que le desnude: «des-
núdame de mí, que se podría / que a tu piedad pagase lo que debo». En algún caso no faltará ni la repetición insistente de la anáfora, como este ejemplo
de tanta belleza y angustia:*

> Después de tantos ratos mal gastados,
> tantas obscuras noches mal dormidas;
> después de tantas quejas repetidas,
> tantos suspiros tristes derramados;
>
> después de tantos gustos mal logrados
> y tantas justas penas merecidas;
> después de tantas lágrimas perdidas
> y tantos pasos sin concierto dados,
>
> sólo se queda entre las manos mías
> de un engaño tan vil conocimiento,
> acompañado de esperanzas frías.
>
> Y vengo a conocer que en el contento
> del mundo, compra el alma en tales días,
> con gran trabajo, su arrepentimiento.

*Estos poemas metafísicos y religiosos nos llevan
de la mano a los poemas morales, de tanta tradición
en la lírica europea. Los temas son los corrientes en
este tipo de poesía (y algunas fuentes las señaló
González de Salas): contra los que se afanan por
buscar riquezas y cruzan los mares, contra los ambiciosos, contra los avaros, aduladores y malos ministros, en elogio de los desengaños, etc., etc. Sin
embargo, como siempre tratándose de un gran poeta, Quevedo nos dejó alguna joya preciosa, como el
mejor elogio de los libros que conoce la poesía española de todos los tiempos, dirigido precisamente*

a González de Salas, «algunos años antes de su prisión última», como dice el propio editor:

> Retirado en la paz de estos desiertos,
> con pocos, pero doctos libros, juntos,
> vivo en conversación con los difuntos
> y escucho con mis ojos a los muertos.
>
> Si no siempre entendidos, siempre abiertos,
> o enmiendan o fecundan mis asuntos;
> y en músicos callados contrapuntos
> al sueño de la vida hablan despiertos.
>
> Las grandes almas que la muerte ausenta,
> de injurias de los años, vengadora,
> libra, ¡oh, gran don Josef!, docta la emprenta.
>
> En fuga irrevocable huye la hora;
> pero aquélla el mejor cálculo cuenta
> que en la lección y estudios nos mejora.

En esta serie hay que colocar unas espléndidas silvas, como las dedicadas al «Reloj de campanilla» o al «Reloj de sol», con esos temas tan gratos a los hombres del Barroco, o la silva impresionante dedicada «A los huesos de un rey que se hallaron en un sepulcro, ignorándose, y se conoció por los pedazos una corona», con versos tan extraordinarios como éstos:

> ¡Cuántos que en este tiempo dieron leyes,
> perdidos de sus altos monumentos,
> entre surcos arados de bueyes
> se ven, y aquellas púrpuras que fueron!
> Mirad aquí el terror a quien sirvieron:
> respetó el mundo necio
> lo que cubre la tierra con desprecio.

La más extensa de estas silvas, la de más empaque y esfuerzo, es la titulada, bien significativamente «Sermón estoico de censura moral», con fragmentos de una poderosa expresión exhortativa, de aciertos poéticos geniales y hasta metáforas sumamente originales, al paso que insiste de nuevo en su diatriba contra los mercaderes y los tiranos:

> ¡Cuán raros han bajado los tiranos,
> delgadas sombras, a los reinos vanos
> del silencio severo
> con muerte seca y con el cuerpo entero!

Estos poemas son el corolario en verso de sus muchas preocupaciones filosóficas y políticas desparramadas a lo largo de toda su obra en prosa, lo que sucede también con ciertos sonetos funerales o epitafios, como los dedicados a la prisión y muerte del Duque de Osuna, uno de los cuales termina así:

> ¡Y a tanto vencedor, venció un proceso!
> De su desdicha su valor se precia;
> murió en prisión, y muerto estuvo preso.

Pero don Francisco de Quevedo es también uno de los poetas amorosos más intensos de nuestra historia literaria y su poesía ofrece a su vez una autenticidad indudable, y además lo dice el propio poeta en una frase estupenda: «No sé lo que digo, aunque siento lo que quiero decir; porque jamás blasoné del amor con la lengua que no tuviese muy lastimado lo interior del ánimo.»

Esta poesía, como es lógico, paga su contribución a la filografía de su tiempo, que tenía detrás el famoso amor cortés, que no desapareció en el Renacimiento; el hallazgo de la intimidad y recursos expresivos del petrarquismo, más el conocido neoplatonis-

mo renacentista, de tanta influencia en la poesía europea. Los estudiosos de la poesía quevedesca, como Otis Green, Dámaso Alonso, C. Consiglio y J. Fucilla, por ejemplo, han señalado la presencia del amor cortés, de Petrarca y del platonismo en algunos poemas.[2] Todo eso y muchos artificios retóricos son deudas de Quevedo, y es lógico que sea así; pero cómo transforma Quevedo los tópicos, cómo los repristina con una originalidad muy acusada, es una de las notas distintivas. Por ejemplo, la conocida antítesis petrarquista 'fuego-hielo', a la que acude Garcilaso en los conocidos versos «¡Oh más dura que mármol a mis quejas / y al encendido fuego en que me quemo / más helada que nieve, Galatea», se convierten en este principio de un soneto:

> Hermosísimo invierno de mi vida,
> sin estivo calor constante hielo,
> a cuya nieve da cortés el cielo
> púrpura en tiernas flores encendida...

Nótese la transformación del tópico y su extraordinaria e hiperbólica metáfora barroca, ese «Hermosísimo invierno de mi vida», aludiendo a la frialdad de la dama.

Dos o tres notas caracterizan la poesía amorosa de Quevedo, dejando aparte los tópicos inesquivables. La primera es fácil de distinguir, puesto que es el puro grito como expresión afectiva, lo que ya notó el propio poeta al escribir «Arder sin voz de estrépito doliente / no puede el duro tronco inanimado». Otra vez dice:

---

2 Otis H. Green, *El amor cortés en Quevedo* (Zaragoza, 1955); Dámaso Alonso, *Poesía española* (Madrid, 1950), págs. 536 y ss.; Carlo Consiglio, «El "Poema a Lisi" y su petrarquismo», en *Mediterráneo*, 13-15, págs. 76 y ss.; Joseph G. Fucilla, *Estudios sobre el petrarquismo en España* (Madrid, 1950).

Dejad que a voces diga el bien que pierdo,
si con mi llanto a lástima os provoco;
y permitidme hacer cosas de loco:
que parezco muy mal amante y cuerdo.

La red que rompo y la prisión que muerdo,
y el tirano rigor que adoro y toco,
para mostrar mi pena son muy poco,
si por mi mal de lo que fui me acuerdo.

Óiganme todos: consentid siquiera
que harto de esperar y de quejarme,
pues sin premio viví, sin juicio muera.

De gritar solamente quiero hartarme;
sepa de mí a lo menos esta fiera
que he podido morir y no mudarme.

*Y si en este soneto hay unas aliteraciones muy
enérgicas, no son menores las que se encuentran en
otros ejemplos bellísimos, como en éste:*

No me aflige morir; no he rehusado
acabar de vivir, ni he pretendido
alargar esta muerte que ha nacido
a un tiempo con la vida y el cuidado.

*La segunda nota distintiva es la huida de la retó-
rica de su tiempo (aunque no siempre, como veremos), y el hallazgo de raras y delicadas expresiones,
llenas de la más asombrosa modernidad, como estos
ejemplos tan bellos:*

En los claustros del alma la herida
yace callada; mas consume hambrienta
la vida, que en mis venas alimenta
llama por las medulas extendida.

El cuerpo, que del alma está desierto
(así lo quiso amor de alta belleza),
de dolor se despueble y de tristeza:
descanse, pues, de mármoles cubierto.

*Por esto pudo escribir Dámaso Alonso: «El alma
del lector moderno, ahíta de literatura, harta de Re-
nacentismo y Barroquismo, en busca a través de los
siglos de otra alma, ¡qué pocas veces se siente sacu-
dida! Allá, al final de la Edad Media, está la fosca y
turbia pasión de Ausias March; y aquí, en el principio del siglo XVII, el grito febril de Quevedo.» Por eso
pudo decir el gran crítico que en la poesía de don
Francisco «se encuentra una angustia como la nuestra»* [3].

*Dentro de la temática de los poemas amorosos, en
Quevedo hay un tema sumamente original, aunque no
le pertenezca íntegramente puesto que se halla ya en
Propercio: se trata del tema de la unión del amor
y de la muerte. Quevedo llegará a pedir paz para su
ceniza presumida, porque sabe que sus huesos serán
«polvo enamorado». El alma, desafiando la ley severa del hado, se llevará a la otra ribera sus penas y
cuidados, sus anhelos y pasiones, al paso que el cuerpo guardará para siempre «su llama fiel en ceniza
fría / en el mismo sepulcro que durmiese». Por eso
termina su soberbio soneto:*

Del vientre a la prisión vine en naciendo,
de la prisión iré al sepulcro amando,
y siempre en el sepulcro estaré ardiendo.

*Estas ideas, tanteadas, buscadas y expresadas a lo
largo de bastantes poemas, cristalizan en el famoso
soneto, tan bello y tan comentado, que principia «Ce-*

---

[3] Op. cit., pág. 607.

*rrar podrá mis ojos la postrera / hora que me lleva-
re el blanco día», cuyos antecedentes son fáciles de
encontrar en otros, como en éste, de no menor belleza:*

> Si hija de mi amor mi muerte fuese,
> ¡qué parto tan dichoso que sería
> el de mi amor contra la vida mía!
> ¡Qué gloria que el morir de amor naciese!
>
> Llevara yo en el alma adonde fuese
> el fuego en que me abraso, y guardaría
> su llama fiel en la ceniza fría
> en el mismo sepulcro en que durmiese.
>
> De esotra parte de la muerte dura,
> vivirán en mi sombra mis cuidados,
> y más allá del Lethe mi memoria.
>
> Triunfará del olvido tu hermosura;
> mi pura fe y ardiente, de los hados;
> y el no ser, por amar, será mi gloria.

*La lengua poética de estos sonetos es parecida a la
de los metafísicos y morales, una lengua que no desdeña voces como «harto», «hartarse», lo que ya notó
González de Salas. Sin embargo, en otros muchos sonetos esta lengua poética es muy distinta, porque no
en balde Quevedo es un poeta barroco que conoce los
artificios poéticos tan bien como Góngora, como en
este ejemplo:*

> En crespa tempestad del oro undoso,
> nada golfos de luz ardiente y pura
> mi corazón, sediento de hermosura,
> si el cabello deslazas generoso.

Leandro, en mar de fuego proceloso,
su amor ostenta, su vivir apura;
Ícaro, en senda de oro mal segura,
arde sus alas por morir glorioso.

Con pretensión de Fénix, encendidas
sus esperanzas, que difuntas lloro,
intenta que su muerte engendra vidas.

Avaro, rico y pobre, en el tesoro,
el castigo y la hambre imita a Midas,
Tántalo, en fugitiva fuente de oro.

Nótese la cultura, como se decía entonces, del poema, que parte de una nimiedad: Lisis suelta su cabello rubio y todo el soneto, lleno de conceptos, mitología, metáforas bien conocidas, gira alrededor de los efectos que causa en el poeta. González de Salas tuvo que explicar que Leandro, como Ícaro y después la Fénix, Midas y Tántalo son simplemente el corazón del poeta. Quevedo ha partido de un tópico bien conocido, el cabello rubio es como el oro, se convierte en oro, pero al desenlazarlo empieza el juego conceptista de ver sus ondas como una borrasca donde va a perecer ahogado como Leandro, consumido por el fuego del sol como Ícaro, o como el castigo de Midas, que convertía en oro todo lo que tocaba, o el conocido suplicio de Tántalo, aquí «en fugitiva fuente de oro».

Este soneto no es de los más cultos, porque alguno lo supera, como el que principia «En breve cárcel traigo aprisionado», donde no falta algún recuerdo gongorino bien perceptible, porque si es verdad que don Francisco de Quevedo fue el más cruel enemigo de don Luis, lo cierto es que más de una vez quedó prendido en las redes de Las Soledades.

Don Francisco de Quevedo, como buen barroco, como Góngora o Villamediana, saltará con toda tranquilidad de la gravedad que acabamos de ver a poemas de muy distinto tipo y muy distintas fórmulas estilísticas.

Se suele decir, y es verdad, que don Francisco es el mejor y más grande satírico que conoce la literatura española en prosa y verso, lo que también sabían sus contemporáneos, que no dejaron de temer su lengua mordacísima y sus extraordinarias dotes lingüísticas. Esto hizo que se le ahijasen numerosos poemas de todo tipo; pero casi todos los poemas de carácter político atribuidos a Quevedo nacieron alrededor de 1639-1645, coincidiendo con su prisión en San Marcos de León y con la caída y muerte del Conde-Duque de Olivares, lo que ya es muy significativo. Como es también muy significativo que nuestro poeta, cuya habilidad satírica no tiene rival en su época, dejase pasar tantas oportunidades sin escribir un solo poema satírico-político hasta exactamente 1639, fecha de su prisión, porque además, desde su juventud fue aficionadísimo a otro tipo de sátira y burla. Baste recordar que la célebre letrilla «Poderoso caballero / es don dinero», está escrita lo más tarde en 1623, cuando Quevedo tenía 23 años y sus primeras sátiras contra Góngora datan de esos años de estudiante en Valladolid. Y nadie cree ya que el encarcelamiento de Quevedo se debiese a que Felipe IV encontrase debajo de su servilleta el célebre Memorial que comienza «Católica, sacra y real Majestad», porque sabemos muy bien que el Conde-Duque de Olivares acusó a Quevedo de «infiel y enemigo del gobierno y murmurador dél, y últimamente por confidente de Francia y correspondiente de franceses» [4].

---

[4] E. H. Elliot, «Nueva luz sobre la prisión de Quevedo y Adam de la Parra», en el *Boletín de la Real Academia de la Historia,* CLXIX (1972), pág. 182.

Que una vez preso Quevedo se le achacasen numerosos poemas políticos tampoco nos debe llamar demasiado la atención, puesto que la popularidad de nuestro poeta era sencillamente fabulosa, y no sólo porque sus romances y letrillas se cantasen por todas las plazas y callejas de España, sino porque las ediciones de todas sus obras se agotaban rápidamente, y esto vale tanto para los Sueños *como para la* Política de Dios. *Pero además esos poemas no responden ni por el contenido ni por el estilo a lo que pudiera haber escrito Quevedo puesto a satirizar a los políticos de su tiempo. Basta compararlos con los que dirige a don Luis de Góngora, Pacheco de Narváez, Pérez de Montalbán y otros. El célebre Memorial «Católica sacra y real Majestad» se le adjudica por primera vez en un pliego suelto publicado en Barcelona en 1641; pero ya el primer biógrafo de don Francisco, llamado Tarsia, dice que nuestro autor aseguró numerosas veces a don Francisco de Oviedo, secretario de Su Majestad, que ese poema no era suyo, «y asimismo escribiendo al arzobispo de Granada, don Martín Carrillo, le testificó no haber hecho aquellos versos, cuyo autor se vino a descubrir después hallándose el original en la celda de un religioso»*[5]. *Y es posible que fuese obra de un religioso, porque en otro poema satírico, también atribuido a don Francisco, «El padre nuestro glosado», se lee:*

> La Iglesia, segunda vez,
> te da en este memorial,
> aviso de estarte mal
> el ser tú su intruso juez.
> Ya pides uno por diez,
> sin ser Dios ni sacerdote,
> ni Atila, de Dios azote.

[5] En Francisco de Quevedo, *Obras en verso,* edición de L. Astrana Marín (Madrid, Aguilar, 1943), pág. 770.

No es bien que la Iglesia agraves,
que tiene Pedro las llaves,
y no hallarás protección
en la tentación.

Tampoco puede ser suyo el que comienza «Toda España está en un tris», puesto que los cuatro primeros versos están dedicados a la desvalorización de la moneda decretada por el Conde-Duque, y conviene recordar que fue precisamente Quevedo en su Chitón de las tarabillas *el defensor de las medidas económicas del Conde-Duque y que ese opúsculo puede ser la piedra de toque para saber qué podría haber escrito en verso desde un ángulo contrario.*

También ha sido muy citada la célebre «Epístola satírica y censoria contra las costumbres presentes de los castellanos», dirigida en 1625 al Conde-Duque de Olivares y corregida más tarde. Con un principio espectacular y lleno de brío

¿No ha de haber un espíritu valiente?
¿Siempre se ha de sentir lo que se dice?
¿Nunca se ha de decir lo que se siente?

Quevedo, en realidad, se va a lamentar, como buen conservador y moralista, de la pérdida de las viejas costumbres castellanas: de la honestidad, de la severidad en el vestir, de la frugalidad, del heroísmo de los viejos señores, ya que los modernos están ocupados en torear, «en dejar la vacada sin marido». Todo el poema respira un anhelo de heroísmo nuevo, muy del Barroco español; pero se enlaza perfectamente con las ideas de Juvenal y Persio sobre Roma y su decadencia. Estamos dentro de la función de la sátira como correctora de vicios y costumbres, como sabía bien un Bartolomé Leonardo de Argensola.

En algunos de los llamados poemas morales en-

*contramos también otros motivos vistos bajo un án-
gulo satírico. Don Francisco actualizará el tema clásico (como hará también con las traducciones de
Marcial) y no les sería difícil a los contemporáneos
ver cómo apuntaba a situaciones o personajes bien
conocidos por todos.*

*Pero la fama de don Francisco de Quevedo, bien
justa e injustamente, por el olvido de los otros poemas graves y amorosos, se ha sustentado siempre sobre sus composiciones burlescas y satíricas, donde
su imaginación llegará a límite insospechados y donde se hallan las más audaces y notables fórmulas ex-
presivas que conoce la poesía española de todos los
tiempos. Quevedo es capaz de escribir sonetos, silvas,
romances o letrillas sobre todo lo divino y humano,
comenzando por él mismo, burlándose con amargura hasta de su propia imagen:*

> Parióme adrede mi madre,
> ¡ojalá no me pariera!,
> aunque estaba cuando me hizo
> de gorja naturaleza.
>   Dos maravedís de luna
> alumbraban a la tierra;
> que por ser yo el que nacía,
> no quiso que un cuarto fuera. [...]
>   No hay necio que no me hable,
> ni vieja que no me quiera,
> ni pobre que no me pida,
> ni rico que no me ofenda.

*Alberti se lo imaginaba «a cojetadas por aquel Ma-
drid imposible, perdido en medio de las sombras de
alguna plazoleta [...] presidiendo la rueda de todas
las figuras, endriagos o fantasmas reales que ríen
y lloran en sus sueños. Allí, agarrados de las manos
y girando alrededor suyo, los barberos, los soldados,*

los jueces, los alguaciles, los médicos, los boticarios, las damas gordas y las flacas, las engañadas y las doncellas que no lo son, los viejos verdes, las suegras, los maridos maduros para la lidia, los beodos, los truhanes, los embusteros, los calvos, los medio-calvos, los calvísimos, las narices, los narizotes de señores y caballeros, los gatos, las chinches, las pulgas, las flores, las legumbres, acompañados, en fin, del desengaño, la hipocresía, la envidia, la discordia, la guerra, el llanto, el olvido, y llevando el compás de la guadaña segadora, la Muerte» [6].

Pero dentro de esta serie, unos cuantos temas rondan obsesivamente a don Francisco: el poder del dinero, las dueñas, los cornudos, los médicos y boticarios, las viejas, las doncellas pedigüeñas y los jueces y alguaciles, temas bien conocidos. Pero al lado de estos temas, los hay muy circunstanciales, porque don Francisco nunca dejó pasar la ocasión de divertirse a costa de lo que parecía ridículo, como la pragmática que obligó a cortarse las guedejas o la que prohibía los cuellos alechugados, todo chorreando gracia y humor.

De la capacidad imaginativa y lingüística de Quevedo habló ya su primer editor González de Salas diciendo: «La abundancia, pues, del pensar y del enriquecer de conceptos sus poesías alcanzó tan fácilmente que, a mi entender, no existe escritor antiguo ni moderno que en ella le compita. Mucha es la variedad de argumentos y asuntos en que ejercitó su pluma, y quien en ellos no reconociere esta fecundidad superior y rara, muy turbado ha de tener el órgano del juicio.» [7]

La expresión poética de Quevedo no se detiene ante

---

[6] Rafael Alberti, «Don Francisco de Quevedo, poeta de la muerte», *Revista nacional de cultura,* Caracas, año XXII (mayo-agosto, 1960), pág. 11.

[7] Véase en las *Obras en verso,* edic. cit., pág. 897 b.

ningún obstáculo y es apta lo mismo para explicar maravillosamente una pena amorosa, las burlas más procaces o la angustiosa idea de que la existencia consiste en ser y no ser. Pero la expresión quevedesca es siempre intensificadora, no sugeridora, como en Góngora. Por eso se puede leer ese verso tan estremecedor de «soy un fue y un será y un es cansado», que desafía las normas más severas de la gramática de todos los tiempos.

Pero es en la poesía burlesca donde Quevedo, como dice Dámaso Alonso, «la condensación, preñada de humores, rompe el equilibrio idiomático: todo se prensa, se estruja. Y del estrujón quevedesco, las funciones arquitectónicas resultan transformadas».[8] Lo mismo en los sonetos que en las letrillas o en la parodia del Orlando, Quevedo dicta el mejor curso de técnica conceptista y para eso dispone de un arsenal lingüístico sencillamente fabuloso, porque lo conoce todo en materia del idioma, desde la palabra más culta y bella a la más soez, las frases hechas, los refranes, el argot de los pícaros, las metáforas más degradadoras de la realidad o las más ennoblecedoras. Aparte de combinarlo todo con una sagacidad que no ha tenido igual en la poesía española de todos los tiempos.

Quevedo conoce mejor que nadie el arte de intensificar la expresión con uso del sustantivo funcionando como adjetivo, como en el conocido ejemplo «érase una nariz sayón y escriba», aludiendo al tópico de las narices de los judíos; pero otra vez escribe: «mosquito postillón, mosca barbero», porque el postillón azota los caballos y el barbero causa más de una pequeña herida. Las combinaciones con ísimo, proto y archi, tan potenciadoras, tienen un uso muy singular: «érase un naricísimo infinito»; «Doctrina es que

8 *Op. cit.,* pág. 565.

*la oí a un protuerno»; «Aquí ha llegado una niña /
que, examinada en buscón / por las madres protoviejas / saca bolsas sin dolor».*

Como es normal en un poeta conceptuoso, abunda-
rán sobremanera los juegos de voces, los equívocos,
pero Quevedo tendrá mucho cuidado en que esos juegos no sean triviales ni demasiado fáciles, partiendo
a veces de un neologismo, de una creación nueva:
*«Si cual calvino soy, fuera Lutero, / contra el fuego
no hay cosa que me valga.»* Como es también muy
conocida su pasión por las hipérboles más desmesu-
radas; pero son también de una originalidad casi escandalosa y delirante. De una vieja dice:

Las nalgas son dos porras de espadañas;
afeitáis la caraza de chinela
con diaquilón y humo de la vela,
y luego dais la teta a las arañas.

Al paso que otra vieja

Seis mil años les lleva a los candiles;
y si cuentan su edad de cabo a cabo,
puede el guarismo andarse a buscar miles.

Un médico se convierte en *«martirologio de la
vida»*, mientras un valentón puede traer *«por mostachos, de un vencejo el vuelo».* A veces, sonetos ente-
ros como el dedicado *«A un hombre de gran nariz»*
o *«A una mujer puntiaguda con enaguas»*, están cons-
truidos a base de una serie ininterrumpida de comparaciones, imágenes y metáforas hiperbólicas, des-
realizadoras hasta límites extremos.

Quevedo romperá algunas veces una palabra para
lograr efectos inesperados, como cuando dice *«Son
los bizcondes unos condes bizcos / que no se sabe
hacia qué parte conden».* Consigue también efectos

inesperados trasladando el significado de una palabra a otra. Por ejemplo, si los médicos matan y los
ojos de una muchacha son matadores, nada más sencillo que escribir «Los médicos con que miras», pero
como esa metáfora de términos tan lejanos no era
fácilmente comprensible, tiene que añadirle otro verso aclaratorio: «los dos ojos con que matas».

Es bien sabido que don Francisco de Quevedo acu-
dirá con mucha frecuencia a los calcos de frases hechas, sacándolas de quicio, como en este ejemplo:
«Escarmentad en mí todas; / que me casaron a zurdas / con un capón de cabeza, / desbarbado hasta la
nuca.» Y tampoco tendrá inconveniente en parodiar
versos de romances viejos, como los conocidos «Río
verde, río verde, / más negro vas que la tinta», convertido en «Viejo verde, viejo verde, / más negro vas
que la tinta, / pues a poder de borrones, / la barba
llevas escrita».

Las creaciones de voces nuevas a base de calcos
o de invenciones puras han sido bien destacadas siempre por los estudiosos de la lengua quevedesca. Ejemplos como los siguientes no son difíciles de encontrar:

> que porque el fuego tiene mariposas,
> queréis que el mosto tenga marivinos.

> bien se puede llamar libropesía
> sed insaciable de pulmón librero.

Como las damitas pedigüeñas abundaban bastante y debían atender al da y no al quita, cierta vieja
alcahueta aconseja así:

> A los paganos te llegas,
> de los quitanos te vas:
> santo Tomé te defienda
> del amante Guardián.

Dátiles de Berbería,
niña, valen mucho más
que quítales de Toledo,
que es una fruta infernal.

*Bien conocido es también el recurso de fundir lo
material con lo inmaterial, fenómeno bien recordado
por todos, como este ejemplo en que habla de una
chata:*

El olfato tenéis dificultoso
y en cuclillas, y un tris de calavera,
y a gatas en la cara lo mocoso.

*Sin contar, claro está, con las aliteraciones, como
en los sonetos que principian «Con testa gacha toda
charla escucho», «Tudescos moscos de los sorbos finos», o las paronomasias, tan abundantes y graciosas, como «tengo, en queriendo dormir, / sueño de
pluma y de plomo», que dice un aspirante a cornudo
consentido; o con los juegos de rimas inusitadas,
como en este soneto:*

La vida empieza en lágrimas y caca,
luego viene la mu con mama y coco,
síguense las viruelas, baba y moco,
y luego llega el tronco y la matraca.

En creciendo, la amiga y la sonsaca;
con ella embiste el apetito loco;
en subiendo a mancebo todo es poco,
y después la intención peca en bellaca.

Llega a ser hombre y todo lo trabuca;
soltero sigue toda perendeca;
casado se convierte en mala cuca.

Vieja encanece, arrúgase y se seca;
llega la muerte y todo lo bazuca,
y lo que deja paga y lo que peca.

Pero Quevedo, a quien le interesó todo, decidió también medir sus fuerzas cultivando un género de romances de picardía, las célebres «jácaras», que se habían puesto de moda entre 1590 y 1600, escritas en la llamada lengua germanesca, el argot de los pícaros. Obtuvo un éxito extraordinario, especialmente con la célebre del Escarramán y la Méndez, que llegó a convertirse a lo divino y hasta a ser cantada en algún convento de monjas. (Advierto, de paso, que hubo numerosas jácaras a lo divino, todavía sin estudiar.)

Y también en este género don Francisco exprime todas las posibilidades de la lengua, añadiendo la jerga germanesca; pero guarda un equilibrio lleno de armonía y gracia, sin acumular excesivamente la lengua germanesca, como hicieron otros autores de su época.

JOSÉ MANUEL BLECUA

NUESTRA EDICIÓN. Esta edición reproduce exactamente la nuestra publicada en Clásicos Planeta, Barcelona, 1971.

CRONOLOGÍA

1580 *Nace en Madrid el 17 de septiembre, siendo sus padres Pedro Gómez de Quevedo, secretario particular de la princesa María, y María de Santibáñez, dama de honor de la misma.*

1586 *Muere su padre, quedando bajo la tutoría de don Agustín de Villanueva, del Consejo de Aragón. Según dice el propio Quevedo, estudió con los jesuitas.*

1596-1599 *Estudios en la Universidad de Alcalá. Se conocen sus inscripciones de matrícula en Súmulas, Lógica, Física y Matemáticas. A mediados de 1599 debió de conocer a don Pedro Téllez Girón, más tarde Duque de Osuna, y quizá fuese con él a Sevilla y Osuna, ya que el 4 de octubre no se presentó a recoger su título de Bachiller.*

1601-1605 *Estudia en la Universidad de Valladolid, comienza su enemistad con Góngora, se cartea con Justo Lipsio y escribe numerosos poemas, algunos de los cuales figuran en la célebre antología de Pedro Espinosa titulada* Flores de poetas ilustres, *publicada en Valladolid en 1605, pero las aprobaciones son de 1603.*

1605-1609 *Vuelve a Madrid, comienza a escribir los* Sueños, *prepara su* España defendida de los tiempos de ahora *y anda revuelto en traducciones diversas de Anacreonte y Focílides. Asiste también a diversas Academias poéticas de la Corte, como la del Conde Saldaña. De principios de 1609 data el comienzo del famoso pleito con la Torre de Juan Abad, que tantos disgustos le causó.*

1610 *Quiere publicar el* Sueño del juicio final, *pero el padre Antolín Montojo le niega el permiso, calificando el estilo de «chabacano e imprudente». El Duque de Osuna es nombrado virrey de Sicilia.*

1611 *Hizo un viaje a Toledo, donde entonces vivía el padre Mariana.*

1612   *En abril dedica al Duque de Osuna* El mundo
por de dentro, *y va a la Torre de Juan Abad,
enviando desde allí a Tamayo de Vargas la*
Doctrina moral del conocimiento propio y desengaño de las cosas ajenas, *pequeño tratado
estoico que se convertirá más tarde en* La cuna
y la sepultura.

1613   *El 3 de junio envía a su tía doña Margarita de
Espinosa el* Heráclito cristiano; *nueve días
más tarde remite a fray Juan de Montoya las*
Lágrimas *de Jeremías castellanas, diciéndole:
«¿Qué puede enviar un hombre solo desde un
desierto, sino lágrimas?» A fines de octubre
parece que don Francisco está ya en Palermo
al servicio del Duque de Osuna.*

1614   *Viaje a Niza con intención de observar al Duque de Saboya, que había invadido el Monfe-
rrato. De allí pasó a Génova y más tarde fue
enviado a Madrid. Cervantes dice, por boca de
Apolo, en la* Adjunta al Parnaso, *que lleva fecha del 22 de julio: «Si don Francisco de Quevedo no hubiere partido para venir a Sicilia,
donde le esperan, tóquele vuesa merced la
mano, y dígale que no deje de llegar a verme,
pues estaremos tan cerca; que cuando aquí
vino, por la súbita partida, no tuve lugar de
hablarle.»*

1615   *Es elegido embajador por el parlamento siciliano para llevar a Felipe III los donativos ordinarios y extraordinarios, aparte de otro donativo especial para el Duque de Uceda de
treinta mil reales. Llevaba además la misión
de convencer al de Lerma de la conveniencia
de dar el virreinato de Nápoles al Duque de
Osuna. Desde Madrid envía diversas cartas al
virrey, llenas de agudeza e ironía como la del
16 de diciembre, por ejemplo, en la que le da*

cuenta de cómo ha gastado en untar las manos de los poderosos: «Señor, según yo veo, adelante ha de haber tiempo de untar estos carros para que no rechinen, que ahora están más untados que unas brujas.»

1616 *El 16 de abril dice al Duque de Osuna que vaya a Nápoles a tomar posesión del Virreinato, mientras él embarca en Cartagena. El 12 de septiembre estaba ya en Nápoles.*

1617 *El Parlamento de Nápoles elige a Quevedo como embajador para llevar a Madrid el donativo bienal a Su Majestad, aunque antes fue a Roma con intención de averiguar la política de Paulo V respecto a España y Venecia. El 28 de mayo partió de Nápoles con «seis falucas armadas», desembarcando en Barcelona y fue seguidamente a Madrid, donde informó al Rey de los asuntos de Italia, al paso que lograba que se prorrogase otros tres años el mandato del de Osuna. A fines de este año obtuvo don Francisco el hábito de caballero de Santiago, lo que le valió un cruelísimo soneto de Góngora.*

1618 *En junio defendió Quevedo al Duque de Osuna ante el Consejo de Estado de los cargos que se le hacían de complicidad en la famosa Conjuración de Venecia. La supuesta intervención de nuestro poeta en esa supuesta conjura no pasa de ser una fábula, puesto que estaba en Madrid. Comienza la difamación del Duque de Osuna, que también salpica a Quevedo, quien marcha a Nápoles donde se da cuenta de que tampoco allí se halla demasiado cómodo, y dice: «Pedí licencia y víneme a Madrid dos años y medio antes que el Duque.»*

1619-1621 *Asiste a las caídas y ascensiones de privados, la llegada del de Osuna y la muerte de Fe-*

*lipe III. Siguió con sus actividades literarias y
terminó casi del todo la* Política de Dios, *al paso
que el famoso proceso de don Pedro Téllez Girón también afectó a nuestro autor por la par-
ticipación que había tenido en «untar los
carros». Antes de iniciarse el proceso fue desterrado a la Torre de Juan Abad, y después encarcelado en Uclés, para volver más tarde a la
Torre.*

1622 *El 4 de enero, por lo que se ha visto en el proceso del de Osuna y otras «vías, es persona que
se puede excusar en la Corte», y se le destierra de nuevo a la Torre de Juan Abad, donde
enferma de gravedad y se le permite que se
traslade a Villanueva de los Infantes.*

1623 *Está de nuevo en la Corte y no dejará de elo-
giar más tarde al Rey y a su privado, el célebre
Conde-Duque de Olivares.*

1624 *Según una nota del 24 de marzo, la Junta de
reformación de costumbres dice que don Francisco está amancebado con la Ledesma y «de
presente está ausente en la jornada de su Majestad», que es la jornada a Andalucía, descrita prodigiosamente por el propio Quevedo en
la célebre carta al Marqués de Velada, donde
a vueltas de mil donaires y visiones desrealiza-
das, inciensa a Felipe IV.*

1626 *Siguiendo las jornadas de la Corte, termina en
Monzón el famoso* Cuento de cuentos, *mien-
tras en Zaragoza aparecían, sin permiso de
Quevedo, la* Política de Dios *y* El Buscón.

1627 *También sin permiso de su autor se imprimen
en Barcelona los* Sueños, *con notable éxito,
puesto que se conocen además una edición de
Valencia y dos de Zaragoza.*

1628 *Es desterrado de nuevo a la Torre de Juan
Abad, escribiendo su conocido* Memorial *por*

el Patronato de Santiago *contra los carmelitas que proponían el Patronato de Santa Teresa, lo que le ocasionó bastantes disgustos. El 29 de diciembre se le comunica que puede volver a la Corte.*

1629 *El 21 de julio dedica al Conde-Duque su edición de las poesías de fray Luis de León, donde de nuevo ataca a los «cultos». En diciembre estaba en Villanueva de los Infantes, adonde se había trasladado desde la Torre de Juan Abad.*

1630 *A principios de este año escribe* El chitón de las Tarabillas, *defendiendo la política económica del Conde-Duque, contra cierto opúsculo de don Mateo de Lisón y Biedma. Escrito con notable ingenio, ya Lope de Vega decía al Duque de Sessa que «la materia del libro es disculpar las acciones de su Majestad y del Señor Conde» y añadía: «Es lo más satírico y venenoso que se ha visto en el mundo, y bastante para matar a la persona culpada.»*

1631 *Dedica al Duque de Medinaceli* El Rómulo *del Marqués Virgilio Malvezzi; publica las* Obras *del Bachiller Francisco de la Torre. Al mismo tiempo, el célebre esgrimidor Luis Pacheco de Narváez denunciaba a la Inquisición desde la* Política de Dios *al* Buscón. *Publica los* Sueños, *cansado de ver las ediciones piratas.*

1634 *El 29 de febrero casó en Cetina con doña Esperanza de Mendoza, viuda de Fernández Liñán de Heredia. Publica* La cuna y la sepultura *con notable éxito, puesto que se hacen cuatro ediciones sólo en Madrid.*

1635 *A principios del año está en la Torre de Juan Abad. El 13 de julio tenía escrita su* Carta al serenísimo rey de los franceses, *por la declaración de guerra de Luis XIII. Se publica el fe-*

roz libelo contra don Francisco titulado El Tribunal de la justa venganza contra los escritos de don Francisco de Quevedo, maestro de errores, doctor en desvergüenzas, licenciado en bufonerías, bachiller en suciedades, catedrático de vicios y protodiablo *entre los hombres.*

1636 *Escribe* La hora de todos y la Fortuna con seso, *dedicada, el 12 de marzo, a don Alonso de Monsalve. Se separa de su mujer.*

1638 *A mediados de mayo salió de la Torre para Madrid, pero volvió de nuevo al pueblo.*

1639 *Vuelve a Madrid y el 7 de diciembre es detenido en casa del Duque de Medinaceli, acusándole el de Olivares en carta a Su Majestad de ser «infiel y enemigo del gobierno y murmurador dél, y últimamente por confidente de Francia y correspondiente de franceses».*

1639-1643 *Se le tiene preso en San Marcos de León, desde donde sigue escribiendo, pese a sus achaques.*

1644 *Vive en Madrid, pero en noviembre se traslada a la Torre de Juan Abad. Publica el* Marco Bruto.

1645 *Marcha en enero a Villanueva de los Infantes, donde sigue escribiendo la* Segunda *parte del* Marco Bruto *y se preocupa de las obras en verso; muere el 8 de septiembre.*

NOTICIA BIBLIOGRÁFICA

EDICIONES DE TEXTOS

El Parnasso español, monte en dos cumbres dividido, con las nueve musas castellanas. Donde se contienen poe-

sías de Don Francisco de Quevedo Villegas, Caballero de la Orden de Santiago, i señor de la villa de la Torre de Ivan Abad. Que con Adorno, i Censura, ilustradas i corregidas, salen ahora de la Librería de Don Joseph Antonio González de Salas, Caballero de la Orden de Calatraba, i Señor de la antigua casa de los González de Vadiella. [Viñeta de un libro abierto con la siguiente divisa de Persio:
Scire tvvm nihil est nisi sciat alter.] En Madrid, Lo imprimio En su officina del libro abierto Diego Diaz de la Carrera, Año MDCXLVIII. A costa de Pedro Coello, Mercader de Libros.
(7 hojas + 1 lámina + 666 pp. + 9 de índices.)

Las tres musas últimas castellanas. Segunda cumbre del Parnasso español de Don Francisco de Quevedo y Villegas, Cavallero de la Orden de Santiago, Señor de la Villa de la Torre de Ivan Abad. Sacadas de la librería de Don Pedro Aldrete Quevedo y Villegas, Colegial del mayor del Arçobispo de la Vniuersidad de Salamanca, Señor de la Villa de la Torre de Ivan Abad.
Con privilegio. — En Madrid: en la Imprenta Real. Año de 1670. A costa de Mateo de la Bastida, Mercader de libros, enfrente de las gradas de San Felipe.
(9 hojas s. n. + 359 págs. + 4 s. n. En 4.º)

Francisco de Quevedo. Obras completas, I. Poesía Original. Edición, introducción, bibliografía y notas de José Manuel Blecua. Editorial Planeta, Barcelona, 1968. (CLVII + 1 454 pp. + 2 s. n.)

Francisco de Quevedo. Obra poética. Edición de José Manuel Blecua. Editorial Castalia, Madrid, tres vols., 1969, 1970, 1971. En prensa el IV volumen.

BIBLIOGRAFÍA

Aguilera, Ignacio: «Sobre tres romances atribuidos a Quevedo», *Boletín de la Biblioteca de Menéndez Pelayo*, XXI, 1945, pp. 494-523.

Alarcos García, Emilio: «Variantes de una poesía de Quevedo», *Castilla*, I, 1940-1941, pp. 143-147.

— *El dinero en las obras de Quevedo*, Universidad de Valladolid. Discurso de apertura del curso 1942-1943.

— «El poema heroico de las necedades y locuras de Orlando enamorado», en *Mediterráneo*, IV, números 13-15, 1946, pp. 25-63.

— «Quevedo y la parodia idiomática», en *Archivum*, t. V, 1955, pp. 3-38.

Alonso, Amado: «Sentimiento e intuición en la lírica» (sobre el soneto «Cerrar podrá mis ojos...»), en *La Nación*, de Buenos Aires, 3 marzo 1940, recogido en *Materia y forma en poesía*, Madrid, 1955, pp. 11-20.

Alonso, Dámaso: «El desgarrón afectivo en la poesía de Quevedo», en *Poesía española*, Madrid, 1952, pp. 531-618.

Artigas, Miguel: *Don Luis de Góngora y Argote. Biografía y estudio crítico*, Madrid, 1925.

Ayala, Francisco: «Sueño y realidad en el Barroco. Un soneto de Quevedo», *Insula*, núm. 184, marzo, 1962.

Benichou-Roubaud, Silvia: «Quevedo, helenista (*El Anacreón castellano*)», en la *Nueva Revista de Filología Hispánica*, XIV, 1950, pp. 51-72.

Bergamín, José: «Quevedo», en *Fronteras infernales de la poesía*, Madrid, 1959.

Blanco Aguinaga, C.: «Dos sonetos del siglo XVII: Amor-Locura en Quevedo y sor Juana», en *Modern Language Notes*, vol. 77, núm. 2, 1962, pp. 145-162.

— «Cerrar podrá mis ojos... Tradición y originalidad», en *Filología* (Buenos Aires), VIII, 1962, pp. 57 y ss.

Blecua, José Manuel: «Un ejemplo de dificultades; el memorial "Católica, sacra, real Majestad", en *Nueva*

Revista de Filología Hispánica, VIII, 1954, páginas 156-173.

Bodini, Vittorio: *Sonetti amorosi e morali di Francisco de Quevedo*, Torino, 1965.

Borges, J. L.: «Grandeza y menoscabo de Quevedo», *Revista de Occidente*, 1924, pp. 249 y ss.

— «Quevedo», en *Otras inquisiciones*, Buenos Aires, 1960, pp. 55-64.

Bouvier, René: *Quevedo. Hombre del diablo, hombre de Dios*, traducción de Roberto Bula Piriz, 2.ª edición, Buenos Aires, edit. Losada, 1951.

Buchanan, Milton A.: «A Neglected Version of Quevedo's *Romance* on Orpheus», *Modern Language Notes*, XX, 1905, pp. 116-118.

Caballero Bonald, J. M.: «La libertad en la poesía de Quevedo», *Eco* [Bogotá], diciembre, 1961, t. IV, 2, pp. 127 y ss.

Caravaggi, G.: «Il poema eroico de *Las necedades...* de Quevedo», en *Letterature Moderne*, 4 (Bologna), 1961, pp. 445 y ss.

Carbonell, Reyes: «Algunas notas al "Poema heroico de las necedades y locuras de Orlando el enamorado" de Quevedo», en *Estudios* (Universidad de Duquesne, Pittsburgh, EE. UU.), I, 1952, pp. 13-19.

Carilla, Emilio: *Quevedo*, Tucumán, 1949.

Castanien, D. G.: «Quevedo's "A Cristo resucitado"», en *Symposium* (Syracuse, EE. UU.), XIII, 1959, páginas 96-101.

— «Quevedo's Anacreon castellano», en *Studies in Philology*, 55, 1958, pp. 568-575.

Castelltort, Ramón, Sch. P.: «Lope, Quevedo y Góngora en una encrucijada», *Analecta Calasanctiana*, núm. 6, 1961, pp. 267 y ss.

Catalán, Diego: «Una jacarilla barroca hoy tradicional en Extremadura y en el Oriente», en *Revista de estudios extremeños*, VIII, 1952, pp. 377-387.

Consiglio, Carlo: «El poema a Lisi y su petrarquismo», en *Mediterráneo*, núms. 13-15, 1956, pp. 76-93.

Cossío, José María de: «Lección sobre un soneto de Quevedo», *Boletín de la Biblioteca de Menéndez Pelayo*, XXI, 1945, pp. 409-428.

Crosby, James O.: «Quevedo, Lope and the Royal Wedding of 1615», *Modern Language Quarterly*, vol. 17, núm. 2, 1956, pp. 104-110.
— *The Text Tradition of the Memorial «Católica, sacra, real Majestad»*, University of Kansas Press, Lawrence, Kansas (s. a.).
— *En torno a la poesía de Quevedo*, Madrid, 1967.
— «La huella de González de Salas en la poesía de Quevedo editada por Aldrete», en el *Homenaje a don A. Rodríguez-Moñino*, I, Madrid, 1966, pp. 111-123.
— y Holman, A. F.: «Nuevos manuscritos de la obra de Quevedo», *Revista de Archivos, Bibliotecas y Museos*, LXVII, I, 1959, pp. 165 y ss.
— *Guía bibliográfica para el estudio crítico de Quevedo*, London, Grant and Cutler, 1976.
Cuervo, Rufino José: «Dos poesías de Quevedo a Roma», en *Revue Hispanique*, XVIII, 1908, pp. 432-438.
Deblay, L.: «Poésies inédites de Quevedo», *Revue Hispanique*, XXXIV, 1915, pp. 5-66.
Durán, Manuel: «El sentido del tiempo en Quevedo», en *Cuadernos americanos*, XIII, 1954, pp. 237-288.
— *Quevedo*, Madrid, Edaf, 1978.
Ettinghausen, Henry: *Francisco de Quevedo and the neostoic movement*, Oxford University Press, 1972.
— «Un nuevo manuscrito autógrafo de Quevedo», *Boletín de la Real Academia de la Lengua*, LII (1972), pp. 211-279.
Fernández Galiano, Manuel: «Notas sobre una oda incompleta de Quevedo», en *Revista de la Biblioteca, Archivo y Museo del Ayuntamiento de Madrid*, XIV, 1945, pp. 349-366, y XV, 1946, pp. 400-401.
Frankel, Hans Herman: «Quevedo's letrilla "Flor que vuelas"...», en *Romance Philology*, VI, 1953, pp. 259-264.
Fucilla, Joseph G.: «Some imitations of Quevedo and some Poems Wrongly Attributed to Him», en *Romanic Review*, XXI, 1930, pp. 228-235.
— «Intorno ad alcune poesie attribuite a Quevedo», en *Quaderni ibero-americani*, núm. 21, 1957, pp. 364-365.
— *Estudios sobre el petrarquismo en España*, Madrid, 1960.

Gómez de la Serna, R.: *Quevedo*, Colección Austral, número 1 171.

González de la Calle, U.: *Quevedo y los dos Sénecas*, México, 1965.

Green, Otis H.: *Courtly Love in Quevedo*, University of Colorado Press, Boulder, Colorado, 1952. Traducción de Francisco Yndurain, *El amor cortés en Quevedo*, Zaragoza, 1955. (Vid. también la nota de Rafael Lapesa sobre este libro en la *Hispanic Review*, XXI, 1953, pp. 237-243.)

Hill, John M.: «Una jácara de Quevedo», en *Revue Hispanique*, LXXII, 1928, pp. 494-503.

— *Poesías germanescas*, Bloomington, Indiana University Press, 1945.

Kellermann, Wilhelm: «Denken und dichten bei Quevedo», en *Gedächtnisschrift für Adalbert Hämel* [1953], pp. 121-154. (Cito por tirada aparte, sin año.)

Kelly, Emilia N.: *La poesía metafísica de Quevedo*, Madrid, Guadarrama, 1973.

Laín Entralgo, Pedro: «La vida del hombre en la poesía de Quevedo», en *Cuadernos hispano-americanos*, número 1, 1948, pp. 63-101. (Recogido en *Vestigios*, Madrid, 1948, pp. 17-45.)

Lázaro, Fernando: «Quevedo entre el amor y la muerte», en *Papeles de Son Armadans*, núm. 11, 1956, pp. 145-160.

— «Sobre la dificultad conceptista», en *Estudios dedicados a D. Ramón Menéndez Pidal*, t. VI, Madrid, 1956, pp. 376 y ss.

Lida, María Rosa: «Notas para las fuentes de Quevedo», en *Revista de Filología Hispánica*, t. I, 1939, pp. 369-375.

Lida, Raimundo: *Letras hispánicas*, México, 1958.

Lihani, J.: «Quevedo's *Romance sayagués* burlesco», *Studies in Philology*, 55, 1958, pp. 568-575.

Lira Urquieta, Pedro: *Sobre Quevedo y otros clásicos*, Madrid, 1958.

Martín Fernández, María Isabel: «Referencias judaicas en la poesía satírica de Quevedo», en *Anuario de Estudios Filológicos*, II (1979). Universidad de Extremadura.

Martinengo, Alessandro: *Quevedo e il simbolo alchimistico*, Padova, 1967.

Millé y Jiménez, J.: «Un soneto interesante para las biografías de Lope y Quevedo», *Helios* (B. Aires), II, 1918, pp. 92-100.

Molho, Mauricio: *Semántica y poética (Góngora y Quevedo)*, Barcelona, Crítica, 1977.

Muñoz Cortés, Manuel: «Sobre el estilo de Quevedo. (Análisis del romance "Visita de Alejandro a Diógenes Cínico")», en *Mediterráneo*, núms. 13-15, 1946, páginas 108-142.

Orozco, Emilio: «El sentido pictórico del color en la poesía barroca», en *Temas del Barroco*, Granada, 1947, pp. 96-98.

Parker, Alexander A.: «La "agudeza" en algunos sonetos de Quevedo», en *Estudios dedicados a R. Menéndez Pidal*, t. III, 1952, pp. 345-360.

Paterson, A. K. G.: «"Sutileza del pensar" in a Quevedo sonnet», en *Modern Language Notes*, t. 81, 1966, número 2.

Pérez Gómez, Antonio: «A propósito de un romance de Quevedo: "Orfeo en los Infiernos", en *Bibliografía hispánica*, IX, pp. 89-90.

Pozuelo Yvancos, José María: *El lenguaje poético de la lírica amorosa de Quevedo*, Murcia, Universidad, 1979.

Prat Parral, Ignacio: *Algunos conceptos estoicos de Aulo Persio en Quevedo...* (Tesis de licenciatura, inédita, Barcelona, 1967).

Praz, Mario: «Stanley Sherburne and Ayres as translation and imitators of Italian, Spanish and French poets», *Modern Language Review*, XX, 1925, pp. 280-299, 419-431.

Price, R. M.: «A note on three satirical sonnets of Quevedo», en el *Bulletin of Hispanic Studies*, XL (1963), pp. 79 y ss.

— «A Note on the Sources and Structure of "Miré los muros de la patria mía"», en *Modern Language Notes*, 1963, pp. 194-199.

Rothe, Arnold: *Quevedo und Seneca*, Genève-Paris, 1965.

Sánchez Alonso, B.: «Las poesías inéditas e inciertas de Quevedo», *Revista de la Biblioteca, Archivo y Museo del Ayuntamiento de Madrid*, IV, 1927, núm. 14.

— «Los satíricos latinos y la sátira de Quevedo», en *Revista de Filología Española*, XI, 1924, pp. 33-62 y 113-153.

Schalk, Fritz: «Quevedo's Imitaciones de Marcial», en *Festschrift für H. Tiemann* (Hamburgo), 1959, páginas 202-212.

Serrano Poncela, S.: «Estratos afectivos en Quevedo», *Cuadernos*, núm. 34, 1959, pp. 75-82.

Sheppard, D.: «Resonancias de Quevedo en la poesía española del siglo xx», en *Kentucky Foreign Languages Quarterly*, IX, 1962, pp. 105-113.

Sobejano, Gonzalo: «"En los claustros de l'alma". Apuntaciones sobre la lengua poética de Quevedo», en *Sprache und Geschichte. Festschrift für Harri Meier*, München, 1971, pp. 459-492.

— *Francisco de Quevedo. El escritor y la crítica*, Madrid, Taurus, 1978.

Terry, Arthur: «Quevedo and the metaphysic conceit», *Bulletin Hispanic Studies*, XXXV (1958), núm. 4, páginas 211-222.

Veres d'Ocón, Ernesto: «Notas sobre la enumeración descriptiva en Quevedo», en *Saitabi*, IX, 1949. (Tirada aparte.)

— «La anáfora en la lírica de Quevedo», en el *Boletín castellonense de cultura*, 1949. (Tirada aparte.)

Walters, D. G.: «The Theme of Love in the *romances* de Quevedo», en *Studies of Spanish and Portuguese ballad* (London, Tamesis Books, 1972), p. 95 y ss.

Wilson, Edward M.: «Quevedo for the masses», en *Atlante*, vol. 3, núm. 4, 1955. (Tirada aparte.)

Yndurain, Francisco: *El pensamiento de Quevedo*, Universidad de Zaragoza, 1944.

J. M. B.

POEMAS METAFÍSICOS

1

ENSEÑA A MORIR ANTES Y QUE LA MAYOR PARTE DE LA
MUERTE ES LA VIDA, Y ÉSTA NO SE SIENTE, Y LA MENOR,
QUE ES EL ÚLTIMO SUSPIRO, ES LA QUE DA PENA*

SONETO

Señor don Juan, pues con la fiebre apenas
se calienta la sangre desmayada,
y por la mucha edad, desabrigada,
tiembla, no pulsa, entre la arteria y venas;

pues que de nieve están las cumbres llenas,   5
la boca, de los años saqueada,
la vista, enferma, en noche sepultada,
y las potencias, de ejercicio ajenas,

salid a recibir la sepoltura,
acariciad la tumba y monumento: 10
que morir vivo es última cordura.

La mayor parte de la muerte siento
que se pasa en contentos y locura,
y a la menor se guarda el sentimiento[1].

[*Parnaso*, 60, a]

* Astrana Marín lo fecha, sin dar ninguna explicación, en 1643.
Pero basta leer la nota siguiente para no aceptar esa fecha.
[1] Compárese con lo que dice en una carta a don Manuel Serrano del Castillo el 16 de agosto de 1635 (en *Obras en prosa*, Madrid, 1941, pág. 1851 b): «Señor don Manuel, hoy cuento yo cincuenta y dos años, y en ellos cuento otros tantos entierros míos. Mi
infancia murió irrevocablemente; murió mi niñez, murió mi juventud, murió mi mocedad; ya también falleció mi edad varonil.
Pues ¿cómo llamo vida una vejez que es sepulcro, donde yo propio
soy entierro de cinco difuntos que he vivido? ¿Por qué, pues,
desearé vivir sepultura de mi propia muerte, y no desearé acabar

2

Represéntase la brevedad de lo que se vive y cuán nada parece lo que se vivió*

SONETO

«¡Ah de la vida!»... ¿Nadie me responde?
¡Aquí de los antaños que he vivido!
La Fortuna mis tiempos ha mordido[1];
las Horas mi locura las esconde[2].

    ¡Que sin poder saber cómo ni adónde   5
la salud y la edad se hayan huido!
Falta la vida, asiste lo vivido,
y no hay calamidad que no me ronde.

    Ayer se fue; mañana no ha llegado;
hoy se está yendo sin parar un punto: 10
soy un fue, y un será, y un es cansado.

    En el hoy y mañana y ayer, junto
pañales y mortaja, y he quedado
presentes sucesiones de difunto.

[*Parnaso*, 63, a]

de ser entierro de mi misma vida? Hanme desamparado las fuerzas, confiésanlo, vacilando, los pies, temblando las manos; huyóse
el color del cabello, y vistióse de ceniza la barba; los ojos, inhá-
biles para recibir la luz, miran noche; saqueada de los años la
boca, ni puede disponer el alimento ni gobernar la voz; las venas
para calentar necesitan de la fiebre; las rugas han desamol-
dado las facciones; y el pellejo se ve disforme con el dibujo de la
calavera, que por él se trasluce. Ninguna cosa me da más horror
que el espejo en que me miro...»
* «Da a las mismas pensiones de la vida contenidas en el soneto
antecedente [el que principia "Que los años por ti vuelen tan
leves"], vejez y enfermedad, diversa causa: ésta es el proprio
vivir.» Nota de González de Salas, como las dos siguientes.
[1] «Las ambiciones han perdido parte de mi edad.»
[2] «Los devaneos, otra parte.»

3

Significase la propria brevedad de la vida, sin pensar, y con padecer, salteada de la muerte

SONETO

¡Fue sueño ayer; mañana será tierra!
¡Poco antes, nada; y poco después, humo!
¡Y destino ambiciones, y presumo
apenas punto[1] al cerco que me cierra[2]!

Breve combate de importuna guerra,   5
en mi defensa, soy peligro sumo;
y mientras con mis armas me consumo,
menos me hospeda el cuerpo, que me entierra.

Ya no es ayer; mañana no ha llegado;
hoy pasa, y es, y fue, con movimiento   10
que a la muerte me lleva despeñado.

Azadas son la hora y el momento
que, a jornal de mi pena y mi cuidado,
cavan en mi vivir mi monumento.

[Parnaso, 63, b]

---

[1] *punto,* instante.
[2] Compárese: «Vuelve los ojos, si piensas que eres algo, a lo que eras antes de nacer; y hallarás que no eras, que es la última miseria. Mira que eres el que ha poco que no fuiste, y el que siendo, eres poco, y el que aquí a poco no serás: verás cómo tu vanidad se castiga y se da por vencida». Quevedo, *La cuna y la sepultura,* en *Obras en prosa,* edic. cit., pág. 1090.

4

REPITE LA FRAGILIDAD DE LA VIDA, Y SEÑALA SUS ENGAÑOS Y SUS ENEMIGOS

SONETO

¿Qué otra cosa es verdad sino pobreza[1]
en esta vida frágil y liviana?
Los dos embustes de la vida humana,
desde la cuna, son honra y riqueza.

El tiempo, que ni vuelve ni tropieza,   5
en horas fugitivas la devana[2];
y, en errado anhelar, siempre tirana,
la Fortuna fatiga su flaqueza.

Vive muerte callada y divertida
la vida misma; la salud es guerra   10
de su proprio alimento combatida.

¡Oh, cuánto, inadvertido, el hombre yerra:
que en tierra teme que caerá la vida,
y no ve que, en viviendo, cayó en tierra!

[*Parnaso*, 80, b]

5

PREVENCIÓN PARA LA VIDA Y PARA LA MUERTE

SONETO

Si no temo perder lo que poseo,
ni deseo tener lo que no gozo,
poco de la Fortuna en mí el destrozo
valdrá, cuando me elija actor o reo.

---

[1] Véase el elogio de la pobreza en *La cuna y la sepultura*, edición cit., págs. 1093 y ss.
[2] «A la vida», anota González de Salas.

Ya su familia reformó el deseo;   5
no palidez al susto, o risa al gozo
le debe[1] de mi edad el postrer trozo,
ni anhelar a la Parca su rodeo.

Sólo ya el no querer es lo que quiero;
prendas de la alma son las prendas mías;   10
cobre el puesto la muerte, y el dinero.

A las promesas miro como a espías;
morir al paso de la edad espero:
pues me trujeron, llévenme los días.

[*Parnaso*, 82, a]

6

ARREPENTIMIENTO Y LÁGRIMAS DEBIDAS AL ENGAÑO
DE LA VIDA

SONETO

Huye sin percibirse, lento, el día,
y la hora secreta y recatada
con silencio se acerca, y, despreciada[2],
lleva tras sí la edad lozana mía.

La vida nueva, que en niñez ardía,   5
la juventud robusta y engañada,
en el postrer invierno sepultada,
yace entre negra sombra y nieve fría[3].

No sentí resbalar, mudos, los años;
hoy los lloro pasados, y los veo   10
riendo de mis lágrimas y daños.

---

[1] «Al deseo», anota González de Salas.
[2] «La hora secreta», apostilla González de Salas.
[3] Comp.: «Todos los que viven, si fuesen buenos, tienen obligación de saber lo que es la muerte, pues no pueden vivir sin morir. El muchacho en quien murieron siete años de niño, y el mozo en quien murieron veinte y cinco, saben lo que es la muerte, como el viejo en quien murieron ciento». Carta a don Manuel Serrano del Castillo, *Obras en prosa*, edic. cit., pág. 1852, b.

Mi penitencia deba a mi deseo,
pues me deben la vida mis engaños,
y espero el mal que paso, y no le creo.

[*Parnaso*, 82, b]

7

AGRADECE, EN ALEGORÍA CONTINUADA, A SUS TRABAJOS
SU DESENGAÑO Y SU ESCARMIENTO

SONETO

¡Qué bien me parecéis, jarcias y entenas,
vistiendo de naufragios los altares,
que son peso glorioso a los pilares
que esperé ver tras mi destierro apenas!

Símbolo sois de ya rotas cadenas   5
que impidieron mi vuelta, en largos mares;
mas bien podéis, santísimos lugares,
agradecer mis votos en mis penas.

No tanto me alegrárades con hojas
en los robres antiguos, remos graves,   10
como colgados en el templo y rotos.

Premiad con mi escarmiento mis congojas;
usurpe al mar mi nave muchas naves;
débanme el desengaño los pilotos.

[*Parnaso*, 83, b]

8

CONOCE LA DILIGENCIA CON QUE SE ACERCA LA MUERTE,
Y PROCURA CONOCER TAMBIÉN LA CONVENIENCIA DE SU
VENIDA, Y APROVECHARSE DE ESE CONOCIMIENTO

SONETO

Ya formidable y espantoso suena,
dentro del corazón, el postrer día;
y la última hora, negra y fría,
se acerca, de temor y sombras llena.

Si agradable descanso, paz serena   5
la muerte, en traje de dolor, envía,
señas da su desdén de cortesía:
más tiene de caricia que de pena.

¿Qué pretende el temor desacordado
de la que a rescatar, piadosa, viene   10
espíritu en miserias anudado?

Llegue rogada, pues mi bien previene;
hálleme agradecido, no asustado;
mi vida acabe, y mi vivir ordene.

[*Parnaso,* 85, a]

9

MUESTRA EL ERROR DE LO QUE SE DESEA
Y EL ACIERTO EN NO ALCANZAR FELICIDADES

SONETO

Si me hubieran los miedos sucedido
como me sucedieron los deseos,
los que son llantos hoy fueran trofeos:
¡mirad el ciego error en que he vivido!

Con mis aumentos proprios me he perdido; 5
las ganancias me fueron devaneos;
consulté a la Fortuna mis empleos,
y en ellos adquirí pena y gemido.

Perdí, con el desprecio y la pobreza,
la paz y el ocio; el sueño, amedrentado, 10
se fue en esclavitud de la riqueza.

Quedé en poder del oro y del cuidado,
sin ver cuán liberal Naturaleza
da lo que basta al seso no turbado.

[*Parnaso*, 86, a]

10

CONTIENE UNA ELEGANTE ENSEÑANZA DE QUE TODO
LO CRIADO TIENE SU MUERTE DE LA ENFERMEDAD
DEL TIEMPO*

SONETO

Falleció César, fortunado y fuerte;
ignoran la piedad y el escarmiento
señas de su glorioso monumento:
porque también para el sepulcro hay muerte[1].

Muere la vida, y de la misma suerte 5
muere el entierro rico y opulento;
la hora, con oculto movimiento,
aun calla[2] el grito que la fama vierte.

Devanan sol y luna, noche y día[3],
del mundo la robusta vida, ¡y lloras 10
las advertencias que la edad te envía!

* Véase el bello comentario de José María de Cossío en «Lección
sobre un soneto de Quevedo», *Bol. de la Bibl. Menéndez Pelayo*,
XXI (1945), págs. 409 y ss.
[1] «Mors etiam saxis marmoribusque venit.» Nota de González de
Salas.
[2] «Verbo activo.» Nota del mismo.
[3] «Aposición», apostilla el mismo editor.

Risueña enfermedad son las auroras;
lima de la salud es su alegría:
Licas, sepultureros son las horas.

[*Parnaso*, 99]

11

DESCUIDO DEL DIVERTIDO VIVIR A QUIEN
LA MUERTE LLEGA IMPENSADA

SONETO

Vivir es caminar breve jornada,
y muerte viva es, Lico, nuestra vida,
ayer al frágil cuerpo amanecida,
cada instante en el cuerpo sepultada.

Nada que, siendo, es poco, y será nada   5
en poco tiempo, que ambiciosa olvida;
pues, de la vanidad mal persuadida,
anhela duración, tierra animada.

Llevada de engañoso pensamiento
y de esperanza burladora y ciega,   10
tropezará en el mismo monumento.

Como el que, divertido, el mar navega,
y, sin moverse, vuela con el viento,
y antes que piense en acercarse, llega.

[*Parnaso*, 103, b]

12

El escarmiento*

CANCIÓN

¡Oh tú, que, inadvertido, peregrinas
de osado monte cumbres desdeñosas,
que igualmente vecinas
tienen a las estrellas sospechosas,
o ya confuso vayas   5
buscando el cielo, que robustas hayas
te esconden en las hojas,
o la alma aprisionada de congojas
alivies y consueles,
o con el vario pensamiento vueles,   10
delante desta peña tosca y dura,
que, de naturaleza aborrecida,
invidia de aquel prado la hermosura,
detén el paso y tu camino olvida,
y el duro intento que te arrastra deja,   15
mientras vivo escarmiento te aconseja!

En la que escura ves, cueva espantosa,
sepulcro de los tiempos que han pasado,
mi espíritu reposa,
dentro en mi propio cuerpo sepultado,   20
pues mis bienes perdidos
sólo han dejado en mí fuego y gemidos,
vitorias de aquel ceño,
que, con la muerte, me libró del sueño
de bienes de la tierra,   25
y gozo blanda paz tras dura guerra,

---

* Aldrete dice en el prólogo que «habiendo después de su última
prisión de León, vuelto [don Francisco] a la Torre de Juan Abad,
antes de irse a Villanueva de los Infantes a curar de las aposte-
mas que desde la prisión se le habían hecho en los pechos, ocho
meses antes de su muerte, compuso la primera canción que va
impresa en este libro [la que Astrana da como definitiva] en donde parece predice su muerte, publica su desengaño y da documentos para que todos le tengamos. Puede servirle de inscripción
sepulcral». El poema sería, por lo tanto, de 1645. (Aldrete repitió
la canción en la pág. 176. Es la que doy como definitiva.)

hurtado para siempre a la grandeza,
al envidioso polvo cortesano,
al inicuo poder de la riqueza,
al lisonjero adulador tirano.   30
¡ Dichoso yo, que fuera de este abismo,
vivo, me soy sepulcro de mí mismo !

    Estas mojadas, nunca enjutas, ropas,
estas no escarmentadas y deshechas
velas, proas y popas,   35
estos hierros molestos, estas flechas,
estos lazos y redes
que me visten de miedo las paredes,
lamentables despojos,
desprecio del naufragio de mis ojos,   40
recuerdos despreciados,
son, para más dolor, bienes pasados.
Fue tiempo que me vio quien hoy me llora
burlar de la verdad y de escarmiento,
y ya, quiérelo Dios, llegó la hora   45
que debo mi discurso a mi tormento.
Ved cómo y cuán en breve el gusto acaba,
pues suspira por mí quien me envidiaba.

    Aun a la muerte vine por rodeos;
que se hace de rogar, o da sus veces   50
a mis propios deseos;
mas, ya que son mis desengaños jueces,
aquí, sólo conmigo,
la angosta senda de los sabios sigo,
donde gloriosamente   55
desprecio la ambición de lo presente.
No lloro lo pasado,
ni lo que ha de venir me da cuidado;
y mi loca esperanza, siempre verde,
que sobre el pensamiento voló ufana,   60
de puro vieja aquí su color pierde,
y blanca puede estar de puro cana.
Aquí, del primer hombre despojado,
descanso ya de andar de mí cargado.

    Estos que han de beber, fresnos hojosos,   65
la roja sangre de la dura guerra;
estos olmos hermosos,
a quien esposa vid abraza y cierra,
de la sed de los días,
guardan con sombras las corrientes frías;   70
y en esta dura sierra,
los agradecimientos de la tierra,
con mi labor cansada,
me entretienen la vida fatigada.
Orfeo del aire el ruiseñor parece,   75
y ramillete músico el jilguero;
consuelo aquél en su dolor me ofrece;
éste, a mi mal[1], se muestra lisonjero;
duermo, por cama, en este suelo duro,
si menos blando sueño, más seguro.   80

    No solicito el mar con remo y vela,
ni temo al Turco la ambición armada;
no en larga centinela
al sueño inobediente, con pagada
sangre y salud vendida,   85
soy, por un pobre sueldo, mi homicida;
ni a Fortuna me entrego,
con la codicia y la esperanza ciego,
por cavar, diligente,
los peligros precisos del Oriente;   90
no de mi gula amenazada vive
la fénix en Arabia, temerosa,
ni a ultraje de mis leños apercibe
el mar su inobediencia peligrosa:
vivo como hombre que viviendo muero,   95
por desembarazar el dia postrero.

    Llenos de paz serena mis sentidos,
y la corte del alma sosegada,
sujetos y vencidos
apetitos de ley desordenada,   100
por límite a mis penas
aguardo que desate de mis venas

---

[1] En el texto, *este animal.*

la muerte prevenida
la alma, que anudada está en la vida,
disimulando horrores   105
a esta prisión de miedos y dolores,
a este polvo soberbio y presumido,
ambiciosa ceniza, sepultura
portátil, que conmigo la he traído,
sin dejarme contar hora segura.   110
Nací muriendo y he vivido ciego,
y nunca al cabo de mi muerte llego.

    Tú, pues, ¡oh caminante!, que me escuchas,
si pretendes salir con la victoria
del monstro con quien luchas,   115
harás que se adelante tu memoria
a recibir la muerte,
que, obscura y muda, viene a deshacerte.
No hagas de otro caso,
pues se huye la vida paso a paso,   120
y, en mentidos placeres,
muriendo naces y viviendo mueres.
Cánsate ya, ¡oh mortal!, de fatigarte
en adquirir riquezas y tesoro;
que últimamente el tiempo ha de heredarte,   125
y al fin te dejarán la plata y oro.
Vive para ti solo, si pudieres;
pues sólo para ti, si mueres, mueres.

       [*Las tres Musas,* 176]

HERÁCLITO CRISTIANO

HERÁCLITO CRISTIANO Y SEGUNDA ARPA A IMITACIÓN DE DAVID

AL LECTOR

Tú, que me has oído lo que he cantado y lo que me dictó el apetito, la pasión o la naturaleza, oye ahora, con oído más puro, lo que me hace decir el sentimiento verdadero y arrepentimiento de todo lo demás que he hecho: que esto lloro porque así me lo dicta el conocimiento y la consciencia, y esas otras cosas canté porque me lo persuadió así la edad.

A DOÑA MARGARITA DE ESPINOSA, MI TÍA[1]

Esta confesión, que por ser tan tarde hago no sin vergüenza, envío a Vm. para que se divierta algunos ratos; bien que empleándolos todos, en su viudez y retiramiento, con Dios, antes será hurtárseles. Sólo pretendo, ya que la voz de mis mocedades ha sido molesta a Vm. y escandalosa a todos, conocer por este papel diferentes propósitos. Y ruegue a Dios Nuestro Señor me dé su gracia. Torre de Joan Abad, 3 de junio de 1613.

> ¡*Cancionero de 1628*, 155. Pero los *Salmos*, como se indica en el prólogo, siguen el orden del manuscrito de don Eugenio Asensio, el más completo para esta obrita.]

---

[1] Hermana de la madre de don Francisco. En su casa vivieron María y Margarita, hermanas de nuestro poeta, al morir su madre. Falleció doña Margarita en 1616.

13

SALMO I

Un nuevo corazón, un hombre nuevo
ha menester, Señor, la ánima mía;
desnúdame de mí, que ser podría
que a tu piedad pagase lo que debo[1].

Dudosos pies por ciega noche llevo,   5
que ya he llegado a aborrecer el día,
y temo que hallaré la muerte fría
envuelta en (bien que dulce) mortal cebo.

Tu hacienda soy; tu imagen, Padre, he sido,
y, si no es tu interés en mí, no creo
que otra cosa defiende mi partido.

Haz lo que pide verme cual me veo,
no lo que pido yo: pues, de perdido,
recato mi salud de mi deseo.

> [*Las tres Musas*, 226, b, con un
> epígrafe que suprimo: «Pide a
> Dios le dé lo que le conviene, con
> sospecha de sus propios deseos».]

14

SALMO II

¡Cuán fuera voy, Señor, de tu rebaño,
llevado del antojo y gusto mío!
¡Llévame mi esperanza el tiempo frío,
y a mí con ella un disfrazado engaño!

Un año se me va tras otro año,   5
y yo más duro y pertinaz porfío,
por mostrarme más verde mi albedrío
la torcida raíz do está mi daño.

---

[1] Compárese: «Desnúdame, Señor, de estas prisiones». Carta a
don Antonio de Mendoza, en *Obras en prosa*, edic. cit., pág. 1816, b.

Llámasme, gran Señor; nunca respondo.
Sin duda mi respuesta sólo aguardas,   ·10
pues tanto mi remedio solicitas.

Mas, ¡ay!, que sólo temo en mar tan hondo,
que lo que en castigarme agora aguardas,
con doblar los castigos lo desquitas.

[Las tres Musas, 250, b]

15

Salmo III

¿Hasta cuándo, salud del mundo enfermo,
sordo estarás a los suspiros míos?
¿Cuándo mis tristes ojos, vueltos ríos,
a tu mar llegarán desde este yermo?
¿Cuándo amanecerá tu hermoso día   5
la escuridad que el alma me anochece?
Confieso que mi culpa siempre crece,
y que es la culpa de que crezca mía.
Su fuerza muestra el rayo en lo más fuerte
y en los reyes y príncipes la muerte;   10
resplandece el poder inaccesible
en dar facilidad a lo imposible;
y tu piedad inmensa
más se conoce en mi mayor ofensa.

[Las tres Musas, 250, a]

16

Salmo IV

¡Que tenga yo, Señor, atrevimiento
(¿quién me lo oye decir que no se espanta?)
de procurar con los pecados míos
agotar tu piedad o tu tormento!
La lengua se me pega a la garganta;   5
agua a mis ojos falta, a mi voz bríos;
nada me desengaña;
el mundo me ha hechizado.

¿Dónde podré esconderme de tu saña,
sin que el rastro que deja mi pecado,   10
por dondequiera que mis pasos llevo,
no me descubra a tu rigor de nuevo?

[Ms. 3.706, Bibl. Nacional, 308]

17

Salmo V

Como sé cuán distante
de Ti, Señor, me tienen mis delitos,
porque puedan llegar al claro techo
donde estás radïante,
esfuerzo los sollozos y los gritos,   5
y, en lágrimas deshecho,
suspiro de lo hondo de mi pecho.
Mas, ¡ay!, que si he dejado
dé ofenderte, Señor, temo que ha sido
más de puro cansado   10
que no de arrepentido.
¡Terrible confesión[1], confuso espanto
del que a tu sufrimiento debe tanto!

[*Las tres Musas*, 245, a]

18

Salmo VI

¡Que llegue a tanto ya la maldad mía!
Aun Tú te espantarás, que bien lo sabes,
eterno Autor del día,
en cuya voluntad están las llaves
del cielo y de la tierra.   5
Como que, porque sé por experiencia
de la mucha clemencia
que en tu pecho se encierra,
que ayudas a cualquier necesitado,

---

[1] En el texto, *confusión*. (En el ms. 3.706, B. N., f. 308 v., *indigna confesión*.)

tan ciego estoy en mi mortal enredo,   10
que no te oso llamar, Señor, de miedo
de que quieras sacarme de pecado.
¡Oh baja servidumbre:
que quiero que me queme y no me alumbre
la Luz que la da a todos!   15
¡Gran cautiverio es éste en que me veo!
¡Peligrosa batalla
mi voluntad me ofrece de mil modos!
No tengo libertad, ni la deseo,
de miedo de alcanzalla.   20
¿Cuál infierno, Señor, mi alma espera
mayor que aquesta sujeción tan fiera?

[*Las tres Musas,* 245, b]

19

Salmo VII

¿Dónde pondré, Señor, mis tristes ojos
que no vea tu poder divino y santo?
Si al cielo los levanto,
del sol en los ardientes rayos rojos
te miro hacer asiento;   5
si al manto de la noche soñoliento,
leyes te veo poner a las estrellas;
si los bajo a las tiernas plantas bellas,
te veo pintar las flores;
si los vuelvo a mirar, los pecadores   10
que tan sin rienda viven como vivo,
con amor excesivo,
allí hallo tus brazos ocupados
más en sufrir que en castigar pecados.

[Ms. 3.706, f. 309 v.]

20

Salmo VIII

Dejadme un rato, bárbaros contentos,
que al sol de la verdad tenéis por sombra
los arrepentimientos;
que la memoria misma se me asombra
de que pudiesen tanto mis deseos,   5
que unos gustos tan feos
hiciesen parecer hermosos tanto.
Dejadme, que me espanto,
según soñé, en mi mal adormecido,
más de haber despertado que dormido;   10
contentaos con la parte de los años
que deben vuestros lazos a mi vida;
que yo la quiero dar por bien perdida,
ya que abracé los santos desengaños
que enturbiaron las aguas del abismo   15
donde me enamoraba de mí mismo.

[*Cancionero de 1628*, f. 3]

21

Salmo IX

Cuando me vuelvo atrás a ver los años
que han nevado la edad florida mía;
cuando miro las redes, los engaños
donde me vi algún día,
más me alegro de verme fuera dellos,   5
que un tiempo me pesó de padecellos.
Pasa veloz del mundo la figura,
y la muerte los pasos apresura;
la vida nunca para,
ni el Tiempo vuelve atrás la anciana cara.   10
Nace el hombre sujeto a la Fortuna,
y en naciendo comienza la jornada
desde la tierna cuna
a la tumba enlutada;

y las más veces suele un breve paso   15
distar aqueste oriente de su ocaso.
Sólo el necio mancebo,
que corona de flores la cabeza,
es el que solo empieza
siempre a vivir de nuevo.   20
Pues si la vida es tal, si es desta suerte,
llamarla vida agravio es de la muerte.

[*Las tres Musas*, 248, a]

22

Salmo X

Trabajos dulces, dulces penas mías;
pasadas alegrías
que atormentáis ahora mi memoria,
dulce en un tiempo, sí, mas breve gloria,
que llevaron tras sí mis breves días;   5
mal derramados llantos,
[si sois castigo de los cielos santos,]
con vosotros me alegro y me enriquezco,
porque sé de mí mismo que os merezco,
y me consuelo más que me lastimo;   10
mas, si regalos sois, más os estimo,
mirando que en el suelo,
sin merecerlo, me regala el cielo.
Perdí mi libertad, mi bien con ella;
no dejó en todo el cielo alguna estrella   15
que no solicitase,
entre llantos, la voz de mi querella:
¡tanto sentí el mirar que me dejase!
Mas ya me he consolado
de ver mi bien, ¡oh gran Señor!, perdido,   20
y, en parte, de perderle me he holgado,
por interés de haberle conocido.

[*Las tres Musas*, 247, pero el verso
7 procede del ms. 3.705, f. 310 v.]

23

Salmo XI

Nací desnudo, y solos mis dos ojos
cubiertos los saqué, mas fue de llanto.
Volver como nací quiero a la tierra;
el camino sembrado está de abrojos;
enmudezca mi lira, cese el canto;   5
suenen sólo clarines de mi guerra,
y sepan todos que por bienes sigo
los que no han de poder morir conmigo;
pues mi mayor tesoro
es no envidiar la púrpura ni el oro,   10
que en mortajas convierte
la trágica guadaña de la muerte.
Rehúso de gozallo,
por ahorrar la pena que recibe
el hombre, que lo tiene mientras vive,   15
cuando es llegado el tiempo de dejallo:
que el mayor tropezón de la caída
en el humano ser, es la subida.
De nada hace tesoros, Indias hace
quien, como yo, con nada está contento,   20
y con frágil sustento
la hambre ayuna y flaca satisface.
Pretenda el que quisiere,
para vivir, riquezas, mientras muere
pretendiendo alcanzallas;   25
que los más, cuando llegan a gozallas,
en la cumbre más alta,
alegre vida que vivir les falta.

[*Las tres Musas*, 248, b]

24

Salmo XII

¿Quién dijera a Cartago
que, en tan poca ceniza, el caminante,
con pies soberbios, pisaria sus muros?
¿Qué presagio pudiera ser bastante
a persuadir a Troya el fiero estrago,   5
venganza infame de los griegos duros?
¿De qué alta y divina profecía
la gran Jerusalén no se burlaba?
¿A qué verdad no amenazó desprecio
Roma, cuando triunfaba,   10
segura de llorar el postrer día,
con tanto César, Mario Bruto y Decio?
Y ya de tantas vanas confianzas
apenas se defiende la memoria
de las escuras manos del olvido.   15
¡Qué burladas están las esperanzas
que así se prometieron tanta gloria!
¡Cómo se ha reducido
toda su fama a un eco!
Adonde fue Sagunto es campo seco: 20
contenta está con yerba aquella tierra,
que al cielo amenazó con ira y guerra.
Descansan Creso y Craso,
vueltos menudo polvo, en frágil vaso.
De Alejandro y Darío   25
duermen los blancos huesos sueño frío:
porque con todo juega la Fortuna
cuanto ven en la tierra sol y luna.
Y así, creyendo noble desengaño,
vengo a contar que tengo tantas vidas   30
como tiene momentos cada un año,
y, con voces del ánimo nacidas,
viendo acabado tanto reino fuerte,
agradezco a la muerte,

con temor excesivo,   35
todas las horas que en el mundo vivo,
si vive alguna dellas
quien las pasa en temores de perdellas.

[*Lágrimas de Hieremías*, págs. 57-58]

25

Salmo XIII

 La indignación de Dios, airado tanto,
mi espíritu consume,
y es su piedad tan grande, que me llama
para que yo me ampare de su fuerza
contra su mismo brazo y poder santo.   5
Advierta el que presume
ofender a mi fama
que si Dios me castiga, que Él me esfuerza.
Sus alabanzas canto;
y en tanto que su nombre acompañare   10
con mis humildes labios,
no temeré los fuertes ni los sabios
que el mundo contra mí de envidia armare.
Confieso que he ofendido
al Dios de los ejércitos de suerte,   15
que en otro que Él no hallara la venganza
igual la recompensa con mi muerte;
pero, considerando que he nacido
su viva semejanza,
espero en su piedad cuando me acuerdo   20
que pierde Dios su parte si me pierdo.

[*Las tres Musas*, 252, b]

26

Salmo XIV

Nególe a la razón el apetito
el debido respeto,
y es lo peor que piensa que un delito
tan grave puede a Dios estar secreto,
cuya sabiduría   5
la escuridad del corazón del hombre,
desde el cielo mayor, la lee más claro.
Yace esclava del cuerpo el alma mía,
tan olvidada ya del primer nombre,
que no teme otra cosa   10
sino perder aqueste estado infame,
que debiera temer tan solamente,
pues la razón más viva y más forzosa
que me consuela y fuerza a que la llame,
aunque no se arrepiente,   15
es que está ya tan fea,
que se ha de arrepentir cuando se vea.
Sólo me da cuidado
ver que esta conversión tan conocida
ha de venir a ser agradecida,   20
más que a mi voluntad, a mi pecado,
pues ella no es tan buena
que desprecie por mala tanta pena;
y aunque él es vil, y de dolor tan lleno
que al infierno le igualo,   25
sólo tiene de bueno
el dar conocimiento de que es malo.

[*Las tres Musas*, 253]

27

Salmo XV

Pise, no por desprecio, por grandeza,
minas el avariento fatigado;
viva amando, medroso y desvelado,
en precioso dolor, pobre riqueza.

Ose contrahacer en su cabeza 5
zodíaco y esferas de ilustrado
cintillo, de planetas coronado,
que en Oriente mintió Naturaleza.

El escultor a Deucalión imite,
cuando anime las piedras de su casa[1]; 10
el pincel a los muertos resucite.

Que en mi cabaña, con mi lumbre escasa,
poco tendrá la Muerte que me quite
y la Fortuna en que ponerme tasa.

> [*Parnaso*, 78, b. Con un epígrafe
> que hemos suprimido: «Despre-
> cio del aparato vano y superfluo».]

28

Salmo XVI

Ven ya, miedo de fuertes y de sabios:
irá la alma indignada con gemido
debajo de las sombras, y el olvido
beberán por demás mis secos labios.

Por tal manera Curios, Decios, Fabios 5
fueron; por tal ha de ir cuanto ha nacido;
si quieres ser a alguno bien venido,
trae con mi vida fin a mis agravios.

Esta lágrima ardiente con que miro
el negro cerco que rodea a mis ojos, 10
naturaleza es, no sentimiento.

---

[1] Alude al mito de Deucalión y Pirra, los únicos que se salvaron del diluvio decretado por Júpiter. Cuando ya las aguas se retiraron, fueron a consultar a la diosa Temis, quien, entre otras cosas, les respondió: «Atad vuestras cinturas, y arrojad por detrás los huesos de vuestra gran madre». Deucalión comprendió que siendo la Tierra su madre común, sus huesos eran las piedras. Cogiéronlas, pues, y las arrojaron por detrás. Las que tiraba Deucalión se transformaban en hombres, y las de Pirra en mujeres.

Con el aire primero este suspiro
empecé, y hoy le acaban mis enojos,
porque me deba todo al monumento.

[*Parnaso*, 74, b. En este texto lleva
este epígrafe: «Llama también a
la muerte, como en la composición
anterior, pero de otra manera».]

Llama a la muerte*

SONETO

Ven ya, miedo de fuertes y de sabios;
huya el cuerpo indignado con gemido
debajo de las sombras, y el olvido
beberán por demás[1] mis secos labios.

Fallecieron los Curios y los Fabios,   5
y no pesa una libra, reducido
a cenizas, el rayo amanecido
en Macedonia a fulminar agravios.

Desata de este polvo y de este aliento
el nudo frágil en que está animada   10
sombra que sucesivo anhela el viento.

¿Por qué emperezas el venir rogada,
a que me cobre deuda el monumento,
pues es la humana vida larga, y nada?

[*Parnaso*, 74, a]

29

Salmo XVII

Miré los muros de la patria mía,
si un tiempo fuertes, ya desmoronados,
de la carrera de la edad cansados,
por quien caduca ya su valentía.

Salíme al campo, vi que el sol bebía   5
los arroyos del yelo desatados,
y del monte quejosos los ganados,
que con sombras hurtó su luz al día.

---

* «Tomó sabor el principio de este soneto de aquellas palabras
de Virgilio: *Vitaque cum gemitu fugit indignata sub umbras.*» Nota
de González de Salas que, al frente del de arriba, dice: «Este soneto refingió después casi todo, con mucho espíritu, deste modo».
[1] «Sin ser necesario.» Nota del mismo.

Entré en mi casa; vi que, amancillada,
de anciana habitación era despojos;   10
mi báculo, más corvo y menos fuerte;

vencida de la edad sentí mi espada.
Y no hallé cosa en que poner los ojos
que no fuese recuerdo de la muerte[1].

> [*Parnaso*, 88, b. Con un epígrafe
> que suprimo: «Enseña cómo todas
> las cosas avisan de la muerte».]

30

Salmo XVIII

Todo tras sí lo lleva el año breve
de la vida mortal, burlando el brío
al acero valiente, al mármol frío,
que contra el Tiempo su dureza atreve.

Antes que sepa andar el pie, se mueve   5
camino de la muerte, donde envío
mi vida oscura: pobre y turbio río
que negro mar con altas ondas bebe[2].

Todo corto momento es paso largo
que doy, a mi pesar, en tal jornada,   10
pues, parado y durmiendo, siempre aguijo.

Breve suspiro, y último, y amargo,
es la muerte, forzosa y heredada:
mas si es ley, y no pena, ¿qué me aflijo[3]?

> [*Parnaso*, 75, b. Con un epígrafe
> que hemos suprimido «Que la vida
> es siempre breve y fugitiva». Aña-
> de González de Salas: «Concluye
> el discurso con una sentencia stoi-
> ca».]

---

[1] Recuerda a Ovidio, *Tristes*, I, XI, 23: «Quocumque adspicio, nihil est, nisi mortis imago». (Debo esta nota, y la de Séneca, a Francisco Rico Manrique, tan buen humanista.)

[2] «El mar bebe al río», apostilla el mismo González de Salas.

[3] Compárese: «¿Murió? No; acabó de morir, que cuando nació comenzó a morir. Y cuando muriera, ley es, y no pena, el morir». Carta de don Francisco a Antonio de Mendoza, *Obras en prosa*, edic. cit., pág. 1814, b. (Pero la idea procede de Séneca, *Epigramas*, 7, 7: «Omnia mors poscit. Lex est, non poena, perire».)

31

Salmo XIX

¡Cómo de entre mis manos te resbalas!
¡Oh, cómo te deslizas, edad mía!
¡Qué mudos pasos traes, oh muerte fría,
pues con callado pie todo lo igualas!

Feroz, de tierra el débil muro escalas,   5
en quien lozana juventud se fía;
mas ya mi corazón del postrer día
atiende el vuelo, sin mirar las alas.

¡Oh condición mortal! ¡Oh dura suerte!
¡Que no puedo querer vivir mañana   10
sin la pensión de procurar mi muerte!

Cualquier instante de la vida humana
es nueva ejecución, con que me advierte
cuán frágil es, cuán mísera, cuán vana.

> [*Parnaso*, 78, a. Con un epígrafe,
> suprimido: «Conoce las fuerzas del
> tiempo y el ser ejecutivo cobrador
> de la muerte».]

32

Salmo XX

Desconoció su paz el mar de España,
tanto, que fue su orilla sólo el cielo:
la ley de arena que defiende el suelo
receló inobediencia de tal saña.

Con temeroso grito la montaña   5
hirió; llevóse el día negro velo;
mezcló en las venas con la sangre yelo,
erizado temor que le acompaña.

¡Qué me enseñó de votos la tormenta!
Y ¡qué de santos mi memoria debe   10
al naufragio y al mar! ¡Qué de oraciones!

Nunca tierra alcanzara; antes, violenta,
mi nave errara, pues el puerto, breve,
me trujo olvido a tantas devociones.

> [Ms. 3.705. Bibl. Nacional, f. 315 v.
> El texto de *Parnaso*, 79, a, ofrece
> variantes curiosas.]

33

Salmo XXI

Las aves que rompiendo el seno a Eolo
vuelan campos diáfanos ligeras,
moradoras del bosque, incultas fieras,
sujetó tu piedad al hombre sólo.

La hermosa lumbre del lozano Apolo   5
y el grande cerco de las once esferas
le sujetaste, haciendo en mil maneras
círculo firme en contrapuesto polo.

Los elementos que dejaste asidos
con un brazo de paz y otro de guerra,   10
la negra habitación del hondo abismo,

todo lo sujetaste a sus sentidos;
sujetaste al hombre tú en la tierra,
y huye de sujetarse él a sí mismo.

> [Ms. 3.706, Bibl. Nacional, f. 317]

34

Salmo XXII

Pues hoy pretendo ser tu monumento,
porque me resucites del pecado,
habítame de gracia, renovado
el hombre antiguo en ciego perdimiento.

Si no, retratarás tu nacimiento   5
en la nieve de un ánimo obstinado
y en corazón pesebre, acompañado
de brutos apetitos que en mí siento.

Hoy te entierras en mí, siervo villano,
sepulcro, a tanto güésped, vil y estrecho,   10
indigno de tu Cuerpo soberano.

Tierra te cubre en mí, de tierra hecho;
la conciencia me sirve de gusano;
mármor para cubrirte da mi pecho.

> [*Las tres Musas*, 231, b. Con un
> epígrafe, suprimido, que reza:
> «Reconocimiento propio y ruego
> piadoso antes de comulgar».]

35

Salmo XXIII

¿Alégrate, Señor, el ruido ronco
deste recibimiento que miramos?
Pues mira que hoy, mi Dios, te dan los ramos
por darte el viernes más desnudo el tronco.

Hoy te reciben con los ramos bellos;   5
aplauso sospechoso, si se advierte;
pues de aquí a poco, para darte muerte,
te irán con armas a buscar entre ellos.

Y porque la malicia más se arguya
de nación a su proprio Rey tirana,   10
hoy te ofrecen sus capas, y mañana
suertes verás echar sobre la tuya.

[Ms. 3.706, Bibl. Nacional, f. 317 v.]

36

Salmo XXIV

Para cantar las lágrimas que lloro
mientras los soberanos triunfos canto,
¿quién a la musa mía
dará favor, si el cielo amedrentado,
viendo al Señor que adoro   5
teñido en sangre y anegado en llanto,
ajeno de alegría,
en noche obscura yace sepultado?
Si al aire puro y blando pido aliento,
viendo entre humana gente   10
morir al inocente,
sólo para suspiros hallo viento.
Si al mar pido favor en mis enojos,
lágrimas solamente da a mis ojos.
Si en la tierra favor busco afligido,   15
¿cómo me le dará la tierra ingrata,
que a su Dios se le niega,
fijando el cuerpo suyo en un madero?
Si a su Madre le pido,
¿dónde le ha de tener, cuando maltrata   20
la humana culpa ciega
su vida y su consuelo verdadero?
Y solamente, ¡oh Cruz!, de hoy más honrada,
entre vuestros dolores
espero hallar favores,   25
pues tan favorecida y regalada
sois del que el hierro humano ofende y hiere,
que a vos sola os abraza cuando muere.

Ya manchaba el vellón la blanca lana
con su sangre el Cordero sin mancilla,   30

y ya sacrificaba
la vida al Padre, poderoso y sancto;
y por la culpa humana,
el sumo trono de su cetro humilla,
y ya licencia daba   35
al alma, que saliese envuelta en llanto,
cuando la sacra tórtola vïuda,
que el holocausto mira,
sollozando suspira
y un tesoro de perlas vierte muda,   40
mientras corren parejas a su Padre
sangre del Hijo y agua de la Madre;
ya gustando los tragos de la muerte,
la ponzoña le quita que tenía,
y, bebiendo él primero,   45
al unicornio imita, que, sediento,
bebe de aquella suerte.
Hoy muestra en sumo amor su valentía;
hoy, honrando un madero,
las estrellas enluta el firmamento;   50
a los mortales en Adán disculpa.
Hoy las rosas divinas
se coronan de espinas;
y hoy, cuando rompe el lazo de la culpa
la Paloma sin hiel (a quien no toca),   55
a su Hijo con ella ve en la boca.
Ve dilatar las alas poderosas
al águila real por sus hijuelos,
que encima van seguros
de muerte alada, en flecha penetrante,   60
las iras licenciosas
que amenazan ligeras a los cielos.
Y aquellos golpes duros
que en sí recibe con amor constante,
por mil partes en tierra la ve herida;   65
y sus alas deshechas
con pluma[s] de las flechas,
comprando tantas muertes una vida;
y, viéndole expirar, nadie sabía
cuál era de los dos el que moría.   70

[Ms. 3.706, Bibl. Nacional, f. 314]

37

Salmo XXV

Llena la edad de sí toda quejarse,
Naturaleza sobre sí caerse,
en su espumoso campo el mar verterse
y el fuego con sus llamas abrasarse,

el aire en duras peñas quebrantarse, 5
y ellas con él, y de piedad romperse,
el sol y luna y cielo anochecerse
es nombrar vuestro Padre y lastimarse.

Mas veros en un leño mal pulido,
de vuestra sangre, por limpiar, manchado, 10
sirviendo de martirio a vuestra Madre;

dejado de un ladrón, de otro seguido,
tan solo y pobre, a no le haber nombrado,
dudara, gran Señor, si tenéis Padre.

[Ms. 4.066, Bibl. Nacional, f. 277.
El texto de *Las tres Musas*, 217, a,
es el primitivo.]

38

Salmo XXVI

Después de tantos ratos mal gastados,
tantas obscuras noches mal dormidas;
después de tantas quejas repetidas,
tantos suspiros tristes derramados;

después de tantos gustos mal logrados 5
y tantas justas penas merecidas;
después de tantas lágrimas perdidas
y tantos pasos sin concierto dados,

sólo se queda entre las manos mías
de un engaño tan vil conocimiento,   10
acompañado de esperanzas frías.

Y vengo a conocer que, en el contento
del mundo, compra el alma en tales días,
con gran trabajo, su arrepentimiento.

[*Cancionero de 1628*, f. 10. Aunque Astrana Marín lo da como
inédito, se equivoca. (Aquí acaban
los *Salmos* del ms. Asensio.)]

39

Salmo XXVII*

Bien te veo correr, tiempo ligero,
cual por mar ancho despalmada nave,
a más volar, como saeta o ave
que pasa sin dejar rastro o sendero.

Yo, dormido, en mis daños persevero,   5
tinto de manchas y de culpas grave;
aunque es forzoso que me limpie y lave
llanto y dolor, aguardo el dia postrero.

Éste no sé cuándo vendrá; confío
que ha de tardar, y es ya quizá llegado,   10
y antes será pasado que creído.

Señor, tu soplo aliente mi albedrío
y limpie el alma, el corazón llagado
cure, y ablande el pecho endurecido.

[*Las tres Musas*, 254]

* A este *salmo* precede en *Las tres Musas* la siguiente redondilla.
RECUERDO Y CONSUELO EN LO MÍSERO DESTA VIDA
Redondilla
Si soy pobre en mi vivir
y de mis males cautivo,
más pobre nací que vivo
y más pobre he de morir.

[*Las tres Musas*, 254]

40

Salmo XXVIII

Amor me tuvo alegre el pensamiento,
y en el tormento, lleno de esperanza,
cargándome con vana confianza
los ojos claros del entendimiento.

Ya del error pasado me arrepiento;   5
pues cuando llegue al puerto con bonanza,
de cuanta gloria y bienaventuranza
el mundo puede darme, toda es viento.

Corrido estoy de los pasados años,
que reducir pudiera a mejor uso   10
buscando paz, y no siguiendo engaños.

Y así, mi Dios, a Ti vuelvo confuso,
cierto que has de librarme destos daños:
pues conozco mi culpa y no la excuso.

[*Las tres Musas,* 255, a]

POEMAS MORALES

Muestra con ilustres ejemplos cuán ciegamente desean los hombres[*]

SONETO

Próvida dio Campania al gran Pompeo
piadosas, si molestas, calenturas;
la salud le abundó de desventuras
y le usurpó a sus glorias el trofeo.

¿Quién podrá disculpar nuestro deseo   5
si en el cerco del sol camina a escuras?
Sobráranle en Campania sepolturas;
fáltanle de su muerte en el rodeo.

Si Mario la alma espléndida exhalara,
opima con los triunfos de la guerra,   10
lagos, destierro y cárcel ignorara.

Mucha tiniebla y grande noche cierra
cuanto destina el hombre, y todo para
en pretendida muerte y poca tierra.

[*Parnaso*, 49]

[*] «Es imitación de Juvenal, sát. X: *"Provida Pompeio"*, etc.»
Anota González de Salas.

42

Enseña cómo no es rico el que tiene mucho caudal*

soneto

Quitar codicia, no añadir dinero,
hace ricos los hombres, Casimiro:
puedes arder en púrpura de Tiro
y no alcanzar descanso verdadero.

Señor te llamas; yo te considero,   5
cuando el hombre interior que vives miro,
esclavo de las ansias y el suspiro,
y de tus proprias culpas prisionero.

Al asiento de l'alma suba el oro;
no al sepulcro del oro l'alma baje,   10
ni le compita a Dios su precio el lodo.

Descifra las mentiras del tesoro;
pues falta (y es del cielo este lenguaje)
al pobre, mucho; y al avaro, todo.

[*Parnaso*, 50, a]

43

Séneca vuelve a Nerón la riqueza
que le había dado**

soneto

Esta miseria, gran señor, honrosa,
de la humana ambición alma dorada;
esta pobreza ilustre acreditada,
fatiga dulce y inquietud preciosa;

---

* «El primer verso es de Epicuro, citado por Séneca. El primer
terceto, de San Pedro Crisólogo, sermón 22. El postrer verso, de
Séneca.» Nota de González de Salas.
** González de Salas añade: «Las causas que él significó, refe-
ridas por Tácito, se repiten aquí, como las respondidas de Nerón».

este metal de la color medrosa   5
y de la fuerza contra todo osada
te vuelvo: que alta dádiva invidiada
enferma la fortuna más dichosa.

Recíbelo, Nerón; que, en docta historia,
más será recibirlo que fue darlo,   10
y más seguridad en mí el volverlo:

pues juzgarán, y te será más gloria,
que diste oro a quien supo despreciarlo,
para mostrar que supo merecerlo.

[*Parnaso*, 50, b]

44

RESPUESTA DE NERÓN A SÉNECA, NO ADMITIENDO LO QUE LE VOLVÍA

SONETO

Séneca, el responder hoy de repente
a tu razonamiento prevenido,
gloria es de tu enseñanza, que ha podido
formar mi lengua contra ti elocuente.

A lo que yo te debo aún no es decente   5
eso que de mi mano has recibido;
y, para lo que a mí me debo, ha sido
empezar a premiarte escasamente.

Quieres, a costa de la fama mía,
que alaben tu modestia y tu templanza,   10
y que acusen mi avara hidropesía.

El premio, pues, debido a mi enseñanza
goza, porque el volvérmele este día,
y no admitirle yo, nos sea alabanza.

[*Parnaso*, 51, a]

45

UN DELITO IGUAL SE REPUTA DESIGUAL SI SON DIFERENTES
LOS SUJETOS QUE LE COMETEN, Y AUN LOS DELITOS,
DESIGUALES*

SONETO

Si de un delito proprio es precio en Lido
la horca, y en Menandro la diadema,
¿quién pretendes, ¡oh Júpiter!, que tema
el rayo a las maldades prometido?

Cuando fueras un robre endurecido,   5
y no del cielo majestad suprema,
gritaras, tronco, a la injusticia extrema,
y, dios de mármol, dieras un gemido.

Sacrilegios pequeños se castigan;
los grandes en los triunfos se coronan,   10
y tienen por blasón que se los digan.

Lido robó una choza, y le aprisionan;
Menandro un reino, y su maldad obligan
con nuevas dignidades que le abonan.

[*Parnaso*, 51, b]

46

EL PECAR INTERCEDE POR LOS PREMIOS,
PREFIRIÉNDOSE A LA VIRTUD**

SONETO

Si gobernar provincias y legiones
ambicioso pretendes, ¡oh Licino!,
procura que el favor y el desatino
aseguren de infames tus acciones.

* González de Salas añade: «Es imitación de Juvenal, sát. 13,
y de Séneca, epist. 87».
** «Es de Juvenal, sát. 1», anota González de Salas.

No merezca ninguno las prisiones   5
mejor que tú; pues cuanto más vecino
al suplicio te vieres, el destino
más te apresurará las elecciones.

Felices son y ricos los pecados:
ellos dan los palacios suntuosos,   10
llueven el oro, adquieren los estados.

Alábanse los hombres virtuosos;
mas, para lo que viven alabados,
quien los alaba elige los viciosos.

[*Parnaso*, 52, a]

47

Que desengaños son la verdadera riqueza

SONETO

¿Cuándo seré infeliz sin mi gemido?
¿Cuándo sin el ajeno fortunado?
El desprecio me sigue desdeñado;
la invidia, en dignidad constituido.

U del bien u del mal vivo ofendido;   5
y es ya tan insolente mi pecado,
que, por no confesarme castigado,
acusa a Dios con llanto inadvertido.

Temo la muerte, que mi miedo afea;
amo la vida, con saber es muerte: 10
tan ciega noche el seso me rodea.

Si el hombre es flaco y la ambición es fuerte,
caudal que en desengaños no se emplea,
cuanto se aumenta, Caridón, se vierte.

[*Parnaso*, 52, b]

48

POR MÁS PODEROSO QUE SEA EL QUE AGRAVIA, DEJA ARMAS PARA LA VENGANZA*

SONETO

Tú, ya, ¡oh ministro!, afirma tu cuidado
en no injuriar al mísero y al fuerte;
cuando les quites oro y plata, advierte
que les dejas el hierro acicalado.

Dejas espada y lanza al desdichado,   5
y poder y razón para vencerte;
no sabe pueblo ayuno temer muerte;
armas quedan al pueblo despojado.

Quien ve su perdición cierta, aborrece,
más que su perdición, la causa della;   10
y ésta, no aquélla, es más quien le enfurece.

Arma su desnudez y su querella
con desesperación, cuando le ofrece
venganza del rigor quien le atropella.

[*Parnaso,* 53, a]

49

PERSUADE A LA JUSTICIA QUE ARROJE EL PESO, PUES USA SÓLO DE LA ESPADA**

SONETO

Arroja las balanzas, sacra Astrea,
pues que tienen tu mano embarazada;
y si se mueven, tiemblan de tu espada:
que el peso y la igualdad no las menea.

* «Juvenal, en la sát. 8, prestó espíritu a estos versos.» Nota
de González de Salas.
** «Vulgar es su pintura con un peso de balanzas en una mano
y una espada en otra.» Nota de González de Salas.

No estás justificada, sino fea: 5
y, en vez de estar igual, estás armada;
feroz te ve la gente, no ajustada:
¿quieres que el tribunal batalla sea?

Ya militan las leyes y el derecho,
y te sirven de textos las heridas   10
que escribe nuestra sangre en nuestro pecho.

La Parca eres, fatal, para las vidas:
pues lo que hilaron otras has deshecho
y has vuelto las balanzas homicidas.

[*Parnaso*, 53, b]

50

MANIFIESTA UN ARDID GRANDE DEL PERVERSO
PRETENDIENTE, CUANDO DESEA QUE TODOS
SEAN BUENOS, CON INTENTO MALO*

SONETO

¿Cuándo, Licino, di, contento viste
hombre con un pecado solamente,
si quien merece pena es suficiente,
y el inculpable, inútil yace y triste?

¿Quién al mayor delito se resiste?   5
¿Qué cortesano habrá que no se afrente
de que le exceda en vida delincuénte
el que a los ojos, que pretende, asiste?

¡Oh ingenio del pecado escandaloso!
Pues Licas (habitado de serenos   10
áspides el espíritu ambicioso)

todos los malos quiere que sean buenos,
para que a su maldad el poderoso,
por sola, comunique sus venenos.

[*Parnaso*, 54, a]

* González de Salas añade: «Es de Juvenal, lib. 5, sát. 13».

51

Describe el apetito exquisito de pecar*

SONETO

No agradan a Polycles los pecados
con el uso plebeyo repetidos,
ni delitos por otro introducidos:
sí los mayores, y por sí inventados.

Cual si fueran virtud, los moderados 5
vicios Polycles tiene aborrecidos,
y los templadamente distraídos
yacen de su privanza desterrados.

De puro pecador, le son ingratos
los pecados tal vez, pues al pequeño, 10
o desprecia, o le admite con recatos.

De vicios hace escrupuloso empeño;
ni los quiere ordinarios ni baratos:
si tú le imitas, tú serás su dueño.

[*Parnaso, 54, b*]

52

A la violenta y injusta prosperidad**

SONETO

Ya llena de sí solo la litera
Matón, que apenas anteyer hacía
(flaco y magro malsín) sombra, y cabía,
sobrando sitio, en una ratonera.

---

* «Imita una perversa sentencia de Catulo, epigr. 92, y a Petronio: *Non vulgo nota placebant gaudia, non usu plebeio trita voluptas*, etc.» Nota de González de Salas.
** «Es de Juvenal, sát. 1, [30-33]. Y con la permisión satírica se desliza al donaire.» Añade González de Salas.

Hoy, mal introducida con la esfera 5
su casa, al sol los pasos le desvía,
y es tropezón de estrellas; y algún día,
si fuera más capaz, pocilga fuera.

Cuando a todos pidió, le conocimos;
no nos conoce cuando a todos toma; 10
y hoy dejamos de ser lo que ayer dimos.

Sóbrale tanto cuanto falta a Roma;
y no nos puede ver, porque le vimos:
lo que fue esconde; lo que usurpa asoma.

[*Parnaso*, 55, a]

53

Advierte que aunque se tarda la venganza del cielo
contra el pecado, en efeto, llega*

soneto

Porque el azufre sacro no te queme,
y toque el robre, sin haber pecado,
¿será razón que digas, obstinado,
cuando Jove te sufre, que te teme?

¿Que tu boca sacrílega blasfeme 5
porque no eres bidéntal evitado[1]?
¿Que en lugar de enmendarte, perdonado,
tu obstinación contra el perdón se extreme?

¿Por eso Jove te dará algún día
la barba tonta y las dormidas cejas, 10
para que las repele tu osadía[2]?

A dios, ¿con qué le compras las orejas?
Que parece asquerosa mercancía
intestinos de toros y de ovejas.

[*Parnaso*, 55, b]

* «Es de Persio, en la sát. 2: *"Sulphure discutitur sacro"*, etc.»
Nota de González de Salas, como las dos siguientes.
[1] «Aquí, y en Persio, se toma por hombre a quien quemó rayo.
Evitado, porque nadie le tocaba.»
[2] «Toda la sentencia de este terceto significa preguntar si por
eso se olvidará Júpiter del pecador.»

54

Advierte el llanto fingido y el verdadero con el afecto de la codicia*

SONETO

Lágrimas alquiladas del contento
lloran difunto al padre y al marido;
y el perdido caudal ha merecido
solamente verdad en el lamento.

Codicia, no razón ni entendimiento,   5
gobierna los afectos del sentido:
quien pierde hacienda dice que ha perdido;
no el que convierte en logro el monumento.

Los sacrosantos bultos adorados
ven sus muslos raídos, por el oro[1];   10
sus barbas y cabellos, arrancados.

Y el ser los dioses masa de tesoro,
los tiene al fuego y cuño condenados,
y al Tonante, fundido en cisne y toro[2].

[*Parnaso*, 56, a]

55

Al ambicioso valimiento que siempre anhela a subir más**

SONETO

Descansa, mal perdido en alta cumbre,
donde a tantas alturas te prefieres;
si no es que acocear las nubes quieres,
y en la región del fuego beber lumbre.

---

* «Es de Juvenal, sát. 13, [129-134 y 147-154]: *"Ploratur lacrymis amissa pecunia veris"*, etc.» Nota de González de Salas.
[1] «*Qui radat inaurati femur Herculis*, etc.» Nota del mismo.
[2] «O ya esté representado Cisne o ya Toro» [el *Tonante*, Júpiter]. Apostilla del mismo.
** «Toda es metafórica simulación, continuada también en la figura de las águilas, que son otros ambiciosos inferiores, que aguardan a que caiga el superior para cebarse en él.» Nota de González de Salas.

Ya te padece, grave pesadumbre,   5
tu ambición propria; peso y carga eres
de la Fortuna, en que viviendo mueres:
¡y esperas que podrá mudar costumbre!

El vuelo de las águilas que miras
debajo de las alas con que vuelas,   10
en tu caída cebarán sus iras.

Harto crédito has dado a las cautelas.
¿Cómo puedes lograr a lo que aspiras,
si, al tiempo de expirar, soberbio anhelas?

                    [Parnaso, 56, b]

56

PELIGRO DEL QUE SUBE MUY ALTO, Y MÁS SI ES POR LA CAÍDA DE OTRO

SONETO

Para, si subes; si has llegado, baja;
que ascender a rodar es desatino;
mas si subiste, logra tu camino,
pues quien desciende de la cumbre, ataja.

Detener de Fortuna la rodaja[1],   5
a pocos concedió poder divino;
y si la cumbre desvanece el tino,
también, tal vez, la cumbre se desgaja.

El que puede caer, si él se derriba,
ya que no se conserva, se previene   10
contra el semblante de la suerte esquiva.

Y pues nadie que llega se detiene,
tema más quien se mira más arriba;
y el que subió, por quien rodando viene.

                    [Parnaso, 57, a]

[1] *rodaja,* rueda.

57

MÁS SE HAN PERDIDO EN LA PROSPERIDAD CONFIADOS,
QUE EN LA ADVERSIDAD PREVENIDOS

SONETO

Más escarmientos dan al Ponto fiero
(si atiendes) la bonanza y el olvido,
que el peligro y naufragio prevenido
y el enojo del Euro más severo.

Ansí, cuando, cortés y lisonjero,   5
Noto tus velas mueva adormecido,
y sirva, por tus gavias extendido,
de líquido y sonoro marinero,

entonces, ¡oh Mirtilo!, desvelados
en la milicia de la calma ociosa,   10
tus sentidos irán y tus cuidados.

Menos dulce es la paz que peligrosa;
no salgas, no, a recibir los hados;
tarda, con advertencia perezosa.

[*Parnaso, 57, b*]

58

MORALIDAD ÚTIL CONTRA LOS QUE HACEN
ADORNO PROPRIO DE LA AJENA DESNUDEZ*

SONETO

Desabrigan en altos monumentos
cenizas generosas, por crecerte,
y altas rüinas, de que te haces fuerte,
más te son amenaza que cimientos.

* «Estudia esta enseñanza en la fábrica del castillo de Carta-
gena, que para edificarle deshicieron unos sepulcros de romanos.»
Nota de González de Salas. (Quizá de abril de 1616, en que don
Francisco embarcó en Cartagena rumbo a Nápoles.)

De venganzas del tiempo, de escarmientos,   5
de olvidos y desprecios de la muerte,
de túmulo funesto, osas hacerte
arbitro de los mares y los vientos.

Recuerdos y no alcázares fabricas;
otro vendrá después que de sus torres   10
alce en tus huesos fábricas más ricas.

De ajenas desnudeces te socorres,
y procesos de mármol multiplicas:
temo que con tu llanto el suyo borres.

[*Parnaso*, 58]

59

ADVIERTE LA DOCTRINA SEGURA: QUE CASTIGOS DE LA
PROVIDENCIA DIVINA, FUERA DEL USO COMÚN, AVISAN
LA ENMIENDA DE PECADOS*

SONETO

Si son nuestros cosarios nuestros puertos;
si usurpa primavera belicosa
al hibierno, estación facinorosa[1],
con cielo armado y con escollos yertos;

si caudal sumergido y hombres muertos,   5
la voz que gime el Ponto procelosa,
no acuerdan la conciencia perezosa,
más estamos difuntos que despiertos.

Tú, Señor, ligas en tu diestra mano
tempestades sonoras, ondas frías,   10
fabricando en azote el Oceano.

Por cobradores tuyos nos envías
hoy la borrasca, ayer el luterano,
y ejecutores son horas y días.

[*Parnaso*, 59]

* «Está tomado oportunamente el argumento deste soneto de la
pérdida de unos bajeles, gente y hacienda, en nuestro proprio
puerto.» Nota de González de Salas.
[1] *facinorosa*, facinerosa.

60

A UN AMIGO QUE RETIRADO DE LA CORTE PASÓ SU EDAD

SONETO

Dichoso tú, que, alegre en tu cabaña,
mozo y viejo espiraste la aura pura,
y te sirven de cuna y sepoltura
de paja el techo, el suelo de espadaña.

En esa soledad, que, libre, baña   5
callado sol con lumbre más segura,
la vida[1] al día más espacio dura,
y la hora, sin voz, te desengaña.

No cuentas por los cónsules los años;
hacen tu calendario tus cosechas;   10
pisas todo tu mundo sin engaños.

De todo lo que ignoras te aprovechas;
ni anhelas premios, ni padeces daños,
y te dilatas[2] cuanto más te estrechas.

[*Parnaso*, 60, b]

61

EXCLAMA CONTRA EL RICO HINCHADO Y GLOTÓN

SONETO

¡ Cuántas manos se afanan en Oriente
examinando la mayor altura,
porque en tus dedos, breve coyuntura,
con todo un patrimonio, esté luciente !

¡ Cuánta descaminada ciega gente   5
tiene en poco del mar la saña dura,
sólo para que adorne tu locura
rubia calamidad, púrpura ardiente !

---

[1] «Hypallage», apostilla González de Salas.
[2] «En la vida.» Nota del mismo.

¡Cuánto pirata de Noruega[1], atento   10
ministro de tu gula, remontado,
despuebla de familia alada el viento!

¡Cuánto engaño de cáñamo anudado
tiene el golfo, inquiriendo su elemento
al pasto delicioso del pecado!

[*Parnaso*, 61, a]

62

ACONSEJA A UN AMIGO, QUE ESTABA EN BUENA POSESIÓN
DE NOBLEZA, NO TRATE DE CALIFICARSE, PORQUE
NO LE DESCUBRAN LO QUE NO SE SABE*

SONETO

Solar y ejecutoria de tu abuelo
es la ignorada antigüedad sin dolo;
no escudriñes al Tiempo el protocolo,
ni corras al silencio antiguo el velo.

Estudia en el osar deste mozuelo,   5
descaminado escándalo del polo:
para probar que descendió de Apolo,
probó, cayendo, descender del cielo[2].

No revuelvas los huesos sepultados;
que hallarás más gusanos que blasones,   10
en testigos de nuevo examinados.

Que de multiplicar informaciones[3],
puedes temer multiplicar quemados[4],
y con las mismas pruebas, Faetones.

[*Parnaso*, 61, b]

---

[1] Los halcones o neblíes mejores procedían de Noruega.
* «Con agudeza se vale del suceso de Faetón, quemado por acreditarse hijo del Sol.» Nota de González de Salas.
[2] Alude al mito de Faetón, como dice González de Salas.
[3] Informaciones de limpieza de sangre.
[4] Condenados por la Inquisición.

63

SONETO

Si lo que ofrece el pobre al poderoso,
Licas, a logro es don interesado,
pues da por recibir, menos cuidado
pedigüeño dará que dadivoso.

Yo, que mendigo soy, mas no ambicioso,   5
apenas de mi sombra acompañado,
con lo que no te doy he disculpado
en mi necesidad lo cauteloso.

Pues que tu hacienda a mi caudal excede,
deja que el ruego tu socorro cobre,   10
por quien mi desnudez sola intercede.

No aguardes que mañosa ofrenda obre,
pues sólo con no dar al rico puede
ser con el rico liberal el pobre.

[*Parnaso*, 62, a]

64

Castiga a los glotones y bebedores, que con los desórdenes suyos aceleran la enfermedad y la vejez**

SONETO

Que los años por ti vuelen tan leves,
pides a Dios, que el rostro sus pisadas
no sienta, y que a las greñas bien peinadas
no pase corva la vejez sus nieves.

* «Es argumento repetido de epigrammatarios latinos y griegos.» Nota de González de Salas. Sánchez Alonso, 55, señala que
está inspirado en el epigrama V, 18, de Marcial.
** González de Salas añade: «Persio: *Poscis opem nervis*, etc.»

Esto le pides, y, borracho, bebes 5
las vendimias en tazas coronadas,
y para el vientre tuyo las manadas
que Apulia pasta son bocados breves.

A Dios le pides lo que tú te quitas;
la enfermedad y la vejez te tragas, 10
y estar de ellas exento solicitas.

Pero en rugosa piel la deuda pagas
de las embrïagueces que vomitas
y en la salud que, comilón, estragas.

[*Parnaso*, 62, b]

65

ENSEÑA EL CAMINO MÁS SEGURO PARA LA VIRTUD, Y QUITA
EL VELO ENGAÑOSO A LA RIQUEZA*

SONETO

A quien la buena dicha no enfurece,
ninguna desventura le quebranta;
camina, Fabio, por la senda santa,
que no en despeñaderos permanece.

Huye el camino izquierdo, que florece 5
con el engaño de tu propria planta;
pues cuanto en curso alegre se adelanta,
tanto en mentidas lumbres te anochece.

Huye la multitud descaminada;
deja la culpa espléndida, y, seguro, 10
la virtud dará el fin de la jornada.

Y si al engaño, en la opulencia obscuro,
aplicas luz, harás que te persuada
que el oro es cárcel con blasón de muro.

[*Parnaso*, 64, a]

* González de Salas añade: «Empieza con aquellas palabras de
San Agustín: *Nulla infelicitas frangit, quem nulla felicitas co-
rrumpit*».

66

REPREHENDE LA CONTINUA SOLICITUD DE LOS USUREROS*

SONETO

Con más vergüenza viven Euro y Noto,
Licas, que en nuestra edad los usureros:
sosiéganse tal vez los vientos fieros,
y, ocioso, el mar no gime su alboroto.

No siempre el Ponto en sus orillas roto   5
ejercita los roncos marineros:
ocio tienen los golfos más severos;
ocio goza el bajel, ocio el piloto.

Cesa de la borrasca la milicia:
nunca cesa el despojo ni la usura,   10
ni sabe estar ociosa su codicia.

No tiene paz; no sabe hallar hartura;
osa llamar a su maldad justicia;
arbitrio, al robo; a la dolencia, cura.

[*Parnaso*, 64, b]

67

QUE AL MÁS VALEROSO LEÓN PUEDE HACER DAÑO
UNA SABANDIJA Y BENEFICIO OTRA

SONETO

¿Ves la greña que viste, por muceta,
erizada, y la sima en donde embosca
armas por dientes? ¿Que la cola enrosca,
y en cada uña alista una saeta?

¿Que el bramido le sirve de trompeta,   5
y que la zarpa desanuda tosca?
Pues todo lo ocasiona aquella mosca,
y un átomo importuno le inquïeta.

---

* «Es una expresión de las palabras de San Ambrosio *De Aelia et
Iejunio: Verecundiores sunt venti*, etc.» Nota de González de Salas.

Por otra parte, aquel ratón, royendo,   10
le quita la prisión que no ha podido
quitarse, muy león y muy horrendo.

Tal sucede al poder que es más temido:
que le libra un ratón, que vive huyendo,
y del mosquito le congoja el ruido.

[*Parnaso*, 65, a]

68

LA HONESTA HUMILDAD EN EL TRAJE ABRIGA
AL HOMBRE Y LE ACONSEJA

SONETO

Sin veneno sarrano[1], en pobre lana,
que acuerda de la oveja, no de Tiro,
me abrigo, en tanto que vestidas miro
las coronadas furias con la grana.

La pálida ceniza[2], que tirana   5
se guarda, y se descubre con suspiro,
no encamina la invidia a mi retiro,
ni el sueño y la conciencia me profana.

Las guijas que el Oriente por tesoro
vende a la vanidad y a la locura,   10
si no encienden mis dedos, no las lloro.

De balde me da el sol su lumbre pura,
plata la luna, las estrellas oro:
basta que dé la tierra sepultura.

[*Parnaso*, 65, b]

---

[1] «Con gran sabor de los poetas antiguos, llamó ansí a la *púr-pura*, por haberse llamado la ciudad Tiro, de donde era la mejor, también *Sar*. Ennio la nombró *Sarra*. En diversos lugares usó de este apellido nuestro poeta. Baste advertirlo aquí.» Nota de González de Salas.
[2] «El temor.» Nota del mismo.

69

BURLA DE LOS QUE CON DONES QUIEREN GRANJEAR
DEL CIELO PRETENSIONES INJUSTAS

SONETO

Para comprar los hados más propicios,
como si la deidad vendible fuera,
con el toro mejor de la ribera
ofreces cautelosos sacrificios.

Pides felicidades a tus vicios;   5
para tu nave rica y usurera,
viento tasado y onda lisonjera,
mereciéndole al golfo precipicios.

Porque exceda a la cuenta tu tesoro,
a tu ambición, no a Júpiter, engañas;   10
que él cargó las montañas sobre el oro.

Y cuando l'ara en sangre humosa bañas,
tú miras las entrañas de tu toro,
y Dios está mirando tus entrañas.

[Parnaso, 66, a]

70

CONTRA LOS QUE QUIEREN GOBERNAR EL MUNDO
Y VIVEN SIN GOBIERNO*

SONETO

En el mundo naciste, no a enmendarle,
sino a vivirle, Clito, y padecerle;
puedes, siendo prudente, conocerle;
podrás, si fueres bueno, despreciarle.

Tú debes, como huésped, habitarle   5
y para el otro mundo disponerle;
enemigo de l'alma, has de temerle,
y, patria de tu cuerpo, tolerarle.

* González de Salas añade: «Séneca, epíst. 108».

Vives mal presumidas y ambiciosas
horas, inútil número del suelo,   10
atento a sus quimeras engañosas;

pues, ocupado en un mordaz desvelo,
a ti no quieres enmendarte, y osas
enmendar en el mundo tierra y cielo.

[*Parnaso*, 66, b]

71

ADVERTENCIA A ESPAÑA DE QUE ANSÍ COMO SE HA HECHO
SEÑORA DE MUCHOS, ANSÍ SERÁ DE TANTOS ENEMIGOS
INVIDIADA Y PERSEGUIDA, Y NECESITA DE CONTINUA
PREVENCIÓN POR ESA CAUSA*

SONETO

Un godo, que una cueva en la montaña
guardó, pudo cobrar las dos Castillas;
del Betis y Genil las dos orillas,
los herederos de tan grande hazaña.

A Navarra te dio justicia y maña;   5
y un casamiento, en Aragón, las sillas
con que a Sicilia y Nápoles humillas,
y a quien Milán espléndida acompaña.

Muerte infeliz en Portugal arbola[1]
tus castillos[2]. Colón pasó los godos   10
al ignorado cerco de esta bola.

Y es más fácil, ¡oh España!, en muchos modos,
que lo que a todos les quitaste sola
te puedan a ti sola quitar todos.

[*Parnaso*, 67]

* González de Salas añade: «Séneca, epíst. 88: *Quod unus populus eripuerit omnibus, facilius uni ab omnibus eripi posse*». Véase también Dámaso Alonso, *Poesía española* (Madrid, 1952), página 535.
[1] *Arbolar* es arrimar derecho un objeto alto a una cosa, como «arbolar escalas al muro».
[2] Alude a la muerte del rey de Portugal don Sebastián, en 1580, que, al no dejar sucesor, permitió a Felipe II la anexión de Portugal.

72

Difícil, aunque le llamaron fácil, pero solo medio verdadero de tener riqueza y alegría en el ánimo*

SONETO

Todo lo puede despreciar cualquiera;
mas nadie ha de poder tenerlo todo:
sólo, para ser rico, es fácil modo
despreciar la riqueza lisonjera.

El metal que a las luces de la esfera   5
por hijo primogénito acomodo,
luego que al fuego se desnuda el lodo,
espléndido tirano reverbera.

A ser peligro tan precioso viene
polvo que, en vez de enriquecer, ultraja;   10
que sólo a quien le tiene, honor se tiene.

La amarillez del oro está en la paja
con más salud, y, pobres, nos previene,
desde la choza alegre, la mortaja.

[*Parnaso,* 68]

73

Muestra por extraño y ingenioso camino que es dicha no ser poderoso, y que siempre los que lo son suelen emplearlo mal**

SONETO

No es falta de poder que yo no pueda
tener al benemérito quejoso,
ni harto de venganza al invidioso
que al bien obrar infama la vereda;

---

* «Doctrina es la que aquí se contiene muy repetida ya, por haberlo sido de muchos antiguos. Pero aquí quiso exprimir a Séneca, de quien fue muy devoto, en la epíst. 62: *Contemnere omnia,* etc.» Nota de González de Salas.
** «Es imitación de Séneca en la epíst. 68: *Quidquid debebam nolle, non possum.*» Nota de González de Salas.

ni eligir en ministro a quien enreda   5
el sosiego y la paz del virtuoso,
ni ocupar en aumentos del vicioso
de la Fortuna próspera la rueda.

No es falta de poder que el poderío
me falte para ofensas, siendo miedo   10
al varón docto, y amenaza al pío.

Y pues sin esta potestad me quedo,
mucho le debo al poco poder mío,
pues, cuanto debo no querer, no puedo.

[*Parnaso*, 69, a. Por errata, 66]

74

DESCUBRE EL VICIO DE LA HIPOCRESÍA QUE AFECTAN MUCHOS EN LA DISIMULACIÓN DE SUS MALDADES*

SONETO

Si el sol, por tu recato diligente,
no ve, ¡oh Licas!, horribles tus locuras,
es argumento de vivir a escuras;
pero no de que vives inocente.

Abona la ignorancia de la gente   5
tu astucia, sí, no tus costumbres duras,
cuando no parecer malo procuras,
y serlo, si es posible, juntamente.

No dejas la maldad, y la retiras;
eres prisión de culpas y venenos;   10
son tus virtudes pálidas mentiras.

Cubrir los vicios no los hace ajenos;
pocos son malos, si a testigos miras;
si a la consciencia, pocos son los buenos.

[*Parnaso*, 69, b. Por errata, 66]

* Añade González de Salas: «Es sentencia de Séneca, l. I, *De Ira*, c. 14: *Innocentem quisquis se dicit*, etc.»

75

ADMIRABLE ENSEÑANZA DEL PEDIR*

SONETO

El barro, que me sirve, me aconseja,
y el golpe, no el ladrón, me le arrebata;
no pudo el Potosí guardar la plata,
ni el mar, que ondoso y próvido le aleja.

Del no guardarla yo, docto me deja   5
bien la ambición, a mi quietud ingrata,
cuando, con menos susto, se desata
el natural sustento en una teja.

Pues tiene el vituperio por salida
el pedir, avergüéncese en la entrada,   10
cuando, tan poco ha menester la vida.

Mas si el pedir es fuerza no excusada,
quiero pedirme a mí que nadie pida,
primero que pedir a nadie nada[1].

[*Parnaso*, 70]

76

ENSEÑA CÓMO LOS PUESTOS EN ALTA FORTUNA
NO SUELEN ADMITIR CONSEJO

SONETO

Conso, el primer consejo que nos diste
fue mandarnos bajar para lograrte[2];
a los templos de Júpiter y Marte
se sube, si se baja al que eligiste.

* «Fue Demetrio, filósofo cínico, de quien refiere Séneca haber sido notable la profesión de su filosofía, pues como todos los otros filósofos la tuvieron de las virtudes, él sólo filosofó de la Pobreza», añade González de Salas.
[1] «Aquí, con todo rigor (sin el abuso permitido ya de las negaciones en la lengua castellana), *paritas negationum affirmat*; y ansí es la sentencia: *primero que pedir algo*.» Nota del mismo.
[2] «Conso fue tenido en Roma por dios del Consejo, a cuyo templo se bajaba por escalones, siendo ansí que a todos los otros se

Al que desciende, tu deidad asiste, 5
y en lo humilde y lo bajo puede hallarte
Dios; que en las cumbres nunca tienes parte,
donde la vanidad se te resiste.

Mas si te admite aquel que subir quiere,
búsquete en Roma, que creció contigo, 10
y en ella sus aumentos considere[1].

Yo, que desciendo, tus altares sigo;
y quien por ti no baja, si subiere,
buscando premios, hallará castigo.

[*Parnaso, 71*]

77

A UN CABALLERO QUE CON PERROS Y CAZAS DE MONTERÍA OCUPABA SU VIDA

SONETO

Primero va seguida de los perros,
vana, tu edad, que de sus pies, la fiera;
deja que el corzo habite la ribera,
y los arroyos, la espadaña y berros.

Quieres en ti mostrar que los destierros 5
no son castigo ya de ley severa;
el ciervo, empero, sin tu invidia muera;
muera de viejo el oso por los cerros.

¿Qué afrenta has recibido del venado,
que le sigues con ansia de ofendido? 10
Perdona al monte el pueblo que ha criado.

---

subía por ellos. Ansí lo refiere Dionisio Alejandrino. Da, pues,
la razón aquí que parece pudieron tener los antiguos para esa
diferencia: aunque Plutarco da otra.» Nota de González de Salas.
[1] «Colija del ejemplo de Roma los aumentos que tendrá proprios.»
Nota del mismo.

El pelo de Acteón[1], endurecido
en su frente, te advierte tu pecado:
oye, porque no brames, su bramido.

[*Parnaso*, 72, a]

78

Reprehende a una adúltera la circunstancia de su pecado*

soneto

Sola en ti, Lesbia, vemos ha perdido
el adulterio la vergüenza al cielo;
pues licenciosa, libre, y tan sin velo,
ofendes la paciencia del sufrido.

Por Dios, por ti, por mí, por tu marido,   5
no sirvas a su ausencia de libelo;
cierra la puerta, vive con recelo:
qué el pecado se precia de escondido.

No digo yo que dejes tus amigos;
mas digo que no es bien estén notados   10
de los pocos que son tus enemigos.

Mira que tus vecinos, afrentados,
dicen que te deleitan los testigos
de tus pecados más que tus pecados.

[*Parnaso*, 72, b]

[1] Acteón, cazador, por haber descubierto a Diana bañándose, fue convertido en ciervo. Se solía pintar o esculpir con cuerpo humano y cabeza de ciervo.

* «Es imitación muy expresa de Marcial, lib. I, epig. 35.» Nota de González de Salas. Anterior a septiembre de 1603, por figurar en las *Flores de poetas ilustres*, de P. Espinosa, pág. 175 (de la edic. de don Juan Quirós de los Ríos y don Francisco Rodríguez Marín, Sevilla, 1896). La edición de Valladolid de 1605 lleva la dedicatoria de 1603.

79

DESCRIBE LA VIDA MISERABLE DE LOS PALACIOS,
Y LAS COSTUMBRES DE LOS PODEROSOS
QUE EN ELLOS FAVORECEN*

SONETO

Para entrar en palacio, las afrentas,
¡oh Licino!, son grandes, y mayores
las que dentro conservan los favores
y las dichas mentidas y violentas.

Los puestos en que juzgas que te aumentas   5
menos gustos producen que temores,
y vendido al desdén de los señores,
pocas horas de vida y de paz cuentas.

No te queda deudor de beneficio
quien te comunicare cosa honesta;   10
y sólo alcanzarás puesto y oficio

de quien su iniquidad te manifiesta;
a quien, cuando quisieres, de algún vicio
pudieres acusarle sin respuesta.

[*Parnaso*, 73]

* González de Salas anota: «Tienen los tercetos imitación de
aquellos versos de Juvenal, sát. 3, [51-54]:

  Nil tibi se debere putat, nil conferet unquam,
  participem qui te secreti fecit honesti.
  Carus erit Verri qui Verrem tempore, quo vult,
  accusare potest.»

80

ACONSEJA A UN AMIGO NO PRETENDA EN SU VEJEZ*

SONETO

Deja la veste blanca desceñida,
pues la visten los años a tus sienes,
y los sesenta que vividos tienes
no los culpes por cuatro o seis de vida.

Dejar es prevención de la partida; 5
es locura inmortal el juntar bienes
y que, caduco, la ambición estrenes;
sed que se enciende y crece, socorrida.

Doy que alcanzas el puesto que deseas,
y que, escondido en polvo cortesano, 10
las pretendientes sumisiones creas[1];

pues yo sé bien que no será en tu mano
que ayune, en los aumentos que granjeas,
de tu consciencia el vengador gusano.

[Parnaso, 75, a]

81

QUE SE HA DE TENER DADO A DIOS EN EL ÁNIMO TODO LO QUE EL HOMBRE POSEE, PARA QUE CUANDO LE FALTARE, NO PAREZCA QUE SE LO QUITÓ**

SONETO

Tuya es, Demetrio, voz tan animosa:
«Agravio a mi obediencia, Dios, hiciste,
cuando tu voluntad no me dijiste,
antes que la trujera hora forzosa.

---

* «Alude a la costumbre antigua de los romanos, que, cuando pretendían, traían una vestidura blanca, de donde se llamaban *Candidatos*.» Nota de González de Salas.
[1] «Cuando ya fueres magistrado.» Apostilla del mismo.
** «Son unas esforzadas palabras que de Demetrio, filósofo cínico, refiere Séneca en el cap. 5 del libro *De providencia* (sic): *Hanc quoque animosam Demetrii fortissimi viri vocem*, etc.» Nota de González de Salas.

»Diera lo que me llevas, pues no hay cosa 5
que me quites, si no es lo que me diste:
pudiste recibir, y más quisiste
ejecutar con mano rigurosa.

»Esto, que es obediencia, yo quisiera
que fuera ofrecimiento: la alma mía 10
y los hijos te doy del mismo modo.

»Cobra la hacienda que otro dueño espera;
no me agravie, Señor, tu cortesía;
y, pues todo lo das, cóbralo todo.»

[*Parnaso,* 76]

82

A estas animosas palabras que decía Epicteto:
«*Plue, Jupiter, super me calamitates*»

SONETO

«Llueve, oh Dios, sobre mí persecuciones»,
mendigo, esclavo y manco, repetía
Epicteto valiente, y cada día
a Júpiter retaban sus razones.

«Vengan calamidades y aflicciones; 5
averigua en dolor mi valentía;
con los trabajos mi paciencia expía
mi sufrimiento, en hierros y prisiones.»

¡Oh hazañoso espíritu hospedado
en edificio enfermo, que pudieras 10
animar cuerpo excelso y coronado!

Trabajos pides y molestia esperas,
y, con tener a Dios desafiado,
ni ofendes, ni presumes, ni te alteras.

[De *Epicteto y Phocilides en español,* Madrid, 1635 (edic. de Astrana
Marín, cit., pág. 699). El texto de
Parnaso, 77, ofrece ligeras variantes y lleva el siguiente epígrafe:
«Que el espíritu sin culpa no teme
los trabajos enviados del Cielo».]

83

Pinta el engaño de los alquimistas

soneto

¿Podrá el vidro llorar partos de Oriente?
¿Cabrá su habilidad en los crisoles?
¿Será la tierra adúltera a los soles,
por concebir de un horno siempre ardiente?

¿Destilarás en baños a Occidente?   5
¿Podrán lo mismo humos que arreboles?
¿Abreviarán por ti los españoles
el precioso naufragio de su gente?

Osas contrahacer su ingenio al día;
pretendes que le parle docta llama   10
los secretos de Dios a tu osadía.

Doctrina ciega, y ambiciosa fama
el oro miente en la ceniza fría,
y cuando le promete le derrama.

[*Parnaso*, 79, b]

84

Conveniencias de no usar de los ojos, de los oídos y de la lengua

soneto

Oír, ver y callar remedio fuera
en tiempo que la vista y el oído
y la lengua pudieran ser sentido
y no delito que ofender pudiera.

Hoy, sordos los remeros con la cera,   5
golfo navegaré que (encanecido
de huesos, no de espumas) con bramido
sepulta a quien oyó voz lisonjera.

Sin ser oído y sin oír, ociosos
ojos y orejas, viviré olvidado 10
del ceño de los hombres poderosos.

Si es delito saber quién ha pecado,
los vicios escudriñen los curiosos:
y viva yo ignorante y ignorado.

[*Parnaso*, 80, a]

85

RETIRO DE QUIEN EXPERIMENTA CONTRARIA LA SUERTE,
YA PROFESANDO VIRTUDES, Y YA VICIOS*

SONETO

Quiero dar un vecino a la Sibila
y retirar mi desengaño a Cumas,
donde, en traje de nieve con espumas,
líquido fuego oculto mar destila[1].

El son de la tijera que se afila 5
oyen alegres mis desdichas sumas;
corta a su vuelo la ambición las plumas,
pues ya la Parca corta lo que hila.

Fui malo por medrar: fui castigado
de los buenos; fui bueno: fui oprimido 10
de los malos, y preso, y desterrado.

Contra mí solo atento el mundo ha sido,
y pues sólo fue inútil mi pecado,
cual si fuera virtud, padezca olvido.

[*Parnaso*, 81]

* Añade González de Salas: «Empieza con el principio de la sátira 3 de Juvenal, retirándose un amigo suyo a Cumas, patria de
la Sibila Cumea:

*Laudo tamen vacuis quod sedem figere Cumis
destinet atque unum civem donare Sibilae, etc.»*

[1] «Por la vecindad de Baias», apostilla González de Salas.

86

Privilegios de la virtud y temores
del poder violento

SONETO

Desembaraza Júpiter la mano,
derrámanse las nubes sobre el suelo,
Euro se lleva el sol y borra el cielo,
y en noche y en invierno ciega el llano;

    tiembla, escondido, en torres el tirano,   5
y es su guarda, su muro y su recelo;
y erizado temor le cuaja en yelo
cuando el rayo da música al villano.

    ¡Oh serena virtud! El que valiente
y animoso te sigue, en la mudanza   10
del desdén y el halago de la gente,

    se pone más allá de donde alcanza
en vengativa luz la saña ardiente,
y no del miedo pende y la esperanza.

> [*Parnaso*, 83, a. Enmiendo *cuando
> al ... el villano,* del v. 8.]

87

Reprehende a un amigo débil en el sentimiento
de las adversidades, y exhórtale a su tolerancia

SONETO

Desacredita, Lelio, el sufrimiento
blando y copioso, el llanto que derramas,
y con lágrimas fáciles infamas
el corazón, rindiéndole al tormento.

Verdad severa enmiende el sentimiento　　5
si, varón fuerte, dura virtud amas.
¿Castigo, con profana boca, llamas
el acordarse Dios de ti un momento?

Alma robusta en penas se examina,
y trabajos ansiosos y mortales　　　　　10
cargan, mas no derriban, nobles cuellos.

A Dios quien más padece se avecina;
Él está solo fuera de los males,
y el varón que los sufre, encima dellos.

[*Parnaso*, 84, a]

88

REPRESENTA LA MENTIROSA Y LA VERDADERA RIQUEZA

SONETO

¿Ves, con el oro, áspero y pesado
del poderoso Licas el vestido?
¿Ves el sol por sus dedos repartido,
y en círculos su fuego encarcelado?

¿Ves de inmortales cedros fabricado　　5
techo? ¿Ves en los jaspes detenido
el peso del palacio, ennoblecido
con las telas que a Tiro han desangrado[1]?

Pues no lo admires, y alta invidia guarda
para quien de lo poco, humildemente,　　10
no deseando más, hace tesoro.

No creas fácil vanidad gallarda:
que con el resplandor y el lustre miente
pálida sed hidrópica del oro.

[*Parnaso*, 84, b]

---

[1] *que a Tiro han desangrado*, telas teñidas con púrpura de Tiro.

89

Advierte la temeridad de los que navegan*

SONETO

Creces, y con desprecio, disfrazada,
en yerba humilde, máquina espantosa,
que fuerza disimula poderosa,
y tiene toda la agua amenazada.

Ve, ¡oh Noto!¹, que, secreta y encerrada,   5
alimentas en caña maliciosa
tu más larga fatiga y peligrosa,
tu peregrinación más codiciada.

Con menos hojas vive que cautelas²;
pues, a pesar del mar, sobre él tendidas,   10
juntará las orillas con sus telas.

Ahogáranse en ésta menos vidas
corrida en lazos que tejida en velas:
mortajas a volar introducidas.

[*Parnaso*, 85, b]

---

* «Significalo con mucho espíritu en una elegante execración que
hace contra el cáñamo en yerba», dice González de Salas.
¹ «Es irónica, no parenética, esta locución, de que usaron con
grande energía los auctores antiguos, como yo observo en aquellas palabras de Árbitro: *Ite, o mortales*, etc.» Nota de González
de Salas.
² *cautelas*, engaños.

90

REY ES QUIEN REINA EN SUS PASIONES, Y ESCLAVO EL REY SI ELLAS SON SEÑORAS

SONETO

Lleva Mario[1] el ejército, y a Mario
arrastra ciego la ambición de imperio;
es su anhelar al cónsul vituperio,
y su llanto a Minturnas[2] tributario.

Padécenle los cimbros temerario;   5
padece en sí prisión y captiverio;
fatigó su furor el hemisferio,
y a su discordia falleció el erario.

Y con desprecio, en África rendida,
después mendigó pan quien las legiones   10
desperdició de Roma esclarecida.

¿Qué sirve dominar en las naciones,
si es monarca el pecado de tu vida
y provincias del vicio tus pasiones?

[*Parnaso, 86, b*]

91

CIEGAS PETICIONES DE LOS HOMBRES A DIOS*

SONETO

«¡Oh, fallezcan los blancos, los postreros
años de Clito! Y ya que, ejercitado,
corvo reluzga el diente del arado,
brote el surco tesoros y dineros.

---

[1] Es el célebre Cayo Mario (152-86 a. J. C.), pretor en la España citerior, gran general que luchó contra Yugurta, cónsul seis veces, hombre de grandes ambiciones, que terminó su carrera política con menos aciertos de los que se presumía.

[2] «Porque la sexta vez cónsul Mario, en guerra civil vencido por Sila, huyendo de la muerte, se escondió en una laguna cerca de la ciudad Minturnas.» Nota de González de Salas en la pág. 137.

* González de Salas anota: «Este soneto es imitado de Persio, en la sát. 2, y ansí, de sentencia dificultosa; y aunque se ayudó

»Los que me apresuré por herederos[1],   5
parto a mi sucesión anticipado,
por deuda de la muerte y del pecado,
cóbrenlos ya los hados más severos.»

¿Por quién tienes a Dios?[2] ¿De esa manera
previenes el postrero parasismo?   10
¿A Dios pides insultos, alma fiera?

Pues siendo Stayo de maldad abismo,
clamara a Dios[3], ¡oh Clito!, si te oyera;
y ¿no temes que Dios clame a Sí mismo?[4]

[*Parnaso, 87*]

92

CONJETURA LA CAUSA DE TOCARSE LA CAMPANA DE VELILLA,
EN ARAGÓN, DESPUÉS DE LA MUERTE DEL PIADOSO REY
DON FILIPE III, Y MUESTRA LA DIFERENCIA CON QUE LA
OIRÁN LOS HUMANOS*

SONETO

O el viento, sabidor de lo futuro,
clamoreó por el difunto hado,
o en doctos caracteres anudado,
le repitió parlero gran conjuro.

---

en algunas partes para su inteligencia, no basta sin alguna declaración. Representa los injustos votos y pretensiones que se
suelen pedir a Dios. Éstos se contienen en los cuartetos, en persona de Clito. Luego, en el postrero terceto, hace este argumento:
"Stayo, perversísimo hombre, si oyera iguales peticiones excla-
mara a Dios: 'Señor, ¿cómo lo sufres?' No, pues, podrá el mesmo Dios dejar de exclamar a sí proprio, siendo la suma bondad"».
    [1] «*Heredi poetas.*» Nota de González de Salas, como las siguientes.
    [2] «*De Iove, quid sentis?*»
    [3] «*Dic agendum Staio: Proh Iuppiter, Iuppiter, o bone, clamet.*»
    [4] «*At sese non clamet Iuppiter ipse?*»
    * De 1621, en que muere Felipe III. Sobre la famosa Campana
de Velilla, en Aragón, que tocaba sola y anunciaba, según el vulgo,
grandes muertes, hay muchas referencias literarias, e incluso un
Discurso sobre la campana de Vililla, del doctor Juan de Quiñones
(Madrid, 1625).

Y puede ser que espíritu más puro,   5
a la advertencia humana destinado,
pronunció penitencias al pecado
en lenguaje tan breve y tan obscuro.

Profético metal, los ciudadanos
que de agüero y cometa[1] son exentos,   10
a tu son bailarán por estos llanos;

en tanto que tu voz y tus acentos
oyen descoloridos los tiranos,
y te atienden los reyes macilentos.

[Parnaso, 88, a]

93

IMAGEN DEL TIRANO Y DEL ADULADOR*

SONETO

Desconoces, Damocles, mi castigo,
por no culpar tu lengua en mi tormento,
y del semblante que, esforzado, miento,
con grande ostentación, eres amigo.

No ves la amarillez que dentro abrigo,   5
ni el corazón, que yace macilento,
ni atiendes al mortal razonamiento
del invisible y pertinaz testigo[2].

Pues sólo me acompañas[3], algún día   10
contradígame voz tuya severa:
oiga verdades la consciencia mía.

Merezca un desengaño antes que muera:
que la contradición es compañía,
y no seremos dos de otra manera.

[Parnaso, 89]

[1] Era corriente creer que los cometas presagiaban la muerte.
* «Represéntanse en Dionisio y en Damocles ambas figuras. Y refiérese aquí también aquella advertida sentencia que «aunque esté acompañado el príncipe de muchos de sus aduladores, está solo, porque todos dicen lo que él». Nota de González de Salas, como las dos siguientes.
[2] «La propria consciencia.»
[3] «Porque muchos eran como uno.»

94

Enseña no ser segura política reprehender acciones,
aunque malas sean, pues ellas tienen guardado
su castigo*

SONETO

Raer tiernas orejas con verdades
mordaces, ¡oh Licino !, no es seguro :
si desengañas, vivirás obscuro,
y escándalo serás de las ciudades.

No las hagas, ni enojes, las maldades,   5
ni mormures la dicha del perjuro :
que si gobierna y duerme Palinuro[1],
su error castigarán las tempestades.

El que, piadoso, desengaña amigos
tiene mayor peligro en su consejo   10
que en su venganza el que agravió enemigos.

Por esto a la maldad y al malo dejo.
Vivamos, sin ser cómplices, testigos;
advierta al mundo nuevo el mundo viejo.

[Parnaso, 90]

95

Muestra que algunas repúblicas se enferman
con lo que imaginan medicina**

SONETO

Miedo de la virtud llamó algún día
en Atenas virtud al ostracismo,
y en Sicilia arrojaba el petalismo,
por dolencia, al valor y valentía.

---

* «Es imitación de Persio, sát. 2: *Sed quid opus teneras mor-
daci radere vero auriculas*, etc.» Nota de González de Salas.
[1] *Palinuro*, piloto de Eneas arrojado al mar por el Sueño.
** Anota González de Salas: «En repúblicas de la Grecia fue cos-
tumbre que los ciudadanos que excedían mucho en virtudes a los

Si a Scipión, que gozaba, le temía　　　5
Roma, que del postrero parasismo
la libró, y de Anibal, siendo del mismo
aquel temor que él antes sido había,

¿cómo también con votos no apedrea
el ostraco[1] los pérfidos tiranos　　　10
que en vicio exceden y codicia fea?

¿Por qué han de ser los malos, ciudadanos?
Que si el destierro en la virtud se emplea,
es echar la salud por quedar sanos.

[*Parnaso*, 91]

96

Ruina de Roma por consentir robos de los gobernadores de sus provincias*

SONETO

El sacrílego Verres[2] ha venido
con las naves cargadas de trofeos,
de paz culpada, y con tesoros reos,
y triunfos de lo mismo que ha perdido.

¡Oh Roma!, ¿por qué culpa han merecido　　　5
grandes principios estos fines feos?
Gastas provincias en hartar deseos
y en ver a tu ladrón enriquecido.

---

otros fuesen desterrados por votos del pueblo, y el modo de votar era con unas pedrezuelas o tejuelas que daba cada uno. De
donde esta costumbre se llamó *ostracismo* y *petalismo* también,
porque en otras partes, como en la Magna Grecia de Sicilia, en
vez de piedras votaban con hojas de árboles. Aristóteles, en el
libro 3 de su *Política*, y los scholiastes de Aristófanes, lo discurren. El argumento, pues, de este soneto es, refiriendo esta costumbre, persuadir después que fuera más acertada si se ejecutara
en los tiranos y ciudadanos perversos».

[1] *ostraco*, la concha, tejuelo o pedrezuela con que votaban los
griegos el destierro.

* «Es casi traducción, y elegante, de Juvenal en la sát. 8, desde aquellas palabras *"Inde Dolabella est"*, etc.» Nota de González de Salas.

[2] Cayo Licinio Verres, el famoso cuestor de Sicilia, acusado por
Cicerón de numerosos delitos en sus célebres discursos. El mismo
Verres, después del primer discurso, se desterró y hasta 23 años
después no pudo volver a Roma.

Después que la romana, santa y pura
pobreza pereció, se han coronado   10
tus delitos, tu afrenta y tu locura.

De tu virtud tus vicios han vengado
a los que sujetó tu fuerza dura,
y aclaman por victoria tu pecado.

[*Parnaso*, 92, a]

97

Advierte contra el adulador que lo dulce que dice
no es por deleitar [al] que lo escucha, sino
por interés proprio suyo, y amenaza
a quien le da crédito

soneto

Con acorde concento, o con rüidos
músicos, ensordeces al gusano,
para que los enojos del verano
no atienda, ni del cielo los bramidos[1].

No es piedad confundirle los sentidos;   5
codicia sí, guardándole[2] tirano
para que su mortaja con su mano
hile y, en su mortaja, tus vestidos.

Nació paloma, y, en tu seno, el vuelo
perdió; gusano, arrastra[3] despreciado,   10
y osas llamar tu vil cautela celo.

Tal fin tendrá cualquiera desdichado
a quien estorba oír la voz del cielo,
con músico alboroto, su pecado.

[*Parnaso*, 92, b]

[1] Era costumbre ensordecer, por decirlo así, a los gusanos en los días de tormenta. Y cierto especialista no deja de sonreírse, como Gonzalo de las Casas, en cuyo *Arte nuevo para criar la seda* (edic. detrás de la *Agricultura* de Alonso de Herrera, Madrid, 1790, pág. 392, a) dice: «cuanto a los truenos, comúnmente veo reírse a todos los que dicen que les hace mal y para remedio de ellos les tañen atambores, porque les parece que no teniendo oídos, no pueden oír el trueno».

[2] «El que le guarda.» Nota de González de Salas.

[3] «Hácele verbo neutro, esto es *Va arrastrando*.» Nota del mismo.

98

A un señor perseguido y constante en los trabajos*

SONETO

De amenazas del Ponto rodeado
y de enojos del viento sacudido,
tu pompa es la borrasca, y su gemido
más aplauso te da que no cuidado.

Reinas con majestad, escollo osado,   5
en las iras del mar enfurecido,
y, de sañas de espuma, encanecido,
te ves de tus peligros coronado.

Eres robusto escándalo a orgullosa
prora que, por peligros naufragante,   10
te advierte[1], y no te toca, escrupulosa.

Y a su invidia y al mar, siempre constante,
de advertido bajel seña piadosa
eres, norte y aviso a vela errante.

[*Parnaso*, 93, a]

99

Amenaza de la inocencia perseguida, que hace al rigor de un poderoso

SONETO

Ya te miro caer precipitado,
y que en tus proprias ruinas te confundes;
que en ti proprio te rompes y te hundes,
entre tus chapiteles sepultado.

---

* «Figúrale con la alegoría de un peñasco del mar», añade
González de Salas.
[1] «Te conoce», apostilla del mismo.

Tanto como has crecido has enfermado   5
y, por más bien que los cimientos fundes,
mientras en oro y vanidad abundes,
tu tesoro y poder son tu pecado.

Si de los que derribas te levantas
y si de los que entierras te edificas,   10
en amenazas proprias te adelantas.

Medrosos escarmientos multiplicas;
lágrimas tristes, que ocasionas, cantas:
son tu caudal calamidades ricas.

[*Parnaso*, 93, b]

100

SIGUE EL MISMO ARGUMENTO HABLANDO CON DIOS*

SONETO

A tu justicia tocan mis contrarios,
pues a encargarte de ellos te comides,
cuando venganzas para ti nos pides,
que guarda tu decreto en tus erarios.

Contigo lo han de haber los temerarios,   5
pues en humo y ceniza los divides;
y el blasón de sus armas y sus lides
desmentirás con escarmientos varios.

Pues Dios de las Venganzas te apellidas,
baja [al] tirano débil encumbrado;   10
hártese en él tu saña de heridas.

De mi agravio, Señor, te has encargado:
pues tus promesas, grande Dios, no olvidas,
caiga deshecho el monstro idolatrado.

[*Parnaso*, 94]

* González de Salas añade: «Parece estar escrito este soneto con
atención a que el Señor dice en el *Deuteronomio* que le encomien-
den la venganza, que Su Majestad la enviará a su tiempo. Refiere
estas palabras San Pablo *ad Romanos et ad Hebraeos*, cap. 10,
vers. 30: *Mihi vindictam et ego retribuam*».

101

Al incendio de la plaza de Madrid,
en que se abrasó todo un lado de cuatro*

SONETO

Cuando la Providencia es artillero,
no yerra la señal la puntería;
de cuatro lados la centella envía
al que de azufre ardiente fue minero.

El teatro, a las fiestas lisonjero,   5
donde el ocio alojaba su alegría,
cayó, borrando con el humo el día,
y fue el remedio al fuego compañero.

El viento que negaba julio ardiente
a la respiración, le dio a la brasa,   10
tal, que en diciembre pudo ser valiente.

Brasero es tanta hacienda y tanta casa;
más agua da la vista que la fuente:
logro será, si escarmentado pasa.

[*Parnaso*, 95, a]

102

Toma venganza de la lascivia la penitencia
de la riqueza desperdiciada, y adora la mesma
lascivia en ídolo su arrepentimiento

SONETO

Si Venus hizo de oro a Fryne bella[1],
en pago a Venus hizo de oro Fryne,
porque el lascivo corazón se incline
al precio de sus culpas como a ella[2].

---

* El suceso ocurrió en 1631, el 7 de julio.
[1] «Fryne, famosa ramera, dedicó a Venus una estatua de oro y en la basa inscribió: "*Ex graecorum intemperantia*", castigando ansí su desatino la que había sido la causa. De donde tomó este soneto el argumento.» Nota de González de Salas.
[2] «A la estatua de Venus haga veneración, como la hizo a la hermosura de la ramera.» Nota del mismo.

Adore sus tesoros, si los huella   5
el desperdicio, y tarde ya los gime:
que tal castigo y penitencia oprime
a quien abrasa femenil centella.

En pálida hermosura, enriquecidas
sus faciones, dio vida a su figura   10
Fidias, a quien prestó sus manos Midas.

Arde en metal precioso su blancura;
veneren, pues les cuesta seso y vidas,
los griegos su pecado y su locura.

[*Parnaso*, 95, b]

103

RESTITUYE FRYNE EN SEGURIDAD A SU PATRIA
LO QUE LA HABÍA USURPADO EN INQUIETUDES

SONETO

Fryne, si el esplendor de tu riqueza
a Tebas dio muralla bien segura[1],
tantos padrones cuente a tu hermosura
cuantas piedras se ven en su grandeza.

Del grande Macedón la fortaleza   5
desfiguró su excelsa arquitectura;
mas lo que abate fuerza armada y dura
restituye, desnuda, tu flaqueza.

Tú, que fuiste prisión de los tebanos,
eres defensa a Tebas, que yacía   10
cadáver lastimoso de estos llanos.

La ciudad que por ti lasciva ardía
se venga del poder de otros tiranos
con lo que le costó tu tiranía.

[*Parnaso*, 96]

[1] «Llegó a tanta riqueza por su hermosura, que pudo reedificar los muros de Tebas, que había arruinado Alejandro Macedón.» Nota de González de Salas.

104

LAS CAUSAS DE LA RUINA DEL IMPERIO ROMANO

SONETO

En el precio, el favor; y la ventura,
venal; el oro, pálido tirano;
el erario, sacrílego y profano;
con togas, la codicia y la locura;

en delitos, patíbulo la altura; 5
más suficiente el más soberbio y vano;
en opresión, el sufrimiento humano;
en desprecio, la sciencia y la cordura,

promesas son, ¡oh Roma !, dolorosas
del precipicio y ruina que previenes 10
a tu imperio y sus fuerzas poderosas.

El laurel que te abraza las dos sienes
llama al rayo que evita, y peligrosas
y coronadas por igual las tienes.

[*Parnaso*, 97, a]

105

ABUNDOSO Y FELIZ LICAS EN SU PALACIO,
SÓLO ÉL ES DESPRECIABLE

SONETO

Harta la toga del veneno tirio[1],
o ya en el oro pálida y rigente,
cubre con los tesoros del Oriente,
mas no descansa, ¡oh Licas !, tu martirio.

Padeces un magnífico delirio 5
cuando felicidad tan delincuente
tu horror oscuro en esplendor te miente,
víbora en rosicler, áspid en lirio.

---

[1] *veneno tirio*, la grana o la púrpura. Cf. el núm. 116, v. 7.

Competir su palacio a Jove quieres,
pues miente el oro estrellas a su modo   10
en el que vives sin saber que mueres.

Y en tantas glorias, tú, señor de todo,
para quien sabe examinarte, eres
lo solamente vil, el asco, el lodo.

[*Parnaso*, 97, b]

106

La templanza, adorno para la garganta,
más precioso que las perlas de mayor valor

soneto

Esta concha que ves presuntuosa,
por quien blasona el mar índico y moro,
que en un bostezo concibió un tesoro
del sol y el cielo, a quien se miente esposa;

esta pequeña perla y ambiciosa,   5
que junta su soberbia con el oro,
es defecto del nácar, no decoro,
y mendiga beldad, aunque preciosa.

Bastaba que la gula el mar pescara,
sin que avaricia en él tendiera redes   10
con que la vanidad alimentara.

Floris, mejor con la templanza puedes
adornar tu garganta, que con rara
perdición rica, que del Ponto heredes.

[*Parnaso*, 98, a]

107

COMPREHENDE LA OBEDIENCIA DEL MAR, Y LA INOBEDIENCIA
DEL CODICIOSO EN SUS AFECTOS*

SONETO

La voluntad de Dios por grillos tienes,
y ley de arena tu coraje humilla,
y, por besarla, llegas a la orilla,
mar obediente, a fuerza de vaivenes.

Con tu soberbia undosa te detienes   5
en la humildad, bastante a resistilla;
a tu saña tu cárcel maravilla,
rica, por nuestro mal, de nuestros bienes.

¿Quién dio al robre y a l'haya atrevimiento
de nadar, selva errante deslizada,   10
y al lino de impedir el paso al viento?

Codicia, más que el Ponto desfrenada,
persuadió que, en el mar, el avariento
fuese inventor de muerte no esperada.

[*Parnaso*, 98, b]

108

DESCUBRE QUIÉN LLEVA LOS PREMIOS
DE LAS VICTORIAS MARCIALES**

SONETO

Más vale una benigna hora del Hado
al que sigue la caja[1] y la bandera,
que si una carta de favor le diera
Venus para Mavorte enamorado.

---

* La versión primera se halla en las *Flores de poetas ilustres*,
de Pedro Espinosa, edic. cit., pág. 151. Será, por lo tanto, anterior
a septiembre de 1603.
** González de Salas añade: «Contiénese una imitación bien expresa de Juvenal en la sát. última:
...*plus etenim Fati valet hora benigna,
quam si nos Veneris commendet epistola Marti*, etc.»
[1] *caja*, especie de tambor.

Heridas son lesión al desdichado,   5
no mérito a su fama verdadera;
servir no es merecer, sino quimera
que entretiene la vida del soldado.

De las pérdidas triunfa el venturoso;
padece sus vitorias el valiente,   10
en mañosa calumnia del ocioso.

Druso, acomoda con la edad la mente;
guarda para la paz lo belicoso;
aprende a ser en el peligro ausente.

[Parnaso, 100]

109

DESCONSUELA AL PODEROSO, QUE AFLIGE Y DESFAVORECE
A ALGUNO POR VENGARSE, Y ENSEÑA AL PERSEGUIDO
CÓMO LE DESPRECIE

soneto

El que me niega lo que no merezco
me da advertencia, no me quita nada;
que en ambición sin méritos premiada,
más me deshonro yo que me enriquezco.

Si con las otras malas yerbas crezco,   5
pues se aborrece más la más medrada,
mereceré el enojo de la azada,
cuando inútil los surcos empobrezco.

Quien mi pobreza y soledad aumenta,
a pesar de su intento, me asegura,   10
y con lo que me niega me acrescienta.

No puede estar sujeto a desventura
quien teme el beneficio por afrenta;
quien tiene la esperanza por locura.

[Parnaso, 101]

110

CONTRA LOS HIPÓCRITAS Y FINGIDA VIRTUD DE MONJAS
Y BEATAS, EN ALEGORÍA DEL COHETE

SONETO

No digas, cuando vieres alto el vuelo
del cohete, en la pólvora animado,
que va derecho al cielo encaminado,
pues no siempre quien sube llega al cielo.

Festivo rayo que nació del suelo,   5
en popular aplauso confiado,
disimula el azufre aprisionado;
traza es la cuerda, y es rebozo el velo.

Si le vieres en alto radïante,
que con el firmamento y sus centellas   10
equivoca su sitio y su semblante,

¡oh, no le cuentes tú por una dellas!
Mira que hay fuego artificial farsante,
que es humo y representa las estrellas.

                                    [*Parnaso*, 102, a]

111

ES AMENAZA A LA SOBERBIA Y CONSUELO A LA HUMILDAD
DEL ESTADO

SONETO

¿Puedes tú ser mayor? ¿Puede tu vuelo
remontarte a más alta y rica cumbre,
ni a más hermosa y clara excelsa lumbre
que la que ves arder por todo el cielo?

¿Puede mi desnudez y mi desvelo,   5
y el llanto que a mis ojos es costumbre,
bajarme más que al cardo y la legumbre,
que son desmedro al más inútil suelo?

Pues todo el oro fijo y el errante,
que sombras de la noche nos destierra   10
y son vista del orbe centellante,

todo el pueblo de luz que el zafir cierra,
eterno al parecer, siempre constante,
tiene donde caer; mas no la tierra.

[*Parnaso*, 102, b]

112

NÁUFRAGA NAVE, QUE ADVIERTE Y NO DA ESCARMIENTO

SONETO

Tirano de Adria el Euro, acompañada
de invierno y noche la rugosa frente,
sañudo se arrojó y inobediente,
la cárcel rota y la prisión burlada.

Bien presumida y mal aconsejada,   5
pomposa nave sus enojos siente;
gime el mar ronco temerosamente,
líquida muerte bebe gente osada;

cuando en maligno escollo inadvertida,
de escarmientos la playa procelosa   10
infamó, en mil naufragios dividida.

Y nunca faltará vela animosa
—¡tal es la presunción de nuestra vida!—
que repita su ruina lastimosa.

[*Parnaso*, 102, c]

113

A UN IGNORANTE MUY DERECHO, SEVERO
Y MISTERIOSO DE FIGURA

SONETO

Esa frente, ¡oh Gïaro!, en remolinos
torva y en rugas pálida y funesta,
antes señas de toro manifiesta
que de estudios severos y divinos.

Tus semblantes ceñudos y mohínos,   5
si no descifran délfica respuesta[1],
obligan que, de risa descompuesta,
se descalcen los proprios calepinos[2].

No tiene por fructífera el villano
la espiga que como huso se endereza,   10
sino la corva, a quien derriba el grano.

Hacia la tierra inclina tu entereza,
porque lo erguido se promete vano,
y que está sin meollo la cabeza.

                     [*Parnaso*, 103, a]

114

VIRTUD DE LA MÚSICA HONESTA Y DEVOTA
CON ABOMINACIÓN DE LA LASCIVA*

SONETO

Músico rey[3] y médica armonía,
exorcismo canoro sacrosanto,
y en angélica voz tutelar canto,
bien acompañan cetro y monarquía.

---

[1] Alusión al célebre oráculo de Delfos.
[2] *calepinos* se llamaban ciertos diccionarios muy usados en el siglo XVII, por su autor Ambrosio Calepino, agustino italiano.
* «Cuatro reyes asisten a este soneto: el del Cielo, el del Infierno y dos de la Tierra.» Nota de González de Salas, como las cuatro siguientes.
[3] «David.»

La negra Majestad[1] con tiranía   5
de Saúl en las iras y en el llanto
reinaba, y fue provincia suya, en tanto
que de David a la arpa no atendía.

Decente es santo coro al Rey sagrado[2];
útil es el concento religioso   10
al rey que de Luzbel yace habitado[3].

¡Oh, no embaraces, Fabio, el generoso
oído con los tonos del pecado,
porque halle el salmo tránsito espacioso!

[*Parnaso,* 104]

115

ENSEÑA A LOS AVAROS Y CODICIOSOS
EL MÁS SEGURO MODO DE ENRIQUECER MUCHO

SONETO

Si enriquecer pretendes con la usura,
Cristo promete, ¡oh pálido avariento!,
por uno que en el pobre le des, ciento:
¿dónde hallarás ganancia más segura?

La desdicha del pobre es tu ventura;   5
su hambre y su miseria, tu sustento;
su desnudez, tus galas y tu aumento,
si socorres su afán y pena dura.

Fías de la codicia del tratante[4]
y de la tierra[5], y en alado pino   10
los tesoros al mar[6] siempre inconstante,

y sólo dudas del poder divino,
pues su misma promesa no es bastante
a persuadir tu ciego desatino.

[*Parnaso,* 105, a]

[1] «Luzbel.»
[2] «Dios, sólo verdadero rey.»
[3] «Saúl.»
[4] «Si eres usurero», anota González de Salas.
[5] «Si eres labrador.» Nota del mismo.
[6] «Si eres mercader.» Ídem.

116

LOS VANOS Y PODEROSOS, POR DEFUERA RESPLANDECIENTES, Y DENTRO PÁLIDOS Y TRISTES

SONETO

Si las mentiras de fortuna, Licas,
te desnudas, veráste reducido
a sola tu verdad, que, en alto olvido,
ni sigues, ni conoces, ni platicas.

Esas larvas espléndidas y ricas   5
que abultan tus gusanos, con vestido
en el veneno tirio recocido[1],
presto vendrán a tu soberbia chicas.

¿Qué tienes, si te tienen tus cuidados?
¿Qué puedes, si no puedes conocerte?   10
¿Qué mandas, si obedeces tus pecados?

Furias del oro habrán de poseerte;
padecerás tesoros mal juntados;
desmentirá tu presunción la muerte.

[*Parnaso*, 105, b]

117

AL ORO, CONSIDERÁNDOLE EN SU ORIGEN Y DESPUÉS EN SU ESTIMACIÓN*

SONETO

Este metal que resplandece ardiente
y tanta invidia en poco bulto encierra[2],
entre las llamas renunció la tierra:
ya no conoce al risco por pariente.

---

[1] *«Purpura dibapha et bis tincta.»* Nota de González de Salas.
El *veneno tirio* es la púrpura. Cf. el núm. 105, v. 1.
* «Los cuartetos tienen imitación de Tertuliano», añade González de Salas.
[2] La envidia solía representarse de color amarillo.

Fundido, ostenta brazo omnipotente,   5
horror que a la ciudad prestó la sierra,
descolorida paz, preciosa guerra,
veneno de la aurora y del poniente.

Éste, en dineros ásperos cortado,
orbe pequeño, al hombre le compite   10
los blasones de ser mundo abreviado.

Pálida ley que todo lo permite,
caudal perdido cuanto más guardado;
sed que no en la abundancia se remite.

[*Parnaso*, 106, a]

118

DESENGAÑO DE LA EXTERIOR APARIENCIA
CON EL EXAMEN INTERIOR Y VERDADERO

SONETO

¿Miras este gigante corpulento
que con soberbia y gravedad camina?
Pues por de dentro es trapos y fajina,
y un ganapán le sirve de cimiento.

Con su alma vive y tiene movimiento,   5
y adonde quiere su grandeza inclina;
mas quien su aspecto rígido examina,
desprecia su figura y ornamento.

Tales son las grandezas aparentes
de la vana ilusión de los tiranos: 10
fantásticas escorias eminentes.

¿Veslos arder en púrpura, y sus manos
en diamantes y piedras diferentes?
Pues asco dentro son, tierra y gusanos.

[*Parnaso*, 106, b]

119

ADVIERTE A LOS AVAROS LA OCASIÓN DE FALTARLES
MUCHAS VECES SUS AUMENTOS*

SONETO

Injurias dices, avariento, al cielo;
llámasle de metal, porque no llueve:
dime el socorro que a tu troj le debe
en el pobre que viste sin consuelo.

De estéril osas acusar el suelo,   5
porque a los gritos tuyos no se mueve;
presumes, necio, de mandar la nieve,
y al invierno tasar quieres el yelo.

Si no se abre el cielo soberano,
si no dan fruto a tu labor las tierras,   10
imitan tus graneros y tu mano.

En cuanto al cielo le suplicas, yerras;
pues, de los bienes que te dio, tirano[1],
le pides que se abra, y tú le cierras.

[*Parnaso*, 107]

120

DESASTRE DEL VALIDO QUE CAYÓ AUN EN SUS ESTATUAS**

SONETO

¿Miras la faz que al orbe fue segunda
y en el metal vivió rica de honores
cómo, arrastrada, sigue los clamores,
en las maromas de la plebe inmunda?

* «Es doctrina de San Cipriano a Demetrio y de San Gregorio
Nazianzeno, *Oratione in plagam Grandinis*.» Nota de González de
Salas.
[1] «Tirano de los bienes que te dio.» Nota del mismo.
** González de Salas anota: «Es muy precisa expresión de Juve-
nal en la sát. 10, [61-69]: *Ardet adoratum populo caput*, etc.».

No hay fragua que sus miembros no los funda   5
en calderas, sartenes y asadores;
y aquel miedo y terror de los señores
sólo de humo en la cocina abunda.

El rostro que adoraron en Seyano[1],
despedazado en garfios, es testigo   10
de la instabilidad del precio[2] humano.

Nadie le conoció, ni fue su amigo;
y sólo quien le infama de tirano
no acompañó el horror de su castigo.

[*Parnaso*, 108]

121

Reprehensión de la gula*

soneto

¿Tan grande precio pones a la escama?
Ya fuera más barato, bien mirado,
comprar el pescador, y no el pescado,
en que tanta moneda se derrama.

No el pescado que comes, mas la fama,   5
lo caro y lo remoto, es lo preciado,
pues de los peces de otro mar cargado
lleva tu sueño vuelcos a la cama.

Yo invidio al que te vende la murena[3]
que entre Caribdi y Scila resbalaba,   10
pues más su bolsa que tu vientre llena.

[1] Elio Seyano, ministro y favorito de Tiberio († 37 d. J. C.), el
cual logró que su retrato, primero, y después su estatua, se colo-
casen junto a los del Emperador. Habiendo conspirado para apoderarse del trono, fue condenado a muerte.
[2] *precio*, premio.
* Añade González de Salas: «Es imitación de la sátira 4, [25-26],
de Juvenal:

  Hoc pretium squamae? Potuit fortasse minori[s]
  Piscator quam piscis emi, etc.».

[3] *murena*, «pez conocido, de forma larga, sin escamas, a manera
de anguila, y deleznable como ella». (Covarrubias, *Tesoro*.)

Das grande precio por lo que otro alaba;
más es la tuya adulación que cena,
y más tu hacienda que tu hambre acaba.

[*Parnaso*, 109]

122

MUESTRA LA INIQUIDAD QUE LOS PODEROSOS USAN CON LA
HEREDAD DEL POBRE, SI TIENEN CUDICIA DE ELLA HASTA
QUE SE LA TOMAN EN BAJO PRECIO*

SONETO

En la heredad del pobre, las espigas
más gruesas te parecen, más opacas,
y ni en tus trojes la codicia aplacas,
no pudiendo sufrir su mies las vigas.

Arrójanle tus ansias enemigas   5
con laso cuello en su quiñón[1] tus vacas,
para que, hambrientas, las que entraron flacas
le saquen la cosecha en las barrigas.

¡Oh cuántos lloran robos dolorosos
de la invidia opulenta! ¡Oh cuántos males   10
ocasionan vecinos poderosos!

Hasta que, a intercesión de injurias tales,
les expongan los dueños querellosos
aquellas posesiones ya venales.

[*Parnaso*, 110]

---

* Con la adición de González de Salas: «Es también de Juvenal,
sát. 14, [145]: *Quorum si pretio dominus non vincitur ullo*, etc.».
   Para Astrana Marín es de 1623, pero no da ninguna razón, como
acostumbra.
   [1] *quiñón*, porción de tierra cultivable, de proporción variable
según los usos locales.

123

MUESTRA EN OPORTUNA ALEGORÍA LA SEGURIDAD
DEL ESTADO POBRE Y EL RIESGO DEL PODEROSO

SONETO

¿Ves esa choza pobre que, en la orilla,
con bien unidas pajas, burla al Noto?
¿Ves el horrendo y líquido alboroto,
donde agoniza poderosa quilla?

¿No ves la turba ronca y amarilla   5
desconfiar de la arte y del piloto,
a quien, si el parasismo acuerda el voto,
la muerte los semblantes amancilla?

Pues eso ves en mí, que, retirado
a la serena paz de mi cabaña,   10
más quiero verme pobre que anegado.

Y miro, libre, naufragar la saña
del poder cauteloso, que, engañado,
tormenta vive cuando alegre engaña.

[*Parnaso*, 111, a]

124

ENSEÑA QUE, AUNQUE TARDE, ES MEJOR RECONOCER
EL ENGAÑO DE LAS PRETENSIONES Y RETIRARSE
A LA GRANJERÍA DEL CAMPO

SONETO

Cuando esperando está la sepoltura
por semilla mi cuerpo fatigado[1],
doy mi sudor al reluciente arado
y sigo la robusta agricultura.

---

[1] Compárese: «Cualquier tierra, oh Lucilio, es nuestra madre...
Ella nos cobra, pues nos debemos a ella. No defraudemos la agri-

Disculpa tiene, Fabio, mi locura,   5
si me quieres creer escarmentado:
probé la pretensión con mi cuidado,
y hallo que es la tierra menos dura.

Recojo en fruto lo que aquí derramo,
y derramaba allá lo que cogía: 10
quien se fía de Dios sirve a buen amo.

Más quiero depender del sol y el día,
y de la agua, aunque tarde, si la llamo,
que de l'áulica infiel astrología.

[*Parnaso*, 111, b]

125

A UN JUEZ MERCADERÍA

SONETO

Las leyes con que juzgas, ¡oh Batino!,
menos bien las estudias que las vendes;
lo que te compran solamente entiendes;
más que Jasón te agrada el Vellocino.

El humano derecho y el divino,   5
cuando los interpretas, los ofendes,
y al compás que la encoges o la extiendes,
tu mano para el fallo se previno.

No sabes escuchar ruegos baratos,
y sólo quien te da te quita dudas;   10
no te gobiernan textos, sino tratos.

Pues que de intento y de interés no mudas,
o lávate las manos con Pilatos,
o, con la bolsa, ahórcate con Judas.

[*Parnaso*, 112, a]

---

cultura de la muerte: semilla es nuestro cuerpo para la cosecha
del postrero día». Quevedo, Carta 99, en *Obras en prosa*, edic.
cit., pág. 1908 b.

126

Virtud de la presencia del señor en la agricultura y en la guerra

SONETO

Más fertilizan mi heredad mis ojos
que el mayo que las lluvias no resista;
pues, con el beneficio de mi vista,
en espigas reviven mis rastrojos.

Vuélvense los gañanes en gorgojos   5
si falta el dueño que al trabajo asista;
y quien espera grano, coge arista,
mal acondicionada con abrojos.

Lo mismo es la batalla que la tierra:
el que la viere dar tendrá vitoria,   10
pues los ojos del rey arman la guerra.

El que manda y gobierna de memoria,
y a su defensa entrambos ojos cierra,
sin cetro y con bordón busca la gloria.

[*Parnaso*, 112, b]

127

Comparación de las fábricas de la soberbia con las de la humildad

SONETO

Es la soberbia artífice engañoso;
da su fábrica pompa, y no provecho:
ve, Nabuco, la estatua que te ha hecho;
advierte el edificio cauteloso.

Hizo la frente del metal precioso; 5
armó de plata y bronce cuello y pecho;
y por trocar con el cimiento el techo,
los pies labró de barro temeroso.

No alcanzó el oro a ver desde la altura
la guija, que rompió con ligereza 10
el polvo en quien fundó rica locura.

El que pusiere el barro en la cabeza
y a los pies del metal la lumbre pura,
tendrá, si no hermosura, fortaleza.

[*Parnaso*, 113, a]

128

Espántase de la advertencia quien tiene olvidada la culpa

SONETO

De los misterios a los brindis llevas,
¡oh Baltasar!, los vasos más divinos,
y de los sacrificios a los vinos,
porque injurias de Dios, profano, bebas.

¡Que a disfamar los cálices te atrevas, 5
que vinieron del templo peregrinos,
juntando a ceremonias desatinos,
y a ancianos ritos tus blasfemias nuevas!

Después de haber, sacrílego, bebido
toda la edad a Baco en urna santa, 10
mojado el seso y húmedo el sentido,

¿ver una mano en la pared te espanta,
habiendo tu garganta merecido,
no que escriba, que corte tu garganta?

[*Parnaso*, 113, b]

129

AL REPENTINO Y FALSO RUMOR DE FUEGO QUE SE MOVIÓ
EN LA PLAZA DE MADRID EN UNA FIESTA DE TOROS*

SONETO

Verdugo fue el temor, en cuyas manos
depositó la muerte los despojos
de tanta infausta vida. Llorad, ojos,
si ya no lo dejáis por inhumanos.

¿Quién duda ser avisos soberanos,   5
aunque el vulgo los tenga por antojos,
con que el cielo el rigor de sus enojos
severo ostenta entre temores vanos?

Ninguno puede huir su fatal suerte;
nada pudo estorbar estos espantos;   10
ser de nada el rumor, ello se advierte.

Y esa nada ha causado muchos llantos,
y nada fue instrumento de la muerte,
y nada vino a ser muerte de tantos.

[*Parnaso*, 114, a]

130

AMENAZA A UN PODEROSO OFENSIVO, QUE LA DILACIÓN
DE LA PENA QUE SE LE PREVIENE DEL BRAZO DE DIOS,
ES PARA AUMENTARLA

SONETO

Duro tirano de ambición armado,
en la miseria ajena presumido,
o la piedad de Dios llamas olvido,
o arguyes su paciencia de pecado.

* El suceso ocurrió el 28 de agosto de 1631. Véase J. O. Crosby,
En torno a la poesía de Quevedo, pág. 144.

Y puede ser que llegues, obstinado   5
y de mordaz blasfemia persuadido,
a negarle el valor, cuando, ofendido,
crecer quiere el castigo dilatado.

No es negligencia la piedad severa;
bien puede emperezar, mas no olvidarse   10
la atención más hermosa de la esfera.

Estále a Dios muy bien el descuidarse
de la venganza que tomar espera:
que sabe, y puede, y debe desquitarse.

[Parnaso, 114]

131

Desde la Torre*

SONETO

Retirado en la paz de estos desiertos,
con pocos, pero doctos libros juntos[1],
vivo en conversación con los difuntos
y escucho con mis ojos a los muertos.

Si no siempre entendidos, siempre abiertos,   5
o enmiendan, o fecundan mis asuntos;
y en músicos callados contrapuntos[2]
al sueño de la vida hablan despiertos.

Las grandes almas que la muerte ausenta,
de injurias de los años, vengadora,   10
libra, ¡oh gran don Iosef !, docta la emprenta.

---

* González de Salas comenta: «Algunos años antes de su prisión última me envió este excelente soneto desde la Torre».

La versión autógrafa del soneto, que puede verse en J. O. Crosby, op. cit., pág. 26, no estaba dirigida a don José, sino a un don Juan, que Astrana conjetura podría ser Juan de Herrera o don Juan Luis de la Cerda, Duque de Medinaceli.

El ms. 4.312 de la Bibl. Nacional, f. 292, da la versión de *Parnaso* con un curioso epígrafe: «Habiendo enviudado y retirádose de la comunicación, escribió este soneto».

[1] «Alude con donaire a que casi siempre los tuvo repartidos en diferentes partes.» Nota del mismo.

[2] «Entiende que también los poetas», apostilla del mismo.

En fuga irrevocable huye la hora;
pero aquélla el mejor cálculo cuenta[3]
que en la lección y estudios nos mejora.

[*Parnaso*, 115]

132

MUESTRA LO QUE SE INDIGNA DIOS DE LAS PETICIONES
EXECRABLES DE LOS HOMBRES, Y QUE SUS OBLACIONES
PARA ALCANZARLAS SON GRAVES OFENSAS*

SONETO

Con mudo incienso y grande ofrenda, ¡oh, Licas!,
cogiendo a Dios a solas, entre dientes,
los ruegos que recatas de las gentes,
sin voz, a sus orejas comunicas.

Las horas pides prósperas y ricas,   5
y que para heredar a tus parientes,
fiebres reparta el cielo pestilentes,
y de ruinas fraternas te fabricas.

[¡Oh grande horror! Pues cuando de ejemplares
rayos a Dios armó la culpa, el vicio,   10
víctimas le templaron los pesares.

Y hoy le ofenden ansí, no ya propicio,
que, vueltos sacrilegios los altares,
arma su diestra el mesmo sacrificio.]

[*Parnaso*, 116]

[3] «*Numera meliore lapillo*», nota del mismo González de Salas.
(Persio, II, 1. Quevedo traduce «lapillo» por «cálculo» con el valor
de «piedrecilla». Vid. J. O. Crosby, op. cit., pág. 41.)
  * «Discurriendo con don Francisco en la sátira 10 de Juvenal
y 2 de Persio, donde se abomina la perversidad de los votos humanos, me refirió los cuartetos de este soneto, pidiéndome le
añadiera los tercetos, al propósito de lo que yo había discurrido.»
Nota de González de Salas.
  Véase el análisis de este soneto en A. Parker, «La "agudeza"
en algunos sonetos de Quevedo», publicado en *Estudios dedicados
a D. Ramón Menéndez Pidal*, t. III (Madrid, 1952), pág. 357 y ss.

133

REPREHENDE LA INSOLENCIA DE LOS QUE SE ATREVEN
A PREGUNTAR A DIOS LAS CAUSAS POR QUE OBRA
Y DEJA DE OBRAR*

SONETO

Si nunca descortés preguntó, vano,
el polvo, vuelto en barro peligroso,
«¿Por qué me obraste vil o generoso?»
al autor, a la rueda y a la mano;

el todo presumido de tirano,   5
a nueve lunas peso congojoso
(que llamarle gusano temeroso
es mortificación para el gusano),

¿de dónde ha derivado la osadía
de pedir la razón de su destino   10
al que con su palabra encendió el día?

¡Oh, humo!, ¡oh, llama!, sigue buen camino:
que el secreto de Dios no admite espía,
ni mérito desnudo le previno.

[*Las tres Musas*, 222]

134

DON FRANCISCO DE QUEVEDO*

SONETO

¡Malhaya aquel humano que primero
halló en el ancho mar la fiera muerte,
y el que enseñó a su espalda ondosa y fuerte
a que sufriese el peso de un madero!

---

* Aldrete añade: «Con estas palabras de San Pablo: *Numquid
figmentum dicit ei, qui se finxit, quid me fecisti sic, an non ha-
bet potestatem figulus luti, ex eadem massa facere aliud quidem
vas in honorem, aliud in contumeliam?*»
* Anterior a 1627-1628, fecha del *Cancionero antequerano*.

¡Malhaya el que, forzado del dinero,   5
el nunca arado mar surcó, de suerte
que en sepultura natural convierte
el imperio cerúleo, húmedo y fiero !

¡Malhaya el que por ver doradas cunas,
do nace al mundo Febo radïante,   10
del ganado de Próteo[1] es el sustento;

y el mercader que tienta mil fortunas,
del mar fiando el oro y el diamante,
fiando el mar de tanto vario viento !

[*Cancionero antequerano,* Madrid,
1950, pág. 40.]

135

La soberbia*

SILVA

Esta que veis delante,
fulminada de Dios, y fulminante,
que en precipicios crece y se adelanta,
y para derribarse se levanta;
esta que, con desprecio, el mundo mira,   5
blasón de la ignorancia y la mentira,
es la soberbia, que, en eternas vidas,
inventó en la privanza las caídas.
Las plumas de sus galas
más sirven de traspiés que no de alas.   10
Con la presencia esclarecida engaña,
pues su lumbre enemiga
es de fuego, que ardiente la castiga;
no de luz, que gloriosa la acompaña.
Es un cielo mentido   15
a las inadvertencias del sentido;
y aunque de estrellas coronada viene,

---

[1] Próteo es el pastor de los ganados marinos.
* Según Astrana Marín, «por el contexto general debió de ser escrita a la muerte de don Rodrigo Calderón».

las que ella derribó son las que tiene.
Ésta, en el reino de la paz eterno,
con máquinas de viento, con escalas,   20
fue el primer tropezón de plumas y alas,
primera fundadora del Infierno.
En ella resbalaron
los que por más dolor mejor volaron,
y, a fuerza de traiciones,   25
de los rayos del sol hizo carbones.
Es tan aleve y dura esta señora
con los más confiados,
que quien, por dominar grandes estados,
una vez la creyó, siempre la llora.   30
Cuantos subió a la cumbre,
ciegos, y no guiados de su lumbre;
cayendo, conocieron
que a padecer y no a gozar subieron.
Suben favorecidos y engañados,   35
y vuelven a bajar ajusticiados.
Delante sube amiga mal segura
con cautelosas plantas,
y en llegando sus brazos al altura,
son lazo y son cuchillo a las gargantas.   40
Y con tanta desdicha y tanta afrenta,
donde se disfamó tanto tirano,
no sin mengua y dolor del seso humano,
escandaliza, pero no escarmienta.
Está en los presumidos chapiteles,   45
menos ricos que vanos, con doseles;
y en los montes osados,
de pinos y altas hayas coronados,
sale, por ostentar su desatino,
a recibir los rayos al camino.   50
Tan alta piensa que es, tan ancha y grave,
que ella se alaba de que en Dios no cabe.

Vosotros, ambiciosos pretensores,
vulgo de la ignorancia y del engaño,
sedientos de la muerte todo el año,   55
polvo, ruido y afán de los señores,

¿con qué esperanza ciega y porfiada
no dais crédito a tantos escarmientos?
¿Por qué no recatáis los pensamientos
de fiera hasta en los ángeles cebada?   60

Disponed medios a mejores fines,
dad crédito a tan altos testimonios,
que quien hizo de arcángeles demonios,
mal hará de demonios serafines.

[*Las tres Musas,* 132]

136

A UNA MINA*

SILVA

Diste crédito a un pino
a quien del ocio dura avara mano
trajo del monte al agua peregrino,
¡oh Leiva, de la dulce paz tirano!
Viste, amigo, tu vida   5
por tu codicia a tanto mal rendida.
Arrojóte violento
adonde quiso el albedrío del viento.
¿Qué condición del Euro y Noto inoras?
¿Qué mudanzas no sabes de las horas?   10
Vives, y no sé bien si despreciado
del agua, o perdonado.
¡Cuántas veces los peces que el mar cierra
y tuviste en la tierra
por sustento, en la nave mal segura,   15
les llegaste a temer por sepoltura!
¿Qué tierra tan extraña
no te obligó a besar del mar la saña?
¿Cuál alarbe, cuál scita, turco o moro,
mientras al viento y agua obedecías,   20
por señor no temías?
Mucho te debe el oro

* Anterior a 1611, por figurar en la *Segunda parte de las Flores
de poetas ilustres.*

si, después que saliste,
pobre reliquia, del naufragio triste,
en vez de descansar del mar seguro,   25
a tu codicia hidrópica obediente,
con villano azadón, del cerro duro
sangras las venas del metal luciente.
¿Por qué permites que trabajo infame
sudor tuyo derrame?   30
Deja oficio bestial que inclina al suelo
ojos nacidos para ver el cielo.
¿Qué te han hecho, mortal, de estas montañas
las escondidas y ásperas entrañas?
¿Qué fatigas la tierra?   35
Deja en paz los secretos de la sierra
a quien defiende apenas su hondura.
¿No ves que a un mismo tiempo estás abriendo
al metal puerta, a ti la sepultura?
¿Piensa[s] (y es un engaño vergonzoso)   40
que le hurtas riqueza al indio suelo?
¿Oro llamas al que es dulce desvelo
y peligro precioso,
rubia tierra, pobreza disfrazada
y ponzoña dorada?   45

   ¡Ay!, no lleves contigo
metal de la quietud siempre enemigo;
que aun la Naturaleza, viendo que era
tan contrario a la santa paz primera,
por ingrato y dañoso a quien le estima,   50
y por más esconderte sus lugares,
los montes le echó encima;
sus caminos borró con altos mares.

   Doy que a tu patria vuelves al instante
que el Occidente dejas saqueado,   55
y que dél vas triunfante;
doy que el mar sosegado
debajo del precioso peso gime
cuando sus fuerzas líquidas oprime
[la soberbia y el peso del dinero;]   60
doy que te sirva el viento lisonjero,
si su furor recelas;

doy que respete al cáñamo y las velas;
y, porque tu camino esté más cierto
(bien que imposible sea),   65
doy que te salga a recibir el puerto
cuando tu pobre casa ya se vea.
Rico, dime si acaso,
en tus montones de oro
tropezará la muerte o tendrá el paso;   70
si añidirá a tu vida tu tesoro
un año, un mes, un día, un hora, un punto.
No es poderoso a tanto el mundo junto.
Pues si este don tan pobre te es negado,
¿de qué esperanzas vives arrastrado?   75
Deja (no caves más) el metal fiero;
ve que sacas consuelo a tu heredero;
ve que buscas riquezas, si se advierte,
para premiar deseos de tu muerte.
Sacas, ¡ay!, un tirano de tu sueño;   80
un polvo que después será tu dueño,
y en cada grano sacas dos millones
de envidiosos, cuidados y ladrones.
Déjale, ¡oh Leiva!, si es que te aconsejas
con la santa verdad honesta y pura,   85
pues él te ha de dejar si no le dejas,
o te lo ha de quitar la muerte dura.

> [*Segunda parte de las Flores de
> poetas ilustres* (1611), Sevilla, 1896,
> pág. 223. El verso 61 procede de
> *Las tres Musas,* pág. 137.]

137

ROMA ANTIGUA Y MODERNA*

SILVA

Esta que miras grande Roma agora,
huésped, fue yerba un tiempo, fue collado:
primero apacentó pobre ganado;
ya del mundo la ves reina y señora.

---

* Nótese que el principio es un soneto perfecto.

Fueron en estos atrios Lamia y Flora   5
de unos admiración, de otros cuidado;
y la que pobre dios tuvo en el prado,
deidad preciosa en alto templo adora.

Jove tronó sobre desnuda peña,
donde se ven subir los chapiteles   10
a sacarle los rayos de la mano.

Lo que primero fue, rica, desdeña:
Senado rudo, que vistieron pieles,
da ley al mundo y peso al Oceano.

Cuando nació la dieron   15
muro un arado, reyes una loba,
y no desconocieron
la leche, si éste mata y aquél roba.
Dioses que trujo hurtados
del dánao fuego la piedad troyana[1]   20
fueron aquí hospedados
con fácil pompa, en devoción villana.
Fue templo el bosque, los peñascos aras,
víctima el corazón, los dioses varas,
y pobre y común fuego en estos llanos   25
los grandes reinos de los dos hermanos.

A la sed de los bueyes
de Evandro[2] fugitivo Tibre santo
sirvió; después, los cónsules, los reyes
con sangre le mancharon;   30
le crecieron con llanto
de los reinos que un tiempo aprisionaron;
fue triunfo suyo, y violos en cadena
el Danubio y el Rheno,
los dos Ebros y el padre Tajo ameno,   35
cano en la espuma y rojo con la arena;
y el Nilo, a quien han dado,
teniendo hechos de mar, nombre de río,
no sin invidia, viendo que ha guardado

---

[1] Alude a la fundación de Roma por Eneas.
[2] Evandro, hijo de Hermes, que llevó a Italia la cultura.

su cabeza de yugo y señorío,   40
defendiendo ignorada
la libertad que no pudiera armada;
el que por siete bocas derramado,
y de plata y cristal hidra espumante,
con siete cuellos hiere el mar sonante,   45
sirviendo en el invierno y el estío
a Egipto ya de nube, ya de río,
cuando en fértil licencia
le trae disimulada competencia.

Añudaron al Tibre cuello y frente   50
puentes en lazos de alabastro puros,
sobre peñascos duros,
llorando tantos ojos su corriente,
que aún parecen, en campo de esmeralda,
las puentes Argos y pavón la espalda,   55
donde muestran las fábricas que lloras
la fuerza que en los pies llevan las horas,
pues, vencidos del tiempo, y mal seguros,
peligros son los que antes fueron muros,
que en siete montes círculo formaron,   60
donde a la libertad de las naciones,
cárcel dura, cerraron.
Trofeos y blasones
que, en arcos, diste a leer a las estrellas,
y no sé si a invidiar a las más dellas,   65
¡oh Roma generosa!,
sepultados se ven donde se vieron[3]:
en la corriente ondosa.
Tan envidiosos hados te siguieron,
que el Tibre, que fue espejo a su hermosura,   70
los da en sus ondas llanto y sepultura;
y las puertas triunfales,
que tanta vanidad alimentaron,
hoy ruinas desiguales,
(que, o sobraron al tiempo, o perdonaron   75
las guerras) ya caducan, y, mortales,
amenazan donde antes admiraron.

[3] Detrás de este verso sigue otro, «como en espejo los arcos»,
que no rima. Quizá pudiera leerse el siguiente: «como en espejo
en la corriente ondosa».

    Los dos rostros de Jano
burlaste, y en su templo y ara apenas
hay yerba que dé sombra a las arenas,   80
que primero adoró tanto tirano.
Donde antes hubo oráculos, hay fieras;
y, descansadas de los altos templos,
vuelven a ser riberas las riberas;
los que fueron palacios son ejemplos;   85
las peñas que vivieron
dura vida, con almas imitadas,
que parece que fueron
por Deucalión[4] tiradas,
no de ingeniosa mano adelgazadas,   90
son troncos lastimosos,
robados sin piedad de los curiosos.
Sólo en el Capitolio perdonaste
las estatuas y bultos que hallaste,
y fue, en tu condición, gran cortesía,   95
bien que a tal majestad se le debía.

    Allí del arte vi el atrevimiento;
pues Marco Aurelio, en un caballo, armado,
el laurel en las sienes añudado,
osa pisar el viento,   100
y en delgado camino y sendas puras
hallan donde afirmar sus herraduras.
De Mario vi, y lloré desconocida,
la estatua a su fortuna merecida;
vi en las piedras guardados   105
los reyes y los cónsules pasados;
vi los emperadores,
dueños del poco espacio que ocupaban,
donde sólo por señas acordaban
que donde sirven hoy fueron señores.   110
¡Oh coronas, oh cetros imperiales,
que fuistes, en monarcas diferentes,
breve lisonja de soberbias frentes,
y rica adulación en los metales!,
¿dónde dejast[e]is ir los que os creyeron?   115
¿Cómo en tan breves urnas se escondieron?

---

[4] Sobre Deucalión y Pirra, véase la pág. 30.

¿De sus cuerpos sabrá decir la Fama
dónde se fue lo que sobró a la llama?
El fuego examinó sus monarquías,
y yacen, poco peso, en urnas frías,   120
y visten (¡ved la edad cuánto ha podido!)
sus huesos polvo, y su memoria, olvido.

Tú no de aquella suerte,
te dejas poseer, Roma gloriosa,
de la invidiosa mano de la muerte: 125
escalóte feroz gente animosa,
cuando del ánsar de oro las parleras
alas y los proféticos graznidos,
siendo más admirados que creídos,
advirtieron de Francia las banderas[4];   130
y en la guerra civil, en donde fuiste
de ti misma teatro lastimoso,
siendo de sangre ardiente, que perdiste,
pródiga tú, y el Tibre caudaloso.
Entonces, disfamando tus hazañas,   135
a tus propias entrañas
volviste el hierro que vengar pudiera
la grande alma de Craso, que, indignada,
fue en tu desprecio triunfo a gente fiera,
y ni está satisfecha ni llorada.   140
Después, cuando invidiando tu sosiego,
duro Nerón dio música a tu fuego,
y tu dolor fue tanto,
que pudo junto ser remedio el llanto,
abrasadas del fuego, sobre el río,   145
torres llovió en ceniza viento frío;
pero de las cenizas que derramas
fénix renaces, parto de las llamas,
haciendo tu fortuna
tu muerte vida y tu sepulcro cuna,   150
mientras con negras manos atrevidas
osó desañudar de sacras frentes
desdeñoso laurel, palmas torcidas,
que fueron miedo sobre tantas gentes;

---

[4] Los ánsares que anunciaron a los romanos la llegada de las
tropas galas.

hurtó el Imperio, que nació contigo,   155
y diole al enemigo;
mas tú, o fuese estrella enamorada,
o deidad celestial apasionada,
o en tu principio fuerza de la hora,
naciste para ser reina y señora   160
de todas las ciudades.
En tu niñez te vieron las edades
con rústico senado;
luego, con justos y piadosos reyes,
dueña[5] del mundo, dar a todos leyes.   165

Y cuando pareció que habia acabado
tan grande monarquía,
con los Sumos Pontífices, gobierno
de la Iglesia, te viste en sólo un día
reina del mundo y cielo, y del infierno.   170
Las águilas trocaste por la llave,
y el nombre de ciudad por el de Nave:
los que fueron Nerones insolentes,
son Píos y Clementes.
Tú dispensas la gloria, tú la pena;   175
a esotra parte de la muerte alcanza
lo que el gran sucesor de Pedro ordena.
Tú das aliento y premio a la esperanza,
siendo en tan dura guerra,
gloriosa corte de la fe en la tierra.   180

[*Las tres Musas,* 139]

138

EXHORTACIÓN A UNA NAVE NUEVA AL ENTRAR EN EL AGUA*

SILVA

¿Dónde vas, ignorante navecilla,
que, olvidando que fuiste un tiempo haya,
aborreces la arena desta orilla,
donde te vio con ramos esta playa,

---

[5] En el texto «dueño».

* Anterior a 1611, por figurar en la *Segunda parte de las Flores de poetas ilustres,* edic. cit, núm. 145.

y el mar también, que amenazarla osa,   5
si no más rica, menos peligrosa?

Si fiada en el aire, con él vuelas,
y a las iras del piélago te arrojas,
temo que desconozca por las velas
que fuiste tú la que movió con hojas: 10
que es diferente ser estorbo al viento
de servirle en la selva de instrumento.

¿Qué codicia te da reino inconstante,
siendo mejor ser árbol que madero,
y dar sombra en el monte al caminante,   15
que escarmiento en el agua al marinero?
Mira que a cuantas olas hoy te entregas
les das sobre ti imperio si navegas.

¿No ves lo que te dicen esos leños,
vistiendo de escarmientos las arenas,   20
y aun en ellas los huesos de sus dueños,
que muertos alcanzaron tierra apenas?
¿Por qué truecas las aves en pilotos
y el canto de ellas en sus roncos votos?

¡Oh qué de miedos te apareja airado   25
con su espada Orïón, y en sus centellas
más veces te dará el cielo nublado
temores, que no luz, con las estrellas!
Aprenderás a arrepentirte en vano,
hecha juego del mar furioso y cano.   30

¡Qué pesos te previene tan extraños
la codicia del bárbaro avariento!
¡Cuánto sudor te queda en largos años!
¡Cuánto que obedecer al agua y viento!
Y al fin te verá tal la tierra luego,   35
que te desprecie por sustento el fuego.

Tú, cuando mucho, a robos de un milano
en tiernos pollos hecha, peregrina,
y esclava de un pirata o de un tirano,

te harás del rayo de Sicilia dina;   40
y más presto que piensas, si te alejas,
el puerto buscarás, que ahora dejas.

¡Oh qué de veces, rota, en las honduras
del alto mar, ajena de firmeza,
has de echar menos tus raíces duras   45
y del monte la rústica aspereza!
Y con la lluvia te verás de suerte,
que en lo que te dio vida temas muerte.

No invidies a los peces sus moradas;
mira el seno del mar enriquecido   50
de tesoros y joyas, heredadas
del codicioso mercader perdido:
más vale ser sagaz de temerosa,
que verte arrepentida de animosa.

Agradécele a Dios, con retirarte,   55
que aprisionó los golfos y el tridente
para que no saliesen a buscarte;
no seas quien le obligue, inobediente,
a que nos encarcele en sus extremos,
porque, pues no nos buscan, los dejemos.   60

No aguardes que naufragios acrediten,
a costa de tus jarcias, mis razones;
deja que en paz sus campos los habiten
los nadadores mudos, los tritones:
mas si de navegar estás resuelta,   65
ya le prevengo llantos a tu vuelta.

[*Las tres Musas*, 145]

139

EL RELOJ DE ARENA*

SILVA

¿Qué tienes que contar, reloj molesto,
en un soplo de vida desdichada

---

* Otra versión, anterior a 1611, figura en la *Segunda parte de
las Flores de poetas ilustres*, edic. cit., pág. 221.

que se pasa tan presto;
en un camino que es una jornada,
breve y estrecha, de este al otro polo,   5
siendo jornada que es un paso solo?
Que, si son mis trabajos y mis penas,
no alcanzarás allá, si capaz vaso
fueses de las arenas
en donde el alto mar detiene el paso.   10
Deja pasar las horas sin sentirlas,
que no quiero medirlas,
ni que me notifiques de esa suerte
los términos forzosos de la muerte.
No me hagas más guerra;   15
déjame, y nombre de piadoso cobra,
que harto tiempo me sobra
para dormir debajo de la tierra.

   Pero si acaso por oficio tienes
el contarme la vida,   20
presto descansarás, que los cuidados
mal acondicionados,
que alimenta lloroso
el corazón cuitado y lastimoso,
y la llama atrevida   25
que Amor, ¡triste de mí!, arde en mis venas
(menos de sangre que de fuego llenas),
no sólo me apresura
la muerte, pero abréviame el camino;
pues, con pie doloroso,   30
mísero peregrino,
doy cercos a la negra sepultura.
Bien sé que soy aliento fugitivo;
ya sé, ya temo, ya también espero
que he de ser polvo, como tú, si muero,   35
y que soy vidro, como tú, si vivo.

                    [*Las tres Musas*, 152. **Enmiendo**
                    piadosa en el v. 16.]

140

Reloj de campanilla

SILVA

El metal animado,
a quien mano atrevida, industriosa,
secretamente ha dado
vida aparente en máquina preciosa,
organizando atento   5
sonora voz a docto movimiento;
en quien, desconocido
espíritu secreto, brevemente
en un orbe ceñido,
muestra el camino de la luz ardiente,   10
y con rueda importuna
los trabajos del sol y de la luna,
y entre ocasos y auroras
las peregrinaciones de las horas;
máquina en que el artífice, que pudo   15
contar pasos al sol, horas al día,
mostró más providencia que osadía,
fabricando en metal disimuladas
advertencias sonoras repetidas,
pocas veces creídas,   20
muchas veces contadas;
tú, que estás muy preciado
de tener el más cierto, el más limado,
con diferente oído,
atiende a su intención y a su sonido.   25

La hora irrevocable que dio, llora;
prevén la que ha de dar; y la que cuentas,
lógrala bien, que en una misma hora
te creces y te ausentas.
Si le llevas curioso,   30
atiéndele prudente,
que los blasones de la edad desmiente;
y en traje de reloj llevas contigo,
del mayor enemigo,

espía desvelada¹ y elegante,   35 .
a ti tan semejante,
que, presumiendo de abreviar ligera
la vida al sol, al cielo la carrera,
fundas toda esta máquina admirada
en una cuerda enferma y delicada,   40
que, como la salud en el más sano,
se gasta con sus ruedas y su mano.

Estima sus recuerdos,
teme sus desengaños,
pues ejecuta plazos de los años,   45
y en él te da secreto,
a cada sol que pasa, a cada rayo,
la muerte un contador, el tiempo un ayo.

[*Las tres Musas,* 153]

141

EL RELOJ DE SOL

SILVA

¿Ves, Floro, que, prestando la Arismética
números a la docta Geometría,
los pasos de la luz le cuenta al día?
¿Ves por aquella línea, bien fijada
a su meridïano y a su altura,   5
del sol la velocísima hermosura
con certeza espïada?
¿Agradeces curioso
el saber cuánto vives,
y la luz y las horas que recibes?   10
Empero si olvidares, estudioso,
con pensamiento ocioso,
el saber cuánto mueres,
ingrato a tu vivir y morir eres:
pues tu vida, si atiendes su doctrina,   15
camina al paso que su luz camina.
No cuentes por sus líneas solamente

¹ *espía* era voz femenina en la Edad de Oro.

las horas, sino lógrelas tu mente;
pues en él recordada,
ves tu muerte en tu vida retratada, 20
cuando tú, que eres sombra,
pues la santa verdad ansí te nombra,
como la sombra suya, peregrino,
desde un número en otro tu camino
corres, y pasajero, 25
te aguarda sombra el número postrero.

[*Las tres Musas*, 156]

142

A LOS HUESOS DE UN REY QUE SE HALLARON EN UN
SEPULCRO, IGNORÁNDOSE, Y SE CONOCIÓ POR LOS PEDAZOS
DE UNA CORONA*

SILVA

Estas que veis aquí pobres y escuras
ruinas desconocidas,
pues aun no dan señal de lo que fueron;
estas piadosas piedras más que duras,
pues del tiempo vencidas, 5
borradas de la edad, enmudecieron
letras en donde el caminante junto
leyó y pisó soberbias del difunto;
estos güesos, sin orden derramados,
que en polvo hazañas de la muerte escriben, 10
ellos fueron un tiempo venerados
en todo el cerco que los hombres viven.
Tuvo cetro temido
la mano, que aun no muestra haberlo sido;
sentidos y potencias habitaron 15
la cavidad que ves sola y desierta;
su seso altos negocios fatigaron;
¡y verla agora abierta,
palacio, cuando mucho, ciego y vano
para la ociosidad de vil gusano! 20

* Una versión distinta figura en el *Cancionero antequerano*, III,
f. 51, y será, por tanto, anterior a 1627-1628.

Y si tan bajo huésped no tuviere,
horror tendrá que dar al que la viere.
¡ Oh muerte, cuánto mengua en tu medida
la gloria mentirosa de la vida !
Quien no cupo en la tierra al habitalla,　　　　25
se busca en siete pies y no se halla.
Y hoy, al que pisó el oro por perderle,
mal agüero es pisarle, miedo verle.
Tú confiesas, severa, solamente
cuánto los reyes son, cuánto la gente.　　　　30
No hay grandeza, hermosura, fuerza o arte
que se atreva [a] engañarte.
Mira esta majestad, que persuadida
tuvo a la eternidad la breve vida,
cómo aquí, en tu presencia,　　　　35
hace en su confesión la penitencia.
Muere en ti todo cuanto se recibe,
y solamente en ti la verdad vive :
que el oro lisonjero siempre engaña,
alevoso tirano, al que acompaña.　　　　40
¡ Cuántos que en este mundo dieron leyes,
perdidos de sus altos monumentos,
entre surcos arados de los bueyes
se ven, y aquellas púrpuras que fueron !
Mirad aquí el terror a quien sirvieron :　　　　45
respetó el mundo necio
lo que cubre la tierra con desprecio.
Ved el rincón estrecho que vivía
la alma en prisión obscura, y de la muerte
la piedad, si se advierte,　　　　50
pues es merced la libertad que envía.
Id, pues, hombres mortales ;
id, y dejaos llevar de la grandeza ;
y émulos a los tronos celestiales,
vuestra naturaleza　　　　55
desconoced, dad crédito al tesoro,
fundad vuestras soberbias en el oro ;
cuéstele vuestra gula desbocada
su pueblo al mar, su habitación al viento.
Para vuestro contento　　　　60
no críe el cielo cosa reservada,
y las armas continuas, por hacerlas

famosas y por gloria de vestirlas,
os maten más soldados con sufrirlas,
que enemigos después con padecerlas.   65
Solicitad los mares,
para que no os escondan los lugares,
en donde, procelosos,
amparan la inocencia
de vuestra peregrina diligencia,   70
en parte religiosos.
Tierra que oro posea,
sin más razón, vuestra enemiga sea.
No sepan los dos polos playa alguna
que no os parle por ruegos la Fortuna.   75
Sirva la libertad de las naciones
al título ambicioso en los blasones;
que la muerte, advertida y veladora,
y recordada en el mayor olvido,
traída de la hora,   80
presta vendrá con paso enmudecido
y, herencia de gusanos,
hará la posesión de los tiranos.
Vivo en muerte lo muestra
este que frenó el mundo con la diestra;   85
acuérdase de todos su memoria;
ni por respeto dejará la gloria
de los reyes tiranos,
ni menos por desprecio a los villanos.
¡Qué no está predicando   90
aquel que tanto fue, y agora apenas
defiende la memoria de haber sido,
y en nuevas formas va peregrinando
del alta majestad que tuvo ajenas!
Reina en ti propio, tú que reinar quieres,   95
pues provincia mayor que el mundo eres.

> [*Las tres Musas*, 160. Corrijo en
> v. 27 *voy al que bisó*, y en el v. 38
> *beldad vive*.]

143

Alaba la calamidad

SILVA

¡Oh tú, del cielo para mí venida,
dura, mas ingeniosa,
calamidad, a Dios agradecida,
sola, desengañada y religiosa
merced, con este nombre disfamada,   5
de mí serás cantada,
por el conocimiento que te debo;
y si no fuere docto, será nuevo
por lo menos mi canto
para ti, que naciste al luto y llanto,   10
a quien da la ignorancia injustas quejas!
Tú, que, cuando te vas, a logro dejas,
en ajeno dolor acreditado,
el escarmiento fácil heredado;
de nadie deseada,   15
y, a su pesar, de muchos padecida,
de pocos conocida,
de menos estimada;
tú, pues, desconsolada
calamidad, de inadvertidos llantos   20
flacamente mojada,
risueña sólo en ojos de los santos;
tú, hermosamente fea,
averiguaste lo que a Dios debía
en cautiverio la nación hebrea.   25
Por ti la vara tuvo valentía,
que armó contra el tirano
de maravillas a Moisén la mano,
al pie que peregrino y doloroso
el desierto pisaba temeroso;   30
la columna que ardía,
que contrahizo al sol, que fingió al día,
las piedras hizo desatar en fuentes
y vestirse de venas las corrientes;

halagó con las nubes los ardores,   35
disimuló con sombra los calores,
llovió mantenimiento
con maravilla y novedad del viento.

[*Las tres Musas*, 213. Corrijo en
el v. 21 *mojador*.]

144

AL INVENTOR DE LA PIEZA DE ARTILLERÍA*

SILVA

En cárcel de metal, ¡oh atrevimiento!,
que al cielo, si es posible, da cuidado,
¿quieres encarcelar libre elemento,
aun en las nubes nunca bien atado?
¿Al fuego, que no sabe   5
obedecer ni perdonar, te atreves?
¿Al que sólo en la mano de Dios cabe,
cerrar pretendes en clausuras breves?
¿Cómo, di, de los rayos del verano
no aprendiste, tirano,   10
ya que a temerle no, a respetarle?
Antes pruebas, solícito, imitarle,
sin ver que, presumiendo de hacerle,
sólo podrás llegar a merecerle.
Torres derrama el viento impetüoso.   15
¿No te son escarmiento lastimoso
tantas cenizas que ciudades fueron
cuando el troyano muro y Roma ardieron?[1]

---

* Anterior a 1627-1628, por figurar en el *Cancionero antequerano*.
[1] Estos cuatro versos últimos tienen distinta disposición en el
códice:

    ¿No te son escarmiento lastimoso
    tantas cenizas que ciudades fueron?
    Torres derrama el viento impetüoso,
    cuando el troyano muro y Roma ardieron.

En *Las tres Musas*, pág. 157, léese:

De la diestra de Dios omnipotente
deja sólo tratarse el fuego ardiente.   20
Ministro de sus iras va delante
de su faz radïante,
llevando los castigos
a todos los que son sus enemigos.
¿No ves que es su grandeza   25
tal, que Naturaleza
le dio como monarca de elementos
los últimos asientos,
y que, en su llama entonces justiciera,
el postrer día espera?   30
Deja, pues, las prisiones que le trazas;
no le desprecies, ignorante y ciego,
tan duras amenazas.
Jamás se conversó con hombre el fuego;
en él ninguno vive,   35
y de él cuanto hay acá vida recibe.
Discurre por la tierra
con la perpetua servidumbre, ufana
de cuanto el mundo encierra;
que ella la planta humana   40
respeta por el peso más glorioso.
Ve [al] alto mar furioso,
enséñale a sufrir selvas enteras;
su paciencia ejercita con galeras;
y en las horas ardientes,   45
en venganza del sol, bebe las fuentes;
y el pueblo de los ríos
imita en resbalar sus campos fríos;
y por sendas extrañas,
[obediente a tu vida,   50
por más grato reparo a tus entrañas[2],]

¿No te son escarmiento lastimoso
tantas cenizas que ciudades fueron?
¿Tantas torres que el viento derramó impetuoso
cuando el troyano muro y Roma ardieron?

Astrana Marín prefiere dividir el verso 3 en dos (¿Tantas torres
que el viento / derramó impetuoso...), pero en ese caso, *viento*
no rima, y nótese que en ese grupo se utiliza el pareado. El códice de Sancho Rayón, que sigue Astrana, reza «Torres derramó
el viento impetuoso».

[2] Estos dos versos proceden del códice de Sancho Rayón, que
edita Astrana.

la parte más remota y escondida,
visite, nuevo alivio, al calor lento,
con sucesiva diligencia el viento.
Estos corteses elementos trata: 55
blando aire, tierra humilde, mar de plata;
las soberbias del fuego reverencia,
y teme su inclemencia.
De hierro fue el primero
que violentó la llama   60
en cóncavo metal, máquina inmensa.
Fue más que todos fiero,
digno de los desprecios de la Fama.
Éste burló a los muros su defensa;
éste, a la muerte negra, lisonjero,   65
la gloria del valiente dio al certero;
quitó el precio a la diestra y a la espada,
y a la vista segura dio la gloria,
que antes ganó la sangre aventurada.
La pólvora se alzó con la vitoria;   70
della los reyes son y los tiranos;
ya matan más los ojos que las manos;
y con ser cuantas vidas goza el suelo
merced del fuego, corazón del cielo,
después que a su pesar el bronce habita,   75
muchas más vidas que nos da nos quita.

　　Deja, no solicites
las impaciencias de la llama ardiente;
y al polvo inobediente
que él arda disimules, no le incites[3].   80
Derribará la torre y la muralla,
vencerá la batalla,
y dejará afrentadas
mil confianzas de armas bien templadas.
Será la gloria suya;   85
suya será también la valentía,
y sola la osadía
y la malicia quedará por tuya.
Si la afición te mueve
del nombre de ingenioso, porque hallaste   90

---

[3] En el códice, «imites».

al hombre muerte, donde no la había,
al estudio del miedo se le debe
la traza con que solo descansaste
de tantos golpes a la muerte fría.

[Mss. *Cancionero antequerano*, III,
f. 67; Sancho Rayón, edit. por Astrana Marín, y Moñino B, f. 192.]

145

SERMÓN ESTOICO DE CENSURA MORAL*

¡Oh corvas almas[1], oh facinorosos
espíritus furiosos!
¡Oh varios pensamientos insolentes,
deseos delincuentes,
cargados sí, mas nunca satisfechos;   5
alguna vez cansados,
ninguna arrepentidos,
en la copia crecidos,
y en la necesidad desesperados!
De vuestra vanidad, de vuestro vuelo,   10
¿qué abismo está ignorado?
Todos los senos que la tierra calla,
las llanuras que borra el Oceano
y los retiramientos de la noche,
de que no ha dado el sol noticia al día,   15
los sabe la codicia del tirano.
Ni horror, ni religión, ni piedad, juntos,
defienden de los vivos los difuntos.
A las cenizas y a los huesos llega,
palpando miedos, la avaricia ciega.   20

* «En carta de don Francisco a personaje desconocido, carta que
no lleva fecha, pero que se puede inferir fácilmente, pues habla
en ella de la "pragmática de los precios" que acababa de prego-
narse (lo fue en Madrid a 13 de septiembre de 1627, por orden del
cardenal don Gabriel de Trejo y Paniagua), le dice nuestro satírico: "Yo quedo acabando una *prefación al comento de León de
Castro sobre los profetas menores*, cosa que me ha fatigado mucho; quiera Dios sea a los estudiosos de alguna utilidad. Remi-
tiré a vuesa merced el *Sermón estoico*".» Nota de Astrana Marín.
En el ms. hispánico 56, f. 64, de la Universidad de Harvard, que es
versión distinta, se dice que es de 1625.
[1] «Tomólo de Persio, sát. 2: *O curvae in terris animae*, etc. *Quasi
pecudum*. Pacuvius: *Incurvi cervicum pecus*.» Nota de González de
Salas.

Ni la pluma a las aves,
ni la garra a las fieras,
ni en los golfos del mar, ni en las riberas
el callado nadar del pez de plata,
les puede defender del apetito;   25
y el orbe, que infinito
a la navegación nos parecía,
es ya corto distrito
para las diligencias de la gula,
pues de esotros sentidos acumula   30
el vasallaje, y ella se levanta
con cuanto patrimonio
tienen, y los confunde en la garganta.
Y antes que las desórdenes del vientre
satisfagan sus ímpetus violentos,   35
yermos han de quedar los elementos,
para que el orbe en sus angustias entre.

     Tú, Clito, entretenida, mas no llena,
honesta vida gastarás contigo;
que no teme la invidia por testigo,   40
con pobreza decente, fácil cena.
Más flaco estará, ¡oh Clito!,
pero estará más sano,
el cuerpo desmayado que el ahíto;
y en la escuela divina,   45
el ayuno se llama medicina,
y esotro, enfermedad, culpa y delito.

     El hombre, de las piedras descendiente
(¡dura generación, duro linaje!),
osó vestir las plumas;   50
osó tratar, ardiente,
las líquidas veredas; hizo ultraje
al gobierno de Eolo;
desvaneció su presunción Apolo,
y en teatro de espumas,   55
su vuelo desatado,
yace el nombre y el cuerpo justiciado,
y navegan sus plumas.
Tal has de padecer, Clito, si subes
a competir lugares con las nubes.   60

De metal fue el primero
que al mar hizo guadaña de la muerte:
con tres cercos de acero
el corazón humano desmentía.
Éste, con velas cóncavas, con remos,   65
(¡oh muerte!, ¡oh mercancía!),
unió climas extremos;
y, rotos de la tierra
los sagrados confines,
nos enseñó, con máquinas tan fieras,   70
a juntar las riberas;
y de un leño, que el céfiro se sorbe,
fabricó pasadizo a todo el orbe,
adiestrando el error de su camino
en las señas que hace, enamorada,   75
la piedra imán al Norte,
de quien, amante, quiere ser consorte,
sin advertir que, cuando ve la estrella,
desvarían los éxtasis en ella.

    Clito, desde la orilla   80
navega con la vista el Oceano:
óyele ronco, atiéndele tirano,
y no dejes la choza por la quilla;
pues son las almas que respira Tracia[2]
y las iras del Noto,   85
muerte en el Ponto, música en el soto.

    Profanó la razón, y disfamóla,
mecánica codicia diligente,
pues al robo de Oriente destinada,
y al despojo precioso de Occidente,   90
la vela desatada,
el remo sacudido,
de más riesgos que ondas impelido,
de Aquilón enojado,
siempre de invierno y noche acompañado,   95
del mar impetüoso
(que tal vez justifica el codicioso)
padeció la violencia,

---

[2] «*Impellunt animae linteae Traciae*, etc. Horatius, lib. 4, od. 12.»
Nota de González de Salas.

lamentó la inclemencia,
y por fuerza piadoso,   100
a cuantos votos dedicaba a gritos,
previno en la bonanza
otros tantos delitos,
con la esperanza contra la esperanza.
Éste, al sol y a la luna,   105
que imperio dan, y templo, a la Fortuna,
examinando rumbos y concetos,
por saber los secretos
de la primera madre
que nos sustenta y cría,   110
de ella hizo miserable anatomía.
Despedazóla el pecho,
rompióle las entrañas,
desangróle las venas,
que de estimado horror estaban llenas;   115
los claustros de la muerte
duro solicitó con hierro fuerte.
¿Y espantará que tiemble algunas veces,
siendo madre y robada
del parto, a cuanto vive, preferido?   120
No des la culpa al viento detenido,
ni al mar por proceloso:
de ti tiembla tu madre, codicioso.
Juntas grande tesoro,
y en Potosí y en Lima   125
ganas jornal al cerro y a la sima.
Sacas al sueño, a la quietud, desvelo;
a la maldad, consuelo;
disculpa, a la traición; premio, a la culpa;
facilidad, al odio y la venganza,   130
y, en pálido color, verde esperanza,
y, debajo de llave,
pretendes, acuñados,
cerrar los dioses y guardar los hados,
siendo el oro tirano de buen nombre,   135
que siempre llega con la muerte al hombre;
mas nunca, si se advierte,
se llega con el hombre hasta la muerte.

Sembraste, ¡oh tú, opulento!, por los vasos,
con desvelos de la arte,   140
desprecios del metal rico, no escasos;
y en discordes balanzas,
la materia vencida,
vanamente podrás después preciarte
que induciste en la sed dos destemplanzas,   145
donde tercera, aún hoy, delicia alcanzas.
Y a la Naturaleza, pervertida
con las del tiempo intrépidas mudanzas,
transfiriendo al licor en el estío
prisión de invierno frío,   150
al brindis luego el apetito necio
del murrino y cristal[3] creció ansí el precio:
que fue pompa y grandeza
disipar los tesoros
por cosa, ¡oh vicio ciego!,   155
que pudiese perderse toda, y luego.

Tú, Clito, en bien compuesta
pobreza, en paz honesta,
cuanto menos tuvieres,
desarmarás la mano a los placeres,   160
la malicia a la invidia,
a la vida el cuidado,
a la hermosura lazos,
a la muerte embarazos,
y en los trances postreros,   165
solicitud de amigos y herederos.
Deja en vida los bienes,
que te tienen, y juzgas que los tienes.
Y las últimas horas
serán en ti forzosas, no molestas,   170
y al dar la cuenta excusarás respuestas.

Fabrica el ambicioso
ya edificio, olvidado
del poder de los días;
y el palacio, crecido,   175

[3] «Plinius, proemio, libr. 33: *Murrhina et christalina ex eadem terra effodimus*, etc. *Haec vera luxuriae gloria existimata est, habere quod posset statim totum perire.*» Nota de González de Salas.

no quiere darse, no, por entendido
del paso de la edad sorda y ligera,
que, fugitiva, calla,
y en silencio mordaz, mal advertido,
digiere la muralla,   180
los alcázares lima,
y la vida del mundo, poco a poco,
o la enferma o lastima.

Los montes invencibles,
que la Naturaleza   185
eminentes crió para sí sola
(paréntesis de reinos y de imperios),
al hombre inaccesibles,
embarazando el suelo
con el horror de puntas desiguales,   190
que se oponen, erizo bronco, al cielo,
después que les sacó de sus entrañas
la avaricia, mostrándola a la tierra,
mentida en el color de los metales,
cruda y preciosa guerra,   195
osó la vanidad cortar sus cimas
y, desde las cervices,
hender a los peñascos las raíces;
y erudito ya el hierro,
porque el hombre acompañe   200
con magnífico adorno sus insultos,
los duros cerros adelgaza en bultos;
y viven los collados
en atrios y en alcázares cerrados,
que apenas los cubría   205
el campo eterno[4] que camina el día.
Desarmaron la orilla,
desabrigaron valles y llanuras
y borraron del mar las señas duras;
y los que en pie estuvieron,   210
y eminentes rompieron
la fuerza de los golfos insolentes,
y fueron objeción, yertos y fríos,
de los atrevimientos de los ríos,

[4] «El cielo», anota González de Salas.

agora navegados, 215
escollos y collados,
los vemos en los pórticos sombríos,
mintiendo fuerzas y doblando pechos,
aun promontorios sustentar los techos.
Y el rústico linaje, 220
que fue de piedra dura,
vuelve otra vez viviente en escultura[5].

Tú, Clito, pues le debes
a la tierra ese vaso de tu vida,
en tan poca ceniza detenida, 225
y en cárceles tan frágiles y breves
hospedas alma eterna,
no presumas, ¡oh Clito!, oh, no presumas
que la del alma casa, tan moderna
y de tierra caduca, 230
viva mayor posada que ella vive,
pues que en horror la hospeda y la recibe.
No sirve lo que sobra,
y es grande acusación la grande obra;
sepultura imagina el aposento, 235
y el alto alcázar vano monumento.

Hoy al mundo fatiga,
hambrienta y con los ojos desvelados,
la enfermedad antiga
que a todos los pecados 240
adelantó en el cielo su malicia,
en la parte mejor de su milicia.
Invidia, sin color y sin consuelo,
mancha primera que borró la vida
a la inocencia humana, 245
de la quietud y la verdad tirana;
furor envejecido,
del bien ajeno, por su mal, nacido;
veneno de los siglos, si se advierte,
y miserable causa de la muerte. 250
Este furor eterno,

---

[5] «Alude al origen de los hombres después del diluvio de Deucalión y Pyrrha, a que también aludió arriba [v. 48]: El hombre,
de las piedras descendiente.» Nota del mismo.

con afrenta del sol, pobló el infierno,
y debe a sus intentos ciegos, vanos,
la desesperación sus ciudadanos.
Ésta previno, avara,   255
al hombre las espinas en la tierra,
y el pan, que le mantiene en esta guerra,
con sudor de sus manos y su cara.
Fue motín porfiado
en la progenie de Abraham eterna,   260
contra el padre del pueblo endurecido,
que dio por ellos el postrer gemido.
La invidia no combate
los muros de la tierra y mortal vida,
si bien la salud propria combatida   265
deja también; sólo pretende palma
de batir los alcázares de l'alma;
y antes que las entrañas
sientan su artillería,
aprisiona el discurso, si porfía.   270
Las distantes llanuras de la tierra
a dos hermanos fueron
angosto espacio para mucha guerra.
Y al que Naturaleza
hizo primero, pretendió por dolo   275
que la invidia mortal le hiciese solo.

    Tú, Clito, doctrinado
del escarmiento amigo,
obediente a los doctos desengaños,
contarás tantas vidas como años;   280
y acertará mejor tu fantasía
si conoces que naces cada día.
Invidia los trabajos, no la gloria;
que ellos corrigen, y ella desvanece,
y no serás horror para la Historia,   285
que con sucesos de los reyes crece.
De los ajenos bienes
ten piedad, y temor de los que tienes;
goza la buena dicha con sospecha,
trata desconfiado la ventura,   290
y póstrate en la altura.
Y a las calamidades

invidia la humildad y las verdades,
y advierte que tal vez se justifica
la invidia en los mortales,   295
y sabe hacer un bien en tantos males:
culpa y castigo que tras sí se viene,
pues que consume al proprio que la tiene.

    La grandeza invidiada,
la riqueza molesta y espiada,   300
el polvo cortesano,
el poder soberano,
asistido de penas y de enojos,
siempre tienen quejosos a los ojos,
amedrentado el sueño,   305
la consciencia con ceño,
la verdad acusada,
la mentira asistente,
miedo en la soledad, miedo en la gente,
la vida peligrosa,   310
la muerte apresurada y belicosa.

    ¡Cuán raros han bajado los tiranos,
delgadas sombras, a los reinos vanos
del silencio severo,
con muerte seca[6] y con el cuerpo entero!   315
Y vio el yerno de Ceres[7]
pocas veces llegar, hartos de vida,
los reyes sin veneno o sin herida.
Sábenlo bien aquellos
que de joyas y oro   320
ciñen medroso cerco a los cabellos.
Su dolencia mortal es su tesoro;
su pompa y su cuidado, sus legiones.
Y el que en la variedad de las naciones
se agrada más, y crece   325
los ambiciosos títulos profanos,
es, cuanto más se precia de monarca,
más ilustre desprecio de la Parca.

---

[6] González de Salas anota: «*Et sicca morte Tyrani*, etc.». (Es de Juvenal.)
[7] Plutón, dios del infierno, que raptó a Proserpina, hija de Ceres.

El africano duro
que en los Alpes vencer pudo el invierno,   330
y a la Naturaleza
de su alcázar mayor la fortaleza;
de quien, por darle paso al señorío,
la mitad de la vista cobró el frío[8],
en Canas, el furor de sus soldados,   335
con la sangre de venas consulares,
calentó los sembrados,
fue susto del imperio,
hízole ver la cara al captiverio,
dio noticia del miedo su osadía   340
a tanta presunción de monarquía.
Y peregrino, desterrado y preso
poco después por desdeñoso hado,
militó contra sí desesperado.
Y vengador de muertes y vitorias,   345
y no invidioso menos de sus glorias,
un anillo piadoso,
sin golpe ni herida,
más temor quitó en Roma que en él vida.
Y ya, en urna ignorada,   350
tan grande capitán y tanto miedo
peso serán apenas para un dedo.

Mario nos enseñó que los trofeos
llevan a las prisiones,
y que el triunfo que ordena la Fortuna,   355
tiene en Minturnas cerca la laguna[9].
Y si te acercas más a nuestros días,
¡oh Clito!, en las historias
verás, donde con sangre las memorias
no estuvieren borradas,   360
que de horrores manchadas
vidas tantas están esclarecidas,
que leerás más escándalos que vidas.

---

[8] «Perdió entonces un ojo Aníbal», anota González de Salas.
[9] «Porque la sexta vez cónsul Mario, en guerra civil vencido por Sila, huyendo de la muerte, se escondió en una laguna, cerca de la ciudad Minturnas. Appiano Alejand[rino].» Nota del mismo.

Id, pues, grandes señores,
a ser rumor del mundo;   365
y, comprando la guerra,
fatigad la paciencia de la tierra,
provocad la impaciencia de los mares
con desatinos nuevos,
sólo por emular locos mancebos[10];   370
y a costa de prolija desventura,
será la aclamación de su locura.

Clito, quien no pretende levantarse
puede arrastrar, mas no precipitarse.
El bajel que navega   375
orilla, ni peligra ni se anega.
Cuando Jove se enoja soberano,
más cerca tiene el monte que no el llano,
y la encina en la cumbre
teme lo que desprecia la legumbre.   380
Lección te son las hojas,
y maestros las peñas.
Avergüénzate, ¡oh Clito!,
con alma racional y entendimiento,
que te pueda en España   385
llamar rudo discípulo una caña;
pues si no te moderas,
será de tus costumbres, a su modo,
verde reprehensión el campo todo.

[*Parnaso*, 127]

146

Epístola satírica y censoria contra las costumbres
presentes de los castellanos, escrita a don Gaspar
de Guzmán, conde de Olivares, en su valimiento*

No he de callar, por más que con el dedo,
ya tocando la boca, o ya la frente,
silencio avises[1], o amenaces miedo.

[10] Anota González de Salas: «Las expediciones de Bacco y Alejandro».

* El ms. de Harvard, f. 73, fecha una versión anterior a ésta en 1625.

[1] «Es especie de prosopopeya, y la misma voz lo dice, significando *personae fictio*.» Nota de González de Salas.

¿No ha de haber un espíritu valiente?
¿Siempre se ha de sentir lo que se dice?   5
¿Nunca se ha de decir lo que se siente?

Hoy, sin miedo que, libre, escandalice,
puede hablar el ingenio, asegurado
de que mayor poder le atemorice.

En otros siglos pudo ser pecado   10
severo estudio y la verdad desnuda,
y romper el silencio el bien hablado.

Pues sepa quien lo niega, y quien lo duda,
que es lengua la verdad de Dios severo,
y la lengua de Dios nunca fue muda.   15

Son la verdad y Dios, Dios verdadero,
ni eternidad divina los separa,
ni de los dos alguno fue primero.

Si Dios a la verdad se adelantara,
siendo verdad, implicación hubiera   20
en ser, y en que verdad de ser dejara.

La justicia de Dios es verdadera,
y la misericordia, y todo cuanto
es Dios, todo ha de ser verdad entera.

Señor Excelentísimo, mi llanto   25
ya no consiente márgenes ni orillas:
inundación será la de mi canto.

Ya sumergirse miro mis mejillas,
la vista por dos urnas derramada
sobre las aras de las dos Castillas.   30

Yace aquella virtud desaliñada,
que fue, si rica menos, más temida,
en vanidad y en sueño sepultada.

Y aquella libertad esclarecida,
que en donde supo hallar honrada muerte,   35
nunca quiso tener más larga vida.

Y pródiga de l'alma, nación fuerte[2],
contaba, por afrentas de los años,
envejecer en brazos de la suerte.

Del tiempo el ocio torpe, y los engaños   40
del paso de las horas y del día,
reputaban los nuestros por extraños.

Nadie contaba cuánta edad vivía,
sino de qué manera: ni aun un'hora
lograba sin afán su valentía.   45

La robusta virtud era señora,
y sola dominaba al pueblo rudo;
edad, si mal hablada, vencedora.

El temor de la mano daba escudo
al corazón, que, en ella confiado,   50
todas las armas despreció desnudo.

Multiplicó en escuadras un soldado
su honor precioso, su ánimo valiente,
de sola honesta obligación armado.

Y debajo del cielo, aquella gente[3],   55
si no a más descansado, a más honroso
sueño entregó los ojos, no la mente.

Hilaba la mujer para su esposo
la mortaja, primero que el vestido;
menos le vio galán que peligroso.   60

Acompañaba el lado del marido
más veces en la hueste que en la cama[4];
sano le aventuró, vengóle herido.

Todas matronas, y ninguna dama:
que nombres del halago cortesano   65
no admitió lo severo de su fama.

[2] «*Prodiga gens animae,* etc.», apostilla González de Salas.
[3] «*Sub aetheris axae.* Virg., lib. 8.» Nota del mismo.
[4] Sánchez Alonso ve aquí reminiscencias de Juvenal, V, vv. 287-291.

Derramado y sonoro el Oceano
era divorcio de las rubias minas
que usurparon la paz del pecho humano.

Ni los trujo costumbres peregrinas   70
el áspero dinero[5], ni el Oriente
compró la honestidad con piedras finas.

Joya fue la virtud pura y ardiente;
gala el merecimiento y alabanza;
sólo se cudiciaba lo decente.   75

No de la pluma dependió la lanza,
ni el cántabro con cajas y tinteros
hizo el campo heredad, sino matanza.

Y España, con legítimos dineros,
no mendigando el crédito a Liguria,   80
más quiso los turbantes que los ceros.

Menos fuera la pérdida y la injuria,
si se volvieran Muzas los asientos;
que esta usura es peor que aquella furia.

Caducaban las aves en los vientos,   85
y expiraba decrépito el venado:
grande vejez duró en los elementos.

Que el vientre entonces bien diciplinado
buscó satisfacción, y no hartura,
y estaba la garganta sin pecado.   90

Del mayor infanzón de aquella pura
república de grandes hombres, era
una vaca sustento y armadura.

No había venido al gusto lisonjera
la pimienta arrugada, ni del clavo   95
la adulación fragrante forastera.

---

[5] «*Asper nummus*. Persius, id est recens non levis usu.» Nota del mismo. (Quevedo traduce *asper*, que significa *nuevo, recién acuñado*, por *áspero*, «para darle categoría moral», como indica I. Prat en su tesis inédita. f. 31.)

Carnero y vaca fue principio y cabo,
y con rojos pimientos, y ajos duros,
tan bien como el señor, comió el esclavo.

Bebió la sed los arroyuelos puros;   100
después mostraron del carchesio a Baco[6]
el camino los brindis mal seguros.

El rostro macilento, el cuerpo flaco
eran recuerdo del trabajo honroso,
y honra y provecho andaban en un saco.   105

Pudo sin miedo un español velloso
llamar a los tudescos bacchanales,
y al holandés, hereje y alevoso.

Pudo acusar los celos desiguales
a la Italia; pero hoy, de muchos modos,   110
somos copias, si son originales.

Las descendencias gastan muchos godos,
todos blasonan, nadie los imita:
y no son sucesores, sino apodos.

Vino el betún precioso que vomita   115
la ballena, o la espuma de las olas,
que el vicio, no el olor, nos acredita.

Y quedaron las huestes españolas
bien perfumadas, pero mal regidas,
y alhajas las que fueron pieles solas.   120

Estaban las hazañas mal vestidas,
y aún no se hartaba de buriel[7] y lana
la vanidad de fembras presumidas.

A la seda pomposa siciliana,
que manchó ardiente múrice[8], el romano   125
y el oro hicieron áspera y tirana.

[6] Anota González de Salas: «Vaso para sacrificar a Bacco. Virgil., lib. 5: *Hic duo rite mero libans carchessia Bacco*».
[7] *buriel*, paño pardo, del color natural de la lana. Otra referencia en el núm. 739, v. 43.
[8] *múrice*, especie de ostra de cuya concha se fabricaba la púrpura.

Nunca al duro español supo el gusano
persuadir que vistiese su mortaja[9],
intercediendo el Can por el verano[10].

Hoy desprecia el honor al que trabaja,   130
y entonces fue el trabajo ejecutoria,
y el vicio gradüó la gente baja.

Pretende el alentado joven gloria
por dejar la vacada sin marido,
y de Ceres ofende la memoria.   135

Un animal a la labor nacido,
y símbolo celoso a los mortales,
que a Jove fue disfraz, y fue vestido;

que un tiempo endureció manos reales,
y detrás de él los cónsules gimieron,   140
y rumia luz en campos celestiales,

¿por cuál enemistad se persuadieron
a que su apocamiento fuese hazaña,
y a las mieses tan grande ofensa hicieron?

¡Qué cosa es ver un infanzón de España   145
abreviado en la silla a la jineta,
y gastar un caballo en una caña!

Que la niñez al gallo le acometa
con semejante munición apruebo[11];
mas no la edad madura y la perfeta.   150

Ejercite sus fuerzas el mancebo
en frentes de escuadrones; no en la frente
del útil bruto l'asta del acebo.

El trompeta le llame diligente,
dando fuerza de ley el viento vano,   155
y al son esté el ejército obediente.

9 «La mortaja del gusano», apostilla González de Salas.
10 «Obligando a ello el calor del verano.» Nota del mismo.
11 Alude al juego de «cañas» con que los niños mataban el gallo
por Carnestolendas.

¡Con cuánta majestad llena la mano
la pica, y el mosquete carga el hombro,
del que se atreve a ser buen castellano!

Con asco, entre las otras gentes, nombro   160
al que de su persona, sin decoro,
más quiere nota dar, que dar asombro.

Jineta y cañas son contagio moro;
restitúyanse justas y torneos,
y hagan paces las capas con el toro.   165

Pasadnos vos de juegos a trofeos,
que sólo grande rey y buen privado
pueden ejecutar estos deseos.

Vos, que hacéis repetir siglo pasado,
con desembarazarnos las personas   170
y sacar a los miembros de cuidado;

vos distes libertad con las valonas[12],
para que sean corteses las cabezas,
desnudando el enfado a las coronas.

Y pues vos enmendastes las cortezas,   175
dad a la mejor parte medicina:
vuélvanse los tablados[13] fortalezas.

Que la cortés estrella, que os inclina
a privar sin intento y sin venganza,
milagro que a la invidia desatina,   180

tiene por sola bienaventuranza
el reconocimiento temeroso,
no presumida y ciega confianza.

Y si os dio el ascendiente generoso
escudos, de armas y blasones llenos,   185
y por timbre el martirio glorïoso,

[12] Alude a la pragmática del 22 de marzo de 1623, sobre la reforma
de trajes.
[13] *tablado*, «el cadahalso hecho de tablas desde el cual se ven los
toros y otras fiestas públicas». (Covarrubias, *Tesoro*.)

mejores sean por vos los que eran buenos
Guzmanes, y la cumbre desdeñosa
os muestre, a su pesar, campos serenos.

Lograd, señor, edad tan venturosa;   190
y cuando nuestras fuerzas examina
persecución unida y belicosa,

la militar valiente disciplina
tenga más platicantes[14] que la plaza:
descansen tela[15] falsa y tela fina.   195

Suceda a la marlota[16] la coraza,
y si el Corpus con danzas no los pide,
velillos y oropel no hagan baza.

El que en treinta lacayos los divide,
hace suerte en el toro, y con un dedo   200
la hace en él la vara que los mide.

Mandadlo ansí, que aseguraros puedo
que habéis de restaurar más que Pelayo;
pues valdrá por ejércitos el miedo,
y os verá el cielo administrar su rayo.   205

[*Parnaso*, 139]

147

ABOMINA EL ABUSO DE LA GALA EN LOS DICIPLINANTES*

Deja la procesión, súbete al Paso,
Iñigo; toma puesto en la coluna,
pues va azotando a Dios tu propio paso.

---

[14] *platicantes*, practicantes.
[15] *tela*, «la que se arma de tablas para justar». (Covarrubias, *Tesoro*.)
[16] *marlota*, vestidura morisca, a modo de sayo baquero, que se ceñía y ajustaba al cuerpo.
* Aldrete añade: «Con que alguno ha quedado ya persuadido, y se azota retirado; y se podría esperar el mesmo efecto en muchos que lean ésta».

Las galas que se quitan sol y luna
te vistes, y, vilísimo gusano,
afrentas las estrellas una a una.   5

El hábito sacrílego y profano
en el rostro de Cristo juntar quieres
con la infame saliva y con la mano.

Con tu sangre le escupes y le hieres;   10
con el beso de Judas haces liga,
y por escarnecer su muerte, mueres.

No es acción de piedad, sino enemiga,
a sangre y fuego perseguir a Cristo,
y quieres que tu pompa se lo diga.   15

No fue de los demonios tan bienquisto
el que le desnudó para azotalle,
como en tu cuerpo el traje que hemos visto,

pues menos de cristiano que de talle,
preciado con tu sangre malhechora,   20
la suya azotas hoy de calle en calle.

El sayón que de púrpura colora
sus miembros soberanos te dejara
el vil oficio, si te viera agora.

Él, mas no Jesucristo, descansara,   25
pues mudara verdugo solamente,
que más festivamente le azotara.

El bulto del sayón es más clemente:
él amaga el azote levantado,
tú le ejecutas, y el Señor le siente.   30

Menos vienes galán que condenado,
pues de la Cruz gracejas con desprecio,
bailarín y Narciso del pecado.

En tu espalda le hieres tú más recio
que el ministro en las suyas, y contigo   35
comparado, se muestra menos necio.

Él es de Dios, mas no de sí enemigo;
tú de Dios y de ti, pues te maltratas,
teniendo todo el cielo por castigo.

Vestido de ademanes y bravatas,   40
nueva afrenta te añades a la historia
de la pasión de Cristo, que dilatas.

¿No ves que solamente la memoria
de aquella sangre en que la Virgen pura
hospedó los imperios de la gloria,   45

el cerco de la Cruz en sombra obscura
desmaya la viveza de su llama
y apaga de la luna la hermosura?

La noche por los cielos se derrama,
vistiendo largo luto al firmamento;   50
el fuego llora, el Oceano brama,

gime y suspira racional el viento,
y, a falta de afligidos corazones,
los duros montes hacen sentimiento.

Y tú, cuyos delitos y traiciones   55
causan este dolor, das parabienes
de su misma maldad a los sayones.

Recelo que a pedir albricias vienes
desta fiereza al pueblo endurecido,
preciado de visajes y vaivenes.   60

Más te valiera nunca haber nacido
que aplaudir los tormentos del Cordero,
de quien te vemos lobo, no valido.

La habilidad del diablo considero
en hacer que requiebre con la llaga,   65
y por bien azotado, un caballero;

y en ver que el alma entera aquél le paga,
que capirote y túnica le aprueba,
mientras viene quien más cadera haga.

Y es invención de condenarse nueva   70
llevar la penitencia del delito
al mismo infierno que el delito lleva.

Desaliñado llaman al contrito,
pícaro al penitente y al devoto,
y sólo tiene séquito el maldito.   75

Dieron crédito al ruido y terremoto
los muertos, y salieron lastimados;
y cuando el templo ve su velo roto,

el velo, en que nos muestras tus pecados
transparentes, se borda y atavía,   80
de la insolencia pública preciados.

Considera que llega el postrer día
en que de este cadáver, que engalanas,
con asco y miedo, la alma se desvía;

y que de las cenizas que profanas,   85
subes al tribunal, que no recibe
en cuenta calidad y excusas vanas.

Allí verás cómo tu sangre escribe
proceso criminal contra tu vida,
donde es fiscal Verdad, que siempre vive.   90

Hallarás tu conciencia prevenida
del grito a que cerraste las orejas,
cuando en tu pecho predicó escondida.

Los suspiros, las ansias y las quejas
abrirán contra ti la negra boca   95
por el llanto de Cristo, que festejas.

¿Con qué [razón] podrá tu frente loca
invocar los azotes del Cordero,
si de ellos grande número te toca?

A los que Cristo recibió primero,   100
juntos verás los que después le diste
en competencia del ministro fiero.

A su Madre Santísima añadiste
el octava dolor, y en sus entrañas
cuchillo cada abrojo tuyo hiciste.   105

Acusaránte abiertas las montañas,
las piedras rotas, y a tan gran porfía
atenderán las furias más extrañas.

Y presto sobre ti verás el día
de Dios, y en tu castigo el desengaño   110
de tan facinorosa hipocresía.

La justicia de Dios reinará un año,
y en dos casas verás tus disparates
llorar su pena o padecer su daño.

Cristiano y malo, irás a los orates;   115
al Santo Oficio irás, si no lo fueres,
porque si no te enmiendas, te recates.

Y, crüenta oblación de las mujeres,
vivirás sacrificio de unos ojos
que te estiman, al paso que te hieres   120
y te llevan el alma por despojos.

                              [*Las tres Musas*, 209]

148

Juicio moral de los cometas

QUINTILLAS

Ningún cometa es culpado,
ni hay signo de mala ley,
pues para morir penado,
la envidia basta al privado
y el cuidado sobra al rey.   5

De las cosas inferiores
siempre poco caso hicieron
los celestes resplandores;
y mueren porque nacieron
todos los emperadores.   10

Sin prodigios ni planetas
he visto muchos desastres,
y, sin estrellas, profetas:
mueren reyes sin cometas,
y mueren con ellas sastres.   15

De tierra se creen extraños
los príncipes deste suelo,
sin mirar que los más años
aborta también el cielo
cometas por los picaños[1].   20

El cometa que más brava
muestra crinada cabeza,
rey, para tu vida esclava,
es la desorden que empieza
el mal que el médico acaba.   25

[*Las tres Musas,* 127]

149

A Don Álvaro de Luna

ROMANCE

A los pies de la Fortuna,
el que pisó su cabeza,
los de un crucifijo santo
con tristes lágrimas riega.
  Comenzólos a besar;   5
mas, viendo por una puerta
entrar su truhán llorando,
amortajado en bayeta,
  detúvose, y, afligido,
le dijo, con voces tiernas,   10
palabras que se ahogaron,
nadando en llanto, las medias.
  Mas el juglar, que lo mira
mudo de pura tristeza,
le respondió mesurado,   15
pidiendo al llanto licencia:

---

[1] *picaños,* pícaros.

«Vengo, hermosísima Luna,
a decirte cómo empiezas
hoy a ser Luna en el mundo,
pues que tu noche se llega.   20

»Quiero también despedirme
de tu casa y tu presencia,
que soy como golondrina,
que en el invierno se ausenta.   25

»Pues siendo mi oficio gracias,
la Fortuna, que hoy ordena
desgracias sólo a tu casa,
me despide de tu mesa.

»¡Cuántas veces, Condestable,   30
entre burlas y entre veras,
te pedí de Dios firmada
la cedula de firmeza!

»Y ¡cuántas te dije a solas
que el hombre que en hombre espera   35
le hace a Dios su contrario,
Dios al hombre casi bestia!

»Siempre las cosas más altas
están al rayo sujetas,
porque parecen subir
a recibille ellas mesmas.   40

»Un solo arrepentimiento
mira qué caro te cuesta,
porque de cuanto tuviste,
con él tan sólo te quedas.   45

»No en que eres Luna te fíes,
cuando traidores te cercan,
pues otro Sol de Justicia
no se libró de sus tretas.

»Ve de Luzbel la privanza,   50
que cayó por su soberbia:
que aun los ángeles peligran
en la privanza y alteza.

»Fuiste cohete en el mundo:
subiste a las nubes mesmas;   55
subiste resplandeciente;
bajas ya ceniza a tierra.

»Porque la pólvora misma
que te subió tan ligera,
abrasándote, te baja
vuelto carbones en piezas.   60
　　»Condestable, mi señor,
ya de tus glorias inmensas,
al mundo que te las dio
toma el Señor residencia.
　　»Pues que todo fue prestado,   65
la vida, el honor, las prendas,
no es mucho que, agradecido,
al que te las dio las vuelvas.
　　»En esta cárcel del mundo,
sólo de mí diferencias   70
en ser mis grillos de hierro,
los tuyos de plata y perlas.
　　»Esto te digo llorando,
solamente porque entiendas
que quien fue truhán en burlas   75
es predicador en veras.»
　　Diciendo aquesto se fue;
llorando al Conde le deja,
y de ver llorar la Luna
se enlutaron las estrellas.   80

[*Las tres Musas,* 257]

POEMAS RELIGIOSOS

REFIERE CUÁN DIFERENTES FUERON LAS ACCIONES
DE CRISTO NUESTRO SEÑOR Y DE ADÁN*

SONETO

Adán en Paraíso, Vos en huerto;
él puesto en honra, Vos en agonía;
él duerme, y vela mal su compañía;
la vuestra duerme, Vos oráis despierto.

Él cometió el primero desconcierto,   5
Vos concertastes nuestro primer día;
cáliz bebéis, que vuestro Padre envía;
él come inobediencia, y vive muerto.

El sudor de su rostro le sustenta;
el del vuestro mantiene nuestra gloria: 10
suya la culpa fue, vuestra la afrenta.

Él dejó horror, y Vos dejáis memoria;
aquél fue engaño ciego, y ésta venta.
¡Cuán diferente nos dejáis la historia!

[*Las tres Musas*, 217, b]

---

* Anterior a 1613, por figurar en el ms. 2.244 de la Bibl. Nacional, f. 251 v, formando parte de las «Lamentaciones de Semana Santa», que contienen primeras versiones de algunos poemas del *Heráclito cristiano*, fechado por el propio Quevedo en 1613. Claro está que los retoques pueden ser posteriores.

151

En la muerte de Cristo, contra la dureza
del corazón del hombre*

SONETO

Pues hoy derrama noche el sentimiento
por todo el cerco de la lumbre pura,
y amortecido el sol en sombra obscura
da lágrimas al fuego y voz al viento;

pues de la muerte el negro encerramiento   5
descubre con temblor la sepultura,
y el monte, que embaraza la llanura
del mar cercano, se divide atento,

de piedra es, hombre duro, de diamante
tu corazón, pues muerte tan severa   10
no anega con tus ojos tu semblante.

Mas no es de piedra, no; que si lo fuera,
de lástima de ver a Dios amante,
entre las otras piedras se rompiera.

[*Las tres Musas*, 218, a]

152

Las piedras hablan con Cristo y dan la razón
que tuvieron para romperse**

SONETO

Si dádivas quebrantan peñas duras,
la de tu sangre nos quebranta y mueve,
que en larga copia de tus venas llueve
fecundo amor en tus entrañas puras.

* Anterior a 1613. Figura también en el mismo ms. 2.244, f. 254.
** Anterior a 1613. Figura asimismo en el citado ms. 2.244, f. 253.

Aunque sin alma, somos criaturas 5
a quien por alma tu dolor se debe,
viendo que el día pasa escuro y breve
y que el sol mira en él horas escuras.

Sobre piedra tu iglesia fabricaste;
tanto el linaje nuestro ennobleciste, 10
que, Dios y Hombre, piedra te llamaste.

Pretensión de ser pan nos diferiste;
y si a la tentación se lo negaste,
al Sacramento en ti lo concediste.

[*Las tres Musas*, 218, b]

153

Da la razón por que se quiebran las piedras en la
muerte de Nuestro Señor, acordándose cuando los
judíos quisieron apedrear a su divina Majestad
y se desapareció

soneto

Con sacrílega mano el insolente
pueblo, de los milagros convencido,
alza las piedras, más endurecido
cuanto el Señor atiende más clemente.

Muera quien el vivir eternamente, 5
que se negó a Abrahán, nos ha ofrecido;
murieron los profetas, y, escondido,
yace Moisés, caudillo más valiente.

Burló las piedras, que después miraron
con lástima a la Cruz de Dios vestida, 10
y de noche por Él, cielo y estrellas,

donde todas de invidia se quebraron
de que para instrumento de la vida
más quisiese a la Cruz que a todas ellas.

[Ms. 2.244, Bibl. Nacional, folio
252 v. En *Las tres Musas*, 219]

154

LAS PIEDRAS A DIOS CON EL LUGAR CUANDO MOISÉN
QUEBRÓ LAS PIEDRAS EN QUE ESTABA ESCRITA LA LEY*

SONETO

Cuando escribiste en el sagrado cerro,
con tu dedo, la ley en la dureza
que nos comunicó Naturaleza,
y enternece piedad de tu destierro,

bajó Moisén[1], y, viendo en el becerro   5
la adoración debida a tu grandeza,
celoso nos rompió y, en su fiereza,
con los castigos advirtió su yerro.

Dividiónos en piezas enojado;
mas como desde entonces ley tenemos,   10
contigo nos preciamos de tenella.

Y así, nosotras mismas nos rompemos
sin el profeta: que es dolor doblado
ver despreciar la ley y al dador de ella.

[*Las tres Musas*, 220, a]

155

POR QUÉ, HABIENDO MUCHAS MADRES MUERTO DE LÁSTIMA
DE VER MUERTOS SUS HIJOS, AMANDO NUESTRA SEÑORA
MÁS A SU HIJO QUE TODAS, NO MURIÓ DE LÁSTIMA**

SONETO

El ver correr de Dios la sangre clara
en abundante vena por el suelo
(que borró el sentimiento todo el cielo
y al sol desaliñó cabello y cara);

* Figura también como perteneciente a las «Lamentaciones de
Semana Santa» en el códice 2.244, f. 253 v.
[1] *Moisén*, forma muy frecuente en la Edad de Oro por *Moisés*.
** Se encuentra también en el citado ms. 2.244, f. 254.

ver la generación dura y avara   5
hartarse de venganza en su consuelo,
oír la grande voz que rompió el velo;
amaneciendo sombras que declara,

no fue bastante, con afán tan fuerte,
a desatar un alma combatida   10
que por los ojos en raudal se vierte.

Pues aunque fue mortal la despedida,
aun no pudo, de lástima, dar muerte,
muerte que sólo fue para dar vida.

[*Las tres Musas*, 220, b]

156

A LA CONCEPCIÓN DE NUESTRA SEÑORA
CON LA COMPARACIÓN DEL MAR BERMEJO

SONETO

Hoy, por el mar Bermejo del pecado,
que en los vados cerúleos espumosos
sepultó sin piedad los poderosos
ejércitos del príncipe obstinado,

pasa, Virgen, exento y respetado   5
vuestro ser de los golfos procelosos:
así por los decretos misteriosos
en vuestra Concepción fue decretado.

Quien puede y quiere, con razón colijo,
hará cuanto a su mano se concede,   10
y más que hizo el sol con lo que dijo.

Y pues naciendo en vos, de vos procede,
¿quién dirá que no quiere, siendo Hijo?
¿Quién negará que, siendo Dios, no puede?

[*Las tres Musas*, 221, a]

157

A LA SOBERBIA Y LA HUMILDAD*

SONETO

Tus decretos, Señor, altos y eternos,
supieron fabricar, enamorados,
de nada tantos cielos, y, enojados,
hicieron de los ángeles infiernos.

El polvo de que Tú quisiste hacernos,   5
advertidos nos tiene y castigados,
y tus años viviste despreciados,
más solos y más pobres los más tiernos.

Cuando naciste humilde, te llevaron
mirra los reyes; mueres Rey, y luego   10
el tributo te vuelven en bebida.

Para morir, Señor, te coronaron:
hallas muerte en palacio, guerra y fuego,
y en el pesebre, reyes, paz y vida.

[*Las tres Musas,* 221, b]

158

A LA CUSTODIA DE CRISTAL QUE DIO EL DUQUE DE LERMA
A SAN PABLO DE VALLADOLID, PARA EL SANTÍSIMO
SACRAMENTO**

SONETO

Sea que, descansando, la corriente
torcida y libre de espumoso río,
labró artífice duro, yerto y frío,
este puro milagro transparente;

---

* Aldrete añade: «Refiérese lo que Dios hizo con entrambas en
lo menos y lo más, y en sí como hombre y Dios, efectos de la humildad de la soberbia, verificados en la vida de nuestro Redentor».
** Posterior al 6 de diciembre de 1600, fecha de ese regalo, y
otros, por el Duque de Lerma. Véase J. O. Crosby, ob. cit., página 99.

sea que, aprisionada, libre fuente 5
encarceló con yelo su albedrío,
o en incendios del sol, l'alba el rocío
cuajó a región benigna del Oriente;

o ya monstro diáfano naciese,
hijo de peñas duras, parto hermoso, 10
a llama universal rebelde yelo,

fue bien que cielo a Dios contrahiciese,
porque podáis decir, Duque glorioso,
que, aunque imitado y breve, le dais Cielo.

[*Parnaso*, 18, a; el de *Las tres
Musas*, 223, es versión primera.]

159

Retrató al demonio perifraseando, en el rigor que
cabe en el soneto, las palabras de Job, con que le
retrata, cap. II, «Ecce Behemoth»

SONETO

¿No ves a Behemoth, cuyas costillas
son láminas finísimas de acero,
cuya boca al Jordán presume entero
con un sorbo enjugar fondo y orillas?

¿Por dientes no le ves blandir cuchillas, 5
morder hambriento y quebrantar guerrero;
que tiene por garganta y tragadero
del infierno las puertas amarillas?

¿No ves arder la tierra que pasea,
y que, como a caduco, tiene en menos 10
el abismo que en torno le rodea?

Sus fuerzas sobre todos son venenos:
él es el rey que contra Dios pelea,
rey de los hijos de soberbia llenos.

[*Las tres Musas*, 224, a]

160

PONDERA CON EL SUCESO DE BALÁN CUÁNTO ANTES ES DIOS
OBEDECIDO DE UNA MALA BESTIA QUE DE UN MAL MINISTRO

SONETO

A maldecir el pueblo, en un jumento,
parte Balán profeta, acelerado;
que a maldecir cualquiera va alentado:
tal es el natural nuestro violento.

Dios, que mira del pueblo el detrimento,   5
rey en guardar su pueblo desvelado,
clemente, opone a su camino, armado
de su milicia, espléndido portento.

Obedece el jumento, no el profeta;
y cuando mereció premio y regalo,   10
más obstinado a caminar le aprieta.

Teme la asnilla al ángel, sufre el palo:
y halló el cielo obediencia más perfeta
en mala bestia que en ministro malo.

[*Las tres Musas*, 224, b]

161

POR LOS REYES BUENOS, DE QUIEN MURMURAN
MALOS VASALLOS*

SONETO

Señor, si es el reinar ser escupido,
y en tu cara lo muestran los escribas,
¿qué rey se librará de las salivas,
si las padece el Hombre y Dios ungido?

---

* Aldrete añade: «Muestra cuán antiguo es tapar a los reyes los
ojos, con el texto de San Marcos, cap. 14: *Et coeperunt quidam
conspuere eum, et velare faciem eius, et colaphis eum caedere, et
dicere ei: prophetiza.*»

Tan coronado estás como herido,   5
pues que tu frente suda venas vivas;
golpes y afrentas quieren que recibas,
y que des gloria al pueblo endurecido.

Llámante rey, y véndante los ojos,
hieren tu faz, y dicen que adivines,   10
y en tu sangre descansan sus enojos.

Si tal hacen con Dios vasallos ruines,
¿en cuál corona faltarán abrojos?
¿Qué cetro habrá seguro destos fines?

[*Las tres Musas*, 225]

162

SOBRE LAS PROPIAS PALABRAS DE SAN MARCOS,
ACONSEJANDO A LOS REYES IMITEN
EN ESTA ACCIÓN A CRISTO

SONETO

Llámanle rey, y véndanle los ojos,
y quieren que adivine, y que no vea;
cetro le dan, que el viento le menea;
la corona, de juncos y de abrojos.

Con tales ceremonias y despojos,   5
quiere su rey el reino de Judea:
que mande en caña, que dolor posea,
y que ciego padezca sus enojos.

Mas el Señor, que, en vara bien armada
de hierro, su gobierno justo cierra,   10
muestra en su amor clemencia coronada.

La paz compra a su pueblo con su guerra;
en sí gasta las puntas y la espada:
aprended de Él los que regís la tierra.

[*Las tres Musas*, 226, a]

163

A Caín y Abel*

SONETO

Caín, por más bien visto, tu fiereza
quitó la vida a Abel, porque ofrecía
a Dios el mejor fruto que tenía,
como tú lo peor de tu riqueza.

A quien hizo mayor Naturaleza,   5
hizo la envidia sólo alevosía
que a la sangre dio voz, y llanto al día;
a ti, condenación, miedo y tristeza.

Temblando vives; y el temblor advierte
que aunque mereces muerte por tirano,   10
que tiene en despreciarte honra la muerte.

La quijada de fiera, que en tu mano[1]
sangre inocente de tu padre vierte,
la tuya chupará sobre tu hermano.

[*Las tres Musas*, 227, b]

164

[A Jeremías]

SONETO

Los ojos, Hieremías, con que leo
tus altas y sagradas profecías,
el llanto me los vuelve. Hieremías,
pues hoy la olla que miraste veo.

Hierve la llama, y, en volumen feo,   5
el humo que consume nuestros días
ciega, y del Aquilón las herejías
nos acerca por áspero rodeo.

* El sobrino de Quevedo añade: «San Pedro Crisólogo: *Ut esset solum coeli libor faceret, quem primum fecerat lex naturae.* Acuerda aquellas palabras del Génesis: *Respexit ad Abel*».
  [1] En el texto, *entre mano*.

Del Aquilón a todos se reparte
el mal; díjolo Dios; así sucede: 10
no vale contra el cielo fuerza o arte.

Y si a Dios por nosotros no intercede
su clemencia, en el llanto acompañarte,
sobre sí propio, nuestro siglo puede[1].

[*Las tres Musas*, 228]

165

A LA ORACIÓN DEL GÜERTO, SOBRE ESTAS
PALABRAS DE CRISTO NUESTRO SEÑOR:
«TRANSEAT A ME CALIX ISTE»

SONETO

Si de Vos pasa el cáliz de amargura,
¿quién le podrá endulzar, para que sea
bebida alegre, que salud posea
contra la enfermedad antigua y dura?

Bebed el cáliz Vos, pues os apura   5
amor del alma por la culpa fea,
que en Vos le beberá (despúes que os vea
líquido Dios en sangre) la criatura.

Pase por Vos, y así será trïaca[2];
mas no pase de Vos, pues, ofendido,   10
mi culpa sus castigos os achaca.

Bebiendo sanaréis lo que he comido:
bebed cáliz que tanta sed aplaca
de ser en cáliz inmortal bebido.

[*Las tres Musas*, 229, a]

---

[1] Aldrete anota: «Hieremías, [cap. I]: *Et factum est verbum Domini secundo ad me dicens: Quia tu vides? [Et dixit]: Ollam sucesam ego video, et faciem eius a facie Aquilonis. Et dixit Dominus ad me: Ab Aquilone pandetur malum super omnes habitatores terrae. Quia ecce ego convocabo omnes cognationes regnorum Aquilonis, ait Dominus.* Sophonius, cap. 2, ad finem: *Et extenderat manum suam super Aquilonem, et perdet Assur.* Lamentación sobre la persecución que padece la cristiandad, de los herejes del Aquilón, conducidos por el rey de Suecia».

[2] *trïaca*, aquí medicina.

166

A estas palabras: «Nescitis quid petatis», que dijo
Cristo a San Jacobo y a San Juan cuando pidieron las
sillas a su lado

SONETO

Si mereciendo sillas Juan y Diego,
dice Cristo que erraron en pedillas,
al que sin merecellas pide sillas,
más le valiera ser mudo que ciego.

En la atención de Dios, humano ruego   5
no puede por sí solo conseguillas:
hanse de conquistar con maravillas
de amor nacido de divino fuego.

Sólo se sienta quien el cáliz bebe;
la Cruz el trono en la Pasión dispensa;   10
el descanso al tormento se le debe.

Y en la bondad espléndida y inmensa,
la culpa gracia, como sangre, llueve,
y la satisfación está en la ofensa.

[*Las tres Musas*, 229, b]

167

Advertencia para los que reciben
el Santísimo Sacramento*

SONETO

«Tened a Cristo» son palabras vivas,
que suenan glorias de temor desnudas;
mas las propias palabras dijo Judas
para que te prendiesen los escribas.

* Aldrete añade: «Con las palabras que dijo Judas: "*Ipse est,
tenete eum*". Dice que no se ha de recibir [a] Cristo y tenerle por
venta, sino por gracia».

Por la mano de Judas no recibas,   5
Licino, a Cristo, que a prenderle ayudas:
prudente quiero que al intento acudas
del que la cruz previno porque vivas.

El sacrílego hipócrita pretende
que le tengas así sacramentado,   10
porque le tengas tú cuando le vende.

Quien le tiene, y comulga con pecado,
si diez veces comulga, diez le ofende,
y es con la comunión descomulgado.

> [*Las tres Musas*, 230, a. Con una
> corrección aceptable de Astrana
> Marín en el verso 8, donde se lee
> «luz previno en las alturas».]

168

A LO PROPIO, CON AQUELLAS PALABRAS DEL MISMO JUDAS:
«QUID VULTIS MIHI DARE, ET EGO EUM TRADAM VOBIS?»

SONETO

No, alma, no, ni la conciencia fíes
del que te ofrece a Cristo si le vende;
quien te pide interés, por él pretende
que del Señor que compres te desvíes.

Para que tus tesoros, Fabio, guíes   5
a Cristo, que tu bien sólo pretende,
dásele al pobre, en quien desnudo atiende
que por su mano humilde se le envíes.

Darle por lo que dan es mercancía.
Judas dice: «¿Qué quieres darme?» Cristo   10
dice: «Quiere, y tendrás la gloria mía».

No todo beso es paz, como lo has visto;
y advierte que en la propia compañía
de Jesús hay discípulo malquisto.

> [*Las tres Musas*, 230, b]

169

A Simón Cirineo, considerando que en ayudar a llevar la cruz a Cristo se ayudaba a sí

SONETO

Atlante que en la Cruz sustentas cielo,
Hércules que descansas sumo Atlante,
alivia con tu fuerza el tierno amante
que, humilde, mide con la boca el suelo.

Mas no le des ayuda, que recelo   5
que das priesa a su muerte vigilante;
mas dásela, Simón, que es importante
para la Redención de todo el suelo.

Pero si con tus brazos se aligera
la carga, con tu culpa, del manzano,   10
también añades peso a su madera.

Llevar parte del leño soberano
es a la Redención, que los espera,
llevarte tus pecados con tu mano.

[*Las tres Musas*, 231, a]

170

Modo y estilo con que la justicia de Dios procede contra los reyes*

SONETO

Contó tu reino Dios; hale cumplido;
su reino sobre el tuyo se ha llegado;
cumplirá su justicia en tu pecado,
contará su castigo tu gemido.

* Aldrete añade: «Considerando en las palabras que en la pared leyó el rey Baltasar, Daniel, 5: *Mane, Thecel, Phares*, según su interpretación».

Ya fuiste en sus balanzas suspendido   5
y lo que menos tienes ha pesado;
por lo que falta te será quitado
lo poco que en horror has detenido.

Tu reino es dividido, y a los medos
y persas se da, porque en vïolenta   10
mesa bebas sacrílego tus miedos.

Dios, para castigar, primero cuenta;
pesa después su mano, y con los dedos
escribe: *División, muerte* y *afrenta.*

[*Las tres Musas*, 232]

171

SOBRE ESTA PALABRA QUE DIJO JESUCRISTO NUESTRO
SEÑOR EN LA CRUZ: «SITIO» («TENGO SED»)

SONETO

Dice que tiene sed, siendo bebida,
con voz de amor y de misterios llena;
ayer bebida se ofreció en la Cena,
hoy tiene sed de muerte quien es vida.

La mano a su dolor descomedida,   5
no sólo esponja con vinagre ordena,
antes con hiel la esponja le envenena,
en caña ya en el cetro escarnecida.

La Paloma sin hiel, que le acompaña,
a su Hijo en la boca vio con ella[1],   10
y sangre y llanto al uno y otro baña.

---

[1] Este verso guarda mucha semejanza con el v. 56 del salmo que
comienza «Para cantar las lágrimas que lloro», pág. 36: «a su Hijo
con ella vio en la boca».

Perlas que llora en una y otra estrella
le ofrece, en recompensa de la caña,
cuando gustó la hiel que bebió ella.

[*Las tres Musas*, 233. Enmendamos
a voz, del v. 2.]

172

A LAS PALABRAS QUE EN EL GÜERTO DIJO CRISTO JESÚS
A JUDAS CUANDO LE ENTREGÓ: «AD QUID VENISTI, AMICE?»
(«¿A QUÉ VENISTE, AMIGO?»)

SONETO

Dícele a Judas el Pastor Cordero
cuando le vende: «¿A qué veniste, amigo?
Del regalo de hijo, a mi castigo;
de oveja humilde y simple, a lobo fiero;

»de apóstol de mi ley, a carnicero;   5
de rico de mis bienes, a mendigo;
del cayado a la horca, sin mi abrigo;
de discípulo, a ingrato despensero.

»Véndeme, y no te vendas, y mi muerte
sea rescate también a tus traiciones: 10
no siento mi prisión, sino perderte.

»El cordel que a tu cuello le dispones,
Judas, ponle a mis pies con lazo fuerte:
perdónate, y a mí no me perdones.»

[*Las tres Musas*, 233, b]

*173

Consideración de la palabra «Ignosce illis, quia
nesciunt quid faciunt» («Perdónalos, que no saben
lo que hacen»), una de ellas, y que dijo
Jesucristo en la Cruz

SONETO

Vinagre y hiel para sus labios pide,
y perdón para el pueblo que le hiere:
que como sólo porque viva, muere,
con su inmensa piedad sus culpas mide.

Señor que al que le deja no despide,   5
que al siervo vil que le aborrece quiere,
que porque su traidor no desespere,
a llamarle su amigo se comide,

ya no deja ignorancia al pueblo hebreo
de que es Hijo de Dios, si, agonizando,   10
hace de amor, por su dureza, empleo.

Quien por sus enemigos, expirando,
pide perdón, mejor en tal deseo
mostró ser Dios, que el sol y el mar bramando.

[*Las tres Musas*, 234, a]

174

A la limosna y su efecto y su poder con Dios*

SONETO

¿Ves que se precia Dios de juez severo,
que no admite personas ni semblantes,
que iguala los tiranos fulminantes
con la pobreza vil del jornalero?

* Aldrete añade: «Sobre estas palabras de S. Pedro Crisólogo,
Sermón 42: *Da ergo panem, da potum, da vestimentum, da tec-
tum, si Deum debitorem, non judicem vis habere*».

¿Ves que desprecia el oro y el dinero,   5
y el centellar metido en los diamantes?
Pues como tiene hijos mendicantes
se deja cohechar del limosnero.

Si al juez que la soberbia del Oriente
desprecia, los rigores lisonjeas,   10
con migajas que admite en el doliente,

da al pobre un jarro de agua, si deseas
que Dios te sea deudor, no juez ardiente,
pues por tan poco precio le granjeas.

[*Las tres Musas*, 234, b]

175

A UNA IGLESIA MUY POBRE Y OBSCURA, CON UNA LÁMPARA DE BARRO

SONETO

Pura, sedienta y mal alimentada,
medrosa luz, que, en trémulos ardores,
hace apenas visibles los horrores
en religiosa noche derramada,

arde ante ti, que un tiempo, de la nada,   5
encendiste a la aurora resplandores,
y pobre y Dios, en templo de pastores,
barata y fácil devoción te agrada.

Piadosas almas, no ruego logrero,
aprecia tu justicia con metales,   10
que falta aliento contra ti al dinero.

Crezcan en tu pobreza los raudales,
que den alegre luz a Dios severo,
y se verá en tu afecto cuánto vales.

[*Las tres Musas*, 235, a]

176

SOBRE ESTAS PALABRAS QUE DIJO JESUCRISTO EN LA CRUZ:
«MULIER, ECCE FILIUS TUUS: ECCE MATER TUA» (Ioan, 19)

SONETO

Mujer llama a su Madre cuando expira,
porque el nombre de madre regalado
no la añada un puñal, viendo clavado
a su Hijo, y de Dios, por quien suspira.

Crucificado en sus tormentos, mira 5
su Primo, a quien llamó siempre «el Amado»,
y el nombre de su Madre, que ha guardado,
se le dice con voz que el Cielo admira.

Eva, siendo mujer que no había sido
madre, su muerte ocasionó en pecado, 10
y en el árbol el leño a que está asido.

Y porque la mujer ha restaurado
lo que sólo mujer habia perdido,
mujer la llama, y Madre la ha prestado.

[*Las tres Musas*, 235, b]

177

A SAN LORENZO*

SONETO

Arde Lorenzo y goza en las parrillas;
el tirano en Lorenzo arde y padece,
viendo que su valor constante crece,
cuanto crecen las llamas amarillas.

* Aldrete añade: «Glorioso mártir español, que murió asado en
parrillas; considerando las palabras que dijo al tirano, convidán-
dole a comer de la parte de su cuerpo que ya estaba asada, y
sobre las palabras de San Pedro Crisólogo, Sermón CXXXV: *Plus
ardebat quam urebat*».

Las brasas multiplica en maravillas,   5
y sol entre carbones amanece,
y en alimento a su verdugo ofrece
guisadas del martirio, sus costillas.

A Cristo imita en darse en alimento
a su enemigo: esfuerzo soberano   10
y ardiente imitación del Sacramento.

Mírale el cielo eternizar lo humano,
y viendo vitorioso el vencimiento,
menos abrasa que arde vil tirano.

> [*Las tres Musas*, 236]

178

DECLARANDO ESCOLÁSTICAMENTE LAS PALABRAS DEL APÓS-
TOL, I TIM., 2: «DEUS VULT OMNES HOMINES SALVOS FIE-
RI», CON LA OCASIÓN DE LA MUERTE VIOLENTA DE UN GRAN
CABALLERO DE VEINTE Y SEIS AÑOS

SONETO

La voluntad de Dios quiere eminente
que nos salvemos todos, ¡oh Licino!
No asista sola a tu fatal camino
de Dios la voluntad antecedente.

Merezca a su piedad la subsecuente,   5
tu virtud con su auxilio, y el divino
rayo preceda siempre matutino
a la noche invidiosa y delincuente.

¿Viste a Bellio caer precipitado
en las verdes promesas de la vida,   10
y en horror de suceso desdichado?

Prevenga tu conciencia tu partida:
que madruga la muerte en el pecado,
y antes será pasada que creída.

> [*Las tres Musas*, 237, a]

179

REPREHENDE LA CEGUEDAD DE LOS JUDÍOS EN GUARDAR
A CRISTO MUERTO EN LAS CLAUSURAS DE LAS PIEDRAS,
HABIENDO VISTO QUE SE QUEBRARON EN SU MUERTE

SONETO

Si vistes a las piedras quebrantarse
en la muerte de Cristo con violencia,
¿en su sepulcro, cómo a su obediencia
dudáis que dejarán de levantarse?

Si supieron las piedras animarse   5
con su muerte en piadosa diligencia,
en su resurrección y en su presencia,
con más razón podrán vivificarse.

La piedra que le guarda lo procura;
aquélla le acompaña, ésta le entierra;   10
aquélla de sus triunfos se asegura;

ésta, igualmente racional y dura,
será destrozo de gloriosa guerra;
aquélla será trono y sepultura.

[*Las tres Musas*, 237, b]

180

AL CERTAMEN EN LA CANONIZACIÓN DE SAN REIMUNDO,
DONDE SE MANDÓ SE ALABASE LA CASTIDAD DEL SANTO
EN DEJAR AL REY, PORQUE NO DEJABA SU DAMA, CUANDO
PARA HUIR ECHÓ LA CAPA EN EL MAR Y NAVEGÓ SOBRE
ELLA. MANDÓSE QUE EL SONETO FUESE EN PORTUGUÉS, Y
QUE COMPARASE LA CASTIDAD DEL SANTO CON ALGUNO DE
LOS PATRIARCAS DEL TESTAMENTO VIEJO*

SONETO

Se casto ao bom Joseph nomea a fama,
so porque la no meio da sua idade,
unico exemplo foi da castidade,
de cujo nome o sancto autor o chama;

se mais naon fizo que fugir da dama,   5
lançando a capa co suma honestidade
nas taon inmigas maons que a sua vontade
lhe quiseraon forçar na branda cama,

melhor, Raimundo, a fama casta e vossa,
pois que naon só fugis da que vos segue,   10
mais tambem da que segue ao Rei furiosa.

Elhe lançou a capa a que o persegue;
vos, pela naon olhar na lusuriosa
maon, a lançaes no mar onde navegue.

[*Las tres Musas*, 238, pero moder-
nizada también la ortografía.]

---

* La canonización de San Raimundo tuvo lugar en 1601. Hubo
diversos certámenes en Barcelona, Lisboa (1601) y Valencia. Véase
J. O. Crosby, ob. cit., págs. 100-101.

181

Amenaza a los tiranos, que, fiados en los metales
preciosos en que crecen, pretenden prevalecer contra
la piedra sobre que fundó Cristo su Iglesia. Con la
similitud de la estatua de Nabuco

SONETO

Las puertas del infierno siempre abiertas
no prevalecerán contra la Nave
y Piedra, y ¡quieres tú, contra su llave,
que prevalezcan tus nefandas puertas!

Tan condenadas, aunque no tan muertas   5
almas, tu seno como el suyo cabe,
y como en él no hay voz que a Dios alabe,
la tuya blasfemar a Dios despiertas.

Estatua de Nabuco, que, tirana,
tan diversos metales atesora,   10
en que estás menos rica que galana,

advierte que en sus máquinas, traidora,
la piedra derribó la estatua vana,
no la estatua a la piedra vencedora.

[*Las tres Musas*, 239, a]

182

Consideración de lo mucho que el hombre
debe a Dios*

SONETO

Si a Dios me debo todo, porque he sido
a semejanza suya fabricado,
redimido por el primer pecado,
¿qué lo podré añadir agradecido?

---

* Aldrete añadió: «Con estas ardientes palabras de San Bernardo: *Si totum me debeo pro me facto, quid addam jam pro me re-
fecto hoc modo: non enim tam facile refectus, quam factus: in*

No fui tan fácilmente redimido   5
como hecho; que en esto, bien mirado,
a mí me dio a mí propio; y, humanado,
a sí, y a mí, me dio de amor vencido.

Pues si añadió el morir por darme vida,
en este alcance[1] agotaré el guarismo;   10
mas fueme su piedad tan socorrida,

que porque satisfaga a tanto abismo
de beneficios, se me dio en comida:
y así, por mí, fue paga de sí mismo.

[*Las tres Musas*, 239, b]

183

DIOS NUESTRO SEÑOR, CUANDO TRUENAN LAS NUBES, DES-
PIERTA DEL SUEÑO DEL PECADO AL ALMA ADORMECIDA, Y
CON EL RAYO QUE HIERE LOS MONTES SOLICITA
EL ESCARMIENTO DE LAS CULPAS, QUE LE
MERECEN MEJOR QUE LOS ROBRES

SONETO

Con la voz del enojo de Dios suena
ronca y rota la nube, el viento brama;
veloz en vengativa luz, la llama
tempestades sonoras desenfrena.

Con los pecados habla cuando truena;   5
la penitencia por su nombre llama,
cuando la debe, el agua que derrama
el llanto temeroso de la pena.

Respóndale tronando mi suspiro;
respóndanle lloviendo mis dos ojos,   10
pues escrita en su luz mi noche miro.

---

*primo opere me mihi dedit, in secundo et mihi, et mihi se dedit
datus: ergo, et redditus, me pro me debeo, et bis debeo sed quid
Domino pro se retribuam.* A esto postrero responde el autor con
el Santísimo Sacramento de la Eucaristía».

[1] «*Alcance de cuentas*, el que se hace de gasto y recibo, cuando
no salen al justo». (Covarrubias, *Tesoro.*)

Ofensas, y no robres, son despojos
del ceño ardiente del mayor zafiro:
y sabe el cielo hablar por sus enojos.

[*Las tres Musas*, 240]

184

AL BUEN LADRÓN, SOBRE LAS PALABRAS: «MEMENTO MEI»
ET «HODIE MECUM ERIS IN PARADISO», ACORDANDO
LO QUE DICE: «NON RAPINAM ARBITRATUS»

SONETO

¡Oh vista de ladrón bien desvelado,
pues estando en castigo tan severo
vio reino en el suplicio y el madero,
y rey en cuerpo herido y justiciado!

Pide que dél se acuerde el coronado   5
de espinas, luego que Pastor Cordero
entre en su reino, y deja el compañero
por seguir al que robo no ha pensado.

A su memoria se llegó, que infiere
con Dios su valimiento, porque vía   10
que por ella perdona a quien le hiere.

Sólo que dél se acuerde le pedía
cuando en su reino celestial se viere,
y ofreciósele Cristo el mismo día.

[*Las tres Musas*, 241, a]

185

Al Nacimiento. Mostrando que la astrología
misteriosa admira a la celeste

SONETO

Hoy no sabe de sí la astrología
que en la estrella del mar mira en el suelo
cerrado el sol, epilogado el cielo
y en alta noche amanecer el día;

las tinieblas pobladas de armonía,   5
temblando el fuego eterno, ardiendo el yelo;
alegre la tristeza, y el consuelo
que a sus lágrimas hace compañía.

Mira hacer el oficio del Oriente
al pesebre, en que son signos de oro   10
una mula y un buey dichosamente.

Ve al sol en el Cordero, y no en el Toro:
vele en la Virgen por diciembre ardiente,
a la aurora sin risa, al sol con lloro.

[*Las tres Musas*, 241, b. En el v. 7
se lee *alegra*.]

186

A San Esteban cuando le apedrearon. Enseña cuán
diferente oficio hacen en los mártires del que piensan, y acuerda del sentimiento de las piedras en la
muerte de Cristo y que se le premió en hacer las
reliquias con sangre del protomártir*

SONETO

De los tiranos hace jornaleros
el Dios que de su Cruz hizo bandera,
en los gloriosos mártires que espera
para vestir sus llagas de luceros.

* Según Menéndez Pelayo y A. Fernández Guerra (*Obras*, II, página 29), el soneto está citado en *Elocuencia española en arte*, de
Ximénez Patón (Toledo, 1604), pero yo no he encontrado la referencia.

¿Ves los que sobre Esteban llueven, fieros,   5
piedras, porque cubierto de ellas muera?
Pues trilladores son de aquella era
que colma a Dios de fruto los graneros.

Cuando con piedras acabar quisieron
a Cristo, las negó ser instrumento   10
de su muerte, y en ella lo sintieron.

Premia en Esteban hoy su sentimiento,
pues las da por la muerte que le dieron,
para reliquias del blasón crüento.

[*Las tres Musas*, 242, a]

187

A San Pedro cuando negó a Cristo, Señor nuestro

OVILLEJO

¿Adónde, Pedro, están las valentías
que los pasados días
dijistes al Señor? ¿Dónde los fuertes
miembros para sufrir con él mil muertes,
pues sola una mujer, una portera,   5
os hace acobardar desa manera?
A Dios negastes; luego os cantó el gallo,
y otro gallo os cantara a no negallo;
pero que el gallo cante
por vos, cobarde Pedro, no os espante: 10
que no es cosa muy nueva o peregrina
ver el gallo cantar por la gallina.

[*Las tres Musas*, 242, b]

188

A Judas Escariote cuando vendió a Cristo Señor nuestro

OVILLEJO

Viendo el mísero Judas que vendido
el ungüento que en Cristo fue vertido,
si no se derramara,
a muchos pobres hombres remediara,
por salir con su tema y su porfía,   5
vendió al mismo Señor que le tenía;
y de aquesta manera,
dio remedio a más pobres que quisiera.
No entendáis que amistad os hace Judas,
ánimas fieras, de piedad desnudas,   10
pues lo que a él de balde le fue dado
por el mismo Señor que fue entregado,
hoy, por treinta dineros,
lo vende a vuestros príncipes severos.
Mas no es razón que la llaméis codicia   15
a la que tuvo Judas, ni avaricia;
pues antes fue largueza
dar por poco dinero tal riqueza.

[*Las tres Musas*, 243, a]

189

A Caín cuando mató a su hermano

OVILLEJO

Más te debe la envidia carcomida,
Caín, que el mismo Dios que te dio vida,
pues le ofreciste a Él de tus labores,
de tus mieses y plantas las peores;
y a ella le ofreciste con tu mano   5
la tierna vida de tu propio hermano.

[*Las tres Musas*, 243, b]

190

A UN PECADOR

Gusanos de la tierra
comen el cuerpo que este mármol cierra;
mas los de la conciencia en esta calma,
hartos del cuerpo, comen ya del alma.

[*Las tres Musas*, 244, b]

191

PADRE NUESTRO [GLOSADO]

*Padre
nuestro*

Padre nuestro te llamo, no de todos;
pues aunque eres de todos Padre eterno,
y cuida tu gobierno
de buenos y de malos,
ya dispenses castigos, ya regalos,   5
sólo los que tu santa ley creemos,
llamarnos hijos tuyos merecemos;
y si por el pecado
perdemos el ser hijos, Tú, sagrado
padre por tu bondad, que es infinita,   10
a quien nuestra miseria no limita,
ni pierdes el ser padre del gusano,
que llama padre al Hijo soberano;
atrévome a llamarte
Padre, porque tú me lo ordenas   15
con entrañas de amor y piedad llenas.
Óyeme en tus palabras, pues te pido
de tu boca enseñado y instruido.

*Que estás
en los
cielos*

Tú, que estás en los cielos, que criaste,
y me criaste a mí para poblarlos,   20
si yo sé conquistarlos;
Tú, que los despoblaste
de la familia angélica, que, osada,
por la soberbia mereció tu espada;

a mí, que vivo en tierra y que soy tierra,   25
sombra, ceniza, enfermedad y guerra,
mírame con los ojos que miraron
a Pablo, a quien del suelo
arrebataron al tercero cielo,
y en Vaso le mudaron   30
de Elección, siendo vaso de veneno.
Aquel mesmo relámpago, aquel trueno
me derribe, me ciegue y me dé vista,
cuando más obstinado me resista.

Santificado   Para que, renovado el primer hombre   35
sea el tu
nombre   en mí, santificado sea tu nombre
de padre de las luces,
que al más perdido hijo le reduces;
el nombre de mi padre,
que santifico en tanto   40
que te sé obedecer, tres veces Santo,
que reinas uno y trino.
Porque en las alas de tu amor divino

Venga   venga tu reino a los que no podemos
a nos
el tu reino   entrar en él, si Tú no nos le envías   45
y a la entrada nos guías.
Grandes son los tesoros
de tu magnificencia soberana,
pues que permite a la flaqueza humana,
esclava del pecado,   50
por más engrandecella,
que pida que tu reino venga a ella.
Pudo el Ladrón decir que te acordaras
dél en tu reino, cuando en él te vieras,
pues con voces piadosas como claras,   55
en las ansias postreras,
vio que de tus contrarios
te acordabas, pidiéndole a tu Padre
el perdón de sus yerros temerarios;
que quien contigo en cruz, como Tú, muere 60
cuando mueres por él crucificado,
por tu gracia y tu lado,
tal premio alcanza y tal corona adquiere.

*Hágase
tu voluntad
así en la
tierra como
en el cielo*

Hágase, pues, Señor, hágase en todo
tu voluntad; y en mí, ceniza y lodo,   65
se haga de la suerte que en el cielo
se cumple y obedece, y en el suelo,
que afirmado en el viento,
yace firme en el mismo movimiento.
La tierra vivo, tierra al cielo miro;   70
por merecer su habitación suspiro;
de ellos aprenderé, la noche y día,
a hacer tu voluntad, y no la mía.

*El pan
nuestro
de cada día
dánosle hoy*

Mas, porque el ser humano
en el bocado del primer manzano   75
comió desmayo y hambre, que se hereda,
y la muerte que en vínculo nos queda,
cuyos efectos en mis obras muestro,
dadnos hoy el pan nuestro
de cada día, pues sin él sería   80
muerte y noche del alma cada día.
No vive sólo en pan el hombre humano;
mas en tu pan de vida
sólo puede vivir, pues es comida
en él, siendo verdad, vida y camino,   85
quien da su carne en pan, su sangre
                              [en vino.

*Perdónanos
nuestras
deudas*

Y porque no podemos,
siendo viles gusanos,
pagar los beneficios de tus manos,
como ellas, infinitos,   90
te pedimos con lágrimas y gritos,
acreedor eterno,
que tu corazón tierno
nuestras deudas perdone en sus procesos;
si no, por deudas moriremos presos.   95

*Así como
nosotros
perdonamos
a nuestros
deudores*

Y por no parecer en la fiereza
(ingrata a tu piedad y tu grandeza)
a[l] deudor que pidió le perdonases
las grandes cantidades que debía,
y se las perdonó tu mano pía,   100
y encontrando, al salir, en el camino

un mísero doliente,
que le debia un dinero solamente,
porque no le pagaba,
sin querer esperarle le ahogaba,   105
por lo cual tu justicia,
juntando a su fiereza su avaricia,
le condenó a prisiones y rigores
y le arrojó a tinieblas exteriores,
nosotros, que pedimos   110
que nos perdones lo que a ti debemos,
porque en su culpa escarmentar queremos,
a los deudores nuestros perdonamos,
y, perdonando, [d]el perdón gozamos.

<table>
</table>

No nos dejes caer en la tentación

   Y porque es precipicios esta vida   115
y está en despeñaderos repartida,
y nuestro pie resbala
en la comodidad que le regala,
y nuestras penas y castigos veo
en concedernos Tú nuestro deseo,   120
no nos dejes, Señor, no nos consientas,
caer en tentaciones tan violentas.

Mas líbranos de mal. Amén

   Y líbranos del mal; no digo sólo
de aquellas cosas que por mal tenemos
los que pobreza y muerte aborrecemos,   125
desprecios y prisiones, que Tú, a veces,
por bienes nos ofreces,
sino de las riquezas,
de la prosperidad y las grandezas,
de los puestos y cargos,   130
que apetecen por bienes los mortales,
siendo castigos, siendo nuestros males
dulces al apetito, al seso amargos.
Líbranos, pues, de mal, Dios soberano:
que librarnos de mal tu santa mano   135
en tan ciegos abismos,
será librarnos de nosotros mismos.

[*Las tres Musas,* 259]

192

Poema heroico a Cristo resucitado*

Enséñame, cristiana musa mía,
si a humana y frágil voz permites tanto,
de Cristo la triunfante valentía,
y del Rey sin piedad el negro llanto;
la majestad con que el Autor del día   5
rescató de prisión al pueblo santo;
apártense de mí mortales bríos,
que están llenos de Dios los versos míos.

Las setenta semanas cumplió el Cielo,
porque llene la Ley el prometido;   10
vistióse el Hijo eterno mortal velo;
la pequeña Bethlén le vio nacido;
guareció de dolencia antigua el suelo;
lo figurado se adoró cumplido;
vio la Paloma, Madre del Cordero,   15
en el sepulcro su Hijo prisionero.

El sol anocheció sus rayos puros,
y la noche perdió el respeto al día;
el mar quiso romper grillos y muros,
y anegarse en borrascas pretendía;   20
la tierra, dividiendo montes duros,
los intratables claustros descubría;
paróse el Tiempo a ver, con vista airada,
la suma eternidad tan mal parada.

Los cielos, con las lenguas que cantaron   25
maravillas de Dios cuando le vieron
muerto, piadosamente se quejaron,
y con llanto su luz humedecieron.
De los funestos túmulos se alzaron
los que largo y mortal sueño durmieron;   30
viéronse allí mudados ser y nombres;
los hombres, piedras, y las piedras, hombres.

---

* Anterior a 1621, puesto que B. Ximénez Patón en su *Mercurius Trimesgistus...* (Baeza, 1621, cap. VIII) cita el verso 117.

Empero si al remedio del pecado
dispuso eterno amor yerto camino,
y la dolencia del primer bocado   35
necesitó de auxilio peregrino,
consuélese el delito ensangrentado
con el precio real, alto y divino:
destile Cristo de sus venas ríos,
y hártense de su sangre los judíos.   40

Era la noche, y el común sosiego
los cuerpos desataba del cuidado,
y resbalando en luz dormida el fuego,
mostraba el cielo atento y desvelado;
y en el alto silencio, mudo y ciego,   45
descansaba en los campos el ganado;
sobre las guardas, con nocturno ceño,
las Horas negras derramaron sueño.

Temblaron los umbrales y las puertas
donde la majestad negra y obscura   50
las frías desangradas sombras muertas
oprime en ley desesperada y dura;
las tres gargantas al ladrido abiertas,
viendo la nueva luz divina y pura,
enmudeció Cerbero y, de repente,   55
hondos suspiros dio la negra gente.

Gimió debajo de los pies el suelo;
desiertos[1] montes, de ceniza canos,
que no merecen ver ojos del cielo,
y en mustia[2] amarillez, ciegan los llanos.   60
Acrecentaban miedo y desconsuelo
los roncos perros, que, en los reinos vanos,
molestan el silencio y los oídos,
confundiendo lamentos y ladridos.

En el primero umbral, con ceño, airada,   65
la Guerra estaba en armas escondida;

---

[1] Astrana propone leer *de inhiestos*.
[2] En el texto, *nuestra*. Acepto la corrección del mismo Astrana
Marín.

la flaca Enfermedad desamparada,
con la Pobreza vil, desconocida;
la Hambre perezosa, desmayada;
la Vejez, corva, cana e impedida;　　　70
el Temor amarillo, y los esquivos
Cuidados veladores, vengativos.

Asiste, con el rostro ensangrentado,
la Discordia furiosa, y el Olvido
ingrato y necio; el Sueño descuidado　　　75
yace, a la Muerte helada parecido;
el Llanto con el luto desgreñado;
el Engaño traidor apetecido[3];
la Envidia, carcomida de su intento,
que del Bien, por su mal, hace alimento.　　　80

Mal persuadida y torpe consejera,
la Inobediencia, trágica y culpada,
conduce a la señal de su bandera
gente, en su presunción desesperada;
la Soberbia, rebelde y comunera,　　　85
de sí propia se teme despeñada,
pues cuanto crece más su orgullo fiero,
se previene mayor despeñadero.

El pálido esqueleto, que, bañado
de amarillez como de horror teñido,　　　90
el rostro de sentidos despoblado,
en cóncavas tinieblas dividido;
la guadaña sin filos del pecado,
lo inexorable del blasón vencido,
fiera y horrenda en la primera puerta,　　　95
la formidable Muerte estaba muerta.

Las almas en el [L]imbo sepultadas,
que por confusos senos discurrían,
después que, de los cuerpos desatadas,
en las prestadas sombras se escondían,　　　100
las dulces esperanzas prolongadas
esforzaban de nuevo y repetían,

---

[3] Astrana Marín propone leer *apercibido*.

cuando el Ángel que habita fuego y penas,
ardiendo en los volcanes de sus venas,

    vio de su sangre en púrpura vestido,   105
de honrosos vituperios coronado,
venir al Redentor esclarecido,
que fue en la Cruz, para vencer, clavado.
Viole venir, y ciego y afligido,
«¡Al arma! —dijo—. ¡Al arma!», y, demudado   110
de sí (viéndose), vio, ¡gran desventura!,
quien (cuando quiso Dios) tuvo hermosura.

    «Dadme (mas ¿qué aprovecha?), dadme fuego;
cerrad la eterna puerta. ¿Quién me escucha?
¿No me entendéis? ¡Estoy perdido y ciego!   115
El mismo viene que os venció en la lucha.
¡Al arma! ¡Guerra! ¡Guerra luego luego!
Su fuerza es grande, y su grandeza mucha:
el mismo viene que os venció en la tierra,
y en los infiernos hace nueva guerra.   120

    »Solo viene quien es tres veces santo;
si no hay más que perder, ¿de qué es el miedo?
Solo viene; mas solo puede tanto,
que en tantos acobarda lo que puedo.
La desesperación no admite espanto: 125
cuando poder inmenso le concedo,
intentaré vencerle, persuadido
que, si me vence, vencerá al vencido.

    »¿Adónde están, adónde aquell[o]s bríos
que dieron triste fin a nuestro intento?   130
¿En dónde vuestros brazos y los míos,
que el antiguo valor ni veo, ni siento?
Cuando los siempre alegres señoríos
perder podimos, hubo atrevimiento,
¿y agora embota el miedo nuestra espada   135
cuando no se aventura el perder nada?

    »¿Para qué nos preciamos de la gloria
de hijos del Olimpo generosos?

¿Para qué conservamos la memoria
de los principios nuestros valerosos,   140
si al pretender defensa en la vitoria
estamos tan cobardes y medrosos?
Nadie es hijo del tiempo en este polo:
hijos de nuestras obras somos sólo.

   »La espada de Miguel, su grave ceño,   145
nos venció en la batalla más violenta;
bien las heridas en mi rostro enseño,
que sin consuelo son, como sin cuenta.
Echónos de su alcázar, como dueño;
grande el castigo fue; pero la afrenta   150
mayor será si a nuestra noche pasa,
y saquear intentare nuestra casa.

   »¿Viviremos cobardes peregrinos,
náufragos, fugitivos, desterrados?
Baste que de los cielos cristalinos   155
fuimos (a mi pesar) precipitados,
sin que intente el horror destos caminos,
y el veneno que inunda nuestros vados,
un... Íbalo a decir; pero ya junto
muchas memorias tristes en un punto.»   160

   Acabó de tronar, y con la mano
remesando la barba yerta y cana,
y exhalando la boca del Tirano
negro volumen de la niebla insana,
dejando el trono horrendo e inhumano,   165
que ocupa fiero y pertinaz profana,
dio licencia a la viva cabellera
que silbe ronca y que se erice fiera.

   Dejó caer el cetro miserable
en ahumados círculos de fuego;   170
de lágrimas el curso lamentable
Cocito[4] suspendió; paróse luego

---

[4] *Cocito*, uno de los cuatro ríos del Infierno, cuyas aguas eran las lágrimas de los condenados.

del alto cetro⁵ al golpe formidable,
el triste Flegetonte⁶ mudo y ciego;
ladró Cerbero⁷ ronco, y, diligentes,   175
de entre su saña, desnudó los dientes.

Pocas les parecieron las culebras
y los ardientes pinos a las Furias;
éstas vibraron las vivientes hebras,
y en vano lamentaron sus injurias,   180
cuando, por ciegos senos y hondas quiebras,
los ciudadanos de las negras curias,
con triste son, tras pálidas banderas,
vinieron en escuadras y en hileras.

La desesperación los aguijaba,   185
y alto miedo su paso divertía;
cuál de su compañero se espantaba;
cuál de sí propio temeroso huía;
la Majestad horrenda los miraba:
«¡Oh escuadrón valeroso! —les decía—,   190
porque a Dios no temimos, padecemos,
¿y, padeciendo agora, le tememos?

»¿No os acordáis del alto, del dorado
zafir, de quien son ojos las estrellas,
en la noche despierto y desvelado,   195
y de las armas del Arcángel bellas?
¡Oh qué escudo! ¡Oh qué arnés tan bien grabado,
de minas repartidas en centellas!
Pues todo, si vengáis nuestros enojos,
vuestra vitoria lo verá en despojos.   200

»Guardad los puestos; defended los muros;
la desesperación vibrará el asta.»
Luego, cerrojos de diamante duros
a la muralla de inviolable pasta
pusieron los espíritus obscuros: 205
así se pertrechó la infame casta,

---

⁵ En el texto, *cerro el*, errata subsanada por Astrana Marín.
⁶ *Flegetonte*, río del Infierno.
⁷ *Cerbero*, o *Cancerbero*, el monstruo mitológico que guardaba
la puerta del Infierno.

guarneciendo los puestos repartidos,
y amenazando el cielo con bramidos.

Uno, de ardientes hidras coronado,
formaba en sus gargantas ruido horrendo; 210
cuál, de sierpes y víboras armado,
las estaba a la guerra previniendo;
otro, en monte de fuego transformado,
en las humosas teas viene ardiendo,
y cuál quita (corriendo a la batalla) 215
a Sísifo la peña, por tiralla.

Llegó Cristo, y al punto que le vieron,
¡oh qué grita del pecho desataron!
Los más del muro altísimo cayeron:
que los rayos de luz los fulminaron. 220
¡Qué de antiguas memorias revolvieron,
cuando, un tiempo, la alegre luz miraron!
Y, a pesar de blasfema valentía,
la eterna noche se llenó de día.

El miedo les quitaba de las manos 225
los pálidos funestos estandartes;
los pueblos tristes y los reinos vanos
resonaron en llanto por mil partes;
aparecieron claros los tiranos
muros y los tremendos baluartes: 230
para esconderse pareció al infierno
poca tiniebla la del caos eterno.

Cuál dijo, pronunciando su gemido:
«¡Nunca esperé suceso afortunado!»
Otro gritaba: «Siempre fui atrevido; 235
siempre vencido; nunca escarmentado».
Mas el Tirano, cuanto bien nacido,
por soberbios motivos derribado,
dijo: «¿Quién presumiera gloria alguna
del que nació en pesebre, en vez de cuna? 240

»No niego que, advirtiendo que venían
a adorarle los reyes del Oriente,
la estrella y los tesoros que traían,
conjeturé poder omnipotente;

mas cuando vi que de temor huían   245
con él sus padres al Egipto ardiente,
no sólo le juzgué, mal engañado,
hombre, mas juntamente desdichado.

»Si yo entregara a Herodes su terneza,
tuviera, entre los otros inocentes,   250
cuchillo, antes que pelo, su cabeza;
padeciera verdugos inclementes;
mas ¿quién juzgara tal de tal bajeza?
Siendo el oprobio y burla de las gentes,
vile llorar, y vi sus aflicciones,   255
y expirar en la Cruz entre ladrones.

»Tarda fue mi malicia y mi recato;
perezosa advertencia fue la mía,
cuando en un sueño hice que a Pilato
su mujer fuese de mi miedo espía;   260
faltóme la mujer en este trato;
no la creyó quien la maldad creía;
fié de la mujer la postrer prueba,
viendo que la primera logré en Eva.

»Veisle que, con abierta mano y pecho,   265
poblar quiere a mi costa los lugares
que desiertos están, y a mi despecho,
aumentando pesar a los pesares.
La posesión alego por derecho:
conténtate, Señor, con tus altares;   270
truena sobre las puertas de tu Cielo,
y déjame en el llanto sin consuelo!»

Dijo, y buscando noche en que envolverse,
y viendo que aun la noche le faltaba,
dentro en sí mismo procuró esconderse,   275
y, aun así, en sí propio no se hallaba.
Con las dos manos quiso defenderse
de la luz, que sus ojos castigaba,
cuando la voz[8] del Rey Omnipotente
le derribó las manos de la frente.   280

[8] En el texto, *de la voz*.

«¡A vuestro Rey piadoso, a vuestro dueño,
(almas precitas), oponéis cerradas
las puertas duras del eterno sueño,
las cárceres sin fin desesperadas?
Ya conocéis mi belicoso ceño,   285
que milita con señas bien armadas.»
Repitiólo tres veces, de manera
que se abrió el grande reino a la tercera.

Como luz tremolante vuela leve
cuando el sol reverbera en agua clara,   290
que en veloz fuga se reparte y mueve
y en vuelo imperceptible se dispara,
así la mente de Luzbel[9] aleve
(herida con el rayo de la cara)
de quien apenas todo el sol es rayo,   295
vagaba[10] entre las iras y el desmayo.

Alecto con Tesífone y Meguera[11],
Furias, su propio oficio padecieron;
en ellas se cebó su cabellera,
y con sus luces negras se encendieron;   300
perdió Cloto, turbada, la tijera;
las otras dos ni hilaron ni tejieron[12];
no osó el viejo Carón, con amarilla
barca, arribar a la contraria orilla.

Eaco[13] el tribunal dejó desierto,   305
las rigurosas leyes despreciadas;
del temor, Radamanto[14], mal despierto,
se olvidó de las sombras desangradas;
por un peñasco y otro, frío y yerto,
las almas, en olvido sepultadas,   310
en vano procuraban, sin aliento,
dar a sus lenguas voz y movimiento.

---

[9] En el texto, *en Luzbel*.
[10] En el texto, *baxaua*. Corrección de Astrana Marín.
[11] *Alecto, Tesífone y Meguera* son las tres Furias.
[12] Las tres Parcas, *Cloto, Láquesis y Atropos*.
[13] *Eaco*, hijo de Júpiter y de la ninfa Egina, o de Europa. Uno de los tres jueces del Infierno.
[14] *Rodamanto*, otro de los tres jueces del Infierno, hijo también de Júpiter y Europa.

Entró Cristo, glorioso en las señales
de su pasión, y, con invicta mano,
de majestad vistió los tribunales   315
donde execrables leyes dio el Tirano;
estremeció los reinos infernales;
halló al príncipe dellos inhumano,
tan fiero con la pena y la luz clara,
que era su medio reino ver su cara.   320

Hay, vecino a Cocito y Flegetonte[15],
grande palacio, ciego e ignorante
del rayo con que enciende el horizonte
la luz, peso y honor del viejo Atlante[16];
la entrada cierra, en vez de puerta, un monte,   325
con candados de acero y de diamante;
dentro, en noche y silencio adormecido,
ociosa está la vista y el oído.

Aquí divinas almas sepultadas
en ciega noche, donde el sol no alcanza,   330
están, si bien ociosas, ocupadas
en aguardar del tiempo la tardanza.
Triunfa de las edades ya pasadas,
no ofendida y robusta, la esperanza,
honrándose de nuevo cada día   335
con crédito mayor la profecía.

Tembló el umbral debajo de la planta
del Vencedor Eterno, y al momento,
el monte con su peso se levanta,
obediente al divino mandamiento;   340
luego la clara luz, la lumbre santa,
recibió el triste y duro encerramiento,
y con el nuevo Sol que la hería,
hasta la niebla densa se reía.

En oro de los rayos del sol puro   345
se enriquecieron redes y prisiones;
viose asimismo el gran palacio obscuro;
vieron los viejos Padres sus facciones;

---

[15] Vid. las notas 4 y 6.
[16] *Atlante*, uno de los Titanes desterrado por Júpiter.

y, abrazando el larguísimo futuro,
templando a los suspiros las canciones,   350
de la puerta salieron todos juntos,
con viva fe, en la sombra de difuntos.

En lágrimas los ojos anegados,
el cabello en los hombros divertido,
la venerable frente y rostro arados,   355
con la postrera nieve encanecido,
con sus hijos, que en él fueron culpados,
y fueron para Dios pueblo escogido,
se mostró el padre Adán: el ciudadano
del reino verde que trocó al manzano.   360

Puso las dos rodillas en el suelo,
y, alzando las dos manos, le decía:
«¡Oh Redentor del mundo! ¡Oh luz del cielo!
Llegó, Señor, llegó el alegre día:
Vos nos dais la salud, Vos el consuelo;   365
grande e inmensa fue la culpa mía;
grande, empero dichosa, si se advierte
que costó su disculpa vuestra muerte.

»¿Qué llagas son aquellas de las manos,
que en vuestra desnudez fueron mi abrigo?   370
¿Qué golpes son aquellos inhumanos?
¿Quién dio licencia en Vos a tal castigo?
Dio licencia el amor a los humanos,
de quien, siendo mal padre, fui enemigo;
todos mis hijos son, y lo confieso: 375
que lo parecen en tan fiero exceso.

»Acuérdome, Señor, ¡memoria amarga!,
después que por mi mal el Limbo piso,
que luego que les di a los hombres carga
(así mi culpa y vuestra Ley lo quiso),   380
con espada de fuego, a prisión larga,
un ángel me arrojó del Paraíso;
quedó por guarda de la misma puerta,
porque a ningún mortal le fuese abierta.

»Ninguno pudo entrar: que, amenazante,   385
les puso a todos miedo reluciente;
Vos sólo, gran Señor, fuistes bastante
a salir con empresa tan valiente;
pues, con vestido humano, tierno amante,
os opusisteis a su espada ardiente,   390
y se hartó de cortar en Vos, de modo
que está seguro de sus filos todo.

»Osaré pronunciar el nombre de Eva,
pues vuestra siempre Virgen Madre en *Ave*
le califica y muda, y le renueva,   395
con el sí que a Gabriel dijo süave.
No teme que la sierpe se le atreva;
que, viendo en Vos el Prometido, sabe
que el pie de vuestra Madre, con pureza,
la deshizo la lengua y la cabeza.   400

»Llevadnos, Hombre y Dios, a la morada
que yo perdí: pasemos a la Vida,
pues, satisfecha en Vos la ardiente espada,
nos asegura de mortal herida.»
Dijo, y, la vista en llantos anegada   405
y en lágrimas la voz humedecida,
venerable en sus canas, con severa
voz, Noé razonó desta manera:

«Yo, cuando, con licencia rigurosa,
fue el mar abrazo universal del suelo,   410
y cuando, por la cuipa vergonzosa,
la tierra con su llanto anegó el cielo
(¡tanto lloró!), fui yo quien la piadosa
máquina fabricó donde mi celo
las reliquias del mundo hurtó al diluvio,   415
hasta que vio los montes el sol rubio.

»Yo, en república corta y abreviada,
salvé el mundo con arca de madera.
mas Vos, del Testamento arca sagrada,
de la que sombra fue luz verdadera,   420
salváis de pena inmensa y heredada
los que osaba anegar culpa primera.

Yo salvé siete en el bajel primero:
Vos solo, todo el mundo en un Madero.

»Yo paloma envié que me trujese   425
lengua de lo que en tierra se hallase;
Vos, porque vuestro amor se conociese,
enviasteis paloma que llevase
lenguas de fuego al mundo, y que las diese,
porque mejor con ellas se enjugase: 430
Vos sois...» Mas Abrahán, que ve en su Seno
a Cristo, dijo, de misterios lleno:

«Ya, grande Dios, ya miro en Vos, ya veo
lo figurado en mi obediente mano,
cuando el único hijo, a mi deseo,   435
os quise dar en sacrificio humano.
Ya toda mi esperanza en Vos poseo;
ya entiendo el gran misterio soberano;
el Cordero sois Vos, manso y sencillo,
que de la zarza vino a mi cuchillo.   440

»Esperé entonces contra mi esperanza,
pues, aguardando que de mí naciese
generación sin fin, mi confianza
quiso que [en] mi unigénito muriese;
mas a tan grande hazaña sólo alcanza   445
tu Padre, porque sólo en Él se viese
quedar el Hijo en que Él se satisfizo:
si Abrahán lo intentó, sólo Dios lo hizo[17].»

Más le dijera, si de Isaac el llanto
no atajara su voz, diciendo: «¡Oh hijo   450
del Rey que pisa el bien dorado manto,
y tiene sobre el sol asiento fijo!,
¿mi haz en vuestros hombros, siempre Santo?
¿Vos con mi haz? ¿Cargado Vos?», le dijo,
y enmudeció; que, a fuerza de pasiones,   455
el llanto le anegaba las razones.

Tras él, Jacob, de entre el horror, salía,
defendiendo los ojos con la mano:

---

[17] Sic en el texto.

que la luz clara y nueva le ofendía
la vista, que enfermó reino tirano.   460
«Vos sois la escala, Vos, Señor —decía—,
que yo soñé en el verde y largo llano[18].
La Cruz es la escalera prometida;
los clavos, escalones y subida.

»Camino angosto de la tierra al cielo,   465
yo ascenderé por ella peregrino.»
«Y yo —dijo Josef— tenderé el vuelo
por vuestra escala a Vos, que sois camino.
Yo soy aquel humano que en el suelo
representó vuestro valor divino;   470
yo soy el que vendieron inhumanos,
como a Vos vuestros hijos, mis hermanos.»

Voz trémula, delgada y afligida
se oyó, diciendo: «Yo, Señor, espero,
con vuestra claridad, descanso y vida;   475
caudillo fui de vuestro pueblo fiero;
Moisés su vara en Vos mira vencida,
con maravillas del Pastor Cordero;
el maná en el desierto fue promesa
del manjar consagrado en vuestra mesa.   480

»Cuando en la zarza os vi fuego anhelante,
y en pacífica llama repartido,
detener el incendio relumbrante,
y a la zarza ostentaros por vestido,
igualmente por fuego y por amante,   485
os adoré con gozo repetido;
allí vi los misterios enzarzados,
y los miro de zarzas coronados.

»La médica serpiente, que en la vara
imitada en metal, tan varias gentes,   490
con oculta virtud, con fuerza rara,
mordidas preservó de otras serpientes,
hoy símbolo y emblema se declara
de Vos, Señor, que, en una cruz pendientes

[18] En el texto, *soñé, y largo llano*. El verso procede de los mss. de
Évora y Nápoles, que dan la versión primitiva del poema.

los miembros, dais remedio en forma humana   495
a los mordidos de la sierpe anciana.»

Dijo, dando lugar al sentimiento
del grande Josüé, que llora y calla
a persuasión del gozo y del contento
que en las amanecidas nieblas halla.   500
«El sol obedeció mi mandamiento,
y dio más vida al día en mi batalla:
cual otro Josüé, nos ha parado
en Vos el Sol eterno y deseado.»

Querer decir el número infinito   505
de los que rescató de las cadenas,
fuera medir al cielo su distrito
y contar a los mares las arenas;
la mies que nube y río en el Egito
la licencia del Nilo riega apenas;   510
las hojas que, espumoso y destemplado,
desnuda otoño a la vejez del prado.

Sólo quisiera voz, sólo instrumento
que al mérito del canto se igualara,
para poder decir el sentimiento   515
del alma de David ilustre y clara.
Salió juntando al arpa dulce acento,
y viendo al Redentor la hermosa cara,
en sus cuerdas, ufano, al mesmo punto,
el ocio y el silencio rompió junto.   520

«Desempeñastes mi palabra, dada
tantas veces al mundo en profecía;
ya se llegó la hora, ya es llegada:
eterna reina en Vos mi monarquía.
El coloso[19] que, en pública estacada,   525
siendo pastor, gimió mi valentía,
no le venció mi piedra ni mi saña:
que en Vos, piedra angular, logré la hazaña.

»¿En dónde habéis estado detenido,
prolijo plazo y término tan largo,   530

[19] En el texto, *zeloso*.

mientras en la garganta del olvido
de la esperanza nos posee el embargo?
La fe, con dilaciones, ha crecido;
examinóse en el destierro amargo:
padre me llama vuestro afecto tierno,					535
siendo de eterno Padre el Hijo eterno.»

Dijo, y, en venerable edad nevadas,
mostraron los profetas sus cabezas.
¡Oh cuán ancianas frentes arrugadas!
¡Oh cuán blandos afectos y ternezas!					540
Juntas las manos santas levantadas,
quisieron referirle sus grandezas;
mas Cristo, que los ve llegar con prisa,
les mostró en el semblante amor y risa.

«Llegad a Mí, llegad, dulces amigos,					545
cuyo saber al tiempo se adelanta;
llegad a Mí, llegad, seréis testigos
de lo que publicó vuestra garganta:
encarné, por librar mis enemigos,
en Virgen siempre pura, siempre santa;					550
parióme sin dolores; nací de Ella:
siempre intacta quedó, siempre doncella.

»Con los doce cené; Yo fui la cena:
mi cuerpo les di en pan, mi sangre en vino;
previne mi partida de amor llena,					555
y Viático quedo a su camino.
Que me quede en manjar amor ordena,
cuando a la Cruz me lleva amor divino;
encarné por venir, y, al despedirme,
en el Pan me escondí por no partirme.					560

»Cenó conmigo, de venderme hambriento,
Judas, varón de Carïoth ingrato;
mi cuerpo despreció por alimento,
que le alcanzaba de mi mismo plato;
amigo le llamé en el prendimiento,					565
porque, ya que me daba tan barato,
cuando se pierde a sí, y en Mí su amparo,
no le costase lo barato caro.

»Viví treinta y tres años peregrino,
perseguido de todos los humanos;   570
mostrélos mi poder, alto y divino,
en obras de mi voz y de mis manos;
fui verdad, y fui vida, y fui camino,
porque fuesen del cielo ciudadanos.
No digo de la púrpura la afrenta,   575
ni los trabajos que pasé sin cuenta.

»Después que ennoblecí tantos agravios,
que atesora el amor en mi memoria;
después que me escupieron viles labios,
ensangrentando en mi Pasión su historia,   580
a muerte me entregaron necios sabios,
sin saber que en mi pena está su gloria:
claváronme en la Cruz...» Y aquí fue tanto,
que suspendió la voz del coro, el llanto.

Entre todos, quien más dolor sentía   585
y quien de más congojas muestras daba
era el gran padre Adán, que se hería,
y ni rostro ni canas perdonaba.
«¿No ves —dijo el Señor— que convenía
para que la alma no muriese esclava?   590
Di el Cuerpo entre ladrones al madero,
y uno me despreció por compañero.

»Mi Cuerpo en el sepulcro está guardado,
de eterna majestad siempre asistido;
al sol tercero está determinado   595
que resucite, de esplendor vestido;
el premio de mi sangre ha rescatado
vuestra esperanza del obscuro olvido:
seguidme adonde nunca muere el día,
pues vuestra vida está en la muerte mía.»   600

La voz que habló del Verbo en el desierto
dulce sonó, por la garganta herida;
de tosca y dura piel salió cubierto
el que nació primero que la vida,
y el que primero fue por ella muerto,   605
con mano al cielo ingrata y atrevida;

que, como al Sol divino fue lucero,
primero vino, y se volvió primero.

   Éste, cuya cabeza venerada
fue precio de los pies de una ramera;   610
a cuya diestra vio el Jordán postrada
la grandeza mayor en su ribera;
donde, con voz süave y regalada,
el gran Monarca de la impírea esfera,
con palabras de fuego y de amor, dijo: 615
«Éste es mi caro y muy amado Hijo»,

   viendo de ingratas manos señalado,
a quien él, con un dedo solamente,
señaló por Cordero sin pecado,
libertador del pueblo inobediente,   620
dijo: «Sin serlo parecí culpado;
decirlo así tan gran dolor se siente,
pues sin temer sus dientes y sus robos,
siendo Cordero, os enseñé a los lobos.

   »Viendo que yo enseñaba lo que vía,   625
maliciosos osaron preguntarme
si era profeta, y, ciega, pretendía,
con los profetas, su pasión negarme;
y mi demonstración en profecía
quisieron con engaño interpretarme: 630
juzgaron por más fácil sus enojos
el negarme la voz que no los ojos.

   »Yo fui muerto por Vos, que, coronado,
por todos fuisteis muerto, cuando el día
vio cadáver la luz del sol dorado.»   635
«Vos fuisteis precursor de mi alegría
—le dijo Cristo a Juan—, vos, degollado
del que buscaba la garganta mía:
tanto más que profeta sois al verme,
cuanto excede el mostrarme al prometerme.   640

   »Seguidme, y poblaréis dichosas sillas,
que la Soberbia me dejó desiertas;
dejad estas prisiones amarillas,
eterna habitación de sombras muertas;

sed parte de mis altas maravillas,   645
y del cielo estrenad gloriosas puertas.»
Dijo, y siguió su voz el coro atento,
con aplauso de gozo y de contento.

Luego que el ciego y mudo caos dejaron
y alto camino de la luz siguieron,   650
desesperados llantos resonaron
de las escuadras negras que lo vieron;
las puertas de su reino aun no miraron:
que, medrosos de Dios, no se atrevieron;
pues, viéndole partir, aun mal seguros,   655
huyeron de los límites obscuros.

Subiéronse a los duros y altos cerros
y viendo caminar la escuadra santa,
la Invidia les dobló cárcel y hierros,
no pudiendo sufrir grandeza tanta;   660
reforzóles la pena y los destierros
ver su frente pisar con mortal planta;
los ojos les cubrió nube enemiga,
y el aire se vistió de noche antigua.

Llegó Cristo, glorioso en sus banderas,   665
en tanto que padece el Rey violento,
del siempre verde sitio a las riberas
que abrió con su Pasión y su tormento;
riéronse a sus pies las primaveras,
y en hervores de luz encendió el viento;   670
abriéronse las puertas cristalinas
y corrió el Paraíso las cortinas.

Hay un lugar en brazos de la Aurora,
que el Oriente se ciñe por guirnalda;
sus jardineros son Céfiro y Flora,   675
el sol engarza en oro su esmeralda;
el cielo de sus plantas enamora,
jardín Narciso de la varia falda,
y el comercio de rosas con estrellas,
enciende en joyas la belleza dellas.   680

Por gozar del jardín docta armonía
que el pájaro desata en la garganta,
a las tinieblas tiraniza el día
el Tiempo, y con sus Horas se levanta;
su luz, y no su llama, el sol envía,   685
y, con la sombra de una y otra planta,
seguro de prisión del yelo frío,
líquidas primaveras tiembla el río.

El firmamento duplicado en flores
se ve en constelaciones olorosas;   690
ni mustias envejecen con calores,
ni caducan con nieves rigurosas;
naturaleza admira en las labores;
con respeto anda el aire entre las rosas:
que sólo toca en ellas, manso, el viento   695
lo que basta a robarlas el aliento.

Pródiga ya la luz de su tesoro,
más claros rayos recibió que daba;
acrisolaron los semblantes de oro
las espléndidas luces que miraba   700
el Redentor; siguió el sagrado coro
el pie de Cristo, y en su Cruz se clava;
saludó Adán la antigua patria, y todos,
después, la saludaron de mil modos.

Luego que la promesa vio cumplida   705
Dimas, gozando el Reino del reposo,
dijo: «Yo, con mi muerte, hurté mi vida;
yo sólo supe ser ladrón famoso;
fue mi culpa a tu lado ennoblecida;
mi postrer hurto llamarán glorioso,   710
pues, expirando con afecto tierno,
hurté el cuerpo a las penas del infierno.

»Condenóse un discípulo advertido,
y salvóse un ladrón bien condenado.
¡Oh piélago en misterios escondido!   715
¡Oh abismo en tus secretos encerrado!
¡Un apóstol precito y suspendido!
¡Un ladrón en la cruz predestinado!

Hoy me dijiste que seria contigo
en tu reino: hoy le gozo, y hoy te sigo.»   720

   Temiendo nueva carga, blandamente,
Atlante añadió al hombro[20] cuello y brazos;
que aguarda mayor peso que el presente,
después que Dios cumplió tan largos plazos.
Dejó en el Paraíso refulgente   725
a los que desató de ciegos lazos
Cristo Jesús, y se volvió a la tierra,
porque su cuerpo triunfe de la guerra.

   Pasaba el cielo al otro mundo el sueño
y en nueva luz las horas se encendían;   730
cedió a la aurora de la noche el ceño
y dudosas las sombras se reían;
el silencio dormido en el beleño
las guardas con letargo padecían,
cuando se vistió la Alma soberana,   735
en Cuerpo hermoso, la porción humana.

   Cuando la piedra que el sepulcro cierra,
cuando la piedra que el sepulcro guarda,
aquélla con piedad, ésta con guerra
espantosa en la espada y la alabarda,   740
cuando ésta la razón de esotra encierra,
cuando aquélla la olvida y se acobarda,
en la Resurrección se les previno,
por la muerte, al vivir fácil camino.

   Si cuando murió Cristo se rompieron   745
las piedras, que el dolor inmenso advierte,
mal los duros hebreos pretendieron
fabricarle con piedras cárcel fuerte:
como de sí, del mármol presumieron
la dureza, sin ver que, pues su muerte   750
le animó con dolor en su partida,
mejor le animará con gloria y vida.

---

[20] En el texto, *el hombro.* La corrección procede de los citados mss.

Tembló el mármol divino; temerosa
gimió la sacra tumba y monumento;
vio burladas sus cárceles la losa;   755
de duplicado sol se vistió el viento;
desatóse la guarda rigurosa
del lazo de la noche soñoliento;
quiso dar voces, mas la lumbre santa
le añudó con el susto la garganta.   760

Es tal la obstinación pérfida hebrea,
que el bien que deseaban y esperaron
temen llegado, y temen que se vea[21];
buscaron luz, y, en viéndola, cegaron,
cuando, con ansia inútil, ciega y fea,   765
para sus almas muertas ya guardaron
sólo sepulcro, el que sirvió de cuna,
al que, vistiendo el sol, pisa la luna.

Levantáronse en pie para seguirle,
mas los pies de su oficio se olvidaron;   770
las armas empuñaron para herirle,
y en su propio temor se embarazaron;
las manos extendieron para asirle,
mas, viendo vivo al muerto, se quedaron,
de vivos, tan mortales y difuntos,   775
que no osaban mirarle todos juntos.

Apareció la Humanidad sagrada
amaneciendo llagas en rubíes;
en joya centellante, la lanzada;
los golpes, en piropos[22] carmesíes;   780
la corona de espinas, esmaltada
sobre el coral, mostró cielos turquíes:
explayábase Dios por todo cuanto
se vio del Cuerpo glorïoso y santo.

En torno, las seráficas legiones   785
nube ardiente tejieron con las alas,

[21] En el texto, *que suceda.* Aceptamos la enmienda de **Astrana**
Marín.
[22] *Piropos*, piedras finas, muy apreciadas, de color rojo.

y para recibirle, las regiones
líquidas estudiaron nuevas galas;
el Hosanna, glosado en las canciones,
se oyó süave en las eternas salas,   790
y el cárdeno palacio del Oriente,
con esfuerzos de luz, se mostró ardiente.

La Cruz lleva en la mano descubierta,
con los clavos más rica que rompida;
la Gloria la saluda por su puerta,   795
a las dichosas almas prevenida;
viendo a la Muerte desmayada y muerta,
con nuevo aliento respiró la Vida;
pobláronse los cóncavos del cielo,
y guareció de su contagio el suelo.   800

[*Las tres Musas*, 264]

193

[A la Magdalena]

soneto

Llegó a los pies de Cristo Madalena,
de todo su vivir arrepentida,
y viéndole a la mesa enternecida,
lágrimas derramó en copiosa vena.

Soltó del oro crespo la melena   5
con orden natural entretejida,
y deseosa de alcanzar la Vida,
con lágrimas bañó su faz serena.

Con un vaso de ungüento, los sagrados
pies de Jesús ungió, y Él, diligente,   10
la perdonó (por paga) sus pecados.

Y pues aqueste ejemplo veis presente,
¡albricias, boticarios desdichados,
que hoy da la Gloria Cristo por ungüente!

[*Flores de poetas ilustres*, 288]

194

Madrigal a San Esteban

El que a Esteban las piedras endereza
es piedra en la dureza;
y él, pues que las aguarda de rodillas,
es piedra en el sufrillas.
Las muchas que le tiran tantos hombres,   5
de piedra tienen la dureza y nombres;
y Dios, que es firme piedra, y esto mira,
por piedra, piedra a piedra, piedra tira;
ésta hiere inhumana,
ésta ruega, ésta tira y ésta sana.   10

[Publicado por B. Ximénez Patón
en su *Mercurius Trimesgistus, sive
de triplici Eloquentia, Sacra, Española, Romana...* Baeza, 1621,
f. 96 v.]

195

Lamentándose Job («Pereat dies in qua natus sum»)*

ROMANCE

Viéndose Job afligido,
sin hijos, mujer, ni hacienda,
en lágrimas de los ojos
dijo estas voces envueltas:
«Perezca el primero día   5
en que yo nací a la tierra,
y la noche en que se dijo
que Job concebido era.
»Vuélvase aquel día triste
en miserables tinieblas;   10

---

* Figura también en el Sueño de la *Visita de los chistes*, dedicado el 6 de abril de 1622 a doña Mirena Riqueza.

no le alumbre más la luz,
ni tenga Dios con él cuenta.
   »Sombras de la muerte escura
en tinieblas le escurezcan;
escuridades le ocupen   15
y desventuras le envuelvan.
   »Tenebroso torbellino
aquella noche posea;
no esté entre los dias del año,
ni entre los meses le tengan.   20
   »Indigna sea de alabanza,
solitaria siempre sea;
maldíganla los que el día
maldicen con voz soberbia.
   »Espere la clara luz,   25
y nunca clara luz vea,
ni el nacimiento rosado
de la aurora envuelta en perlas.
   »Porque no cerró del vientre
que a mí me trujo las puertas,   30
ni de aquestos ojos míos
quitó los males y penas;
   »porque no fui de mi madre
muerto en las entrañas mesmas,
y porque mi sepultura   35
no fue mi cuna primera;
   »y porque fui recibido
en las rodillas maternas;
porque mamé en mi niñez
leche dulce en blandas tetas;   40
   »porque, durmiendo, mi sueño
descansara de mis quejas,
y en la fatigada boca
callara agora mi lengua
   »con los cónsules y reyes   45
del circuito de la tierra,
que edifican para sí
tristes soledades yermas,
   »o con los príncipes claros
que tienen el oro y rentas,   50
y de reluciente plata
sus casas soberbias llenan,

»o cual aborto escondido
(¡ojalá que no viviera!),
o como los que murieron   55
antes de ver luz serena.

»Allí los malos cesaron
del tumulto y las grandezas;
los cansados de trabajos
allí aliviaron las fuerzas.   60

»Ya todos, en algún tiempo,
igualmente con molestia,
no oyeron de su verdugo
la voz rigurosa y fiera.

»Los pequeños y los grandes   65
allí están de una manera,
y el oprimido criado,
libre del amo, se alegra.

»¿Por qué le fue dada luz
al mísero, y no tinieblas,   70
y vida a los que del alma
están en largas tristezas?

»Los que la muerte, que hiere,
contentos llaman y esperan,
son como aquellos que cavan   75
por tesoros y por prendas:

»alégranse después mucho,
cuando, tras muchas tormentas,
hallan el dulce sepulcro
y la sepultura abierta,   80

»a aquel varón, cuya vida
es oculta y es secreta,
y a quien de nieblas escuras
cercó Dios por su clemencia.

»Antes de comer, suspiro,   85
y cual aguas que se aumentan,
son mis lágrimas y voces,
son mis suspiros y quejas.

»Porque el temor que tenía
me sucedió con presteza,
y lo que más recelaba   90
me martiriza y molesta.

»¿No disimulé por dicha?
¿También no callé mis penas?

¿No sufrí quieto? Y, con todo,   95
la indignación me atormenta.»

[*Las tres Musas*, 255, b]

196

A NUESTRA SEÑORA, EN SU NACIMIENTO*

ROMANCE

Ya la obscura y negra noche,
llena de tristeza y miedo,
huye por las altas cumbres
y por los riscos soberbios.
    Yo, con ser recién nacida,   5
deste mundo la destierro,
porque ya en mí reverberan
los rayos del Sol inmenso.
    Y aunque me miráis tan niña,
soy más antigua que el tiempo,   10
mucho más que las edades
y que los cuatro elementos.
    Del principio fui criada,
que es el Sumo Dios eterno,
y el primero lugar tuve   15
después del sagrado Verbo.
    Infinitos siglos antes
que criara el firmamento,
ya Él a mí me habia criado
en mitad de aquel silencio.   20
    Su Primogénita dice
que soy el Santo y Perfecto:
de su propia boca oí
este divino requiebro.
    Adornóme de virtudes,   25
ricos tesoros del cielo,
y en mí se estarán estables
deste siglo al venidero.

---

* Astrana Marín lo fecha en 1604, sin dar ninguna razón. Quizá
la alusión a la Virgen de la Antigua pueda ser una referencia.

Entonces vendré triunfante,
pues al que es Sol verdadero   30
le di mis pechos y entrañas,
y encendió de amor mi pecho.
    Servíle con grande amor,
dile el corazón sincero
en la santa habitación   35
del limpio y santo Cordero.
    Cubiertos tuve sus rayos;
y, aunque los tuve cubiertos,
él mostró su inmensidad,
yo mi limpieza y buen celo.   40
    Premió tan bien mis servicios,
que en el santo Monte excelso
con él quiere que descanse
en el Alcázar supremo.
    Pisé sus piedras preciosas   45
y hollé sus dorados suelos,
y a mí sola dieron silla
como reina de aquel Reino.
    Recíbenme con aplauso,
cantándome himnos y versos,   50
diciendo que por Antigua[1]
merezco el lugar primero.
    Por antigua en la creación,
y en ser de virtud ejemplo;
por la primera en vencer   55
al demonio torpe y feo.
    Y porque fui la primera
que me vestí el ornamento
de la limpia castidad,
e infinitos me siguieron;   60
    por mi humildad sacrosanta,
que a los más humildes venzo;
y por aquesta humildad
fui de Dios custodia y templo.
    Porque fui el claustro cerrado   65
donde Dios tuvo aposento,
para que el género humano
saliese de cautiverio.

---

[1] Alusión a la Virgen de la Antigua, de Valladolid.

Haced fiesta, mis cofrades,
que el nombre de Antigua quiero:　　　　70
estimalde y celebralde,
que yo os daré el justo premio.
　　Y al templo antiguo y famoso,
que alcanza tal epiteto,
enriquecelde vosotros,　　　　　　75
que vaya siempre en aumento.
　　Perseverad hasta el fin
en ser mis devotos rectos;
que yo prometo de daros,
por uno que me deis, ciento.　　　　80

[*Las tres Musas,* 258]

197

Enigma

QUINTILLAS

　Si a compasión os provoca,
mortales, tan duro caso,
oíd por mi triste boca
la desventura que paso:
cosa que a todos os toca.　　　　　5

　De la tierra tengo el ser,
que el Señor della y mi suerte
me quiso mortal hacer;
vine a merecer la muerte
tan sólo por el comer.　　　　　　10

　Soy tan gran pecador yo,
que el comer con tal locura
lo que el Señor me vedó,
al mismo que me crió
le cuesta su sangre pura.　　　　　15

　Alcanzo ya tal valor
en tan peligroso trato,

que ha ordenado mi Señor,
por darme vida, aunque ingrato,
que coma a mi criador.   20

    Y siendo yo su homicida,
tanto me ha venido a honrar,
que, por remediar mi vida,
su sangre me da en bebida,
su cuerpo me da en manjar.   25

    Y aunque aquesto pasa así
por tan ignorados modos
como os he contado aquí,
aunque comemos dél todos,
entero se queda en sí.   30

    Y viene a ser de tal suerte,
mortales, esta bebida,
si con buen juicio se advierte,
que a unos les da la vida
y a otros les da la muerte.   35

    Mas tras todo este contento,
tan triste y pobre me siento,
que al llegar al postrer trago,
de todos mis bienes hago
en la uña el testamento.   40

    Quien me quisiere acertar,
de su juicio satisfecho,
para no poder errar,
meta la mano en su pecho:
quizá me vendrá a topar.   45

[Mss. 3.797, Bibl. Nacional, f. 94
v., y 4.117, f. 245 v. de la misma
Bibl. Fue editado por Astrana Marín.]

198

Cantar de Cantares de Salomón*

contexto

En un valle de mirtos y de alisos,
que el cielo es jardinero de sus calles,
donde todas las yerbas son narcisos,
y el valle es el Narciso de los valles,
en quien el sol, con elegantes rayos, 5
todos los meses los enmienda en mayos;

todo el nombre del año es primavera,
todas las horas son oriente y día,
estudio de la luz y de la esfera
cuantas flores y plantas viste y cría, 10
y para su abundancia y su belleza,
docta y pródiga fue Naturaleza;

aquí, pues, cuidadosa y congojada,
llorosos pasos daba Esposa ausente,
la vista por los ojos derramada, 15
y la voz por la púrpura doliente;
dice su pena, y muestra su semblante
que puede ser amada y que es amante.

Incendio fue del aire con suspiros;
diluvio fue de perlas con el llanto; 20
amarteló del cielo los zafiros,
que el sentimiento hermoso pudo tanto;
y, sin ver al que llama y al que espera,
con él habló sin é[l] desta manera:

---

* En *Las tres Musas* lleva el siguiente epígrafe: *Fragmentos que
se han podido hallar, entre los originales del autor, de la traducción y parafrase de los Cantares de la Esposa.* Y debajo: *Sir ha
sirim li Selomo. Cantar de Cantares de Salomón.* Pero Aldrete debió de encontrar también otros dos fragmentos, que editó seguidamente. El primero, *En los floridos valles de Siona,* es de Arias
Montano, y el segundo, en liras, *Béseme con el beso,* parece de un
discípulo de fray Luis de León.

ESPOSA

Béseme con el beso de su boca,   25
pues de panales dulces está llena;
cuanta más hiel y más acíbar toca,
sus labios son la gloria de mi pena;
y en tan inmensa multitud de agravios,
sus besos son la vida de mis labios;   30

sus pechos santos, que lagares fueron
del vino anciano, por edad precioso,
en blanca leche a mis niñeces dieron
alimento materno generoso:
que para mi sustento y mi camino,   35
mejores son sus pechos que no el vino.

Bien pueden los aromas, de tu aliento,
aprender a flagrantes, si supieren;
mas no será capaz algún ungüento
de los olores que de ti salieren;   40
tu nombre es un perfume derramado,
que guardó el olio y repartió el cuidado.

No de balde te siguen las doncellas;
que viven del olor que tú derramas,
como se visten de oro las estrellas   45
que más de cerca al sol beben las llamas;
y como de tu olor ricas salieron,
por eso enamoradas te siguieron.

Si no me lleva a ti tu propia mano,
sin ti no acertaré tan gran camino;   50
sé Esposo y guía por el monte y llano,
y correremos tras tu olor divino;
llévame a ti por tu camino asida,
siendo Esposo y Verdad, Camino y Vida.

A su más confidente y retirada   55
cuadra[1] el Rey me introdujo, y el contento
despertó la memoria enamorada
de sus pechos, que al alma dan sustento:
que aquellos solos van a ti derechos
que se apartan del vino por tus pechos.   60

_____
[1] *cuadra*, habitación.

Aunque negra me veis y anochecida,
hijas de la magnífica y gloriosa
Jerusalén, y en sombras escondida,
si bien se considera, soy hermosa;
miradme bien: que no porque esté escura   65
pierde el ser hermosura la hermosura.

Negra soy, más en todo semejante
a las tiendas del nómade Cedreno,
que afuera muestran rústico semblante,
para que al sol resista[n] y al sereno,   70
y por de dentro, para más decoro,
son tejido jardín de plata y oro.

Soy semejante a las feroces pieles
que a Salomón le sirven de cortinas,
que en lo grosero guardan los doseles   75
y en lo duro y lo vil las telas finas;
pase del exterior la vista, y luego,
después del humo, hermoso verá el fuego.

No hagáis caudal de mi color moreno;
que el sol tiene la culpa en estos llanos,   80
pues me hicieron guardar el pago ajeno,
a poder de amenazas, mis hermanos;
que si mi Esposo dulce no acudiera,
no guardara mi viña, y la perdiera.

En pago del amor con que te adoro,   85
enséñame a tu choza y tu cabaña,
y dime, cuando el día hierve en oro
y el sol está cociendo en la campaña
las mieses, dónde llevas tu ganado,
dónde pace y descansa descuidado.   90

Dime tu albergue, antes que, engañada,
con pie dudoso, sola y peregrina,
por esta confusión ciega y turbada,
que tantos ganaderos descamina,
pregunte por tu senda a los perdidos,   95
que se dejan llevar de sus sentidos.

No des lugar que, viendo una doncella
preguntar por pastor entre pastores,
de poca edad y entre las otras bella,
sospechen liviandad en mis amores: 100
que yo no busco gustos ni placeres,
y ni saben quién soy ni ven quién eres.

CONTEXTO

Como atiende al honor de su querida
el Esposo pastor, y siempre amante,
su queja tantas veces repetida,   105
pronunciada de amor tan elegante,
halló su corazón hecho de cera
y dulce respondió desta manera:

[ESPOSO]

Si no sabes quién eres, y si ignoras
que el imperio de toda la hermosura   110
en solas tus facciones le atesoras
(que sola tu belleza es casta y pura),
sal de ti propia, y sigue las pisadas
de mis pastores y de sus manadas.

No dejes el camino que te enseño,   115
ni des crédito a pastos aparentes:
yo soy pastor, y Esposo, y padre, y dueño;
esotros siguen sendas diferentes.
Con mis pastores no temerás robos:
¡guárdate de pastores que son lobos!   120

A mi caballería (que, lozana,
es presunción del Nilo y que en el coche
de Faraón, la envidia la mañana
para traer la luz contra la noche,
por quien trocara el tiro ardiente el día) 125
comparo tu belleza, Esposa mía.

Dos tórtolas parecen tus mejillas,
que arrullan con las rosas y las flores:

tu cuello está brillando maravillas,
como el collar precioso resplandores;   130
tan bien sacado, tan perfecto y bello,
que de sí propio es el collar tu cuello.

Del oro que en Ofir con mejor rayo
fabrica el sol, te labraré arracadas;
dellas aprenderá colores mayo;   135
serán con blanca plata variadas;
guardaránte de silbos las orejas
de la sierpe que engaña las ovejas.

ESPOSA

Mientras el Rey estuvo recostado
en mi regazo blando, tierno amante,   140
el aire en suavidad dejó bañado
mi nardo, que mi Rey hizo flagrante;
y el trascender de olor un haz tan breve
al reclinarse el Rey en mí lo debe.

Ramillete de mirra es mi querido   145
para mí, amarga al gusto, y provechosa
a la verdad del alma, y del sentido,
austera y desabrida y olorosa;
conozco en su amargor mi medicina;   150
por eso entre mis pechos se reclina.

Paréceme mi Esposo a los racimos
de los frutos del cipro, que, oloroso[s],
en las viñas de Engadi están opimos,
igualmente flagrantes y preciosos,
cuyo fruto, que aroma eterno exhala,   155
más tiene de remedio que de gala.

CONTEXTO

Aunque a tan buen pastor se debe todo,
y es interés de quien le quiere amarle,
viendo como la Esposa deste modo
atiende a obedecerle y obligarle,   160
viéndola padecer enamorada,
la acarició con voz tan regalada.

ESPOSO

Con sólo desearme, amiga mía,
¿no ves cómo eres ya blanca y hermosa?
Más hermosa que el sol que alumbra el día   165
eres, por ser mi amante y ser mi Esposa:
más me enamoras cuanto más suspiras,
porque con ojos de paloma miras.

CONTEXTO

La Esposa, que se vio favorecida,
le dijo:

ESPOSA

Tuya es sola la hermosura;   170
que a la belleza das la gracia y vida;
en ti solo se ve perfección pura,
y ya que sólo remediarme puedes,
cama florida tengo en que te quedes.

No salgas de mi casa, ni de paso   175
vayas, mi bien; alójate en mi pecho,
ya que en tu puro y santo amor me abraso.
De ciprés son las vigas de mi techo;
de cedro lo demás; entra contento,
que es todo incorruptible el aposento.   180

[*Las tres Musas,* 288]

199

CANCIÓN PREMIADA EN PRIMER LUGAR EN SALAMANCA, EN LA FIESTA QUE SE HACE LA PASCUA DEL SPÍRITU SANTO

Atrevimientos son de pluma altiva
querer cantar tu gloria y tu grandeza,
madre de ilustres hijos, si gloriosos;
ciudad a quien abraza la cabeza
de esta Minerva con laurel y oliva   5
en lazos cuanto doctos, tanto honrosos,
por quien tu nombre tanto se derrama,
que aun no cabe en los labios de la Fama,
si después que gloriosa entre ellos suenas
escuro olvido cubre el nombre a Atenas.   10

Bien sé que exento el vuelo
del canto más ardiente
para impresa tan alta y tan valiente,
mas viendo que hoy el cielo
lenguas de fuego, pródigo, reparte,   15
en fe que ha de alcanzarme alguna de ellas,
tu gran patrón que pisa las estrellas
con pura fe me atrevo a celebrarte.

Y tú que, desatado de la vida,
mortal prisión, sujeto a pena y llanto,   20
tomando posesión de tu deseo,
honras y pisas el dorado manto,
si adonde estás es cosa permitida
volver los ojos por tan gran rodeo
a las cosas de acá, mira piadoso   25
tu pueblo agradecido y religioso,
que de nubes de incienso allá te envía,
cargando con ofrendas este día
tus veneradas aras,
vistiéndolas ufano,   30
a costa de las galas del verano,
de mil labores raras.
Ve el pueblo a quien quisiste poner vivo
en libertad gloriosa y dulce estado,
cómo, de agradecido y olvidado,   35
su misma libertad le hace captivo.

Y aunque estés hecho a tonos celestiales,
al blando acento y docto contrapunto
del abrasado serafín amante,
oye del religioso pueblo junto   40
debidas alabanzas inmortales
a tu muerte santísima y triunfante.
Atiende, que desatan sus gargantas
devotos himnos y canciones santas,
que aunque no son de serafines bellos,   45
son del que ha de heredar las sillas de ellos.
¿No ves cómo se emplea
en tu alabanza todo?
El que es docto celébrate a su modo,
y el que no, lo desea.   50

Mira que de diversas voluntades
ocupa y entretiene tu memoria,
pues nace a nueva vida antigua gloria,
a pesar del olvido y las edades.

Ve cómo al aire en competencia espiran,   55
ya en humo, ya en aliento sus olores,
'las aromas y rosas, y el dudoso
no sabe los que escoja por mejores.
No se hartan los ojos cuando miran
el adorno gallardo, si costoso: 60
que estos engaños a la vista ofrecen
mudas sombras que vivas nos parecen
dar almas a los lienzos los pinceles
y admira en bronce y mármol Praxiteles;
escóndense en brocados   65
las sendas y caminos
y en blandos velos de los copos finos,
con arte varïados.
Tal la ciudad se muestra en hermosura
diferente en colores y tesoro,   70
que nos parece primavera de oro
con varia y admirable compostura.

No es ésta, oh gran patrón, la vez primera
que, con universal aplauso y pompa,
te reconoce humilde por amparo.   75
Acuérdate que al son de triste trompa,
si agora alegre, entonces lastimera,
en lágrimas bañado el rostro claro
aquel jueves famoso por la cena,
de gloria al mundo y a su autor de pena,   80
la viste, por su dueño enternecida
y de su sangre en púrpura teñida,
visitar tus umbrales,
con pasos penitentes,
hechas las venas y los ojos fuentes,   85
de su amor liberales,
mostrando que celebra como has visto,
con triste majestad y mano pía,
para mayor grandeza un mismo día,
tu memoria y la altísima de Cristo.   90

Luego al nacer del año, cuando el cielo
los pobres y desnudos campos dora
y cuando el sol en tiernas rosas bebe
precioso llanto de rosada aurora,
y libre ya de tiranias del yelo   95
corre la fuente clara, y da la nieve
licencia a las cabezas de los montes
para que puedan ver los horizontes,
cuando extendiendo el pájaro las alas
compite con los prados en las galas,   100
y mayo más lozano,
coronado de rosas,
si gallardas, no menos olorosas,
en nombre del verano,
las ofrece a la Cruz para guirnaldas,   105
entonces, como agora, tus devotos
en tu templo cumplieron justos votos,
vistiéndote del robo de estas faldas.

Y aunque es verdad que has visto tantos días
tu pueblo a tu piedad agradecido,   110
hoy exceso de amor te representa,
pues hasta el sacro Tormes ha querido
que en sus corrientes líquidas y frías
el escamoso habitador lo sienta.
Hoy saca, entre los juncos y las cañas,   115
abrazada la frente de espadañas,
la barba crespa, honor del sacro coro,
con perlas cana, y roja con el oro.
El murmurar contino
por ti le vuelve risa;   120
tarda va la corriente que iba aprisa;
y a la haya y el pino
el que guerra les hizo el pie les lava,
y llevando tu nombre al mar inmenso
hará que estime más su pobre censo   125
que el del Hermo, que tanto el mundo alaba.

¡Oh cómo donde estás pisando esferas,
Alfonso ilustre, generoso y claro,
si cabe nueva gloria, gloria nueva
tendrás en ver amor, si justo, raro,   130

de los que en tu presencia ver esperas,
mientras al puerto el negro mar los lleva !
Paréceme que, hincadas las rodillas,
al tribunal sanctísimo te humillas,
donde compadecido de esta guerra, 135
alcanzas cielo a los que diste tierra.
Contemplo tu cabeza
arder en luces bellas
y tus plantas calzar rayos de estrellas,
y con menor belleza 140
la luna y sol y el resplandor del día.
Ya que contemplo, por virtudes raras,
que en vez de tumba, está tu cuerpo en aras,
vuelta en adoración la cortesía.

[Ms. 4.117, Bibl. Nacional, f. 363
v. El ms. contiene poemas autén-
ticos y juveniles.]

POEMAS LÍRICOS
A DIVERSOS ASUNTOS

TÚMULO DE LA MARIPOSA

Yace pintado amante,
de amores de la luz, muerta de amores,
mariposa elegante,
que vistió rosas y voló con flores,
y codicioso el fuego de sus galas   5
ardió dos primaveras en sus alas.

El aliño del prado
y la curiosidad de primavera
aquí se han acabado,
y el galán breve de la cuarta esfera[1],   10
que, con dudoso y divertido vuelo,
las lumbres quiso amartelar del cielo.

Clementes hospedaron
a duras salamandras llamas vivas;
su vida perdonaron,   15
y fueron rigurosas, como esquivas,
con el galán idólatra que quiso
morir como Faetón, siendo Narciso.

No renacer hermosa,
parto de la ceniza y de la muerte,   20
como fénix gloriosa,
que su linaje entre las llamas vierte,
quien no sabe de amor y de terneza
lo llamará desdicha, y es fineza.

[1] Alude al mito de Faetón.

> Su tumba fue su amada;   25
> hermosa, sí, pero temprana y breve;
> ciega y enamorada,
> mucho al amor y poco al tiempo debe;
> y pues en sus amores se deshace,
> escríbase: *Aquí goza, donde yace.*   30

[*Parnaso,* 176]

201

A UN RAMO QUE SE DESGAJÓ CON EL PESO DE SU FRUTA*

SILVA

> De tu peso vencido,
> verde honor del verano,
> yaces en este llano
> del tronco antiguo y noble desasido.
> Dando venganza estás de ti a los vientos,   5
> cuyas líquidas iras despreciabas,
> cuando de ellos con ellas murmurabas,
> imitando a mis quejas los acentos.
> Humilde agora entre las yerbas suenas,
> cosa que de tu altura   10
> nunca temer pudieron las arenas;
> y ofendida del tiempo tu hermosura,
> ocupa en la ribera
> el lugar que ocupó tu propia sombra.
> Menos gastos tendrá la primavera   15
> en vestir este valle
> después que faltas a su verde alfombra.
> ¿Qué hará el jilguero dulce cuando halle
> su patria con tus hojas en el suelo?
> ¿Y la parlera fuente,   20
> que aun ignorante de prisión de yelo,
> exenta de la sed del sol corría?
> Sin duda llorará con su corriente
> la licencia que has dado en ella al día.

* Astrana Marín la fecha en 1603. No da ninguna explicación.
Quizá pensó en las relaciones estilísticas que guarda esta silva con
las que aparecen en las *Flores de poetas ilustres*. Nótese la alusión al Pisuerga en el verso 26.

Tendrá un retrato menos   25
Pisuerga que mostrar al caminante
en sus cristales puros.
Cualquier pájaro amante
desiertos dejará tus brazos duros,
y vengo a poner duda   30
si, para que te habite en llanto tierno,
a la tórtola basta el ser viuda.
Y porque tengo miedo que el invierno
pondrá necesidad a algún villano,
tal, que se atreva con ingrata mano   35
a encomendarte al fuego,
yo te quiero llevar a mi cabaña,
por lo que mi cansancio, estando ciego,
a tu sombra le debe.
Descansarás el báculo de caña   40
con que mi vida tristes años mueve;
y ojalá que yo fuera
rey, como soy pastor de la ribera,
que, cetro antes que báculo cansado,
no canas sustentaras, sino estado.   45

[*Las tres Musas*, 168]

202

DESCRIBE UNA RECREACIÓN Y CASA DE CAMPO
DE UN VALIDO DE LOS SEÑORES REYES CATÓLICOS
DON FERNANDO Y DOÑA ISABEL*

SILVA

Este de los demás sitios Narc[is]o,
que, de sí enamorado,
sostituye a la vista el Paraíso,
adonde dotó el año culto el prado
cuanto elegante el sol produce y cierra,   5
parte del cielo que cayó en la tierra;
adonde, con viviente astrología,
los ojos de la noche pinta el día,

---

* Joseph G. Fucilla señala que algunas imágenes de este poema
proceden de la estrofa 32 del canto VII del *Adone* de J. B. Marino,
publicado en París en 1623. Véase «Riflessi dell'*Adone* de J. B. Marino nelle poesie di Quevedo», en *Romania: Scritti offerti a Francesco Piccolo* (Nápoles, 1962), págs. 279-287. Véase también J. O.
Crosby, ob. cit., pág. 129.

en quien las flores y las rosas bellas
dan retrato y envidia a las estrellas,   10
pues cada hoja resplandece rayo,
y cada tron[c]o por abril es mayo;
donde para vestir de verde obscuro
cuatro álamos de Alcides[1],
fecundo matrimonio de las vides,   15
el gasto de esmeralda es de manera
que se empeña en vestirlos primavera;
aquí, encendido en hermosura el suelo,
se pisa valles y se goza cielo,
en quien reina el verano,   20
de las horas tirano,
y alterando a los tiempos el gobierno,
de traje y condición muda el invierno,
pues sus jardines en su cumbre breve
de mosqueta los nieva, no de nieve.   25
Sus calles, que encanecen azucenas,
de f[r]agrante vejez se muestran llenas,
y el jazmín, que, de leche perfumado,
es estrella olorosa,
y en la güerta espaciosa,   30
el ruido de sus hojas en el suelo
la Vía Láctea contrahace al cielo;
que, a ser mayor, sin duda, en los vergeles,
despreciara el piropo a los claveles.
Allí se ve el jacinto presumido   35
reinar enternecido,
libro escrito con sangre enamorada[2],
que razona con hojas
en hojas de las hojas,
que canceló el Amor con sus arpones,   40
adonde los colores son razones.
Aquí la fuente corre bien hallada,
tal vez canta en las guijas, tal suspira,
y en traje de corriente suena lira.
Músico ramillete   45
es el jilguero en una flor cantora;
es el clarín de pluma de la aurora,

[1] El álamo fue el árbol dedicado a Alcides o Hércules.
[2] Porque Apolo, jugando con Jacinto (hijo de Amiclas) al disco,
impensadamente le dio un golpe y le mató.

que, por oír al ruiseñor que canta,
madruga y se desvela,
y es Orfeo que vuela   50
y cierra en breve espacio de garganta
cítaras y vigüelas y sirenas.
Óyese mucho, y se discierne apenas,
pues átomo volante,
pluma con voz y silbo vigilante,   55
es órgano de plumas adornado,
una pluma canora, un canto alado,
el consüelo que sus voces deja.
A Floris se convida como abeja:
que la caza en lo ameno destas faldas,   60
se alimenta de flores y guirnaldas.
Desprecia por vulgares los tomillos,
dejando los olores que presumen
por pomos, que los vientos los sahúmen,
y la perdiz, que, ensangrenta[n]do el aire   65
con el purpúreo vuelo,
de sabroso coral matiza el suelo,
ya pájaro rubí con el reclamo,
lisonja del ribazo,
múrice volador[3] esmalta el lazo,   70
y tal vez por el plomo que la alcanza,
con nombre de sus hijos disfrazado
en globos enemigos,
ya golosina ofrece sus castigos,
y en la mesa es trofeo   75
quien fue llanto en la mesa de Tereo[4];
y lisonjero a Venus por hermoso,
y a la muerte de Adonis religioso,
no admite por memoria de su vida
el bosque al jabalí por homicida: 80
que sabe este distrito
ser fértil como hermoso sin delito.
Consejo tan honesto
se le dio aquel castillo,

---

[3] Porque de las conchas del pescado llamado «múrice» se fabricaba la púrpura.
[4] Referencia a Itis, hijo de Tereo, muerto por Progne y servido como manjar. Los dioses lo convirtieron en faisán.

que, bati[d]o de bárbaros guerreros,   85
es proceso de infames Comuneros,
en quien las faltas de su fe traidora
se cuentan y se exaltan
en las piedras y almenas que le faltan.
Aquí, reconocido,   90
don Gonzalo Chacón[5] esclarecido,
palacio fabricó sublime y claro,
donde aquel maridaje, al mundo raro,
de Isabel y Fernando descansase.
Fernando, aquel monarca cuyo seso   95
burló los escuadrones,
y a todas las naciones
fue lazo alguna vez, alguna peso;
Isabel, reina, en quien se vieron todos
heredar y exceder los reyes godos.   100
Este palacio eterno padrón sea,
que ameno y rico el fin del mundo vea,
a pesar de mudanzas y diluvios;
y blasón del señor de Casarrubios
haberle edificado,   105
y haber sido privado,
con tan grande alabanza,
de rey, cuya privanza
la alma califica
y hace la vida afortunada y rica: 110
pues es cosa constante
que busca la afición su semejante:
verdad en que a su rey y a don Gonzalo
con gloria y con respeto los igualo.

[*Las tres Musas,* 187]

---

[5] Gonzalo Chacón, señor de Casarrubios, contador mayor de los Reyes Católicos y personaje muy importante en la Corte.

203

A UNA FUENTE*

SILVA

¡Qué alegre que recibes,
con toda tu corriente
al sol, en cuya luz bulles y vives,
hija de antiguo bosque, sacra fuente!
¡Ay, cómo de sus rubios rayos fías   5
tu secreto caudal, tus aguas frías!
Blasonas confiada en el verano,
y haces bravatas al hibierno cano;
no le maltrates, porque en tal camino
ha de volver, aunque se va enojado,   10
y mira que tu nuevo sol dorado
también se ha de volver como se vino.
De paso va por ti la primavera
y el hibierno; ley es de la alta esfera:
huéspedes son; no son habitadores   15
en ti los meses que revuelve el cielo.
Seca con el calor, amas el yelo,
y presa con el yelo, los calores.
Confieso que su lumbre te desata
de cárcel transparente,   20
que es cristal suelto y pareció de plata;
pero temo que, ardiente,
viene más a beberte que a librarte,
y más debes quejarte
del que empobrece tu corriente clara,   25
que no del yelo, que, piadoso, viendo
que te fatigas de ir siempre corriendo,
porque descanses, te congela y para.

[*Las tres Musas*, 215. El epígrafe
es aquí *El arroyo*.]

* Anterior a 1611, por figurar en la *Segunda parte de las Flores
de poetas ilustres*, pág. 220, aunque no es la versión definitiva.

204

AL JABALÍ QUE MATÓ CON UNA BALA
LA SERENÍSIMA INFANTA DOÑA MARÍA*

SILVA

Tú, blasón de los bosques,
erizada amenaza de los cerros,
temeroso escarmiento de los perros,
que con las medias lunas espumosas
de marfil belicoso y delincuente,   5
más corto, sí, mas no menos valiente,
su latir porfiado despreciabas,
cuando las diligencias del olfato,
que no pudiste desmentir, burlabas,
pues nunca del venablo y del sabueso   10
el hierro calentaste,
el ladrillo mojaste,
ni fue al lebrel aplauso tu suceso,
y en el cerco de telas
al cáñamo burlaste las cautelas;   15
guardando desvelado,
si no con providencia, con cuidado,
tu corazón por víctima del fuego,
que al sol tiene envidioso, pobre y ciego;
que con desdén abrasará la esfera,   20
cuya luz vitupera
para ceniza a Jove soberano,
para centella el rayo de su mano,
fue ocupación tu muerte
de todos los desvelos,   25
de la fortuna y de la buena suerte,
pues que se embarazaron tantos cielos
en acabar tu vida,
que nació nuevamente de la herida.
No blasonó Pithón[1], monstruo primero,   30

---

* El ms. 18.639, de la Bibl. Nacional, núm. 34, lleva la fecha al
margen: «Año 1625», pero no es la versión última.
[1] *Pithón* o *Pitón* es el nombre de una serpiente o dragón furioso sobre el cual han discutido bastante los mitólogos. Habiendo
atacado a Apolo y Diana, niños aún, fue muerto a flechazos por
el primero.

de su muerte preciado,
tan gran autor, ni tanto
precio² fue en Erimanto
el trabajo de Alcides³,
igual a las colunas y a las lides.　　　35
Osó un tiempo At[a]lanta
herir el jabalí⁴ que en Calidonia
la venerable antigüedad de aquella
selva, tan religiosa como santa,
desacreditó fiero;　　　40
mas el golpe primero
hizo con Meleagro
lo que en ti la belleza y el milagro.
Ya que le fue negada
a tu alma la gloria, le fue dada　　　45
a tu muerte; pues yaces, antes gozas
en tu fin más honor y más ventura
que a César supo dar su sepultura.
Las niñeces del año
fabricaron el túmulo de flores;　　　50
encendiéronte luces los amores,
de Tajo te aclamaron las corrientes
y mormuró tus dichas con sus fuentes;
y a falta de otra lumbre más hermosa,
la Alteza soberana　　　55
que te logró la vida
llamaré Sol, pues todo el sol del cielo
mendiga luz, si quiere introducirse
a ser en su cabeza sólo un pelo.
Llegaste a merecer que te mirase　　　60
con suspensión la majestad más bella,
que aún no merece el mundo por señora,
y que solicitase
acierto para ti, que (divertido
en mirar el peligro más hermoso,　　　65
atendiendo cortés y generoso

---

² *precio*, premio.
³ Alude al tercer trabajo de Hércules, que consistió en matar al célebre jabalí de Erimanto.
⁴ Atalanta, o Atlanta, hija de Jasio, rey de la Arcadia, y de Climene, fue la primera en herir al jabalí de Calidonia, mereciendo por este rasgo y audacia el amor de Meleagro, al que se alude unos versos más abajo.

que la bala venía
encaminada por aquellos ojos
que pueden alargar la vida al día
y alzarse con los términos del sueño   70
y amanecer a la tiniebla el ceño,
desmintiendo tu nombre y tu fiereza),
juzgaste que la gracia y la belleza
que apuntaba la bala prevenida
a tu glorioso ultraje,   75
sólo comunicándola de paso,
pudiera convertir la muerte en vida.
Y, con morir, no padeciste engaño,
pues siendo de las fieras
la más torpe y más bruta,   80
escándalo de todas las riberas,
la mano que desata
tu vida de las venas
te da razón para morir ufana,
y con envidia de la muerte humana,   85
eternidad sin penas;
aunque viste turbado
el gozo de tu muerte,
pues, al poner la mira para verte,
cerrado el un incendio de su cara,   90
asegurando el tiro,
empobreció de luz cielos y tierra,
y en los últimos trances desta guerra
te culpó el no morir de perezoso,
pues expirar del gozo de apuntada   95
era copiar la muerte a los amores;
y morir de acertada,
fue tardanza grosera,
pues infama tal muerte quien la espera:
que morir del amago de la vista,   100
fuera (aunque no es de brutos animales)
morir como las almas racionales.
Desperdiciara tal error, tal vida,
si la bala advertida
que un corazón hallaba solamente   105
en tu pecho valiente,
para poder cumplir con las dos luces,
que en tu fin por tu bien se embarazaron,

no le partiera en dos, hallando hechas
sus alas con las plumas de sus flechas.   110
Y el Toro[5], que, con piel y frente de oro,
rumia en el campo azul pasto luciente,
gastando en remolinos un tesoro,
cuando mayo es corona de su frente,
te dio lugar en el eterno coro,   115
donde clavado, imagen siempre ardiente
se vea, ni ofendida ni adulada,
la Luna, en tus colmillos, duplicada,
y Venus despreciada, y ofendida
más de quien te mató que de tu herida.   120
Y en tu recordación y tu memoria,
mayo, cediendo al hecho peregrino,
de abril, adoptará nombre latino
que pronuncie tu gloria.
Y el vulgo de pastores,   125
y el lucido escuadrón de cazadores,
que Pan gobierna rústico y Dïana
ordena soberana,
al tronco en que fijada
tu testa fuerte, honor de monte y prado,   130
dignidad a la puerta del cercado,
tal letra escribirán al caminante:
«No pases adelante:
invidia a tal fiereza
los méritos, mejor diré, la dicha   135
de inclinar a su muerte tanta alteza;
dio atención la belleza
mayor que fabricaron las esferas
a sus ansias postreras;
y vete, pues que debes a tus ojos,   140
tanto como a Fortuna, sus despojos.»

[Ms. 4.117, Bibl. Nacional, f. 356
v. En *Las tres Musas*, pág. 183.]

---

[5] El signo de Taurus.

205

Al pincel

SILVA

Tú, si en cuerpo pequeño,
eres, pincel, competidor valiente
de la Naturaleza:
hácete el arte dueño
de cuanto crece y siente.   5
Tuya es la gala, el precio y la belleza;
tú enmiendas de la Muerte
la invidia, y restituyes ingenioso
cuanto borra cruel. Eres tan fuerte,
eres tan poderoso,   10
que en desprecio del Tiempo y de sus leyes,
y de la antigüedad ciega y escura,
del seno de la edad más apartada
restituyes los príncipes y reyes,
la ilustre majestad y la hermosura   15
que huyó de la memoria sepultada.

Por ti, por tus conciertos
comunican los vivos con los muertos;
y a lo que fue en el día,
a quien para volver niega la Hora   20
camino y paso, eres pies y guía,
con que la ley del mundo se mejora.
Por ti el breve presente,
que aun ve apenas la espalda del pasado,
que huye de la vida arrebatado,   25
le comunica y trata frente a frente.

Los Césares se fueron
a no volver; los reyes y monarcas
el postrer paso irrevocable dieron;
y, siendo ya desprecio de las Parcas,   30
en manos de Protógenes[1] y Apeles,

---

[1] *Protógenes*, célebre pintor griego de la segunda mitad del
siglo IV a. de J. C., considerado como rival de Apeles, que le dis-
tinguió con su amistad.

con nuevo parto de ingeniosa vida,
segundos padres fueron los pinceles.
¿Qué ciudad tan remota y escondida
dividen altos mares,   35
que, por merced, pincel, de tus colores,
no la miren los ojos,
gozando su hermosura en sus despojos?
Que en todos los lugares
son, con sólo mirar, habitadores.   40
Y los golfos temidos,
que hacen oír al cielo sus bramidos,
sin estrella navegan,
y a todas partes sin tormenta llegan.

Tú dispensas las leguas y jornadas,   45
pues todas las provincias apartadas,
con blando movimiento
en sus círculos breves,
las camina la vista en un momento;
y tú solo te atreves   50
a engañar los mortales de manera,
que, del lienzo y la tabla lisonjera,
aguardan los sentidos que les quitas,
cuando hermosas cautelas acreditas.
Viose más de una vez Naturaleza   55
de animar lo pintado cudiciosa;
confesóse invidiosa
de ti, docto pincel, que la enseñaste,
en sutil lino estrecho,
cómo hiciera mejor lo que habia hecho.   60
Tú solo despreciaste
los conciertos del año y su gobierno,
y las leyes del día,
pues las flores de abril das en hibierno,
y en mayo, con la nieve blanca y fría,   65
los montes encaneces.

Ya se vio muchas veces,
¡oh pincel poderoso!, en docta mano
mentir almas los lienzos de Ticiano.

Entre sus dedos vimos 70
nacer segunda vez, y más hermosa
aquella sin igual gallarda Rosa[2],
que tantas veces de la fama oímos.
Dos le hizo de una,
y dobló lisonjero su cuidado 75
al que, fiado en bárbara fortuna,
traía, por diadema, media luna
del cielo, a quien ofende coronado.

Contigo Urbino y Ángel tales fueron,
que hasta sus pensamientos engendraron, 80
pues, cuando los pintaron,
vida y alma les dieron.
Y el famoso español que no hablaba,
por dar su voz al lienzo que pintaba[3].
Por ti Richi[4] ha podido, 85
docto, cuanto ingenioso,
en el rostro de Lícida hermoso,
con un naipe nacido,
criar en sus cabellos
oro, y estrellas en sus ojos bellos; 90
en sus mejillas, flores,
primavera y jardín de los amores;
y en su boca, las perlas,
riendo de quien piensa merecerlas.
Así que fue su mano, 95
con trenzas, ojos, dientes y mejillas,
Indias, cielo y verano,
escondiendo aun más altas maravillas,
o de invidioso de ellas
o de piedad del que llegase a vellas. 100

---

[2] En *Las tres Musas* figura como verso una apostilla: «Sultana, mujer de un gran turco». Se trata, en efecto, de Rosa Solimana, llamada también Roxolana, muerta en 1561. Lope de Vega, *La Dorotea*, III, esc. II, elogia ese retrato de Tiziano, hoy perdido, aunque una réplica o muy parecido figura en el museo Riugling, de Sarasota (Florida).
[3] Alude al célebre pintor Juan Fernández de Navarrete, «El mudo». (Logroño, 1526-1579.)
[4] *Richi*. Juan Bautista Ricci, pintor italiano (1545-1620).

Por ti el lienzo suspira
y sin sentidos mira.
Tú sabes sacar risa, miedo y llanto
de la ruda madera, y puedes tanto,
que cercas de ira negra las entrañas   105
de Aquiles, y amenazas con sus manos
de nuevo a los troyanos,
que, sin peligro y con ingenio, engañas.
Vemos por ti en Lucrecia,
la desesperación, que el honor precia;   110
de su sangre cubierto
el pecho, sin dolor alguno abierto.
Por ti el que ausente de su bien se aleja
lleva (¡oh piedad inmensa!) lo que deja.
En ti se deposita   115
lo que la ausencia y lo que el tiempo quita.

Ya fue tiempo que hablaste,
y fuiste a los egipcios lengua muda.
Tú también enseñaste
en la primera edad, sencilla y ruda,   120
alta filosofía
en doctos hieroglíficos obscuros;
y los misterios puros
de ti la religión ciega aprendía.
Y tanto osaste (bien que fue dichoso   125
atrevimiento el tuyo, y religioso)
que de aquel Ser, que sin principio empieza
todas las cosas a que presta vida,
siendo sólo capaz de su grandeza,
sin que fuera de sí tenga medida;   130
de Aquel que siendo padre
de único parto con fecunda mente,
sin que en sustancia división le cuadre,
expirando igualmente
de amor correspondido,   135
el espíritu ardiente procedido:
de éste, pues, te atreviste
a examinar hurtada semejanza,
que de la devoción santa aprendiste.

Tú animas la esperanza 140
y con sombra la alientas,
cuando lo que ella busca representas.
Y a la fe verdadera,
que mueve al cielo las veloces plantas,
la vista le adelantas 145
de lo que cree y espera.
[Con imágenes santas]
la caridad sus actos ejercita
en la deidad que tu artificio imita.

A ti deben los ojos 150
poder gozar mezclados
los que presentes son, y los pasados.
Tuya la gloria es y los despojos,
pues, breve punta, en los colores crías
cuanto el sol en el suelo, 155
y cuanto en él los días,
y cuanto en ellos trae y lleva el cielo.

[Ms. 4.117, Bibl. Nacional, f. 370, y ms.
E. 46 de la Bibl. Nacional de Nápoles,
f. 115. (Copia que debo —con mi agra-
decimiento— a Luisa López.) El v. 147
procede de *Las tres Musas*, págs. 204-205.
Aldrete dio dos versiones incompletas, y
Astrana Marín taraceó con las dos un
texto.]

206

Letrilla lírica*

Flor que cantas, flor que vuelas,
y tienes por facistol
el laurel, ¿para qué al sol,
con tan sonoras cautelas,
le madrugas y desvelas?   5
Digasmé,
dulce jilguero, ¿por qué?

  Dime, cantor ramillete,
lira de pluma volante,
silbo alado y elegante,   10
que en el rizado copete
luces flor, suenas falsete,
¿por qué cantas con porfía
invidias que llora el día
con lágrimas de la aurora,   15
si en la risa de Lidora
su amanecer desconsuelas?
Flor que cantas, flor que vuelas,
y tienes por facistol
el laurel, ¿para qué al sol,   20
con tan sonoras cautelas,
le madrugas y desvelas?
Digasmé,
dulce jilguero, ¿por qué?

  En un átomo de pluma   25
¿cómo tal concento cabe?
¿Cómo se esconde en una ave
cuanto el contrapunto suma?
¿Qué dolor hay que presuma
tanto mal de su rigor,   30

* Véase el análisis de este poema en H. H. Frankel, «Quevedo's letrilla "Flor que vuelas"», en *Romance Philology*, VI, 1953, páginas 259-264, y J. G. Fucilla, «Riflessi dell'*Adone* di G. B. Marino nelle poesie di Quevedo», en *Romania: Scritti offerti a Francesco Piccolo* (Nápoles, 1962), págs. 279-287. Como el *Adone* se publica en París en 1623, el poema de Quevedo será posterior. Vid. J. O. Crosby, ob. cit. pág. 129. (Lo mismo sucede con el 208.)

que no suspenda el dolor
al Iris breve que canta,
llena tan chica garganta
de orfeos y de vigüelas?
Flor que cantas, flor que vuelas,   35
y tienes por facistol
el laurel, ¿para qué al sol,
con tan sonoras cautelas,
le madrugas y desvelas?
Digasmé,   40
dulce jilguero, ¿por qué?

    Voz pintada, canto alado,
poco al ver, mucho al oído,
¿dónde tienes escondido
tanto instrumento templado?   45
Recata de mi cuidado
tus músicas y alegrías,
que las malas compañías
te volverán los cantares
en lágrimas y pesares,   50
por más que a sirena anhelas.
Flor que cantas, flor que vuelas,
y tienes por facistol
el laurel, ¿para qué al sol,
con tan sonoras cautelas,   55
le madrugas y desvelas?
Digasmé,
dulce jilguero, ¿por qué?

                              [*Parnaso,* 339]

207

Letrilla lírica

Rosal, menos presunción
donde están las clavellinas,
pues serán mañana espinas
las que agora rosas son.

    ¿De qué sirve presumir,   5
rosal, de buen parecer,
si aun no acabas de nacer
cuando empiezas a morir?
Hace llorar y reír
vivo y muerto tu arrebol   10
en un día o en un sol:
desde el Oriente al ocaso
va tu hermosura en un paso,
y en menos tu perfección.
Rosal, menos presunción   15
donde están las clavellinas,
pues serán mañana espinas
las que agora rosas son.

    No es muy grande la ventaja
que tu calidad mejora: 20
si es tus mantillas la aurora,
es la noche tu mortaja.
No hay florecilla tan baja
que no te alcance de días,
y de tus caballerías,   25
por descendiente de la alba,
se está rïendo la malva,
cabellera de un terrón.
Rosal, menos presunción
donde están las clavellinas,   30
pues serán mañana espinas
las que agora rosas son[1].

                                             [*Parnaso*, 340]

---

[1] González de Salas dice: «Muchas otras [letrillas], que se encomendaron a la voz de los músicos, se podrán repetir de los proprios».

208

Al ruiseñor

DÉCIMA

Flor con voz, volante flor,
silbo alado, voz pintada,
lira de pluma animada
y ramillete cantor;
di, átomo volador,   5
florido acento de pluma,
bella organizada suma
de lo hermoso y lo süave,
¿cómo cabe en sola un ave
cuanto el contrapunto suma?   10

> [*Poesías varias de grandes ingenios,*
> de J. Alfay, Zaragoza, 1654, pero
> la copio de mi edic. de 1946, pá-
> gina 20.]

209

De Dafne y Apolo*

FÁBULA

Delante del Sol venía
corriendo Dafne, doncella
de extremada gallardía,
y en ir delante tan bella
nueva aurora parecía.   5

Cansado más de cansalla
que de cansarse a sí Febo,
a la amorosa batalla
quiso dar principio nuevo,
para mejor alcanzalla.   10

* Anterior a septiembre de 1603, fecha de la dedicatoria de las
Flores de P. Espinosa.

Mas viéndola tan cruel,
dio mil gritos doloridos,
contento el amante fiel
de que alcancen sus oídos
las voces, ya que no él.   15

Mas envidioso de ver
que han de gozar gloria nueva
las palabras en su ser,
con el viento que las lleva
quiso parejas correr.   20

Pero su padre, celoso,
en su curso cristalino
tras ella corrió furioso,
y en medio de su camino
los atajó sonoroso.   25

El Sol corre por seguilla;
por huir corre la estrella;
corre el llanto por no vella;
corre el aire por oílla,
y el río por socorrella.   30

Atrás los deja arrogante,
y a su enamorado más,
que ya, por llevar triunfante
su honestidad adelante,
a todos los deja atrás.   35

Mas, viendo su movimiento,
dio las razones que canto,
con dolor y sin aliento,
primero al correr del llanto
y luego al volar del viento: 40

«Di, ¿por qué mi dolor creces
huyendo tanto de mí
en la muerte que me ofreces?
Si el sol y luz aborreces,
huye tú misma de ti.   45

»No corras más, Dafne fiera,
que en verte huir furiosa
de mí, que alumbro la esfera,
si no fueras tan hermosa,
por la Noche te tuviera.   50

»Ojos que en esa beldad
alumbráis con luces bellas
su rostro y su crüeldad,
pues que sois los dos estrellas,
al Sol que os mira mirad.   55

»En mi triste padecer
y en mi encendido querer,
Dafne bella, no sé cómo
con tantas flechas de plomo[1]
puedes tan veloz correr.   60

»Ya todo mi bien perdí;
ya se acabaron mis bienes;
pues hoy, corriendo tras ti,
aun mi corazón, que tienes,
alas te da contra mí.»   65

A su oreja esta razón,
y a sus vestidos su mano,
y de Dafne la oración,
a Júpiter soberano
llegaron a una sazón.   70

Sus plantas en sola una
de lauro se convirtieron;
los dos brazos le crecieron,
quejándose a la Fortuna
con el rüido que hicieron.   75

Escondióse en la corteza
la nieve del pecho helado,
y la flor de su belleza
dejó en la flor un traslado
que al lauro presta riqueza.   80

---

[1] El Amor hiere también con flechas de plomo, y no de oro, y se
aborrece y no se ama.

De la rubia cabellera
que floreció tantos mayos,
antes que se convirtiera,
hebras tomó el Sol por rayos,
con que hoy alumbra la esfera.   85

Con mil abrazos ardientes,
ciñó el tronco el Sol, y luego,
con las memorias presentes,
los rayos de luz y fuego
desató en amargas fuentes.   90

Con un honesto temblor,
por rehusar sus abrazos,
se quejó de su rigor,
y aun quiso inclinar los brazos,
por estorbarlos mejor.   95

El aire desenvolvía
sus hojas, y no hallando
las hebras que ver solía,
tristemente murmurando
entre las ramas corría.   100

El río, que esto miró,
movido a piedad y llanto,
con sus lágrimas creció,
y a besar el pie llegó
del árbol divino y santo.   105

Y viendo caso tan tierno,
digno de renombre eterno,
la reservó, en aquel llano,
de sus rayos el verano,
y de su yelo el invierno.   110

[*Flores de poetas ilustres*, t. **I**, página 20, y ms. 3.940, Bibl. Nacional, f. 222 v.]

210

Hero y Leandro*

ROMANCE

Esforzóse pobre luz
a contrahacer el Norte,
a ser piloto el deseo,
a ser farol una torre.

Atrevióse a ser aurora   5
una boca a media noche,
a ser bajel un amante,
y dos ojos a ser soles.

Embarcó todas sus llamas
el Amor en este joven,   10
y caravana de fuego,
navegó reinos salobres.

Nuevo prodigio del mar
le admiraron los tritones;
con centellas, y no escamas,   15
el agua le desconoce.

Ya el mar le encubre enojado,
ya piadoso le socorre;
cuna de Venus[1] le mece,
reino sin piedad le esconde.   20

Pretensión de mariposa[2]
le descaminan los dioses;
intentos de salamandra[3]
permiten que se malogren.

Si llora, crece su muerte,   25
que aun no le dejan que llore;
si ella suspira, le aumenta
vientos que le descomponen.

* Antonio Alatorre, «Los romances de Ero y Leandro», en *Libro jubilar de Alfonso Reyes* (México, 1956), pág. 20, cree que es de la juventud de Quevedo.

[1] «Como "cuna de Venus", aludiendo a haber nacido Venus del mar. Ansí luego "reino", etc., es también "como reino", etc.» Nota de González de Salas.

[2] «Pretensión de mariposa, etc., como "a pretensión", etc., porque iba mirando la luz de la torre.» Nota del mismo.

[3] Porque la salamandra, según la leyenda, no se quema metida en el fuego.

Armó el estrecho de Abydo;   30
juntaron vientos feroces
contra una vida sin alma
un ejército de montes.
   ¡Indigna hazaña del golfo,
siendo amenaza del orbe,
juntarse con un cuidado   35
para contrastar un hombre!
   Entre la luz y la muerte
la vista dudosa pone;
grandes volcanes suspira
y mucho piélago sorbe.   40
   Pasó el mar en un gemido
aquel espíritu noble;
ofensa le hizo Neptuno,
estrella le hizo Jove.
   De los bramidos del Ponto,   45
Hero formaba razones,
descifrando de la orilla
la confusión en sus voces.
   Murió sin saber su muerte,
y expiraron tan conformes,   50
que el verle muerto añadió
la ceremonia del golpe.
   De piedad murió la luz,
Leandro murió de amores,
Hero murió de Leandro,   55
y Amor, de invidia, murióse.

[Parnaso, 241]

ELOGIOS, EPITAFIOS, TÚMULOS

A LA ESTATUA DE BRONCE DEL SANTO REY DON FILIPE III,
QUE ESTÁ EN LA CASA DEL CAMPO DE MADRID, TRAÍDA DE
FLORENCIA*

SONETO

¡Oh cuánta majestad! ¡Oh cuánto numen,
en el tercer Filipo, invicto y santo,
presume el bronce que le imita! ¡Oh cuánto
estos semblantes en su luz presumen!

Los siglos reverencian, no consumen,   5
bulto que igual adoración y espanto
mereció amigo y enemigo, en tanto
que de su vida dilató el volumen.

Osó imitar artífice toscano
al que a Dios imitó de tal manera,   10
que es, por rey y por santo, soberano.

El bronce, por su imagen verdadera,
se introduce en reliquia, y éste, llano,
en majestad augusta reverbera.

[Parnaso, 5]

* Fue comenzada por Juan de Bolonia y terminada por Pedro
Tacca en Florencia, en 1614.

212

A LA MISMA ESTATUA

SONETO

Más de bronce será que tu figura
quien la mira en el bronce, si no llora,
cuando ya el sentimiento, que te adora,
hará blando al metal la forma dura.

Quiere de tu caballo la herradura   5
pisar líquidas sendas, que la aurora
a su paso perfuma, donde Flora
ostenta varia y fértil hermosura.

Dura vida con mano lisonjera
te dio en Florencia artífice ingenioso,   10
y reinas en las almas y en la esfera.

El bronce, que te imita, es virtüoso.
¡ Oh cuánta de los hados gloria fuera,
si en años le imitaras numeroso !

[*Parnaso*, 6, a]

213

A ROMA SEPULTADA EN SUS RUINAS*

SONETO

Buscas en Roma a Roma, ¡ oh, peregrino !,
y en Roma misma a Roma no la hallas:
cadáver son las que ostentó murallas,
y tumba de sí proprio el Aventino.

* Sobre este soneto, vid. el artículo de R. J. Cuervo «Dos poesías de Quevedo a Roma», en la *Revue Hispanique*, XVIII, 1908,
pág. 431, y el de M.ª R. Lida de Malkiel «Para las fuentes de Quevedo», en la *Nueva revista de Filología hispánica*, I, 1939, pág. 370.
Ramiro Ortiz en su *Fortuna labilis. Storia di un motivo poetico
da Ovidio al Leopardi*, Bucarest, 1927, pág. 111, copia un epigrama
del humanista polaco Nicola Sep Szarynski, publicado en *Delitia*

Yace donde reinaba el Palatino;   5
y limadas del tiempo, las medallas
más se muestran destrozo a las batallas
de las edades que blasón latino.

Sólo el Tibre quedó, cuya corriente,
si ciudad la regó, ya, sepoltura,   10
la llora con funesto son doliente.

¡Oh, Roma !, en tu grandeza, en tu hermosura,
huyó lo que era firme, y solamente
lo fugitivo permanece y dura.

[*Parnaso, 6, b*]

214

Inscripción de la estatua augusta del César Carlos Quinto en Aranjuez*

soneto

Las selvas hizo navegar, y el viento
al cáñamo en sus velas respetaba,
cuando, cortés, su anhéiito tasaba
con la necesidad del movimiento.

Dilató su victoria el vencimiento   5
por las riberas que el Danubio lava;
cayó África ardiente; gimió esclava
la falsa religión en fin sangriento.

Vio Roma en la desorden de su gente,
si no piadosa, ardiente valentía,   10
y de España el rumor sosegó ausente.

_____

italorum poetarum, Francoforte, 1608, que es la fuente de los versos primeros y últimos:

> *Qui Roma in media quaeris, novus advena, Romam*
> *Et Roma in media Romam non invenies...*
> *...Disce hinc quid possit Fortunas immota labescunt*
> *Et quae perpetuo sunt agitata manent.*

* J. O. Crosby, ob. cit., pág. 67, demuestra que don Francisco
se refiere a la conocida estatua de Leo Leoni «Carlos V dominando
el Furor», que estuvo en Aranjuez, como indica el epígrafe.

Retiró a Solimán[1], temor de Hungría,
y por ser retirada más valiente,
se retiró a sí mismo el postrer día.

[*Parnaso*, 7, a]

215

A un retrato de don Pedro Girón, Duque de Osuna,
que hizo Guido Boloñés, armado, y grabadas de oro
las armas*

SONETO

Vulcano las forjó, tocólas Midas,
armas en que otra vez a Marte cierra,
rígidas con el precio de la sierra,
y en el rubio metal descoloridas.

Al ademán siguieron las heridas   5
cuando su brazo estremeció la tierra;
no las prestó el pincel: diolas la guerra;
Flandres las vio sangrientas y temidas.

Por lo que tienen del Girón de Osuna
saben ser apacibles los horrores,   10
y en ellas es carmín la tracia luna.

Fulminan sus semblantes vencedores;
asistió al arte en Guido la Fortuna,
y el lienzo es belicoso en los colores.

[*Parnaso*, 7, b]

[1] Se trata de Solimán I, el Grande o Magnífico, que reinó de 1520
a 1566 y que tantas preocupaciones causó en Europa.
* El soneto será de 1610 a 1620, fechas de la estancia del Duque
de Osuna en Sicilia y Nápoles, donde lo retrataría Guido Boloñés.
Véase J. O. Crosby, ob. cit., págs. 115-116.

216

A LA FIESTA DE TOROS Y CAÑAS DEL BUEN RETIRO EN DÍA DE GRANDE NIEVE*

SONETO

Llueven calladas aguas en vellones
blancos las nubes mudas; pasa el día,
mas no sin majestad, en sombra fría,
y mira el sol, que esconde, en los balcones.

No admiten el invierno corazones   5
asistidos de ardiente valentía:
que influye la española monarquía
fuerza igualmente en toros y rejones.

El blasón de Jarama, humedecida,
y ardiendo, la ancha frente en torva saña,   10
en sangre vierte la purpúrea vida.

Y lisonjera al grande rey de España,
la tempestad, en nieve obscurecida,
aplaudió al brazo, al fresno y a la caña.

[*Parnaso*, 8, a]

---

* González de Salas añade: «Es imitación de Martial, lib. 4, epígr. 3». (Pero sólo el verso primero tiene algún parecido, siendo muy superior el de Quevedo:

Adspice quam densum tacitarum vellus aquarum
defluat in vultus Caesaris, inque sinus...)

217

AL DUQUE DE MAQUEDA EN OCASIÓN DE NO PERDER LA
SILLA EN LOS GRANDES CORCOVOS DE SU CABALLO, HABIENDO
HECHO BUENA SUERTE EN EL TORO*

SONETO

Descortésmente y cauteloso el hado,
vuestro valor, ¡oh Duque esclarecido!,
solicitó invidioso y, atrevido,
logró apenas lo mal intencionado.

Por derribaros, de soberbia armado,   5
diligencia en que estrellas han perdido
la silla, el animal enfurecido
más alabanza os dio que os dio cuidado.

Poca le pareció su valentía
al toro, presunción de la ribera,   10
para desalentar vuestra osadía.

Vuestro caballo os duplicó la fiera;
mas en vos vencen arte y valentía,
juntas a la que os lleva y os espera.

[*Parnaso*, 8, b]

218

TÚMULO A SCÉVOLA**

SONETO

Tú que, hasta en las desgracias invidiado,
con brazo, Mucio, en ascuas encendido,
más miedo diste a Júpiter temido
que el osado Jayán con ciento armado;

* El Duque de Maqueda, don Jaime de Cárdenas († 1652), tuvo
altos cargos en la Corte, aunque terminó desterrado en sus posesiones de Elche.
** Anota González de Salas: «Mucio, teniendo Pórsena, rey de los
etruscos, sitiada a Roma, entró solo en su Real a darle muerte.
Sucedió que, por no conocer al rey, se la diese a uno de su cáma-

tú, cuya diestra con imperio ha estado   5
reinando entre las llamas; tú, que has sido
el que con sólo un brazo que has perdido
las alas de la fama has conquistado;

tú, cuya diestra fuerte, si no errara,
hiciera menos, porque no venciera   10
un ejército solo cara a cara,

de esas cenizas, fénix nueva espera,
y de ese fuego, luz de gloria clara,
y de esa luz, un sol que nunca muera.

> [Ms. 83-4-39 de la Bibl. Colombi-
> na, f. 314. Con la siguiente nota:
> «No está en Quevedo, pero es dél;
> aunque está en las encomiásticas,
> pero de otro modo». En efecto,
> figura en *Parnaso*, 9, en versión
> primitiva.]

219

EXHORTACIÓN A LA MAJESTAD DEL REY NUESTRO SEÑOR
FILIPE IV PARA EL CASTIGO DE LOS REBELDES*

SONETO

Escondido debajo de tu armada
gime el Ponto, la vela llama al viento,
y a las lunas de Tracia con sangriento
eclipse ya rubrica tu jornada.

En las venas sajónicas tu espada   5
el acero calienta, y, macilento,
te atiende el belga, habitador violento
de poca tierra, al mar y a ti robada.

---

ra; pero habiendo entendido su error, en su presencia, se quemó
la mano, y admirando su valor el rey, levantó el sitio. Tiene este
soneto imitaciones de Marcial, epigrama 22 del libro 1º».
  * Una versión distinta se encuentra en las *Flores* de Espinosa,
edic. cit., pág. 114. Por lo que se fechará antes de septiembre
de 1603.

Pues tus vasallos son el Etna ardiente
y todos los incendios que a Vulcano   10
hacen el metal rígido obediente,

arma de rayos la invencible mano:
caiga roto y deshecho el insolente
belga, el francés, el sueco y el germano.

[*Parnaso*, 10, a]

220

AL RETRATO DEL REY NUESTRO SEÑOR
HECHO DE RASGOS Y LAZOS, CON PLUMA,
POR PEDRO MORANTE*

SONETO

Bien con argucia rara y generosa
de rasgos, vence el único Morante
los pinceles de Apeles y Timante;
bien vuela ansí su pluma victoriosa.

Vive en imitación maravillosa,   5
grande Filipo, augusto tu semblante,
y, labirinto mudo, si elegante,
la tinta anima en semejanza hermosa.

Propriamente retratan tu belleza
lazos, pues que son lazos tus faciones   10
a Venus, como a Marte tu grandeza.

---

* Pedro Díaz de Morante (hacia 1565-1633), famosísimo calígrafo
de la época, puso en práctica un arte de escribir teniendo como
punto de partida el enlace o trabado de las letras, hoy muy normal, pero que entonces llegó a parecer poco menos que cosa mágica, por lo que estuvo a punto de ser denunciado a la Inquisición.
Lope de Vega, Valdivielso y Paravicino le elogiaron mucho. Precisamente Paravicino, en la Aprobación de la *Quarta parte del arte
nueva de escribir* (Madrid, 1631), dice: «Y que le he visto yo, y
verá quien lo deseare, sacar un retrato de Su Majestad (Dios le
guarde) a caballo, con lanza y adarga, de un rasgo solo». (En
E. Cotarelo y Mori, *Diccionario biográfico y bibliográfico de calí-
grafos españoles*, t. II, Madrid, 1916, págs. 43 y ss. Curiosamente
puede verse allí en la lámina 26 ese dibujo de Felipe IV a caballo.
Lleva la firma, pero no el año.)

Tus ejércitos, naves y legiones
lazos son de tu inmensa fortaleza,
en que cierras los mares y naciones.

[*Parnaso*, 10, b]

221

AL TORO A QUIEN CON BALA DIO
MUERTE EL REY NUESTRO SEÑOR*

SONETO

En el bruto, que fue bajel viviente
donde Jove embarcó su monarquía,
y la esfera del fuego donde ardía
cuando su rayo navegó tridente,

yace vivo el león que, humildemente,   5
coronó por vivir su cobardía,
y vive muerta fénix valentía,
que de glorioso fuego nace ardiente.

Cada grano de pólvora le aumenta
de primer magnitud estrella pura,   10
pues la primera magnitud le alienta.

Entrará con respeto en su figura
el sol, y los caballos que violenta,
con temor de la sien áspera y dura.

[En Pellicer, *Anfiteatro de Felipe
el Grande*, Madrid, 1632, y *Parnaso*, 11.]

---

* El suceso tuvo lugar el 13 de octubre de 1631. González de Salas **añade**: «Hace sepulcro en el toro muerto de un león vivo, a
quien el toro había primero vencido, con alusión al signo Toro, que
tiene una estrella de primera magnitud en la frente, por haber
sido allí el golpe de la bala».

222

AL MISMO TORO Y AL PROPRIO TIRO*

SONETO

En dar al robador de Europa muerte,
de quien eres señor, monarca ibero,
al ladrón te mostraste justiciero
y al traidor a su rey castigo fuerte.

Sepa aquel animal que tuvo suerte   5
de ser disfraz a Júpiter severo,
que es el León de España el verdadero,
pues de África el cobarde se lo advierte.

No castigó tu diestra la victoria,
ni dio satisfación al vencimiento: 10
diste al uno consuelo, al otro gloria.

Escribirá con luz el firmamento
duplicada señal, para memoria,
en los dos, de tu acierto y su escarmiento.

> [En Pellicer, *Anfiteatro de Felipe
> el Grande*, Madrid, 1632, y *Par-
> naso*, 12, a.]

223

MEMORIA INMORTAL DE DON PEDRO GIRÓN,
DUQUE DE OSUNA, MUERTO EN LA PRISIÓN**

SONETO

Faltar pudo su patria al grande Osuna,
pero no a su defensa sus hazañas;
diéronle muerte y cárcel las Españas,
de quien él hizo esclava la Fortuna.

* Añade González de Salas: «Repite la alusión de la misma fábula de Europa».
** Posterior al 25 de septiembre de 1624, en que murió el célebre
amigo de Quevedo. Vid. J. O. Crosby, ob. cit., pág. 166.

Lloraron sus invidias una a una   5
con las proprias naciones las extrañas;
su tumba son de Flandres las campañas,
y su epitafio la sangrienta luna.

En sus exequias encendió al Vesubio
Parténope, y Trinacria[1] al Mongibelo;   10
el llanto militar creció en diluvio.

Diole el mejor lugar Marte en su cielo;
la Mosa, el Rhin, el Tajo y el Danubio
murmuran con dolor su desconsuelo.

[*Parnaso*, 12, b]

224

AL DUQUE DE LERMA, MAESE DE CAMPO, GENERAL EN FLANDRES*

SONETO

Tú, en cuyas venas caben cinco grandes,
a quien hace mayores tu cuchilla,
eres Adelantado de Castilla,
y, en el peligro, adelantado en Flandes.

Aguarda la Victoria que la mandes: 5
que tu ejemplo sin voz sabe regilla;
y pues desprecias miedos de la orilla,
nadando es justo que en elogios andes.

No de otra suerte César, animoso,
del Rubicón los rápidos raudales   10
penetró con denuedo generoso.

Fueron, sí, las acciones desiguales;
pues en el corazón suyo, ambicioso,
eran traidoras, como en ti leales.

[*Parnaso*, 13]

---

[1] *Parténope*, Nápoles. *Trinacria*, Sicilia.
* «Escribió este soneto en ocasión de haber ido el Duque a una interpresa, y viendo reparadas en una ribera sus tropas, se arrojó al río, y, con su ejemplo, todos, y ganó la plaza.» Nota de González de Salas. Hay que fecharlo entre junio y julio de 1633, según J. O. Crosby, ob. cit., págs. 146-147.

225

A LA HUERTA DEL DUQUE DE LERMA,
FAVORECIDA Y OCUPADA MUCHAS VECES DEL SEÑOR REY
DON FILIPE III, Y OLVIDADA HOY DE IGUAL CONCURSO*

SONETO

Yo vi la grande y alta jerarquía
del magno, invicto y santo Rey Tercero
en esta casa, y conocí lucero
al que en sagradas púrpuras ardía.

Hoy desierta de tanta monarquía,   5
y del nieto, magnánimo heredero,
yace; pero arde en glorias de su acero,
como en la pompa que ostentar solía.

Menos invidia teme aventurado
que venturoso; el mérito procura;   10
los premios aborrece escarmentado.

¡Oh, amable, si desierta arquitectura,
más hoy al que te ve desengañado,
que cuando frecuentada en tu ventura!

[Parnaso, 14, a]

226

ES DE SENTENCIA ALEGÓRICA TODO ESTE SONETO

SONETO

Pequeños jornaleros de la tierra,
abejas, lises ricas de colores,
los picos y las alas con las flores
saben hacer panales, mas no guerra.

---

* En una carta del 4 de marzo de 1636 al Duque de Medinaceli
dice el propio Quevedo: «Viendo tan sola su huerta del concurso
de las personas reales, que poco ha tanto la frecuentaron; y desierta del mismo Duque, por haberse ido a servir a la guerra, ha
días que hice ese soneto; escribíle con más celo que ingenio, como
quien le amaba y temía». *Obras en prosa*, pág. 1894. J. O. Crosby,
ob. cit., pág. 151, indica que la alusión al nieto en el v. 6 lleva
el soneto antes del 12 de noviembre de 1635, fecha de su muerte.

Lis suena flor, y Lis el pleito cierra   5
que revuelve en Italia los humores;
sic, vos, non vobis, sois revolvedores,
pues el León y el Águila os afierra.

Son para las Abejas las venganzas
mortales, y la guerra rigurosa   10
no codicia aguijones, sino lanzas.

Hace puntas la Águila gloriosa;
hace presa el León sin acechanzas;
el Delfín nada en onda cautelosa.

                   [*Parnaso,* 14, b]

227

AL CARDENAL DE RUCHELI[1],
MOVEDOR DE LAS ARMAS FRANCESAS,
CON ALUSIÓN AL NOMBRE «RUCELI»,
QUE ES «ARROYO» EN SIGNIFICACIÓN ITALIANA,
POR ESTAR ESCRITO EN ESA LENGUA

SONETO

Dove, Ruceli, andate col pie presto?
Dove sangue, non purpura conviene;
per tributari il fiume, il mar vi tiene;
i Ruceli nel mar han fin funesto.

Et hor Ruceli, onde procede questo,   5
che senza il Rosignuolo il Gallo vene,
et rauco grida, et vol bater le pene
nel nido, che gli a stato mai infesto?

Credo che il Ciel ad ambi dui abassi,
che vi attende la mente di Scipioni,   10
e gli occhi mai nelle vigilie lassi,

un'Ocha, se riguardi ai tempi buoni,
scacciò i galli de i tarpei Sassi,
hor che faranno l'Aquile e i Leoni.

                   [*Parnaso,* 15, a]

[1] Richelieu.

228

Figurada contraposición de dos valimientos

SONETO

Sabe, ¡oh rey tres cristiano !¹, la festiva
púrpura, sediciosa por tus alas,
deshojarte las lises con las balas,
pues cuanto te aventura, tanto priva.

Sabe, ¡oh humana deidad !, también tu oliva   5
armar con su Minerva a Marte y Palas,
y, laurel, coronar prudentes galas,
y, próvida, ilustrar paz vengativa.

Sabe poner tu púrpura en tus manos,
decimotercio rey, con prisión grave,   10
tu esclarecida madre y tus hermanos.

Tu oliva, ¡oh gran monarca !, poner sabe
en tu pecho los tuyos soberanos,
con la unidad que en los imperios cabe.

[*Parnaso*, 15, b]

229

Al Rey nuestro señor Don Filipe IV*

SONETO

Aquella frente augusta que corona
cuanto el mar cerca, cuanto el sol abriga
(pues lo que no gobierna lo castiga
Dios con no sujetarlo a su persona),

¹ *tres cristiano*, muy cristiano. (El soneto está dirigido al rey
Luis XIII.)
* «Escribióse en ocasión de haber salido en un día muy lluvioso
a jugar cañas y haberse serenado luego el cielo; y Lope de Vega
describió esta fiesta en liras.» Nota de González de Salas. El suceso tuvo lugar el 15 de diciembre de 1633, con motivo de inaugu-
rarse el palacio del Buen Retiro. Vid. J. O. Crosby, ob. cit., página 148. (Las liras de Lope son las que comienzan «Pidió prestado un día», tituladas *Versos a la primera fiesta del Palacio
nuevo*.)

pudo, vistiendo a Flora y a Pomona,   5
mandar que el tiempo sus colores siga,
haciendo que el invierno se desdiga
de los yelos y nieves que blasona.

Pudo al sol que al diciembre volvió mayo
volverle, de invidioso, al Occidente,   10
la luz con ceño, el oro con desmayo.

Correr galán y fulminar valiente
pudo; la caña en él, ser flecha y rayo;
pudo Lope cantarle solamente.

                                        [Parnaso, 16]

230

Parenética alegoría*

soneto

Decimotercio rey, esa eminencia
que tu alteza a sus pies tiene postrada
querrá ver la ascendencia coronada,
pues osó coronar la descendencia.

Casamiento llamó la inteligencia,   5
y en él sólo se ha visto colorada
la desvergüenza. Díselo a tu espada,
y dale al cuarto mandamiento audiencia.

Si te derriba quien a ti se arrima,
su fábrica en tus ruinas adelanta,   10
y en cuanto te aconseja, te lastima.

¡Oh muy cristiano rey!, en gloria tanta,
ya el azote de Dios tienes encima:
mira que el Cardenal se te levanta.

                                        [Parnaso, 17, a]

---

* *Parenética alegoría*, exhortación o amonestación alegórica. Dirigida a Luis XIII, rey de Francia, diciéndole que no se fíe de
su favorito, el célebre cardenal Richelieu. Véase la carta de Quevedo a Luis XIII (*Ob. en prosa*, pág. 1829), donde dice lo mismo.

231

A don Luis Carrillo, hijo de don Fernando Carrillo,
presidente de Indias, cuatralbo de las galeras
de España y poeta*

SONETO

Ansí, sagrado mar, nunca te oprima
menos ilustre peso; ansí no veas
entre los altos montes que rodeas
exenta de tu imperio alguna cima;

ni, ofendida, tu blanca espuma gima   5
agravios de haya humilde, y siempre seas,
como de arenas, rico de preseas,
del que la luna más que el sol estima.

Ansí tu mudo pueblo esté seguro
de la gula solícita, que ampares   10
de Thetis al amante, al hijo nuevo:

pues en su verde reino y golfo obscuro,
don Luis la sirve, honrando largos mares,
ya de Aquiles valiente, ya de Febo.

[*Parnaso*, 17, b]

232

Al Rey nuestro señor saliendo a jugar cañas**

SONETO

Amagos generosos de la guerra
en esa mano diestra esclarecidos
militan, y estremecen referidos,
y el ademán ejércitos encierra.

* Don Luis Carrillo y Sotomayor, al que nuestro poeta llora más
adelante, nació en Córdoba en 1582 ó 1583. Estudió unos años en
Salamanca, fue caballero del hábito de Santiago, cuatralbo de las
galeras de España, finísimo poeta y teorizador. Murió en 1610. Sus
obras se publicaron en Madrid en 1611, y en 1613 la segunda edición, que mejora la primera. (Véanse los números 271 y 279.)
** Añade González de Salas: «Que atemoriza aun al enemigo en
la guerra festiva».

El pino, que fue greña de la sierra   5
y copete de cerros atrevidos,
fulminando con hierros sacudidos,
rígida·era amenaza de la tierra.

La caña descansó el temor al día
en que tu lanza aseguró campañas   10
que ardor disimulado prometía;

figurando, en la entrada de estas cañas,
cortés y religiosa profecía,
la de Jerusalén a tus hazañas.

[*Parnaso*, 18, b]

233

AL REY CATÓLICO, NUESTRO SEÑOR DON FILIPE IV,
INFESTADO DE GUERRAS*

SONETO

No siempre tienen paz las siempre hermosas
estrellas en el coro azul ardiente;
y, si es posible, Jove omnipotente
publican que temió guerras furiosas.

Cuando armó las cien manos belicosas   5
Tifeo[1] con cien montes, insolente,
víboras de la greña de su frente
atónitas lamieron a las Osas.

Si habitan en el cielo mal seguras
las estrellas, y en él teme el Tonante,   10
¿qué extrañas guerras, tú, que paz procuras?

Vibre tu mano el rayo fulminante:
castigarás soberbias y locuras,
y, si militas, volverás triunfante.

[*Parnaso*, 19]

* Posterior a 1621, en que comienza el reinado de Felipe IV.
[1] Tifeo, uno de los Titanes rebelados contra Júpiter.

234

DESTERRADO SCIPIÓN A UNA RÚSTICA CASERÍA SUYA,
RECUERDA CONSIGO LA GLORIA DE SUS HECHOS
Y DE SU POSTERIDAD*

SONETO

Faltar pudo a Scipión Roma opulenta;
mas a Roma Scipión faltar no pudo;
sea blasón de su invidia, que mi escudo,
que del mundo triunfó, cede a su afrenta.

Si el mérito africano la amedrenta, 5
de hazañas y laureles me desnudo;
muera en destierro en este baño rudo,
y Roma de mi ultraje esté contenta.

Que no escarmiente alguno en mí, quisiera,
viendo la ofensa que me da por pago, 10
porque no falte quien servirla quiera.

Nadie llore mi ruina ni mi estrago,
pues será a mi ceniza cuando muera,
epitafio Anibal, urna Cartago.

[*Parnaso,* 30]

* «A este soneto dio el argumento y mucha parte de su locución
la ilustre epístola LXXXVI de nuestro Lucio Séneca, escrita a
Lucilio desde la misma casa del campo de Publio Cornelio Scipión,
junto a Linterno, ciudad de Campania. De ella, famosa con el
destierro de este gran varón, de su casería, de su ara y de su
sepulcro, disputo yo dignamente en mi ilustración latina a la *Geo-
grafía* de nuestro español Pomponio Mela, no en la castellana. La
memoria, pues, de la queja de Scipión aquí contenida, me advirtió
de haber careado con ella nuestro poeta la de otro valeroso capitán, en todo bien semejante, quien cotejare con éste el soneto 13
[el 223] arriba referido, *A la inmortal memoria de don Pedro Girón,
duque de Osuna,* sentirá luego la consonancia y a ambos ejemplos
dos sensibles de las patrias ingratas.» Nota de González de Salas.

235

JURA DEL SERENÍSIMO PRÍNCIPE DON BALTASAR CARLOS
EN DOMINGO DE LA TRANSFIGURACIÓN*

Cuando glorioso, entre Moisés y Elías,
tiñó de resplandor el velo humano
el que, por desquitar las Jerarquías,
en mejor Árbol restauró el manzano;
cuando a cortes llamó las Profecías,   5
y por testigos sube, desde el llano
al monte donde eterno reina el cedro,
con sus primos, Jacob y Juan, a Pedro[1];

cuando el tesoro de la luz ardiente,
que se disimulaba detenido,   10
se explayó por la faz resplandeciente
y en incendios del sol bañó el vestido;
y cuando, por gozar siempre presente
trono en eternas glorias encendido,
quiso hacer tabernáculos quien era,   15
del que vino a fundar, Piedra primera;

cuando, abrasado con hervores de oro
(rey de armas, una nube soberana),
ostentando elocuente su tesoro,
por más perlas que llora la mañana,   20
con la lira en que templa el santo coro
orbes por cuerdas cuando canta Hosana,
«Oídle, que me agrado en Él —les dijo—,
y es mi querido y siempre amado Hijo».

Entonces tú, monarca, que coronas   25
con dos mundos apenas las dos sienes;
tú, que haces gemir las cinco zonas,
para ceñir los reinos que mantienes;
tú, que con golfos tuyos aprisionas
las invidias del mar y los desdenes;   30

* Tuvo lugar el 7 de marzo de 1632. (Pero el poema fue corregido
por González de Salas.)
[1] Vid. San Mateo, cap. XVII.

tú, Cuarto a los Filipes, con honrarlos,
que el Quinto quitas, que pasó a los Carlos;

    tú entonces, pues (¡ anuncio venturoso,
colmado y rico de promesas santas!),
a imitación del Rey siempre glorioso   35
de quien indigno calza el sol las plantas,
próvido juntamente y religioso,
y humilde emulador de glorias tantas,
siempre en el Cielo tu discurso fijo,
cuando el Hijo nombró, nombras tu hijo.   40

    Porque fuese la acción más parecida,
si de partida con los dos trataba,
tú tratabas también de la partida,
por rescatar la religión esclava;
Él con su muerte parte a dar la vida;   45
tú con la vida, que tu celo alaba,
vas a que, rojo en sangre, tus leones
te muestren mar de tantos Faraones.

    Al nombre de tu hijo se debía
la corona que hereda (de la estrella   50
de quien tomó los rayos y la guía
el que halló al Hombre y Dios, madre y doncella);
páguele a Baltasar tan claro día
lo que peregrinó sólo por vella,
y aunque Herodes le aguarde, peregrino,   55
Baltasar volverá por buen camino.

    El nombre del que estuvo de rodillas
vertiendo en el pesebre gran tesoro,
informó[2] de grandeza las mantillas
del que vimos venir con real decoro;   60
por besarle la mano, ilustres sillas
dejó del mundo el más sublime coro;
él, en la majestad, seso y cariño,
niño pudo venir, mas no fue niño.

---

[2] «Porque lo llevó en brazos don Gaspar de Guzmán, conde de Olivares.» Nota de González de Salas.

De trinidad humana vi semblantes,   65
como pueden mostrarse en nuestra esfera,
pues a ti tus hermanos semejantes
son segunda persona, y son tercera;
los Gerïones, que nombró gigantes
en España la historia verdadera,   70
mejor los unen en los tres las lides,
pues del uno en la cuna tiembla Alcides.

Viéronse allí zodíacos mentidos;
con presunción de estrellas los diamantes;
ásperos y pesados los vestidos,   75
en las pálidas minas centellantes;
de granizo de perlas van llovidos,
y en tempestad preciosa relumbrantes
otros, que, porque nadie los compita,
de aljófar los nevó la Margarita.   80

Luego que la lealtad esclarecida
fabricó eternidad artificiosa,
haciendo pasadizo de tu vida
a la del primogénito gloriosa,
la nobleza del orbe más temida,   85
que de tal heredero deseosa
estuvo, hoy al Señor, que le concede,
le pide por merced que nunca herede.

Precedió la Justicia a los Poderes[3],
reinos en quien influye amor y vida   90
tu augusto corazón, y adonde quieres
siguen tus rayos con lealtad rendida;
en luz mirando el sol que le prefieres,
con la suya turbada o convencida,
si no empezó a llorar, con el rocío,   95
tu exceso confesó, pálido y frío.

En cuatro ruedas lirio azul venía,
reina que Francia dio a los españoles,
de quien estudia luz, mendigo, el día;
en quien aprenden resplandor los soles;   100

[3] «Alude al orden del acompañamiento», apostilla González de
Salas.

para saber amanecer pedía
Aurora a sus mejillas arreboles;
y a la tarde Fernando fue mañana[4],
que, en púrpura, precede soberana.

Carlos en luz y, en el lugar, lucero,   105
resplandeciente precursor camina;
viene Adonis galán, Marte guerrero,
y a Venus dos congojas encamina;
va con susto la gala, del acero,
y menos resplandece que fulmina: 110
porque tu providencia, que le inflama,
le destina a los riesgos de la Fama.

Inundación de majestad vertiste,
tú, hermosamente presunción del fuego;
de los ojos de todos te vestiste,   115
pues los de todos te llevaste luego.
Con tantos ojos, pues, tu pueblo viste,
dulce deidad de Amor, pero no ciego;
tu caballo, con músico alboroto,
holló sonoro y grave terremoto[5].   120

De anhelantes espumas argentaba
la razón de metal que le regía;
al viento, que por padre blasonaba,
en vez de obedecerle, desafía;
herrado de Mercurios se mostraba;   125
si amenazaba el suelo, no le hería:
porque, de tanta majestad cargado,
aun indigno le vio de ser pisado.

A las damas, el Fénix dio colores;
el Iris, la mañana y primavera;   130
en paz vimos por marzo nieve y flores,
y el suelo sostituir la octava esfera;

[4] Porque el infante Cardenal, revestido de púrpura por la mañana, por la tarde cabalgó «con botas y espuelas», según cierta *Relación*, citada por Janer en su edic. de la BAE, LXIX, pág. 10.
[5] «El rey, con botas y espuelas se puso a caballo desde el cabalgador... sirviéndole el Conde-Duque como Caballerizo mayor... el caballo de Su Majestad llevaba el hermoso aderezo de oro, sembrado de rubíes, que le presentó el Emperador, su tío, y los de sus altezas, bordados de oro y plata.» *Relación* citada.

sus blasones de luz fueran mayores
si la reina de España no saliera;
tratólas como el sol a las estrellas: 135
anególas en luz con sólo vellas.

En Oriente portátil de brocado
sigue tu sol recién amanecido,
en generosos brazos recostado,
y a tu corte por ellos repartido.   140
Mira en todos tus reinos el cuidado
que le tienen los cielos prevenido,
pues la que atiende alegre gala y fiesta
le aguarda en más edad cárcel molesta.

Juraron vasallaje y obediencia,   145
y besaron la mano al que no sabe
cuánto en su soberana descendencia
de augusta majestad gloriosa cabe;
mas, con anticipada providencia,
monarca sin edad, se muestra grave: 150
que al tiempo le dispensa Dios las leyes
para la suficiencia de los reyes.

«Vive, y ten heredero, y no le dejes»,
la voz común y agradecida aclama,
que aun tiene por fatiga que te alejes   155
a dar que hacer al grito de la Fama;
por ejército vale en los herejes
tu nombre solo, que temor derrama;
las señas de tu enojo, por heridas:
que no aguardan el golpe tales vidas.   160

Ya sus rayos a Jove provocaron
denuedos de los hijos de la tierra,
y de montes escala fabricaron,
que tumbas arden hoy de injusta guerra[6];
los dos polos gimieron y tronaron   165
(¡tanta discordia la soberbia encierra!);

---

[6] «Con la comparación de la guerra de los Gigantes contra el Cielo, se promete victorias contra los herejes.» Nota de González de Salas.

Sicilia estos escándalos admira,
y Encélado en el Etna los suspira.

En su falda, Catania, amedrentada,
cultiva sus jardines ingeniosa;   170
yace la primavera amenazada;
con susto desanuda cualquier rosa;
insolente la llama, despeñada,
lamer las flores de sus galas osa:
parece que la nieve arde el invierno,   175
o que nievan las llamas del infierno.

Soberbio, aunque vencido, desde el suelo
al cielo arroja rayos y centellas[7];
con desmayado paso y tardo vuelo,
titubeando, el sol se atreve a vellas;   180
en arma tiene puesto siempre al cielo
medrosa vecindad de las estrellas,
cuando de combatir al cielo airado
los humos solamente le han quedado.

Tal osa contra ti, tal le contemplo   185
al monstro de Stocolmia[8], que, tirano,
padecerá castigo, cuando templo
se prometió sacrílego y profano;
tú a Flegra[9] añadirás ardiente ejemplo;
allí triunfante colgará tu mano   190
su piel de alguna planta, que, cargada,
a fuerza de soberbia esté humillada.

Padrones han de ser Rhin y Danubio
de tu venganza en tanto delincuente;
rebeldes venas les será diluvio;   195
cuerpos muertos y arneses, vado y puente;
rojo en su sangre se verá, de rubio,
el alemán, terror del Occidente:

[7] «Encélado», apostilla el mismo.
[8] «Es la metrópoli y corte del reino de Suecia. Los latinos la nombran *Holmia*, y está fundada en agua, como Venecia.» Nota de González de Salas. (El «monstruo» es el Rey Gustavo Adolfo.)
[9] Flegra, ciudad de Macedonia, junto al valle donde los gigantes pelearon con los dioses y fueron muertos por Hércules.

tal gemirán las locas esperanzas
de quien no teme al Dios de las venganzas.   200

[*Parnaso*, 20, pero con esta nota:
«Con presagio fatal parece que
dejó el auctor esta relación im-
perfecta. Pero aquí sale ya bien
digna de leerse, si la lástima y la
ternura no embarazan los ojos»[10].]

236

CELEBRA LA VICTORIA DE LOS NAVÍOS DE TURCOS QUE TOMÓ
EL DUQUE DE PASTRANA PASANDO A ROMA*

SILVA ENCOMIÁSTICA

Esclarecidas señas da Fortuna
de vuestro valimiento con su rueda,
¡oh príncipe glorioso!,
pues os postra la Luna,
que a vuestros pies desvanecida queda,   5
vencido el afro Endimión[1] celoso.

Apenas por los líquidos umbrales
del Ponto, a quien de la África y Europa
sirve opuesto confín de verde copa
y de venas torcidas los corales,   10
sonora resbalaba vuestra quilla,
haciéndose menor siempre la orilla;
y espirando en la popa,
cortés, el viento, sobre el mar süave,

[10] Alude a la muerte del príncipe, ocurrida el 9 de octubre
de 1646.
 * De 1623. Hay varias relaciones impresas: «*Relaciones embiadas
por el Duque de Pastrana desde el puerto de Cadaqués en 26 y
28 de abril deste año de 1623, del suceso que ha tenido en la presa
de los baxeles redondos de turcos, en el viaje de Roma. Con licencia y aprobación, en Madrid, por la viuda de Alonso Martín. Año
de 1623*». (Vid. C. Fernández Duro, *Armada española desde la unión
de los reinos de Castilla y de Aragón*, IV, Madrid, 1898, pág. 456.
Cita dos relaciones más.)
 Este Duque de Pastrana es Don Ruy Gómez de Silva y de Portugal, casado con doña Leonor de Guzmán. Murió en 1626.
 [1] Endimión, pastor del que se enamoró la Luna. *Afro Endimión*
vale por «turco», por la enseña de la media luna.

tasaba el soplo que en las velas cabe, 15
cuando la diligencia desvelada
de atento marinero
(sirviéndole la gavia con la entena
de arbitros de las ondas),
descubrió en las campañas fluctuantes 20
del yermo mar bajeles delincuentes
de cosarios valientes,
cuyo temor fatiga las riberas,
cuya paz amenazan sus banderas.

   Vos, advertido en el peligro ajeno, 25
de ardor glorioso y de esperanzas lleno,
porque, aun de paso, no se malograse
ocasión que ilustrase
el estandarte del mayor monarca
a quien sirve fortuna religiosa 30
en cuanto el cerco de la luz abarca,
con voz cuanto valiente generosa,
distes orden a todos,
armándolos con vos de muchos modos;
pues cuanto más alguno os imitaba, 35
tanto más al peligro se llegaba;
y vuestra valentía
fue general ejército aquel día;
escuadrón la familia y los criados,
lisonjeros los hados; 40
la muerte, aduladora,
se mostró en los peligros cada hora.
Pasaron, despreciadas,
flechas de hierro y de veneno armadas;
fulminaron en vano 45
los mentidos enojos del verano,
sin que os debiesen atención, sus balas,
burlándoles la mira vuestras galas.

   Rindieron los navíos,
con vuestra providencia y vuestros bríos, 50
y al volar[l]os su llama,
remedio que, turbada, siempre tarde,
la desesperación dicta al cobarde,
en alas os dejó de vuestra fama.

Y, presumido en lazos el turbante,   55
globo sutil, soberbia de Levante,
derribado del ceño que vestía,
nevó de presunción vuestra crujía.
Y los que miedo de las costas fueron
y los senos de España sacudieron   60
con ímpetu violento,
besaron vuestras plantas.
Luego, entre glorias tantas,
descansaron las velas,
y con ellas después suplen el viento,   65
y se calzan de espumas por espuelas.

Y Tetis[2] soberana,
en cuyos labios nace la mañana,
galán, os mira Febo;
armado, os juzga Aquiles;   70
gozando, en el esfuerzo y el semblante,
hijo valiente, venturoso amante.

[Parnaso, 27]

237

ELOGIO AL DUQUE DE LERMA, DON FRANCISCO*

CANCIÓN PINDÁRICA

STROPHE I
De 16 versos

De una madre nacimos
los que esta común aura respiramos;
todos muriendo en lágrimas vivimos,
desde que en el nacer todos lloramos.
Sólo nos diferencia   5
la paz de la consciencia,

---

[2] Tetis, deidad marina, hija del Cielo y de la Tierra, casada con Océano, su hermano.

* González de Salas añade: «Cuando vivía valido feliz del señor Rey don Filipe III». Precede al poema una «breve disertación para el conocimiento de este género de poesía». J. O. Crosby, ob. cit., págs. 108-109, la fecha de ¿1607? a 1609, por las diversas alusiones históricas.

la verdad, la justicia, a quien el cielo
hermosa, si severa,
con alas blancas envió ligera
porque serena gobernase el suelo.   10
Ella asegura el tránsito a la vida.
Feliz el que la cándida pureza
no turba en la riqueza,
y aquel que nunca olvida
ser polvo, en el halago del tesoro,   15
y el que sin vanidad desprecia el oro.

Antistrophe I
De 16 versos

  Como vos, ¡oh glorïoso
duque, en quien hoy estimación hallaron
las virtudes, y premio generoso!
Ved cuál sois, que con vos se coronaron.
Nunca más felizmente   5
en la gloriosa frente
de Alejandro su luz amanecieron,
ni en la alma valerosa
de César, que, ya estrella, a volar osa,
mayores alabanzas merecieron.   10
Ni de Augusto las paces más amadas
fueron: pues, de blandura y de cuidado
vuestro espíritu armado,
haces dejó burladas,
previniendo la suerte, que, enemiga,   15
al que irritarla presumió, castiga.

Epodo I
De 21 versos

  Por vos, desde sus climas peregrino,
devoto a la deidad del rey de España,
el alárabe vino.
No es poco honrosa hazaña
que, vencido el camino   5
y perdonado ya del mar y el viento,
por justo y religioso, el noble intento,
debajo de sus pies ponga el turbante

el persa, honor y gloria de Levante.
Por vos, Ingalaterra   10
descansa y nos descansa de la guerra.
Y Francia, madre de ínclitos varones,
del peso de las armas aliviada,
trae por adorno varonil la espada,
que ya opuso de España a los Leones.   15
Y las islas postreras,
que, por merced del mar, pisan el suelo,
clemencia nunca vista en ondas fieras,
por vos, por vuestro celo,
admitirán la paz con que les ruega   20
quien con su voz de un polo al otro llega.

Strophe II
De 16 versos

Curcio[1], mancebo fuerte,
con glorioso desprecio y atrevido,
tocó las negras sombras de la muerte,
cuando, de ardor valiente persuadido,
clara fama seguro   5
buscó en el foso obscuro,
el precio dedicando de su vida
al pueblo temeroso;
y en el horror del cóncavo espantoso,
intrépido, sostuvo en su caída,   10
como Encélado, montes[2] desiguales,
a quien, premiando el alto beneficio,
hicieron sacrificio
en aras inmortales,
pues, muriendo por dar a Roma gloria,   15
dio su vida a guardar a su memoria.

[1] Según Tito Livio, hacia el 362 a. de J. C. se abrió una gran sima en la plaza del mercado de Roma y resultaron vanos los esfuerzos hechos para cubrirla. Los augures declararon que no se llenaría la sima si no arrojaban a ella lo que constituía la fuerza principal de los romanos. El joven Marco Curcio, considerando que la principal fuerza romana consistía en el valor y las armas, se ofreció en sacrificio, y armado de pies a cabeza y montado a caballo, arrojóse en la sima, y entonces se cerró. Los romanos consideraron sagrado aquel lugar. Al margen anota González de Salas: «Valer. Maxim., lib. 5, cap. 6. Liv., lib. 7. Paul. Orosio, lib. 3, cap. 5».

[2] «Los siete de Roma», apostilla González de Salas.

Antistrophe II
De 16 versos

   Vos, del forzoso peso
de tan grande república oprimido,
con juicio igual y con maduro seso,
a Curcio aventajado y parecido,
por darla algún remedio,   5
arrojándoos en medio
de los más hondos casos y más graves,
de Atlante sois Alcides,
que le alivia en sus paces y en sus lides,
guardándole a Filipo las dos llaves   10
con que de Jano el templo o abre o cierra.
Vos, con cuello obediente a peso tanto,
compráis el laurel santo;
y a vos toda la tierra,
cual Roma sólo a Curcio, que la ampara,   15
sacrificios dedica en feliz ara.

Epodo II
De 21 versos

   ¡Oh bien lograda y venturosa vida
la vuestra, a quien la muerte trae descanso,
cuando ella es parricida,
y en un reposo manso
llegará la partida!   5
Sueño es la muerte en quien de sí fue dueño
y la vida de acá tuvo por sueño.
Apacible os será la tierra y leve;
que fue larga, diréis, la vida breve,
porque en el buen privado   10
es dilación del premio deseado,
invidia de la gloria que le espera,
la edad prolija y larga. ¡Oh, cómo ufanos
vuestros padres y abuelos soberanos
que España armados vio (de la manera   15
que a Jove los gigantes,
soberbio parto de la parda tierra,

que, fulminados, yacen fulminantes)
escarmiento a la guerra
darán, de vos, en nietos esforzados,   20
sus hechos, y sus nombres heredados !

[*Parnaso*, 40]

238

FUNERAL ELOGIO EN LA MUERTE DEL BIENAVENTURADO REY
DON FILIPE III*

SONETO

Mereciste reinar, y mereciste
no acabar de reinar; y lo alcanzaste
en las almas al punto que expiraste,
como el reinar al punto que naciste.

Rey te llamaste, cuando padre fuiste,   5
pues la serena frente que mostraste,
del amor de tus hijos coronaste,
cerco a quien más valor que al oro asiste.

Militó tu virtud en tus legiones;
vencieron tus ejércitos, armados   10
igualmente de acero y oraciones.

Por reliquia llevaron tus soldados
tu nombre, y por ejemplo tus acciones,
y fueron victoriosos y premiados.

[*Parnaso*, 151]

* Posterior al 31 de marzo de 1621, en que muere el Rey.

239

Túmulo al serenísimo infante Don Carlos*

SONETO

Entre las coronadas sombras mías
que guardas, ¡oh glorioso monumento!,
bien merecen lugar, bien ornamento,
las llamas antes, ya cenizas frías.

Guarda, ¡oh!, sus breves malogrados días   5
en religioso y alto sentimiento,
ya que en polvo atesora el escarmiento
su gloria a las supremas monarquías.

No pase huésped por aquí que ignore
el duro caso, y que en las piedras duras,   10
con los ojos que el título leyere,

a don Carlos no aclame y no le llore,
si no fuere más duro que ellas duras,
cuando lo que ellas sienten no sintiere.

[*Parnaso*, 152, a]

240

Al mismo señor Infante

SONETO

Tu alta virtud, contra los tiempos fuerte,
tanto, don Carlos, dilató su vuelo,
que dio codicia de gozarla al cielo
y de vencerla al brazo de la muerte.

Si puede, donde estás, de alguna suerte,   5
entrar cuidado de piadoso celo,
mira, invidioso y lastimado, al suelo,
anegado en las lágrimas que vierte.

---

* Murió, como es sabido, el 30 de julio de 1632. González de Salas añade: «Habla España al Escurial, entierro de sus reyes, en donde está».

Si el cielo adornas, vuelto estrella hermosa,
cual ojo suyo, puedes ver el llanto   10
que de los nuestros es razón que esperes.

Pues, según fue tu vida, generosa,
no dudo que tu pie, en el coro santo,
pise estrellas, si estrella en él no fueres.

[*Parnaso*, 152, b]

241

Inscripción al túmulo de la excelentísima Duquesa de Lerma*

soneto

Si, con los mismos ojos que leyeres
las letras de este mármol, no llorares
y en lágrimas tu vista desatares,
tan mármol, huésped, como el mármol eres.

Mira, si grandes glorias ver quisieres,   5
estos sagrados túmulos y altares;
y es bien que en tanta majestad repares,
si llevar que contar donde vas quieres.

Guardo en silencio el nombre de su dueño;
que, si le sabes, parecerte ha poca   10
tan ilustre grandeza a sus despojos.

Sólo advierte que cubre en mortal sueño
al sol de Lerma enternecida roca:
y vete, que harto debes a tus ojos.

[*Parnaso*, 153, a. La versión primera, en las *Flores de poetas ilustres*, pág. 80.]

* Murió el 2 de junio de 1603. Góngora le dedicó también otro soneto, el que comienza «¡Ayer deidad humana, hoy poca tierra!»

242

INSCRIPCIÓN EN EL TÚMULO DE DON PEDRO GIRÓN,
DUQUE DE OSUNA, VIRREY Y CAPITÁN GENERAL
DE LAS DOS SICILIAS*

SONETO

De la Asia fue terror, de Europa espanto,
y de la África rayo fulminante;
los golfos y los puertos de Levante
con sangre calentó, creció con llanto.

Su nombre solo fue vitoria en cuanto   5
reina la luna en el mayor turbante;
pacificó motines en Brabante:
que su grandeza sola pudo tanto.

Divorcio fue del mar y de Venecia,
su desposorio dirimiendo el peso   10
de naves, que temblaron Chipre y Grecia.

¡Y a tanto vencedor venció un proceso!
De su desdicha su valor se precia:
¡murió en prisión, y muerto estuvo preso!

[*Parnaso*, 153, b]

243

COMPENDIO DE LAS HAZAÑAS DEL MISMO
EN ISCRIPCIÓN SEPULCRAL

SONETO

Diez galeras tomó, treinta bajeles,
ochenta bergantines, dos mahonas[1];
aprisionóle al Turco dos coronas
y los cosarios suyos más crueles.

---

* Como los siguientes, posteriores al 25 de septiembre de 1624.
[1] *mahona*, especie de embarcación turca de transporte.

Sacó del remo más de dos mil fieles,   5
y turcos puso al remo mil personas.
¡ Y tú, bella Parténope², aprisionas
la frente que agotaba los laureles !

Sus llamas vio en su puerto la Goleta;
Chicheri y la Calivia, saqueados,   10
lloraron su bastón y su jineta.

Pálido vio el Danubio sus soldados,
y a la Mosa y al Rhin dio su trompeta
ley, y murió temido de los hados.

[*Parnaso*, 154, a]

244

Epitafio del sepulcro y con las armas del proprio*

Habla el mármol

SONETO

Memoria soy del más glorioso pecho
que España en su defensa vio triunfante;
en mí podrás, amigo caminante,
un rato descansar del largo trecho.

Lágrimas de soldados han deshecho   5
en mí las resistencias de diamante;
yo cierro al que el ocaso y el levante
a su victoria dio círculo estrecho.

Estas armas, vïudas de su dueño,
que visten de funesta valentía   10
este, si humilde, venturoso leño,

del grande Osuna son; él las vestía,
hasta que, apresurado el postrer sueño,
le ennegreció con noche el blanco día.

[*Parnaso*, 154, b]

---

² *Parténope*, Nápoles.
* Inicialmente fue un soneto dedicado a Viriato, según afirma el colector del ms. 83-4-39, de la Bibl. Colombina, de Sevilla, f. 313 v.

245

Túmulo funeral de Federico,
hermano del Marqués Espínola*

SONETO

Blandamente descansan, caminante,
debajo de estos mármoles helados,
los huesos, en ceniza desatados,
del Marte ginovés, siempre triunfante.

No los pises, no pases adelante,   5
que es profanar despojos respetados,
cuando no de la muerte, de los hados,
que obligan a la fama que los cante.

El rayo artificioso de la guerra,
émula de virtud la diestra airada,   10
en esta piedra a Federico cierra.

Que la muerte, en el plomo disfrazada,
no se la pudo dar en mar ni tierra,
sin favor de su mano y de su espada.

[*Parnaso*, 155, a]

246

Túmulo de don Francisco de Sandoval y Rojas,
Duque de Lerma y Cardenal de Roma**

SONETO

Columnas fueron los que miras huesos
en que estribó la ibera monarquía,
cuando vivieron fábrica, y regía
ánima generosa sus progresos.

* González de Salas añade: «Diole muerte la guarnición de su
espada, teniéndola en la mano y peleando, con el golpe que en ella
dio una bala de artillería». (Federico Spínola era hijo de Felipe
Spínola, y hermano del gran Ambrosio. Nacido en 1571, participó
en numerosos hechos de armas contra los holandeses e ingleses,
y murió el 26 de mayo de 1603, en la batalla naval de L'Escluse,
puerto de Flandes, como señala J. O. Crosby, ob. cit., pág. 101.)
** Don Francisco Sandoval y Rojas, el famoso valido de Feli-

De los dos mundos congojosos pesos   5
descansó la que ves ceniza fría;
el seso que esta cavidad vivía
calificaron prósperos sucesos.

De Filipe Tercero fue valido,
y murió de su gracia retirado,   10
porque en su falta fuese conocido.

Dejó de ser dichoso, mas no amado;
mucho más fue no siendo que habia sido:
esto al duque de Lerma te ha nombrado.

[Parnaso, 155, b]

247

INSCRIPCIÓN AL MARQUÉS AMBROSIO SPÍNOLA, QUE GOBERNÓ LAS ARMAS CATÓLICAS EN FLANDES*

SONETO

Lo que en Troya pudieron las traiciones,
Sinón[1] y Ulises y el caballo duro,
pudo de Ostende en el soberbio muro
tu espada, acaudillando tus legiones.

Cayó, al aparecer tus escuadrones,   5
Frisa y Breda por tierra, y, mal seguro,
debajo de tus armas vio el perjuro
sin blasón su muralla y sus pendones.

Todo el Palatinado sujetaste
al monarca español, y tu presencia   10
al furor del hereje fue contraste.

---

pe III, creado cardenal el 22 de marzo de 1618, quizá para prote-
gerse, ya que empezaba a perder el favor real, a lo que se alude
en algún poema satírico de Villamediana. Murió el 18 de mayo de
1625, en Valladolid.
  * Murió, como es sabido, en 1630, no poco harto de las intrigas
de la Corte.
  [1] *Sinón*, hijo de Sísifo, llevó fama de ingenioso y atrevido. Ayudó a los griegos a apoderarse de Troya.

En Flandes dijo tu valor tu ausencia,
en Italia tu muerte, y nos dejaste,
Spínola, dolor sin resistencia.

[*Parnaso*, 156, a]

248

Funeral discurso de Annibal,
tomando el veneno para morir,
viéndose viejo, solo y desterrado*

soneto

Quitemos al Romano este cuidado,
y un número a sus muchos prisioneros,
pues me temen, los cónsules severos,
amenaza caduca de su estado.

Impaciente a los términos del hado,   5
salga la alma que armó tantos guerreros:
no aprendan a servir estos postreros
años, que del afán he reservado.

Pródigo del espíritu y la vida,
desprecio dilatar vejez cansada: 10
venganza les daré, no triunfo y gloria.

Que es desesperación bien entendida
buscar muerte a la afrenta anticipada:
quede a guardar la vida a la memoria.

[*Parnaso*, 156, b]

249

Sepulcro de Jasón el argonauta**

soneto

Mi madre tuve en ásperas montañas,
si inútil con la edad soy seco leño;
mi sombra fue regalo a más de un sueño,
supliendo al jornalero las cabañas.

* González de Salas añade: «Es imitación de Juvenal».
** González de Salas anota: «Habla en él un pedazo de la entena
de su nave, en cuya figura se supone esta prosopopeya».
La versión primitiva figura en las *Flores* de P. Espinosa. Será,
por lo tanto, anterior a septiembre de 1603.

Del viento desprecié sonoras sañas 5
y al encogido invierno cano ceño,
hasta que a la segur[1] villano dueño
dio licencia de herirme las entrañas.

Al mar di remos, a la patria fría
de los granizos, vela; fui ligero 10
tránsito a la soberbia y osadía.

¡Oh amigo caminante!, ¡oh pasajero!,
dile blandas palabras este día
al polvo de Jasón, mi marinero.

[*Parnaso*, 157, a]

250

ELOGIO FUNERAL A DON MELCHOR DE BRACAMONTE,
HIJO DE LOS CONDES DE PEÑARANDA, GRAN SOLDADO,
SIN PREMIO*

SONETO

Siempre, Melchor, fue bienaventurada
tu vida en tantos trances en el suelo;
y es bienaventurada ya en el cielo,
en donde sólo pudo ser premiada.

Sin ti quedó la guerra desarmada 5
y el mérito agraviado sin consuelo,
la nobleza y valor en llanto y duelo
y la satisfación mal disfamada.

Cuanto no te premiaron, mereciste,
y el premio en tu valor acobardaste, 10
y el excederle fue lo que tuviste.

El cargo que en el mundo no alcanzaste,
es el que yace, el huérfano y el triste:
que tú de su desdén te coronaste.

[*Parnaso*, 157, b]

[1] *segur*, hoz.
* Para J. O. Crosby, ob. cit., pág. 124, el soneto podría fecharse de 1622 a ¿1635?

251

Sepulcro del buen juez Don Berenguel de Aois*

SONETO

Si cuna y no sepulcro pareciere,
por no sobrescribirme el «Aquí yace»,
huésped, advierte que en la tumba nace
quien, como Berenguel, a vivir muere.

El que la toga que vistió vistiere 5
y no le imita en lo que juzga y hace,
con este ejemplo santo se amenace:
el que le sigue su blasón espere.

Falleció sin quejosos y dinero;
enterróle el Consejo y, enterrado, 10
en él guardó el consejo más severo.

Edificó viviendo amortajado;
no edificó para vivir logrero;
por él nadie lloró, y hoy es llorado.

[*Parnaso*, 158, a]

252

En la muerte de don Rodrigo Calderón, marqués de Siete Iglesias, capitán de la Guarda Tudesca**

SONETO

Tu vida fue invidiada de los ruines;
tu muerte de los buenos fue invidiada;
dejaste la desdicha acreditada,
y empezaste tu dicha de tus fines.

* González de Salas añade: «Fue del Consejo Supremo y sirvió 30 años. El mármol habla». Don Berenguer de Aoiz Ladrón de Cegama perteneció al Consejo de Castilla desde el 13 de noviembre de 1624 hasta su muerte, cuya fecha se ignora. Véase J. O. Crosby, ob. cit., págs. 137-138.
** Añade González de Salas: «Murió degollado en la plaza de Madrid». Como es bien sabido, murió en 1621. Para la resonancia que obtuvo su muerte entre los poetas de su tiempo, véase el *Romancero de don Rodrigo Calderón*, de A. Pérez Gómez, Valencia, 1955.

Del metal ronco fabricó clarines   5
Fama, entre los pregones disfrazada,
y vida eterna y muerte desdichada
en un filo tuvieron los confines.

Nunca vio tu persona tan gallarda
con tu guarda la plaza como el día   10
que por tu muerte su alabanza aguarda.

Mejor guarda escogió tu valentía,
pues que hizo tu ángel con su guarda
en la gloria lugar a tu agonía.

[*Parnaso*, 158, b]

253

TÚMULO DE DON FRANCISCO DE LA CUEVA Y SILVA,
GRANDE JURISCONSULTO Y ABOGADO*

SONETO

Éste, en traje de túmulo, museo,
sepulcro en academia transformado,
en donde está en cenizas desatado
Jasón, Licurgo, Bártulo y Orfeo;

este polvo, que fue de tanto reo   5
asilo dulcemente razonado,
cadáver de las leyes consultado,
en quien, si lloro el fin, las glorias leo,

éste de don Francisco de la Cueva
fue prisión, que su vuelo nos advierte,   10
donde piedad y mérito le lleva.

Todas las leyes, con discurso fuerte,
venció; y ansí, parece cosa nueva
que le venciese, siendo ley, la muerte.

[*Parnaso*, 159, a]

---

* González de Salas anota: «Fue varón muy noble, limosnero y
poeta». Llevó fama también de dramaturgo innovador, siendo muy
querido por sus contemporáneos. Murió en febrero de 1628. (Vid.

254

Inscripción en el sepulcro de la Señora Duquesa
de Nájara, Condesa de Valencia, etc.*

soneto

A la naturaleza la hermosura,
y a toda la hermosura la belleza,
el blasón y la sangre a la nobleza,
al discurso el acierto y la cordura,

guarda este monumento y sepoltura,   5
con más piedad del mármol que dureza,
del mérito vencida la grandeza,
dejada por plebeya la ventura.

Aquí descansa en paz, aquí reposa
la duquesa de Nájara, y la tierra   10
la guarda el sueño, leve y religiosa.

¡Oh huésped !, tú que vives siempre[1] en guerra,
dile blandas palabras a la losa
que tan esclarecidas venas cierra.

[*Parnaso*, 159, b]

---

sobre don Francisco de la Cueva, Diego Catalán Menéndez-Pidal,
«Don Francisco de la Cueva y Silva y los orígenes del teatro nacional», en *Nueva Revista de Filología hispánica*, III, 1949, páginas 130-140.)
    * González de Salas añade: «Fue mujer del duque de Maqueda,
virrey de Sicilia». (Doña Luisa Manrique de Lara, Duquesa de
Nájara, murió el 25 ó el 26 de junio de 1627.)
    Astrana Marín, *Epistolario completo de D. Francisco de Queve-
do y Villegas* (Madrid, 1946), pág. 734, registra una *Relación de las
obsequias celebradas en la muerte de la Excelentísima Señora Duquesa de Náxera*... de Juan Mártir de Argüello (Cuenca, 1627), en
cuyo folio 12 v. aparece el epitafio con este epígrafe: «Por la nobleza antigua de España, a la Excelentísima señora la Duquesa
de Náxera». Pero no he podido encontrar esa *Relación* que Astrana Marín vio en la biblioteca de don Luis Valdés.
    [1] En el texto, *sombra*.

255

ELOGIO ILUSTRE EN LA MUERTE DEL MARQUÉS DE ALCALÁ,
PADRE DE LA EXCELENTÍSIMA SEÑORA DUQUESA
DE MEDINACELI*

SONETO

¡ Cuánto dejaras de vivir si hubieras
vivido una hora más, oh generoso
marqués, pues, ya en el reino del reposo,
ni tiempo temes ni la muerte esperas !

Nueva lumbre contemplo en las esferas: 5
la piedad de tu espíritu glorioso
robóle a nuestra edad hado invidioso,
a ti, clemente, en glorias verdaderas.

En vos, excelentísima señora,
cuando vuestro dolor con las querellas   10
en tan piadosas lágrimas le llora,

estrellas deja, y va a gozar estrellas;
éstas enluta cuando aquéllas dora,
y, para consolaros, vive en ellas.

[*Parnaso,* 160, a]

256

AL MISMO**

SONETO

Ribera, hoy paraíso; Afán, hoy gloria;
que ansí a descanso hoy pasa el apellido,
de tantas majestades deducido,
blasón que vive en inmortal historia;

* Dedicado a la memoria de don Fernando Afán de Ribera y
Henríquez (Sevilla, 1584, † Vilack, Alemania, 1637). Fue Capitán
General de Cataluña, virrey de Nápoles y Sicilia y gobernador de
Milán.
** «Empieza con una alusión al apellido de Afán de Ribera, de los
excelentísimos Duques de Alcalá.» Nota de González de Salas.

contra el tiempo y olvido la victoria 5
os asegura el real esclarecido
hijo, en quien ya dejáis padre y marido
al fénix que os fecunda la memoria.

Dejáis la pena, sí; pero consuelo
tan cerca, que si ya no alivia el llanto, 10
justo será, mas descortés al cielo.

Dejáisla excelso sostituto, en tanto
que vuestra alma gloriosa deja el suelo,
y lleváisla en el alma al cielo santo.

[*Parnaso*, 160, b]

257

INSCRIPCIÓN AL TÚMULO DEL REY DE FRANCIA
ENRIQUE IV*

SONETO

Su mano coronó su cuello ardiente
y el acero le dio cetro y espada;
hízose reino a sí con mano armada;
conquistó y gobernó francesa gente.

Su diestra fue su ejército valiente; 5
sintió su peso el mar; vio, fatigada,
el alto Pirineo, de gente osada,
la nieve, ceño cano de su frente.

Su herencia conquistó, por merecerla;
nació rey por la sangre que tenía; 10
por la que derramó, fue rey famoso.

A Fortuna quitó (por no deberla
sólo a la sucesión) la monarquía:
y vengó a la Fortuna un alevoso.

[*Parnaso*, 161, a]

* González de Salas añade: «Diole muerte con un cuchillo Francisco Rebellac, el día de la coronación de la Reina». (Murió el
14 de mayo de 1610. Los sonetos deben de ser muy cercanos a la
fecha de la muerte.)

258

Otro a la muerte del mismo Rey, sobre la causa que le movió al matador

SONETO

No pudo haber estrella que infamase
con tal inclinación sus rayos de oro,
ni a tanta majestad perdió el decoro
hora, por maliciosa que pasase.

Ni pudo haber deidad que se enojase   5
y diese tan vil causa a tanto lloro;
rayos vengan la ira al alto coro:
no era bien que un traidor se la vengase.

Gusto no pudo ser matar muriendo,
y menos interés, pues no respeta   10
la desesperación precio ni gloria.

Invidia del infierno fue, temiendo
que el ruido ronco de la guerra inquieta
despertara de España la memoria.

[Ms. 3.797, f. 202; *Parnaso*, 161, b]

259

Soneto a la muerte del cuarto Enrico, rey de Francia

SONETO

No llegó a tanto invidia de los hados,
ni bastó para tanto fuerza alguna;
temió quejas del mundo la Fortuna;
vio sus atrevimientos respetados.

Y veisle: yace en mármores helados   5
(así lo quiere Dios) el que ninguna
diestra temió debajo de la luna;
el que armó con su pecho sus soldados.

La cana edad le perdonó piadosa;
la flaca enfermedad le guardó vida   10
con que buscar pudiera honrosa muerte.

Todo lo malogró mano alevosa,
quitando al mundo el miedo en una herida,
dismintiendo promesas a su suerte.

[Ms. 3.797, Bibl. Nacional, f. 102;
Parnaso, f. 162, a.]

260

Glorioso túmulo a la Serenísima Infanta Sor Margarita de Austria*

SONETO

Las aves del Imperio, coronadas,
mejoraron las alas en tu vuelo,
que con el pobre y serafín al cielo
sube, y volando sigue sus pisadas.

¡Oh cuán cesáreas venas, cuán sagradas   5
frentes se coronaron con tu velo!
Y espléndido el sayal venció en el suelo
púrpura tiria y minas de oro hiladas.

La silla más excelsa, más gloriosa,
que perdió el serafín amotinado,   10
premió a Francisco la humildad; y hoy osa

la tierra, émula al cielo, en alto grado,
premiarle con la frente más preciosa
que imperiales coronas han cercado.

[Parnaso, 162, b]

* González de Salas añade: «Fue hija, nieta, hermana y tía de emperadores, y monja descalza de San Francisco, en Madrid». (Hija de Maximiliano de Austria y nieta de Carlos V, murió el 5 de julio de 1933.)

261

Funeral elogio al Padre Maestro Fr. Hortensio
Félix Paravicino y Arteaga, predicador
de Su Majestad*

SONETO

El que vivo enseñó, difunto mueve,
y el silencio predica en él difunto:
en este polvo mira y llora junto
la vista cuanto al púlpito le debe.

Sagrado y dulce, el coro de las nueve[1]   5
enmudece en su voz el contrapunto:
faltó la admiración a todo asunto,
y el fénix que en su pluma se renueve.

Señas te doy del docto y admirable
Hortensio, tales, que callar pudiera   10
el nombre religioso y venerable.

La Muerte aventurara, si le oyera,
a perder el blasón de inexorable,
y si no fuera sorda, le perdiera.

[*Parnaso*, 163, a]

262

Lamentable inscripción para el túmulo del rey
de Suecia Gustavo Adolfo**

SONETO

Rayo ardiente del mar helado y frío,
y fulminante aborto, tendí el vuelo;
incendio primogénito del yelo,
logré las amenazas de mi brío.

* Paravicino, el célebre predicador y poeta, amigo de Góngora y
el Greco, murió el 12 de diciembre de 1633.
[1] Las nueve musas.
** González de Salas añade: «Después de muchas victorias murió
con una bala, peleando en una batalla». (Nacido en Estocolmo en
1594, recibió una educación esmeradísima, peleó en todo el Norte,
llegó a tener una influencia considerable en Alemania y murió en
la batalla de Lützen, el 6 de noviembre de 1632.)

Fatigué de Alemania el grande río;   5
crecíle, y calenté con sangre el suelo;
azote permitido fui del cielo
y terror del augusto[1] señorío.

Y bala providente y vengadora,
burlando de mi arnés, defensa vana,   10
me trujo negro sueño y postrer hora.

Y, despojo a venganza soberana
alma y cuerpo, me llora quien me llora:
el que los pierde, ¿qué victorias gana?

[*Parnaso*, 163, b]

263

SEPULCRAL RELACIÓN EN EL MONUMENTO DE WOLISTAN*

SONETO

Diole el León de España su Cordero[2],
y, lobo, quiso ensangrentar sus galas;
el Águila imperial le dio sus alas,
y con sus garras se le opuso fiero.

Más soberbio y aleve que guerrero,   5
al reino de Bohemia puso escalas;
la elección de su cetro dio a las balas,
y esperó la corona del acero.

Cayó deshecho en átomos sangrientos
el duque de Frislant, por advertidas   10
manos en su castigo y sus intentos.

No se ve el hombre; vense las heridas;
del cuerpo muerto nacen escarmientos:
tú los quieres crecer si los olvidas.

[*Parnaso*, 164, a]

[1] «Es anagrama de Gustavo», anota González de Salas. (Téngase en cuenta que el sonido *b*, *v* se representaba también por una *u*.)
* González de Salas anota: «El César Ferdinando II le hizo, de pobre caballero, gran príncipe, y por traidor, después le mandó matar. Habla el mármol con Veimar, general de los suecos». (El duque Albrecht Wenzel Eusebius von Wallestein murió asesinado el 25 de febrero de 1634.)
[2] «El Tusón», o Toisón. Nota de González de Salas.

264

VENERABLE TÚMULO DE DON FADRIQUE DE TOLEDO*

> Statius. *Thebaidos*, lib. 1: *Vnde orti?*
> *quo fertis iter? quo iurgia? Nam vos*
> *aut humiles tanta ira docet.*

SONETO

Al bastón que le vistes en la mano
con aspecto real y floreciente,
obedeció pacífico el tridente
del verde emperador del Oceano.

Fueron oprobio al belga y luterano   5
sus órdenes, sus armas y su gente;
y en su consejo y brazo, felizmente,
venció los hados el monarca hispano.

Lo que en otros perdió la cobardía,
cobró armado y prudente su denuedo,   10
que sin victorias no contó algún día.

Esto fue don Fadrique de Toledo.
Hoy nos da, desatado en sombra fría,
llanto a los ojos y al discurso miedo.

> [*Parnaso*, 164, b y autógrafo del
> British Museum, publicado por J.
> O. Crosby, ob. cit., pág. 22.]

* Don Fadrique de Toledo, nacido en 1580, siguió la tradición familiar y luchó contra los turcos y berberiscos; más tarde obtuvo victorias contra las naves holandesas e inglesas. Los honores que recibió de Felipe III y Felipe IV despertaron los recelos del Conde-Duque de Olivares, que hizo lo posible porque don Fadrique fuera procesado. Desterrado y condenado a pagar diez mil ducados de multa, murió el 10 de diciembre de 1634. Véase J. O. Crosby, ob. cit., pág. 151.

265

TÚMULO A LA SEÑORA DOÑA MARÍA ENRÍQUEZ, MARQUESA DE VILLAMAINA*

SONETO

¿Quién alimentará de luz al día?
¿Quién de rayos al sol? ¿Quién a la aurora
de perlas, que en tu risa y boca llora;
del coral, que en tus labios encendía?

Ya falleció del mundo la alegría;   5
melancólica y mustia yace Flora,
cuando el cabello de tu frente dora
en negro luto la ceniza fría.

Por sólo unirse a Dios tu alma pudo
desunirse del cuerpo, que en el suelo,   10
si fue cuerpo o deidad, aún hoy lo dudo.

Dichoso en tanto llanto fue su vuelo,
pues que sube tu espíritu desnudo
de un cielo, por vestirse de otro cielo.

[*Parnaso*, 165, a]

266

TÚMULO A COLÓN
HABLA UN PEDAZO DE LA NAVE EN QUE DESCUBRIÓ EL NUEVO MUNDO

SONETO

Imperio tuve un tiempo, pasajero,
sobre las ondas de la mar salada;
del viento fui movida y respetada
y senda abrí al Antártico hemisfero.

* Doña María Enríquez casó hacia 1621 con don Alonso de Toledo Mendoza y Espinosa, marqués de Villamaina desde 1624. J. O. Crosby, ob. cit., pág. 130, sugiere que el soneto se escribiría, pues, entre 1624 y ¿1630?

Soy con larga vejez tosco madero;   5
fui haya, y de mis hojas adornada,
del mismo que alas hice en mi jornada,
lenguas para cantar hice primero.

Acompaño esta tumba tristemente,
y aunque son de Colón estos despojos,   10
su nombre callo, venerable y santo,

de miedo que, de lástima, la gente
tanta agua ha de verter con tiernos ojos,
que al mar nos vuelva a entrambos con el llanto.

[*Parnaso*, 165, b]

267

A Belisario*

SONETO

Viéndote sobre el cerco de la luna
triunfar de tanto bárbaro contrario,
¿quién no temiera, ¡oh noble Belisario[1]!,
que habias de dar envidia a la Fortuna?

Estas lágrimas tristes, una a una,   5
bien las debo al valor extraordinario
con que escondiste en alto olvido a Mario[2],
que mandando nació desde la cuna.

Y agora, entre los míseros mendigos,
te tiraniza el tiempo y el sosiego   10
la memoria de altísimos despojos.

* El soneto figura, con versión distinta, en el *Cancionero antequeran*, I, f. 170, por lo que será anterior a 1627-1628.
[1] Belisario es el célebre general bizantino († 565) de la época de Justiniano, que derrotó a los persas al principio, siendo vencido más tarde. Años después cobró Cartago y fue recibido triunfalmente en Constantinopla. Más tarde luchó en Italia y se apoderó de Roma. Después de muchas intrigas y procesos, murió a los setenta años. La fuente de Quevedo, como la de tantos historiadores, son unos versos de las *Quiliadas*, obra de un monje del s. XII, en los que éste pinta a Belisario «apoyado en una piedra miliar, con la gamella de madera en la mano y diciendo: "Dad un óbolo a Belisario, a quien la Fortuna cubrió de gloria y cegó la envidia"». Por lo que se le supuso mendigo y ciego.
[2] Sobre Mario, vid. la nota 9 de la pág. 139.

Quisiéronte cegar tus enemigos,
sin advertir que mal puede ser ciego
quien tiene en tanta fama tantos ojos.

[*Las tres Musas*, 1, a]

268

EPITAFIO A UNA SEÑORA EN SU SEPULCRO*

SONETO

Aqueste es el poniente y el nublado
donde el Tiempo, Nerón, tiene escondido
el claro sol que en su carrera ha sido
por el divino Josüé parado.

Estos leones, cuyo aspecto airado   5
se muestran por su dueño enternecido,
a una águila real guardan el nido
de un cordero en el templo venerado.

Estas las urnas son en piedra dura
de las cenizas donde nace al vuelo   10
la fénix Catalina, hermosa y pura.

Aquestos son los siete pies del suelo
que al mundo miden la mayor altura:
marca que a vuestras glorias pone el cielo.

[*Las tres Musas*, 303, a]

269

OTRO EPITAFIO A LA MISMA SEÑORA

SONETO

Yace debajo desta piedra fría
la que la vuelve, de piedad, en cera,
cuya belleza fue de tal manera,
que respetada de la edad vivía.

---

* Este soneto y los dos siguientes se refieren a doña Catalina de
la Cerda, mujer del Duque de Lerma, que murió el 2 de junio
de 1603. Véase J. O. Crosby, ob. cit., pág. 102.

Aquí yace el valor y gallardía,   5
en quien hermosa fue la muerte fiera,
y los despojos, y la gloria entera,
en quien más se mostró su tiranía.

Yace quien tuvo imperio en ser prudente
sobre la rueda de Fortuna avara,   10
la nobleza mayor que mármol cierra.

Que el cielo, que soberbia no consiente,
castigó en derribar cosa tan rara
la que de hacerla tal tomó la tierra.

[Las tres Musas, 303, b]

270

EL PÉSAME A SU MARIDO

SONETO

La que de vuestros ojos lumbre ha sido
convierta en agua el sentimiento agora,
ilustre duque, cuyo llanto llora
todo mortal que goza de sentido.

Vuestra paloma huyó de vuestro nido,   5
y ya le hace en brazos del aurora;
estrellas pisa, estrellas enamora
del nuevo sol con el galán vestido.

Llorad, que está en llorar vuestro consuelo;
no cesen los suspiros que, por ella,   10
con sacrificios acompaña el suelo.

Llorad, señor, hasta tornar a vella;
y ansí, pues la llevó de envidia el Cielo,
le obligaréis de lástima a volvella.

[Las tres Musas, 304, a]

271

Al túmulo de don Luis Carrillo*

SONETO

Si los trofeos al túmulo debidos
aquí hubieran de estar todos colgados,
pocos eran los troncos destos prados
para ser de armas y de honor vestidos.

¿No los ves con su muerte enternecidos,   5
bien que duros y sordos los collados,
mientras en los Elisios[1] apartados
canta con dulce voz blandos olvidos?

España y todo el orbe de la tierra
dan, con suma piedad, a los despojos   10
de don Lüis Carrillo monumento.

En paz fue Apolo, Marte fue en la guerra.
No mires, caminante, con dos ojos
cosa que no podrás llorar con ciento.

> [En *Obras de don Luys Carrillo
> y Sotomayor,* Madrid, 1613, pági-
> na 43.]

272

Otro a lo mismo

SONETO

¿Ves las cenizas que en tan breve asiento
ligera tierra a detener alcanza?
Pues alas fueron, con que la esperanza
voló en el español atrevimiento.

---

* El soneto será posterior al 22 de enero de 1610, pero rehace otro
en honor de don Bernardino de Mendoza, muerto en 1604. (Figura
en el ms. 83-4-39 de la Colombina.)
[1] En los campos Elíseos.

Del padre de Faetón, del dios sangriento,   5
aquí yace la pluma, aquí la lanza;
cobran los desengaños confianza,
muerte el valor, riqueza el sentimiento.

Respeta este sepulcro, que es trofeo
del nombre de Carrillo y de Fajardo,   10
que al Lete dio más nombre que su olvido.

Para en los desengaños el deseo,
y vete, pues has visto el más gallardo,
en poca tierra, en tierra convertido.

[En *Obras de don Luys Carrillo
y Sotomayor*, Madrid, 1613, página 44.]

273

Al conde de Villamediana*

SONETO

Religiosa piedad ofrezca llanto
funesto; que a su libre pensamiento
vinculó lengua y pluma; cuyo aliento
se admiraba de verle vivir tanto.

Cisne fue, que, causando nuevo espanto,   5
aun pensando vivir, clausuló el viento,
sin pensar que la muerte en cada acento
le amenazaba, justa, el primer canto.

Con la sangre del pecho, que provoca
a que el sacro silencio se eternice,   10
escribe tu escarmiento, pasajero:

---

* De 1622, como el siguiente. Como es sabido, el célebre personaje fue apuñalado en la noche del 21 de agosto, volviendo de Palacio en el coche de don Luis de Haro.

que quien el corazón tuvo en la boca,
tal boca siente en él, que sólo dice:
«En pena de que hablé, callando muero».

[Ms. 5.913, Bibl. Nacional, f. 122 v.]

274

[AL MISMO]

Aquí una mano violenta,
más segura que atrevida,
atajó el paso a una vida
y abrió camino a una afrenta;
que el poder que, osado, intenta   5
jugar la espada desnuda,
el nombre de humano muda
en inhumano, y advierta
que pide venganza cierta
una salvación en duda.   10

[Ms. 5.913, Bibl. Nacional, f. 121 v.]

275

DE DON FRANCISCO DE QUEVEDO A LA MUERTE DEL REY DE FRANCIA*

SONETO

En tierra sí, no en fama, consumida,
yaces, oh vida, cuando más temblada,
de la púrpura al mármol derribada,
por, más que a sangre, a llanto abierta herida.

Llorada ya de cuantos fue temida,   5
del hado no, del mundo respetada;
en quien, con vil usar sangrienta espada,
tantos quitó a la muerte en una vida.

Cuando poner presume en mil victorias
tintos los campos y los mares rojos,   10
desnudos centros de invidiosas glorias,

* Véase el soneto núm. 257 y ss.

viste el suelo un traidor de sus despojos;
de horror, su lis; de ejemplo, las memorias;
de ocio, las manos; de piedad, los ojos.

[*Cancionero antequerano*, edic. de
Dámaso Alonso y Rafael Ferreres,
Madrid, 1950, pág. 100.]

276

Túmulo de Aquiles cuando llegó a él Alejandro*

SONETO

Por más que el Tiempo en mí se ha paseado,
consumirme, Alejandro, no ha podido:
que del cuerpo que en mí tengo escondido,
fuerzas contra las suyas he sacado.

Aquiles es quien yace sepultado,   5
y con silencio duerme en largo olvido.
Respeta las cenizas en que ha sido
su valeroso cuerpo desatado.

Rayo fue de la guerra, a Troya espanto;
Júpiter tuvo miedo de su acero,   10
hasta que dejó el alma el frágil manto.

Diole la eternidad el docto Homero.
No le llores de invidia; vierte llanto
de lástima de un hado tan severo.

[Edición de Astrana Marín según el códice 83-4-39 de la Bibl. Colombina de
Sevilla, f. 314 v., que mejora el texto de
Parnaso, 166. El colector del ms. dice:
«Adviértase que estos manuscritos son
sacados de los originales y que en las
obras están los versos trobados (sic), por
enmendarlos y ponerlos más elegantes».]

* Anterior a 1627-1628, por figurar en el *Cancionero antequerano*, I, 168.

277

Epitafio de Alejandro Macedón

MADRIGAL

Lícito te será, buen caminante,
poner en esta losa
los ojos, no los pies. Aguarda, tente,
no pases adelante,
que en esta tumba funeral reposa   5
el glorioso Alejandro blandamente.

Hizo sentir al ancho mar su peso,
a las selvas nadar. Toda la tierra
fatigó con las armas y la guerra.
Tuvo sin libertad el mundo preso;   10
valió en muchos su nombre por herida,
por batalla su miedo. Tanto pudo,
que a invidiosa bebida
agradeció su libertad el suelo;
y desangrada sombra en polvo mudo,   15
yace quien, de cortés, perdonó al cielo.

[*Parnaso,* 170]

278

Epicedio en la muerte de una ilustre señora, hermosa y difunta en lo florido de su edad

SILVA FUNERAL

Deja l'alma y los ojos
en este monumento por despojos,
oh amigo pasajero,
que en esta tumba se atesora entero
el imperio de amor en poca tierra,   5
la munición, las armas de su guerra,

su triunfo, su victoria,
el éxtasis de amor, toda la gloria
y más dulce deleite de la vista,
el patrimonio todo y la conquista   10
de cuantas libertades tuvo el suelo,
y el vencimiento de la luz del cielo.
Todos ya estos trofeos son ceniza
que aun en porción mortal se inmortaliza.

    Aquí yace el Amor, no yace Elvira,   15
pues reina aun en el mármol, y él suspira.
Ciegos los ojos deja, ¡oh tú!, en el llanto,
por epitafio al monumento santo:.
déjalos, pues en lágrimas te empleas,
que, pues ya no la ves, no es bien que veas.   20
El cielo, que soberbia no consiente
(sábelo el Serafín inobediente),
a la naturaleza,
que contra su poder se amotinaba,
blasonando de Elvira la belleza,   25
castigó la soberbia que ostentaba.

    La Muerte, que, ambiciosa en monarquía
universal, no admite compañía,
ni igualdad que no abata,
nunca justificada, siempre ingrata,   30
desatando aquella alma generosa
de su composición maravillosa,
redújola a cadáver, porque intenta
que, ansí como de Elvira no hubo exenta
libertad, su corona   35
única quede ya, difunta Elvira,
que compitió su inexorable vira;
y pues no perdonó, no la perdona.
Y aun el Amor no quiso
igualdad con Elvira de sus leyes,   40
que rinden igualmente vulgo y reyes.

    En sus ojos las luces expiraron
que un tiempo soberanas fulminaron;
todas las flores y las rosas juntas
en sus mejillas yacen hoy difuntas;   45

mustia la primavera,
mal vestidos el monte y la ribera:
por eso a sus exequias dolorosas
luces han de faltar, flores y rosas,
y en vez de las antorchas relumbrantes,   50
corazones de cera arden amantes.
Será su sepultura
(¡tales méritos tiene su hermosura!)
mina con sus cabellos,
pues Tíbar y el Ofir se gastó en ellos.   55
Su boca hará a su túmulo tesoro,
pues perlas y rubíes junta al oro.
Tú, huésped, si piedad tu afecto mueve,
no digas que la tierra le sea leve;
dila, pues guarda prenda tan preciosa,   60
que sepa ser avara y cuidadosa;
porque en cubrir sus perfecciones raras,
a pesar de los hombres en el suelo,
hace lisonja al sol, adula al cielo.

> [*Parnaso*, 171. Pero retocada por el pro-
> pio González de Salas, según confiesa:
> «Esta poesía quiso figurar nuestro poeta
> en canción pindárica, y con esa distri-
> bución vaga por el mundo; pero tan in-
> forme en esa estructura, que pareció más
> acertado pensamiento, con el auxilio
> acostumbrado, desatarla en silva».]

279

CANCIÓN FÚNEBRE EN LA MUERTE DE DON LUIS CARRILLO
Y SOTOMAYOR, CABALLERO DE LA ORDEN DE SANTIAGO Y
CUATRALBO DE LAS GALERAS DE ESPAÑA*

Miré ligera nave
que, con alas de lino, en presto vuelo,
por el aire süave
iba segura del rigor del cielo
y de tormenta grave.   5
En los golfos del mar el sol nadaba

* Véase la nota al poema 271.

y en sus ondas temblaba,
y ella, preñada de riquezas sumas,
rompiendo sus cristales,
le argentaba de espumas,   10
cuando, en furor iguales,
en sus velas los vientos se entregaron
y, dando en un bajío,
sus leños desató su mesmo brío,
que de escarmientos todo el mar poblaron,   15
dejando de su pérdida en memoria
rotas jarcias, parleras de su historia.

   En un hermoso prado,
verde laurel reinaba presumido,
de pájaros poblado,   20
que, cantando, robaban el sentido
al Argos del cuidado.
De verse con su adorno tan galana
la tierra estaba ufana,
y en aura blanda la adulaba el viento,   25
cuando una nube fría
hurtó en breve momento
a mis ojos el día,
y, arrojando del seno un duro rayo,
tocó la planta bella,   30
y juntamente derribó con ella
toda la gala, primavera y mayo;
quedó el suelo de verde honor robado,
y vio en cenizas su soberbia el prado.

   Vi, con pródiga vena,   35
de parlero cristal un arroyuelo
jugando con la arena,
y enamorando de su risa al cielo,
a la margen amena,
una vez murmurando, otra corriendo,   40
estaba entreteniendo.
Espejo guarnecido de esmeralda
me pareció al miralle;
el prado, la guirnalda;
mas abrióse en el valle   45
una invidiosa cueva de repente;

enmudeció el arroyo,
creció la obscuridad del negro hoyo,
y sepultó recién nacida fuente,
cuya corriente breve restauraron   50
ojos que de piadosos la lloraron.

    Un pintado jilguero
más ramillete que ave parecía;
con pico lisonjero,
cantor de la alba, que despierta al día,   55
dulce cuanto parlero,
su libertad alegre celebraba,
y la paz que gozaba,
cuando en un verde y apacible ramo,
codicioso de sombra,   60
que sobre varia alfombra
le prometió un reclamo,
manchadas con la liga vi sus galas,
y de enemigos brazos,
en largas redes, en nudosos lazos,   65
presa la ligereza de sus alas,
mudando el dulce, no aprendido, canto,
en lastimero son, en triste llanto.

    Nave, tomó ya puerto;
laurel, se ve en el Cielo trasplantado,   70
y de él teje corona;
fuente, hoy más pura, a la de Gracia, corre
desde aqueste desierto;
y pájaro, con tono regalado,
serafín pisa ya la mejor zona,   75
sin que tan alto nido nadie borre:
ansí, que el que a don Luis llora no sabe
que, pájaro, laurel y fuente y nave
tiene en el Cielo, donde fue escogido.
flores, y curso largo, y puerto, y nido.   80

                                 [*Parnaso*, 167]

280

A la muerte de Enrique, rey de Francia

Detén el paso y vista, mas no el llanto,
¡oh pasajero!, en tanto
que te dice esta losa cómo encierra,
ya vuelto en poca tierra,
al mayor rey que vio jamás la Galia,   5
cuya corona la alcanzó su espada,
por hijo de sus obras heredada.
Él dio cuidado a España, miedo a Italia;
fue por su amor querido,
por su valor temido   10
aun de la misma Muerte, pues no osara
a ejecutar el golpe para herille,
si no se levantara
del lugar donde estaba a recebille.
Matóle su piedad, no las heridas,   15
por dar, muriendo, vida a tantas vidas.

                    [*Cancionero antequerano*, pág. 305]

281

Túmulo a Belisario, ya ciego

Esconde pobre losa,
tan desnuda cuan digna de ornamentos
(así lo quiso Dios), los huesos fríos
de Belisario, la ceniza honrosa,
invidiada de claros monumentos,   5
y llorada de tantos presos ríos.
Ocuparon coronas sus cadenas,
hizo sombra en su frente verde rama;
acordóle la Fama
el olvidado nombre de su Atenas.   10
Venció francos y vándalos y godos
con esfuerzo atrevido,
y sólo de la envidia fue vencido
el que los venció a todos,

cegando indignamente   15
sus dos ojos con oro puro ardiente:
quizá porque los griegos
estaban antes con el oro ciegos.
Pues sola la codicia pudo tanto,
de riquezas y gloria,   20
que cegase varón cuya memoria
hace que al que lo sabe ciegue el llanto.

> [Ms. 83-4-39, de la Bibl. Colombina de
> Sevilla, f. 313. Con la nota: «De Que-
> vedo, pero no está en sus obras». Fue
> publicado, a través de una copia del si-
> glo xix, no muy fiel, por Astrana Marín.]

282

Epitafio*

Salvó aventuradas flotas,
rompió escuadras enemigas
y las poderosas ligas
de enemigos dejó rotas.
Tomó naves, tomó puertos,   5
tomó islas ya perdidas,
y tomó de muchas vidas
venganza con sus aciertos.
Oh tú, que vas a buscar
cosas dignas de notar,   10
advierte, yo te lo mando,
que quien no murió tomando
donde pudo peligrar,
por no dejarse tomar
murió, y sin túmulo yace,   15
con el *Requiescat in pace*,
pobre, desnudo y vulgar.

> [El texto es autógrafo y se halla en las
> hojas preliminares del *Trattato dell'Amo-
> re umano*, de M. Flaminio Nobile, Luc-
> ca, 1569, ejemplar conservado en el Bri-
> tish Museum. Publicado por James O.
> Crosby, ob. cit., pág. 19.]

* J. O. Crosby cree que se refiere a don Fadrique de Toledo,
muerto el 10 de diciembre de 1634. Véase el soneto núm. 264.

283

A LUCAS RODRÍGUEZ*

SONETO

Don Francisco de Quevedo al lector

Bien debe coronar tu ilustre frente,
Lucas, el rubio Febo, y, mormurando[1],
el generoso Henares ir cantando
tu nombre al ronco son de su corriente.

Y de las perlas que en su seno siente,   5
y va con frío humor alimentando,
hacer lenguas que vayan dilatando
tu nombre por el ancho mar de Oriente.

Bien te debe la Fama el ocuparse
en sólo celebrar tu nombre y gloria,   10
si su clarín tan gran aliento alcanza.

Bien te debe (mas no puede pagarse
tal deuda) sus anales la memoria,
y, al fin, todos te deben alabanza.

[En los preliminares de los *Conceptos de Divina Poesía*, de Lucas
Rodríguez, Alcalá, 1599.]

284

A LOPE DE VEGA

SONETO

Las fuerzas, Peregrino celebrado,
afrentará del tiempo y del olvido
el libro que, por tuyo, ha merecido
ser del uno y del otro respetado.

* Autor también del *Romancero hystoriado con mucha variedad
de glosas y sonetos* (Alcalá de Henares, 1585, pero impreso antes),
en cuya portada se lee que es «escriptor de la Universidad de Alcalá de Henares».
[1] En el texto, *innumendo*, que enmienda Menéndez Pelayo.

Con lazos de oro y yedra acompañado,   5
el laurel con tu frente está corrido
de ver que tus escritos han podido
hacer cortos los premios que te ha dado.

La invidia su verdugo y su tormento
hace del nombre que cantando cobras,   10
y con tu gloria su martirio crece.

Mas yo disculpo tal atrevimiento,
si con lo que ella muerde de tus obras
la boca, lengua y dientes enriquece.

> [En los fols. preliminares de *El*
> *peregrino en su patria*, de Lope
> de Vega, Sevilla, 1604.]

285

EN ALABANZA DE CRISTÓBAL DE MESA*

SONETO

Hoy de los hondos senos del olvido
y negras manos de la edad pasada,
con voz al son de hierro concertada,
el gran varón sacáis nunca vencido.

Sin duda os juzgará por atrevido   5
quien os viere, entre tanta ardiente espada,
cantar los filos donde fue cortada
la pluma que os sacó de vuestro nido.

De Tolosa la noble y alta hazaña
cantaste, cano cisne, en verde mayo,   10
obra que nunca el tiempo la destruya.

* De Zafra (1561-1633), autor de diversos poemas extensos, como
Las Navas de Tolosa, Madrid, 1594. (A éste se refiere el primer
terceto.)

Mas hoy, gran Mesa, tanto como España
por su restauración debe a Pelayo,
os debe a vos Pelayo por la suya.

> [En los preliminares de *La restau-*
> *ración de España*, Madrid, 1607;
> pero las aprobaciones son de 1604.]

286

AL DOCTOR DON BERNARDO DE BALBUENA*

SONETO

Es una dulce voz tan poderosa,
que fue artífice en Tebas de alto muro,
y en un delfín sacó del mar seguro
al que venció su fuerza rigurosa.

Compró con versos mal lograda esposa   5
el amante de Tracia, al reino escuro;
a Sísifo quitó el peñasco duro,
y a Tántalo la eterna sed rabiosa.

De vos no menos que de Orfeo esperara,
si el pueblo de las sombras mereciera   10
que, cual su voz, la vuestra en él sonara.

Por oíros, de Tántalo no huyera
el agua, y él de suerte os escuchara,
que, por no divertirse, no bebiera.

> [En elogio del *Siglo de Oro en*
> *las selvas de Erífile*, Madrid, 1607.]

---

* Bernardo de Balbuena (1568-1627), de Valdepeñas. Marchó a
Méjico muy joven, llegando a ser obispo de Puerto Rico. Su obra
más importante es el *Bernardo*, extensísimo poema.

287

AL SARGENTO MAYOR DON DIEGO ROSEL
Y FUENLLANA

Hieroglífico en su servicio

SONETO .

Coronado de lauro, yedra y box,
Rosel le quita a Febo su carcax,
pues hace los esdrújulos sin ax,
y a todos los poetas dice ox.

Es de los hieroglíficos la trox,   5
siendo en la ciencia del saber arrax,
y es tan[1] claro cual lúcido valax,
y muy más concertado que un relox.

Al carro del gran Febo sirve de ex,
y es de aquesta Academia el armandix;   10
obedécenle[2] todos como a dux.

Es tan veloz cuanto en el agua el pex;
danle las musas nombre de su dix,
pues hizo en todas artes un gran flux.

> [Entre los elogios a la *Parte pri-
> mera de varias aplicaciones y trans-
> formaciones* de Diego de Rosel y
> Fuenllana, Nápoles, 1613.]

288

EN ALABANZA DE LOPE DE VEGA*

SONETO

*Tristis es, et Foelix sciat hoc Fortuna, caveto;
Ingratum dicet, te, Lupe, si scierit.*
Mart., *Ad Lupum.* (*Ex lib.* 6, Epíg. LXXIX)

Pues te nombra Marcial, Félix y Lope,
Lope Feliz, ¿por qué tanta tristeza

---

[1] En el texto, «y en todo». Enmienda de Menéndez Pelayo.
[2] En el texto, «obedeciéndole». Enmienda del mismo.
* Parece dirigido contra Góngora, en 1609, por haber nombrado
a Lope en su soneto contra Quevedo, al enterarse de que traducía
el Anacreonte:

si llenó la Fortuna de riqueza
tu genio y tus escritos hasta el tope?

Néctar escribes; los demás, arrope.   5
No se mida con otro tu grandeza.
Mal tus alas, tu vuelo y ligereza
sigue en flaco rocín corto galope.

Pues ha de ser de Lope lo que es bueno[1],
en cualquiera persona, en cualquier trato,   10
a la invidia tu risa dé veneno[2];

que la Fortuna, atenta en tu recato,
viéndote de tesoros suyos lleno,
de ti se quejará como de ingrato[3].

> [Fue publicado por F. Janer en la edición
> de las *Poesías* de don Francisco en la
> BAE, LXIX, pág. 481, procedente de un
> códice que perteneció a don Serafín Es-
> tébanez Calderón, hoy en la Nacional
> (sig. 12.717, f. 63).]

289

[AL DUQUE DE OSUNA]*

Strophe

No con estatuas duras
en que el mármol ocioso
y el arte perezoso,

Anacreonte español, no hay quien os tope,
que no diga, con mucha cortesía,
que ya que vuestros pies son de elegía,
que vuestras suavidades son de arrope.
¿No imitaréis al terenciano Lope,
que al de Beleforonte cada día
sobre zuecos de cómica poesía
se calza espuelas y le da un galope?
[Edic. de Millé, pág. 559]

[1] Alude a aquel adagio tan popularizado de «ser tan bueno como de Lope de Vega».

[2] Antes escribió: «Muestre tu corazón rostro sereno».

[3] Antes escribió: «Si lo sabe, dirá que eres ingrato».
El códice lleva una nota que reza: «Con estas mismas enmiendas está en el borrador original».

* Posterior al 25 de septiembre de 1624, en que muere don Pedro Téllez Girón.

difunto, imitas fijas las figuras,
detendré tu semblante,   5
que se llevó en los pies la postrer hora
que el mundo teme y llora;
ni émulo de Lisipo y Policleto,
¡oh grande, ya inmortal Duque de Osuna!,
para contradecir a tu fortuna   ·   10
procuraré con tus facciones reales
animar los metales:
que los dorados bultos
más doctos y más cultos
lisonja muerta son sin movimiento.   15
Valdréme del acento
de la lira y del canto
que, disfrazando mi sonoro llanto,
tu nombre llevará de gente en gente
y a la tumba del sol desde el Oriente.   20
Razonaréle el Noto por las gavias,
y el mar, que tanto honor debe a tus quillas,
hará que le pronuncien sus orillas;
y sus golfos, que fueron
teatro a tus hazañas,   25
aplaudiendo sus sañas
las pirámides tres de tus Girones,
que hicieron callar en tus pendones
las bárbaras de Egipto,
hoy, lastimados de tu ausencia [eterna]   30
de lágrimas serán borrasca tierna.

[Autógrafo en la hoja 3 de las guardas
de la edic. de *Pindari poetae vetustissi-
mi lyricorum... per Ioan Locinerū*, Ba-
silea, 1635 (Bibl. Nacional, R. 642). Sigo
la edic. de M. Fernández Galiano en
la *RBAM del Ayuntamiento de Madrid*,
XIV, 1945, págs. 350-351, con alguna corrección.]

290

A LA SEÑORA DOÑA CATALINA DE LA CERDA*

CANCIÓN

Dichosa, bien que osada, pluma ha sido
la que atreve su vuelo
a vos: no emprendió más quien buscó el cielo,
y a menos luz cayó desvanecido.
Confieso por menor aquel intento   5
y éste por más glorioso atrevimiento.

Oíd, ¡oh generosa Catalina!,
a la musa española
(que mejor canta y merecistes sola)
la majestad, la pompa peregrina: 10
que de España invencible el celo ardiente
mostró tan liberal como obediente.

Si no salistes vos, ¿cómo hubo día?
Y sin vuestras colores,
¿qué galas pudo haber, o qué labores?   15
Si no salistes vos, ¿qué bizarría?
¿Cómo, sin vuestra boca, perlas hubo,
y, sin vos, precio alguno piedra tuvo?

Pero si vuestra pura luz saliera,
¿quién los tranzados rojos   20
del sol galán por robo de esos ojos
(de amor ricos y avaros) no tuviera?
Así que debe al no haber vos salido
más que a sus rayos el haber lucido.

Importó que os quedásedes de modo,   25
que, a salir vos, sospecho
(¡tan bella sois!) que no se hubiera hecho
la fiesta, que os echó menos en todo:
pues nadie hallará en sí, pudiendo veros,
sentidos para más que obedeceros.   30

* Era hija del Duque de Lerma y casó en 1598 con el célebre
Conde de Lemos.

¿Quién, si os mirara, libertad tuviera
para dar obediencia,
mientras pudiera ver vuestra presencia,
a quien, o vos, o vuestra luz no fuera?
Así que a vuestro rey le dais vasallos,			35
con no dejaros ver, con no mirallos.

Oíd, pues que no vistes gloria tanta,
la relación, si iguala
lengua mortal a tanto precio y gala;
pues hoy, para que vos la escuchéis, canta			40
la voz del que vencer puede en España
al dios que el ocio le quitó la caña.

> [En el f. 3 de los preliminares del
> *Elogio del ivramento del serenissi-*
> *mo principe don Felipe Domingo,*
> *quarto deste nombre,* de Luis Vé-
> lez de Guevara, Madrid, 1608.]

291

A DON JERÓNIMO DE MATA
EN EL LIBRO DE «LAS TRISTEZAS DE AMARILIS»*

ESTROPHE[1]

El instrumento artífice de muros,
que con acentos puros
sonoro fabricó con cuerdas nuevas
el miedo al mundo y la muralla a Tebas[2];
el que del ancho mar en los confines			5
primero domador fue de delfines,

---

* Ignoro quién es este Jerónimo de Mata o Fernández de Mata
(«insigne músico de laúd», según dice el ms. de Nápoles), que publicó el *Diálogo Crates y Hiparchia, marido y mujer, filósofos an-*
tiguos (Madrid, 1637). Es también autor de las *Soledades de Aure-*
lia (Madrid, 1638) y de unas *Ideas políticas y Morales* (Toledo,
1640.)

[1] «Sigue la disposición de las odas de Píndaro.» Nota de Aldrete.

[2] Referencia al mito de Anfión, o Cadmo, fundador de Tebas,
casado con Harmonia o Hermione. Dícese que edificó los muros al
son de su lira.

jinete de los golfos, y el primero
que introdujo en el mar caballería,
domando escamas en el Ponto fiero[3];
tanto pudo la voz y la armonía   10
del mancebo de Tracia,
que tanto a las corrientes cayó en gracia,
que el cristal diligente emperezaron,
y su curso en su lira aprisionaron;
a quien los montes fueron auditorio,   15
y séquito y aplauso el territorio;
cuya lira en el cielo,
querellosa del suelo,
sonora resplandece,
resplandeciente suena, y aparece   20
con ardiente armonía
de canoras estrellas fabricada,
divirtiendo en las sombras, regalada,
con acentos de luz, la ausencia al día,

ANTISTROPHE

    menos que vos hicieron;   25
señas de vuestra mano al mundo dieron,
si en vuestra lira, Mata generoso,
halla el amor reposo,
y sueño los cuidados,
siempre en ojos amantes desvelados;   30
olvido los dolores,
tregua los invidiosos amadores,
y, mágico sonoro bien seguro,
con fuerza de conjuro,
las almas que suspende en los vivientes,   35
traslada a los peñascos y a las fuentes,
y con cuerdas sirenas
adormece las penas.

---

[3] Alude a Arión, célebre músico y poeta, que habiendo perma-
necido mucho tiempo en la corte de Periandro, rey de Corin-
to, acompañó a este príncipe en un viaje a Italia. De regreso a su
patria, sus compañeros de viaje concibieron el atroz designio de
matarle para apropiarse sus riquezas. Arión pidió como una gracia
especial que le permitiesen tocar por una sola vez la lira antes
de morir. Concedida su solicitud, se retiró a la popa de la nave, de
donde, después de haber hecho sentir una música muy patética, se
arrojó al mar, siendo salvado por un delfín.

Bien con voz dolorosa pudo Orfeo,
por divertir su ausencia y su deseo,   40
músico suspender, regalar tierno
las penas del infierno;
mas vos, en Amarilis desdichada,
con voz más dulce y cuerda más templada,
suspendéis (tanto el cielo honraros quiso)   45
el infierno en el propio paraíso.

EPODOS

El rey de ríos. líquido monarca,
de sus arenas Midas cristalino,
muro cortés, que la ciudad[4] abarca,
y no la ciñe, por dejar camino;   50
Tajo (que nace fuente,
de pinos coronada cuna y frente,
para morir glorioso,
ya remedando el piélago espantoso,
dentro del monumento de los ríos,   55
mar dulce coronada de navíos)
bien al Ebro[5] imitara,
y a escucharos volviera y se parara;
mas de las aguas suyas generosas,
por volveros a oír, las que pasaron   60
dan priesa a las que vienen codiciosas;
y éstas a las primeras que llegaron,
y ellas a las que os oyen, de manera
que a sí misma se estorba la ribera.
¡Dichosa tú, que fuiste desdichada   65
para ser tan dichosa,
ya escrita, ya cantada,
en verso culta, y elegante en prosa!
Pues pudiera, Amarilis, tu belleza
(tan feliz desventura padeciste),   70
de no haber sido triste,
tener mayor tristeza;
y así, debes, señora,
de tu tristeza estar alegre agora.

                                   [*Las tres Musas,* 205]

---

[4] Toledo.
[5] Pero se trata del Ebro clásico y griego.

POEMAS AMOROSOS

AMANTE AUSENTE DEL SUJETO AMADO
DESPUÉS DE LARGA NAVEGACIÓN

SONETO

Fuego a quien tanto mar ha respetado
y que, en desprecio de las ondas frías,
pasó abrigado en las entrañas mías,
después de haber mis ojos navegado,

merece ser al cielo trasladado,   5
nuevo esfuerzo del sol y de los días;
y entre las siempre amantes jerarquías[1],
en el pueblo de luz, arder clavado.

Dividir y apartar puede el camino;
mas cualquier paso del perdido amante   10
es quilate al amor puro y divino.

Yo dejo la alma atrás; llevo adelante,
desierto y solo, el cuerpo peregrino,
y a mí no traigo cosa semejante.

[*Parnaso,* 189]

---

[1] «En el firmamento», anota González de Salas.

293

COMPARA CON EL ETNA LAS PROPRIEDADES
DE SU AMOR*

SONETO

Ostentas, de prodigios coronado,
sepulcro fulminante, monte aleve,
las hazañas del fuego y de la nieve,
y el incendio en los yelos hospedado.

Arde el hibierno en llamas erizado,   5
y el fuego lluvias y granizos bebe;
truena, si gimes; si respiras, llueve
en cenizas tu cuerpo derramado.

Si yo no fuera a tanto mal nacido,
no tuvieras, ¡oh Etna!, semejante: 10
fueras hermoso monstro sin segundo.

Mas como en alta nieve ardo encendido,
soy Encélado[1] vivo y Etna amante,
y ardiente imitación de ti en el mundo.

[*Parnaso*, 190, a]

294

AUSENTE, SE HALLA EN PENA MÁS RIGUROSA
QUE TÁNTALO

SONETO

Dichoso puedes, Tántalo, llamarte,
tú, que, en los reinos vanos, cada día,
delgada sombra, desangrada y fría,
ves, de tu misma sed, martirizarte.

---

* «Aquél arde en la nieve y él en los desdenes», añade González de Salas.
[1] Encélado fue uno de los Titanes rebelados contra Júpiter. Minerva lanzó contra él su carro y lo derribó, oponiéndole la Sicilia
a su paso. Júpiter lo sujetó con el Etna, y sus movimientos pro-
ducían las sacudidas de este monte, y su respiración lanzaba el
fuego y el humo.

Bien puedes en tus penas alegrarte   5
(si es capaz aquel pueblo de alegría),
pues que tiene (hallarás) la pena mía
del reino de la noche mayor parte.

Que si a ti de la sed el mal eterno
te atormenta, y mirando l'agua helada,   10
te huye, si la llama tu suspiro;

yo, ausente, venzo en penas al infierno;
pues tú tocas y ves la prenda amada;
yo, ardiendo, ni la toco ni la miro.

[*Parnaso*, 190, b]

295

CON EJEMPLOS MUESTRA A FLORA
LA BREVEDAD DE LA HERMOSURA PARA NO MALOGRARLA

SONETO

La mocedad del año, la ambiciosa
vergüenza del jardín, el encarnado
oloroso rubí, Tiro abreviado[1],
también del año presunción hermosa;

la ostentación lozana de la rosa,   5
deidad del campo, estrella del cercado;
el almendro, en su propria flor nevado,
que anticiparse a los calores osa,

reprehensiones son, ¡oh Flora!, mudas
de la hermosura y la soberbia humana,   10
que a las leyes de flor está sujeta.

Tu edad se pasará mientras lo dudas;
de ayer te habrás dé arrepentir mañana,
y tarde y con dolor serás discreta.

[*Parnaso*, 191, a]

---

[1] Por la púrpura de Tiro.

296

COMPARA EL CURSO DE SU AMOR CON EL DE UN ARROYO

SONETO

Torcido, desigual, blando y sonoro,
te resbalas secreto entre las flores,
hurtando la corriente a los calores,
cano en la espuma y rubio con el oro.

En cristales dispensas tu tesoro,   5
líquido plectro a rústicos amores;
y templando por cuerdas ruiseñores,
te ríes de crecer con lo que lloro.

De vidro, en las lisonjas, divertido,
gozoso vas al monte; y, despeñado,   10
espumoso encaneces con gemido.

No de otro modo el corazón cuitado,
a la prisión, al llanto se ha venido
alegre, inadvertido y confiado.

[*Parnaso*, 191, b]

297

FINGE DENTRO DE SÍ UN INFIERNO,
CUYAS PENAS PROCURA MITIGAR, COMO ORFEO,
CON LA MÚSICA DE SU CANTO, PERO SIN PROVECHO

SONETO

A todas partes que me vuelvo veo
las amenazas de la llama ardiente,
y en cualquiera lugar tengo presente
tormento esquivo y burlador deseo.

La vida es mi prisión, y no lo creo;   5
y al son del hierro, que perpetuamente
pesado arrastro, y humedezco ausente,
dentro en mí proprio pruebo a ser Orfeo.

Hay en mi corazón furias y penas;
en él es el Amor fuego y tirano,   10
y yo padezco en mí la culpa mía.

¡Oh dueño sin piedad, que tal ordenas,
pues, del castigo de enemiga mano,
no es precio[1] ni rescate l'armonía !

[*Parnaso,* 192]

298

AMANTE QUE HACE LECCIÓN
PARA APRENDER A AMAR DE MAESTROS IRRACIONALES*

SONETO

Músico llanto, en lágrimas sonoras,
llora monte doblado en cueva fría,
y destilando líquida armonía,
hace las peñas cítaras canoras.

Ameno y escondido a todas horas,   5
en mucha sombra alberga poco día;
no admite su silencio compañía:
sólo a ti, solitario, cuando lloras.

Son tu nombre, color y voz doliente
señas, más que de pájaro, de amante;   10
puede aprender dolor de ti un ausente.

Estudia en tu lamento y tu semblante
gemidos este monte y esta fuente,
y tienes mi dolor por estudiante.

[*Parnaso,* 193]

[1] *precio,* premio.
* González de Salas dice: «Refirióme don Francisco que en Génova tiene un caballero una huerta, y en ella una gruta hecha de la Naturaleza, en un cerro, de cuya bruta techumbre menudamente se destila por muchas partes una fuente, con ruido apacible. Sucedió, pues, que dentro de ella oyó gemir un pájaro, que llaman solitario, y que al entrar él se salió, y en esta ocasión escribió este soneto».
J. O. Crosby, ob. cit., pág. 118, indica que don Francisco estuvo en Génova varias veces de 1613 a 1619.

299

EXAGERACIONES DE SU FUEGO, DE SU LLANTO, DE SUS SUSPIROS Y DE SUS PENAS*

SONETO

Si el abismo, en diluvios desatado,
hubiera todo el fuego consumido,
el que enjuga mis venas, mantenido
de mi sangre, le hubiera restaurado.

Si el día, por Faetón descaminado,   5
hubiera todo el mar y aguas bebido,
con el piadoso llanto que he vertido,
las hubieran mis ojos renovado.

Si las legiones todas de los vientos
guardar Ulises[1] en prisión pudiera,   10
mis suspiros sin fin otros formaran.

Si del infierno todos los tormentos,
con su música, Orfeo suspendiera,
otros mis penas nuevos inventaran.

[*Parnaso*, 194, a]

300

ACUÉRDASE DE SU LIBERTAD COBRADA, Y VUELTA A PERDER; Y AUNQUE CONFIESA LA FELICIDAD DE AQUEL ESTADO, SE RECONOCE A SÍ MISMO SIN VALOR PARA DESEARLE**

SONETO

Ya que no puedo l'alma, los dos ojos
vuelvo al dulce lugar, donde, rendida,
dejé mi antigua libertad, vestida
de mis húmedas ropas y despojos.

* Joseph G. Fucilla, en sus *Estudios sobre el petrarquismo en España* (Madrid, 1960), pág. 203, señala que es «una imitación del soneto más chillón de Groto», el que comienza «Se 'l de Giove in terra stesso».

[1] «Homero en el principio del lib. 10 de la Ulyssea.» Nota de González de Salas.

** Una versión distinta se encuentra en el *Cancionero antequerano*, ms. I, 137, de 1627-1628.

¡Oh, si sintiera ya los lazos flojos   5
en que tirano Amor la tiene asida,
o el desengaño tardo de mi vida
a su prisión burlara los cerrojos[1] !

A ti[2] me fuera luego, y de tu techo
las paredes vistiera, por honrarte,   10
con duro lazo, por mi bien, deshecho.

Mas hállome en prisión tan de su parte,
¡oh libertad !, que faltas a mi pecho
para poder sin Fili desearte.

[*Parnaso*, 194, b]

301

NO SE DISCULPA, COMO LOS NECIOS AMANTES, DE ATRE-
VERSE A AMAR; ANTES PERSUADE A SER SUPERIOR HERMO-
SURA LA QUE NO PERMITE RESISTENCIA PARA SER AMADA

SONETO

¡No sino fuera yo quien solamente
tuviera libertad después de veros !
Fuerza, no atrevimiento, fue el quereros,
y presunción penar tan altamente.

Osé menos dichoso que valiente;   5
supe, si no obligaros, conoceros;
y ni puedo olvidaros ni ofenderos:
que nunca puro amor fue delincuente.

No desdeña gran mar fuente pequeña;
admite el sol en su familia de oro   10
llama delgada, pobre y temerosa;

ni humilde y baja exhalación desdeña.
Esto alegan las lágrimas que lloro;
esto mi ardiente llama generosa.

[*Parnaso*, 195, a]

---

[1] «Admitan las delicadas orejas esta voz, a quien, ansí colocada,
no falta decoro.» Nota de González de Salas.
[2] «Habla con la libertad.» Nota del mismo.

302

ARDOR DISIMULADO DE AMANTE*

SONETO

Salamandra frondosa y bien poblada
te vio la antigüedad, columna ardiente,
¡ oh Vesubio, gigante el más valiente
que al cielo amenazó con diestra osada !

Después, de varias flores esmaltada,   5
jardín piramidal fuiste, y luciente
mariposa, en tus llamas inclemente,
y en quien toda Pomona fue abrasada.

Ya, fénix cultivada, te renuevas,
en eternos incendios repetidos,   10
y noche al sol y al cielo luces llevas.

¡ Oh monte, emulación de mis gemidos :
pues yo en el corazón, y tú en las cuevas,
callamos los volcanes florecidos !

[*Parnaso*, 195, b]

303

A AMINTA, QUE TENIENDO UN CLAVEL EN LA BOCA, POR MORDERLE, SE MORDIÓ LOS LABIOS Y SALIÓ SANGRE

SONETO

Bastábale al clavel verse vencido
del labio en que se vio (cuando, esforzado
con su propria vergüenza, lo encarnado
a tu rubí se vio más parecido),

---

* «El monte Vesuvio, hoy llamado la montaña de Soma, arde en la cima, vestido en contorno de jardines.» Nota de González de Salas.
    Una versión con ligeras variantes figura al f. 40 de *El monte Vesuvio, ahora la montaña de Soma*... del doctor don Juan de Quiñones (Madrid, 1632).

sin que, en tu boca hermosa, dividido   5
fuese de blancas perlas granizado,
pues tu enojo, con él equivocado,
el labio por clavel dejó mordido;

si no cuidado de la sangre fuese,
para que, a presumir de tiria grana[1],   10
de tu púrpura líquida aprendiese.

Sangre vertió tu boca soberana,
porque, roja victoria, amaneciese
llanto al clavel y risa a la mañana.

[*Parnaso*, 196, a]

304

Venganza en figura de consejo a la hermosura pasada*

soneto

Ya, Laura, que descansa tu ventana
en sueño que otra edad tuvo despierta,
y, atentos los umbrales de tu puerta,
ya no escuchan de amante queja insana;

pues cerca de la noche, a la mañana   5
de tu niñez sucede tarde yerta,
mustia la primavera, la luz muerta,
despoblada la voz, la frente cana:

cuelga el espejo a Venus, donde miras
y lloras la que fuiste en la que hoy eres;   10
pues, suspirada entonces, hoy suspiras.

Y ansí, lo que no quieren ni tú quieres
ver, no verán los ojos, ni tus iras,
cuando vives vejez y niñez mueres.

[*Parnaso*, 196, b]

[1] *tiria grana*, púrpura de Tiro.
* González de Salas añade: «Está tomado ingeniosamente el argumento deste soneto de la costumbre antigua de dedicar a Venus sus espejos las hermosas tiranizadas de la edad». (Véase ahora el artículo de J. O. Crosby, «Quevedo, the Greek Anthology, and Horace», en la *Romance Philology*, XIX (1966), págs. 446 y ss.)

305

A UNA FÉNIX DE DIAMANTES QUE AMINTA TRAÍA AL CUELLO

SONETO

Aminta, si a tu pecho y a tu cuello
esa fénix preciosa a olvidar viene
la presunción de única que tiene,
en tu rara belleza podrá hacello.

Si viene a mejorar, sin merecello,   5
de incendio (que dichosamente estrene),
hoguera de oro crespo la previene
el piélago de luz en tu cabello.

Si varïar de muerte y de elemento
quiere, y morir en nieve, la blancura   10
de tus manos la ofrece monumento.

Si quiere más eterna sepultura,
si ya no fuese eterno nacimiento,
con mi invidia la alcance en tu hermosura.

[*Parnaso*, 197, a]

306

A AMINTA, QUE SE CUBRIÓ LOS OJOS CON LA MANO*

SONETO

Lo que me quita en fuego, me da en nieve
la mano que tus ojos me recata;
y no es menos rigor con el que mata,
ni menos llamas su blancura mueve.

La vista frescos los incendios bebe,   5
y, volcán, por las venas los dilata;
con miedo atento a la blancura trata
el pecho amante, que la siente aleve.

* Joseph G. Fucilla, op. cit., págs. 201-202, señala que es imitación
de un madrigal de Luigi Groto.

Si de tus ojos el ardor tirano
le pasas por tu mano por templarle,   10
es gran piedad del corazón humano;

mas no de ti, que puede, al ocultarle,
pues es de nieve, derretir tu mano,
si ya tu mano no pretende helarle.

[*Parnaso*, 197, b]

307

DIFICULTA EL RETRATAR UNA GRANDE HERMOSURA,
QUE SE LO HABÍA MANDADO, Y ENSEÑA EL MODO
QUE SÓLO ALCANZA PARA QUE FUESE POSIBLE

SONETO

Si quien ha de pintaros ha de veros,
y no es posible sin cegar miraros,
¿quién será poderoso a retrataros,
sin ofender su vista y ofenderos?

En nieve y rosas quise floreceros;   5
mas fuera honrar las rosas y agraviaros;
dos luceros por ojos quise daros;
mas ¿cuándo lo soñaron los luceros?

Conocí el imposible en el bosquejo;
mas vuestro espejo a vuestra lumbre propia   10
aseguró el acierto en su reflejo.

Podráos él retratar sin luz impropia,
siendo vos de vos propria, en el espejo,
original, pintor, pincel y copia.

[*Parnaso*, 198, a]

308

CENIZA EN LA FRENTE DE AMINTA,
EL MIÉRCOLES DE ELLA

SONETO

Aminta, para mí cualquiera día
es de ceniza, si merezco verte;
que la luz de tus ojos es de suerte,
que aun encender podrá la nieve fría.

Arde, dichosamente, la alma mía;   5
y aunque amor en ceniza me convierte,
es de fénix ceniza, cuya muerte
parto es vital, y nueva fénix cría.

Puesta en mis ojos dice eficazmente
que soy mortal, y vanos mis despojos,   10
sombra obscura y delgada, polvo ciego.

Mas la que miro en tu espaciosa frente
advierte las hazañas de tus ojos:
pues quien los ve es ceniza, y ellos fuego.

[*Parnaso*, 198, b]

309

A UNA DAMA QUE APAGÓ UNA BUJÍA
Y LA VOLVIÓ A ENCENDER EN EL HUMO SOPLÁNDOLA

SONETO

La lumbre, que murió de convencida
con la luz de tus ojos y, apagada
por sí en el humo, se mostró enlutada,
exequias de su llama ennegrecida,

bien pudo blasonar su corta vida,   5
que la venció beldad tan alentada,
que con el firmamento, en estacada,
rubrica en cada rayo una herida.

Tú, que la diste muerte, ya piadosa
de tu rigor, con ademán travieso   10
la restituyes vida más hermosa.

Resucitóla un soplo tuyo impreso
en humo, que en tu boca es milagrosa
aura, que nace con fación de beso.

[*Parnaso*, 199, a]

310

IMPUGNA LA NOBLEZA DIVINA, DE QUE PRESUME EL AMOR,
CON SU ORIGEN Y CON SUS EFECTOS

SONETO

Si tu país y patria son los cielos,
¡oh Amor!, y Venus, diosa de hermosura,
tu madre, y la ambrosía bebes pura
y hacen aire al ardor del sol tus vuelos;

si tu deidad blasona por abuelos   5
herida deshonesta, y la blancura
de la espuma del mar, y [a] tu segura
vista, humildes, gimieron Delfo y Delos,

¿por qué bebes mis venas, fiebre ardiente,
y habitas las medulas de mis huesos?   10
Ser dios y enfermedad ¿cómo es decente?

Deidad y cárcel de sentidos presos,
la dignidad de tu blasón desmiente,
y tu victoria infaman tus progresos.

[*Parnaso*, 199, b]

311

Dᴇsᴄʀɪʙᴇ ᴀ Lᴇᴀɴᴅʀᴏ ғʟᴜᴄᴛᴜᴀɴᴛᴇ ᴇɴ ᴇʟ ᴍᴀʀ

sᴏɴᴇᴛᴏ

Flota de cuantos rayos y centellas,
en puntas de oro, el ciego Amor derrama,
nada Leandro; y cuanto el Ponto brama
con olas, tanto gime por vencellas.

Maligna luz multiplicó en estrellas[1]   5
y grande incendio sigue pobre llama:
en la cuna de Venus, quien bien ama,
no debió recelarse de perdellas.

Vela y remeros es, nave sedienta[2];
mas no le aprovechó, pues, desatado,   10
Noto los campos líquidos violenta.

Ni volver puede, ni pasar a nado;
si llora, crece el mar y la tormenta:
que hasta poder llorar le fue vedado.

[*Parnaso*, 200, a]

312

Eɴᴄᴀʀᴇᴄɪᴇɴᴅᴏ ʟᴀs ᴀᴅᴠᴇʀsɪᴅᴀᴅᴇs ᴅᴇ ʟᴏs ᴛʀᴏʏᴀɴᴏs,
ᴇxᴀɢᴇʀᴀ ᴍᴀ́s ʟᴀ ʜᴇʀᴍᴏsᴜʀᴀ ᴅᴇ Aᴍɪɴᴛᴀ

sᴏɴᴇᴛᴏ

Ver relucir, en llamas encendido,
el muro que a Neptuno fue cuidado[3];
caliente y rojo con la sangre el prado,
y el monte resonar con el gemido;

a Xanto[4] en cuerpos y armas impedido,   5
y en héroes, como en peñas, quebrantado;
a Héctor en las ruedas amarrado
y, en su desprecio, a Aquiles presumido;

---

[1] «Es de Virgilio», apostilla González de Salas.
[2] «Es de Museo.» Del mismo.
[3] El muro de Troya.
[4] *Xanto*, o Janto, río de la Tróada, que se opuso con el Esca-

los robos licenciosos, los tiranos,
la máquina de engaños y armas llena,   10
que escuadras duras y enemigos vierte,

no lloraran, Aminta, los troyanos,
si, en lugar de la griega hermosa Helena,
Paris te viera, causa de su muerte.

[*Parnaso*, 200, b]

313

A AMINTA, QUE PARA ENSEÑAR EL COLOR DE SU CABELLO
LLEGÓ UNA VELA Y SE QUEMÓ UN RIZO QUE ESTABA JUNTO
AL CUELLO

SONETO

Enriquecerse quiso, no vengarse,
la llama que encendió vuestro cabello;
que de no codiciarle, y poder vello,
ni el tesoro del sol podrá librarse.

Codicia fue, que puede mal culparse,   5
robarle quien no pudo merecello;
milagro fue pasar por vuestro cuello
y en tanta nieve no temer helarse.

O quiso introducir en sol su llama,
y aprender a ser día, a ser aurora,   10
en las ondosas minas que derrama,

o la hazaña de Eróstrato traidora
repite, y busca por delitos fama,
quemando al sol el templo que él adora[1].

[*Parnaso*, 201, a]

---

mandro y el Simois a la bajada de los griegos y sublevó sus olas
contra Aquiles.
[1] Heróstrato o Erostrato, de Efesia, incendió el magnífico templo
de Diana, una de las siete maravillas del mundo, suceso ocurrido
la misma noche del nacimiento de Alejandro Magno (358 a. de
J. C.).

314

DESCRIPCIÓN DEL ARDOR CANICULAR,
QUE RESPETA AL LLANTO ENAMORADO Y NO LE ENJUGA

SONETO

Ya la insana Canícula, ladrando
llamas, cuece las mieses[1], y, en hervores
de frenética luz, los labradores
ven a Proción[2] los campos abrasando.

El piélago encendido está exhalando   5
al sol humos en traje de vapores;
y, en el cuerpo, la sangre y los humores
discurren sediciosos fulminando[3].

Bébese sin piedad la sed del día
en las fuentes y arroyos, y en los ríos   10
la risa y el cristal y la armonía.

Sólo del llanto de los ojos míos
no tiene el Can Mayor hidropesía,
respetando el tributo a tus desvíos.

[*Parnaso*, 201, b]

315

A UNA DAMA BIZCA Y HERMOSA*

SONETO

Si a una parte miraran solamente
vuestros ojos, ¿cuál parte no abrasaran?
Y si a diversas partes no miraran,
se helaran el ocaso o el Oriente.

---

[1] Dámaso Alonso, *Poesía española* (Madrid, 1950), pág. 606, nota, señala que la fuente es Persio, III, 5-6:
> ... *siccas insana Canicula messes*
> *Iamdudum coquit.*

[2] «Comúnmente se usurpa por el Can mismo, aunque la voz, en significación griega, dice "constelación que viene delante del Can".» Nota de González de Salas.

[3] «Hácele verbo neutro, por *ardiendo*.» Nota del mismo.

* «Tiene parte de donaire, respondiendo a un letrado», añade González de Salas.

El mirar zambo y zurdo es delincuente;   5
vuestras luces izquierdas lo declaran,
pues con mira engañosa nos disparan
facinorosa luz, dulce y ardiente.

Lo que no miran ven, y son despojos
suyos cuantos los ven, y su conquista   10
da a l'alma tantos premios como enojos.

¿Qué ley, pues, mover pudo al mal jurista
a que, siendo monarcas los dos ojos,
los llamase vizcondes de la vista?

                              [*Parnaso*, 202, a]

316

A UNA DAMA TUERTA Y MUY HERMOSA

SONETO

Para agotar sus luces la hermosura
en un ojo no más de vuestra cara,
grande ejemplar y de belleza rara
tuvo en el sol, que en una luz se apura.

Imitáis, pues, aquella arquitectura   5
de la vista del cielo, hermosa y clara;
que muchos ojos, y de luz avara,
sola la noche los ostenta obscura.

Si en un ojo no más, que en vos es día,
tienen cuantos le ven muerte y prisiones,   10
al otro le faltara monarquía.

Aun faltan a sus rayos corazones,
victorias a su ardiente valentía
y al triunfo de sus luces aun naciones.

                              [*Parnaso*, 202, b]

317

A otra dama de igual hermosura y del todo ciega

soneto

Invidia, Antandra, fue del sol y el día,
en que también pecaron las estrellas,
el quitaros los ojos, porque en ellas
el fuego blasonase monarquía.

A poder vos mirar, la fuente fría   5
encendiera cristales en centellas;
viera cenizas sus espumas bellas,
tronara fulminando su armonía.

Hoy ciega juntamente y desdeñosa,
sin ver la herida ni atender al ruego,   10
vista cegáis al que miraros osa.

La nieve esquiva oficio hace de fuego;
y en el clavel flagrante y pura rosa
vemos ciego al desdén, y al Amor ciego.

[*Parnaso*, 203, a]

318

Llanto, presunción, culto y tristeza amorosa*

soneto

Esforzaron mis ojos la corriente
de este, si fértil, apacible río;
y cantando frené su curso y brío:
¡ tanto puede el dolor en un ausente !

Miréme incendio en esta clara fuente   5
antes que la prendiese yelo frío,
y vi que no es tan fiero el rostro mío
que manche, ardiendo, el oro de tu frente.

* Según Astrana Marín, este soneto, cuya versión primitiva comienza «Embravecí llorando la corriente» (*Las tres Musas*, página 26, a), es de 1598, «una de las primeras composiciones de Quevedo». (Astrana da la versión de *Las tres Musas*.)

Cubrió nube de incienso tus altares,
coronélos de espigas en manojos,   10
sequé, crecí con llanto y fuego a Henares.

Hoy me fuerzan mi pena y tus enojos
(tal es por ti mi llanto) a ver dos mares
en un arroyo, viendo mis dos ojos.

[Parnaso, 203, b]

319

PERSUADE AL RÍO QUE, PUES CRECIDO VA CON SUS
LÁGRIMAS, TAMBIÉN VAYA SIGNIFICANDO SU DOLOR

SONETO

Frena el corriente[1], ¡oh Tajo retorcido!,
tú, que llegas al mar rico y dorado,
en tanto que al rigor de mi cuidado
busco (¡ay, si le hallase!) algún olvido.

No suenes lisonjero, pues perdido   5
ves a quien te bebió con su ganado;
viste de mi color desanimado[2]
los cristales que al mar llevas tendido.

Pues en llantos me anegan mis enojos,
con el recién nacido sol no rías,   10
ni alimente tu margen sino abrojos.

Que no es razón que, si tus aguas frías
son lágrimas llovidas de mis ojos,
rían cuando las lloran ansias mías.

[Parnaso, 204, a]

[1] *corriente* podía también ser masculino. Véase la forma feme
nina en el soneto anterior.
[2] «Mortal.» Nota de González de Salas.

320

A Amarili, que tenía unos pedazos de un búcaro en la
boca y estaba muy al cabo de comerlos

SONETO

Amarili, en tu boca soberana
su tez el barro de carmín colora;
ya de coral mentido se mejora,
ya aprende de tus labios a ser grana.

Apenas el clavel, que a la mañana   5
guarda en rubí las lágrimas que llora,
se atreverá con él, cuando atesora
la sangre en sí de Venus y Dïana.

Para engarzar tu púrpura rompida,
el sol quisiera repartir en lazos   10
tierra, por portuguesa, enternecida[1].

Tú de sus labios mereciste abrazos:
presume ya de aurora, el barro olvida;
pues se muere, mi bien, por tus pedazos.

[*Parnaso, 204, b*]

---

[1] Abundan las referencias literarias a la moda de comer las damas barro en forma de búcaros. Los hechos con tierra portuguesa
eran los preferidos, y como los portugueses llevaban fama de tiernos, de ahí el «enternecida».

321

Quiere que la hermosura consista en el movimiento*

SONETO

No es artífice, no, la simetría
de la hermosura que en Floralba veo;
ni será de los números trofeo
fábrica que desdeña al sol y al día.

No resulta de música armonía   5
(perdonen sus milagros en Orfeo),
que bien la reconoce mi deseo
oculta majestad que el cielo envía.

Puédese padecer, mas no saberse;
puédese codiciar, no averiguarse,   10
alma que en movimientos puede verse.

No puede en la quietud difunta hallarse
hermosura, que es fuego en el moverse,
y no puede viviendo sosegarse[1].

                         [*Parnaso*, 205]

322

Quejarse en las penas de amor debe ser permitido y no profana el secreto

SONETO

Arder sin voz de estrépito doliente
no puede el tronco duro inanimado;
el robre se lamenta, y, abrasado,
el pino gime al fuego, que no siente.

* González de Salas anota: «Inquiere Platón si la hermosura consiste en medidas, en números o armonía. Y es cuestión muy contenciosa en qué consista; pero la sentencia que sigue este soneto es la más cierta. Bernardino Telesio la comprobó con no pocos argumentos. últimamente compara la hermosura al fuego que vivo no se quieta».

[1] «Ansí dijo Virgil. para significar que se apagó la llama: *Flamma quievit*, etc.» Nota del mismo.

¿Y ordenas, Floris, que en tu llama ardiente   5
quede en muda ceniza desatado
mi corazón sensible y animado,
víctima de tus aras obediente?

Concédame tu fuego lo que al pino
y al robre les concede voraz llama: 10
piedad cabe en incendio que es divino.

Del volcán que en mis venas se derrama,
diga su ardor el llanto que fulmino;
mas no le sepa de mi voz la Fama.

[*Parnaso, 206*]

323

ELIGE EL MORIR AMANDO, POR NO DAR MUERTE
A LA AMANTE O A LA AMADA, HALLÁNDOSE EN PELIGRO
DE HABER DE MORIR ALGUNO*

SONETO

La que me quiere y aborrezco quiero
librar, porque acompañe mi ventura;
pues me aborrece en Floris la hermosura,
por quien amante y despreciado muero.

Mas ¿cómo? ¿Del amor en que ardo, espero   5
contra mi propria vida tal locura?
La que yo adoro pasará segura:
obligarála ver que la prefiero.

Mas si por no vivir desesperado
soy ingrato, mi proprio amor desprecio,   10
y contra mí aconsejo mi cuidado.

---

* González de Salas añade: «Silvestre, buen poeta en los metros
castellanos, preguntó en sus obras a Soto Barahona, poeta también de alto espíritu en rimas italianas, que si alguno fuese en un
barquillo con dos mujeres, que a la una quisiese él, y ella le aborreciese, y a la otra aborreciese, amándole ella; siendo forzoso
echar una al mar, ¿cuál eligiría? Discurre aquí en este argumento, y pone su determinación».

Si el uno por los dos ha de ser precio,
más quiero ser amante y ahogado,
que al favor o al desdén ingrato o necio.

[*Parnaso*, 207]

324

AMOR NO ADMITE COMPAÑÍA DE COMPETIDOR,
ANSÍ COMO EL REINAR

SONETO

No admiten, no, Floralba, compañía
Amor y Majestad; siempre triunfante
solo ha de ser el rey, solo el amante:
humos tiene el favor de monarquía.

El padre ardiente de la luz del día   5
no permite que muestre su semblante
estrella presumida y centellante
en cuanto reina en la región vacía.

Amor es rey tan grande, que aprisiona
en vasallaje el cielo, el mar, la tierra,   10
y única y sola majestad blasona.

Todo su imperio un corazón le cierra;
la soledad es paz de su corona;
la compañía, sedición y guerra.

[*Parnaso*, 208, a]

325

A UNA DAMA DE SINGULAR GRACIA Y HERMOSURA,
QUE ESTUVO EN FRANCIA,
Y HABLABA LA LENGUA FRANCESA CON MUCHO DONAIRE

SONETO

Si en Francia, tan preciada de sus Pares,
no halló, Manuela, par vuestra hermosura,
la ardiente rosa en vuestra nieve pura
blasones sean de España singulares.

De Orlando las hazañas militares,   5
si a vuestra luz probaran aventura,
mejor calificaran su locura,
cuando el vencido os dedicara altares.

Vuestra boca, riéndose, es aurora;
es francesa, si habla; y es Oriente   10
que con todas las Indias enamora.

Por vos la rosa castellana ardiente
en París fue gloriosa vencedora
del lirio de oro, que hoy la invidia ausente.

[*Parnaso*, 208, b]

326

A UNOS OJOS HERMOSOS QUE VIO AL ANOCHECER

SONETO EN TOSCANO[1]

Diviso il sole partoriva il giorno,
languido nella tomba d'occidente;
risorse dal sepolchro il lume ardente
di bionde stelle coronato intorno.

Era di maestà imperiosa adorno   5
il mio signor, che co 'l pensier cocente
la mia vita depreda egra, giacente,
per far incinerir il suo soggiorno.

La vita che diè al giorno, a me la tolse,
prodiga a lui di luce ed a me avara,   10
donna la amai, e riverilla dea.

---

[1] «Dividido el sol, paría el día, / lánguido en la tumba de occidente; / resurgió del sepulcro el luminar ardiente / coronado de rubias estrellas alrededor. / Estaba adornado de imperiosa majestad / mi señor, que con el pensamiento abrasador, / asola mi vida, enferma, yaciente, / para hacer cenizas su morada. / La vida que dio al día, me la quitó a mí; / pródiga para él de luz y para mí avara, / la amé mujer y la veneré diosa. / Me ligó el corazón la rubia crin que ella soltó, / que aprende de su mirada a ser cruel, / y vi a Citerea, fulminante.»

Ligommi il core il biondo crin, che sciolse,
che dal suo sguardo ad esser crudo impara,
e vedi fulminante Citherea.

[*Parnaso*, 209, a]

327

INDIGNACIÓN CONTRA EL AMOR, PORQUE PRENDIENDO CON
UNA HERMOSURA UNA LIBERTAD, DEJA LIBRE LA HERMOSURA

SONETO

¿Tú, dios, tirano y ciego Amor? Primero
adoraré por dios la sombra vana.
Hijo de aquella adúltera profana,
dudoso mayorazgo de un herrero[1];

viejo de tantos siglos embustero,
lampiño más allá de barba cana;
peste sabrosa de la vida humana,
pajarito de plumas de tintero,

¿dejas libre a Floralba, y en sus manos
me prendes, donde ardiendo en nieve, enjugo
mis venas con incendios inhumanos?

Si quieres coger fruto, dios verdugo,
aprende a labrador de los villanos:
que dos novillos uncen en un yugo.

[*Parnaso*, 209, b]

328

ADMÍRASE DE QUE FLORA, SIENDO TODA FUEGO Y LUZ,
SEA TODA HIELO

SONETO

Hermosísimo invierno de mi vida,
sin estivo calor constante yelo,
a cuya nieve da cortés el cielo
púrpura en tiernas flores encendida;

[1] Alusión a los amores de Venus y Marte.

esa esfera de luz enriquecida,   5
que tiene por estrella al dios de Delo[1],
¿cómo en la elemental guerra del suelo
reina de sus contrarios defendida?

Eres Scytia de l'alma que te adora,
cuando la vista, que te mira, inflama;   10
Etna, que ardientes nieves atesora.

Si lo frágil perdonas a la fama,
eres al vidro parecida, Flora,
que siendo yelo, es hijo de la llama.

[*Parnaso*, 210, a]

329

FILOSOFÍA CON QUE INTENTA PROBAR QUE A UN MISMO
TIEMPO PUEDE UN SUJETO AMAR A DOS

SONETO

Si de cosas diversas la memoria
se acuerda, y lo presente y lo pasado
juntos la alivian y la dan cuidado,
y en ella son confines pena y gloria;

y si al entendimiento igual victoria   5
concede inteligible lo crïado,
y a nuestra libre voluntad es dado
numerosa elección, y transitoria,

Amor, que no es potencia solamente,
sino la omnipotencia padecida   10
de cuanto sobre el suelo vive y siente,

¿por qué con dos incendios una vida
no podrá fulminar su luz ardiente
en dos diversos astros encendida?

[*Parnaso*, 212]

[1] *dios de Delo*, Apolo, el Sol.

330

VERIFICA LA SENTENCIA DE ARRIBA EN DOS AFECTOS SUYOS

SONETO

Tal vez se ve la nave negra y corva
entre aquilón y el euro combatida;
y cuanto más del uno es impelida,
el otro con adverso mar la estorba.

De éste la saña de su frente torva   5
la embiste; aquél la calma; y, suspendida,
teme la gavia vela mal regida,
la quilla Euripo[1] que voraz la sorba.

No de otra suerte entre Rosalba y Flora,
en naufragio amoroso distraído,   10
ardiente el corazón suspira y llora.

En dos afectos peno dividido;
y una hermosura espera vencedora
que dos triunfos alcance de un vencido.

                              [*Parnaso*, 213, a]

331

AMOR QUE SIN DETENERSE EN EL AFECTO SENSITIVO
PASA AL INTELECTUAL

SONETO

Mandóme, ¡ay Fabio!, que la amase Flora,
y que no la quisiese; y mi cuidado,
obediente y confuso y mancillado,
sin desearla, su belleza adora.

Lo que el humano afecto siente y llora,   5
goza el entendimiento, amartelado
del espíritu eterno, encarcelado
en el claustro mortal que le atesora.

---

[1] *Euripo*, nombre de la parte más angosta del canal que separa la isla de Eubea de Grecia, famoso por sus corrientes.

Amar es conocer virtud ardiente;
querer es voluntad interesada,   10
grosera y descortés caducamente.

El cuerpo es tierra, y lo será, y fue nada;
de Dios procede a eternidad la mente:
eterno amante soy de eterna amada.

[*Parnaso*, 213, b]

332

ES SENTENCIA PLATÓNICA QUE LA ARMONÍA Y CONTEXTURA
UNIVERSAL DEL MUNDO CON LA DEL AMOR HALLA
PRESUNCIÓN AMOROSA*

SONETO

Alma es del mundo Amor; Amor es mente
que vuelve en alta espléndida jornada
del sol infatigable luz sagrada,
y en varios cercos todo el coro ardiente;

espíritu fecundo y vehemente   5
con varonil virtud, siempre inflamada,
que en universal máquina mezclada
paterna actividad obra clemente.

Este, pues, burlador de los reparos,
que, atrevidos, se oponen a sus jaras,   10
artífice inmortal de afectos raros,

igualmente nos honra, si reparas;
pues si hace trono de tus ojos claros,
Flora en mi pecho tiene templo y aras.

[*Parnaso*, 214, a]

---

* Es imitación de T. Tasso, «Amore, alma è del monde. Amore
è mente». Vid. Joseph G. Fucilla, obra cit., pág. 195, con la advertencia de que ya E. Mele lo había indicado.

333

MÚSICA CONSONANCIA DEL MOVIMIENTO DE UNOS OJOS
HERMOSOS, IMPERCEPTIBLE AL OÍDO, COMO LA MÚSICA
DE LOS ORBES CELESTIALES

SONETO

Las luces sacras, el augusto día
que vuestros ojos abren sobre el suelo,
con el concento que se mueve el cielo,
en mi espíritu explican armonía.

No cabe en los sentidos melodía   5
imperceptible en el terreno velo;
mas del canoro ardor y alto consuelo
las cláusulas atiende l'alma mía.

Primeros mobles son vuestras esferas,
que arrebatan en cerco ardiente de oro   10
mis potencias absortas y ligeras.

Puedo perder la vida, no el decoro
a vuestras alabanzas verdaderas,
pues, religioso, alabo lo que adoro.

[*Parnaso*, 214, b]

334

MAJESTUOSA HERMOSURA DE SEMBLANTE DISIMULADO

SONETO

Esa benigna llama y elegante,
que inspira amor, hermosa y elocuente,
la entiende l'alma, el corazón la siente,
aquélla docta y éste vigilante.

Los misterios del ceño y del semblante   5
y la voz del silencio que, prudente,
pronuncia majestad honestamente,
bien los descifra mi respeto amante.

Si supe conoceros y estimaros,
y al cielo merecí dicha de veros,   10
no os ofenda, señora, ya el miraros.

Yo ni os puedo olvidar ni mereceros;
pero si he de ofenderos con amaros,
no os pretendo obligar con no ofenderos.

[*Parnaso*, 215, a]

335

A UN CABALLERO QUE SE DOLÍA DEL DILATARSE LA POSESIÓN DE SU AMOR

SONETO

Quien no teme alcanzar lo que desea
da priesa a su tristeza y a su hartura:
la pretensión ilustra la hermosura,
cuanto la ingrata posesión la afea.

Por halagüeña dilación rodea   5
el que se dificulta su ventura,
pues es grosero el gozo y mal segura
la que en la posesión gloria se emplea.

Muéstrate siempre, Fabio, agradecido
a la buena intención de los desdenes,   10
y nunca te verás arrepentido.

Peor pierde los gustos y los bienes
el desprecio que sigue a lo adquirido,
que el imposible en adquirir, que tienes.

[*Parnaso*, 215, b]

336

CELEBRA A UNA DAMA POETA, LLAMADA ANTONIA*

SONETO

Antes alegre andaba; agora apenas
alcanzo alivio, ardiendo aprisionado;
armas a Antandra aumento acobardado;
aire abrazo, agua aprieto, aplico arenas.

Al áspid adormido, a las amenas   5
ascuas acerco atrevimiento alado;
alabanzas acuerdo al aclamado
aspecto, a quien admira antigua Atenas.

Agora, amenazándome atrevido,
Amor aprieta aprisa arcos, aljaba;   10
aguardo al arrogante agradecido.

Apunta airado; al fin, amando, acaba
aqueste amante al árbol alto asido,
adonde alegre, ardiendo, antes amaba.

[*Parnaso,* 216, a]

337

AMANTE AGRADECIDO A LAS LISONJAS MENTIROSAS
DE UN SUEÑO

SONETO

¡Ay, Floralba! Soñé que te... ¿Dirélo?
Sí, pues que sueño fue: que te gozaba
¿Y quién, sino un amante que soñaba,
juntara tanto infierno a tanto cielo?

* González de Salas añade: «Todas las dicciones empiezan con *a*.
Es muy dificultosa composición, aunque hay quien la haya ejecu-
tado. Y yo tengo todo un poema en lengua latina al puerco, que
igualmente todas las voces empiezan con *p*».

Mis llamas con tu nieve y con tu yelo, 5
cual suele opuestas flechas de su aljaba,
mezclaba Amor, y honesto las mezclaba,
como mi adoración en su desvelo.

Y dije: «Quiera Amor, quiera mi suerte,
que nunca duerma yo, si estoy despierto, 10
y que si duermo, que jamás despierte».

Mas desperté del dulce desconcierto;
y vi que estuve vivo con la muerte,
y vi que con la vida estaba muerto.

[*Parnaso,* 216, b]

338

Venganza de la edad en hermosura presumida

SONETO

Cuando tuvo, Floralba, tu hermosura,
cuantos ojos te vieron, en cadena,
con presunción, de honestidad ajena,
los despreció, soberbia, tu locura.

Persuadióte el espejo conjetura 5
de eternidades en la edad serena,
y que a su plata el oro en tu melena
nunca del tiempo trocaria la usura.

Ves que la que antes eras, sepultada
yaces en la que vives; y, quejosa, 10
tarde te acusa vanidad burlada.

Mueres doncella, y no de virtuosa,
sino de presumida y despreciada[1]:
esto eres vieja, esotro fuiste hermosa.

[*Parnaso,* 217, a]

---

[1] González de Salas anota: «De *presumida* cuando moza; de *despreciada,* cuando vieja. El verso siguiente lo declara».

339

A Flori, que tenía unos claveles entre el cabello rubio

SONETO

Al oro de tu frente unos claveles
veo matizar, cruentos, con heridas;
ellos mueren de amor, y a nuestras vidas
sus amenazas les avisan fieles.

Rúbricas son piadosas y crueles,   5
joyas facinorosas y advertidas[1],
pues publicando muertes florecidas,
ensangrientan al sol rizos doseles.

Mas con tus labios quedan vergonzosos
(que no compiten flores a rubíes)   10
y pálidos después, de temerosos.

Y cuando con relámpagos te ríes,
de púrpura, cobardes, si ambiciosos,
marchitan sus blasones carmesíes.

[*Parnaso,* 217, b]

340

Confusión de peligros contemplando la hermosura de quien los causa, y consuelo en el riesgo mayor

SONETO

No lo entendéis, mis ojos, que ese cebo
que os alimenta es muerte disfrazada
que, de la vista de Silena airada,
con sed enferma, porfiado, bebo.

---

[1] «Que advierten», dice González de Salas, y añade: «Son participios nuestros que significan acción y pasión, como los de los latinos "entendido", el que entiende y lo que es entendido».

Sólo de mí os quejał, que sólo os llevo   5
donde la alma dejáis aprisionada,
peregrinando, ciegos, la jornada,
con más peligro cada vez que os muevo.

Si premio pretendéis, sois atrevidos;
y si no le esperáis, desesperados;   10
cautivos si miráis, si lloráis tristes.

Bien os podéis contar con los perdidos;
pero podéis perderos consolados,
si la causa advertís por que os perdistes.

[*Parnaso,* 218 a]

341

INÚTIL Y DÉBIL VICTORIA DEL AMOR
EN EL QUE YA ES VENCIDO AMANTE*

SONETO

¡Mucho del valeroso y esforzado,
y viéneslo a mostrar en un rendido!
Bástame, Amor, haberte agradecido
penas, de que me puedo haber quejado.

¿Qué sangre de mis venas no te he dado?   5
¿Qué flecha de tu aljaba no he sentido?
Mira que la paciencia del sufrido
suele vencer las armas del airado.

Con otro de tu igual quisiera verte;
que yo me siento arder de tal manera,   10
que mayor fuera el mal de hacerme fuerte.

¿De qué sirve encender al que es hoguera,
si no es que quieres dar muerte a la Muerte,
introduciendo en mí que el muerto muera?

[*Parnaso,* 218 b]

* Anterior a 1627-1628, por figurar en el *Cancionero antequerano,*
soneto 120.

342

<small>MUESTRA LO QUE ES UNA MUJER DESPRECIADA</small>

<small>SONETO</small>

Disparado esmeril, toro herido;
fuego que libremente se ha soltado,
osa que los hijuelos le han robado,
rayo de pardas nubes escupido;

serpiente o áspid con el pie oprimido,   5
león que las prisiones ha quebrado,
caballo volador desenfrenado,
águila que le tocan a su nido;

espada que la rige loca mano,
pedernal sacudido del acero,   10
pólvora a quien llegó encendida mecha;

villano rico con poder tirano,
víbora, cocodrilo, caimán fiero
es la mujer si el hombre la desecha.

[Las tres Musas, 2]

343

<small>A AMINTA, QUE IMITE AL SOL EN DEJARLE CONSUELO
CUANDO SE AUSENTA</small>

<small>SONETO</small>

Pues eres sol, aprende a ser ausente
del sol, que aprende en ti luz y alegría;
¿no viste ayer agonizar el día
y apagar en el mar el oro ardiente?

Luego se ennegreció, mustio y doliente,   5
el aire adormecido en sombra fría;
luego la noche, en cuanta luz ardía,
tantos consuelos encendió al Oriente.

Naces, Aminta, a Silvio del ocaso
en que me dejas sepultado y ciego;   10
sígote obscuro con dudoso paso[1].

Concédele a mi noche y a mi ruego,
del fuego de tu sol, en que me abraso,
estrellas, desperdicios de tu fuego.

[*Las tres Musas*, 12, b]

344

CULPA A FLOR DE INJUSTA EN EL PREMIO DE SU FAVOR
CON EL EJEMPLO DE UNA VACA PRETENDIDA EN EL SOTO*

SONETO

¿Ves gemir sus afrentas al vencido
toro, y que tiene, ausente y afrentado,
menos pacido el soto que escarbado,
y de sus celos todo el monte herido?

¿Vesle ensayar venganzas con bramido,   5
y en el viento gastar ímpetu armado?
¿Ves que sabe sentir ser desdeñado,
y que su vaca tenga otro marido?

Pues considera, Flor, la pena mía,
cuando por Coridón, pastor ausente,   10
desprecias en mi amor mi compañía.

Ofrecióse la vaca al más valiente,
y con razón premió la valentía:
tú me desprecias, Flor, injustamente.

[*Las tres Musas*, 15, a]

[1] Aldrete anota: «Virg.: *Ibant obscuri sola sub nocte*».
* Aldrete añade: «Es imitación de Virgilio en las *Geórgicas*».

345

CON EL EJEMPLO DEL FUEGO ENSEÑA A ALEXI, PASTOR,
CÓMO SE HA DE RESISTIR AL AMOR EN SU PRINCIPIO

SONETO

¿No ves, piramidal y sin sosiego,
en esta vela arder inquieta llama,
y cuán pequeño soplo la derrama
en cadáver de luz, en humo ciego?

¿No ves, sonoro y animoso, el fuego   5
arder voraz en una y otra rama,
a quien, ya poderoso, el soplo inflama
que a la centella dio la muerte luego?

Ansí pequeño amor recién nacido
muere, Alexi, con poca resistencia,   10
y le apaga una ausencia y un olvido;

mas si crece en las venas su dolencia,
vence con lo que pudo ser vencido
y vuelve en alimento la violencia.

[*Las tres Musas*, 16]

346

SIGNIFICA EL MAL QUE ENTRA A LA ALMA POR LOS OJOS
CON LA FÁBULA DE ACTEÓN*

SONETO

Estábase la efesia cazadora
dando en aljófar el sudor al baño,
cuando en rabiosa luz se abrasa el año
y la vida en incendios se evapora.

---

* Acteón descubrió a Diana bañándose, y las ninfas, para que
no mirase, le arrojaron arena a los ojos. Más tarde fue convertido
en ciervo.
Figura con versión distinta en las *Flores*, de Espinosa, edición
cit., pág. 16, por lo que será anterior a septiembre de 1603.

De sí, Narciso y ninfa, se enamora;   5
mas viendo, conducido de su engaño,
que se acerca Acteón, temiendo el daño,
fueron las ninfas velo a su señora.

Con la arena intentaron el cegalle,
mas luego que de Amor miró el trofeo,   10
cegó más noblemente con su talle.

Su frente endureció con arco feo,
sus perros intentaron el matalle,
y adelantóse a todos su deseo.

[*Las tres Musas*, 17, b]

347

CON LA PROPIEDAD DE GUADIANA (DE QUIEN DICE PLINIO
QUE «SAEPIUS NASCI GAUDET») COMPARA LA DISIMULACIÓN
DE SUS LÁGRIMAS

SONETO

O ya descansas, Guadïana, ociosas
tus corrientes en lagos que ennobleces,
o líquidas dilatas a tus peces
campañas en las lluvias procelosas;

o en las grutas sedientas tenebrosas   5
los raudales undosos despareces,
y de nacer a España muchas veces
te alegras en las tumbas cavernosas;

émulos mis dos ojos a tus fuentes
ya corren, ya se esconden, ya se paran,   10
y nacen sin morir al llanto ardientes.

Ni mi prisión ni lágrimas se aclaran:
todo soy semejante a tus corrientes,
que de su proprio túmulo se amparan.

[*Las tres Musas*, 19, a]

348

Habiendo llamado a su zagala Aurora, pide a la del
cielo que se detenga para ver en ella el retrato
de su misma zagala

SONETO

Tú, princesa bellísima del día,
de las sombras nocturnas triunfadora,
oro risueño y púrpura pintora,
del aire melancólico alegría;

pues del sol que te sigue y que te envía   5
eres flagrante y rica embajadora;
pues por ennoblecerte llamé Aurora
la hermosa sin igual zagala mía,

ya que la noche me privó de vella,
y esquiva mis dos ojos, pïadosa,   10
entreténme su imagen en tu estrella.

Niégale al sol las horas; no invidiosa
su llama, que tus luces atropella,
esconde en ti su ardiente nieve y rosa.

[*Las tres Musas*, 19, b]

349

A Fili, que suelto el cabello, lloraba
ausencias de su pastor

SONETO

Ondea el oro en hebras proceloso;
corre el humor en perlas hilo a hilo;
juntó la pena al Tajo con el Nilo,
éste creciente, cuando aquél precioso[1].

---

[1] Alude al famoso oro del Tajo. De ahí el «rico» del verso 8.

Tal el cabello, tal el rostro hermoso 5
asiste en Fili al doloroso estilo,
cuando por las ausencias de Batilo,
uno derrama rico, otro lloroso.

Oyó gemir con músico lamento
y mustia y ronca voz tórtola amante, 10
amancillando querellosa el viento.

Dijo: «Si imitas mi dolor constante,
eres lisonja dulce de mi acento;
si le compites, no es tu mal bastante».

[*Las tres Musas*, 20]

350

AUSENTE, SE LAMENTA MIRANDO LA FUENTE
DONDE SOLÍA MIRARSE SU PASTORA

SONETO

En este sitio donde mayo cierra
cuanto con más fecunda luz florece,
tan parecido al cielo, que parece
parte que de su globo cayó en tierra;

testigos son las peñas de esta sierra 5
(hombros que al peso celestial ofrece)
del duro afán que el corazón padece,
en alta esclavitud, injusta guerra.

Miré la fuente donde ver solía
a Fílida, que en ella se miraba, 10
cuando por serla espejo no corría.

Por imitar mi envidia se abrasaba,
cuando en sus aguas mi atención ardía:
y, en dos incendios, Fílida se helaba.

[*Las tres Musas*, 21, b]

351

A UNA FUENTE, DONDE SOLÍA LLORAR
LOS DESDENES DE FILI

SONETO

Esta fuente me habla, mas no entiendo
su lenguaje, ni sé lo que razona;
sé que habla de amor, y que blasona
de verme a su pesar por Flori ardiendo.

Mi llanto, con que crece, bien le entiendo,   5
pues mi dolor y mi pasión pregona;
mis lágrimas el prado las corona;
vase con ellas el cristal riendo.

Poco mi corazón debe a mis ojos,
pues dan agua al agua y se la niegan   10
al fuego que consume mis despojos.

Si no lo ven, porque, llorando, ciegan,
oigan lo que no ven a mis enojos:
déjanme arder, y la agua misma anegan.

[*Las tres Musas*, 22]

352

A UNA DAMA HERMOSA Y TIRADORA DEL VUELO,
QUE MATÓ UN ÁGUILA CON UN TIRO

SONETO

¿Castigas en la águila el delito
de los celos de Juno vengadora,
porque en velocidad alta y sonora
llevó a Jove robado el catamito[1]?

---

[1] *catamito*, alude al mito de Ganimedes, subido al Olimpo por
un águila. Porque le sirvió de copero, le llama *catamito*.

¿O juzgaste su osar por infinito 5
en atrever sus ojos a tu aurora,
confiada en la vista vencedora,
con que miran al Sol de hito en hito?

¿O porque sepa Jove que en el cielo,
cuando Venus fulminas, de tu rayo 10
ni el suyo está seguro, ni su vuelo?

¿O a César amenazas con desmayo,
derramando su emblema por el suelo,
honrando los leones de Pelayo?

[*Las tres Musas*, 24, a]

353

Soneto amoroso

Si en el loco jamás hubo esperanza,
ni desesperación hubo en el cuerdo,
¿de qué accidentes hoy la vida pierdo?
¿Qué sentimiento mi razón alcanza?

¿Quién hace en mi memoria tal mudanza, 5
que de aquello que busco no me acuerdo?
Velo soñando, y sin dormir, recuerdo[1]:
el mal pesa y el bien igual balanza.

Escucho sordo y reconozco ciego;
descanso trabajando y hablo mudo; 10
humilde aguardo y con soberbia pido.

Si no es amor mi gran desasosiego,
de conocer lo que me acaba dudo:
que no hay de sí quien viva más rendido.

[*Las tres Musas*, 26, b]

---

[1] *recuerdo*, despierto.

354

Culpa lo cruel de su dama

soneto

Hay en Sicilia una famosa fuente
que en piedra torna cuanto moja y baña,
de donde huye la ligera caña
el vil rigor del natural corriente.

Y desde el pie gallardo hasta la frente,   5
Anaxar[e]te, de dureza extraña,
convertida fue en piedra, y en España
pudiera dar ejemplo más patente.

Mas donde vos estáis es excusado
buscar ejemplo en todas las criaturas,   10
pues mis quejas jamás os ablandaron.

Y al fin estoy a creer determinado
que algún monte os parió de entrañas duras,
o que en aquesta fuente os bautizaron.

[*Las tres Musas*, 27, a]

355

Quéjase de lo esquivo de su dama

soneto

El amor conyugal de su marido
su presencia en el pecho le revela;
teje de día en la curiosa tela
lo mesmo que de noche ha destejido.

Danle combates interés y olvido,   5
y de fe y esperanza se abroquela,
hasta que, dando el viento en popa y vela,
le restituye el mar a su marigo.

Ulises llega, goza a su querida, 10
que por gozarla un día, dio veinte años
a la misma esperanza de un difunto.

Mas yo sé de una fiera embravecida,
que veinte mil tejiera por mis daños,
y al fin mis daños son no verme un punto.

[*Las tres Musas*, 27, b]

356

Soneto amoroso

Cuando a más sueño el alba me convida,
el velador piloto Palinuro[1]
a voces rompe al natural seguro,
tregua del mal, esfuerzo de la vida.

¿Qué furia armada, o qué legión vestida 5
del miedo, o manto de la noche escuro,
sin armas deja el escuadrón seguro,
a mí despierto, a mi razón dormida?

Algunos enemigos pensamientos,
cosarios en el mar de amor nacidos, 10
mi dormido batel han asaltado.

El alma toca al arma a los sentidos;
mas como Amor los halla soñolientos,
es cada sombra un enemigo armado.

[*Las tres Musas*, 28, a]

357

Soneto amoroso

Aguarda, riguroso pensamiento,
no pierdas el respeto a cuyo eres.
Imagen, sol o sombra, ¿qué me quieres?
Déjame sosegar en mi aposento.

---

[1] Palinuro, piloto de Eneas, fue arrojado al mar por el Sueño. A nado llegó a las costas de Italia y fue degollado por sus naturales.

Divina Tirsis, abrasarme siento: 5
sé blanda como hermosa entre mujeres;
mira que ausente, como estás, me hieres;
afloja ya las cuerdas al tormento.

Hablándote a mis solas me anochece:
contigo anda cansada el alma mía; 10
contigo razonando me amanece.

Tú la noche me ocupas y tú el día:
sin ti todo me aflige y entristece,
y en ti mi mismo mal me da alegría.

[*Las tres Musas*, 28, b]

358

Soneto amoroso

A fugitivas sombras doy abrazos;
en los sueños se cansa el alma mía;
paso luchando a solas noche y día
con un trasgo que traigo entre mis brazos.

Cuando le quiero más ceñir con lazos, 5
y viendo mi sudor, se me desvía;
vuelvo con nueva fuerza a mi porfía,
y temas con amor me hacen pedazos.

Voyme a vengar en una imagen vana
que no se aparta de los ojos míos; 10
búrlame, y de burlarme corre ufana.

Empiézola a seguir, fáltanme bríos;
y como de alcanzarla tengo gana,
hago correr tras ella el llanto en ríos.

[*Las tres Musas*, 29, a]

359

Soneto amoroso*

Más solitario pájaro ¿en cuál techo
se vio jamás[1], ni fiera en monte o prado?
Desierto estoy de mí, que me ha dejado
mi alma propia en lágrimas deshecho.

Lloraré siempre mi mayor provecho;   5
penas serán y hiel cualquier bocado;
la noche afán, y la quietud cuidado,
y duro campo de batalla el lecho.

El sueño, que es imagen de la muerte,
en mí a la muerte vence en aspereza,   10
pues que me estorba el sumo bien de verte.

Que es tanto tu donaire y tu belleza,
que, pues Naturaleza pudo hacerte,
milagro puede hacer Naturaleza.

[*Las tres Musas*, 29, b]

360

Soneto amoroso

Dejad que a voces diga el bien que pierdo,
si con mi llanto a lástima os provoco;
y permitidme hacer cosas de loco:
que parezco muy mal amante y cuerdo.

La red que rompo y la prisión que muerdo   5
y el tirano rigor que adoro y toco,
para mostrar mi pena son muy poco,
si por mi mal de lo que fui me acuerdo.

* Imitación libre del soneto CCXXVI de Petrarca, «Passer mai
solitario in alcun tetto». Véase J. G. Fucilla, op. cit., pág. 196, y
nota 5.
[1] En el texto, *jamás que yo*.

Óiganme todos: consentid siquiera
que, harto de esperar y de quejarme,   10
pues sin premio viví, sin juicio muera.

De gritar solamente quiero hartarme.
Sepa de mí, a lo menos, esta fiera
que he podido morir, y no mudarme.

[*Las tres Musas*, 30, b]

361

Soneto amoroso

Cifra de cuanta gloria y bien espera,
por premio de su fe y de su tormento,
el que para adorar tu pensamiento
de sí se olvidará hasta que muera,

reforma tu aspereza brava y fiera   5
a oír lo menos del dolor que siento:
dale, señora, al tierno sentimiento
en ese pecho ya lugar cualquiera.

Pues mi remedio está sólo en tu mano,
antes que del dolor la fuerza fuerte   10
del aliento vital prive a Silvano,

intento muda, porque de otra suerte
llegará tarde, y procurarse ha en vano
a tanto mal remedio sin la muerte.

[*Las tres Musas*, 34]

362

Soneto amoroso*

Detén tu curso, Henares, tan crecido,
de aquesta soledad músico amado,
en tanto que, contento, mi ganado
goza del bien que pierde este afligido;

y en tanto que en el ramo más florido   5
endechas canta el ruiseñor, y el prado
tiene de sí al verano enamorado,
tomando a mayo su mejor vestido.

No cantes más, pues ves que nunca aflojo
la rienda al llanto en míseras porfías,   10
sin menguárseme parte del enojo.

Que mal parece, si tus aguas frías
son lágrimas las más, que triste arrojo,
que canten, cuando lloro, siendo mías.

[*Las tres Musas*, 35, b]

363

Soneto amoroso

Por la cumbre de un monte levantado,
mis temerosos pasos, triste, guío;
por norte llevo sólo mi albedrío,
y por mantenimiento, mi cuidado.

Llega la noche, y hállome engañado,   5
y sólo en la esperanza me confío;
llego al corriente mar de un hondo río:
ni hallo barca ni puente, ni hallo vado.

Por la ribera arriba el paso arrojo;
dame contento el agua con su ruido;   10
mas en verme perdido me congojo.

* Para Astrana Marín, de 1599, quizá por la alusión al Henares.

Hallo pisadas de otro que ha subido;
párome a verlas; pienso con enojo
si son de otro, como yo, perdido.

[*Las tres Musas*, 36, a]

364

A UN RETRATO DE UNA DAMA

SONETO AMOROSO

Tan vivo está el retrato y la belleza
que Amor tiene en el mundo por escudo,
que, con mirarle tan de cerca, dudo
cuál de los dos formó Naturaleza.

Teniéndole por Filis, con presteza,   5
mi alma se apartó del cuerpo rudo,
y viendo que era su retrato mudo,
en mí volví, corrido con tristeza.

En el llevar tras sí mi fe y deseo
es Filis viva, pues su ser incluye,   10
con cuyo disfavor siempre peleo.

Mas su rigor aquesto lo destruye,
y que no es Filis al momento creo,
pues que de mí, mirándome, no huye.

[*Las tres Musas*, 36, b]

365

SONETO AMOROSO*

Embarazada el alma y el sentido
con un sueño burlón, aunque dichoso,
aumentando reposo a mi reposo
me hallé toda una noche entretenido.

* Véase el soneto 337.

Tu rostro vi en mis llamas encendido,   5
que dora lo cruel con lo hermoso,
enlazando tu cuello presuroso
con nudo de los brazos bien tejido.

Túvele por verdad el bien pequeño;
llegué luego a soñar que te gozaba,   10
hecho de tanta gentileza dueño.

Y en esto conocí que me engañaba,
y que todo mi bien fue breve sueño,
pues yo, tan sin ventura, le alcanzaba.

[*Las tres Musas*, 37, a]

366

Soneto amoroso

· Soñé que el brazo de rigor armado,
Filis, alzabas contra el alma mía,
diciendo: «Éste será el postrero día
que ponga fin a tu vivir cansado».

Y que luego, con golpe acelerado,   5
me dabas muerte en sombra de alegría,
y yo, triste, al infierno me partía,
viéndome ya del cielo desterrado.

Partí sin ver el rostro amado y bello;
mas despertóme deste sueño un llanto,   10
ronca la voz, y crespo mi cabello.

Y lo que más en esto me dio espanto
es ver que fuese sueño algo de aquello
que me pudiera dar tormento tanto.

[*Las tres Musas*, 37, b]

367

Soneto amoroso

Osar, temer, amar y aborrecerse,
alegre con la gloria atormentarse;
de olvidar los trabajos olvidarse;
entre llamas arder, sin encenderse;

con soledad entre las gentes verse,   5
y de la soledad acompañarse;
morir continuamente; no acabarse;
perderse, por hallar con qué perderse;

ser Fúcar[1] de esperanzas sin ventura,
gastar todo el caudal en sufrimiento[s],   10
con cera conquistar la piedra dura,

son efetos de Amor en mis lamentos;
nadie le llame dios, que es gran locura:
que más son de verdugo sus tormentos.

> [*Las tres Musas*, 38, b. Astrana
> Marín corrigió acertadamente *tor-
> mentos* en el v. 12.]

368

Soneto amoroso

¿Qué imagen de la muerte rigurosa,
qué sombra del infierno me maltrata?
¿Qué tirano cruel me sigue y mata
con vengativa mano licenciosa?

¿Qué fantasma, en la noche temerosa,   5
el corazón del sueño me desata?
¿Quién te venga de mí, divina ingrata,
más por mi mal que por tu bien hermosa?

---

[1] Es el apellido de una célebre familia de banqueros alemanes
que mantuvieron tratos con los reyes españoles.

¿Quién, cuando, con dudoso pie y incierto,
piso la soledad de aquesta arena,   10
me puebla de cuidados el desierto?

¿Quién el antiguo son de mi cadena
a mis orejas vuelve, si es tan cierto,
que aun no te acuerdas tú de darme pena?

[*Las tres Musas*, 39, b]

369

SONETO AMOROSO

Del sol huyendo, el mesmo sol buscaba,
y al fuego ardiente cuando el fuego ardía;
alegre iba siguiendo mi alegría,
y, fatigado, mi descanso hallaba.

Fue tras su libertad mi vida esclava,   5
y corrió tras su vida el alma mía;
buscaron mis tinieblas a su día,
que dando luz al mismo sol andaba.

Fui salamandra en sustentarme ciego
en las llamas del sol con mi cuidado,   10
y de mi amor en el ardiente fuego;

pero en camaleón fui transformado
por la que tiraniza mi sosiego,
pues fui con aire della sustentado.

[*Las tres Musas*, 40, a]

370

SONETO AMOROSO

Artificiosa flor, rica y hermosa,
que adornas a la misma primavera,
no temas que el color que tienes muera,
estando en una parte tan dichosa.

Siempre verde serás, siempre olorosa,   5
aunque despoje el cielo la ribera;
triunfarás del invierno y de la esfera,
envidiada de mí por venturosa.

Cuando caíste de su frente bella,
no te tuve por flor; que, como es cielo,   10
no esperaba yo dél sino una estrella;

mas pues cuando se cae la flor al suelo
muestra que el fruto viene ya tras ella,
ver que te vi caer me da consuelo.

[*Las tres Musas*, 40, b]

371

Soneto amoroso

Tras arder siempre, nunca consumirme;
y tras siempre llorar, nunca acabarme[1];
tras tanto caminar, nunca cansarme;
y tras siempre vivir, jamás morirme;

después de tanto mal, no arrepentirme;   5
tras tanto engaño, no desengañarme;
después de tantas penas, no alegrarme;
y tras tanto dolor, nunca reírme;

en tantos laberintos, no perderme,
ni haber, tras tanto olvido, recordado,   10
¿qué fin alegre puede prometerme?

Antes muerto estaré que escarmentado:
ya no pienso tratar de defenderme,
sino de ser de veras desdichado.

[*Las tres Musas*, 41, a]

[1] *En el texto*, acosarme.

372

Soneto amoroso*

Lloro mientras el sol alumbra, y cuando
descansan en silencio los mortales
torno a llorar; renuévanse mis males,
y así paso mi tiempo sollozando.

En triste humor los ojos voy gastando,   5
y el corazón en penas desiguales;
sólo a mí, entre los otros animales,
no me concede paz de Amor el bando.

Desde el un sol al otro, ¡ay, fe perdida!,
y de una sombra a otra, siempre lloro   10
en esta muerte que llamamos vida.

Perdí mi libertad y mi tesoro;
perdióse mi esperanza de atrevida.
¡Triste de mí, que mi verdugo adoro!

[*Las tres Musas*, 41, b]

373

Soneto amoroso

De tantas bien nacidas esperanzas
del doméstico amor y dulce vida,
burlas, ingrata Silvia fementida,
con desdenes, con celos, con tardanzas.

No arroje más tu brazo airadas lanzas   5
del pecho a la pirámide escondida;
que ya no dan lugar a nueva herida
las que en ella te rinden alabanzas.

Confieso que di incienso en tus altares
con sacrílega mano al fuego ardiente   10
del no prudente dios preso con grillo.

* Imitación de Petrarca, soneto CCXVI, «Tutto 'l di piango; e
poi la notte, quando». Véase J. G. Fucilla, op. cit., pág. 197.

Si me castigas dándome esos males,
no me mates, que un muerto no lo siente:
dame vida, y así podré sentillo.

[*Las tres Musas*, 42, b]

374

Soneto amoroso

Solo sin vos, y mi dolor presente,
mi pecho rompo con mortal suspiro;
sólo vivo aquel tiempo cuando os miro,
mas poco mi destino lo consiente.

Mi mal es propio, el bien es accidente;   5
pues, cuando verme en vos presente aspiro,
no falta causa al mal por que suspiro,
aunque con vos estoy, estando ausente.

Aquí os hablo, aquí os tengo y aquí os veo[1],
gozando deste bien en mi memoria,   10
mientras que el bien que espero Amor dilata.

¡Mirad cómo me trata mi deseo:
que he venido a tener sólo por gloria
vivir contento en lo que más me mata!

[*Las tres Musas*, 44, a]

375

Soneto amoroso difiniendo el Amor

Es hielo abrasador, es fuego helado,
es herida que duele y no se siente,
es un soñado bien, un mal presente,
es un breve descanso muy cansado;

es un descuido que nos da cuidado,   5
un cobarde, con nombre de valiente,
un andar solitario entre la gente,
un amar solamente ser amado;

---

[1] En el texto, *aquí suelo*.

es una libertad encarcelada,
que dura hasta el postrero parasismo; 10
enfermedad que crece si es curada.

Éste es el niño Amor, éste es su abismo.
¡ Mirad cuál amistad tendrá con nada
el que en todo es contrario de sí mismo !

[*Las tres Musas*, 44, b]

376

[SONETO AMOROSO*]

Saliste, Doris bella, y florecieron
los campos secos que tus pies pisaron;
las fuentes y las aves te cantaron,
que por la blanca Aurora te tuvieron.

Cuantas cosas miraste, se encendieron; 5
cuantas peñas tocaste, se ablandaron;
las aguas de Pisuerga se pararon
y aprendieron a amar cuando te vieron.

El sol dorado que tus ojos vía
dudaba si su luz o la luz dellos 10
prestaba el resplandor al claro día.

Venciéronle sus rayos tus cabellos,
pues, con mirarlos solamente, ardía,
y de envidia y de amor muere por vellos.

[*Las tres Musas*, 47. Figura, como
el siguiente, al final de la canción
*En estos versos de mi amor dic-
tados.*]

* Quizá de hacia 1601-1605, por la alusión al Pisuerga.

377

[Soneto amoroso]

Aunque cualquier lugar donde estuvieras,
templo, pues yo te adoro, le tornaras
ídolo hermoso, en cuyas nobles aras
no fuera justo que otra ofrenda vieras.

Templo fue del señor de las esferas   5
donde sentí las dos primeras jaras
que afiló Amor en esas luces raras,
bastantes a que más valor vencieras.

Volví la adoración idolatría,
troqué por alta mar seguro puerto;   10
vi en la iglesia mi muerte en tu hermosura:

que entonces a los dos nos convenía:
por retraída a ti, que me habias muerto,
y, como muerto, a mí, por sepultura.

[*Las tres Musas,* 47]

378

El mismo*

soneto

Tú, rey de ríos, Tajo generoso,
que el movimiento y calidad hurtaste
al cuerpo de alabastro que bañaste,
gentil en proporción, gallardo, hermoso;

ora natural músico ingeñioso   5
seas entre las conchas que criaste,
ora el valle le ofrezcas do engendraste,
para su frente, el ramo victorioso;

ora, sueltas del hielo tus corrientes,
le des espejo, sólo te suplico   10
que, cuando quiera en ti ver sus despojos,

* Este soneto y el siguiente son anteriores a 1627-1628, por figurar en el *Cancionero antequerano*.

junto con su hermosura representes
mi llanto con que creces y estás rico:
vean siquiera mis lágrimas sus ojos.

[*Cancionero antequerano,* 38]

379

DON FRANCISCO DE QUEVEDO

SONETO

Piedra soy en sufrir pena y cuidado
y cera en el querer enternecido,
sabio en amar dolor tan bien nacido,
necio en ser en mi daño porfiado,

medroso en no vencerme acobardado,   5
y valiente en no ser de mí vencido,
hombre en sentir mi mal, aun sin sentido,
bestia en no despertar desengañado.

En sustentarme entre los fuegos rojos,
en tus desdenes ásperos y fríos,   10
soy salamandra, y cumplo tus antojos;

y las niñas de aquestos ojos míos
se han vuelto, con la ausencia de tus ojos,
ninfas que habitan dentro de dos ríos.

[*Cancionero antequerano,* 39]

380

A LAS CENIZAS DE UN AMANTE PUESTAS EN UN RELOJ

SONETO

Ostentas, ¡oh felice!, en tus cenizas,
el afecto inmortal del alma interno;
que como es del amor el curso eterno,
los días a tus ansias eternizas.

Muerto del tiempo, el orden tiranizas,   5
pues mides, derogando su gobierno,
las horas al dolor del pecho tierno,
los minutos al bien que inmortalizas.

¡Oh milagro! ¡Oh portento peregrino!,
que de lo natural los estatutos   10
rompes con eternar su movimiento.

Tú mismo constituyes tu destino:
pues por días, por horas, por minutos,
eternizas tu propio sentimiento.

[Mss. 9.636, f. 140 v. y 7.370,
f. 220 v. de la Bibl. Nacional.]

381

Soneto

Ojos, guardad al corazón secreto,
pues le guarda la lengua a sus pasiones;
ved que son vuestras lágrimas razones:
que el ciego amor, si es mucho, es más perfeto.

Si miedo no tenéis, tened respeto,   5
y triunfe de atrevidas ocasiones
el sufrimiento, que arma corazones
en la milicia de este fuego inquieto.

Contentaos con amar cosa tan bella,
pues os honra la propia cobardía   10
que la vista parlera os enmudece.

Amad el imposible, el merecella;
débaos mi corazón tal cortesía:
que en penar por los dos bien la merece.

[Ms. 3.797, f. 100 v. Publicado por
Astrana Marín.]

382

SONETO

Muda y tierna elocuencia derramada,
de la razón y pena recogida,
con tener más de vista que de oída,
ni aun de ajeno mirar sois escuchada.

Alma en líquido fuego transformada,   5
que por más firme unión se da vertida,
y su prisión nos deja persuadida,
saliendo por los ojos desatada;

lenguas de un pensamiento recatado,
ansias que van corriendo, y las poseo,   10
sangre de los suspiros más amigos:

palabras sois postreras del cuidado,
congojosos extremos del deseo,
del alma partes, de mi amor testigos.

> [Ms. 4.117, f. 348 v., Bibl. Nacio-
> nal. Inédito.]

383

EXEQUIAS A UNA TÓRTOLA QUE SE QUEJABA VIUDA, Y
DESPUÉS SE HALLÓ MUERTA

SILVA FUNERAL

Al tronco y a la fuente,
más que su arena y que sus verdes hojas
honraron tus congojas,
¡oh tórtola doliente!
Tu voz acompañaba al monte seco;   5
dabas que hacer al eco;
usurpaban los prados
el nombre de leales
de tu fe y tu firmeza.
Nunca se vieron, nunca, los cuidados,   10
las penas y los males,
si no es en tu tristeza,

hartos de sentimiento,
pues fue tanta tu pena,
que le daba a esta arena   15
honra, si no ornamento.
Ya sin vida te veo,
y el prado está sin ti de aquella suerte
que estuvo sin tu amante tu deseo.
Quien buscare otras causas a tu muerte,   20
fuera del mucho amar tu compañía,
mucho te agravia, y poco también sabe
de lo que con tus alas voló el Ciego
y de su tiranía,
pues que, siendo tú ave,   25
bien más que el aire frecuentaste el fuego.
No dio mortal herida
ayuda a tu dolor contra tu vida
para eterno reposo:
que yo sé que a tu espíritu amoroso   30
vino la muerte airada
en tu deseo más presto que en su vuelo,
y muy menos temida que rogada,
pues de tanto dolor y desconsuelo
no pudo haber tan invidiosa mano   35
que a lástima o respeto se negase,
ni cazador que entrase
en este verde llano,
a quien justa piedad de tus suspiros
no burlase los tiros.   40
Piedad de todos alcanzar supiste,
y de ti no pudiste,
y, siendo ave ligera,
para ti sola te volviste fiera.
Daré al fuego este leño[1],   45
dividido en pedazos:
seguirá en humo a l'alma de su dueño.
Luego regalaré con mil olores
los aires, donde en músicos abrazos
goza blandos amores,   50
en pacífica calma,
junta al marido espíritu tu alma.

---

[1] Anota González de Salas: «En donde lloraba al consorte».

Recibe las exequias del que oíste
quejarse de Amarilis tantas veces,
no como las mereces   55
ni como las hiciste,
[ni como las espera;]
pues cuando corto quedo,
más tórtola difunta hacer pudiera[2]
que vivo amante haciendo cuanto puedo.   60

> [*Parnaso*, 174. El v. 57 procede de
> los mss. de Nápoles y Évora.]

384

ADVIERTE LA BREVEDAD DE LA HERMOSURA
CON EXHORTACIÓN DELICIOSA[*]

IDILIO

¿Aguardas por ventura,
discreta y generosa Casilina,
a que la edad madura,
y el tiempo codicioso, que camina,
roben, groseros siempre en sus agravios,   5
oro a tus trenzas, perlas a tus labios?

¿Aguardas que los días
le pierdan el respeto a tu belleza?
¿En qué deidad confías,
viendo la ociosidad y la pereza   10
que los años han puesto en tu cabello,
que antes volaba libre por el cuello?

En tu rostro divino
ya se ven las pisadas y señales
que del largo camino   15
dejan los pies del Tiempo desiguales[1];
y ya tu flor hermosa y tu verano
padece injurias del invierno cano.

---

[2] «Si yo fuera cual difunta tórtola.» Nota del mismo.
[*] González de Salas añade: «Es elegante imitación de Anacreonte».
[1] «Pintó la antigüedad con alas al Tiempo, y juntamente cojo y con muletas.» Nota de González de Salas.

Un robre se hace viejo,
y una montaña. Goza tu hermosura,   20
antes que en el espejo,
con unos mismos ojos, tu figura,
Casilina, la mires y la llores,
debiéndoles el fruto a tantas flores.

Goza la luz del día,   25
que no hay rienda que pare al Tiempo leve;
y es tal su tiranía,
que ningún ruego ni oración le mueve.
Atropella tesoros y belleza;
ni vuelve atrás, ni aguarda, ni tropieza.   30

Y vendrá la triste hora
en que, mustio el semblante idolatrado,
que invidiaba la aurora,
dirás: «¿Por qué en mi tiempo celebrado
no tuve este deseo agradecido,   35
o ya no tengo el rostro que he tenido?»

Entonces, pues, tu mano,
facción no hallando digna de respeto
en tu semblante cano,
ni de la rosa aquel color perfeto,   40
se atreverá a tu frente ya arrugada,
y contra tus despojos será osada.

¿Por cuánto no querrías
llegar ociosa a iguales desengaños,
a tan amargos días,   45
a fin tan triste de tan dulces años,
donde aun la flor del ánimo se pierde,
a tal invierno de una edad tan verde?

Pero cuando, obstinada,
llegues a los umbrales de la muerte,   50
si con la voz turbada
me llamares, iré gozoso a verte;
y Fabio gozará en tu paraíso,
ya que no lo que quiere, lo que quiso.

La beldad huye muda;   55
goza de tu florida edad lozana;
que ni Venus desnuda,
ni ceñida dos veces tu Dïana,
valdrán para agradarme y agradarte,
sin que una martirice y otra harte.   60

Coronemos con flores
el cuello, antes que llegue el negro día.
Mezclemos los amores
con la ambrosia mortal que la vid cría.
Y de los labios el aliento flaco   65
nos acuerde de Venus y de Baco.

[*Parnaso*, 221]

385

CELEBRA EL CABELLO DE UNA DAMA,
QUE HABIÉNDOSELE MANDADO CORTAR
EN UNA ENFERMEDAD, ELLA NO QUISO*

IDILIO

¿Cómo pudiera ser hecho piadoso
dar licencia villana al duro acero
para ofender cabello tan hermoso?
Y ¿quién, a tu salud tan lisonjero,
quiso que la arte suya se mostrase   5
donde el dudoso efecto le agraviase?

Pues si ayudarla intenta diligente,
cuando en peligro está naturaleza,
el experto filósofo y prudente,
¿cómo, quien su tesoro y su belleza,   10
tejido en esas trenzas, le cortaba,
bien que lo prometiese, la ayudaba?

---

* Según Astrana Marín, el poema sería de 1611 y leído en la
Academia del Conde de Saldaña. Se basa en la conocida carta de
Lope al Duque de Sessa, del 30 de noviembre: «Esos sonetos llevé
yo a la Academia: fue el sujeto a una dama Cloris, a quien por
tener enfermos los ojos mandó el médico que le cortasen los cabellos; aconsejo a Vex.ª que no se le dé nada de los cabellos ni de
los sonetos». *Epistolario de Lope de Vega*, edic. de A. González
de Amezúa, III, Madrid, 1941, pág. 80. Pero asuntos así eran corrientes en las academias del siglo XVII.

Mal pudo ser remedio de tu vida
cortar todo el honor y precio de ella,
si se pudiera hallar mano atrevida, 15
y sin piedad en cosa que es tan bella,
pues cortara, en los lazos que hoy celebras,
tantas vidas amantes como hebras.

El bárbaro deseo del romano,
que las vidas de todos sobre un cuello 20
quiso ver, por cortarlas con su mano
de un golpe, quien cortara tu cabello
le cumpliera cruel, pues de mil modos
tienen las vidas de él pendientes todos.

Estratagema fue y ardid secreto 25
el persuadir la Muerte se cortase
cabello a quien, por lástima y respeto,
era fuerza que aun ella perdonase:
que ofender tal belleza quien la viera,
hasta en la Muerte atrevimiento fuera. 30

A tu propria salud antepusiste
cuerda temeridad en conservarle;
todo lo que merece conociste,
pues fuera no lo hacer desestimarle:
que aun por no te obligar a tal locura, 35
a sí se corrigió la calentura.

Y cuando medicina tan severa
para dolencia igual sólo se hallara,
ella misma, de lástima, se fuera,
y la salud, de invidia, se tornara, 40
pues estaba, sin duda, ya celosa
de ver en ti la enfermedad hermosa.

Si en Absalón fue muerte su cabello,
bien que gentil, también dejar cortarle
lo fue para Sansón; y en ti el perdello 45
viniera en los sucesos a imitarle,
pues murieran en él cuantos le vieron,
como con el jayán los que estuvieron.

Reine, honor de la edad, desordenado
tu cabello, sin ley, dándola al cielo;   50
no le mire viviente sin cuidado,
ni libertad exenta goce el suelo.
Invidia sea del sol, desprecio al oro,
prisión a l'alma, y al amor tesoro.

La Muerte, que la humana gloria ultraja,   55
le venere hasta tanto que le vea
blanco ya, del color de la mortaja.
Y cuando edad antigua le posea
y de la postrer nieve le corone,
por lo hermoso que ha sido, le perdone.   60

[*Parnaso*, 223]

386

Varios afectos de amante*

idilio

Los que con las palabras solamente
freno ponéis de Júpiter al rayo;
los que podéis vestir de luto a mayo
y anochecer al sol en el Oriente;

los que apeáis la luna de su coche   5
para que espuma escupa en vuestras yerbas;
los que con voces alcanzáis las ciervas;
los que hurtáis las estrellas a la noche;

los que quitáis a Marte de la mano
la dura espada sin temer su filo;   10
los que alargar podéis el mortal hilo
y desnudar de rosas al verano:

---

* González de Salas anota: «Es necesario advertir que está escrita esta poesía afectadamente, con locución de voces y frases que
pudieran juzgarse de menos decoro para los números poéticos;
siendo ansí que están allí colocadas de tal arte, que aquel mismo
defecto parece que les comunica un cierto género de gravedad y
decencia. Tuvo esta atención el poeta en algunos escritos, procu-
rando con la frecuencia y repetición quitar a algunas palabras lo
áspero o indecente que les había puesto el poco uso».

si vuestras artes procuráis que crea,
y que podéis hacer lo que he contado,
haced que amando a Tirse viva amado,   15
y que tratable de mi amor la vea.

Cuando de que me vi libre me acuerdo,
cuya memoria en daño me redunda,
por romperla, sacudo la coyunda,
y la maroma, por soltarme, muerdo.   20

Fábula soy del vulgo y de la gente,
que de Amor con mi ejemplo se rescata,
cuando con igual fuerza me maltrata
el bien pasado y el dolor presente.

Antes que te rindiera mis despojos   25
y antes que te mirara, gloria mía,
yo confieso de mí que no entendía
el secreto lenguaje de los ojos.

Pasaba el tiempo en ejercicios rudos,
el oro despreciando y los zafiros;   30
nunca les hallé lengua a los suspiros,
porque pensé hasta agora que eran mudos.

Y antes que viera del Amor las lides,
nunca pude creer que se tornaba,
en cada mujer débil que lloraba,   35
cada pequeña lágrima un Alcides[1].

Jamás imaginé llegar a estado
que temiendo le fuese concedido
remedio a mi dolor, tan bien nacido,
no le osase pedir desesperado.   40

Mas después que te vi, señora mía,
supe, siendo mortal, sujeto a muerte,
hacer contra mí proprio un dios tan fuerte,
que pone al cielo ley su valentía.

---

[1] *un Alcides,* un Hércules.

Supe de Amor, en el tormento y potro,   45
después de darte victoriosas palmas,
hallar en la afición para las almas
el pasadizo que hay de un cuerpo a otro.

[*Parnaso*, 225]

387

Nueva filosofía de amor contraria
a la que se lee en las escuelas*

CANCIÓN

Quien nueva sciencia y arte
quiere saber, aprenderá la mía:
nueva filosofía
que no puede aprenderse en otra parte.
En mi pecho, el Amor, que me lastima,   5
lee de dolor la cátreda de prima.

El dios de la mentira
la verdad de Aristóteles disfama;
arguye cuanto mira,
y a todos los concluye con su llama: 10
pues de su silogismo o argumento
ni Salomón libró su entendimiento.

Su sciencia es tan aguda,
que de flecha le sirve razonada;
ninguna cosa duda;   15
inquieta la verdad más asentada.
Y al divino Platón tuvo tan ciego,
que le hizo beber por agua el fuego.

* Anota González de Salas: «Admita el entusiasmo de algunos
muy poetas, términos aquí, que, como de filosofía, no son capaces
de su furor; y Empédocles los calificó en los griegos y Lucrecio
en los latinos».
Es imitación de L. Groto, «S'alcun nov'arte vuole...», señalada
ya por Faria y Sousa en sus *Rimas de Camoens*, II, 106. Vid. J.
G. Fucilla, op. cit., pág. 196.
En *Las tres Musas*, pág. 47, se halla una versión distinta.

No mata, yo lo siento,
al fuego el agua, Inarda dura y bella;　　20
pues sola una centella
del fuego que en mis venas alimento
no he muerto en tantos años, ni apagado
con el diluvio inmenso que he llorado.

Al sol resplandeciente　　25
no se derrite el cristalino yelo,
ni deshace del cielo
la nieve blanca y pura el fuego ardiente;
pues que siéndolo tú no te han deshecho,　　30
sol de tus ojos, fuego de mi pecho.

En dos lugares puede,
sin dividirse, Inarda, ni apartarse,
un cuerpo solo hallarse:
experiencia que a mí se me concede,
pues vivo en mi desdicha de ti ausente,　　35
¡oh gran mal!, y en tus ojos juntamente.

No es verdad que, partida
del cuerpo la alma, nuestra vida muera,
pues de mí, mi alma fuera,
en quien me da la muerte, cobro vida;　　40
mostrando Amor, con argumento altivo,
que sin el alma con mi muerte vivo.

Engaño es que apartada
la causa, del efecto no hay sospecha;
pues que no me aprovecha　　45
que esté ausente mi pena y retirada,
si de cerca u de lejos, en mi ingrata,
la misma causa me persigue y mata.

No entre los animales
solos sus semejantes todos aman;　　50
no la muerte desaman
por su naturaleza los mortales.
Yo soy humano, y amo, por mi suerte,
una fiera cruel que me da muerte.

Juntarse dos contrarios   55
pueden, pues en mi proprio pensamiento
el placer y el tormento
se juntan a acabarme temerarios.
Y en tanto que mi bien y gloria miro,
lágrimas canto y música suspiro.   60

    Bien puede, en mi cadena,
el ser con el no ser a un mismo punto
estar, por mi mal, junto,
pues muero al gusto, estoy vivo a la pena;
y ansí es verdad, Inarda, cuando escribo,   65
que yo soy y no soy, y muero y vivo.

    Es doctrina engañosa
decir algún mortal, de aquí adelante,
que, de sí semejante,
sus efectos produce cualquier cosa;   70
pues Inarda, en mi dulce desconsuelo,
fuego produjo, siendo toda yelo.

    No ya en naturaleza
el uso vuelve a la costumbre amada,
ni ya la pena usada   75
pierde de su rigor y su aspereza;
pues cuanto más me dura mi tormento,
más su dureza, más su pena siento.

    No es ya verdad que el todo
es mayor que la parte que en sí sella;   80
pues, por extraño modo,
yo estoy todo en Inarda, y toda ella
está en mi corazón, dándome guerra:
y cierro, amante, a quien en sí me cierra.

    Canción de penas mías,   85
huye del hombre bruto, que no ama;
pero si Inarda llama
tus argumentos hoy sofisterías,
dila que la arte que publicas nueva
no se puede entender si no se prueba.   90

[*Parnaso*, 227]

388

Sencilla significación de afecto amoroso, proporcionada al sujeto amado*

CANCIÓN

Oye, tirano hermoso,
un hombre agradecido a su tormento,
con su mal tan contento,
que no está de otros bienes codicioso,
aunque ve malograr sus pretensiones.   5
Escucha las razones
que a tus paredes dice, por moverte,
y adora las que tiene de quererte.

Que no te siga ordenas,
cuando consiste en verte yo mi vida;   10
y que seré homicida
de mí, si te obedezco en tantas penas.
Mas si el ver que te sigo te da enojos,
mándales a tus ojos
que no me lleven tras sus rayos bellos,   15
ya si los miro, o ya me miren ellos.

Mándasme que te olvide:
¿quién lo podrá acabar con mi memoria
cuando toda su gloria
en sólo contemplar tu beldad mide?   20
Fuérzome, ídolo mío,
y a olvidarte porfío;
pero como nací para adorarte,
cuando me olvido es sólo de olvidarte.

* «Esta canción pareció ponerse aquí para ejemplo oportuno del estilo que han de tener los versos que se envían a mujeres, donde propriamente ha de prevalecer la expresión de los afectos, con frases sencillas y bien colocadas, y que no diferencien mucho de las que se usan comúnmente. Es sin duda haberlo enseñado ansí Aurelio Propercio, grande poeta y buen cortesano en la república romana, en la elegía IX, del libro primero, que escribió a su amigo Pontico, poeta también famoso de su edad.» Nota de González de Salas, que copia cuatro versos.

Tus desdenes adoro,   25
que al fin son tuyos, aunque son desdenes;
y ese rigor que tienes,
le busco y tengo yo por mi tesoro.
Estimo en ti lo que de ti merezco;
mientras sufro y padezco,   30
aguardando que tengas en tal calma,
ya que no voluntad, lástima a l'alma.

Si te obedezco, muero,
pues que tu vista pierde mi recato;
y si no, yo me mato,   35
enojando la cosa que más quiero.
Fatígome y procuro obedecerte;
y viendo que es mi muerte,
firme en mi amor y en mi tormento firme,
vengo a matarme yo, por no morirme.   40

[*Parnaso,* 230]

389

LLAMA A AMINTA AL CAMPO EN AMOROSO DESAFÍO*

CANCIÓN

Pues quita al año Primavera el ceño
y el verano risueño
restituye a la tierra sus colores
y en donde vimos nieve vemos flores,
y las plantas vestidas   5
gozan las verdes vidas,
dando, a la voz del pájaro pintado,
las ramas sombras y silencio el prado,
ven, Aminta, que quiero
que, viéndote primero,   10
agradezca sus flores este llano
más a tu blanco pie que no al verano.

---

* Figura en la *Segunda parte de las Flores de poetas ilustres,*
de 1611, pág. 226, en versión distinta.

Ven; veráste al espejo de esta fuente,
pues, suelta la corriente
del cautiverio líquido del frío,   15
perdiendo el nombre, aumenta el suyo al río.
Las aguas que han pasado
oirás por este prado
llorar no haberte visto, con tristeza;
mas en las que mirares tu belleza,   20
verás alegre risa,
y cómo las dan prisa,
murmurando su suerte a las primeras,
por poderte gozar las venideras.

Si te detiene el sol ardiente y puro,   25
ven, que yo te aseguro
que, si te ofende, le has de vencer luego,
pues se vale él de luz y tú de fuego;
mas si gustas de sombra,
en esta verde alfombra   30
una vid tiene un olmo muy espeso
(no sé si diga que abrazado o preso)
y a sombra de sus ramas
le darán nuestras llamas,
ya los digan abrazos o prisiones,   35
invidia al olmo y a la vid pasiones.

Ven, que te aguardan ya los ruiseñores,
y los tonos mejores,
porque los oigas tú, dulce tirana,
los dejan de cantar a la mañana.   40
Tendremos invidiosas
las tórtolas mimosas,
pues, viéndonos de gloria y gusto ricos,
imitarán los labios con los picos:
aprenderemos dellas   45
soledad y querellas,
y, en pago, aprenderán de nuestros lazos
su voz requiebros y su pluma abrazos.

¡Ay, si llegases ya, qué tiernamente,
al ruido de esta fuente,   50

gastáramos las horas y los vientos,
en suspiros y músicos acentos !
Tu aliento bebería
en ardiente porfía
que igualase las flores de este suelo   55
y las estrellas con que alumbra el cielo,
y sellaria en tus ojos,
soberbios con despojos,
y en tus mejillas sin igual, tan bellas,
sin prado, flores, y sin cielo, estrellas.   60

    Halláranos aquí la blanca Aurora
riendo, cuando llora;
la noche, alegres, cuando en cielo y tierra
tantos ojos nos abre como cierra.
Fuéramos cada instante   65
nueva amada y amante:
y ansí tendria en firmeza tan crecida
la muerte estorbo y suspensión la vida;
y vieran nuestras bocas,
en ramos de estas rocas,   70
ya las aves consortes, ya las viudas,
más elocuentes ser cuando más mudas.

[*Parnaso, 232*]

390

Lamentación amorosa

IDILIO

    ¡Oh vos, troncos, anciana compañía,
de humilde soledad verde y sonora !
Pues escritos estáis de la porfía
de tanto amante que desdenes llora,
creced también la desventura mía: 5
seréis en esta orilla que el sol dora,
verde historia de amor, y de esta falda
rústico libro escrito en esmeralda.

Las aves que leyeren mis tristezas
luego pondrán en tono mis congojas,   10
y cantarán mi mal en las cortezas
al son que hiciere el aire con las hojas.
Cualquier viento, templado a mis ternezas,
de las cuerdas, Amor, que no me aflojas
(pues del tormento son que se conspira),   15
fabricará con mis suspiros lira.

Allí serán mis lágrimas Orfeos,
y mis lamentos, blandos ruiseñores;
suspenderé el infierno a mis deseos,
halagaré sus llamas y rigores;   20
lejos irán de mí los monstros feos,
del ocio y de la paz perseguidores;
el silencio tendré por armonía,
y seráme el desierto compañía.

No sólo nací yo para cuidados;   25
mas ellos sólo para mí nacieron.
No castiga el Amor en mí pecados;
desdichas sí, que siempre me siguieron.
Cuantos son en el mundo desdichados,
y cuantos lo han de ser, y cuantos fueron,   30
viendo ya la pasión que en mi alma lidia,
unos tendrán consuelo, otros invidia.

Eufrates, tú que el término caldeo
con vivos lazos de cristal circundas;
¡oh rico Tajo !, ¡oh huérfano Peneo[1],   35
que en fértil llanto la Tesalia inundas !;
¡oh frigio Xanto ![2], ¡oh siempre amante Alfeo ![3],
¡oh Nilo, que la egipcia sed fecundas !:
como por vuestras urnas, sacros ríos,
todos pasad por estos ojos míos.   40

---

[1] *Peneo*, río de Grecia, en Tesalia, al que Homero llama «el de las olas de plata».
[2] *Xanto*, Janto, río de la Tróada, que se opuso con el Escamandro y el Simois a la bajada de los griegos y sublevó sus olas contra Aquiles.
[3] *Alfeo*, río del Peloponeso. Según la leyenda, es un cazador enamorado de la ninfa Aretusa, convertida en fuente. Alfeo tomó la forma de río para poder unir sus aguas a las de Aretusa.

Tú[4], que en Puzol respiras, abrasado,
los enojos de Júpiter Tonante;
tú, que en Flegra, de llamas coronado,
castigas la soberbia de Mimante[5];
tú, Etna, que, en incendio desatado,   45
das magnífico túmulo al gigante:
todos, con tantas llamas como penas,
mirad vuestros volcanes en mis venas.

¡Oh vosotros, que, en puntas desiguales,
ceño del mundo sois, Alpes sombríos,   50
que amenazáis, soberbios, los umbrales
de la corte del fuego, siempre fríos!;
¡oh Cáucaso, vestido de cristales!;
¡oh Pirineos, padres de los ríos!:   55
todos, con vuestra nieve y estatura,
medid mi mal, su yelo y desventura.

Tú, que del agua yaces desdeñado,
con sed burlado, en fuente sumergido;
tú, que a sólo bajar subes cargado;
y tú, por los peñascos extendido,   60
para eterno alimento condenado,
del hambriento martirio cebo y nido[6]:
todos venid, ¡oh pueblos macilentos!:
veréisme remedar vuestros tormentos.

[*Parnaso,* 292]

---

[4] Nombra a los Titanes.
[5] «Et validus Mimas, Horat.» Nota de González de Salas.
[6] Alusiones a Tántalo, Sísifo y Prometeo.

391

Octavas glosando

Que todo tiene fin, si no es mi pena.

Yo vi todas las galas del verano
y engastadas las perlas del aurora
en el oro del sol sobre este llano;
vi de esmeralda el campo; mas agora
la blanca nieve del invierno cano   5
de todo le desnuda y le desdora.
Todo lo acaba el tiempo y lo enajena:
que todo tiene fin, si no es mi pena.

Yo vi presa del yelo la corriente
que, en líquidos cristales, derretida,   10
despide alegre la parlera fuente;
de nubes pardas y de horror vestida,
vi la cara del sol resplandeciente;
la mar, que agora temo embravecida,   15
vi mansa en otro tiempo, vi serena:
que todo tiene fin, si no es mi pena[1].

De verdes hojas, lenguas vi que hacía,
por murmurar un rato, el manso viento,
de mi Tirsis cruel la tiranía;
mas el invierno enmudeció su acento.   20
De lazos de oro el cielo ciñó el día;
vino tras él con tardo movimiento
la muda noche, de tinieblas llena:
que todo tiene fin, si no es mi pena.

[*Las tres Musas*, 45]

---

[1] Continúa con otra estrofa que es, en realidad, una versión primitiva de la primera.

392

Mostrando su pasión amorosa

canción

En estos versos de mi amor dictados,
tan bien nacidos, cuanto mal premiados,
es, señora, mi intento
mostrar más voluntad que entendimiento,
pues mi pasión ordena   5
que no iguale mi ingenio con mi pena.
Fue gran ventura veros;
después de vista, amaros;
y es ya tan imposible el olvidaros,
como poder llegar a mereceros;   10
y así, reconocido,
piedad, no premio, pido,
ni laurel, pues por vos le despreciara,
si en la primera Dafne se tornara.
Sed atenta a los versos lastimeros   15
del que desde que os vio lo está a quereros;
y obligaréis a tanto un tierno amante,
que os deba todo el tiempo que no os cante.

[*Las tres Musas*, 46]

393

canción amorosa

Decir puede este río,
si hay quien diga en favor de un desdichado,
el tierno llanto mío;
decirlo puede el prado,
Aminta rigurosa,   5
más por mi mal que por tu bien hermosa.

Oyendo [aqu]estos cerros
tu injusto agravio a mis querellas justas,
dulcísimos destierros,
pues de mis penas gustas,   10
acabaráme olvido,
y antes muerto estaré que arrepentido.

Dulce imposible adoro:
¡ay del que sin ventura quiere tanto!
Pierdo el tiempo si lloro,   15
las palabras si canto,
y la vida si quiero:
piérdome en todo, y por perderme muero.

¡Qué de veces previne
quejas para decirte, y al instante   20
que a ver tu rostro vine,
(propio temor de amante),
un mover de tus labios
me trujo olvido a infinidad de agravios!

¡Qué de veces tus ojos,   25
de tanta voluntad dueños injustos,
me trujeron enojos
y me robaron gustos,
trayendo con sus rayos
al alma julios y a la orilla mayos!   30

Flacas van mis manadas,
que sienten el dolor que tú no sientes;
buscando van cansadas:
buscan agua en las fuentes,
sin ver que están secretas   35
agua en mis ojos, yerba en tus saetas.

Viéronme estas arenas
en otro tiempo, cuando Dios quería,
libre de las cadenas
que tienen en prisión el alma mía.   40
¡Oh libertad sagrada!,
quien te perdió no tema perder nada.

                                          [*Las tres Musas*, 52]

394

CANCIÓN AMOROSA

Dulce señora mía,
norte de mi afligido pensamiento,
luz de mi fantasía,
principio, medio y fin de mi tormento,
pues es tuya mi vida,   5
no seas con desdenes su homicida.

Sol que a mis ciegos ojos
das la luz que Cupido me ha quitado,
llevando por despojos
un vivo corazón enamorado,   10
pues me tienes rendido,
no me des por amor eterno olvido.

Helada roca fuerte,
que en el mar amoroso de mis años,
para darme la muerte,   15
te puso el ciego autor de mis engaños,
mata mi confianza,
o cúmpleme del todo la esperanza.

Si tú, que eres mi diosa,
a quien ofrezco el alma en sacrificio,   20
te muestras desdeñosa,
dándome tal rigor por beneficio,
¿quién sentirá mi pena,
si quien es causa della me condena?

El eco está cansado   25
de responder al mal que no merezco;
con quejas, desmayado,
a las peñas más duras enternezco.
De ti sola me espanto,
cómo no te enterneces con mi llanto.   30

¡Qué mayores enojos
me pudo dar Amor, ¡oh desventura!,

que buscar entre abrojos
el descanso, y la vida en sepultura,
donde con triste llanto   35
imito al cisne, pues muriendo canto!

[*Las tres Musas*, 53.]

395

CANCIÓN AMOROSA

Besando mis prisiones,
de alegre soledad dulces despojos,
te escribo estos renglones,
Amarilis, al tiempo que mis ojos,
para mayor trofeo,   5
matan la sed con llanto a mi deseo.

Escucha mi tormento,
si quieres estimar tu alegre estado,
si no es que tu contento
temes que le entristezca mi cuidado,   10
pues con mis males puedo
a la misma ventura poner miedo.

Oye mis soledades,
que aun de la soledad me siento solo,
y las muchas verdades,   15
que ha llorado conmigo el santo Apolo,
de aquella misma suerte,
que el juez escucha al que condena a muerte.

Mas aunque condenado
a infierno de rigor, señora mía,   20
en este despoblado,
donde ni alumbra el sol, ni sale el día,
jamás con tanta pena
te maldigo por juez que me condena.

Es agravio notable   25
que, siendo tú la parte, me condenes
a muerte miserable,
aunque por bien perdidos doy mis bienes,
pues al Amor le plugo,
siendo mi juez, que fueses mi verdugo.   30

    Y pues te son debidos,
como a ministro hermoso de mi muerte,
recibe mis vestidos,
que, para más dolor, quiso mi suerte
que a mi verdugo fiero,   35
en pago de matarme, haga heredero.

    Y como aquel que expira,
vecina la mortaja y sepultura,
tristes visiones mira
en mi muerte. Así ordena tu hermosura   40
que vea tu enojo eterno
en vez de las visiones del infierno.

    Sólo estoy temeroso
de que no he de morir eternamente,
hasta que sea dichoso;   45
pues mientras mi dolor esté presente,
porque en tristeza viva,
eterno me ha de hacer Fortuna esquiva.

                              [*Las tres Musas*, 54.]

396

CANCIÓN AMOROSA

    Aunque, señora, creo
que insisto en mi esperanza vanamente,
a fuerza del deseo
se humana mi dolor, y lo consiente;
y presumo que os veo   5
para engañar la soledad presente;

mas luego echo de ver que ausente os miro,
en que me quejo al fin, y en que suspiro.
Y dejo de buscaros.
¡Ay, qué injusto rigor! ¡Qué amor tan justo!   10
Porque esto no es dejaros,
sino seguir ausente vuestro gusto;
mas vos, por no obligaros,
miráis esta mudanza con disgusto.
Perdonadme, señora, si os entiendo,   15
que ansí por enmendarme no me enmiendo.

Perdón también os pido
del tiempo que he tardado en no entenderos
y de haberos querido,
no pudiendo llegar a mereceros: 20
que todo error ha sido,
pues nada en mí ha dejado de ofenderos;
y perdonad si holgáis que esté culpado:
que ofenderos jamás he procurado.
Bien puede ser testigo   25
este destierro fiero y necesario,
en que soy mi enemigo
por excusar de ser vuestro contrario,
que en nada os contradigo;
y este acto en mí es forzoso y voluntario,   30
si enamorado está mi entendimiento,
y es vuestra voluntad su fundamento.

Pero dadme licencia,
pues no lo ha de querer la suerte mía,
que si vuestra presencia   35
tal vez interrumpiere la porfía
desta importuna ausencia,
reciba yo de veros alegría;
porque de andar tan lejos de alegrarme,
con la licencia pienso consolarme.   40

Bien quisiera deciros
lo que está mi silencio publicando,
después que por serviros
me voy de mal en mal peregrinando;

mas quieren mis suspiros   45
que los refiera sólo suspirando;
y dice más, si con piedad se mira,
el que dice que calla y que suspira.

[*Las tres Musas*, 56]

397

CANCIÓN AMOROSA

Exento del amor pisé la yerba
que retrata el color de mis martirios;
vestí mis sienes de morados lirios;
mas ya, como la cierva
que, por la herida, sangre y vida pierde,   5
busco el remedio por el campo verde.

Hoy ceñí mi cabeza con laureles,
tejiendo a mi placer una guirnalda:
por calles de jacinto y esmeralda,
envuelto en pobres pieles,   10
sin yugo de dolor, con pasos tardos,
cortaba flores y arrancaba cardos.

Y a la sombra sentado destos pinos,
que parecen copetes deste cerro,
dejando el cetro del ganado al perro,   15
miraba los molinos
cómo con fuerzas de artificio raras
vuelven harina hasta las aguas claras.

Listones de cristal por verdes lazos,
y calles hermosísimas de vidro,   20
entre los campos que pisaba Isidro,
enturbié con mis brazos;
mas ya, quejoso del Amor, desnudo,
doy lenguas con mi voz al valle mudo.

Miraba de los árboles las hojas   25
entenderse por señas y meneos;
escuchaba del ave los deseos
y las dulces congojas,
quejándose del río en las orillas,
porque no se paraba para oíllas.   30

En las hojas de yerbas y de flores
miraba como en salvas ofrecidas
del aurora las lágrimas vertidas
al sol en sus colores,
como si todas juntas le dijeran   35
que, a tardar más, en llanto se volvieran.

Tan libre de pasiones enemigas
pasé mi juventud entre los mozos,
que me andaba a buscar los calabozos
de las pobres hormigas;   40
y viéndolas tan sabias, esperaba
que me habían de hablar si las hablaba.

Eran todos mis gustos y cuidados
tirar un canto con ventaja mucha;
vencer nadando al pez y al hombre en lucha,   15
tener en mis ganados
el más valiente y animoso perro
y el mejor manso con mejor cencerro.

Ansí que, Amor, en esta prisión mía
sólo te la agradece y te la alaba   50
el temeroso grillo que cazaba,
el ave que cogía,
la rana con sus voces en el lago,
y el mudo pez en sus corrientes vago.

Si acaso de las manos me sacaras   55
la máquina del mundo y su grandeza;
si dejaras desnuda mi cabeza
de famosas tïaras,
hazaña fuera de perpetua gloria;
mas quitarme un cayado no es vitoria.   60

Perdí mi libertad, y hallé razones
de perder los deseos de buscalla;
perdí la paz, y halléme en la batalla
con mil obligaciones
de no pesarme de mi mal primero.   65
¡Triste de aquel que muere como muero!

                                   [*Las tres Musas,* 57]

398

El sueño*

SILVA

¿Con qué culpa tan grave,
sueño blando y süave,
pude en largo destierro merecerte
que se aparte de mí tu olvido manso?
Pues no te busco yo por ser descanso,   5
sino por muda imagen de la muerte.
Cuidados veladores
hacen inobedientes mis dos ojos
a la ley de las horas;
no han podido vencer a mis dolores   10
las noches, ni dar paz a mis enojos;
madrugan más en mí que en las auroras
lágrimas a este llano,
que amanece a mi mal siempre temprano;
y tanto, que persuade la tristeza   15
a mis dos ojos que nacieron antes
para llorar que para verte, sueño.
De sosiego los tienes ignorantes,
de tal manera, que al morir el día
con luz enferma, vi que permitía   20
el sol que le mirasen en poniente.
Con pies torpes, al punto, ciega y fría,
cayó de las estrellas blandamente
la noche tras las pardas sombras mudas,
que el sueño persuadieron a la gente.   25
Escondieron las galas a los prados
[y quedaron desnudas]
estas laderas, y sus peñas, solas;
duermen ya, entre sus montes recostados,
los mares y las olas.   30
Si con algún acento
ofenden las orejas,
es que, entre sueños, dan al cielo quejas
del yerto lecho y duro acogimiento,
que blandos hallan en los cerros duros.   35
Los arroyuelos puros

* Una versión anterior a ésta figura en la *Segunda parte de las Flores*, de 1611.

se adormecen al son del llanto mío,
y, a su modo, también se duerme el río.
Con sosiego agradable
se dejan poseer de ti las flores;	40
mudos están los males;
no hay cuidado que hable:
faltan lenguas y voz a los dolores,
y en todos los mortales
yace la vida envuelta en alto olvido.	45
Tan sólo mi gemido
pierde el respeto a tu silencio santo;
yo tu quietud molesto con mi llanto
y te desacredito
el nombre de callado con mi grito.	50
Dame, cortés mancebo, algún reposo;
no seas digno del nombre de avariento,
en el más desdichado y firme amante
que lo merece ser por dueño hermoso:
débate alguna pausa mi tormento.	55
Gózante en las cabañas
y debajo del cielo
los ásperos villanos;
hállate en el rigor de los pantanos
y encuéntrate en las nieves y en el yelo	60
el soldado valiente,
y yo no puedo hallarte, aunque lo intente,
entre mi pensamiento y mi deseo.
Ya, pues, con dolor creo
que eres más riguroso que la tierra,	65
más duro que la roca,
pues te alcanza el soldado envuelto en guerra,
y en ella mi alma por jamás te toca.
Mira que es gran rigor. Dame siquiera
lo que de ti desprecia tanto avaro	70
por el oro en que alegre considera,
hasta que da la vuelta el tiempo claro:
lo que habia de dormir en blando lecho,
y da el enamorado a su señora,
y a ti se te debía de derecho.	75
Dame lo que desprecia de ti agora,
por robar, el ladrón; lo que desecha
el que invidiosos celos tuvo y llora.

Quede en parte mi queja satisfecha:
tócame con el cuento[1] de tu vara;   80
oirán siquiera el ruido de tus plumas
mis desventuras sumas;
que yo no quiero verte cara a cara,
ni que hagas más caso
de mí que hasta pasar por mí de paso;   85
o que a tu sombra negra, por lo menos,
si fueres a otra parte peregrino,
se le haga camino
por estos ojos de sosiego ajenos.
Quítame, blando sueño, este desvelo,   90
o de él alguna parte,
y te prometo, mientras viere el cielo,
de desvelarme sólo en celebrarte.

> [*Las tres Musas*, 134. El verso 27
> procede de la *Segunda parte de
> las Flores de poetas ilustres*, de
> 1611, de Sevilla, 1896, pág. 222.]

399

FARMACEUTRIA O MEDICAMENTOS ENAMORADOS*

SILVA

¡Qué de robos han visto del invierno,
qué de restituciones del verano,
este torcido roble y mirto tierno!
Y ¡qué de veces, Galafrón hermano,
de duro yelo, en este claro río,   5
cristal artificioso labró el frío!

Embargó con carámbanos invierno
su tributo a Pisuerga en varias fuentes;
salió de entre las nubes abril tierno,
dándoles libertad a las corrientes: 10
pasáronse las breves horas frías,
y trujeron la sed los largos días.

---

[1] *cuento*, contera.
* Aldrete añade: «Es imitación de Teócrito y de Virgilio».
Anterior a 1611, por figurar en la *Segunda parte de las Flores de
poetas ilustres*, edic. cit., pág. 214.

Quiero a mis solas, Galafrón amigo,
pues se sujeta a Amor la primavera,
usar de mis conjuros: sea testigo   15
el monte, el valle, el llano y la ribera.
Aprovecharme quiero del encanto,
pues no aprovecha con Aminta el llanto.

[A] aquella fuente clara te avecina;
y saludando el genio sacro de ella,   20
lávate en su corriente cristalina,
mirando siempre a Venus en su estrella.
Que no turbes las aguas te aconsejo:
respétale a la luna el blanco espejo.

Tráeme de aquellos mirtos verdes ramas,   25
arranca a Dafne[1] sin piedad los brazos:
que al pedernal, que es cárcel de las llamas,
ya con duro eslabón hago pedazos:
ansí de Aminta ingrata el Amor ciego,
como yo de esta piedra, saque fuego.   30

Así como en el fuego esta verbena,
y esta raíz, donde escupió la luna,
por resistirse al duro fuego suena,
vencida del calor sin fuerza alguna,
ansí se queje ardiendo mi señora,   35
hasta que adore al triste que la adora.

Y ansí como derramo al fresco viento
estas cenizas pálidas y frías,
ansí se esparza luego mi tormento,
ansí las penas y las ansias mías;   40
y del modo que inclino a mí esta oliva,
ansí se incline a mí mi fugitiva.

Con tres coronas de jazmín y rosa
tus aras, santo simulacro, adorno,
y tres veces, con mano licenciosa,   45
cerco tu templo de verbena en torno;
tres veces con afecto y celo pío
a tus narices humo sacro envío.

[1] Dafne, perseguida por Apolo, fue convertida en laurel.

¿Ves que de incienso y árabes olores
preciosa nube esconde tu figura?   50
¿Ves ante ti esparcidas estas flores,
que ojos fueron del prado, y su hermosura?
¿No ves estos pavones, cuyas galas
desdoblan un verano en las dos alas?

Poco me favoreces; llamar quiero   55
a Hecate[2] del pueblo de las Sombras;
y si no viene, al pálido barquero,
de quien, negra deidad, tu reino nombras;
pienso dejar la barca en sucia arena,
beber el Lethe y olvidar mi pena.   60

Mas no quiero llamarla; a ti, señora
Venus, a ti me vuelvo; vuelve y mira
tan ciego de pasión al que te adora,
que se arma contra ti de enojo y ira:
vuelve, risa del cielo; advierte, blanda,   65
que obedezco a tu hijo que me manda.

Recibe, pues, no sea mi ruego vano,
honra del mar, al claro sol vecina,
este farro[3], este humilde don villano,
y, nadando en la leche, blanca harina;   70
recibe el alma de este toro blanco,
que, a su pesar, del corazón arranco.

No me pesa de dártele, aunque veo
que es el mejor de toda mi manada;
mira con las guirnaldas que rodeo   75
su frente, de iras y de ceño armada;
amante le herí, que no celoso;
no sé si de devoto o de invidioso.

Doyte estas golondrinas, tiernas aves,
estas simples palomas voladoras,   80
que cortando los vientos ya süaves
que al pintado verano dan las horas,
con sus brazos y cuellos varïados
vistieron estos aires de mil prados.

_____

[2] *Hecate*, diosa del infierno.
[3] *farro*, cebada a medio moler, después de remojada y quitada la cascarilla.

Esta vïuda tórtola doliente,   85
que perdió sus arrullos con su amante,
cogíla haciendo ultrajes a una fuente,
por no ver sin su dueño su semblante:
siempre vivió sin él en árbol seco,
y nunca alegre voz la volvió el eco.   90

Mira la vid que a Baco soberano
la boca regaló y honró las sienes,
cómo sirve de grillos en el llano
a los pies de los olmos que mantienes.
¡Ay, cómo los enlaza! ¡Ay, si hiciese   95
Amor que ansí mi Aminta me ciñese!

Toma, pues, Galafrón, estas guirnaldas
de adelfa y valerianas olorosas,
y, vueltas al arroyo las espaldas,
dáselas a las aguas presurosas.   100
No vuelvas a mirarlas; mira, amigo,
que estorbarás los versos que las digo.

«Id en paz (las dirás), ¡oh prendas caras!»,
cuando en la orilla con la izquierda mano
las encomiendas a las aguas claras;   105
«id en paz, caminando al Oceano»;
y estas urnas de plata darás luego
al alma de la fuente por mi ruego

Y yo en tanto, por hacer que me responda
Hecate, sorda siempre a mis gemidos,   110
quiero traer el rombo[4] a la redonda:
varios lazos en él tengo tejidos;
y con flores de abrojo, yerba fuerte,
me quiero hurtar yo mismo de la muerte.

Quiero con ésta derribar del cielo,   115
entre espumas nevadas, a la luna,
que forastera habite nuestro suelo,
y que encante sus plantas una a una:
que ya cuantas Thesalia ha producido,
circunscribe en un cerco mi gemido.   120

4 *rombo,* rodaballo.

Ven a mis ruegos fácil, reina dura,
pues sabes lo que pido en este punto.
Si ayer, antes de darle sepultura,
mordiéndole los labios a un difunto,
antes que el postrer yelo le cubriese,   125
le murmuré un recado que te diese.

No son indignos de Plutón mis ruegos,
ni de aquel que el Infierno tiene encima,
a cuyo nombre, en los palacios ciegos,
no hay collado ni monte que no gima;   130
bastantemente con nefanda boca
mi corazón sus Furias las invoca.

No estoy ayuno, no, de sangre humana,
que este cuchillo negro en este vaso
la llora, o por mejor decir, la mana;   135
dudoso y mal seguro traigo el paso;
que Baco, del celebro dulce peso,
cuanto la vista aumenta, mengua el seso.

Da fuerza, ¡oh Luna!, a las ofrendas mías[5]:
ansí te ayude el son de las calderas   140
en negras noches y en los blancos días;
rebelde a los conjuros de hechiceras,
sin nube pases por el cielo errante.
¡Dicha buena te alcance siendo amante!

Mas, ¡ay!, que en el silencio alto [y] profundo,   145
por ciegas nubes, en el carro alado,
te veo pasar el sueño al otro mundo,
y el ruiseñor al canto ha despertado;
ninguna voz doliente me ha ofendido:
dichoso agüero y no esperado ha sido.   150

¡Quién consultara en Límina los Peces[6],
pues puede tanto el yerro de un amante,
que les da autoridad de ser jüeces
en caso al que yo lloro semejante!

---

[5] Al margen: «Vide commenta nostra ad verba illa satirici Petronii: *Lunae descendit imago carminibus deductameis. Ubi unice redditur ratio huiusce ritus*». Pero nótese que el comentador de Petronio fue González de Salas y no Aldrete.

[6] Límina, población de la provincia de Mesina, en Sicilia.

¡Quién los sagrados lirios revolviera   155
y con ellos, profeta, un plato hiciera!

Mas visto he, Galafrón, una paloma,
cierta señal que Citerea ayuda;
a la derecha mano el vuelo toma.
Aminta se ablandó, quiere sin duda.   160
¡Oh poderosa fuerza del encanto,
que tanto puedes, que has podido tanto!

Vámonos, Galafrón, a nuestra aldea,
que ya las blancas horas traen al día;
ya lo que nos dio miedo nos recrea,   165
y el sol se ve nadar en agua fría.
Las plantas, con retratos aparentes,
a sí mismas se engendran en las fuentes.

Libre Pisuerga va del sueño fiero,
tan tardo, que parece que le pesa   170
de llegar a perder su nombre a Duero.
Ya el silencio mortal en todos cesa.
Vámonos a la aldea, a ver si acaso
por mí se enciende el fuego que me abraso.

[*Las tres Musas*, 147]

400

AMANTE QUE VUELVE A VER LA FUENTE
DE DONDE SE AUSENTÓ

SILVA

Aquí la vez postrera
vi, fuente clara y pura, a mi señora,
de esta verde ribera
reverenciada por Dïana y Flora;
aquí dio a mi partida   5
lágrimas de piedad en largo llanto;
aquí, al dejarla, mi dolor fue tanto,
que mostró el corazón dudosa vida.

Aquí me aparté de ella
con paso divertido y pies inciertos.   10
Heme hurtado a mi estrella;
vuelvo a la soledad de estos desiertos:
todos los veo mudados,
y los troncos, que un tiempo llamé míos,
de sus tiernas niñeces olvidados,   15
huyendo de mirarse en estos ríos,
que los figuran viejos,
en el agua aborrecen los espejos.

    No ya, como solía,
halla en las ramas, al bajar al llano,   20
verdes estorbos el calor del día;
muy de paso visita aquí el verano.
Los troncos, ya desnudos,
sepultados en ocio, yacen mudos
de este monte a los ecos;   25
y a las deidades santas,
la araña sucedió en los robles huecos.
Pocas pisadas de mortales plantas
fatigan esta arena.
Mucho le debes, fuente, a la verbena,   30
que sola te acompaña.
¡Qué pobre de agua tu corriente baña:
la tierra que dio flores y[a] da abrojos!
¡Cómo se echa de ver en tus cristales
la falta del tributo de mis ojos,   35
que los hizo crecer en rios caudales!
¡En qué de partes de tu margen veo
polvo, donde mi sed halló recreo!

    Ya no te queda, fuente, otra esperanza,
tras prolija tardanza,   40
de cobrar tu corriente y su grandeza,
sino la que te doy con mi tristeza,
de aumentarte llorando,
por no saber de Aminta, mi enemiga.
Dímelo, fuente amiga,   45
pues lo vas con tus guijas murmurando;
que si interés de lágrimas te obliga,
no excusaré el verterlas por hallarla.

Ya me viste gozarla,
y en medio del amor, con mil temores,   50
llorar más que la aurora en estas flores.
No me tengas secreto
esto que te pregunto; y te prometo
de hurtarte al sol a fuerza de arboleda,
y de hacer que te ignore   55
sed que no fuere de divinos labios;
y de que bruto y torpe pie no pueda,
mientras el sol la seca margen dora,
hacer a tu cristal turbios agravios.
Darte he por nacimiento,   60
no, cual naturaleza, dura roca,
mas, en marfil, de un sátiro la boca,
que muestre estar de ti siempre sediento.
Escribiré en tu frente
tal ley al caminante: 65
«No llores, si estás triste; ve adelante:
que de los desdichados, solamente
Glauro puede llorar en esta fuente;
y si sed del camino
te obligare a beber, ¡oh peregrino!,   70
mira que estas corrientes,
después que fueron dignas de los dientes
de Aminta, han despreciado
cualquier labio mortal. No seas osado
a obligarlas a huir; ¡ay!, no lo creas,   75
cuando otro nuevo Tántalo te veas».

   Tras esto le daré verdes guirnaldas
al sátiro del robo destas faldas;
y a ti mil joyas del tesoro mío
con que granjees las ninfas de tu río;   80
de suerte que, en mis dádivas y votos,
conozcan mares grandes,
cuando escondida entre sus senos andes:
que tiene tu deidad acá devotos.

[Las tres Musas, 169]

401

Himno a las estrellas*

silva

A vosotras, estrellas,
alza el vuelo mi pluma temerosa,
del piélago de luz ricas centellas;
lumbres que enciende triste y dolorosa
a las exequias del difunto día,   5
güérfana de su luz, la noche fría;

ejército de oro,
que, por campañas de zafir marchando,
guardáis el trono del eterno coro
con diversas escuadras militando;   10
Argos divino de cristal y fuego,
por cuyos ojos vela el mundo ciego;

señas esclarecidas
que, con llama parlera y elocuente,
por el mudo silencio repartidas,   15
a la sombra servís de voz ardiente;
pompa que da la noche a sus vestidos,
letras de luz, misterios encendidos;

de la tiniebla triste
preciosas joyas, y del sueño helado   20
galas, que en competencia del sol viste;
espías del amante recatado,
fuentes de luz para animar el suelo,
flores lucientes del jardín del cielo,

vosotras, de la luna   25
familia relumbrante, ninfas claras,
cuyos pasos arrastran la Fortuna,
con cuyos movimientos muda caras,
árbitros de la paz y de la guerra,
que, en ausencia del sol, regís la tierra;   30

* El verso 69 es un recuerdo de otro del *Polifemo*; por lo tanto,
el poema tiene que ser posterior a 1613.

vosotras, de la suerte
dispensadoras, luces tutelares
que dais la vida, que acercáis la muerte,
mudando de semblante, de lugares;
llamas, que habláis con doctos movimientos,   35
cuyos trémulos rayos son acentos;

vosotras, que, enojadas,
a la sed de los surcos y sembrados
la bebida negáis, o ya abrasadas
dais en ceniza el pasto a los ganados,   40
y si miráis benignas y clementes,
el cielo es labrador para las gentes;

vosotras, cuyas leyes
guarda observante el tiempo en toda parte,
amenazas de príncipes y reyes,   45
si os aborta Saturno, Jove o Marte;
ya fijas vais, o ya llevéis delante
por lúbricos caminos greña errante,

si amast[e]is en la vida
y ya en el firmamento estáis clavadas,   50
pues la pena de amor nunca se olvida,
y aun suspiráis en signos transformadas,
con Amarilis, ninfa la más bella,
estrellas, ordenad que tenga estrella.

Si entre vosotras una   55
miró sobre su parto y nacimiento
y della se encargó desde la cuna,
dispensando su acción, su movimiento,
pedidla, estrellas, a cualquier que sea,
que la incline siquiera a que me vea.   60

Yo, en tanto, desatado
en humo, rico aliento de Pancaya[1],
haré que, peregrino y abrasado,
en busca vuestra por los aires vaya;
recataré del sol la lira mía   65
y empezaré a cantar muriendo el día.

[1] El *aliento de Pancaya* es el incienso.

Las tenebrosas aves,
que el silencio embarazan con gemido,
volando torpes y cantando graves[2],
más agüeros que tonos al oído,   70
para adular mis ansias y mis penas,
ya mis musas serán, ya mis sirenas.

[*Las tres Musas*, 172]

402

El yelmo de Segura de la Sierra, monte muy alto al austro

SILVA

O sea que olvidado,
o incrédulo del caso sucedido,
o mal escarmentado,
¡oh peñasco atrevido !,
llevas a las estrellas frente osada,   5
de ceño y de carámbanos armada,

debajo de ti truena,
que respeta tus cumbres el verano,
y allá en tus faldas suena
lluvioso invierno cano;   10
y donde eres al cielo cama dura,
das a Guadalquivir cuna en Sigura.

Por de más alto vuelo
te codiciara el águila gloriosa,
pues arrimado al cielo,   15
lo que no pudo él, osa;
sobre Olimpo nos muestras por momentos
las determinaciones de los vientos.

---

[2] Es un recuerdo del conocido verso 40 del *Polifemo* de Góngora, «Gimiendo tristes y volando graves».

    Escondes a la vista
el yelmo con que Júpiter Tonante,   20
armado en la conquista,
si no te vio triunfante,
te vio valiente y animoso, y vemos
que hoy le arriman escalas tus extremos.

    Coronado de pinos,   25
el cerco blanco de la luna enramas,
y en los astros divinos,
que son etéreas llamas,
te enciendes por turbar antiguas paces,
y al cielo vecindad medrosa haces.   30

    Son parto de tus peñas
Mundo y Guadalquivir, famosos ríos,
y luego los despeñas
por altos montes fríos,
de tan soberbios y ásperos lugares,   35
que parece que llueves los que pares.

    Baja recién nacido
Guadalquivir, y llega tan cansado,
que le ve encanecido
en su niñez el prado,   40
con la espuma que hace y con la nieve,
por duros cerros resbalando leve.

    Ceñido en breve orilla,
llega a tomar el cetro de los ríos,
y en cercando a Sevilla,   45
le coronan navíos;
por ser tan noble su primera fuente,
que es de los cielos alto descendiente.

    Con pasos perezosos,
al mar camina, como va a la muerte,   50
y en senos procelosos
por tributo se vierte;
donde yace del golfo respetado
por lo que en él Belisa se ha mirado.

                                              [*Las tres Musas*, 174]

403

ANSIA DE AMANTE PORFIADO*

SILVA

¡Oh Floris, quién pudiera
mudar su pena, trasladar su llanto,
del sacro Guadalén a la ribera;
donde una vez los ojos, otra el canto,
pararon y crecieron ese río,   5
menos de las montañas que no mío!

El arroyo más blando,
de mi justo dolor reprehendido,
deja de murmurar y va llorando,
y aprende, entre las guijas, mi gemido;   10
y el céfiro jugando entre las hojas,
contrahace mis quejas y congojas.

El clarín de la aurora,
lira de las florestas y armonía,
la voz de abril y mayo más sonora,   15
el contrapunto de la luz del día,
oyendo las desdichas que pregono,
muda la letra y entristece el tono.

La habla de los huecos,
y la palabra amante sincopada,   20
que responden corteses en los ecos
estos benignos montes, porfiada,
viendo la sinrazón que me desvela,
de parte de los montes me consuela.

Aquí vivo amarrado   25
a la memoria de mi bien perdido,
a esperanza sin sueldo condenado,
y al duro remo del temor asido;
y en estado tan mísero me veo
por sólo un sacrilegio del deseo.   30

---

* A juzgar por los versos 13-18, tan culteranos, el poema sería
posterior a 1613.

Las mentiras del sueño
aún tiene acobardada mi ventura,
pues por hacer lisonja[s] a mi dueño,
no se atreve a mentirme su hermosura;
y por decreto de uno y otro cielo,   35
duermo amenazas y desdichas velo.

Sedienta y desvelada
tengo la vista, sin poder hartarse
del llanto mismo en que se ve anegada;
ni puede arrepentirse ni quejarse,   40
ni yo puedo vivir en mal tan fuerte,
ni acabo de morir en tanta muerte.

La primer moradora
del mundo, sombra ciega, noche avara,
del miedo y la traición madre y autora,   45
la que al abismo arrebozó la cara,
cumple extendida por el alma mía
destierro negro de la luz del día.

Aquel hijo bastardo,
de prudencia cobarde y mentirosa,   50
consejero de Amor caduco y tardo,
miedo, que ni remedia ni reposa,
tiene sin libertad, puesto en cadenas,
mi pobre corazón deshecho en penas.

Creí (que no debiera)   55
señas cuanto divinas, engañosas,
halagos venenosos de una fiera,
y, en ondas de oro, Circes mentirosas.
Mas ¿qué bárbaro habrá de ley tan fea,
que a quien por dios adora, no le crea?   60

¿Cuándo, a pesar del hado,
perezosa traerás, ¡oh muerte fría!,
lo que te ruego más, hoy desdichado,
y venturoso lo que más temía?
Y tu brazo, que siempre es riguroso,   65
¿dará a mi padecer blando reposo?

[*Las tres Musas*, 181. Corrijo verso
43, *primera*; v. 51, *del amor*, y v.
57, *en una*, según el ms. de Nápoles, f. 124 v.]

404

QUÉJASE DEL RIGOR DE UNA HERMOSURA, QUE NO LE MIRÓ
POR MIRAR A UN HOMBRE MUERTO QUE TENÍAN EN PÚBLICO
PARA QUE LE RECONOCIESEN*

SILVA

Muere porque le mires,
Aminta, un pobre vivo;
y tú, sordo peñasco, exento, altivo,
en donde la piedad nunca halló puerto,
miras un pobre muerto.   5
Pero el dios que venganzas
contra el rigor conjura,
los milagros le niega a tu hermosura,
y todo su poder desacredita,
pues ni el favor al muerto resucita,   10
ni tus desdenes dan la muerte al vivo.
Poco pudo lo esquivo,
menos pudo el agrado,
pues vemos han quedado,
a pesar de piedad tan homicida,   15
uno en la sepultura, otro en la vida.

Si el muerto, Aminta, no murió de verte,
no mereció tus ojos en su muerte;
y el vivo, que no muere despreciado
y no compra con muerte el ser mirado,   20
pues sólo al muerto das el rostro hermoso,
no merece morir aun de invidioso.
Y, sin justicia, tu beldad prefiere
el muerto al que se muere,
si no tiene por gloria tu trofeo   25
los muertos del dolor, no del deseo.
Con que está averiguado,
de tu condición dura,
que, para ser lisonja tu hermosura,
ha de ser uno muerto y condenado.   30

* Aldrete añade: «Está escrita con estilo fácil y sencillo. A ins-
tancia de un gran señor, a quien había sucedido, escribió esta
silva, aunque le *(sic)* dejó no como aquí se lee».

Mal reparten tu vista tus enojos,
pues siendo muchos cielos tus dos ojos,
inclinados a guerra,
dan al cuerpo en la tierra
lo que en triunfos y palmas   35
la predestinación guarda a las almas;
si ya no quieres, rica de presagios,
introducir tus ojos en sufragios;
y ojos que con la gloria andan en puntos,
bien presumen premiar a los difuntos.   40
Pero aunque seas avara de tus bienes,
disculpa, Aminta, tienes,
cuando con belicosas luces miras
y todo el firmamento en flechas tiras,
gastando, en combatir los corazones,   45
el sol y el cielo, en hierros y en arpones.

Y aunque la invidia enfurecerme pudo,
que miras lo que haces no lo dudo;
pues si con el mirar vidas deshaces,
y yo de amor lo estaba,   50
cuando mirar al otro te miraba,
imaginar podía
que ya de mi vitoria
ninguna gloria tu desdén crecía;
y era mayor hazaña   55
que repetir heridas en un muerto,
reducir a piedad tu esquiva saña.

                             [*Las tres Musas*, 191]

405

A un bostezo de Floris

MADRIGAL

Bostezó Floris, y su mano hermosa,
cortésmente tirana y religiosa,
tres cruces de sus dedos celestiales
engastó en perlas y cerró en corales,
crucificando en labios carmesíes,   5
o en puertas de rubíes,
sus dedos de jazmín y casta rosa.

Yo, que alumbradas de sus vivas luces
sobre claveles rojos vi tres cruces,
hurtar quise el engaste de una de ellas,   10
por ver si mi delito o mi fortuna,
por mal o buen ladrón, me diera una;
y fuera buen ladrón, robando estrellas.

Mas no pudiendo hurtarlas,
y mereciendo apenas adorarlas,   15
divino humilladero
de toda libertad, dije: «Yo muero,
si no en cruces, por ellas; donde veo
morir virgen y mártir mi deseo».

[*Parnaso,* 219]

406

Amante sin reposo*

[madrigal]

Está la ave en el aire con sosiego,
en la agua el pez, la salamandra en fuego,
y el hombre, en cuyo ser todo se encierra,
está en sola la tierra.
Yo sólo, que nací para tormentos,   5
estoy en todos estos elementos:
la boca tengo en aire suspirando,
el cuerpo en tierra está peregrinando,
los ojos tengo en agua noche y día,
y en fuego el corazón y la alma mía.   10

[*Parnaso,* 219, b]

---

* Según anota J. G. Fucilla, op. cit., págs. 202-203, es imitación
de otro madrigal de L. Groto, «Gli elementi, ond' ha vita ognum
di noi».

407

CONTRAPOSICIÓN AMOROSA*

[MADRIGAL]

Si fueras tú mi Eurídice, oh señora,
ya que soy yo el Orfeo que te adora,
tanto el poder mirarte en mí pudiera,
que sólo por mirarte te perdiera;
pues si perdiera la ocasión de verte,   5
perderte fuera así, por no perderte.
Mas tú en la tierra, luz clara del cielo,
firmamento que vives en el suelo,
no podia ser que fueras
sombra, que entre las sombras asistieras;   10
que el infierno contigo se alumbrara;
y tu divina cara,
como el sol en su coche,
introdujera auroras en la noche.
Ni yo, según mis sentimientos veo,   15
fuera músico Orfeo;
pues de amor y tristeza el alma llena,
no pudiera cantar, viéndote en pena.

[Parnaso, 220]

408

TRANSFORMACIÓN IMAGINARIA

MADRIGAL

Cuando al espejo miras
el gesto hermoso, Flori, con que admiras
honra y gloria del suelo,
de espejo le haces cielo;

---

* También es imitación de otro madrigal de L. Groto, «Se 'l dotto
Orfeo die gran segno de amore». Véase J. G. Fucilla, op. cit., página 207.

pues siendo como el cielo transparente,   5
a su luna, creciente
ya de esplendor, añades rayos rojos,
sol con tu cara, estrellas con tus ojos.

[*Parnaso*, 234, a]

409

Alma en prisión de oro

madrigal

Si alguna vez en lazos de oro bellos
la red, Flori, encarcela tus cabellos,
digo yo, cuando miro igual tesoro,
que está la red en red y el oro en oro.
Mas déjame admirado   5
que sea el ladrón la cárcel del robado;
y ya en dos redes presa l'alma mía,
no la espero cobrar en algún día;
y ella, porque tal cárcel la posea,
ni espera libertad, ni la desea.   10

[*Parnaso*, 234, b]

410

Error acertado en condición mudable

madrigal

El día que me aborreces, ese día
tengo tanta alegría,
como pesar padezco cuando me amas
y tu dueño me llamas.
Porque cuando indignada me aborreces,   5
en tu mudable condición me ofreces
señas de luego amarme con extremo;
y cuanto más me amas, Laura, temo
de tus mudanzas, como firme amante,
que me has de aborrecer en otro instante.   10

Ansí que, por mejor, eligir quiero
la esperanza del gusto venidero,
aunque esté desdeñado,
que el engañoso estado
de posesión tan bella   15
sujeto al torpe miedo de perdella.

[Parnaso, 235]

411

EXCLAMA A JÚPITER CONTRA UNOS OJOS A QUIEN
EL MISMO JÚPITER TEME

MADRIGAL

Júpiter, si venganza tan severa
tomaste de Faetonte
porque, descaminando el Sol al día,
encendió el río, el mar, el llano, el monte,
¿cuánto mayor conviene,   5
si tu brazo el valor antiguo tiene,
que la tomen agora tus enojos
de aquellos sin piedad divinos ojos
que abrasan desde el suelo
hombres y dioses, mar y tierra, y cielo?   10
Mas ¿con qué rayos puedes castigallos,
si para fulminar miras con ellos,
si vibras en las nubes sus cabellos,
si padeces sus lumbres con mirallos?
Disimula, sí, de ellos, pues se quejan,   15
y fulmina la parte que te dejan.

[Parnaso, 236]

412

EN QUE MUESTRA FESTEJOS DE AMANTES

MADRIGAL

A Fabio preguntaba
la divina Florisa, enternecida,
primero, por su vida,
y luego, por la fe que le guardaba,

cuántos besos quería   5
de su divina boca; y él decía:
«Para podértelo decir, deseo
que multiplique el agua el mar Egeo;
que se aumenten de Libia las arenas,
y del cielo sagrado   10
las estrellas serenas,
los átomos sin fin del sol dorado».

Mas ella en este punto,
al rostro de su Fabio el suyo junto,
le cortó las razones con un beso;   15
y él, recibiendo el regalado peso
de su amada en sus brazos,
con ella se tejió en diversos lazos,
diciendo de esta suerte:
«Escondidos estamos de la muerte,   20
pues es tan grande el gusto que poseo;
por pedirte sin fin, dulce Florisa,
más besos tuyos pido que deseo».
Creció en entrambos por igual la risa,
y, por poco, después juntos lloraran   25
lo que les estorbó que se besaran.

[Mss. 9.636, f. 141; 3.919, f. 146
v.; 7.370, f. 221 y 18.760, f. 89,
todos de la Bibl. Nacional.]

413

Madrigal pintando ejecuciones de amantes

Los brazos de Damón y Galatea
nueva Troya, torciéndose, formaban
(que yo lo vi, viniendo de la aldea);
sus bocas se abrazaban
y las lenguas trocaban.   5
En besos a las tórtolas vencían;
las palabras y aliento[s] se bebían
y en suspiros las almas retozaban.
Mas él, estremeciéndose, decía:
«¡Ay, muero, vida mía!»   10

Y ella, vueltos los ojos, le mostraba
en su color lo mesmo que le daba.
Fue tan dulce este paso y de tal suerte,
que quiso parte dél la misma Muerte,
pues quedando sin fuerza y sin aliento,   15
entrambos despidieron el contento.
Y las niñas hermosas,
que, al fin, de vergonzosas se escondieron,
ya tristes, de envidiosas,
a los divinos ojos se volvieron,   20
dando armas a Damón con que venciese
al arrepentimiento, si viniese.

[Ms. 4.067, Bibl. Nacional, f. 10]

414

A LA PUERTA DE AMINTA

Así, oh puerta dura,
que guardas viva a mi piadoso ruego
la mayor hermosura,
el tiempo no te dé por presa al fuego
y cuando ofensa de hacha, vieja, esperes,   5
no vengas a ser menos de lo que eres.
Y así el rayo del cielo cristalino,
cuando a Júpiter se huye de la mano,
no ofenda tus umbrales ni este llano,
que para que vea yo mi sol divino   10
y pruebe lo que pueden mis palabras,
que enmudezcas los goznes y te abras;
que, por poco que sea,
me tiene ya el Amor tan flaco y lacio,
que podré entrar por tan pequeño espacio,   15
que aun yo de mi esperanza no lo crea.

[Ms. Évora, pág. 70. Inédito. Corrijo versos 1, *a la puerta*; 2, *guardas vida*; 7, *cuando a Job*.]

415

CELEBRA UNOS OJOS HERMOSOS Y DISCRETOS

QUINTILLAS

Si os viera como yo os vi,
ojos, César, que, atrevido,
dijo «Vine, vi y vencí»,
sin duda dijera así:
«Vine, cegué y fui vencido».   5

Yo vine donde el volver
será morir y acabar,
y vi donde el mismo ver
fue ocasión para cegar
y gloria del padecer.   10

Fui también luego vencido
de quien, aun para despojos,
no estima lo que he perdido;
mas de tan valientes ojos
es vitoria el ser rendido.   15

Quien oír, ver y callar,
dio por consejo al bienquisto,
no me ha de poder negar,
ojos, que no os habia visto,
ni merecido escuchar.   20

Porque quien llegare a veros,
si con los suyos hablaros
supo, habrá de ofenderos,
ojos, si os vio, en no quereros;
si os oye, en no celebraros.   25

Quien os ve, claras estrellas
de amor, si humano se atreve
a mirar luces tan bellas,
no paga lo que las debe,
si no se muere por ellas.   30

Y si su vida en tributo
les dio, por su buena suerte,
en su color, si se advierte,
halla hermosísimo luto
también por su misma muerte.   35

Pero daréis cuenta a Dios,
Flori, de ser mi homicida:
y no ha sido hazaña en vos
que me quiten una vida
vuestros ojos, siendo dos.   40

Para cada uno quisiera
tener mil vidas que dar,
y almas tantas con que amar:
porque así durar pudiera
su rigor y mi penar.   45

Que si todas se juntaran,
y ya murieran, ya amaran,
que pudiera ser, entiendo,
que ya amando y ya muriendo,
una alma sola ablandaran.   50

[*Parnaso,* 237]

416

Pasiones de ausente enamorado

Este amor que yo alimento
de mi propio corazón,
no nace de inclinación,
sino de conocimiento.

Que amor de cosa tan bella,   5
y gracia que es infinita,
si es elección, me acredita;
si no, acredita mi estrella.

Y ¿qué deidad me pudiera
inclinar a que te amara,   10
que ese poder no tomara
para sí, si le tuviera?

Corrido, señora, escribo
en el estado presente,
de que, estando de ti ausente,   15
aun parezca que estoy vivo.

Pues ya en mi pena y pasión,
dulce Tirsis, tengo hechas
de las plumas de tus flechas
las alas del corazón.   20

Y sin poder consolarme,
ausente, y amando firme,
más hago yo en no morirme
que hará el dolor en matarme.

Tanto he llegado a quererte,   25
que siento igual pena en mí,
del ver, no viéndote a ti,
que adorándote, no verte.

Si bien recelo, señora,
que a este amor serás infiel,   30
pues ser hermosa y cruel
te pronostica traidora[1].

Pero traiciones dichosas
serán, Tirsis, para mí,
por ver dos caras en ti,   35
que han de ser por fuerza hermosas.

Y advierte que en mi pasión
se puede tener por cierto
que es decir ausente y muerto,
dos veces una razón.   40

                                        [*Parnaso*, 238, a]

---

[1] Véanse los versos 19-24 del poema 419.

417

Celebra los ojos de otra dama por extraordinario camino*

REDONDILLAS

Ojos, en vosotros veo
un poder que, donde alcanza,
desahucia la esperanza
y resucita el deseo.

Pero a mí, si os voy a ver,   5
en viendo que veis que os veo,
se me acobarda el deseo,
habiendo allí de crecer.

Y me ha venido a espantar
que igual temor me posea;   10
pues teme lo que desea,
quien no teme el desear.

Ojos, yo no sé qué espero,
viendo cómo me tratáis:
pues si me veis, me matáis;   15
y si yo os miro, me muero.

Sois amados y temidos,
muy dulces considerados,
y hermosísimos mirados,
y crueles padecidos.   20
  Ellos, pues, en donde Dios
ha abreviado tanta esfera,

---

* «El licenciado González Navarro... deseando también ayudar la restauración de estas obras, entre algunos papeles inútiles, aunque originales, que pudo recoger, venía en uno la ruda materia y aparato que prevenía el autor para celebrar la hermosura de unos ojos. De ésta, pues, ayudada y reducida a tolerable contextura, porque no se perdiese, *Erato* formó esta lírica fantasía, ni de vulgar espíritu ni indigna de auditorio elegante.» Nota de González de Salas.

si el uno al otro se viera,
fueran dichosos los dos.

Y no se puede negar   25
que es desdicha de mil modos,
que puedan mirar a todos
y no se puedan mirar.

Pero si pudiera ser
que a sí mismos se miraran,   30
el uno al otro se amaran
y en sí ocuparan el ver;

si no es que su fin llegara,
si el uno al otro se viera,
y uno por otro muriera,   35
y uno con otro cegara.

Quedáramos, pues, a escuras,
si ansí se vieran los dos;
por eso les negó Dios
tan gran choque de hermosuras.   40

A mirarse esos dos cielos
uno a otro en vuestra cara,
toda la luz batallara:
el fuego anduviera en celos.

Dad muchas gracias a Dios   45
que no os veis, divinos fuegos;
pues es mejor hacer ciegos,
que quedar ciegos los dos.

Esténse como se están,
y miren y no se vean,   50
pues la muerte que en mí emplean,
uno al otro se darán.

Para saber el poder
que tienen los dos en sí,
ver lo que pueden en mí   55
dice cuánto puede el ver.

Bien sé que podrá el espejo
daros, ojos, un buen día,
aunque tanta valentía
no la traslada el reflejo.   60

A saber su fuerza rara
los dioses, el mundo viera
que Marte los esgrimiera
y Jove los fulminara.

Y Amor con dulces enojos,   65
y para fines traviesos,
porque no le dieron ésos,
quiso quedarse sin ojos.

No fue bobo el dios vendado;
estimóse como dios: 70
o ningunos, o esos dos:
fue cegar de dios honrado.

Mas si acaso los tuviera
y no acabara en su ardor,
fueran dos dioses de amor,   75
y el dios mil amantes fuera.

Y Venus, según colijo,
si al hijo viera con ellos,
sacara, para tenellos,
los ojos al dios su hijo.   80

Con que quedaran absueltos
los vivientes de cuidados,
si ellos los vieran llevados,
y si yo los viera vueltos.

> [*Parnaso*, 239. Pero véase la nota
> del editor.]

418

MUESTRA LO ENAMORADO EN LO AUSENTE

REDONDILLAS

Después de gozar la gloria
de tu amable compañía,
no hay tan dichosa alegría
como estar con tu memoria.

En la mayor soledad   5
hallo escondido el contento,
pues descubre el pensamiento
un rastro de tu beldad.

No hay tal gloria como amarte,
que quien te ama eternamente,   10
viviendo ausente, y presente,
jamás deja de gozarte.

Porque no hay lugar ajeno
de tu beldad peregrina:
que está, como eres divina,   15
todo de tu gloria lleno.

Pues ¿ de qué me quejo agora,
si gozo siempre de ti,
teniendo dentro de mí
todo el bien que mi alma adora?   20

¿ Qué puede causarme enojos,
si, en cualquier parte del suelo,
me alumbran desde ese cielo
los dos soles de tus ojos?

Mas en todo se parecen   25
tus luces a las de Apolo:
que abrasan de lejos sólo
y en su esfera resplandecen.

Y con sus rayos lucientes,
se levantan de la tierra
las nubes que el aire encierra,
la nieve y rayos ardientes.

Que los sutiles vapores
suben al fuego y se encienden,
y en rayos vueltos descienden
de las partes superiores.

Pues tu beldad peregrina,
si es en presencia gozada,
de gloria el alma adornada
deja con luz tan divina.

Mas de lejos contemplada,
en el alma enciende luego
vivas centellas de fuego,
que la dejan inflamada.

Y al cuerpo, que es inferior,
vueltas en rayos, descienden
las pasiones, que se encienden
en la parte superior.

Engéndranse en ella celos,
memorias de bien perdido,
llamas de amor encendido
de las luces de tus cielos.

Y si tengo en esta ausencia,
para tormento tan fuerte,
más favor que esperar verte,
muera sin ver tu presencia.

Que más quiero por ti pena,
ausencia, celos, temor,
fuego vivo de tu amor,
que gloria de mano ajena.

Y pues estimo el tormento,
contemplando en tu memoria,
si está presente tu gloria,
no cabrá en el pensamiento.

Que no hay mayor diferencia   65
de gozar gloria en el cielo,
a contemplalla en el suelo,
que de tu vista a la ausencia.

[*Las tres Musas*, 61]

419

Muestra lo enamorado

REDONDILLAS

Cautivo y sin rescatarme,
Belisa, y amando firme,
más hago yo en no morirme
que tú harás en matarme.

Mas muerto estoy con dolores,   5
y aqueste ser me condena:
que me muriera de pena,
de no haber muerto de amores.

Muerto estoy, no hay que dudar;
que, aunque ansí me ven vivir,   10
es que el gusto del morir
me vuelve a resucitar.

Pero ya callo, contento
de que en todo el mundo veo,
para gozarte, deseo,   15
y en nadie, merecimiento.

Mas sólo temo, señora,
que no tienes de ser fiel:
que ser hermosa y cruel
te profetizan traidora.   20

Mas sé traidora a mis cosas,
que yo me alegraré ansí,
por ver dos caras en ti
que serán por fuerza hermosas.

Podrá ser que a mis pasiones   25
no sean ambas avaras,
que quien te viere dos caras
te dará dos corazones.

Mas, traidora, es cosa rara
que temo lo pueda ser,   30
porque es imposible haber
otra tan hermosa cara.

[Las tres Musas, 62]

420

AL POLVO DE UN AMANTE QUE EN UN RELOJ DE VIDRIO
SERVÍA DE ARENA A FLORIS, QUE LE ABRASÓ

Este polvo sin sosiego,
a quien tal fatiga dan,
vivo y muerto, amor y fuego,
hoy derramado, ayer ciego,
y siempre en eterno afán;   5

éste fue Fabio algún día,
cuando el incendio quería
que en polvo le desató,
y en el vidro amortajó
la ceniza nunca fría.   10

A tal tormento tu amante
destinas, Floris traidora;
pues, ya polvo caminante,
corre el día cada hora,
y la hora cada instante.   15

Quitóle tu crueldad,
dándole ansí monumento,
mal desmentida en piedad,
con vidro y con movimiento,
quietud y seguridad.   20

Reloj es el que yo vi
idolatrar tus auroras,
Floris, cuando me perdí;
no cuentes por él las horas,
sino sus penas por ti.   25

¡Oh horrible beldad, a quien
te mira, si arde también,
pues su penar eternizas,
y después de las cenizas
vive aún, Floris, tu desdén!   30

[*Las tres Musas*, 155]

421

Letrilla lírica

[*¿Qué puede ser?*]

Que un corazón lastimado,
a quien ha dado el Amor
por premio eterno dolor,
por alimento el cuidado;   5
constante, que no obstinado,
sólo tema en mal tan grave
que se acabe o que le acabe;
ved lo que llega a temer:
¿qué puede ser?   10

Que muestre tanto desdén
hermosura celestial,
que a sí misma se haga mal,
por sólo no hacerme bien;
que invidien los que la ven   15
mi pena, y que yo la estime,
y que nadie se lastime
cuando me ven padecer,
¿qué puede ser?

Que esté ardiendo en rayos rojos   20
y en vivo llanto deshecho;
que, estando abrasado el pecho,
agua derramen mis ojos;
que maltrate sus despojos
quien venció con tanta gloria;   25
que en despreciar su victoria
muestre todo su poder,
¿qué puede ser?

Que me llamen «sin ventura»
es lo que más he sentido,   30
habiendo yo merecido
penar por tanta hermosura;
que llamen mi amor locura,
porque amo sin esperar,
sabiendo que es agraviar   35
esperar sin merecer,
¿qué puede ser?

Que me muestre yo contento
de este mal que no se entiende;
que estime a quien más me ofende,   40
cuando crece mi tormento;
que me acredite avariento
de su rigor y mi mal,
siendo sólo liberal
del penar y padecer,   45
¿qué puede ser?

Que no se quiera apiadar,
y que esté yo en su cadena
tan contento con mi pena
como ella en verme penar;   50
que venga yo a desear
al dolor, que es mi homicida,
más vida que no a mi vida,
por no verle fenecer,
¿qué puede ser?   55

[*Parnaso, 338*]

422

ADVIERTE AL TIEMPO DE MAYORES HAZAÑAS,
EN QUE PODRÁ EJERCITAR SUS FUERZAS

ROMANCE

Tiempo, que todo lo mudas:
tú, que con las horas breves
lo que nos diste nos quitas,
lo que llevaste nos vuelves;
tú, que, con los mismos pasos   5
que cielos y estrellas mueves,
en la casa de la Vida
pisas umbral de la Muerte;
tú, que de vengar agravios
te precias como valiente,   10
pues castigas hermosuras
por satisfacer desdenes;
tú, lastimoso alquimista,
pues del ébano que tuerces,
haciendo plata las hebras,   15
a sus dueños empobreces;
tú, que con pies desiguales
pisas del mundo las leyes,
cuya sed bebe los ríos,
y su arena no los siente;   20
tú, que de monarcas grandes
llevas en los pies las frentes;
tú, que das muerte y das vida
a la Vida y a la Muerte:
si quieres que yo idolatre   25
en tu guadaña insolente,
en tus dolorosas canas,
en tus alas y en tu sierpe;
si quieres que te conozcan,
si gustas que te confiesen   30
con devoción temerosa
por tirano omnipotente,
da fin a mis desventuras,
pues a presumir se atreven
que a tus días y a tus años   35
pueden ser inobedientes.

Serán ceniza en tus manos,
cuando en ellas los aprietes,
los montes, y la soberbia
que los corona las sienes.   40
        ¿Y será bien que un cuidado,
tan porfiado cuan fuerte,
se ría de tus hazañas
y vitorioso se quede?
        ¿Por qué dos ojos avaros   45
de la riqueza que pierden
han de tener a los míos
sin que el sueño los encuentre?
        ¿Y por qué mi libertad
aprisionada ha de verse,   50
donde el ladrón es la cárcel
y su juez el delincuente?
        Enmendar la obstinación
de un espíritu inclemente;
entretener los incendios   55
de un corazón que arde siempre;
        descansar unos deseos
que viven eternamente,
hechos martirio de l'alma,
donde están porque los tiene;   60
        reprehender a la memoria,
que, con los pasados bienes,
como traidora a mi gusto,
a espaldas vueltas me hiere;
        castigar mi entendimiento,   65
que en discursos diferentes,
siendo su patria mi alma,
la quiere abrasar aleve,
        éstas sí que eran hazañas
debidas a tus laureles,   70
y no estar pintando flores
y madurando las mieses.
        Poca herida es deshojar
los árboles por noviembre,
pues, con desprecio, los vientos   75
llevarse los troncos suelen.

Descúidate de las rosas
que en su parto se envejecen;
y la fuerza de tus horas
en obra mayor se muestre.   80
     Tiempo venerable y cano,
pues tu edad no lo consiente,
déjate de niñerías
y a grandes hechos atiende.

[*Parnaso*, 242]

423

HALLA EN LA CAUSA DE SU AMOR TODOS LOS BIENES

ROMANCE

     Después que te conocí,
todas las cosas me sobran:
el sol para tener día,
abril para tener rosas.
     Por mi bien pueden tomar   5
otro oficio las auroras:
que yo conozco una luz
que sabe amanecer sombras.
     Bien puede buscar la noche
quien sus estrellas conozca,   10
que para mi astrología
ya son obscuras y pocas.
     Gaste el Oriente sus minas
con quien avaro las rompa,
que yo enriquezco la vista   15
con más oro a menos costa.
     Bien puede la margarita
guardar sus perlas en conchas:
que, búzano[1] de una risa,
las pesco yo en una boca.   20
     Contra el Tiempo y la Fortuna
ya tengo una inhibitoria:
ni ella me puede hacer triste,
ni él puede mudarme un hora.

---

[1] *búzano*, buzo.

El oficio le ha vacado   25
a la Muerte tu persona:
a sí misma se padece,
sola en ti viven sus obras.
 Ya no importunan mis ruegos
a los cielos por la gloria: 30
que mi bienaventuranza
tiene jornada más corta.
 La sacrosanta mentira,
que tantas almas adoran[2],
busque en Portugal vasallos,   35
en Chipre busque coronas.
 Predicaré de manera
tu belleza por Europa,
que no haya herejes de gracias,
y que adoren en ti sola.   40

[*Parnaso*, 243]

424

AMANTE AUSENTE, QUE MUERE PRESUMIDO DE SU DOLOR

ROMANCE

 Si en suspiros por el aire,
si en deseos por el fuego,
si en lágrimas por el mar
diere con vos mi tormento,
 hacedle buena acogida   5
por noble, y también por vuestro,
y porque de vos pretende
sólo audiencia, no remedio.
 Oír a los condenados
no se niega en el infierno,   10
y el escuchar los quejosos
aun se permite en el cielo.
 Deciros yo mi pasión
no es esperanza de premio,
sino acusación y culpa   15
que pongo a mis pensamientos.

---

[2] Alude al Amor; de ahí las referencias siguientes a Portugal, país de enamorados, y a Chipre, cuna del Amor.

Dichoso yo si muero
tan cortés amador de mi cuidado,
y peno consolado
por lo que adoro, no por lo que espero.   20

Oír y no remediar,
bien es de fiereza extremo:
que quien escucha las quejas,
las tiene piadoso miedo.
    Las aras no hacen los dioses,   25
las estatuas y los templos,
sino los tristes con votos
y los humildes con ruegos.
    Pobre le tiene de flechas
la aljaba al Amor mi pecho,   30
y ya quita de mí mismo
las que me tira de nuevo.
    Este llanto que derramo
en el dolor que padezco
no es diligencia que hago,   35
sino flaqueza que muestro.
    Dichoso yo si muero
tan cortés amador de mi cuidado,
y peno consolado
por lo que adoro, no por lo que espero.   40

Quien bien ama, puede estar
apartado, mas no lejos:
que no se entiende en las almas
esto de la tierra en medio.
    Gente son del otro mundo   45
los ausentes y los muertos.
¡Oh, quién trocara a un difunto
el partir, por el entierro!
    Pondrán en mi sepultura,
a mi dolor, lisonjeros   50
epitafios, si acreditan
pasión de tan alto empleo.
    Dirán: «Yace un polvo amante,
castigado por soberbio,
y un difunto presumido   55
del castigo que le ha muerto».

Dichoso yo si muero
tan cortés amador de mi cuidado,
y peno consolado
por lo que adoro, no por lo que espero.   60

[*Parnaso*, 244. Los mss. de la Biblioteca Nacional 3.940, f. 151 v.
y 3.700, f. 204, intercalan el estribillo.]

425

Muere de amor y entiérrase amando

ROMANCE

Males, no os partáis de mí,
y os estimaré por bienes;
pues que no hay otro en el mundo
tan desdichado que os ruegue.
No deis lugar que el tormento   5
se vaya, pues lo hace adrede,
porque para cuando vuelva
le sienta más y me queje.
Haced esta cortesía
a mi desdichada suerte: 10
que no es dejar de ser males,
porque seáis también corteses.
Su oficio hace el verdugo
en cortar al delincuente
el cuello, y es su alabanza   15
degollarle y que no pene.
Vendré a ser el primer hombre
que a sus males agradece
los bienes que le estorbaron
y la vida que no tiene.   20
Breve ocupación tenéis
en llegarme hasta la muerte;
y si habéis de estar ociosos,
buscad otro que os sustente.
Este, pues, llanto postrero   25
que mis ojos humedece,
sea mil veces bien venido
si ha de ser el que los cierre.

Contento voy a guardar,
con mis cenizas ardientes,   30
en el sepulcro la llama
que reina en mi pecho siempre.

Conmigo van mis cuidados,
y por eso parto alegre;
y aun quiero que lleve la alma   35
la parte que el cuerpo siente.

Este epitafio se escriba
en el mármol que cubriere
mi polvo amante, y, sin llanto,
ninguno podrá leerle.   40

«Aquí descanso de la triste vida,
al rigor de mi mal agradecido;
y el cuerpo, que de amor aun no se olvida,
en poca tierra, en sombra convertido,
hoy suspira; y se queja, enternecida,   45
la tumba negra donde está escondido.
Aun arden, de las llamas habitados,
sus huesos, de la vida despoblados.

»¡Oh tú que estás leyendo el duro caso,
ansí no veas jamás otra hermosura   50
que cause igual dolor al mal que paso,
que viertas llanto en esta sepultura,
más por dar agua al fuego en que me abraso
que por dolerte en tanta desventura!
Fue mi vida a mis penas semejante: 55
amé muriendo, y vivo tierra amante.»

[*Parnaso*, 245]

426

Alegórica enfermedad y medicina de amante*

ROMANCE

Muérome yo de Francisca,
buen doctor, y tus recetas
el tabardillo me curan
y la Francisca me dejan.

* Otro texto en *Maravillas del Parnaso*, de Jorge Pinto de Morales (Lisboa, 1637), f. 17.

Ansí, pues, siempre te llamen   5
los que de ti no se acuerdan,
y sólo vivas de cuantos
contra la vida pelean;
    y ansí duren dos mil años
tus dos guantes en conserva,   10
y tu mula por las calles
no te lleve con mareta[1];
    y ansí, a matarla, de ti
tu propria silla no aprenda,
y mendigando tercianas   15
te lleve de puerta en puerta,
    que escuches con atención
mi enfermedad a mi lengua,
por si cuando a errarla tiras,
acaso a curarla aciertas.   20
    Mi corazón, lo primero,
en fiebre hermosa se quema,
y el viento de mis suspiros
más le enciende que le templa.
    Mi esperanza y mi temor,   25
que desabrigados tiemblan,
en el frío de un desdén
a todas horas se yelan.
    Si ves mis merecimientos
y conoces mi soberbia,   30
sin duda del frenesí
querrás curar mi cabeza.
    Témese de hidropesía
mi ardiente sed, pues se aumenta
y arde más, aunque mis ojos   35
mares de lágrimas viertan.
    Soles me han muerto, y también
sereno de dos estrellas;
mucha nieve en cuerpo y manos;
mucho incendio de oro en trenzas.   40
    Por beber yo con la vista
en labios, coral y perlas,
preciosa muerte me aguarda,
después de rica dolencia.

---

[1] *mareta*, alteración del ánimo antes de agitarse violentamente y también movimiento de las olas.

Tengo un donaire arraigado   45
dentro en las entrañas mesmas;
un pujamiento de celos;
un crecimiento de penas.

No estudies mi enfermedad
en Galeno ni Avicena: 50
que no cabe en aforismos
mi dolor y mi tristeza.

Mis sangrías han de ser
del alma, no de las venas;
la aljaba ha de ser estuche[2], 55
y los arpones, lancetas.

El Hipócrates Amor
los remedios sólo enseña
que sanan, y de favores
los recipes[3] que aprovechan. 60

Del pulso de los amantes
cura las intercadencias,
templando sólo el desdén,
y hace burla de otras letras.

[*Parnaso,* 246]

427

A MARÍA DE CÓRDOBA, FARSANTA INSIGNE,
CONOCIDA CON EL NOMBRE DE AMARILIS*

ROMANCE

La belleza de aventuras,
aquella hermosura andante,
la Caballera del Febo,
toda rayos y celajes;

[2] *estuche,* donde guardaba el cirujano sus trebejos.
[3] *recipes,* recetas.
* María de Córdoba fue una de las más célebres actrices del siglo XVII, más conocida con el sobrenombre de *Amarilis.* Estuvo casada con Andrés de la Vega, también representante, y fue muy celebrada por los poetas de su tiempo. Puesto que María de Córdoba comenzó su carrera dramática representando en 1617 *Las paredes oyen,* J. O. Crosby, ob. cit., pág. 120, indica esa fecha como término inicial.

ojos de la Ardiente Espada,   5
pues mira con dos Roldanes;
don Rosicler sus mejillas,
don Florisel su semblante;
   doña Nueve de la Fama,
si dejan que se desate;   10
y, en soltando sus faciones,
allá van los Doce Pares;
   la que en un golpe de vista
no hay gigantón que no parte,
pensamiento que no ruede,   15
espíritu que no encante;
   la que deshace los tuertos,
y la que los ciegos hace,
siendo de Cupido y Venus
epílogo de hijo y madre;   20
   para quien son los pastores,
Fiera-Giles, Fiera-Brases;
Amadís para ninguno,
para todos Durandarte;
   mienten, pues, los romances,   25
que Amarilis la llaman, si no entienden
que son cuantos la miran sus amantes[1].

[Parnaso, 247]

428

Floris disimulada va a una feria[*]

ROMANCE

A la feria va Floris,
porque tenga la feria
más joyas que el Oriente,
más luces que la esfera.
   Disfrazada, y en corto,   5
con perlas pide perlas,
corales con corales,
con rosas, primaveras.

[1] «Hallóse ansí imperfecto en un borrador», afirma González de Salas.
[*] Se halla en las *Maravillas del Parnaso*, de Jorge Pinto de Morales (Lisboa, 1637), f. 10 v.

Mal se disfraza el cielo
con manto de tinieblas: 10
que las estrellas parlan
que es cielo quien las lleva.

Es tienda de las joyas
cuando va descubierta,
y cuando va tapada   15
es joya de las tiendas.

La gala con que cubre
tan soberanas prendas,
de su talle dio luego
esclarecidas señas.   20

Parecióme que vía
la aurora por la tierra,
a mayo en zapatillos,
repartiendo azucenas.

Yo, lince de sus soles,   25
Ícaro de sus trenzas,
hablé con el silencio
y adoré con mis penas:

«Todo amante libre
se ponga en cobro;   30
que, si suelta la cara,
morirán todos.

»¡Oh qué filos tienen,
qué aceros gastan,
ojos que envainados   35
cortan las almas!

»Cuando mira tapada,
prende los hombres;
si echa mano a los ojos,
Dios los perdone.   40

»Cuando cubre su rostro,
con piedad hiere;
si arremeten sus niñas,
Dios lo remedie.»

[Ms. 4.117, f. 279 v. Bibl. Nacional. En *Parnaso*, 248, se edita la
primera versión.]

429

 AUTORIZA, Y ESFUERZA CON LA DESCRIPCIÓN MISMA DE DOS
HERMOSURAS, LA SEGURA ENSEÑANZA DE QUE LA MAYOR
Y MÁS DURABLE ES LA DE LA ALMA

ROMANCE

A ser sol al mismo sol,
a ser día al mismo día,
enseñaba con los ojos
la belleza de Florinda.
De la risa de la aurora   5
se está riendo su risa;
si sus flores la desprecian[1],
sus ojos la dan invidia.
Retando está rayo a rayo
todas las estrellas fijas,   10
y con breves firmamentos
más amenaza que mira.
La licencia del cabello
el cuello siembra de minas,
y el céfiro, con respeto,   15
cometas tremola y riza.
A hurto la están copiando
mayo y abril las mejillas,
y, a su imitación, las flores
pomposamente se pintan.   20
Mal imitados borrones
de su perfección divina
muestran floridos los prados,
hacen las riberas ricas.
Dividió mano nevada   25
tanto Ofir y tanto Tíbar,
abriendo paso los Alpes
a los jardines de Hibla,
cuando por unos peñascos,
que duramente caminan   30

---

[1] «A la Aurora», anota González de Salas.

a ser temores del cielo
y Narcisos de la orilla,
　　como esfera que se apea
por descansar la fatiga
del Atlante que la tiene,　　　　　　35
bajó al ejido Clarinda.
　　Desde la planta al cabello
es hecha de las dos Indias:
juntáronse a fabricarla
milagros y maravillas.　　　　　　40
　　Todas las flores que nacen,
todas las yerbas que cría,
son chismes de la ribera
que pregonan quien la pisa.
　　Nadie con alma segura　　　　　45
pudo ver cosa tan linda,
y de oírla u de mirarla
no pasa ninguna vida.
　　Florinda, desengañada
de burladoras caricias,　　　　　　50
quiso advertir de escarmientos
ansí a su belleza altiva:
　　«La más pulida hermosura
las horas la desaliñan,
y es presunción de los años　　　55
el ultraje de las lindas.
　　»Vaya dan² a las beldades
las edades fugitivas,
desde el postrero cabello,
que donde admiró predica.　　　　60
　　»Grosera la enfermedad
toda perfección lastima:
el dolor borra el donaire,
mancha el semblante la ira.
　　»Caudal que tantos tiranos　　65
le roban y desperdician,
se ha de ostentar con desprecio,
se ha de guardar sin estima.
　　»Si ayer por ti suspiraron,
hoy por ti propria suspiras,　　　70

---

² *dar vaya,* hacer burla, burlarse.

y en lo que serás mañana
te has de enterrar a ti misma.

   »Invencible a todo trance
el entendimiento arriba
a cumbre donde se ignora   75
la vejez y la desdicha.

   »El vecino es más honrado
de cuantos el alma habitan;
libre señor, cuyo imperio
ningún afecto domina.   80

   »Si a ti propria no te entiendes,
y si la razón olvidas,
de balde pagas el alma,
de sal quieres que te sirva.

   »Clarinda, donde faltare   85
entendimiento por guía,
los que tú precias por dones,
son trastos que escandalizan.

   »A quien Dios quitó el ingenio,
aunque en lo demás sea rica,   90
más le quitó lo que tiene
que lo mesmo que le quita.

   »Si entiendes lo que es tener
sin entendimiento dicha,
darte ha la buena fortuna   95
más asco que no codicia.»

                        [*Parnaso*, 249]

430

AUSENTE DE FLORI HUYE SUS PENSAMIENTOS Y ELLOS LE DEJAN*

ROMANCE

A la sombra de un risco
que, por lo lindo, tiene
dos mirtos por guedejas,
un roble por copete;

* Figura también en las *Maravillas del Parnaso*, de Jorge Pinto
Morales (Lisboa, 1637), f. 7 v., en versión distinta.

peñasco presumido   5
de galán y de fuerte,
ceño de muchos valles,
de dos montañas frente;
   engastado en dos ríos,
que en cristalinas sierpes   10
dan sortija de plata
a su esmeralda verde,
   en una cueva triste,
que del sol se defiende
con espinos cobardes   15
(que están armados siempre),
   rayos brujuleados,
por alumbrar, ofenden,
cuando en mucha tiniebla
menudas luces vierten.   20
   Hasta la puerta llegan
abril y mayo verdes;
mas en entrando dentro,
su niñez envejecen.
   En este de la noche   25
desaliñado albergue,
en donde a medio día
por señas amanece,
   sólo con mi cuidado
tenía las más veces   30
en las fuentes los ojos
y en los ojos las fuentes.
   Ausente, preso y solo
(mas en diciendo ausente,
se abrevian los abismos   35
y se cifra la muerte),
   yo fabricaba, ciego,
de mi discurso leve,
mazmorras a la vida,
y al pensamiento Argeles.   40
   Las desesperaciones
me rondaban alegres:
que a un desdichado en glorias
los despechos se mienten.
   Cargados los deseos   45
de lazos y cordeles,

lisonjas se fingían
sus mentirosas redes.
    Suspendido miraba
ministros tan crueles,   50
cuando mis pensamientos
me hablaron desta suerte:
    «¿Qué muerte es la que vives?
¿Qué vida es la que mueres?
¿En dónde estás perdido?   55
¿Qué nueva de ti tienes?
    »Con tu pasión nacimos,
acompañando siempre
tus méritos, humildes;
tu presunción, corteses.   60
    »Vagando por los aires
nos ha[n] traído, leves,
correos despachados
para el cielo a las veinte.
    »¡Qué grandes poblaciones,   65
qué inmensos chapiteles,
fabricamos de sueños
sobre esperanzas breves!
    »Mas ya a tus fantasías
nos sentirás rebeldes,   70
y a tus torres de viento
romperemos los puentes.
    »Queda sin pensamientos
y sueña mientras duermes:
descansaremos todos   75
en tanto que despiertes.»
    Herida mi paciencia
de voz tan insolente,
con suspiros y llanto,
me esforcé a responderles: 80
    «Despuéblese mi alma;
sus potencias me dejen
en una vida yerma,
que no discurre, y siente.
    »Floris ya está en la villa,   85
yo peno en Guadalerce;
allá era yo ninguno,
acá no soy viviente.

>>A Floris, que es divina,
pensamientos la ofenden: 90
dejadme, pensamientos,
que sin pensar acierte.»

[Parnaso, 250]

431

PINTURA NO VULGAR DE UNA HERMOSURA*

ROMANCE

Tus niñas, Marica,
con su luz me asombran;
y mirando apenas,
dan a mirar glorias.
Ojos paladines, 5
que por toda Europa
desventuras vencen
y aventuras logran.
Es gala y no culpa
en ti el ser traidora, 10
pues tendrás dos caras
que serán hermosas.
Rica y avarienta
tienes esa boca,
pues de risa y perlas 15
nunca da limosna.
Esas dos mejillas,
de lo que les sobra,
prestan al verano
lo que a mayo adorna. 20
Jardines de Chipre
son a puras rosas,
y de Falerina
por lo que aprisionan.
Tu cabello bate 25
moneda en coronas;
Indias son tus sienes,
minas son tus cofias.

* En versión distinta se publicó en los *Romances varios* (Zaragoza, 1643), pág. 215.

El nevado fuego
que tus manos forman,   30
ya amenaza yelos
cuando rayos forja.
    Todos te codician
y te invidian todas,
pero yo entre todos   35
soy quien más te adora.
    Que es cosa y cosa[1]
pena y paraíso, infierno y gloria.

                               [*Parnaso,* 252]

432

Romance amoroso*

Mirando cómo Pisuerga
con líquido cristal baña
el pie de un álamo negro,
que ufano se ve en sus aguas,
    sentado sobre una peña,   5
que con sus quejas se ablanda,
Fabio le daba en tributo,
deshecha en llantos, el alma.
    En el agua entrambos ojos,
y en entrambos ojos agua,   10
soledades de Belisa
así las llora y las canta:

    «¿De qué sirve tener, Belisa amada,
negra ventura y verdes esperanzas?

    »Estoy tan solo sin verte,   15
divina fiera gallarda,
que, aun por estarse contigo,
me deja a solas el alma.
    »En la soledad desierta,
que a los solos acompaña,   20
me niega su compañía,
medrosa de mis desgracias.

---

[1] *Que es cosa y cosa*, que es adivinanza, misterio. Porque las adivinanzas comenzaban «¿Qué es cosa y cosa?».
* Por la alusión al Pisuerga y al nombre de Fabio, se podría fechar hacia 1604.

»El sol aguija su curso,
huye la luna de plata,
el día me deja presto,   25
presto la noche se pasa.

   »*¿De qué sirve tener, Belisa amada,*
negra ventura y verdes esperanzas?

»No hallo rosas ni flores
cuando no miro tu cara,   30
que como en ella están todas,
con ella todas me faltan.
   »Los arroyos de cristal
con sus guijuelas no cantan,
porque las lágrimas mías   35
hacen que lloren mis ansias.
   »El sol se enluta con nubes,
y a mis tristezas da causa,
negándome en su hermosura
tu belleza retratada.   40

   »*¿De qué sirve tener, Belisa amada,*
negra ventura y verdes esperanzas?»

[*Las tres Musas,* 63]

433

ENDECHAS*

Estaba Amarilis,
pastora discreta,
guardando ganado
de su hermana Aleja,
   sentada a la sombra   5
de una parda peña,
haciendo guirnaldas
para su cabeza.
   Cortaba las flores
que topaba cerca,   10

* Anterior a 1605, por figurar en la *Segunda parte del Romancero general* (Valladolid, 1605).

veníanse a sus manos
las que estaban lejas.

Las que se ceñía
siempre estaban frescas,
mas las que dejaba,   15
de envidiosas, secas.

El aire jugaba
con sus rubias trenzas,
por mostrar al cielo
soles en la tierra.   20

El sol, que la mira
tan hermosa, piensa
que tiene dos caras,
o que el sol es ella.   25

Su ganado, ufano,
anda por las cuestas,
con tanta hermosura,
sin temor de fieras;

gordo; mas no es mucho
que lo estén ovejas   30
que de la sal gozan
sólo con el verla.

A mirar se puso
unas ramas tiernas
que arrojaba el aire   35
dentro de Pisuerga.

Mira cómo el tronco
el agravio venga,
azotando el viento
con la verde cresta.   40

Diola un sueño blando,
ambos ojos cierra,
dando noche a todos
en que tristes duerman.   45

Quedó reclinada
sobre verdes yerbas,
a la dulce sombra
de una haya gruesa.

Cuando por un lado
vi venir ligeras   50
a su bello rostro
nueve o diez abejas,

que, buscando flores,
engañadas piensan
que son sus mejillas   55
rosas y azucenas;
    sus labios claveles,
jazmín y violetas,
el aliento dulce,
y ella primavera.   60
    Alegres llegaron,
y en su cara mesma
hicieron asiento
cuatro o cinco dellas.
    Las alas pulieron   65
para hurtar belleza
y hacer de sus flores
dulce miel y cera.
    Yo las daba voces
y las dije: «¡Necias,   70
que queréis de un mármol
sacar cera tierna!
    »Venís engañadas,
que son flores éstas
que aun no le dan fruto   75
a quien os las muestra.
    »Si queréis fiaros
de mis experiencias,
no hagáis miel de flores
que el veneno engendran.   80
    »Dulces son, sin duda;
mas Amor, que vuela,
cual zángano goza
todas sus colmenas.»
    Ella, en este punto,   85
del sueño despierta:
abrió entrambos ojos
con belleza inmensa.
    Y las avecillas,
con dos soles ciegas,   90
por no tener vista
de águilas soberbias,
    murmurando huyen,
y, cobardes, piensan

que luz que ha cegado   95
sus ojuelos, quema.
    La miel que buscaban
en sus bellas prendas,
de sólo mirarla
la llevaron hecha.   100

[*Las tres Musas*, 85]

434

De don Francisco de Quevedo

ROMANCE

Ausente y desesperado
y en poder de tantos males,
más hago yo en no morirme
que hará el desdén en matarme.
    ¿Qué montes no dejan blandos   5
mis suspiros, cuando nacen
del fuego, que es en amor
dulce martirio de amantes?
    Con desear me contento:
que en las impresas tan grandes,   10
honran los atrevimientos
si de tales causas nacen.
    ¡Ay de aquel que sus males
ausente llora en mudas soledades!

    Bien sé yo que no merezco   15
que tus desdenes me maten,
que aun morir de ti quejoso
no puede merecer nadie.
    Sé que te hice lisonja,
señora, con ausentarme: 20
y a pesar de mi bien, temo
el volver, por no enojarte.
    No me habrán echado menos,
si no son tus crüeldades,
que en el sentimiento mío   25
gustabas que se mostrasen.

Que te acuerdes de mí pido
siquiera para olvidarme,
primero que tus desdenes,
ausente mi vida, acaben.
    Por gustos tengo mis penas:
estimo trabajos tales,
sólo porque con quererte
pretende mi amor honrarse.

             [Ms. 3.700, Bibl. Nacional, f. 20

435

A SU PENSAMIENTO
POR HABERLE PUESTO EN PARTE MUY SUPERIOR

ROMANCE

    Atrevido pensamiento,
no me pongas en peligro,
que, para ser venturoso,
no basta ser atrevido.
    Si subes por levantarme,
mirad que presto me rindo,
pues para quien no descansa
lleváis muy largo camino.
    Tras vosotros va el deseo;
y yo, que a ratos le sigo,
tropiezo en los desengaños
y retírome a mí mismo.
    Porfiáis con la esperanza;
yo con la razón porfío;
que ésta me vuelve al atajo
y ella os alarga el camino.
    Si a las aras de Fortuna
queréis ir en sacrificio,
moriréis tan malogrado
como fuisteis bien nacido.
    Poco aventura a perder
quien se ve ya tan perdido,
y sólo temo en mi daño
que me habéis de dejar vivo.

Encogé un poco las alas,   25
estad a cuentas conmigo,
que ya, de experimentado,
soy en mi mal adivino.
    Mirad que es mucho mejor,
en un caso como el mío,   30
ser de cobarde sagaz,
que de osado arrepentido.

> [Ms. 3.940, Bibl. Nacional, f. 169.
> Publicado por Astrana Marín.]

436

EL MISMO QUEVEDO, A UNA DAMA DORMIDA*

ROMANCE

Hermosos ojos dormidos,
yo, por guardaros el sueño,
enmudezco mi dolor,
quito la voz a mis versos.
    Dormid, y será de noche,   5
mientras no os vieren abiertos;
que, en acostándose el sol,
todo es tinieblas el cielo.
    De siempre gloriosas llamas
ocultáis sumos imperios,   10
ricos tiranos del mundo,
grandes monarcas del fuego.
    Dormid, ojos, dormid a sueño suelto,
mientras ato mi vida en vuestro sueño.

    El regatear los rayos   15
retirados y soberbios,
es no matar, fulminantes,
para matar, avarientos.
    Por tan mal intencionados
os publican como honestos,   20
facinerosos y lindos,
recatados y traviesos.

---

* Figura en las *Maravillas del Parnaso*, edic. cit. f. 5 v.

Si en clausura maliciosa
queréis evitar incendios,
menos luz, pero más muerte, 25
dais retirados que abiertos.
   Dormid, ojos, dormid a sueño suelto,
mientras ato a mi vida vuestro sueño.

Aun dormidos, para mí
es vuestro rigor eterno, 30
pues que sólo os desveláis
en matarme a mí durmiendo.
   Cerrad los ojos, señora,
porque si los abrís temo
que en diluvios de belleza 35
habéis de anegar el suelo.
   Dicen que el Sueño es hermano
de la Muerte[1]; mas yo creo
que con la Muerte y la Vida
tiene el vuestro parentesco. 40
   Dormid, ojos, dormid a sueño suelto,
mientras ato mi vida a vuestro sueño.

[Mss. 4.117, Bibl. Nacional, f. 227
v., y 3.940, Bibl. Nacional, f. 131.
He respetado las variantes de los
estribillos.]

437

Del mismo autor

[A Jacinta]

ROMANCE

Aquí, donde tus peñascos,
gloriosamente soberbios,
calzan espumas del mar,
tocan estrellas del cielo;
   aquí, en el mar de Poniente, 5
que, guardado de los cerros,

---

[1] Es el archisabido y citado tópico de *Somnium imago mortis.*

el miedo quita a las naves,
dando a mi esperanza miedo,
  dos ríos en mis dos ojos
ausente traigo a su puerto,   10
porque descansemos todos:
yo, llorando; en el mar, ellos.
  Mas, ¿qué descanso espero,
si a Jacinta dejé y ausente muero,
aquí, donde mis llantos y mis penas   15
crecen el mar y exceden las arenas?

  Tanta tierra y tantos mares
podrán ponérseme en medio,
podrán mi fuego apartar,
pero no templar mi fuego.   20
  En mi galera yo solo,
entre cuantos van al remo,
voy forzado y soy forzado
a llevarme yo a mí mesmo.
  Naves que vienen a España   25
todas vuelven mis deseos,
y con invidia y suspiros
las acompaño y las vuelvo.
  Mas, ¿qué descanso espero,
si a Jacinta dejé y ausente muero,   30
aquí, donde mis llantos y mis penas
crecen el mar y exceden las arenas?

  El tiempo que ha de tardar
por horas y por momentos,
como si fuese llegado,   35
le vivo cuando le cuento;
  y cuando llego a la hora
de «Ya me parto», «Ya llego»,
las leguas se desparecen
y toda la mar no veo.   40
  ¡Triste del que, como yo,
ya no tiene más consuelo
del que se finge a sí mismo,
rico de engaños y sueños!

Mas, ¿qué descanso espero,   45
si a Jacinta dejé y ausente muero,
aquí, donde mis llantos y mis penas
crecen el mar y exceden las arenas?

[Ms. 3.700, Bibl. Nacional, f. 127]

438

De don Francisco de Quevedo

ROMANCE

Secreto tiene en un valle
con su aspereza dos montes,
donde avara primavera
todas sus joyas esconde.
Gasta el hibierno sus nieves   5
en las cumbres y en los robles
y ansí, en todo el año, el valle
ni baja ni le conoce.
Esconden celosos mirtos
fuentes que guarnecen flores,   10
porque la sed de los dioses
no las beba y deje pobres,
o piadosos, porque el agua
lisonjera, cuando corre,
hecho espejo de sus fuentes,   15
de sí no las enamore.
Y en sitio tan ameno
y al contento y la risa tan conforme,
me fuerza Aldalia
a que siempre llore.   20

No mormuran los arroyos,
porque no hay de qué en el bosque,
y de instrumentos de plata
sirven a los ruiseñores.
Las galas y los vestidos   25
que primavera se pone,
ni se las mancha el otubre
ni el febrero se las rompe.

Sienten las rosas de suerte
las ausencias de los soles,   30
que resucitan al alba
y se mueren a la noche.
    Y en sitio [tan ameno
y al contento y la risa tan conforme,
me fuerza Aldalia   35
a que siempre llore.]

Juegan entre los jazmines
los céfiros voladores,
y el aliento que los hurta
los confiesa por ladrones.   40

[Ms. 3.700, Bibl. Nacional, f. 27.
El romance, como se ve, está in-
completo. Publicado por Astrana
Marín.]

439

Un galán preso y desterrado y ausente de su dama,
lamentándose de su desdicha*

ROMANCE

Cuando está recién nacido
y alegre gorjea el año,
y en sus niñeces las flores
previenen dosel al campo;
    cuando en hombros de los montes,   5
para vestir a los prados
trae anticipada abril
la recámara de mayo;
    cuando extendiéndose el sol,
que encogieron los nublados,   10
tiene mayor vida el día,
más jurisdición sus rayos;
    cuando la fuente que sirve
a rústica sed de vaso
más clara y más elocuente   15
se comunica a los ramos,

* Figura en *Maravillas del Parnaso*, edic. cit., f. 9 v.

yo solo, Floris, preso y desterrado,
con pena y llanto, sin el dueño mío,
borro la primavera, turbo el río,
enciendo el monte y entristezco el prado.   20

Ahora que se remozan
los montes de nieve blancos,
y apunta el bozo a los riscos
que mostró diciembre canos;
    ya que, reina[s] de las flores,   25
las rosas están armando
su trono rëal de espinas,
guarda del verde palacio,
    mal hablados, como libres,
murmuran arroyos claros   30
el desaliño de enero
y las locuras de marzo;
    cuando mira el labrador
de esmeraldas sus trabajos
y en verde felpa de Ceres   35
las promesas de sus granos,
    yo solo, Floris, preso y desterrado,
con pena y llanto, sin el dueño mío,
borro la primavera, turbo el río,
enciendo el monte y entristezco el prado.   40

[Ms. 3.940, f. 149 v., de la Biblioteca Nacional.]

440

Sueño

ROMANCE

No pueden los sueños, Floris,
ofender prendas divinas,
pues permiten a las almas
el mentir para sí mismas.
    Prevenir un sueño quiero,   5
que, por hacerme caricias,
hurtó mis ojos al llanto,
que los aniega la vista.

Soñé (gracias a la noche),
no sé, Floris, si lo diga   10
(mas perdona, que los sueños
no saben de cortesía),
   que estabas entre mis brazos,
pues eres, diosa divina,
de un amante bullicioso   15
las obras ejecutivas.
   Soñaba el ciego que veía
y soñaba lo que quería.

   Tus voces y tus razones
me di, Floris, tanta prisa   20
a beberlas de tu boca,
que me excusaba de oírlas.
   Es no decir lo que vi
apiadarme de la invidia,
y guardar para mí solo   25
mis glorias con avaricia.
   Lo que tocaron mis manos,
adestradas de mentiras,
no lo darán por el cetro
de todas las monarquías.   30
   Hechas demonios, andaban
tentando abajo y arriba,
y al escondite jugaban
mis obras con tu basquiña.
   Soñaba el ciego que veía,   35
y soñaba lo que quería.

   Andúvete con la boca
rosa a rosa las mejillas,
y aun dentro de tus dos ojos
te quise forzar las niñas.   40
   Dime una hartazga de cielo
en tan altas maravillas;
maté la hambre al deseo,
y enriquecí la codicia.
   No hay estación en tu cuerpo   45
que no adore de rodillas;
con mis cuentas en la mano,
lloré en la postrer ermita.

De beso en beso me vine,
tomándote la medida,   50
desde la planta al cabello,
por rematar en las Indias.
    El apetito travieso,
con sola mi fantasía,
más entremetido andaba   55
que fraile con bacinica.
    Andando desta manera,
topé con las barandillas,
desperté con un chichón,
estando en la cuna el día.   60
    Perdona al sueño sabroso
lisonjeras demasías,
que, aun despierto, en la memoria
me están haciendo cosquillas.
    Soñaba el ciego que veía,   65
y soñaba lo que quería.

[Ms. de A. Rodríguez-Moñino, folio 127 v. Inédito.]

441

ESTANDO PRESO, FUERA DE MADRID,
UN DÍA DE SAN MIGUEL, ACORDÁNDOSE QUE OTRO TAL
HABÍA VISTO A FLORIS*

REDONDILLAS

Si yo tengo de pasar
a San Miguel aquí preso,
de San Miguel será el peso,
y mío será el pesar.

Y si he de estar desterrado   5
el San Miguel que vendrá,
otras almas pesará
quien la mía se ha pesado.

* Puesto que don Francisco alude a una prisión sufrida a fines
de septiembre, J. O. Crosby, ob. cit., pág. 141, señala que nuestro
poeta estuvo preso en esa fecha en los años 1628 y 1640-1642. Véase
también el poema 584.

Yo no entiendo en qué ofendí
a San Miguel, ni en qué modos;   10
que es franco para con todos
y avariento para mí.

Por ver a Flori[s] la cara,
San Miguel, un breve rato
a tus pies, con garabato,   15
plaza de diablo pasara.

De alma no puede ser
que sirva en tu peso yo:
que a ojo me la llevó
Floris, sin pensar ni ver.   20

[Ms. de A. Rodríguez-Moñino, folio 196. Inédito.]

CANTA SOLA A LISI Y LA AMOROSA
PASIÓN DE SU AMANTE

Que de Lisi el hermoso desdén fue la prisión de su alma libre

SONETO

¿Qué importa blasonar del albedrío,
alma, de eterna y libre, tan preciada,
si va en prisión de un ceño, y, conquistada,
padece en un cabello señorío?

Nació monarca del imperio mío   5
la mente, en noble libertad criada;
hoy en esclavitud yace, amarrada
al semblante severo de un desvío.

Una risa, unos ojos, unas manos
todo mi corazón y mis sentidos   10
saquearon, hermosos y tiranos.

Y no tienen consuelo mis gemidos;
pues ni de su vitoria están ufanos[1],
ni de mi perdición compadecidos.

[*Parnaso*, 265]

443

Retrato no vulgar de Lisis

SONETO

Crespas hebras, sin ley desenlazadas,
que un tiempo tuvo entre las manos Midas[2];
en nieve estrellas negras encendidas,
y cortésmente en paz de ella guardadas.

---

[1] «La risa, los ojos y las manos», dice González de Salas.
[2] Eran los cabellos rubios, como el oro atesorado por Midas.

    Rosas a abril y mayo anticipadas,   5
de la injuria del tiempo defendidas;
auroras en la risa amanecidas,
con avaricia del clavel[3] guardadas.

    Vivos planetas de animado cielo,
por quien a ser monarca Lisi aspira,   10
de libertades, que en sus luces ata.

    Esfera es racional, que ilustra el suelo,
en donde reina Amor cuanto ella mira,
y en donde vive Amor cuanto ella mata.

                    [*Parnaso*, 266, a]

444

PADECE ARDIENDO Y LLORANDO SIN QUE LE REMEDIE
LA OPOSICIÓN DE LAS CONTRARIAS CALIDADES*

SONETO

    Los que ciego me ven de haber llorado
y las lágrimas saben que he vertido,
admiran de que, en fuentes dividido
o en lluvias, ya no corra derramado.

    Pero mi corazón arde admirado   5
(porque en tus llamas, Lisi[1], está encendido)
de no verme en centellas repartido,
y en humo negro y llamas desatado.

    En mí no vencen largos y altos ríos
a incendios, que animosos me maltratan,   10
ni el llanto se defiende de sus bríos.

---

[3] «Para sinificar era pequeña la boca.» Nota de González de Salas.
* Añade González de Salas: «Escribió este asunto Sannazaro:
Miraris liquidum, etc. Imitóle Figueroa, y juntólos Herrera en el
Commentario a Garcilaso».
    Figura en el *Cancionero antequerano*, ms. I, 122, de 1627-1628.
Imita a Sannazaro y recuerda también algo a Petrarca. Véase la
explicación en J. G. Fucilla, op. cit., pág. 195.
[1] Ignoro en qué se basa Astrana Marín para afirmar que «Lisi,
Lisis, o Lísida, envuelve la persona de Luisa de la Cerda, de la
casa de Medinaceli».

La agua y el fuego en mí de paces tratan;
y amigos son, por ser contrarios míos;
y los dos, por matarme, no se matan.

> [*Parnaso*, 266, b. El v. 6 reza:
> «(porque en tus llamas, Lisis, en-
> cendido)». La versión procede del
> *Cancionero antequerano.*]

445

PROCURA CEBAR A LA CODICIA EN TESOROS DE LISI

SONETO

Tú, que la paz del mar, ¡oh navegante!,
molestas, codicioso y diligente,
por sangrarle las venas al Oriente
del más rubio metal, rico y flamante,

detente aquí; no pases adelante;   5
hártate de tesoros, brevemente,
en donde Lisi peina de su frente
hebra sutil en ondas fulminante.

Si buscas perlas, más descubre ufana
su risa que Colón en el mar de ellas;   10
si grana, a Tiro dan sus labios grana.

Si buscas flores, sus mejillas bellas
vencen la primavera y la mañana;
si cielo y luz, sus ojos son estrellas.

> [*Parnaso*, 267, a]

446

OFRECE A LISI LA PRIMERA FLOR QUE SE ABRIÓ
EN EL AÑO

SONETO

Ésta, por ser, ¡oh Lisi!, la primera
flor que ha osado fiar de los calores
recién nacidas hojas y colores,
aventurando el precio a la ribera;

ésta, que estudio fue a la primavera,   5
y en quien se anticiparon esplendores
del sol, será primicia de las flores
y culto con que la alma te venera.

A corta vida nace destinada:
sus edades son horas; en un día   10
su parto y muerte el cielo ríe y llora.

Lógrese en tu cabello, respetada
del año; no mal logre lo que cría:
adquiera en larga vida eterna aurora.

[*Parnaso*, 267, b]

447

ENCOMIENDA SU LLANTO A GUADALQUIVIR EN SU
NACIMIENTO, PARA QUE LE LLEVE A LISI,
DONDE VA MUY CRECIDO*

Aquí, en las altas sierras de Segura,
que se mezclan zafir con el del cielo,
en cuna naces, líquida, de yelo,
y bien con majestad en tanta altura.

Naces, Guadalquivir, de fuente pura,   5
donde de tus cristales, leve el vuelo[1],
se retuerce corriente por el suelo,
después que se arrojó por peña dura.

Aquí el primer tributo en llanto envío
a tus raudales, porque a Lisi hermosa   10
mis lágrimas la ofrezcas con que creces;

mas temo, como a verla llegas río,
que olvide tu corriente poderosa
el aumento que arroyo me agradeces.

[*Parnaso*, 268, a]

* Joseph G. Fucilla, ob. cit., págs. 199-200, dice que el modelo
de este soneto es uno de Lupercio Leonardo de Argensola, que comienza «Si de correr opuesto al claro oriente».
[1] «Cae como si volara», apostilla González de Salas.

448

Comunicación de amor invisible por los ojos

SONETO

Si mis párpados, Lisi, labios fueran,
besos fueran los rayos visüales
de mis ojos, que al sol miran caudales
águilas, y besaran más que vieran.

Tus bellezas, hidrópicos, bebieran,   5
y cristales, sedientos de cristales;
de luces y de incendios celestiales,
alimentando su morir, vivieran.

De invisible comercio mantenidos,
y desnudos de cuerpo, los favores   10
gozaran mis potencias y sentidos;

mudos se requebraran los ardores;
pudieran, apartados, verse unidos,
y en público, secretos, los amores.

                    [*Parnaso*, 268, b]

449

Afectos varios de su corazón fluctuando en las ondas de los cabellos de Lisi*

SONETO

En crespa tempestad del oro undoso,
nada golfos de luz ardiente y pura
mi corazón, sediento de hermosura,
si el cabello deslazas generoso.

---

* Véase el análisis de este soneto en A. Parker, «La "agudeza"
en algunos sonetos de Quevedo», en *Estudios dedicados a D. Ramón Menéndez Pidal*, t. III (Madrid, 1952), pág. 351 y ss.

Leandro[1], en mar de fuego proceloso,　　　5
su amor ostenta, su vivir apura;
Ícaro, en senda de oro mal segura,
arde[2] sus alas por morir glorioso.

Con pretensión de fénix, encendidas
sus esperanzas, que difuntas lloro,　　　10
intenta que su muerte engendre vidas.

Avaro y rico y pobre, en el tesoro,
el castigo y la hambre imita a Midas,
Tántalo en fugitiva fuente de oro.

[*Parnaso*, 269, a]

450

EJEMPLOS DE OTRAS LLAMAS QUE PARECEN POSIBLES, COMPARADAS A LAS SUYAS

SONETO

Hago verdad la fénix en la ardiente
llama, en que renaciendo me renuevo;
y la virilidad del fuego pruebo,
y que es padre, y que tiene descendiente.

La salamandra fría, que desmiente　　　5
noticia docta[3], a defender me atrevo,
cuando en incendios, que sediento bebo,
mi corazón habita y no los siente.

Y porque un brazo sólo dio a la llama
Scévola, su valor y valentía　　　10
ocupa los autores y la fama.

Ventura es suya y desventura es mía:
pues ninguno me escribe ni me aclama,
teniendo en fuego la alma noche y día.

[*Parnaso*, 269, b]

---

[1] «El corazón. Da supuesto en todas las acciones siguientes hasta el fin del soneto, siendo aposiciones del mismo corazón Leandro, Ícaro, la Fénix, etc.» Nota de González de Salas.
[2] «Quema. Hácele verbo activo.» Nota del mismo.
[3] Porque la salamandra, según la leyenda, resistía el fuego más intenso.

451

PELIGROS DE HABLAR Y DE CALLAR,
Y LENGUAJE EN EL SILENCIO

SONETO

¿Cómo es tan largo en mí dolor tan fuerte,
Lisis? Si hablo y digo el mal que siento,
¿qué disculpa tendrá mi atrevimiento?
Si callo, ¿quién podrá excusar mi muerte?

Pues ¿cómo, sin hablarte, podrá verte   5
mi vista y mi semblante macilento?
Voz tiene en el silencio el sentimiento:
mucho dicen las lágrimas que vierte.

Bien entiende la llama quien la enciende;
y quien los causa, entiende los enojos;   10
y quien manda silencios, los entiende.

Suspiros, del dolor mudos despojos,
también la boca a razonar aprende,
como con llanto y sin hablar los ojos.

[*Parnaso*, 270, a]

452

COMPARACIÓN ELEGANTE DE HÉRCULES CON SUS PENAS,
Y DEL «NON PLUS ULTRA» DE SUS COLUMNAS,
QUE DESMINTIÓ EL REY CATÓLICO

SONETO

Si el cuerpo reluciente que en Oeta
se desnudó, en ceniza desatado
Hércules, y de celos fulminado
(ansí lo quiso Amor), murió cometa,

le volviera a habitar aquella inquieta   5
alma, que dejó el mundo descansado
de monstros y portentos, y el osado
brazo armaran la clava y la saeta,

sólo en mi corazón hallara fieras,
que todos sus trabajos renovaran,   10
leones y centauros y quimeras.

El *Non Plus Ultra* suyo restauraran
sus dos columnas, si en tus dos esferas,
Lisi, el fin de las luces señalaran.

[*Parnaso*, 270, b]

453

AL TEMOR QUE TENÍA LISI DE LOS TRUENOS

SONETO

¿Temes, ¡oh Lisi!, a Júpiter Tonante,
y pálido tu sol sus llamas mira,
cuando Jove, del ceño de tu ira,
tiembla vencido y se querella amante?

Témale armado el pertinaz gigante   5
que a la conquista de su trono aspira[1];
y Juno, que celosa le suspira,
le tema ardiendo y en tu amor constante.

A ti el trueno es requiebro, si amenaza
el tirano, le atiende en el tesoro,   10
cuando su sien temor precioso enlaza.

Al robre baja en rayo y a ti en oro;
y si renueva Amor la antigua traza,
en lugar de tronar, bramará toro[2].

[*Parnaso*, 271, a]

---

[1] Alude al mito de los Titanes (Atlas, Prometeo, Encélado...).
[2] Es decir, volverá a resucitar el viejo mito de Júpiter y Europa.

454

NÁUFRAGO AMANTE ENTRE DESDENES

SONETO

Molesta el Ponto Bóreas con tumultos
cerúleos y espumosos; la llanura
del pacífico mar se desfigura,
despedazada en formidables bultos.

De la orilla amenaza los indultos   5
que, blanda, le prescribe cárcel dura;
la luz del sol, titubeando obscura,
recela temerosa sus insultos.

Déjase a la borrasca el marinero;
a las almas de Tracia cede el lino;   10
gime la entena, y gime el pasajero.

Yo ansí, náufrago amante y peregrino,
que en borrasca de amor por Lisis muero,
sigo insano furor de alto destino.

[*Parnaso*, 271, b]

455

HERMOSURA CRUEL Y FASTOSA, Y INFELIZ FORTUNA
DE AMANTE

SONETO

¿De cuál feral[1], de cuál furiosa Enío[2]
informas el rigor de tus entrañas?
Y con el parto tuyo, ¿qué montañas
tu corazón infama, helado y frío?

---

[1] *feral*, de *fera*, fiera.
[2] *Enío*, deidad primitiva griega, que figuraba al lado de Marte, personificando los horrores de la guerra.

¿De cuál tirano aprenden señorío   5
las mesuras que ostentas por hazañas?
Esas hermosas furias con que engañas,
¿por qué hipócritas son de afecto pío?

    ¿Por qué añades el ceño y los enojos,
si al paso que no pueden merecerte,   10
te siguen de tus triunfos los despojos?

    El vencimiento te sobró en mi muerte;
y fue castigo y gloria el ver tus ojos,
cuando fue dicha y fue delito el verte.

                        [*Parnaso*, 272, a. Por errata, 270.]

456

QUE AMOR DE UNA VISTA SE ENCIENDE
Y ALIMENTA LA LLAMA*

SONETO

Quien bien supo una vez, Lisi, miraros
y quien pudo arribar a conoceros,
bien merece poder vivir sin veros,
y no poder morir si sabe amaros.

    Ni supo veros, ni sabrá estimaros   5
quien más codicia ver esos luceros;
y quien os vio una vez, osa ofenderos
si otra procura para contemplaros.

    Esas lumbres de amor, ricas y avaras,
o tienen las del cielo por centellas,   10
menores en ardor, si menos raras,

    o juntó en vuestros ojos las estrellas
Naturaleza, o vuestras luces claras
dividió por los cielos para hacellas.

                        [*Parnaso*, 272, b. Por errata, 270.]

* González de Salas añade: «Esta paradoja de Amor, en que significa que el querer mirar más que una vez la superior hermosura
es hacerle ofensa, se esfuerza más, considerando que por esa ocasión también la antigüedad fingió al Amor ciego. Concluye luego
con un concepto singular a los ojos de Lisi».

457

QUE COMO SU AMOR NO FUE SÓLO DE LAS PARTES
EXTERIORES, QUE SON MORTALES, ANSÍ TAMBIÉN
NO LO SERÁ SU AMOR

SONETO

Que vos me permitáis sólo pretendo,
y saber ser cortés y ser amante;
esquivo los deseos, y constante,
sin pretensión, a sólo amar atiendo.

Ni con intento de gozar ofendo   5
las deidades del garbo y del semblante;
no fuera lo que vi causa bastante,
si no se le añadiera lo que entiendo.

Llamáronme los ojos las faciones;
prendiéronlos eternas jerarquías   10
de virtudes y heroicas perfecciones.

No verán de mi amor el fin los días:
la eternidad ofrece sus blasones
a la pureza de las ansias mías.

[*Parnaso*, 273, a]

458

DICE QUE SU AMOR
NO TIENE PARTE ALGUNA TERRESTRE*

SONETO

Por ser mayor el cerco de oro ardiente
del sol que el globo opaco de la tierra,
y menor que éste el que a la luna cierra
las tres caras que muestra diferente,

---

* González de Salas añade: «Seméjale con la causa astronómica
de eclipsarse la luna y no otros planetas».

ya la vemos menguante, ya creciente,   5
ya en la sombra el eclipse nos la entierra;
mas a los seis planetas no hace guerra,
ni estrella fija sus injurias siente.

La llama de mi amor, que está clavada
en el alto cenit del firmamento,   10
ni mengua en sombras ni se ve eclipsada.

Las manchas de la tierra no las siento:
que no alcanza su noche a la sagrada
región donde mi fe tiene su asiento.

[*Parnaso*, 273, b]

459

AMANTE CULPABLE EN TODAS SUS ACCIONES POR DESDICHADO

SONETO

Diome el cielo dolor y diome vida;
el nombre, no los hechos, ha negado
de muerte a mi pasión, pues he quedado
vivo, y ella con nombre de homicida.

Amar, que fue locura bien nacida,   5
me castiga Fortuna por pecado:
siempre fue delincuente el desdichado:
si no le acusa Amor, Amor le olvida.

Yo persevero y dicen que porfío;
mis sacrificios llama robo el cielo,   10
cuando en prisión me tiene el albedrío.

Y ansí se extrema ya mi desconsuelo,
que hasta de breve muerte desconfío,
que hasta de larga vida me recelo.

[*Parnaso*, 274, a]

460

Amor impreso en el alma, que dura después de las cenizas

SONETO

Si hija de mi amor mi muerte fuese,
¡qué parto tan dichoso que sería
el de mi amor contra la vida mía!
¡Qué gloria, que el morir de amar naciese!

Llevara yo en el alma adonde fuese   5
el fuego en que me abraso, y guardaría
su llama fiel con la ceniza fría
en el mismo sepulcro en que durmiese.

De esotra parte de la muerte dura,
vivirán en mi sombra mis cuidados,   10
y más allá del Lethe mi memoria.

Triunfará del olvido tu hermosura;
mi pura fe y ardiente, de los hados;
y el no ser, por amar, será mi gloria.

[*Parnaso*, 274, b]

461

Advierte con su peligro a los que leyeren sus llamas

SONETO

Si fuere que, después, al postrer día
que negro y frío sueño desatare
mi vida, se leyere o se cantare
mi fatiga en amar, la pena mía;

cualquier que de talante hermoso fía   5
serena libertad, si me escuchare,
si en mi perdido error escarmentare,
deberá su quietud a mi porfía.

Atrás se queda, Lisi, el sexto año
de mi suspiro: yo, para escarmiento   10
de los que han de venir, paso adelante.

¡Oh en el reino de Amor huésped extraño!,
sé docto con la pena y el tormento
de un ciego y, sin ventura, fiel amante.

[*Parnaso*, 275, a]

462

Sepulcro de su entendimiento en las perfecciones de Lisi

soneto

En este incendio hermoso que, partido
en dos esferas breves, fulminando,
reina glorioso, y con imperio blando
auctor es de un dolor tan bien nacido;

en esta nieve, donde está florido   5
mayo, los duros Alpes matizando;
en este Oriente, donde están hablando
por coral las sirenas del sentido;

debajo de esta piedra endurecida,
en quien mi afecto está fortificado   10
y quedó mi esperanza convertida,

yace mi entendimiento fulminado.
Si es su inscripción mi congojosa vida,
dentro del cielo viva sepultado.

[*Parnaso*, 275, b]

463

RECUERDO QUE DE LA FELICIDAD PERDIDA ATORMENTA

SONETO

Aquí, donde su curso, retorciendo,
de parlero cristal, Henares santo,
en la esmeralda de su verde manto
ya engastándose va, y ya escondiendo,

sentí, molesta soledad viviendo,   5
de engañosa sirena docto canto,
que, blanda y lisonjera, pudo tanto,
que lo que lloro yo, lo está riendo.

Luego mi lira y voz al monte hueco
tu nombre, Lisi esquiva, le enseñaron,   10
y fue piadoso en repetirle el eco.

Ya todos estos bienes se pasaron
y a mis labios dejaron sólo en trueco
un «¡Ay, que fueron!» «¡Ay, que se acabaron!»

[*Parnaso*, 276, a]

464

EXHORTA A LISI A EFECTOS SEMEJANTES DE LA VÍBORA

SONETO

Esta víbora ardiente, que, enlazada,
peligros anudó de nuestra vida,
lúbrica muerte en círculos torcida,
arco que se vibró flecha animada,

hoy, de médica mano desatada,   5
la que en sedienta arena fue temida,
su diente contradice, y la herida
que ardiente derramó, cura templada.

Pues tus ojos también con muerte hermosa
miran, Lisi, al rendido pecho mío,   10
templa tal vez su fuerza venenosa;

desmiente tu veneno ardiente y frío;
aprende de una sierpe ponzoñosa:
que no es menos dañoso tu desvío.

[*Parnaso*, 276, b]

465

RETRATO DE LISI QUE TRAÍA EN UNA SORTIJA

SONETO

En breve cárcel traigo aprisionado,
con toda su familia de oro ardiente[1],
el cerco de la luz resplandeciente,
y grande imperio del Amor cerrado.

Traigo el campo que pacen estrellado   5
las fieras altas de la piel luciente[2];
y a escondidas del cielo y del Oriente[3],
día de luz y parto mejorado.

Traigo todas las Indias en mi mano,
perlas que, en un diamante, por rubíes[4],   10
pronuncian con desdén sonoro yelo,

y razonan tal vez fuego tirano
relámpagos de risa carmesíes,
auroras, gala y presunción del cielo.

[*Parnaso*, 277]

[1] «Con toda su familia de oro ardiente», esto es «con todos sus rayos». Nota de González de Salas.
[2] «El firmamento dice, pues que trae también las estrellas.» Nota del mismo. (Alude al signo de *Taurus*. Hay un recuerdo del célebre principio de la *Soledad* primera, de Góngora.)
[3] «Y a escondidas del Oriente traigo día de luz y etc.» Nota de González de Salas. («*A escondidas*. Adverbio que con atención está aquí usado, que de tales idiotismos de nuestra lengua era grande observador. *A escondidas*, pues, porque le traía en breve cárcel». Nota del mismo.)
[4] «Es una antifrasi de *diamante* y *rubíes*. Era, pues, diamante la boca, porque lo que hablaba eran *desdenes* y significalo diciendo

466

GOZA EL CAMPO DE PRIMAVERA TEMPLADA
Y NO EL CORAZÓN ENAMORADO

SONETO

Ya[1] tituló al verano[2] ronca seña;
vuela la grulla[3] en letra, y con las alas
escribe el viento y, en parleras galas,
Progne cantora su dolor desdeña.

Semblante azul y alegre el cielo enseña,   5
limpio de nubes y impresiones malas;
y si a estruendo marcial despierta Palas,
Flora convida al sueño en blanda greña.

La sed aumenta el sol, creciendo el día;
de la cárcel del yelo desatado,   10
templa el arroyo el ruido en armonía.

Yo solo, ¡oh Lisi!, a pena destinado,
y en encendido invierno l'alma mía,
ardo en la nieve y yélome abrasado.

[Parnaso, 278]

---

que *pronunciaba sonoro yelo,* y alude a la opinión de los que quieren que el *cristal* sea *yelo* intensamente congelado, y el *diamante* más intensamente. Era, en fin, la boca *rubíes,* y *pronunciar por rubíes* es por los labios...» Nota de González de Salas.

[1] «Entiende a la cigüeña, expresando aquí un elegantísimo lugar de Publio Siro, mimógrafo, como en infinitas ocasiones hace lo mismo, trayendo a nuestra lengua frases excelentes de toda la antigüedad, que algún erudito con más ocio conferirá algún día. El verso de Publio Siro dice: *Avis exul hyemis, titulus tepidi temporis.*» Nota de González de Salas.

[2] «A la primavera. Ansí lo significó también el mimógrafo.» Nota del mismo.

[3] «También la grulla es título de la primavera, como de Aristóteles lo enseña Cicerón, l. 2 *De Nat. Deor.* La letra, empero, que forme volando, es muy contenciosa entre los gramáticos antiguos y modernos. Marcial, llamándola *Ave de Palamedes,* ayudó a esta duda, habiendo sido inventor, no de una letra, sino de cuatro del alfabeto griego.» Nota del mismo González de Salas.

467

IMAGINA HACER UN INFIERNO PARA LISI,
EN CORRESPONDENCIA DEL INFIERNO DE AMOR
QUE YA ELLA LE HABÍA HECHO*

SONETO

Alimenté tu saña con la vida
que en eterno dolor calificaste,
¡oh Lisi!; tanto amé como olvidaste:
yo tu idólatra fui, tú mi homicida.

¿Cómo guarecerá fe tan perdida   5
y el corazón que, ardiente, despreciaste?
Siendo su gloria tú, le condenaste,
y ni de ti blasfema ni se olvida.

Mas para ti fabricará un infierno
y pagarán tus ansias mis enojos,   10
pues negaste piedad al llanto tierno.

Arderán tu victoria y tus despojos;
y ansí, fuego el Amor nos dará eterno:
a ti en mi corazón, a mí en tus ojos.

[*Parnaso*, 279, a]

468

NIEGA AL AMOR SER DEIDAD, SINO ESCLAVO DE LISI

SONETO

Quédate a Dios, Amor, pues no lo eres;
que servir a quien sirve es vil locura.
Esclavo eres de Lisi en prisión dura,
¿y que te sirva yo de esclavo quieres?

* Joseph G. Fucilla, op. cit., pág. 204, encuentra ciertos contactos
entre este bellísimo soneto y un madrigal de L. Groto, S'io de
l'inferno a la tomba, ed etra». Pero en el terceto final se acordó
de otro de Marino, «Donna siam rei di morte. Errasti, errai», publicado en 1608. Véase J. O. Crosby, ob. cit., pág. 110.

Ni templo habites ni holocausto esperes,   5
pues yaces, sacrificio a la hermosura
de aquella vista que me abrasa pura,
donde, ardiendo, con flechas y arco mueres.

El virote[1], que fue peso a tu aljaba,   10
en tu cuello te muestre fugitivo,
de humana majestad, deidad esclava.

Cierra el palacio, en otro tiempo altivo;
forje grillos tu padre[2], que forjaba
para tu enojo el rayo vengativo.

[Parnaso, 279, b]

469

PERSEVERA EN LAS QUEJAS DE SU DOLOR Y ADVIERTE A LISI DEL INÚTIL ARREPENTIMIENTO QUE VIENE DE LA HERMOSURA PASADA

SONETO

En una vida de tan larga pena,
y en una muerte, Lísida, tan grave,
bien sé lo que es amar, Amor lo sabe;
no sé lo que es amor, y Amor lo ordena.

Esa serena frente, esa sirena,   5
para mayor peligro, más süave,
¿siempre escarmientos cantará a mi nave?
¿Nunca propicia aplaudirá a su entena?

¿No ves que si halagüeñas tiranías
me consumen, que, mustio, cada instante   10
roba tu primavera en horas frías,

y al ya rugado y cárdeno semblante,
que mancillan los pasos de los días,
no volverá a su flor ni amor ni amante?

[Parnaso, 280, a]

---

[1] *virote*, especie de saeta, con un casquillo en la punta. También «cadena».
[2] Vulcano.

470

AMANTE AUSENTE ESCOGE POR MAESTRO DE SU AMOR
LA PIEDRA IMÁN

SONETO

Ésta, que duramente enamorada,
piedra, desde la tierra galantea
al Norte, que en el cielo señorea
con fija luz la redondez sagrada;

ésta, que sabe amar tan apartada,   5
maestro de mi amor ausente sea;
y al éxtasi que tiene por tarea[1],
imite l'alma en astros abrasada.

Y pues sabe del Ponto en la llanura
diferenciar las sendas, y del viento   10
regula en breve cerco la locura,

enseñe a navegar mi pensamiento;
porque de la atención a su luz pura
no le aparten suspiros ni lamento.

[Parnaso, 280, b]

471

AMOR DE SOLA UNA VISTA NACE, VIVE, CRECE
Y SE PERPETÚA*

SONETO

Diez años de mi vida se ha llevado
en veloz fuga y sorda el sol ardiente,
después que en tus dos ojos vi el Oriente,
Lísida, en hermosura duplicado.

[1] «La piedra imán», apostilla González de Salas.
* El texto autógrafo del ms. 12.108, del British Museum, ha sido
publicado recientemente por James O. Crosby, ob. cit., pág. 20.
Es una versión anterior a ésta, que quizá pudiera fecharse hacia 1634.

Diez años en mis venas he guardado   5
el dulce fuego que alimento, ausente,
de mi sangre. Diez años en mi mente
con imperio tus luces han reinado.

Basta ver una vez grande hermosura;
que, una vez vista, eternamente enciende,   10
y en l'alma impresa eternamente dura.

Llama que a la inmortal vida trasciende,
ni teme con el cuerpo sepultura,
ni el tiempo la marchita ni la ofende.

[*Parnaso*, 281, a]

472

AMOR CONSTANTE MÁS ALLÁ DE LA MUERTE*

SONETO

Cerrar podrá mis ojos la postrera
sombra que me llevare el blanco día,
y podrá desatar esta alma mía
hora a su afán ansioso lisonjera;

mas no, de esotra parte, en la ribera,   5
dejará la memoria, en donde ardía:
nadar sabe mi llama la agua fría,
y perder el respeto a ley severa.

Alma a quien todo un dios prisión ha sido,
venas que humor a tanto fuego han dado,   10
medulas que han gloriosamente ardido,

* Sobre este bellísimo soneto, véanse los estudios de Amado Alonso en *Materia y forma en poesía* (Madrid, 1955), pág. 127 y ss.;
Fernando Lázaro Carreter, «Quevedo, entre el amor y la muerte» (en *Papeles de Son Armadans*, I, núm. 11 (1956), págs. 145 y siguientes) y C. Blanco Aguinaga, «Cerrar podrá mis ojos... Tradición y originalidad» (en *Filología*, VIII (1962), págs. 57 y ss.). María Rosa Lida, en «Para las fuentes de Quevedo» (*Revista de
Filología Hispánica*, I (1939), págs. 373-5), anota la presencia en el
estilo de algunas ideas del soneto de Camoens que comienza «Si
el fuego que me enciende, consumido», y del de Fernando de
Herrera «Llevar me puede bien la suerte mía». Para el espléndido
verso final, J. L. Borges (*Otras inquisiciones* (Buenos Aires, 1960),
pág. 61) señala un antecedente en Propercio, Eleg. I, 19: «Ut meus
oblito pulvis amore jacet».

su cuerpo dejará, no su cuidado;
serán ceniza, mas tendrá sentido;
polvo serán, mas polvo enamorado.

> [*Parnaso*, 281, b. Corrijo en el ver-
> so 12 «dejarán», por referirse a
> «alma» del verso 9.]

473

Rendimiento de amante desterrado que se deja en poder de su tristeza

SONETO

Éstas son y serán ya las postreras
lágrimas que, con fuerza de voz viva,
perderé en esta fuente fugitiva,
que las lleva a la sed de tantas fieras.

¡Dichoso yo que, en playas extranjeras,   5
siendo alimento a pena tan esquiva,
halle muerte piadosa, que derriba
tanto vano edificio de quimeras!

Espíritu desnudo, puro amante,
sobre el sol arderé, y el cuerpo frío   10
se acordará de Amor en polvo y tierra.

Yo me seré epitafio al caminante,
pues le dirá, sin vida, el rostro mío:
«Ya fue gloria de Amor hacerme guerra.»

> [*Parnaso*, 282, a]

474

Solicitud de su pensamiento enamorado y ausente

SONETO

¿Qué buscas, porfiado pensamiento,
ministro sin piedad de mi locura,
invisible martirio, sombra obscura,
fatal persecución del sufrimiento?

Si del largo camino estás sediento,   5
mi vista bebe, su corriente apura;
si te promete albricias la hermosura
de Lisi, por mi fin, vuelve contento.

Yo muero, Lisi, preso y desterrado;
pero si fue mi muerte la partida,   10
de puro muerto estoy de mí olvidado.

Aquí para morir me falta vida,
allá para vivir sobró cuidado:
fantasma soy en penas detenida.

[*Parnaso*, 282, b]

475

AMANTE DESESPERADO DEL PREMIO Y OBSTINADO EN AMAR

SONETO

¡Qué perezosos pies, qué entretenidos
pasos lleva la muerte por mis daños!
El camino me alargan los engaños
y en mí se escandalizan los perdidos[1].

Mis ojos no se dan por entendidos;   5
y por descaminar mis desengaños,
me disimulan la verdad los años
y les guardan el sueño a los sentidos.

Del vientre a la prisión vine en naciendo;
de la prisión iré al sepulcro amando,   10
y siempre en el sepulcro estaré ardiendo.

Cuantos plazos la muerte me va dando,
prolijidades son, que va creciendo[2],
porque no acabe de morir penando.

[*Parnaso*, 283, a]

---

[1] «Auxesis, id est, *aun los perdidos*», apostilla González de Salas.
[2] «Hácele verbo activo, y quiere decir *que va aumentando*.» Nota del mismo.

476

A los ojos de Lisi, volviendo de larga ausencia

soneto

Bien pueden alargar la vida al día,
suplir el sol, sostituir l'aurora,
disimular la noche a cualquier hora,
vuestros hermosos ojos, Lisis mía.

Son de fuego y de luz gran monarquía,　　　　5
donde imperios confines atesora
el dios[1] que, con la llama vengadora,
castiga, y no escarmienta, la osadía[2].

A verlos vuelvo, si posible ha sido
que truje alma de allá, donde quedaron[3],　　　　10
o que pueda volver vivo un ausente.

Seráme, por lo menos, concedido
que esto, si es algo, que de mí dejaron,
lo miren reducido a sombra ardiente.

[*Parnaso*, 283, b]

477

A una niña muy hermosa
que dormía en las faldas de Lisi*

soneto

Descansa en sueño, ¡oh tierno y dulce pecho!,
seguro (¡ay, cielo!) de mi enojo ardiente,
mostrándote dichoso y inocente,
pues duermes, y no velas, en tal lecho.

---

[1] «El Amor», anota González de Salas.
[2] «Hácele verbo activo, como si dijera: "Y no causa escarmiento".» Nota de González de Salas.
[3] «A verlos vuelvo donde quedaron», dice González de Salas.
* El texto primitivo figura en el *Cancionero antequerano*, ms. I,
134, de 1627-1628. Joseph G. Fucilla, op. cit., pág. 208, cree ver «un
estímulo de Groto» en este soneto. Copia el soneto que comienza
«Dolce, bramato, avventuroso pianto».

Bien has a tu cansancio satisfecho,   5
si menor sol, en más hermoso Oriente,
en tanto que mi espíritu doliente
de invidia de mirarte está deshecho.

Sueña que gozas del mayor consuelo
que la Fortuna pródiga derrama;   10
que el precio tocas que enriquece al suelo;

que habitas fénix más gloriosa llama;
que tú eres ángel, que tu cama es cielo,
y nada será sueño en esa cama.

[*Parnaso*, 284, a]

478

EXHORTA A LOS QUE AMAREN, QUE NO SIGAN LOS PASOS
POR DONDE HA HECHO SU VIAJE*

SONETO

Cargado voy de mí: veo delante
muerte que me amenaza la jornada;
ir porfiando por la senda errada
más de necio será que de constante.

Si por su mal me sigue ciego amante   5
(que nunca es sola suerte desdichada),
¡ay!, vuelva en sí y atrás: no dé pisada
donde la dio tan ciego caminante.

Ved cuán errado mi camino ha sido;
cuán solo y triste, y cuán desordenado,   10
que nunca ansí le anduvo pie perdido;

pues, por no desandar lo caminado,
viendo delante y cerca fin temido,
con pasos que otros huyen le he buscado.

[*Parnaso*, 284, b]

* Para los contactos de ciertos versos de este soneto con otros
de Petrarca, Boscán y hasta Ausias March, vid. Joseph G. Fucilla, op. cit., págs. 200-201.

479

LAMENTACIÓN AMOROSA Y POSTRERO SENTIMIENTO
DE AMANTE

SONETO

No me aflige morir; no he rehusado
acabar de vivir, ni he pretendido
alargar esta muerte que ha nacido
a un tiempo con la vida y el cuidado.

Siento haber de dejar deshabitado   5
cuerpo que amante espíritu ha ceñido;
desierto un corazón siempre encendido,
donde todo el Amor reinó hospedado.

Señas me da mi ardor de fuego eterno,
y de tan larga y congojosa historia   10
sólo será escritor mi llanto tierno.

Lisi, estáme diciendo la memoria
que, pues tu gloria la padezco infierno,
que llame al padecer tormentos, gloria.

[*Parnaso*, 285, a]

480

MUESTRA HABER SEGUIDO EL ERROR DE OTRO
AMANTE QUE HABÍA SIDO PRIMERO*

SONETO

Por yerta frente de alto escollo, osado,
con pie dudoso, ciegos pasos guío;
sigo la escasa luz del fuego mío,
que avara alumbra, habiéndome abrasado.

* A juzgar por el verso 2, en que parece recordarse el principio
de la *Soledad* primera de Góngora, el soneto sería posterior a 1613.

Cae del cielo la noche, y al cuidado 5
presta engañosa paz el sueño frío;
llévame a yerma orilla de alto río,
y busco por demás o puente o vado.

En muda senda, obscuro peregrino,
sigo pisadas de otro sin ventura, 10
que para mi dolor perdió el camino;

cuando elocuente, Lisi, tu hermosura
califica en tu luz mi desatino
y en tus merecimientos mi locura.

[*Parnaso*, 285, b]

481

OBSTINADO PADECER SIN INTERCADENCIA DE ALIVIO*

SONETO

Colora abril el campo que mancilla
agudo yelo y nieve desatada
de nube obscura y yerta, y, bien pintada,
ya la selva lozana en torno brilla.

Los términos descubre de la orilla, 5
corriente, con el sol desenojada;
y la voz del arroyo, articulada
en guijas, llama l'aura a competilla.

Las últimas ausencias del invierno
anciana seña son de las montañas, 10
y en el almendro, aviso al mal gobierno.

Sólo no hay primavera en mis entrañas,
que habitadas de Amor arden infierno,
y bosque son de flechas y guadañas.

[*Parnaso*, 286, a]

* Es imitación del soneto IX de Petrarca «Quando 'l pianeta che
distingue l'ore». Véase J. G. Fucilla, op. cit., pág. 198.

482

ASTROLOGÍA DEL CIELO DE LISI, CON LA OCASIÓN DE TENER
UN PERRO EN LAS MANOS ARRIMADO AL ROSTRO*

SONETO

También tiene el Amor su astrología,
que acredita en efectos verdadera,
juzgando por tu cielo, en cuya esfera
rigen familia ardiente noche y día.

En ella, la dorada monarquía   5
más eficaz influye y reverbera:
es tu desdén constelación severa,
y tu favor la que es benigna envía.

Siempre con duplicado Sirio[1] cueces
las entrañas, haciendo hervir los mares   10
y nadar llamas húmidas los peces.

Dos soles[2], que confinan en lugares,
miro en el Can, y, con la luz que creces,
multiplica el Amor caniculares.

[*Parnaso*, 286, b]

483

METAFÓRICA EXPRESIÓN DE SU AFECTO AMOROSO
HASTA CONSUMADA ALEGORÍA*

SONETO

Si hermoso el lazo fue, si dulce el cebo,
fue tirana la red, la prisión dura;
esto a mi suerte, aquello a tu hermosura,
preso, y amante, Lísida, les debo.

* Joseph G. Fucilla, ob. cit., pág. 208, lo relaciona con un madrigal de L. Groto que comienza «Astrologo notturno, che le lucci».
[1] «Aquí alude a las dos estrellas de primera magnitud que están en los dos Canes celestes, comparándolas a sus ojos.» Nota de González de Salas.
[2] «Aquí hace dos soles a sus ojos, que estén en el Can mayor y causen mayores caniculares, aludiendo al perro que tenía cerca de ellos.» Nota de González de Salas.
* El texto autógrafo del ms. 12.108, del British Museum, editado por J. O. Crosby, ob. cit., pág. 21, podría ser de hacia 1634, como el siguiente.

El lazo me invidiaron Jove y Febo;   5
Amor, del cebo, invidia la dulzura;
la red y la prisión mi desventura
crece[1]; yo las adoro y las renuevo.

Yo las adoro y nunca las padezco;
y en la red y prisiones amarrado,   10
lo que viví sin ellas aborrezco.

Igualmente gozoso y abrasado
la llama adoro y el incendio crezco:
¡tan alto precio tiene mi cuidado!

[Parnaso, 287, a]

484

CONTINÚA LA SIGNIFICACIÓN DE SU AMOR CON LA HERMOSU-
RA QUE LE CAUSA, REDUCIÉNDOLE A DOCTRINA PLATÓNICA*

SONETO

Lisis, por duplicado ardiente Sirio[2]
miras con guerra y muerte l'alma mía;
y en uno y otro sol abres el día,
influyendo en la luz dulce martirio.

Doctas sirenas en veneno tirio[3]   5
con tus labios pronuncian melodía;
y en incendios de nieve hermosa y fría,
adora primaveras mi delirio.

Amo y no espero, porque adoro amando;
ni mancha al amor puro mi deseo,   10
que cortés vive y muere idolatrando.

---

[1] «Mi desventura aumenta lo áspero y duro de la prisión. Hace al *crecer* verbo activo, que de su naturaleza es neutro. Ansí también aquí otra vez en el penúltimo verso.» Nota de González de Salas.

* J. O. Crosby, ob. cit., pág. 25, ha editado la versión autógrafa del ms. 12.108, del British Museum, que es anterior a la de *Parnaso*. Podría ser de hacia 1634.

[2] *Sirio*, la estrella conocida con ese nombre. Pero aquí vale simplemente por «estrella», «ojo». (Vid. la nota 1 del soneto 482.)

[3] *veneno tirio*, la púrpura; aquí, los labios.

Lo que conozco y no lo que poseo
sigo, sin presumir méritos, cuando
prefiero a lo que miro lo que creo.

[*Parnaso*, 287, b]

485

PERSEVERA EN LA EXAGERACIÓN DE SU AFECTO AMOROSO
Y EN EL EXCESO DE SU PADECER

SONETO

En los claustros de l'alma la herida
yace callada; mas consume, hambrienta,
la vida, que en mis venas alimenta
llama por las medulas extendida.

Bebe el ardor, hidrópica, mi vida,   5
que ya, ceniza amante y macilenta,
cadáver del incendio hermoso, ostenta
su luz en humo y noche fallecida.

La gente esquivo y me es horror el día;
dilato en largas voces negro llanto,   10
que a sordo mar mi ardiente pena envía.

A los suspiros di la voz del canto;
la confusión inunda l'alma mía;
mi corazón es reino del espanto.

[*Parnaso*, 288, a]

486

PROSIGUE EN EL MISMO ESTADO DE SUS AFECTOS

SONETO

Amor me ocupa el seso y los sentidos;
absorto estoy en éxtasi amoroso;
no me concede tregua ni reposo
esta guerra civil de los nacidos.

Explayóse el raudal de mis gemidos   5
por el grande distrito y doloroso
del corazón, en su penar dichoso,
y mis memorias anegó en olvidos.

Todo soy ruinas, todo soy destrozos,
escándalo funesto a los amantes,   10
que fabrican de lástimas sus gozos.

Los que han de ser, y los que fueron antes,
estudien su salud en mis sollozos,
y envidien mi dolor, si son constantes.

[*Parnaso*, 288, b]

487

PIDE AL AMOR QUE, SIQUIERA YA POR INÚTIL, LE DESPIDA*

SONETO

Ya que pasó mi verde primavera,
Amor, en tu obediencia l'alma mía;
ya que sintió mudada en nieve fría
los robos de la edad mi cabellera;

pues la vejez no puede, aunque yo quiera,   5
tarda, seguir tu leve fantasía,
permite que mi cuerpo, en algún día,
cuando lástima no, desprecio adquiera.

* La primera versión se encuentra en el *Cancionero antequerano*,
ms. I, f. 60, por lo que será anterior a 1627-1628.

Si te he servido bien, cuando cansado
ya no puedo, ¡oh Amor!, por lo servido,　　　　10
dame descanso, y quedaré premiado.

Concédeme algún ocio, persuadido
a que, estando de Lisi enamorado,
no le querré acetar, aunque le pido.

[*Parnaso*, 289, a]

488

DESEA, PARA DESCANSAR, EL MORIR

SONETO

Mejor vida es morir que vivir muerto,
¡oh piedad!; en ti cabe gran fiereza,
pues mientes, apacible, tu aspereza
y detienes la vida al pecho abierto.

El cuerpo, que de l'alma está desierto　　　　5
(ansí lo quiso Amor de alta belleza),
de dolor se despueble y de tristeza:
descanse, pues, de mármoles cubierto.

En mí la crueldad será piadosa
en darme muerte, y sólo el darme vida　　　　10
piedad será tirana y rigurosa.

Y ya que supe amar esclarecida
virtud, siempre triunfante, siempre hermosa,
tenga paz mi ceniza presumida.

[*Parnaso*, 289, b]

489

SONETO

Pierdes el tiempo, Muerte, en mi herida,
pues quien no vive no padece muerte;
si has de acabar mi vida, has de volverte
a aquellos ojos donde está mi vida.

Al sagrado en que habita retraída,   5
aun siendo sin piedad, no has de atreverte;
que serás vida, si llegase a verte,
y quedarás de ti desconocida.

Yo soy ceniza que sobró a la llama;
nada dejó por consumir el fuego   10
que en amoroso incendio se derrama.

Vuélvete al miserable, cuyo ruego,
por descansar en su dolor, te llama:
que lo que yo no tengo, no lo niego.

[*Parnaso*, 290, a]

490

SONETO

Puedo estar apartado, mas no ausente;
y en soledad, no solo; pues delante
asiste el corazón, que arde constante
en la pasión, que siempre está presente.

El que sabe estar solo entre la gente,   5
se sabe solo acompañar: que, amante,
la membranza de aquel bello semblante
a la imaginación se le consiente.

Yo vi hermosura y penetré la alteza
de virtud soberana en mortal velo: 10
adoro l'alma, admiro la belleza.

Ni yo pretendo premio, ni consuelo;
que uno fuera soberbia, otro vileza:
menos me atrevo a Lisi, pues, que al cielo.

[*Parnaso*, 290, b]

491

REFIERE LA EDAD DE SU AMOR, Y QUE NO ES TROFEO
DEL PODER DEL QUE LLAMAN DIOS, SINO
DE LA HERMOSURA DE LISI

SONETO

Hoy cumple amor en mis ardientes venas
veinte y dos años, Lisi, y no parece
que pasa día por él; y siempre crece
el fuego contra mí, y en mí las penas.

Veinte y dos años ha que estas cadenas   5
el corazón idólatra padece;
y si tal vez el pie las estremece,
oigo en sus eslabones mis sirenas.

Si Amor presume que su fuerza dura
tiene mi libertad en tal estado,   10
véngase a mí sin tu belleza pura;

que yo le dejaré desengañado
de que el poder asiste en tu hermosura,
y en él un nombre ocioso y usurpado.

[*Parnaso*, 291, a]

492

LAMÉNTASE, MUERTA LISI, DE LA VIDA, QUE LE IMPIDE EL SEGUIRLA

SONETO

¿Cuándo aquel fin a mí vendrá forzoso,
pues por todas las vidas se pasea,
que tanto el desdichado le desea
y que tanto le teme el venturoso?

La condición del hado desdeñoso   5
quiere que le codicie y no le vea:
el descanso le invidia a mi tarea
parasismo y sepulcro perezoso.

Quiere el Tiempo engañarme lisonjero,
llamando vida dilatar la muerte,   10
siendo morir el tiempo que la espero.

Celosa debo de tener la suerte,
pues viendo, ¡oh, Lisi!, que por verte muero,
con la vida me estorba el poder verte.

[Parnaso, 291, b]

493

A LÍSIDA, PIDIÉNDOLE UNAS FLORES QUE TENÍA EN LA MANO Y PERSUADIÉNDOLA IMITE A UNA FUENTE

SONETO

Ya que huyes de mí, Lísida hermosa,
imita las costumbres desta fuente,
que huye de la orilla eternamente,
y siempre la fecunda generosa.

Huye de mí cortés, y, desdeñosa,   5
sígate de mis ojos la corriente;
y, aunque de paso, tanto fuego ardiente
merézcate una yerba y una rosa.

Pues mi pena ocasionas, pues te ríes
del congojoso llanto que derramo   10
en sacrificio al claustro de rubíes,

perdona lo que soy por lo que amo;
y cuando, desdeñosa, te desvíes,
llévate allá la voz con que te llamo.

[*Las tres Musas*, 11]

494

A LISIS, PRESENTÁNDOLE UN PERRO QUE HABÍA QUITADO
UN CORDERO DE LOS MISMOS DIENTES DEL LOBO

SONETO

Este cordero, Lisis, que tus hierros
sobrescribieron como al alma mía,
estando ayer recién nacido el día,
de un lobo le cobraron mis dos perros.

En el denso teatro destos cerros,   5
Melampo aventajó su valentía:
ya le viste otra vez, con osadía,
defender a tus voces los becerros.

Conoce que soy tuyo en tu ganado,
pues, por guardarle, desamparo el mío,   10
y en mi pérdida estimo su cuidado.

Pues te sirven sus dientes y su brío,
recíbele, no pierda desdeñado
lo que él merece, porque yo le envío.

[*Las tres Musas*, 12, a]

495

A UNA FUENTE EN QUE SALIÓ A MIRARSE LÍSIDA

SONETO

Fuente risueña y pura (que a ser río
de las dos urnas de mi vista aprendes,
pues que te precipitas y desciendes
de los ojos que en lágrimas te envío),

si en mentido cristal te prende el frío,   5
en mi llanto por Lísida te enciendes,
y siempre ingrata a mi dolor atiendes,
siendo el caudal con que te aumentas mío;

tú de su imagen eres siempre avara,
yo prodigo de llanto a tus corrientes,   10
y a Lísida de la alma y fe más rara.

Amargos, sordos, turbios, inclementes
juzgué los mares, no la amena y clara
agua risueña y dulce de las fuentes.

[*Las tres Musas*, 13, a]

496

CON EJEMPLO DEL INVIERNO IMAGINA SI SERÁ ADMITIDO SU FUEGO DEL YELO DE LISI

SONETO

Pues ya tiene la encina en los tizones
más séquito que tuvo en hoja y fruto,
y el nubloso Oríón manchó con luto
las (otro tiempo) cárdenas regiones;

pues perezoso Arturo, y los Tríones[1]   5
dispensan breve el sol, y poco enjuto,
y con imperio cano y absoluto
labra el yelo las aguas en prisiones;

---

[1] *Arturo*, estrella en la constelación del Boyero; *Tríones*, las siete estrellas principales de la Osa Mayor.

hoy que se busca en el calor la vida,
gracias al dueño invierno, amante ciego,   10
a quien desprecia Amor y Lisi olvida,

al yelo hermoso de su_pecho llego
mi corazón, por ver si, agradecida,
se regala su nieve con mi fuego.

[*Las tres Musas*, 13, b]

497

CON LA COMPARACIÓN DE DOS TOROS CELOSOS, PIDE A LISI
NO SE ADMIRE DEL SENTIMIENTO DE SUS CELOS

SONETO

¿Ves con el polvo de la lid sangrienta
crecer el suelo y acortarse el día[1]
en la celosa y dura valentía
de aquellos toros que el amor violenta?

¿No ves la sangre que el manchado alienta;   5
el humo que de la ancha frente envía
el toro negro, y la tenaz porfía
en que el amante corazón ostenta?

Pues si lo ves, ¡oh Lisi!, ¿por qué admiras
que, cuando Amor enjuga mis entrañas   10
y mis venas, volcán, reviente en iras?

Son los toros capaces de sus sañas,
¿y no permites, cuando a Bato miras,
que yo ensordezca en llanto las montañas?

[*Las tres Musas*, 14]

---

[1] Aldrete apostilla: «Statius, lib. 5, Theb.: *Tellus iam pulvere primo crescit*».

498

ACONSEJA AL AMOR QUE, PARA VENCER EL DESDÉN DE LISI,
DEJE LAS FLECHAS COMUNES Y TOME LAS CON QUE HIRIÓ
A JÚPITER PARA QUE SE ENAMORASE DE EUROPA

SONETO

Amor, prevén el arco y la saeta
que enseñó a navegar y dar amante
al rayo, cuando Jove fulminante,
bruta deidad, bramó llama secreta.

La vulgar cuerda que tu mano aprieta,   5
para el pecho de Lisi no es bastante:
otra cosa más dura que el diamante
dudo que la vitoria te prometa.

Prevén toda la fuerza al pecho helado,
pues menos gloria, en menos hermosura,   10
te fue bajar al Sol del cielo al prado.

Y pues de ti no supo estar segura
tu madre, no permitas, despreciado,
que tu poder desmienta Lisis dura.

[*Las tres Musas*, 15, b]

499

DICE QUE COMO EL LABRADOR TEME EL AGUA CUANDO
VIENE CON TRUENOS, HABIÉNDOLA DESEADO, ANSÍ
ES LA VISTA DE SU PASTORA*

SONETO

Ya viste que acusaban los sembrados
secos, las nubes y las lluvias; luego
viste en la tempestad temer el riego
los surcos, con el rayo amenazados.

---

* Según el ms. autógrafo del British Museum, editado por J. O.
Crosby, ob. cit., pág. 24, el soneto está dirigido a Lisis. En el
verso 10 se lee: «en los tuios, oh Lisi, hermosa i dura». (Es versión
anterior.) Podría ser de hacia 1634, como los restantes de ese ms.

Más quieren verse secos que abrasados,   5
viendo que al agua la acompaña el fuego,
y el relámpago y trueno sordo y ciego;
y mustio el campo teme los nublados.

No de otra suerte temen la hermosura
que en los tuyos mis ojos codiciaron,   10
anhelando la luz serena y pura;

pues luego que se abrieron, fulminaron,
y amedrentando el gozo a mi ventura,
encendieron en mí cuanto miraron.

[*Las tres Musas*, 17, a]

500

Dice que como el Nilo guarda su origen, encubre
también el de su amor la causa, y crece ansí también su llanto con el fuego que le abrasa

SONETO

Dichoso tú, que naces sin testigo
y de progenitores ignorados,
¡oh Nilo !, y nube y río, al campo y prados,
ya fertilizas troncos y ya trigo.

El humor que, sediento y enemigo,   5
bebe el rabioso Can[1] a los sagrados
ríos, le añade pródigo a tus vados,
siendo Acuario el León para contigo.

No de otra suerte, Lisis, acontece
a las undosas urnas de mis ojos,   10
cuyo ignorado origen se enmudece.

Pues cuanto el Sirio de tus lazos rojos
arde en bochornos de oro crespo, crece
más su raudal, tu yelo y mis enojos.

[*Las tres Musas*, 18]

---

[1] *rabioso Can*, la canícula, el verano.

501

A LISI, QUE EN SU CABELLO RUBIO TENÍA SEMBRADOS
CLAVELES CARMESÍES, Y POR EL CUELLO

SONETO

Rizas en ondas ricas del rey Midas,
Lisi, el tacto precioso, cuanto avaro;
arden claveles en su cerco claro,
flagrante sangre, espléndidas heridas.

Minas ardientes, al jardín unidas,   5
son milagro de amor, portento raro,
cuando Hibla[1] matiza el mármol paro
y en su dureza flores ve encendidas.

Esos que en tu cabeza generosa
son cruenta hermosura y son agravio   10
a la melena rica y vitoriosa,

dan al claustro de perlas, en tu labio,
elocuente rubí, púrpura hermosa,
ya sonoro clavel, ya coral sabio.

[*Las tres Musas*, 21, a]

502

COMPARA A LA YEDRA SU AMOR, QUE CAUSA PARECIDOS
EFECTOS, ADORNANDO AL ÁRBOL POR DONDE SUBE,
Y DESTRUYÉNDOLE

SONETO

Esta yedra anudada que camina
y en verde labirinto comprehende
la estatura del álamo que ofende,
pues cuanto le acaricia, le arrüina,

[1] Hibla, monte de Sicilia, famoso por sus flores. (Quiere decir
que el rostro de Lisi, tan blanco como el mármol de Paros, aparece matizado por las flores del monte Hibla.)

si es abrazo o prisión, no determina   5
la vista, que al frondoso halago atiende:
el tronco sólo, si es favor, entiende,
o cárcel que le esconde y que le inclina.

¡Ay, Lisi !, quien me viere enriquecido
con alta adoración de tu hermosura,   10
y de tan nobles penas asistido,

pregunte a mi pasión y a mi ventura,
y sabrá que es prisión de mi sentido
lo que juzga blasón de mi locura.

[*Las tres Musas,* 23, a]

503

DICE QUE EL SOL TEMPLA LA NIEVE DE LOS ALPES, Y LOS
OJOS DE LISI NO TEMPLAN EL YELO DE SUS DESDENES

SONETO

Miro este monte que envejece enero,
y cana miro caducar con nieve
su cumbre que, aterido, obscuro y breve,
la mira el sol, que la pintó primero.

Veo que en muchas partes, lisonjero,   5
o regala sus yelos, o los bebe;
que, agradecido a su piedad, se mueve
el músico cristal libre y parlero.

Mas en los Alpes de tu pecho airado,
no miro que tus ojos a los míos   10
regalen, siendo fuego, el yelo amado.

Mi propria llama multiplica fríos,
y en mis cenizas mesmas ardo helado,
invidiando la dicha de estos ríos.

[*Las tres Musas,* 23, b]

504

A LISI, CORTANDO FLORES Y RODEADA DE ABEJAS[*]

SONETO

Las rosas que no cortas te dan quejas,
Lisis, de las que escoges por mejores;
las que pisas se quedan inferiores,
por guardar la señal que del pie dejas.

Haces hermoso engaño a las abejas,   5
que cortejan solícitas tus flores;
llaman a su codicia tus colores:
su instinto burlas y su error festejas.

Ya que de mí tu condición no quiera
compadecerse, del enjambre hermoso   10
tenga piedad tu eterna primavera.

Él será fortunado, yo dichoso,
si de tu pecho fabricase cera,
y la miel de tu rostro milagroso.

[*Las tres Musas*, 24, b]

505

A LISI, QUE CANSADA DE CAZAR EN EL ESTÍO, SE RECOSTÓ A LA SOMBRA DE UN LAUREL

SONETO

Lisi, en la sombra no hallarás frescura,
tú, que con dos ardientes luminares
a la sombra la traes caniculares
que dieran a los Alpes calentura.

---

[*] Joseph G. Fucilla, op. cit., pág. 208, lo relaciona con el soneto de L. Groto que comienza «Mentre in gebli horti i più bei flori ho colto».

Del antiguo recato y compostura 5
han olvidado a Dafne estos lugares,
pues de dos soles tuyos, singulares,
quien huyó de uno solo[1] se asegura.

Mas viéndole en tus ojos dividido,
para poder estar en ti dos veces, 10
otras tantas le mira en ti vencido.

Y siente que, como ella, le aborreces,
pues a su sombra y tronco has retraído
los rayos que le niegas y le ofreces.

[*Las tres Musas*, 25]

506

SONETO AMOROSO

Si dios eres, Amor, ¿cuál es tu cielo?
Si señor, ¿de qué renta y de qué estados?
¿Adónde están tus siervos y criados?
¿Dónde tienes tu asiento en este suelo?

Si te disfraza nuestro mortal velo, 5
¿cuáles son tus desiertos y apartados?
Si rico, ¿do tus bienes vinculados?
¿Cómo te veo desnudo al sol y al yelo?

¿Sabes qué me parece, Amor, de aquesto?
Que el pintarte con alas y vendado, 10
es que de ti el pintor y el mundo juega.

Y yo también, pues sólo el rostro honesto
de mi Lisis así te ha acobardado,
que pareces, Amor, gallina ciega.

[*Las tres Musas*, 43, b]

---

[1] Alude a la huida de Dafne, perseguida por Apolo, el Sol, convertida en laurel.

507

Retrato de Lisi en mármol*

MADRIGAL

Un famoso escultor, Lisis esquiva,
en una piedra te ha imitado viva,
y ha puesto más cuidado en retratarte
que la Naturaleza en figurarte;
pues si te dio blancura y pecho helado,   5
él lo mismo te ha dado.
Bellísima en el mundo te hizo ella,
y él no te ha repetido menos bella.
Mas ella, que te quiso hacer piadosa,
de materia tan blanda y tan süave   10
te labró, que no sabe
del jazmín distinguirte y de la rosa.
Y él, que vuelta te advierte en piedra ingrata,
de lo que tú te hiciste te retrata.

[*Parnaso*, 292, a]

508

Hace últimamente su testamento

IDILIO

Pues reinando en tus ojos gloria y vida,
supo mi alma hallar la muerte en ellos,
de pura luz y de esplendor vestida,
habiendo en tus cabellos
desconocido las prisiones de oro,   5
que padezco y adoro;
permite a mi dolor y a mi tormento,
por piedad lisonjera,
que, pues he de morir, antes que muera,
mi voluntad ordene y testamento: 10

* Procede también de otro de L. Groto (J. G. Fucilla, op. cit.,
pág. 205), que comienza «Un nobile scoltore ha di te fatto».

Esta alma sin consuelo,
por mandártela a ti, la mando al cielo.
Del cuerpo desdichado,
que tanto padeció por obligarte,   15
mando a la tierra aquella poca parte
que al fuego le sobró y a mi cuidado.
En tu olvido abrirán mi sepoltura
y llevará los lutos mi ventura.
Que no haya luces ruego:
alúmbrenme mis llamas y mi fuego.   20

    Y en hora tan severa,
mi corazón podrá servir de cera.
Y pues me echarán menos cada hora
para llover en mí calamidades,
solas me llorarán tus crueldades.   25
¡Dichoso yo si tu desdén me llora
y si tienes por premio del cuidado
apiadarte de un hombre desdichado!
Por no ofender a tu rigor en nada,
quiero que la piedad me sea negada.   30

    A todos dejo en mi dolor ejemplo,
y al desengaño mando hacer un templo.
Y mando, si el caudal a tanto alcanza,
fundar un hospital de la esperanza,
donde se acaben con sus proprias manos   35
los incurables sanos.
De los bienes y males que poseo,
dejo por mi heredero a mi deseo.

    Y de las joyas mías,
que son las advertencias y verdades,   40
quiero que se rescaten libertades;
y lo demás se gaste en obras pías,
pues muero de crueldades.
Dejar invidia quiero
a quien supiere que por Lisis muero.   45
Sola a ti, en tal jornada,
por no dejarte, no te dejo nada.

[*Parnaso,* 297]

509

Muere infeliz y ausente*

IDILIO

Voyme por altos montes, paso a paso,
llorando mis verdades:
que el fuego ardiente y dulce en que me abraso
sólo le fío de estas soledades,
de donde nace a cada pie que muevo,   5
de antiguo amor, un pensamiento nuevo.

Deja de mormurar, ¡oh clara fuente!,
y tú, famoso río,
mientras con tu cristal y su corriente
corre parejas este llanto mío;   10
que, para arderos en mi proprio fuego,
basta escuchar mis quejas y mi ruego.

Nunca he podido, Lisi hermosa y dura,
después de verte, hartarme[1]
de padecer dolor por tu hermosura;   15
ni, tras el padecerle, de quejarme.
¡Oh, si llegase algún alegre día
que se hartase de amar el alma mía!

Mas ya que, ausente, muero de esta suerte,
lo que con ansia siento   20
es que no ha de poder servir mi muerte,
a quien viere su causa, de escarmiento.
Vengárame de Amor si, con mi daño,
pudiera a otro servir de desengaño.

Pero, aunque ansí, bien es que escrito quede   25
mi fin en esta losa,
y podráme decir que muero adrede

---

* Como ya vio C. Consiglio y señala de nuevo J. G. Fucilla,
ob. cit., pág. 201, imita los primeros versos de la canción CXXIX
de Petrarca.
[1] «Esta voz aquí tiene grande expresión del afecto.» Nota de
González de Salas.

el que después te viere tan hermosa;
dulce seria mi muerte, si estorbase
que ninguno, de miedo, te mirase.   30

    A todas las estrellas, Lisi, ruego
que ninguno te vea,
porque de arder en tan hermoso fuego,
la gloria de que gozo no posea.
No se alabe ninguno con mirarte,   35
que murió, cual Fileno, por amarte.

    Acuérdate siquiera de pisarme,
si por dicha algún día
pasares por aquí, y el despreciarme
acabe, Lisi, con la vida mía.   40
Favorece mi túmulo, fiada
en que no he de sentir entonces nada.

    Pero, si muerto yo, por tanta gloria
osare alguno verte,
tráeme siquiera un rato a tu memoria   45
para desengañarle con mi muerte.
Cuenta a todos mi afrenta y mis agravios,
que, por lo menos, sonaré en tus labios.

    Quisiera ser despojo más honroso:
un príncipe nombrado,   50
un Craso rico, un César valeroso;
cien mil almas quisiera haberte dado,
para que, viendo en mí prendas tan raras,
siquiera por vencido me nombraras.

                    [*Parnaso*, 294. En *Las tres Musas*,
                    pág. 180, se editan los 8 primeros
                    versos y después continúan con
                    otros de otro poema.]

510

Lamenta su muerte y hace epitafio a su sepulcro*

IDILIO

¡Ay, cómo en estos árboles sombríos,
no cantan ya los doctos ruiseñores!
¡Ay, qué turbios que van los sacros ríos!
¡Qué pobre el prado está de yerba y flores!   5
Sin duda saben los trabajos míos,
pues en luto convierten los colores;
como que hasta las plantas, de una en una,
siguen el caducar de la Fortuna.

Alegre un tiempo, cuando Dios quería[1],   10
pisé la ya enemiga y seca arena;
el curso le entretuve al agua fría
con voz de amores y de quejas llena;
mas ya la clara luz del blanco día
aborrecen mis ojos y mi pena.   15
Lastimada de ver mi poca suerte,
hoy, por mucha piedad, llega la muerte.

A manos de su mal, Fileno muere:
tened lástima, ¡oh montes!, de su vida,
si algún rústico amor os toca y hiere
con punta a vuestras penas atrevida: 20
¡tal castigo merece quien tal quiere!
¡A tal vivir, tal pena le es debida!
¡Amé! ¡Quisiera Dios que verdad fuera,
y que sólo que amé decir pudiera!

No te espantes de verme, fuente clara,   25
tan pobre de quietud y de sosiego;
que si a quien amo tu corriente amara,
de yelos libre te abrasara el fuego.

---

* J. G. Fucilla, op. cit., pág. 201, cree encontrar una relación temática con una parte de la égloga segunda de Tebaldeo.
[1] Es recuerdo del famoso verso de Garcilaso «dulces y alegres, cuando Dios quería», del soneto que comienza «Oh dulces prendas, por mi mal halladas».

También tu tronco, ¡oh mirto!, se secara,
si en ti, como en mi pecho, ardiera el Ciego;　　30
pues si os mirara Lisi, es evidente
que ardieras, mirto, y que abrasaras, fuente.

　　Quédate a Dios, pendiente de ese pino,
lira, donde canté de Amor tirano;
guárdala, ¡oh, tronco!, que honras el camino,　　35
de lluvia y viento y de ladrón villano;
y dásela al primero peregrino
que pisare el desierto de este llano,
en premio de que entierre el cuerpo mío,
y escriba tal letrero al mármol frío:　　40

　　«Muerto yace Fileno en esta losa;
ardiendo en vivas llamas, siempre amante,
en sus cenizas el Amor reposa.
¡Oh, guarda! ¡Oh, no le pises, caminante!
La causa de su muerte es tan hermosa,　　45
que, aunque no fue su efecto semejante,
quiere que en estas letras te prevengas,
y envidia más que lástima le tengas.»

[*Parnaso,* 296]

511

[A Lisis]

[REDONDILLAS]

　　Quien se ausentó con amor,
si lamenta su cuidado,
miente, que al cuerpo no es dado
sentir, sin alma, dolor.

　　Partir es dejar de ser:　　5
nadie presuma en ausencia:
que el cuerpo tiene licencia
sólo para padecer.

Si yo pudiera sentir
ausente mal tan esquivo,   10
sin alma estuviera vivo
contra la ley de morir.

Quien dejó el alma engañado
y trujo el cuerpo perdido,
es el reino dividido   15
que cuenta por asolado.

Más quiero ser muerto yo
que ausente en estos disiertos,
pues hacen bien por los muertos
y por los ausentes no.   20

Quien muere descansará,
quien se va se desespere:
honras hacen al que muere
y afrentas al que se va.

No pienses que yo te escribo   25
dejando en ti vida y ser:
que me corriera de hacer,
ausente, cosas de vivo.

Lisis, cuando me partí,
mirando mi fin tan cierto,   30
para cuando fuese muerto,
vivo me quejé por mí.

No es llanto este que me lava
ni ya puedo llorar yo:
es el agua que salió   35
al fuego que me abrasaba.

[Ms. 3.700, Bibl. Nacional, f. 116.
Publicado por Astrana Marín.]

POEMAS SATÍRICOS Y BURLESCOS

Encarece los años de una vieja niña*

soneto

«Antes que el repelón» eso fue antaño[1]:
ras con ras[2] de Caín; o, por lo menos,
la quijada que cuentan los morenos
y ella, fueron quijadas en un año.

Sécula seculorum es tamaño   5
muy niño, y el Diluvio con sus truenos;
ella y la sierpe son ni más ni menos;
y el rey que dicen que rabió, es hogaño.

No habia a la estaca preferido el clavo,
ni las dueñas usado cenojiles[3];   10
es más vieja que «Présteme un ochavo».

Seis mil años les lleva a los candiles;
y si cuentan su edad de cabo a cabo,
puede el guarismo andarse a buscar miles.

[*Parnaso*, 415]

---

* «Es imitación de epigrammas griegos y latinos, de que yo di
muchos ejemplos en un preludio a Árbitro.» Nota de González
de Salas. Véase ahora J. O. Crosby, «Quevedo, the Greek Anthology
and Horace», en *Romance Philology*, XIX (1966), págs. 443 y ss.
[1] Covarrubias, *Tesoro*, señala que era proverbio: «*Repelar*. Sacar
el pelo, y particularmente de la cabeza, castigo que se suele dar
a los muchachos. *Repelón*, el tal castigo. Proverbio: "Más viejo
que el repelón"».
[2] *ras con ras*, «modo de hablar cuando queremos significar que
una cosa está cerca de otra». (Covarrubias, *Tesoro*.)
[3] *cenojiles*, ligas.

513

A UN HOMBRE DE GRAN NARIZ*

SONETO

Érase un hombre a una nariz pegado,
érase una nariz superlativa,
érase una alquitara medio viva,
érase un peje espada mal barbado;

era un reloj de sol mal encarado,   5
érase un elefante boca arriba,
érase una nariz sayón y escriba,
un Ovidio Nasón mal narigado.

Érase el espolón de una galera,
érase una pirámide de Egito,   10
los doce tribus de narices era;

érase un naricísimo infinito,
frisón¹ archinariz, caratulera²,
sabañón garrafal³, morado y frito.

[Ms. 3.795, Bibl. Nacional, f. 261.
Parnaso, 416, a.]

---

* González de Salas anota: «Los epigrammatarios griegos trope-
zaron mucho en las narices grandes; y ansí fatigaron con no poca
agudeza a los narigudos muchas veces. En el lib. II de la Antología, cap. 13, se hallarán buen número de epigrammas que pres-
taron el argumento a éste, y conceptos también». Vid. J. O. Crosby, artículo citado en el soneto anterior, págs. 493 y ss.
¹ *frisón*, de caballo de Frisia, pero en Quevedo, «gordo», «grande», «lucido».
² *caratulera*, según los diccionarios, «la persona que vendía carátulas», pero creo que aquí podría significar el molde para hacer
las carátulas o caretas.
³ *garrafal*, «epítheto que se aplica a cierta especie de guindas,
mayores y más dulces que las regulares y ordinarias, y por exten-
sión, se dice de otras cosas que exceden de la medida regular de
las demás de su especie». *Dicc. de Autoridades.*

514

La plaza de Madrid, cuando nueva,
invidia la ventura que cuando vieja había tenido*

soneto

Mientras que fui tabiques y desvanes,
desigual en cimiento y azutea,
tela fina en lacayos fue librea:
ya no me puedo hartar de tafetanes.

Hoy, hermosa, me faltan los galanes, 5
y el silbo bien bebido me torea;
yo tuve la ventura de la fea,
como la pronostican los refranes[1].

Tan sola siempre, tan a pie me hallo,
que, vueltos en andrajos los rejones, 10
tengo el fuego de Troya, no el caballo[2].

Los bravos son mis altos y escalones;
no los toros, pues tengo, y no lo callo,
más hombres en terrados que en balcones.

[*Parnaso*, 416, b]

515

A las sillas de manos cuando [van] acompañadas
de muchos gentileshombres

soneto

Ya los pícaros saben en Castilla
cuál mujer es pesada y cuál liviana,
y los bergantes sirven de romana[3]
al cuerpo que con más diamantes brilla.

* La célebre plaza Mayor, que tuvo sus orígenes en la época de
Juan II, fue comenzada en 1617, bajo la dirección del arquitecto
Juan Gómez de la Mora y se terminó en 1619.
[1] El refrán dice: «La ventura de la fea, la bonita la desea».
[2] «Alude a cuando se quemó», apostilla González de Salas. (Véase
el soneto 101. La plaza se quemó el 7 de julio de 1631.)
[3] La balanza llamada «romana».

Ya llegó a tabernáculo la silla,   5
y, cristalina, el hábito profana
de la custodia, y temo que mañana
añadirá a las hachas campanilla[1].

Al trono en correones, las banderas
ceden en hacer gente, pues que toda   10
la juventud ocupan en hileras.

Una silla es pobreza de una boda,
pues, empeñada en oro y vidrïeras,
antes la honra que el chapín se enloda.

[Parnaso, 417, a]

516

Mujer puntiaguda con enaguas

soneto

Si eres campana, ¿dónde está el badajo?;
si pirámide andante, vete a Egito;
si peonza al revés, trae sobrescrito;
si pan de azúcar, en Motril te encajo.

Si chapitel, ¿qué haces acá abajo?   5
Si de diciplinante mal contrito
eres el cucurucho y el delito,
llámente los cipreses arrendajo[2].

Si eres punzón, ¿por qué el estuche[3] dejas?
Si cubilete, saca el testimonio;   10
si eres coroza, encájate en las viejas.

Si büida visión de San Antonio,
llámate doña Embudo con guedejas;
si mujer, da esas faldas al demonio.

[Parnaso, 417, b]

[1] Alude a las hachas con que los lacayos alumbraban a los señores que iban en sillas de manos.
[2] arrendajo, ave parecida al cuervo.
[3] estuche, el de cirugía. La voz estuche designó primero sólo la
cajita donde el cirujano guardaba sus trebejos. Cf. núm. 735, v. 115.

517

Hastío de un casado al tercero día

SONETO

Antiyer nos casamos; hoy querría,
doña Pérez, saber ciertas verdades:
decidme, ¿cuánto número de edades
enfunda el matrimonio en sólo un día?

Un antiyer, soltero ser solía,   5
y hoy, casado, un sin fin de Navidades
han puesto dos marchitas voluntades
y más de mil antaños en la mía.

Esto de ser marido un año arreo[1],
aun a los azacanes empalaga: 10
todo lo cotidiano es mucho y feo.

Mujer que dura un mes, se vuelve plaga;
aun con los diablos fue dichoso Orfeo[2],
pues perdió la mujer que tuvo en paga[2].

[*Parnaso*, 418, a]

518

Casamiento ridículo

SONETO

Trataron de casar a Dorotea
los vecinos con Jorge el extranjero,
de mosca en masa gran sepulturero,
y el que mejor pasteles aporrea.

Ella es verdad que es vieja, pero fea;   5
docta en endurecer pelo y sombrero;
faltó el ajuar, y no sobró dinero,
mas trújole tres dientes de librea.

---

[1] *arreo*, sucesivamente, sin interrupción.
[2] «En paga de su canto», anota González de Salas.

Porque Jorge después no se alborote
y tabique ventanas y desvanes,   10
hecho tiesto de cuernos el cogote,

con un guante, dos moños, tres refranes
y seis libras de zarza[1], llevó en dote
tres hijas, una suegra y dos galanes.

[Parnaso, 418, b]

519

Prefiere la hartura y sosiego mendigo a la inquietud magnífica de los poderosos*

SONETO

Mejor me sabe en un cantón la sopa,
y el tinto con la mosca y la zurrapa[2],
que al rico, que se engulle todo el mapa,
muchos años de vino en ancha copa.

Bendita fue de Dios la poca ropa,   5
que no carga los hombros y los tapa;
más quiero menos sastre que más capa:
que hay ladrones de seda, no de estopa.

Llenar, no enriquecer, quiero la tripa;
lo caro trueco a lo que bien me sepa: 10
somos Píramo y Tisbe[3] yo y mi pipa[4].

Más descansa quien mira que quien trepa;
regüeldo yo cuando el dichoso hipa,
él asido a Fortuna, yo a la cepa.

[Parnaso, 419, a]

[1] *zarza*, la zarzaparrilla, usada en ciertas enfermedades (las vené-
reas) como medicina. Otra referencia en el núm. 753, v. 100.
* «Está aquí además cuidada la gracia en la forma misma de los
consonantes, como ansí también en otros de estos sonetos.» Nota
de González de Salas.
[2] *zurrapa*, brizna o pelillo o sedimento que se halla en los líquidos.
[3] Píramo y Tisbe, la célebre pareja de enamorados, fueron convertidos en moral.
[4] *pipa*, aquí «tonel».

520

Túmulo de la mujer de un avaro que vivió libremente, donde hizo esculpir un perro de mármol llamado «Leal»*

SONETO

Yacen en esta rica sepoltura
Lidio con su mujer Helvidia Pada,
y por tenerla solo, aunque enterrada,
al cielo agradeció su desventura.

Mandó guardar en esta piedra dura 5
la que, de blanda, fue tan mal guardada;
y que en memoria suya, dibujada
fuese de aquel perrillo la figura.

Leal el perro que miráis se llama,
pulla de piedra al tálamo inconstante, 10
ironía de mármol a su fama.

Ladró al ladrón, pero calló al amante;
ansí agradó a su amo y a su ama:
no le pises, que muerde, caminante.

[*Parnaso*, 419, b]

521

Epitafio de una dueña, que idea también puede ser de todas

SONETO

Fue más larga que paga de tramposo;
más gorda que mentira de indïano;
más sucia que pastel en el verano;
más necia y presumida que un dichoso;

* Añade González de Salas: «Es imitación de epigramma antiguo». (Procede de un epigrama latino de J. du Bellay, lib. 14, *Poemata*, 1558.)

más amiga de pícaros que el coso;　　　　　　5
más engañosa que el primer manzano;
más que un coche alcahueta; por lo anciano,
más pronosticadora que un potroso[1].

Más charló que una azuda y una aceña,
y tuvo más enredos que una araña;　　　　　　10
más humos que seis mil hornos de leña.

De mula de alquiler sirvió en España,
que fue buen noviciado para dueña:
y muerta pide, y enterrada engaña.

[*Parnaso*, 420, a]

522

DESNUDA A LA MUJER DE LA MAYOR PARTE AJENA QUE LA COMPONE

SONETO

Si no duerme su cara con Filena,
ni con sus dientes come, y su vestido
las tres partes le hurta a su marido,
y la cuarta el afeite le cercena;

si entera con él come y con él cena,　　　　　5
mas debajo del lecho mal cumplido,
todo su bulto esconde, reducido
a chapinzanco[2] y moño por almena,

¿por qué te espantas, Fabio, que, abrazado
a su mujer, la busque y la pregone,　　　　　10
si, desnuda, se halla descasado?

Si cuentas por mujer lo que compone
a la mujer, no acuestes a tu lado
la mujer, sino el fardo que se pone.

[*Parnaso*, 420, b]

---

[1] *potroso*, herniado.
[2] *chapinzanco*, voz creada por Quevedo, a base de *chapín* y *zanco*. El *chapín* «era un calzado proprio de mugeres, sobrepuesto al zapato, para levantar el cuerpo del suelo, y por esto, el asiento es de corcho, de cuatro dedos o más de alto, en que se asegura al pie con unas corregüelas o cordones». *Dicc. de Autoridades*.

523

A una fea, y espantadiza de ratones

SONETO

¿Lo que al ratón tocaba, si te viera,
haces con el ratón, cuando, espantada,
huyes y gritas, siendo, bien mirada,
en limpieza y en trampas ratonera?

Juzgara, quien huyendo de él te viera,   5
eras de queso añejo fabricada;
y con razón, que estás tan arrugada,
que pareces al queso por de fuera.

¿Quién pensó (por si ansí tu espanto abones)
que coman solimán, que, atenta, guardas   10
el que en tu cara juntas a montones[1]?

¿Saltar huyendo quieres aun las bardas,
cuando en roer no piensan los ratones
tu tez de lana sucia de las cardas?

[Parnaso, 421, a]

524

Al tabaco en polvo, doctor a pie

SONETO

¡Oh doctor yerba[2], docto sin Galeno,
barato sin barbero y sin botica,
en donde el bote[3] suele ser de pica
para el que malo está, y aun para el bueno!

---

[1] Porque el «solimán», o sublimado corrosivo, se empleaba en la confección de ciertos afeites. Abundan mucho las referencias, como se verá.

[2] Por «doctor veneno», aludiendo a la llamada *yerba de ballestero*, que Covarrubias, *Tesoro*, explica así: «Yerba de ballestero, es cierto ungüento que se hace para untar los casquillos de las flechas y las saetas [...] y así flecha "enherbolada" es la que está untada de yerbas venenosas».

[3] *bote*, juego de voces: *bote* de botica, y *bote* de pica, golpe.

Tú, que sin mula vas, de virtud lleno,   5
a la nariz del pobre que te aplica,
que no orinal ni pulso te platica,
ni el que con barba y guantes es veneno,

como el oro (por Indias gradüado,
sin el martirologio de la vida[1],   10
de sólo un papelillo[2] acompañado),

hoy medicina a la otra preferida.
¡Cuánto va, si se mira con cuidado,
de la que es moledora, a la molida !
[Parnaso, 421, b]

525

Desacredita la presunción vana de los cometas*

soneto

A venir el cometa por coronas,
ni clérigo ni fraile nos dejara,
y el tal cometa irregular quedara
en el ovillo de las cinco zonas[3].

Tiénenle, sin por qué, las más personas   5
por malquisto del cetro y la tïara,
y he visto gran cometa de luz clara
no hartarse de lacayos y fregonas.

Yo he visto diez cometas venïales,
a quien, desesperados, los doctores   10
maldijeron, porque eran cordïales.

Tres cometas he visto de aguadores,
uno de ricos, siete de oficiales,
y ninguno de suegras y habladores.
[Parnaso, 422, a]

---

[1] *martirologio de la vida*, médico. Quevedo usa más de una vez esa fórmula. Cf. el núm. 574, v. 1.
[2] *papelillo*, receta.
* Véase el poema 148.
[3] «Zonas», esferas celestes, según tradición griega.

526

Mañoso artificio de vieja desdentada

SONETO

Quéjaste, Sarra, de dolor de muelas,
porque juzguemos que las tienes, cuando
te duelen por ausentes, y, mamando,
bocados sorbes y los sorbos cuelas.

De las encías quiero que te duelas,   5
con que estás el jigote[1] aporreando;
no llames sacamuelas: ve buscando,
si le puedes hallar, un sacaabuelas.

Tu risa es, más que alegre, delincuente;
tienes sin huesos pulpas las razones,   10
y el raigón del mascar, lugarteniente.

No es malo, en amorosas ocasiones,
el no poder jamás estar a diente,
aunque siempre te falten los varones.

[*Parnaso*, 422, b]

527

Calvo que no quiere encabellarse

SONETO

Pelo fue aquí, en donde calavero;
calva no sólo limpia, sino hidalga;
háseme vuelto la cabeza nalga:
antes greguescos[2] pide que sombrero.

---

[1] *jigote*, gigote, guisado de carne picada rehogada en manteca.
[2] *greguescos*, especie de calzones muy anchos, usados en los siglos XVI y XVII.

Si, cual Calvino soy, fuera Lutero,   5
contra el fuego no hay cosa que me valga;
ni vejiga o melón que tanto salga
el mes de agosto puesta al resistero[1].

Quiérenme convertir a cabelleras
los que en Madrid se rascan pelo ajeno,   10
repelando las otras calaveras.

Guedeja réquiem siempre la condeno;
gasten caparazones sus molleras:
mi comezón resbale en calvatrueno.

[Parnaso, 423, a]

528

Calvo que se disimula con no ser cortés

soneto

Catalina, una vez que mi mollera
se arremangó, la sucedió… ¿Dirélo?
Sí, que no se la pudo cubrir pelo,
si no se da a casquete o cabellera.

Desenvainado el casco, reverbera;   5
casco parece ya de morteruelo[2];
y, por cubrirle, a descortés apelo,
porque en sombrero perdurable muera.

Porque la calva oculta quede en salvo,
aventuro la vida: que yo quiero   10
antes mil veces ser muerto que calvo.

Yo no he de cabellar por mi dinero;
y pues de la mollera soy cuatralbo[3],
sírvame de cabeza mi sombrero.

[Parnaso, 423, b]

---

[1] «A la luz», anota González de Salas. (*Resistero*, el calor causado por la reverberación del sol a la hora de más calor, y también
el lugar donde hace más calor.)

[2] *morteruelo*, «instrumento que usan los muchachos para diversión, y es una media esferilla hueca, que ponen en la palma de la
mano y la hieren con un bolillo, haciendo varios sones». *Dicc. de
Autoridades*. Cf. núm. 653, v. 43.

[3] *cuatralbo*, el que mandaba cuatro galeras.

529

FELICIDAD BARATA Y ARTIFICIOSA DEL POBRE

SONETO

Con testa gacha toda charla escucho;
dejo la chanza y sigo mi provecho;
para vivir, escóndome y acecho,
y visto de paloma lo avechucho.

Para tener, doy poco y pido mucho;   5
si tengo pleito, arrímome al cohecho;
ni sorbo angosto ni me calzo estrecho:
y cátame que soy hombre machucho.

Niego el antaño, píntome el mostacho;
pago a Silvia el pecado, no el capricho;   10
prometo y niego: y cátame muchacho.

Vivo pajizo, no visito nicho;
en lo que ahorro está mi buen despacho:
y cátame dichoso, hecho y dicho.

[*Parnaso*, 424, a]

530

BÚRLASE DE LA ASTROLOGÍA DE LOS ECLIPSES

SONETO

¿Porque el sol se arreboza con la luna
en la cabeza horrible del severo
dragón, pretendes, pérfido agorero,
amenazar de túmulo a la cuna?

El metal de sus rayos importuna
tu sciencia, con examen de platero,
cuando eclipsarse el sol en el Carnero
influye calidad sólo ovejuna.

Hoy se eclipsa en Carnero, y otro día
se eclipsará de viernes en los Peces,   10
signo Corvillo en buena astrología.

Eclipses hay picaños y soeces,
amigos de canalla y picardía:
que no son linajudos todas veces.

[*Parnaso*, 424, b]

531

BEBE VINO PRECIOSO CON MOSQUITOS DENTRO

SONETO

Tudescos moscos de los sorbos finos,
caspa de las azumbres más sabrosas,
que porque el fuego tiene mariposas,
queréis que el mosto tenga marivinos;

aves luquetes[1], átomos mezquinos,   5
motas borrachas, pájaras vinosas,
pelusas de los vinos invidiosas,
abejas de la miel de los tocinos;

liendres de la vendimia, yo os admito
en mi gaznate, pues tenéis[2] por soga   10
al nieto de la vid, licor bendito.

Tomá[3] en el trago hacia mi nuez la boga;
que, bebiéndoos a todos, me desquito
del vino que bebistes y os ahoga.

[*Parnaso*, 425, a]

---

[1] *luquetes*, rodajitas de limón o naranja que se echaban en el
vino.
[2] «En vuestro gaznate; ansí luego en el fin: *y os ahoga*.» Nota
de González de Salas.
[3] *tomá*, tomad.

532

AL MOSQUITO DE LA TROMPETILLA

SONETO

Ministril de las ronchas y picadas,
mosquito postillón, mosca barbero,
hecho me tienes el testuz harnero,
y deshecha la cara a manotadas.

Trompetilla, que toca a bofetadas,   5
que vienes con rejón contra mi cuero,
Cupido pulga, chinche trompetero,
que vuelas comezones amoladas,

¿por qué me avisas, si picarme quieres?
Que pues que das dolor a los que cantas,   10
de casta y condición de potras[1] eres.

Tú vuelas, y tú picas, y tú espantas,
y aprendes del cuidado y las mujeres
a malquistar el sueño con las mantas.

[*Parnaso*, 425, b]

533

UN ENFERMO A QUIEN LOS MÉDICOS FATIGAN CON LA DIETA, SE BURLA DE SU REGIMIENTO

SONETO

Si vivas estas carnes y estas pieles
son bodegón del comedor rascado[2],
que, al pescuezo y al hombro convidado,
hace de mi camisa sus manteles;

[1] *potra*, hernia. Cf. núm. 632, v. 14.
[2] «El piojo», apostilla González de Salas.

si emboscada en jergón y en arambeles   5
no hay chinche que no alcance algún bocado,
refitorio de sarna dedicado
a boticario y médicos crueles,

hijo de puta, dame acá esa bota:
beberéme los ojos con las manos,   10
y túllanse mis pies de bien de gota.

Fríeme retacillos de marranos;
venga la puta y tárdese la flota:
y sorba yo, y ayunen los gusanos.

> [Ms. 108, Bibl. M. Pelayo, f. 190,
> pero el epígrafe procede del *Par-
> naso*, 426, a.]

534

A un tratado impreso que un hablador espeluznado de prosa hizo en culto*

SONETO

Leí los rudimentos de la aurora,
los esplendores lánguidos del día,
la pira y el construye y ascendía,
y lo purpurizante de la hora;

el múrice, y el tirio, y el colora,   5
el sol cadáver, cuya luz yacía,
y los borrones de la sombra fría,
corusca luna en ascua que el sol dora;

la piel del cielo cóncavo arrollada,
el trémulo palor[1] de enferma estrella,   10
la fuente de cristal bien razonada.

---

* A juzgar por las voces, posterior a 1613, cuando comienzan las
burlas a raíz de los cultismos de las *Soledades*, de Góngora.
[1] *palor*, palidez, blancura.

Y todo fue un entierro de doncella,
dotrina muerta, letra no tocada,
luces y flores, grita y zacapella[1].

[Parnaso, 426, b]

535

PRONUNCIA CON SUS NOMBRES LOS TRASTOS
Y MISERIAS DE LA VIDA

SONETO

La vida empieza en lágrimas y caca,
luego viene la *mu*[2], con *mama* y *coco*,
síguense las viruelas, baba y moco,
y luego llega el trompo y la matraca.

En creciendo, la amiga y la sonsaca[3]:   5
con ella embiste el apetito loco;
en subiendo a mancebo, todo es poco,
y después la intención peca en bellaca.

Llega a ser hombre, y todo lo trabuca;
soltero sigue toda perendeca[4];   10
casado se convierte en mala cuca[5].

Viejo encanece, arrúgase y se seca;
llega la muerte, y todo lo bazuca[6],
y lo que deja paga, y lo que peca.

[Parnaso, 427, a]

---

[1] *zacapella*, riña o contienda con ruido y bulla. Otra referencia en el núm. 875, v. 583.
[2] «La mu llaman al sueño las mujeres.» Quevedo, *Discurso de todos los diablos. Obras en prosa*, edic. cit, pág. 243.
[3] *sonsaca*, la estafa. Cf. núm. 847, v. 22.
[4] *perendeca*, ramera.
[5] «Alude al cu cu», apostilla González de Salas. (Es decir, alude al *cuclillo*, que pone sus huevos en nido ajeno.)
[6] *bazuca*, revuelve.

536

A Apolo siguiendo a Dafne

SONETO

Bermejazo platero de las cumbres,
a cuya luz se espulga la canalla,
la ninfa Dafne[1], que se afufa[2] y calla,
si la quieres gozar, paga y no alumbres.

Si quieres ahorrar de pesadumbres,   5
ojo del cielo, trata de compralla:
en confites gastó Marte la malla,
y la espada en pasteles y en azumbres.

Volvióse en bolsa Júpiter severo;
levantóse las faldas la doncella   10
por recogerle en lluvia de dinero.

Astucia fue de alguna dueña estrella,
que de estrella sin dueña no lo infiero:
Febo, pues eres sol[3], sírvete de ella.

[*Parnaso*, 427, b]

537

A Dafne, huyendo de Apolo

SONETO

«Tras vos, un alquimista va corriendo,
Dafne, que llaman Sol, ¿y vos, tan cruda?
Vos os volvéis murciégalo sin duda,
pues vais del Sol y de la luz huyendo.

---

[1] Dafne, perseguida por Apolo, fue convertida en laurel.
[2] *afufa*, huye, escapa. Otra referencia en el poema 862, v. 91.
[3] «Rey de todas las estrellas», anota González de Salas.

»Él os quiere gozar, a lo que entiendo,   5
si os coge en esta selva tosca y ruda:
su aljaba suena, está su bolsa muda;
el perro, pues no ladra, está muriendo.

»Buhonero de signos y planetas,
viene haciendo ademanes y figuras,   10
cargado de bochornos y cometas.»

Esto la dije; y en cortezas duras
de laurel se ingirió contra sus tretas,
y, en escabeche[1], el Sol se quedó a escuras.

[*Parnaso*, 428, a]

538

CONTIENE UNA GRANDE ADVERTENCIA A LOS REYES;
CONVIENE A SABER: QUE CON SER TAN SOBERANOS
POR LA ALTEZA DE SU DIGNIDAD, LOS QUE CON
SU OBLIGACIÓN NO CUMPLEN DIGNAMENTE,
SE HACEN DESPRECIABLES EN LA ESTIMACIÓN
Y EN LA MEMORIA DESPUÉS*

SONETO

En caña de pescar trocó Artabano
el cetro, y las insignias soberanas
ocupó diligente en pescar ranas,
por acallar el cieno de un pantano.

Emperador araña, Domiciano,   5
cazando moscas, infamó sus canas;
cuando cerrando puertas y ventanas,
pudo limpiar las siestas al verano.

Fortuna, ¿no estuvieran más decentes
puestas en un moscón y un renacuajo   10
las dos coronas, que en tan viles frentes?

---

[1] Porque en los escabeches se suele echar un poco de laurel.
* González de Salas añade: «Significalo en la persona de Artabano, rey, y de Domiciano, emperador, desacreditados, aun cuando
vivos, entre sus súbditos; y después de muertos, en las Historias».

Témome que el reinar oficio es bajo,
pues que ruegas, a costa de las gentes,
con cetro a un mosqueador y a un espantajo.

[*Parnaso*, 428, b]

539

CONTRA PILATOS, JUEZ QUE PREGUNTA A LOS ACUSADORES
LO QUE HA DE SENTENCIAR

SONETO

«¿Queréis que suelte a Barrabás o a Cristo?»,
preguntas, Pilatillos, muy lavado;
porque, a costa de Dios, no hay mal letrado
que no trueque lo justo a lo bienquisto.

¿En qué consejo u decisión has visto   5
que sentencie el que acusa al acusado?
La ley que has de guardar, has condenado,
muy preciado de imperio meromixto[1].

¡Qué a mano hallan las Pascuas los ladrones!,
y soltar Barrabases aun hoy dura,   10
y todos para Dios somos prisiones.

Tu mujer sueña, y duerme tu cordura;
mas presto, con garnacha de tizones,
te diremos el sueño y la soltura.

[*Parnaso*, 429, a]

---

[1] *imperio meromixto*, facultad que tienen los jueces para decidir
las causas civiles y llevar a efecto sus sentencias.

540

A JUDAS ISCARIOTES, LADRÓN NO DE POQUITO

SONETO

Pregunta: ¿Quién es el de las botas, que, colgado,
es arracada vil de aquel garrote?
Respuesta: Es Judas, el apóstol Iscariote[1].
Pregunta: Habéis los portugueses despenado.

       Bien está lo bermejo a lo ahorcado.   5
¿No es éste el de los pobres y el del bote?
Respuesta: Éste fue despensero y sacerdote,
y presidió en la hacienda interesado.

Pregunta: Para los pobres dijo que quería
vender el bote, y darles el dinero;   10
¿y entre los cinco mil[2] no hurtó aquel día?

Respuesta: Fue Judas gran ministro, no ratero:
las migajas dejó, porque atendía
a embolsarse su dueño todo entero.

[*Parnaso*, 429, b]

541

HECHICERA ANTIGUA QUE DEJA SUS HERRAMIENTAS
A OTRA RECIENTE

SONETO

    Esta redoma, rebosando babas,
el cedazo que sabe hacer corvetas;
éstas, que se metieron a profetas,
con poco miramiento, siendo habas[3];

---

[1] «*Iscariotes* es voz de composición hebrea, que significa *Vir occisionis, aut mortis.* Y se verifica bien su nombre en la muerte del Hijo de Dios, solicitada por él, y en la suya desastrada.» Nota de González de Salas.

[2] «En el milagro de los panes y peces.» Nota del mismo.

[3] Las habas se empleaban para adivinar.

    estas ollas, que fueron almadrabas   5
del marisco de mozas y alcabuetas;
estos lazos, que, en vuelcos y en maretas[1],
a dos gaznates mices[2] fueron trabas;

    la cecina, de sapos conjurada;
el gato negro, que la dicha aruña[3];   10
el licenciado imán, piedra barbada,

    cansada de ser carne y de ser uña,
los ofrezco a mi nieta la Cascada,
para cuando concierte, junte y gruña.

                       [*Parnaso*, 430, a]

542

LADRÓN QUE SE DESPIDE DE SUS INSTRUMENTOS Y SE RECOGE A PROFESIÓN MÁS ESTRECHA

SONETO

    Yo, que en este lugar haciendo Hurtados,
tanto extendí la casa de Mendoza;
yo, que desde el alcázar a la choza
sofaldé[4] cerraduras y candados;

    estos dos garabatos[5] sazonados,   5
con quien toda ventana se retoza,
galgos de mucho trasto y mucha broza,
ministros del agarro corcovados;

    esta lima, esta llave, con que allano
todo escondite, ofrezco ante las aras   10
del aruñón[6] de bolsas cortesano;

[1] *maretas*, movimientos de las olas del mar.
[2] *mices*, gatos, pero aquí, ladrones. (Se trata de la vulgar soga del ahorcado.)
[3] *aruña*, araña, roba.
[4] *sofaldé* de *sofaldar*, levantar cualquier cosa para descubrir otra. Aquí, «abrí». Cf. núm. 875, v. 860.
[5] *garabatos*, ganchos.
[6] *aruñón*, ladrón.

y compungido de maldades raras,
harto de hurtar a palmos con la mano,
quiero, alguacil, hurtar con ella a varas.

[*Parnaso*, 430, b]

543

MATÓ UN MÉDICO SU CANDIL ESTUDIANDO,
POR DESPABILARLE, Y RECONOCE EL CANDIL JUSTA
AQUELLA PENA POR SU CULPA

SONETO

Si alumbro yo porque a matar aprenda,
¿de qué me espanto yo de que me apague?
Pues en mí «Quien tal hace que tal pague»
justifica el dotor se comprehenda.

Despabila al que cura y a su hacienda;   5
cura[1] al que despabila, aunque le halague;
basta para matar que sólo amague:
de calaveras es su estudio tienda.

Por ser matar la hambre comer, come;
hasta a su mula mata de repente;   10
ninguno escapa que a su cargo tome.

Es mataloshablando eternamente;
será el mundo al revés siempre que asome,
pues el amanecer vuelve Occidente.

[*Parnaso*, 431, a]

[1] «Como al mismo candil a quien despabiló y mató; porque el *curar* y el *matar* toma por una cosa misma.» Nota de González de Salas.

544

MÉDICO QUE PARA UN MAL QUE NO QUITA,
RECETA MUCHOS

SONETO

La losa en sortijón pronosticada
y por boca una sala[1] de viuda,
la habla entre ventosas y entre ayuda,
con el «Denle a cenar poquito o nada».

La mula, en el zaguán, tumba enfrenada;   5
y por julio un «Arrópenle si suda;
no beba vino; menos agua cruda;
la hembra, ni por sueños, ni pintada».

Haz la cuenta conmigo, dotorcillo:
para quitarme un mal, ¿me das mil males?   10
¿Estudias medicina o Peralvillo[2]?

¿De esta cura me pides ocho reales?
Yo quiero hembra y vino y tabardillo,
y gasten tu salud los hospitales.

[*Parnaso*, 431, b]

---

[1] José F. Montesinos propone leer «saya». Los mss. dan «sala», pero podría, quizá, haber una confusión con «saia».
[2] *Peralvillo*, lugar cercano a Ciudad Real donde la Santa Hermandad ajusticiaba a los malhechores. Pedro de Medina, en su *Libro de grandezas y cosas memorables de España* (Sevilla, 1599, f. 38) dice: «Saliendo yo de esta ciudad para Toro, vi junto al camino, en ciertas partes, hombres asaeteados en mucha cantidad, mayormente en un lugar que se dice Peralvillo». Otras referencias en las págs. 752 y 941.

545

Insinúa con donaire que las miserias de esta vida dignamente pueden ser motivo de llanto y de risa también*

soneto

¿Qué te ríes, filósofo cornudo?
¿Qué sollozas, filósofo anegado?
Sólo cumples, con ser recién casado,
como el otro cabrón, recién vïudo.

¿Una propria miseria haceros pudo   5
cosquillas y pucheros? ¿Un pecado
es llanto y carcajada? He sospechado
que es la taberna más que lo sesudo.

¿Que no te agotes tú; que no te corras,
bufonazo de fábulas y chistes,   10
tal, que ni con los pésames te ahorras[1]?

Diréis, por disculpar lo que bebistes,
que son las opiniones como zorras[2],
que uno las toma alegres y otro tristes.

[*Parnaso*, 432, a]

546

Duélese un preso en los términos mismos de sus visitas

soneto

Preso por desvalido y delincuente[3],
más pago la prisión que mi pecado.
Yo tengo de señor lo *visitado*,
y del yermo, lo solo y penitente.

---

* «Verifícalo con Heráclito, filósofo, que siempre las lloraba, y con Demócrito, filósofo ansí mismo, que siempre las reía.» Nota de González de Salas.
  [1] *ahorras*, libras.
  [2] *zorra*, borrachera. Cf. el poema 875, v. 236.
  [3] «El orden es *Preso y delincuente por desvalido*», apostilla González de Salas.

No entiendo, ¡vive Cristo!, aquesta gente;   5
mandan que *siga*, y tiénenme cerrado;
lo de *a prueba y estése* me ha cansado,
y el ser *el susodicho*[1] eternamente.

Siempre me están pidiendo los derechos:
conversación que a Bártulo cansara   10
y a cincuenta letrados barbihechos.

Yo presento testigos cara a cara;
mas si pudiera[2] presentar cohechos,
el *siga*, como el diablo, se soltara[3].

[*Parnaso*, 432, b]

547

LA HORCA SE QUEJA DE QUE LA DAN LOS QUE ELLA MERECE
Y NO LOS QUE LA MERECEN A ELLA

SONETO

Si a los que me merecen me entregara
la Justicia, no holgara la madera.
¡Oh qué notable colgadura hiciera!
En oro a la de Túnez[4] despreciara.

En un credo, oficiales despachara   5
que en despachar se tardan una era;
menos el ruido que las nueces fuera,
y el pino fruto de nogal llevara.

Hubiera en mí más varas que no palos;
presos y prendedores y ringlones;   10
de pobres me extendiera a ricos malos.

---

[1] Son fórmulas forenses, que han durado mucho en la práctica.
[2] «Teniendo caudal.» Nota de González de Salas.
[3] «El *siga* se convirtiera en soltura.» Del mismo.
[4] Alude a la serie de los famosos tapices de la conquista de Orán por Carlos V, del Palacio Real, encargo de doña María de Hungría, gobernadora de Flandes, al pintor Juan Vermayen y al tapicero G. de Pannemaker, en 1548. Se pueden contemplar en el Palacio Real de Madrid.

Ladrones, y quien hurta a los ladrones,
gozaran igualmente mis resbalos,
aunque el adagio los trocó en perdones[1].

[Parnaso, 433, a]

548

Huye la Casa del Campo (donde está el coloso del señor rey Filipe III) la competencia del Retiro*

SONETO

Piedras apaño cuando veis que callo;
y, pudiendo vendérselas, las tiro
al edificio que invidiosa miro,
pues Roma se preciara de invidiallo.

Si por tener tan sólo este caballo   5
no he podido jamás juntar un tiro,
mal podré competir con el Retiro,
en quien echó la arquitectura el fallo.

¿Qué pudo sucederme en este río,
que no se harta de agua en el invierno   10
y aun no lava sus pies en el estío?

Si va por ermitaño, sempiterno
el ermitaño que en el Ángel crío,
puede tener a Juan Guarín[2] por yerno.

[Parnaso, 433, b]

---

[1] «Quien hurta al ladrón, etc.» Nota de González de Salas.
* El soneto será posterior a 1614, año en que Pedro Tacca termina en Florencia esa estatua de Felipe III. Vid. el soneto 211, pág. 259.
[2] Juan Garín o Garán, ermitaño que a finales del siglo IX hacía áspera penitencia en los peñascales de Montserrat.

549

Vieja verde, compuesta y afeitada

soneto

Vida fiambre, cuerpo de anascote[1],
¿cuándo dirás al apetito «Tate»,
si cuando el *Parce mihi* te da mate
empiezas a mirar por el virote[2]?

Tú juntas, en tu frente y tu cogote,   5
moño y mortaja sobre seso orate;
pues, siendo ya viviente disparate,
untas la calavera en almodrote[3].

Vieja roñosa, pues te llevan, vete;
no vistas el gusano de confite,   10
pues eres ya varilla de cohete.

Y pues hueles a cisco y alcrebite[4],
y la podre te sirve de pebete,
juega con tu pellejo al escondite.

[*Parnaso*, 434, a]

550

Refiere la provisión que previene para sus baños

soneto

Yo me voy a nadar con un morcón[5],
queso, cecina, salchichón y pan:
que por comer más rancio que no Adán,
dejo la fruta y muerdo del jamón.

---

[1] *anascote*, tela de lana, de que usan para sus hábitos algunas órdenes religiosas y las mujeres de algunas regiones. Véase también el núm. 782, v. 54.

[2] *mirar por el virote*, atender con cuidado y vigilar a lo que importa.

[3] *almodrote*, cierta clase de salsa.

[4] *alcrebite*, azufre. Cf. el poema 875, v. 196.

[5] *morcón*, la morcilla hecha con la parte más gruesa de las tripas del animal. Otra referencia en el poema 712, v. 30.

L'hambre y la sed de aqueste corpanchón   5
con estas calabazas nadarán;
la edad, señor dotor, pide Jordán;
Manzanares, la niña y la ocasión.

No me acompaña fruta de sartén,
taza penada o búcaro malsín;   10
jarro sí, grueso, y el copón de bien.

Caballito será de San Martín[1]
mi estómago, mi paso su vaivén,
y, orejón[2], nadaré como delfín.

[Parnaso, 434, b]

551

Pinta el «Aquí fue Troya» de la hermosura

SONETO

Rostro de blanca nieve, fondo en grajo;
la tizne, presumida de ser ceja;
la piel, que está en un tris de ser pelleja;
la plata, que se trueca ya en cascajo;

habla casi fregona de estropajo;   5
el aliño, imitado a la corneja;
tez que, con pringue y arrebol, semeja
clavel almidonado de gargajo.

En las guedejas, vuelto el oro orujo,
y ya merecedor de cola el ojo,   10
sin esperar más beso que el del brujo.

Dos colmillos comidos de gorgojo,
una boca con cámaras y pujo[3],
a la que rosa fue vuelven abrojo.

[Parnaso, 435, a]

---

[1] *San Martín*, alude al vino de esa población.
[2] *orejón*, por lo arrugado. Véase también el poema 749, v. 60.
[3] *cámaras*, diarreas; *pujo*, deposición sanguinolenta, o de moco y sangre.

552

Fragilidad de la vida, representada en el mísero donaire y moralidad de un candil y reloj juntamente

SONETO

A moco de candil escoge, Fabio,
los desengaños de tu intento loco:
que en los candiles es muy docto el moco,
y su catarro, en el refrán, es sabio[1].

Tiene el moco en la llama lengua, y labio   5
en el index[2], que habla poco a poco;
contador que a la edad sirve de coco,
y es del vivir imperceptible agravio.

Con llama y con aceite te retrata
cuantas veces te alumbra, si lo advierte   10
tu salud presumida y mentecata.

La mano del reloj es de la muerte,
y la de Judas, pues las luces mata,
si no las soplan ni el candil se vierte.

[Parnaso, 435, b]

553

Hermosa afeitada de demonio

SONETO

Si vieras que con yeso blanqueaban
las albas azucenas; y a las rosas
vieras que, por hacerlas más hermosas,
con asquerosos pringues las untaban;

[1] *Escoger a moco de candil* es una frase hecha, de que se burla Quevedo: «Miren qué juicio tendrá un moco de candil para escoger». (*O. en P.*, pág. 792.)
[2] *index*, cada una de las manecillas del reloj.

si vieras que al clavel le embadurnaban   5
con almagre y mixturas venenosas,
diligencias, sin duda, tan ociosas,
a indignación, dijeras, te obligaban.

Pues lo que tú, mirándolo, dijeras,
quiero, Belisa, que te digas cuando   10
jalbegas en tu rostro las esferas.

Tu mayo es bote, ingüentes[1] chorreando;
y en esa tez, que brota primaveras,
al sol estás y al cielo estercolando.

[*Parnaso*, 436, a]

554

PROCURA ADVERTIR LA LOCA OPINIÓN
DE LAS PIEDRAS PRECIOSAS

SONETO

Si el mundo amaneciera cuerdo un día,
pobres anochecieran los plateros,
que las guijas nos venden por luceros
y, en migajas de luz, jigote[2] al día.

La vidrïosa y breve hipocresía   5
del Oriente nos truecan a dineros;
conócelos, Licino, por pedreros,
pues el caudal los siente artillería.

Si la verdad los cuenta, son muy pocos
los cuerdos que en la Corte no se estragan,   10
si ardiente el diamantón los hace cocos[3].

Advierte cuerdo, si a tu bolsa amagan,
que hay locos que echan cantos[4], y otros locos
que recogen los cantos y los pagan.

[*Parnaso*, 436, b]

---

[1] *ingüentes*, ungüentos, afeites.
[2] *jigote*, gigote, carne picada rehogada en manteca. Cf. núm. 755, verso 69.
[3] *hacer cocos*, mirar cariñosamente, con afecto.
[4] Parece aludir al cuento popular del loco que apedreaba a los perros.

555

UN CASADO SE RÍE DEL ADÚLTERO QUE LE PAGA EL GOZAR
CON SUSTO LO QUE A ÉL LE SOBRA

SONETO

Dícenme, don Jerónimo, que dices
que me pones los cuernos con Ginesa;
yo digo que me pones casa y mesa;
y en la mesa, capones y perdices.

Yo hallo que me pones los tapices   5
cuando el calor por el otubre cesa;
por ti mi bolsa, no mi testa, pesa,
aunque con molde de oro me la rices.

Este argumento es fuerte y es agudo:
tú imaginas ponerme cuernos; de obra   10
yo, porque lo imaginas, te desnudo.

Más cuerno es el que paga que el que cobra;
ergo, aquel que me paga, es el cornudo,
lo que de mi mujer a mí me sobra.

                               [*Parnaso*, 437, a]

556

MARIDO PACIENTE, QUE IMAGINA SATISFACERSE
DE SU DESHONRA CON HACER A OTROS CASADOS OFENSAS

SONETO

Sólo en ti se mintió justo el pecado,
siendo injusto en trabajos y placeres;
pues que, quitando a muchos sus mujeres,
con tu mujer a muchos has pagado.

Si los cuernos que pones te han quitado   5
de tus sienes los güesos, ¿qué prefieres?
No pones cuernos, si entenderlo quieres:
cuernos truecas con premio de contado.

Cobras, no haces, Filemón, cornudos; 10
adulterado adúltero desquitas
duras afrentas de los ganchos mudos.

Ni es desquitarlos, pues que no te quitas
ni uno de cuantos peinas puntiagudos:
haces lo que padeces, y te imitas.

[*Parnaso*, 437, b]

557

Justifica su tintura un tiñoso

SONETO

La edad, que es lavandera de bigotes
con las jabonaduras de los años,
puso en mis barbas a enjugar sus paños,
y dejó mis mostachos Escariotes.

Yo guiso mi niñez con almodrotes[1] 5
y mezclo pelos rojos y castaños:
que la nieve que arrojan los antaños
aun no parece bien en los cogotes.

Mejor es cuervo hechizo que canario;
mi barba es el cienvinos todo entero, 10
tinto y blanco, y verdea[2] y letuario[3].

Negra fue siempre, negra fue primero;
jalbególa después el tiempo vario:
luego es restitución la del tintero.

[*Parnaso*, 438, a]

---

[1] *almodrotes*, cierta salsa, y también «mezcla confusa de varias cosas».
[2] *verdea*, vino de color verdoso.
[3] *letuario*, preparación farmacéutica hecha a base de polvos, pulpas, extractos y jarabes, todo mezclado con miel.

558

Imitación de Virgilio en lo que Dido dijo a Eneas
queriendo dejarla

SONETO

> *...Si quis mihi parvulus aula*
> *Luderet Aeneas, etc.*

Si un Eneíllas viera, si un pimpollo,
sólo en el rostro tuyo, en obras mío,
no sintiera tu ausencia ni desvío
cuando fueras, no a Italia, sino al rollo.

Aquí llegaste de uno en otro escollo,   5
bribón Troyano, muerto de hambre y frío,
y tan preciado de llamarte pío,
que al principio pensaba que eras pollo.

Mira que por Italia huele a fuego
dejar una mujer quien es marido: 10
no seas padrastro a Dido, padre Eneas.

Del fuego sacas a tu padre[1], y luego
me dejas en el fuego que has traído
y me niegas el agua que deseas.

[Parnaso, 438, b]

559

Riesgo de celebrar la hermosura de las tontas

SONETO

Sol os llamó mi lengua pecadora,
y desmintióme a boca llena el cielo;
luz os dije que dábades al suelo,
y opúsose un candil, que alumbra y llora.

---

[1] Eneas huyó, con su padre Anquises, del incendio de Troya.

Tan creído tuvistes ser aurora,   5
que amanecer quisistes con desvelo;
en vos llamé rubí lo que mi abuelo
llamara labio y jeta comedora.

Codicia os puse de vender los dientes,
diciendo que eran perlas; por ser bellos,   10
llamé los rizos minas de oro ardientes.

Pero si fueran oro los cabellos,
calvo su casco fuera, y, diligentes,
mis dedos los pelaran por vendellos.

[Parnaso, 439, a]

560

Significa la interesable correspondencia
de la vida humana*

SONETO

El ciego lleva a cuestas al tullido:
dígola maña, y caridad la niego;
pues en ojos los pies le paga al ciego
el cojo, sólo para sí impedido.

El mundo en estos dos está entendido,   5
si a discurrir en sus astucias llego:
pues yo te asisto a ti por tu talego;
tú, en lo que sé, cobrar de mí has querido.

Si tú me das los pies, te doy los ojos:
todo este mundo es trueco interesado,   10
y despojos se cambian por despojos.

Ciegos, con todos hablo escarmentado:
pues unos somos ciegos y otros cojos,
ande el pie con el ojo remendado.

[Parnaso, 439, b]

* «Representa esta moralidad con la fábula del cojo y del ciego
que recíprocamente se ayudaban.» Nota de González de Salas. (La
fuente, como señala Astrana Marín, es el emblema 160 de Alciato.)

561

Enseña que las dignidades y puestos altos se suelen ocupar de sujetos indignos y ignorantes*

SONETO

Resístete a la rueda, que procura
subas a donde el verte escandalice;
atiende al jo que la humildad te dice,
no al arre, en que te aguija la locura.

Caminas a la albarda y matadura,   5
si no luz racional lo contradice;
y para que el rebuzno te auctorice,
con la oreja asinina se conjura.

El Viejo cojitranco cada día
te pensará, y a esotra hija del diablo   10
ya la tendrás cargada, ya vacía[1].

Bestia, contigo (seas quien fueres) hablo:
crecer en cola, y no en filosofía,
es figurar salón el que es establo.

[Parnaso, 440]

562

Diferencia de dos viciosos en el apetito de las mujeres

SONETO

Por más graciosa que mi tronga[2] sea,
otra en ser otra tronga es más graciosa;
el mayor apetito es otra cosa,
aunque la más hermosa se posea.

* Anota González de Salas: «Para insinuar este pensamiento, un hombre de buen gusto hizo una pintura de la rueda de la Fortuna, en donde el que estaba abajo era todo hombre, el que iba subiendo se iba convirtiendo en borrico, el que estaba encima lo era enteramente, y el que iba bajando se iba, igualmente, de borrico, volviendo en hombre, y estaban a los lados el Tiempo y la Fortuna. Y el argumento mismo de esta pintura es el de este soneto».

[1] Alusiones al Tiempo y a la Fortuna.

[2] *tronga*, manceba. Es voz de germanía. En las *jácaras* abundan las referencias. Vid. núms. 853, v. 14 y 859, v. 70.

La que no se ha gozado, nunca es fea;   5
lo diferente me la vuelve hermosa;
mi voluntad de todas es golosa:
cuantas mujeres hay, son mi tarea.

Tú, que con una estás amancebado,
yo, que lo estoy con muchas cada hora,   10
somos dos archidiablos, bien mirado.

Mas diferente mal nos enamora:
pues amo yo, glotón, todo el pecado;
tú, hambrón de vicios, una pecadora.

[*Parnaso*, 441, a]

563

PROCURA TAMBIÉN PERSUADIR AQUÍ A UNA PEDIDORA
PERDURABLE LA DOTRINA DEL TRUECO DE LAS PERSONAS*

SONETO

Que no me quieren bien todas, confieso;
que yo no soy doblón para dudallo.
Si alguno tengo, gusto de guardallo;
si me aborrecen, no será por eso.

Con quien tiene codicia, tengo seso;   5
en pagar soy dicípulo del gallo,
y yo ningún inconviniente hallo
en estas retenciones que profeso.

Es lenguaje de poyos y de establo
«Tengamos y tengamos»; y «lo cierto   10
es lo de taz a taz»[1], si yo le entablo.

No se tome en la boca el perro muerto:
quebremos de esta vez el ojo al diablo;
y pues cojuelo le hay, háyale tuerto.

[*Parnaso*, 441, b]

---

* Véase el análisis de este soneto en R. M. Price, «A note on
three satirical sonnets of Quevedo», en *Bulletin of Hispanic Studies*,
XL (1963), págs. 80 y ss.
[1] *Taz por taz*, «cuando una cosa se permuta por otra igualmente».
(Covarrubias, *Tesoro*.)

564

Búrlase del camaleón, moralizando satíricamente su naturaleza

SONETO

Dígote pretendiente y cortesano,
llámete Plinio el nombre que quisiere[1];
pues quien del viento alimentarte viere,
el nombre que te doy tendrá por llano.

Fuelle vivo en botarga de gusano,   5
glotón de soplos, que tu piel adquiere;
mamón de la provincia, pues se infiere
que son tus pechos vara y escribano.

Si del aire vivieras, almorzaras
respuestas de ministros y señores;   10
consultas y decretos resollaras;

fueran tu bodegón aduladores,
las tontas vendederas de sus caras,
sastres, indianos, dueñas v habladores.

[*Parnaso*, 442, a]

565

A la venida del Duque de Humena, cuyos camaradas trujeron muchos diamantes falsos*

SONETO

Vino* el francés con botas* de camino
y sed* de ver las glorias de Castilla;
y la corte, del mundo maravilla,
le salió a recibir como convino**.

[1] Por ser Plinio autor de una célebre *Historia natural.*
* Hay numerosas *Relaciones* de la llegada, el 17 de julio de 1612,
de la embajada del Duque de Humena, camarero mayor del rey
de Francia, con motivo de las capitulaciones del doble matrimonio de doña Ana y Felipe III con el rey de Francia y su hermana, respectivamente. (Véase Jenaro Alenda, *Relaciones de solemnidades y fiestas públicas de España* (Madrid, 1903), págs. 153 y ss.)
** «Alusiones son todas a buenos bebedores», anota González de
Salas.

Anduvo el duque por extremo fino;   5
mas los monsures, juntos en cuadrilla,
anduvieron vidriosos en la villa,
aun más en lo galán que en lo mohíno.

Esmeráronse grandes y señores,
por servir a su rey, en regalallos: 10
joyas y potros de valor les dieron.

Y hasta las trongas de Madrid peores
los llenaron a todos de caballos[1]
y mal francés al buen francés volvieron.

[*Parnaso*, 442, b]

566

A UNA MUJER AFEITADA

SONETO

«Perrazo, ¿a un español noble y cristiano,
insolente, presumes hacer cara?
¡Y quieres (¿puede ser cosa tan rara?)
que te bese un Mahoma en cada mano!

»Arrebozas en ángel castellano   5
el zancarrón que Meca despreciara.
Líquido galgo, huye como jara,
y éntrate en la botica de un marrano.

»A hermosura que está en algarabía,
el Alcorán se llegue a requebralla: 10
tez otomana es asco y herejía.

»Invocaré al besar, como a batalla,
a Santïago.» Así trató Pernía
al solimán[2] con que se afeita Olalla.

[Mss. 108, Bibl. M. Pelayo, f. 189,
y 20.355, Bibl. Nacional, f. 254.
En *Parnaso*, 443, a, la versión es
ligeramente distinta.]

---

[1] *caballo*, cierta enfermedad venérea, como el *mal francés*.
[2] *solimán*, un afeite para el rostro llamado también el «Gran Turco», hecho con sublimado corrosivo. De ahí todos los juegos de voces de Quevedo.

567

EL QUE NO ATIENDE A LO QUE DICEN EN SU AUSENCIA
ESTARÁ MUY EXPUESTO A MURMURACIONES Y LEJOS
TAMBIÉN DE ENMENDARSE*

SONETO

¡Oh Jano, cuya espalda la cigüeña
nunca picó, ni las orejas blancas
mano burlona te imitó a las ancas:
que tus espaldas respetó la seña!

Ni los dedos, con luna jarameña[1],   5
de la mujer parlaron faldas francas;
con mirar hacia atrás las pullas mancas,
cogote lince cubre en ti la greña.

Quien no viere después de haber pasado
y quien después de sí no deja oído,   10
ni vivirá seguro ni enmendado.

Eumolpo, esté el celebro prevenido,
con rostro en tus ausencias desvelado:
que avisa la cigüeña con graznido.

[*Parnaso*, 443, b]

568

BURLA DE LAS AMENAZAS CUANDO SE TOCA LA CAMPANA
DE VELILLA**

SONETO

Conozcan los monarcas a Velilla,
por la superstición de la campana;
que a mí, por una pícara aldeana,
me la dio a conocer la seguidilla.

---

* «Enséñalo con alusión a las palabras de Persio, sát. 1: *O Jane, a tergo, quem nulla ciconia pinsit, etc.*» Nota de González de Salas.
[1] *luna jarameña*, con cuernos —luna— de toros del Jarama. Véase «jarameño Luzbel» en el 767, v. 66.
** El soneto, como el núm. 92, será de 1622. Véase la nota de la página 78.

Crédulo, ¿por qué pasas a Castilla   5
agüeros de Aragón? ¡Oh plebe insana!
Siempre ceñuda con la alteza humana,
nunca propicia a la primera silla.

Yo temo que se toquen[1] las mujeres,
que denota los moños y arracadas,   10
apretador y cintas y alfileres.

Mas tocarse campanas apartadas
de mi sueño y mi casa y mis placeres,
aquí, y en Aragón, son badajadas[2].

[*Parnaso*, 444]

569

VIEJA VUELTA A LA EDAD DE LAS NIÑAS

SONETO

¿Para qué nos persuades eres niña?
¿Importa que te mueras de viruelas?
Pues la falta de dientes y de muelas
boca de taita[3] en la vejez te aliña.

Tú te cierras de edad[4] y de campiña[5],   5
y a que están por nacer, chicota, apelas;
gorjeas con quijadas bisagüelas
y llamas metedor[6] a la basquiña.

La boca, que fue chirlo, agora embudo,
disimula lo rancio en los antaños,   10
y nos vende por babas el engrudo.

[1] *toquen*, de «tocar», hacerse el tocado, arreglarse, y «tocar».
[2] *badajada*, necedad, despropósito.
[3] *taita*, nombre infantil con que se designaba al padre.
[4] *cerrarse de edad* se dice de las caballerías, cuando llegan a igualarse todos sus dientes, lo que se verifica a la edad de siete años.
[5] *cerrarse de campiña*, «frase que pondera la obstinación del ánimo en no desistir de cualquier empeño que contraiga». *Dicc. de Autoridades*.
[6] *metedor*, paño de lienzo que solía meterse debajo del pañal a los niños pequeños.

Grandilla (porque logres tus engaños),
que tienes pocos años no lo dudo,
si son los por vivir los pocos años.

[*Parnaso*, 444, b]

570

Al señor de un convite, que le porfiaba
comiese mucho

soneto

Comer hasta matar la hambre, es bueno;
mas comer por cumplir con el regalo,
hasta matar al comedor, es malo,
y la templanza es el mejor Galeno.

Lo demasiado siempre fue veneno: 5
a las ponzoñas el ahíto igualo;
si a costumbres de bestia me resbalo,
a pesebre por plato me condeno.

Si engullo las cocinas y despensas,
seré don Tal Despensas y Cocinas.   10
¿En qué piensas, amigo, que me piensas?

Pues me atiestas de pavos y gallinas,
dame, ya que la gula me dispensas,
el postre en calas, purga y melecinas.

[*Parnaso*, 445, a]

571

Reprehende en la araña a las doncellas, y en su
tela, la debilidad de las leyes

soneto

Si en no salir jamás de un agujero,
y en estar siempre hilando, te imitaran
las doncellas, ¡oh araña!, se casaran
con más ajuar y más doncel dinero.

Imitan tu veneno lo primero,   5
luego tras nuestra mosca se disparan;
por esto, si contigo se comparan,
más tu ponzoña que sus galas quiero.

De manojos de zancas rodeada,
barba jurisconsulta a tu cabeza   10
forjas, con presunciones de letrada;

pues en tus telas urdes con destreza
leyes al uso, donde queda atada
culpa sin brazos, vuelo sin grandeza.

[*Parnaso*, 445, b]

572

Despídese de la ambición y de la corte

soneto

Pues que vuela la edad, ande la loza[1];
y si pasare tragos[2], sean de taza;
bien puede la ambición mondar la haza,
que el «satis est» me alegra y me remoza.

Ya dije a los palacios: «Adiós, choza».   5
Cualquiera pretensión tengo por maza;
oigo el dácala[3] y siento el embaraza,
y solamente el libre humor me goza.

Menos veces vomito que bostezo:
la hambre dicen que el ingenio aguza,   10
y que la gula es horca del pescuezo.

El pedir a los ricos me espeluza,
pues saben mi mendrugo y mi arrapiezo[4],
y darme saben sólo en caperuza.

[*Parnaso*, 446, a]

---

[1] *ande la loza*, «frase con que se da a entender el bullicio y algazara que suele haber en algún concurso cuando la gente está contenta y alegre». *Dicc. de Autoridades*. Otras referencias en los núms. 682, v. 258 y 872, v. 125.

[2] *tragos*, penas, adversidades.

[3] *dácala*, la petición de dinero.

[4] *arrapiezo*, harapo, andrajo.

573

SACAMUELAS QUE QUERÍA CONCLUIR CON LA HERRAMIENTA
DE UNA BOCA

SONETO

¡Oh, tú, que comes con ajenas muelas,
mascando con los dientes que nos mascas,
y con los dedos gomias[1] y tarascas
las encías pellizcas y repelas;

tú, que los mordiscones desconsuelas,   5
pues en las mismas sopas los atascas,
cuando en el migajón corren borrascas
las quijadas que dejas bisabuelas;

por ti reta las bocas la corteza,
revienta la avellana de valiente,   10
y su cáscara ostenta fortaleza!

Quitarnos el dolor, quitando el diente,
es quitar el dolor de la cabeza,
quitando la cabeza que le siente.

[Parnaso, 446, b]

574

BODA DE MATADORES Y MATADURAS; ESTO ES, UN
BOTICARIO CON LA HIJA DE UN ALBÉITAR

SONETO

Viendo al martirologio de la vida[2]
con música bailar, y viendo al preste,
dije: «Sin duda hay nuevas de la peste,
o la epidemia viene bien podrida».

[1] gomia, como tarasca, en ciertas regiones. Otra cita en el 713,
verso 4.
[2] martirologio de la vida, el médico. Cf. núm. 524, v. 10.

Supe que era una boda entretejida 5
de albéitar y botica, en que la hueste
de Hipócrates, unánime y conteste,
«¡Calavera!» por «¡Himen!»[1] apellida.

El barbero tocaba el punteado
de la lanceta en guitarrón parlero; 10
de bote en bote el novio está atestado.

El dote es maduras en dinero;
y el médico, de barbas enfaldado,
bailaba el *Rastro* siendo el *Matadero*[2].

[*Parnaso*, 447, a]

575

VIEJA QUE AÚN NO SE QUERÍA DESDECIR DE MOZA.
CASTÍGALA CON LA SIMILITUD DEL JARDÍN Y DEL MONTE

SONETO

Ya salió, Lamia, del jardín tu rostro;
huyó la rosa que vistió la espina;
y la azucena huyó y la clavellina,
y, en el clavel, el múrice y el ostro[3].

Entró en el monte, a profesar de mostro[4], 5
tu cara reducida a salvajina;
toda malezas es, donde la encina
mancha a la leche el ampo del calostro.

Los que fueron jazmines son chaparros,
y cambroneras son las maravillas, 10
simas y carcabuezos[5], los desgarros.

---

[1] *Himen*, dios nupcial, cuyo nombre se gritaba en las bodas romanas. (Debo esta referencia a F. Rico.)
[2] *Rastro* y *Matadero*, nombres de dos bailes de la época. Vid. otras referencias más adelante.
[3] *múrice y ostro*, las conchas de las que se extraía la púrpura.
[4] *mostro*, monstruo.
[5] *carcabuezos*, como *carcavones*, los barrancos que hacen las aguas en las tierras movedizas. Cf. núm. 875, v. 415.

Jarales yertos, manos y mejillas;
y los marfiles, rígidos guijarros.
¿Por qué te afeitas ya, pues te traspillas[1]?

[*Parnaso*, 447, b]

576

A LA HERMOSURA QUE SE ECHA A MAL, PRENDADA DE UN CAPÓN

SONETO

Amaras un ausente, que es firmeza;
o un muerto, que es piedad, cuando faltara
un presente y un vivo que te amara
con jugo y con sazón y con fineza.

¡Miren dónde fue a dar con su belleza   5
la que al sol con melindre se compara,
sino en todo un capón, a quien la cara
tuerce, por no le ver, Naturaleza!

La tuya es comezón de sarna seca,
que, rascada, se irrita y atribula: 10
capones nunca hicieron polla clueca.

Tu golosina mal se disimula,
pues, aunque torpe, en la lujuria peca:
mucho capón pecado es de la gula.

[*Parnaso*, 448, a]

577

A UN HIPÓCRITA DE PERENNE VALENTÍA

SONETO

Su colerilla tiene cualquier mosca;
sombra, aunque poca, hace cualquier pelo;
rápesele del casco y del cerbelo:
que teme nadie catadura hosca.

---

[1] *traspillas*, desfalleces, mueres.

La vista arisca y la palabra tosca;   5
rebosando la faz libros del duelo,
y por mostachos, de un vencejo el vuelo;
ceja serpiente, que al mirar se enrosca.

Todos son trastos de batalla andante
u de epidemia que discurre aprisa: 10
muertos atrás y muertos adelante.

Si el demonio tan mal su bulto guisa,
el moharrache[1] advierta, mendicante,
que pretende dar miedo, y que da risa.

[*Parnaso*, 448, b]

578

TOREADOR QUE CAE SIEMPRE DE SU CABALLO
Y NUNCA SACA LA ESPADA

SONETO

Si caístes, don Blas, los serafines
cayeron de las altas jerarquías;
y cuantas fiestas hay caen en sus días;
y porque caen las rentas, hay cuatrines[2].

Pues ¿qué mucho que caigan tres rocines,   5
por lo manchado y por lo hambriento arpías?
Si queréis remediarlo, gastá en lías[3]
lo que gastastes en lacayos ruines.

Como si ellos cayeran, los enfada
veros caer; y no hay balcón sin fallo,   10
que el toro le obligó a sacar la espada.

Callen y aguarden, como aguardo y callo;
que caerá de su asno, si le agrada,
quien tantas veces cae de su caballo.

[*Parnaso*, 449, a]

---

[1] *moharrache*, persona disfrazada ridículamente, mamarracho.
[2] *cuatrín*, moneda de poco valor.
[3] *lías*, sogas de esparto.

579

Valimiento de la mentira

SONETO

Mal oficio es mentir, pero abrigado:
eso tiene de sastre la mentira,
que viste al que la dice; y aun si aspira
a puesto el mentiroso, es bien premiado.

Pues la verdad amarga, tal bocado   5
mi boca escupa con enojo y ira;
y ayuno, el verdadero, que suspira,
invidie mi pellejo bien curado.

Yo trocaré mentiras a dineros,
que las mentiras ya quebrantan peñas;   10
y pidiendo andaré en los mentideros[1],

prestadas las mentiras a las dueñas:
que me las den a censo caballeros,
que me las vendan Lamias[2] halagüeñas.

[Parnaso, 449, b]

580

A una roma, pedigüeña además

SONETO

A Roma van por todo; mas vos, roma,
por todo vais a todas las regiones.
Sopa dan de narices los sayones:
no hay que aguardar, que el prendimiento asoma.

Por trasero rondaran en Sodoma   5
el *coram vobis* vuestro y sus faciones.
Por roma os aborrecen las naciones
que siguen a Lutero y a Mahoma.

---

[1] *mentidero*, el sitio donde se juntaba para hablar la gente ociosa.
[2] *Lamia*, cortesana célebre de la antigüedad.

Si roma como vos la Roma fuera
que Nerón abrasó, fuera piadoso,   10
y el sobrenombre de cruel perdiera.

El olfato tenéis dificultoso
y en cuclillas, y un tris de calavera,
y a gatas en la cara lo mocoso.

[Parnaso, 450, a]

581

Leyes bacanales de un convite

soneto

Con la sombra del jarro y de las nueces,
la sed bien inclinada se alborota;
todo gaznate esté con mal de gota,
hasta dejar las cubas en las heces.

Los brindis repetidos y las veces   5
crezcan el alarido y la chacota;
y la aguachirle, que las peñas trota,
buen provecho les haga a rana y peces.

De medio abajo se permiten voces;
para los gormadores[1] hay capuces;   10
a los alegres se pondrán terlices[2].

Los aguados se vistan albornoces;
los mosquitos sean plaga a los testuces,
y levántense zorras[3], y no mices[4].

[Parnaso, 450, b]

---

[1] *gormador*, el que gorma o vomita. Véase el núm. 629, v. 9.
[2] *terlices*, telas fuertes de lino o algodón, por lo común de rayas o a cuadros.
[3] *zorra*, borrachera, borracho.
[4] de *miz*, voz empleada para llamar a los gatos. Pero gato designaba también al ladrón. Véase el núm. 583, v. 13.

582

BUSCONA QUE BUSCA COCHE
PARA EL SOTILLO LA VÍSPERA*

*Es diálogo entre ella y su escudero
y es soneto con hopalandas***

SONETO

ESCUDERO: Dice el embajador que le prestara
si ayer se le pidieran. El letrado
dice que el un rocín está clavado.
Don Lesmes, que le pesa, y que se
[holgara.
Nególe el veinticuatro[1] cara a cara. 5

BUSCONA: ¿Y es mañana el Sotillo[2]? ¿Habéis
[hablado
a doña Clara por lugar prestado?

ESCUDERO: Quince moñosas lleva doña Clara.

BUSCONA: ¿Qué dijo el ginovés?

ESCUDERO: Dábase al diablo.

BUSCONA: A cambio, como a mí, me dio su broche. 10

ESCUDERO: Estando en casa se negó don Pablo.

BUSCONA: ¿Sabéis de alguno por aquí con coche?

ESCUDERO: San Antón tiene coche en el retablo.

BUSCONA: Bien decís; [pues] pedídsele esta noche:
que yo por ir en coche iré en cochino, 15
pues aun me faltan coches de camino.

ESCUDERO: En jamugas, tapada de medio ojo,
puedes ir, y vengarte de tu enojo,
con carpeta[3] tendida y sombrerillo.

BUSCONA: Asnos llevan al rollo y no al Sotillo. 20
Coche ha de ser; en busca de uno
[apeldo,
aunque le aguarde al paso de un
[regüeldo.

[*Parnaso*, 451]

* Por no contener ninguna referencia a la pragmática sobre el
uso de los coches, del 5 de enero de 1611, J. O. Crosby piensa que
será anterior. Ob. cit., pág. 117.
** Es decir, soneto con estrambote.
[1] *veinticuatro*, regidor o concejal sevillano.
[2] Es decir, la excursión al Sotillo.
[3] *carpeta*, cubierta de badana o tela.

583

GABACHO TENDERO DE ZORRA CONTINUA

SONETO

Esta cantina revestida en faz;
esta vendimia en hábito soez;
este pellejo, que, con media nuez,
queda con una cuba taz a taz;

esta uva, que nunca ha sido agraz, 5
el que con una vez bebe otra vez;
éste, que deja a sorbos pez con pez
las bodegas de Ocaña y Santorcaz;

éste, de quien Panarra[1] fue aprendiz,
que es pulgón de las viñas su testuz, 10
pantasma de las botas su nariz,

es mona que a los jarros hace el buz[2],
es zorra que al vender se vuelve miz,
es racimo, mirándole a la luz.

[*Parnaso*, 452, a]

584

AL DÍA DEL ÁNGEL EN LA PUENTE**

SONETO

Paréceme que van las Cardenillas
pidiendo para dulce a los ingleses,
y que se zurce a un coche de franceses
la Vera, y que los chupa las canillas.

[1] Los diccionarios registran *panarra* como «simple», «mentecato»,
pero en Quevedo parece significar «borracho», a juzgar por otros
lugares. Comp.: «entró... el panarra de los dioses, Baco, con su cabellera de pámpanos, remostada la vista...» *La hora de todos*, en
Clas. Casts., 34, pág. 70.
[2] *hacer el buz*, obsequiar o festejar. Otra referencia en el número 760, v. 59.
** En el *Parnaso*, 452, anota González de Salas: «Imagina, estando
él preso, el día del Ángel en la Puente segoviana».
James O. Crosby, ob. cit., pág. 141, siguiendo el epígrafe de
González de Salas, indica que don Francisco estuvo preso a principios de octubre (el día 2 es la fiesta del Ángel Custodio) en los
años 1628, 1640-1642. Véase también el poema núm. 441.

Las Castillos, podridas y amarillas,   5
me parece que escalan portugueses,
y que entra, echando tajos y reveses,
la Faxa, por la Puente, en angarillas.

Muchas carrozas rebosando dueñas;
toda pura buscona en coche ajeno;   10
señorías y limas por regalo;

doncellas desvirgándose por señas.
Si esto se ve el día del Ángel bueno,
¿qué se verá el día del Ángel malo?

> [Ms. 108, Bibl. M. Pelayo, f. 157 v.
> El texto de *Parnaso* parece reto-
> cado por González de Salas.]

585

Pecosa y hoyosa y rubia

soneto

Pecosa en las costumbres y en la cara,
podéis entre los jaspes ser hermosa,
si es que sois salpicada y no pecosa,
y todo un sarampión, si se repara.

Vestís de tabardillo[1] la antipara[2];   5
si las alas no son de mariposa,
es piel de tigre lo que en otras rosa:
pellejo de culebra os pintipara.

Hecha panal con hoyos de viruelas,
sacabocados sois de zapatero,   10
o cera aporreada con las muelas.

Malas manchas tenéis en ese cuero;
lo rubio es de candil, no de candelas;
la cara, en fin, lamprea en un harnero.

[Parnaso, 453]

[1] *tabardillo*, tifus.
[2] *antipara*, cancel o biombo que se pone delante de una cosa para encubrirla.

586

Diálogo de galán y dama desdeñosa

soneto

Galán:	Hace tu rostro herejes mis despojos.
Dama:	No es mi rostro Calvino ni Lutero.
Galán:	Tus ojos matan todo el mundo entero.
Dama:	Eso es llamar dotores a mis ojos.

Galán:	Cruel, ¿por qué me das tantos enojos? 5
Dama:	¿Requiebras al verdugo, majadero?
Galán:	¿Qué quieres más de un hombre?
Dama:	Más dinero, y el oro en bolsa, y no en cabellos rojos.

Galán:	Toma mi alma.
Dama:	¿Soy yo la otra vida?
Galán:	Tu vista hiere. 10
Dama:	¿Es vista puntiaguda?
Galán:	Róbame el pecho.
Dama:	Más valdrá una tienda.

Galán:	¿Por qué conmigo siempre fuiste cruda?
Dama:	Porque no me está bien el ser cocida.
Galán:	Muérome, pues.
Dama:	Pues mándame tu hacienda.

[*Parnaso*, 453, b]

587

Confisión por los mandamientos

soneto

Padre, yo quiero al prójimo, y me muero
por cumplir lo que en esto se me ordena.
Yo no cudicio la mujer ajena,
que antes todos cudician la que quiero.

A mí solo me hurto yo el dinero.   5
Las fiestas guardo yo, no mi cadena.
No temo, por no honrar los padres, pena;
ni peco en la avaricia del logrero.

Por mí estarán eternamente echados
los testimonios, y mi lengua muda   10
para jurar ni aun reyes coronados.

¿Si gracia alcanzaré con esta ayuda?
Ya que no ha de absolverme mis pecados,
padre fray Gil, absuélvame la duda.

[*Parnaso*, 454, a]

588

QUE LA POBREZA ES MEDICINA BARATA Y DESCUIDO SEGURO DE PELIGROS

SONETO

Mi pobreza me sirve de Galeno,
menos bestial por falta de la mula;
presérvame de ahítos y de gula,
y el barro de asechanzas de veneno.

Cenas matan los hombres; yo no ceno;   5
ni ladrón ni heredero me atribula;
güevos me dan sufragio de la bula,
mas no la bula sin sufragio ajeno.

Nunca maté la sed en la taberna,
que aun de sed no es matante mi dinero,   10
y abstinencia forzosa me gobierna.

Mi hambre es sazonado cocinero,
pues del carnero me convierte en pierna
hasta los mismos güesos del carnero.

[*Parnaso*, 454, b]

589

<small>INDIGNÁNDOSE MUCHO DE VER PROPAGARSE UN LINAJE DE
ESTUDIOSOS HIPÓCRITAS Y VANOS Y IGNORANTES
COMPRADORES DE LIBROS, ME ESCRIBIÓ ESTE</small>

<small>SONETO</small>

Alma de cuerpos[1] muchos es severo
vuestro estudio, a quien hoy su honor confía
la patria, ¡oh, don Joseph !, que en librería
cuerpos sin alma tal, más es carnero.

No es erudito, que es sepulturero,   5
quien sólo entierra cuerpos noche y día;
bien se puede llamar libropesía
sed insaciable de pulmón librero.

Hombres doctos de estantes y habitantes,
en nota de procesos y escribanos,   10
los podéis gradüar por estudiantes.

Libros cultos[2], de fuera cortesanos,
dentro estraza, dotoran ignorantes
y hacen con tablas griegos los troyanos[3].

[Parnaso, 455, a]

590

<small>EN UNA CONVERSACIÓN HICIMOS LOS DOS EL SONETO
SIGUIENTE, EN CLÁUSULAS AMEBEAS O ALTERNADAS*</small>

<small>SONETO</small>

Cornudo eres, Fulano, hasta los codos,
y puedes rastillar con las dos sienes;
tan largos y tendidos cuernos tienes,
que, si no los enfaldas[4], harás lodos.

---

[1] *cuerpos*, volúmenes.
[2] «Todo es alegoría», dice González de Salas.
[3] «Con tablas los troyanos, en donde alude con burla a las
Tablas del Caballo de Troya.» Nota del mismo. (Por las abundantes tablas o estantes de su librería.)
* El epígrafe es de González de Salas, coautor del soneto, según se ve.
[4] *enfaldar*, recoger las faldas al andar.

Tienes el talle tú que tienen todos, 5
pues justo a los vestidos todos vienes;
del sudor de tu frente te mantienes:
Dios lo mandó, mas no por tales modos.

Taba es tu hacienda; pan y carne sacas
del hueso que te sirve de cabello; 10
marido en nombre, y en acción difunto,

mas con palma o cabestro de las vacas:
que al otro mundo te hacen ir doncello
los que no dejan tu mujer un punto.

[Parnaso, 455, b]

591

TÍTULO CREPÚSCULO O ENTRE DOS LUCES,
SI TITULECE NO TITULECE*

SONETO

Son los vizcondes unos condes bizcos,
que no se sabe hacia qué parte conden;
a mercedes humanas no responden,
[y a las damas regalan con pellizcos.

Todas sus rentas son pizcas, y pizcos 5
sus estados, y nísperos que monden¹:
es conde cada cual de los que esconden
los mendrugos, que comen a repizcos.

Andan en titulillos; cosa fea;
y aún del rey mismo a no admitir se aúnan 10
lo de «O cómo la nuestra merced sea».

* A Quevedo pertenecen sólo los tres primeros versos. Los siguientes son de González de Salas, según confesión: «En ocasión
de haberse renovado un título olvidado en España, preguntó a don
Francisco un curioso la noticia que de él tenía su memoria, que
era felicísima. Y él, con la gracia que le era tan propria, empezó
su descripción por los tres versos primeros de este soneto último.
Después no atendió a proseguirle, por ventura embarazado en la
esterilidad de los consonantes. Pero porque no se malograra tan
solene principio, persuadido a que yo le continuara, hube de obedecer, bien sin más malicia de la que admite un mero desatino
por donaire; pues, en la verdad, su dignidad es ilustrísima».
¹ *mondar nísperos*, estar ocioso, mano sobre mano.

Sus despensas traspasos[1] son que ayunan;
mas no, aunque su hambre hasta morir pelea,
de la merced de Dios se desayunan.]

[*Parnaso*, 456]

592

[Protestas del cornudo profeso]

«¿Es más cornudo el Rastro que mi agüelo,
o conoce Segovia más señores?
¿No es toda mi cabeza calzadores,
tinteros y linternas[2], barba y pelo?

»¿Háseme conocido algún recelo   5
(aun burlando) jamás en mis amores?
Pues en lo que es mullir los pretensores,
mis hermanas dirán si duermo o velo.

»Llamen a dos que entiendan de cornudo;
y si yo para serlo no valiere,   10
tasándolo más que él, llámenme honrado.»

Dijo Fermín, hallándose desnudo,
y viendo que sin causa le prefiere
un cornudo novicio a un profesado.

[Ms. 108, Bibl. M. Pelayo, f. 156 v. Publicado, como todos los que proceden
de este códice, por Astrana Marín, pero
a través de una copia no muy fiel.]

593

Otro

Cuernos hay para todos, sor[3] Corbera;
no piense que ha de ser solo el cornudo.
Valdés[4] lo pretendió, mas nunca pudo
restañarle los cuernos a Cabrera.

---

[1] *traspasos*, los ayunos de Semana Santa.
[2] Porque los calzadores, los tinteros y las mirillas de las linternas se hacían de cuerno. Abundan muchísimo esas fórmulas, como
se irá viendo.
[3] *sor*, seor, señor.
[4] Quizá Pedro de Valdés, actor del siglo XVII.

No es sola su mujer la cotorrera: 5
putas le sobran a cualquier desnudo,
y la pieza del ciego y la del mudo
no iguala a la de ser catarribera[3].

¿Quiere alzarse a mayores con el cuerno?
Pues, mientras yo viviere, está engañado;   10
que por un privilegio del infierno

soy proveedor de testas de ganado,
cornudo óptimo, máximo y eterno,
y soy la quintacuerna destilado.

> [Ms. 108, Bibl. Menéndez Pelayo,
> f. 157, a.]

594

Otro

Casóse la Linterna y el Tintero[4],
Jarama y Medellín fueron padrinos[5];
casólos en el Rastro Buenosvinos,
y al fin la boda fue entre carne y cuero.

De sí proprio mordió todo carnero;   5
quedaron espantados los vecinos
de ver tantos cabrones de los finos,
y al Pardo y a Buitrago en un sombrero.

Las putas cotorreras y zurrapas,
alquitaras de pijas y carajos,   10
habiendo culeado los dos mapas,

engarzadas en cuernos y en andrajos,
cansadas de quitar salud y capas,
llenaron esta boda de zancajos.

> [Ms. 108, Bibl. Menéndez Pelayo,
> f. 157 b.]

---

[3] *catarribera*, el que pretendía ciertos puestos en la Corte.
[4] Véase la nota 2 del soneto 592.
[5] Alude a los toros de esas regiones.

595

Otro*

SONETO

Mientras que, tinto en mugre, sorbí brodio[1],
y devanado en pringue y telaraña,
en ansias navegué[2] por toda España,
ni fui capaz de invidia ni de odio.

Mas luego que tan puto monipodio   5
hizo de mí fortuna tan picaña[3],
Pasquín tiene conmigo grande saña
y todo soy preguntas de Marfodio[4].

¡Oh santo bodegón! ¡Oh picardía!
¡Oh tragos; oh tajadas; oh gandaya[5];   10
oh barata y alegre putería!

Tras los reyes y príncipes se vaya
quien da toda la vida por un día,
que yo me quiero andar de saya en saya.

[Ms. 108, Bibl. Menéndez Pelayo,
f. 158 v.]

596

Soneto

Volver quiero a vivir a trochimoche,
y ninguno me apruebe ni me tache
el volver de privado a moharrache[6],
si no lo ha sido todo en una noche.

---

* Para este soneto y el siguiente, véase R. M. Price, «A note on three sonnets of Quevedo», en *Bulletin of Hispanic Studies*, XL (1963), págs. 83 y ss.

[1] *brodio*, lo mismo que *bodrio*, sopa hecha con desechos.

[2] *navegar en ansias* es «vivir los afanes (de amor u otros) propios de rufos», de pícaros. Es voz germanesca. Cf. los núms. 856, v. 11 y 865, v. 72.

[3] *picaña*, pícara.

[4] *Pasquín* y *Marfodio*, dos estatuas romanas sobre las que se pegaban los epigramas y sátiras desde la Edad Media. La mayor parte de estos epigramas estaban escritos en latín, y una colección se publicó ya en 1509.

[5] *gandaya*, vida holgazana.

[6] *moharrache*, persona disfrazada ridículamente, mamarracho.

Mesa y caricia, y secretillo y coche   5
trueco yo a quien me sufra y me emborrache,
y ruéganme con este cambalache
los que saben decir «aroga» y «zoche»[1].

Con la fortuna el ambicioso luche,
y a los malsines y a la envidia peche,   10
y para otro mayor ladrón ahúche;

que yo, porque la vida me aproveche,
por si hay algún bellaco que me escuche,
tanto estaré contento cuanto arreche[2].

[Ms. 108, Bibl. Menéndez Pelayo,
f. 161.]

597

Otro

SONETO

Un tenedor con medias y zapatos;
descalzos y desnudos dos pebetes;
por patas, dos esquifes con juanetes;
por manos, dos cazones[3] y diez gatos;

en el mirar, trecientos garabatos[4];   5
la color, solimán fondo en hametes[5];
por cejas, dos bigotes con ribetes;
por ojos, dos furísimos Pilatos;

por vientre, un barbadísimo letrado,
pues a hacer penitencia las ladillas   10
se vinieron a él como a desierto;

---

[1] Ignoro qué quiere decir Quevedo con «aroga» y «zoche». Parece burlarse de cierta pronunciación afectada, o afeminada.
[2] *arreche*, verbo construido sobre *arrecho*, brioso, erguido, tieso.
[3] *cazón*, pez marino que se empleaba como lija después de seco.
[4] *garabato*, gancho para colgar la carne en las carnecerías.
[5] *hametes*, presumo que es juego de voces entre *solimán*, el afeite para el rostro, y «turco», y el nombre tan vulgar de Hamete, entre turcos y árabes.

culo, aun de florentines desechado[1],
toda tabas y tetas y ternillas:
ésta es la Isdaura que a Lisardo ha muerto.

[Ms. 108, Bibl. Menéndez Pelayo,
f. 161, b.]

598

TÚMULO

SONETO

Por no comer la carne sodomita
destos malditos miembros luteranos,
se morirán de hambre los gusanos,
que aborrecen vïanda tan maldita.

No hay que tratar de cruz y agua bendita:　5
eso se gaste en almas de cristianos.
Pasen sobre ella, brujos, los gitanos;
vengan coroza y tronchos, risa y grita.

Estos los güesos son de aquella vieja
que dio a los hombres en la bolsa guerra,　10
y paz a los cabrones en el rabo.

Llámase, con perdón de toda oreja,
la madre Muñatones de la Sierra,
pintada a penca, combatida a nabo[2].

[Ms. 108, Bibl. Menéndez Pelayo,
f. 161 v.]

---

[1] Por llevar fama de afeminados.
[2] Es decir, castigada por la Inquisición, azotada por la penca del verdugo y combatida por la gente que le arrojaba hortalizas.

599

Túmulo

SONETO

La mayor puta de las dos Castillas
yace en este sepulcro, y, bien mirado,
es justo que en capilla esté enterrado
cuerpo que fue sepulcro de capillas.

Sus penitencias no sabré decillas, 5
pues de correas sin número cantado
tan bien con el cordel se ha meneado,
que vino a los gusanos hecha astillas.

Diéronla crecimientos de priores,
después de un pujamiento de donados 10
que en el siglo vivieron de pern[a]iles.

Aborreció seglares pecadores,
buscó instrumentos vivos y pintados,
porque tienen capillas como frailes.

[Ms. 108, Bibl. Menéndez Pelayo,
f. 162.]

600

Desengaño de las mujeres

SONETO

Puto es el hombre que de putas fía,
y puto el que sus gustos apetece;
puto es el estipendio que se ofrece
en pago de su puta compañía.

Puto es el gusto, y puta la alegría 5
que el rato putaril nos encarece;
y yo diré que es puto a quien parece
que no sois puta vos, señora mía.

Mas llámenme a mí puto enamorado,
si al cabo para puta no os dejare;　　　　10
y como puto muera yo quemado,

si de otras tales putas me pagare;
porque las putas graves son costosas,
y las putillas viles, afrentosas.

> [Ms. 108, Bibl. Menéndez Pelayo,
> f. 182 v.]

601

A UNO QUE SE MUDABA CADA DÍA POR GUARDAR SU MUJER

SONETO

Cuando tu madre te parió cornudo,
fue tu planeta un cuerno de la luna;
de madera de cuernos fue tu cuna,
y el castillejo[1] un cuerno muy agudo.

Gastaste en dijes cuernos a menudo;　　　5
la leche que mamaste era cabruna;
diote un cuerno por armas la Fortuna
y un toro en el remate de tu escudo.

Hecho un corral de cuernos te contemplo;
cuernos pisas con pies de cornería;　　　10
a la mañana un cuerno te saluda.

Los cornudos en ti tienen un templo.
Pues, cornudo de ti, ¿dónde caminas
siguiéndote una estrella tan cornuda?

> [Ms. 108, Bibl. Menéndez Pelayo,
> f. 182 v., b. Nótese que el v. 10
> no rima.]

---

[1] *castillejo*, especie de carretoncillo de madera en que se ponía
a los niños para que aprendiesen a andar.

602

A LA BALLENA Y A JONÁS, MUY MAL PINTADOS, QUE SE COMPRARON CAROS Y SE VENDIERON BARATOS

SONETO

Si la ballena vomitó a Jonás,
a los dos juntos vomitó Cajés[1]:
borrasca es de colores la que ves;
el dinero se pierde aquí no más.

Si a Nínive por orden de Dios vas,   5
¿por qué veniste a dar en mí al través?
Tan mal pescado el que te almuerza es,
que de comido dél vomitarás.

A Jonás la ballena le tragó;
y pues los cuatrocientos por él di,   10
Jonás y la ballena tragué yo.

Y por sesenta y siete que perdí,
a los tres nos tragó quien la pagó,
y otra ballena se dolió de mí.

[Ms. 108, Bibl. Menéndez Pelayo, f. 187,
y ms. 20.355, Bibl. Nacional, f. 252.]

603

[CONTRA UN JUEZ]

SONETO

Este letrado de resina y pez,
que en tiempo de Moisés fue Faraón,
no sólo siendo juez tuvo pasión,
mas siendo la Pasión, él fue su Juez.

---

[1] «El pintor», dice una apostilla del manuscrito primero.

Oyó cuerno en el Prado y Aranjuez;   5
gradüóse después de carnerón;
como del fuego huye del lechón,
si a San Antón encuentra alguna vez.

Es caballero de Avirón y Atán,
hijo de un vizcaíno de Belén   10
que, por lo perro, descendió de Can.

De la carda[1] me dicen que es también,
y el apellido de Cardón le dan
los que en la Cruz cardaron nuestro bien.

> [Ms. 108, Bibl. Menéndez Pelayo,
> f. 187 v.]

604

Soneto

Estos son los obreros de rapiña,
que, viniendo a la viña los postreros,
trabajan menos, ganan más dineros
y aprisionan al dueño de la viña.

Al padre de la viña se le aliña   5
gentil vendimia en estos jornaleros,
pues el vino le encierran en sus cueros,
podan el pago y roban la campiña.

Ya que a la viña del Señor no vienen,
al Señor de la viña han agarrado,   10
menos puras las almas que las cubas.

Y por el miedo que al Profeta tienen,
al revés de la viña del pecado,
siendo labrusca[2], se hacen unas uvas.

> [Ms. 108, Bibl. Menéndez Pelayo, f. 188]

---

[1] *Ser de la carda*, de gente maleante, rufián. Otras referencias en los núms. 757, v. 164; 763, v. 111 y 866, v. 66.
[2] *labrusca*, un género de parra bravía o vid silvestre.

605

Otro*

SONETO

Tentación, no limosna, ha parecido
ésta en que Satanás os ha enredado,
que, si no es tentarle de pecado,
nunca a Jesús al monte le ha subido.

Si porque todo el mundo os ha ofrecido,   5
queréis subir al monte levantado,
porque antes le adoréis os lo ha mandado,
y porque os despeñéis os ha traído.

La primer tentación fácil os fuera,
pues piedras vuelve en pan vuestro molino,   10
haciendo harina a Stérope y a Bronte[1].

De Jesús es subir por la escalera
al calvario, no al monte peregrino:
memento que ב ἔρεσι א andáis a monte.

[Ms. 108, Bibl. Menéndez Pelayo,
f. 188 v., a.]

606

A la barba de los letrados

SONETO

¡Qué amigos son de barba los Digestos,
hircoso[2] licenciado! Mas sin duda
de barba de cabrón, intonsa y ruda,
más se presumen brujas que no textos.

* Véase sobre este soneto, J. O. Crosby, ob. cit., pág. 57 y ss.,
que aclara todo lo posible lo críptico y la mezcla de letras hebreas
y griegas en el verso final, que querría decir algo así como «acordaos que a causa de un acto bueno andáis a monte», que «representa la doctrina bíblica de las dos vías», según el profesor Leh-
man, citado por Crosby.
[1] Dos de los caballos del Sol.
[2] *hircoso*, de *hirco*, macho cabrío.

La caspa es benemérita de puestos;   5
la suficiencia medra por lanuda;
alegue Peñaranda la barbuda
en ciencia que consiste en pelo y gestos.

Son por fuerza ignorantes los rapados:
cortará la navaja decisiones   10
y deshará el barbero los letrados.

Mas, pues nunca se hallan en capones
ni se admiten lampiños abogados,
las leyes son de casta de cojones.

> [Ms. 108, Bibl. Menéndez Pelayo,
> f. 189 v., y ms. 20.355 de la Bi-
> blioteca Nacional, f. 253 v.]

607

AL HABER QUITADO LOS CUELLOS Y LAS CALZAS ATACADAS, Y VER ESGRIMIR POR ENTRETENIMIENTO*

SONETO

Rey que desencarcelas los gaznates[1],
rey que sacas los muslos de tudescos,
rey que resucitaste los griguescos,
lisonja al Cid, merced a los combates;

rey sin chinelas, rey con acicates,   5
rey sin ahogo, rey de miembros frescos,
rey en campaña fuera de grutescos,
que postas corres, que favonios bates;

miente quien se quejare por la gola,
pues son cabezas las que fueron coles,   10
y hombre mortal el bulto tabaola.

---

* Posterior al 10 de marzo de 1623, fecha de los *Capítulos de re-formación para el Gobierno del reino*, donde se prohíbe el cuello o lechuguilla abiertos con molde y el oficio de abrirlos.

[1] Comp.: «Dime, desventurado, ¿cómo no te vuelves de todo co-razón, de toda valona, de todo greguesco, calzón y zaragüelle, a rey que dio carta de horro a las caderas, a rey que desencarceló los pescuezos, a rey que desvalió las nueces, a rey que te abarató la gala?» *El chitón de las tarabillas*, en *Obras en prosa*, pág. 650 a.

No quieres ver en calzas de españoles
cuchilladas[1], por verlas con la sola[2]:
humos quieres que tengan, no arreboles.

[Ms. 108, Bibl. M. Pelayo, f. 191,
ms. publicado por Astrana Marín,
y 20.355, f. 256 v., Bibl. Nacional.]

608

OTRO

SONETO

Que tiene ojo de culo es evidente,
y manojo de llaves, tu sol rojo,
y que tiene por niña en aquel ojo
atezado mojón duro y caliente.

Tendrá legañas necesariamente   5
la pestaña erizada como abrojo,
y guiñará, con lo amarillo y flojo,
todas las veces que a pujar se siente.

¿Tendrá mejor metal de voz su pedo
que el de la mal vestida mallorquina?   10
Ni lo quiero probar ni lo concedo.

Su mierda es mierda, y su orina, orina;
sólo que ésta es verdad, y esotra, enredo,
y estánme encareciendo la letrina.

[Ms. 108, Bibl. Menéndez Pelayo,
f. 191 v.]

[1] Se refiere a las llamadas calzas *acuchilladas*, abiertas.
[2] *sola*, la cuchilla, la espada.

609

SONETO

Quiero gozar, Gutiérrez; que no quiero
tener gusto mental tarde y mañana;
primor quiero atisbar, y no ventana,
y asistir al placer, y no al cochero.

Hacérselo es mejor que no terrero[1];   5
más me agrada de balde que galana:
por una sierpe dejaré a Dïana,
si el dármelo es a gotas sin dinero.

No pido calidades ni linajes;
que no es mi pija libro del becerro[2],   10
ni muda el coño, por el don, visajes.

Puta sin daca es gusto sin cencerro,
que al no pagar, los necios, los salvajes,
siendo paloma, le llamaron perro[3].

> [Ms. 108, Bibl. Menéndez Pelayo,
> f. 191, b.]

610

Νικάρχου *

Te crepitus perdit, nimium si ventre retentes.
Te propere emissus servat item crepitus.
Si crepitus servare potes et perdere, nunquid
Terrificis crepitus regibus aequa potesti?

SONETO

La voz del ojo, que llamamos pedo
(ruiseñor de los putos), detenida,

---

[1] *terrero*, el cortejo que hace el galán a su dama, delante de
su casa.
[2] *libro del becerro*, libro en que las iglesias y monasterios antiguos copiaban sus privilegios y pertenencias.
[3] *perro* era obtener favores de una ramera y no pagar.
* J. O. Crosby ha encontrado que es versión del epigrama número 395, del libro XI de la *Antología griega*. Véase su artículo «Quevedo, the Greek Anthology and Horace», en *Romance Philology*,
XIX (1966), pág. 436 y ss. El siguiente tiene la misma proceden-
cia, aunque es anónimo.

da muerte a la salud más presumida,
y el proprio Preste Juan[1] le tiene miedo.

Mas pronunciada con el labio acedo   5
y con pujo sonoro despedida,
con pullas y con risa da la vida,
y con puf y con asco, siendo quedo.

Cágome en el blasón de los monarcas
que se precian, cercados de tudescos,   10
de dar la vida y dispensar las Parcas.

Pues en el tribunal de sus greguescos,
con aflojar y comprimir las arcas,
cualquier culo lo hace con dos cuescos.

[Ms. 108, Bibl. Menéndez Pelayo,
f. 216, b.]

611

SONETO

Serta, ungüenta, meo ne gratificare sepulchro;
vina, focus, lapidi sumptus innanis erit.
Haec mihi da vino, cineres miscere falerno,
Nempe lutum facere est, non dare vina mihi.

Hijos que me heredáis: la calavera
pudre, y no bebe el muerto en el olvido;
del sepulcro no come y es comido:
tumba, no aparador, es quien lo espera.

La que apenas ternísima ternera   5
la leche en roja sangre ha convertido,
no por ofrenda, por almuerzo os pido,
y el responso, después, de hambre, muera.

Dadme aquí los olores cuando güelo;
y mientras algo soy, goce de todo: 10
venga el pellejo cuando sorbo y cuelo.

---

[1] Preste Juan de las Indias, nombre genérico para designar a los
reyes de una tribu de tártaros o mogoles, llamada de los Keraí-
tas. Llegaron a tener un poder fabuloso.

A engullirme mis honras me acomodo,
que dar el vino al polvo no es consuelo,
y piensan que hacen bien, y hacen lodo.

[Ms. 108, Bibl. Menéndez Pelayo,
f. 216 v.]

612

A un hombre casado y pobre

SONETO

Ésta es la información, éste el proceso
del hombre que ha de ser canonizado,
en quien, si advierte el mundo algún pecado,
admiró penitencia con exceso.

Diez años en su suegra estuvo preso,   5
a doncella, y sin sueldo, condenado;
padeció so el poder de su cuñado;
tuvo un hijo no más, tonto y travieso.

Nunca rico se vio con oro o cobre;
siempre vivió contento, aunque desnudo;   10
no hay descomodidad que no le sobre.

Vivió entre un herrador y un tartamudo;
fue mártir, porque fue casado y pobre;
hizo un milagro, y fue no ser cornudo.

[Ms. de don A. Rodríguez-Moñino,
f. 194 v.]

613

Pintando la vida de un señor mal ocupado

SONETO

«¡Bizarra estaba ayer doña María!»
«Mayordomo, ¿cobróse aquel dinero?»
«¡Bien alzaba las manos el overo!»
«¡Gran regalo es beber el agua fría!»

«Bésoos las manos, duque. ¿Es ya de día?»   5
«Ordóñez, llamad luego al camarero.»
«¡Gentil bufón, a fe de caballero!»
«Del rey, ¿qué nuevas corren, don García?»

«Para cochero. El coche está en Palacio.»
«Al momento me busquen postillones.»   10
«Treinta escudos daréis por el topacio.»

«Denle por lo que dijo seis doblones.»
«Bien anda el Castañuelo, aunque despacio.»
«No es bueno que no guste de bufones.»

Caballeros chanflones,   15
que pasan en su casa solamente
perdiendo a Dios el miedo y a la gente,
hablan así, por plazas y rincones.

[Mss. 4.067, f. 51; 18.760, f. 84 v.;
3.919, f. 119 v. y 1.952, f. 221 v.,
de la Bibl. Nacional.]

614

De Miguel de Musa*

[soneto]

Si pretenden gozarte sin bolsón
los que versos y músicas te dan,
¿de qué ofendiendo a tu deidad están,
pues desto todo no te gusta el son?

Dalida puedes ser con el Sansón.   5
y Angélica divina con Roldán,
y diles que, no dándote, estarán
sin tomar de tu gusto posesión.

Quien no fuere de Marte matachín
te incline sólo a que le quieras bien,   10
rindiéndote del manto hasta el chapín.

* Miguel Musa es uno de los seudónimos de Quevedo entre 1601-1605. Por eso, al replicarle Góngora cierta vez, comienza «Musa que sopla y no inspira».

Serás con los valientes Tremecén,
con poetas y músicos, Pasquín[1]:
que es niño Amor, y quiere que le den.

[Ms. 3.700, Bibl. Nacional, f. 131
v. Publicado por R. Foulché-Del-
bosc en la *Revue Hispanique*,
XVIII, 1908, pág. 606.]

615

A UN HOMBRE LLAMADO DIEGO,
QUE CASARON CON UNA MALA MUJER LLAMADA JUANA

SONETO

A las bodas que hicieron Diego y Juana
dio de su cuerno flores Amaltea,
tocaron la corneta del aldea
y una cuerna almorzaron valenciana[2].

En cuerno[3] meó el novio, aunque sin gana,   5
cuando la novia en otro cuerno mea,
y en la cornija de la chimenea
les cantó la corneja de mañana.

El cura, que es Cornejo, escribió el nombre
con tintero de cuerno, y él le ha dado   10
un cornado, que es todo lo que pudo.

Y es el bueno de Diego tan buen hombre,
que, con tantos agüeros, no ha notado
cómo le casan para ser cornudo.

[Ms. 3.795, Bibl. Nacional, f. 258.
Pero el epígrafe procede de cierto
códice de Lasso de la Vega, de donde copió el soneto Astrana Marín.]

[1] *Pasquín*, satírico. (Era una estatua romana sobre la que se
acostumbraba a pegar, desde la Edad Media, epigramas satíricos,
especialmente en latín.)
[2] *cuerna valenciana*, «lo mismo que rosca hecha de pan». *Dicc.
de Auts.*
[3] En el ms., *En el cuerno*.

616

SONETO DEDICATORIO

A quien hace el Amor tantas mercedes,
que le calienta lo que el tiempo hiela,
y no admitiendo canas en su escuela
quiere que en ella eternamente quedes;

y como presa antigua de sus redes,   5
de verte galán verde se consuela,
y viendo que la edad tu casa asuela,
tus cuentas va poniendo en sus paredes,

quiérote dedicar mis conclusiones.
Recíbelas, agüelo de Cupido,   10
debajo del amparo de tus martas;

ansí te amen damas a millones,
y seas de las tuyas tan querido,
que con los mozos de las sobras partas.

> [Ms. 3.915, f. 41 v. Figura al frente de
> unas «Conclusiones de Amor, dirigidas
> a un caballero viejo y muy enamorado».
> El *Cancionero de 1628*, f. 596, las atri-
> buye a Quevedo.]

617

DE QUEVEDO A UN CLÉRIGO

SONETO

Adoro, aunque te pese, galileo,
el pan que muerden tus rabiosos dientes;
adoro al que, en mortaja de accidentes,
vivo en la muerte que le diste veo.

Adoro a Cristo y sus preceptos creo,   5
aunque de enojo y cólera revientes;
espérenle, si quieren, tus parientes,
que yo en el sacramento le poseo.

Mas ya que en muerte inominiosa y fiera,   10
tus padres le abrieron el camino,
no le persigas en el pan siquiera;

pues en tu boca, a lo que yo imagino,
no le tomaras nunca si él hubiera,
no quedádose en pan, sino en tocino.

[Ms. 3.794, Bibl. Nacional, f. 38]

618

A UNA VIEJA, DEL MISMO

SONETO

En cuévanos[1], sin cejas y pestañas,
ojos de vendimiar tenéis, agüela;
cuero de Fregenal, muslos de suela;
piernas y coño son toros y cañas.

Las nalgas son dos porras de espadañas;   5
afeitáis[2] la caraza de chinela[3]
con diaquilón[4] y humo de la vela,
y luego dais la teta a las arañas.

No es tiempo de guardar a niños, tía;
guardad los mandamientos, noramala;   10
no os dé San Jorge una lanzada un día.

Tumba os está mejor que estrado y sala;
cecina sois en hábito de arpía,
y toda gala en vos es martingala[5].

[Ms. 20.355, Bibl. Nacional, f. 255.
Inédito.]

---

[1] *cuévanos*, cestos para trasladar la uva en la vendimia. Vid. también el núm. 741, v. 21.

[2] *afeitáis*, os dais afeites.

[3] *chinela*, zapatilla.

[4] *diaquilón*, ungüento con que se hacen emplastos para ablandar tumores o granos.

[5] *martingala*, cada una de las calzas que llevaban los hombres de armas debajo de los quijotes. Otras referencias en los números 657, v. 10 y 764, v. 6.

619

Soneto

Padre, yo soy un hombre desdichado,
tan nuevo pecador y endurecido,
que, por haber el cielo pretendido,
ardo en el fuego eterno condenado.

Un ángel verdadero me ha engañado;   5
por pretender la gloria me he perdido;
la esperanza y la fe me han destruido;
hacerla buenas obras fue pecado.

Por buenos pensamientos me condena;
absolución y penitencia pide   10
alma que enmiendas y dolor ofrece.

Y si queréis, padre, que sea buena,
dalde por penitencia que la olvide;
y si lo hace, absolución merece.

[Ms. de A. Rodríguez-Moñino,
f. 195. Inédito.]

620

A una mujer flaca

No os espantéis, señora Notomía,
que me atreva este día,
con exprimida voz convaleciente,
a cantar vuestras partes a la gente;
que de hombres es, en casos importantes,   5
el caer en flaquezas semejantes.

Cantó la pulga Ovidio[1], honor romano,
y la mosca Luciano[2];
de las ranas Homero; yo confieso
que ellos cantaron cosas de más peso;   10
yo escribiré con pluma más delgada
materia más sutil y delicada.

---

[1] En efecto, a Ovidio se atribuía ese poema sobre *La pulga*, pero no es suyo; aunque se imitó mucho en la poesía renacentista.
[2] Luciano de Samosata es autor de una sátira en prosa sobre *La mosca*.

Quien tan sin carne os viere, si no es ciego,
yo sé que dirá luego,
mirando en vos más puntas que en rastrillo,   15
que os engendró algún miércoles Corvillo;
y quien pece os llamó no desatina,
viendo que, tras ser negra, sois espina[3].

Dios os defienda, dama, lo primero,
de sastre o zapatero,   20
pues por punzón o alesna es caso llano
que cada cual os cerrará en la mano;
aunque yo pienso que, por mil razones,
tenéis por alma un viernes con ceciones.

Mirad que miente vuestro amigo, dama,   25
cuando «Mi carne» os llama;
que no podéis jamás en carnes veros,
aunque para ello os desnudéis en cueros;
mas yo sé bien que quedan en la calle
picados más de dos de vuestro talle.   30

Bien sé que apasionáis los corazones,
porque dais más pasiones
que tienen diez cuaresmas, con la cara:
que Amor hiere con vos como con jara;
que si va por lo flaco, tenéis voto   35
de que sois más sutil que lo fue Scoto[4].

Y aunque estáis tan angosta, flaca mía,
tan estrecha y tan fría,
tan mondada y enjuta y tan delgada,
tan roída, exprimida y destilada,   40
estrechamente os amaré con brío:
que es amor de raíz el amor mío.

Aun la sarna no os come con su gula,
y sola tenéis bula
para no sustentar cosas vivientes;   45
por sólo ser de hueso tenéis dientes,

[3] «Espina, pez.» Nota de González de Salas.
[4] Escoto, el célebre filósofo medieval llamado *Doctor subtilis.*

y de acostarse ya en partes tan duras,
vuestra alma diz que tiene mataduras.

Hijos somos de Adán en este suelo,
la Nada es nuestro abuelo,   50
y salístele vos tan parecida,
que apenas fuisteis algo en esta vida;
de ser sombra os defiende, no el donaire,
sino la voz, y aqueso es cosa de aire.

De los tres enemigos que hay del alma   55
llevárades la palma,
y con valor y pruebas excelentes,
los venciérades vos entre las gentes,
si por dejar la carne de que hablo,
el mundo no os tuviera por el diablo.   60

Díjome una mujer por cosa cierta
que nunca vuestra puerta
os pudo un punto dilatar la entrada,
por causa de hallarla muy cerrada,
pues por no deteneros aun llamando,   65
por los resquicios os entráis volando.

Con mujer tan aguda y amolada,
consumida, estrujada,
sutil, dura, büida, magra y fiera,
que ha menester, por no picar, contera,   70
no me entremeto; que si llego al toque,
conocerá de mí el señor San Roque.

Con vos, cuando muráis tras tanta guerra,
segura está la tierra
que no sacará el vientre de mal año;   75
y pues habéis de ir flaca en modo extraño,
sisándole las ancas y la panza,
os podrán enterrar en una lanza.

Sólo os pido, por vuestro beneficio,
que el día del Jüicio   80
troquéis con otro muerto en las cavernas
esas devanaderas y esas piernas;
que si salís con huesos tan mondados,
temo que haréis reír los condenados.

Salvaros vos tras eso es cosa cierta,   85
dama, después de muerta,
y tiénenlo por cosa muy sabida
los que ven cuán estrecha es vuestra vida;
y así, que os vendrá al justo, se sospecha,
camino tan angosto y cuenta estrecha.   90

Canción, ved que es forzosa
que os venga a vos muy ancha cualquier cosa;
parad, pues es negocio averiguado
que siempre quiebra por lo más delgado.

> [*Flores de poetas ilustres*, pág. 90.
> El texto de *Parnaso*, pág. 458, está
> retocado.]

621

A UNA DAMA HERMOSA, ROTA Y REMENDADA

CANCIÓN

Oye la voz de un hombre que te canta,
y, en vez de dulces pasos de garganta,
escucha amargos trancos de gaznate;
oye, dama, el remate
de mis razones, la sentencia extrema   5
que, por ser dada en Rota, es la suprema.

El que por ti se muere en dulces lazos,
muere con propiedad por tus pedazos,
pues estando tan próspera de bienes,
tantos remiendos tienes,   10
hermosísimo bien del alma mía,
que, siendo tan cruel, pareces pía.

Eres rota, señora, de tal modo,
que tienes rota la conciencia y todo;
y tus hermosos ojos celebrados   15
también son muy rasgados;
mas en tu desnudez hay compañeros:
que el vino y el amor andan en cueros.

En la batalla, la bandera rota
del arcabuz soberbio con pelota,   20
cuanto más rota, más muestra vitoria,
y en su dueño más gloria:
así tus vestiduras celebradas
muestran más gloria cuanto más rasgadas.

Rompe la tierra el labrador astuto,   25
porque, rota, la tierra da más fruto:
así el amor, bellísima señora,
te rompe alegre agora,
como a la tierra simples labradores,
por dar más fruto y por mostrar más flores.   30

Y desnuda, rotísima doncella,
tan linda estás, estás tan rica y bella,
que matas más de celos y de amores
que vestida a colores:
y eres así a la espada parecida: 35
que matas más desnuda que vestida.

Mas como el guante rompen los amantes
para que puedan verse los diamantes,
así quiso romperte la pobreza,
para que la belleza,   40
que está en todo tu cuerpo repartida,
no quedase en las ropas escondida.

Cansada está mi musa de cansarte,
mas yo no estoy cansado de alabarte,
pues no podrá hacerse de tus trapos,   45
tus chías[1] y harapos,

---

[1] *chías*, mantos negros y cortos.

tanto papel, aunque hagan mucha suma,
como en loarte ocupará mi pluma.

> [*Flores de poetas ilustres*, pág. 89.
> El texto de *Parnaso*, en cambio,
> está retocado.]

622

A UNA DAMA HERMOSA Y BORRACHA

Canción lírica*

Óyeme riguroso,
ya que no me escuchaste enternecido;
no cierres el oído,
como al conjuro el áspid ponzoñoso,
y ablanda aquesa condición tan dura   5
a mi verdad, siquiera por ser pura.

Lo que por ti he llorado
duras piedras moviera y duros bronces,
y sacara de gonces
el cielo en claros ejes sustentado: 10
sólo a ti no te mueve el llanto frío,
ni sé si por ser agua o por ser mío.

Mas ya que a mis pasiones
no da lugar tu enojo y mi cuidado,
oye de un desdichado   15
las, envueltas en lágrimas, razones:
aunque dicen que yerro en escribillas,
pues gustas más de hacellas que de oíllas.

Con mi tormento lucho,
pues de ignorancia tengo el alma llena,   20
que de ti, mi sirena,
siempre confieso yo que sabes mucho;
si el que tomó la zorra y la desuella,
siempre se dice que ha de saber más que ella.

---

* Probablemente, anterior a 1605. Compárese con la anterior y
la siguiente.

No temas mala suerte,   25
ni en tan floridos años malograrte,
ni temas no gozarte,
ni que en agraz te ha de llevar la muerte:
que, siendo tan devota de las cubas,
no te podrán llevar si no es en uvas.   30

Dichosos los galanes,
que aficionados a tus partes mueren,
y los que bien te quieren,
pues hallan tal alivio a sus afanes
y tal consuelo a sus trabajos fieros,   35
que te ven la mitad del año en cueros.

Si a San Martín pidieras,
como aquel pobre triste y afligido,
de todo su vestido,
bien sé yo para mí lo que escogieras,   40
aunque tus mismas carnes vieras rotas,
no la capa partida, mas las botas.

Bien sé que te alegrara
si a San Martín[1] en sus trabajos fieros,
a ser suyos los cueros,   45
pidiéndole, en los cueros te dejara;
pues en Bartolomé tienes tú talle
de convertille, a puro desollalle.

En todos mis placeres
sólo contigo hiciera compañía,   50
pues sé que aqueste día
eres tú sola, en todas las mujeres
que entretienen lascivos pensamientos,
la que aun aguar no sabe los contentos.

Tan linda te hizo el cielo,   55
que, porque no murieses cual Narciso,
con providencia quiso
que la agua aborrecieses en el suelo,

[1] «Alude también al lugar famoso por el vino», dice González de
Salas.

porque cansada, o con el sol ardiente,
no murieses cual él en otra fuente.   60

No tanto por los males
que los peligros traen huyes dellos,
que los valientes cuellos
por el sufrir se hicieron inmortales:
sólo peligros tu prudencia evita,   65
por no andar entre cruz y agua bendita.

Con suspirar engañas
al amante que espera ser querido,
pues está persuadido
que, pues suspiras, penan tus entrañas,   70
siendo echar fuera el aire recogido,
porque no se avinagre lo bebido.

Permite que yo sea
el olmo desa vid, y que con lazos,
dándote mil abrazos,   75
tejida en laberintos mil te vea,
que en lo que toca a besos, comedido,
menos de los que das al jarro, pido.

El que peca contigo,
gozando de tu cuerpo y tu belleza,   80
el que tu gentileza
goza en el blando lecho sin testigo,
no pecará en la carne de algún modo,
si en lo que siempre peca es cuero todo.

En las nubes airadas,   85
que al sol cubren la cara reluciente,
ahora esté en Oriente,
ahora pise en el mar ondas saladas,
más temes en deciembres y en los mayos
el agua blanda que los duros rayos.   90

Canción, espera un poco,
mientras, juntando un ramo de taberna
el que tengo de loco,

te doy, para la ingrata que gobierna
mi gusto y mi persona,   95
de pámpanos tejida una corona.

[*Cancionero de 1628*, pág. 337. El
texto de *Parnaso*, 462, como los
anteriores, está corregido por González de Salas.]

623

CANCIÓN

Marica, yo confieso
que, por tenerte amor, no tuve seso.
Pensé que eras honrada:
no hay verdad en el mundo tan probada.
Diste en quitar y en ser desconocida,   5
y salístete, al fin, con ser salida.
¡Válate, y quién pensara,
que tal barato hicieras de tal cara!

La boquita pequeña,
que a todos güele mal por pedigüeña;   10
los dientes atrevidos,
que apenas comen, por estar comidos,
por fuerza y con razón echarán menos
los versos dulces, de mentiras llenos;
pues en muchas canciones   15
perlas netas llamé sus neguijones.

Si alguna liendre hallaba
en tus cabellos, alma la llamaba
de las que andan en penas,
haciendo purgatorio tus melenas.   20
Sol la llamé a tu cara descompuesta,
por lo que el solimán del sol la presta;
y a tus labios, de grana,
siendo, como se ve, de carne humana.

Mas lo que siento desto   25
es ver que tengas ojos en el gesto;
pues sé de tus antojos
que se te van tras cada real los ojos,
sin saber despreciar moneda alguna:
que antes crecen por cuartos, como luna.   30
¡Triste de tu velado,
que, entre tanto doblón, se ve cornado[1]!

Y lo que más me aqueja
es la memoria de esa santa vieja,
cuya casa pudiera   35
ser, por sus muchas trampas, ratonera;
cuyos consejos son, sin faltar uno,
todos de hacienda, de órdenes ninguno.
Pelóme; mas, en suma,
para su frente me quité la pluma.   40

Pues ¿quién tendrá lenguaje
para decir de aquel bendito paje
los dichos, y los hechos
de aquel criado tuyo, y a tus pechos;
de aquel tu corredor, que, si otra fueras,   45
de que éste te corriera, te corrieras?
Mas está disculpado:
que él sólo es propio mozo de recado.

No fue famosa treta
el hacerte creer que eras discreta,   50
sabia y cuerda matrona.
¡Y cómo lo creyó la bobarrona!
Déjame, pues, holgar sin replicarme,
pues que me cuesta mi dinero holgarme:
que ya he dado las heces   55
y reniego de ti setenta veces.

[Ms. 3.797, f. 99, de la Bibl. Nacional. El de *Parnaso*, pág. 465, está retocado por el editor.]

---

[1] *cornado*, moneda de poco valor, y «cornudo». Otras referencias en los núms. 670, v. 11 y 698, v. 31.

624

A UNA MOZA HERMOSA, QUE COMÍA BARRO*

MADRIGAL

Tú sola, Cloris mía,
que, si miras sin velo,
la vida puedes alargar al día,
has podido juntar la tierra al cielo;
pero a riesgos te pones   5
en ser cielo goloso de terrones.
Mira que en quien de barros está llena,
es calle de Getafe cada vena.
Empiécese a comer su sepoltura,
en barros disfrazada,   10
mujer manida y güera y arrugada;
y en tu niñez lozana, en tu hermosura,
no profanen con barro a tus rubíes
las perlas con que mascas, con que ríes.
Que tu gusto no entierres, hoy mi aviso   15
te advierte, Cloris bella; porque siendo
en carne soberano paraíso,
cuando con barro la salud estragas,
no el Paraíso Terrenal te hagas.

Barro es cuanto en mis versos te prohíbo,   20
mas no es barro enterrar tu cuerpo vivo.
Confieso que de verte, pena tomo,
roer con perlas el *memento homo*.
Y si en tu pulideza no es desgarro,
muérdeme a mí, pues soy también de barro.   25
Son tus mejillas, Clori, primavera:
tú de flores socorres la ribera;
ten flores, pues tu rostro es mayo eterno:
tenga barros el rostro que es hibierno.

[*Parnaso*, 467]

* Las jóvenes de la época dieron en masticar trocitos de barro.
Abundan mucho las referencias. Cf., por ejemplo, los núms. 736,
v. 61 y 781, v. 12.

625

 EPITALAMIO EN LAS BODAS DE UNA VEJÍSIMA VIUDA,
CON CIEN DUCADOS DE DOTE,
Y UN BEODO SOLDADÍSIMO DE FLANDES,
CON CALVA ORIGINAL

CANCIÓN

Ven, Himeneo, ven; honra este día,
no cual sueles, bañado en alegría,
pero de horror compuesto.
A éste, que funeral ha de ser presto,
con pie siniestro asiste,   5
unión de enigma y casamiento en chiste,
que desmintiendo siglos, se acomoda
a parecerte boda.
No tardes, [y] contigo
un ataúd traerás, mancebo amigo;   10
pues si tardas, sospecho
que en él para la esposa traerás lecho,
y al infausto velado,
piadoso, quitarás de ese cuidado.
De antorcha o de torcida,   15
luz traerás prevenida:
que no hallarás con poca
luz (si le buscas) lo que en ella es boca[1].
En la llegada te engañará el tiento;
a no saber que avisos de su aliento   20
te librarán bien antes
de dar en tus narices garamantes[2].

Buscaron cien ducados
bolsa, a quien ser de un gato trasladados
nunca dieron con ella;   25
mas dieron con buen cuero, de que hace ella
dos costales de huesos y dinero.
Su cepo y su carnero
muchos años buscaron,
y por cepo y carnero un loro hallaron.   30

---

[1] Al margen del ms.: «Tiénela extremadamente sumisa».
[2] *garamantes*, nombre de los antiguos habitantes de la Libia.

Ésta, entre mil pellejos de alma en pena
(sólo en su boda para flauta buena),
pasar quiere sus cuartos o chanflones
entre algunos doblones,
y ver la luz a sus dineros deja,   35
y sus reales da a saco.
¡Ay de ti, protovieja!
Si Venus toda se revuelve en Baco,
daráos un San Martín mil Santïagos;
tu vida toda, ¡ay triste!, será tragos;   40
pero será ventura,
pues no te afrentarán la dentadura[3].

A la Invidia me dice que parece
tu figura, el que más me la encarece.
Mas si la Invidia fueras,   45
por lo menos mordieras.
Las niñas de los ojos te han faltado[4],
que dicen que hasta aquesas te has chupado,
y que de tus quijadas
escapan tus palabras lastimadas.   50
Cobrara yo sus tercios; tu obligado,
tus años a ducado;
mas que le quede aun ciento[5]
ducados que cobrar, con llevar ciento.

Dicen todos que, vana en tus dineros,   55
tomas tu esposo en cueros;
mas ¿qué importa que él beba, vista y coma,
si en carne, aunque quisiera, no te toma[6]?
Tu dote va en vellón, cosa admirable;
dicen que vendrá a ser oro potable   60
en poder de tu esposo,
soldado a muchas pruebas animoso,
pues así se averigua
con hacerse mitad de una estantigua;
y furioso arremete   65
a terraplenar tal, sin buen mosquete,

[3] Apostilla al margen: «Muchos años ha se pasa sin ella».
[4] Ídem: «Por lo menos no se le hallan».
[5] Ídem: «Eran sus años ciento como el dote».
[6] Ídem: «No la han visto sus huesos sobre sí».

laberinto de rugas,
entre quien son centauros tus pechugas.

No quita angustia, pero angustias tienta[7],
guadaña de la muerte más hambrienta.   70
En lo antiguo y sutil no habrá persona
que, acomodada al lado
de aqueste gran soldado,
no te juzgue en sus lides por Tizona;
y yo digo que yerran, pues su espada   75
siempre ha de ser Colada.

No lleva el sobrehueso;
mas muchos que roer, yo lo confieso;
y aunque airada lo tomes,
no lo podrás mascar, si te lo comes;   80
que aunque irritarte intente,
no le podrás mostrar un solo diente.
Su sobrecarga eres,
no carga, como las demás mujeres:
que nuestro desposado   85
anduvo siempre, aun sin casar, cargado.
Que guardes tu marido te aconsejo
con la misma atención que tu pellejo.

Cien pascuas le darás, con que le agrades;
mas dicen que son todas navidades.   90
Dime: ¿a qué cimenterio
hizo este hombre, sacándote, adulterio?
Mas su calva y tu osario,
si el matrimonio es cruz, serán calvario.

Si él huye de la carne, tierra harta   95
ha puesto en medio, pues tras ti se aparta;
pero, sin levantarte testimonio,
¿cómo huirá contigo [d]el demonio?
Que del mundo, está cierto
que podrá quien se casa para muerto.   100

[7] En el texto de Astrana Marín, «treinta».

Del requiebro de Adán sola una parte
ha de poder tocarte,
que es la de huesos de mis huesos; déos
el cielo carne, o máteos los deseos.
Él se casa (perdóname el decillo)   105
con un martes, que es miércoles Corvillo;
en él tu vista lo carnal destierra,
y entrará la memoria de ser tierra.
Mas quien de l'agua fue tan enemigo,
ame la tierra en quien dará consigo;   110
que ahora, si cayere (¡gran consuelo!),
en ti dará, como antes en el suelo.

Al menos, con tal dueño,
tierra serás de muy gentil vidueño;
y él contigo, o a tenor de melecinas,   115
tendrá tierra que echar en sus mohínas.
Tendrá aparejo harto,
en tu edad y en tu gesto,
no de huir el sexto,
mas de guardar el cuarto   120
casamiento, por cierto, de respeto:
que él es ya abuelo, y puede ser su nieto[8].
Su impulso de ser madre
buscarte hizo a tus antojos padre
(¡oh, tú, de este rocín esposa o taba!),   125
y a las segundas bodas te invitaba[9].

Del matrimonio en vano te aprovechas,
pues, si engendrare en ti, serán sospechas.
En vano lo cudicias,
pues si concibes de él, serán malicias.   130
Si él, que de las Dunas[10]
sus armas sacó ayunas,
las ceba (¡ay de él!) sin cólera precisa,
no en Brabante o Ruán, sino en la Frisa,
ambos lleváis ganancias;   135
que tú hallaste tus Flandes, y él sus Francias.

[8] Apostilla al margen: «En propios términos».
[9] Ídem: «Fue casada otra vez».
[10] Ídem: «Puerto de Inglaterra».

¡Ay, seca y larga, más que la de España,
novia espirituada, siringa en caña!

Eres, por excelencia,
fénix de la vejez, la quintaesencia; 140
vieja superlativa,
en quien la Muerte dicen que está viva
y anda la vida muerta;
vieja consumadísima y experta:
de vieja gradüada, 145
parienta muy cercana al primer nada.
Si es grado el ser casado,
él lleva gran vejamen en su grado[11].
Bien yo le aconsejara
que al Jordán, doña Estatua, te llevara; 150
mas será desvarío:
que te querrá más vieja que ir al río,
como en sus aguas, al entrar, no vea
lo que en las de Caná de Galilea.
Pero si no en Caria, toda mañana 155
habrá de amanecer pegado a Cana.

Habrá en tu lecho, amigo,
olio de eternidad, caduco abrigo;
donde, por más que hoy hablas,
tus huesos crujirán, que no sus tablas; 160
a cuyo infame yelo
martas aplicará de Coca en pelo.

Pero ¿qué preguntarte un poco queda,
si es de tu edad acaso tu moneda?;
que te tendrán con ella por durmiente, 165
si bien corres dinero.
Vimos sin ésta alguna vez de cuero:
aunque, por lo que tiene eso de fuente,
ni aun el dinero querrá ver corriente.

Mil años os gocéis libres de daños; 170
mas él será el que en ti goce mil años.

---

[11] *vejamen de grado*, «En los certámenes y funciones literarias, es
el discurso festivo y satírico». *Dicc. de Autoridades.*

Quedaos a Dios, que veo
muerto de risa en ambos a Himeneo,
que asiste a la batalla
en medio de Alanís y de Cazalla.　　　　175

> [Publicada por Astrana Marín, se-
> gún una copia del amanuense de
> Quevedo en poder de don Luis
> Valdés.]

626

**ARREPENTIMIENTO DE LA AMISTAD QUE HABÍA TENIDO
CON UNA MUJER A QUIEN HABÍA DEJADO***

sátira

Si el tiempo que contigo gasté lloro,
¿qué haré, Marica, el oro?
Pues es tal mi tormento,
que igual pena me dan, y sentimiento,
las cosas que te di por regalarte　　　　5
y los cachetes que dejé de darte.

Juzgué, cuando por rara te vendías,
que diez piernas tenías,
seis barrigas, dos frentes,
y eres, al fin, como las otras gentes:　　　　10
tienes una barriga, un cuerpo, un cuello,
que no hay sastre ni pícaro sin ello.

Si te gozaba yo, tú me gozabas;
si te hablaba, me hablabas;
si la mano te asía,　　　　15
también te holgabas con la mano mía.
Pues ¿qué ley manda, niña, o qué alcalde
que valgas tú dinero, y yo de balde?

Dícenme que te quejas a las gentes,
ya sin muela[s] ni dientes,　　　　20

* Por el estilo y el tema se podría emparejar con las canciones 620-623, anteriores a 1603.

de que tu amor trompero
no hirió mi corazón por ser de acero.
¡Cómo saben mis ojos que te olvidas,
pues me diste en la bolsa las heridas!

Dísteme celos, dábate perdices.   25
¿Y aún gruñes y maldices?
¿Quisieras tú, señora,
que me estuviera dándote hasta ahora?
Ya estoy en mi jüicio y en mi seso,
y estimo más un cuarto que [no] un beso.   30

He conocido ya que el mundo es necio;
tite[1] quien busca precio;
que para ser amante,
me ha[s] de querer a mí de aquí adelante.
Y así averiguaremos por qué fuero   35
es más puto que el tuyo mi dinero.

Respóndesme soberbia y arrogante,
en viéndome delante
triste, escueto y mondado,
que por lo menos tú no me has pelado,   40
siendo lo mismo, cuando así esto pase,
pegarme enfermedad que me pelase.

Confiesa todo el mundo que me diste
más que [me] prometiste.
Digan niños y locos   45
que no eres mandapotros y dapocos[2];
antes, pues sin mandar das en echarlos,
te llamen la dapotros, sin mandarlos.

Holgarme sólo quiero
cuando gozo, Marica, tus despojos;   50
no me vuelvas los ojos;
lo que te di me vuelve, y mi dinero.
Descarguemos en tales ocasiones
tú la conciencia y yo mis compañones.

---

[1] *tite*, de *titar*, graznar el pavo.
[2] Expresión para motejar al que es largo en prometer y corto en
cumplir lo prometido.

[Muy] linda cara tienes, 55
no hay quien en gracia y en beldad te exceda,
mas si con mi moneda
te vas, ¿por qué me juras que ya vienes?
Si eso llamas cumplir, ya yo te digo
que no me cumple a mí cumplir contigo. 60

Si conmigo te echaste
y luego con la carga que es pedirme,
si no bastó exprimirme,
el mismo Bercebú contigo gaste:
que te compró tan cara mi pecado, 65
que soy, hecha la cuenta, el fornicado.

Tus piernas me encareces,
en el tendellas, más que en alaballas;
enteras te las hallas,
después que las columpias y las meces. 70
¿Qué mercancía es ésta, que la entiendes,
que te quedas con ella y me la vendes?

Por mirar con los ojos,
los ojos llevas, joyas y vestidos;
más los quiero tullidos, 75
con muletas estén de puro cojos,
ojos, que haciendo sendos ademanes,
descargan más que veinte ganapanes.

Al brión y extranjero,
al sastre virgo vendes pespuntado, 80
al pobre alabardero,
que por lo mesurado,
en Roma le encajaste, de so capa,
virgo decimoquinto, como Papa.

[Ms. 3.940, Bibl. Nacional, f. 225.
Publicada por Astrana Marín, según el ms. 3.797, de la misma biblioteca, f. 98.]

627

OTRA [A] LO MISMO*

CANCIÓN

No a náyades del río
para hacer que me atiendas, dama, invoco;
agradaráte poco,
si del agua se ayuda el numen mío;
y si a bañarse en Baco el uso empieza,　　　5
subirásete luego a la cabeza.

En todo eres dichosa,
exempta de las leyes de Fortuna,
que no vio vez alguna
que pisases su rueda presurosa,　　　10
y si anegarte quiso su ira loca,
jamás te ha dado el agua hasta la boca.

Dichoso el que ha sabido
en tu pecho prender el dulce fuego;
que gozará del juego,　　　15
sin recelo de verse en él perdido;
pues aunque atice al fuego como fragua,
no echarás en su gusto un jarro de agua.

Mas no tengo paciencia
que se iguale a la ley del sufrimiento,　　　20
y, en rabioso tormento,
quejas al cielo doy de tu inclemencia,
pues desprecias dormir con mi persona,
echándote a dormir con una mona.

Si este sabroso efeto　　　25
del licor [que] en sus brincos¹ Baco encierra

---

* Figura copiada detrás de la que comienza «óyeme riguroso».
que en el códice lleva este epígrafe: «Canción a una dama que se
emborrachaba». Podría ser también de hacia 1603, como la siguiente.
¹ *brinco*, joya pequeña que, por colgar de las tocas femeninas e
ir en el aire, parecía que saltaba o brincaba.

te hace dulce guerra,
llevalle la vitoria me prometo;
no pongas en mi amor, ¡oh reina!, tacha,
que del amor se dice que emborracha.   30

    A San Martín[2] ofrece
tu espíritu sus ruegos y tu llanto,
como al supremo santo;
pero no es oro lo que resplandece;
que, [en] tu devoto afecto, mal arguyes,   35
si es sólo San Martín a quien destruyes.

    Renuevas su memoria
disponiéndote al trance de la muerte,
y con el humo fuerte
que despide, te elevas en su gloria;   40
porque, al paso que el jarro se te entrega,
dices que ya tu San Martín se llega.

    ¡Pues qué si el humor tinto
a ver alcanzas que sus venas coge!;
fuerzas a que se afloje,   45
para darle lugar el sutil cinto.
Mira que tan afecta al santo eres,
que a San Martín la sangre beber quieres.

    Cuidas de tu hermosura,
porque no diga que eclipsaste el suelo   50
la gloria de su cielo,
que a gloria se compara tu figura;
y el agua apartas de tu gracia rara:
que has probado que te hace mala cara.

    De olores acompañas   55
la pompa airosa de tu grave ornato;
tanto, que, en breve rato,
el aire circunstante en ámbar bañas,
y al que gozar tu cuerpo hermoso espera,
le ofreces los olores de una cuera.   60

---

[2] Juego de voces, porque San Martín es pueblo de buenos vinos.
(Abundan mucho las referencias en el siglo XVII.)

Si a vista salir pruebas
o hacer caza de libres corazones,
mientras que en tus facciones
presos los ojos de una calle llevas,
cesan tus gustos con sobrada pena   65
si de alguna ventana «¡Agua va!», suena.

No te ayudas del arte
para el rojo carmín de tus mejillas,
ni ayudará a teñillas
el que Tiro a la púrpura reparte,   70
porque te dan de un jarro los despojos
al rostro fuego y rayos a los ojos.

Que así vayas convino,
canción, porque seas della recebida;
y si te ves subida   75
como el que al mar Icario de alto vino[3],
recoge el vuelo y haz que más no suba,
porque no pongas nombre a alguna cuba.

[Ms. 3.795, Bibl. Nacional, f. 76.
Publicada por primera vez por
Astrana Marín.]

628

A UNA MUJER PEQUEÑA

CANCIÓN

Mi jug[u]ete, mi sal, mi niñería,
dulce muñeca mía,
dad atención a cuatro desvaríos
y sed sujeto de los versos míos;
pero sois tan nonada, que os prometo   5
que aun no sé si llegáis a ser sujeto.

Dicen que un tiempo tan cobarde anduve,
que por vos muerto estuve,

---

[3] Alude a la fábula de Ícaro.

y yo digo de mí que, si os quería,
por poquísima cosa me moría;   10
pero sé, que aunque me he visto loco,
que cuando os quise a vos, quise muy poco.

La alma un tiempo os di; que da, señora,
la alma quien adora;
pero hallábase en vos tan apretada,   15
que os la quité por verla maltratada,
y aun le dura el temor, y dice y piensa
que si no estuvo en pena, estuvo en prensa.

Calabozo de la alma, y tan estrecho,
fue vuestro breve pecho,   20
que desde aquí mi sufrimiento admiro
y del vuestro me espanto, cuando miro
que aun vos tenéis la alma de rodillas,
si no es que entre las almas hay almillas[1].

A cualquiera persona que es pequeña,   25
¡oh linda medio dueña!,
por el refrán le dicen castellano
que desde el codo llega hasta la mano[2];
mas en vuestra medida el refrán peca,
que no llegáis del codo a la muñeca.   30

Para un juego de títeres sois dama,
que no para la cama,
pues una vez que la merced me hicisteis,
cuando menos, pensaba que os perdisteis;
y dos horas después, envuelta en risa,   35
en un pliegue os hallé de la camisa.

Dama del ajedrez, dama de cera,
dama de faltriquera,
si queréis ver ocultas vuestras faltas,
dejad de acompañar mujeres altas;   40
que malográis así vuestros deseos,
porque fuerais enana entre pigmeos.

[1] *almilla*, especie de jubón, ajustado al cuerpo, con o sin mangas.
[2] *Del codo a la mano*. Locución para significar que alguna persona es sumamente pequeña. *Diccionario de Autoridades*.

Pero quiero dejaros, mi confite,
mi dedo malgarite³,
mi diamante, mi aljófar, mi rocío,   45
pues será no meteros, desvarío;
que es una pulga poco más pequeña,
y, si es que pica, dígalo una dueña.

[Ms. 2.244, Bibl. Nacional, f. 1]

629

ENIGMA DE DON FRANCISCO DE QUEVEDO Y VILLEGAS

Las dos somos hermanas producidas
de un parto y por extremo parecidas;
no hay vida cual la nuestra penitente;
siempre andamos de embozo entre la gente,
que a indecencia juzgara   5
vernos un ojo, cuanto más la cara.
Necesidad precisa
nos tiene muchas veces sin camisa;
gormamos¹ siempre lo que no comemos;
y otro mayor trabajo padecemos: 10
que por culpas ajenas
somos el dedo malo de las penas.
Un eco es nuestra voz, de que, ofendidos
y con razón, se muestran dos sentidos;
y así la urbanidad, aunque forzadas,   15
nos tiene a soliloquios condenadas;
es al fin nuestra vida,
por recoleta, siempre desabrida.

[Ms. 4.117, Bibl. Nacional, f. 348]

El ms. añade:

Explicación
Si no quieres trabajar
el ingenio, bella Clori,
orinal somos sin ori
y Vargas, quitado el var.

«Vargas, llamado por antonomasia "El sucio", es un poeta celebrado por ello en Madrid, tan puerco como las nalgas.»

³ *dedo malgarite* o *margarite*, en Levante, el dedo meñique.
¹ *gormamos*, de «gormar», devolver. Vid. el núm. 581, v. 10.

630

EPIGRAMAS DE BELLAU REMI, FRANCÉS, A LOS RETRATOS
QUE HIZO MEZOLOQUE, FERRARIENSE, TRADUCIDAS
EN CASTELLANO*

Este que, cejijunto y barbinegro,
cornudo de mostachos,
lóbrego de color y anochecido,
hace cara de suegro
y, armado, está pisando los penachos,　　　　　5
no es Romero el temido,
Paredes el famoso,
Urbina, ni Navarro el belicoso[1],
ni es capitán, ni alférez, ni soldado.
Es un hombre casado　　　　　10
con hermosa mujer: que hoy en España,
según las cosas van del casamiento,
casarse fue notable atrevimiento,
y no ahorcarse luego, grande hazaña.

Siete años fue obligado del aceite[2];　　　　　15
diose a todo deleite,
y diéronle riquezas no pensadas
alcuzas y ensaladas.
—Mandóse retratar hecho un Aquiles,
trocando en las manoplas los candiles.　　　　　20
Y como es flaco, fue pintarle yerro,
pues en él retrataron un cencerro;
y es pintura muy propria y verdadera:
güeso de dentro y hierro por defuera.

[Ms. 108, Bibl. Menéndez Pelayo,
f. 150 v. Publicado, como los siguientes por Astrana Marín.]

* Gallardo anotó al margen: «Son anagramas los nombres», y
Astrana Marín dice que el Belleau Remy es Remy Belleau, tra-
ductor de Anacreonte.
[1] Famosos soldados de grandes fuerzas.
[2] *obligado del aceite*, el encargado de abastecer de aceite a una
población. Cf. núms. 641, v. 132; 730, v. 62 y 749, v. 41.

631

[A UN PASTELERO]

Éste, cuya caraza mesurada
con calva, panza y gota,
zapatos sin orejas, barba honrada,
gorra y sayo de sota,
todos trastes de cuerdo y caballero   5
(hablando con perdón), fue pastelero.
Y es toda aquesta gala
hija de un horno y nieta de un pala.

Y sábese por cierto
que en su tiempo no hubo perro muerto,   10
rocines, monas, gatos, moscas, pieles,
que no hallasen posada en sus pasteles;
teniendo solamente de carnero
parecerlo en los güesos que llevaban;
los que comían después desenterraban,   15
y él, haciéndolos, fue sepulturero.

Dicen que era tan sucio
(aunque lo veis aquí tan limpio y lucio:
ved lo que el rostro engaña),
que si entonces hubiera asco en España   20
(que aún no diz que se usaba ni le había),
que muriera de hambre el mesmo día:
porque primero de hambre se murieran
que pasteles comieran.
Mandóse retratar: ved con cuidado   25
lo que va de lo vivo a lo pintado.

[Ms. 108, Bibl. Menéndez Pelayo, f. 151]

632

[A UN VIEJO TEÑIDO]

Este que veis leonado de cabeza,
negro de barba y rojo de mostachos,
de quien se están riendo los muchachos
y la Naturaleza;
este que con engaños   5
quiere hacer recular atrás los años
y volverse al nacer por donde vino
u trampear al Tiempo su camino;
este que se perfila,
y por no parecer viejo escudero,   10
quiere que demos crédito al tintero
y que se le neguemos a la pila;
éste es un puto viejo,
dícelo así su potra[1] y su pellejo;
que aunque viviera solamente un día,   15
viviera mucho más que merecía.

Avariento y logrero,
borracho y maldiciente,
enemigo de Dios y de la gente,
amigo solamente del dinero.   20
Fue escándalo del uno y otro polo
para los que le vieron;
tan malo, que él y el diablo no pudieron
ser peores que él solo.

Retratóse, y ha sido   25
el retrato tan vivo y parecido,
que por última hazaña,
hasta pintado, a quien le mira engaña.

[Ms. 108, Bibl. Menéndez Pelayo, 151, v.]

---

[1] *potra,* hernia.

633

[A CIERTA DAMA CORTESANA]

Esta que está debajo de cortina,
como si fuera tienda de barbero,
que con rostro severo,
hermosa y grave, a todos amohína;
esta que con la saya azul entera   5
cubre la negra honra decentada;
aquésta, de diamantes empedrada,
por de dentro más blanda que la cera;
esta que se entretiene
con el perro de falda[1] que allí tiene,   10
siendo sus faldas tales de ruïnes
que aun no la guardarán treinta mastines;
ésta fue cotorrera
y hartó de carne a Utrera.

Era su nombre Juana,   15
hija de un zurrador y una gitana.
Subió a fregona, y se llamó Ana Pérez
con ayuda de un sastre y de un alférez,
y viéndose triunfante,
a Toledo se fue con un farsante,   20
adonde, por doncella, una alcahueta
se la vendió a un trompeta.

Caminó con aquesto viento en popa,
pues sacó faldellines
y se subió a chapines,   25
torció soplillo y trujo saya y ropa;
llamóse doña, en pago por concierto,
después que la dio un conde perro muerto:
que los dones que tienen estas tales,
como son por pecados, son mortales.   30

Llamóse doña Luisa,
cosa que a ella misma le dio risa;

---

[1] *perro de falda*, «unos perritos que llaman de falda, que crían
las señoras». Covarrubias, *Tesoro*.

y a caza de apellidos,
por no pagar el don de vacio un hora,
a la corte se vino hecha señora,   35
con joyas y vestidos;
adonde, por lo puta y por lo moza,
se llamó doña Julia de Mendoza.

    Acudieron al nombre solamente
los que tienen lujuria linajuda   40
(cáfila necia y ruda).
Destiló noble gente,
volvió la vieja en dueña,
y el mandil[2], escudero;
compró una casa y empleó dinero.   45

    Hízose desear por zahareña,
y viéndola medrada,
de toda una vacada de maridos
estaba deseada.
Diole a un letrado oídos,   50
en cuya barba vio pronosticado
que antes seria cabrón que no letrado.
Casóse, tomó oficio de marido,
y (no habrá quien lo crea),
que, para que el letrado se provea[3],   55
me han dicho sus vecinas
que echan a la mujer las melecinas.
Y esto que veis pintado aquí y postizo,
se lo hizo un pintor que se lo hizo.

            [Ms. 108, Bibl. Menéndez Pelayo, f. 152]

634

[A UN TABERNERO]

    Este que veis hinchado como cuero,
descansando la mano en un bufete,
tan crespo de copete,
siendo indigno botero,

---

[2] *mandil*, criado de rufián o de mujer pública. Es voz de germanía. Véanse otras referencias en los núms. 850, v. 2 y 852, v. 113.
[3] *provea*, haga sus necesidades.

hizo en Granada de vestir al vino,   5
y fue su ejecutoria
salvoconduto de cualquier cochino.
Es imposible hacerse pepitoria
de su honor, de su hacienda y su nobleza,
por no tener jamás pies ni cabeza.   10

    Su padre, por dejalle posesiones,
se fue donde no alcanza
el poder de las cuentas de perdones.
A gastos de su panza
luego aplicó sus mandas y obras pías.   15
Olvidaron los días
de su oficio a la gente;
compró más de un pariente;
pretendió, en el dinero confiado,
traer a Santïago sobre el pecho,   20
muy encaballerado[1],
y no le fue el dinero de provecho;
que en tan nueva quimera
parecieran alforjas si trujera
a Santïago al pecho, y a la espalda   25
San Benito amarillo[2], como gualda;
y anduviera el Apóstol caballero
a un tiempo con bordón y bordonero.

    Retratóse con calza y gorra y bota,
reventando de gala,   30
y mandóse colgar en esta sala,
siendo alhaja debida a la picota.

[Ms. 108, Bibl. Menéndez Pelayo,
f. 152 v.]

---

[1] Es decir, pretendió ser nombrado caballero de la orden de Santiago.
[2] Porque sus antepasados habían sido «sambenitados», es decir, condenados por la Inquisición a llevar un «sambenito».

635

Epitafio a un italiano llamado Julio*

Yace en aqueste llano
Julio el italïano,
que a marzo parecía
en el volver de rabo cada día.
Tú, que caminas la campaña rasa,   5
cósete el culo, viandante, y pasa.

Murióse el triste mozo malogrado
de enfermedad de mula de alquileres,
que es decir que murió de cabalgado.
Con palma le enterraron las mujeres;   10
y si el caso se advierte,
como es hembra la Muerte,
celosa y ofendida,
siempre a los putos deja corta vida.

Luego que le enterraron,   15
del cuerpo corrompido
gusanos se criaron,
a él tan parecidos,
que en diversos montones
eran, unos con otros, bujarrones[1].   20

[Ms. 108, Bibl. Menéndez Pelayo,
f. 154 v.]

636

A un ermitaño mulato

¿Ermitaño tú? ¡El mulato,
oh pasajero, habita
en esta soledad la pobre ermita!
Si no eres me[n]tecato,

---

* Astrana Marín afirma que se trata de Julio Junti de Modesti,
dueño de la imprenta real desde 1601 a 1618.
[1] *bujarrones*, afeminados. Cf. el núm. 828, v. 17.

pon en reca[u]do el culo y arrodea   5
primero que te güela u que te vea;
que cabalgando reses del ganado,
entre pastores hizo el noviciado.
Y haciendo la puñeta,
estuvo amancebado con su mano,   10
seis años retirado en una isleta,
y después fue hortelano,
donde llevó su honra a dos mastines.
Graduó sus cojones de bacines.
Mas si acaso no quieres   15
arrodear, y por la ermita fueres
llevado de tu antojo,
alerta y abre el ojo.
Mas no le abras, antes has tapialle:
que abrirle, para él será brindalle.   20

[Ms. 108, Bibl. Menéndez Pelayo, f. 155]

637

A UN BUJARRÓN

EPITAFIO

Aquí yace Misser de la Florida,
y dicen que le hizo buen provecho
a Satanás su vida.
Ningún coño le vio jamás arrecho[1].
De Herodes fue enemigo y de sus gentes,   5
no porque degolló los inocentes;
mas porque, siendo niños y tan bellos,
los mandó degollar y no jodellos.
Pues tanto amó los niños y de suerte
(inmenso bujarrón hasta la muerte),   10
que si él en Babilonia se hallara,
por los tres niños en el horno entrara.

   ¡Oh, tú, cualquiera cosa que te seas,
pues por su sepultura te paseas,
u niño, u sabandija,   15
u perro, u lagartija,

---

[1] *arrecho*, tieso, erguido.

u mico, u gallo, u mulo,
u sierpe, u animal que tengas cosa
que de mil leguas se parezca a culo !,
guárdate del varón que aquí reposa;   20
que tras un rabo, bujarrón profundo,
si le dejan, vendrá del otro mundo.

No en tormentos eternos
condenaron su alma a los infiernos;
mas los infiernos fueron condenados   25
a que tengan su alma y sus pecados.
Pero si honrar pretendes su memoria,
di que goce de mierda y no de gloria;
y pues tanta lisonja se le hace,
di: «Requiescat in culo, mas no in pace.»   30

> [Ms. 108, Bibl. Menéndez Pelayo,
> f. 155 v.]

638

MADRIGALES

De los miembros de aquella
mozuela desdeñosa,
virgen montés, selvática doncella,
tan loca como hermosa[1],

... ...

por un ochavo solo,   5
que verte en las esquinas
corona[n]do besugos y sardinas,
laureando en barriles
bodrios infames y escabeches viles.
Y es castigo debido a tu pecado,   10
que con tanto desdén le negociaste;
y pues, mujer, la carne despreciaste,
árbol, te harten todos de pescado.

> [Ms. 108, Bibl. Menéndez Pelayo,
> f. 156.]

[1] En el margen pone «faltos».

639

RIESGOS DEL MATRIMONIO EN LOS RUINES CASADOS*

SÁTIRA

¿Por qué mi musa descompuesta y bronca
despiertas, Polo, del antiguo sueño,
en cuyos brazos, descuidada, ronca?

¿No ves que el lauro le trocó en beleño,
y que deja el velar para las grullas,   5
y ya es letargo el que antes era ceño?

Pues si lo ves, ¿por qué, gruñendo, aúllas?
Que, si despierta y deja la modorra,
imposible será que te escabullas.

Mira que ya mi pluma volar horra[1]   10
puede, y que, libre, te dará tal zurra,
que no la cubra pelo, seda o borra.

Obligado me has a que me aburra,
y que a tu carta o maldición responda.
Sin duda ya la oreja te susurra.   15

* No es enteramente de Quevedo, puesto que González de Salas
dice: «Yo nunca había visto ésta, que ahora verá luz, toda entera, hasta que últimamente llegó a mis manos, pocos días antes
que se pudiese encomendar a la prensa, comunicándomela don
Pedro de la Escalera y Guevara... Pero con desconveniencias hallé
su original, y disonancias, que a la primera vista pudieron persuadir a no admitirse en este *Parnaso*. La imitación de Juvenal
en ella estaba muy precisa; de donde procedía que se represen-
tase también la Venus muy desnuda, y ansí horrible a nuestros
oídos, que no permiten la significación de su lasciva incontinencia,
sino vestida más y disimulada... Después de este inconveniente,
que era grande y muy repetido en todo el contexto de la sátira,
flaqueaba la viveza y elegancia del estilo, y aun de la sentencia,
en muchos lugares. Pero ya después, advirtiendo en otros pedazos buenos sin duda, y dignos de estimable memoria, determiné
ayudar a esta poesía para que aquí se colocase, ya que no podemos gozar la emendación excelente que le habría aplicado don
Francisco, según me lo había él significado. Corrigióse, pues,
aquella malicia y adornóse donde faltó la pulideza por culpa del
tiempo, no del autor suyo, que ya tenía bien prevenido su reparo
en otra edad más enmendada».
    Astrana Marín cree que está escrita en Valladolid, entre 1601
y 1605, y conjetura que dirigida al doctor Francisco Martínez Polo,
catedrático de Medicina. Pero véase la nota 12.
    [1] *horra*, libre.

¿He yo burlado a tu mujer oronda?
¿He aclarado el secreto de la penca?
¿Llevé tu hija robada a Trapisonda?

¿Quemé yo tus abuelos sobre Cuenca,
que en polvos sirven ya de salvaderas,   20
aunque pese a la sórdida Zellenca?

Pues si de estas desgracias verdaderas
no tengo yo la culpa, ni del daño
que eternamente por su medio esperas,

dime: ¿por qué, con modo tan extraño,   25
procuras mi deshonra y desventura,
tratando fiero de casarme hogaño?

Antes para mi entierro venga el cura
que para desposarme; antes me velen
por vecino a la muerte y sepoltura;   30

antes con mil esposas me encarcelen
que aquesa tome; y antes que «Sí» diga,
la lengua y las palabras se me yelen.

Antes que yo le dé mi mano amiga,
me pase el pecho una enemiga mano;   35
y antes que el yugo, que las almas liga,

mi cuello abrace el bárbaro otomano,
me ponga el suyo, y sirva yo a sus robos,
y no consienta el Himeneo tirano.

Eso de casamientos, a los bobos,   40
y a los que en ti no están escarmentados,
simples corderos, que degüellan lobos.

A los hombres que están desesperados
cásalos, en lugar de darles sogas:
morirán poco menos que ahorcados.   45

No quieras que en el remo, donde bogas,
haya, por consolarte, otro remero,
y que se ahogue donde tú te ahogas.

Sólo se casa ya algún zapatero,
porque a la obra ayudan las mujeres,
y ellas ganan con carnes, si él con cuero.   50

Los siempre condenados mercaderes
mujeres toman ya por granjería,
como toman agujas y alfileres.

Dicen que es la mejor mercadería,   55
porque la venden[2], y se queda en casa;
y lo demás, vendido, se desvía.

El grave regidor también se casa,
por poner tasa a lo que venden todos,
y tener cosa que vender sin tasa.   60

También se casan los soberbios godos[3],
porque también suceden desventuras
a los magnates, por ocultos modos.

Cásanse los roperos, tan a [e]scuras
como ellos venden siempre los vestidos,   65
y ellas, desnudas, venden las hechuras.

Cásanse los verdugos abatidos
con mujeres, por ser del mesmo oficio,
que atormentan de la alma los sentidos.

El médico se casa, de artificio,   70
por si cosa tan pérfida acabase,
y hiciese al hombre tanto beneficio.

Y él sólo será justo que se case,
para que ambos den muerte a sus mitades,
y ansí la tierra de ambos se aliviase.   75

Cásanse los letrados, dignidades,
para que a sus mujeres con Jasones
puedan también juntarse los abades.

[2] «Marcial», apostilla González de Salas.
[3] *godos*, por «nobles», por presumidos de sangre limpia y descender de la Montaña. Abundan las referencias. Véanse los números 849, v. 24 y 871, v. 125.

Con las espinas hacen los cambrones
también sus matrimonios cortesanos   80
(que ambos desnudan), porque el tuyo abones.

También los siempre inicuos escribanos,
por ahorrar el gasto del tintero[4],
dan, con la pluma, a su mujer las manos.

Ya he visto yo volar un buey ligero   85
en uno de éstos, que de plumas suyas
alas formó sutiles de jilguero.

Déjame, pues, vivir; no me destruyas;
ya que de mi pasión y mi tormento
canté las celebradas aleluyas.   90

Quiero contar, con tu licencia, un cuento
de un filósofo antiguo celebrado,
por ser cosa que toca a casamiento.

Vivió infinitos años encontrado[5]
con otro sabio, y nunca habia podido   95
vengar en él el corazón airado.

Al cabo vino a hallarse muy corrido,
en ver a su contrario siempre fuerte,
y en tanto tiempo nunca de él vencido.

Últimamente le ordenó la muerte,   100
y, al fin, como traidor, vino a engañalle,
y pudo de él vengarse de esta suerte:

Una hija tenía de buen talle,
hermosa y pulidísima doncella,
y ordenó con aquesta de casalle.   105

Fingió hacer amistades, y, con ella,
dejar el pacto siempre asigurado;
aficionóse el enemigo de ella.

---

[4] Porque los tinteros se hacían de cuerno.
[5] *encontrado*, reñido, enfadado.

¡Oh gran poder de amor!, que, enamorado,
contento a casa la llevó consigo:
casóse con la moza el desdichado.   110

Después, culpando al sabio cierto amigo
la ignorancia cruel y el yerro extraño
que hizo en dar su hija a su enemigo,

él respondió: «No entiendes el engaño;   115
pues, por vengarme del contrario mío,
le di mujer, del mundo el mayor daño».

Ansí que, por contrario de más brío,
tengo, Polo cruel, al que me casa
que al que me saca al campo en desafío.   120

Júzgalo, pues que puedes, por tu casa,
fiero atril de San Lucas[6], cuando bramas,
obligado del mal que por ti pasa.

Los hombres que se casan con las damas
son los que quieren ver de caballeros   125
sillas en casa llenas, llenas camas;

ver, sin saber de dónde, los dineros;
que los lleven en medio los señores;
que los quiten los grandes los sombreros;

que los curen de balde los dotores;   130
que les hagan más plaza que aun al toro;
tratar de vos los graves senadores.

Gustan de ver la rica joya de oro
en sus mujeres, nunca preguntando:
«¿Qué duende fue el que trujo este tesoro?»   135

Quieren que les estén continuo dando,
y hasta las capas piden, como bueyes
que, presos con maroma, están bramando.

---

[6] San Lucas es representado por un toro.

Privados suelen ser también de reyes,
porque de sus mujeres son privados,   140
y éstos, como camisas, mudan leyes.

Pues si aquesto sucede en los casados,
¿por qué han de procurar hembras crueles,
ni yo, ni los que están escarmentados?

Si me quiero ahorcar, ¿no habrá cordeles?[7]   145
¿Faltarán que me acaben desventuras?
¿Tósigo no hallaré, veneno y hieles?

Si quiero desterrarme, habrá espesuras;
y si, desesperado, despeñarme,
montes altos tendré con peñas duras.   150

Bien pues; si, con intento de acabarme,
me aliñas de mujer la amarga suerte,
no la he ya menester para matarme.

En cuantas cosas hay, hallo la muerte;
en la mujer, la muerte y el infierno,   155
y fin más duro y triste, si se advierte.

Más quiero estarme helando en el invierno
sin la mujer, que ardiendo en el verano,
cercado el rostro de caliente cuerno.

Si tú fueras, ¡oh Polo!, buen cristiano,   160
pensara que el casarme lo hacías
reputándome a mí por luterano,

y que, por castigar blasfemias mías,
querías ponerme tal verdugo al lado,
que atormentase mis caducos días.   165

Y a casarme, casárame fiado
de que, estándolo tantos tus parientes,
habréis las malas hembras agotado.

---

[7] «Juven[al]», anota González de Salas.

Ya te pesa de verte entre mis dientes;
ya te arrepientes del pasado yerro;
ya vuelves contra mí cuernos valientes. 170

Ya, por tanto ladrar, me llamas perro;
yo cuelgo, cual alano, de tu oreja,
y tú, bramando, erizas frente y cerro.

¡Qué a propósito viene la conseja 175
que del canino Diógenes famoso
quiero contarte, aunque parezca vieja!

Yendo camino un día, presuroso,
vio una mujer bellísima ahorcada
de las ramas de un álamo pomposo; 180

y después que la tuvo bien mirada,
con lengua, como siempre, disoluta,
dijo (digna razón de ser contada):

«Si llevaran de aquesta misma fruta
cuantos árboles hay, más estimadas 185
fueran sus ramas de la gente astuta.»

¡Qué razones tan bien consideradas!
A ser como él, y yo, toda la gente,
ya estuvieran las tristes ahorcadas.

Viviera el hombre más seguramente, 190
sin tener enemigos tan mortales;
volviera el Siglo de Oro a nuestro oriente.

Dirásme tú que hay muchas principales,
y que hay rosa también donde hay espina;
que no a todas las vencen cuatro reales. 195

En Claudio te responde Mesalina,
mujer de un grande emperador de Roma:
que al adulterio la mejor se inclina.

¿Cuándo insolencia tal hubo en Sodoma,
que en viendo al claro emperador dormido, 200
cuyo poder el mundo rige y doma,

la emperatriz, tomando otro vestido,
se fuese a la caliente mancebía,
con el nombre y el hábito fingido?

Y, en entrando, los pechos descubría   205
y al deleite lascivo se guisaba,
ansí, que a las demás empobrecía.

El precio infame y vil regateaba,
hasta que el taita[8] de las hienas brutas
a recoger el címbalo tocaba.   210

Todas las celdas y asquerosas grutas
cerraban antes que ella su aposento,
siempre con apariencias disolutas.

Hecho habia arrepentir a más de ciento,
cuando cansada se iba, mas no harta,   215
del adúltero y sucio movimiento.

Mas, por no hacer ya libro la que es carta,
dejo de meretricias dignidades
y de cornudos nobles luenga sarta.

Mal haya aquel que fía en calidades,   220
pues cabe en carne obscura sangre clara,
y en muy graves mujeres, liviandades.

Ni aun sin culpa algún olmo se casara
con la lasciva vid, si a sinrazones
también el sentimiento no negara.   225

Pues sólo a disculpar los bujarrones[9]
no ha de bastar huir de las mujeres,
ni quieren admitirlo los tizones.

Dirás que no hay contentos ni placeres
en donde no hay mujer, y que sin ella,   230
con soledad, enfermo y sano, mueres;

---

[8] *taita*, padre; pero aquí, «padre de la mancebía», el que la gobernaba. Cf. núms. 709, v. 16 y 849, v. 113.
[9] *bujarrones*, sodomitas, afeminados.

que es gran gusto abrazar una doncella
y hacerla madre del primer boleo,
gozando de la cosa que es más bella.

Pues yo te juro, Polo, que deseo   235
ver, desde que nací, virgos y diablos,
y ni los diablos ni los virgos veo.

Demonios veo pintados en retablos,
y de caseros virgos contrahechos
llenos palacios, llenos los establos.   240

Los casados estáis muy satisfechos
en el talle gentil, en el regalo,
y en el entendimiento los mal hechos.

Fíase en la riqueza el hombre malo;
en el caudal el mercader judío;   245
el alguacil confíase en su palo;

pero de estas fianzas yo me río,
pues veo que la mujer del perezoso
suele curiosa ser del de buen brío;

la que tiene el marido bullicioso   250
imagina cómo es el sosegado,
y cómo el fiero, si es el suyo hermoso;

la mujer del soberbio titulado
desea comunicar al pordiosero;
desea la del dichoso al desdichado;   255

la que goza del tierno caballero
apetece los duros ganapanes,
y a cansar un gañán se atreve entero;

la que goza valientes capitanes,
se enamora de liebres y aun de zorras;   260
y, si títeres son, de sacristanes.

Quiero callar: que temo que te corras,
aunque, con tu paciencia, bien se sabe
que el timbre suyo a los cabestros borras.

Ya escucho que te ríes de que alabe   265
mi desprecio, y que a ti, dices, respeta
el caballero más altivo y grave.

No entiendes, no, la poco honrosa treta:
eres como el asnillo de Isis[10] santa,
cuando el honor de la deidad aceta.   270

Pues, viendo arrodillada gente tanta,
que su llegada solamente espera,
y que éste alegre danza, y aquél canta,

se para, hasta que a fuerza de madera,
con los palos transforman el jumento   275
en ave velocísima y ligera,

diciendo: «Este divino acatamiento
no se hace a ti, sino a la excelsa diosa
que encima traes, con tardo movimiento».

Ansí que la persona poderosa   280
no ha de hacer honra a aquel que ha deshonrado:
a su mujer la hace, que es hermosa.

Y si por ti la tomas, desdichado,
vendráte a suceder lo que al borrico,
y serás, tras cornudo, apaleado.   285

Si yo quisiera ser, Polo, más rico,
tener mayor ajuar o más dinero,
pues no puedo valerme por el pico,

como me habia de hacer bodegonero,
para guisar y hacer desaguisados,   290
o, para vender agua, tabernero,

o, para aprovechar los ahorcados,
vil pastelero, o ginovés arpía[11],
para hacer que un real para ducados,

[10] *asnillo de Isis*, es el del *Asno de Oro*, de Apuleyo.
[11] *arpía*, con el significado de «ladrón». Alude a los negocios de banca de los genoveses.

el triste casamiento eligiría, 295
cual tú lo hiciste, pues con él granjeas
por la más ordinaria y fácil vía.

Y por si acaso, Polo, aun hoy empleas
tu mujer en mohatras semejantes,
quiero que mis astutos versos leas. 300

No tengas celos de hombres caminantes,
ni aun de soldados, gente arrebatada,
ni aun de los bizcos condes vergonzantes;

que el caminante ha de dejar la espada
para gozar de tu mujer vendida, 305
y la golilla el conde, si le agrada.

Sólo te has de guardar toda tu vida
del perverso estudiante, como roca
en su descomunal arremetida.

Éste, con furia descompuesta y loca, 310
por no quitarse nada, se arremanga
las (¡Dios nos libre!) faldas con la boca[12].

Si tú vienes, las suelta, y, muy de manga,
con tu mujer maquinará, ingenioso,
trampa que sobre al desmentir la ganga. 315

Ya me falta el aliento presuroso,
y ya mi lengua, de ladrar cansada,
se duerme entre los dientes, con reposo.

Mas, porque no la llames mal crïada,
quiere, aunque disgustada, responderte 320
a tu carta satírica y pesada.

Ya empiezas a temer el trance fuerte,
y tiemblas más mi lengua y sus razones
que la corva guadaña de la Muerte.

---

[12] Lope, *Epistolario*, III (Madrid, 1941), pág. 346, dice en una carta al de Sessa, de 1617: «Queuedo lo dixo mexor en vna satyra: "Las (¡Dios nos libre!) faldas lebantadas"». El poema será, por lo tanto, anterior.

Con una cruz empiezan tus ringlones,　　325
y pienso que la envías por retrato
de la fiera mujer que me dispones.

Luego, tras uno y otro garabato,
me llamas libre, porque no te escribo,
áspero, duro, zahareño, ingrato.　　330

Dices que te responda, si estoy vivo:
sí lo debo de estar, pues tanto siento
la amarga hiel que en tu papel recibo.

Ofrécesme un soberbio casamiento,
sin ver que el ser soberbio es gran pecado,　　335
y que es humilde mi cristiano intento.

Escribes que, por verme sosegado
y fuera de este mundo, quieres darme
una mujer de prendas y de estado.

Bien haces, pues que sabes que el matarme,　　340
para sacarme de este mundo, importa,
y el morir se asegura con casarme.

Dícesme que la vida es leve y corta,
y que es la sucesión dulce y süave,
y al matrimonio Cristo nos exhorta;　　345

que no ha de ser el hombre cual la nave,
que pasa sin dejar rastro ni seña,
o como en el ligero viento la ave.

¡Oh, si, aunque yo pagase el fuego y leña,
te viese arder, infame, en mi presencia,　　350
y en la de tu mujer, que te desdeña!

Yo confieso que Cristo da excelencia
al matrimonio santo, y que le aprueba:
que Dios siempre aprobó la penitencia.

Confieso que en los hijos se renueva　　355
el cano padre para nueva historia,
y que memoria deja de sí nueva.

Pero para dejar esta memoria,
le dejan voluntad y entendimiento,
y verdadera, por soñada, gloria.   360

Dices que para aqueste casamiento
una mujer riquísima se halla
con el, de grandes joyas, ornamento.

Has hecho mal, ¡oh mísero !, en buscalla
con tan grande riqueza : que no quiero   365
tan rica la mujer para domalla.

Dices que me darán mucho dinero
porque me case : lo barato es caro ;
recelo que me engaña el pregonero.

Su linaje me dices que es muy claro :   370
nunca para las bodas le hubo obscuro,
ni ya suele ser ése gran reparo.

Muéstrasmela vestida de oro puro ;
y como he visto píldoras doradas,
en ella temo bien lo amargo y duro.   375

Que hermanas tiene y madre muy honradas
cuentas, ¡oh coronista adulterado !
¡Tú las quieres también emparentadas !

De su buen parecer me has informado,
como si, por ventura, la quisiera,   380
por su buen parecer, para letrado.

Que tiene condición de blanda cera :
bien me parece, Polo ; pero temo
que la derrita como a tal cualquiera.

Gentil mujer la llamas por extremo :   385
¿por gentil me la alabas y prefieres ?
Sólo ya te faltaba el ser blasfemo.

Nunca salgas, traidor, de entre mujeres ;
mujer sea el animal que te destruya,
pues tanto a todas, sin razón, las quieres.   390

Déjente ya que goces de la tuya
los que con ella están amancebados.
Volvérsete ha en responso la alleluya.

Y en todos sus adúlteros preñados,
hijas te para todas, y a docenas,   395
y con ellas te crezcan los cuidados.

Estén las mancebías siempre llenas
de hermanas tuyas, primas y sobrinas,
que deshonren la sangre de tus venas.

Tus desdichas aumenten y tus ruinas   400
mozas sin pluma, y emplumadas viejas[13];
de tu vida mormuren tus vecinas.

Y pues en mi quietud nunca me dejas
vivir, nunca el alegre desengaño
con la verdad ocupe tus orejas.   405

¿Mujer me dabas, miserable, hogaño?
Pues, aunque me heredaras, no eligieras
para matarme tan astuto engaño.

¿No ves que en las mujeres, si son fieras,
el hombre tiene lo que no querría,   410
y adora concubinas y rameras?

Si hermosas son, si tienen gallardía,
no son más del marido que de todos.
La que me traes es tal mercadería.

En ellas tienen Fúcares y godos   415
una acción insolente de gozallas,
por mil ocultos y diversos modos.

¡Felices los que mueren por dejallas,
o los que viven sin amores de ellas,
o, por su dicha, llegan a enterrallas!   420

[13] A las alcahuetas y viejas Celestinas se las condenaba a ser
emplumadas.

En casadas, en viudas, en doncellas,
tantas al suelo plagas se soltaron,
cuantas son en el cielo las estrellas.

Mas, pues que de mis mañas te informaron,   425
de mis costumbres y de mis empleos,
y un bruto en mí y un monstro dibujaron;

pues que, por casos bárbaros y feos,
te dijeron mi vida caminaba
al suplicio derecha, sin rodeos;

que en toda la ciudad se mormuraba   430
mi disimulación y alevosía,
y que pérfido el mundo me llamaba;

que no se vio la desvergüenza mía
en alguacil alguno, ni en corchete;
que nadie sus espaldas me confía;   435

que he trocado en el casco mi bonete,
el vademécum todo en la penosa[14],
y del año lo más paso en el brete;

pues si esto te dijeron, ¿cuál esposa
querrá admitir marido semejante,   440
si su muerte no busca, mariposa?

Ponla tantos defectos por delante;
dila, en fin, que yo soy un desalmado,
enjerto en sotanilla de estudiante.

Y aunque hijo de padre muy honrado   445
y de madre santísima y discreta,
dirás que me ha traído mi pecado
a desventura tal, que soy poeta.

[Parnaso, 653]

---

14 *penosa*, vida penosa, trabajosa.

640

SÁTIRA A UNA DAMA

TERCETOS

Pues más me quieres cuervo que no cisne,
conviértase en graznido el dulce arrullo
y mi nevada pluma en sucia tizne.

Ya, mi Belisa, ya rabiando aúllo
tu ingrata sinrazón y mi cuidado,   5
y del yugo y maromas me escabullo.

Mas, ¿cómo puede ser quien ha cantado
tu bello rostro, tu nevada frente,
el cuello hermoso de marfil labrado,

que en tu nombre escribió tan dulcemente   10
en levantado estilo, en versos graves,
que le pueda ultrajar eternamente?

La causa yo la sufro y tú la sabes,
aunque en callarla pienso ser eterno,
ora me vituperes o me alabes.   15

Escucha, pues, al son altivo o tierno,
mis quejas, y comienza el noviciado
que las damas hacéis para el Infierno.

¡Cómo se echa de ver que me he enojado!
La culpa tiene aquesta lengua mía: 20
perdóname, que corro desbocado.

Perdóname, mi bien y mi alegría,
que aquesta mala inclinación me lleva,
aunque un agravio sin razón la guía.

No tengas pena, no, que yo me atreva   25
a cosa que vergüenza pueda darte,
que no podré yo hacer cosa tan nueva.

Ya parece que empiezas a mudarte,
que pierdes la color y el movimiento,
que no acabas todo hoy de persinarte.   30

¡Oh, lo que gritarás mi atrevimiento!,
diciendo: «¿Este mordaz (y aquí te entonas)
se atreve a una mujer de mi talento?»

Pero volviendo en ti, mi lengua abonas,
y viendo que no puedes desmentirme,   35
por encubrir la caca, me perdonas.

No dejaré, Belisa, de reírme,
imaginando cuántas maldiciones
arrojarás en mí por destruirme.

Ya me ordenas la muerte en pescozones,   40
ya con el solimán de un favor tuyo,
ya en tu mucho rigor, ya en tus razones,

diciendo: «Yo a este bárbaro destruyo;
con él enterraré mis liviandades,
y alegre gozaré mi dulce cuyo[1]».   45

Tú te dices, Belisa, las verdades.
¿Quién te pregunta si eres, ni si has sido
liviana por tus dulces mocedades?

Si te has holgado y te has entretenido,
a mí no se me da un ardite solo;   50
désele, pues es justo, a tu marido.

Ponga en tu vida quien quisiere dolo,
que yo pienso dejarla eternizada
en estos versos, aunque pese a Apolo.

Pues eres a mis ojos tan probada,   55
y no es malicia, en penas y trabajos,
que estás pura de puro acrisolada.

---

[1] *cuyo*, amante.

Rebujada naciste en dos andrajos
de una hija de Adán por gran ventura,
cuya comadre fueron cuatro grajos.   60

Allí tu cuna fue tu sepultura,
y cual pequeña planta de la tierra,
te levantaste en tan sublime altura.

Con la belleza hiciste al mundo guerra;
siempre para vencer fuiste vencida: 65
¡misterio grande que tu vida encierra!

Amaste la humildad tanto en tu vida,
que debajo de todos siempre andabas,
solamente en dar gusto entretenida.

A Dios eterno tanto amor mostrabas,   70
que viendo que es el hombre imagen suya,
con este celo a todos los buscabas.

Pues ¿cuál sin alma puede haber que arguya
de vil pecado tan devoto celo,
y que en su lengua tanto honor destruya?   75

Un rayo de las bóvedas del cielo
en ceniza le vuelva lengua y boca,
si justicia faltare acá en el suelo.

A lástima y a llanto me provoca
tan dura suerte y rigurosa estrella,   80
bastante a enternecer un monte o roca.

Nunca nacieras tan hermosa y bella;
quizá no fueras perseguida tanto,
con sólo aventurarte a ser doncella.

Pero yo, mi Belisa, no me espanto,   85
que siempre en este mundo y siglo rudo
pasan los buenos penas y quebranto.

Pregúntalo al hermano Cogolludo,
que él declarará el misterio, cuando
verdad desnuda te dirá desnudo.   90

No te andes encubriendo y recatando
después, que no hace el médico provecho
al enfermo que pasa el mal callando.

Y pues te ves agora en tal estrecho,
un dedo más o menos, no seas corta,   95
mi Belisa, descúbrele hasta el pecho.

Yo te digo a la fe lo que te importa,
que soy hombre de bien a las derechas,
y no amiguito de banquete y torta.

Vosotras las mujeres estáis hechas   100
a oír aduladores: no soy desos,
amigo de dulzuras y de endechas.

Nunca mi alma busca esos excesos,
que es muy de mancebitos de la hoja:
cuajada tengo la cabeza en sesos.   105

Paréceme que oírme te congoja
en ver cómo mis tachas disimulo;
de nuevo agora y sin razón te enoja.

Sólo en considerarte me atribulo,
echando mis simplezas a malicia,   110
y por aquesto lo demás regulo.

Pues así del poder de la justicia
mis cosas libre Dios, y así me vea
oficial reformado en tu milicia,

que soy quien solamente te desea   115
servir, aficionado de tu cara,
que en su servicio tanta gente emplea.

Aficionóme a ti tu fama clara,
y verte una mujer de tomo y lomo,
que aun de tu cuerpo nunca fuiste avara.   120

¡Oh virtud excelente!, de quien tomo
ejemplo singular en la largueza:
mis carnes venzo, mis pasiones domo.

Es tanta de tu vida la estrecheza,
que siempre andas cayendo y levantando: 125
de penitencia es grande tu flaqueza.

Contino estás escrúpulos llorando,
que en tu buena conciencia los testigos
de la culpa venial están ladrando.

No lloras que aborreces enemigos,   130
pues es tu mayor culpa, mujer santa,
querernos bien a todos por amigos.

¿Quién desta vida y hechos no se espanta?
¿Quién a imitar tus pasos no dispone
la dura voluntad, la tarda planta?   135

¿Quién hay, Belisa, quién que no pregone
tu milagrosa vida tan austera,
y la suya por ti no perficione?

Pues de la ley sagrada y verdadera
tanto amas los preceptos que refieres,   140
por alcanzar la gloria venidera,

que viendo que a los hombres y mujeres
los manda amar sus enemigos todos,
hasta los tres del alma bien los quieres.

Yo, pues, que en el Infierno hasta los codos   145
sumido estoy, y de pecados lleno,
me voy aniquilando de mil modos;

de fuerza propia y de favor ajeno,
mi alma te encomiendo, ya que fieras
culpas la tienen con mortal veneno.   150

Mas, porque puede ser que no la quieras
sin cuerpo y todo, todo te lo ofrezco
con sana voluntad y eternas veras.

Ampárame, que bien te lo merezco
por esta voluntad, que en las entrañas   155
con nueva obligación conservo y crezco.

No quieras parecer a las arañas
en convertir las flores en ponzoña,
ya que simiente engendras para cañas.

Apostaré un ducado que mi roña   160
acabas de entender en este verso,
al fuego condenando mi zampoña.

Quiero, pues ya me tienes por perverso,
darte, Belisa, una espantosa zurria,
pues ansí lo permite el hado adverso.   165

Tomado me ha sin remisión la murria;
ya quiero desnudar mi Durindaina[2];
ya le ha dado a mi lengua la estangurria[3].

Amaina, pues, desventurada, amaina;
que por darte de presto y a lo zaino[4],   170
te quiero dar el golpe con la vaina.

Mas asco tengo en ver que desenvaino
contra la ninfa bel de una zahúrda,
y del primero pensamiento amaino.

Pero bien me mereces que te aturda   175
y que ninguna falta te la calle,
que un diluvio de sátiras te urda.

Pues tanto mal has dicho de mi talle,
y que me fuerzas (esme Dios testigo)
en este tu billete a divulgalle.   180

No mi disculpa en la pintura sigo;
pero quiero mostrar de tu locura
el trato infame, el término enemigo.

No es como mi vida tu estatura,
que, por no decir ruin, quise ponello: 185
bien larga has menester la sepultura.

---

[2] La espada de Roldán. Vid. págs. 1313-1314.
[3] *estangurria*, como *estrangurria*, micción dolorosa, gota a gota.
[4] *zaino*, a lo traidor. Cf. los núms. 763, v. 22; 856, v. 40 y 858, v. 70.

Es como tu linaje mi cabello,
escuro y negro; y tanta su limpieza,
que parece que no has llegado a vello.

Es como tu conciencia mi cabeza,   190
ancha, bien repartida, suficiente
para mostrar por señas mi agudeza.

No es de tu avara condición mi frente;
que es larga y blanca, con algunas viejas
heridas, testimonio de valiente.   195

Son como tus espaldas mis dos cejas,
en arco, con los pelos algo rojos,
de la color de las tostadas tejas.

Son como tu vestido mis dos ojos,
rasgados, aunque turbios (como dices),   200
serenos, aunque tengan mil enojos.

Son como tus mentiras mis narices,
grandes y gruesas; mira cómo escarbas
contra ti, mi Belisa: no me atices.

Como tus faldas tengo yo las barbas,   205
levantadas, bien puestas; no me apoca
que digas que hago con la caspa parvas.

Es como tú, para acertar, mi boca,
salida, aunque no tanto como mientes,
con brava libertad de necia y loca.   210

Como son tus pecados, son mis dientes,
espesos, duros, fuertes al remate,
en el morder de todo diligentes.

Es como tu marido mi gaznate,
estirado, mayor que tres cohombros;   215
que el llamalle glotón es disparate.

Como son los soberbios son mis hombros,
derribados, robustos a pedazos,
que causa el verme al más valiente asombros.

Como tus apetitos son mis brazos, 220
flacos, aunque bien hechos y galanos,
pues han servido de amorosos lazos.

Traigo como tus piernas yo las manos,
abiertas, largas, negras, satisfecho,
que dan envidia a muchos cortesanos. 225

Como tu pensamiento tengo el pecho,
alto, y en generosa compostura,
donde pueden caber honra y provecho.

Como es tu vida tengo la cintura,
estrecha, sin barranco ni caverna, 230
que parezco costal en la figura.

Como tu alma tengo la una pierna,
mala y dañada; mas, Belisa ingrata,
tengo otra buena, que mi ser gobierna.

Como tu voluntad tengo una pata, 235
torcida para el mal, y he prevenido
que le sirva a la otra de reata.

Como tu casamiento es mi vestido,
mal hecho y acabado: que un poeta
jura de no ser limpio ni pulido. 240

Es como tu conciencia mi bayeta,
raída, y esto basta, aunque imagino
que aguardas, por si pinto, alguna treta.

Mas yo quedarme quiero en el camino;
que, aunque trato de ti, tengo recato: 245
no digan que a la cólera me inclino.

Ésta mi imagen es y mi retrato,
adonde estoy pintado tan al vivo,
que se conoce bien mi garabato.

Aquestos versos sólo los escribo 250
para desengañar al que creyere
que soy (como tú dices) bruto y chivo.

Pues quien este retrato propio viere,
sacará por mi cara tus costumbres,
y te conocerá si lo creyere.   255

Paréceme que a puras pesadumbres,
si más versos escribo, haré que viertas
las destiladas lágrimas a azumbres.

Paréceme, Belisa, que despiertas
de noche, con soñarme, tan medrosa,   260
que le das al vecino francas puertas.

Dirás: «Si yo no fuera rigurosa
con esta mala lengua, pues sabía
su condición, viviera venturosa».

¡Ojalá cuando yo te lo decía   265
ablandaras el ser con que enamoras!
No vieras en tu casa aqueste día.

Mas ya que aquestas libertades lloras,
arrepentida del vivir primero,
buscaré tu amistad en todas horas.   270

No pediré más cartas a Lutero
de favor para ti, o al vil Pelagio;
y harás por ellos la amistad que espero:
sucederá bonanza a tu naufragio.

[*Las tres Musas*, pág. 86]

641

SÁTIRA DE DON FRANCISCO DE QUEVEDO A UN AMIGO SUYO

TERCETOS

Que pretenda dos años ser cornudo,
a título de humilde y chocarrero,
un hombre malicioso y nada rudo,

sin duda que le vale gran dinero;
que ya son cuernos píldoras doradas
que las pasa el señor y el escudero;

mas vienen de otra suerte preparadas,
pues purgan excrementos por la frente,
que, por ser más cornudos, dan cornadas.

Doctrinemos al fin nuestro paciente,
ya que en el Capricornio de este hibierno
se ha recogido a vida penitente.

Doctrina es que la oí a un protocuerño,
que, por hacer la sombra de marido,
es ahora fantasma en el infierno.

Era aqueste animal muy parecido
al cerval unicornio, que en la frente
un cuerno de virtudes trae ceñido;

el que, para beber de alguna fuente,
temiendo que las víboras rabiosas
hayan emponzoñado su corriente,

mete el cuerno en el agua, y, deseosas,
otras bestias que saben el portento
y virtudes del cuerno milagrosas,

en tocando las aguas, al momento
a beber se abalanzan, y a porfía
enturbian el cristal con el aliento.

No me parece mal la alegoría
del animal cornudo, pues sabemos
que esta virtud la tienen hoy en día

muchos hombres de bien que conocemos,
que por valer mejor y andar vestidos,
les trae su buena suerte a estos extremos;

y muchas los desean por maridos,
porque les salga el cuerno a la cabeza
que asegure la frente y los partidos.

Decía este varón, con su nobleza,
que él imitaba siempre al buey de caza,
que, aunque es de miembros grandes su grandeza,

las aves asegura y no embaraza,   40
porque es mejor se diga del oficio
que la mucha blandura le disfraza.

También es de notable beneficio
la propriedad del toro agarrochado,
que le sirve al cornudo de artificio;   45

pues para ejecutar el golpe airado,
cierra el toro los ojos, y el cornudo
hace sus tiros, si los ha cerrado;

y así veréis que es tuerto, si no es mudo,
este nuevo cofrade, por ver menos,   50
y será carilargo y muy barbudo.

Nunca puede tener ojos serenos
el que ve tempestades cada día
que le traen deslumbrado con sus truenos.

Yo aconsejo a los de esta cofradía   55
que estén sus casas de reliquias llenas,
por lo que un fiero rayo hacer podría;

o por las almas que verán en penas,
pareciéndoles sombra los varones,
y los lazos de agravios, las cadenas.   60

Porque todas aquestas devociones,
ya que pueden dañar a la conciencia,
aprovechan al arte en ocasiones.

Y sepan desde hoy que hay diferencia
de un cristiano a un cornudo de cuantía,   65
y que fuera muy grande providencia

que, como en Roma tienen judería,
para apartar esta nación dañada,
tuviera este lugar cornudería.

Mas esta dignidad es tan honrada,
que está en sustancia propria convertida,
y hombres hay que la tienen jubilada;

70

porque es su cornucopia tan florida,
que trae desvanecido su riqueza
al que tiene este erario de por vida

75

más [que] el pavón humilde a su belleza,
mirándose los pies con garras feas,
como Acteón[1] mirando su cabeza.

Pero si tú, chivato, lo deseas,
oye lo que me dijo tu pariente,
así mil años tan cornudo seas:

80

«Mira que no te espante de repente
al umbral de tu puerta algún caballo
que el entrar en tu casa te desmiente,

»y procura sin réplica excusallo,
porque pasa sin daño la carrera
y en ancas de tu yegua está a caballo.

85

»Vuelve la cara grave y placentera,
porque allí la templanza y la cordura
es mejor que la cólera más fiera,

90

»y acéchame después la cerradura,
barrenando tus ojos su agujero,
hasta que sepas la verdad segura.

»Y entrando por la puerta, bravo y fiero,
harás la relación de tus agravios,
pidiendo la mitad de tu dinero;

95

»que suele ser mordaza de los labios
que aprenden a sellar estos secretos,
que son agudos entre muchos sabios;

---

[1] Alude a que Acteón, por haber descubierto a Diana bañándose,
fue convertido en ciervo.

»porque son animales más perfectos   100
los que nacen con sienes enramadas
de duros cuernos para mil efectos.

»Nunca en tu casa estén muy asentadas
las cosas del gobierno y policía[2];
que donde están las honras remendadas,   105

»también lo puede estar la cortesía;
porque un cornudo pone solamente
en vestir y comer la fantasía.

»Mira que te amonesto que te afrente
el codo roto y el valón raído,   110
porque tú has de romper lo que otro siente.

»No importa que te vean bien vestido;
que tu mujer lo gana y tú lo entiendes,
y no hay restitución de lo sufrido.

»Tuya es la mujer, tu hacienda vendes,   115
no te azota la ley por lo que robas,
sino por ser infamia lo que emprendes.

»Cuelga de reposteros tus alcobas
con armas de maniles[3] retorcidos
y muchas medias lunas con corcovas;   120

»y estén por los escudos repartidos
tinteros, calzadores y linternas[4],
y un toro por toisón, dando bramidos.

»Y pues ponen por señas en tabernas,
del vino que se vende, un verde ramo,   125
o de una blanca sábana dos piernas,

»pon la cabeza de un venado o gamo
en tu puerta o zaguán, porque se entienda
que aquéllas son insignias de su amo,

[2] *policía*, urbanidad, educación.
[3] *maniles*, mangos.
[4] Por hacerse de cuerno.

»donde tiene el oficio con la tienda;   130
que a veces suele ser carnicería,
porque tiene obligado[5] que la arrienda.

»Obedece a tu sangre y a mi tía,
que es mujer de buen celo y gran señora
y estudió con el diablo astrología,   135

»y tiene cierto dogma, con que implora
las infernales furias, y aun se dice
que anda por cimenterios a deshora.

»Nunca de lo que trata se desdice;   140
antes, si ve a sus hijas ayuntadas,
a ellas y a los hombres los bendice,

»pues les procura siempre las entradas,
y solicita a veces las salidas,
cuando siente las bolsas rematadas.

»Ella asienta por su orden las partidas,   145
dando, en el cambio, de sus hijas bellas,
libradas, aceptadas y cumplidas.

»Cornudas éstas son, o son estrellas
de ventura notable, reservadas
mejor a ti por Dios que para ellas,   150

»pues tú lo pagas todo con cornadas,
y tu hermosa mujer ha de servirte
de hacer para la Francia cabalgadas;

»quien también te solía persuadirte   155
que no cuides de hoy para mañana
de lo que has de comer y has de vestirte.

»Que sabe Dios si con tu fe cristiana,
sin ser tú Pablo santo, habrá otro cuervo
que entre con la ración por la ventana.

---

[5] *obligado*, el que abastecía de carne, pan, etc., a una población.

»Pues nunca olvida Dios el que es su siervo, 160
y el que sustenta al mínimo mosquito
sustentará también un grande ciervo;

»y déstos su rebaño es infinito,
pues, si os ha de juzgar por el estado,
vosotros sois del número precito. 165

»También, de cuando en cuando, es caso honrado
que a tu mujer acuses de adulterio,
porque ninguno diga que has callado:

»que interceda después un monasterio,
y usando, como sueles, de clemencia, 170
tú dejarás en duda este misterio.

»Con esto tu mujer tendrá conciencia
de darte tus ganancias y derechos,
y tú proseguirás con tu paciencia,

»y quedaremos todos satisfechos 175
de la mucha justicia que tenías
para vivir en tiempos tan estrechos.

»Aprende, amigo, aquestas fullerías,
y disimula siempre, aunque revientes,
que no dan de comer las fantasías. 180

»Murmure el que quisiere entre sus dientes,
que aun el libro del duelo no declara
si pueden agraviarse los ausentes.

»Y si acaso lo dicen en tu cara,
siempre viene con cifras esta afrenta, 185
que excusan responder, si no es muy clara.

»Y si lo fuere, sufre, aunque no mienta;
y si tú presumieres del honrado,
acude a tu mujer que le desmienta;

»aunque fuera, por Dios, muy acertado 190
que, como al toro hierran una nalga,
un cornudo anduviese señalado.

»Pero ésta es pulla, y, como tal, no valga,
porque uno de éstos es más conocido
que entre muchos pasteles una galga.   195

»Y si el curial y corredor valido,
con tablilla en su puerta, nos declara
el oficio que tiene permitido,

»bien fuera que un cornudo declarara
su arte, tan usado entre modernos,   200
con este mi letrero en letra clara,

»porque pueda durar siglos eternos
en lámina de bronce u de diamante:
"Aquí vive un curial despachacuernos".

»Y si alguno que no es tan platicante   205
no quisiere guardar lo instituido,
éste será cornudo vergonzante.

»Y si gustáis de ver el contenido
al olio de mi pluma retratado,
nuevo espíritu invoco del pedido.   210

»Un cornudo de bien, canonizado,
siempre suele ser recio de cabeza,
y aunque no ha de ser gordo, es muy cargado.

»Tiene en la condición mucha nobleza,
y siempre con amigos tan partido,   215
que les da su mitad con gran llaneza.

»Es humilde sujeto y comedido
y un poco más cobarde que valiente,
porque en cualquier pendencia sale herido.

»Sólo tiene el señor que es impotente;   220
y pienso que son causa de este vicio
las rechazas que tiene su simiente.

»Él hace de su honra sacrificio,
y siendo el matrimonio sacramento,
en su casa le tienen por oficio.   225

»Es hombre y es venado y es jumento,
porque de todos tres tiene tomado
las armas, la razón y el sufrimiento.

»No se sabe que sea desdichado,
porque tiene en su casa la ventura,   230
que como a huésped suyo le ha tratado.

»Siempre suele ser alto de estatura,
medido de los pies a la cabeza,
porque de allí les hallo otra figura

»contra el orden que dio Naturaleza,   235
siendo pincel la infamia, porque fuese
un monstruo el que se rinde a tal flaqueza.

»Pues ¿qué diréis, señores, si se viese
un animal de aquéstos, enfelpado,
que con hombres tratase y anduviese,   240

»que hable y que se ría a vuestro lado?
Diréis que el *Asno de oro* no ha mentido,
o que aqueste animal es encantado.»

No os apartéis, mortales, de lo oído,
que yo me atreveré con el olfato   245
a sacar de una calle más de un nido.

Aquí acabé en borrón este retrato,
donde a tantos amigos aconsejo.
Yo se lo doy a todos bien barato.
Acuda el que le toca por su espejo.   250

[Ms. 29 Real Acad. de la Lengua, f. 284. El v. 155 procede del
ms. 3.670, f. 18.]

642

LETRILLA SATÍRICA

[*Concertáme esas medidas*]

Sin ser juez de la pelota
juzgar las faltas me agrada,
no pudiendo haber preñada
que tenga más, si se nota.
El negocio va de rota,
pues que sin ser ni haber sido
coronista, me he metido
a espulgar ajenas vidas.
Concertáme esas medidas.

La otra loca perenal
se precia, envuelta en andrajos,
de tener mejores bajos
que la Capilla Real.
De piernas es su caudal;
toda es piernas, como nuez;
blanca con fondos en pez
y las faciones curtidas.
Concertáme esas medidas.

El doctor en medicina
más experto y más bizarro,
es de condición de carro,
que si no le untáis, rechina.
Al pulso la mano inclina,
y quiere (¡ved qué invención!)
que le den bello doblón
por infernales bebidas.
Concertáme esas medidas.

Que su limpieza exagere,
porque anda el mundo al revés,
quien de puro limpio que es
comer el puerco no quiere;

5

10

15

20

25

30

que lagarto rojo[1] espere,
el que aún espera al Señor,
y que tuvo por favor   35
las aspas descoloridas,
concertáme esas medidas.

　　Culpa el que en valiente da,
en la pendencia, si rueda,
a su espada, que se queda,   40
siendo él el que se va.
Y como virgen está
la espada, y se ve desnuda,
de honesta se viste, y muda
en clausura las heridas.   45
Concertáme esas medidas.

　　Fuerza es que en su mujer
vea el maridillo postizo
que el vestido que él no hizo
otro se lo hizo hacer.   50
Que nos quiera hacer creer,
sin justicia y sin razón,
que, no siendo San Antón,
un cuervo trae sus comidas,
concertáme esas medidas.   55

　　Que por virgen haga fieros
la que entre tías y amigas
ha tenido más barrigas
que un corro de pasteleros;
que a todos los forasteros   60
provea de virginidad,
y que llame castidad
el hacer casta a escondidas,
concertáme esas medidas.

[*Parnaso*, 317]

---

[1] *lagarto rojo,* la espada roja, insignia de los caballeros de la
orden de Santiago.

643

LETRILLA SATÍRICA

Sabed, vecinas,
que mujeres y gallinas
todas ponemos:
unas cuernos y otras huevos.

Viénense a diferenciar
la gallina y la mujer,
en que ellas saben poner,
nosotras sólo quitar.
Y en lo que es cacarear
el mismo tono tenemos.
Todas ponemos:
unas cuernos y otras huevos.

Docientas gallinas hallo
yo con un gallo contentas;
mas, si nuestros gallos cuentas,
mil que den son nuestro gallo.
Y cuando llegan al fallo,
en cuclillos los volvemos.
Todas ponemos:
unas cuernos y otras huevos.

En gallinas regaladas
tener pepita[1] es gran daño,
y en las mujeres de hogaño
lo es el ser despepitadas.
Las viejas son emplumadas
por darnos con que volemos.
Todas ponemos:
unas cuernos y otras huevos.

5

10

15

20

25

[*Parnaso*, 318, a]

---

[1] Alude a la enfermedad de las gallinas llamada «pepita».

644

Letrilla satírica

[*Yo me soy el rey Palomo:*
yo me lo guiso y yo me lo como.]

Después que de puro viejo
caduca ya mi vestido,
como como un descosido,   5
por estarlo hasta el pellejo.
No acierto a topar consejo
que pueda ponerme en salvo
contra un herreruelo[1] calvo
y una sotana lampiña,   10
que, cuando mejor se aliña,
me descubre todo el lomo.
Yo me soy el rey Palomo:
yo me lo guiso y yo me lo como.

Si va a decir la verdad,   15
de nadie se me da nada,
que el ánima apicarada
me ha dado esta libertad.
Sólo llamo majestad
al rey con que hago la suerte.   20
No temo en damas la muerte
tanto como en un doctor:
que las cosas del amor
como me vienen las tomo.
Yo me soy el rey Palomo: 25
yo me lo guiso y yo me lo como.

Para mí no hay demasías
ni prerrogativas necias
de los que se hacen Venecias
sólo por ser señorías.   30

---

[1] *herreruelo* o *ferreruelo*, capa corta, con cuello y sin capotillo.

En mi mesa las Harpías
mueren de hambre contino[2];
pídola para el camino,
si me despide mi dama;
mas, si a mi ventana llama,   35
después de comer me asomo.
Yo me soy el rey Palomo:
yo me lo guiso y yo me lo como.

   Entre nobles no me encojo,
que, según dice una ley,   40
si es de buena sangre el rey,
es de tan buena su piojo.
Con nada me crece el ojo,
si no es con una hinchazón.
Más estimo un dan que un don;   45
y es mi fuerza y vigor tanto,
que un testimonio levanto,
aunque pese más que plomo.
Yo me soy el rey Palomo:
yo me lo guiso y yo me lo como.   50

                              [*Parnaso*, 318, b]

645

LETRILLA SATÍRICA*

[*Con su pan se lo coma*]

   Que el viejo que con destreza
se ilumina, tiñe y pinta,
eche borrones de tinta
al papel de su cabeza;   5
que enmiende a Naturaleza,
en sus locuras protervo;

---

[2] Alusión al mito de las Harpías, monstruos con rostro de vieja,
pico y uñas corvas, cuerpo de buitre y grandes pechos, que cau-
saban el hambre por donde pasaban, robaban los manjares de las
mesas y despedían un olor tan repelente, que nadie podía acercarse a lo que dejaban.
* Publicada antes en las *Flores de poetas ilustres*, edic. cit.,
pág. 19, cuya dedicatoria es de septiembre de 1603.

que amanezca negro cuervo,
durmiendo blanca paloma,
con su pan se lo coma.   10

Que campe la muy traída
de que la ven distraerse,
cuando de ninguno verse
puede, por aborrecida;
que se case envejecida   15
para concebir cada año,
no concibiendo el engaño
del que por mujer la toma,
con su pan se lo coma.

Que mucha conversación,   •   20
que es causa de menosprecio,
en la mujer del que es necio
sea de más precio ocasión;
que case con bendición
la blanca con el cornado[1],   25
sin que venga dispensado
el parentesco de Roma,
con su pan se lo coma.

Que en la mujer deslenguada
(que a tantos hartó la gula)   30
hurte su cara a la Bula
el renombre de Cruzada;
que ande siempre persinada
de puro buena mujer;
y Calvario quiera ser   35
cuando en los vicios Sodoma,
con su pan se lo coma.

Que el sastre que nos desuella
haga, con gran sentimiento,
en la uña el testamento   40
de lo que agarró con ella;
que deba tanto a su estrella,
que las faltas en sus obras

[1] Juego de voces entre «blanca» y «cornado», dos monedas de
escaso valor, y «cornado» de «cuerno».

sean para su casa sobras,
mientras la muerte no asoma,   45
con su pan se lo coma.

[*Parnaso*, 319]

646

LETRILLA SATÍRICA*

[*Chitón*]

Santo silencio profeso:
no quiero, amigos, hablar;
pues vemos que por callar
a nadie se hizo proceso.   5
Ya es tiempo de tener seso:
bailen los otros al son,
   chitón.

Que piquen con buen concierto
al caballo más altivo   10
picadores, si está vivo,
pasteleros, si está muerto;
que con hojaldre cubierto
nos den un pastel frisón[1],
   chitón.   15

Que por buscar pareceres
revuelvan muy desvelados
los Bártulos los letrados,
los abades sus mujeres.
Si en los estrados las vieres   20
que ganan más que el varón,
   chitón.

---

* Según Astrana Marín, de 1605. Lo único seguro es que figura en el *Cancionero antequerano*, ms. II, f. 33 v., que copia poemas juveniles.

[1] *frisón*, de Frisia. Alude a los caballos llamados «frisones», y en Quevedo es muy frecuente su uso en el sentido de «grande», «gordo». Véase los núms. 682, v. 126; 781, v. 7 y 870, v. 29.

Que trague el otro jumento
por doncella una sirena
más catada que colmena,					25
más probada que argumento;
que llame estrecho aposento
donde se entró de rondón,
			chitón.

Que pretenda el maridillo,					30
de puro valiente y bravo,
ser en una escuadra cabo,
siendo cabo de cuchillo;
que le vendan el membrillo
que tiralle era razón,					35
			chitón.

Que duelos nunca le falten
al sastre que chupan brujas;
que le salten las agujas,
y a su mujer se las salten;					40
que sus dedales esmalten
un doblón y otro doblón,
			chitón.

Que el letrado venga a ser
rico con su mujer bella,					45
más por buen parecer della,
que por su buen parecer[2],
y que por bien parecer
traiga barba de cabrón,
			chitón.					50

Que tonos a sus galanes
cante Juanilla estafando,
porque ya piden cantando
las niñas, como alemanes;
que en tono, haciendo ademanes,					55
pidan sin ton y sin son,
			chitón.

[2] Estos cuatro versos son casi idénticos a los 30-33 de la letrilla
«Que no tenga por molesto», pág. 730.

Mujer hay en el lugar
que a mil coches, por gozallos,
echará cuatro caballos,   60
que los sabe bien echar[3].
Yo sé quien manda salar
su coche como jamón,
          chitón.

Que pida una y otra vez,   65
fingiendo virgen el alma,
la tierna doncella palma,
y es dátil su doncellez;
y que lo apruebe el jüez
por la sangre de un pichón[4],   70
          chitón.

                              [*Parnaso*, 320]

647

LETRILLA SATÍRICA

[*Este mundo es juego de bazas,
que sólo el que roba triunfa y manda.*]

Toda esta vida es hurtar,
no es el ser ladrón afrenta,
que como este mundo es venta,   5
en él es proprio el robar.
Nadie verás castigar
porque hurta plata o cobre:
que al que azotan es por pobre
de suerte, favor y trazas.   10
*Este mundo es juego de bazas,
que sólo el que roba triunfa y manda.*

El escribano recibe
cuanto le dan sin estruendo,
y con hurtar escribiendo,   15

---

[3] Alude a la enfermedad venérea llamada «caballo». Cf. los números 695, v. 5 y 757, v. 96.
[4] Recuerda una de las fórmulas celestinescas para remediar la virginidad perdida.

lo que hurta no se escribe.
El que bien hurta bien vive;
y es linaje más honrado
el hurtar que el ser Hurtado:
suple faltas, gana chazas[1].   20
Que este mundo es juego de bazas,
que sólo el que roba triunfa y manda.

Mejor es, si se repara,
para ser gran caballero,
el ser ladrón de dinero   25
que ser Ladrón de Guevara.
El alguacil con su vara,
con sus leyes el letrado,
con su mujer el casado
hurtan en públicas plazas.   30
Que este mundo es juego de bazas,
que sólo el que roba triunfa y manda.

El juez, en injustos tratos,
cobra de malo opinión,
porque hasta en la pasión   35
es parecido a Pilatos.
Protector es de los gatos[2],
porque rellenarlos gusta;
sólo la botarga[3] es justa,
que en lo demás hay hilazas.   40
Éste mundo es juego de bazas,
que sólo el que roba triunfa y manda.

Hay muchos rostros exentos,
hermosos cuanto tiranos,
que viven como escribanos   45
de fes y conocimientos:
por el que beben los vientos,
es al que la capa comen;
no hay suerte que no le tomen

---

[1] *chaza*, en el juego de la pelota, suerte en que ésta vuelve contrarrestada y se para o la detienen antes de llegar al saque.
[2] Juego de voces: *gatos*, ladrones, y *gatos*, bolsillos para llevar el dinero. Abundan las referencias, como se verá con frecuencia.
[3] *botarga*, traje ridículo. Otras veces en los núms. 683, v. 88; 757, v. 122 y 764, v. 64.

con embustes y trapazas.   50
Este mundo es juego de bazas,
que sólo el que roba triunfa y manda.

[Parnaso, 321]

648

LETRILLA SATÍRICA

[*Pícaros hay con ventura*
de los que conozco yo,
y pícaros hay que no.]

El que si ayer se muriera
misas no podia mandar,   5
hoy, a fuerza del hurtar,
mandar todo el mundo espera.
Y el que quitaba a cualquiera
el sombrero de mil modos,
hoy quita la capa a todos,   10
desvanecido en la altura.
Pícaros hay con ventura
de los que conozco yo,
y pícaros hay que no.

Yo he visto en breve intervalo   15
más de alguna señoría
que el mando y palo tenía,
y ya tiene sólo el palo.
Yo la vi con gran regalo,
y sobre silla en dosel;   20
ya veo la silla sobre él,
castigando su locura.
Pícaros hay con ventura
de los que conozco yo,
y pícaros hay que no.   25

Alguno vi que subía,
que no alcanzaba anteayer

ramo de quien descender,
sino el de su picardía.
Y he visto sangre judía   30
hacerla el mucho caudal
(como papagayo real)
clara ya su vena oscura.
Pícaros hay con ventura
de los que conozco yo,   35
y pícaros hay que no.

   Alguno vi yo triunfar,
que ya, por cierta doncella,
de andar sin parar tras ella,
no tiene tras qué parar.   40
Cuando en cueros pensó hallar
a su dama por dineros,
a sí proprio se halló en cueros,
robado de su hermosura.
Pícaros hay con ventura   45
de los que conozco yo,
y pícaros hay que no.

   Yo conocí caballero
que nunca se conoció,
y jamás armas tomó   50
sino en sello o en dinero.
Después le he visto guerrero,
y sin ver Flandes, pregona
más servicios que fregona
a las diez en noche oscura[1].   55
Pícaros hay con ventura
de los que conozco yo,
y pícaros hay que no.

                                    [*Parnaso, 322*]

---

[1] Alude a la costumbre de arrojar el agua sucia o verter los *servicios* (orinales), al grito de «¡Agua va!». Vid. pág. 700, v. 18.

649

Letrilla satírica

[*La pobreza. El dinero.*]

Pues amarga la verdad,
quiero echarla de la boca;
y si a l'alma su hiel toca,
esconderla es necedad.   5
Sépase, pues libertad
ha engendrado en mi pereza
    la pobreza.

¿Quién hace al tuerto galán
y prudente al sin consejo?   10
¿Quién al avariento viejo
le sirve de rio Jordán?
¿Quién hace de piedras pan,
sin ser el Dios verdadero?
    El dinero.   15

¿Quién con su fiereza espanta
el cetro y corona al rey?
¿Quién, careciendo de ley,
merece nombre de santa?
¿Quién con la humildad levanta   20
a los cielos la cabeza?
    La pobreza.

¿Quién los jueces con pasión,
sin ser ungüento, hace humanos,
pues untándolos las manos   25
los ablanda el corazón?
¿Quién gasta su opilación
con oro y no con acero[1]?
    El dinero.

¿Quién procura que se aleje   30
del suelo la gloria vana?

---

[1] Alude a la costumbre de las damas de tomar «el acero», agua
ferruginosa, para curar la opilación.

¿Quién, siendo toda cristiana,
tiene la cara de hereje?
¿Quién hace que al hombre aqueje
el desprecio y la tristeza?   35
            La pobreza.

    ¿Quién la montaña derriba
al valle; la hermosa al feo?
¿Quién podrá cuanto el deseo,
aunque imposible, conciba?   40
¿Y quién lo de abajo arriba
vuelve en el mundo ligero?
            El dinero.

                              [*Parnaso*, 323, a]

650

LETRILLA SATÍRICA*

[*Y no lo digo por mal.*]

    Prenderánte, si te tapas;
pues Dios buen rostro te da,
no te tapes, porque habrá
al primer tapón zurrapas.   5
¿Por qué tu cara solapas
y la luz del sol te ofende?
Que el que esconde lo que vende,
no crecerá su caudal.
Y no lo digo por mal.   10

    Mil recoletas hay ya
y pecadoras del paño,
porque le quitan hogaño
la seda a la que se da.
Toda de lana será,   15
y vendrá el más confiado
por lana, y irá trasquilado
con navaja de sayal.
Y no lo digo por mal.

* Parece aludir a la prohibición de llevar mantos las mujeres.
Vid. la nota al poema 687.

Tendrá la del maridillo,   20
si en disimular es diestro,
al marido por cabestro
y al galán por cabestrillo.
De su novio hará novillo,
y ansí con él arará;   25
lo que siembra cogerá
con algún primo carnal.
Y no lo digo por mal.

> [*Parnaso*, 323. Astrana Marín hizo una
> sola composición de esta letrilla y la que
> comienza *"Deseado he desde niño"*, por
> tener el mismo estribillo. Los mss. y las
> ediciones no confirman esa opinión. Una
> lectura atenta demuestra que se trata de
> dos letras distintas con el mismo estribo.]

651

LETRILLA SATÍRICA

[*Mas no ha de salir de aquí.*]

Yo, que nunca sé callar,
y sólo tengo por mengua
no vaciarme por la lengua,
y el morirme por hablar,
a todos quiero contar   5
cierto secreto que oí.
Mas no ha de salir de aquí.

Mediquillo se consiente
que al que enferma y va a curallo,   10
yendo a mula, va a caballo,
y por la posta el doliente.
Y viéndole tan valiente,
llámanle el doctor Sophí[1].
Mas no ha de salir de aquí.   15

---

[1] «Juega en la significación griega, donde *sophos* es sabio.»
Nota de González de Salas.

Mandádose ha pregonar
que digan, midiendo cueros,
«¡Agua va!» los taberneros,
como mozas de fregar;
que dejen el bautizar   20
a los curas de Madrí.
Mas no ha de salir de aquí.

Dicen, y es bellaquería,
que hay pocos cogotes salvos;
y que, según hay de calvos,   25
que, como hay zapatería,
ha de haber cabellería
para poblallos allí.
Mas no ha de salir de aquí.

Los perritos regalados   30
que a pasteleros se llegan,
si con ellos veis que juegan,
ellos quedarán picados:
habrá estómagos ladrados,
si comen lo que comí.   35
Mas no ha de salir de aquí.

Madre diz que hay caracol
que su casa trae a cuestas,
y los domingos y fiestas
saca sus hijas al sol.   40
La vieja es el facistol,
las niñas solfean por sí.
Mas no ha de salir de aquí.

Yo conozco caballero
que entinta el cabello en vano,   45
y, por no parecer cano,
quiere parecer tintero;
y siendo nieve de enero,
de mayo se hace alhelí.
Mas no ha de salir de aquí.   50

Invisible viene a ser
por su pluma y por su mano

cualquier maldito escribano,
pues nadie los puede ver.
Culpas le dan de comer: 55
al diablo sucede ansí.
Mas no ha de salir de aquí.

Maridillo hay que retrata
los cuchillos verdaderos,
que al principio tiene aceros   60
y al cabo en cuerno remata;
mas su mujer de hilar trata
el cerro de Potosí.
Mas no ha de salir de aquí.

Y afirman, en conclusión,   65
de los oficios que canto,
que ya no hay oficio santo
sino el de la Inquisición;
quien no es ladrillo, es ladrón,
toda mi vida lo oí.   70
Mas no ha de salir de aquí.

[*Parnaso*, 324]

652

Letrilla satírica*

[*Punto en boca.*]

Las cuerdas de mi instrumento
ya son, en mis soledades,
locas en decir verdades,
con voces de mi tormento;   5

---

* Figura en las *Flores* de P. Espinosa, cuya «dedicatoria» es de
septiembre de 1603.
Diversos manuscritos de la Bibl. Nacional (4.067, f. 58; 4.044, f. 77;
3.919, f. 144 v.; 7.370, f. 220 v.; 9.636, f. 8 v.; 1.952, f. 237 v.; 3.708,
f. 193, y 18.760, f. 88 v.) coinciden en copiar las tres estrofas siguientes, con este encabezamiento, salvo ligeras variantes:
«En el libro que se imprimió de las obras de don Francisco
de Quevedo empieza una letra "Las cuerdas de mi instrumento",
donde no se imprimió lo siguiente:

> Hónranse de tantos modos
> las mujéres por la fama,
> que casta mujer se llama
> la que la hace con todos.

su lazo a mi cuello siento
que me aflige y me importuna
con los trastes de Fortuna;
mas, pues su puente, si canto,
la hago puente de llanto   10
que vierte mi pasión loca,
        punto en boca.

    De las damas has de hallar,
si bien en ello reparas,
ser de solimán las caras,   15
las almas de rejalgar;
piénsanse ya remozar
y volver al color nuevo,
haciendo Jordán un huevo
que les desmienta los años: 20
mas la fe de los antaños
mal el afeite revoca.
        Punto en boca.

        Los dineros son los godos,   5
    y vencen deudos presentes;
    que son sangre los parientes,
    y el dinero del galán
    es carne, es sangre y es pan,
    es Alaejos y Coca.   10
        Punto en boca.

        Persigue al pobre ladrón
    el alguacil con testigos:
    que siempre son enemigos
    los que de un oficio son.   15
    Los dos van contra el bolsón;
    húrtale el ladrón sutil,
    y al ladrón el alguacil;
    y así gana los pendones,
    siendo ladrón de ladrones   20
    que los castiga y convoca.
        Punto en boca.

        En la casa del tribuno,
    tanta justicia se halla,
    que aun su mujer, por guardalla,   25
    da lo suyo a cada uno.
    No le enfada el importuno,
    a quien en fiera cadena,
    su marido da la pena,
    mas ella le da la gloria,   30
    y para darle vitoria
    el primer auto revoca.
        Punto en boca.

Dase al diablo, por no dar
el avaro al alto o bajo,   25
y hasta los dias de trabajo
los hace dias de guardar;
cautivo por ahorrar,
pobre para sí en dinero,
rico para su heredero,   30
si antes no para el ladrón
que dio jaque a su bolsón,
y ya perdido le invoca.
   Punto en boca.

Coche de grandeza brava   35
trae con suma bizarría
el hombre que aun no lo oía
sino cuando regoldaba;
y el que solo estornudaba,
ya a mil negros estornuda: 40
el tiempo todo lo muda.
Mujer casta es por mil modos
la que la hace con todos.
Mas pues a muchos les toca,
   punto en boca.   45

    [*Parnaso*, 325, y *Flores de poetas
ilustres.* I, 114.]

653

Letrilla satírica

[*Y no lo digo por mal.*]

Deseado he desde niño,
y antes, si puede ser antes,
ver un médico sin guantes
y un abogado lampiño;   5
un poeta con aliño,
un romance sin orillas,

un sayón con pantorrillas,[1]
un criollo liberal.
Y no lo digo por mal.   10

Ayer sobre dos astillas
andaba el señor Bicoca,
y hoy, la barriga a la boca,
lleva ya las pantorrillas.
Eran todas espinillas   15
ayer las piernas de Antón,
y la una es hoy colchón
y la otra es hoy costal.
Y no lo digo por mal.

El vejete palabrero   20
que, a poder de letuario,
acostándose canario
se nos levanta jilguero;
su Jordán es el tintero,
y con barbas colorines,   25
trae bigotes arlequines,
como el arco celestial.
Y no lo digo por mal.

Con más barbas que desvelos,
el letrado cazapuestos,   30
la caspa alega por textos,
por leyes cita los pelos.
A puras barbas y duelos,
pretende ser el doctor
de Brujas corregidor,   35
como el barbado infernal.
Y no lo digo por mal.

Que amanezca con copete
la vejiga del notario,
anteyer monte Calvario,   40
agora monte Olivete;

---

[1] «Los siete versos de esta copla primera andan insertos en otra
letrilla de semejante sabor entre las obras impresas de don Luis
de Góngora. No sé yo de dónde se originase esta parcialidad.»
Nota de González de Salas.

si no Calvino, calvete,
con casco de morteruelo[1],
hoy garza y ayer mochuelo,
coronilla de atabal[2].   45
Y no lo digo por mal.

   Cura gracioso y parlando
sus vecinas el doctor,
y siendo grande hablador,
es un matalascallando.   50
A su mula mata andando,
sentado mata al que cura,
a su cura sigue el cura,
con *requiem* y funeral.
Y no lo digo por mal.   55

   El signo del escribano,
dice un astrólogo inglés,
que el signo de Cáncer es,
que come a todo cristiano.
Es su pluma de milano,   60
que a todo pollo da bote,
y también es de virote[3],
tirando al blanco de un real.
Y no lo digo por mal.

                                                     65
   El pobretón más cruel
que sin dinero se viere,
tendrá mosca, si se hiciere
en el verano pastel;
pastelerito novel   70
que, sin mormurar excesos,
nos desentierras los huesos
v eres cuaresma en carnal.
Y no lo digo por mal.

                                     [*Parnaso, 326*]

---

[1] *morteruelo*, «instrumento que usan los muchachos para diversión, y es una media esferilla hueca, que ponen en la palma de la mano, y la hieren con un bolillo haciendo sones». *Dicc. de Autoridades.* Cf. núm. 528, v. 6.
[2] *atabal*, timbal.
[3] *virote*, saeta.

654

Letrilla satírica

[*Ello dirá,
y si no,
lo diré yo.*]

Oyente, si tú me ayudas
con tu malicia y tu risa,   5
verdades diré en camisa,
poco menos que desnudas.
Grande cosecha de Judas
dicen que ha de haber hogaño,
y hasta el muchacho de un año   10
Judas infuso tendrá.
        *Ello dirá,
        y si no,
        lo diré yo.*

«Que Dios guarde» no se escriba   15
a hombre alguno, han ya mandado:
los médicos lo han trazado
por quitar la rogativa.
«¡Arriba, canes, arriba!»[1];
ya «Dios guarde» no se acuerda.   20
«A fulano, que Dios pierda»,
cualquiera recetará.
        *Ello dirá,
        y si no,
        lo diré yo.*   25

Éste sí que es trasquilón[2]
y desquilar peregrino,
venir por el vellocino,
y dejarnos el vellón.

---

[1] Verso famoso del conocido romance de *Moriana y Galván*. (Véase Durán, *Romancero*, I, 3.)

[2] *trasquilón* significa «corte de pelo sin mucha habilidad» y «parte del caudal quitado a uno con industria y arte». Quevedo juega con estos dos significados.

Sólo hallo una invención 30
para tener los dineros,
que es no tener extranjeros;
pero si va como va,
    ello dirá,
    y si no, 35
    lo diré yo.

Más vale para la rueda
que mueve los intereses,
el bajar los ginoveses[3]
que no subir la moneda. 40
No se siente, estése queda;
que en los asientos que ve
su caudal estará en pie,
y el nuestro se sentará.
    Ello dirá, 45
    y si no,
    lo diré yo.

Los virgos, dice un autor,
son como huevos al uso,
que el que ha menos que se puso 50
es el fresco y el mejor.
Maridos, ojo avizor,
que en la doncellez y el gesto
ruegan con mujer y puesto 55
al que crédito les da.
    Ello dirá,
    y si no,
    lo diré yo.

Maridito matachín,
guarda tu mujer a ratos: 60
mira que se va en zapatos
a donde la dan botín.
Madrugón en faldellín
con tapado de embeleco,

---

[3] Porque los genoveses poseían las mejores bancas y prestaban
el dinero con interés crecido.

lleva beca[4] y deja beco[5],   65
y ganado lo hallará.
     Ello dirá,
     y si no,
     lo diré yo.

    ¿De qué sirve a vuestro hermano   70
echar la culpa a Calvín,
si harto de ser delfín
se va inclinando a milano[6]?
Traducirá en italiano
al inquisidor francés   75
el maestro piamontés,
y en Mantua lo imprimirá.
     Ello dirá,
     y si no,
     lo diré yo.   80

    Éntrese por los resquicios
la justicia a castigar,
que es pereza registrar
y no decir los oficios.
Bastan y sobran indicios   85
para quien nada bastó,
y de quien tanto tomó,
venganza se tomará.
     Ello dirá,
     y si no,   90
     lo diré yo.

    Ministros y ministriles,
que tienen uñas büidas,
edifiquen con las vidas,
y no con los albañiles.   95
El que nació entre candiles,
se pasea entre blandones[7].

---

[4] *beca*, embozo de capa.
[5] *beco*, por «macho cabrío». Es italianismo.
[6] Son alusiones a los protestantes, franceses e italianos y a los
españoles que les hacían el juego.
[7] *blandón*, hacha de cera de un pabilo, y también los candeleros
grandes en que ponen esas hachas.

Los nombres tienen sin dones,
no las recámaras ya.
   Ello dirá,   100
   y si no,
   lo diré yo.

       [*Parnaso*, 327]

655

LETRILLA SATÍRICA

La morena que yo adoro
y más que a mi vida quiero,
en verano toma el acero
y en todos tiempos el oro.

 Opilóse, en conclusión,   5
y levantóse a tomar
acero[1] para gastar
mi hacienda y su opilación.
La cuesta de mi bolsón
sube, y nunca menos cuesta.   10
Mala enfermedad es ésta,
si la ingrata que yo adoro
y más que mi vida quiero,
en verano toma el acero
y en todos tiempos el oro.   15

 Anda por sanarse a sí,
y anda por dejarme en cueros;
toma acero, y muestra aceros
de no dejar blanca en mí.
Mi bolsa peligra aquí,   20
ya en la postrer boqueada;
la suya, nunca cerrada
para chupar el tesoro
de mi florido dinero,
tomando en verano acero   25
y en todos tiempos el oro.

---

[1] *tomar el acero*, tomar una medicina a base de agua ferruginosa o acerada, para combatir la opilación.

Es niña que, por tomar,
madruga antes que amanezca,
porque en mi bolsa anochezca:
que andar tras esto es su andar.   30
De beber se fue a opilar;
chupando se desopila;
mi dinero despabila;
el que la dora es Medoro[2];
el que no, pellejo y cuero: 35
en verano toma el acero
y en todos tiempos el oro.

[*Parnaso,* 328]

656

LETRILLA SATÍRICA*

Éste sí que es corredor,
que los otros no.

Ha de espantar las estrellas
con maravillas extrañas,
que al fin es hombre de cañas,   5
por parecer hecho dellas;
todos le siguen las huellas,
y él vuela como un azor.
Éste sí que es corredor,
que los otros no.   10

Todos los otros socorre;
a todos los deja atrás,
porque él corre con compás,
porque con sus piernas corre;
ninguno hay con quien se ahorre,   15
ni perdona a su señor.
Éste sí que es corredor,
que los otros no.

---

[2] Medoro, personaje del *Orlando enamorado*, de Ariosto, del que
se enamora Angélica, reina de Catay.
* «Está escrita a sujeto particular, en ocasión de haber salido
a jugar cañas.» Nota de González de Salas.

Miradle qué bien que bate;   20
notad que hace maravillas,
pues pica con las rodillas
más que con el acicate.
Ninguno hay que se rescate
de su contrario mejor.
Éste sí que es corredor,   25
que los otros no.

El caballo pone grima,
pues parece, si se enfosca,
más que corre con la mosca
que con caballero encima.   30
Miradle qué bien le arrima
los zancajos el dotor.
Éste sí que es corredor,
que los otros no.

¿Cómo diablos puede ser   35
hombre de letras fundado,
pues nunca el que es buen letrado
tiene tan mal parecer?
Así se viene a correr
el pobre legislador.   40
Éste sí que es corredor,
que los otros no.

De trapos, como muñeca,
va con adarga a burlarse,
pudiendo todo adargarse   45
con un parche de jaqueca.
Babieca sobre Babieca
son caballo y picador.
Éste sí que es corredor,
que los otros no.   50

No hay cosa a que no acometa,
con parecer el cuitado
un espárrago barbado
y una lesna a la jineta.
¡Mirad qué bien que se aprieta   55
a la silla el pecador!

Éste sí que es corredor,
que los otros no.

   ¿Quién hay que con él apueste
a quién tiene más donaire,   60
pues si otros corren con aire,
el aire corre con éste?
¡Cuál era para una hueste
en defensa del señor!
Éste sí que es corredor,   65
que los otros no.

   Mas yo por mi cuenta hallo,
según su cuerpo denota,
que era mejor para sota
que para rey ni caballo.   70
Supiera correr un gallo;
mas cañas, no es de su humor.
Éste sí que es corredor,
que los otros no.

   Parece, si no me engaña   75
la vista con algún velo,
más sanguijuela en anzuelo
que pescador con la caña.
Sospecho que ha sido araña
y se ha vuelto en arador[1].   80
Éste sí que es corredor,
que los otros no.

   Honrar tiene las dos villas;
todo el mundo se prevenga,
pues cuando cañas no tenga   85
no le han de faltar canillas.
Es hombre de entrambas sillas,
y de entrambas es peor.
Éste sí que es corredor,
que los otros no.   90

                              [*Parnaso*, 329]

[1] *arador*, el minúsculo arácnido que produce la sarna.

657

LETRILLA SATÍRICA

[*Cuando tomo, Mariquita;*
cuando da, Maritomé.]

Toda bolsa que me ve
tan honesta y tan bonita
me llama, no sé por qué,   5
cuando tomo, Mariquita;
cuando da, Maritomé.

En casa del florentín,
tienda donde se regala,
más le quiero martingala[1],   10
que no sin gala Martín.

Y si pido de improviso
la tela o el ormesí[2],
mejor me parece a mí
galapago que Narciso.   15

Yo no quiero al ginovés
que con fama cumple ya;
pues más vale, si él no da,
sin fama, algún holandés.

Soy a la bolsa precita   20
que se viene por su pie,
al daca de esta bendita,
cuando tomo, Mariquita;
cuando da, Maritomé.

En casa de los joyeros,   25
entre medias y listones,
más los quiero Galalones,
que, en San Dionís, Oliveros.

---

[1] *martingala*, parte de la armadura que defendía la entrepierna.
[2] *ormesí*, tela fuerte de seda, muy tupida y prensada.

Al Roldán que prometió
pendencia, y no la basquiña,   30
el *Rol* perdono a la riña,
y el *dan* a la tienda no.

Hijuela de bendición
me llaman madres de la arte,
y soy, por la mayor parte,   35
hijuela de partición[3].

La bolsa que se marchita
del viento que yo me sé,
me llama, triste y contrita,
cuando tomo, Mariquita;   40
cuando da, Maritomé.

                                    [*Parnaso,* 330]

658

LETRILLA SATÍRICA

Solamente un dar me agrada,
que es el dar en no dar nada.

Si la prosa que gasté
contigo, niña, lloré,
y aún hasta agora la lloro,   5
¿qué haré la plata y el oro?
Ya no he de dar, si no fuere
al diablo, a quien me pidiere;
que, tras la burla pasada,
solamente un dar me agrada,   10
que es el dar en no dar nada.

Yo sé que si desta tierra
llevara el rey a la guerra
la niña que yo nombrara,
que a toda Holanda tomara,   15
por saber tomar mejor

---

[3] *hijuela de partición,* es el documento donde se reseñan los bienes que tocan en una partición a uno de los partícipes en el caudal que dejó el difunto.

que el ejército mayor
de gente más dotrinada.
Solamente un dar me agrada,
que es el dar en no dar nada.   20

Sólo apacibles respuestas
y nuevas de algunas fiestas
le daré a la más altiva;
que de diez reales arriba,
ya en todo mi juicio, pienso   25
que se pueden dar a censo,
mejor que a paje o criada.
Solamente un dar me agrada,
que es el dar en no dar nada.

Sola me dio una mujer,   30
y ésa me dio en qué entender;
yo entendí que convenía
no dar en la platería;
y aunque en ella a muchas vi,
sólo palabra las di   35
de no dar plata labrada.
Solamente un dar me agrada,
que es el dar en no dar nada.

[*Parnaso*, 331, a]

659

Letrilla satírica

Vuela, pensamiento, y diles
a los ojos que más quiero
que hay dinero.

Del dinero que pidió
a la que adorando estás,   5
las nuevas la llevarás,
pero los talegos no.
Di que doy en no dar yo,
pues para hallar el placer,

el ahorrar y el tener   10
han mudado los carriles.
Vuela, pensamiento, y diles
a los ojos que más quiero
que hay dinero.

     A los ojos, que en mirallos   15
la libertad perderás,
que hay dineros les dirás,
pero no gana de dallos.
Yo sólo pienso cerrallos,
que no son la ley de Dios,   20
que se han de encerrar en dos,
sino en talegos cerriles.
Vuela, pensamiento, y diles
a los ojos que más quiero
que hay dinero.   25

     Si con agrado te oyere
esa esponja de la villa,
que hay dinero has de decilla,
y que ¡ay de quien le diere!
Si ajusticiar te quisiere,   30
está firme como Martos[1];
no te dejes hacer cuartos
de sus dedos alguaciles.
Vuela, pensamiento, y diles
a los ojos que más quiero   35
que hay dinero.

                    [*Parnaso*, 331, b, y ms. de don A.
                    Rodríguez-Moñino, f. 145 v.]

---

[1] Alude a la famosa peña de Martos, despeñadero cerca del pueblo del mismo nombre (Jaén), donde fueron despeñados los hermanos Carvajales por orden de Fernando IV. Como protestasen
de su inocencia, emplazaron al rey. De ahí el sobrenombre de *El*
emplazado.

660

Letrilla satírica*

Poderoso caballero
es don Dinero.

Madre, yo al oro me humillo;
él es mi amante y mi amado,
pues, de puro enamorado,   5
de contino anda amarillo;
que pues, doblón o sencillo,
hace todo cuanto quiero,
poderoso caballero
es don Dinero.   10

Nace en las Indias honrado,
donde el mundo le acompaña;
viene a morir en España,
y es en Génova enterrado[1].
Y pues quien le trae al lado   15
es hermoso, aunque sea fiero,
poderoso caballero
es don Dinero.

Es galán y es como un oro,
tiene quebrado el color,   20
persona de gran valor,
tan cristiano como moro.
Pues que da y quita el decoro
y quebranta cualquier fuero,
poderoso caballero   25
es don Dinero.

Son sus padres principales,
y es de nobles descendiente,
porque en las venas de Oriente
todas las sangres son reales;   30

---

* Figura en las *Flores de poetas ilustres*, edic. cit., pág. 39.
[1] Una de las muchas alusiones a los banqueros genoveses.

y pues es quien hace iguales
al duque y al ganadero,
*poderoso caballero
es don Dinero.*

Mas ¿a quién no maravilla   35
ver en su gloria sin tasa
que es lo menos de su casa
doña Blanca de Castilla[2]?
Pero, pues da al bajo silla
y al cobarde hace guerrero,   40
*poderoso caballero
es don Dinero.*

Sus escudos de armas nobles
son siempre tan principales,
que sin sus escudos reales   45
no hay escudos de armas dobles;
y pues a los mismos robles
da codicia su minero,
*poderoso caballero
es don Dinero.*   50

Por importar en los tratos
y dar tan buenos consejos,
en las casas de los viejos
gatos le guardan de gatos[3].
Y pues él rompe recatos   55
y ablanda al juez más severo,
*poderoso caballero
es don Dinero.*

Y es tanta su majestad
(aunque son sus duelos hartos),   60
que con haberle hecho cuartos,
no pierde su autoridad;
pero, pues da calidad
al noble y al pordiosero,
poderoso caballero   65
es don Dinero.

[2] Porque la moneda llamada *blanca* era de escaso valor.
[3] *gatos*, bolsones para guardar el dinero; *gatos*, ladrones. Más
adelante se verán muchas referencias.

Nunca vi damas ingratas
a su gusto y afición;
que a las caras de un doblón
hacen sus caras baratas;   70
y pues las hace bravatas
desde una bolsa de cuero,
poderoso caballero
es don Dinero.

Más valen en cualquier tierra   75
(¡mirad si es harto sagaz!)
sus escudos en la paz
que rodelas en la guerra.
Y pues al pobre le entierra
y hace proprio al forastero,   80
poderoso caballero
es don Dinero.

[*Parnaso,* 332]

661

Letrilla satírica

[*Ésta es la justicia*
que mandan hacer.]

Fui bueno, no fui premiado;
y, viendo revuelto el polo,
fui malo y fui castigado: 5
ansí que para mí solo
algo el mundo es concertado.
Los malos me han invidiado;
los buenos no me han creído;
mal bueno y buen malo he sido: 10
más me valiera no ser.
Ésta es la justicia
que mandan hacer.

Viendo que la hipocresía
arreboza delincuentes,   15

contra el registro del día
quise pasar a las gentes
por virtud la maldad mía.
Ayunos contrahacía,
ahítos disimulaba,   20
de milagros amagaba
a las horas del comer.
Ésta es la justicia
que mandan hacer.

Siempre he mentido despúes   25
del señor a quien mentía,
y en ley de cortesanía,
peor que aun la verdad es
una mentira tardía.
Di en mentir en profecía,   30
y aun no alcanzaba a mis amos.
Y entre ciento que mintamos,
mi enredo no es menester.
Ésta es la justicia
que mandan hacer.   35

Desgraciado lisonjero
soy, si despacio lo miras,
porque adulando severo,
como creen ya mis mentiras,
me temen por verdadero.   40
Si callo, soy embustero;
si hablo, soy hablador;
poco soy para el señor[1],
mucho para el mercader.
Ésta es la justicia   45
que mandan hacer.

He sufrido demasiado
por medrar a lo marido,
y los que me han despreciado
son los que se han enojado   50
de lo que les he sufrido.
Si me quejo, soy temido;
si no me quejo, no soy;

[1] «Para adular al señor.» Nota de González de Salas.

si doy, pierdo lo que doy,
y si guardo, es no tener.   55
Ésta es la justicia
que mandan hacer.

Dicen que soy temporal,
si al poderoso me humillo;
si con él me muestro igual,   60
viene a ser mayor el mal
de presumir competillo.
Si al hablarle me arrodillo,
me riñe y lo llama exceso;
si derecho le hablo y tieso,   65
oye y no me puede ver.
Ésta es la justicia
que mandan hacer.

Si alguno pretende hacer
mal, y codicia malsines,   70
y yo me voy a oponer,
los buenos se hacen rüines,
porque sobre en qué escoger.
Malo aun no soy menester,
y es mi desdicha mayor   75
que otro parezca peor,
sin que otro lo pueda ser.
Ésta es la justicia
que mandan hacer.

                                  [*Parnaso*, 333]

662

Letrilla burlesca

Por angelito creía,
doncella, que almas guardabas,
y eras araña que andabas
tras la pobre mosca mía.

Píntese por toda tienda   5
(¡oh mancebitos!) de España:

«San Jorge mata la araña[1]:
que nuestra mosca defienda».
Sin duda que engordarás,
pues que todo el año entero   10
a la orilla del dinero
papando moscas estás.
Siendo de la Andalucía,
moscovita te tornabas,
y eras araña que andabas   15
tras la pobre mosca mía.

A los pasteles peores,
si en verano los miraras,
tú la mosca les quitaras
mejor que los mosqueadores.   20
Ganado de Satanás
y de condición tan hosca,
que en sólo dándole mosca
se sosiega y quiere más.
Mosca muerta parecía   25
tu codicia, cuando hablabas,
y eras araña que andabas
tras la pobre mosca mía.

A tu mala inclinación
y a tu infernal apetito,   30
poco dinero es mosquito,
mucho dinero, moscón.
A la mosca, que en verano
te vas, porque el precio suba,
alón[2], que pinta la uva,   35
te dice todo cristiano.
Por ninfa te presumía
cuando más me acompañabas,
y eras araña que andabas
tras la pobre mosca mía.   40

Mal tus embelecos mides,
bien tus mohatras[3] entiendes,

---

[1] «San Jorge, mata la araña» es frase popular en muchas regiones.
[2] *alón, que pinta la uva,* frase burlesca con que se despiden
por chanza los que la usan para salir de alguna parte, o apartarse
de algún sitio, y vale tanto como «vamos». *Dicc. de Autoridades.*
[3] *mohatras,* engaños, fraudes.

pues telaraña me vendes,
y tela rica me pides.
    Deja mi mosca, doncella,   45
que si la mosca y mosquito
fueron plaga para Egito,
hoy es plaga no tenella.
    Tu hermosura me ponía
al entendimiento trabas,   50
y eras araña que andabas
tras la pobre mosca mía.

                  [*Parnaso*, 334]

663

LETRILLA BURLESCA

GALÁN Y DAMA

GALÁN: Como un oro, no hay dudar,
             eres, niña, y yo te adoro.
DAMA: *Niño, pues soy como un oro,*
             con premio me he de trocar.

GALÁN: De oro tus cabellos son,   5
             rica ocupación del viento.
DAMA: Pues a sesenta por ciento
             daré cada repelón.

GALÁN: ¿Qué precio habrá que consuele[1]
             oro que rizado mata?   10
DAMA: Como me dé el trueco en plata,
             dejaré que me repele.

GALÁN: No hay plata para pagar
             prisión que vale un tesoro.
DAMA: *Niño, pues soy como un oro,*   15
             con premio me he de trocar.

GALÁN: ¿Tan grande es la estimación
             del oro; a tanto se extiende?

[1] «El repelarle», apostilla González de Salas.

DAMA: Hasta el orosuz[2] pretende
         ventajas contra el vellón.   20

GALÁN: ¿Oro que codicia el alba
         vendes por cosa del suelo?
DAMA: Págame tú en plata el pelo,
         que yo me quedaré calva.

GALÁN: Quien lo quisiere comprar,   25
         pierde al Amor el decoro.
DAMA: *Niño, pues soy como un oro,*
         con premio me he de trocar.

                              [*Parnaso*, 335]

664

LETRILLA BURLESCA*

ES OTRO DIÁLOGO SEMEJANTE

GALÁN: Si queréis alma, Leonor,
         daros el alma confío.
DAMA: *¡Jesús, qué gran desvarío!*
         Dinero será mejor.

GALÁN: Ya no es nada mi dolor.   5
DAMA: ¿Pues qué es eso, señor mío?
GALÁN: Diome calentura y frío,
         y quitóseme el amor.
DAMA: De que el alma queréis darme,
         será más razón que os dé.   10
GALÁN: ¿No basta el alma y la fe
         en trueco de acariciarme?
DAMA: ¿Podré della sustentarme?
GALÁN: El alma, bien puede ser.
DAMA: Y ¿querrá algún mercader   15
         por tela su alma trocarme?

---

[2] *orosuz*, el *orozuz*, cierta planta de la familia de las leguminosas.
  * Se publicó por primera vez en la *Primavera y flor de los mejores romances...*, de Arias Pérez, edic. de Lisboa, 1626, núm. 23 del Apéndice de la edic. de J. F. Montesinos (Valencia, 1954).

GALÁN: Y ¿es poco daros, Leonor,
si toda el alma os confío?
DAMA: *¡Jesús, qué gran desvarío!*
Dinero fuera mejor.   20

GALÁN: Daréos su pena también.
DAMA: Mejor será una cadena
que vuestra alma, y más en pena.
GALÁN: Con pena pago el desdén.
DAMA: Para una necesidad   25
no hay alma como el dinero.
GALÁN: Queredme vos como os quiero,
por sola mi voluntad.
DAMA: No haremos buena amistad.
GALÁN: ¿Por qué vuestro humor la estraga?   30
DAMA: Porque cuando un hombre paga,
entonces trata verdad.
GALÁN: ¿Qué más paga de un favor
que el alma y el albedrío?
DAMA: *¡Jesús, qué gran desvarío!*   35
Dinero será mejor.

[*Parnaso*, 336, a]

665

LETRILLA BURLESCA

A la que causó la llaga
que en mi corazón renuevo,
yo la quiero como debo,
y un ginovés como paga.

Ved en qué vendré a parar,   5
compitiendo su poder,
haciendo yo mi deber,
y él haciendo su pagar.
Mal en oponerme hago,
siendo de bolsa tan leve,   10
a quien ni teme ni debe,
yo, que ni temo ni pago.

Cuando mi talego amaga,
el suyo da fruto nuevo.
Yo la quiero como debo,　　　　　　15
y un ginovés como paga.

Con bien diferente halago
nos escribe a lo modorro[1],
a mí las cartas de horro,
a él las cartas de pago.　　　　　　20
¿Cuál tendrá más opinión
con ella en la poesía,
yo con una letra mía,
y él con dos de Bizanzón?
La letra de cambio traga:　　　　　　25
no escucha la que yo llevo.
Yo la quiero como debo,
y un ginovés como paga.

Si la veo en su posada
con el ginovés Cupido,　　　　　　30
estoy yo como vendido,
ella está como comprada.
Mirad, pues, a quien oirá,
si en el reloj que regala,
mi mano es la que señala　　　　　　35
y la suya la que da.
Toda mi dicha se estraga
por cuantos caminos pruebo.
Yo la quiero como debo,
y un ginovés como paga.　　　　　　40

¿Cómo la podré agradar
los deseos avarientos,
si voy a contarla cuentos,
y él da cuentos[2] a contar?
Él da joyas, yo billetes:　　　　　　45
y andamos por los lugares,
él con dares y tomares,
yo con dimes y diretes.

[1] *modorro,* inadvertido, ignorante.
[2] *cuentos,* millones.

De mí se esconde por plaga;
a él le busca por cebo.   50
Yo la quiero como debo,
y un ginovés como paga.

[*Parnaso*, 336, b]

666

<small>Letrilla burlesca</small>

Dijo a la rana el mosquito
desde una tinaja:
«Mejor es morir en el vino
que vivir en el agua».

Agua no me satisface,   5
sea clara, limpia y pura;
pues aun con cuanto mormura,
menos mal dice que hace.
Nadie quiero que me cace;
morir quiero en mi garlito.   10
Dijo a la rana el mosquito
desde una tinaja:
«Mejor es morir en el vino
que vivir en el agua».

En el agua hay solos peces;   15
y, para que más te corras,
en vino hay lobos y zorras
y aves, como yo, a las veces.
En cueros hay pez y peces:
todo cabe en mi distrito.   20
Dijo a la rana el mosquito
desde una tinaja:
«Mejor es morir en el vino
que vivir en el agua».

No te he de perdonar cosa,   25
pues que mi muerte disfamas;
y si borracho me llamas,
yo te llamaré aguanosa.
Tú en los charcos enfadosa;
yo en las bodegas habito.   30
Dijo a la rana el mosquito
desde una tinaja:
«Mejor es morir en el vino
que vivir en el agua».

¿Qué tienes tú que tratar,   35
grito de cienos y lodos,
pues tragándome a mí todos,
nadie te puede tragar?
Cantora de muladar,
yo soy luquete[1] bendito.   40
Dijo a la rana el mosquito
desde una tinaja:
«Mejor es morir en el vino
que vivir en el agua».

Yo soy ángel de la uva,   45
y en los sótanos más frescos,
ruiseñor de los tudescos,
sin acicate ni tuba[2].
Yo estoy siempre en una cuba,
y tú estás siempre en un grito.   50
Dijo a la rana el mosquito
desde una tinaja:
«Mejor es morir en el vino
que vivir en el agua».

> [*Parnaso*, 337. El verso 6 da la lec-
> ción «líquida y pura», que en-
> miendo según el ms. de A. Rodrí-
> guez-Moñino.]

[1] *luquete*, rodajita de limón o naranja que se echaba en el vino.
[2] «Entiende al mosquito de la trompetilla», dice González de
Salas.

667

Letrilla burlesca*

Después que me vi en Madrid,
yo os diré lo que vi.

Vi una alameda excelente:
que a Madrid el tiempo airado
de sus bienes le ha dejado   5
las raíces solamente;
vi los ojos de una puente,
ciegos a puro llorar;
los pájaros vi cantar;
las gentes llorar oí.   10
Yo os diré lo que vi.

Médicos vi en el lugar,
que sus desdichas rematan,
y la hambre no la matan
por no haber ya qué matar;   15
vi a los barberos jurar
que en sus casas, en seis días,
por sobrar tantas bacías,
no entraba maravedí.
Yo os diré lo que vi.   20

Vi de pobres tal enjambre,
y una hambre tan cruel,
que la propia sarna en él
se está muriendo de hambre;
vi, por conservar la estambre,   25
pedir hidalgos honrados
al reloj cuartos prestados,
y aun quizá yo los pedí.
Yo os diré lo que vi.

Vi mil fuentes celebradas,   30
que son, aunque agua les sobre,
fuentes en cuerpo de pobre,
que dan lástima miradas;

* Para Astrana Marín, de 1604. (Quizá por la alusión al traslado
de la Corte a Valladolid.)

vi muchas puertas cerradas
y un pueblo echado por puertas;   35
de sed vi lámparas muertas
en los templos que corrí.
Yo os diré lo que vi.

    Vi un lugar a quien su norte
arrojó de las estrellas,   40
que, aunque agora está con mellas,
yo le conocí con corte.
No hay quien sus males soporte,
pues por no le ver su río,
huyendo corre con brío   45
y es arroyo baladí.
Yo os diré lo que vi
después que me vi en Madrid.

                     [*Las tres Musas*, 127, b]

668

LETRA SATÍRICA

[*¡Mal haya quien lo consiente!*]

    Que no tenga por molesto
en doña Luisa don Juan
ver que, a puro solimán,
traiga medio turco[1] el gesto,   5
porque piensa que con esto
ha de agradar a la gente,
¡mal haya quien lo consiente!

    Que adore a Belisa un bruto,
y que ella olvide sus leyes,   10
si no es, cual la de los reyes,
adoración con tributo;
que a todos les venda el fruto
cuya flor llevó el ausente,
¡mal haya quien lo consiente!   15

---

[1] Cierto afeite para el rostro, muy citado, como se ha visto, llamado también «Gran Turco».

Que el mercader dé en robar
con avaricia crecida;
que hurte con la medida,
sin tenerla en el hurtar;
que pudiendo maüllar,   20
prender al ladrón intente,
¡mal haya quien lo consiente!

Que su limpieza exagere,
porque anda el mundo al revés,
quien, de puro limpio que es,   25
comer el puerco no quiere;
y que aventajarse espere
al conde de Benavente,
¡mal haya quien lo consiente!

Que el letrado venga a ser   30
rico por su mujer bella,
más por su parecer della
que por su buen parecer[2];
y que no pueda creer
que esto su casa alimente,   35
¡mal haya quien lo consiente!

Que de rico tenga fama
el médico desdichado,
y piense que no le ha dado
más su mujer en la cama,   40
curando de amor la llama,
que no en la cama el doliente,
¡mal haya quien lo consiente!

Y que la viuda enlutada
les jure a todos por cierto   45
que de miedo de su muerto
siempre duerme acompañada;
que de noche esté abrazada,
por esto, de algún valiente,
¡mal haya quien lo consiente!   50

---

[2] Estos cuatro versos son casi iguales a los vv. 44-47 de la letrilla «Santo silencio profeso», pág. 692.

Que pida una y otra vez,
fingiendo virgen el alma,
la tierna doncella palma,
si es dátil su doncellez;
y que dejándola en Fez,   55
la haga siempre presente,
¡mal haya quien lo consiente!

Que el escribano en las salas
quiera encubrirnos su tiña,
siendo ave de rapiña,   60
con las plumas de sus alas;
que echen sus cañones balas
a la bolsa del potente,
¡mal haya quien lo consiente!

Que el que escribe sus razones   65
algo de razón se aleje,
y que escribiendo se deje
la verdad entre renglones;
que por un par de doblones
canonice al delincuente,   70
¡mal haya quien lo consiente!

[*Las tres Musas*, 128, b]

669

Letra satírica a la Fortuna

[*Si no, dírelo*]

Es tu firmeza tan poca,
que juzgo de tu rigor
que, de andar alrededor,
te has vuelto, Fortuna, loca;   5
mas si mi bien te provoca,
párate por mi consuelo;
        si no, dírelo.

Llamarte virgen condeno;
y así, por cierto, concluyo   10

que mal guardará lo suyo
quien hurta todo lo ajeno;
pues ves el mal en que peno,
para, Fortuna, en el suelo;
    si no, dirélo.   15

    En tu rueda, arrebatada,
andas siempre de pelea:
mujer que a tantos voltea,
más querrá ser volteada.
Deja a mi vida cansada   20
gozar un poco de cielo;
    si no, dirélo.

    Para puta, según veo,
vales muy larga moneda,
pues por no estar nunca queda,   25
tendrás ligero meneo.
Cúmpleme aqueste deseo,
quítale a mi bien el velo;
    si no, dirélo.

    Mas harásme cargo estrecho   30
diciendo con artificio
que has rodado en mi servicio,
y ése es el mal que me has hecho.
Párate, porque deshecho
me ves en tormento y duelo;   35
    si no, dirélo.

    Ya no tengo qué perder:
que soy poeta en efeto,
y por decir un conceto
deshonraré una mujer.   40
Si te paras, podrá ser
que calle aqueste libelo:
    si no, dirélo.

               [*Las tres Musas,* 130, a]

670

Letrilla satírica

[*Bueno. Malo.*]

Que le preste el ginovés
al casado su hacienda;
que al dar su mujer por prenda,
preste él paciencia después;   5
que la cabeza y los pies
le vista el dinero ajeno,
      bueno.

Mas que venga a suceder
que sus reales y ducados   10
se los vuelvan en cornados[1]
los cuartos de su mujer;
que se venga rico a ver
con semejante regalo,
      malo.   15

Que el mancebo principal
aplique, por la pobreza,
a ser ladrón su nobleza,
por ser arte liberal;
que sea podenco del real   20
más escondido en el seno,
      bueno.

Mas que en tales desatinos
venga el pobre desdichado,
de puro descaminado,   25
a parar por los caminos[2];
que conozca los teatinos
por intercesión de un palo[3],
      malo.

---

[1] *cornado*, moneda de poco valor. Nótese el juego de voces con «cuartos» y «cuernos».
[2] A algunos ahorcados los descuartizaban y arrojaban por los caminos.
[3] Es decir, que conozca a los teatinos cuando es condenado a la horca.

Que el hidalgo, por grandeza,   30
muestre, cuando riñe a solas,
en la multitud de olas,
tormentas en la cabeza;
que disfrace su pobreza
con rostro grave y sereno,   35
      bueno.

Mas que haciendo tanta estima
de sus deudos principales,
coma las ollas nabales,
como batalla marina;   40
que la haga cristalina
a su capa el pelo ralo,
      malo.

[*Las tres Musas*, 130, b]

671

Letra satírica a diversos estados

[*Lindo chiste.*]

Hay mil doncellas maduras
que guardan virgos fiambres,
hasta que a fuerza de hambres
se les van en cataduras.   5
Todas son vírgenes puras,
por más aguadas que estén.
A ninguno quieren bien,
si no las calza y las viste.
      Lindo chiste.   10

Hay viuda que, por sus pies,
suele hacer con bizarría
más cabalgadas un día
que los moros en un mes;
no son tocas las que ves,   15

que, aunque traerlas profesa,
son manteles de una mesa
que a nadie el manjar resiste.
    Lindo chiste.

Cásase en hora menguada   20
el galán sin plata o cobre,
y viene a cenar el pobre,
con salva[1], la desposada;
del dote, que es poco o nada,
calzas de obra se labra;   25
pero luego, aun de palabra,
no tiene calzas el triste.
    Lindo chiste.

Cásase con bendición
el que las leyes escarba,   30
por añadir a su barba
aderezos de cabrón;
luego, con satisfacción,
un corregimiento afana;
viénensele a dar de plana;   35
vuelve en sayas el limiste[2].
    Lindo chiste.

          [Ms. 4.067, Bibl. Nacional, f. 35]

672

Búrlase de todo estilo afectado*

DÉCIMAS

Con tres estilos alanos
quiero asirte de la oreja,
porque te tenga mi queja,
ya que no pueden mis manos.
La habla de los cristianos   5

---

[1] *hacer la salva* era probar antes la comida servida al señor.

[2] *limiste*, cierta clase de paño, fino y de mucho precio, que se fabricaba en Segovia.

* Puesto que se satiriza a los cultos también, será posterior al año 1613.

es lenguaje de ramplón:
por eso va la razón
de un circunloquio discreto
en retruécano y conceto,
como en calzas y en jubón.   10

Estilo primero

Amar y no merecer,
temer y desconfiar,
dichas son para obligar,
penas son para ofender.
Acobardar el querer,   15
cuando más valor aplique,
es hacer que multiplique
el miedo su calidad.
Para más seguridad,
tómate ese tique mique.   20

Lágrimas desconsoladas
son descanso sin sosiego
y diligencias del fuego,
más vivas cuando anegadas.
Las memorias olvidadas   25
en la voluntad sencilla
son golfo que miente orilla,
son tormenta lisonjera,
en donde expira el que espera.
¡Qué linda recancanilla!   30

El tener desconfianza
es tener y presumir;
y apetecer el morir,
mucho de grosero alcanza.
Quien osa tener mudanza,   35
se culpa en el bien que asiste;
y quien se precia de triste
goza con satisfacción
la pena por galardón.
Pues pápate aquese chiste.   40

Vuelve a proseguir

Pero siendo tú en la villa
dama de demanda y trote,
bien puede ser que del mote
no hayas visto la cartilla.
Va del estilo que brilla   45
en la culterana prosa,
grecizante y latinosa:
mucho será si me entiendes.
Yo vacio piras, y asciendes:
culto va, señora hermosa.   50

Estilo segundo

Si bien el palor ligustre[1]
desfallece los candores,
cuando muchos esplendores
conduce a poco palustre[2],
construye el aroma ilustre   55
víctima de tanto culto,
presintiendo de tu vulto
que rayos fulmina horrendo.
Ni me entiendes, ni me entiendo.
Pues cátate, que soy culto.   60

Prosigue

No me va bien con lenguaje
tan de grados y corona:
hablemos prosa fregona,
que en las orejas se encaje.
Yo no escribo con plumaje,   65
sino con pluma, pues ya
tanto bien barbado da
en escribir al revés.
Óyeme tú dos por tres
lo que digo de pe a pa.   70

---

[1] *palor ligustre*, palidez o blancura de la flor del ligustre, de la alheña.
[2] *palustre* significa dos cosas bastante diferentes: «paleta de albañil» y «lo que pertenece a alguna laguna». Lo que hace Quevedo es la sátira de que una rima con *ligustre* lleve al poeta culto a buscar la voz *palustre*.

Estilo tercero

Digo, pues, que yo te quiero,
y que quiero que me quieras,
sin dineros ni dineras,
ni resabios de tendero.
De muy mala gana espero;   75
date prisa, que si no,
luego me cansaré yo,
y perderás este lance.
¡Bien haya tan buen romance,
y el padre que le engendró!   80

[*Parnaso*, 468]

673

FIESTA DE TOROS, CON REJONES, AL PRÍNCIPE DE GALES,
EN QUE LLOVIÓ MUCHO*

DÉCIMAS

Floris, la fiesta pasada,
tan rica de caballeros,
si la hicieran taberneros,
no saliera más aguada.
Yo vi nacer ensalada   5
en un manto en un terrado,
y berros en un tablado;
y en atacados coritos[1],
sanguijuelas, no mosquitos,
y espadas de Lope Aguado[2].   10

---

* Hay una abundante bibliografía de todo tipo sobre la llegada del Príncipe de Gales en marzo de 1623, que vino a concertar su matrimonio con la infanta doña María, hermana de Felipe IV. Para las fiestas organizadas en su honor véase un resumen en José Deleito y Piñuela, *El rey se divierte* (Madrid, 1955), págs. 183 y siguientes. Entre los festejos figuran dos corridas de toros, una de las cuales, la celebrada el 4 de mayo, es la que reseña Quevedo.

[1] «lacayos», anota González de Salas (*atacados*, vestidos con *calzas atacadas*).

[2] Es un juego de voces, puesto que llovió bastante. (Lope Aguado es un famoso espadero de la época.)

Viose la plaza excelente,
con una y otra corona,
tratada como fregona:
con lacayos solamente.
Corito resplandeciente   15
y gallego relumbrante;
mucho rejón fulminante,
mucho céfiro andaluz,
mucho Eleno con su cruz[3],
y poco diciplinante.   20

Vi la magna conjunción[4],
Floris divina, a pesar
de los divorcios del mar,
abreviada en un balcón:
el castellano León,   25
la británica Ballena,
que, de española sirena
suspendido, padecía
los peligros que bebía
entre el agua y el arena.   30

Las nubes, por más grandeza,
en concertada cuadrilla,
fueron carros de la Villa,
por hacer fiesta a su Alteza.
Restituyó su belleza,   35
Floris, con tu vista el día:
tú abrasabas, él llovía,
haciendo tus dos luceros
suertes en los caballeros,
y en el toro, si te vía.   40

Si a Júpiter, toro o popa[5],
bramar y nadar le vieras,
mejor suerte en él hicieras

[3] Alude a los caballeros de hábito y a Santa Elena, que halló
la Cruz.
[4] *magna conjunción*, la de Júpiter, Saturno y Marte, que sucede
cada 350 años, con poca diferencia. Véase la explicación en J. O.
Crosby, ob. cit., pág. 69.
[5] González de Salas anota: «Alude a la transformación en toro,
que los mitológicos dicen fue nave que tenía por imagen tutelar
un toro».

que Europa, ni toda Europa.
Cuando tu hermosura topa,   45
si a mirarlo se abalanza,
aunque ayude la esperanza,
aunque alivie el pensamiento,
lo convierte en escarmiento
y lo deshace en venganza.   50

    Toros valientes vi yo
entre los que conocí,
pasados por agua, sí;
pasados por hierro, no.
Y bien sé quién procuró,   55
para no venir a menos,
llegarse siempre a los buenos,
no a toritos zamoranos,
porque los toricantanos
son enemigos de truenos.   60

    Y aunque la fiesta admiré,
y a todos quise alaballos,
fiesta de guardar caballos
en un calendario fue.
En todos valor hallé;   65
y aunque careció de zas,
me entretuvo mucho más,
con mesura de convento,
el, del quinto mandamiento,
rejón de «No matarás».   70

    Con lacayos de color,
en bien esmaltada rueda,
la plaza llenó Maqueda[6]
de señores y valor.
Cea, Velada y Villamor[7]   75

---

[6] Don Jorge de Cárdenas († 1644), general de la Armada y adelantado mayor del reino de Granada. Véase J. O. Crosby, ob. cit.,
página 70.
[7] Los tres nobles, amigos de Quevedo, eran aficionadísimos a
los toros, especialmente el marqués de Velada, a quien Quevedo
dirigió la estupenda carta, describiendo el viaje de Felipe IV a tierras andaluzas. Resultó herido en el muslo, como dice Quevedo
más adelante, retirándose de la plaza.

entraron solos después,
cuyas manos, cuyos pies,
con lo que se aventajaron,
tres cuarentenas ganaron
de lacayos todos tres.   80

No con trote prevenido,
ni con galope asustado,
mas con paso confiado,
sonoro, no divertido,
el caballo detenido,   85
Villamor[8], del toro dueño,
burló, remolino y ceño,
despreciando bien heridas,
amenazas retorcidas
en el blasón jarameño.   90

A Velada; generoso
el día, por un desmán,
concedióle lo galán;
recatóle lo dichoso.
Por valiente y animoso   95
la invidia le encaminó
golpe, que le acreditó;
pues fue en mayor apretura
dichoso en la desventura,
que esclarecido ilustró.   100

Bizarro anduvo Tendilla[9],
pues en cualquiera ocasión
astillas dio su rejón,
cuchilladas su cuchilla.
Todos los de la cuadrilla,   105

---

[8] *Villamor*, don Alonso de Alvarado, que venía figurando mucho
en la Corte desde 1601, en que heredó el título por la muerte de
su hermano.
[9] Don Íñigo López de Mendoza, muerto en 1647, casado con doña
Ana Manrique y de Tapia.

quién osado, quién sagaz,
esforzaron el solaz,
pues cualquiera se animaba,
y Bonifaz deseaba
el andar más Bonifaz[10].   110

Don Antonio de Moscoso[11],
galán, valiente y osado,
bien anduvo aventurado,
si bien poco venturoso.
Quedó agradecido el coso   115
a tanto lucido trote:
echó el cielo su capote,
por no ver un caballero
que, al contar, sirvió de cero,
y al torear, de cerote.   120

Cantillana[12] anduvo tal,
y tan buenas suertes tuvo,
que estoy por decir que anduvo
de lo fino y un coral.
Él fue torero mortal,   125
y lo venïal dejó
a otro, que allí salió,
vagamundo de venablo,
que en este otro anduvo el diablo,
pero en Cantillana no[13].   130

---

[10] Es Gaspar Bonifaz, elogiado por Lope en su *Laurel de Apolo*, gran rejoneador y espía mayor del reino. En la carta de Quevedo a Velada sobre la jornada de Andalucía, dice: «En Tembleque, aquel concejo recibió a Su Majestad con una fiesta de toros, a dicho de alarifes de rejón, valentísimos toreadores de riesgo, y alguno acertado. Bonifaz lo miraba, y de nada se dolía». *(Obras en prosa*, edic. cit., pág. 1716, b.)

[11] Don Antonio de Moscoso, valido del Infante Cardenal don Fernando de Austria, hermano de Felipe IV, que murió en 1634. Véase J. O. Crosby, ob. cit., pág. 71.

[12] El Conde de Cantillana, don Juan Vicentelo de Leca y Álvarez de Toledo.

[13] Alude al dicho «El diablo anda en Cantillana, y el obispo en Brenes», cuya explicación da Correas en su *Vocabulario*: «Dicen algunos viejos de Sevilla que hubo un obispo de anillo que tenía hacienda en Brenes; y estando él allí, unos sobrinos suyos hicieron en Cantillana algunos desafueros y ruidos de noche, formando estantiguas y espantando la gente para fines de sus amores».

De lo caro y de lo fino,
con resolución decente
al auditorio presente,
aguardó a los toros Guino[14].
Uno se fue y otro vino;   135
y, viéndole con pujanza
tratar, sin hacer mudanza,
al torazo como a buey,
dijo a los suyos el rey:
«Veis allí una buena lanza».   140

Un hombre salió notable,
que, desde el principio al fin,
fue tutor de su rocín,
con garrochón perdurable.
¡Oh, jinete abominable,   145
no te tragara el abismo!
Pues, tras largo parasismo,
cuando los toros salían,
tus caballos te decían:
«Haga bien para sí mismo».   150

Para poder alaballo
todo, a mí se me ordenó
que alabe a los unos yo,
mas al otro su caballo.
Agradézcale el guardallo;   155
pues por no le decentar
al tiempo del torear,
en saliendo toro arisco,
se convertia en basilisco,
y mataba con mirar.   160

Los demás, a mi entender
(su obligación me lo advierte),
ya que no tuvieron suerte,
la procuraron hacer.
La culpa estuvo en traer   165

---

[14] Desconozco quién puede ser este personaje, que tampoco identifica J. O. Crosby.

a la jineta tortugas,
caballos metiendo fugas,
como si fuera en la silla
un maestro de capilla,
solfeando de jamugas.   170

Cea[15], siempre esclarecido,
dio a la fama que decir,
a las plumas que escribir,
que contrastar al olvido.
Dichosamente atrevido,   175
Ozeta[16] anduvo valiente
y galán dichosamente;
Zárate[17] mostró valor;
y dio al toreo mejor
fuga, lluvia de repente.   180

[Parnaso, 470]

674

A UNA MUJER QUE BESÓ A UN CABALLERO,
ESTANDO MIRANDO UN JUDAS

DÉCIMAS

Puede, en tales ocasiones,
dicir, sin temor ni dudas,
que en un día un solo Judas
ha servido a dos pasiones:
a la mía, en que dispones   5
el triunfo de tu hermosura;
a la de Dios, que apresura,
Judas también te entregó;
mas el beso dile yo,
y le debo la ventura.   10

---

[15] Don Francisco Gómez de Sandoval y Rojas, nieto del Duque de Lerma. Casó, en 1612, con doña Feliche Enríquez de Cabrera. Murió en 1635.
[16] Crosby señala que un Juan de Uceta, que entró muy lucido en la plaza, figura en la relación inserta en las *Noticias de Madrid*.
[17] Parece ser don Diego de Zárate, gentilhombre de Su Majestad, citado también en esa relación. Véase la obra citada de J. O. Crosby, pág. 71.

Sé tú traidora a mis cosas;
sí, traidora, ¿en qué reparas?
Pues tendrás, Floris, dos caras,
y serán por fuerza hermosas.
Y aunque sean rigurosas,   15
con dos caras quiero verte;
pero si mi amor lo advierte,
no lo podrás alcanzar,
porque no se podrá hallar
otra cara desa suerte.   20

No habrá en Madrid despensero
a Judas más obligado;
y, por lo que me ha tocado,
le daré bolsa y dinero,
un comprador y un ropero[1],   25
botas le daré después;
que, olvidando el interés
de su talega amarilla,
le tenga toda la villa
por lencero portugués.   30

[Ms. de don A. Rodríguez-Moñino, f. 188. Inédito.]

675

FIESTA EN QUE CAYERON TODOS LOS TOREADORES

QUINTILLAS

Sola esta fiesta en mi vida
he visto que tenga traza
de ser hecha con medida,
pues viene bien a la plaza,
por ser de grande caída.   5

---

[1] *En el ms. sigue un verso que sobra:* le pienso sacrificar.

No hay aquí que mormurar
jinete invidioso, y perro
valiente de paladar.
Guardarse es caer en hierro;
caer, guardarse de errar.   10

Al toro es fuerza buscarle
con diligente talón,
y es gala solicitarle;
que el ¡Úcho ho!¹, y aguardarle,
denota lejos y halcón.   15

Si con decir que cayeron
los quisieren deshacer,
respondan los que lo vieron
que los serafines fueron
inventores del caer.   20

Esto sí ha sido extremarse
en rejones y en heridas,
y a todos aventajarse,
pues salieron a tomarse
con los toros a caídas.   25

Los letores del toreo,
gradüados de balcón,
que en salvo vierten poleo²,
tienen parlado rejón
y muy poquito peleo.   30

No hay regatear aquí,
el buscallo o recibillo
al toro más baladí:
que si hay «Torillejo hosquillo»,
ha de haber el «Vente a mí»³.   35

---

¹ *¡Úcho ho!*, grito para llamar al toro. Otras referencias en los
números 682, v. 221 y 693, v. 83.
² *poleo*, planta silvestre de olor muy agradable.
³ Hubo incluso cancioncillas que comenzaban «Vente a mí, to-
rillo fiero».

El juzgar no es valentía,
garnacha de los balcones;
Caballero Yoharía
y suertes en profecía
no acreditan los rejones.   40

De lo de suerte perfeta,
Sástago[4] con gran decoro
anduvo; y cuando la aprieta,
al son de la castañeta
del rejón, bailaba el toro.   45

Novicio tan atinado,
que ha enseñado a profesar
de punta y tajo volado;
cuerdo sin titubear,
y valiente sin cuidado.   50

Las puntas de sus rejones
contaron los remolinos
(como dicen, los botones)
a los cornudos leones,
a los toros más mohínos.   55

No fue desdicha, fue hazaña
caer, cuando socorría
al que valiente acompaña;
si a caballo rayo ardía,
en cayendo fue guadaña.   60

No se anudó en remolinos
de los pícaros vecinos;
silla, no color perdida,
descosió al toro la vida,
y a la sangre los caminos.   65

Riaño dio, repetida,
grande y dichosa caída;
mas súpose desquitar
de suerte, que pudo dar
la suerte por bien venida.   70

[4] El conde de Sástago, al que don Francisco dirige el poema 681.

Venganza sin alharaca,
cuchilla sin prevención
y galope sin matraca:
hombre que la espada saca
sobre la satisfación.   75

Gaviria, en forma de Arturo[5],
por lanza un pino sacó;
valiente estuvo y seguro:
si el animal le temió,
él fue cuerdo[6], y él fue muro[7].   80

Cayó Gaviria este día,
como otras veces solía:
que el caer sigue al llegarse;
y el acechar, y apartarse,
es de caballero espía.   85

Del rejón no digo nada,
pues con él dibujo hacía
el toro, a pura picada,
nube de la cuchillada,
que sin escampar llovía.   90

A buena resolución,
rostro seguro y sereno,
cáigale mi bendición:
caer en la plaza es bueno,
y malo en la tentación.   95

Los valientes se arriesgaban,
despreciando mortuorios;
y según bamboleaban,
parece que toreaban
los cuartos de los Osorios[8].   100

---

[5] *Arturo*, estrella de la constelación del Boyero. (*Gaviria* es Juan de Gaviria, caballero de Su Majestad, espía del reino.)
[6] «El toro», anota González de Salas.
[7] «El toreador.» Nota del mismo.
[8] Parece aludir a cierta leyenda en que un estudiante, Osorio, vio caer un hombre en pedazos por las escaleras. Lope de Vega se refiere a este suceso varias veces. (Véase S. Griswold Morley, «Dos notitas sobre Lope de Vega», en la *NRFH*, XV (1961), páginas 193-194.)

Tú, que a torear te obligas,
y juzgas con buena fe,
si cayeren como hormigas,
advierte bien que no digas:
«De este toro no cairé».   105

Y si quieres parecer
de este ejercicio maestro,
acomete sin temer,
y reza del Padre Nuestro
el «No nos dejes caer».   110

No has de venir a guardallo
al rocín sobre que estás,
pues vienes a aventurallo:
cae de tu asno, y sabrás
caer bien de tu caballo.   115

Quien no tiene por hazaña
caer, quien se aventuró,
acuérdese, pues se engaña,
que cayó Troya y cayó
la princesa de Bretaña.   120

Beldad, como por despojo,
van en copla a vos las vidas
que defiendo con enojo.
Y ¿quién puede, sino un cojo,
abogar por las caídas?   125

[*Parnaso*, 473]

676

A UNA DAMA QUE BAILANDO CAYÓ

QUINTILLAS

Todo mi discurso atajo,
sin poder hallar consuelo,
viendo que en ese trabajo
en ti se nos cayó el cielo
y no nos cogió debajo.   5

Deja, si te desgobiernas
o las piernas o los brazos,
mis penas hagan eternas,
con pretina de tus lazos,
gargantilla de tus piernas.   10

Guarda en tus brazos despojos
de la gala que sujetas;
no mueran con mil enojos
el *Rastro* en tus castañetas,
el *Matadero*[1] en tus ojos.   15

Otra vez, pues, que por ti
vivo y muero, como ves,
desde el punto que te vi,
si se te fueren los pies,
di que se vengan a mí.   20

Si el chapín se te torció,
anda sobre mí, no pares;
no temas que tuerza, no;
pues cuanto más me pisares,
más me enderezaré yo.   25

Y aunque es año de caídas
en el mandar y el poder,
duélete de tantas vidas
que de ti viven asidas:
tente, u déjate tener.   30

[*Parnaso,* 475, a]

677

LAS CAÑAS QUE JUGÓ SU MAJESTAD CUANDO VINO
EL PRÍNCIPE DE GALES*

ROMANCE

Contando estaba las cañas
Magañón el de Valencia
a Pangarrona y Chucharro,
duendes de Sierra Morena.

---

[1] El *Rastro* y el *Matadero* son bailes de la época, como se verá
más adelante, en la sección de *bailes*.

* Se celebraron en la Plaza Mayor, de Madrid, el lunes 21 de
agosto de 1623.

    Las barbas, de guardamano[1];   5
las bocas, de oreja a oreja;
dando la teta a los pomos
y talón a las conteras.

    Los sombreros en cuclillas,
y las faldas en diadema,   10
mientras garlaba con hipo,
escucharon con mareta:

    «Vivo y enterrado estuve;
Lázaro fui de las fiestas;
oyente de Peralvillo[2],   15
en un palo entre las tejas.

    »Los ojos eché a rodar
desde las canales mesmas:
despeñóseme la vista,
y en el coso di con ella.   20

    »Los toros me parecían
de los torillos de mesa,
que, a fuerza de mondadientes,
tanta garrocha remedan.

    »Por Dafne me tuvo el Sol,   25
pues se andaba tras mi jeta,
retozándome de llamas,
requebrándome de hoguera.

    »A los sastres os remito,
en vestidos y libreas,   30
hurtados, no de Mendoza,
hurtados, sí, de tijera.

    »Los caballos, ya se sabe:
de los que el céfiro engendra,
donde fue el soplo rufián   35
adúltero de las yeguas.

    »Todo el linaje del Betis,
y toda su descendencia,
primogénitos del aire,
mayorazgos de las yerbas.   40

    »Los jaeces, relevados;
de aquellos de quien se cuenta

---

  [1] *guardamano,* como «guarnición» en los trajes.
  [2] *Peralvillo,* lugar de Ciudad Real, donde la Santa Hermandad
ajusticiaba a los malhechores.

lo de seis dedos en alto,
mucha plata y mucha perla.
　　»Del día de San Antón   45
me acordó de dos maneras
el fuego que me tostaba
y el concurso de las bestias.
　　»En la clarísima tarde
se dio el sol, con sus melenas,   50
un hartazgo de testuces,
de moños y cabelleras.
　　»Los toros sin garrochones
se perdieron tan a secas
como el pobre don Beltrán   55
con la grande polvareda[3].
　　»Los músicos de garrote
sus atabales afrentan,
mezclados de mil colores
con los soplones de Iglesia.   60
　　»El Mejía y el Girón[4],
que apadrinan y gobiernan,
jubilados en batalla,
allí estrenaron las puertas.
　　»No hay librea en que la plata   65
tan bien a todos parezca,
como en sus sienes bruñida,
y como en sus canas crespa.
　　»Acercáronse al balcón,
digo, al Oriente se acercan,   70
donde para que el sol salga
el Aurora da licencia:
　　»el lirio, con cuyas hojas
sus rayos la luz esfuerza;
la alba toma atrevimientos,   75
y presunción las estrellas.
　　»Los precursores ancianos
a Filipo hicieron señas,
y de dos hierros que vibra,
dos mundos, que pisa, tiemblan.   80

---

[3] Recuerda los famosos versos «con la grande polvareda, / perdimos a don Beltrán».
[4] Don Agustín Mejía y don Fernando Girón, que actuaron de mantenedores y padrinos.

»La Reina se levantó;
en pie se puso la esfera,
y al firmamento siguieron
imágenes y planetas.

»Como, creciente, la luna   85
disimula las tinieblas,
y en pueblos de luz, monarca,
imperiosamente reina,

»la infanta doña María
vivo milagro se muestra: 90
fénix, si lo raro admiras,
cielo, si lo hermoso cuentas.

»Bien imitadas de Clicie[5],
solícitas diligencias,
en el príncipe britano,   95
amarteladas la cercan.

»El que la púrpura sacra
de cuatro coronas siembra,
tres, que adora religioso,
una, que esmalta sus venas[6],   100

»los reyes en provisión,
que por don Filipe sellan,
hicieron en pie pinicos,
a modo de reverencias.

»Estremecióse la plaza,   105
rechinaron las barreras,
rebulleron los terrados,
relucieron las cabezas.

»Los hervores del teatro
pusieron en competencia   110
los lacayos y la guarda,
chirimías y trompetas.

»Aquí de Dios y de Apolo;
pues porque acierte mi testa,
es bien que las nueve musas   115
se embutan en mi mollera.

»Aunque estén unas sobre otras,
todas entren en mi lengua;
dé el Pegaso a mi tintero,
para algodones, cernejas.   120

[5] *Clicie*, heliotropo, enamorada del Sol, le seguía de continuo.
[6] El Infante Cardenal don Fernando de Austria.

»*Helo, helo por do viene*
quien no cabe en cuanta tierra
del sol registra la fuga,
del mar fatiga la fuerza.

    »Cometa corrió veloz   125
sobre rayo a la jineta,
y, relámpago de galas,
vistas burló bien atentas.

    »Tras sí se llevó los ojos
que le admiran y contemplan;   130
los invidiosos arrastra
y los curiosos despena.

    »Visto, no comprehendido,
pasó veloz la carrera;
son desaparecimientos,   135
no trancos, los que le llevan.

    »El aire con que corría,
ni le alcanza primavera,
ni le ha merecido el mar,
ni hay brújula que le sepa.   140

    »Olivares, a su lado,
ni le iguala, ni le deja;
pues desiguala en respeto
a quien sigue en obediencia.

    »En lo desigual estuvo   145
el primor de sus parejas,
pues compañero le sigue
cuando señor le confiesa.

    »Si se[7] llamara Godínez,
si medio hidalgo naciera,   150
fuera premio a su valor
lo que goza por herencia.

    »Vive Dios, que las vislumbres
del acero que maneja
fueron eclipse en El Cairo,   155
en Argel fueron cometas.

---

[7] «Vuelve al Rey», apostilla González de Salas. La alusión al doctor Felipe Godínez, tachándole de cristiano nuevo, es muy clara. También en la *Perinola* (*Ob. en prosa*, edic. cit., pág. 869) dice: «Cita a Godínez y no a San Benito... Con todo eso le hace un agravio: que da el principado en los autos a Valdivielso; y como todo lo que ha escrito bien el Godínez, ha salido en algunos autos mucho, y es más señalado por los autos que por todo».

»Ya miro con perlesía
a las lunas que le tiemblan,
y a Mahoma dando vuelcos
en el sepulcro de Meca.   160
    »Tiene talle, en pocos años,
de no dejar al Profeta,
ni Alcorán que le dispute
ni alfanje que le defienda.
    »Él embrazaba la adarga,   165
desanudaba las vueltas,
recordando, divertidos:
que entre los galopes sueñan.
    »Acometió con valor,
retiróse con destreza;
ni hubo más toros ni cañas
que verle correr en ellas.
    »En sí agotó la alabanza,
y su garbo y su belleza
no dejaron bendición   175
a nadie que con él entra.
    »Fullero del juego fue
con la mano y con la rienda,
retirando a los que pasan
y aguardando a los que esperan.   180
    »Todos anduvieron bien,
pero, sin hacer fineza,
los méritos le dejaron
por descargo de conciencias;
    »don Carlos más. Su alabanza   185
se deposita secreta,
por dejar aclamaciones,
que al rey el número crezcan.
    »Vive Cristo, que su nombre[8]
ha de servir de receta   190
con que medrosos se purguen,
con que valientes se mueran.
    »Tan magnífica persona
en todos lances ostenta,
que en su *depossuit potentes*[9]   195
se deshace la soberbia.

[8] «Vuelve al Rey», anota González de Salas.
[9] *depossuit potentes*. Es parte del conocido versículo de San Lucas, 1, 52.

»Él es un mozo chapado,
amante de las proezas,
recuerdo de los Alfonsos,
olvido de los Früelas.   200
»Su espada será Tizona,
y su caballo Babieca;
su guerra será la paz;
su ocio será la guerra.
»Tantos años le dé Dios,   205
que le llame a boca llena
Matus Felipe[10] la Fama,
confundida con la cuenta.
»Hágale el cielo monarca
de aquellas partes adversas   210
que castiga riguroso
con sólo que no lo sea.
»El primer juego es de cañas,
que no se ha errado de ochenta,
por gracia de don Felipe;   215
no don Felipe por ella.
»Agosto le cortó al día
a su medida la fiesta,
pues con luz llegué a la plaza
desde mi horca cigüeña.   220
»Bien empleados dos reales,
aunque los debo a mi cena,
pues llevo en este cogote
sol que vender a Noruega.»
Paróse a espumar la voz,   225
porque, en relación tan luenga,
hablaba jabonaduras
y pronunciaba cortezas.
El auditorio le sigue
con aprobación risueña,   230
y a remojar la palabra
se entraron en la taberna.

[Parnaso, 368]

---

[10] *Matus Felipe*, construido sobre *Matusalén*.

678

EN OCASIÓN DE NO DARLE EL DUQUE DE LERMA LAS FERIAS
DE UNA ESFERA Y DE UN ESTUCHE DE INSTRUMENTOS
MATEMÁTICOS, ESCRIBIÓ ESTE

SONETO*

La esfera, en que divide bien compuestas
repúblicas de luz rayo elegante,
entre vuesa excelencia y entre Atlante,
uno la tiene a cargo y otro a cuestas.

Satisfación, señor, y no respuestas,   5
pide el vil concetillo mendicante.
Haya tres ferias este mes[1], y espante
el veros añadir al año fiestas.

Esté la estera limpia, esté lustrosa,
que da lástima el verla tan tomada,   10
en una galería tan curiosa.

Un Cáncer basta a toda esfera honrada:
que me dicen está muy peligrosa,
más comida del signo que ilustrada.

679

RESPUESTA DEL DUQUE

ROMANCE

Vuestro soneto es tan bueno,
señor don Francisco, y tal
el rayo elegante en él,
que hace sombra a lo demás.

---

* «Sucedió encontrarle el Duque el día de la feria de San Miguel
y decirle que se escondía por no darle ferias; a que respondió
don Francisco que él daría su satisfación en consonantes, y el
día siguiente le envió este soneto, y el Duque, después de su
romance, mejor satisfación.» Nota de González de Salas. Del 30
de septiembre a primeros de octubre de 1617.

[1] «Las dos de San Mateo y San Miguel y las del Duque», anota
González de Salas. (*Dar ferias* era obsequiar con cosas de la feria
a las amistades.)

Siempre os vi sin tacha alguna
en pie de verso eficaz;
pero dícenme que ahora
dais tal vez en cojear.

Lisura en versos y en prosa,
don Francisco, conservad,
ya que vuestros ojos son
tan claros como un cristal.

No copiaros, responderos
me toca; respondo ya,
que no debiendo a quien pide
hay muy poco que dudar.

Pedís que os ferie una esfera
que distes con voluntad;
si con más la recibí,
decidme de qué os quejáis.

También decís que del polvo
la esfera injuriada está,
y es que ya, atento a los cielos,
olvido la material.

Si como a lego, señor,
me habéis querido tentar,
lego soy, pero en tenaza
muy vuestro hermano carnal.

De erudición en las ciencias
tenéis muy grande caudal;
mas al pedir, ¿de qué valen
contra quien sabe negar?

A quien pide, madurez
prudente ha de gobernar:
porque el embestir sin tiempo,
deja el pedir en agraz.

Este consejo de ferias
os he querido enviar:
que es de estima en este tiempo
quedar de pedir capaz.

Si otro socorro esperaba
vuestro engaño, perdonad:
pues liciones vuestras son
mi defensa natural.

Si el cáncer come en la esfera, 45
en su figura, será
para mí un ejemplo vivo,
para vos, perro mortal.

680

VOLVIÓ A REPLICAR DON FRANCISCO

ROMANCE

Mandan las leyes de Apolo
que en el Parnaso se cante;
quieren lira, y no tenaza;
que se toque y no se arañe.
Vos os preciáis de Petrarca, 5
para quien os quiere Dante:
más vale el Franchi[1] que el Tasso
en conceptos de donaire.
No tiene mejor tomista
la orden de los Guzmanes, 10
y para Tomás, señor,
no son malas vuestras partes.
De vuestras insignes obras,
si lo juzgan mis compases,
siendo pequeño el volumen, 15
los tomos han sido grandes.
¿De qué me sirve alegar
mi escuadra[2] de memoriales,
si con vos no tengo estrella,
pues todas me las quitastes? 20
Condenarme es ya forzoso,
fuerza será condenarme,
pues a quien quitan el cielo
no procuran que se salve.

---

[1] *Franchi*, quizás aluda a Niccolò Franco (1515-1570), poeta mordaz y procaz, groseramente obsceno en su conocida colección de sonetos, autor también de ciertos *Diálogos muy placenteros*.
[2] «Alude a un instrumento matemático», apostilla González de Salas.

Sin duda nací en mal signo,   25
pues todos quieren dejarme:
ni Acuario me da una gota,
ni un solo bocado Cáncer;
      una flecha, Sagitario,
el buen Géminis, un parche,   30
ni Virgo, una tragantona,
Libra siquiera un adarme;
      un retratillo de a ocho
el León envergonzante,
que con cuartanas y cuartos   35
brama siempre por trocarse.
      Ni un cuerno con que me monde
estos dientes miserables,
el triuncuerno de los signos:
Toro, Capricornio y Aries.   40
      Sólo pienso que Escorpión
en mi lengua ha de quedarse,
para quejarse de vos
a los dares y tomares.
      El parentesco, en tenaza   45
con vos, conviene negarle,
pues por menos parentesco
presumiréis heredarme.
      Que como a tantas herencias
estáis hecho sin descarte,   50
debéis de soñar que soy
vuestro tío o vuestro padre.
      Yo soy vivo, Duque ilustre,
aun hoy me hierve la sangre,
y sólo tengo de muerto   55
el perro que queréis darme.
      Si ansí tratáis las ofertas,
obligaréis a que os llamen
excelencia las personas,
y los camarines, zape.   60
      Honrad a vuestros criados,
pues será más importante
ser algunas veces largo,
que tan muchas veces grande.
      Tenaza de Nicodemus   65
no fue con vos comparable,

ni el proprio Abarimatías
ni el proprio Francisco Abarí[3].

Que conserve la lisura,
me aconsejáis, elegante: 70
excelentísima lima,
a vos quiero encomendarme.

Alisadme de manera
que, tras dos años fatales,
o se deslice la prenda,   75
o la feria se resbale.

El cojear en los versos,
eso es, señor, retratarme.
¿Yo cojo? Decidlo vos,
aunque la cojera os falte.   80

Dádivas quebrantan peñas,
no pienso que sois de carne,
pues las dádivas en vos
han venido a quebrantarse.

Quien se da lo que se toma   85
con tan alegre semblante,
es, conforme a la capacha,
para sí mismo Alejandre.

Peor que el demonio sois,
pues lo que no os di llevastes;   90
y dándome yo a los diablos
desto, no quieren llevarme.

Porque llegase a noticia
de todos los circunstantes
el «No quiero daros nada»,   95
me lo escribís en romance.

¡Oh claridad infinita!
¡Oh esplendores coruscantes!
(Revistiendo se me van
en el cuerpo Soledades[4].)   100

---

[3] «Chiste en los nombres.» Nota del mismo. En *El caballero de la Tenaza* (*Obras en prosa*, edic. cit., pág. 38 a) explica este «chiste»: «procuren antes merecer el nombre de guardianes que el de datarios, y el dar sea en las mujeres, y no a las mujeres, para que así merezcan el nombre de Cofrades de la Tenaza de Nihildemus o Neque-demus, que hasta ahora se decía Nicodemus. Y sea su nombre de todo enamorado Avaro-Mathías, llámese como se llamare, aunque no se llame Matías».

[4] Una de las muchas alusiones a Góngora y su obra. (Nótese en los versos anteriores el uso de *claridad* y *coruscante*.)

Menguó mi luna en mi esfera
y mi sol vino a eclipsarse,
Venus me dejó Vulcano,
cornudo me dejó Marte.

Mercurio se me voló,   105
diosecito de plumajes,
él, que lleva por el viento
pajaritos carcañales.

Sólo se queda Saturno
en mis güesos y en mis carnes,   110
apelmazando de murrias
mis pensamientos inanes.

Perdonad esta cultura
a tan indigno pedante,
mientras le digo mi culpa   115
al padre adunco⁵ del Carmen.

Pues hemos llegado a tiempo,
que, sin bastar que se rasquen
de duques y comezón,
los pobres van a espulgarse.   120

Si vuecelencia responde,
en el sobrescrito mande
escribir que guarde yo,
que importa con el Dios guarde.

[*Parnaso, 477 y ss.*]

681

CARTA AL CONDE DE SÁSTAGO*, DESDE MADRID,
HABIENDO IDO CON SU MAJESTAD A BARCELONA

ROMANCE

Al que de la guarda ha sido
si no ángel, capitán;
al conde de los dolores,
pues lleva tanto puñal;
al entendido sin pujo,   5

---

⁵ *adunco*, encorvado.
* El Conde de Sástago acompañó dos veces a Felipe IV en sus
viajes a tierras de Aragón. La primera a fines de 1629 y precisamente rejonea con el Conde de Aranda el 7 de enero, en Zaragoza; la segunda en 1632. Quevedo se refiere a este segundo viaje.

discreto sin ademán,
más airoso que diciembre
y más valiente que el ¡zas!;
    al que en la jura pasada
se vistió de Navidad,   10
y, cardenal Belarmino,
salió de pontifical;
    al de la dorada tiple,
digo, llave Florïán[1],
que impotente de pestillos,   15
nunca ha podido engendrar;
    al que sirve de vendimias
en la familia real,
pues racimos por librea
le van haciendo lugar;   20
    al que, por nunca haber dado
ni muerto, ni enfermo can[2],
las niñas de la gotera
lloran con pena mortal;
    al Sástago, ya lo dije,   25
que si quiere hará temblar,
con sonetos a Lupercio,
con pistolas a Latrás[3],
    un hidalgo de la guerra,
hambrón de todo picar,   30
bribón, que acude a la sopa
que reparte Satanás,
    sus soledades le escribe,
sin estilo *Soledad*,
y como no vacia Auroras[4],   35
no le dice «¡Culto va!».

---

puesto que en el v. 9 alude a la Jura del Príncipe Baltasar Carlos, celebrada el 7 de marzo de 1632. El Conde de Sástago era capitán de la guarda tudesca, y bastante inquieto además. A ello aluden los versos primeros.

[1] Florián, célebre cantor de la época al que se cita con bastante frecuencia. Dícese que era capón.

[2] *dar can*, como *dar perro*, *dar perro muerto*, engañar, no pagar. (Aquí a las busconas, «niñas de la gotera».)

[3] «Lupercio Leonardo y Lupercio Latrás, uno poeta y otro bandolero, ambos aragoneses, como el mismo Conde.» Nota de González de Salas. (Pero supongo que se refiere a Bartolomé, ya que Lupercio había muerto bastantes años antes.)

[4] «Alude a la posición oriental de Cataluña y a la claridad de sus versos.» Nota del mismo.

Lo que de nuevo y de viejo
pasa en aqueste lugar,
en las hijas y las madres
abierto y cerrado está.   40
En el rastro que han dejado
los amantes que se van,
la niña que queda vaca
vende carnero al galán.
De ausentes y de presentes   45
anda una furia infernal:
que a los idos no hay amigos,
y a las quedadas los hay.
Como autores de comedias,
tienen ya lleno el corral;   50
el «¡Métase!», de camino,
y el «¡Víctor!» se queda acá.
Hay tapadas de medio ojo,
de lágrima, poco más,
enjutas de los que fueron;   55
mojadas de los que están.
Las futuras sucesiones
que dio el pecado mortal,
el «Ya se fue», como muerte,
las ha podido llegar.   60
El que partió confiado
en pucheros de lealtad
lleva a Medellín la frente⁵,
váyase donde se va.
Son muy flacas de memoria;   65
muy graves de voluntad;
la calle Mayor es diablo;
infierno cada portal.
Andan como lanzaderas,
encías y paternidad,   70
y en poder de viejecitas,
pésames de arremangar.
Aquellas cinco chiquitas,
que, si se cuenta su edad
poniendo un año sobre otro,   75
pueden chocar con Adán,

⁵ Por ser región de buenos toros.

andan en forma de ronda,
desarmando a cuantos hay,
por linternas los maridos[6],
y su pelo por cristal.								80

    La enflautadora de cuerpos,
la madre Masicoral[7],
engarzadora de muslos,
endilgona de empreñar,
    como la mala ventura,								85
en todas partes está,
condenando todos «Fíes»,
absolviendo a todo «Dan».

    «Quien se muda Dios le ayuda»
es un notable refrán;								90
más cierto está el «Dios ayude»
en cualquiera estornudar.

    Pareció la vaquería
la comedia de San Blas[8]:
¡cuántos silbos!, ¡cuántas voces[9]								95
no perdonaron el San!

    Los mosqueteros[10] no temen
garrotillos por silbar:
las llaves[11] eran culebras;
las gargantas otro tal.								100

    Salió Lorencillo[12] largo
a hacer el primer galán:
hubo «Métase Lorenzo
—no Arias— en el sayal».

    De Fulanos y Citanos								105
hierve la corte imperial;
no nos hartamos de machos:
no se halla un alazán.

---

[6] Porque las linternas llevaban una laminilla de cuerno.
[7] *Masicoral*, el que hacía ciertos juegos de manos. Véase también los núms. 757, v. 7 y 761, v. 22.
[8] Ignoro qué comedia es esta que cita Quevedo.
[9] Parece recordar irónicamente el comienzo de un conocido romance de Góngora: «¡Cuántos silbos, cuántas voces / la nava oyó de Zuheros».
[10] *mosqueteros*, los que veían de pie, y detrás de todos, las comedias.
[11] Porque silbaban soplando en las llaves.
[12] Quizá fuese Lorenzo Hurtado de la Cámara, autor de comedias, que el 11 de marzo de 1632 sale fiador de Manuel de Vallejo, también autor. Vid. C. Pérez Pastor, *Nuevos datos para el histrionismo español* (Madrid, 1901), pág. 224.

Con la ida de la casa
del infante Cardenal,
gajes en pena se oyen   110
a la media noche aullar.
    Yo, andando en peores pasos
que en la procesión Anás,
a falta de condes buenos,   115
topé con el conde Tal.
    Hártanme de señoría
los pobres al demandar;
yo consiento de vizconde,
con punta de mariscal.   120
    Abril, que febrereaba,
ayer empezó a mayar,
y hoy, a manera de marzo,
nos ha vuelto el arrabal.
    Hay abanillo y rejuela,   125
chiminea, y enfriar,
y mayas[13] y sabañones
piden y comen asaz.
    Hágame, vueseñoría,
merced de traer de allá   130
chapines que las levanten;
que echadas las hallará.
    Responded sin dilaciones,
conde lozano y vivar:
no os purgue de sentimiento   135
el estilo catalán.

[Ms. 3.797, f. 212. *Parnaso*, 488]

---

[13] *mayas*, las muchachas que pedían para la fiesta de la Maya.

682

ENCARECE LA HERMOSURA DE UNA MOZA
CON VARIOS EJEMPLOS, Y AVENTAJÁNDOLA A TODOS

ROMANCE

Anilla, dame atención,
que es dádiva que no empobra,
mientras que, cultipicaña[1],
mi musa se desabrocha.
 Sansón, que tuvo la fuerza   5
(como el paño de Segovia)
en el pelo, cuyo pulso
ni con Galeno se ahorra[2];
 el que con una quijada
mató tantas mil personas   10
(si fue de suegra u de tía,
lo mismo hiciera una mosca);
 el que a leones fruncidos
los desgarraba las bocas,
cuyo calor digiriera   15
un locutorio de monjas;
 éste, pues, años pasados,
según cuentan las historias,
se enamoró de una niña,
cejijunta y carihermosa.   20
 Cuerpo a cuerpo, cierto día,
le desafió la tronga[3],
con poco temor de Dios,
armada de saya en tocas.
 Él, fiado en sus vedijas[4],   25
a lo zamarro[5] buscóla,
y enfundándola las faldas
con la greña de su cholla,
 sin temer que tijeritas

[1] «Llama ansí con donaire lo que nosotros dijimos *jocoserio*.»
Nota de González de Salas.
[2] *se ahorra*, se libra.
[3] *tronga*, manceba, ramera.
[4] *vedija*, mata de pelo ensortijado que se peina difícilmente.
[5] *a lo zamarro*, a lo aldeano.

le trasquilasen la morra[6],   30
habiendo echádose al buz[7],
se levantó de corona[8].

Mas levantóse tan débil,
que le pesaba la sombra;
y fue un estuche armería   35
contra el vencedor de tropas.

Usábanse filisteos,
que no se usan agora
(puede ser que en Portugal
algunos de ellos se escondań).   40

Sacáronle los dos ojos,
y sospecha cierta glosa
que se los había sacado
la tal por galas y joyas.

Él se quedó a buenas noches,   45
y acostada la persona,
tentando con un bordón
y viviendo de memoria.

Por no se haber inventado
el pregonar de las coplas   50
pronósticos y almanaques,
no se valió de su prosa.

Calla callando se estuvo
hasta que creció la borra
y sintió que de sus fuerzas   55
le daban nuevas las corvas.

Y viene, y toma, y ¿ qué hace?,
y ¿ qué hace?, ¿ viene, y toma?,
sino aguarda que se atieste
de gente la sinagoga.   60

Luego, abrazando columnas,
como si abrazara mozas,
juntó en un *requiem aeternam*
el suelo y las claraboyas.

Dejólos hechos tortilla   65
de narices en las losas,
y quedóse entre la gente
de amarilla ejecutoria.

---

[6] *morra*, parte superior de la cabeza.
[7] *buz*, labio.
[8] *corona*, tonsura. (Quiere decir que se levantó pelado.)

Desde entonces se le lucen
en el pelo, al que enamora,   70
las tijeras de las niñas,
que les trasquilan las bolsas.
   Pues, Anilla, verbi gratia,
si a las fuerzas más famosas
rindió Dalila en Sansón,   75
siendo blanca, rubia y roma,
   ¿qué defensa tendré yo
contra ti, que eres Sansona
de la belleza, que a la alma
con luces y rayos corta?   80
   Aguileña y pelinegra,
¿y en qué pecho no harán roncha
esos dos ojos jiferos
de la carda y de la hoja[9]?
   ¿Cómo de tu boca, Oriente   85
que está chorreando auroras,
podrán escapar mis rentas,
sin salir trasquilimochas?
   Cátate aquí que me ciegas,
ves aquí que palpo sombras;   90
y si no lo has por enojo,
que rezo y pido limosna.
   Asiréme a las colunas,
cuyas servillas[10] por horma
tiene[n] un piñón, y en tierra   95
daré con todas mis glorias.
   Fue Hércules cazador
de vestiglos y de gomias,
viendo que sierpes y hidras
no hay demonio que las coma.   100
   Conocido por la maza,
como si fuera la mona;
hombre de Carnestolendas,
con «Daca lo que te estorba»;
   muy preciado de trabajos,   105
que es una muy buena cosa;
ganapán del *Non plus ultra*

---

[9] Es decir, del gremio de valentones y rufianes. (*Jifero* significa «pícaro» y «matador».)
[10] *servillas*, zapatillas.

y esportillero de rocas;
  después de haber desuñado
a la selva Calidonia,
y sacado los colmillos
al que en Erimanto rozna;
  muerto al hijo de la Tierra
con zancadilla de horca,
pues con los pies en el aire
sus brazos le fueron soga[11],
  dio con todas sus bravatas
y con tantas valentonas
en Ioles, una mozuela,
ni bien cuerda ni mal loca.
  Ésta, pues, quiso vencer
al que vencedor se nombra;
y a tan honrada zalea
se puso a hacer la mamona[12].
  Embutióle en una saya
piernas y patas frisonas[13],
y tabicóle con yeso
de sus mejillas la alhombra.
  Púsole una gargantilla
en su Garganta la Olla[14],
tinajas por arracadas[15],
y por tembladeras[16], horcas.
  Engalanóle las liendres
con lazadas y con rosas,
y espetándole una rueca,
el jayán hilaba estopa.

110

115

120

125

130

135

---

[11] Alude a algunos de los trabajos de Hércules: la caza del jabalí de Erimanto y el vencimiento de Anteo. (Como antes alude a las *Columnas de Hércules*. De ahí el que le llame «esportillero de rocas».)

[12] *zalea*, cuero de oveja o carnero que conserva la lana. *Hacer la mamona*, «vulgarmente se toma por una postura de los cinco dedos de la mano, y por desprecio solemos decir que le hizo la mamona». (Covarrubias, *Tesoro*.) Otra referencia en el núm. 767, verso 121.

[13] *frisonas*, gordas, como caballos frisones.

[14] Parece juego de palabras entre *garganta* y el pueblo de Garganta la Hoya, célebre por el romance «Allá en Garganta la Olla». Es clara alusión al poderoso cuello de Hércules.

[15] *arracadas*, pendientes.

[16] *tembladera*, como *temblantes*, especie de ajorca o manilla que usaban las mujeres.

Diole por huso una viga
con quintales de mazorca,
y enseñósele a bailar,
a manera de peonza.   140
  Era de ver al salvaje,
hecho una Parca barbona,
escupiendo las pajitas
con la jeta melindrosa.
  Descalzábase de risa   145
con verle, la picarona,
besar la estopa fruncido,
que parece que la coca[17].
  Con las barbas y el hilado
pudieran echar ventosas.   150
¡Oh, lo que se holgara Caco
si le viera con ajorcas!
  De celos de estas finezas,
otra maldita mondonga
una camisa le viste,   155
tejida con peste y roña[18].
  Murió el asnazo en camisa.
Aplícalo, Anilla, agora,
pues en camisa me dejan
tus embestiduras sordas.   160
  Hilé; y si hubiera hilado
delgado, en dar lo que achocas[19],
la encamisada de Alcides
no celebrara mis honras.
  Yo me doy por bien desnudo   165
de tu bandolera sorna:
acuéstala; mas no entierres
la desnudez que ocasionas.
  Si la luz trujo arrastrando,
como otros suelen la soga,   170
tras Dafne el Sol[20], cuadrillero[21]

[17] *cocar*, «hacer cocos»; hacer ciertas señas o expresiones los
que estaban enamorados, para manifestarse su cariño.
[18] Hércules murió por haberse puesto la camisa envenenada que
le envió Deyanira.
[19] *achocar*, guardar mucho dinero, especialmente de canto, en
fila y apretado.
[20] Alude a la persecución de Dafne por Apolo. Dafne fue convertida en laurel. Por eso alude en los versos 179 y 180 a los escabeches y olivas, que se aliñan con un poco de laurel.
[21] *cuadrillero*, el que arrojaba cuadrillos o saetas.

con más saetas que joyas;
  si la corrió como liebre,
y se corrió como zorra
de que la dijese: «Aguarda»,   175
y no la dijese: «Toma»;
  y si en competencia tuya
era Dafne carantoña,
ninfa que los escabeches
y las aceitunas ronda,   180
  siendo tú el sol, ¡con cuál ansia
volaré yo cuando corras,
pues con las alas del viento
pensaré que llevo cormas!   185
  No te transformes en árbol;
mas, si en árbol te transformas,
acuérdate del ciruelo
y del que lleva bellotas.
  En precio se llovió Jove[22],   190
para gozar a la otra,
que en la torre, como tordo,
pasaba la vida tonta.
  Para ser bien recibido,
el dios se vistió de bolsa;   195
bajó en contante del cielo,
y a lo mercader negocia.
  Sabe que temen sus perros[23]
más que los rayos que arroja;
que *numerata pecunia*
no le renuncian las novias.   200
  Vino en paga, y vino bien;
que tiene muchas quejosas,
y al Tonante sin dinero
le llamaran Pocarropa.   205
  Habló por boca de ganso
a Leda, y con la tramoya
de plumas blancas y pico,
dios avechucho, engañóla.

---

[22] *precio*, premio. Alude al mito de Júpiter y Dánae.
[23] *perros*, fiascos, chascos.

Pagó, cual si fuera invierno,
en niebla a otra dormilona[24];   210
y de puro bien mojada,
quedó buena para sopa.

Pues si era Dánae mujer,
cual vinagre por arrobas,
en solas las piernas magra   215
y en todo lo demás gorda,
¿con cuánta mayor razón
me desharé en lluvia roja
sobre tus faldas, y en minas
podrás decir que me cobras?   220
Convirtióse en «¡Úcho ho!»[25]
el mismo dios por Europa:
que se convirtió más veces
que una mujer pecadora.

Y con su moño de cuernos   225
y con su cabeza hosca,
con su nuca y pata hendida
(muy toro en las demás cosas),
junto toro y toreador
(¡quién vio cosa tan impropria!),   230
para ponerla el rejón,
a la muchacha retoza.

Ella, que era agradecida
de sofaldos[26] y lisonjas,
en vez de arrojarle capas,   235
sus proprias faldas le arroja.

Mujer que, por pasearse,
en un toro se acomoda,
¿qué hiciera por ir al Prado,
hartándose de carroza?   240
El dios Toro, como bobo,
del mar se llegó a las ondas,
y dejando atrás la orilla,
empezó a tomar la boga.

---

[24] Alude al mito de Júpiter e Ío, hija de Inaco. Para evitar los celos de Juno, la cubrió con una nube.
[25] *Convirtióse en «¡Úcho ho!»*, convirtióse en toro. ¡Úcho ho! era el grito usado para llamar a los toros.
[26] *sofaldos*, acción de *sofaldar*, levantar las faldas.

Hízose nave cornuda,   245
hizo la cabeza popa,
de sus cabellos la vela,
y de sus ancas la proa.

El mar, alcabuete entonces,
hizo colchones las olas;   250
que ya, por padre de Venus,
le tocaba la coroza[27].

Porque no se marease,
enderezó su corcova
la mareta[28], y esclavina   255
pareció la orilla en conchas.

Neptuno, en viéndolos, dijo
a gritos: «¡Ande la loza!»[29]:
que la loza, en los refranes,
las piernas nunca las dobla.   260

Tomó tierra en una isla,
y luego en tierra tomóla,
y con huéspedes y güesos
dejó el vientre a la chicota.

Pues si por una gabacha,   265
entre vaca y entre tora,
el grande Júpiter brama,
a riesgo de que le corran,

por ti, que retas los signos
con los que cierne tu cofia,   270
cuyo talle y cuyo brío
no es nísperos lo que mondan[30],

convertiréme en ceniza,
pues tus soles me abochornan,
aunque el miércoles Corvillo   275
entre las cejas me ponga.

---

[27] A los alcahuetes y celestinas «encorozaban», es decir, los condenaban a llevar un cucurucho llamado «coroza».

[28] *mareta*, movimiento de las olas del mar cuando empiezan a levantarse con el viento o a sosegarse después de la borrasca.

[29] *«¡Ande la loza!»*, frase que da a entender el bullicio y algazara de una reunión.

[30] *no es nísperos lo que mondan*, «frase con que se significa la inteligencia o noticia que alguno tiene de la materia de que se trata». *Dicc. de Autoridades*.

Paris el catarribera[31],
que en Ida juzgó a las diosas
y dio a Venus la manzana,
viendo a Palas en pelota,   280
    si te viera, de su pomo
a nadie diera chichota[32],
que a las otras le tirara
y a ti te le diera sola.

    Quedaran por marimantas,   285
y a tu luz por mariposas,
y a la buscona de Chipre[33]
sin duda la diera cola[34].

    Y, al fin, más que cien mil ninfas,
valen, Anilla, tus lonjas,   290
pues barbas jurisjüeces
sabes gastar por escobas.

    Más vale un bullicio tuyo
que cuantas metamorfosias
en las cañas flautas silban   295
y en las abubillas roncan[35].

    Los botes[36] de tu mirar
no hay corazón que no rompan,
ni talego que no chupen
ni joyero que no sorban.   300

    Yo lo digo, y si dijere
algún filósofo en contra,
sin exceptar a ninguno,
le desmiento por la potra[37].

                                        [Parnaso, 482]

[31] *catarribera*, el que pretendía en Corte sin lograr su intento.
[32] *chichota*, «lo mismo que nada o cosa que poco importa». *Diccionario de Autoridades*. Vid. también la pág. 1356.
[33] *buscona de Chipre*, Venus.
[34] *dar cola*, untar con una substancia pegajosa, como se hacía con ciertos condenados que emplumaban, como a las alcahuetas, por ejemplo.
[35] Alude a los mitos de Siringa, convertida en caña, y Tereo, marido de Filomela, convertido en abubilla.
[36] *botes*, golpes.
[37] *potra*, hernia.

683

Boda y acompañamiento del campo*

ROMANCE

Don Repollo y doña Berza,
de una sangre y de una casta,
si no caballeros pardos[1],
verdes fidalgos de España,
casáronse, y a la boda   5
de personas tan honradas,
que sustentan ellos solos
a lo mejor de Vizcaya,
de los solares del campo
vino la nobleza y gala: 10
que no todos los solares
han de ser de la Montaña[2].

Vana y hermosa, a la fiesta
vino doña Calabaza:
que su merced no pudiera   15
ser hermosa sin ser vana.

La Lechuga, que se viste
sin aseo y con fanfarria,
presumida, sin ser fea,
de frescona y de bizarra.   20

La Cebolla, a lo viudo,
vino con sus tocas blancas
y sus entresuelos verdes:
que, sin verdura, no hay canas.

Para ser dama muy dulce   25
vino la Lima gallarda
al principio: que no es bueno
ningún postre de las damas.

---

* Es anterior a 1621, puesto que figura en la *Primavera y flor de los mejores romances*, de Arias Pérez (Madrid, 1621), pág. 46.
[1] *caballero pardo*, el que, no siendo noble, alcanzaba privilegios del rey para no pechar y gozar las preeminencias de hidalgo.
[2] Alude a la cantidad de hidalgos que presumían de descender de la Montaña.

La Naranja, a lo ministro,
llegó muy tiesa y cerrada,   30
con su apariencia muy lisa
y su condición muy agria.
A lo rico y lo tramposo,
en su erizo, la Castaña:
que la han de sacar la hacienda   35
todos por punta de lanza.
La Granada, deshonesta,
a lo moza cortesana,
desembozo en la hermosura,
descaramiento en la gracia.   40
Doña Mostaza, menuda,
muy briosa y atufada:
que toda chica persona
es gente de gran mostaza.
A lo alindado, la Guinda,   45
muy agria cuando muchacha;
pero ya entrada en edad,
más tratable, dulce y blanda.
La Cereza, a lo hermosura,
recién venida, muy cara,   50
pero, con el tiempo, todos
se le atreven por barata.
Doña Alcachofa, compuesta
a imitación de las flacas:
basquiñas y más basquiñas,   55
carne poca y muchas faldas.
Don Melón, que es el retrato
de todos los que se casan:
Dios te la depare buena,
que la vista al gusto engaña.   60
La Berenjena, mostrando
su calavera morada,
porque no llegó en el tiempo
del socorro de las calvas.
Don Cohombro, desvaído,   65
largo de verde esperanza,
muy puesto en ser gentil hombre,
siendo cargado de espaldas.
Don Pepino, muy picado
de amor de doña Ensalada,   70

gran compadre de dotores[3],
pensando en unas tercianas.
   Don Durazno, a lo invidioso,
mostrando agradable cara,
descubriendo con el trato   75
malas y duras entrañas.
   Persona de muy buen gusto,
don Limón, de quien espanta
lo sazonado y panzudo:
que no hay discreto con panza.   80
   De blanco, morado y verde,
corta crin y cola larga,
don Rábano, pareciendo
moro de juego de cañas.
   Todo fanfarrones bríos,   85
todo picantes bravatas,
llegó el señor don Pimiento,
vestidito de botarga[4].
   Don Nabo, que, viento en popa
navega con tal bonanza,   90
que viene a mandar el mundo
de gorrón de Salamanca.
   Mas baste, por si el letor
objeciones desenvaina:
que no hay boda sin malicias,   95
ni desposados sin tachas.

[*Parnaso*, 486]

---

[3] Quevedo alude varias veces al pepino como gran ayudante de
los doctores. Se creía que producía diversas enfermedades.
[4] *botarga*, traje ridículo, casi siempre colorado.

684

Celebra la nariz de una dama

ROMANCE

A tus ojos y a tu boca
acuden tantos requiebros,
que ya no caben de pies
en labios y sobrecejos.
 Yo, que no requiebro en bulla,   5
ando a buscar en tu gesto
una parte reservada,
alguna hermosura yermo.
 Yo soy tu ciego, Zutana;
como por el alma, rezo   10
por la fación que más sola
está de copla en tu cuerpo.
 A tus narices me voy,
don Fulano Pañizuelo,
y en figura de catarro   15
a tus ventanas me acerco.
 Pues hubo pastor Belardo,
pues hubo pastor Vireno[1],
haya pastor Narigano:
guarde por cabras lenzuelos[2].   20
 Nariz de mi corazón,
que yo pienso que le tengo
con narices, porque huele
algunas cosas de lejos;
 fación que sola está en pie   25
en los llanos de ese cielo,
cuando las demás tendidas
de largo a largo las veo;
 promontorio de la cara,
pirámide del ingenio,   30
pabellón de las palabras,
zaquizamí del aliento;

[1] Belardo y Vireno son nombres pastoriles de Lope de Vega.
[2] *lenzuelos*, pañuelos.

fación que nunca se afloja,
miembro que siempre está enhiesto,
yo sé que tiene invidiosos   35
buen número de greguescos[3].
    Si faltas, es calavera
la tal cara, sin remedio;
si sobras, es alquitara[4]:
no admites algún extremo.   40
    Rostros sin ojos he visto
hermosos, y también tuertos;
mas rostro desnarigado
es *in pulverem memento.*
    Nariz es señal de vivo;   45
no nariz, señal de muerto:
sin ella está retratada
la engullidora de güesos.
    Ojos y dientes postizos
andan engañando necios;   50
mas la nariz no consiente
sostitutos ni remiendos.
    Hermosas narices mías,
orientales corrimientos,
moquitas de mis entrañas,   55
sed la musa de mi plectro.
    Tomadme como tabaco,
para que suba al celebro
y apaguéis en estornudos
a mi ventura lo negro.   60
    La fación de balde sois,
sin comida y sin almuerzos;
sin pedir, como la boca;
sin tomar, como los dedos.
    Señal de ingenio os he hallado   65
en los filósofos griegos,
y miembro pontifical
en la silla de San Pedro.

---

[3] *greguescos,* calzones.
[4] *alquitara* se llamaba también a la nariz grande. Quevedo usó
con frecuencia la palabra. Véanse los núms. 687, v. 45 y 778, v. 88.

Para vosotras se gastan
ámbar, almizcle y incienso;   70
y sois la calle Mayor
de la vida y el resuello.
   Si no sois rayos del sol,
ni el oriental embeleco,
sois biombo de los rostros,   75
de la frente, balsopetos⁵.
   Sois bocado tan sabroso,
que la hambre del entierro
aun no perdona en los santos,
de vuestro pico, lo tierno.   80
   Ni Roma sois ni Ginebra,
por lo chato y por lo luengo;
sois como la setentona:
la nariz, ni más ni menos.
   Hay para los dientes perlas,   85
hay soles para cabellos,
y faltan para narices
briznas de aurora en los versos.
   Será al fin lo que os dijere,
cuando no elegante, nuevo;   90
y si no fuere famoso,
sonado será a lo menos.
   No os tapéis, narices mías,
pues, tras privarme de veros,
será tratar mis suspiros   95
como a los malos alientos.
   Pues quien os viere tapadas,
cuando a vosotras me llego,
no entenderá que enamoro
y sospechará que huelo.   100

[*Parnaso*, 490]

---

⁵ *balsopetos*, bolsa grande que se llevaba ordinariamente **sobre**
el pecho.

685

Habla con enero, mes de la brama de los gatos*

ROMANCE

Enero, mes de coroza,
por alcabuete de gatos[1],
casamentero de mices,
sin dote, ajüar ni trastos,
    los celos que desperdicias   5
por desvanes y tejados
repártelos por las chollas
de tantos maridos mansos.
    Si a la gente de la uña
de celos haces el gasto,   10
que maúllen los oficios,
en conciencia te lo encargo.
    ¿Tú piensas que nos obligas
en solicitar el parto
de quien nos come un ratón   15
y nos cena dos gazapos?
    La munición más valiente
que flecha Amor en sus arcos
gastas en los capeadores
de las ollas y los platos.   20
    Anoche (que grulla fui
con mis penas desvelado),
de las mizas cotorreras
mi casa hiciste tabanco.
    Si solfeara gruñidos   25
la capilla de los diablos,
no fueran tales las letras,
ni los tonos tan bellacos.

---

* Si la nota de González de Salas al v. 41 es correcta, como señala J. O. Crosby, ob. cit., pág. 121, el romance sería posterior al 23 de agosto de 1620, fecha en que don Francisco compra una casa en la calle del Niño. (Pero creo que la alusión está traída por los pelos.)

[1] Porque a las alcahuetas y celestinas encorozaban, les ponían como castigo una caperuza llamada *coroza*.

Un gato me dio disgusto,
que debe de ser gabacho,   30
porque el «ramiau» pronunciaba
como el que vende rosarios[2].

    Ellos se dicen amores;
pero todos tan baratos,
que ninguno oí de aquellos   35
malditos de «Dame» y «Traigo».

    Todo requiebro era «Mío»,
y ninguno era de entrambos:
discretamente se huelgan,
si no me desmiente el barrio.   40

    Pues no aprenden de las niñas[3],
su buen natural alabo:
el aruño[4] les perdono,
pues que reservan los cuartos.

    Por la enemistad antigua   45
(¡oh qué discreto resabio!),
platican los perros muertos,
no los vivos ni los sanos.

    No son los ratones bobos;
pues, viéndolos ocupados,   50
medio queso y un sombrero
me royeron entre tanto.

    Por vida del buen enero,
que enamores otro año
los ratones, porque duerman   55
sin recelo mis zancajos.

                         [*Parnaso*, 491]

686

Dificultades suyas en el dar

romance

Dos dedos estoy de darte,
Aguedilla, el rico terno;
mas no le quieren soltar
aquellos mismos dos dedos.

---

[2] Una de las muchas alusiones a los vendedores franceses.
[3] «Vecinas. Tuvo su casa [Quevedo] en la calle del Niño», anota
González de Salas. (Pero alude a las «niñas» pedigüeñas.)
[4] *aruño*, de *aruñar*, arañar, robar.

Siempre los tres de los cinco   5
a dar se reducen presto;
en los dos está el busilis,
engarrafados y tercos.
    Dirán que es mano de Judas
Escariote la que tengo: 10
yo sólo niego los cuartos,
que el apodo no le niego.
    En un tris estoy mil veces
de cumplir lo que prometo,
y nunca para enviarlo   15
a los dos trises me llego.
    Yo quiero darte en el chiste[1],
mas en las tiendas no quiero:
que en el dar padezco mucho,
y en el tener me entretengo.   20
    A las hermosas las daban
una higa[2] mis abuelos:
si yo te doy veinticuatro,
no me negarán por nieto.
    Yo no guardo los enojos,   25
pero guardo los dineros:
virtud es que se reparte
en el alma y en el cuerpo.
    Dádivas quebrantan peñas;
mas, como yo no pretendo   30
quebrantarte, las excuso
de lástima de tus huesos.
    Holgaréme que te den
joyas y juros y censos;
y de que te den, sin darte,   35
tendré yo mi par de huelgos.
    Primero del prometer
que del pecar, me arrepiento:
todo loco con su tema:
tú «Dacas», y yo «No tengo».   40

[Parnaso, 492]

---

[1] *dar en el chiste*, dar en el punto de la dificultad, descubrir la causa oculta, pero aquí tiene —o parece tener— otro significado, fácilmente comprensible, como en las págs. 842 y 1291.
[2] *dar una higa*, hacer burla.

687

CONFISIÓN QUE HACEN LOS MANTOS DE SUS CULPAS, EN
LA PREMÁTICA DE NO TAPARSE LAS MUJERES*

ROMANCE

«Allá van nuestros delitos
(le dijeron al Destapo
de la premática nueva
unos pecadores mantos):
»a la muerte estamos todos,   5
muy cerca de condenarnos,
porque ya el Mundo y la Carne
nos deja en poder del diablo.
»Quiebra al mismo los dos ojos
quien el medio ojo ha quitado   10
en el *Attolite caras*
a sus infernales trastos.»
Desenváinanse las viejas,
y desnúdase lo rancio;
las narices, con juanetes;   15
las barbillas, con zancajos.
La frente, planta de pie;
lo carroño, confitado;
las bocas, de oreja a oreja,
y vueltos chirlos los labios.   20
Empezó un manto de gloria,
vidrïera de tasajos,
que, afeitados, con el lustre
disimulaba lo magro:
«Soy pecador transparente   25
—dijo—, que truje arrastrando
un año tras una tuerta
a un caballero don Pablos.
»Discreteando a lo feo,
y desnudando a lo Caco,   30

* Hay varias disposiciones; la última, de 1639, confirmaba las
de 1593 y 1610, y obligaba a que «todas las mujeres, de cualquier
estado y calidad que sean, anden descubiertos los rostros, de
manera que puedan ser vistas y conocidas, sin que de ninguna
suerte puedan tapar el rostro en todo ni en parte con mantos ni
otra cosa».

un tirador de ballesta
descubrí brujuleando.
»Carátula de una bizca,
desmentidos ojos zambos,
y en sus niñas vizcaínas   35
el vascuence de sus rayos.
»Adargué cara frisona
con una nariz de ganchos,
que a todos los doce tribus[1]
los dejó romos y bracos[2];   40
»a cuyas ventanas siempre
hace terrero[3] el catarro:
nariz que con un martillo
puede amenazar un paso.
»Tras esta alquitara[4] rubia   45
truje a don Cosme penando:
hallóse con un sayón
para premio de sus gastos.»
El que segundo llegó
un manto fue de burato[5],   50
malhechor de madrugones,
y antipara[6] de pecados.
«Un siglo ha bien hecho —dijo—
que a los maridillos blandos,
que llaman de buena masa,   55
sus mujeres les hojaldro.
»Por mí, topando un celoso
su mujer en otro barrio,
quiso acompañarla en casa
del proprio que iba buscando.   60
»A maridos estantiguas
he dado mujeres trasgos;
soy trasponedor de cuerpos,
soy tragantona de honrados.

---

[1] *tribu* era también del género masculino.
[2] *bracos*, los de nariz roma y algo levantada.
[3] *terrero*, el blanco para tirar, pero en «hacer terrero» significaba «galantear o enamorar a una dama desde la calle».
[4] *alquitara*, catarrosa. (Narices *alquitaras* se llamaban a las que sufrían catarros.)
[5] *burato*, tejido de lana o seda.
[6] *antipara*, cancel o biombo que se pone delante de una cosa para encubrirla.

»He sido trampa de vistas,   65
y cataratas de Argos,
rebozo de travesuras
y masicoral de agravios.»
   «También yo digo mi culpa
—dijo un mantillo mulato   70
de humo—, pues soy infierno,
y encumbro llamas y diablos;
   »fullerito de faciones,
que las retiro y las saco,
y muestro como unos oros   75
a quien es como unos bastos.
   »A quien amago con sota,
doy coces con un caballo;
copas doy a los valientes,
y espadas a los borrachos.   80
   »Una cara virolenta,
hecha con sacabocados,
un rostro de salvadera,
un testuz desempedrado,
   »hice tragar a un don Lucas   85
por de hermosura milagro,
hasta que con un descuido
vio con guedejas un rallo[7].
   »Daba tarazón[8] con ojo,
miraba de guardamano[9],   90
mostraba con soportal
la niña güera[10] a lo zaino.»
   «Inormes son mis ofensas
y los delitos que traigo
—dijo un manto de Sevilla,   95
ceceoso y arriscado—.
   »He rebujado una vieja
sin principio ni sin cabo,
eternamente cecina
y momia, siendo pescado.   100
   »Entre dos yemas de dedos,

---

[7] *rallo*, rallador de cocina.
[8] *tarazón*, trozo de una cosa, sobre todo de carne o pescado. Otras referencias en los núms. 691, v. 17 y 768, v. 34.
[9] *guardamano*, defensa que se pone en las espadas y armas para preservar la mano.
[10] «Del ojo», anota González de Salas.

con que la tapaba a ratos,
escondí, sin que se viesen,
mucha caterva de antaños.
　　»De condenadas gran turba,　　105
si fuera la edad pecado;
porque no la confesaran,
muriéndose, al Padre Santo.»
　　Un manto de lana y seda,
lleno de manchas y rasgos,　　110
contrito y arrepentido
dijo delitos extraños:
　　«Tapé a una mujer gran tiempo
en su rostro boticario,
por mejillas y por frente　　115
polvos, cerillas y emplastos.
　　»Con poco temor de Dios
pecaba en pastel de a cuatro,
pues vendí en traje de carne,
huesos, moscas, vaca y caldo.　　120
　　»A otras más negras que entierro,
embelecaba de blanco,
siendo, cuando descubiertas,
requesones fondo en grajo.
　　»He sido alcabuete infiel,　　125
pues he traído, nefando,
tras solimán[11], siendo moro,
gran número de cristianos.»
　　El Destapo los oyó
y, en tan sacrílegos casos,　　130
les condenó a la vergüenza
de apodos y de silbatos.
　　Que vivan de par en par,
que sirvan de claro en claro,
y que los rostros en cueros　　135
parezcan a ser juzgados.
　　Nadie se tape, busconas;
que habrá, para remediarlo,
al primer tapón zurrapas
de alguaciles y escribanos.　　140

[*Parnaso, 493*]

---

[11] *solimán*, ungüento para el rostro, llamado también «Gran turco». Cf. los núms. 708, v. 90 y 743, v. 26.

688

Da señas de sí una dama recién venida, y refiere sus condiciones*

ROMANCE

Si me llamaron la Chica[1]
estuvo muy bien llamado:
quien pone nombres, no quita;
el poner nunca fue malo.

No he de trocar en vellón   5
los reconcomios que traigo:
datario quiero al galán,
y cobrar como el datario.

No les debe mi estatura
a los cipreses lo largo;   10
por corta ni mal echada
no lo perderé, si campo.

Ojos tengo de la hoja[2],
y que se precian de zainos:
por lo que cazo, de búho;   15
de agujas, por lo que ensarto.

Boca, que en cada bostezo
gasto una cruz de dos palmos,
y aún le quedan arrabales,
sin poder crucificarlos.   20

Esto de bocas pequeñas
es de embudos y silbatos;
no quiero hablar por gatera:
por balcón de dientes hablo.

Fueran mis labios claveles   25
si en tiestos hubiera labios;
cuando pido, son tomates,
y pimientos cuando callo.

---

* Por las alusiones a Cosme Lotti, constructor del «teatro a máquina», J. O. Crosby piensa que el romance será posterior a 1629,
o de ese año, en que se estrena *La selva sin amor*, de Lope de
Vega. Vid. los versos 53-56.
[1] «Por ironía», anota González de Salas.
[2] *de la hoja*, del gremio de los pícaros y valentones, porque la
espada se llamaba «hoja». Cf. los núms. 853, v. 2; 860, v. 78 y
873, v. 8.

Y no vendo por de leche
a los mamones mis labios;   30
mis manos sí, que por pechos
me las chuparan muchachos.

A ser mis cabellos de oro,
tuviera el cogote calvo:
que en la pobreza que corre   35
ya me le hubieran pelado.

Seis puntos de zapatilla
pido, y diecisiete calzo:
al mayor hombre del mundo
le meteré en un zapato.   40

Todo lo que tengo he dicho;
pero nada estimo tanto
como lo que yo no tengo,
que son arrugas y años.

A la pila me remito,   45
con quince a nueve de mayo,
mes de «Eche mano a la bolsa»[3],
con limpiadera[4] y con plato.

Yo llevo bien por la calle
el sobredicho retablo: 50
mi aire lleva las capas;
las bolsas, mi garabato.

Con bullicios, Cosme Loti[5]
de tramoyas, subo y bajo,
y en remolinos del cuerpo   55
mil veces mudo el teatro.

Palabras contra el contante
ni las quiero ni las gasto:
lo que me prometen oigo,
pero lo que me dan palpo.   60

Todos me lo han de pagar,
aunque no trato de agravios;
y advierta todo perrero,
que prevengo y no amenazo.

---

[3] En la fiesta de la maya, las niñas pedían con la fra «Eche
mano a la bolsa, el caballero», que se recuerda en bastantes cancioncillas.

[4] *limpiadera*, cepillo.

[5] «Un tramoyista», dice González de Salas. Era un célebre ingeniero florentín, que servía a Felipe IV como decorador y orga-
nizador de ciertas fiestas palatinas.

Que con «Presto cobraré»,   65
y con «Agora no traigo»,
y «Fía de mi palabra»,
no se hacen mayorazgos.
    Vivo en la Puerta Cerrada
para los dineros trasgos;   70
y para los dadivosos
vivo en la calle de Francos[6].

[*Parnaso, 495*]

689

UN FIGURA DE GUEDEJAS SE MOTILA EN OCASIÓN
DE UNA PREMÁTICA*

ROMANCE

Con mondadientes en ristre
y jurando de «Aquí yace
perdiz», donde el salpicón
tiene por tumba el gaznate,
    don Lesmes de Calamorra   5
(que a las doce, por las calles,
estómago aventurero,
va salpicando de hambres,
con saliva sacamanchas,
y con el color fiambre,   10
la nuez, que a buscar mendrugos
del garguero se le sale),
    se entró en una barbería
a retraer la pelambre
de guedejas, que a sus sienes   15
sirvieron de guardainfante.
    Estábase el tal barbero
empapado en pasacalles,
aporreando la panza
de un guitar[r]ón formidable.   20

[6] Juego de voces, porque *franco* significa también «generoso», «dadivoso».

* En efecto, en 13 de abril de 1639 se pregonó que «ningún hombre pueda traer copete o jaulilla, ni guedejas con crespo u otro rizo en el cabello, el cual no pueda pasar de la oreja». En la misma pragmática se prohíben los guardainfantes en las mujeres. De ahí la alusión en el v. 16.

Don Calamorra le dijo:
«Las tijeras desenvaine,
y la sotana de greñas
a mis orejas la rape.

»Basta que con hopalandas   25
truje una cara estudiante;
será ya, por lo raído,
de mi ferreruelo[1] imagen.

»Más quiero el trasquilimoche[2]
que algún recipe de alcaldes[3]:   30
que a premática navaja
todo testuz se arremangue.

»El rostro, perro de agua,
ya de perro chino sale;
no enseña menos ser hombres   35
el parecer más a frailes.

»No deje reminiscencia,
en el casco, de aladares;
trasquile de tabardillo[4]
con defensivo sin margen.   40

»Sacaráme de pelón,
cosa que no ha sido fácil,
y a España daré la vuelta,
luego que el gesto desfrancie.

»Haga en mí lo que las bubas   45
en otros cabellos hacen[5];
sea Dalida de mi cholla,
y las vedijas me arranque.

»El pelo que se cayere,
si en la ropilla se ase,   50
déjele por cabellera
de la calva del estambre».

Tomó el espejo, y mirando
la melena de ambas partes,
y diciendo: «Haga su oficio»,   55
dijo al pelo: «Buen vïaje».

---

[1] *ferreruelo*, capa corta, con cuello y sin capilla.
[2] *trasquilimoche*, trasquilimocho, trasquilado a raíz.
[3] *recipe de alcaldes*, literalmente «receta de alcaldes», es decir, «órdenes», «mandatos», «castigos».
[4] *tabardillo*, tifus. Acostumbraban, y aún se usa, a cortar el pelo a los enfermos.
[5] Referencia a la sífilis y a sus efectos sobre el pelo.

La danza de la tijera
le dio una tunda notable,
y con un cuarto sellado
le pagó que le acatarre.   60
    Salió vejiga con ojos,
a sí tan desemejante,
que sus mayores amigos
no le vían con mirarle.

                              [*Parnaso*, 496]

690

Significa cómo la mayor hermosura consta del alma en el movimiento y en las acciones

ROMANCE

Sepan cuantos, sepan cuantas
oyeren aquestas voces,
buscones que arrullan trongas[1],
trongas que arrullan buscones,
    que solamente Elvirilla,   5
a quien adora Elvirote[2],
tiene el ponleví[3] con vida,
y con alma los talones.
    ¿Qué importa tener el rostro
de las pechugas del Norte,   10
si le llevan por la calle
mal ahorcado de Escariote?
    Gesto tiene de lo caro
la Godeña de Villodres;
mas anda como quien lleva   15
humedad en los calzones.
    Los cuartos de los Osorios[4]
eran los de la Quincoces.
que se le andaban cayendo
a lo títere, de goznes;   20

---

trongas, mancebas.

[2] «El Amor, por las flechas [virotes] que trae.» Nota de González de Salas.

[3] *ponleví*, forma especial que se dio a los zapatos, traída de Francia.

[4] Para cuartos de los Osorios véase la nota en la pág. 749. (Parece aludir a cierta leyenda en que un joven, Osorio, vio bajar en cuartos un hombre por la escalera.)

la Gil, que con un bostezo
enfermó toda Segorbe,
andaba como, en invierno,
ginovés con sabañones.

Parece que se derrama,   25
cuando se mueve, la Robles;
que el vestido se le huye
y que el manto se la sorbe.

De puro derecha quiere
darnos a entender la Gómez   30
una hartazga de gorguces[5]
y un ahíto de asadores.

Lo mejor de las mujeres
se han engullido los coches:
cazuelas donde se ven   35
solas cabezas y alones.

Válense de lo estantío[6],
y a los estrados se acogen,
estanques de mortecinas,
hermosura que no corre.   40

Mas cuando Elvirilla mueve
las columnas de sus orbes,
los ejes de tantos cielos,
los cielos de tantos soles,

dicen la tierra que pisa   45
recién nacidas las flores,
y el ruido de sus chapines
es Filomenas y Prognes[7].

A los muertos, si los pisa,
se les antojan piñones;   50
las llaves caponas[8] barban,
y quieren cerrar de golpe.

Si hace una reverencia,
los deseos dicen «Oxte»,

---

[5] *gorguces*, vara larga, que lleva en uno de sus extremos un hierro de dos ramas, una recta y otra curva, y que sirve para coger las piñas de los pinos.

[6] *estantío*, parado, estancado.

[7] *Filomenas y Prognes*, ruiseñores y golondrinas, porque en esas aves fueron convertidas las hermanas Filomena y Progne, según la mitología.

[8] *llave capona*, la llave de cerradura llamada de loba. (Pero claro está el juego de voces. Puesto que usa *barban* y *cerrar* en el verso siguiente.)

los apetitos relinchan 55
y bostezan las pasiones.
    Cantáridas[9] toma el yelo
para mostrarse muy hombre;
los berros arrojan chispas;
sienten cosquillas los montes. 60
    Júpiter es un borracho,
pues que no deja su moble,
o por verla menear
o por menearla el cofre.
    Y pues toro y cisne fue 65
mojiganga de los dioses,
baje a buscar a Elvirilla
en nuevas transformaciones.

[*Parnaso,* 498]

691

ACUERDA AL PAPEL SU ORIGEN HUMILDE

ROMANCE

Una incrédula de años,
de las que niegan el fúe,
y al limbo dan tragantonas,
callando el Matusalén;
    de las que detrás del moño 5
han procurado esconder,
si no la agua del bautismo,
las edades de su fe,
    buscaba en los muladares
los abuelos del papel: 10
no quise decir andrajos,
porque no se afrente el leer.
    Fue, pues, muy contemplativa
la vejezuela esta vez,
y quedóse ansí elevada[1] 15
en un trapajo de bien.
    Tarazón[2] de cuello era
de aquellos que solían ser

---

[9] *cantáridas,* producto medicinal, empleado a veces como excitante sexual.
[1] *elevada,* es decir, en éxtasis contemplativo.
[2] *tarazón,* trozo que se parte o corta de cualquier cosa.

más azules que los cielos,
más entonados que juez.   20
   Y bamboleando un diente,
volatín de la vejez,
dijo con la voz sin güesos,
y remedando el sorber:
   «Lo que ayer era estropajo   25
que desechó la sartén,
hoy pliego, manda dos mundos
y está amenazando tres.

   »Está vestida de tinta,
muy prepotente, una ley,   30
quitando haciendas y vidas,
y arremitiéndose a rey;
   »con pujamiento de barbas,
está brotando poder
desde una plana biznieta   35
de un cadáver de arambel[3].

   »Buen andrajo, cuando seas
(pues que todo puede ser)
o provisión u decreto,
o letra de ginovés[4],   40
   »acuérdate que en tu busca
con este palo soez
te saqué de la basura
para tornarte a nacer».
   En esto, haciendo cosquillas   45
al muladar con el pie,
llamada de la vislumbre
y asustado el interés,
   si es diamante, no es diamante,
sacó envuelto en un cordel   50
un casquillo de un espejo,
perdido por hacer bien.
   Miróse la viejecilla,
prendiéndose un alfiler,
y vio un orejón con tocas   55
donde buscó un Aranjuez[5];

---

[3] *arambel*, andrajo o trapo que cuelga del vestido.
[4] Letra de cambio de un banquero genovés.
[5] «Paronomasia», dice González de Salas. (La paronomasia se establece entre «orejón» y «Aranjuez».)

dos cabos de ojos gastados
con caducas por niñez,
y a boca de noche un diente,
cerca ya de obscurecer.   60

    Más que cabellos, arrugas
en su cáscara de nuez;
pinzas por nariz y barba,
con que el hablar es morder.

    Y arrojándole en el suelo,   65
dijo con rostro crüel:
«Bien supo lo que se hizo
quien te echó donde te ves».

    Señoras, si aquesto proprio
os llegare a suceder,   70
arrojar la cara importa,
que el espejo no hay por qué.

    Él pagó solo la pena
de las culpas de su piel,
cuando el muladar de años   75
como se vino se fue.

[*Parnaso, 499*]

692

DESMIENTE A UN VIEJO POR LA BARBA

ROMANCE

    Viejo verde, viejo verde,
más negro vas que la tinta[1],
pues a poder de borrones
la barba llevas escrita.

    Recoger quiere la nieve   5
que tus edades ventiscan
en pozos de cimenterio
la calavera Charquías[2].

    Sobre blanco, capa negra
es mocedad dominica: 10

---

[1] Estos versos parodian el principio del conocido romance viejo «Río verde, río verde, / más negro vas que la tinta».

[2] «Inventó en España los pozos para guardar la nieve.» Nota de González de Salas. J. O. Crosby, op. cit., pág. 107, señala que Charquías empezó su negocio entre 1607 y 1614.

hoy tinta y ayer papel,
barba será escribanía.

Aunque la pongas tan negra
que puedan llamarla prima,
doña Blanca de Borbón   15
está presa en tus mejillas.

Cabello que dio en canario,
muy mal a cuervo se aplica;
ni es buen Jordán el tintero
al que envejece la pila.   20

Son refino de Meléndez
los pelos de cotonía;
busca Segovia de arrugas,
y cátate que te aniñas[3].

No puedes ser mozo (dijo la niña),   25
sin ser gato o mozo de otro que sirvas.

Bigotes que amortajaron
en blanco lienzo los días,
el escabeche los cubre,
pero no los resucita.   30

Barbado de naterones
te vieron; y ya te miran,
por lo pez[4], barba de viernes,
y por mostachos, sardinas.

Barba de *memento homo*,   35
a poder de las cenizas,
hoy con sotana y manteo
la sobrepelliz cobija.

Enojado con los años,
se te subió muy aprisa   40
a los bigotes el humo,
cuando a las narices iba.

Pues que te quedaste *in albis*,
¿qué importará que te tiñas,
si las muchas navidades   45
contra el betún atestiguan?

Ya que salieron tus sienes
a las calles en camisa,

---

[3] Porque, según se dice, las tierras de Segovia quitan las manchas de aceite y las arrugas del rostro.
[4] *pez*, con el valor de «negro como la pez» y de «pescado».

cuando quieren acostarse,
¿de qué sirve que las vistas?   50
   Pues no puedes ser mozo (dijo la niña),
sin ser gato o mozo de otro que sirvas.

[Parnaso, 500]

693

TOROS Y CAÑAS EN QUE ENTRÓ EL REY
NUESTRO SEÑOR DON FILIPE IV*

ROMANCE

Una niña de lo caro,
que en pedir está en sus trece,
y en vivir en sus catorce,
que unos busca y otros tiene,
   no dejó en todo su barrio   5
alhaja que no pidiese:
un Cristo a un saludador,
su sortija a un matasiete.
   A poder de rosas blancas,
parecían sus rodetes;   10
bigotes del mal ladrón
sus rizos, a puras liendres.
   Al nacer de la corcova
llevó sobre banda verde,
por rosa, la rabadilla   15
de una lámpara de aceite.
   Con fondos en grajo asoma
una carita de nieve:
su testuz, con sus especias,
y sus manos, con su pebre[1].   20
   Vistióse, como decimos,
de veinte y cinco alfileres,
por si el rey desde la plaza
en un terrado la viese:

---

* La fiesta se celebró el 12 de diciembre de 1629. Hay una *Relación* de ese mismo año describiéndola.
[1] *pebre*, especie de salsa a base de pimienta, ajo, perejil y vinagre.

que como Su Majestad 25
(Dios le guarde) nació en viernes,
tiénenle por zahorí,
y temen que las penetre.

   A cuatro moños andantes
en figura de mujeres, 30
que, por falta de balcón,
maldicen a don Llorente[2],

   después de gruñir su manto,
que roto y manchado vuelve,
ansí contaba las fiestas 35
a sus citadas oyentes:

   «Bien sabe lo que ha de hacer
con Su Majestad, diciembre,
pues hoy ha enjugado el día
para que se le pusiese. 40

   »Verán, si el mes no se torna
a sopa, mañana, jueves,
porque la fiesta le deba
la serenidad adrede,

   »la reina que tiene España, 45
la reina que España pierde;
el rey y sus dos hermanos
gozó la Plaza a las nueve.

   »El Sol se lavó la cara,
limpióse Aurora los dientes; 50
ella se acostó con pasa[3]
y él se ayudó con afeite.

   »El patio de los tenderos,
el zaguán de los que venden,
la plaza donde preside 55
el columpio de valientes[4],

   »estaba, a poder de arena,
convidando a los jinetes,
donde los proprios nublados
fueron de Riche[5] tenientes. 60

---

[2] El encargado de distribuir los balcones, según nota de Astrana Marín.
[3] Con un afeite para el rostro confeccionado con pasas.
[4] *columpio de valientes*, la horca.
[5] El encargado de la limpieza y del riego de las calles madrileñas.

»Los tobillos de los postes
calzan tablados que tienen,
del catarro de las once,
alfombras en que se sienten.

»Los balcones son jardines,   65
pues en brocados florecen,
y entre Consejos y Grandes,
hay brújula de doseles.

»Estábanse los terrados
con cabellera de gentes,   70
y con unos moños vivos
de Muñozes y de Pierres.

»Cada dama para el sol
era un reto y era un mientes:
limosna le pide mayo   75
de rosas y de claveles.

»Mendigando joyas anda
por sus faciones Oriente,
y en sus bocas y en su risa
perlas y rubíes bebe.   80

»Seis toros nos almorzamos,
y a todos seis dieron muerte
andrajos y ¡ Úcho ho !⁶
y chiflidos de la plebe.

»Hubo en sólo un caballero   85
rejón, cuchillada y suerte,
y, con su poco de alano,
la bulla del desjarrete⁷.

»Mas ¿ para qué me detengo
en cosas impertinentes ?   90
Todo lo que no fue el rey,
fue caballeros de *requiem*.

»Quedó el rubí de Toledo,
aquel Fernando excelente,
sin sus dos hermanos solo,   95
hartándose de bonete⁸.

»La púrpura en Vaticano
las tres coronas le ofrece,

---

⁶ ¡Úcho ho!, grito para llamar a los toros.
⁷ *Desjarretar* un toro era una suerte que consistía en cortarles
las piernas por los jarretes de un golpe dado con una especie de
cuchilla.
⁸ El Infante Cardenal don Fernando.

y él a la Nave de Pedro
el triunfo de los herejes. 100

»Salió el marqués de Povar
y el más galán presidente,
por lo ministro, lozano,
y por lo capitán, fuerte[9].

»Con travesura bizarra 105
y pellizco de repente,
Sástago mandó tocar
a coscorrones de allende.

»Despicararon la plaza
los varapalos crueles, 110
sirviéndola de franjón
los soldados ajedreces[10].

»Las acémilas entraron
(harto ha sido que me acuerde),
hojaldradas y con cañas, 115
a manera de pasteles.

»Luego, grande bocanada
de músicos diferentes,
unos, tocando paliza;
otros, entonando fuelles. 120

»Anuncios de Majestad,
que por Santa Cruz advierten,
no hay garnacha que no asusten,
ni gorra que no derrienguen.

»Como prólogos del juego, 125
plateadas barba y sienes,
el de Flores y el de Oñate
a los letores previenen.

»Entró el rey en un caballo,
que, cuando corre, parece, 130
de dos espuelas herido,
que cuatro vientos le mueven[11].

»El hierro agudo, que vibra
con el brazo omnipotente,

---

[9] Recuerdan dos versos de Góngora, «por sus relinchos lozano /
y por sus cernejas fuerte», del famoso romance que comienza
«Entre los sueltos caballos».

[10] *los soldados ajedreces,* los alabarderos.

[11] También recuerdan otros dos versos de Góngora del mismo
romance: «de cuatro espuelas herido, / que cuatro alas le mueven».

por rayo le están temblando   135
los turcos y los rebeldes.

»Cuando le vi con la lanza,
dije, sin poder valerme:
"Por el talle y por las armas
me has cautivado dos veces"[12].   140

»Con ella pareció un Marte,
y cien mil Martes parece,
menos todo lo acïago,
y más todo lo que vence.

»De blanco, encarnado y negro   145
el arco vistió celeste;
la flecha corrió, y el arco
Amor y flecha parece.

»La adarga, porque le cubre,
maldecían las más gentes: 150
parecióme al adargarse
corderito de Agnus Deies[13].

»Quisiéramos ser Tarquinos
la mitad de los oyentes,
y que fuera el rey Lucrecia,   155
para forzarle mil veces.

»Y con ser el sombrerillo
de estampa en sus feligreses,
lo encasquetado del suyo
cosquillas hizo al deleite.   160

»Había al rey tanta prisa
de deseos delincuentes,
que se ahogaran por tomarle,
aunque le dieran por redes.

»Por jayán mayor de marca,   165
no hay iza[14] que no le entreve[15];
no hay marca[16] que no le atisbe;
no hay jaque que no le tiemble.

[12] Son también recuerdo de dos versos del mismo romance de Góngora, «por tu espada y por tu trato / me has cautivado dos veces».

[13] *Agnus Deies* o *Agnus Dei*, especie de lámina gruesa de cera con la imagen del Cordero, que traían sobre el pecho las mujeres.

[14] *iza*, ramera. Es voz de germanía. Cf. núms. 850, v. 28 y 856, verso 47.

[15] *entreve*, conozca, de «entrevar», voz germanesca. Otra referencia en el núm. 841, v. 102.

[16] *marca*, ramera.

»Y como llevó los ojos
de todos él solamente,   170
corrieron para sí mismos
los demás, sin que los viesen.

   »Al arrancar parecía
Narcisón en ramillete;
una primavera andante,   175
epítome de Aranjueces.

   »Él corrió como unas monas
a algunos de los corrientes;
su galope fue trïaca,
y medicina lo ¡«Tente»!   180

   »Sigue a su rey Olivares:
eso es hacer lo que debe;
no le iguala, y le acompaña:
eso es venerarle siempre.

   »A su lado, está a sus pies;   185
alcánzale, y no le tiene;
le sigue, y no se adelanta;
y se aparta, y no le pierde.

   »Para que el rey vaya solo,
le acompaña; que los reyes   190
van solos con el criado
más que no con el pariente.

   »Es privado que se atusa
el séquito y las mercedes
que no recibe ni toma: 195
las muchachas se estremecen.

   »Dícenme que no ha salido
de entre plumas y papeles
ha seis años, amarrado
a los duros pretendientes[17].   200

   »Tiene buen talle a caballo;
es airoso con sainete[18];
no pasa audiencia por él,
según lo bien que parece.

   »En dos caballos corrieron,   205
que de los del sol descienden;

---

[17] Véase cómo pinta a Olivares en el romance de la pág. 978.
[18] *sainete*, lo que aviva o realza el mérito de una cosa de suyo agradable.

mas ser caballos del sol,
a quien llevan se lo deben.
　　»Merecen pacer estrellas
en turquesado pesebre,   210
que el vellocino de Colcos
dé terliz[19] a sus jaeces.
　　»Carlos, que, como Segundo,
por la gala con que viene,
fuera el Quinto (mas el Cuarto   215
que lo ilustra lo defiende),
　　»siendo de Filipo el Grande
hermano querido, cese
por corto todo blasón;
toda alabanza por breve.   220
　　»Todos anduvieron bien;
pero que tuvo, se advierte,
don Filipe infuso el día,
para que ninguno yerre.
　　Lo rico de las libreas   225
a los gaznates se debe[20];
la gala, a los cuadrilleros,
pues fue lucida y alegre.
　　»No hubo en todo el santo día
un caracol[21] que dijese   230
"Este regidor es mío",
como en otras fiestas suele.
　　»Dios los tuvo de su mano,
y el rey con su "guarda y vuelve";
sobró día, y sobró gusto,   235
y ya falta quien celebre.
　　»Yo lo refiero, que soy
un escorpión maldiciente,
hijo, al fin, de estas arenas
engendradoras de sierpes[22].»   240

                                      [*Parnaso*, 501]

---

[19] *terliz*, tela fuerte de lino o algodón.
[20] «Por las sisas», apostilla González de Salas.
[21] *un caracol*, un toro.
[22] Son dos versos de Góngora, del mismo romance: «hija, al fin,
destas arenas / engendradoras de sierpes».

694

CURA UNA MOZA EN ANTÓN MARTÍN*
LA TELA QUE MANTUVO

ROMANCE

Tomando estaba sudores
Marica en el hospital:
que el tomar era costumbre,
y el remedio es el sudar.
    Sus desventuras confiesa;   5
y los hermanos la dan
a culpas *Escarramanes*,
penitencias de *¡Ay!, ¡ay!, ¡ay!*[1]
    Lo español de la muchacha
traduce en francés el mal[2]:   10
cata a Francia, Montesinos,
si te pretendes pelar.
    Por todas sus coyunturas
anda encantado Roldán:
los Doce Pares y nones   15
no la dejan reposar.
    Por no estar a la malicia
labrada su voluntad,
fue su güésped de aposento
Antón Martín el galán.   20
    Sus ojos son dos monsiures
en limpieza y claridad,
que están llorando, gabachos,
hilo a hilo sin cesar.
    Por la garganta y el pecho   25
se ve, cuando quiere hablar,

---

* Hospital donde se recogían enfermos de tipo venéreo.
Figura en la *Primavera y flor de los mejores romances*, de **Arias Pérez**, de la edic. de Valencia, 1628. Cit. por la de J. F. Montesinos (Valencia, 1954), pág. 213. Por las alusiones al *Escarramán* y el recuerdo de los versos de Góngora, el romance será posterior al año 1612.
[1] *Escarramán* y *¡Ay!, ¡ay!, ¡ay!*, son dos bailes famosos de la época. Sobre *Escarramán*, véase el poema en la pág. 1199.
[2] Alusión al llamado «mal francés»: la sífilis.

muchos siglos de capacha
en pocos años de edad[3].

Las perlas almorzadoras
y el embeleco oriental,   30
que atarazaban los bolsas,
con respeto muerden pan.

Su cabello es un cabello,
que no le ha quedado más;
y en postillas, y no en postas,   35
se partió de su lugar.

Los labios de coral niegan
secos su púrpura ya:
ni de coral tienen gota,
mucha sí gota coral.   40

Las gangas que antes cazaba
las vuelve agora en garlar[4],
y su nariz y su boca
trocaron oficios ya.

En cada canilla suya   45
un matemático[5] está,
y anda el pronóstico nuevo
por sus güesos sin parar.

Desde que salió de Virgo,
Venus entró en su lugar;   50
en el Cáncer sus narices,
y en Géminis lo demás.

Entre humores maganceses[6]
de maldita calidad,
y dos viejas galalonas[7],   55
fue puesta en cautividad.

La grana se volvió en granos,
en flor de lis el rosal,

---

[3] Recuerda dos versos muy citados: «muchos siglos de hermosura / en pocos años de edad», del romance de Góngora «Apeóse
el caballero».

[4] «Por el hablar gangoso.» Nota de González de Salas.

[5] *matemático*, adivino.

[6] *humores maganceses*, humores traidores, dañinos, como Galalón, que era de Maganza. Abunda su uso en Quevedo. Véase el
núm. 767, v. 176.

[7] *galalonas*, traidoras. Por Galalón, el traidor de la vieja *Canción de Roldán*, que, por supuesto, no conoció Quevedo, pero sí
se sabía muy bien el *Orlando enamorado*, como se verá más adelante en su parodia.

su clavel, zarzaparrilla[8],
unciones, el solimán.   60
　　Tienen baldados sus güesos
muchachos de poca edad,
hombres malvados de vida,
mucho don y poco dan.
　　Éstas, pues, son de esta niña   65
las partes y calidad,
archivo de todo achaque
y albergue de todo mal.
　　Las que priváis en el mundo
con el pecado mortal,   70
si no perdéis coyuntura,
las vuestras se perderán.

[*Parnaso*, 505]

695

SEGUNDA PARTE DE «MARICA EN EL HOSPITAL»,
Y PRIMERA EN LO INGENIOSO

ROMANCE

A Marica la Chupona
las goteras de su cama
le metieron la salud
a la venta de la zarza[1].
　　Es moza, mas de caballos[2]   5
ingleses de mala casta,
por los relinchos dolientes
y por las cernejas plagas[3].
　　Ningún jinete de tantos
como ha tenido, la llama   10
Manda Potros, y da pocos[4],
aunque no cumple palabra.

---

[8] La zarza, o zarzaparrilla, se tomaba como medicina en estos casos.
[1] Véase la nota anterior.
[2] *caballo*, nombre que se daba a una enfermedad venérea.
[3] Estos dos versos parodian los de Góngora «por sus relinchos lozano / y por sus cernejas fuerte», del romance «Entre los sueltos caballos».
[4] *manda potros y da pocos*, frase proverbial con que se moteja al que es largo en prometer y corto en cumplir lo prometido.

Parece, pues, que anduvieron
(su tono oyendo y su habla)
las gangas a caza de ella,   15
como ella a caza de gangas.

Su casco es terciopelado,
pues tercera vez la rapa
tonsura de Antón Martín[5],
monsiurísima navaja.   20

Un don Crispín Garabía,
bribón de sopa de panza,
tan su amante que por ella
se las pela, y son las barbas,

sin otros melindres, tiene   25
la nariz escarolada;
por falta de las ternillas,
hechas balcón las ventanas.

Sobre quién las pegó a quién,
ahí de podridos andan: 30
él con humores, gabacho,
y ella, Lázaro con llagas.

Condenados tiene a dos
a circuncisión cristiana,
con lamparones de abajo   35
de Caramanchel de Francia.

Dicen que el signo de Cáncer
el apatusco[6] la masca;
y a melón se le condena,
por no decir a tajadas.   40

Pues siempre se echó en mullido,
y en echarse ha sido larga,
no ha perdido la salud
por corta ni mal echada.

Los reverendos jarabes,   45
que de canónigos campan
por magistrales, la tienen
muy prebendada de bascas.

Más gomas que en las valonas
en sola su frente gasta;   50

---

[5] En el hospital de Antón Martín se acogía a los bubosos (enfermos de mal «francés»), a los que se les caía el pelo.
[6] *apatusco* significaba «adorno», «utensilio», pero aquí parece referirse a alguna parte del cuerpo.

y dice que son chichones,
cayendo siempre de espaldas.
    Ayer se descalabró
las muelas en unas pasas,
y en un bizcocho sus dientes   55
como en pantano se atascan.
    La vida de esta pobreta
ha sido juego de damas,
ocupada en tomar piezas,
andando de casa en casa.   60
    Resfrióse de enfaldarse
muy a menudo las sayas;
de cubrirse y descubrirse,
siendo cosas tan contrarias.
    A la opilación se acoge,   65
porque no la den matraca;
y es verdad que se opiló
de comer tierra con bragas.
    Jura que ha de poner tienda
de achaques, si se levanta: 70
ojo avizor, que hallarán
al primer tapón zurrapas.

[Parnaso, 599]

696

ROMANCE

    «Parióme adrede mi madre,
¡ojalá no me pariera!,
aunque estaba cuando me hizo
de gorja[1] Naturaleza.
    »Dos maravedís de luna   5
alumbraban a la tierra;
que, por ser yo el que nacía,
no quiso que un cuarto fuera.

---

* Apareció por primera vez en *Sueños y discursos...*, del mismo
Quevedo (Barcelona, 1627), al principio con el título de «Romance
al nacimiento del autor».
[1] *gorja*, alegre. Cf. los núms. 772, v. 142 y 873, v. 36.

»Nací tarde, porque el sol
tuvo de verme vergüenza,   10
en una noche templada,
entre clara y entre yema.

»Un miércoles con un martes
tuvieron grande revuelta,
sobre que ninguno quiso   15
que en sus términos naciera.

»Nací debajo de Libra,
tan inclinado a las pesas,
que todo mi amor le fundo
en las madres vendederas.   20

»Diome el León su cuartana,
diome el Escorpión su lengua,
Virgo, el deseo de hallarle,
y el Carnero su paciencia.

»Murieron luego mis padres;   25
Dios en el cielo los tenga,
porque no vuelvan acá,
y a engendrar más hijos vuelvan.

»Tal ventura desde entonces
me dejaron los planetas,   30
que puede servir de tinta,
según ha sido de negra.

»Porque es tan feliz mi suerte,
que no hay cosa mala o buena
que, aunque la piense de tajo,   35
al revés no me suceda.

»De estériles soy remedio,
pues, con mandarme su hacienda,
les dará el cielo mil hijos,
por quitarme las herencias.   40

»Y para que vean los ciegos,
pónganme a mí a la vergüenza;
y para que cieguen todos,
llévenme en coche o litera.

»Como a imagen de milagros   45
me sacan por las aldeas:
si quieren sol, abrigado,
y desnudo, porque llueva.

»Cuando alguno me convida,
no es a banquetes ni a fiestas,   50

sino a los misacantanos,
para que yo les ofrezca.
    »De noche soy parecido
a todos cuantos esperan
para molerlos a palos,   55
y así, inocente, me pegan.
    »Aguarda hasta que yo pase,
si ha de caerse, una teja;
aciértanme las pedradas:
las curas sólo me yerran.   60
    »Si a alguno pido prestado,
me responde tan a secas,
que, en vez de prestarme a mí,
me hace prestar paciencia.
    »No hay necio que no me hable,   65
ni vieja que no me quiera,
ni pobre que no me pida,
ni rico que no me ofenda.
    »No hay camino que no yerre,
ni juego donde no pierda,   70
ni amigo que no me engañe,
ni enemigo que no tenga.
    »Agua me falta en el mar,
y la hallo en las tabernas:
que mis contentos y el vino   75
son aguados dondequiera.
    »Dejo de tomar oficio,
porque sé por cosa cierta
que en siendo yo calcetero[2],
andarán todos en piernas.   80
    »Si estudiara medicina,
aunque es socorrida sciencia,
porque no curara yo,
no hubiera persona enferma.
    »Quise casarme estotro año,   85
por sosegar mi conciencia,
y dábanme un dote al diablo
con una mujer muy fea.
    »Si intentara ser cornudo
por comer de mi cabeza,   90

_____
[2] *calcetero*, el que hacía calzas, medias.

según soy de desgraciado,
diera mi mujer en buena.

»Siempre fue mi vecindad
mal casados que vocean,
herradores que madrugan,   95
herreros que me desvelan.

»Si yo camino con fieltro,
se abrasa en fuego la tierra;
y en llevando guardasol,
está ya de Dios que llueva.   100

»Si hablo a alguna mujer
y la digo mil ternezas,
o me pide, o me despide,
que en mí es una cosa mesma.

»En mí lo picado es roto;   105
ahorro, cualquier limpieza;
cualquiera bostezo es hambre;
cualquiera color, vergüenza.

»Fuera un hábito en mi pecho
remiendo sin resistencia,   110
y peor que besamanos
en mí cualquiera encomienda.

»Para que no estén en casa
los que nunca salen de ella,
buscarlos yo sólo basta,   115
pues con eso estarán fuera.

»Si alguno quiere morirse
sin ponzoña o pestilencia,
proponga hacerme algún bien,
y no vivirá hora y media.   120

»Y a tanto vino a llegar
la adversidad de mi estrella,
que me inclinó que adorase
con mi humildad tu soberbia.

»Y viendo que mi desgracia   125
no dio lugar a que fuera,
como otros, tu pretendiente,
vine a ser tu pretenmuela.

»Bien sé que apenas soy algo;
mas tú, de puro discreta,   130
viéndome con tantas faltas,
que estoy preñado sospechas.»

Aquesto Fabio cantaba
a los balcones y rejas
de Aminta, que aun de olvidarle   135
le han dicho que no se acuerda.

[*Parnaso,* 506]

697

LOS BORRACHOS*

CÉLEBRE

ROMANCE

Gobernando están el mundo,
cogidos con queso añejo
en la trampa de lo caro,
tres gabachos y un gallego.
Mojadas tienen las voces,   5
los labios tienen de hierro,
y por ser hechos de yesca,
tienen los gaznates secos.
Pierres, sentado en arpón,
el vino estaba meciendo,   10
que en un sudor remostado
se cierne por el cabello.
Hecho verga de ballesta,
retortijado el pescuezo,
Jaques, medio desmayado,   15
a vómito estaba puesto.
Roque, los puños cerrados,
más entero y más atento,
suspirando saca el aire,
por no avinagrar el cuero.   20
Maroto, buen español,
hecho faja el ferreruelo[1],
vueltos lágrimas los brindis
y bebido el ojo izquierdo,

---

* **Figura** en el *Cancionero de 1628* (Madrid, 1945), f. 407.
[1] *ferreruelo,* capa pequeña

con palabras rocïadas   25
y con el tono algo crespo,
después que toda la calle
sahumó con un regüeldo,
    dijo, mirando a los tres
con vinoso sentimiento: 30
«¿En qué ha de parar el mundo?
¿Qué fin tendrán estos tiempos?
    »Lo que hoy es ración de un paje
de un capitán era sueldo
cuando eran los hombres más   35
y habían menester menos.
    »Cuatro mil maravedís
que le dan a un escudero
era dádiva de un rey
para rico casamiento.   40
    »Apreciábase el ajuar
que a Jimena Gómez dieron
en menos que agora cuesta
remendar unos greguescos.
    »Andaba entonces el Cid   45
más galán que Girineldos,
con botarga colorada
en figura de pimiento;
    »y hoy, si alguno ha de vestirse,
le desnudan dos primero: 50
el mercader de quien compra
y el sastre que ha de coserlo.
    »Ya no gastan los vestidos
las personas con traerlos:
que el inventor de otro traje   55
hace lo flamante viejo.
    »Sin duda inventó las calzas
algún diablo del infierno,
pues un cristiano atacado[2]
ya no queda de provecho.   60
    »¡Qué es ver tantas cuchilladas
agora en un caballero;
tanta pendencia en las calzas,
y tanta paz en el dueño!

---

[2] *atacado*, porque las calzas se llamaban «atacadas», por ser «acuchilladas». Vid. unos versos más abajo.

»Todo se ha trocado ya;   65
todo al revés está vuelto:
las mujeres son soldados,
y los hombres son doncellos.
»Los mozos traen cadenitas;
las niñas toman acero[3]:   70
que de las antiguas armas
sólo conservan los petos.
»De arrepentidos de barba
hay infinitos conventos,
donde se vuelven lampiños   75
por gracia de los barberos.
»No hay barba cana ninguna,
porque aun los castillos pienso
que han teñido ya las suyas,
a persuasión de los viejos.   80
»Pues ¿quién sufrirá el lenguaje,
la soberbia y los enredos
de una mujer pretendida,
de estas que se dan a peso?
»Han hecho mercadería   85
sus favores y sus cuerpos,
introduciendo por ley
que reciban y que demos.
»¡Que si pecamos los dos,
yo he de pagar al momento,   90
y que sólo para mí
sea interesable el infierno!
»¿Que a la mujer no le cueste
el condenarse un cabello,
y que por llevarme el diablo,   95
me lleve lo que no tengo?
»¡Vive Dios, que no es razón,
y que es muy ruinmente hecho,
y se lo diré al demonio,
si me topa o si le encuentro!   100
»Si yo reinara ocho días,
pusiera en todo remedio,
y anduvieran tras nosotros
y nos dijeran requiebros.

---

[3] *acero*, el agua acerada, para combatir la opilación.

»Yo conocí los maridos   105
gobernándose ellos mesmos,
sin sostitutos ni alcaides,
sin comisiones ni enredos;
    »y agora los más maridos
(nadie bastará a entenderlos)   110
tienen por lugarteniente
la mitad de todo el pueblo.
    »No se les daba de antes
por comisiones un cuerno,
y agora por comisiones   115
se les dan más de quinientos.
    »Solian usarse doncellas:
cuéntanlo ansí mis agüelos;
debiéronse de gastar,
por ser muy pocas, muy presto.   120
    »Bien hayan los ermitaños
que viven por esos cerros,
que, si son buenos, se salvan,
y si no, los queman presto;
    »y no vosotros, lacayos   125
de tres hidalgos hambrientos,
alguaciles de unas ancas
con la vara y el cabestro.
    »Y yo, que en diez y seis años
que tengo de despensero,   130
aun no he podido ser Judas,
y vender a mi maestro.»
    En esto, Pierres, que estaba
con mareta[4] en el asiento,
dormido cayó de hocicos,   135
y devoto besó el suelo.
    Jaques, desembarazado
el estómago y el pecho,
daba mil tiernos abrazos
a un banco y a un paramento.   140
    Sirviéronle de orinales
al buen Roque sus greguescos:
que no se halló bien el vino,
y ansí se salió tan presto.

---

[4] *mareta*, pequeño oleaje.

Maroto, que vio el estrago   145
y el auditorio de cestos,
bostezando con temblores,
dio con su vino en el suelo.

[*Parnaso,* 508]

698

Boda de negros*

ROMANCE

Vi, debe de haber tres días,
en las gradas de San Pedro,
una tenebrosa boda,
porque era toda de negros.
 Parecía matrimonio   5
concertado en el infierno:
negro esposo y negra esposa
y negro acompañamiento.
 Sospecho yo que, acostados,
parecerán sus dos cuerpos,   10
junto el uno con el otro,
algodones y tintero.
 Hundíase de estornudos
la calle por do volvieron:
que una boda semejante   15
hace dar más que un pimiento.
 Iban los dos de las manos,
como pudieran dos cuervos;
otros dicen como grajos,
porque a grajos van oliendo.   20
 Con humos van de vengarse
(que siempre van de humos llenos)
de los que, por afrentarlos,
hacen los labios traseros.
 Iba afeitada la novia   25
todo el tapetado gesto
con hollín y con carbón
y con tinta de sombreros.

* Se publicó en *Romances varios,* 1643, pág. 16.

Tan pobres son, que una blanca
no se halla entre todos ellos;   30
y por tener un cornado[1]
casaron a este moreno.
  Él se llamaba Tomé,
y ella, Francisca del Puerto;
ella esclava, y él es clavo   35
que quiere hincársele en medio.
  Llegaron al negro patio
donde está el negro aposento
en donde la negra boda
ha de tener negro efeto.   40
  Era una caballeriza,
y estaban todos inquietos;
que los abrasaban pulgas,
por perrengues[2] o por perros.
  A la mesa se sentaron,   45
donde también les pusieron
negros manteles y platos,
negra sopa y manjar negro.
  Echóles la bendición
un negro veintidoseno,   50
con un rostro de azabache
y manos de terciopelo.
  Diéronles el vino, tinto;
pan, entre mulato y prieto[3];
carbonada[4] hubo, por ser   55
tizones los que comieron.
  Hubo jetas[5] en la mesa
y en la boca de los dueños,
y hongos, por ser la boda
de hongos, según sospecho.   60
  Trujeron muchas morcillas,
y hubo algunos que, de miedo,

---

[1] Juego de voces: *cornado*, moneda de escaso valor, como la *blanca*; y cornado, de *cuerno*.
[2] *perrengue*, se llamaba al negro. (*Perrengue* era la persona que se encolerizaba rápidamente, y quizá llamaron por eso a los negros así, y también por llamarlos perros disimuladamente.)
[3] *pan prieto*, el pan muy moreno, casi oscuro.
[4] *carbonada*, carne cocida o picada y después asada en las ascuas o en la parrilla.
[5] *jeta*, hocico del cerdo.

no las comieron, pensando
se comían a sí mesmos.
　Cuál, por morder del mondongo,　　　　65
se atarazaba[6] algún dedo,
pues sólo diferenciaban
en la uña de lo negro[7].
　Mas cuando llegó el tocino,
hubo grandes sentimientos,　　　　70
y pringados con pringadas
un rato se enternecieron.
　Acabaron de comer,
y entró un ministro guineo
para darles aguamanos　　　　75
con un coco y un caldero.
　Por toalla trujo al hombro
las bayetas de un entierro[8];
laváronse, y quedó el agua
para ensuciar todo un reino.　　　　80
　Negros de ellos se sentaron
sobre unos negros asientos,
y en voces negras cantaron
también denegridos versos:
　«Negra es la ventura　　　　85
de aquel casado
cuya novia es negra
y el dote en blanco.»

[*Parnaso,* 510]

699

Dichas del casado primero, la mayor: sin suegra

ROMANCE

«Padre Adán, no lloréis duelos;
dejad, buen viejo, el llorar,
pues que fuistes en la tierra
el más dichoso mortal.

---

[6] *atarazar,* morder. Otra referencia en el núm. 799, v. 48.
[7] «En lo negro de la uña», anota González de Salas.
[8] *bayetas de un entierro,* adorno de bayeta negra que se ponía
sobre el ataúd y en el suelo.

»De la variedad del mundo   5
entrastes vos a gozar,
sin sastres ni mercaderes,
plagas que trujo otra edad.
    »Para daros compañía,
quiso el Señor aguardar   10
hasta que llegó la hora
que sentistes soledad.
    »Costóos la mujer que os dieron
una costilla, y acá
todos los güesos nos cuestan,   15
aunque ellas nos ponen más.
    »Dormistes, y una mujer
hallastes al despertar;
y hoy, en durmiendo, un marido
halla a su lado otro Adán.   20
    »Un higo sólo os vedaron,
sea manzana si gustáis,
que yo, para comer una,
Dios me lo habia de mandar.
    »Tuvistes mujer sin madre,   25
¡grande suerte, y de invidiar!;
gozastes mundo sin viejas,
ni suegrecita inmortal.
    »Si os quejáis de la serpiente
que os hizo a entrambos mascar,   30
cuánto es mejor la culebra
que la suegra, preguntad.
    »La culebra, por lo menos,
os da a los dos que comáis;
si fuera suegra, os comiera   35
a los dos, y más y más.
    »Si Eva tuviera madre,
como tuvo a Satanás,
comiérase el Paraíso,
no de un pero la mitad.   40
    »Las culebras mucho saben;
mas una suegra infernal
más sabe que las culebras:
ansí lo dice el refrán[1].

---

[1] El refrán dice: «Más sabe una suegra que las culebras».

»¡Llegaos a que aconsejara   45
madre deste temporal
comer un bocado solo,
aunque fuera rejalgar !
    »Consejo fue del demonio,
que anda en ayunas lo más;   50
que las madres, de un almuerzo,
la tierra engullen, y el mar.
    »Señor Adán, menos quejas,
y dejad el lamentar :
sabé estimar la culebra,   55
y no la tratéis tan mal.
    »Y si gustáis de trocarla
a suegras de este lugar,
ved lo que queréis encima,
que mil os la tomarán.»   60
    Esto dijo un ensuegrado,
llevándole a conjurar,
para sacarle la suegra,
un cura y un sacristán.

[Parnaso, 512]

700

Remitiendo a un perlado cuatro romances,
precedían estas coplas de dedicación*

ROMANCE

A vos (y ¿a quién sino a vos
irán mis coplas derechas,
por estimación, si cultas,
si vulgares, por enmienda ?),

* Fueron remitidos a don Juan de la Sal, obispo de Bona, sevillano, finísimo escritor y amigo de escritores, fallecido en 1630.
Quevedo le dice en la carta: «Esas dos aves tan introducidas en
todo género de escritores, y esos dos animales soñados, que andan emboscándose las uñas y los púlpitos y libros, y de concepto
en concepto, invío a vueseñoría para que divierta alguna ociosidad de las siestas. Enfadarme con mentiras tan autorizadas, crédito es, y algo tienen de severo esas burlas. Vayan adelante, que
yo volveré por mi melancolía con las *Silvas*, donde el sentimiento
y el estudio hacen algún esfuerzo por mí. Y tenga vueseñoría larga vida con buena salud. Madrid, a 17 de junio de 1624». (*Obras
en prosa*, edic. cit., pág. 1722 y ss. Véase allí la extensa nota de
Astrana Marín sobre don Juan de la Sal.)

esas aves os envío,   5
presente que no os ofenda
la limpieza de ministro
o templanza de la mesa.
    Ociosa volatería,
perezosa diligencia,   10
aves que la lengua dice,
pero que nunca las prueba.
    Bien sé que desmiento a muchos,
que muy crédulos las cuentan,
mas si ellos citan a Plinio[1],   15
yo citaré a las despensas.
    Si las afirman los libros,
las contradicen las muelas;
a vos remito la causa
y consiento la sentencia.   20
    Si les faltare la gracia,
a vuestra sal se encomiendan:
que por obispo y por docto
sabéis ser sal de la tierra.

La Fénix

ROMANCE

Ave del yermo, que sola
haces la pájara vida,
a quien, una, libró Dios
de las malas compañías;
    que ni habladores te cansan,   5
ni pesados te visitan,
ni entremetidos te hallan,
ni embestidores te atisban;
    tú, a quien ha dado la aurora
una celda y una ermita,   10
y sólo saben tu nido
las coplas y las mentiras;

---

[1] Referencia a la *Historia natural*, de Plinio, donde se habla de estas aves.

tú, linaje de ti propria,
descendiente de ti misma,
abreviado matrimonio,   15
marido y esposa en cifra,
    mayorazgo del Oriente,
primogénita del día,
tálamo y túmulo junto,
en donde eres madre y hija;   20
    tú, que engalanas y hartas,
bebiendo aljófar, las tripas,
y a puras perlas que sorbes,
tienes una sed muy rica;
    avechucho de matices,   25
hecho de todas las Indias,
pues las plumas de tus alas
son las venas de tus minas;
    tú, que vuelas con zafiros;
tú, que con rubíes picas,   30
guardajoyas de las llamas,
donde naciste tan linda;
    tú, que a puras muertes vives,
los médicos te lo invidian,
donde en cuna y sepultura   35
el fuego te resucita;
    parto de oloroso incendio,
hija de fértil ceniza,
descendiente de quemados,
nobleza que arroja chispas;   40
    tú, que vives en el mundo
tres suegras en retahíla,
y, medula de un gusano,
esa máquina fabricas;
    tú, que del cuarto elemento   45
la sucesión autorizas;
estrella de pluma, vuelas;
pájaro de luz, caminas;
    tú, que te tiñes las canas
con las centellas que atizas,   50
y sabes el pasadizo
desde vieja para niña;
    suegra y yerno en una pieza,
invención que escandaliza,

la cosa y cosa[1] del aire,   55
y la eterna hermafrodita;
    ave de pocos amigos,
más sola y más escondida
que clérigo que no presta
y mercader que no fía;   60
    ave duende, nunca visto,
melancólica estantigua,
que como el ánima sola,
ni cantas, lloras, ni chillas;
    ramillete perdurable,   65
pues que nunca te marchitas,
y eres el ave corvillo
del miércoles de ceniza:
    ansí de cansarte dejen
similitudes prolijas,   70
que de lisonja en lisonja
te apodan y te fatigan,
    que, para ayuda de Fénix,
si hubiere lugar, recibas,
por únicas y por solas,   75
mi firmeza y mi desdicha.
    No te acrecentarán gasto,
que el dolor las vivifica,
y al examen de mi fuego
ha seis años que te imitan.   80
    Si no, cantaré de plano
lo que la razón me dicta,
y los nombres de las pascuas
te diré por las esquinas.
    Sabrán que la Inquisición   85
de los años te castiga,
y que todo tu abolorio
se remata en chamusquinas.

---

[1] *cosa y cosa*, adivinanza, porque comenzaban «¿qué es cosa y
cosa?». Cf. núms. 755, v. 97 y 803, v. 62.

El Pelícano

ROMANCE

Pájaro diciplinante,
que, haciendo abrojo del pico,
sustentas, como morcillas,
a pura sangre, tus hijos;
    barbero de tus pechugas,   5
y lanceta de ti mismo;
ave de comparaciones
en los púlpitos y libros;
    fábula de la piedad,
avechucho del martirio   10
mentira corriendo sangre,
aunque ha mucho que se dijo;
    en jeroglíficos andas,
que en asador no te he visto;
te pintan, mas no te empanan: 15
toda eres cuento de niños.
    Temo que las almorranas
te han de pedir en el nido,
por sanguijuelas, prestados
esos polluelos malditos.   20
    Con túnica y capirote
y esa llaga que te miro,
te tragarán por cofrade,
en los pasos, los judíos.
    ¿En dónde estás, que en el aire   25
no han llegado a dar contigo
ni la gula ni el halcón,
tan diligentes ministros?
    No vi cosa tan hallada
con virtudes y con vicios: 30
eres amante en los versos;
eres misterio en los himnos.
    Concepto de los poetas,
vinculado a villancicos,
que, entre Giles y Pascuales,   35
te están deshaciendo a gritos.

Símbolo eres emplumado,
eres embeleco escrito,
un «Tal ha de ser el padre»,
un «Ansí quiero al obispo».   40
    Ave para consonantes;
golosina de caprichos;
si no te citan figones,
de mi memoria te tildo.
    Si yo te viera sin pollos   45
y con lonjas de tocino,
vertiendo caldo por sangre,
te retozara a pellizcos.
    Buen esdrújulo sí haces;
buen caldo no lo he sabido: 50
más quiero una polla muerta
que mil pelícanos vivos.
    Que no entrarás en mis coplas
te lo juro a Jesucristo:
que yo no doy alabanza   55
a quien no clavo colmillo.

El Basilisco

ROMANCE

Escándalo del Egipto,
tú, que infamando la Libia,
miras para la salud
con médicos y boticas;
    tú, que acechas con guadañas,   5
y tienes peste por niñas,
y no hay en Galicia pueblo
que tenga tan malas vistas;
    tú, que el campo de Cirene
embarazas con insidias,   10
y a toda vida tus ojos
hacen oficio de espías;
    tú, que con los pasos matas
todas las yerbas que pisas,
y sobre difuntas flores   15
llora mayo sus primicias;

a la primavera borras
los pinceles que anticipa;
y el año recién nacido,
en columbrándote, expira.   20
    Tú con el agua que bebes
no matas la sed prolija:
que tu sed mata las aguas,
si las bebes o las miras.
    Enfermas, con respirar,   25
toda la región vacía,
y vuelan muertas las aves
que te pasan por encima.
    De todos los animales
en quien la salud peligra,   30
y su veneno la tierra
flecha contra nuestras vidas,
    tanto peligran contigo
los que en veneno te imitan
como los que son contrarios   35
al tósigo que te anima[1].
    Ansí, pues, nunca a tu cueva
se asome Santa Lucía,
(que si el mal quita a los ojos,
desarmará tu malicia),   40
    que me digas si aprendiste
a mirar de mala guisa
del ruin que se mira en honra,
de los celos o la invidia.
    Dime si te dieron leche   45
las cejijuntas, las bizcas;
si desciendes de los zurdos;
si te empollaron las tías.
    Ojos que matan, sin duda
serán negros como endrinas: 50
que los azules y verdes
huelen a pájara pinta.

---

[1] González de Salas anota: «La cualidad venenosa consiste en
el exceso de calor o frialdad. Es, pues, la sentencia de esta copla
que tiene la ponzoña del basilisco fuerza para ofender a todos
los otros animales ponzoñosos, ansi sea su veneno excesivamente
frio o caliente con exceso, como es el proprio basilisco. Ansi lo
enseñan los scriptores naturales».

Si está vivo quien te vio,
toda tu historia es mentira:
pues si no murió, te ignora;   55
y si murió, no lo afirma.

Si no es que algún basilisco
cegó en alguna provincia,
y con bordón y con perro
andaba por las ermitas.   60

Para pisado eres bueno,
que la Escritura lo afirma;
pues sobre ti y sobre el áspid
dice que el justo camina.

Llevarte en cas de busconas   65
es sola tu medicina,
pues te sacarán los ojos
por cualquiera niñería.

El Unicornio

ROMANCE

Unos contadores cuentan...
(cultísimo, aquí te espero,
pues tú dijeras «auctores»,
con sus «graves» y sus «ciertos»).

¿Qué cuentan? Cuentan que hay,   5
como digo de mi cuento
(esto es echar otra albarda
a tus coruscos[1] y metros),
un animal en la India
con sólo un cuerno, derecho.   10
Puede ser; mas para acá,
poco se me hace un cuerno.

Calvo estará si él pretende
andar al uso del tiempo;
mas puede comprar un moño   15
de peinaduras de yernos.

Diz que dicen (no te enfades:
que ansí hablaban tus abuelos,
y estas voces cercenadas
te aseguran por su nieto)   20

[1] *coruscos*, brillos.

que tiene inmensa virtud
en el adúltero güeso:
¡qué de frentes virtuosas
conozco yo por el reino!
   Si hay tanta virtud en uno,   25
¿cuánta mayor la habrá en ciento?
¡Lo que de unicornio va
a ser otros muchicuernos!
   «A más cuernos, más ganancia»,
dicen los casamenteros: 30
que «A más moros», sólo el Cid
y Bernardo lo dijeron.
   No te inventaron maridos:
que no son tan avarientos;
pues por añadirte otro,   35
no empobrecieran más presto.
   Cuentan que los animales
le dejan beber primero:
más valen los cuernos hoy,
pues comen y beben de ellos.   40
   Saludador de cornada,
dicen que quita venenos[2]:
¡qué de cabezas tríacas[3]
hay en boticas de pelo!
   Doncellas diz que le rinden;   45
mas agora, en nuestro pueblo,
a falta de las doncellas,
casadas harán lo mesmo.
   Aquesto es, de pe a pa,
lo que nos dicen los griegos;   50
lléguese acá el unicornio:
llevará por uno sendos.

                      [Parnaso, 513]

---

[2] Era lugar común que al meter el cuerno en el agua, quedaba
purificada.
[3] *tríaca*, especie de medicamento.

701

Don Perantón a las bodas del Príncipe
hoy el Rey nuestro señor*

ROMANCE

A la sombra de unos pinos
que son vigas en el techo
(que, cansado de arboledas,
sólo a esta sombra me siento);
    a la orilla de mi cama,   5
que, por estar por en medio
bien deshecha y mal mullida,
a las orillas me acuesto;
    devanado en una manta
este miserable cuerpo,   10
que, hasta la muerte, no espera
verse en sábana de lienzo;
    muerto de sed el candil,
porque lechuza se ha vuelto
mi ropilla, y se ha bebido   15
todo el aceite del pueblo,
    yo, entre mí, en conversación,
despabilado del sueño,
conmigo ansí razonaba,
mal vestido y bien hambriento: 20
    «¿Qué es esto, don Perantón?
¿Qué parecerá a los reinos
que un tomajón¹ no se halle
en tanto recibimiento?
    »No lo dejo yo por calzas;   25
que sobradas calzas tengo
entre las que me han echado
mercaderes y tenderos.
    »La gorra, yo me lo soy,
y en mis tripas me la llevo,   30
porque a comer y cenar
jamás he sido sombrero².

* Las bodas se celebraron el 18 de octubre de 1615.
¹ *tomajón*, pedigüeño.
² *he sido sombrero*, he sido gorrón.

»Mientras tuviere gaznate,
no me puede faltar cuello,
con la gana de comer,   35
más que con el molde abierto.

»Sortija, yo no la gasto,
y ¡vive Dios que la tiemblo,
desde que me hizo marido,
empezando por los dedos!   40

»Mi gente yo me la crío,
y conmigo me la llevo;
con mi vestido se visten;
mi jubón es su tinelo[3].   45

»Faltáronme mis embustes
este año, al mejor tiempo:
que nada falta en la Corte
al venturoso en enredos.

»Todos a las bodas van,   50
yo solo en la cama quedo,
enfermo de mal de ropa,
peligrosísimo enfermo.

»Poca necesidad tienen
del escuderaje en cerro   55
tantos grandes y señores,
tanta gala y tanto precio.

»Tesoros vertió en los campos,
Indias derramó en los pueblos,
el que del honor de España
tomó a cargo el desempeño.   60

»No quiero nombrar a nadie:
que habrá quejas al momento
sobre si nombré uno solo,
o tres juntos en un verso.

»¡Oh, qué de panzas al trote   65
han sido mis compañeros!
En bordado y guarniciones
llevan a Vizcaya hierro.

»Cargados de falsedades,
parecen otros procesos: 70

---

[3] *tinelo*, comedor de la servidumbre en las casas de los grandes.
(Alude a los piojos, pulgas, etc.)

hay ciclanes[4] de lacayos;
hay quien lleva paje y medio;
    »hay quien ha dado librea
de meriendas y de almuerzos,
y bordado con sus tripas   75
el ya pagado aderezo.
    »Juntando para diez años
ayunos don Gerineldos,
se viste de fiadores,
que ya vienen por su cuerpo.   80
    »De pajes y de lacayos
se han comido muchos necios,
y, ermitaños, harán juntos
penitencia por los cerros.
    »No sacaron de sus damas   85
colores, a lo que pienso:
que las de lo más barato
las favorecidas fueron.
    »¡Oh princesa generosa!
Tú, que para los gallegos   90
no sólo vienes de Francia,
pero caída del cielo;
    »por ti, muslazo corito[5]
se ha envainado en terciopelo,
y relucen los ropones   95
con oro de candeleros.
    »¡Tanto bergante atacado[6],
tanto bribón con baquero[7]!
Sólo yo, don Perantón,
desenvainado me veo.   100
    »No tengo casa ninguna;
que la hambre, según pienso,
me saca de mis casillas,
con que ni aun en mí me tengo.

---

[4] *ciclán*, el que tiene un solo testículo. En este caso, lacayos cuyas cabalgaduras llevan un solo estribo.
[5] *corito*, el que llevaba en hombros los pellejos de mosto o vino
desde el lagar a las cubas. Pero también significa «desnudo».
[6] *atacado*, es decir, con «calzas atacadas».
[7] *baquero*, con sayo baquero.

»De desechar los vestidos   105
pasó, gran señora, el tiempo:
ya el calzón desecha al hombre,
y no el hombre los greguescos.

    »Los sombreros y ropillas
se han injerido en los miembros;   110
de por vida son las capas,
y las camisas, pellejo.

    »Pues, ¡vive Dios!, Lis de oro,
que, aunque desnudo, me alegro
entre las frazadas más   115
que entre los bordados ellos.

    »Debí mucho a vuestro padre,
y aunque soy pobre en extremo,
le llevé de España a Francia
lamparones más de ciento[8].   120

    »A que me tocase fui,
como si fuera instrumento,
y fue para mi garganta
San Blas, con sus cinco dedos.

    »Dícenme que por honrar   125
de España los cabos negros,
con lisonjera hermosura
venís española Venus.

    »Hame parecido bien,
por la fe de caballero,   130
pues pagáis lo que os adula
de nuestra reina el cabello.

    »Una española francesa
a Francia dimos, y, en trueco,
una francesa española   135
vos misma nos habéis vuelto.

    »Mucho le invidian los años,
princesa, al príncipe nuestro,
pues le detienen un hora
tan dichoso casamiento.   140

    »Si se parece Su Alteza
a su padre y a su abuelo,

---

[8] Llevó a Francia *lamparones* porque, según una tradición, los reyes de Francia curaban los lamparones, las escrófulas en el cuello.

más príncipes que coronas
tendréis, siendo el mundo vuestro.
   »Plegue a Dios que vuestras flores   145
tantas paran del mancebo,
que Palacio sea jardín
y toda Castilla huerto.
   »Que ya entonces para mí
habrá habido un ferreruelo,   150
y aunque en calzas y en jubón
vaya, tengo de ir a veros.»

[*Parnaso*, 518]

702

Niña anciana de ojos dormidos*

ROMANCE

   Tus dos ojos, Mari Pérez,
de puro dormidos roncan,
y duermen tanto, que sueñan
que es gracia lo que es modorra.
   Desdichadas de tus niñas,   5
que nacieron para monjas,
y a oscura red de pestañas
por locutorio se asoman.
   Si tú lo haces adrede,
perdóname, que eres tonta   10
en tener siempre acostados
tus ojos con tanta ropa.
   Avahada[1] vista tienes,
buena gracia para sopas;
abrigado miras, hija;   15
por dos calabozos lloras.

---

* Figura en *Romances varios*, 1643, pág. 27.
[1] *avahada*, de vaho.

Despertad, que ya es hora;
que dirán, ojos, que dormís la zorra[2].

Los ojos haces resquicios
y, con una vista hurona,   20
acechan brujuleando
esas niñas o esas mozas.
   Mirar con siete durmientes
no sé yo para qué importa,
si no es que para lirones   25
desde agora los impongas.
   Ojuelos azurronados,
en lugar de mirar, cocan[3];
dos limbos tienes por ojos,
niña, sin luz y sin gloria.   30
   Hoy el sueño y la soltura
os he dicho sin lisonja;
que a vosotros toca el sueño,
y a mí la soltura[4] toca.
   Despertad, que ya es hora;   35
que dirán, ojos, que dormís la zorra.

                                    [Parnaso, 520]

703

Varios linajes de calvas*

ROMANCE

«Madres, las que tenéis hijas,
ansí Dios os dé ventura,
que no se las deis a calvos,
sino a gente de pelusa.
   »Escarmentad en mí todas;   5
que me casaron a zurdas
con un capón de cabeza,
desbarbado hasta la nuca.

---

[2] *dormir la zorra*, dormir la borrachera, como hoy «dormir la mona».
[3] *cocan*, hacen cocos, se miran tiernamente, pero «coca» significó también «borrachera». De ahí que sean «ojos azurronados».
[4] *soltura*, libertad.
* Apareció en *Romances varios*, 1643, pág. 28.

»Antes que calvicasadas
es mejor verlas difuntas: 10
que un lampiño de mollera
es una vejiga lucia.

»Pues que si cincha la calva
con las melenas que anuda,
descubrirá con el viento   15
de trecho a trecho pechugas.

»Hay calvas sacerdotales,
y de estas calvas hay muchas,
que en figura de coronas
vuelven los maridos curas.   20

»Calvas jerónimas hay
como las sillas de rúa:
cerco delgado y redondo;
lo demás, plaza y tonsura.

»Hay calvas asentaderas,   25
y habían los que las usan
de traerlas con greguescos,
por tapar cosa tan sucia.

»Calvillas hay vergonzantes,
como descalabraduras;   30
pero yo llamo calvarios
a las montosas y agudas.

»Hay calvatruenos[1] también,
donde está la barahúnda
de nudos y de lazadas,   35
de trenzas y de costuras.

»Hay calvas de mapamundi,
que con mil líneas se cruzan,
con zonas y paralelos
de carreras que las surcan.   40

»Hay aprendices de calvos,
que el cabello se rebujan,
y por tapar el melón,
representan una furia.

»Yo he visto una calva rasa,   45
que dándola el sol relumbra,
calavera de espejuelo,
vidrïado de las tumbas.

[1] Juego de voces entre «calvatrueno», calva grande, y «calvatrueno», hombre alocado. De ahí la «barahúnda» del verso siguiente.

»Marido de pie de cruz[2]
con una muchacha rubia,   50
¿qué engendrará, si se casa,
sino un racimo de Judas?»
　　En esto, huyendo de un calvo,
entró una moza de Asturias,
de las que dicen que olvidan   55
los cogotes en la cuna;
　　y a voces desesperadas,
maldiciendo su ventura,
dijo de aquesta manera,
cariharta y cejijunta: 60

　　«Calvos van los hombres, madre,
calvos van;
mas ellos cabellarán[3].

　　»Cabéllense en hora buena,
pues como del brazo ha sido   65
siempre la manga el vestido,
hoy del casco, aunque sea ajena,
es bien lo sea la melena,
y que ande también galán.
Calvos van los hombres, madre,   70
calvos van;
mas ellos cabellarán.
　　»¿Quién hay que pueda creello
que haya por naturaleza
heréticos de cabeza,   75

---

[2] «Huevo de avestruz», anota González de Salas. Pero me parece mucho más certera la nota de Astrana Marín: «Marido de pie de cruz quiere decir sencillamente "calavera", porque se pone (en pinturas, grabados, etc.), al pie de la Cruz». Comp.: «entró allí a media hora con aquella cara que yo he visto en pie de cruz, rellenada sobre equis de dos huesos de muerto». Quevedo, *Epistolario completo* (Madrid, 1946), pág. 247.

[3] Parodia cierta canción popular:

　　Turbias van las aguas, madre,
　　turbias van;
　　mas ellas se aclararán.

Góngora la intercala en el romance-ensalada «A la fuente va del olmo».

calvinistas de cabello?
Los que se atreven a sello,
¿a qué no se atreverán?
Calvos van los hombres, madre,
calvos van;   80
mas ellos cabellarán.

»Cuando hubo españoles finos,
menos dulces y más crudos,
eran los hombres lanudos;
ya son como perros chinos.   85
Zamarro fue Montesinos,
el Cid, Bernardo y Roldán.
Calvos van los hombres, madre,
calvos van;
mas ellos cabellarán.   90

»Si a los hombres los queremos
para pelarlos acá
y pelados vienen ya,
si no hay que pelar, ¿qué haremos?
Antes morir que encalvemos;   95
alerta, hijas de Adán.
Calvos van los hombres, madre,
calvos van;
mas ellos cabellarán.»

[*Parnaso, 521*]

704

Burla el poeta de Medoro, y Medoro de los Pares*

ROMANCE

Quitándose está Medoro
del jubón y la camisa,
al sol de marzo, una tarde,
algunas puntadas vivas.

Las uñas más matadoras   5
que los ojos de su amiga,
hecho un paladín Roldán
por las costuras arriba.

Después de haberse rascado
con notable valentía,   10
con aquellas blancas manos
que quitaron tantas vidas,

a la margen de un pajar
y a sombras de una pollina,
por falta de buena voz,   15
en lugar de cantar, chilla:

«Bella reina del Catay[1],
heredera de la China,
por quien hoy andan enhiestas
tanta lanza y tanta pica,   20

»no supo lo que se hizo
Rodamonte, aunque más digan:
que el andar a coscorrones
ni es regalo ni caricia.

»A una mujer que se espanta   25
de ver una lagartija,
una dádiva de muerto
es una cosa muy linda.

»Ándase Orlando el furioso
saltando de viga en viga,   30

---

* Se publicó en *Romances varios*, 1643, pág. 37.
[1] Angélica, reina de Catay, pretendida por muchos, a los que desdeñó, se enamoró de Medoro, según el célebre poema de *Orlando furioso*, de Ariosto. Vid. más adelante una enorme parodia del propio Quevedo.

juntando para traerla
calaveras y ternillas.
    »¡ Miren qué hará una chicota
que tiembla de una sangría,
viendo partir un gigante   35
de la mollera a las tripas !
    »Esto ha tenido la bella
desde que era tamañita:
que quiere más que un valiente
cualquier dinero gallina.   40
    »Yo solo la di en el chiste[2];
y, mientras ellos se arpillan,
a lo cobarde la gozo
por estas caballerizas.
    »Más me ha valido ser zambo   45
que a ellos sus valentías;
pues yo la tengo preñada,
y ellos me tienen invidia.
    »Deshacer encantamentos
es menos que hacer basquiñas;   50
y es más pagar una joya
que ganar una provincia.
    »¡ Quién viera en una mohatra[3]
al buen Palmerín de Oliva,
y con el ciento por ciento   55
andar a la rebatiña !
    »¡ Quién viera a don Belianís
en una sombrerería,
dándole vueltas al casco,
y alabando la toquilla;   60
    »y en poder de un escribano
a la lanza de Argalía,
ahogada en el tintero,
soltando la tarabilla !»
    En esto, por un repecho,   65
vio subir a sus costillas
un vecino de sus carnes,
convidado de ellas mismas.

---

[1] *dar en el chiste,* dar en el punto de la dificultad, como hoy «dar
en el clavo», pero aquí, como en la pág. 1291, significa algo distinto.
[3] *mohatra,* estafa, fraude.

En su seguimiento parte;
a cinco uñas camina,   70
y, cansado de matar,
entre los dedos le hila.

                                        [*Parnaso,* 522]

705

LOS SANTEROS Y SANTERAS MANIFIESTAN SUS INTERIORES*

ROMANCE

«Madre, asperísima sois
por de dentro, y por de fuera
toda rallos[1] y cilicios,
toda disciplina y jerga.
    »Nunca levantáis la cara,   5
como si la cara fuera
algún falso testimonio,
que en levantarle se peca.
    »Dadme orejas, madre mía,
pues no hay pecado de orejas,   10
mientras mi vida y costumbres
a voces derramo en ellas.
    »Soy ermitaño montés,
y por huir de una suegra,
más que con mi mujer propia   15
quise vivir con las peñas.
    »Supe de todo en el siglo,
y memorias hechiceras
me hacen gestos desde el alma,
que de los que vi me acuerdan.   20
    »Mis deseos se han mezclado
en el silicio a las cerdas,
y mi pensamiento mismo
se ha vuelto mi penitencia.
    »No dejo la soledad   25
por codicia ni soberbia;
sabe Dios que no deseo
ni dignidades, ni rentas.

---

* Apareció en *Romances varios,* 1643, pág. 39.
[1] *rallos,* ralladores.

»Motín de la humanidad,
que, aunque flaca, se espereza,   30
y naturales cosquillas
me punzan y no me dejan.

»Y como mi condición
ha sido siempre sujeta
a fémina más que a *genus*,   35
conjurar también quisiera.

»Carnicero es mi apetito,
todas mis culpas se encierran
en el pecado de carne,
aunque algunos huesos tenga.   40

»No sé qué es pecar de viernes;
ninguna ofensa de pesca
me tiene el demonio escrita
en el libro de sus cuentas.

»Ni reparo yo si es limpia   45
la hermana que me recrea,
que no es hábito el pecado
para mirar en limpieza.

»No he menester perejiles
de rosas, ligas o medias,   50
que yo doy por recibido
todo lo que no son piernas.

»No hay viuda que yo no busque,
por más que en tocas se envuelva:
que gustos tintos me agradan   55
entre aquellas faldas negras.

»Ándome tras las casadas,
para ver cómo se engendra,
en ausencia de un marido,
el cristal de las linternas[2].   60

»Doncellas no sé qué son,
porque me contó una vieja
que ya son sólo en los cuentos
fruta de "Érase que se era".

»Así, madre, que si Dios   65
no hubiera criado hembras,

---

[2] *el cristal de las linternas*, porque se hacía con láminas de cuerno. El uso de la voz «linterna» para designar al marido consentido es frecuentísimo en Quevedo. Cf. núm. 841, v. 111.

en soledad y oración
buscara la vida eterna.»
    La santera, que me oyó
lo interior de mi conciencia,   70
me respondió de esta guisa;
óiganlo, pues, las santeras:
    «Mal hubiese el ermitaño,
que olvidó entre todas éstas
los deseos estantíos[3]   75
de una ermitaña manchega.
    »¿Qué os han hecho las beatas?
Mujeres somos como ellas:
cuerpos cubren estos sacos,
carne y huesos estas cerdas.   80
    »Desiertos tienen la culpa
de lo que estos miembros huelgan:
bien sabe alguno que pudre
que saben lo que se pescan.
    »No crea, hermano, en el sayal   85
de las santas comadreras,
pues debajo hay al, en donde
los reconcomios se ceban.»
    Más dijo, pero esto baste,
para que las gentes sepan   90
que la flor de los santuchos
es verde y la pintan seca.

                                 [*Parnaso*, 524]

706

QUEJAS DEL ABUSO DE DAR A LAS MUJERES*

ROMANCE

    Los médicos con que miras,
los dos ojos con que matas,
bachilleres por Toledo,
doctores por Salamanca;
    esa cárcel que te peinas,   5
esos grillos que te calzas,

---

[3] *estantíos*, detenidos, estancados.
* Apareció en *Romances varios*, 1643, pág. 41.

que ni los ponen las culpas
ni los quitarán las Pascuas;
    la boca que, a puras perlas,
dicen que come con sartas,   10
y por labios colorados
dos búcaros de la maya[1];
    aquesos diez mandamientos
(que así las manos se llaman),
de ejecución contra bolsas,   15
de apremio contra las arcas;
    la sonsaca de tu risa,
la rapiña de tu habla,
los halagos de tus niñas,
los delitos de tu cara,   20
    el talle de no dejar
un ochavo en toda España,
y el aire, que en todo tiempo
dicen que lleva las capas,
    buen provecho le hagan   25
a quien da su dinero
porque le lleve Satanás el alma.

    «Dame», «cómprame» y «envíame»
tengo por malas palabras;
que judío ni azotado,   30
pues que no cuestan, no agravian.
    De muy buena gana pongo
en tus orejas mis ansias,
dejando lugar a otros
donde pongan arracadas.   35
    Gastó el viejo Amor en viras,
mas no en virillas[2] de plata;
brincos[3] se daban saltando,
y hoy se compran y se pagan.

---

[1] *búcaros de la maya*, los búcaros, como vasos pequeños, «de
cierta tierra colorada que traen de Portugal... destos barros dicen
que comen las damas por amortiguar la color o por golosina vi-
ciosa». (Covarrubias, *Tesoro*.) Los *búcaros de la maya* procedían
de Lisboa, llamados así quizá por ser fabricados por una familia
de alfareros apellidados *Maia* o *da Maia*, pero también pudieron
llamarse así por la joven que representaba a la maya en las fiestas de ese nombre, que podría llevar un búcaro con agua de mayo,
a juzgar por ciertas referencias literarias de la época.
[2] *virillas*, listones para atar las zapatillas.
[3] *brincos*, joyas pequeñas que se colgaban de tocas, mantos...

Rascábanse con las uñas   40
en paz las antiguas damas,
y hoy con espadillas de oro
dan en esgrimir la caspa.

Dineros cuesta si comen,
y dinero si se rascan: 45
todo cuesta, y sólo es llano
dar, o irse noramala.

Halagos facinorosos,
que acarician cuando estafan;
brazos que enlazan el cuello,   50
y en la faldriquera paran,
   buen provecho le hagan
a quien da su dinero
porque le lleve Satanás el alma.

[*Parnaso,* 525]

707

Refiere las partes de un caballo y de un caballero*

ROMANCE

«Yo, el único caballero,
a honra y gloria de Dios,
salgo ciclán[1] a la fiesta,
por faltarme un compañón.
   »Sobre mi rucio rodado,   5
vengo rucio rodador,
y a la jineta en un cofre,
o encima de una ilusión,
   »más cerrado que una monja,
y con su chozno[2] potrón,   10
que, a lo Cupido, sacaba
agua andando alrededor,
   »tan acertado de manos,
que ha un siglo que no se herró;
malo para paseante;   15
bueno para contador.

* Apareció en *Romances varios*, 1643, pág. 52.
[1] *ciclán*, al que le faltaba un testículo (o un estribo): aquí, «solitario», «señero».
[2] *chozno*, hijo de tataranieto.

»Para, como los tahúres,
de boca, que es bendición;
y arranca, como gargajo,
con dificultad y tos.   20
»En lo sentido y dañado,
corre el triste como humor,
y tenemos buenos cascos
entre mi rocín y yo.
»No fue tan largo Alejandro,   25
ni tiene comparación,
aunque fue más dadivoso,
según afirma un autor.
»Tráigole con campanillas,
porque el sonido y rumor   30
le despierte por las calles:
que ha dado en ser dormilón.
»No ha menester tener cola,
que es prebendado menor:
los canónigos la tengan,   35
que él aun es media ración.
»A falta de la tarasca,
en el día del Señor,
porque coma caperuzas,
le saco a la procesión³.   40
»Con él no se alcanzan liebres,
que no es tan gran corredor,
si no son las que del lodo,
cuando cae, cojo yo.
»Si sale muy de mañana   45
de su pescuezo un peón,
le anochecerá en los lomos,
y ha de ser buen andador.
»Tan prudente es el cuitado
por su edad y condición,   50
que da mejor un consejo,
si se ofrece, que una coz.
»Como me ven aquí arriba
hecho jinete visión,

³ En la procesión del Corpus solía sacarse la *tarasca*, sierpe
monstruosa. Los que la llevaban arrebataban las caperuzas a los
aldeanos distraídos.

piensan que yo le sustento;   55
pero no lo pienso yo.
　　»De mi vestido y mis galas
os quiero hacer relación;
que sobre este campanario
no se divisa el color.   60
　　»Mi mogollón y mi gorra
traigo con hambre y con flor,
y una colada de trapos
en mi espada y mi jubón.
　　»La capa, más memoriosa   65
que se sabe de varón,
pues, calva y vieja, se acuerda
del proprio Rey que rabió.
　　»Del borceguí también pienso
que anacardina[4] tomó,   70
pues se acuerda de las botas
del dicípulo traidor.
　　»Caballero, al menos, vengo,
si por dicha no lo soy;
descendiente, si me apeo,   75
del proprio Paladïón[5].
　　»Mis armas son un escudo
(y fueran mejores dos,
cuanto va del que es sencillo
al caballero doblón),   80
　　»dividido en tre[s] cuarteles,
y en el primero un león,
más rapante que navaja
y que un solicitador;
　　»una maza al otro lado,   85
y ha sido pública voz
que de las Carnestolendas
vengo de mal en peor;
　　»en el otro, seis roeles[6],
por el cuarto de ratón   90
que me toca, por los dientes,
del solar de comedor.

---

[4] *anacardina*, planta que, según leyenda, devolvía la memoria.
[5] *Paladión*, el caballo que los griegos introdujeron en Troya.
(Estaba dedicado a Palas.)
[6] *roel*, pieza redonda de los escudos de armas.

»Blancos, morados y verdes
estos tres cuarteles son:
que algún rábano sospecho   95
que sus colores les dio.
        »Picado de una vïuda,
me he tornado picador,
queriendo que haga corvetas
con pellejo un facistol.   100
        »Si de mí no se apïada,
ni del banco de herrador,
él morirá de su amo,
y el amo de su frisón.»
        De caballo y caballero   105
esta relación pidió
al ausente de Jacinta,
Clarinda, hija del Sol.

                              [*Parnaso,* 526]

708

Comisión contra las viejas*

ROMANCE

Ya que a las cristianas nuevas
expelen Sus Majestades,
a la expulsión de las viejas
todo cristiano se halle.
        Pantasmas acecinadas,   5
siglos que andáis por las calles,
muchachas de los finados,
y calaveras fiambres;
        doñas Siglos de los Siglos,
doñas Vidas Perdurables,   10
viejas (el diablo sea sordo),
salud y gracia: Sepades
        que la Muerte, mi señora,
hoy envía a disculparse
con los que se quejan de ella,   15
porque no os lleva la landre.

* De principios de 1610, puesto que la expulsión de los moriscos
se decreta a fines de 1609.

Dicen, y tienen razón
de gruñir y de quejarse,
que vivís adredemente
engullendo Navidades;   20
    que chupáis sangre de niños,
como brujas infernales;
que ha venido sobre España
plaga de abuelas y madres.
    Dicen que, habiendo de ser   25
los que os rondan, sacristanes,
la Capacha y la Dotrina,
andáis sonsacando amantes.
    Diz que sois como pasteles,
sucio suelo, hueca hojaldre,   30
y, aunque pasteles hechizos,
tenéis más güeso que carne.
    Que servís de enseñar sólo
a las pollitas que nacen
enredos y pediduras,   35
habas, puchero[1] y refranes.
    Y porque no inficionéis
a las chicotas que salen,
que sois neguijón de niñas,
que obligáis a que las saquen;   40
    y atento a que se han quejado
una resma de galanes
que pedís, y no la unción,
y no hay bolsa que os aguarde,
    ha mandado a los serenos   45
que os han de dar estas tardes,
al afeite y al cartón,
que os enfermen y que os maten
    Y si (lo que Dios no quiera)
estas cosas no bastaren,   50
que con desengaños vivos
los espejos os acaben.
    Y porque dicen que hay
vieja frisona y gigante,
que ella y la Puerta de Moros   55
nacieron en una tarde,

---

[1] *habas, puchero,* para las suertes de adivinar. Cf. los núms. 762,
v. 17 y 859, v. 57.

declara que aquesta vieja
murió en las Comunidades,
y que un diablo, en su pellejo,
anda hoy haciendo visajes.   60

Vieja barbuda y de ojeras,
manda que niños espante,
y que al alma condenada
en todo lugar retrate.   65

Toda vieja que se enrubia,
pasa de lejia se llame;
y toda vieja opilada
en la Cuaresma se gaste.

Vieja de boca de concha,
con arrugas y canales,   70
pase por mono profeso,
y coque², pero no hable.

Vieja de diente ermitaño,
que la triste vida hace
en el desierto de muelas,   75
tenga su risa por cárcel.

Vieja vísperas solenes
con perfumes y estoraques,
si güele cuando se acuesta,
hieda cuando se levante.   80

Vieja amolada y büida,
cecina con aladares,
pellejo que anda en chapines,
por carne momia se pague.

Vieja píldora con oro   85
y cargada de diamantes,
quien la tratare la robe;
quien la heredare la mate.

Vieja blanca a puros moros
Solimanes y Albayaldes³,   90
vestida sea el zancarrón,
y el puro Mahoma en carnes.

Los cimenterios pretenden
que un juez Alma se despache,

---

² *coque*, de *cocar*, hacer cocos, mirar tiernamente.
³ *Solimanes y Albayaldes*, afeites para el rostro hechos con sublimado corrosivo —*solimán*— y albayalde para blanquear.

que os castigue por hüidas   95
de los responsos y el *parce*.
    Mas su merced de la Muerte,
que en las Universidades
de médicos se está armando,
que la sirvan de montantes[4],   100
    esto me ha mandado, ¡oh viejas!,
que en su nombre y de su parte
os notifique; atención,
y ninguna se me tape:
    Dentro de cuarenta días   105
manda que a todas os gasten
en hacer tabas y chitas
y otros dijes semejantes.
    Y, como a franjas traídas,
ha ordenado que os abrasen   110
para sacaros el oro[5]
que no hay demonio que os saque;
    que ella se tendrá cuidado
desde hoy en adelante,
en llegando a los cincuenta,   115
de enviar quien os despache.
    Yo que lo pregono, soy
un Lázaro miserable:
que del sepulcro de viejas
quiso Dios resucitarme.   120

[*Parnaso*, 528]

709

Declama contra el Amor*

ROMANCE

Ciego eres, Amor, y no
porque los ojos te faltan,
sino porque a todos cuestas
hoy los ojos de la cara.

---

[4] *montantes*, espadones.
[5] Algunas clases de telas se solían quemar, una vez usadas, para guardar los hilos o guarniciones de oro.
* Se publicó en los *Romances varios*, 1643, pág. 55.

Lince te llaman las bolsas;   5
topo te dicen las almas;
las taimadas, trampantojo
de sus antojos y trampas.

Mancebito ginovés[1],
haz tintero de la aljaba,   10
pues vuelan más escribiendo
tus plumas que no en las alas.

La bendición te alcanzó
de quien parece a su casta:
concertáme esas medidas,   15
madre espuma y cisco taita[2].

Hijo de aquel pescador
que en el golfo de las mantas
con una red pescó güeso,
que es marisco de las camas.   20

La madre, buena señora,
que al pobre herrero[3] descansa,
pues a los armados toma
la medida de las armas.

Herrería es de por sí   25
la diosa hija del agua:
yunque ya de muchos golpes;
horno ya de muchas caldas[4].

Véndanos honra el bribón;
presuma de culto y aras;   30
déjese de diosear
y arrebate de una carda.

Hágase corazonero,
y ¡vive Dios! que es demanda;
para las Ánimas pide,   35
y nos despide las almas.

¿Agora se me venía
en figura de beata,
justificada de ojos
y delincuente de faldas?   40

[1] *ginovés*, porque los genoveses llevaban fama de buenos banqueros, comerciantes, etc. Abundan las referencias.
[2] *taita*, voz infantil para designar al padre.
[3] Vulcano, pero los dos versos siguientes aluden a los amores de Venus y Marte.
[4] *calda*, la acción de introducir en los hornos de fundición cierta cantidad de combustibles, para producir en ellos un aumento de la temperatura.

Muy seglar en los deseos,
muy religioso de habla,
quiere que le den dineros,
y él quiere dar esperanzas.
Vergonzosito de toma,   45
deshonestico de daca:
¡qué cosa para un devoto
de los ángeles de guarda!

¿A mí se viene con eso,
que me hacen, si me tratan,   50
insolente las de balde,
castísimo las que arañan?

Yo me hallo muy grandón
y muy cerrado de barba,
partes para tejedor,   55
amante de piel y maza.

En el tiempo que adoraron
las moscas y las arañas,
dios avechucho sería,
con sus plumas y sus garras.   60

Desde entonces sus tramoyas
silvas de lección son varias[5],
ya enamorando de brutos,
ya haciendo amantes de estatuas.

No hay quien, cual él, dos amigos   65
un par de güevos los haga,
guisando el uno estrellado,
pasando al otro por agua[6].

Otra vez de tintorero
cobró en el mundo gran fama,   70
pues, por teñir unas moras,
quitó el color a unas caras[7].

Hizo de otro tonto un día
racimo de uvas colgadas,
y porque almorzarle quiso,   75
volvió en peñasco a la dama[8].

[5] Juega con el título del conocido libro de Pero Mexía, *Silva de varia lección*, reimpreso tantas veces.
[6] Alude a la leyenda de Hero y Leandro.
[7] Alusión a Píramo y Tisbe, convertidos en moral.
[8] Es Ifis, que, enamorado de Anaxárate y despreciado, se ahorcó en la puerta de la casa de su enamorada. Porque ella no quiso ni mirarlo, los dioses la convirtieron en estatua.

Pero, Amor, estos poquitos,
por hoy, de tus cuentos bastan:
que querer contarlos todos
fueran historias muy largas.   80

[*Parnaso,* 530]

710

SIGNIFICA SU AMOR A UNA DAMA Y PROCURA INTRODUCIR LA DOCTRINA DEL NO DAR A LAS MUJERES

ROMANCE

Yo, con mis once de oveja,
y mis doce de cabrón,
que, por faltarme las blancas,
no soy Juan de Espera en Dios[1];
    desgracias son que suceden,   5
y cosas del mundo son:
no hay sino tener paciencia;
niña, vuestro amante soy.
    Desde que os vi en la ventana,
u dando o tomando el sol,   10
descabalé mi asadura
por daros el corazón.
    Hacéisme que os idolatre,
quemáisme luego en amor;
y así, vos sois mi herejía,   15
para ser mi inquisición.
    Tenéis con cara de ángel,
bien haya quien tal juntó,
más garabato[2] que tiene
el demonio tentador.   20
    Con plumas de las saetas
de esa hermosura y rigor,
tengo hechas y deshechas
las alas del corazón.
    Daros lástima, quisiera;   25
dineros, señora, no;

[1] Alude a la leyenda del judío errante, Juan de Espera in Deo.
[2] *garabato,* gancho, gracia.

que, aunque son pocos, las ganas
de dároslos menos son.
    Si más única que el fénix
queréis ser en mi pasión,   30
dadme y queredme, que es cosa
que no se ha visto hasta hoy.
    O probemos ya siquiera
sin dineros un amor,
y querámonos de balde,   35
que será linda invención.
    Y si de vos se riere
todo el bando tomajón,
dadme, y dejadlas que digan,
pues que dijeron de Dios.   40
    El mundo se ha corrompido:
todo es guerra, nada amor,
porque dares y tomares
son riñas, y no afición.
    Cada día y cada hora   45
toman las mujeres hoy,
y por tomar cada punto,
calceteras diz que son.
    Tomá ejemplo en las princesas
del Caballero del Sol[3],   50
que andaban por las florestas;
no en las tiendas, al olor.
    De que no pida la niña
y de que no dé el barbón,
orden bendita y estrecha,   55
querria ser el fundador.
    Si dijeren que sois loca
las hijas de perdición,
dejadlas que de sus cuartos
se haga rastrero el Amor.   60

[Parnaso, 531]

---

[3] El *Caballero del Sol* de Pedro Hernández de Villaumbrales, de
1552, es una novela alegórica cuyo título completo es muy significativo: *Libro intitulado peregrinación de la vida humana, puesta
en batalla debaxo de los trabajos que sufrió el cavallero del Sol,
en defensa de la Razón natural.*

711

Retirado de la Corte responde a la carta de un médico[*]

ROMANCE

Desde esta Sierra Morena,
en donde huyendo del siglo,
conventüal de las jaras,
entre peñascos habito;
    a vos, el doctor Herodes,   5
pues andáis matando niños,
y si Dios no lo remedia
seréis el día del Juicio;
    removido de la vuestra,
me purgo ansí por escrito: 10
que hizo vuestra carta efecto
de recipe[1] solutivo.
    Yo me salí de la Corte
a vivir en paz conmigo:
que bastan treinta y tres años   15
que para los otros vivo.
    Si me hallo, preguntáis,
en este dulce retiro,
y es aquí donde me hallo,
pues andaba allá perdido.   20
    Aquí me sobran los días,
y los años fugitivos
parece que en estas tierras
entretienen el camino.
    No nos engaitan la vida   25
cortesanos laberintos,
ni la ambición ni soberbia
tienen por acá dominio.
    Hállase bien la verdad
entre pardos capotillos: 30

---

[*] Desde la Torre de Juan Abad, en 1613, a juzgar por los versos 15-16.
[1] *recipe*, receta.

que doseles y brocados
son su mortaja en los ricos.
	Por acá Dios sólo es grande,
porque todos nos medimos
con lo que habemos de ser,   35
y ansí todos somos chicos.
	Aquí miro las carrascas,
copetes de aquestos riscos,
a quien, frisada, la yerba
hace guedejas y rizos.   40
	Oigo de diversas aves
las voces y los chillidos:
que ni yo entiendo la letra,
ni el tono que Dios les hizo.
	Asoma el sol su caraza, 45
que desde el primer principio
no hay día que no la enseñe,
lo demás todo escondido.
	No ha osado sacar un brazo,
una pierna ni un tobillo: 50
que ni sabemos si es zurdo
o zambo sol tan antiguo.
	Si es que tiene malos bajos
y no quiere descubrirlos,
amanezca de estudiante[2]   55
o vuelto monje benito.
	Hecha cuartos en el cielo
a la blanca luna miro,
como acá a los salteadores
ponemos en los caminos[3].   60
	A la encarcelada noche
llenan las hazas de grillos,
y merece estas prisiones
por ser madre de delitos.
	Aquí miro con la fuerza 65
que el rodezno en los molinos
vuelve en harina las aguas,
como las piedras al trigo.

---

[2] *de estudiante*, por los manteos que tapaban todo el cuerpo.
[3] Porque más de una vez los condenados a muerte eran descuartizados y arrojados por los caminos.

Veo encanecer los cerros
el bien barbado cabrío,   70
letrados de las dehesas,
colegiales de quejigos.

Las fuentes se van riendo,
aunque sabe Jesucristo
que hay melancólicas muchas,   75
que lloran más que un judío.

Aquí mormuran arroyos,
porque han dado en perseguirlos:
que hay muchos de buena lengua,
bien hablados y bien quistos.   80

La lechuza ceceosa
entre los cerros da gritos:
que parece sombrerero
en la música y los silbos.

Ándase aquí la picaza   85
con su traje dominico,
y el pajarillo triguero
con el suyo capuchino.

Como el muchacho en la escuela
está en el monte el cuclillo,   90
con maliciosos acentos,
deletreando maridos[3].

La piedad de los milanos
se conoce en este sitio,
pues que descuidan las madres   95
de sustentar tantos hijos.

Los taberneros de acá
no son nada llovedizos,
y ansí hallarán antes polvo
que humedades en el vino.   100

El tiempo gasto en las eras,
mirando rastrar los trillos,
y, hecho hormiga, no salgo
de entre montones de trigo.

A las que allá dan diamantes,   105
acá las damos pellizcos;

[3] *deletreando maridos*, porque el cuclillo pone sus huevos en nido
ajeno.

y aquí valen los listones
lo que allá los cabestrillos[4].

Las mujeres de esta tierra
tienen muy poco artificio;   110
mas son de lo que las otras,
y me saben a lo mismo.

Si nos piden, es perdón,
con rostro blando y sencillo,
y si damos, es en ellas,   115
que a ellas es prohibido.

Buenas son estas sayazas
y estas faldas de cilicio,
donde es el gusto más fácil,
si el deleite menos rico.   120

Las caras saben a caras,
los besos saben a hocicos:
que besar labios con cera
es besar un hombre cirios.

Ésta, en fin, es fértil tierra   125
de contentos y de vicios,
donde engordan bolsa y hombre
y anda holgado el albedrío.

No hay aquí «Mas, ¿qué dirán?»;
ni ha llegado a sus vecinos   130
«Prometer y no cumplir»,
ni el «Pero», ni «El otro dijo».

Madrid es, señor doctor,
buen lugar para su oficio,
donde coge cien enfermos,   135
de sólo medio pepino.

Donde le sirve de renta
el que suda y bebe frío,
y le son juros y censos
los melones y los higos.   140

Que para mí, que deseo
vivir en el adanismo,
en cueros y sin engaños,
fuera de ese paraíso,

---

⁴ *cabestrillo*, lo mismo que hoy, pero según Covarrubias, *Tesoro*,
«las damas traen cabestrillos de seda, oro y aljófar, por gala, y
los galanes, por bizarría».

de plata son estas breñas, 145
de brocado estos pellicos,
ángeles estas serranas,
ciudades estos ejidos.

Vuesarced, pues, me encomiende
a los padres aforismos, 150
y dele Dios muchos años,
en vida del tabardillo.

[*Parnaso,* 532]

712

Censura contra los profanos diciplinantes

ROMANCE

Fulanito, Citanito,
entremés de la Pasión;
tú, que haces los graciosos
en la muerte del Señor,
cotorrerito büido, 5
maya de la procesión,
carcajada de los diablos
y nuevo llanto de Dios,
agudo es el capirote
que tu cholla encorozó, 10
y más agudo fue el diablo
que te ha dado la invención.
Yo temo que tanto pliegue
no le plegue al Redentor;
que se conviertan en mazas 15
para tu condenación.
Buena caza y buena pesca
salistes hembra y varón:
tú, vestido de turbante,
vestida ella de Almanzor. 20
Más preciado de la llaga
que pobre demandador,

pues requebrar con el asco
es para Martín Antón[1].

No me espanto que las damas   25
alaben ese rigor,
si de parte de su regla
vienes por embajador.

Tú, penitente morcilla,
diciplinante morcón[2],   30
chacona de los cambrayes[3],
zarabanda[4] pecador,

¡qué bien parecen las naguas!;
¿dónde se queda el cartón?:
que con virillas y moño   35
espero de verte yo.

¡Oh, si fuera una guitarra
haciendo a tu azote el son,
pues son mudanzas del *Rastro*[5]
sangre y salto bullidor!   40

Descalzándose de risa
va Pilatos de tu humor;
y a tus espaldas, Longinos
quiere volver el lanzón.

Llorando va lo que niegas   45
el gallo de la Pasión,
tanto más desalumbrado
cuanto más te alumbran hoy.

Por cucurucho, la horma
de la nariz de un sayón;   50
estrecho, sí, de cintura,
pero de conciencia, no.

En el mismo Prendimiento
hace, como toreador,
suertes, y no penitencia,   55
la diciplina rejón.

Fariseo confitado,
te desmientes español;

---

[1] Porque en el hospital de Antón Martín se recogían las enfermas de tipo venéreo.
[2] *morcón*, morcilla hecha con la parte más gruesa de las tripas
del animal.
[3] *chacona de los cambrayes*. La *chacona* era un baile famoso de
la época, y *cambrayes* son las telas de Cambray.
[4] *zarabanda*, otro baile muy popular.
[5] *Rastro*, otro baile de la época.

mejor merece el saúco,
la túnica que el bolsón.   60
De la niña a quien festejas
buenos los galanes son,
si al verdugo solamente
tienes por competidor.
No merece el «Quien tal hace»   65
tan bien como tú un ladrón:
compañero tiene Gestas;
el Malo se ha vuelto dos.
Si acaso [en] la primavera
te azotas por prevención,   70
el doctor Diablo sospecho
que te sirve de doctor.

[*Parnaso*, 534]

713

Advertencias de una dueña a un galán pobre*

ROMANCE

Una picaza de estrado,
entre mujer y serpiente,
pantasma de las doncellas
y gomia de los billetes,
tumba viva de una sala,   5
mortaja que se entremete,
embeleco tinto y blanco
que revienta quien le bebe;
una de aquestas que enviudan
y en un animal se vuelven,   10
que ni es carne ni pescado,
dueña, en buena hora se miente,
viendo cocer en suspiros
dos rejas y unas paredes,
con su lengua de escorpión   15
esto le dijo a un pobrete:

---

* Anterior a 1627-1628, por figurar en el *Cancionero antequerano*,
ms. II, 285, v.

«Bien parecen los suspiros
en hombre que se arrepiente;
guarde esas lágrimas, hijo,
para cuando se confiese.   20

»Toda plegaria es parola
y lenguaje diferente:
el romance sin dineros
es lengua que no se entiende.

»Ser gentil hombre un cristiano   25
nada vale y bien parece:
la moneda es pantorrillas,
ojos, cabellos y dientes.

»Dar músicas es quitar
el sueño a la que ya duerme: 30
que los tonos y las coplas
no hay platero que las pese.

»Pendencias y cuchilladas
no son raíces ni muebles;
pues a la justicia sola   35
valen dinero las muertes.

»Pasear es ejercicio,
no dádiva ni presente;
y el que lo hace a menudo,
más que negocia, digiere.   40

»Promesa es cosa de niños
y moneda de inocentes:
que la malicia de agora
lo que no palpa no quiere.

»El pobre no aguarda a irse   45
para decir que está ausente:
que en ninguna parte está
el que dinero no tiene.

»Quien no tiene, ya se fue;
quien no da, se desparece;   50
invisible es quien no gasta,
pues ninguna puede verle.

»El rico está en toda parte;
siempre a propósito viene;
no hay cosa que se le esconda;   55
no hay puerta que se le cierre.

»Doncella cuentan que fui;
el Señor sabe si mienten;

quién me hizo dueña no supe,
y pagáronmelo siete.   60
    »Por vengarme de un vecino,
me casé con él adrede,
hasta que enterré una mina
de tinteros en su frente[1].
    »Fue Dios servido, después,   65
de que yo me convirtiese
en sabandija tocada,
en un lechuzo de *requiem*.
    »Pasadizo soy de cuerpos
que se pagan y se venden;   70
enflautadora de hombres
y engarzadora de gentes[2].
    »Lo que me pagan informo;
hijo, el Señor lo remedie:
que amante pobre y desnudo   75
sólo da lástima verle.
    »El que llora sus pecados
premio en otro mundo espere:
que lágrimas en Madrid
mojan, pero no merecen.   80
    »Durmiendo está mi señora,
y no habrá quien la despierte:
que los pobres dan modorra,
y es sueño cuanto pretenden.»
    El mendigo, que la oyó   85
el razonamiento aleve,
hambriento y desesperado,
la dijo de aquesta suerte:
    «Descomulgado avechucho,
Caín de tantos Abeles,   90
mula de alquiler con manto,
chisme revestido en sierpe,
    »bien sé yo que contra ti,
por ser entre sombra y duende,
no valen sino conjuros   95
del misal y de los prestes.

[1] Porque los tinteros se hacían de cuerno.
[2] Es decir, presume de alcahueta y celestina.

»Yo traeré quien destas casas.
con cruz, estola y asperges,
saque, como los demonios,
la dueña legión que tienen.»   100

                                [*Parnaso*, 536]

714

DAMA CALVATRUENO DE CONDES*

ROMANCE

Pidiéndole está dineros
doña Berenguela a Antón,
y él entre sí está pensando
de dárselos entre no.
    (Muchacha que peca en condes,   5
con tan grande obstinación,
que hasta condes de gitanos
no la hacen mal sabor.)
    Él, pues, componiendo el gesto,
si descompone su voz,   10
entre no quiero y no puedo
la bolsa y el corazón,
    después de una tosecilla
que sirve de prevención,
ymadurando el «No hay blanca»,   15
a pura fuerza de tos,
    dijo: «Si, por los señores,
siempre me despedís vos,
sean, pues, los pedidos ellos;
sea el despedido yo[1].   20
    »Si cuando queréis bureo
ha de ser con un señor,
hija, cuando tengáis hambre,
mascad un príncipe o dos.
    »Muchachas que con los túes   25
toman un año sabor,
tengan de nuestras mercedes
emolumento y ración.

---

* Se imprimió en *Romances varios*, 1643, pág. 85.
[1] «No pedido», apostilla González de Salas.

»Dios os harte de marqueses,
y dejadme en mi rincón;   30
nunca os falten señorías,
y a mí la merced de Dios.
    »Y por si perseverare
vuestra ilustre perdición,
atended a lo que os digo,   35
las pecadoras de honor:
    »Duque que guarda el ducado
y da la conversación,
alabarle la llaneza
y conjurarle el humor.   40
    »Condes que dicen "No quiero"
tan claro al demandador,
ya que no son Condes Claros,
harto claros condes son.
    »Mucho duque y poca ropa   45
no es hacienda, si es blasón:
señas de hospital ofrecen,
si la pinta no engañó.
    »Señorías y excelencias
son cáncer de vanas hoy,   50
pues de títulos se comen,
que es ayuna comezón.
    »Más quiero en un pozo estados
que estados en un señor,
pues agua halla en aquéllos   55
quien soga en éstos no halló.
    »En Madrid andan agora
los condes de Carrïón,
porque sólo dan azotes
a la propria doña Sol.   60
    »Y a quien de títulos quiere
verse llena alrededor,
Dios la convierta en botica,
por su divina Pasión».

[*Parnaso*, 537]

715

DOTRINA DE MARIDO PACIENTE

ROMANCE

Selvas y bosques de amor,
dehesas, sotos y campos,
quien os cantaba soltero
os viene a mugir casado.
La lira de Medellín[1]   5
es la cítara que traigo,
y son falsete con todos
de la capilla del Pardo.
De puro casado temo,
si me escondo, o si me tapo,   10
que los que no me conocen
me sacarán por el rastro.
Conocístesme pastor,
conoceréisme ganado:
tan novillo como novio,   15
tan marido como gamo.
[*Mas ¿qué no hará en la hambre de un*
                    [*hidalgo*
moza y casamentero y dote al diablo?]

Bien puede ser que mi testa
tenga muchos embarazos;   20
mas de tales cabelleras
hay pocos maridos calvos.
También he venido a ser
regocijo de los santos,
pues siendo atril de San Lucas[2],   25
soy la fiesta de San Marcos[3].

---

[1] *lira de Medellín*, cuernos. Por ser región de buenos toros. En Quevedo abundan las referencias.

[2] *atril de San Lucas*, cornudo, porque San Lucas se representaba en la iconografía medieval con un toro.

[3] La explicación de este verso se encuentra en lo siguiente, que relata Luis Zapata en su *Miscelánea* (en *Memorial histórico español*, vol. 11 (Madrid, 1859, págs. 273-274): En el lugar de las Brozas, tierra de Alcántara, «teniendo algún espantable y temeroso toro, y que de fiero no se puede con él averiguar, dásele a la Iglesia. Llegando el día de San Marcos, a la víspera de él, va el mayordomo a esos montes por él, donde no le para hombre que vea, y

Trueco mi consentimiento
por doblones muy doblados,
y se los quito tan gordos,
si me los ponen tan largos.   30

Del que mi casa visita,
murmuradores villanos
dicen que me hace ofensa,
y el pobre me hace el gasto.

[*Mas ¿qué no hará en la hambre de un*
                                        [hidalgo   35
moza y casamentero y dote al diablo?]

Consentir lo que ha de ser
es mohatrero recato;
y rehusar lo forzoso,
empobrecer el agravio.   40

Yo como de lo que sé,
como hacen los letrados:
animal por animal,
mejor es buey que no asno.

No me declaro del todo;   45
pero traslúzgome tanto,
que, por medroso que sea,
ningún dinero acobardo.

Para que nadie me tema,
todos mis poderes hago: 50
que el espantar a la gente
es habilidad del diablo.

[*Mas ¿qué no hará en la hambre de un*
                                        [hidalgo
moza y casamentero y dote al diablo?]

---

llegado en su asnillo ante el embajador de San Marcos, le dice:
"Marco, amigo, ven conmigo a las Broças, que de parte de San
Marcos te llamo para su fiesta". El toro luego deja sus pastos, y,
manso, vase delante de él; entra a las vísperas en la iglesia como
un cordero manso, y pónenle en los cuernos rosas y guirnaldas
las mujeres, y sin hacer mal a nadie, sálese, acabadas las vísperas, al campo, allí cerca. Otro, día va en la procesión suelto entre
la gente... y toda la misa está en pie, delante de las gradas del
altar mayor, y acabada de alzar la hostia postrera y de consumir
alguna vez, sálese de la iglesia a todo correr, como muchacho de
la escuela, y vase por esos montes y jarales, volviendo a su braveza natural». La costumbre ha seguido viva en ciertos pueblos
de Extremadura. Vid. Henry N. Bershas, «Three expressions of
Cuckoldry in Quevedo», en la *Hispanic Review*, XXVII (1960),
págs. 121-135.

Si el honor hace gran sed,   55
y el sufrimiento Buitragos,
mi pelo sea cornicabras;
ladren mi brama aun los bracos[4].

El ceño no ha de estorbar,
sino encarecer el caso: 60
que esposos de par en par
empalagan el pecado.

Ándense poniendo nombres
los celosos por mi barrio;
que yo me iré por el suyo   65
más ahíto y menos flaco.

El carnero es quien le compra,
a falta de más regalo;
yo como aparecimientos,
y soy perdices y pavos.   70

[*Mas ¿qué no hará en la hambre de un*
                 [*hidalgo*
moza y casamentero y dote al diablo?]

Mormuren detrás de mí,
mientras la hacienda les masco;
que es pulirme, y no ofenderme,   75
el roerme los zancajos.

Galanes de mi mujer
se llaman unos hidalgos
a quien llamo provisores,
a quien tengo por vasallos.   80

Si dicen que han de correrme
en una fiesta este año,
más quiero morir en fiesta
que no vivir en trabajos.

Ser bienquisto de mujer   85
es mérito cortesano;
que son cuaresma los celos,
y la honra es el traspaso[5].

[*Mas ¿qué no hará en la hambre de un*
                 [*hidalgo*
moza y casamentero y dote al diablo?]   90

[*Parnaso*, 538; el ms. 3.940, f. 118 v., Biblioteca Nacional, intercala el estribillo.]

---

[4] *bracos*, perros pequeños y chatos.
[5] *traspaso*, ayuno de Semana Santa.

716

MARIDO QUE BUSCA [A]COMODO Y HACE RELACIÓN DE SUS PROPRIEDADES*

ROMANCE

La que hubiere menester
un marido de retorno,
que viene a casarse en vago
y halla su mujer con otro,
    acudirá a mi cabeza,   5
más arriba de mi rostro,
como entramos por las sienes
entre Cervantes y Toro.
    Muchachas, todo me caso;
niñas, todo me desposo: 10
marido de quita y pon,
entre ciego y entre sordo.
    Persona de tan buen talle,
que tengo el talle de todos,
viéneme lo que me dan   15
los delgados y los gordos.
    Doyme por desentendido
de cuantas visiones topo;
no ocupo lugar en casa,
y al rayo del sol[1] me asomo.   20
    Si estando con mi mujer
columbro brújula de oros,
hago como que me fui,
y aunque me quedo, no estorbo.
    Y con esto, aun es tan vano   25
de mi cabeza el entono,
que a quien me los pone a mí,
parece que se los pongo.
    Tengo, en queriendo dormir,
sueño de pluma y de plomo;   30

---

* Apareció en las *Maravillas del Parnaso*, de J. Pinto de Morales (Lisboa, 1637), f. 3.
[1] «Alude al caracol», apostilla González de Salas.

con prometimientos, velo,
y con las dádivas, ronco.

 Sabe a acíbar la perdiz
que para comerla compro;
pero si me lo presentan,
sabe a perdiz cuanto como.

 Siete veces me he casado,
siete capuces he roto;
y me siento tan marido,
que pienso ponerme el ocho.

 La primera fue doncella,
después de mi desposorio;
recatada, ya se entiende;
recogida... en casas de otros.

 La segunda hizo un enredo
que no le hiciera el demonio:
juntó un virgo y un preñado,
trujo el uno sobre el otro.

 Estiraba yo los meses
porque viniesen al proprio,
y achaquéme una barriga,
que no la vi de mis ojos.

 Las demás, a puto el postre,
honraron mis matrimonios;
las tres, tres signos me hicieron:
Aries, Tauro y Capricornio.

 Las dos pusieron virtudes
de mi cabeza en el moño,
que a competirlas no bastan
las de muchos unicornios.

 Si hiciérades oración
por un marido del Soto,
no os le deparara el Rastro
más Diego[2] ni menos hosco.

35

40

45

50

55

60

---

 [2] *más Diego*, alusión al personaje folklórico de Diego Moreno, prototipo de marido consentido. Vid. otra referencia en la página 1067. Quevedo es autor de un *Entremés de Diego Moreno*, por lo que se queja, pirandelianamente, el propio Diego Moreno en *El sueño de la muerte*: «¿Qué le he hecho yo? — Entremés — dijo tan presto *Diego Moreno*. ¿Yo soy cabrón y otras bellaquerías que compusiste a él semejantes? ¿No hay otros morenos de quien echar mano?... Yo fui marido de tomo y lomo, porque tomaba y engordaba... Poco malicioso, lo que podía echar a la bolsa, no lo echaba a mala parte. Mi mujer era una picarona y ella me difamaba, por-

Mi condición y mi vida   65
es aquesta que pregono:
muchachas, alto a casar,
que está de camino el novio.

[*Parnaso,* 540]

717

PROCURA ENMENDAR EL ABUSO DE LAS ALABANZAS
DE LOS POETAS*

ROMANCE

¡Qué preciosos son los dientes,
y qué cuitadas las muelas,
que nunca en ellas gastaron
los amantes una perla!
No empobrecieran más presto   5
si labraran, los poetas,
de algún nácar las narices,
de algún marfil las orejas.
¿En qué pecaron los codos,
que ninguno los requiebra?   10
De sienes y de quijadas
nadie que escribe se acuerda.
Las lágrimas son aljófar,
aunque una roma las vierta,
y no hay un culto que saque   15
de gargajos a las flemas.
Para las lagañas solas
hay en las coplas pobreza,
pues siempre se son lagañas,
aunque Lucinda las tenga.   20
Todo cabello es de oro,
en apodos, y no en tiendas,

---

que dio en decir: "Dios me le guarde al mi Diego Moreno, que
nunca me dijo malo ni bueno". Y miente la bellaca, que yo dije
malo y bueno docientas veces... Viendo entrar en mi casa poetas,
decía: "¡Malo!" Y en viendo salir ginoveses decía: "¡Bueno!"».
Eugenio Asensio Barbarín ha encontrado el entremés perdido. Vid.
«Hallazgo de *Diego Moreno,* entremés de Quevedo, y vida de un
tipo literario», en *Hispanic Review,* XXVII (1959), págs. 397-412.
    * Se publicó en *Romances varios,* 1643, pág. 98.

y en descuidándose Judas,
se entran a sol las bermejas[1].

Eran las mujeres antes   25
de carne y de güesos hechas;
ya son de rosas y flores,
jardines y primaveras.

Hortelanos de faciones,
¿qué sabor queréis que tenga   30
una mujer ensalada,
toda de plantas y yerbas?

¡Cuánto mejor te sabrá
sin corales una jeta,
que con claveles dos labios,   35
mientras no fueres abeja!

¡Oh, cultos de Satanás,
que a las faciones blasfemas
con que piden, con que toman,
andáis vistiendo de estrellas!   40

Un muslo, que nunca aruña[2],
unas sabrosas caderas,
que ni atisban aguinaldos
ni saben qué cosa es feria,

esto sí se ha de cantar   45
por los prados y las selvas,
en sonetos y canciones,
en romances y en endechas.

Y lloren, de aquí adelante,
los que tuvieren vergüenza: 50
todo rubí que demanda,
todo marfil que desuella.

Las bocas descomulgadas,
pues tanto dinero cuestan,
sean ya bocas de costal,   55
porque las aten por ellas.

De cáncer se ha de llamar
todo diente que merienda;
soles con uñas los ojos
que se van tras la moneda.   60

---

[1] Era corriente creer que Judas tuvo el pelo rojo, y abundan las referencias literarias. (Véase otra en la pág. 1232.)
[2] *aruña*, de *aruñar*, robar, agarrar. Cf. núm. 541, v. 10.

Aunque el cabello sea tinta,
es oro si te le cuesta,
y de vellón el dorado,
si con cuartos se contenta.

Quien boca y dientes cantare   65
a malos bocados muera;
las malas gordas le ahíten,
las malas flacas le hieran.

[*Parnaso,* 541]

718

JOCOSA DEFENSA DE NERÓN Y DEL SEÑOR REY DON PEDRO DE CASTILLA*

ROMANCE

«Cruel llaman a Nerón
y cruel al rey don Pedro:
¡como si fueran los dos
Hipócrates y Galeno!

»Estos dos sí que inventaron   5
las purgas y cocimientos,
las dietas y melecinas,
boticarios y barberos;

»matalotes¹ fueron crueles
y ministros del infierno,   10
abreviadores² de vidas
y datarios³ de tormentos;

»que Nerón tuvo buen gusto;
don Pedro fue justiciero,
si cohechados y ladrones   15
no pusieren lengua en ellos.

»Si inventaran estos dos
esperar y tener celos,

---

* Apareció en *Romances varios*, 1643, pág. 87.
¹ *matalote*, como *matalón*, la caballería con mataduras. Pero aquí juega con la voz «matar».
² *abreviador*, oficial de la Cancillería romana que extracta los documentos.
³ *datario*, prelado que preside y gobierna la dataría, tribunal de la Curia romana por donde se despachan ciertas provisiones de beneficios. Cf. el núm. 726, v. 56.

las mujeres de por vida,   20
la gota y hacerse viejos,
   »cantar mal y porfiar,
y templar los instrumentos[4],
el pedir de las busconas,
las visitas de los necios,   25
   »justicia fuera llamarlos
crueles la fama en extremo;
pero si no lo soñaron,
es contra todo derecho.
   »Tuvo Nerón lindo humor   30
y exquisito entendimiento,
amigo de novedades,
de fiestas y pasatiempos.
   »Dicen que forzó doncellas,
mas de ningún modo creo
que él encontró con alguna,   35
ni que ellas se resistieron.
   »Quísole Suetonio[5] mal,
pues le llamó deshonesto
porque adoraba a su madre,
siendo obligación hacerlo.   40
   »Nótale de que comía
sin cesar un día entero,
y es pecado que a la sarna
pudiera imputar lo mesmo.
   »Mató Nerón muchos hombres: 45
más son los que el sol ha muerto,
¿y llámanle hermoso a él,
y a este otro le llaman fiero?
   »Gustó de quemar en Roma
tanto edificio soberbio,   50
dejando ansí castigada
la soberbia, para ejemplo.
   »Quemó la débil grandeza
que atesoraban los tiempos,
y a la vanidad del mundo   55
quiso mostrar su desprecio.

---

[4] Sobre las molestias de templar los instrumentos abundan las referencias en la literatura del siglo XVII.
[5] En efecto, C. Suetonio Tranquilo dice, en los *Césares*, de Nerón algo muy semejante a lo que le atribuye Quevedo.

»Si a Séneca dio la muerte,
siendo su docto maestro,
hizo lo que una terciana,
sin culpa, pudo haber hecho.   60

»No es mucho que se enfadase
de tantos advertimientos:
que no hay señor que no quiera
ser en su casa el discreto.

»Quitó a Lucano la vida;   65
mas no le agravió por eso,
cuando inmortal le acredita
con la gloria de sus versos.

»Pues don Pedro el de Castilla,
tan valiente y tan severo,   70
¿qué hizo sino castigos,
y qué dio sino escarmientos?

»Quieta y próspera, Sevilla
pudo alabar su gobierno,
y su justicia las piedras   75
que están en el Candilejo.

»El clérigo desdichado
y el dichoso zapatero
dicen de su tribunal
las providencias y aciertos.   80

»Si doña Blanca no supo
prendarle y entretenerlo,
¿qué mucho que la trocase,
siendo moneda en su reino?

»Era hermosa la Padilla,   85
manos blancas y ojos negros,
causa de muchas desdichas
y disculpa de más yerros.

»Si a don Tello derribó,
fue porque se alzó don Tello;   90
y si mató a don Fadrique,
mucho le importó el hacerlo.

»De su muerte y de otras muchas
sabe las causas el Cielo:
que aun fuera mayor castigo   95
si rompiera su silencio.

»Matóle un traidor francés,
alevoso caballero;

vio Montïel la tragedia,
y el mundo le lloró muerto.　　　　100
　　»De emperadores y reyes
no hablan mal nobles y cuerdos:
que es, en público, delito,
y no es seguro en secreto.»
　　Esto dijo un montañés,　　　　105
empuñando el hierro viejo,
con cólera y sin cogote,
en un Cid tincto un don Bueso.

　　　　　　　　　　[*Parnaso,* 542]

719

Descubre Manzanares secretos de los que en él se bañan*

ROMANCE

　　«Manzanares, Manzanares,
arroyo aprendiz de río,
platicante de Jarama,
buena pesca de maridos;
　　»tú que gozas, tú que ves,　　　　5
en verano y en estío,
las viejas en cueros muertos,
las mozas en cueros vivos;
　　»ansí derretidas canas
de las chollas de los riscos,　　　　10
remozándose los puertos,
den a tu flaqueza pistos,
　　»pues conoces mi secreto,
que me digas, como amigo,
qué género de sirenas　　　　15
corta tus lazos de vidro.»
　　Muy hético de corriente,
muy angosto y muy roído,
con dos charcos por muletas,
en pie se levantó y dijo:　　　　20

---

* Figura en *Romances varios de diversos autores* (Zaragoza, 1640).
Pero la referencia del v. 61 obliga a pensar en una fecha anterior
a 1623, en que se prohíben los «cuellos azules».

«Tiéneme del sol la llama
tan chupado y tan sorbido,
que se me mueren de sed
las ranas y los mosquitos.

»Yo soy el río avariento   25
que, en estos infiernos frito,
una gota de agua sola
para remojarme pido.

»Estos, pues, andrajos de agua
que en las arenas mendigo,   30
a poder de candelillas[1],
con trabajo los orino.

»Hácenme de sus pecados
confesor, y en este sitio
las pantorrillas malparen;   35
cuerpos se acusan postizos.

»Entre mentiras de corcho
y embelecos de vestidos,
la mujer casi se queda
a las orillas en lío.   40

»¿Qué cosa es ver una dueña,
un pésame dominico,
responso en caramanchones[2],
medio nieve y medio cisco,

»desnudarse de un entierro   45
la cecina deste siglo,
y bañar de ánima en pena
un chisme con dominguillos[3]?

»Enjuagaduras de culpas
y caspa de los delitos   50
son mis corrientes y arenas:
yo lo sé, aunque no lo digo.

»Para muchas soy colada,
y para muchos, rastillo;
vienen cornejas vestidas,   55
y nadan después erizos.

»Mujeres que cada día
ponen con sumo artificio

---

[1] *candelilla*, como hoy, pero «las muy delgadas sirven a los çuru-
janos para abrir la vía al que tiene mal de orina». (Covarrubias,
Tesoro.)
[2] *caramanchón*, como *camaranchón*.
[3] *dominguillos*, peleles.

su cara, como su olla,
con su grasa y su tocino.   60
   »Mancebito azul de cuello[4]
y mulato de entresijos,
único de camisón,
lavandero de sí mismo.
   »No todas nadan en carnes   65
las señoras que publico:
que en pescados abadejos
han nadado más de cinco.
   »Por saber muchas verdades,
con muchas estoy malquisto: 70
de las lindas, si las callo;
de las feas, si las digo.
   »Ya fuera muerto de asco,
si no diera a mis martirios
Filis, de ayuda de costa,   75
tanto cielo cristalino.
   »Río de las perlas soy,
si con sus dientes me río,
y Guadalquivir y Tajo,
por lo fértil y lo rico.   80
   »Soy el Mar de las Sirenas,
si canta dulces hechizos,
y cuando se ve en mis aguas,
soy la fuente de Narciso.
   »A méritos y esperanzas   85
soy el Lete, y las olvido;
y en peligros y milagros,
hace que parezca Nilo.
   »A rayos, con su mirar,
al sol mesmo desafío,   90
y a las esferas y cielos,
a planetas y zafiros.
   »Flor a flor y rosa a rosa,
si abril se precia de lindo,
de sus mejillas le espera   95
cuerpo a cuerpo el Paraíso.

---

[4] *mancebito azul de cuello*, mancebito de cuello azul, porque eran
de ese color ciertos cuellos. Véase el romance siguiente, que comienza «Yo, cuello azul pecador».

»Las desventuras que paso
son estas que he referido,
y éste el hartazgo de gloria
con que sólo me desquito.»   100

[*Parnaso, 544*]

720

Acúsanse de sus culpas los cuellos cuando se introdujeron las valonas*

ROMANCE

Yo, cuello azul pecador,
arrepentido, confieso
a vos, premática santa,
mis pecados, pues me muero.

Contaros puedo mis culpas,   5
pero no puedo mis yerros:
que en molde, bolo y cuchillas,
a toda Vizcaya tengo.

Mi nacimiento fue estopa
en aquellos homes viejos   10
que, a puras trenzas, traían
con registros los gargueros.

En bodas de ricas fembras
vine a subir al anjeo[1],
y llevaban sus gaznates,   15
como cuartos, en talegos.

Pegóseme la herejía,
y, con favor de Lutero,

---

* De 1623, puesto que el 22 de marzo se publicó la célebre Pragmática sobre la reforma de los trajes y represión del lujo, prohibiendo el oro en los vestidos, como también que se trajesen cuellos escarolados, los cuales debían trocarse por valonas llanas. Con motivo de la llegada del Príncipe de Gales, se pregonó que ciertas prohibiciones de la Pragmática podían no cumplirse, pero tajantemente se dice: «quedando cuanto al uso de las valonas y cuellos en su fuerza, para que se guarde puntualmente lo dispuesto por las dichas premáticas; con que se permite que en las valonas y cuellos se puedan traer puntas y azul, almidón y goma; con que el tamaño de los cuellos sea el contenido en la dicha premática, que es el dozavo, sin entrar en la dicha medida las puntas, y con que no se puedan abrir con molde». J. Alenda, *Relaciones de solemnidades y fiestas públicas de España* (Madrid, 1903), pág. 217.

[1] *anjeo*, especie de lienzo basto.

de Holanda pasé a Cambray,
más delgado y menos bueno.   20
    Ya era la caza no más
todo mi entretenimiento:
vainillas eran mis redes,
mis abridores[2], sabuesos.
    Ya teníamos a España   25
(perdóneme Dios si peco)
los extranjeros y yo
asolada con asientos.
    Los polvos azules truje
del rebelado flamenco,   30
y con la gran polvareda,
perdimos a don Dinero[3].
    Más ayunos introduje
que la Cuaresma y Adviento,
y hubo algún hombre de bien   35
que ayunaba a molde y cuello.
    A fe de cuello juraban,
como a fe de caballero,
y muchos, cuellos en sal
se han vuelto, de puro tiesos.   40
    Desenvainen, pues, las nueces;
digan la verdad los gestos:
toda quijada se aclare,
y el lamparón[4] ande en cueros.
    Parezcan a ser juzgados   45
en viva carne y en güesos
todo cigüeño gaznate
y, con corcova, camello.
    Por justos juicios de Dios
y de tan alto decreto,   50
vivan las santas valonas,
y mueran los mercanlienzos.

                    [Parnaso, 545]

---

² *abridor*, instrumento de hierro que antiguamente servía para abrir los cuellos alechugados.
³ Versos que parodian «Con la grande polvareda / perdimos a don Beltrán», del romance que comienza así mismo, sobre la derrota de los franceses en Roncesvalles, y que curiosamente ha intercalado Lope en *El casamiento en la muerte*. Vid. Menéndez Pelayo, *Antología*, IX, pág. 82.
⁴ *lamparón*, escrófula de la garganta.

721

DOCUMENTOS DE UN MARIDO ANTIGUO
A OTRO MODERNO*

ROMANCE

Ansí a solas industriaba,
como un Tácito Cornelio,
a un maridillo flamante
un maridísimo viejo:
«Óigame lo que le digo;   5
estéme, vecino, atento,
pues somos del matrimonio
él novicio, y yo, profeso.
»Alce la frente; que estar
tan cabizbajo y suspenso,   10
si es vergüenza, es necedad,
y es un tesoro, si es peso.
»Diez años ha que me puse
a marido en este pueblo,
y examinado de nuca,   15
he maridado los reinos.
»También yo pequé en honrado,
y anduve a voces diciendo
lo de "En mi casa me como",
lo de "Ayuno, si no tengo".   20
»Clavé ventanas y rejas,
y me trujeron inquieto
el "Qué dirán en el barrio",
la vecindad y los cuentos.
»Dícenme que la señora   25
es un pedazo de cielo:
quien hiciere buenas obras
halle gracia y entre dentro.
»Dícenme que están los dos,
entre celos y respeto,   30
ella en sus trece de edad,
él en sus trece de necio.

* Figura en *Maravillas del Parnaso*, de J. Pinto de Morales (Lisboa, 1637), f. 24.

»Noramala para él:
déjela vender al pueblo
la edad cuando no la tiene: 35
tendrá las Indias del Tiempo[1].

»¿Cómo no se corre, hermano,
de andar desnudo, teniendo
unos ojos mercaderes
y unas mejillas talegos?   40

»A la hora de comer
me parece que le encuentro
con unos dedos sayones,
crucificando bostezos.

»Con el Perú está casado: 45
Atabaliva[2] es su suegro,
si da lugar a las flotas
y deja cavar los cerros.

»Haya entrada para todos,
y será para sí mesmo   50
Puerta de Guadalajara
la puerta de su aposento.

»Helo aquí que es más honrado
que Uclés y sus privilegios:
que de celos da lición   55
a los gatos por enero.

»Doy que, de puro puntoso,
se vuelve el libro del duelo;
el abrigo y el gaznate,
¿cómo medrarán con eso?   60

»El marido y el cuchillo
al principio son de acero;
pero después los más finos
tienen el cabo de güeso.

»Sálgase por esas calles;   65
dé lugar a los deseos,
si no es marido cartujo,
o desposado del yermo.

»Ya dejó de ser costilla
la mujer cuando la hicieron: 70

[1] «Es tener la riqueza del Tiempo tener poco de edad», anota
González de Salas.
[2] *Atabaliva*, o *Atabalipa*, Atahualpa.

sacósela Dios del lado,
¿por qué se la vuelve al cuerpo?
  »No hay mujer como la Luna,
ni marido como Febo:
ella se tiende de noche,   75
él sale en amaneciendo.
  »Como pesebre en mesón
es el marido discreto,
donde hay comida y descanso,
en atándose del cuerno.»   80

[Parnaso, 546]

722

Lición de una tía a una muchacha, y ella muestra cómo la aprende

ROMANCE

Mensajero soy, señora:
no tenéis que me culpar[1];
de parte de mi dinero
esta embajada escuchad:
  En el real de don Sancho   5
grandes alaridos dan;
don Sancho los da mayores,
porque le piden el real.
  ¿Dónde estás, señora mía,
que pides y no me das?   10
En tu juicio, no lo creo;
en mi gracia, no será.
  De mis pequeñas heridas
compasión solias tomar[2];
que por tomar, vida mía,   15
compasiones tomarás.

[1] Parodia versos del célebre romance que principia «Buen Conde Fernán González», que dicen «Mensajero eres, amigo, / no mereces culpa, no». Para las frases coloquiales derivadas de romances, véase R. Menéndez Pidal, *Romancero hispánico*, II (Madrid, 1953), págs. 184 y ss.

[2] Son versos del conocido romance «De Mantua salió el Marqués»:

> ¿Dónde estás, señora mía,
> que no te pena mi male?
> De mis pequeñas heridas
> compasión solías tomare.

Dame nuevas de tu tía,
aquella águila imperial,
que, asida de los escudos[3],
en todas partes está,   20
    toda pico, y uñas toda,
pues para haber de volar,
de mi caudal hizo plumas,
por ser águila caudal.   25
    Paréceme que la escucho
cuando te empieza a enseñar,
Mahoma de nuestras bolsas,
este maldito *Alcorán*:
    «A los paganos te llegas,
de los quitanos te vas: 30
Santo Tomé te defienda
del amante Guardïán.
    »Dátiles de Berbería,
niña, valen mucho más
que quítales de Toledo,   35
que es una fruta infernal.
    »En la baraja del siglo,
cuando quisieres jugar,
serás la sota de espadas,
pero de los oros, as.   40
    »Si falta pesca en poblado
al conchudo gavilán,
allá va a buscar la caza
a las orillas del mar.
    »No dejes los mal vestidos: 45
que el dinero suele andar
en figura de romero,
no le conozca Galván[4].
    »Gran daréte y poco toma
son gradas del hospital: 50
deja rizos aladares,
por algún sin aladar.
    »Y tú, porque ella conozca
tu garduña habilidad,

---

[3] Juego de voces: *escudos* de armas, y *escudos*, cierta moneda de precio.
[4] Dos versos muy conocidos del romance de Gaiferos.

con boca de pierna en pobre   55
empiezas a demandar:
   »El que sólo promete
mete cizaña:
que los prometimientos
son para el alma.   60
   »Muestro a mis pretendientes
dientes y muelas:
danles alabanzas,
quieren meriendas.
   »Hombre sin talego   65
lego se queda:
que en mi orden el rico
sólo profesa.
   »Sólo quien derrama
ama de veras: 70
que es amar a peste
amar a secas.
   »Mancebito guardoso
oso le digo,
pues se lame las manos   75
para sí mismo.
   »A quien guarda el dinero
Nero le llamo,
y a quien da lo que tiene,
un Alejandro.   80
   »Para mí son bolsones
sones y liras,
gaita mejicana
de mi codicia.
   »Es mi Mariquita   85
quitapesares,
digo quitapesos
de a ocho reales.»

                              [*Parnaso*, 547]

723

EL JUEGO DE CAÑAS PRIMERO, POR LA VENIDA
DEL PRÍNCIPE DE GALES*

ROMANCE

Yo, el otro juego de cañas
que en mal estado murió,
y estoy en penas eternas
por justos juicios de Dios,
    a cuantos fieles cristianos   5
mirastes mi perdición,
salud y gracia: Sepades
la causa de mi dolor.

Yo me comí de atabales,
y me metí a San Antón,   10
con séquito de mercado
y vueltas alrededor.

Quise embutir en un día,
con mucho re mi fa sol,
cañas, rejones y toros,   15
y murciégalo lanzón;
    los herradores del banco
y el banco del herrador,
tenaza y martillo, trozos
de sarta de la Pasión.   20

Entradas tuve de calvo,
parejas de hoz y de coz,
y asimismo, bien mirado,
no se valió el caracol[1].

Si al salir mis adalides,   25
gloria del suelo español,
dio la postrer boqueada
el bien barbado estrellón[2],
    yo, pecador mucho errado,
no merezco culpa, no: 30

* Vid. el romance que principia «Contando estaba las cañas».
[1] «No valió un caracol», apostilla González de Salas.
[2] «Porque fue ya tarde la salida del juego de cañas.» Nota del
mismo.

de un lado me cerca Riche[3];
del otro, un esgrimidor.

   Galas y caballos tuve,
y mucho grande señor;
mas lo real, aun en tortas,   35
siempre añade estimación.

   ¿Qué mucho que me venciese
una fiesta superior,
que llevó el rey en el cuerpo,
desde el tocado al talón?   40

   Júpiter corrió con lanza;
con la caña voló Amor,
cuando en la concha de Venus
se adargaba, Marte y Sol.

   Yo fui juego behetría[4]   45
en los trastos y el rumor,
mas el suyo, realengo[5],
hasta en la jurisdición.

   Yo fui lego; él, de corona;
yo fui cañas motilón;   50
un regocijo donado,
sirviente y demandador.

   Provisión a la jineta
fue la fiesta que pasó;
por don Felipe empezaba,   55
a modo de provisión[6].

   Si me quitaran la tara,
como hacen al carbón,
quedara menos pesado,
sin familia tan atroz.   60

   Vosotras, de la hermosura
jerarquía superior,
que miráis con dos batallas
las paces del corazón;

---

[3] Riche era el encargado de distribuir las invitaciones y los sitios.

[4] Juego de voces: *behetría*, «confusión, desorden» y «población cuyos vecinos podían recibir por señor a quien quisiesen».

[5] *realengo*, el pueblo que no pertenecía a señor, sino a la Corona.

[6] Porque las provisiones o mandatos que en nombre del Rey expedían algunos tribunales, comenzaban con el nombre propio del Rey.

las que clavel dividido   65
mostráis por conquistador,
donde milita la risa
con perlas en escuadrón,
      haced bien por mis parejas,
que están en eterno ardor,   70
y cada menina sea
una cuenta de perdón.

[Parnaso, 549]

724

Despídese de penitente y diciplinante

ROMANCE

      Ni sé si es alma, si almilla,
esta que traigo en el cuerpo:
que si almilla, no calienta,
y si es alma, no la siento.
      Yo hago ya el noviciado   5
del amor en el Infierno,
y dentro de pocos días
seré demonio profeso.
      Nunca he sabido topar
un solo arrepentimiento,   10
y el no conocer mis culpas
es la causa de mis yerros.
      Penitencia me mandó
que hiciese el divino dueño;
por quien, de Dios olvidado,   15
sólo de mi mal me acuerdo.
      Dice que gustara mucho
de verme en bocací[1] negro,
puntiagudo de cabeza,
con diez arrobas de peso.   20
      Que me meta a penitente;
y piensa que yo no entiendo
que esto inventa su rigor
por verme en una cruz puesto.

----

[1] *bocací*, género de tela basta.

Para obedecerla, ayer   25
lo consulté con mis huesos:
responden que no ha lugar
los dos hombros y el pescuezo.

En una sarta de cocos
anduviera yo muy bueno,   30
haciendo el paloteado[2]
con las cruces y los cetros.

Mas si de esto no gustaba,
que, por su entretenimiento,
me diese diez mil azotes,   35
con buena túnica, y recios;

que me alabaria las carnes,
si me viese muy sangriento;
y en galeras me los den,
si yo en pegármelos pienso.   40

¿Qué me han hecho mis espaldas
para que las vuelva harnero,
hecho difunto büido,
en una mortaja envuelto?

¿Qué es ver a un diciplinante,   45
que, por sólo oír al pueblo:
«Dios te lo reciba, hermano»,
se obliga a azotazos fieros?

Más que todos los abrojos
me lastimaran los ciegos   50
con aquel «¡Saca, Pilatos!»,
dicho a voces y con gestos.

Pase que una vendedera,
con una bota de añejo,
al que se hace carne a azotes,   55
con vino le hace cuero.

Azótese el que es sanguino,
por ahorrar de barberos,
el preciado de costillas
y el amigo de aspavientos;   60

que yo no he de enamorar,
alumbrado de otros ciento,
con mi sangre (como dicen
en guerra), a sangre y a fuego.

---

[2] *paloteado*, la conocida danza en la que los bailarines trenzan
figuras, paloteando al compás de la música.

Harta penitencia hago   65
en sufrirme yo a mí mesmo.
¿Qué más cruz que mi pobreza,
ni qué más pesado leño?
Cofrades de los dolores
son, por mis bubas, mis miembros,   70
de las angustias mis tripas,
de la pasión mis deseos;
de la soledad mi bolsa,
pues es un puro desierto
de metal todo acuñado,   75
que me acompañe un momento.
Según esto, mi señora,
busque otro mártir más necio:
que la letra entra con sangre,
y el buen amor con dinero.   80
Y cúmplanle aquese antojo
los amantes de este tiempo;
como si en descuento entrase
acribillarse el pellejo.

[*Parnaso*, 550]

725

A UNA MADRE QUE PEDÍA LA PAGA DEL VIRGO DE SU HIJA A QUIEN NO SE LE HABÍA QUITADO*

ROMANCE

¿Estamos entre cristianos?
¿Sufriráse en Argel esto?
¿Que a un estudiante le engañen?
¿Que a un poeta pidan censos?
Llámome yo Diego Antón,   5
y no hay memoria en el tiempo
de Diego que fuese cambio,
ni de Antón que hiciese asiento.
Naciera yo Octavio o Julio,
y conociera dineros;   10
a quien los tiene los pidan,
y denme a mí, que no tengo.

* Figura en las *Maravillas del Parnaso*, f. 4, en versión distinta.

No se hiciera con un calvo
lo que conmigo se ha hecho,
ni con un zurdo, que sirve　　　　　　　15
a todos de mal agüero.
　　Yo estoy bueno,
roto y enamorado, y sin dinero.

Una madre y una hija
mi muerte y sepulcro fueron:　　　　　20
mató la hija mi vida,
comió la madre mi cuerpo.
　　Su vecino fui seis años;
posada y lumbre me dieron:
lo mismo le dan de balde　　　　　　　25
a Judas en el infierno.
　　Son las dos como un retrato
destos que hacen modernos:
que por el un lado es ángel
y por el otro, sardesco[1].　　　　　　30
　　No sé yo por qué pecados,
por qué muertes o capeos[2],
por tres años desterrado
vine a doncella sin sueldo.
　　Yo estoy bueno,　　　　　　　　35
roto y enamorado, y sin dinero.

Honestas son por el cabo:
a serlo ansí por el medio,
a las dos sobrara mucho
y a mí me faltara menos.　　　　　　40
　　Su modo de proceder
es un puro testamento,
pues que todo es «Ítem más»,
después de mandar su cuerpo.
　　Hácenseme de los godos[3],　　　45
y viéneles, según pienso,
esto de godas por marcas[4]:
perdóneme Dios si peco.

---

[1] *sardesco*, anillo pequeño.
[2] *capeos*, de capear, robar capas.
[3] *Hacerse de los godos*, presumir de nobles. Cf. núms. 639, v. 61
y 849, v. 24.
[4] *marcas*, mancebas. Es voz de germanía. Cf. núm. 791, v. 67.

Al nacimiento de Cristo
pareció su nacimiento,   50
pues nació entre padre y madre[5],
entre mula y buey con cuernos.
    De músicos es capilla,
de capillas es convento,
de soldados es presidio   55
y de pajes es tinelo[6].
    Yo estoy bueno,
roto y enamorado, y sin dinero.

    En hacer a todos cara,
y en encubrirla al momento,   60
son hija y madre, sin duda,
una tapa y otra espejo.
    Aguardando está un marido,
que, en acabando de serlo,
no habrá diablo que le aguarde   65
más que un toro jarameño.
    Es su casa barbería,
donde el rapado es el necio,
y las bolsas las bacías,
y ellas, en rapar, barberos.   70
    Fruta es ésta que se da
en cada tierra a su precio:
en Sevilla a veinte y cuatro[7],
y a seis dentro de Toledo.
    Yo estoy bueno,   75
roto y enamorado, y sin dinero.

    Dice que llevé su flor;
cristiano soy, alma tengo,
y si yo vi flor ni rosa,
lo pague esclavo en Marruecos.   80
    Ni yo vi en su cuerpo todo
jardín alguno ni huerto,
aunque en el lugar que dice
ha tenido muchos tiestos.

---

[5] Sólo que aquí «padre» es el jefe de la mancebía.
[6] *tinelo*, comedor.
[7] Juego de voces, porque «veinticuatros» eran los miembros del Concejo sevillano. En el verso siguiente juega con los *seises* que cantaban —y cantan— en la catedral de Toledo.

A Santiago de Galicia 85
me parece su aposento,
donde viene todo el mundo
en figura de romero.

Parece una montería
su calle en anocheciendo, 90
pues ladran, laten y silban
para hacer seña al terrero[8].

Yo estoy bueno,
roto y enamorado, y sin dinero.

[Ms. 3.940, Bibl. Nacional, f. 157
v. En *Parnaso*, 551.]

726

Instrucción y documentos para el noviciado de la Corte

ROMANCE

A la Corte vas, Perico;
niño, a la Corte te llevan
tu mocedad y tus pies:
Dios de su mano te tenga.

Fiado vas en tu talle, 5
caudal haces de tus piernas;
dientes muestras, manos das,
dulce miras, tieso huellas.

Mas, si allá quieres holgarte,
hazme merced que en la venta 10
primera trueques tus gracias
por cantidad de moneda.

No han menester ellas lindos,
que harto lindas se son ellas:
la mejor fación de un hombre 15
es la bolsa grande y llena.

Tus dientes, para comer
te dirán que te los tengas;
pues otros tienen mejores
para mascar tus meriendas. 20

---

[8] *terrero*, el cortejo que hace el galán a su dama, delante de su casa.

Tendrás muy hermosas manos,
si dieres mucho con ellas:
blancas son las que dan blancas,
largas las que nada niegan.
Alabaránte el andar,   25
si anduvieres por las tiendas;
y el mirar, si no mirares
en dar todo cuanto quieran.

Las mujeres de la Corte
son, si bien lo consideras,   30
todas de Santo Tomé,
aunque no son todas negras.

Y si en todo el mundo hay caras,
solas son caras de veras
las de Madrid, por lo hermoso   35
y por lo mucho que cuestan.

No hallarás nada de balde,
aunque persigas las viejas:
que ellas venden lo que fueron,
y su donaire las feas.   40

Mientras tuvieres que dar,
hallarás quien te entretenga,
y en expirando la bolsa,
oirás el *Requiem æternam*.

Cuando te abracen, advierte   45
que segadores semejan:
con una mano te abrazan,
con otra te desjarretan.

Besaránte como al jarro
borracho bebedor besa,   50
que, en consumiendo, le arrima,
o en algún rincón le cuelga.

Tienen mil cosas de nuncios,
pues todas quieren que sean
los que están, abreviadores,   55
y datarios[1], los que entran.

---

[1] *abreviadores y datarios:* «abreviador», oficial de la Cancillería
Romana que extracta documentos; «datario», el que preside la dataría, tribunal de la curia romana por donde despachan ciertas
provisiones de beneficios, etc. (Ocioso parece advertir que en Quevedo se trata de un juego de voces.)

Toman acero[2] en verano,
que ningún metal desprecian:
Dios ayuda al que madruga;
mas no, si es andar con ellas.   60

Pensóse escapar el sol,
por tener lejos su esfera;
y el invierno[3], por tomarle,
ocupan llanos y cuestas.

A ninguna parte irás   65
que de ellas libre te veas:
que se entrarán en tu casa
por resquicios, si te cierras.

Cuantas tú no conocieres,
tantas hallarás doncellas: 70
que los virgos y los dones[4]
son de una misma manera.

Altas mujeres verás;
pero son como colmenas:
la mitad, güecas y corcho[5],   75
y lo demás, miel y cera[6].

Casamiento pedirán,
si es que te huelen hacienda:
guárdate de ser marido,
no te corran una fiesta.   80

Para prometer te doy
una general licencia,
pues es todo el mundo tuyo,.
como sólo le prometas.

Ofrecimientos te sobren,   85
no haya cosa que no ofrezcas:
que el prometer no empobrece,
y el cumplir echa por puertas.

La víspera de tu santo
por ningún modo parezcas: 90

[2] *acero*, cierto medicamento para las opiladas, compuesto de agua
«acerada» y preparado de diversas maneras.
[3] *y el invierno*, «y en el invierno».
[4] *dones*, el plural de *Don*, cuyo abuso da origen a muchos rasgos
satíricos de Quevedo.
[5] *corcho*, porque los chapines eran de una gruesa suela de corcho.
[6] *cera*, porque se empleaba para colorear los labios.

pues con tu bolsón te ahorcan
cuando dicen que te cuelgan[7].

Estarás malo en la cama
los días todos de feria;
por las ventanas, si hay toros,   95
meteráste en una iglesia.

Antes entres en un fuego
que en casa de una joyera,
y antes que a la platería
vayas, irás a galeras.   100

Si entrar en alguna casa
quieres, primero a la puerta
oye si pregona alguno:
no te peguen con la deuda.   105

Y si por cuerdo y guardoso,
no tuvieres quien te quiera,
bien hechas y mal vestidas
hallarás mil irlandesas.

Con un cuarto de turrón
y con agua y con gragea,   110
goza un Píramo, barata,
cualquiera Tisbe gallega.

Si tomares mis consejos,
Perico, que Dios mantenga,
vivirás contento y rico   115
sobre la haz de la tierra.

Si no, veráste comido
de tías, madres y suegras,
sin narices[8] y con parches,
con unciones[9] y sin cejas.   120

[Parnaso, 553]

---

[7] *colgar* significó también regalar, dar o enviar alguna alhaja o presente a alguna persona en el día de su santo o cumpleaños. «Y porque este cortejo y demostración de ordinario se hacía echándole al cuello una cadena de oro u plata, o una cinta rica de seda con alguna alhajita o relicario pequeño, que quedaba pendiente del cuello, por esto se llamó *colgar*, y *cuelga*, esta demostración, cuya ceremonia es muy antigua y se usa y estila en el día de hoy.» *Dicc. de Autoridades.* Cf. los núms. 754, v. 130 y 849, v. 39.
[8] *sin narices,* por las bubas o sífilis.
[9] *unciones,* tintura de ungüento mercurial para curar la sífilis.

727

RESPONDE A LA SACALIÑA DE UNAS PELONAS

ROMANCE

A buen puerto habéis llegado,
vendeja[1] de daca y toma;
Satanás os dio el consejo:
no pudo ser otra cosa.

Por dineros me enviáis,   5
como si yo fuera flota,
o banco, teniendo sólo
pies de banco mi persona.

Más cuartos tiene que yo,
aunque tiene menos borra   10
que mi lengua y que mi barba,
la más cuitada pelota.

Veis que traigo yo mis carnes
asomadas a mi ropa,
más delicado de capa   15
que de estómago una monja;

que los dedos de mis pies
por mis zapatos se asoman,
como tortuga que saca
la cabeza de la concha;   20

que como de rebatiña,
que soy gavilán de ollas,
y que sola mi conciencia
es la que come a mi costa;

que es mi casa solariega   25
diez puntos más que las otras,
pues que, por falta de techo,
le da el sol a todas horas;

sabéis que esta villa es mía
por la noble ejecutoria   30
que hace al desvergonzado
señor de la villa toda;

---

[1] *vendeja*, de «hacer o llegar la vendeja», flota de navíos extranjeros que llegaban a Sanlúcar, Cádiz y Sevilla, para el tráfico y
comercio con los mercaderes.

sabéis que de mi posada,
en sacando yo la sombra,
se muda toda mi hacienda,   35
vestidos, galas y ropa.
    Pues ¿cómo, si lo sabéis,
me pedís con larga prosa
dineros y una merienda,
siendo mujeres y romas?   40
    Si pidiérades narices,
aun fuera cosa más propia,
porque pidiera a un vecino
un pedazo que le sobra.
    ¿A mí moneda de rey,   45
que no la alcanzo aun de sota?
¿A mí plata, que, por verla,
las píldoras se me antojan?
    Santígüense, hermanas mías,
y echen por allá, señoras,   50
otra red que saque más;
que aquí ni aun agua hay agora.

[*Maravillas del Parnaso*, f. 5. Texto posterior al de *Parnaso*, 555.]

728

VERIFICA CORRESPONDIDAMENTE LA SENTENCIA VULGAR
QUE EL MEDIO MUNDO SE RÍE DEL OTRO MEDIO

ROMANCE

    Chitona ha sido mi lengua
habrá un año, y ahora torno
a la primer tarabilla:
¡Agua va!, que las arrojo.
    Quítenseme de delante,   5
que atropellaré algún tonto,
y estaré libre de pena,
pues con cascabeles corro.

Si gozques todos me ladran,
yo quiero ladrar a todos,   10
pues que me tienen por perro,
mas yo los tengo por porros.
    Piensan que no los entiendo,
yo pienso de ellos lo proprio;
míranme y hácenme gestos,   15
mírolos y hágolos cocos.
    Todos somos locos,
los unos y los otros.

El narigudo oledor
que fue alquitara con ojos,   20
y se va, si no le tienen,
a sayón su poco a poco;
    a sombra de sus narices
se está riendo del romo,
que en figura de garbanzo,   25
por braco[1] juró de monstro.
    Yo he visto un corchete zurdo,
gradüado de demonio,
reírse de un pobre calvo,
y el calvo ponerle apodos.   30
    El hombre güero de vista[2],
que tiene por niñas pollos,
se burla del derrengado
cuando le silban los cojos.
    Búrlase el viejo pintado,   35
pelo al temple, barba al olio,
dominico de cabeza,
blanco y negro a puro plomo,
    de ver al encanecido,
ensabanado de rostro;   40
y el barbas de manjar blanco
fisga de sus lavatorios.
    El otro, que se pudiera,
según enfila de mosto,
ceñir, en vez de pretina,   45
con aros, cintura y lomos,

---

[1] *braco*, perro, pero también se decía de la persona que tenía
la nariz roma y algo levantada.
[2] *güero de vista*, bizco.

llama berro al que es aguado,
y el aguado melindroso
le llama plaga de Egipto,
por los mosquitos del sorbo.   50

  Vase el marido postizo,
envuelto en seda y en oro,
vestido de lo que sobra
de su mujer a los otros.

  Es ella una perinola³,   55
pues el cristiano y el moro
que la bailan, hallan siempre
saca y pon, u deja u todo.

  Ríese de ver en cueros
al maridillo celoso,   60
cargado de honra en invierno,
sin ser cachera⁴, ni aforro.

  Y el celoso que le mira
dando su mujer a logro,
le llama, por hacer burla,   65
tendero del matrimonio.

  Piénsase la doncellita
que me engaña, porque otorgo,
sabiendo yo que es colmena
catada de muchos osos.   70

  Piensa que en mi letanía
entre vírgenes la pongo,
mereciendo el «Dios nos libre»,
también como el terremoto.

  Saca la otra mirlada⁵   75
de l'arca o del escritorio
(como pudiera unos guantes)
una garganta y un rostro.

  Untadas tiene las manos,
no por vía de soborno,   80
que trae el unto en los dedos,
como en los riñones otros.

  Más güevos gasta que un viernes
su cecial gesto en remojo,

---

³ *perinola*, peonza, con cuatro prismas o caras con *Saca, Pon, Deja, Todo*, para jugar a interés.
⁴ *cachera*, ropa de lana muy tosca y de pelo largo.
⁵ *mirlada*, muy compuesta y arreglada con artificio.

y a puras pasas[6] le acuesta,   85
hecho almuerzo de buboso.

    Piensa que alabo su cara
cuando digo que la adoro,
y estoy loando la tienda
de donde sacó el adobo.   90

    El que se mete a ministro
por grave y por enfadoso,
muy atusado de calzas,
muy fruncido y muy angosto,
    sueña que por cuello enano,   95
y hablar flautado y a sorbos,
y porque trae sin orejas
su par de zapatos sordos,
    que le tengo por prudente,
y ansí yo haga buen gozo,   100
que comparado con él
juzgo por cuerdo a Vinorro.

    Todos somos locos,
los unos y los otros.

> [*Parnaso*, 556. Probablemente el
> estribillo se cantaría cada dieciséis
> versos, pero no figura más que la
> primera vez.]

729

EN LA SIMULADA FIGURA DE UNAS PRENDAS RIDÍCULAS,
BURLA DE LA VANA ESTIMACIÓN QUE HACEN LOS AMANTES
DE SEMEJANTES FAVORES*

ROMANCE

    Cubriendo con cuatro cuernos
de su bonete de paño
más de mil que tú, Benita,
le has puesto con otros tantos,

---

⁶ *pasas*, cierto afeite para el rostro, hecho de pasas.
* Es parodia de ciertos romances pastoriles. Figura en *Maravillas del Parnaso* (Lisboa, 1637), f. 15. Por la alusión al Pisuerga, del v. 75, podría ser de hacia 1601-1606.

aquel sacristán famoso,   5
aquel desdichado Fabio,
el que a tus torres de viento
repicó los campanarios,
     después que el manteo raído,
ya que no desvergonzado,   10
hizo asiento sobre un cerro
para descansar un rato,
     a la orilla de un arroyo,
que no estaba murmurando
como otros arroyos ruines,   15
que éste era bien inclinado;
     desatando un borceguí
de una soguilla de esparto,
comenzó a sacar las prendas
que por favores le has dado.   20
     Lo primero y principal
fue un reverendo zapato,
con puntos de flux[1], muy proprio
no al pie, sino al mismo banco.
     Luego un lazo que tenía   25
de no sé qué cendal pardo,
que a la garganta de Judas
pudiera servir de lazo;
     una liga muy peor
que la de los luteranos,   30
recién convertida a liga
del mal estado de trapo.
     Sacó luego unos cabellos,
entre robles y castaños,
que a intercesión de unas bubas   35
se te cayeron antaño.
     Considere aquí el letor
pío, o curioso, o cristiano,
su gozo al ver que de liendres
eran sartas los más largos.   40
     Descubrió un retrato tuyo,
y halló que tiene, al mirarlo,

---

[1] *puntos*, medida del zapato; pero *puntos de flux* son los que
se obtenían reuniendo cartas de un mismo palo en el juego de
quínolas y otros.

cosas de padre del yermo,
por lo amarillo y lo flaco.
  La frente mucho más ancha   45
que conciencia de escribano;
las dos cejas, en ballesta,
en lugar de estar en arco.
  La nariz, casi tan roma
como la del Padre Santo,   50
que parece que se esconde
del mal olor de tus bajos.
  Avecindados los ojos
en las honduras del casco,
con dos abuelas por niñas,   55
de ceja y pestañas calvos.
  Una bocaza de infierno,
con sendos bordes por labios
donde hace la santa vida
un solo diente ermitaño.   60
  Halló al cabo un escarpín,
que, sin estar resfriado,
tomando estuvo sudores
seis meses en tus zancajos.
  Miró las prendas el triste,   65
y al momento, suspirando,
a su retablo de duelos[2]
las puso por nuevo marco.
  «¡Ay, despojos venturosos
—dijo—, que entre estos guijarros   70
me dejó aquella serpiente
que se enroscaba en mis brazos!
  »No sé si os eche en el río,
que de llevaros me canso;
mas quien da llanto a Pisuerga,   75
no es justo que le dé asco.
  »Quemaros será mejor
como favores nefandos,
pues contra naturaleza
los toma un hombre de un diablo.»   80

---

[2] «Al que tiene muchos **trabajos** suelen decir que es un retablo
de duelos.» Covarrubias, *Tesoro*.

Diciendo aquesto se fue,
dejándolos en el campo,
por espantajo a las aves,
y por estiércol al prado.
　Cubrióse con su manteo,　　　　　　85
que dicen que fue de paño,
y partióse, haciendo lodos
en la arena con el llanto.

[*Parnaso*, 557]

730

DAMA CORTESANA LAMENTÁNDOSE DE SU POBREZA Y DICIENDO LA CAUSA

ROMANCE

A la jineta sentada
sobre un bajo taburete,
con su avantalico blanco
y su vestidillo verde,
　en valoncita redonda　　　　　　　5
y perlas por brazaletes,
con apretador[1] de vidro
y rizas entrambas sienes;
　con herraduras de plata[2]
y faldellín de ribetes,　　　　　　　10
con más guarnición que Flandes
en el castillo de Amberes;
　al un lado una guitarra,
al otro lado un bufete,
con un perrillo de falda[3],　　　　　15
que la lame y no la muerde;
　con una vieja barbuda,
sentada de frente a frente,
más pasada que el Diluvio,
que ha que pasó muchos meses;　　　20

---

[1] *apretador*, cintillo o banda que servía para sujetar el pelo.
[2] *herraduras de plata*, chinelas o zapatillas argentadas o plateadas.
[3] *perrillo de falda*, «unos perritos, que llaman de falda, que crían las señoras, dichos antiguamente meliteos, porque se traían de Malta». (Covarrubias, *Tesoro*.) Cf. 633, v. 10.

más seca[4] que suele serlo
la que nos pega la peste,
más escurrida que azumbre
del vino caro de Yepes,
    estaba doña Tomasa,   25
más triste que doce viernes,
contemplando su hermosura
y la soledad que tiene.
    Y mirándose las manos,
que a quien las mira son nieve,   30
y jaboncillos y muda[5]
cuando de cerca las huelen;
    mirándose la cintura,
a la cual ha hecho breve,
no los datarios de Roma[6],   35
sino fajas que la tuercen;
    y levantando las faldas
que le han alzado otras veces,
descubrió dos pies pequeños,
horros de todo juanete;   40
    piernas de buena persona
y proporcionado vientre,
y entre muslos torneados,
el sepulcro del deleite;
    y viendo cómo no gana   45
su lámpara para aceite,
mirándola entristecida,
la dijo de aquesta suerte:
    «*Molinico, ¿por qué no mueles?*
"Porque me beben el agua los bueyes."[7]   50

    »Solían en otro tiempo
las damas del interese
tener en un ojo negro
un juro[8] de los de a veinte.

[4] Llamábase *seca* también a cierta enfermedad de la garganta. Cf. núm. 749, v. 151 y 795, v. 2. De ahí la alusión a la peste en el verso siguiente.
[5] *muda*, ungüentos para el rostro y las manos.
[6] Porque los *datarios* dan los *breves*.
[7] Es una cancioncilla tradicional.
[8] *juro*, especie de pensión perpetua que se concedía sobre las rentas públicas.

»Sus cabellos hizo de oro   55
en Sevilla la Meneses,
en tiempo que eran dadores
los que ahora son tenientes.

»Con una ceja ahumada,
ganó en Toledo la Pérez   60
más que Alejandro en su vida,
ni un obligado de aceite[9].

»Labró una casa en Madrid
la Mendoza con los dientes,
que cuatro mil albañiles   65
no la labraran tan fuerte.

»Y ahora nos sobra todo,
y no hay nadie que se acuerde
de la dama cortesana
que se remata y se vende.   70

»Visítanos la justicia,
y a su falta sólo viene
el médico a visitarnos,
que el pobre es fuerza que enferme.

»Pues aprendemos labor,   75
¿qué más desdichas nos quieren?
Pues la pobreza y la hambre
nos predican y convierten.»

Y mirando a su molino,
donde la espiga se muele,   80
y de los granos se saca
la harina blanca de leche,

considerando en el carzo
que lo florezca y lo muele,
enternecida y llorosa,   85
le preguntó lo siguiente:

«*Molinico, ¿por qué no mueles?*
"Porque me beben el agua los bueyes."

»Agua viniera al molino
de las canales corrientes,   90
si los casados celaran
las que les dieron en suerte.

---

[9] *obligados del jabón u del aceite*, los que ejercían el monopolio de suministrar esos productos en las poblaciones.

»Hannos quitado el oficio
y en el hospital nos tienen
disimulos de marido   95
y disculpas de mujeres.
    »Todos pretenden casadas,
porque a todos les parece
que gusto que tiene guarda
es más hazaña vencerle.   100
    »Pues sepan que es añagaza
para que la gente llegue:
que hay marido bandera[10]
que vive de hacer gente.
    »Aquestos bueyes, el agua   105
con que molemos nos beben:
que cuerno e hidropesía
es la enfermedad que sienten.
    »Por vengarnos de los hombres
que nos dejan y las quieren,   110
nos casaremos, pues tanto
el adulterio apetece.
    »Molinito, ¿por qué no mueles?
"Porque me beben el agua los bueyes."»

[Ms. 3.940, Bibl. Nacional, f. 167.
Parnaso, 559.]

731

Envía una yegua a descansar al Prado

ROMANCE

Al Prado vais, la mi yegua;
la mi yegua, al Prado vais,
más larga que un dadivoso,
más delgada que un torzal[1].

---

[10] *marido bandera*, calco de «soldado o capitán bandera», el que
reunía los nuevos soldados en los pueblos.
[1] *torzal*, cordoncillo delgado de seda.

Los que allá os vieren con yerba,   5
por saeta os juzgarán,
viéndoos delgada y derecha
y puntiaguda de atrás.

No hay albéitar que averigüe
por vuestros dientes la edad;   10
y es cierto que sólo os faltan
los dos ojos por cerrar[2].

Que no tenéis sobregüeso
aseguro por verdad,
pues sobre los güesos vemos   15
que aún pellejo no lleváis.

Presto os pienso ver con alas,
aunque hoy apenas andáis,
de cuervos y de picazas
que os empiecen a picar.   20

Que no hay yegua tan ligera
no dudo, ni la mitad,
no corriéndola con otras,
sino si la han de pesar.

Sentisos de cualquier cosa   25
que os dicen, porque afirmáis
que os dan en las mataduras
en dondequiera que os dan.

Setenta escudos de oro
en cuartos podéis trocar,   30
sin trocar de mano ajena
un solo cuarto, ni más.

Nunca os tuve por traviesa;
mas dice todo el lugar
que andáis en muy malos pasos   35
por dondequiera que andáis.

En cuanto a correr, me han dicho,
y pienso que ansí será,
que corréis[3] como una mona
a quien encima lleváis.   40

---

[2] Por «cerrar los dientes» las caballerías (igualar los dientes), lo que se verifica a los siete años.
[3] *corréis*, avergonzáis. Alude a la conocida frase «Corrido como una mona».

Dios os dé buena ventura
y os libre, por su piedad,
de ser banquete de lobos;
de urracas, otro que tal.

[Parnaso, 560]

732

SACÚDESE DE UN HIJO PEGADIZO*

ROMANCE

Yo, el menor padre de todos
los que hicieron ese niño
que concebistes a escote
entre más de veinte y cinco,   5
   a vos, doña Dinguindaina,
que parecéis laberinto
en las vueltas y revueltas,
donde tantos se han perdido:
   vuestra carta recibí   10
con un contento infinito
de saber que esté tan buena
mujer que nunca lo ha sido.
   Pedísme albricias por ella
de haber parídome un hijo: 15
como si a los otros padres
no pidiérades lo mismo.
   Hágase entre todos cuenta
a cómo nos cabe el chico;
que lo que a mí me tocare   20
libraré en el Antecristo.
   Fuimos sobre vos, señora,
al engendrar el nacido,
más gente que sobre Roma
con Borbón por Carlos Quinto.   25
   Mis ojos decís que saca;
mas, según lo que averiguo,
vos me los sacáis agora
por dineros y vestidos.

---

* Figura en *Maravillas del Parnaso* (Lisboa, 1637), f. 11 v.

Que no negará a su padre,
decís, por lo parecido,   30
y es el mal que el padre puede
negar muy bien que le hizo.
    Más padres tiene que miembros;
acomodad, pues, el mío,
ya que queréis encajarme   35
esto de padre postizo.
    ¡Oh, quién viera cuando todos,
armados de acero fino,
amojonen lo que hicieron
en el mayorazgo hechizo!   40
    Cuál dirá que engendró él solo
desde el hombro al colodrillo,
y cuál pondrá su mojón
desde la espalda al ombligo.
    Cuál conocerá una mano,   45
y no faltará marido
que diga que, por la priesa,
no acabó más de un tobillo.
    Haced creer estas cosas
a los hombres barbilindos,   50
que, por parecer potentes,
prohijaran un pollino;
que yo soy un hombre zurdo,
cecijunto y medio bizco,
más negro que mi sotana,   55
más áspero que un erizo.
    Infórmenle de mis partes
a ese que habéis parido:
si él por padre me admitiere,
que me tueste el Santo Oficio.   60
    Paréceme que trazáis
catorce o quince bautismos,
y que, unos por otros, dejan
moro al que nace morisco.
    ¡Qué será de ver los padres,   65
y la escuadra de padrinos,
unos con curas y amas,
otros con vela y capillos!
    ¡Cuál andará el licenciado,
cargado de sus amigos,   70

enviando a la parida
colación y beneficios !

   El viejo se pondrá plumas,
y se quitará el jüicio:
que es su cabeza cortada   75
creerá, como en Jesucristo.

   ¡Qué habrá gastado en mantillas
el arrendador del vino,
seguro que le parece
hasta en lo perro judío !   80

   Encargáisme de criarle,
siendo el criar un oficio
que sólo le sabe Dios,
por su poder infinito.

   Para ayudar a engendrar,   85
iré sin duda, aunque indigno,
con mi lujuria achocada[1]
entre estas peñas y riscos.

   Naveguen otros las costas,
que yo en el golfo me vivo: 90
que a pecar bueno y de balde,
desde que nací me inclino.

   Aquí, pues, sabré la historia
de ese parto tan partido,
y el suceso de los padres   95
que vos hacéis putativos.

   Aviso tendré de todo;
mas también desde hoy la aviso
que pára para los otros
lo que engendrare conmigo.   100

   Padres llame a los profesos,
que yo motilón he sido;
y con título de hermano,
viviré como un obispo.

   Este año y este mes,   105
y perdone que no firmo;
porque mis mesmas razones
dicen que yo las escribo.

---

[1] *achocada*, de «achocar», guardar mucho dinero de canto, en fila y apretado. Cf. núm. 864, v. 71.

No pongo calle ni casa
tampoco en el sobrescrito,   110
porque, según vive, della
dirán todos los vecinos.

[*Parnaso*, 561]

733

Testamento de Don Quijote*

ROMANCE

De un molimiento de güesos,
a duros palos y piedras,
Don Quijote de la Mancha
yace doliente y sin fuerzas.
   Tendido sobre un pavés[1],   5
cubierto con su rodela,
sacando como tortuga
de entre conchas la cabeza;
   con voz roída y chillando,
viendo el escribano cerca,   10
ansí, por falta de dientes,
habló con él entre muelas:
   «Escribid, buen caballero,
que Dios en quietud mantenga,
el testamento que fago   15
por voluntad postrimera.
   »Y en lo de "su entero juicio",
que ponéis a usanza vuesa,
basta poner "decentado",
cuando entero no le tenga.   20
   »A la tierra mando el cuerpo;
coma mi cuerpo la tierra,
que, según está de flaco,
hay para un bocado apenas.

---

* Posterior a 1615, fecha de la edición de la segunda parte de
Don Quijote.
[1] *pavés*, escudo grande que cubría todo el cuerpo del comba-
tiente.

»En la vaina de mi espada　25
mando que llevado sea
mi cuerpo, que es ataúd
capaz para su flaqueza.

»Que embalsamado me lleven
a reposar a la iglesia,　30
y que sobre mi sepulcro
escriban esto en la piedra:

»"Aquí yace Don Quijote,
el que en provincias diversas
los tuertos vengó, y los bizcos,　35
a puro vivir a ciegas".

»A Sancho mando las islas
que gané con tanta guerra:
con que, si no queda rico,
aislado, a lo menos, queda.　40

»Ítem, al buen Rocinante
(dejo los prados y selvas
que crió el Señor del cielo
para alimentar las bestias)

»mándole mala ventura,　45
y mala vejez con ella,
y duelos en qué pensar,
en vez de piensos y yerba.

»Mando que al moro encantado
que me maltrató en la venta,　50
los puñetes que me dio
al momento se le vuelvan.

»Mando a los mozos de mulas
volver las coces soberbias
que me dieron por descargo　55
de espaldas y de conciencia.

»De los palos que me han dado,
a mi linda Dulcinea,
para que gaste el invierno,
mando cien cargas de leña.　60

»Mi espada mando a una escarpia,
pero desnuda la tenga,
sin que a vestirla otro alguno,
si no es el orín, se atreva.

»Mi lanza mando a una escoba,　65
para que puedan con ella

echar arañas del techo,
cual si de San Jorge fuera.
      »Peto, gola y espaldar,
manopla y media visera,   70
lo vinculo en Quijotico,
mayorazgo de mi hacienda.
      »Y lo demás de los bienes
que en este mundo se quedan,
lo dejo para obras pías   75
de rescate de princesas.
      »Mando que, en lugar de misas,
justas, batallas y guerras
me digan, pues saben todos
que son mis misas aquestas.   80
      »Dejo por testamentarios
a don Belianís de Grecia,
al Caballero del Febo,
a Esplandián el de las Xergas.»
      Allí fabló Sancho Panza,   85
bien oiréis lo que dijera,
con tono duro y de espacio,
y la voz de cuatro suelas:
      «No es razón, buen señor mío,
que, cuando vais a dar cuenta   90
al Señor que vos crió,
digáis sandeces tan fieras.
      »Sancho es, señor, quien vos fabla,
que está a vuesa cabecera,
llorando a cántaros, triste,   95
un turbión de lluvia y piedra.
      »Dejad por testamentarios
al cura que vos confiesa,
al regidor Per Antón
y al cabrero Gil Panzueca.   100
      »Y dejaos de Esplandiones,
pues tanta inquietud nos cuestan,
y llamad a un religioso
que os ayude en esta brega.»
      «Bien dices (le respondió   105
Don Quijote con voz tierna):
ve a la Peña Pobre, y dile
a Beltenebros que venga.»

En esto la Extremaunción
asomó ya por la puerta;   110
pero él, que vio al sacerdote
con sobrepelliz y vela,
    dijo que era el sabio proprio
del encanto de Niquea;
y levantó el buen hidalgo   115
por hablarle la cabeza.
    Mas, viendo que ya le faltan
juicio, vida, vista y lengua,
el escribano se fue
y el cura se salió afuera.   120

[*Parnaso*, 563]

734

CARTEL QUE PONE UNA MOZA CONTRA RESISTENCIAS
DEL DAR

ROMANCE

    Aquí ha llegado una niña
que, examinada en buscón
por las madres protoviejas,
saca bolsas sin dolor.
    Con dos dedos, sin gatillo,   5
al más guardoso señor
saca el mayorazgo entero
y no le deja raigón.
    Madura en los extranjeros
durezas de mi fa ro;   10
resuelve gatos preñados[1],
a manera de hinchazón.
    Los mercaderes dañados
los arranca con valor;
al oro quita la toba,   15
y a la plata el neguijón.

---

[1] *gatos preñados*, bolsillos llenos de dinero. Se llamaban *gatos* por estar hechos con la piel de este animal.

El dinero que se anda
con solo un dedo o con dos,
luego al dueño se le enseña
a ver, que a cobrarle no.　　　　　　20
Es cáustico de avarientos
un requiebro de su voz;
preparativo su madre,
que hace luego operación.
Con un emplasto de tías,　　　　　　25
de amigas con una unción[2],
de los proprios güesos saca
la moneda sin sudor.
Las promesas titulares
las cura con antuvión[3],　　　　　　30
y el «Tengamos y tengamos»
da contra todo señor.
En faltriquera estreñida,
que da con pujo un doblón,
con cámaras[4] hace al punto　　　　　35
que purgue todo su humor.
La mayor cosa que hace
es que al duque más guardón
le deja duque, y le quita
el ducado que guardó.　　　　　　40
Enseñará a las novatas
receta de tal primor,
que hará marqueses del Gasto
los condes de Peña Flor.
Viene a quitar los ribetes　　　　　45
a las ofensas de Dios;
limpia el pecado de tías
y viejas, de alrededor.
Hace inmortales los perros,
que tan muertos andan hoy[5],　　　　50
y a los muertos de dos meses
ofrece resurrección.

---

[2] *unción*, cierta preparación de tipo mercurial empleada para curar la sífilis.

[3] *antuvión*, golpe o acometimiento anticipado y repentino. Cf. número 862, v. 33.

[4] *cámaras*, deposiciones, diarreas.

[5] Alude a la frase «perro muerto», engañar.

Vive en la Puerta Cerrada
para el que se resistió;
para el que curarse deja,   55
vive en la Puerta del Sol.

[Parnaso, 565]

735

Conversación de las mulas de unos médicos
con la haca de un barbero

ROMANCE

Tres mulas de tres doctores
y una haca[1] de un barbero,
en el portal de un podrido,
estaban contando cuentos.

Punta con cabeza estaban,   5
muy juguetonas de frenos,
muy callejeras de lenguas,
por el bocado y los bezos[2].

Habló primero de todas,
por lo largo y por lo viejo,   10
una mula muy prudente,
si corita de celebro[3]:

«Yo he sido mula de carro,
y más escrúpulo tengo
del recipe y el ruibarbo[4]   15
que del voto[5] y el reniego.

»El oficio de mi amo,
por más que cura, recelo
que es oficio de difuntos
y que está fuera del rezo.   20

»Ando toda despeada[6];
un mes ha que no me hierro:
que sólo yerra sus curas
el licenciado Venenos.

---

[1] *haca*, jaca.
[2] *bezo*, «es el labio cuando es grueso, como el de los negros».
(Covarrubias, *Tesoro*.)
[3] *corita de celebro*, desnuda de inteligencia.
[4] *recipe*, receta; *ruibarbo*, planta muy usada en medicina como
purgante.
[5] *voto*, juramento, o execración en demostración de ira.
[6] *despeada*, maltratada de pies.

»Ayer le dijo un cristiano: 25
"Sospecho que no estoy bueno";
y luego llovió sangrías
sobre el cuitado Sospecho.
   »Recatado y temeroso
pasa por los cimenterios;   30
y agora una calavera
se la juró con un güeso.»
   Otra mula, bisabuela,
a quien hubo, según pienso,
en la burra de Balán   35
el Caballo de los griegos,
   pensativa y despensada[7],
como mula del desierto,
mortificada de panza,
dijo, enojada y gruñendo: 40
   «De retorno de una noria
me vine, en los puros cueros,
para el doctor Matatías,
Matamadres, Matasuegros.
   »Como con el diablo, tiene   45
con el boticario hecho
pacto explícito de purgas,
y le llaman Vaderretro.
   »Hasta que pasen, se para
cuando topa los entierros,   50
pues mientras van los que envía,
él se procura estar quedo.
   »En tiempo de los pepinos,
en la plaza carga de ellos,
por inducir las tercianas   55
a poder de mal ejemplo.
   »Cuando la caza que cría
le merienda todo el cuerpo,
con sus recetas espulga
la camisa y los greguescos.   60
   »Hace gastar los jarabes
a los dolientes del pueblo;
mas él receta a su panza
las píldoras del bodego.»

---

[7] *despensada*, hambrienta de pienso.

Otra mula, medio calva,   65
con un moño de pellejos,
dijo, mirando a las otras,
mal inclinado el pescuezo:
«Al doctor Caramanchel
ha que sirvo dos eneros: 70
matasiete, si los cura;
si los cura, mata ciento.
»Discípulo de un mosquete
que le leyó los Galenos;
salga de donde saliere,   75
triunfo matador de cuerpos.
»Antes que yo le sirviera,
andaba por esos puertos
con un tercio de sardinas,
y era más honrada un tercio.   80
»"¿ Piensas que llevas banastas ?"
(me dice cuando le asierro[8]);
si le oyeran las banastas,
le confundieran a retos.
»Como no le llama nadie,   85
y se ve tan solo y yermo,
por no dejar de curar,
cura madejas y lienzos.
»En los zaguanes de grandes
se apea muy reverendo,   90
porque piensen que visita
en donde orina con miedo.
»Porque en su barrio le estimen,
hace que su mozo mesmo
le llame a gritos de noche   95
para marqueses diversos.»
La haca, que desabrida
escuchó tales sucesos,
estaba dando puñetes
a los guijarros del suelo.   100
Era, la triste, castaña
en el tamaño y el pelo,
apilada y opilada
por la falta del sustento.

---

[8] Por tener el lomo como una sierra.

Por el respeto que debe   105
a la recua de los muertos,
atisbaba muy indigna
el muladar parlamento.
      «De un sacamuelas (les dijo)
al amo vine que hoy tengo;   110
y el pan para San Francisco
me codició por sardesco[9].
      »De ventosas y sangrías
tanto me enjugo y me seco,
que ayer me entré en un estuche[10]   115
y anduve danzando dentro.
      »Él estudia en pasacalles
lo que ejecuta en los miembros,
y en guitarra, y no en cebada,
me paga mis alimentos.   120
      »El hombre es que más se huelga
con un testuz en el pueblo,
y al desesterar la cara
le hace más arrumuecos.»
      En esto, el martirologio   125
de la salud del enfermo
bajaba por la escalera,
zurriando daca y textos.
      Debajo de los sayones
zampaban el estipendio,   130
diciendo: «Guarden la orina,
y nosotros el argento».
      Con notables garambainas
se subieron en sus perros,
y en jerigonza de vidas,   135
salieron hablando recio.
      La haca, como fregona
de los tres quebrantagüesos,
«¡Muerte va!», como «¡Agua va!»,
a gritos iba diciendo.   140

                          [*Parnaso*, 566]

---

[9] *sardesco*, asno pequeño.
[10] *estuche*, de cirugía. Cf. 516, v. 9.

736

Responde con equivocación a las partidas de un inventario de peticiones*

ROMANCE

Diéronme ayer la minuta,
señora doña Teresa,
de las cosas que me manda
traer para cuando vuelva.

No está mala la memoria,   5
y ansí yo la deje buena
cuando de este mundo vaya,
que no la he de tener de ella.

Si su voluntad a todos
esta memoria les cuesta,   10
es falta de entendimiento
el no parecerles fea.

Son sus ternezas con uñas,
como el sol de aquesta tierra,
pues se me muestra amorosa   15
con fondos de pedigüeña.

Yo tengo muy buen aliño:
mi suerte ha sido muy buena,
pues vengo a topar demandas
donde buscaba respuestas.   20

Y son tantas las partidas
que en su billete se encierran,
que, teniendo siete el mundo,
tiene su papel sesenta.

Pídeme unas zapatillas,   25
y en eso anduvo discreta:
que, por ser hombre que esgrimo,
las tengo en espadas negras[1].

Mas la cantidad de paño
que para arroparse espera,   30

---

* Figura en la *Segunda parte del Romancero General*, Valladolid, 1605. (Cit. por la edic. de Madrid, 1948, II, pág. 167.)
[1] *espadas negras*, las que se utilizaban para esgrimir. Cf. número 868, v. 73.

podréla dar de mi capa,
mas no de Segovia o Cuenca.

No hay tela para enviarla;
no hay sino vestirse apriesa
de la que mantiene a todos,   35
que también se llama tela[2].

Fue yerro pedirme raso
en Valladolid la bella,
donde aun el cielo no alcanza
un vestido de esa seda.   40

Enviaré, sin duda alguna,
las varas de primavera[3],
cortadas el mes de abril
de las faldas de esta sierra.

Pediré, para enviarla   45
las tres vueltas de cadena,
los eslabones a un preso
y a algún gitano las vueltas.

En lo que toca a los brincos,
no serán de plata o perlas;   50
mas procuraré enviarlos,
aunque de una danza sean.

El regalillo de martas
que pide con tantas veras,
como Lázaro, su hermano,   55
la enviaré de magdalenas.

Pero, en cuanto a los descansos,
será una cosa muy cierta
si hubiere algún portador
que los lleve de escalera.   60

En los barros[4], quedo en duda
de cuáles se los ofrezca:
de los que tengo en la cara,
o los que hará cuando llueva.

La cantidad de bocados   65
no sé quién llevarlos pueda,

---

[2] *tela*, «la que se arma de tablas para ajustar y de allí mantener tela, el que se pone a satisfacer a todos». (Covarrubias, *Tesoro*.)
[3] *primavera*, cierto tejido de seda, matizado de flores. Véase otra referencia en el núm. 741, v. 59.
[4] *barros*, los búcaros hechos de barro, que mascaban las doncellas de la época. Cf. el núm. 781, v. 12.

sino enviando un alano
que se los saque con fuerza.
  No pongo, por no cansarme,
las arracadas y medias,   70
los tocados y los dijes
que pide con desvergüenza.
  Y dejo que, para gastos
de tan endiablada cuenta,
recibí dos miraduras   75
dos noches por una reja;
  dos sortijas que en la mano
me mostró, yéndose fuera,
y un guante que perdió adrede,
de puro viejo, en la iglesia.   80
  Siete dientes, que me quiso
hacer creer que eran perlas,
y ciertos cabellos, de oro
por la virtud de un poeta.
  Tengo gastado hasta ahora,   85
en descuento de esta cuenta,
el sufrimiento en desdenes,
y en agravios, la paciencia;
  alguna noche en candil
y más de catorce en vela,   90
todo mi juicio en locuras,
en coplas toda mi vena.
  Si con aqueste descargo
debiere yo alguna resta,
de lo que fuere, prometo   95
que compraré su receta.
  Pero si saliere en paz,
déjese de impertinencias,
y no pida que la traiga
el que quisiere que vuelva.   100
  Bien sé que es alta señora,
si se sube en una cuesta;
y tan grave como todas,
cargada de plomo y piedras;
  que tiene buen parecer,   105
por lo letrado y lo vieja;
y que es de sangre tan clara,
que jamás ha sido yema.

Y aun, a pesar de bellacos,
confesaré que es tan cuerda,
que a cualquier buen instrumento
puede servir de tercera[5].   110

También conozco que soy
indigno de tal alteza,
y un hombre hecho de tal pasta,   115
que se ha de volver en tierra.

Aunque, si acaso es amiga
de títulos por grandeza,
los de grados y coronas
tengo sellados con cera.   120

Mas si es lisiada por cruces[6],
para tenerla más cierta,
me meteré a cimenterio,
por andar cargado de ellas.

Pues para ser señoría   125
me falta sólo la renta,
pues tengo dos en un mapa,
que son Génova y Venecia.

Hábito tuvo mi padre,
y con él murió mi abuela,   130
y hábito tengo yo hecho
a nunca hacer cosa buena.

No soy encomendador;
pero, si hablamos de veras,
más tengo, en sola su carta,   135
de diez y nueve encomiendas[7].

Y a ser tan grandes mis deudos
como son grandes mis deudas,
delante del rey, sin duda,
cubrirse muy bien pudieran.   140

Si el ser señor de lugares
es cosa que la granjea,
mi estado es pueblos en Francia[8],
que rinde grande moneda.

---

[5] Nótese el juego de voces.
[6] *por cruces*, por caballeros cruzados o de las órdenes militares.
[7] *encomienda* era también dignidad de renta competente, que en las órdenes militares se daba a algunos caballeros.
[8] *pueblos en Francia*, cosa no cierta y no conocida. Correas, en su *Vocabulario*, dice al comentar el refrán *Pueblos son en Fran-*

Pues lo de ser caballero 145
no sé cómo me lo niega,
sabiendo que hablo despacio
y que hago mala letra.

Y aunque la parezco pobre,
tengo razonable hacienda: 150
un castillo en un ochavo,
y una fuente en una pierna.

Tengo un monte en un Calvario,
y en una estampa, una sierra,
y de mil torres de viento 155
es señora mi cabeza.

Y demás de aquesto, gozo
un campo y una ribera
en el romance que dice:
«Ribera agostada y seca».[9] 160

Soy señor de mucha caza
en el jubón y las medias;
y en ser dueño de mí mismo
lo soy de muy buena pesca.

Y, tras todo aquesto, tengo 165
voluntad tan avarienta,
que sólo la daré al diablo,
y harto será que la quiera.

[*Parnaso*, 568]

_____

cia: «Esto dice el Antonio [Nebrija] en su *Vocabulario*, de las Galias antiguas, de que ahora es buena parte Francia y Saboya, Cantones y Borgoña, porque como no conocidos ni comunicados acá, no les halló nombre en romance, y de allí se tomó [¿tornó?] en refrán por cosa no cierta y no conocida». Véase Henry N. Bershas, «Pueblos en Francia», en la *Hispanic Review*, XXXIV (1966), págs. 143-149.

[9] Es el verso segundo del romance que comienza «Campo inútil de pizarras», alguna vez atribuido a Lope de Vega, muy divulgado a principios del siglo XVII.

737

Alabanzas irónicas a Valladolid, mudándose la Corte de ella*

ROMANCE

No fuera tanto tu mal,
Valladolid opulenta,
si, ya que te deja el Rey,
te dejaran los poetas.
    Yo apostaré que has sentido,   5
según eres de discreta,
más lo que ellos te componen,
que el verte tú descompuesta.
    Pues, vive Dios, ciudad noble,
que tengo por gran bajeza   10
que, siendo tantos a uno,
te falte quien te defienda.
    No quiero alabar tus calles,
pues son, hablando de veras,
unas tuertas y otras bizcas,   15
y todas de lodo ciegas.
    A fuerza de pasadizos,
pareces sarta de muelas,
y que cojas son tus casas,
y sus puntales muletas.   20
    Tu sitio yo no le abono,
pues el de Troya y de Tebas
no costaron en diez años
las vidas que en cinco cuestas.
    Claro está que el Espolón   25
es una salida necia,
calva de yerbas y flores
y lampiña de arboledas.
    Que digan mal de tus fuentes,
ni me espanta ni me altera;   30
pues por malas y por sucias,
hechas parecen en piernas.

* De 1606, a juzgar por el contenido.

Mas que se hayan atrevido
a poner algunos mengua
en tus nobles edificios,   35
es muy grande desvergüenza.

Pues si son hechos de lodo,
de él fueron Adán y Eva;
y si le mezclan estiércol,
es para que con él crezcan.   40

¿En qué ha pecado el Ochavo[1],
siendo una cosa tan bella,
que, como en real de enemigos,
ha dado sobre él cualquiera?

De su castillo y león   45
son uñas y son troneras
los mercaderes que hurtan
y lo oscuro de las tiendas.

De esto pueden decir mal,
pues los sastres que en él reinan   50
de ochavo le hacen doblón,
con dos caras que le prestan.

Tu plaza no tiene igual,
pues en ella cualquier fiesta
con su proporción se adorna,   55
mas nada la adorna a ella.

Pero el mísero Esguevilla
se corre y tiene vergüenza
de que conviertan las coplas
sus corrientes en correncias[2].   60

Más necesaria es su agua
que la del mismo Pisuerga,
pues, de puro necesaria,
públicamente es secreta[3].

¿Qué río de los del mundo   65
tan gran jurisdición muestra
que se iguale a los mojones
y a los términos de Esgueva?

Solas las suyas son aguas,
pues si bien se considera,   70

---

[1] Una plaza de Valladolid.
[2] *correncias*, diarreas. (Alude a ciertos poemas, como el de Góngora «¿Qué lleva el señor Esgueva?»)
[3] Hay un juego de voces entre *secreta* y *necesaria*, aludiendo al retrete.

de las que todos hacemos
se juntan y se congelan.

  Yo sé que el pobre llorara
esta ida y esta vuelta,
mas vánsele tras la Corte   75
los ojos con que se aumenta.

  Yo le confieso que es sucio;
mas ¿qué importa que lo sea,
si no ha de entrar en colegio,
ni pretender encomienda[4]?   80

  Todo pudiera sufrirse,
como no se le subieran
al buen Conde Peranzules[5]
a la barba larga y crespa.

  Si en un tiempo la peinó,   85
ya enojado la remesa:
que aun muerto y en el sepulcro
no le ha valido la iglesia.

  ¿Qué culpa tiene el buen Conde
de los catarros y reumas?   90
Que él fue fundador del pueblo,
mas no del dolor de muelas.

  Pues al buen Pedro Mïago[6]
yo no sé por qué le inquietan,
que él en lo suyo se yace   95
sin narices ni contiendas.

  El ser chato no es pecado:
déjenle con su miseria;
que es mucho que, sin narices,
tan sonado[7] español sea.   100

---

[4] Porque para entrar en un colegio universitario u obtener una encomienda de las órdenes militares había que probar la limpieza de sangre.

[5] Al Conde Pero Ansúrez se atribuía la fundación de Valladolid. (Alude Quevedo a las frecuentes inundaciones del Esgueva, que más de una vez llegaban a la catedral, donde está el sepulcro del Conde.)

[6] Pedro Miago, «personaje vallisoletano del siglo IX, mayordomo, según parece, del Conde Ansúrez. Fundó una cofradía bajo la advocación de Santo Tomás Becket, que tuvo su domicilio cerca de la iglesia de San Esteban. En el mismo edificio estaba enterrado Pedro Miago, en su sepulcro que se véïa desde la calle... Según se deduce de las palabras de Quevedo, la estatua tenía las narices rotas». N. Alonso Cortés, «El romance de Quevedo a Valladolid», en *Mediterráneo*, 13-15 (1945), pág. 73.

[7] Nótese el juego de voces.

Culpa es del lugar, no es suya,
aunque suya sea la pena,
pues sus fríos romadizos
gastan narices de piedra.

Dejen descansar tus muertos,   105
ciudad famosa y soberbia,
pues mirada sin pasión,
tienes muchas cosas buenas.

Para salirse de ti
tienes agradables puertas,   110
y no hay conserva en el mundo
que tan lindo dejo tenga.

¿Hay cosa como tu prado,
donde cada primavera,
en vez de flores, dan caspa   115
los árboles, si se peinan?

Yo sí que digo verdades,
que la pasión no me ciega
de ser hijo de Madrid
y nacido en sus riberas.   120

En cuanto a mudar tus armas,
juzgo que acertado fuera,
porque solos los demonios
traen llamas en sus tarjetas[8].

La primer vez que las vi   125
te tuve en las apariencias
por arrabal del Infierno,
y en todo muy su parienta.

Mas ya sé por tu linaje
que te apellidas cazuela[9],   130
que, en vez de guisados, hace
desaguisados sin cuenta.

No hay sino sufrir agora,
y ser en esta tormenta
nuevo Jonás en el mar,   135
a quien trague la ballena[10].

---

[8] *tarjetas*, adornos con inscripciones, empresas o emblemas que
figuran en ciertos edificios. Las armas de Valladolid consisten en
cinco llamas o jirones en campo de gules.
[9] A los de Valladolid llamaban «cazoleros» o «cazalleros». Por
eso alude a los «ballenatos» madrileños.
[10] «Alude a la vulgaridad de atribuírsela a Madrid», apostilla
González de Salas.

Podrá ser que te vomite
más presto que todos piensan,
y que te celebren viva
los que te lloraron muerta.   140

[*Parnaso, 570*]

738

CONSULTA EL REY TARQUINO A UNA DUEÑA CERCA
DE SUS AMORES Y ELLA LE ACONSEJA

ROMANCE

Marca Tulia se llamaba
una dueña de Tarquino:
que también regaló el diablo
con dueñas al paganismo.
    (Escriben varios autores   5
que en los chismes y el oficio
eran en aquella edad
tales como en este siglo.)
    Era la romana vieja
hecha en la impresión del grifo,   10
que con nariz y con barba
pudiera dar un pellizco.
    La carita parecía
suelo de queso de Pinto:
que los Pintos y los quesos   15
blasonan de muy antiguos.
    Empegada como un jarro,
corcovada como un cinco;
el rosario no le usaba,
mas usaba los hechizos.   20
    Tartamuda (Dios nos libre),
con tener por boca un chirlo,
las encías por bigotes,
y los labios por colmillos.
    Teníala el dicho rey   25
por puntero de sus vicios,

asesora de arremetes
y azuzadora de tibios.

  Díjola cómo Lucrecia,
la mujer de Colatino,   30
a treinta[1] con rey le puso
la sarna del apetito.

  «Es honesta por el cabo
(lloraba el rey como un niño):
no sé qué me hacer con ella,   35
aunque he pensado en un hijo.

  »Suspiro, y nunca me oye;
no me responde, si escribo;
si paseo, no me ve;
en mirándola, da gritos.   40

  »Por un poco de adulterio,
la daré el cetro que rijo;
a ti me encomiendo, madre,
y invoco tus aforismos.»

  Aquí, meciendo la vieja   45
el visaje de *ab initio*,
después que habló con los gestos,
alzando la cara, dijo:

  «Oír a tu majestad
encarecer ese risco,   50
hará descalzar de risa
aun a los padres conscriptos.

  »Bien tendré callos de trampas,
pues como el pan de los niños;
más Lucrecias he alcanzado   55
que yo calendas me quito.

  »¿No tiene vergüenza un rey
de escribir un billetico,
y como azúcar de pila,
enviarse en papelitos?   60

  »Pasear es de indigestos,
y fineza de tobillos;
noramala y pasear
es enviar a lo mismo[2].

---

[1] *treinta,* juego de naipes.
[2] «Váyase noramala, y váyase a pasear.» Nota de González de
Salas.

»De los quereres vulgares   65
son prólogo los suspiros;
y del amor mendicante
empuñadura los pidos.

»Obligar y comprar es
rodeo de desvalidos;   70
y el chocar y el embestir,
retórica de los ricos.

»Si el rey está sobre todos,
Lucrecia estará en buen sitio:
sólo faltará el asalto,   75
y faldas no son castillos.

»Bien sé que dirá "No quiero",
que es mamona[3] de maridos;
habrá llanto, con que crecen
las plantas de regadío.   80

»A estar vuestra majestad
en este pellejo mío,
(pues en alforzas de arrugas
muy bien cabrá si le estiro),

»Lucrecia estuviera ya,   85
con todos esos prodigios,
más forzada que en galeras,
más cursada que camino.

»El ser por el cabo honesta
no embaraza a tus desinios,   90
pues pasó quien llega al cabo,
el medio ya, y el principio.

»Que donde hay fuerza se pierde
derecho, es refrán de lindos[4];
mas también donde hay derecho   95
la fuerza se gana a brincos.

»A Colatino conozco
desde que era tamañito,
y para padre de cabras
sólo le falta lo chivo.   100

»Con armas, no con billetes,
nos pintaron a Cupido;

---

[3] *mamona*, «vulgarmente se toma por una postura de los cinco dedos de la mano, y por desprecio solemos decir que le hizo la mamona». (Covarrubias, *Tesoro*.) Cf. el núm. 767, v. 121.

[4] En efecto, Correas, *Vocabulario*, registra el refrán: «Donde fuerza hay, derecho se pierde».

y alegan los perros muertos[5]
aljabas, y no bolsillos.
»La fuerza la hace Lucrecia,   105
que a su rey sacó de quicio:
quien sin querer enamora,
sin querer sufra relinchos.
»Sobre mi conciencia tomo,
si la fuerzas, tu delito;   110
y que ha de aprobar su dueña
el parecer que te endilgo.»
Escuchóla el rey atento,
y viene, y toma, y ¿qué hizo?,
sino vase, y llega, y zas,   115
que lo quiso, que no quiso...
Muchos pareceres dan
en su muerte, y yo malicio
que tuertos de otro puñal
desfizo el puñal büido.   120
De ella nadie ejemplo toma;
que escándalo siempre ha sido
del tiempo, y por consonante
de «necia» está en los abismos.
Murió, en fin; el rey perdióse;   125
su novio quedó novillo:
hasta aquí pudo llegar
de una dueñecita el pico.
Ansí lo escribe Arbolías
en el capítulo quinto;   130
si bien hay varias leciones
en algunos manuscritos.

[*Parnaso*, 573]

---

[5] *perros muertos*, engaños. Véase también el núm. 744, v. 67.

739

Véngase de la soberbia de una hermosura con el estrago del tiempo

ROMANCE

Pésame, señora mía,
de ver a vuesa merced
hoy de plata, sin ser niña,
y niña de plata ayer.
A pesar del artificio,   5
el padre Matusalén
ha introducido en su cara
mucha cáscara de nuez.
Las arrugas de la frente
son rodadas, a mi ver,   10
de la carrera del tiempo
y la huella de sus pies.
Bien haya el hoy que me vengó de ayer.

La habla desempedrada,
puesto silencio al morder,   15
tocando están a la queda
al gusto y al interés.
Lo que a una muerta sisaron,
es la pompa de su sien:
sobras de la sepoltura   20
la rizan el chapitel.
Las muelas y los colmillos
son, dejando nuestra ley,
Sarracinos y Aliatares,
dos a dos y tres a tres.   25
[*Bien haya el hoy que me vengó de ayer.*]

Tiritar puede de frío
en el más nevado mes;
pero dar diente con diente
no lo quiero conceder.   30
La que tuvo Juanetines
y don Juanes a sus pies,

ya con los juanetes solos
en malos pasos la ven.
    El ojo que apostó a luces   35
con el mismo amanecer,
ojo de pulla se ha vuelto,
de los de «Béseme en él».
    [*Bien haya el hoy que me vengó de ayer.*]

    El capote, que en las cejas   40
tanto daba en qué entender,
albanega[1] de villano,
la vista esconde en buriel[2].
    El labio, que fue sirena
del amante moscatel[3],   45
con los pliegues es plegaria
por el dame y por el den.
    Los pliegues de cuantas bolsas
abrió su cara novel,
hoy tienen con cerraderos[4]   50
de sus mejillas la piel.
    [*Bien haya el hoy que me vengó de ayer.*]

    Si la llamare «Mi vida»,
pues sabe la vida que es,
en figura de requiebro   55
será una vaya[5] cruel.
    Si la dijere «Mi alma»,
muy bien se puede correr,
pues es llamarla sin gracia,
y pecadora también.   60
    Si «Mis ojos», ya se entiende,
y su desaire se ve:
vidrïados como platos,
con cuerdas como rabel.
    Bien haya el hoy que me vengó de ayer.   65

                 [*Parnaso*, 575; los mss. intercalan
                 el estribillo.]

[1] *albanega*, especie de cofia o red para recoger el pelo.
[2] *buriel*, género de paño de color rojo oscuro.
[3] *amante moscatel*, amante tierno, pegajoso. Cf. núm. 741, v. 24.
[4] *cerraderos*, cordones que cierran las bolsas y bolsillos.
[5] *vaya*, burla.

740

BURLA DE LOS ERUDITOS DE EMBELECO
QUE ENAMORAN A FEAS CULTAS*

ROMANCE

Muy discretas y muy feas,
mala cara y buen lenguaje,
pidan catreda y no coche,
tengan oyente y no amante.
No las den sino atención,   5
por más que pidan y garlen,
y las joyas y el dinero
para las tontas se guarde.
Al que sabia y fea busca,
el Señor se la depare: 10
a malos conceptos muera,
malos equívocos pase.
Aunque a su lado la tenga,
y aunque más favor alcance,
un catredático goza,   15
y a Pitágoras en carnes.
Muy docta lujuria tiene,
muy sabios pecados hace:
gran cosa será de ver
cuando a Platón requebrare.   20
En vez de una cara hermosa,
una noche y una tarde,
¿qué gusto darán a un hombre
dos cláusulas elegantes?
¿Qué gracia puede tener   25
mujer con fondos en fraile,
que de sermones y chismes
sus razonamientos hace?
Quien deja lindas por necias
y busca feas que hablen,   30
por sabias coma las zorras,
por simples deje las aves.

* Por la alusión a los cultos, v. 43, el romance será posterior
a 1613. Apareció en *Romances varios*, 1643, pág. 101.

Filósofos amarillos
con barbas de colegiales,
o duende dama pretenda,   35
que se escuche y no se halle.
    Échese luego a dormir
entre Bártulos y abades,
y amanecerá abrazado
de Zenón y de Cleantes.   40
    Que yo, para mi traer,
en tanto que argumentaren
los cultos con sus arpías,
algo buscaré que palpe.

[*Parnaso*, 576]

741

REFIERE LA PRESA DE TRES SALTEADORAS DEL SONSAQUE

ROMANCE

Deletreaba una niña
mi talegón antiyer:
con «Ce» la llamé tapada,
y me respondió con «Dé».
    Entre dos viejas estaba,   5
punteros de Lucifer,
Matus doña Ana la una,
y otra Matus doña Inés.
    Estaban las viejecitas,
como carne de pastel,   10
hojaldradas y calientes,
güesos y moscas después.
    La habla, desencordada,
que mostraba al responder
mucha encía y poco diente,   15
labio y quijada cruel.
    Descuidábase el perfume,
y oliscaban de tropel
a purgatorio y responsos,
y a pastillas de vejez.   20

En dos cuévanos[1] los ojos,
que parecen, cuando ven,
que, en vez de mirar, vendimian
todo amante moscatel[2];
    las manos de mal ministro,   25
untadas con sebo y miel;
muslo en forma de muñeca,
nieve con fondos en pez.

    Hechas espadas de esgrima
se vinieron todas tres   30
en zapatillas a darle
una de puño[3] a mi argén.

    Entre estos dos cortezones,
pringada estaba mi bien
como torrezno en mendrugos   35
que no se pueden morder.

    En la tienda, Dios nos libre,
de un joyerito francés,
haciéndola Peralvillo[4]
de mi dinero novel,   40
    yo, con pasos desmayados
y con tartamudos pies,
iba, como el ahorcado
por la escalera al cordel,
    tan mal guisado de cara,   45
que se me echaba de ver
que llevaba ya en los güesos
un «Denos vuesa merced».

    Chirrïaba la muchacha,
y el séquito magancés[5],   50
zurrïando como avispas,
repicaban a coger.

    Andaba de mano en mano
la prosa del interés,
muy solícito el tendero   55
con la vara de Moisén.

---

[1] *cuévanos*, los cestos usados para trasladar la uva al lagar.
Cf. núm. 618, v. 1.
[2] *amante moscatel*, amante tierno. (Otra referencia en la pág. 938.)
[3] *una de puño*, una estocada llamada «de puño».
[4] *Peralvillo*, lugar cercano a Ciudad Real, donde la Santa Hermandad ajusticiaba a los malhechores.
[5] *magancés*, traidor, dañino. (Por alusión a Galalón, natural de Maganza.) (Vid. también pág. 1042.)

La niña me pidió cortes,
como si yo fuera rey;
primavera[6] por enero,
que no la tiene Aranjuez.   60

 Pidieron medias y ligas
las viejas, cuando pensé
que me pidieran el olio,
queriendo acabar en bien.

 No me aprovechó el «No traigo»,   65
ni el «Yo prometo», «Yo iré»,
«Otro día nos veremos»,
y «He de cobrar este mes».

 Sin poder decir «¡ Dios, valme !»,
me desnudaron la piel   70
el archivo de Simancas[7]
y un rostro barcelonés[8].

 Los guardianes de las bolsas,
los que se precian de ser
tenedores, no cucharas,   75
que afierren y nunca den,

 guárdense que los encuentre,
en casa de un mercader
una quincena en zapatos,
dos sesentonas a pie.   80

                    [Parnaso, 577]

742

Femenina cabellera, que predica a las
verdaderas pelambres*

ROMANCE

 Un moño, que aunque traslado,
de alma y corazón sencillo,
a un copete original
de aquesta manera dijo:

---

 [6] *primavera,* cierto tejido de seda, matizado de flores.
 [7] *archivo,* por lo vieja.
 [8] «Bandolero», apostilla González de Salas. (Alusión al bandolerismo catalán de la época, del que hay abundantes referencias literarias.)
 * Por la alusión del v. 29, posterior al 22 de marzo de 1623.

«Que mortal eres te acuerdo,   5
y que en los pasados siglos,
como tú te ves, me vi;
veráste como me he visto.

»En las cartas calvatorias
me presentan por testigo,   10
y en martirios de rizados
soy confesor de postizos.

»Si me dices no soy proprio,
es verdad, pero distingo:
proprio soy, como comprado;   15
ajeno, como vendido.

»Aunque persona de pelo
parezco, no soy muy rico,
pues, por no tener raíces,
son muebles los bienes míos.   20

»De por vida eran un tiempo,
viviendo en mi patrio nido;
pero ya son al quitar,
pues que me pongo y me quito.

»En extranjera corona   25
forastero peregrino,
y aunque natural parezco,
sólo avecindado vivo.

»Por la expulsión de los cuellos[1],
perdónenme los moriscos,   30
hay abridores de moños[2],
que tuvo paso su oficio.

»Fénix soy de las molleras,
renaciendo de mí mismo;
que apenas en unas muero,   35
cuando en otras resucito.

»Y es de fe que, si sonara
hoy la trompeta del Juicio,
dejaran los moños muertos
las calvas en cueros vivos.»   40

[Parnaso, 578]

---

[1] Vid. el romance que principia «Yo, cuello azul pecador», número 720.
[2] Porque había «abridores de cuellos».

743

Reformación de costumbres no importuna*

ROMANCE

Mando yo, viendo que el mundo
de remedio necesita,
que esta premática guarden
todos los que en él habitan.
Todo varón ojizarco   5
con toda ojinegra ninfa
quiero que truequen los ojos,
o, si no, que se los tiñan.
A barbados ceceosos
mando se pongan basquiñas[1];   10
que si un barbado cecea,
¿qué hará doña Serafina?
Quito mujeres que rapan,
con orinales, mejillas;
aunque hay rostro que de bello   15
tiene sólo el que le quitan.
Que mujer que muda barrio,
no piense que se confirma:
que algunas mudan más nombres
que tienen las letanías.   20
A los que visten bayeta
quiero que se les permita
que mientan pariente muerto[2],
porque su sotana viva.
Cara de mujer morena   25
con solimán[3] por encima,
aunque más grite el jalbegue[4],
puede pasar por endrina[5].

---

* Debe de ser posterior a las pragmáticas de 1623 sobre reformas
de trajes, dadas las alusiones irónicas.
[1] *basquiñas*, ciertas faldas.
[2] Porque la bayeta se empleaba (véase pág. 821) para forrar
ataúdes.
[3] *solimán*, cierto ungüento para el rostro.
[4] *jalbegue*, el ungüento o afeite. De *jalbegar*, blanquear.
[5] *endrina*, de color negro o azulado, parecido al de la endrina.

Desvanes quiero que habite
mujer de cincuenta arriba: 30
que es bien que viva en desvanes
quien anda de viga en viga.

Que a los que están escribiendo
no los vea quien se tiña,
porque en sus barbas no mojen,   35
si les faltare la tinta.

Excluyo dientes postizos;
porque es notable desdicha
que traigan, como las calvas,
cabelleras las encías.   40

Que no anden por las mañanas
las doncellas que se opilan;
pues, sanando de doncellas,
les crecen más las barrigas.

Que no se juzgue sin hijos   45
el que a su mujer permita
que vaya a hacer diligencia
si algún vecino la bizma[6].

Que a los que murieron mozos,
porque vuelvan a la vida,   50
se les infundan las almas
de viejas que quedan vivas.

Destierro puños pajizos;
que hay damas pastelerías
que traen en puños y en manos   55
roscones y quesadillas.

Permito las vueltas güecas[7]
donde hay muñecas rollizas:
que en flacas son candeleros,
y las muñecas, bujías.   60

Tusona[8] con ropa de oro
traiga cédula que diga:
«En este cuerpo sin alma
cuarto con ropa se alquila.»

                              [*Parnaso*, 579]

---

[6] *bizma*, de *bizmar*, poner «bizmas» o emplastos. (Por supuesto, el significado que le da Quevedo es distinto.)
[7] «Eran entonces recibidos estos trajes», anota González de Salas.
[8] *tusona*, buscona. Cf. núm. 867, v. 168.

744

PÚRGASE UNA MOZA DE LOS DEFECTOS
DE QUE OTRA ENFERMABA

ROMANCE

La Escarapela[1] me llamas,
y débeslo de fundar
en que en mí pela la cara,
como en ti la enfermedad[2].
    Tan mal francés como gastas   5
no le ha gastado jamás
Rocheli, ni, en sus herejes,
La Rochela y Montalbán.
    Andas poniéndome nombres
y llámante la Hospital,   10
mujer que con un bostezo
plagaste tu vecindad.
    Si yo estuve en la galera,
no he perdido calidad,
que es un colegio de mozas   15
renegadas del fregar.
    Un ahorcado de lino
es el remo que nos dan:
el hilar es reconcomio
de besos y de bailar.   20
    Si dicen que me raparon,
han dicho mucha verdad;
¿fue más de inviar mis liendres
en moño a otra tal por cual?
    ¿Tú te comparas conmigo,   25
que peco de mar a mar,
si, lechuza de medio ojo,
vas de zaguán en zaguán?
    Pierres y Cosmes a cercen[3]
gozan tu fragilidad,   30

---

[1] *escarapela*, riña de mujercillas, en que de las injurias y dicte-
rios se suele pasar a repelones y arañazos.
[2] *enfermedad*, las bubas, la sífilis, de ahí la alusión siguiente
al mal francés.
[3] *a cercen*, enteramente.

peones sin apellidos,
bautizados ras con ras[4].

Nombres sin don como el puño,
y tras el santo un Guzmán,
Cerda, Mendoza o Manrique,   35
no atisban mi humanidad.

Tengo el vicio linajudo,
sin perjuicio del ajuar:
por no emperrarme con nadie,
a nadie quiero fiar.   40

Yo admito a todos aquellos
que me dejan que contar:
bien puede ser grosería,
empero no es necedad.

Yo no quiero darme a perros,   45
por lo que puedo agarrar;
y al Gran Señor sin dinero
no le quiero hacer Gran Can.

Si los antes de la culpa
no recogen el metal,   50
los postres siempre profesan
de murria y necesidad.

A mí nadie me la hace
que no me la ha de pagar:
hagan todos lo que deben,   55
nadie lo que deberá.

Si por cara soy malquista,
no me quiero bienquistar;
murmuren, y denme todos,
y cátennos aquí en paz.   60

En el real de don Sancho
grandes alaridos dan[5]:
yo quiero que el tal don Sancho
calle su pico, y dé el real.

Tú, que sigues otro rumbo,   65
habrás dado en enviudar,

---

[4] *ras con ras*, al mismo tiempo. Cf. núm. 512, v. 2.
[5] Recuerda Quevedo, como otras veces, dos versos de un conocido romance viejo, el que comienza «Guarte, guarte, rey don Sancho»: «Gritos dan en el real, / que a don Sancho han mal herido».

a poder de perros muertos[6],
las perras de este lugar.

Por ti comen las Mastines
con tocas bajas el pan;   70
yo a la salud de los gozques
no me harto de brindar.

Dices que no tienes perro
que te ladre; y es verdad,
porque a los perros difuntos   75
nadie los oye ladrar.

Tener perreros es cosa
para iglesia catredal[7]:
tuya propria es esa plaza,
que yo soy toda seglar.   80

Al prometo niego el eco
con perversa honestidad,
porque el desprometimiento
es miento de par en par.

El que tiene no es el malo,   85
pues tiene, si quiere dar:
el malo es el que no tiene,
con su arriedro y su Satán.

Ya sólo el diablo está rico,
y nadie lo negará,   90
pues todo está dado al diablo,
y aun se hace de rogar.

Por ser cristiana, y no vieja,
me alegra el tribu[8] de Dan.
Tú, más vieja que cristiana,   95
en paganos puedes dar.

[Parnaso, 580]

---

[6] *perros muertos*, engaños.
[7] En algunos sitios aún se llaman *zotaperros* o *azotaperros* a los encargados de esa misión en las catedrales.
[8] *tribu* era también del género masculino en el siglo XVII.

745

VISITA DE ALEJANDRO A DIÓGENES, FILÓSOFO CÍNICO*

ROMANCE

En el retrete del mosto,
vecino de una tinaja,
filósofo vendimiado,
que para vivir te envasas,
 galápago de Alcorcón,   5
porque el sol te dé en la cara,
campando de caracol,
traes a cuestas tu posada.
 ¡Válgate el diablo por hombre!
No sé cómo te devanas,   10
acostado en un puchero
el cuerpo, y el sueño a gatas.
 Pepita de un tinajero,
nos predicas alharacas
contra pilastras y nichos   15
y alquileres de las casas.
 No saben de ti los vientos,
porque les vuelves las ancas;
y para mudar de pueblo,
echándote a rodar, marchas.   20
 Para mejorar de sitio
tu persona misma enjaguas;
lo que ocupas es alcoba,
y lo que te sobra, salas.
 Si te abrevias en cuclillas,   25
en el sótano te agachas;
si te levantas en pie,
a tu desván te levantas.
 Ves aquí que viene a verte
el hidrópico monarca   30
que de bolillas de mundos
se quiso hacer una sarta;

* Véase el análisis estilístico de este romance en M. Muñoz Cortés, «Sobre el estilo de Quevedo», en *Mediterráneo*, 13-15 (1946), págs. 108 y ss.

aquel que, glotón del orbe,
engulle por su garganta
imperios, como granuja,   35
y reinos, como migajas;
    quien con cuernos de carnero
guedejó su calabaza,
y por ser hijo de Jove
se quedó chozno[1] de cabras;   40
    el que tomaba igualmente
las zorras y las murallas,
en cuya cholla arbolaron
muchas azumbres las tazas,
    cátatele aquí vestido   45
todo de labios de damas[2];
esto es, de grana de Tiro,
si la copla no me manca.
    Levanta la carantoña
que por el suelo te arrastra: 50
mira la gomia del mundo,
serenísima tarasca[3].
    Era el mes de las moquitas,
cuando saben bien las mantas,
y cuando el sol a los pobres   55
sirve de cachera[4] y ascuas.
    Diógenes, pues, que a sus rayos
se despoblaba las calzas
de los puntos comedores,
que estruja, si no los rasca,   60
    con unas uñas verdugas,
y con otras cadahalsas,
aturdido del rumor
que trae su carantamaula[5],
    volvió a mirarle, los ojos   65
emboscados en dos cardas,

---

[1] *chozno*, hijo de tataranieto. (Se solía pintar a Alejandro con un casco, adornado con cuernos, símbolo de la divinidad.)
[2] Vestido de púrpura.
[3] *gomia*, igual que *tarasca* en ciertas regiones; *tarasca*, figura de sierpe monstruosa que se sacaba en la procesión del Corpus.
[4] *cachera*, «ropa basta que se hace de la tela de mantas frazadas... son para abrigarse con ellas de noche y echarlas sobre la cama». (Covarrubias, *Tesoro*.) Cf. núm. 751, v. 63.
[5] *carantamaula*, careta de aspecto horrible. Cf. núm. 748, v. 31.

y pobladas sus mejillas
de enfundaduras de bragas.

De un cubo se viste loba[6],
y de dos colmenas, mangas,   70
limpias de sastre y de tienda,
como de polvo y de paja.

Una montera de greña
era coroza a su caspa;
en el color y en lo yerto,   75
juntos erizo y castaña.

Por lo espeso y por lo sucio,
cabellera que se vacia,
melena de entre once y doce,
con peligros de ventana.   80

Miró de pies a cabeza
la magnífica fantasma,
y preciándole en lo mismo
que si el rey Perico baila[7],
y sin chistar ni mistar   85
ni decirle una palabra,
formando con las narices
el gandujado[8] de caca,

al sol volvió el *coram vobis*,
y al emperador las nalgas,   90
con muy poca cortesía,
aunque con mucha crianza.

Era Alejandro un mocito
a manera de la hampa,
muy menudo de faciones   95
y muy gótico[9] de espaldas.

Barba de cola de pez
en alcance de garnacha[10],
y la boca de amufar[11],
con bigotes de Jarama.   100

---

[6] *loba*, manteo o sotana de paño negro.
[7] «En el baile del rey Perico.» Nota de González de Salas.
[8] *gandujado*, guarnición que formaba una especie de fuelle o arrugas.
[9] *gótico*, grande. Cf. núm. 749, v. 141.
[10] *en alcance de garnacha*, «casi de garnacha». (La garnacha es una uva roja que tira a morada.)
[11] *amufar*, como *amurcar*, dar golpes el toro con las astas. Por eso tiene los bigotes como un toro de Jarama.

La mollera en escabeche,
con un laurel que la calza,
y para las amazonas
con brindis de piernas zambas.
El vestido era un enjerto   105
de cachondas y botargas[12],
pintiparado al que vemos
en tapices y medallas.
Púsose de frente a frente
de la mal formada cuadra[13],   110
y, dejándola a la sombra
sus purpúreas hopalandas,
le dijo: «Cínico amigo,
lo que quisieres demanda;
pide sin ton y sin son,   115
pues que ni tañes ni bailas.
»Yo soy quien, para vestirse
toda la región mundana
por estrecha la acuchillo,
y al cielo le pido ensanchas[14].   120
»Pide, porque, aun siendo dueña,
te pudiera dejar harta,
y aun si fueras cien legiones
de tías y de cuñadas.»
Diógenes, que no habia sido   125
sacaliña ni demanda,
agente ni embestidor,
ni buscona cortesana,
respondió: «Lo que te pido
es que, volviéndote al Asia,   130
el sol que no puedes darme,
no me le quiten tus faldas.
»Nadie me invidia la mugre,
como a ti el oro y la plata:
en la tinaja me sobra   135
y en todo el mundo te falta.
»Mi hambre no cuesta vidas
al viento, al bosque o al agua;

---

[12] *cachondas* se llamaban también las calzas; *botarga*, especie
de calzón ancho y largo.
[13] *cuadra*, habitación.
[14] *ensanchas*, ensanches.

tú, matando cuanto vive,
sola tu hambre no matas.   140
     »Para dormir son mejores
estas yerbas que esas lanzas;
a todos mandas, y a ti
tus desatinos te mandan.
     »Pocos temen mis concomios[15],   145
muchos tiemblan tus escuadras:
déjame con mi barreño
y vete con tus tïaras;
     »que yo, vestido de un tiesto,
doy dos higas a la Parca,   150
pues tengo en él sepultura,
después que palacio, y capa.
     »Tiende redes por el mundo,
mientras yo tiendo la raspa:
que en cas de las calaveras   155
ambos las tendremos calvas.
     »El veneno no conoce
las naturales vïandas;
vete a morir en la mesa
y a vivir en las batallas.   160
     »El no tener lisonjeros
lo debo al no tener blanca;
y si no tengo tus joyas,
tampoco tengo tus ansias.
     »Como yo me espulgo, puedes   165
(si alguna razón alcanzas)
espulgarte las orejas
de chismes y de alabanzas.
     »Y adiós, que mudo de barrio,
que tu vecindad me cansa».   170
Y echó a rodar su edificio
a coces y a manotadas.
     Oyólo Alejandro Magno;
y, recalcado en sus gambas,
muy ponderado de hocico,   175
más apotegma que chanza,
     dijo: «A no ser Alejandro,
quisiera tener el alma

---

[15] *concomio*, de concomerse, reconcomio

de Diógenes, y mis reinos
diera yo por sus lagañas».   180
    Los amenes de los reyes[16]
dijeron a voces altas:
«¡ Lindo dicho !», y era el dicho
trocar el cetro a cazcarrias.
    Quedóse el piojoso a solas   185
y el Magno se fue en volandas:
si Dios le otorgara el trueco,
allí viera Dios las trampas.

[*Parnaso*, 581]

746

Desengañada exclamación a la Fortuna

ROMANCE

Fortunilla, Fortunilla,
cotorrerica de fama,
pues con todos los nacidos
te echas y te levantas;
    bestia de noria, que, ciega,   5
con los arcaduces andas,
y en vaciándolos, los llenas
y en llenándolos, los vacias;
    bola de juego de bolos
que la soberbia dispara,   10
pues sólo a derribar tiras
y cuanto derribas ganas;
    molino que, a pocas vueltas,
lo más granado quebrantas,
sin saber hacer salvado,   15
ni con viento, ni con agua;
    escribanito lampiño,
que vives del hacer causas,
cargado de tinta y plumas,
que ya absuelven y ya matan;   20

---

[16] *amenes de los reyes*, los aduladores.

tú, que de dar perros muertos
a los ambiciosos, campas;
que aúllan cuando prometes,
y al tiempo de cumplir, rabian;
    las mulitas de alquiler   25
de ti aprendieron a falsas,
pues a quien llevas encima
le derribas y le arrastras.

    Por maestra de danzar
te conocen en España,   30
pues haces el son a todos,
y vives de las mudanzas.

    ¡Qué de volatines veo
que por tus cordeles andan,
y han de tener el pescuezo   35
en donde tienen las plantas!

    Tal vez forjas melón rico
de pepita calabaza;
si no madura, le cuelgas,
y si madura, le calas.   40

    De tantos pies y cabezas
como quitas o resbalas,
tu infinita pepitoria
¿a qué sábado la guardas?   45

    Ratonera de ambiciosos
eres también, pues los cazas,
dando paso para que entren
y púas porque no salgan.

    Yo asirme quiero a la tierra
y vivir entre las plantas: 50
quien de granizo presume,
por nubes y truenos vaya.

    No me has de hacer encreyente[1]
que pueden volar mis zancas;
que son mis juanetes plumas,   55
que son mis muletas alas.

    Tus puestos dalos a otro,
cerrado menos de barba:
que los que son puestos hoy,
serán quitados mañana.   60

---

[1] *hacer encreyente*, persuadirle de lo que no se puede creer. (Era frase hecha, según registra Correas en su *Vocabulario*.)

Tus estados son de pozo,
pues de soga se acompañan:
yo no me meto en honduras;
vete a marquesar a Jauja.
   Siempre estás con tu costumbre,   65
llenas de sangre las faldas;
y, con ser esto ordinario,
no hay mes que no tengas falta.
   ¿ De sacar de juicio a tantos,
no me dirás lo que sacas,   70
hija bastarda del martes,
más triste y más acïaga ?
   Mis tropezones me cuesta
el andar a tus espaldas,
y tus sendas me dejaron   75
arrepentido de patas.
   Si fueras casamentero,
no tuvieras tan mala alma,
pues concertaras al fin
lo que a la fin desbaratas.   80
   Eres gusano de seda,
tú, que los favores labras,
y para vestir a otros
te entierras y te amortajas[2].
   El valido, que cordero   85
alguna vez mojigatas,
aforrado está en león;
sus proprios balidos brama.
   Arrastrar como culebra,
defiende, si no descansa: 90
que andar enredando techos
es proprio de las arañas.
   El que mira lo pasado,
con miedo las dichas palpa:
quien bajar quisiere en pie,   95
ande por la cumbre a gatas.
   Aquellos ilustres necios
que creyeron tus palabras,
entristecen las historias
y la memoria nos manchan.   100

[2] «Cuando de la ruina de un poderoso, otro se levanta.» Nota de González de Salas.

Muy preciada de degüellos,
escarmientos desenvainas,
que espantan y no aprovechan,
si es que alguna vez espantan.
A quien te sigue despeñas,   105
.a quien te escoge descartas,
a quien te estima aborreces,
a los que te creen engañas.
Vete a ser torno de monjas,
hazte veleta o giralda: 110
que, si te van conociendo,
no has de poder hacer baza.
Y pues que, con vueltas y uñas,
ya engarrotas y ya arañas,
gradúate de demonio   115
o quédate para carda.
Guardaos de la borracha
vieja y embustidora[3],
que va dando traspiés por donde pasa
y se le anda alrededor la casa. 120

[*Parnaso*, 584. Por errata, 572]

747

SUCESO DE UN RELIGIOSO PROVEÍDO AVIESAMENTE, AUNQUE ELECTO YA OBISPO

ROMANCE

Monseñor, sea para bien
el haberos proveído:
a la cámara[1] se debe,
y ayudaros los amigos.
El invidioso que dice   5
que ya no estáis de servicio,
ni sabe vuestro suceso,
ni güele vuestro desinio.

---

[3] *embustidora*, mentirosa.
[1] Juego de voces, puesto que «proveerse» significa también ir al
retrete y «cámara», diarrea. Todo el romance se apoya en estos
juegos de voces.

Vanidad, y no caída,
tanto cardenal ha sido: 10
pues os halláis consistorio
y fuistes *quidam* obispo.

Hacer sus necesidades
debe todo buen ministro:
que los grandes sacerdotes 15
nunca hicieron edificios.

Entre culebra y pastor
equivocastes los silbos:
que, si llamaron ovejas,
os juntaron palominos. 20

Vigilante enfermedad
de puro Antistes[2] os vino,
pues, por no cerrar el ojo,
tuvistes tanto peligro.

El ama, cuando lo vio 25
llorando a cántaros, dijo:
«Como buen obispo vela,
y aun campar puede de cirio.

»Vuestros servicios os valen;
sois proprio pastor de apriscos; 30
bien mostráis que los pecados
os tienen, señor, ahíto.»

Asco da, no devoción
(estimad aqueste aviso),
quien en su servicio muere 35
y no en el de Jesucristo.

Pues sois hombre de correa,
deste parabién prolijo
no os corran las advertencias,
aunque de correncia[3] han sido. 40

[*Parnaso*, 586]

² *Antistes*, título honorario que antiguamente llevaron varios
obispos, abades, priores, etc.
³ *correncia*, diarrea.

748

PINTURA DE LA MUJER DE UN ABOGADO,
ABOGADA ELLA DEL DEMONIO*

ROMANCE

Viejecita, arredro vayas[1],
donde sirva, por lo lindo,
a San Antón esa cara
de tentación y cochino.
Quien mira tan aliñado   5
ese magro frontispicio,
por maya de los difuntos[2]
te cantará villancicos.

Doña Momia, sin ser carne,
cecina del otro siglo,   10
cuerpo zurcido de cuartos
quitados de Peralvillo[3],
muchos años de tarasca
en pocos meses de mico[4],
vieja vida perdurable,   15
calaverazo infinito,
responso sobre chapines,
alma en pena con soplillo,
zarpa antoñona fiambre,
mancebita de *ab initio*,   20
frutilla del ataúd,
de quien dicen los vecinos
que el juez de los cimenterios
anda tras ti dando gritos;

* Posterior a 1610. Véase la nota 4.
[1] *arredro*, atrás, hacia atrás. Es un calco de «vade retro». Vid. el núm. 757, v. 40. Covarrubias, *Tesoro*, dice: «está tomado del *vade retro*».
[2] Alude a la fiesta de la *Maya*, frecuente en toda España en el mes de mayo. En ciertas regiones, las jóvenes elegían la *maya*, la muchacha que representaba la primavera, el mes de mayo, y entonaban canciones —*las mayas* o *los mayos*— a las que alude Quevedo como *villancicos*.
[3] *Peralvillo*, lugar de Ciudad Real, donde la Santa Hermandad ahorcaba a los malhechores.
[4] Versos inspirados en dos famosos del romance de Góngora «Apeóse el caballero» (de 1610): «muchos siglos de hermosura / en pocos años de edad».

si sacaras por las calles   25
guadaña por abanico,
por el «Miren lo que somos»,
te hablaran los monacillos.
      Cara de aldabón en puerta,
carantoña de poquito,   30
carantamaula[5] en enredos,
carátula en regocijos,
      cara forjada en encella[6],
según arrugas atisbo,
muesca de planta de pie,   35
suelo de queso de Pinto;
      no cara, sino Carón,
el barquero del abismo;
de la capacha del diablo,
andadera[7] de espartillo;   40
      el cabello como el don,
para no decir postizo,
negro de él, pues acompaña
dentro en Sevilla a Calvino;
      frente cáscara de nuez,   45
que ha profesado de jimio,
dos ojos de vendimiar[8],
en dos cuévanos metidos;
      mozas de fregar por niñas,
sin gloria y sin luz dos limbos;   50
para tienda, a mercaderes,
ojera de lindo sitio;
      nariz a cuyas ventanas
está siempre el romadizo,
muy juguetón de moquita,   55
columpiándose en el pico.
      Cuantos a boca de noche
aguardan sus enemigos,
a la orilla de tus labios
aciertan hora y camino.   60

---

[5] *carantoña, carantamaula*, mujer vieja y fea, que se da afeite
para disimular la edad y la fealdad.
[6] *encella*, molde para hacer quesos.
[7] *andadera*, como demandadera.
[8] *ojos de vendimiar* llama Quevedo a los viejos, hundidos, parecidos a los cestos o cuévanos usados para llevar la uva. Cf. números 618, v. 2 y 741, v. 21.

El diente, que viene a ser
el tronco de ovas vestido[9],
y los raigones tras él,
diciendo «Aquí fue colmillo»;
    quijada de pie de cruz,   65
donde el güeso fugitivo
dejó casas de panal,
y por muelas, orificios;
    barba, que con la nariz
se junta a dar un pellizco;   70
sueño de Bosco con tocas,
rostro de impresión del grifo;
    visión cecial detestable,
rellena de cocrodrilos,
aspaviento ya carroño,   75
mandrágula con zollipo[10],
    vete a fundar marimantas[11]
a las orillas del Nilo,
o a empezar otra Cuaresma,
como miércoles Corvillo.   80
    Aparécete al que muere,
que, con gesto tan precito,
te pasarán por el diablo
los postreros parasismos.
    Doncella del alquitarre,   85
vete a dar con el hocico
hojaldre a las cataratas
del ojo del enemigo[12].
    Sé rana de Tagarete[13],
. si no es que se afrente él mismo;   90
que, siendo arroyo de bien,
no querrá dar asco al río.
    Cohete con ropa limpia
me pareces los domingos,

---

[9] Recuerda otro conocido verso de un romance de Lope, que principia exactamente así. Vid. la edic. de J. F. Montesinos en Clásicos Castellanos, 68, pág. 66.

[10] *mandrágula*, la planta llamada *mandrágora*, acerca de cuyas propiedades corrían en la antigüedad abundantes fábulas. *Zollipo*, sollozo con hipo.

[11] *marimantas*, fantasmas con que se asustaba a los niños.

[12] La tacha ahora de bruja.

[13] Tagarete, río de Bolivia, en el departamento de Oruro.

o el ánima condenada,   95
con tus faciones delitos.
    Por auténtica en Simancas
te está pidiendo el archivo,
más pasada que «Años ha»,
más escurrida que el vino.   100
    Fuiste despabiladeras
en casa de algún morisco,
porque el tufo y el color
se presentan por testigos.
    Bien haya quien te juntó   105
con tan añejo marido,
donde la mugre y la caspa
se pueden llamar de primos.
    Cuando miro al licenciado,
de sólo verle me pringo: 110
¿qué haré si atisbo tu cara
con su grasilla de cisco?
    Considérote desnuda,
andando sobre dos hilos,
esqueleto en camisón,   115
pantasma con dominguillos.
    Si tú te hicieras preñada,
se engendrara algún vestiglo,
si no es que en vieja, de un churre[14],
se fraguase el Antecristo.   120
    ¡Quién os pudiera acechar
cuando, tras llamaros hijos,
os besáis, donde los besos
son un choque de servicios;
    cuando tú, *memento homo*,   125
te almohazas con tu erizo,
y dos en güeso, no en carne,
sois los siglos de los siglos!
    Mas yo me parto a buscar
quien conjure basiliscos,   130
por si a sacaros del mundo
pueden valer exorcismos.

[*Parnaso*, 587]

[14] *churre*, pringue gruesa y sucia que corre de algo graso.

749

CENSURA COSTUMBRES Y LAS PROPRIEDADES
DE ALGUNAS NACIONES

ROMANCE

Cansado estoy de la Corte,
que tiene, en breve confín,
buen cielo, malas ausencias,
poco amor, mucho alguacil.

Ahíto me tiene España;   5
provincia, si antes feliz,
hoy tan trocada, que trajes
cuida, y olvida la lid.

No quiero ver ciertos godos,
muy puestos a concibir,   10
que trampeando la barba,
la desmienten con barniz;

doncellas que, en un instante,
hilarán a su candil,
con su huso y su costumbre,   15
el cerro de Potosí;

casadas que, en la partida
del marido becerril,
a los partos y a los medos
cubren con el faldellín;   20

maridito melecina,
que, con ingenio sutil,
se retira cuando quiere
chupar humor para sí.

Contra bolsa remontada,   25
ver de un tintero[1] civil
salir la volatería
de tanta pluma neblí.

Un abogado, que quiere,
por barbado, corregir,   30
con más zalea[2] que leyes,
menos textos que nariz.

[1] *tintero*, cornudo. Porque los tinteros se hacían de cuerno.
[2] *zalea*, cuero de oveja o carnero, curtido de modo que conserve
la lana.

Muy cordón y muy rosario
un ropero malgesí[3];
tercero, que, por un cuarto,   35
será segundo Caín.

Una niña concebida
en original pedir:
para quien muere, gusano;
para quien vive, arestín[4].   40

Un obligado de aceite[5],
que antaño fue volatín,
y ya, regidor lechuza,
se llama don Belianís.

Ver al doctor *Parce mihi*,   45
pestilencia de ormesí[6],
fabricando calaveras
a puro sen y pugín[7].

Al resuello de la cárcel,
al vaho del perseguir,   50
hecho siempre Juan de Espera,
no en Dios[8], sino en corchapín[9].

No quiero ver la viuda,
entre cuaresma y monjil,
hacer las tocas manteles,   55
y el plato[10] de su vivir.

Una vieja sempiterna,
calavera carmesí,
con más nietos que cabellos,
orejón dado matiz[11].   60

---

[3] *malgesí*, mago, mágico. Malgesí es un mago que aparece en el *Orlando*. Vid. más adelante en el *Poema de las necedades*... Pero es una clara alusión a los conversos. (A veces, llamar «ropero» o «sastre» a alguien equivalía a tacharle de judío.)

[4] *arestín*, planta parecida al cardo, y también «sarna seca», «que despide el humor a modo de caspa o salvado». (Covarrubias, *Tesoro.*)

[5] *obligado*, persona a cuya cuenta corría el abastecer a un pueblo o ciudad de algún género, como carbón, carne o aceite.

[6] *ormesí*, tela fuerte de seda, muy tupida y prensada.

[7] *sen y pugín*, dos clases de medicamentos empleados en la confección de purgantes. Cf. núms. 759, v. 172 y 767, v. 164.

[8] Juan de Espera en Dios, el personaje que simboliza al judío errante de la diáspora.

[9] *corchapín*, escorchapín, embarcación a vela que servía para transportar gente de guerra y bastimentos.

[10] *hacer el plato a uno*, mantenerlo, darle de comer.

[11] *orejón dado matiz*, orejón al que se le ha dado un matiz, un baño de pintura. Cf. núm. 550, v. 14.

Ver arremedar privanzas
un hablador y un malsín,
encajando el «Despachamos»,
y un poco de Arosteguí[12].

Más lana hubiera en Segovia   65
si desquilara Madrid
los petos y pantorrillas
de galán tanto arlequín.

Con la barriga a la boca
anda en días de parir,   70
y sus tripas de pelota,
todo jubón varonil.

Un ginovés a caballo,
¿quién le ha de poder sufrir,
más guarismo[13] que jinete,   75
aunque lleve borceguí?

Harto de ser castellano
desde el día en que nací,
quisiera ser otra cosa
por remudar de país.   80

Si no mirara adelante,
ya me hiciera florentín[14]:
que el tener sangre en el ojo
es calidad de por sí.

Fuera alemán o tudesco;   85
mas ¿de qué puede servir?:
que ya los brindis de Tajo
no le deben nada al Rhin.

Sed a sed los españoles
aguardaremos al Cid: 90
que a pie bebemos a Toro,
y a caballo a San Martín[15].

Ser inglés no añade nada
a nuestro ciego vivir:
que la fe de las mujeres   95
es ya Lutero y Calvín.

---

[12] Antonio de Aróstegui, o Aróztegui, del Consejo de Su Majestad, que murió entre octubre y noviembre de 1622.
[13] *más guarismo*, alude a que los genoveses ejercían muchas veces de banqueros y comerciantes.
[14] En Quevedo abundan las alusiones a los florentines como afeminados.
[15] Dos lugares famosos por sus buenos vinos.

Franceses son por la vida
mis huesos de Antón Martín[16];
mas mi flor es la del berro,
antes que la flor de lis.					100

    Todo hoy ministro es Turquía
en el español cenit,
donde el zancarrón[17] se adora
y tiene templo y atril.

    A tener alma melosa,					105
fuera portugués machín[18],
por hartarme de bayeta
y para dar que reír.

    Mas no quiero llorar muerto
al rey valiente y infeliz,					110
que de guitarra en guitarra
quiso llegar al Sofí.

    Pero ya estoy antojado
de irme a Galicia a vivir,
por emplear en lugares					115
catorce maravedís;

    tierra donde el sol influye
esportillos y mandil;
a todo ventero, mozas,
ayos, a todo rocín;					120

    en donde cuatro vasallos
valen un maravedí,
y es ajuar de titulado
sardesco[19], choza y mastín;

    en donde, como el tocino,					125
anda el hidalgo en pernil;
ellos cargados de barba,
ellas tomadas de orín.

    Región copiosa de pueblos,
pues en medio celemín					130
parten términos un grajo,
dos señores y una vid;

---

[16] Alude al «mal francés» —la sífilis— y al hospital llamado de Antón Martín.

[17] Es una alusión a Mahoma, muy frecuente en los textos del siglo XVII.

[18] *machín*, Cupido. (Los portugueses llevaban fama de tiernos enamorados.)

[19] *sardesco*, asno pequeño.

tierra donde las doncellas
llaman hígado al rubí,
y andan hechas San Antones,   135
con su fuego y su gorrín;
    en donde las regaladas
llevan su cuerpo gentil
en talegos, como cuartos,
huyendo del caniquí[20].   140
    Muy góticas[21] de faciones,
y de pelo muy espín,
virginidades monteses,
aman a lo jabalí.
    Pero como fuere, sea;   145
pues Santiago quedó allí,
no debe de ser Galicia
de todo punto rüin.
    Ribadavia, mi garganta
la tengo ofrecida a ti[22],   150
por el San Blas de sus secas[23],
sin humedades del Sil.
    Si a mal me lo tienen todos,
y bien, ¿qué se me da a mí?
Quien antes quiere ser chinche,   155
alto a no dejar dormir.

[*Parnaso,* 589]

750

CONSULTACIÓN DE LOS GATOS, EN CUYA FIGURA TAMBIÉN
SE CASTIGAN COSTUMBRES Y ARUÑOS*

ROMANCE

Debe de haber ocho días,
Aminta, que, en tu tejado,
se juntaron a cabildo
grande cantidad de gatos.

[20] *caniquí,* tela delgada hecha de algodón, que venía de la India.
[21] *góticas,* grandes. Véase el núm. 745, v. 96.
[22] Alusión a los vinos de esa región.
[23] *seca,* enfermedad de la garganta.
* Anterior a 1627, por figurar en la edic. de los *Sueños y discursos de verdades* (Barcelona, 1627).

Y después que por su orden   5
en las tejas se sentaron,
puestos en los caballetes
los más viejos y más canos;
   los negros a mano izquierda,
a la derecha los blancos,   10
tras un silencio profundo,
que no se oyó mío ni miao,
   a la sombra de un humero,
se puso un gato romano[1],
tan aguileño de uñas,   15
cuanto de narices chato.
   Quiso hablar; mas replicóle
otro de unos escribanos,
diciendo se le debía,
porque era gato de gatos.   20
   Un gatillo de unos sastres
se le opuso por sus amos,
y fueron Toledo y Burgos
de las cortes de los cacos.
   Váyase aguja por pluma,   25
y por renglones, retazos;
el dedal por el tinteró,
las puntadas por los rasgos.
   El archigato mandó
que enmudeciesen entrambos,   30
por ahorrar de mentiras
y de testimonios falsos.
   Tras los dos, caridoliente,
por ladrón, desorejado,
un gato de un pupilaje   35
se quejó de sus trabajos:
   «La hambre de cada día
me tiene tan amolado,
que soy punzón en el talle
y sierra en el espinazo.   40
   »Soy penitente en comer
y diciplinante a ratos,

[1] *gato romano*, el que tiene la piel con manchas transversales de color pardo y negro.

pues, o como con mis uñas,
u de hambre me las masco.
        »Y sé deciros por cierto   45
que debe de haber un año
que, a puros huesos, mis tripas
se introducen en osario.»
        «¿Qué mucho es eso? (aquí dijo
un gatillo negro y manco,   50
que tras una longaniza
perdió un ojo entre muchachos).
        »Desdichado del que vive
por la mano de un letrado,
que me funda el no comer   55
en los Bártulos y Baldos.
        »Pues, de puro engullir letras,
mi estómago es cartapacio,
y a poder de pergaminos
tengo el vientre encuadernado.»   60
        «Hablemos todos. (Replica
un gato zurdo y marcado
con un chirlo por la cara,
sobre cierto asadorazo.)
        »Un mercader me dio en suerte   65
la violencia de mis astros;
que es más gato que yo proprio,
pues vive de dar gatazos.
        »Y por la vara en que mide,
ha venido a trepar tanto,   70
que se ha subido a las nubes,
para que lo lleve el diablo.
        »Mejor gatea que yo,
y regatea por ambos;
a lo ajeno dice mío,   75
que es el mi de nuestro canto.
        »En cuanto a comer, bien como;
mas cuéstame cara y caro,
pues de las varas que hurta,
a mí me da el diezmo en palos.   80
        »Sin ser bellota ni encina,
mi cuerpo está vareado;

v sin ser gato de algalia,
azotes me tienen flaco[2].»

    Doliéronse todos de él,   85
y el triste quedó llorando;
cuando un gato gentilhombre,
de buena presencia y manos,
    suspirando a su manera,
dijo tras sollozos largos: 90
«Yo soy un gato de bien,
aunque soy bien desgraciado.

    »A puro barrer sartenes
he perdido los mostachos:
que la hambre de mi casa   95
me fuerza a andar mendigando.

    »En cas de un rico avariento,
penitente vida paso;
sábenlo Dios y mis tripas,
y los vecinos que asalto.   100

    »No me da jamás castigo;
sólo tengo ese regalo;
aunque yo sospecho de él
que, por no dar, no me ha dado.

    »Hoy, porque pesqué un mendrugo,   105
me dijo: "No hacerte andrajos,
agradécelo a tu cuero,
que para bolsón le guardo".

    »Ved si espero buena suerte.»
Mas al punto, cabizbajo,   110
desjarretada una pierna,
boquituerto y ojizaino,

    uno de los más prudentes
que jamás lamieron platos,
de los de mejor maúllo,   115
y más diestro en el araño,

    «Oíd mis sucesos —dijo—,
y atended a mis cuidados,
pues, hablando con respeto,
con un pastelero campo.   120

    [2] *algalia,* «cierto licor que el gato índico cría en unas bolsillas,
que curado es de suavísimo olor y por esto muy preciado». (Covarrubias, *Tesoro*.) Se solía azotar a los gatos para que destilasen
más licor.

»Un mes ha que estoy con él,
y hanme dicho no sé cuántos
cómo mis antecesores
han parado en los de a cuatro[3].
    »Quien los comió, por mi cuenta,   125
se halló, en la de Mazagatos[4],
el carnero moscovita
de los toros de Guisando;
    » y el no venderme muy presto
lo tendrán a gran milagro: 130
que lo que es gato por liebre,
siempre lo vendió en su trato.
    »Pastel hubo que aruñó
al que le estaba mascando;
y carne que oyendo "¡Zape!"   135
saltó cubierta de caldo.»
    Atajóle las razones
otro, a quien dio cierto braco[5]
tantos bocados un día,
que le dejó medio calvo.   140
    Éste vino con muletas;
que, por rascar cierto ganso,
dio en manos de un despensero,
y dieron en él sus manos.
    Llegó con un tocador,   145
oliendo a ingüente y ruibarbo,
y dijo, chillando triste,
y hablando un poco delgado:
    «Tened compasión, señores,
de mis turbulentos casos,   150
pues ha permitido el cielo
que sirviese a un boticario.
    »Bebí ayer, que fui goloso,
no sé qué purga o brebajo,
y tuve, sin ser posada,   155
más cámaras que Palacio.
    »Tampoco yo me sustento,
como otros, de lo que cazo,

---

[3] *de a cuatro*, en los famosos pasteles de a cuatro maravedís, de los que tanto se burlan los escritores de la época.
[4] *Mazagatos*. Es un juego de voces «Maza-gatos» y la frase «ser la de Mazagatos», ocurrir una refriega sangrienta.
[5] *braco*, perro pequeño y chato.

porque con recetas mata
los ratones cuatro a cuatro.   160

»Poco ayudan, en efeto,
a mi buche estos gazapos;
pero en casa hay más ayudas[6],
buenas para los hartazgos.»

No bien acabó sus lloros,   165
cuando un gato afrisonado[7],
que hace la santa vida
en un refitorio santo,

con seis dedos de tozuelo,
más cola que un arcediano,   170
les dijo aquestas razones,
condolido de escucharlos:

«Después que yo dejé el mundo,
y entre bienaventurados
vivo haciendo penitencia,   175
tengo paz y duermo harto.

»Ya conocéis nuestra vida
cuán cortos tiene los plazos:
que vivos nos comen perros,
y difuntos los cristianos.   180

»Que tres pies de un muladar
nos suelen venir muy anchos,
y que de esta vida pobre,
aun el cuero no llevamos.

»Cuál nos encierra con trampas,   185
cuál gusta vernos en lazo;
cuál nos abrasa en cohetes,
sin hacer a nadie agravio.

»Y lo que aun más nos ayuda
a que nos maten temprano   190
es el parecer conejos
en estando desollados.

»Busquemos, si hay, otro mundo;
porque en éste, ¿qué alcanzamos?
Son gatos cuantos le viven   195
en sus oficios y cargos.

»El sastre y el zapatero,
ya cosiendo o remendando,

---

[6] *ayudas*, purgas, lavativas.
[7] *afrisonado*, gordo, lucido, como caballo frisón o de Frisia.

el uno es gato de cuero,
y el otro de seda o paño. 200
　　»Con un alguacil estuve
antes que tomara estado,
y al nombre de "Gato mío",
solía responder mi amo. 205
　　»El juez es gato real,
cual si fuera papagayo:
no hay mujer que no lo sea
en materia del agarro.
　　»Imitadme todos juntos,
pues que ya os imitan tantos; 210
meteos, cual yo, en religión
y viviréis prebendados.
　　»Cobrá[8] amor al refitorio,
y cumplid el noviciado,
que se os lucirá en el pelo, 215
pues le luce a vuestro hermano.
　　»Póngase remedio en todo»,
dijo; mas, sin sospecharlo,
traído de cierto olor,
dio con la junta un alano. 220
　　Todos a huir se pusieron
con el nuevo sobresalto,
y en diferentes gateras
se escondieron espantados.
　　Lamentando iban del mundo 225
los peligros y embarazos:
que aun de las tejas arriba
no pueden hallar descanso.

[*Parnaso*, 591]

751

Itinerario de Madrid a su Torre

ROMANCE

De ese famoso lugar,
que es pepitoria del mundo,
en donde pies y cabezas
todo está revuelto y junto,

---

[8] *cobrá*, cobrad.

salí, señor, a la hora   5
que ya el sol, mascarón rubio,
de su caraza risueña
mostraba el primer mendrugo.

Iba en Escoto, mi haca,
a quien tal nombre se puso   10
porque se parece al mismo
en lo sutil y lo agudo[1].

Llegué a Toledo y posé,
contra la ley y estatutos,
siendo poeta, en mesón,   15
habiendo casa de Nuncio[2].

Vi una ciudad de puntillas
y fabricada en un huso;
que si en ella bajo, ruedo,
y trepo en ella, si subo.   20

Vi el artificio espetera;
pues en tantos cazos pudo
mecer el agua Juanelo[3],
como si fuera en columpios.

Flamenco dicen que fue   25
y sorbedor de lo puro:
muy mal con el agua estaba,
que en tal trabajo la puso.

Vi, en procesión de terceros,
ensartado todo el vulgo,   30
y si yo comprara algo,
no hallara bueno[4] ninguno.

En fin, la imperial Toledo
se ha vuelto, por mudar rumbo,
república de botargas,   35
en donde todos son justos.

Vi la puerta del Cambrón;
que, a lo que yo me barrunto,
a faltar la primer ene,
fuera una puerta de muchos.   40

---

[1] La jaca se llamaba «Escoto», porque era sutil, delgada. A Escoto se llamó *doctor subtilis*.
[2] El manicomio de Toledo se llamaba «Casa del Nuncio».
[3] Juanelo Turriano, célebre inventor de Cremona, al servicio de Carlos V, que inventó un famoso artificio para elevar el agua del Tajo en Toledo. Felipe II le nombró su «ingeniero mayor».
[4] «Buen tercero», anota González de Salas.

Al fin salí de Toledo
para la Mancha, confuso,
cuando la alba lloraduelos[5]
gime los ejidos mustios.

En esta tierra, el verano   45
va hecho un pícaro sucio,
sin árboles y sin flores,
que aún no se harta de juncos.

Allí primavera ahorra
lo que en Madrid gasta a bulto;   50
anda abril lleno de andrajos
y el proprio mayo desnudo.

Partí desde aquí derecho,
antes sospecho que zurdo,
a Segura de la Sierra,   55
que es un corcovo del mundo[6].

Los vecinos de este pueblo
viven todo el año junto;
y un mes batido con otro,
gozan a diciembre en junio.   60

Las viñas, para no helarse,
tienen, los meses adustos,
a las cepas con cacheras[7],
con tocadores los grumos.

Es gusto ver un castaño,   65
de miedo de los diluvios,
con su fieltro y su gabán
por agosto, muy ceñudo;
un peral con sabañones,
cuando en Aranjuez, maduros,   70
recelando que los rapen,
ya han puesto en cobro su fruto.

De aquí volví a mis estados:
éste sí que es lindo punto,

---

5 *lloraduelos*, el que llora y pregona sus infortunios de continuo.
6 En una carta de don Francisco a Juan de Sandoval, se lee:
«Lástima tengo al señor don Sancho, que en este tiempo ha subido a Sigura, que es un corcovo del mundo». (Del 28 de diciembre de 1644. En *Epistolario completo*, edic. de L. Astrana Marín (Madrid, 1946), pág. 476.)
7 *cachera*, «ropa basta que se hace de la tela de mantas frazadas... son para abrigarse con ellas de noche y echarlas sobre la cama». (Covarrubias, *Tesoro*.)

pues me mido como pozo,   75
y aun de ésos no tendré muchos.
   Aquí cobro enfermedades,
que no rentas ni tributos,
y mando todos mis miembros,
y aun de éstos no mando algunos.   80
   De Madrid salí, y de juicio;
y, sin dinero y sin gusto,
vuelvo triste y enlutado,
como misa de difuntos.

[*Parnaso*, 694]

752

Fiesta de toros literal y alegórica*

ROMANCE

   Estábame en casa yo
tan pedido de ventanas,
que aun las dos de las narices
hube también de negarlas.
   Apelaron a terrado   5
doña Inés y doña Rapia;
mas de las tejas arriba
no soy amigo de gracias.
   Yo me estaba negativo
entre las dos renegadas,   10
agazapando el ahorro
con «No hay en el mundo blanca.»
   Fuéronse diciendo verbos,
si entraron diciendo dacas;
cuando a las dos de la tarde,   15
un cierto albañil de masa,
   que al encierro habia salido
con otros por la mañana,
de la carne y de los huesos,
a recoger la garrama[1];   20

---

* De 1629, a juzgar por los versos 77-80, alusivos al embarazo
de la reina. El Príncipe Baltasar Carlos nació el 17 de octubre.
  [1] *recoger la garrama*, recaudar, echar un guante entre los es-
pectadores.

relator de «Sus, lleguéme»,
y el topetón por las ancas,
alegando en su favor
los bufidos por cornadas,
    mi calle alborotó a gritos;   25
algo fiambre de vara,
y muy mandón de los reyes,
dijo: «Ya los reyes tardan».

    Yo mandé poner mi coche,
a quien mis amigos llaman   30
coche, que fue tabaquera,
dedal que de coche campa.

    Entré en él con calzador;
y para cuando de él salga,
me llevé mi sacatrapos,   35
con licencia de las balas.

    Como velilla en linterna,
me fui derecho a la plaza,
al tiempo que a coscorrones
tocaban las alabardas.   40

    Vi montones de letrados
recogiendo en hopalandas
plazas, de las que decían
al hacer lugar las guardas.

    Iba el Rey, nuestro señor,   45
con su talle y con su cara,
repitiendo hasta el Hermoso
los Filipes de su casta.

    Lleva el Segundo en el seso,
lleva el Tercero en el alma,   50
y en el Cuarto lleva el Quinto
en victorias que le aguardan.

    Dije (no sé si lo oyó):
«Glorioso León de España,
no tienes para un pellizco   55
en cien mil fardos de Holandas.

    »Si en Italia los franceses
ya volvieron las espaldas
a los graznidos de un ganso[2],
¿dónde pararán si bramas?»   60

---

[2] Anota González de Salas: «Alude a los gansos que despertaron
a los romanos en una invasión de los franceses».

A Fernando y Carlos vi,
hermanos de tal monarca:
a Fernando toca el Santo,
a Carlos tocan al arma.

Lo colorado que el uno   65
en los ferreruelos gasta[3],
a su hermano ofrece el otro
en asaltos y batallas.

Luego los caballerizos,
que, como escribanos, llaman   70
del número, por ser muchos,
iban madurando hacas.

La Reina, nuestra señora,
hizo al día mucha falta:
Flor de la Lis[4], que reduce   75
el pleito en rumor de Italia.

Abultada de promesas
de un príncipe, queda en casa,
por quien ha de dar albricias
Belén y la Casa Santa.   80

No vi a la reina de Hungría,
sol que se lleva Alemania,
para que prueben la vista
los pájaros que la aguardan[5].

Eché menos damas verdes   85
entre algunas damas pasas
que llevan las lechuguillas[6]
con susto de tocas largas[7].

A un andaapriesa de aquellos
que se borgoñan de habla,   90
que vendimias llevan vivas
y de par en par la caspa,

le pregunté: «¿El Conde-Duque
no atisba estas garambainas?»
«El Conde (me respondió)   95
se condenó por su patria

---

[3] «Es militar color lo colorado», anota el mismo.
[4] González de Salas apostilla: «Alude a la significación latina».
[5] «Las águilas.» Nota del mismo.
[6] *lechuguillas*, ciertos cuellos, almidonados, en forma de hojas de lechuga.
[7] «Las damas antiguas en Palacio suelen convertirse en dueñas.» Nota de González de Salas.

»a privado, como a remo,
sin sueldo y sin alabanza:
de privados recoletos
es fundador en España.   100
  »Entre juntas y consultas
la valida vida pasa,
amohecido de audiencias
y el gusto con telarañas.
  »Estaráse agora solo,   105
contemplativo de Francia,
militando allá en su juicio
con Nivers y con Holanda.»
  Yo que, maldito de todos,
andaba de verle a caza,   110
por gozar la ocasión fui,
como dicen, en volandas.
  Llegué a Palacio corriendo,
y salí de mi canasta
sin comadre: que no hay bulto   115
que al salir no le malpara.
  La puerta hallé descansando
de los que por ella saltan,
y a un solo galán diciendo:
«Miren lo que son las damas.»   120
  Estaba Palacio mudo,
sin suspiros ni palabras:
ni dosel rebulle audiencia,
ni procurador garnacha.
  Llegué a la puerta del Conde   125
con torpe desconfianza;
templé, como pretendiente,
la sumisión y las chanzas.
  Con un silencio podrido,
al portero, entre unas tablas,   130
echado le vi por puertas,
cuando todos se solazan.
  Topé a Simón, a quien dicen
Mago[8] los que no le hallan,

---

[8] Ignoro a qué Simón se refiere Quevedo. «Mago. Act. Apost.,
cap. 8.» Apostilla de González de Salas, como las siguientes.

Ayuda[9] los que entran luego,   135
Leproso[10] los que no hablan.

    Luego vi..., ¡por Jesucristo!,
que parecería patraña;
mas tenga el Conde paciencia,
que ya mi lengua se vacia.   140

    Perdí toros, y vi encierros
en la soledad que gasta;
y entre él y los pretendientes
gocé de toros y cañas.

    El Protonotario entró,   145
como diestro, cara a cara,
y luego rompió en el Conde
sesenta pliegos de cartas.

    Tras él entró con lacayos
el Espínola, que trata   150
de romper a los franceses
con sólo el bastón que manda.

    Y sobre el «ir» y «quedar»,
por más que el soneto rabia[11],
hizo suerte, y sacó limpio   155
del encuentro a Pies de plata[12].

    «De Mantua sale el marqués»[13],
los que le ven salir cantan;
y el marqués sale diciendo:
«Yo le sacaré de Mantua».   160

    La züiza[14] de una junta,
en pareceres le aguarda[15]:
unos le atraviesan dudas,
otros textos y demandas.

[9] «Ayuda. Math., cap. 27.»
[10] «Leproso. Math., cap. 26.»
[11] González de Salas anota: «Alude al soneto del Conde de Salinas "Ir y quedarse [y con quedar partirse]", etc.» Pero nuestro comentarista se equivocó, ya que ese bello soneto es de Lope y apareció en las *Rimas humanas* (1602), LXI. Véase en Clásicos Castellanos, 68, pág. 215.
[12] «Nombre que finge de caballo, aludiendo a la limpieza de interés del Marqués Espínola.» Nota de González de Salas.
[13] Es el comienzo del famoso romance del Marqués de Mantua.
[14] *zuiza*, suiza, persona muy adicta que secundaba ciegamente los pareceres de otra.
[15] «Tropel de gente», apostilla González de Salas.

Un ministro con varilla,   165
torero de pasa pasa[16],
contento, si no le hiere,
que, por lo menos, le cansa.
Él, que no quiere caballos,
joyas, riquezas, ni nada,   170
con sólo el trabajo embiste,
le sigue y nunca descansa.
«Privanzas he visto yo
—dije, con la voz muy baja—;
mas ésta tiene en martirios   175
los fondos de la privanza.»
Los pretendientes de a pie,
a puras capas le llaman;
mas él no quiere capeos,
ni gusta de quitar capas.   180
Un toreador de Toledo,
memorial de cuanto vaca,
quejoso de cuanto dan,
carcoma de cuanto mandan,
en bestia de antojos suyos,   185
le puso luego por lanza
consecuencias que soñó
y méritos que se achaca.
No quedó Todolopide
que no le arrojase capa[17],   190
ni soldado ni quejoso
que no clavase bravatas.
Viendo cómo se resiste
a persecuciones tantas,
le soltaron por alanos   195
embajadores que garlan.
De Saboya son los dogos,
más feroces que de Irlanda;
en él hicieron tres presas
que el cerviguillo le arrastran.   200
Acogotado le tienen
con lo que muerden y ladran,

---

[16] *torero de pasa pasa*, del juego llamado «pasa pasa». (Juego de manos que consistía en escamotear una bolita con unos cubiletes.) Vid. más adelante, núm. 761, v. 21.

[17] En la primera edic. de 1648, *trampa*, pero en la segunda, 1649, *capa*, que es mejor lección.

para que le desjarreten[18]
los que de miedo se apartan.

Pretendientes de vizconde, 205
con abuelos de guadañas,
a puros antepasados,
no hay hueso que no le partan.

Cuando le vi de este modo,
«Ánimo —dije a las zancas—; 210
rejones son las muletas,
mis dientes serán navajas.»

Más de dos horas estuve
entre la demás canalla,
haciéndole relaciones, 215
que es lo mismo que tajadas.

Dos sogas de secretarios,
que con decretos le enlazan,
le arrastraron, porque al pobre
obligaciones le arrastran. 220

Si es aúllo o si es valido,
si en el cargo tiene carga,
con su audiencia se lo coma,
pues tiene la hiel por salsa.

Más mancilla he de vos, Conde[19], 225
cuando miro vuestras plagas,
que invidia, porque a la invidia
calamidades la amargan.

Ésta es la vida que tiene,
éste el séquito que alcanza: 230
si alguno se lo codicia,
que mal provecho le haga.

[*Parnaso*, 596]

---

[18] *Desjarretar* un toro o novillo era cortarle los jarretes.
[19] Parodia un verso de un romance famoso del conde Claros que principia «Media noche era por filo»: «Más envidia he de vos, Conde, / que mancilla ni pesar».

753

ROMANCE*

Hagamos cuenta con pago,
señora Maricomino,
ya que al comino añadió
el ajo con don Toribio.

Vusted está bien fardada   5
con su moño jacerino[1],
sus naguas de punta en blanco
y su par de guardaniños.

Un manto tiene de gloria,
de infierno en el otro siglo,   10
y guardados otros dos
que son de humo[2] o de cisco.

Vusted se sienta en estrado
como togado ministro,
y ya son cama de campo[3]   15
el jergón y el colchoncillo.

Cuelga varios reposteros;
juraré que los he visto
en las tabernas sirviendo
de babadores al vino.   20

Estregó vusted los barros
al mantel alimanisco:
ya mordisca en Potosí,
Talavera de los indios,

---

* En el ms. «Del mismo. Otra». Pero no se trata de una jácara,
sino del romance «Villodres con Guirandaina» (*Parnaso*, 601), retocado según confiesa González de Salas. Vid. la nota al romance
«A los moros por dinero», pág. 1049, donde se lee: «a algunas otras
poesías apliqué la misma diligencia [de retocarlas], a unas más
y a otras menos, conforme el defecto padecían; pero el suceso
del romance LXXVIII [el que edito ahora] fue a éste muy semejante». (El suceso fue saber sólo unos cuantos versos de memoria, y suplir de su cosecha el resto por no encontrar el original.)

[1] *jacerino*, duro como el acero. Cf. núms. 864, v. 63 y 875, II,
verso 338.

[2] *manto de humo*, manto oscuro, muy tenue, que se solía llevar
en los lutos.

[3] *cama de campo*, cierta clase de cama elegante de la época.

las cadenas que al criollo   25
agarró para el bautismo
el que la pagó en Sevilla
todos los brincos en brincos:
        seis mil reales que cobró
en Ronda del sexto virgo,   30
cuando por testigo falso
me endilgaron este chirlo.
        Hásela olvidado el trote,
después que don Garabito,
coche acá, coche acullá,   35
la sirve de porquerizo.
        Su madre, que la sirvió
de esclava en nuestros principios,
Mi Señora la Mayor
la apellidan los vecinos   40
        Vuesa merced, que Dios guarde,
(lenguaje de sobrescrito),
mudó las alcominías[4]
que gastaba su apellido;
        y el Maricomino anejo   45
le ha trocado, sin sentirlo,
en doña Aldonza Fajardo,
por lo pastel y lo hechizo.
        Yo me soy Villodres mondo,
tan único de vestido,   50
que no harto de calzones
aquestos muslos indignos.
        En el puro cordobán
me dejaron sus delirios
y *in puribus*, si no aguaran   55
los taberneros el vino.
        Ella se salió con yo,
por no decirla conmigo,
y habrá seis años que andamos
los dos echando de vicio.   60
        Alivio de caminantes
me llamaban los caminos,
porque yo los aliviaba
de maletas y de líos.

---

[4] *alcominías*, especias para los guisados. Alude al «comino» y al apellido.

Y sin mirar la justicia   65
que era título de libro[5],
me vistieron el jubón
que le entallan los borricos.

Pues todo aqueste menaje
se ganó por mis arbitrios: 70
de los bienes gananciales
la mitad con tasa pido.

No andemos por tribunales,
que me acuerdo de los grillos,
y en la galera se acuerdan   75
de su nombre los registros.

Partamos con bendición,
que yo tomaré camino
y la dejaré que pueda
sacar oro y meter ripio.   80

Mujer moza es mucho gasto
para buscones mendigos:
gasten los ricos abril,
yo el marzo en cincuenta y cinco.

Quiero ser pecaviejero   85
y tenerlo por oficio:
más vale vieja con gajes
que *ad honorem* poco siglo.

No me faltará caduca
con su fecha de *ab initio*:   90
condenaré a los profundos
de una dueña mi capricho.

Éstas guardan caldo viejo,
y sus mangas[6] son archivos
de repulgos de empanadas   95
y de andrajos de tocino.

Dentro de muy pocos años
le llegará su agüelismo:
si yo la alcanzo de bubas,
juntaremos zarza[7] y gritos.   100

---

[5] Es el *Sobremesa y alivio de caminantes*, de Juan Timoneda.
[6] *mangas*, maletas.
[7] *zarza*, y zarzaparrilla, que tomaban los bubosos o sifilíticos.

Ella aseñoró la cara
v engravedó el frontispicio,
v, hendiendo un poco de boca,
estas palabras le dijo:
«Villodres, todo se muda;   105
el tiempo no es uno mismo:
en la jábega[8] se ocupan
bergantes menos rollizos;
»y si de mozo de sillas
quiere tomar ejercicio,   110
hermánese con mi negro:
llevaránme blanco y tinto.
»Mas si, retocando bolsas,
quiere vivir de pellizco
y morir con el bozal   115
de campanillas del pino[9],
»aquí tendrá de mampuesto[10]
unos cuantos sacrificios,
y en mí, y en señora madre,
dos capellanes lampiños.»   120

[Mss. 3.797, f. 239 v., y 3.879, f.
397, editados por John M. Hill,
«Una jácara de Quevedo», en *Re-*
vue Hispanique, LXXII, 1928, página 435.]

---

[8] *jabega* o *jábega*, cuerda o maroma que en el arte de la pesca
sirve para arrastrar el copo hasta la playa. «Tirar de la jábega»
era oficio de pícaros.
[9] Es decir, «quiere morir en la horca».
[10] *mampuesto*, repuesto.

754

CALENDARIO NUEVO DEL AÑO Y FIESTAS
QUE SE GUARDAN EN MADRID

ROMANCE

¿Quién me compra, caballeros,
que es obra famosa y nueva,
un calendario del año
que tienen las faltriqueras?
Aquí verán, para el «Toma»,   5
los días que son de fiesta,
menguantes y conjunciones
del dinero y alcagüetas.
Enero, con año nuevo,
toda la demanda empieza: 10
allí se forjan los Dacas
y se fabrican los Prestas.
Los tres Reyes, este mes,
entre Herodes y las viejas,
llevan a riesgo las vidas,   15
traen a peligro la ofrenda.
Hebrero, que en los orates
del tiempo merece celda,
deja de ser loco un día,
y de bellaco se precia.   20
Las gargantas de San Blas,
con almuerzos y meriendas,
son garrotillo del pobre,
que lo paga y no lo prueba.
Marzo, para las mujeres,   25
como un angelito empieza,
y aunque es Ángel de la Guarda,
no admiten lo que profesa.
Abril, juventud del año,
que el bozo en sus flores muestra,   30
ropero donde los mayos
hallan cosida librea,
a puras rosas y flores
no hay demonio que ansí huela:

los Pidos enherbolados   35
matan el caudal con yerba.
　　Bolsas mueren de andadura,
por madrugar a las selvas;
al acero dan las idas,
toman el oro a las vueltas.   40
　　Mayo, que es el mes bonito,
maya y aruña las fiestas;
y el «Eche mano a la bolsa»
hace el dinero pendencia.
　　Gradüaste de manjar,   45
niña, con plato y con mesa;
hoy mayas[1], mañana cazas:
no hay zape que no te venga.
　　Carda en traje de escobilla
en mi capa son sus cerdas: 50
a ti te lo digo, mota;
óyelo tú, faltriquera.
　　Lo Verde de Santïago[2],
dulces y coches me cuesta;
para mí verde es el santo,   55
pero la salida negra.
　　Junio, con noche y mañana
de San Juan, bien nos la pega:
si se cena, allá en el Prado;
en el río, si se almuerza.   60
　　Julio, que parece bobo,
es el mes que, por las tiendas,
pide con mayor calor
y demanda con más fuerza.
　　Este traidor vende el río;   65
la que nada, mucho cuesta:
ellas en agua se bañan
y enaguas también nos pescan.
　　Pedir cuarenta abanicos
por cosa de aire lo precian: 70
de aire son, pero de fuego
serán si a mí me los llevan.

---

[1] Alusión a las niñas que pedían en las fiestas de la Maya. Una
de las fórmulas era «Eche mano a la bolsa, el caballero», con-
servada en alguna cancioncilla.
[2] Alude a la fiesta de Santiago el Verde.

Buen Agosto, buen Agosto,
pues que solo las enfermas,
y con uvas y melones   75
al que se los compra vengas;
    tú, que a poder de tercianas,
las desmoñas, las destrenzas
y a la que vendió billetes
haces que compre recetas;   80
    tú, que nos haces vïudos
(el Señor te lo agradezca),
y de mujer perdurable,
vas sotanando la iglesia,
    hazte fuerte, Agosto mío: 85
no des lugar a que venga
Setiembre, y a mes tan malo
cierre el otoño la puerta.

    Encarcabina³ su tufo,
cargado viene de ferias,   90
y el gran tropel de los Pidos
me confunde las orejas.
    San Miguel, que guardes, ruego,
las balanzas con que pesas,
menos del diablo, que hurta,   95
que de las niñas que tientan.
    Otubre, que, mojigato,
se deshoja y se repela,
confín de invierno y verano,
y umbral donde tienen treguas,   100
    también, por lo gatomoji⁴,
nos araña cuando llega,
ya proveyendo cantinas,
ya socorriendo despensas.
    No es lo peor de Noviembre   105
los sabañones y grietas:
que más escuece una marta⁵
y más me come una felpa.
    Como a colegio mayor,
le piden a un hombre beca⁶,   110

---

³ *Encarcabina*, ahoga, sofoca.
⁴ *gatomoji* parece creación quevedesca, a base de *gato* y *mojar*.
Véase *araña*, araña, roba, en el verso siguiente.
⁵ *marta*, piel de marta, tan cara entonces como ahora.
⁶ *beca* «es cierto ornamento de una chía de seda o paño que

y en el brasero de erraj
desde su casa se quema.

　　Diciembre, con Navidad,
todas las pascuas refresca,
y entre turrón y aguinaldos,　　　　　　115
cualquier dinero se abrevia.

　　Fiestas hay que por el año
a su gusto se pasean,
caminando por los meses
al paso de la Cuaresma.　　　　　　　120

　　A ti, Jueves de Comadres[7],
¡qué paulina[8] se te llega!
No hay amiga que no masque,
no hay criada que no muerda.

　　Tras quesadilla y roscón,　　　　　125
el gallo en Carnestolendas
hace, al revés de San Pedro,
llorar lo que no se niega.

　　Si yo me muero, me olvidan;
y si cumplo años, me cuelgan[9];　　　130
si vengo, dicen qué traigo;
si voy, que lleve encomiendas.

　　Si he de vivir de estos años,
Dios me los quite de a cuestas;
pues la edad que tenga de ellos　　　135
será, aunque moza, muy vieja.

　　Yo no he vivido barato,
ni mes que bien me parezca,
sino los nueve en que el vientre
me fue posada y despensa.　　　　　140

[Parnaso, 602]

---

colgaba del cuello hasta cerca de los pies... los que se han alzado
con la beca son los señores colegiales... Llaman muchas veces la
mesma prebenda». (Covarrubias, *Tesoro*.)
　[7] *Jueves de Comadres*, el penúltimo día antes de Carnaval.
　[8] *paulina*, reprensión áspera, y también carta o despacho de excomunión que se expide en los tribunales pontificios para escla-
recimiento de hurtos y ocultaciones.
　[9] *cuelgan*, de colgar, que significaba regalar algo del día del
cumpleaños. Vid. pág. 899, nota 7.

755

MATRACA DE LAS FLORES Y LA HORTALIZA

ROMANCE

Antiyer se dieron vaya
las flores y las legumbres,
sobre: «Váyanse a las ollas»,
sobre: «Píntense de embuste».
    Oyendo estaban la grita   5
unos Cipreses lugubres,
con calzones marineros,
que hasta el tobillo los cubre;
    un Manzano, muy preciado
de haber dado pesadumbre   10
a todo el género humano,
y pobládole de cruces;
    en cuclillas un Romero,
mata de buenas costumbres,
la beata de los campos,   15
muy preciado de virtudes;
    una Cambronera armada,
que no hay viento que no punce,
diciplina de los aires,
de tanto punzón estuche[1];   20
    una Cornicabra triste,
árbol que sombreros cubren,
y con más pullas que flores,
siempre verde donde sufren.
    Descalzábanse de risa,   25
oyendo lo que se arguyen
sendas plantas con juanetes:
un Roble y un Acebuche.
    Una fuente boquimuelle
a carcajadas los hunde: 30
si el agua tiene asadura,
por la boca la descubre.

---

[1] *estuche*, donde el cirujano guardaba sus instrumentos.

Por oír lo que se dicen,
aun los vientos no rebullen;
y con el dedo en la boca,   35
no hay urraca que no escuche.
    Como más desvergonzado,
aunque el Cohombro lo gruñe,
la matraca empezó el Berro,
el bello del agua dulce: 40
    «Salgan diez y salgan ciento,
flores moradas y azules,
y cuantas en las mejillas
las verdes coplas embuten;
    »que mi flor las desafía   45
en ensaladas comunes,
pues andan más a mi flor[2]
que a cuantas mayo produce.»
    El Hígado de las flores[3],
que por tantos labios cunde,   50
el cardenal de los tiestos,
sangre que al verano bulle,
    encarado en un Pepino,
le dijo: «Nunca madures,
Galalón de la ensalada[4],   55
cizaña de las saludes,
    »landre de las hortalizas;
San Roque mismo te juzgue
por verde sepulturero
y auctor de los ataúdes.»   60
    La Berenjena, que es sana
cuando las corozas tunde
y en granizo de hechiceras
los pícaros la introducen[5],
    dijo: «Canalla olorosa   65
y verduleros perfumes,
embusteros de narices,
gente al estómago inútil:

[2] Alusión a la frase «Andar a la flor del berro», que es «darse
al vicio y a la ociosidad». (Covarrubias, *Tesoro*.)
[3] El clavel.
[4] *Galalón de la ensalada*, traidor, como Galalón. (Le llama así
porque al pepino se le atribuían bastantes enfermedades.)
[5] Alude a la costumbre de arrojar berenjenas a las hechiceras
encorozadas, condenadas por la Inquisición a llevar una coroza.

»un jigote[6] de claveles
¿qué cristiano se le engulle?   70
Pues mil jazmines guisados
¿qué caldo harán en el buche?
»Un ramillete de Nabos
no hay flor de que no se burle,
si le acompañan con hojas   75
de los sándalos de Rute[7].»

Respondió por los Claveles,
viendo cómo los aturden,
la Rosa, estrella del campo,
que brilla encarnadas luces: 80
«Chusma de los bodegones,
que no hay brodio que no esculque[8];
canalla de los guisados,
que huesos y carne suple;
»picarones, que en los caldos   85
mostráis villanas costumbres;
mosqueteros de las ollas,
que dais al pueblo que rumie...»

El Ajo, con un regüeldo,
la dijo que no le hurgue,   90
que, armado de miga en sebo,
no hay hambre que no perfume.

Una flor, que no se sabe,
ni se topa, aunque se busque;
que creyéndola, se traga,   95
y, en no habiéndola, se zurce;
aquella flor cosa y cosa[9]
que las doncellitas pulen,
flor duende, que hace rüido
y sin ser vista se hunde,   100
quiso hablar; mas las Acelgas,
cargadas de pesadumbres,
dijeron que se juntase
con la flor de los tahúres[10].

---

[6] *jigote*, gigote, cualquier comida picada en pedazos menudos.
[7] *los sándalos de Rute*, los jamones. Llevaban fama los de Rute y Algarrobillas.
[8] *no hay brodio que no esculque*, como si dijera «no hay caldo que no espíe».
[9] *cosa y cosa*, adivinanza. Alude a la flor virginal.
[10] *flor*, entre tahúres, trampa o engaño que se hace en el juego. Es voz de germanía. Cf. el núm. 855, v. 156.

La Azucena carilarga,   105
que en zancos verdes se sube
y, dueña de los jardines,
de tocas blancas se cubre,
      dijo ansí a las hopalandas
que en las ollazas zabulle   110
el licenciado Repollo,
doctor *in utroque jure*[11]:
      «Viles vecinos del caldo,
que pupilajes consumen;
arboleda de los brodios   115
y plumajes de la mugre...»
      Mas la Berza, su consorte,
que de Lampazos[12] presume,
y hortaliza es con enaguas,
mucho ruido y poco fuste;   120
      y el Hongo, que con sombrero
de verdulera se encubre,
más preciado de capelo
que el monseñor más ilustre,
      con una jeta de un palmo,   125
hecho apodo de las ubres,
y más pliegues y más asco
que zaragüelles monsiures,
      y el Rábano, ganapán
de fuerzas indisolubles,   130
pues lleva la Corte en peso,
contera de pan y azumbre,
      apellidando tabernas,
no hay turbión que no conjuren,
y la sopa en los conventos   135
por parienta los acude.
      Las flores, amedrentadas,
en ramilletes se sumen;
gritando «¡Aquí de narices!»,
sayones y escribas mullen.   140

---

[11] *in utroque jure,* en derecho civil y canónico. Pero González
de Salas anota: «En latín es el caldo».
[12] *lampazos,* «planta muy conocida; tiene las hojas como las de
la calabaza y mayores... Los paños de pared que son de verdura
y boscages, suelen algunos traer tejida esta yerba con sus hojas
muy grandes y por eso los llaman paños de lampazos». (Covarrubias, *Tesoro.*) Cf. núm. 763, v. 306.

Y para la batalla
que quieren darse
aperciben sus flores
tías y madres.
 Aperciban los nabos   145
la puntería
a las alcamadres
y güetastías[13].

[*Parnaso*, 604]

756

Califica a su marido una moza de buena calidad

ROMANCE

Mi marido, aunque es chiquito,
al mayor de otra mujer
le lleva, del pelo arriba,
dos dedos puestos en pie.
 No dice «Esta boca es mía»,   5
sino al tiempo del comer:
sin saber de dónde viene,
todo le sabe muy bien.
 Si por algunas visiones
se me enoja alguna vez,   10
échome yo con la carga,
métese en baraja él.
 De mis hijos solamente
padre de gaznate es;
yo los paro, y él los traga   15
por suyos de tres en tres.
 Si he menester el vestido,
su testa es el mercader;
pues deja que me le hagan,
sin hacer que me le den.   20
 Si esto me mormura alguna
mozuela Matusalén,

---

[13] *alcamadres y güetastías*, compuestos con *alcahuetas, madres*
y *tías*. Ocioso parece advertir que es una creación quevedesca.

juzgue mi tiempo presente
por el tiempo que ella fue;
   y si a mi marido, algunos   25
maridísimos de bien,
yo sé que al sol han de hallarse
caracoles más de seis.

[*Parnaso*, 606]

757

DESCRIBE OPERACIONES DEL TIEMPO
Y VERIFÍCALAS TAMBIÉN EN LAS MUDANZAS
DE LAS DANZAS Y BAILES*

ROMANCE

   Lindo gusto tiene el Tiempo;
notable humorazo gasta:
él es socarrón machucho,
él es figurón de chapa.
   Parece que no se mueve,   5
y ni un momento se para:
su oficio es masecoral[1],
y juego de pasa pasa[2].
   ¡Quién le ve calla callando[3],
andarse tras las quijadas,   10
sacando muelas y dientes
con tardes y con mañanas;
   y sin decir «Allá voy»,
saltando de barba en barba,
enharinando bigotes   15
y ventiscando de canas!
   Pues ¿a quién no hará reír
verle mondar una calva
para que puedan las moscas
con más descanso picarla,   20

---

* Puesto que en el verso 169 se cita el baile del *Escarramán*, el
poema será posterior a 1613. Vid. núm. 849.
[1] *masecoral*, juego de manos. Cf. núm. 761, v. 22 y 867, v. 39.
[2] *Juego de pasa-pasa*, juego de manos.
[3] *calla callando*, calladamente. Era expresión vulgar.

y muy falsito ponerse,
como que juega a las damas,
unas sopla y otras come,
negras unas y otras blancas?

A los más hermosos ojos   25
se la pega de lagañas;
la boca masculla, que antes
de perlas mordió con sartas.

¿Qué es el mirarla, escondida
entre la nariz y barba,   30
la que fue de la alba risa,
estar cocando de Marta[4];

y el ordeñar, como suele,
las manos y las gargantas;
que, quitándoles la leche,   35
quedan cazones y zapas[5]?

Pues ¿qué es verle fabricar
del cuerpo de una muchacha,
hija de padres honrados,
una dueña arriedro vayas[6]?   40

Pereciéndose de risa,
tras los espejos se anda,
viendo cómo el solimán
muy de pintamonas campa.

Con los picos de narices   45
es con quien usa más chanzas,
pues unos llueven moquitas,
cuando otros se empapagayan.

A todos los guardainfantes
se la jura de mortaja;   50
de calavera a los moños,
de ataúd a las enaguas.

Engúllese potentados
como si engullera pasas;
y, como si fueran nabos,   55
planta en la tierra monarcas.

---

[4] *cocando de Marta*, hacer cocos como una mona. Correas registra en su *Vocabulario*: «*Cócale, Marta*. Marta, por mona».
[5] *cazón*, pez que, seco, se emplea como raspa; *zapa*, piel labrada de modo que la flor forme grano como el de la lija.
[6] *arriedro vayas*, «está tomado del *vade retro*», dice Covarrubias, *Tesoro*. Cf. núm. 748, v. 1.

Cansóse de ver en Roma
su grandeza y su arrogancia;
y cuantas provincias tuvo,
tantas le rapó a navaja.   60
     Él metió en España moros:
¡mirad si tiene buena alma!;
y luego, por no estar quedo,
también los sacó de España.
     De pastillas[7] le sirvieron,   65
ardiendo, Troya y Numancia:
sepan si es caro el perfume
que con sus narices gasta.
     No deja cosa con cosa,
ni deja casa con casa;   70
y como juega a los cientos[8],
idas y venidas gana.
     Porque el carro de la Muerte
acelere sus jornadas,
sus Horas pone en las cuerdas   75
que la sirvan de reatas.
     Hoy y mañana y ayer
son las redes con que caza:
devanaderas de vivos,
de los difuntos, tarascas.   80
     Y tiene por pasatiempo
al más preciado de gambas[9]
calzarle sobre juanetes
la lapidosa podagra[10].
     Cuando está más descuidado   85
el bigote de la hampa[11],
del mal ladrón le introduce
diez pegujones de manchas.
     Va prestando navidades,
como quien no dice nada;   90
y porque no se le olviden,
con las arrugas las tarja[12].

[7] *pastillas*, que se quemaban para perfumar las habitaciones.
[8] *cientos*, juego de naipes.
[9] *gambas*, piernas.
[10] *lapidosa podagra*, la enfermedad llamada «gota».
[11] *el bigote de la hampa*, ¿el más apuesto y presumido?
[12] *tarja*, marca. (Tarja se llama a un trozo de caña o palo partido longitudinalmente por medio, con encaje a los extremos, para

Al mancebo a quien corona
el primer bozo la habla,
sin poder andar le hace   95
pasar caballos[13] a Francia.

Quien ayer fue Zutanillo,
hoy el don Fulano arrastra;
y quien era don Fulano,
a los voses se arremanga.   100

Antes contaba sus penas
el que nació entre las malvas[14];
y ya apenas tiene manos
para contar lo que guarda.

A mí, porque no le entienda,   105
me inventa mil garambainas:
si digo que le he perdido,
me responde que él me gana.

¡Miren cuál me tiene el rostro,
con brújulas de pantasma: 110
la una pata ya en la güesa,
y la güesa en la otra pata!

Porque se está yendo siempre,
no le digo que se vaya;
y aunque tramposo de vidas,   115
nunca vuelve las que engaita.

Él hace burla de todo:
vive de tracamundanas[15],
dando quehacer a relojes
y a las fechas de las cartas.   120

Las galas de los antiguos
ha convertido en botargas[16],
y las marimantas[17] viejas
las ha introducido en galas.

Las fiestas y los saraos   125
nos los trueca a mojigangas;
y lo que entonces fue culpa,
hoy nos la vende por gracia.

---

ir marcando lo que se saca o compra fiado, haciendo una muesca;
la mitad conserva el que compra y la otra mitad el que vende.)
    [13] *caballo*, enfermedad venérea. Cf. núm. 565, v. 13 y 760, v. 28.
    [14] *nacer entre las malvas*, ser de humilde nacimiento.
    [15] *tracamundana*, trueque de cosas de poco valor.
    [16] *botargas*, vestidos ridículos.
    [17] *marimanta*, fantasma.

Los maestros de danzar,
con sus calzas atacadas,   130
yacen por esos rincones
digiriendo telarañas.

Floretas[18] y cabrïolas
bellacamente lo pasan
después que las castañetas   135
les armaron zangamangas[19].

Con un rabel, un barbado
como una dueña danzaba,
y, acoceando el *Canario*[20],
hacía hablar una sala.   140

Mesuradas, las doncellas
danzaron con un arpa:
que una cama de cordeles
mucho menos embaraza.

Usábanse reverencias   145
con una flema muy rancia
y de *gementes et flentes*
las veras de la *Pavana*.

Salía el *Pie de gibao*,
tras mucha carantamaula,   150
con más cuenta y más razón
que tratante de la plaza.

Luego la *Danza del peso*,
una *Alta* y otra *Baja*;
y, con resabios de entierro,   155
la que dicen *De la hacha*.

El conde Claros, que fue
título de las guitarras,
se quedó en las barberías,
con *Chaconas*, de la gaya[21].   160

El Tiempecillo, que vio
en gran crédito las danzas,
pues viene, toma, y ¿qué hace?;
para darles una carda[22],

---

[18] *floreta*, en la danza del siglo XVII, movimiento que se hacía
con ambos pies.
[19] *zangamangas*, tretas, ardides.
[20] *canario*, cierto baile, como los que siguen, *pavana*, *pie de gibao*, etc.
[21] *gaya*, mujer pública. Es voz de germanía.
[22] *carda*, reprensión fuerte.

165
suéltales las *Seguidillas,*
y a *Ejecutor de la vara,*
y a la *Capona,* que en llaves
hecha castradores anda.

De la trena[23] a *Escarramán*
170
soltó, sin llegar la pascua;
y al *Rastro,* donde la carne
se hace, bailando, rajas.

Vanse, pues, tras los meneos
los dos ojos de las caras,
175
los dineros de las bolsas,
de las vajillas la plata.

Después, la reminiscencia
son las pulgas de la cama;
visajes y jerigonzas,
180
azogue para las mantas,
para la cordura mosca,
para la consciencia escarba,
para el caduco incentivo,
para el avariento rabia.

Anéganse en perenales[24]
185
los corrales y las plazas;
y el Tiempecito, de verlo,
se hunde de carcajadas.

Nadie, pues, firme le crea,
si no es en tener mudanzas:
190
tome pulsos, y ande en mula,
pues vive de lo que mata.

[*Parnaso,* 607]

758

VEJAMEN QUE DA EL RATÓN AL CARACOL*

ROMANCE

Riéndose está el ratón,
en el umbral de su cueva,
del caracol ganapán,
que va con su casa a cuestas.

---

[23] *trena,* cárcel, en lengua germanesca. Cf. núm. 849, v. 1.
[24] *anéganse en perenales,* se convierten en eternos.
* De hacia 1606, a juzgar por la alusión de los versos 33-36.

Y viendo como arrastrando   5
por su corcova la lleva,
muy camello de poquito,
le dijo de esta manera:
«Dime, cornudo vecino,
de un cuerno en que tú te hospedas,   10
¿qué callo de pie trazó
una alcoba tan estrecha?
»Tú vives emparedado,
sin castigo o penitencia,
y hecho chirrión[1] de tu casa,   15
la mudas y la trasiegas.
»Vestirse de un edificio,
invención de sastre es nueva:
tú, albañil enjerto en sastre,
te vistes y te aposentas.   20
»El vivir un lobanillo,
es de podre y de materia;
y nunca salir de casa,
de persona muy enferma.
»Verruga andante pareces,   25
que ha producido la tierra;
muy preciado de que todo
solo tú un palacio llenas.
»Si te viniese algún huésped,
¿qué aposento le aparejas,   30
tú, que en la mano de un gato,
por no admitirle, te encierras?
»Yo te llevaré a la Corte,
en donde no te defienda
de tercera parte o huésped   35
tu casilla tan estrecha[2].
»¿No te fuera más descanso
andarte por estas selvas
y en estos agujerillos
tener tu cama y tu mesa?   40
»Riéndose están de ti
los lagartos en las peñas,

[1] *chirrión*, carro fuerte que chirría mucho cuando anda.
[2] Para que la Corte volviese a Madrid, los propietarios de casas
se comprometieron a dar aposento gratuito a ciertos empleados
de Palacio y del Gobierno; más tarde se pagó un censo.

los pájaros en los nidos,
las ranas en las acequias.
»Esa casa es tu mortaja: 45
de buena cosa te precias,
pues vives el ataúd,
donde es forzoso que muerás.

»De una fábrica presumes
que Vitrubio[3] no la entienda;   50
y si vale un caracol,
en dos ninguno la precia.

»Y citar puedo a Vitrubio,
porque soy ratón de letras,
que en casa de un arquitecto   55
comí a Viñola[4] una nesga[5].

»Sacar los cuernos al sol,
ningún marido lo aprueba,
aunque de ellos coma; y tú
muy en ayunas los muestras.   60

»Dirás que me caza el gato,
con todas estas arengas;
¿y a ti no te echan la uña
los viernes y las cuaresmas?

»¿No te guisan y te comen   65
entre abadejo y lentejas?
¿Y hay, después de estar guisado,
alfiler que no te prenda?

»Pero de matraca baste,
que yo espero gran respuesta;   70
y aunque soy más cortesano,
me he de correr más apriesa.»

[*Parnaso*, 610]

---

[3] Marco Vitrubio Polión, el gran arquitecto e ingeniero romano, cuyo tratado *De Architectura*, publicado a fines del siglo xv, ejerció una influencia considerable en el arte del Renacimiento.

[4] Es Jacobo Barozzio Vignola, 1507-1573, uno de los más célebres tratadistas de Arquitectura. Sus *Regole dei cinque ordini di Architettura* (Roma, 1563), se han estudiado hasta nuestros días.

[5] *nesga*, pieza de cualquier cosa, cortada o formada en figura triangular y unida con otras.

759

RIDÍCULO SUCESO DEL TRUECO DE DOS MEDICINAS*

ROMANCE

Los médicos han de errar
de alguna suerte las curas;
y pues siempre andan herradas,
deben de curar sus mulas.

    Éste, que, doctor tudesco,   5
si no en batallas, en juntas,
erre a erre peleaba
con recipes[1] de la pluma,

    si no lo habéis por enojo,
erró en Getafe la purga   10
con un recién desposado
y un vejecito con bubas.

    Cantáridas pidió el novio,
porque el apetito aguzan:
astrólogos de quien cuentan   15
que saben alzar figura[2].

    El vejezuelo aguardaba,
muy francés de coyunturas[3],
diagridis, jalapa y sen[4],
trinca para toda puja.   20

    Era el buen recién casado
un esposo papanduja[5];
en el alma con potencias,
en el cuerpo con ninguna.

---

* «El doctor Andrés de Laguna, doctísimo español, afirma en la ilustración que hizo a Dioscórides haber sucedido ansí a un novio y a un fraile, estando él en Mets, ciudad de la Francia bélgica; y lo refiere con no menor travesura de donaire, que aquí viene a ser forzosa.» Nota de González de Salas.

[1] *recipe*, receta.

[2] *alzar figura*, adivinar el porvenir. Pero aquí, como verá el lector, significa otra cosa. (Las cantáridas estimulaban el apetito sexual.)

[3] Por el «mal francés».

[4] Productos para confeccionar purgas.

[5] *papanduja*, pasado de maduro.

A las armas de bajón,   25
la barba fue empuñadura,
cuando en contera de tiple
trae envainada la punta.
   Y, si bien, por lo caído,
algo de demonio anuncia,   30
lo de *depossuit potentes*[6]
ni le toca ni le ajusta.
   La novia, que aquella noche
le retaba la lujuria,
salvaba en los negros ojos   35
desconfianzas de rubia.
   El bulto para tomado
era mejor que la Enclusa:
para enristrada mejor
que lanza de brida en justa.   40
   Virginidad jacerina[7]
mostraba por cejijunta:
cosa para dar cuidado
a dos azagayas[8] turcas.
   La boca, hermoso paseo   45
de apetito que besuca,
cuando, por sobra de lenguas,
acontece que esté muda.
   En dos dedos de chapín
tres varas de cuerpo encumbra: 50
por corta ni mal echada
no la perderá, si lucha.
   Todo el mirar, garabatos[9],
y todo el bullicio, pulgas:
toda, al fin, de arriba abajo,   55
brindis a brazos de pulpa.
   Catorce tiene cumplidos;
y, según que se barrunta,
no cumple los dos, si aguarda
que su marido las cumpla.   60
   De los pies a la cabeza
no se perdonó a cultura,

---

[6] *depossuit potentes*, parte del versículo de San Lucas, 1, 52.
[7] *jacerina*, de cota de malla, acerada.
[8] *azagayas*, lanzas o dardos.
[9] *garabatos*, ganchos, en sentido literal.

ni en todo su ventrispicio
se dejó ni aun una pluma.
    Su madrina, que en el arte   65
era una mujer machucha,
la leyó de pe a pa
la cartilla de las nupcias.
    Ella, que tiene más miedo
de un ratón que de diez curas,   70
con menos temor se acuesta
que el marido se desnuda.
    Echóla la bendición
su madre, porque, fecunda,
le cuaje un nieto al instante   75
que la den en caperuza[10].
    El esposo que, en lugar
de la bebida que busca,
se sorbió la escamonea[11]
que apresta contrarias lluvias,   80
    muy pacífico de panza,
las bragas se desanuda,
y ni el gallo le despierta,
ni los miembros le rebuznan.
    La barriga soñolienta,   85
y la humanidad con murria,
para dieta se acostaba
de quien le esperaba gula.
    Mas ella, por cumplimiento
del «Déjeme» que se usa,   90
cuando la que menos tiembla
hace como que se turba,
    devanada en la camisa,
la cara y los brazos hurta
a quien las alteraciones   95
tiene en el cuerpo difuntas.
    Esforzóse a levantar:
nadie tema cosa oculta;
que una mano levantó,
y con los dedos, las uñas.   100
    Andúvola en el cogote,
caricia de quien espulga,

[10] *dar en caperuza*, sobrepujar, aporrear.
[11] *escamonea*, purga.

ocupado en agasajos
de arriba de la cintura.
    Pujando estaba un requiebro,   105
muy hipócrita de púa,
cuando la purga en el vientre
empezó a hacer de las suyas.

    La niña, que se hallaba
entre pila y fuente enjuta,   110
con un marido por señas,
que sólo amaga y no apunta,
    jícara de chocolate,
que puede, sin el ayuda
de rescoldo y molinillo,   115
hervirse y hacer espuma,
    en achaque de apartarle,
dio con ambas manos juntas,
como si fueran con guía
pintiparada, en la culpa.   120
    «Todos duermen en Zamora[12]
—dijo romancera y culta—;
no debes de ser Don Sancho,
pues la vela no te punza.
    »El no levantar cabeza,   125
grandes desdichas pronuncia;
desposado de "Aquí yace",
mujer epitafio busca.»
    Él, que aguardaba al ombligo
de su bebida las furias,   130
traiciones sintió forzosas,
que el retortijón anuncia.
    Dábale priesa el retorno
de la mal sorbida zupia[13]:
las tripas tocan al arma,   135
el un ojo le estornuda.
    Particulares estruendos
se oyeron en esta junta:
la nariz, contra pastillas[14],
sintió que a traición sahúman.   140

[12] Verso de un conocido romance viejo.
[13] *zupia*, líquido de mala vista y sabor.
[14] *pastillas* de olor, que se quemaban para perfumar habitaciones.

Arrojóse disparando
truenos y granizo en bulla;
proveyóse veinte veces,
y no la proveyó una.

Si cuantos pretenden plazas   145
llegan a sazón tan cruda,
por la cámara negocian,
proveídos van sin duda.

«Servicio —dijo— me has hecho,
y antes que casada, viuda;   150
y, sin haberme tocado,
me has dado una mala zurra.

»Sin duda quedarás bueno,
aunque yo quede en ayunas:
más dias hay que longanizas,   155
y más si cuentan las tuyas.

»Tu cuerpo, que no me goza,
a lo menos me gradúa,
si los cursos a las novias
valen como a los que estudian.»   160

Quiso esforzarse, y impidióle
que hiciese tal travesura;
ni de tripas corazón,
cuando las tiene tan sucias.

En esto estaban los dos,   165
él en folga[15], ella en angustias,
y corrida sin moverse,
adivínenlo las pullas,

cuando el buboso vejete,
que las cantáridas chupa,   170
y aguardaba evacuación
del sen[16] que al novio embadurna,

amotinada la edad,
el cuerpo se le espeluza,
los eneros se le encienden,   175
las canas mismas amurcan[17].

Empreñar quiere la manta,
que marimanta la juzga;

---

[15] *folga*, holgura, diversión. Cf. núm. 799, v. 10.
[16] *sen*, uno de los productos que habían entrado en la confección de la purga.
[17] *amurcan*, atacan, como los toros con sus astas. Vid. el poema siguiente, v. 33.

saltos daba de la cama,
Conde Claros con arrugas[18].　　　　　180
　　La novia que al otro sobra,
dado al demonio, la busca,
si el púlpito que previno
el marido se le ocupa.
　　El servidor y la novia　　　　　185
de los dos hicieron burla:
él al novio le dio esposa,
ella al viejo dejó a escuras.
　　Esta historia a huir enseña
de maridos sin injundias,　　　　　190
pues potencia de recetas
estercola y no consuma.

　　　　　　　　　　　　　　[Parnaso, 611]

760

ALEGA UN MARIDO SUFRIDO SUS TÍTULOS
EN COMPETENCIA DE OTRO

ROMANCE

　　Echando verbos y nombres,
a fuer de vocabulario,
se zampó en cas de la Morra
Mojagón a puntillazos.
　　Chismáronle que don Lesmes,　　　　　5
aquel muchísimo hidalgo,
que come de sopa en sopa
y bebe de ramo en ramo[1],
　　después que le sucedió
un jueguecillo de manos,　　　　　10
cuando a Currasco, en el truco[2],
quedó a deber un sopapo,
　　la pedía por esposa
para mejorar de trastos,

---

[18] Porque el Conde Claros, «por amores, / no podía reposar», según el romance.
[1] Porque las tabernas tenían como señal un ramo.
[2] *truco*, juego parecido al billar. Vid. el núm. 775, v. 40.

y ser atril de San Lucas, 15
siendo el toro de San Marcos³,
    Mojagón, hecho de hieles,
como quien era su amargo,
reventando de marido,
los halló juntos a entrambos. 20
    El vino lleva a traspiés,
la espada lleva a trasmano;
y desbebiendo los ojos
lo que chuparon los labios,
    vio en el estrado su hembra 25
con guardainfante plenario,
de los que llaman las ingles
guarda infantes y caballos⁴.
    Don Lesmes, que en una silla
la estaba marideando, 30
al ruido se levantó
con olor de sobresalto.
    Amurcóle⁵ Mojagón
con jarameños mostachos;
y viene y toma, y luego hizo 35
una de todos los diablos.
    Dio con él, de un empellón,
de buces detrás de un banco.
«No chiste (la dijo a ella),
que en el chiste vengo a darlos. 40
    »¿No ha tres años que me tratas?
¿Puedes escoger velado
que me iguale, aunque le busques
un siglo a moco de Rastro?
    »¿No cubre aqueste sombrero 45
todas las reses del Pardo?
¿No doy cristal a linternas⁶?
¿No doy a cuchillos cabos?
    »¿Hasme visto tener celos,
ni por sueños ni burlando? 50
¿Dióseme jamás un cuerno
de que se me diesen tantos?

³ ser cornudo. Vid. la nota en la pág. 869.
⁴ *caballo*, enfermedad venérea.
⁵ *amurcóle*, de *amurcar*, dar el golpe el toro con las astas.
⁶ Algunas linternas, en vez de cristal, llevaban una lámina de cuerno.

»Las veces que es menester,
¿no tengo el sueño en la mano?
¿Hame faltado modorra   55
en yendo el retozo largo?

»¿No amurcan, como unos toros,
aun las liendres en mis cascos?
¿No me has visto hacer el buz[7]
porque nos hagan el gasto?   60

»Yo no veo lo que miro;
yo no digo lo que hablo.
¿Dicen cosa que no crea?
¿Veo bultos que no trago?   65

»¿Abro puerta sin toser,
y sin decir: "Yo soy c'abro"?
¿He dicho esta boca es mía,
aun siendo ajenos los platos?

»De moños de Medellín[8],   70
si me peino o si me rapo,
socorro abundantemente
a muchos esposos calvos.

»Sobre las leyes de Toro
se alegan mis cartapacios,
tanto como Antonio Gómez[9],   75
aunque en diferentes casos.

»¿Para abrir el apetito,
es mi *coram vobis* barro?
Que hay maridillo que da
a los adúlteros asco.   80

»Pobre soy; mas todavía
tengo alguna hacienda a cargo,
y un vínculo *excomunionis*,
a falta de mayorazgos.

»Demando para mí mismo,   85
con reverendas de Añasco[10],
comadre de maletones[11],
a quien anticipo el parto.

[7] *hacer el buz*, festejar, obsequiar. Cf. núm. 583, v. 12.
[8] Alusión a los toros de Medellín.
[9] Las *leyes de Toro*, 1505, fueron comentadas por el jurista Antonio Gómez.
[10] *reverendas de Añasco*. Añasco es personaje de jácaras, «Añasco el de Talavera». *Reverendas* se llamaban las letras dimisorias que se daban de un prelado a otro en la comisión de órdenes.
[11] *maletones*, aumentativo de *maleta*, voz de germanía empleada

»Yo tengo, aunque no son muchos,
bienes raíces y ramos;   90
las viñas en las tabernas,
las vendimias en el trago;
  »pocas, mas buenas alhajas;
horma para los zapatos,
bigotera de gamuza,   95
golilla de chicha y nabo[12].
  »Arca es cosa de Noé
del diluvio que yo aguardo;
que, enjuto, me sacará
una talega de trapos.   100
  »Éste[13] es marido bonete,
pocos cuernos y de paño:
quien sabe lo que se cuerna,
es todo tela y damascos.
  »Visite sin almohadas   105
gente de estera de esparto:
sepa que, sin gradüarse,
no puede hablar en estrados.
  »En arras te quiero dar
dos mozuelos mejicanos,   110
que te cubrirán de pesos,
aunque se los hagas falsos[14].
  »Venga en volandas el cura;
habrá boda como el brazo:
váyase a casar don Lesmes   115
con la moza de Pilatos;
  »que no le puede faltar,
por la parte de su amo,
el dote al diablo; y, si vaca,
una barrena en los pasos[15].»   120

[Parnaso, 614]

---

para designar al ladrón que se introducía encerrado en un cofre.
[12] *de chicha y nabo*, de poca importancia, despreciable. Cf. página 1020.
[13] «Don Lesmes», anota González de Salas.
[14] *hacer pesos falsos*, engañar.
[15] «Plaza de sayón.» Nota de González de Salas.

761

Refiere su vida un embustero

ROMANCE

Don Turuleque me llaman[1]:
imagino que es adrede,
porque se zurce muy mal
el don con el Turuleque.

Guantero fue de zancajos[2] 5
mi padre en Ocaña y Yepes,
buen siervo de San Crispín
por los bojes[3] y el tranchete[4].

Mi madre tomaba puntos;
pero no para oponerse 10
a catredas, sino a medias,
que las pantorrillas ciernen[5].

Pregoné zapato viejo
en Madrid algunos meses,
y fueron bien recibidos 15
mi tonillo y mi falsete.

Metíme a mozo de hato
de un caracol tan solene,
que con las casas ajenas
a cuestas andaba siempre. 20

Di en pasapasa de bolsas[6]
y en masicoral de muebles[7]:
alivio de caminantes,
sin ser libro que entretiene[8].

Si como di en descapar[9] 25
mancebitos diferentes,

---

[1] *Turuleque*, alude a la frase «Mal se aviene el don con el Turuleque».
[2] *guantero de zancajos*, zapatero.
[3] *boj*, el bolo de madera sobre el cual se cosen los pedazos de
piel de que se hace el zapato.
[4] *tranchete* o *chaira*, la cuchilla de zapatero para cortar la suela.
[5] «Por estar como criba», apostilla González de Salas.
[6] *pasapasa de bolsas*, «del juego de «pasa pasa», juego de manos. Aquí, «ladrón».
[7] *masicoral de muebles*, ladrón.
[8] Es el *Sobremesa y alivio de caminantes*, de J. Timoneda, 1569.
[9] *descapar*, robar capas.

doy en descapar las llaves,
los robos fueran mercedes.
        Con estos merecimientos
me gradüé de corchete.   30
¡Lo que puede la virtud,
y el aplicarse las gentes!
        Entréme a chisgaravís,
profesé de mequetrefe,
achaquéme nuevos padres   35
y levantéme parientes.
        Ascendí por mis pulgares
al oficio de alcagüete.
¡Sabe Dios cuánto trabajo
pasé para merecerle!   40
        Con sosquines y antuviones[10]
vine a campar de valiente,
y a los pepinos y a mí
nos achacaban las muertes.
        De un tajo a Matacandiles   45
le di modorra de *requiem*,
después que en una taberna
hubo mortandad de sedes.
        Para venganzas de agravios
de quien los paga y los siente,   50
tuve chirlos de alquiler
en puntos de a diez y nueve[11].
        Por los que tengo en la cara,
que unas cachondas[12] parece
a poder de cuchilladas,   55
concierto los que se venden.
        Por hacerme formidable,
el diablo, que nunca duerme,
con andar de cama en cama
y de trinquete en trinquete,   60
        en los cascos me encajó
que, para campar de sierpe,
en el Corral de la Cruz
metiese bolina un jueves.

---

[10] *sosquines y antuviones*, golpes. Cf. núms. 858, v. 69 y 862,
verso 33.
[11] Alusión a los bravos que se alquilaban, como en la casa de Monipodio, para herir en la cara, cobrando por el número de puntos.
[12] *cachondas*, calzas. Cf. núm. 745, v. 106.

Y sin qué ni para qué,   65
viendo un hosco de copete[13],
con los dos ojos de buces[14]
le miré áspero y fuerte.
      Él me dijo: «¿Qué me añusga[15]?»
Yo le dije: «¿Quién le mete?»   70
Asímonos de los túes,
cansados ya de los eles.
      Púsele, sin ser el diablo
y sin ser su cara Puente
de Segovia, la señal   75
de la mano que ella tiene.
      Él sacó la de Toledo,
y yo la de San Clemente:
dile, con la anticipada,
dos resbalones de a jeme[16].   80
      Acudieron metedores,
como le vieron con pebre[17];
el patio llovió alguaciles;
ellos, sobre mí, cachetes.
      Luego chiflaron mi vida   85
una manada de fuelles[18];
y, entre injustos descreídos,
iba en justos y en creyentes.
      Diéronme casa de balde,
calzáronme los vascuences[19];   90
luego, jugando de mano,
me dio un repique el rebenque[20].
      No son de sí los azotes
tan malos como parecen,
pues procesiones los usan,   95
y los cantan misereres.

                               [*Parnaso*, 616]

---

[13] *hosco de copete*, valentón.
[14] *ojos de buces*, aquí parece significar «ojos de mirada hosca».
[15] *añusgar*, significaba *atragantarse*, pero aquí parece significar «mirar».
[16] *jeme*, un palmo.
[17] *pebre*, sangre, en germanía. Porque *pebre* era una salsa en la que abundaba la pimienta.
[18] *fuelle*, soplón.
[19] *los vascuences*, los grillos, por estar hechos en Vasconia. Cf. núm. 856, v. 43.
[20] Es decir, «me azotaron».

762

Abomina de una vieja que quería ser tercera de una niña

ROMANCE

La vieja que, por lunares,
salpicada de bigotes
tiene la cara, te vedo
con Datanes y Avirones[1].

Ni conmigo ni sinmigo   5
quiero que enrancie tu coche:
ándese en un ataúd
con su tiro de cabrones[2].

Pidamos el «Oxte» al puto,
demos a la vieja el oxte,   10
de Satán el «Abrenuncio»
y el «Sal aquí» de los gozques.

Pues el «Zape» de los gatos
también la viene de molde:
que en el gruñir y cazar   15
es susto de los ratones.

Tú ni yo no somos habas[3],
que para echarnos importe
su visión; pues no hace falta,
mas fuerza será que sobre.   20

¿Para qué quieres conjuros,
si tu siembra está en las trojes?
Ándese tras los nublados
cuando granizan bodoques[4].

El juez de los cimenterios   25
la publica con clamores
por fugitiva en cien años
de cuatro extremas unciones.

---

[1] *te vedo con Datanes y Avirones* es una fórmula de excomunión
y también muy frecuente en los documentos medievales como in-
vocación, «et cum Datan et Abyron quos terra unus absorbuit».
(En *Números*, 16, se habla de la sedición de Coré, Datán y Abirón
contra Moisés.)

[2] «Motéjala de hechicera», apostilla González de Salas.

[3] *habas*, porque se empleaban en las suertes adivinatorias. Cf. números 708, v. 36 y 859, v. 57.

[4] *bodoque*, pelota o bola de barro.

En infusión de embelecos
me dice quien la conoce   30
que está siempre, y que a mentir
puede apostar con los dotes.

Cuando quieres persuadirme,
dices que es mujer de porte:
mucho tiene de estafeta;   35
temo que de ti le cobre.

De docientas leguas huele
almuerzos y medias noches:
lo que come bien lo sé,
mas no sé con qué lo come.   40

Es gorra de los manteles,
coroza de los colchones:
quiere encajarme en la testa
el bonete de los bosques.

En saliendo tú con ella,   45
llama la lujuria a cortes,
y andan, sobre hablar primero,
Burgos y Toledo a voces.

Desde que el diablo la trujo,
hierve esta calle de condes: 50
por muchos títulos debo
echarla a palos y a coces.

Parece mala comedia,
con los silbos que se oyen,
esta casa; y el catarro   55
es seña, y parece toses.

Ella te lleva y te trae
no sé dónde, y sí sé dónde,
pues te doy lo necesario,
y tú me das madrugones.   60

En casa no hemos de estar
yo y la vieja de los conques:
tú quieres que te enagüele;
yo temo que me encarroñe.

[Parnaso, 617]

763

Matraca de los paños y sedas*

ROMANCE

Mirábanse de mal ojo
en la tienda de un cristiano
(viejo si en la información
da por testigos los años)
    las telas altas y bajas,   5
que en sastre llaman recados[1];
las ricas, empapeladas;
y las bahúnas[2], en fardos.
    El Sayal, hecho de yeles,
estaba detrás de un banco,   10
amenazado de alforjas
y de ropillas de machos.
    Alegaba en su favor
hopalandas[3] de ermitaños,
y penitencia gloriosa   15
en tantos frailes descalzos.
    «Mírenme —dijo—; hallarán
el ál[4] que tengo debajo,
y si fuere de almofrej[5],
en los colchones me zampo.»   20
    Pero al Anjeo[6] atisbaba
una Bayeta de zaino[7],
por material de jergones
y de camisas de payos.

---

  * González de Salas anota: «Este romance escribió en León cuando preso, y a mí después me dio su mismo original, bien satisfecho de él». Se puede fechar, pues, entre 1639-1643.
  [1] Nótese cómo Quevedo hace gala de conocer bien la lengua.
  [2] *bahúnas*, se decía de la gente baja o ruin.
  [3] *hopalandas*, faldas grandes y pomposas, especialmente las que vestían los estudiantes.
  [4] *al*, arcaísmo en el siglo XVII, «lo otro». Alude al refrán «Debajo del sayal, hay al».
  [5] *almofrej*, funda en la que se llevaba la cama de camino, la cual funda era por fuera de vaqueta o jerga y por dentro de tela basta.
  [6] *anjeo*, especie de lienzo basto.
  [7] *zaino*, de color castaño oscuro.

Él, que se quema de todo[8]   25
y estaba calamocano[9],
soltando la tarabilla,
y más necio que otro tanto,
    la llamó sepulturera[10]
y gala de los finados: 30
peor si la traen por mí
que si por otro la traigo.

    Capa negra del ahorro,
y gravedad de guiñapos,
hojaldre del ataúd,   35
toda pésames y llantos.

    «¿La tirria toma conmigo,
que en los talegos de cuartos
suelo servir de camisas
a millares de ducados?   40
    »Si no empobrecen las gentes
o mueren, cesa su gasto;
y con los talegos, todos
son ricos y viven hartos.

    »Acójase a Portugal,   45
y vaya raspahilando[11]
a ser, con botas de Judas,
locura de los fidalgos.»

    El Bocací[12], que, por negro,
quiso vengar el agravio,   50
como oropel[13] del infierno
remedaba los catarros;

    y el Fustán, que estaba cerca,
de verle se dio a los diablos;
tratáronse de hi de aforros[14],   55
y hi de túnicas con pasos.

---

[8] «Porque es de estopa», apostilla González de Salas.
[9] *estar calamocano*, estar borracho. Pero González de Salas dice que «alude a su caña cuando está en yerba». Sin embargo, no parece tener sentido esa explicación.
[10] «A la bayeta», apostilla del mismo González de Salas. Porque la bayeta se empleaba en los ataúdes.
[11] *raspahilando*, raspando hilos, pero aquí «con presteza, con anhelo». Cf. núm. 875, v. 417.
[12] *bocací*, tela de lienzo.
[13] *oropel*, lámina de latón, muy delgada, de color dorado.
[14] *hi de aforros*, calco de «hi de puta», expresión muy frecuente en la literatura de la época.

A «Más soleta[15] sois vos»
andaban al morro, cuando,
con humos de olla casera,
los apartó el Chicha y Nabo[16].   60
　　Aquí fue Troya, que el Fieltro,
preciado de buenos cascos
y de que nunca se pasa,
por ser al gusto contrario,
　　enfadado de sus bríos,   65
le condenó[17], sin traslado,
a ser naguas de busconas
y golillas[18] de gabachos.
　　Él, que se vio dedicar
al vilísimo arremango   70
de pícaras, por la boca
echó culebras y sapos.
　　Atestóle de invernizo
y muceta de lacayos,
que en los cocheros defiende   75
las vendimias de nublados.
　　Una Raja de Florencia[19]
los quiso tomar las manos
con podrida gravedad;
mas no se quedó alabando.   80
　　Él[20] la dijo las mil leyes,
a trochimochi y con asco:
que, en ofenderse del agua,
remedaba a los borrachos.
　　Ella[21] replicó furiosa: 85
«Si pierdo porque me mancho,
den traslado a los linajes:
responderán por entrambos».

---

[15] *soleta* significaba dos cosas: mujer descarada y trozo de tela
con que se remendaba la planta del pie de la media o calcetín.
[16] *Chicha y Nabo*, de la frase «de chicha y nabo», que significa
«de poca importancia», «despreciable».
[17] «Al Chicha y Nabo», anota González de Salas.
[18] *golilla*, adorno hecho de cartón forrado de tafetán o de otra
tela negra, que rodeaba el cuello, sobre el que se ponía una valona de gasa u otra tela blanca almidonada.
[19] *raja de Florencia*, especie de tela muy rica y cara, que venía
de Italia.
[20] «El Fieltro», dice González de Salas.
[21] «La raja», ídem.

Quiso darla un tapaboca
un tercio de Paño pardo;   90
pero dejólo, de miedo
de tusonas y el barato[22].

Preciado más de las marcas[23]
que Antón de Utrilla y Maladros[24],
y arremetiéndose a bula,   95
con sellos de plomo largos,

el Limiste[25] de Segovia,
con su Meléndez por fallo,
los trató de bordoneros
y gentecilla del Rastro.   100

La Jerga con el Picote[26]
se estaban desgañitando,
y, a poder de remoquetes,
le pusieron como un trapo.

«Pues ¿con sus once de oveja   105
—dijo[27]—, nieto de un zamarro,
quiere meterse en docena?
También llevará su ajo.

»Si a medias es conocida,
por la Puente y por el paño,   110
Segovia, el ser de la carda[28]
mire si podrá negarlo.

»¿No deciende de perailes[29]
su presumido boato?
¿No es hijo de unos cornudos,   115
de puro carneros mansos?

»Su madre, ¿no fue pelleja?
¿No andaba por esos campos
con la roña y las cazcarrias,
dando pesadumbre al pasto?   120

22 González de Salas anota: «Alude al refrán vulgar». El refrán
dice: «De putas y paño pardo, lo mejor lo más barato».
23 *marcas*, rameras. Es voz de germanía. Cf. núms. 693, v. 167;
791, v. 67 y 851, v. 3.
24 Dos personajes populares en las jácaras de bravos.
25 *limiste*, cierta clase de paño, fino y de mucho precio, que se
fabricaba en Segovia.
26 *jerga*, tela muy basta; *picote*, tela áspera y fuerte, de pelo
de cabra.
27 «La Jerga», anota González de Salas.
28 *carda*, cofradía de pícaros y valentones. Es un juego de voces, porque a su vez abundaban los cardadores que vivían a lo
pícaro. Cf. núms. 853, v. 1 y 866, v. 66.
29 *perailes*, metátesis de *pelaires*, cardadores de paños.

»¿No le han de dar una tunda
primero que sirva de algo?
¿Qué puede ser quien se gasta
en horrendos ambularios?

 »¿Con sotanas y manteos   125
puede negar que se alzaron
Lanillas y Capicholas[30],
y, con perdón, el Burato[31]?

 »¿Londres, no le pone el cuerno?
¿Las Navas, no le dan chasco?   130
¿Cuenca, no le da sus comos
y Baeza su recado?

 »Los diez ducados por vara
espérelos en diez años,
entre mucetas de obispos,   135
o alguna del Padre Santo.»

 La Seda, que se pudría
de oír a los dos picaños[32],
y soltando la maldita,
de tafetanes chillando,   140

 por esos trigos de Dios
echó, sin poder el Raso
y el Terciopelo atajar
su colérico desgarro.

 El Cambray echaba verbos,   145
y la Holanda espumarajos;
cociéndose el Lienzo crudo,
tomó el cielo con las manos.

 Echaron por Capa rota[33],
que la diese su recado   150
a la Estopa, que se estaba
de unas ventosas temblando.

 Ella, como quien no tiene
que perder, por dar abasto
tapones para difuntos,   155
camisones a pazguatos,

[30] *capichola*, tejido de seda que forma un cordoncillo.
[31] *burato*, tejido de lana o seda que servía para alivio de lutos y para manteos.
[32] *picaños*, pícaros, holgazanes.
[33] «A la seda», anota González de Salas. (*Capa rota* se llamaba a la persona que se enviaba secretamente para algún negocio de consideración.)

dijo desde una hasta ciento[34],
sin principio, ni sin cabo;
atestóla de embustera,
y de chismosa sin labios.   160
　　«Tú —la dijo—, que remedas,
si te llevan paseando,
algún hato de alcacer[35],
o alguna carga de ramos;   165
　　»empeño de los maridos,
pobreza de desposados,
golondrina en chirrïar
y venir a los veranos;
　　»de las llagas y la podre   170
parienta en segundo grado,
pues ellos son tus abuelos,
siendo hija tú de gusanos;
　　»hipócrita de colores,
a puro revolver caldos,   175
pues, a poder de los brodios,
desmientes el color rancio,
　　»de relatora presumes,
porque charlas en estrados,
más preciada de la hoja[36]   180
que Escarramán y que Añasco.
　　»Nacida en la Morería,
sin que tú puedas negarlo;
y si las moras son perras,
de casta le viene al galgo.   185
　　»Yo soy muy yerba de bien[37],
y si me siembran, me nazco;
muy cuerda[38] en todas mis cosas,
y muy justiciera en lazos.
　　»Colgados están de mí   190
tantos como del esparto,
y no has de poder decirme[39]
que soy lengua de estropajo.»

[34] *decir de una hasta ciento,* decir muchas desvergüenzas.
[35] *alcacer,* cebada verde y en hierba.
[36] Juego de voces entre «hoja» del moral y «hoja», espada. Por eso alude a Escarramán y Añasco, famosos bravos de las jácaras.
[37] «El lino», dice González de Salas.
[38] Nótese el elemental juego de voces.
[39] «Como al esparto», anota González de Salas.

Preciada de colgaduras[40],
como la ene de palo[41];
por mesones, ciegayernos,   195
arambeles[42], por tabancos[43],
    quiso meter más bolina[44];
mas cubrióla de gargajos
y tuétanos de narices
un lenzuelo de tabaco[45].   200

    Viendo que, en las mataduras,
por la Seda, le están dando,
muy de *depossuit potentes*
y muy a lo cortesano,
    de casa contra malicia,   205
muy preciado de tres altos,
dijo dos mil patochadas,
bien colérico, el Brocado:
    «Yo, que abrigo el sueño en oro
en una cama de campo[46],   210
y, colgadura, enriquezco
a las paredes que tapo;
    »yo, que, en una saya entera,
de todo un tesoro cargo
las damas, y la hermosura,   215
a pura riqueza, canso,
    »¿consiento que en mi presencia
estos pícaros del Rastro,
por meter su cucharada,
osen levantar el bramo?   220
    »Váyanse a fardar corchetes;
váyanse a vestir mulatos,
y, entre gente del gordillo[47],
blasonen de vestüario.»

---

[40] «La estopa misma, cuyos usos refiere esta copla», comenta González de Salas.
[41] *la ene de palo*, la horca
[42] *arambeles*, colgaduras de paños, unidos o separados, empleados para adorno o cobertura. También significa «andrajo o trapo que cuelga del vestido».
[43] *tabancos*, puestos o cajones callejeros para vender, especialmente comestibles.
[44] *bolina*, ruido o bulla.
[45] *lenzuelo de tabaco*, un pañuelo del color del tabaco.
[46] *cama de campo*, cierta cama elegante. Véase pág. 983.
[47] *gente del gordillo*, gente de poca importancia. Según Correas, *Vocabulario*, es frase hecha: «disminuyendo». Cf. núm. 770, v. 62.

Belitres[48] los llamó a voces;   225
y no bien lo dijo, cuando,
armado como un reloj,
un Repostero dio un salto.

Sucediera una desgracia,
sin ser posible atajarlo,   230
a no salir hecho un cuero
un Guadamací muy lacio,

en jurar tan carretero[49],
que sólo le faltó el carro,
y los nombres de las Pascuas   235
le dijo todos de plano.

«Oro por oro, si quiere,
salgamos tantos a tantos,
yo, y las píldoras, con él,
y con orozuz[50] mascado.   240

»Él fue en tiempo que los reyes
usaban los cachidiablos[51],
y para Pascuas tenían
un ropón suyo guardado.

»Después en las pedorreras[52]   245
fue cuchilladas y tajos;
rica pendencia de muslos,
en príncipe soberano.

»Fue gala, con su Martín[53],
del rey que murió rabiando,   250
y, para las fiestas recias,
bohemio[54] de Carlo Magno.

»Mas ya los Guadamacíes
le servimos de arrendajo[55];
los Brocateles, de monas,   255
con perdón de los aguados[56].

---

[48] *belitres*, pícaros, ruines.
[49] «El guadamací. Cúbrense muchas veces carros con ellos.» Nota de González de Salas. (*Guadamací* es la cabritilla adobada.)
[50] *orozuz*, cierta planta usada mucho en medicina como pectoral. Por eso habla de *orozuz mascado*, por las pastillas.
[51] *cachidiablos*, los que se vestían con botargas, imitando la figura con que suele pintarse al diablo.
[52] *pedorreras*, calzas enteras, o atacadas, como en este caso; por eso dice que «fue cuchilladas y tajos».
[53] Es decir, fue *martingala*, especie de calzones que se ponían debajo de la armadura.
[54] *bohemio*, capa corta que usaba la guardia de arqueros.
[55] *arrendajo*, pájaro parecido al cuervo.
[56] «*Con perdón de los clérigos, un cuerno*, don Luis de Gón-

»No sale de retraído
en la iglesia, y en los santos
ternos[57] le ven a deseo,
imágenes, por milagro.   260
      »Reconózcase antigualla
de caducos mayorazgos,
y aguarde entradas de reyes,
con regidores y palio.»
      Aquí la Grana de Tiro,   265
viendo tan gran desacato,
hecha un múrice y un ostro[58]
con el veneno sarrano[59],
      envió al Guadamací,
a coces y a puntillazos,   270
con los Infantes de Lara,
a trinquetes del barranco.
      «Vayan como lechoncillos
—dijo—, entre hembras del trato,
a preciarse de los cueros,   275
pues el burdel es su rancho.
      »Todos se pueden coser
la boca donde yo hablo[60],
pues soy Púrpura real,
a modo de papagayo.»   280
      Oyéronla estas palabras,
por malos de sus pecados,
unos Tapices flamencos,
seda y oro como el brazo:
      «Necios nos llaman "figuras"   285
—dijeron con lindo garbo—,
y somos historiadores,
sin pluma ni cartapacio.
      »Vencemos con los telares
los pinceles del Tiziano,   290

---

gora. Es la misma figurada locución.» Nota de González de Salas.
(Juego de voces, puesto que «mona» es la borrachera, y «aguados»,
los vinosos, por beber el vino aguado.)
      [57] *terno*, el vestuario exterior del terno eclesiástico.
      [58] *múrice y ostro*, especies de ostras empleadas por los antiguos
para teñir telas.
      [59] *veneno sarrano*, púrpura de Tiro. Vid. la explicación de Gon-
zález de Salas en la pág. 61, nota 1.
      [60] «La grana», apostilla González de Salas.

donde son los tejedores
Urbinos y Carabachos.
»En la batalla de Túnez,
¿no está gozando Palacio
el vencimiento del moro
y la victoria de Carlos[61]?

295

»Los caballos, ¿no relinchan?;
los mosquetes, ¿no dan pasmo?;
la lumbre, ¿no centellea?;
¿no se disparan los arcos?;

300

»el cielo, ¿no tiene día?;
el aire, ¿no tiene claros?;
bien compartidas las sombras,
¿no animan a los retratos?

»El Tapiz de las florestas,
conocido por Lampazos[62],
ya sirve de babadores
en las tabernas al trago.

305

»Como la Púrpura alega
que un tiempo vistió a Alejandro,
acuérdese que hubo en donde
fue vestidura de escarnio.

310

»Ya pasó doña Jimena
y falleció Laín Calvo:
él la gastaba en botargas[63],
ella, en corpiño en disanto[64].

315

»Váyase a curar dolores
de estómago, como emplasto,
y sacudiránla el polvo,
sin dejarla hueso sano.»

Ella, de puro corrida,
sin poder disimularlo,
a Roma se fue por todo,
al cónclave vaticano.

320

¡Dichoso el que, en un rincón
desnudo, no está aguardando

325

---

[61] En el palacio real de Madrid se guarda aún este célebre tapiz.
[62] *conocido por Lampazos.* La explicación la da Covarrubias, *Tesoro*: «Los paños de pared [tapices], que son de verduras y boscaje, suelen algunos traer tejida esta yerba [lampazos] con sus hojas muy grandes, y por eso los llaman paños de lampazos».
[63] *botarga,* especie de calzón ancho y largo. Cf. núm. 757, v. 122.
[64] *disanto,* día de fiesta.

que le envejezcan lo nuevo
caprichos del uso vario !
¡ Miren de qué se compone
la pompa de un mayorazgo: 330
de excrementos de animales
y yerba molida a palos !
Mejores son para el cuerdo
telarañas que no trastos,
como para cortaduras,   335
mejores que el boticario[65].
¡ Quién viera llegar al lino
a pedir a un potentado
por suya la ropa blanca,
y un carnero, los zapatos;   340
las vicuñas, el sombrero,
y las ovejas, el paño;
los gusanos, los calzones
y ropilla de damasco;
el oro y plata, una mina;   345
los diamantes, un peñasco;
colmenas y cañas dulces,
lo exquisito del regalo !
¡ Quién viera martas y micos,
y a los lobos desollados,   350
pedirles a sus aforros,
sus pellejos, aüllando,
mandáraselo volver
por hurto calificado,
dejándole en carnes vivas   355
cualquier Alcalde de palo !
Sin sastres ni mercaderes
se borda todo el lagarto,
y sin seda de matices
cualquier jilguero pintado.   360
Andemos, como la borra,
en pelota, que es barato;
o repelemos la higuera,
que fue tienda del manzano;
o salgamos, como el vino,   365
en cueros, ya que los charcos

---

[65] Porque en algunas regiones se curan las cortaduras con telas
de araña.

no le consienten andar
in puribus en los jarros.
 No lo calló en la barriga
de mama[66] a ninguno el parto;   370
que en el pelo de la masa
nos arrojó tiritando.
 Dejemos por loco al mundo
en poder de los muchachos;
que, pues su pago nos da,   375
ellos le darán su pago.

         [*Parnaso*, 618]

764

Pavura de los condes de Carrión*

ROMANCE

 Medio día era por filo[1],
que rapar podia la barba,
cuando, después de mascar,
el Cid sosiega la panza;
 la gorra sobre los ojos   5
y floja la martingala[2],
boquiabierto y cabizbajo,
roncando como una vaca.
 Guárdale el sueño Bermudo,
y sus dos yernos le guardan,   10
apartándole las moscas
del pescuezo y de la cara;
 cuando unas voces, salidas
por fuerza de la garganta,
no dichas de voluntad,   15
sino de miedo pujadas,
 se oyeron en el palacio,
se escucharon en la cuadra,
diciendo: «¡Guardá: el león!»,
y en esto entró por la sala.   20

---

[66] *mama* no se acentuaba en el siglo XVII.
 * Crosby, loc. cit., pág. 117, sostiene que debe ser posterior a 1612, año en que Juan de Escobar publica en Alcalá su *Romancero e historial del ... Cid Ruy Díaz de Vivar*.
 [1] Es el comienzo de un célebre romance viejo.
 [2] *martingala*, calzas de las gentes de armas, que se llevaban debajo de los quijotes.

Apenas Diego y Fernando
le vieron tender la zarpa,
cuando hicieron sabidoras
de su temor a sus bragas.
El mal olor de los dos   25
al pobre león engaña,
y por cuerpos muertos deja
los que tal perfume lanzan.
A venir acatarrado
el león, a los dos mata;   30
pues de miedo del perfume
no les siguió las espaldas.
El menor, Fernán González,
detrás de un escaño a gatas,
por esconderse, abrumó   35
sus costillas con las tablas.
Diego, más determinado,
por un boquerón se ensarta
a esconderse, donde van
de retorno las viandas.   40
Bermudo, que vio el león,
revuelta al brazo la capa
y sacando un asador
que tiene humos de espada,
en la defensa se puso.   45
Despertó al Cid la borrasca;
y abriendo entrambos los ojos
empedrados de lagañas,
tal grito le dio al león,
que le aturde y le acobarda: 50
que hay leones enemigos
de voces y de palabras.
Envióle a su leonera
sin que le diese fianzas;
por sus yernos preguntó,   55
receloso de desgracia.
Allí respondió Bermudo:
«Señor, no receléis nada,
pues se guardan vuesos[3] yernos
en Castilla como Pascua.»   60

---

[3] *vuesos,* vuestros.

Y remeciendo el escaño,
a Fernán González hallan
devanado en su bohemio[4],
hecho ovillo en la botarga.

Las narices del buen Cid   65
a saberlo se adelantan,
que le trujeron las nuevas
los vapores de sus calzas.

Salió cubierto de tierra
y lleno de telarañas;   70
corrióse el Cid de mirarlo,
y en esta guisa le fabla:

«Agachado estabais, Conde,
y tenéis mucha más traza
de home que aguardó jeringa[5],   75
que del que espera batalla.

»Connusco[6] habedes yantado:
¡oh, que mala pro vos faga,
pues tan presto bajó el miedo
los yantares a las ancas!   80

»Sacárades a Tizona,
que ella vos asegurara,
pues en vos no es rabiseca,
según la humedad que anda.»

Gil Díaz, el escudero   85
que al Cid contino acompaña,
con la mano en las narices,
todo sepultado en bascas,

trayendo detrás de sí
a Diego, el yerno que falta,   90
con una mano le enseña,
mientras con otra se tapa.

«Vedes aquí, señor mío,
un fijo de vuesa casa,
el Conde de Carrïón,   95
que esconde mal su crianza[7].

»De dónde yo le he sacado,
sus vestidos vos lo parlan,

---

[4] *bohemio*, capa corta.
[5] Las lavativas se ponían con jeringas.
[6] *connusco*, conmigo. Era ya voz muy arcaica en el siglo XVII.
[7] «Paronomasia», apostilla González de Salas.

y a voces sus palominos
chillan, señor, lo que pasa.   100

»Más cedo[8] podréis tomar
a Valencia y sus murallas,
que de ningún cabo al conde,
por no haber de do le asgan.

»Si no merece de yerno   105
el nombre por esta causa,
tenga el de servidor[9] vueso,
pues tanta parte le alcanza.»

Sañudo le mira el Cid;
con mal talante le encara: 110
«De esta vez, amigos condes,
descubierto habéis la caca.

»¿Pavor de un león hobistes,
estando con vuesas armas,
fincando en compaña mía,   115
que para seguro basta?

»Por San Millán, que me corro,
mirándovos de esa traza,
y que, de lástima y asco,
me revolvéis las entrañas.   120

»El que de infanzón se precia,
face en el pavor y el ansia
de las tripas corazón:
así el refrán vos lo canta.

»Mas, vos, en esta presura,   125
sin acatar vuesa casta,
facéis del corazón tripas,
que el puro temor vos vacia.

»Ya que Colada no os fizo
valiente aquesta vegada[10],   130
fágavos colada limpio:
echaos, buen conde, en colada.»

«Calledes, el Cid, calledes
—dijo, con la voz muy baja—,
y la cosa que es secreta[11],   135
tan pública no se faga.

---

[8] *cedo,* rápido. Voz también muy arcaica en el siglo XVII.
[9] Por haberse escondido en el retrete, en los «servicios».
[10] *vegada,* vez.
[11] *secreta,* juego de voces, ya que el retrete se llamaba «secreta».

»Si non fice valentía,
fice cosa necesaria[12];
y si probáis lo que fice,
lo tendredes por fazaña.   140

»Más ánimo es menester
para echarse en la privada[13],
que para vencer a Búcar,
ni a mil leones que salgan.

»Ánimo sobrado tuve»;   145
mas en esto el Cid le ataja,
porque, sin un incensario,
ninguno a escuchar le aguarda.

«Id, infante, a doña Sol,
vuesa esposa desdichada,   150
y decidla que vos limpie,
mientras yo vos busco un ama.

»Y non fabléis ende más,
y obedeced, si os agrada,
aquel refrán que aconseja: 155
la caca, conde, callarla.»

                          [*Parnaso*, 624]

765

CALIFICA A ORFEO PARA IDEA DE MARIDOS DICHOSOS

ROMANCE

Orfeo por su mujer
cuentan que bajó al Infierno;
y por su mujer no pudo
bajar a otra parte Orfeo.

Dicen que bajó cantando;   5
y por sin duda lo tengo;
pues, en tanto que iba viudo,
cantaría de contento.

Montañas, riscos y piedras
su armonía iban siguiendo;   10
y si cantara muy mal,
le sucediera lo mesmo.

[12] El mismo juego que el anterior.
[13] *privada*, retrete.

Cesó el penar en llegando
y en escuchando su intento:
que pena no deja a nadie   15
quien es casado tan necio.
  Al fin pudo con la voz
persuadir los sordos reinos:
aunque el darle a su mujer
fue más castigo que premio.   20
  Diéronsela lastimados;
pero con ley se la dieron
que la lleve y no la mire:
ambos muy duros preceptos.
  Iba él delante guïando,   25
al subir; porque es muy cierto
que, al bajar, son las mujeres
las que nos conducen, ciegos.
  Volvió la cabeza el triste:
si fue adrede, fue bien hecho;   30
si acaso, pues la perdió,
acertó esta vez por yerro.
  Esta conseja nos dice
que si en algún casamiento
se acierta, ha de ser errando,   35
como errarse por aciertos.
  Dichoso es cualquier casado
que una vez queda soltero;
mas de una mujer dos veces,
es ya de la dicha extremo.   40

[*Parnaso,* 626]

766

FUNERAL A LOS HUESOS DE UNA FORTALEZA QUE GRITAN
MUDOS DESENGAÑOS*

ROMANCE

Son las torres de Joray
calavera de unos muros
en el esqueleto informe
de un ya castillo difunto.
Hoy las esconden guijarros, 5
y ayer coronaron nublos.
Si dieron temor armadas,
precipitadas dan susto.
Sobre ellas, opaco, un monte
pálido amanece y turbio 10
al día, porque las sombras
vistan su tumba de luto.
Las dentelladas del año,
grande comedor de mundos,
almorzaron sus almenas 15
y cenaron sus trabucos[1].
Donde admiró su homenaje[2],
hoy amenaza su bulto:
fue fábrica y es cadáver;
tuvo alcaides, tiene búhos. 20
Certificóme un cimiento,
que está enfadando unos surcos,
que al que hoy desprecia un arado,
era del fuerte un reducto.
Sobre un alcázar en pena, 25
un balüarte desnudo
mortaja pide a las yerbas,
al cerro pide sepulcro.

* James O. Crosby, ob. cit., pág. 123, sugiere que el romance
podría datar de 1621, 1622 ó 1628, fechas de los destierros de don
Francisco en la Torre de Juan Abad.
Los muros o torres de Joray están cerca de la Torre de Juan
Abad.
[1] *trabuco*, máquina de guerra medieval, empleada para batir las
murallas, arrojando sobre ellas piedras muy gruesas.
[2] *su homenaje*, su torre del homenaje, la más fuerte y dominan-
te, donde el castellano o gobernador hacía juramento de guardar
fidelidad y de defender la fortaleza con valor.

Como herederos monteses,
pájaros le hacen nocturnos   30
las exequias, y los grajos
le endechan[3] los contrapuntos.
        Quedaron por albaceas
un chaparro y un saúco,
pantasmas que a primavera   35
espantan flores y fruto.
        Guadalén, que los juanetes
del pie del escollo duro
sabe los puntos que calzan,
dobla por el importuno.   40
        Este cimenterio verde,
este monumento bruto,
me señalaron por cárcel:
yo le tomé por estudio.
        Aquí, en catreda de muertos,   45
atento le oí discursos
del bachiller Desengaño
contra sofísticos gustos.
        Yo, que mis ojos tenía,
Floris taimada, en los tuyos,   50
presumiendo eternidades
entre cielos y coluros,
        en tu boca hallando perlas
y en tu aliento calambucos[4],
aprendiendo en tus claveles   55
a despreciar los carbunclos,
        en donde una primavera
mostró mil abriles juntos,
gastando en sólo guedejas
más soles que doce lustros,   60
        con tono clamoreado,
que la ausencia me compuso,
lloré los versos siguientes,
más renegados que cultos:

        «Las glorias de este mundo   65
llaman con luz para pagar con humo.

---

[3] *endechan,* de *endechar,* hacer cantar o llorar las endechas, los
cantos fúnebres y las lamentaciones de los parientes del difunto.
[4] *calambucos,* las flores, blancas y olorosas, del calambuco, árbol americano.

Tú, que te das a entender
la eternidad que imaginas,
aprende de estas rüinas,
si no a vivir, a caer.   70
El mandar y enriquecer
dos encantadores son
que te turban la razón,
sagrado[5] de que presumo.
Las glorias de este mundo   75
llaman con luz para pagar con humo.

Este mundo engañabobos,
engaitador de sentidos,
en muy corderos validos
anda disfrazando lobos.   80
Sus patrimonios son robos,
su caudal insultos fieros;
y en trampas de lisonjeros
cae después su imperio sumo.
Las glorias de este mundo   85
llaman con luz para pagar con humo.»

[Parnaso, 627]

767

CELEBRA EL TIRO CON QUE DIO MUERTE A UN TORO EL REY NUESTRO SEÑOR*

ROMANCE

Ayer se vio juguetona
toda la arca de Noé,
y las fábulas de Isopo
vivas se vieron ayer,

---

[5] *sagrado*, recurso o sitio que asegura de un peligro.
* González de Salas añade: «Fue en la fiesta venatoria, cuando a imitación de las de los romanos, dadas al pueblo en sus anfiteatros y circos, se echaron varias fieras a lidiar entre sí». La fiesta tuvo lugar el 14 de octubre de 1631 y fue descrita con mucho aparato, y abundantes poemas, por don José Pellicer y Osau de Tovar en el *Anfiteatro de Felipe el Grande* (Madrid, 1632). (En esta obra pueden verse poemas de Lope, Jáuregui, Calderón, Valdivielso...)

y más bestias diferentes   5
que hojaldran en un pastel:
fieras que, de puro fieras,
dichosas pudieron ser.

Por África, sin vasallos,
vino el coronado rey   10
que a buena y mala moneda
anda aruñando el envés;

el que debe a la pintura
más braveza que a su ser,
vencible a punta de cuerno,   15
invencible en el pincel;

el que dio nombre en Castilla
al esforzado leonés;
por lo real y rapante,
«Sepancuantos» de papel;   20

al que David hizo andrajos
la portada del comer,
preciado de que en Alcides
es papahígo[1] su piel;

el de enfermedad barata,   25
que no le cuesta un tornés[2],
pues, por no tener doctores,
cuartanas quiere tener;

el rescoldo de los julios,
el estrellón de la sed;   30
signo de merienda y río,
horno de su proprio mes;

Fulvo, secundum[3] Virgilio,
con sus greñas de francés;
desnudo de medio abajo,   35
treta de mala mujer;

con más zarpas en las manos
que capuz de portugués,
no con presunción más corta,
y tan grave como él,   40

salió con grande mesura
y con paso muy cortés

---

[1] *papahígo*, gorro que cubría el cuello y parte de la cara. (Alude a uno de los trabajos de Hércules, el del león de Nemea.)
[2] *tornés*, moneda de escaso valor.
[3] *Fulvo, secundum*, porque Virgilio suele adjetivar *león* con *fulvus*. (*Fulvus*, de color rojizo, tirando a dorado viejo.)

a dar audiencia de aruño,
y echó menos el dosel.
 Con pasaporte de Plinio, 45
un gallo salió después,
porque los quiquiriquíes
dicen que le hacen temer.
 Mas hanme dicho los gallos
que, a su canto en Israel, 50
dio la moza de Pilatos
solamente ese poder;
 y si el buen gallo supiera
lo que vino a suceder,
tomara el león por gallina 55
y él pusiera huevos de él.
 Apeló el canto del gallo
a la negación, y fue
a subirse en la coluna,
donde en los pasos le ven. 60
 El león quedó vïudo
sin el marido doncel,
tan cerca del cacareo[4],
que ya le tuvo en la nuez.
 En esto salió a la plaza 65
un jarameño Luzbel[5],
con dos apodos büidos
de malmaridada sien;
 con paréntesis de hueso,
coronado el chapitel; 70
los ojos más escondidos
que tienda de mercader;
 muy barrendero de manos,
muy azogado de pies:
lo bragado, ya se entiende; 75
lo hosco, no es menester.
 Acordóse que era signo
en el pabellón turqués[6]
de los doce que a la mesa
del Sol comen oropel. 80

---

[4] «De ser gallina», anota González de Salas.
[5] *jarameño Luzbel*, un toro. Cf. núm. 567, v. 5.
[6] *turqués*, turquesado. Acordóse que era signo del Zodíaco.

Por detrimento de Marte
se aseguraba el vencer,
viendo que de abril y mayo
es presidente Aranjuez.

De *Toro pater Éneas*   85
se acordó sin saber leer,
y de la ciudad de Toro,
que da buen zumo a la pez.

Mas en hacer mal a tantos
y no hacer a nadie bien,   90
era signo con testigos,
y a proceso pudo oler.

Miró al león, y en aquello
que decimos santiamén,
le rebujó a testeradas;   95
le zabucó[7] de tropel.

Defendíase de pulla[8]
el león a cada vez,
y quiso de pajarito
volarse por la pared.   100

Desmintió el toro a Solino[9]
y a Eliano[10], y a otros tres
electores del Imperio,
que no quiso obedecer.

Salieron macho y caballo,   105
sin albarda y sin jaez,
y en la cartilla de ovejas[11]
deletrearon el *be*.

La mona, que en las tabernas
suele ahogar el beber,   110
en acémila penada,
allí la ahogó el cordel.

El animal que en Jarama
cornadas sabe pacer,

---

[7] *zabucó*, bazucó, traqueteó, movió.
[8] «Volviendo las ancas», anota González de Salas.
[9] Es Cayo Julio Solino, geógrafo del siglo III, autor de una *Poly-historia*, tratado de etnografía y de historia natural de diversos países.
[10] Claudio Eliano, llamado también «el sofista», compilador griego del siglo III, discípulo de Pausanias, autor de una *Historia Natural*.
[11] «Porque también fueron cobardes», dice González de Salas.

los rempujó con las lunas 115
que santiguan en Argel.

Sin decir «Acá me vengo»,
y sin «¿Quién llama?» y «Sí es»,
con las armas de la villa[12]
el león se fue a meter. 120

Hiciéronse unas mamonas[13]
sobre «Estése» o «No se esté»,
que se abollaron las jetas
y se rascaron la tez.

Todo felpado de moños, 125
el oso esgrimió, tal vez,
algunos pasagonzalos[14]
de bellaco proceder.

Desquitaba con abrazos
a los perros el morder, 130
y andaban a bofetadas
al derecho y al través.

El camello, que está hecho
a los Magos de Belén,
con las heridas del toro 135
tuvo muy poco placer.

Mas, nadador de cachetes,
ya de tajo y de revés,
al toro obligó que hiciera
lo que a todos hizo hacer. 140

Por las dos plazuelas vino[15]
sin pluma un gato montés,
y andando buscando causas,
fue merienda de un lebrel.

Más preciado de sus manchas 145
que un jaspe y un arambel[16],
salió el tigre; escarbó el toro,
con que le mandó volver.

---

[12] «Un oso», nota del mismo.
[13] *hacer la mamona* «vulgarmente se toma por una postura de los cinco dedos de la mano, y por desprecio solemos decir que le hizo la mamona». (Covarrubias, *Tesoro*.) Cf. núm. 738, v. 78.
[14] *pasagonzalo*, pequeño golpe dado con la mano.
[15] «De la Provincia y de la Villa», anota González de Salas. Pero Pellicer dice que la fiesta se celebró «en la plaza que llaman del Parque». (*Anfiteatro*, f. 5.)
[16] *arambel*, colgadura de paños que se emplea como adorno o cobertura.

La zorra, que en tantas gentes
se llama *vuesa merced*, 150
y que, con capas y mantos,
hembras y varones es,
      haciendo la mortecina,
quiso escapar de la red;
pero quien supo más que ella 155
la tomó con un vaivén[17].

      En la gente que miraba
hubo palestra de prez:
unos, con los rempujones;
otros, estrujando el ver. 160

      Con el sol de los membrillos
tuvo batalla crüel
todo cogote, que ahora
gasta diagridis y sen[18].

      A la artificial tortuga[19], 165
que cizaña a todos fue,
y con vómitos de chuzos
dio cólera al no querer,

      el toro, que arremetiera
con la torre de Babel, 170
la dio cuatro coscorrones
que la parecieron diez.

      Los que de pedir prestado
guardan en la corte ley,
no embisten como embestía 175
el torazo magancés[20].

      El grande Filipe Cuarto,
que le mira como juez,
por generoso y valiente
y vengador del cartel, 180

      tomando aquel instrumento
que supo contrahacer

[17] Alude al refrán «Quien toma la zorra y la desuella, ha de saber más que ella».
[18] *diagridis y sen*, productos empleados en la confección de ciertas medicinas, sobre todo en las purgas.
[19] Pellicer, en el f. 6 del *Anfiteatro*, dice: «Se hallaron medrosos [los animales feroces], por más que procuraban juntarlos unos hombres que, cubiertos de una artificiosa tortuga de madera que movían ciertas ruedas, iban dentro para instigar los animales, con picarlos a que embistiesen».
[20] *magancés*, traidor. Vid. nota en la pág. 941.

los enojos del verano
que perdonan al laurel[21],
   porque no muriese a silbos
en el bullicio soez,
o, a poder de ropa vieja,
en remolinos de a pie,
   o porque no le matasen
perezas de la vejez,
que es fin de los bien reglados,
no de hazañoso desdén,
   pasándole por su vista
(favor de sumo interés),
mucha muerte en poco plomo,
le hizo desparecer.
   Perdonó, por forasteros,
los que venció su poder,
para que en sus vidas proprias
viva su victoria esté.
   Esta fiesta me contaron
dos que detrás de un cancel,
a costa de dos mil coces,
vieron un poco de res.

185

190

195

200

[*Parnaso*, 629]

768

Efectos del amor y los celos*

ROMANCE

   ¡Vive cribas![1], que he de echar,
aunque les pese, la loa,
hoy que de faldas y sayas
desenvaino la persona;

---

[21] Es decir, tomando una escopeta, que contrahace los rayos de Apolo. (Apolo se enamoró de Dafne, que fue convertida en laurel.)

* González de Salas dice que «este romance se escribió para loa de una comedia cuyo era el título *Amor y celos hacen discretos*, que se representó en una fiesta y la recitó una comedianta a quien llamaban la *Roma*, en hábito de hombre». (La comedia es de Tirso y fue impresa en 1627. Pero la representaba ya Pedro Valdés en Sevilla, en 1615. Claro está que la fiesta aludida puede ser muy posterior, pero lo lógico es que fuese inmediata al éxito.)

[1] *¡Vive cribas!*, como «¡Vive Cristo!» Cf. núm. 859, v. 1.

hoy que me aprieto el sombrero   5
y no me prendo la toca:
nadie se meta conmigo,
que haré tarquinada[2] en todas.

Desde que ciño la espada,
las pendencias me retozan;   10
y, antojada de mostachos,
me estoy tentando la boca.
¡Oh, si yo me los torciese!
Las bigoteras me oigan.
¡Qué capitán pierde Flandes,   15
qué Maladros las busconas!

¡Qué don Lázaro las dueñas,
qué Lelio Dati las tontas,
qué marido las doncellas,
y qué paje las fregonas,   20
qué bribón las irlandesas,
qué licenciado las monjas,
qué atribulado las flacas,
qué glotonazo las gordas!

¡Grande trabajo es traer   25
lo más del cuerpo a la sombra!
Más quiero daga que moño;
más quiero casco que cofia.

Colendísimo[3] senado
(ésta es palabra de Roma),   30
soberana jerarquía
de bellísimas señoras;

paraísos en chapines,
tarazones[4] de la gloria,
reverendísimas viejas   35
(¡la calavera sea sorda!),

la comedia que os hacemos,
contra justicia, se nombra:
*Amores y celos hacen
discretos.* Razón impropria.   40

Amor y celos no hacen,
que deshacen cuanto topan:

---

[2] *hacer tarquinada*, violar. (Por la violación de Lucrecia por Tarquino.)
[3] *colendísimo*, venerable, culto.
[4] *tarazones*, trozos de alguna cosa. Cf. núm. 875, v. 90.

él, vidas con su deseo,
ellos, con venganza, Troyas.
    Él es fuego, y ellos rabia;   45
él martirio, ellos ponzoña;
éstos, hijos de sospechas,
aquél, de esperanzas cortas.
    Alma con celos es fiera;
alma con amor es loca: 50
ellos su bien despedazan,
éste su peligro adora.
    Los ojos que a la alma faltan,
siendo el mismo que los forma,
se los sacaron los celos: 55
ellos son quien la despoja.
    Mirad, pues, si es compañía
más enemiga que docta;
si pueden hacer discretos
el furor y las congojas.   60
    Verbigracia, un dotorazo,
que toma a la barba alforzas[5],
que está chorreando leyes,
que está rebosando glosas,
    pretendiente de una plaza   65
para encaramarse en otra,
atisba por esas calles
una picarilla rota;
    y en brújula de chinela,
que recatada se asoma,   70
con brizna de zapatillo,
los bártulos[6] se le atollan.
    Por leyes dice requiebros,
barba ofrece para escoba,
y por una mantellina   75
desprecia futuras togas.
    ¿Cuál es aquel caballero
de tan encantada bolsa,
que un tapado desde un coche
no le sonsaque la mosca?   80

---

[5] *alforzas*, pliegues horizontales en el interior de las faldas, sayas, etc., para acortarlas o alargarlas cuando fuere necesario.
[6] *bártulos*, libros de leyes, pero es muy posible que tenga una
significación de otro tipo.

¿Cuál ánima no rechina
si un ojo negro la coca[7]?
Y para una mano blanca,
¿quién tiene la plata honda?
  Cuarenta universidades,   85
diez colegios con sus lobas[8],
concluyen dos pecezuelos
bien florecidos de rosas.

  Aquellos amantes higos,
que, pasados a la sombra,   90
fueron el uno por otro
tintoreros de unas moras[9];
  y el otro, que, sin escamas,
del mar despreció las ondas,
amante para los viernes,   95
como sardinas y bogas[10];
  y el Judas de los amores,
que, sin dineros ni botas,
al umbral de Anaxarete
la requebraba de soga[11],   100
  ¿fueron discretos, señores?
¿Ha habido bestias más tontas?
Quien se mata, ¿no es maldito?
¿No es verdugo quien se ahorca?

  Hércules pudiera andarse   105
con una camisa rota,
y porque amó a Deyanira,
murió en camisa sin honra.

  Sansón, aquel que campaba
como el paño de Segovia,   110
de su pelo, a tijeradas,
le hizo Amor de corona.

  ¿Salomón no fue discreto?
¿No fue el sabio que más nombran?
¡Cuál le pusieron el alma   115
las muchachas de Sidonia!

---

[7] *coca*, de *cocar*, mirar tiernamente. Cf. núms. 682, v. 148; 702,
v. 28 y 790, v. 28.
 [8] *lobas*, manteos o sotanas de los colegiales.
 [9] Alude a Píramo y Tisbe.
 [10] Leandro.
 [11] Ifis, enamorado de Anaxárate, y despreciado, se colgó en la
puerta de la casa de su amada.

¡Cómo arrastraron su seso,
cómo pisaron sus obras
la hija de Faraón
y las extranjeras todas!   120
     Allá en la gentilidad,
las ninfas metamorfosias
¿no hicieron bajar los dioses
a sacar agua en las norias?
     El Sol andaba tras Dafne,   125
con la luz en las alforjas,
en forma de cuadrillero[12],
con más saetas que joyas.
     ¿Júpiter no se emplumó
por sólo ver a la otra?   130
¿No fue toro y dijo «Mu»,
a quien esperaba «Toma»?
     Con treta de salvadera,
sobre carta que se nota,
¿no bajó en polvos de oro   135
a gozar a quien le toma[13]?
     Mas dejando las deidades,
que de tan lejos nos tocan,
¿habrá personas aquí
(o será ninguna, o pocas)   140
que no hayan tenido celos?
Porque sin esta carcoma
ningunos ojos miraron,
y ningún corazón goza.
     Hombre que sabes querer,   145
conjúrote por tu moza
que me digas la verdad
cuando los celos te toman.
     ¿Hay sol que no se escurezca?
¿Hay plaza que no sea angosta?   150
¿Sospecha que no te arrastre?
¿Consejo que bien se oiga?
     ¿Tienes nuevas de tu alma?
¿Sabes de tu vida propria?
¿Qué dices? Responde claro: 155
no tengas vergüenza agora.

---

[12] *cuadrillero*, el que lanzaba cuadrillos o saetas.
[13] Alusión a los mitos de Leda, Europa y Dánae.

Dirás que la medicina
viene a tal dolencia corta;
que son peores que diablos,
pues conjurados se toman.   160

La enfermedad de los celos
no hay dotor que la conozca:
de celos muere más gente
que de fiebres maliciosas.   165

Yo desmiento mi comedia;
estad atentos una hora,
y veréis a mi opinión
cuántas razones le sobran.

Y ansí San Antón os libre   170
del fuego que enciende rosas,
de rayos que forman perlas,
de llama que yelos brota;

que juzguéis lo que sentís
por vuestras entrañas proprias,   175
mientras el autor y yo
nos entendemos a coplas.

Y yo lo sustentaré
cuerpo a cuerpo a las hermosas,
rabia a rabia a los barbados,
araño a araño a las tontas;   180

a las viejas güeso a güeso,
trapo a trapo a las fregonas,
coz a coz a los lacayos
y chisme a chisme a las monjas.

                    [Parnaso, 632]

769

ROMANCE*

«A los moros por dinero;
a los cristianos de balde.»[1]
¿Quién es ésta que lo cumple?
Dígasmelo tú, el romance.

Yo, con mi fe de bautismo,   5
tras ella bebo los aires;
por moro me tienen todas:
dinero quieren que gaste.

En lenguaje de mujeres,
que es diferente lenguaje,   10
de balde es dos veces *dé*,
cosa que no entendió nadie.

Todas me llaman Antón,
todas me cobran Azarque,
y son, al daca y al pido,   15
mis billetes Alcoranes.

El sombrero que les quito
se les antoja turbante,

* González de Salas sólo edita, pág. 635, los ocho primeros versos, con algunas variantes, y anota: «Estas dos coplas me repitió don Francisco alguna vez, y nunca otras más de este romance, ocasionándolo a falta de memoria; de donde yo estuve persuadido que, o no le continuó, o que ha corrido la fortuna de otros que, hoy ocultos, sólo hay noticia de que fueron. En esta duda, yo le suplí, por el donaire de su principio; como para divertir el ánimo, a algunas otras poesías apliqué la misma diligencia, a unas más y a otras menos, conforme el defecto padecían, pero el suceso del romance LXXVIII [«Villodres con Guirindaina», o «Hagamos cuenta con pago»] fue a éste muy semejante. Teniendo, pues, determinación de que se estampase el presente también con mi suplemento, me aseguró don Francisco de Benavides Manrique le había visto entero, y acreditando su auctor proprio el espíritu con que se continuaba. El ser para este conocimiento buen juez, mudó mi propósito, dejándole ahora troncado aquí...»

[1] Son dos versos, que se hicieron proverbiales, de las quejas de doña Urraca porque el rey la deshereda:

> irme he yo por estas tierras
> como una mujer errada,
> y éste mi cuerpo daría
> a quien bien se me antojara,
> a los moros por dinero
> y a los cristianos de gracia.

(A. Durán, *Romancero general*, BAE, X, pág. 498, a b.)

y mi prosa, algarabía,
por más español que hable. 20

  Sin duda, romance aleve,
que, por sólo el consonante,
a los pordioseros fieles
les diste alegrón tan grande.

  Y aquella maldita hembra, 25
para burlar el linaje
de los Baldeses[2] de paga,
tocó a barato una tarde.

  Luego que el romance oí,
me llamaba por las calles 30
cristianísimo, sin miedo
del rey de Francia y sus Pares.

  ¿Adónde están los cristianos
que gozan de aqueste lance?:
que en el reino de Toledo 35
los Pedros pagan por Tarfes.

  Si la que lo prometiste
en esa cazuela yaces,
más gente harás, si te nombras,
que las banderas de Flandes. 40

  Doña Urraca diz que fue
la del pregón detestable:
que cosa tan mal cumplida
no pudo ser de otras aves.

[Ms. 142, Bibl. Menéndez Pelayo,
f. 186.]

---

[2] *Baldeses,* derivado de *balde.*

770

Describe el río Manzanares cuando concurren en el verano a bañarse en él*

ROMANCE

Llorando está Manzanares,
al instante que lo digo,
por los ojos de su puente,
pocas hebras hilo a hilo,
    cuando por ojos de agujas   5
pudiera enhebrar lo mismo,
como arroyo vergonzante,
vocablo sin ejercicio.
    Más agua trae en un jarro
cualquier cuartillo de vino   10
de la taberna, que lleva
con todo su argamandijo[1].
    Pide a la fuente del Ángel,
como en el infierno el Rico[2],
que con una gota de agua   15
a su rescoldo dé alivio.
    No llueve Dios sobre cosa
suya, a lo que yo colijo,
pues que, de calientes, queman
las migas de su molino.   20
    En verano es un guiñapo,
hecho pedazos y añicos,
y con remiendos de arena,
arroyuelo capuchino.
    Florida toda la margen   25
de jamugas y borricos,
de damas que, con carpetas[3],
hacen estrado el pollino.

---

* «Preso en el convento de León, poco antes de su libertad, escribió éste.» Nota de González de Salas. Por esta referencia —y la del verso 175—, J. O. Crosby, ob. cit., pág. 154, lo fecha entre diciembre de 1642 y el 14 de julio de 1643.

[1] *argamandijo*, conjunto de varias cosas menudas, útiles para cualquier trabajo u oficio.

[2] Vid. San Lucas, 16, 19.

[3] *carpeta*, cubierta de badana o tela.

Al revés de los gotosos,
ya no se mueve estantío[4];   30
pues de no gota es el mal
de que de vemos tullido.

No alcanza a la sed el agua,
en su madre, a los estíos;
que, facistol de chicharras,   35
es la solfa de lo frito.

Pues no aprende lo aguanoso
de tan húmedos resquicios,
no saldrá, de puro rudo,
en su vida de charquillos.   40

Suenan tragos y bocados
entre matracas y silbos,
y llevan el contrapunto
las gormonas[5] y zollipos[6].

Con poco temor de Dios,   45
los mondongos, por lo limpio,
pretenden para las pruebas[7]
el ser actos positivos.

Por haber faltado el ante
con las levas que se han visto,   50
todas las meriendas llevan
sus coletos[8] de pepinos.

Los más en los salpicones
de carrera dan de hocicos;
en diciplinas del sorbo,   55
son abrojos los chorizos.

En camisa, por ir presto,
van no pocos palominos[9];
y sin Marta algunos pollos,
ya de ser suyos ahítos[10].   60

---

[4] *estantío*, parado, estancado.
[5] *gormonas*, de *gormar*, devolver la comida. Cf. núm. 629, v. 9.
[6] *zollipos*, llantos con hipo.
[7] *pruebas*, las de limpieza de sangre y las judiciales. (Es otra de las muchas alusiones de tipo antisemita que se hallan en Quevedo.)
[8] *coleto*, vestido como casaca o jubón, que se hacía de ante. (*Ante* significó también el principio o principios que se sirven en la comida. De ahí el juego de voces. Vid. el v. 177 en la pág. 1071.)
[9] Nótese el juego de voces.
[10] Alude al refrán «Marta, la que los pollos harta», que registra Correas en su *Vocabulario*, y explica: «A desdén de la impertinente».

Rábanos y queso y bota,
en la gente del gordillo[11],
dan más trabajo al gaznate
que copones cristalinos.

Agora se está una dueña   65
desnudando el *ab initio*;
haciéndoles encreyentes
que es el Jordán a sus siglos.

Yo le considero aquí   70
muy poblado de bullicio,
coche acá, coche acullá,
y metido a porquerizo.

Tres carrozas de tusonas
perdiendo van los estribos,   75
con pecosas y bermejas,
nariz chata y ojos bizcos.

Aguardando están la noche
un potroso[12] y un podrido,
para sacar a volar   80
uno, parches; otro, el lío.

Una doncella, que sabe
que se le ahoga su virgo
en poca agua, le salpica,
escarbándola a pellizcos.   85

Aun en carnes, una flaca
es el miércoles Corvillo;
una gorda, el Carnaval
con mazas del entresijo[13].

Dos pïaras de fregonas   90
renuevan el adanismo,
compitiendo sus perniles
los blasones del tocino.

Dos estudiantes sarnosos,
más granados que los trigos,   95
con Manzanares se muestran,
si no Clementes, Beninos.

El barbón y los bigotes
se enfalda un jurisperito,

---

[11] *gente del gordillo*, gente de poca importancia. Véase otra referencia en el núm. 763, v. 223.
[12] *potroso*, herniado.
[13] *entresijo*, mesenterio.

por no sacarlos después
con cazcarrias en racimo.   100
    Una vieja con enaguas
va salpicando de hechizos,
con dos pocilgas por ojos,
por espinazo un rastillo,
    por piernas un tenedor,   105
y por copete un erizo,
por tetas unas bizazas[14]
y por cara el Antecristo.
    Una fea, amortajada
en su sábana de lino,   110
a lo difunto, se muestra
marimanta de los niños.
    Con azadones y espuertas,
son gabachos y coritos
sepultureros del agua,   115
en telarañas de vidro.
    Con sus capas en los hombros
y en piernas, algunos mizos[15]
pescan de los nadadores,
en la orilla, los vestidos.   120
    En redrojos[16] de rocines,
entre caballeros finos,
con sombreros de color,
andan hidalgos postizos.
    Prebendados en sus mulas,   125
galameros[17] del atisbo,
echan el ojo tan largo,
galosmeando descuidos.
    Anda en menudos Pilatos,
repartido en cuatro o cinco   130
alguaciles, que avizoran
pendencias y desafíos.
    Un médico, de rebozo,
va tomando por escrito

---

[14] *bizazas*, alforjas de cuero.
[15] *mizos*, voz de germanía, zurdos o mancos. (Pero aquí, «ladrones», de *miz*, «gato».) Cf. núms. 583, v. 13 y 541, v. 8.
[16] *redrojos*, los racimos pequeños que van dejando atrás los vendimiadores.
[17] *galamero*, goloso.

los nombres de los que cenan   135
fïambrera y beben frío.
    Acuérdome que ha tres años
que dejó de ser Narciso,
por falta de agua en que verse,
la zagala por quien vivo;   140
    en el ampo de la nieve,
dos orientes encendidos,
portento de yelo y fuego,
Non plus ultra de lo lindo;
    sobredorada su frente   145
con las minas de los indios;
de las pechugas del sol,
las guedejas y los rizos.
    De llamas y nieve en paz
era todo su edificio: 150
el yelo le vi volcán,
el volcán le vi florido.
    Con tocarla, tomó el agua
cantáridas[18]; note el pío
letor, estando con ella,   155
lo que tomaba este indigno.
    Ella gastó todo el`charco
en escarpín de un tobillo,
y por subir más arriba,
la corriente daba brincos.   160
    Bailar el agua delante
sólo con ella lo he visto;
mas al son de su meneo
los muertos darán respingos.
    Mas hoy, de lo que en él hay   165
y de cuanto en él he visto,
sin los cielos de Clarinda,
nada apetezco ni envidio.
    Arrebócese sus baños,
y cálese un papahígo[19],   170
y séquese, pues le falta
la fuente del Paraíso.
    Yo considero estas cosas,
cuando estoy, el susodicho,

---

[18] Las cantáridas se usaban también como excitante sexual.
[19] *papahígo*, gorro que cubría el cuello y parte de la cara.

tres años ha, sobre doce,   175
entre cadenas y grillos[20],
    aquí donde es año enero,
con remudar apellidos,
tan capona primavera,
que no puede abrir un lirio[21].   180
    A modo de cachidiablos
me cercan tres cachirríos:
Orbigo, el Castro y Vernesga,
que son de Duero meninos.
    Con mujeres en talega,   185
que calzan, por zapatillos,
artesas del cordobán
de los robles de estos riscos...[22]

[*Parnaso*, 636]

771

HERO Y LEANDRO EN PAÑOS MENORES*

ROMANCE

Señor don Leandro,
vaya en hora mala;
que no puede en buena
quien tan mal se trata.
    ¿Qué imagina cuando   5
de bajel se zarpa,
hecho por la Hero
aprendiz de rana?
    ¿Pescado se vuelve
el hijo de cabra,   10
para quien mondongo
quiere más que escamas?
    Ya no hará en sorberse
el mar mucha hazaña

---

[20] «Hacía la cuenta de todo el tiempo que en su vida había pasado en prisión.» Nota de González de Salas. Vid. Crosby, loc. cit.
[21] Llave «capona» era lo mismo que llave maestra.
[22] «Hasta aquí llegó sin pasar adelante, asegurándolo el mismo original que yo tuve.» Nota del mismo.
* Antonio Alatorre, «Los romances de Ero y Leandro», *Libro jubilar de Alfonso Reyes* (México, 1956), pág. 28, cree que este romance es posterior al de Góngora «Aunque entiendo poco griego», fechado en 1610.

un amante huevo
pasado por agua.
  Bracear, y a ello,
por ver la muchacha,
una perla toda,
que a menudo ensartan;
  moza de una venta
que la Torre llaman
navegantes cuervos,
porque en ella paran.
  Chicota muy limpia,
no de polvo y paja,
que hace camas bien,
y deshace camas.
  Corita[1] en cogote
y gallega en ancas;
gran mujer de pullas
para los que pasan.
  Piernas de ramplón[2],
fornida de panza,
las uñas con cejas
de rascar la caspa.
  Rolliza, y muy rollo,
donde cuelgan bragas,
derribada de hombros,
pero más de espaldas.
  Que aunque del futuro
con nombre la llaman
del buen *sum, es, fui,*
cumple sus palabras.
  Bien en puros cueros
va, pues, a esta dama,
que los apetece
más que las enaguas.
  Y rema contento
mirando su cara,
estrellón de venta,
norte con quijadas.

15

20

25

30

35

40

45

50

[1] *corita,* de *corito,* el que llevaba los pellejos del lagar a las cubas; también, «lacayo».
[2] *ramplón,* zapato fuerte y tosco. Es decir, piernas toscas, bastas, como hechas con el cuero de que se fabricaban esos zapatos.

Un candil le asoma
por una ventana,
farol de cocina   55
que el viento le apaga.

Tan mal prevenida,
que unas hojarascas
ardiendo aún no tiene
con que se enjugara.   60

Del candil la mecha
es toda su llama,
y con mechas tales
no cura sus llagas.

Pero ir sin greguescos   65
no es muy mala traza
para disculparse
del no darle blanca.

Si ansí fueran todos
a ver a sus daifas[3],   70
fueran ahorrados
y horros[4] de la paga.

Que aunque de sus uñas
hicieran tenazas,
estuvieran libres   75
que los desnudaran.

Si como va vuelve,
buena dicha alcanza,
y si, por las costas[5],
el mar no le embarga.   80

Guarde que le dé
por cárcel la casa,
pues son calabozos
sus mejores salas.

Mancebito, aguije,   85
que los vientos braman
y la luz dormita
ya en trémulas pausas.

Para cuando vuelva,
pida las borrascas,   90

---

[3] *daifas*, mancebas, rameras.
[4] *horros*, libres.
[5] *costas*, juego de voces con las «costas» judiciales.

que a un arrepentido
no serán ingratas.
    Si el nadar despacio
para entonces guarda,
andará entendido,   95
ya que necio hoy anda;
    porque de la moza
la limpieza es tanta,
que al hondo a lavarse
entrará de gana.   100
    Pero ¿qué le ha dado?
Sin duda es que traga
a la engendradora
de las cucarachas.
    ¿Juega al escondite?   105
Si danza, sea la *Alta:*
que en el mar no es bueno
el danzar la *Baja*[6].
    ¿Se ahoga de veras,
o finge las bascas,   110
por hacer reír
a la desollada?
    Pero ya dio al traste.
¿Hay tan gran desgracia,
que a vista del puerto   115
no llegue a la playa?
    No habrá habido ahogado
que mejor lo haga,
ni con menos gestos,
ni con mayor gracia.   120
    Ya Hero lo ha visto,
y por él se arranca
todos los cabellos,
y se mete a calva.
    A diluvios llora,   125
no en forma ordinaria:
la nariz moquitas,
los ojos lagañas.
    «¡Ay, Leandro! —dijo—,
grítelo la fama: 130

---

[6] *la Alta y la Baja*, dos danzas de la época.

que muerto el efecto,
no vivió la causa.
»Mas ya que desnudo
a morir te echabas,
mucho tus vestidos   135
hoy me consolaran.
»Mas, pues todo amores
fue ese pecho y nada,
a nadar contigo
este mío vaya.   140
»Desde este desván
a ese mar de plata
dar conmigo quiero
una zaparrada[7],
»por si a los dos juntos,   145
piadoso, nos traga,
como caperuzas,
algún pez tarasca;
»y en sepulcro vivo,
por tálamo, zampa   150
estos dos amargos
de una vez la Parca.
»Que para memoria,
en las peñas pardas
que este dolor miran   155
casi lastimadas,
»escribirá Amor,
con letra[8] bastarda,
cortando una pluma
de sus proprias alas: 160
»Cual huevos murieron
tonto y mentecata.
Satanás los cene:
buen provecho le hagan.»
Calló, y lo primero   165
el candil dispara;
y por no mancharse,
las olas se apartan.

---

[7] *zaparrada*, zarpazo, golpe.
[8] «Infeliz y no legítima del Amor», anota González de Salas.

Y deshecha en llanto,
como la que vacia,   170
echándose, dijo:
«¡Agua va!», a las aguas.

   Hízose allá el mar
por no sustentarla,
y porque la arena   175
era menos blanda.

   Dio sobre el aceite
del candil, de patas;
y en aceite puro
se quedó estrellada.   180

   La verdad es ésta,
que no es patarata,
aunque más jarifa
Museo[9] la canta.

[*Parnaso*, 639]

772

Refiere un suceso suyo, donde se contiene algo del «Mundo por de dentro»

ROMANCE

   Érase una tarde,
San Antón nos oiga,
la gente ceniza,
y carbón las horas.

   Chamuscaba el día: 5
sacó por corona
sol penitenciado,
llamas y coroza,

   cuando atarantadas
en diversas tropas,   10
«Oxte que me quemo»
le dicen las moscas;

---

[9] Museo, el poeta griego, muerto hacia el 580, autor de la *Historia de Hero y Leandro*, poema de 340 hexámetros, muy leído desde que en 1494 ó 1495 fue publicado por el célebre Aldo Manucio, inaugurando las edics. con tipos griegos.

cuando el mesmo río
está con ampollas
y con humo la agua,   15
tostadas las sombras;
  cuando el Cito tus[1],
que ladra modorras,
faldero del diablo,
mastín de Sodoma,   20
  estaba mordiendo
al León[2] la cola,
asador lanudo,
llama de las hojas;
  cuando los dotores,   25
de la fruta, cobran
garrotillo a varas,
tabardillo[3] a arrobas;
  cuando el beber sabe
mejor que las mozas,   30
con las gorgoritas
que el gaznate entona;
  cuando las Franciscas
las dos efes logran,
y las busca el tiempo   35
por frías y flojas;
  y a las ojinegras,
porque incendios brotan,
para que no quemen,
primero las soplan.   40
  Mes que desmanceba
y mes que desnovia,
bueno a los que nadan,
malo a los que bodan,
  yo, aquel licenciado   45
de la vida bona,
en mi casa cura,
y dolencia en otras,
  en mi taleguilla[4],
con sus dos langostas,   50

---

[1] *Cito tus*, el Can celeste, la canícula. (*Cito y tus*, voces para llamar a los perros.) Cf. núm. 837, v. 4.
[2] El signo *Leo*, del Zodíaco.
[3] *tabardillo*, tifus.
[4] «Su coche», apostilla González de Salas.

que para chicharras
aprenden la solfa,
  a las dos del día,
con manteo y loba,
a cazar rescoldo   55
salí de mi choza,
  en cas de una niña,
que, si la retozan,
herreros escupe
y cohetes brota.   60
  Sentéme y sentóse,
muy confín la ropa;
de dime y diretes
anduvo la prosa.
  El que de arremetes   65
entiende la historia,
ya del fuego aplica
lo junto a la estopa⁵.
  Mas de los refranes,
vuélvalo a la bolsa,   70
pues por desmentirlos
no se pecó en cosa.
  No es el «Cierra, España»
de todas personas:
más vale un bonete   75
que cuarenta golas.
  De visita luego
vinieron dos mozas:
doña Tal Estrellas,
Mari Tal Auroras.   80
  Esferas vestidas
de luz y de aljófar:
la Conjunción magna⁶
fue aquel par de diosas.
  Sin sonar a dientes,   85
vejecilla ronca
calavereaba
las bellezas choznas⁷.

---

⁵ Alude al refrán «El hombre es fuego; la mujer, estopa; viene
el diablo y sopla».
⁶ *Conjunción magna*, la de Júpiter y Saturno, que sucede cada
18,9 años. Véase J. O. Crosby, ob. cit., pág. 69.
⁷ *choznas*, hijas de tataranieto.

La huéspeda estaba
de lo de no coman,
muy poco merienda
y mucho señora.   90

Hablaron en trenza,
de una esquina a otra,
urracas en soto,   95
o en estrado sotas.

Yo, por no atreverme
solo para todas,
al coger la puerta,
tomé una por otra.   100

Quien de las mujeres
huye siendo hermosas,
que caiga en la cueva
merece más honda.

Celda sin salida   105
de escondida alcoba;
entré con sudores
adonde los toman[8].

Sin luz, entre trastos
de jarros y ollas,   110
al infierno vine,
dejando la gloria.

La nariz olía
una misma cosa
entre los servicios   115
y entre las redomas.

Dijo cierto unto,
pisando unas orzas:
«Presto seré cara;
guarda, no me rompas.»   120

«Tente (me gritaban
polvillos en conchas),
que para ser manos
los dedos nos sobran.»

La tizne decía: 125
«Seré cejas toda»;
y la borra: «Piernas»;
la cerilla: «Bocas».

---

[8] Los sudores, pero de bubas.

La fruta que llaman
en el mundo doñas,   130
en cáscaras vuelta,
verán si la mondan.
Canséme de andar
entre las escobas,
apalpando botes   135
que han de ser personas,
y ensarté la vista
por cerraja rota,
y vi la semblea[9]
de hermosura toda.   140
Estaban contando
con risa y de gorja[10]
los ardides suyos,
que nos trampantojan.
En ausencia hablaban   145
muy mal de las joyas.
Dije yo temblando:
«La plata sea sorda.»
Tratóse de faltas,
murmurando de otras: 150
maridos y achaques
todo era una ropa.
Yo, en un colchoncillo,
que fue vicealhombra,
a chinches fal[l]idas   155
di merienda coja.
Entró al «Buenas noches»
doncellita angosta,
velas empezadas
en chapín de azófar[11].   160
Por sus gentilhombres
preguntó una roma,
que pide prestados
pobres a la sopa.
Llegaron al punto,   165
luego la carroza,

---

[9] *semblea*, asamblea.
[10] *gorja*, alegría. Cf. núms. 696, v. 4 y 862, v. 104.
[11] *en chapín de azófar*, en candelabro de latón.

yéndose de lengua
antes que de obra.
   Chirrïaron luego,
chillando a sus solas: 170
yo, lamentación
en tinieblas proprias,
   bochorno con barbas,
hoguera con borra,
alma condenada,   175
la tórrida zona,
   me arrojé en la calle
lleno de congojas,
y en mi corazón
dije: «¡Cantimplora!»   180
   «¿Quién va a la justicia?»,
preguntó la ronda.
Seculum per ignem,
respondió Bayona.

                      [*Parnaso,* 642]

773

LA VIDA POLTRONA

ROMANCE

   Tardóse en parirme
mi madre, pues vengo
cuando ya está el mundo
muy cascado y viejo.
   De hacer por los suyos,   5
hasta el diablo pienso
que está ya cansado,
perezoso y renco.
   Solían condenarse
los del otro tiempo   10
con grande descanso,
por andar él suelto;
   y agora los malos
andan ellos mesmos,
por falta de diablos,   15
yéndose al infierno.

Tristes de nosotros,
dichosos de aquellos
que el mundo alcanzaron
en su nacimiento.   20

De la edad del oro
gozaron sus cuerpos;
pasó la de plata,
pasó la de hierro
y para nosotros   25
vino la de cuerno,
rica de ganados
y Diegos Morenos[1].

Yo, que he conocido
de este siglo el juego,   30
para mí me vivo,
para mí me bebo.

No se me da nada;
a ninguno temo,
porque a nadie agravio,   35
ni a ninguno debo.

No pretendo cosa,
que todo lo tengo,
mientras con lo poco
vivo muy contento.   40

Ni desean mi muerte,
ni muertes deseo,
pues no hay que heredarme,
ni a ninguno heredo.

No vendrá a sobrarme   45
la vida, si puedo;
ni cuando me muera
sobrarán dineros.

No he de fatigarme
en buscar entierro: 50
que en nosotros vive
el sepulcro nuestro.

Dicen que me case;
digo que no quiero,

---

[1] Diego Moreno, personaje folklórico que simbolizaba los cornudos. Véase la nota 2 en la pág. 873.

y que por lamerme   55
he de ser buey suelto[2].

    Cuentan que es muy limpia,
la mujer, de abuelos:
como si yo fuera
hábito o colegio.   60

    Su parecer loan,
y eso fuera bueno
siendo ella letrado
y el marido pleito.

    Más virtudes juran   65
que tiene en secreto,
que los herbolarios
dicen del romero[3].

    Condición más blanda
que algodón, y temo   70
que esos algodones
me han de hacer tintero[4].

    Cásese con otro
que la ponga en precio;
que a mí se me eriza   75
de oírlo el cabello.

    Yo no quiero hijos,
ni aumentar el pueblo,
que harta gente sobra,
cansada, en el suelo.   80

    ¿De qué ha de servirme
dejar un don Pedro
con un mayorazgo,
muy rico y muy necio;

    que lo que yo anduve   85
ahorrando en cueros,
glotón y borracho,
él lo gaste en ellos?

    A mí han de heredarme
mis proprios deseos: 90
que hago ajeno al punto
lo que acá me dejo.

---

[2] Alusión al refrán: «El buey suelto bien se lame».
[3] *romero*, «mata conocida, aunque sus virtudes no están todas descubiertas por ser innumerables». (Covarrubias, *Tesoro*.)
[4] Es decir, «me han de hacer cornudo», porque los tinteros también se hacian de cuerno. Cf. núms. 749, v. 26 y 852, v. 25.

Amigos me riñen
porque no pretendo
lo que no han de darme,   95
ni yo lo merezco.
        Dícenme que traiga
muy metido el cuello,
que en eso consisten
los merecimientos;   100
        que hable dolorido
y barbe a lo cuerdo,
porque ha de faltarme
plaza, si me pelo;   105
        que tras los criados
de los consejeros
ande como sombra,
pardo y macilento;
        que ruegue al privado   110
y sufra al portero,
y con los canceles
me haga un enjerto;
        que, porque me vea
uno del Consejo,   115
dé cien mil caídas
por los aposentos;
        que a los escribientes
les diga requiebros,
y a los secretarios   120
los enfade a gestos;
        y que ande cargado,
como amante nuevo,
de favores vanos
que los lleva el viento;   125
        que en las reverencias
parezca convento,
y que el medio año
no me cubra el pelo;
        que en los memoriales   130
gaste yo más pliegos
que a Francia y a España
llevan los correos.
        Y después, al cabo
de tantos tormentos,

me dejen sin ropa   135
cuando entre el invierno,
  y en poder del frío,
colgado al sereno,
el pobre letrado
se quede indigesto.   140
  Yo no quiero ropa
que vista embeleco,
justa por de fuera,
ancha por de dentro.
  Esos grandes cargos   145
y esos privilegios,
a quien los merece,
que se vayan ellos.
  Que a mí en esta celda,
donde alegre duermo,   150
hallo que me sobra
cuanto yo desprecio.
  No ha de dar quehacer
a mi sufrimiento
ningún enfadoso,   155
ni ningún soberbio.
  Pobre he de morir;
serviráme el serlo,
que si menos tuve,
que lo sienta menos.   160
  Yo vivo picaño
bien ancho y exento:
ni me pesa la honra,
ni frunce el respeto.
  Hago yo mi olla   165
con sus pies de puerco,
y el llorón judío
haga sus pucheros.
  Denme a las mañanas
un gentil torrezno,   170
que friendo llame
los cristianos viejos[5].

[5] Porque los judíos no podían comer la carne de cerdo, de la que
se hacen los torreznos.

Tripas de la olla
han de ser, revueltos,
longanizas largas   175
y chorizos negros.
    Por ante[6], la hambre,
y por postre, luego,
un ahíto honrado
de vaca y carnero.   180
    Dulce no le como,
porque no pretendo
volverme yo abeja,
ni colmena el cuerpo.
    Esteren sus casas   185
estos recoletos
que a la chimenea
pasan el mal tiempo.
    Vistan de tapices
salas y aposentos;   190
gasten tocadores[7]
y grana en el pecho:
    que tapiz y esteras
todo me lo cuelo,
y cuelgo las salas   195
que están acá dentro.
    Los paños franceses
no abrigan lo medio
que una santa bota
de lo de Alaejos[8].   200
    Con esto, y Anarda,
por sin duda creo
que engordaré a palmos
y creceré a dedos.
    Y sin pena alguna,   205
vergüenza ni miedo,
si Dios no me mata,
moriré de viejo.

---

[6] *ante*, principio o principios de la comida. Cf. núm. 875, v. 261.
[7] *tocador*, ornamento de cabeza que usaban los hombres por la noche.
[8] *lo de Alaejos*, es el vino de ese pueblo.

> *Después de yo muerto,*
> *ni viña ni huerto;*   210
> *y para que viva,*
> *el huerto y la viña⁹.*

[*Parnaso,* 644]

774

SUCESO QUE, AUNQUE PARECE DE CONSEJA, FUE VERDADERO*

ROMANCE

> Érase que se era
> (y es cuento gracioso)
> una viejecita
> de tiempo de moros,
> pasa en lo arrugado   5
> del anciano rostro,
> uva en lo borracho,
> higo en lo redondo.
> Cucharón por barba,
> por sombrero, un hongo,   10
> por toca, un pañal,
> por báculo, un tronco.
> Coja de una pierna,
> bizca del un ojo,
> un rosario al cuello   15
> de bolas de bolos.
> Gran mujer del Malo
> y de los dimoños;
> para niños, bruja;
> para niñas, coco.   20
> Gruñidora en tiple,
> rezadora en tono,
> como una culebra
> con sus silbos roncos.

---

⁹ En ciertos manuscritos, este final es un estribillo intercalado varias veces en el texto del romance.

* Figura en las *Maravillas del Parnaso,* de J. Pinto de Morales (Lisboa, 1637), f. 50 v.

Médica de emplastos   25
y de lavatorios,
y en hacer conciertos
algebrista proprio.
    En echar ayudas[1]
fue su pulso solo,   30
de botica a viejos
y de costa[2] a mozos.
    Amortajar muertos
le valió un tesoro
de dientes y muelas,   35
que guarda en un hoyo.
    Calcetera ha sido
de virgos y pollos:
puntos toma a unos,
calzas echa a otros.   40
    No era Celestina,
que es para ello poco:
érase ella misma,
donde cabe todo:
    cárcel de traviesos,   45
jaula para locos,
liga para aves,
trampa para lobos.
    Grande aficionada
al peón y al trompo,   50
sólo por jugar
a saca de corro.
    Tratóla un mancebo
con fondos en tonto,
recién heredado: 55
hízolo el demonio;
    pues, yendo y viniendo
unos días y otros,
se halló comido
de vieja y de piojos.   60
    Que un avestruz trague
las ascuas de un horno
y que coman tierra
ratones y topos,

---

[1] *echar ayudas*, poner lavativas.
[2] «ayudas de costa», de tipo judicial.

vaya en hora buena;   65
cada día lo oigo;
pero que una vieja,
tras seis mil agostos,
    sin diente ni muela,
los colmillos romos,   70
se coma diez sillas
y tres escritorios;
    que, sin ser polilla,
le comiese al bobo
todos sus vestidos,   75
es raro negocio.
    Y no paró aquí
este fiero monstro,
digno por la mitra
de obispar³ con tronchos;   80
    pues, sin ser caribe
ni vivir en Congo,
se comió dos pajes
y un lacayo sordo.
    Carne humana gasta   85
en su refitorio;
come como cuervo;
habla como tordo.
    Luego que le vio
gastadillo y roto,   90
le cantó la vieja
malditos responsos.
    Enojóse⁴ el triste,
dio a un alcalde el soplo,
sobraron testigos   95
para su negocio.
    Sacaron la vieja
en un asno romo,
con una montera
de papelón gordo⁵.   100

³ *obispar*, por la coroza a que se alude unos versos más adelante. *Mitra*, en el verso anterior es «coroza». Comp. núm. 853,
verso 130.
⁴ En el texto, *Saludóla*.
⁵ Es decir, la denunció el joven por hechicera y celestina, y la
pasearon en un asno, encaperuzada o encorozada. Las corozas eran
de papel gordo o cartón, como indica Covarrubias en su *Tesoro*.

¡ Pues decir que el día
fue oscuro o llovioso,
sino raso y limpio
de nubes y polvo !
    Hizo Dios milagros,   105
pues corrieron cojos,
y sanaron mancos,
por tirarla lodo.
    Llovieron los niños
pepino y cohombros: 110
todos la acertaron,
tuertos y bisojos.
    Diéronla a traición
en los secos lomos
docientos azotes,   115
uno mejor que otro.
    Holguéme de verlo,
bañéme de gozo,
por vida de aquella
cuyo cielo adoro.   120
    Y no ha de pesarme
de que hagan lo proprio
con todas las viejas
de palo y antojos.

> [*Parnaso*, 648. Por errata, 554. Los
> vv. 33-36 proceden del ms.3.940.]

775

REFIERE ÉL MISMO SUS DEFECTOS EN BOCAS DE OTROS*

ROMANCE

    Muchos dicen mal de mí,
y yo digo mal de muchos:
mi decir es más valiente,
por ser tantos y ser uno.
    Que todos digan verdad,   5
por imposible lo juzgo;
que yo la diga de todos,
con mi licencia lo dudo.

---

* A juzgar por el verso 22, el romance será posterior a 1613.

Por eso no los condeno,
por eso no me disculpo;   10
no faltará quien nos crea
a los otros y a los unos.

Confieso que mis sucesos
han parecido columpio:
rempujones y vaivenes,   15
poco asiento y mal seguro.

Yo doy que por condición
tenga la propria del humo,
que tizno y hago llorar,
y de la luz salgo obscuro.   20

Pero no soy conde, ni he sido zurdo,
y, si Dios me socorre, no he de ser culto.

Danles nombres de visiones
a los trastos de mi bulto,
y dicen que a San Antón,   25
si no le tiento, le gruño.

Notan que soy desairado;
esa falta para Julio,
que la calma en los Franciscos
nadie la sudó en el mundo.   30

Murmúranme que no gasto,
y perdonara el murmullo,
si fuera estómago yo
de su vientre u de su gusto.

Al vino de las tabernas   35
me comparan los estudios:
mal medidos y vinagre,
y ni baratos ni puros.

Yo confieso que mi vida
es una mesa de trucos[1]:   40
zarandajas, golpes, idas
y malogrados apuntos.

En viéndome, dicen «Oxte»;
empero no dicen «Puto»:
que aunque no me tengo bien,   45
jamás he dado de culo.

[1] *trucos*, juego parecido al billar. Cf. núm. 760, v. 11.

Quien me roe los zancajos
es un goloso muy sucio;
si diese tras los juanetes,
metiérame a calzar justo.   50

Dicen que soy parecido,
por miserable, al Diluvio,
porque sólo guardo el arca,
y lo demás lo trabuco.

Sólo afirman que soy bueno   55
para costal, y presumo
que el atarme por la boca
les califica este punto.

Yo digo que no soy ellos,
y con eso me disculpo;   60
y para lo que son, guardo
los arredros[2] y abrenuncios.

Pero sobre todo, no soy conde o zurdo,
y, si Dios me socorre, no seré culto.

[*Parnaso,* 649]

776

Romance burlesco*

Ya sueltan, Juanilla, presos
las cárceles y las nalgas;
ya están compuestos de puntos
el canto llano y las calzas.

Alguaciles y alfileres   5
prenden todo cuanto agarran;
levántanse solamente
los testimonios y faldas.

Los necios y las cortinas
se corren en nuestra España;   10
el doblón y los traidores
son los que tienen dos caras.

---

[2] *arredro,* como *vade retro.*
* En versión distinta circuló antes de 1627 y 1628, por figurar
en el *Cancionero antequerano* y en el *Cancionero de 1628.*

  Los jubones y las cruces
y las guerras tienen mangas;
y tan sólo tienen cielos   15
los ángeles y las camas[1].
  Tienen cámaras agora
los culos y las posadas;
y tienen nueces sin cuento
los nogales y gargantas.   20
  Los melones y estriñidos
suelen siempre estar con calas;
el limbo y ojos, con niñas;
el hombre y cabrón, con barbas.
  Las putas y los caballos   25
son los que más se cabalgan;
los diablos y los deseos
son los que a todos engañan.
  Los árboles y justicias
son los que tienen las varas;   30
los ricos y los que mueren
son los que en el mundo mandan.
  Desdichas y maldiciones
solamente agora alcanzan;
y ya los que quieren sólo,   35
y no los que deben, pagan.
  El pan y los pies sustentan;
higos y tiempo se pasan;
corren monedas y ríos;
músicos y potras[2] cantan.   40
  El codo y la lezna son
agudos, que es cosa brava;
y las llaves y los reyes
tienen de contino guardas.

                    [*Las tres Musas,* 64, y mss. 4.067,
                    f. 54 v.; 3.919, f. 138 y 9.636,
                    f. 133 v., de la Bibl. Nacional.]

---

[1] Alude a la llamada «cama de cielo» o «cama de viento».
[2] *potras,* hernias.

777

Labradora haciendo relación en su aldea de todo lo que había visto en la Corte*

ROMANCE

Contaba una labradora
al alcalde de su aldea
del modo que vido al rey,
a las damas y a la reina.
  «Que en mi vida me holgué más,   5
señor alcalde, mo creiga[1],
pues lo vi con estos ojos
que tien de comer la tierra.
  »Iba la del rey de verde,
como Dios hizo unas yerbas,   10
más hermosa que el buen pan,
más rubia que las candelas.
  »Como yo tiene la cara
y el cabello en la cabeza,
mas era todo de oro,   15
como sus dientes de perlas.
  »Miróme a mí con los ojos
su sagrada reverencia:
yo dije la confesión
y besé después la tierra.   20
  »Dígame: ¿qué seinifica
el mirarme su Encelencia?
Que me he sentido estos días
con achaques de condesa.
  »Alderredor de su carro   25
(volviendo a muesa materia),
iban muchos caballeros,
descapillados, tras ella.
  »Unos llevaban las llaves
de la color de las yemas;   30

---

* Puesto que se alude al Duque de Lerma como privado, el romance será anterior a su caída, en 1618. Pero el verso 69 recuerda los conocidos de Góngora «muchos siglos de hermosura / en pocos años de edad», del romance «Apeóse el caballero», de 1610. Véase J. O. Crosby, ob. cit., pág. 113.
[1] *mo creiga*, me crea.

de la cámara los llaman[2] :
cargo de poca limpieza.

»Delante, que me olvidaba,
en dos diversas hileras,
con vestidos de ajedrez,   35
de mil colores diversas,

»en forma de viñaderos,
con chuzos y lanzas viejas,
unos dellos dicen "¡ Plaza !",
y otros no hay quien los entienda[3].   40

»Encomendadores mozos
van tras ella como arena,
y unos de unos corderitos
que sobre el pecho les cuelgan[4].

»Los grandes dicen que son;   45
y es mentira manifiesta :
que es mayor mueso barbero
que todos, en mi consciencia.

»Detrás un coche venía
con tres mocetonas frescas,   50
y, entre ellas, una fulana
del Cabello u de la Cerda[5].

»Chapada, no hay que dicir,
de buen jarrete y presencia;
más celebrada de todos   55
que lo son los dias de fiesta.

»Hechos iban unos bobos,
por gozar de su belleza,
más de mil, y con razón :
que es como unas azucenas.   60

»Tras de aqueste cherrïón,
otro se llegó con priesa
con seis mochachas garridas,
de galas y cintas llenas.

»El zarpellido[6] de una,   65
que cuasi no se me acuerda,

---

[2] Los grandes de España.
[3] La guarda tudesca.
[4] El Toisón.
[5] Quizá Luisa de la Cerda, de la casa de Medinaceli, que Astrana Marín identifica con la *Lisis* de los grandes poemas amorosos.
[6] *zarpellido*, apellido.

es Maria, y acaba en asco[7],
más linda que las lindezas.

»Poca edad, mucha hermosura,
y diz que mayor nobleza: 70
dijéronme que se casa
con el que echan a galeras.

»¡ Oh qué lindas que eran todas !
Que a no ser ruda mi lengua,
pardiez, que durara, alcalde,   75
mi relación tres cuaresmas.

»Tras todo aqueste rosario,
por cruz y por calavera,
pues lo son para las mozas,
vino un sepulcro de dueñas.   80

»Urracas y dominicas
son, por lo blancas y negras,
con roquetes, como obispos,
con manteles, como mesas.   85

»El Rey que a mí enseñaron
de carne y de hueso era:
debiéronme de burlar,
porque el Rey diz que es de seda.

»Dícennos que tien corona,
mas yo no le vi la cresta,   90
y aunque ya con dos polluelos,
de buen gallo ha dado prueba.

»Una rueda de gochillos
iba tras su indul[u]gencia:
que él y santa Catalina   95
diz que andan con estas ruedas.

»Veinte y dos calles me huí[8]
tras él con la boca abierta;
y, pardiez, él es guarrido,
séase el Rey, o quien sea.   100

»Detrás, en un rocín blanco,
iba el gran Duque de Lerma:
más bendiciones le eché
que cabrán en una cesta.

---

[7] María de Velasco, quizá la hija de los Duques de Frías, que
llevaban los apellidos de Fernández de Velasco.
[8] *me huí*, me fui.

»A todos quita el sombrero,   105
de hablar a todos se alegra:
los pobres le llaman padre
y los ricos le respetan.

»Alcalde, de hoy delante,
ved que ha de haber diferencia   110
de mí, que he vido a los Reyes,
a los demás de Alcobendas.»

[Ms. de A. Rodríguez-Moñino, folio 153. En *Las tres Musas*, 65.]

778

Vejamen a una dama

ROMANCE BURLESCO

Pues ya los años caducos,
que tejen edades largas,
por adorno de cabeza
me dan cabellos de plata;
    pues al rigor de su invierno   5
tengo la cumbre nevada,
o por no tañer en cifra,
pues ya me envejecen canas,
    quiero dar sanos consejos
a cierta Marifulana,   10
que al son de un amor trompero
me baila dos mil mudanzas.
    Escúcheme, la suplico;
que tiene mi pluma gana
de dejar cuatro verdades   15
sobrescritas en su cara.
    Y si la supieren mal,
que al fin verdades amargan,
podrá tomar piedra azufre,
y con ella vomitarlas;   20
    que, pues yo sufrí mentiras
envueltas en sus marañas,
bien es que verdades sufra
quien tan sin ellas me trata.

Dígame, caricuaresma,   25
ansí tenga buenas pascuas,
y tan buenas cuarentenas
que se le tornen cuartanas;
   ansí la dé Dios cabellos
más rubios que lana blanca,   30
y por prendas de su dicha
treinta verrugas la nazcan;
   ansí la den en concejo
sus votos para tarasca
los sotacoles[1] del Tiempo   35
y los galanes de la hampa;
   ansí coma caperuzas,
si mi bonete la enfada,
y engorde más que una nutria,
si tiene gusto en ser flaca;   40
   ansí dos mil servidores
viertan en ella sus ansias,
y en el altar de su olfato,
en humo la ofrezcan pastas[2];
   ansí la despierten pulgas   45
de la noche a la mañana,
como a mí cuidados necios
cuando por ella lo estaba;
   ansí las niñas de a treinta,
en el portal de su casa,   50
la den silla de costillas
y la levanten por maya[3];
   ansí buesos y arlequines,
peranzules y botargas[4],
a vista de las estrellas,   55
la bailen danzas de espadas:
   ¿pensó que era yo Macías,
o cualque Amadís de Gaula,

---

[1] *sotacoles*. No he hallado en ningún registro de voces «sotacol», sí «sotacola», ataharre, o cincha que se coloca a las caballerías debajo de la cola, que no tiene sentido aquí. («Así el paso del Tiempo la vuelva tan fea y arrugada, junto con las cicatrices de las heridas de los galanes de la hampa, que le den sus votos...»)

[2] *pastas*, pastillas que se quemaban para perfumar las habitaciones. Cf. núm. 759, v. 139.

[3] *maya*, para representar al mes de mayo en la fiesta de la Maya.

[4] *buesos, arlequines, peranzules, botargas*, figuras cómicas, bufones, hombres vestidos ridículamente.

amartelado a lo fénix,
de los que anidan en brasas?   60
    ¿Mintiólo acaso su antojo
que, por verme en su desgracia,
me fuera a la Peña Pobre
a convertirme en estatua?
    Venga acá, paloma duenda,   65
catálnica[5], aunque sin jaula,
en el cumplir ave muda
y en el prometer urraca;
    hermosa dedos de queso,
sota, y no de mi sotana;   70
negra dama de ajedrez,
si la bautizan por dama,
    ¿no sabe que fue ese tiempo
aquel de Mari Castaña,
cuando los hombres pacían   75
y los jumentos hablaban?
    Sepa que los condes Claros,
que de amor no reposaban[6],
de los amantes del uso
se han pasado a las guitarras.   80
    Las ternuras portuguesas
ya se han vuelto castellanas:
no hay pecantes que se finen
por Anaxartes[7] ingratas.
    Ya no hay ojos azacanes[8]   85
con oficio de echar agua,
a fuerza de ardientes fuegos,
como nariz de alquitara[9].
    Los adonis en azúcar,
a quien Amor alcorzaba[10],   90
derretidos en la boca,
con sola la paz de Francia,

[5] *catálnica*, cotorra.
[6] Alusión a los conocidos versos del romance del Conde Claros:
            Conde Claros, por amores,
            no podía reposar.
[7] Ifis, enamorado de Anaxárate, pero desdeñado por ella, se ahorcó en la misma puerta de la casa de su amada.
[8] *azacán*, aguador.
[9] *alquitara*, alambique. *Nariz alquitara*, nariz catarrosa, grande. Comp. núms. 684, v. 39 y 687, v. 45.
[10] *alcorzaba*, hacía «alcorzas», dulces.

pasáronse a Badajoz,
que es de badajos la patria,
y a caballo en sus babiecas,   95
festejan Celias y Zaidas.

   Los de acá, como discretos,
son jinetes de ventaja,
que en pelo corren parejas
muy cerquita de las ancas.   100

   Después que han dado en usar
(sin Dios nos libre) las calzas,
en no jugando al parar[11],
no hay Filis que gane blanca.   105

   Ya todos son bolsicuerdos
y estiman tanto sus almas,
que si falta precio de obras,
no le dan al de palabras.

   Nadie se paga de letras
sobre el cambio de esperanzas: 110
que son dineros de duende
los que no están en el arca.

   Al juego de daca y toma
se juega ya con las damas:
que a la dama, sin recibo,   115
nadie le alquila sus casas.

   Dígame, por vida suya,
injundia de mis entrañas,
¿tanto la miente su espejo,
que aspire a venderse cara?   120

   ¿Tan soberbia me la tienen
cuatro mudas y seis pasas
del gran turco Solimán[12],
con artificio preñadas?

   Quedito, mana Fachica[13];   125
corte el toldo[14], que le arrastra;
mire no la nazcan lodos
de esos polvos que levanta.

---

[11] «Parar en el juego, poner el dinero contra el otro, que llaman el juego del parar.» (Covarrubias, *Tesoro*.)
[12] *gran turco Solimán*, ungüento para el rostro. Vid. otras alusiones en las págs. 730 y 944.
[13] *mana Fachica*, hermana Francisca, en lenguaje de negros esclavos.
[14] *toldo*, engreimiento. Cf. núms. 790, v. 16 y 854, v. 98.

Hagamos aquí un concierto:
salga a venderse a la plaza,   130
y si a medio real la dieren,
pespúntenme las espaldas.

   No trato de lo jarifo[15],
que no es la Cava de España[16],
sino Corral de Medina,   135
y muy mal corral de vacas.

   Y no me culpe, mi reina,
porque digo que no es Cava;
pues la cava[17] pide cerca,
y ella para cerca es mala;   140

   porque tiene las almenas,
que son en otras de nácar,
sobre ser azabachinas[18],
como soldados, quintadas[19].

   Por eso, no más conmigo;   145
no procure darme caza,
que es torzuelo de Muley,
pico negro y uñas blancas.

   Por Dios, que estaba de temple
mi furiosa Durindaina,   150
si no llegara un amigo
a tirarme de la capa.

   Agradézcaselo a él;
que si no me lo rogara,
no parara hasta ponerla   155
de las tres efes la marca.

                                    [*Las tres Musas*, 67]

[15] *jarifo*, arrogante.
[16] *Cava de España*, alude a la Cava, hija del Conde don Julián.
[17] *cava*, foso hondo y con agua que rodeaba las fortalezas o campamentos.
[18] *azabachinas*, ennegrecidas.
[19] En las levas de los soldados, de cada cinco —quinto— se escogía uno. De ahí «quintar», sacar de cinco uno. Quiere decir que le faltan muchos dientes.

779

SÁTIRA A LOS COCHES*

ROMANCE

Tocóse a cuatro de enero
la trompeta del jüicio
a que parezcan los coches
en el valle del registro.

Treinta días dan de plazo   5
para ser vistos y oídos;
para dar premio a los buenos,
como a los malos castigo.

Fueron pareciendo todos
dentro del término dicho   10
a juicio, aunque [no] final:
tal el sentimiento ha sido.

El primero que llegó
al tribunal contenido
fue un coche de dos caballos,   15
uno blanco, otro tordillo.

«Acúsome en alta voz
(dijo) que ha un año que sirvo
de usurpar a las terceras
sus derechos y su oficio.   20

»Que he sido caballo griego,
en cuyo vientre se han visto
diversos hombres armados
contra Helenas, que han rendido.

»Que cien fembras y varones   25
he llevado y he traído,
de día por los jarales,
de noche por los caminos.

»Que he visto quitar la pluma
a mil tiernos palominos;   30

---

* Probablemente de 1611. El 3 de enero de ese año se ordena que
se registren los coches y que no puedan los hombres ir en ellos sin
licencia real.

y, sin que lleguen al sexto,
penallos en tercio y quinto[1].»
    Calló este coche, y llegó
otro, en extremo afligido,
quejándose de su suerte,   35
y aquestas razones dijo:
    «Los que priváis con los reyes
tomá ejemplo en mí, que he sido
coche excelencia, y agora
soy, como esclavo, vendido.   40
    »Comprárame un pretendiente,
que me trae, desvanecido,
desde su casa a Palacio
y de ministro en ministro.
    »Tiéneme en una cochera,   45
adonde el agua y el frío
se entran a conversación
todas las noches conmigo.
    »Tráese destrozado a sí,
y sus caballos mohínos,   50
y de ayunar a san Coche
está en los güesos él mismo.»
    Más dijera, a no atajarle
cinco bizcoches movidos,
que del susto del pregón   55
cocheril aborto han sido.
    Que se dispense con ellos
piden, y fue respondido
«Que se estén en sus cocheras»;
que es condenallos al [L]imbo.   60
    Tras éstos, se quejó un coche
de que había persuadido
a una doncella a casarse
con un viejo della indigno.
    Era niña y era hermosa   65
y agora pierde el jüicio,
viendo que el coche le falta
y que le sobra el marido.

---

[1] «Y sin que lleguen al sexto [mandamiento], penarlos en tercio [que era pagar la casa de cuatro en cuatro meses] y quinto [cobrar un derecho de un veinte por ciento].»

Un coche pidió licencia,
atento que habia servido   70
todo lo más de su tiempo
en bodas y en cristianismos.
    A este coche interrumpieron
cinco o seis coches mininos,
que, por menores de edad,   75
pretenden ser eximidos.
    A éstos les condenaron,
por favor, y por ser niños,
a que sirvan de literas,
o que se estén suspendidos.   80
    Tras aquéstos, llegó al puesto
un coche verde, que ha sido
el sujeto a quien más debe
cierta mujer y marido.
    Desde el alba hasta la noche   85
le[s] sirve de albergue y nido,
y aunque duermen dentro dél,
ha dicho un contemplativo:
    «Aqueste es coche imprestable,
porque ambos han prometido   90
no desamparar su popa
por cosa de aqueste siglo.»
    Fueron llegando otros coches;
pero no fueron oídos,
porque tocaron las once   95
y se dio punto al jüicio;
    dejando para otro día
los que aquí no han parecido,
las quejas de los cocheros,
de las damas, los suspiros.   100

[*Las tres Musas*, 69, y ms. 9.636,
f. 123 v., de la Bibl. Nacional.]

780

A LA SARNA*

ROMANCE BURLESCO

Ya que descansan las uñas
de aquel veloz movimiento
con que a ti, dulce enemiga,
regalaron y sirvieron,
    escriba un poco la pluma,   5
que tanto escarbó aquel tiempo
en que, de gorda y lozana,
reventaste en el pellejo.
    No quiera Dios que yo olvide
a quien me dio ratos buenos: 10
que de desagradecidos
dicen se puebla el infierno.
    Quiero, deleitosa sarna,
cantar tu valor inmenso,
si pudieren alcanzar   15
tanto el arte y el ingenio.
    Que si algún necio dijere
te reverencio por miedo,
como aquel que a la cuartana
hizo altar y labró templo,   20
    tú responderás por mí
y dirás que no te temo:
que soy fuerte, como España,
por la falta del sustento.
    Y que hay tan poco en mi casa,   25
que saliste della huyendo,
por no hallar en qué ocupar
tus insaciables alientos.
    Oigan tus apasionados,
porque den gracias al cielo   30
que tanta grandeza junta
en este apacible dueño.

* Anterior a 1605, por haber aparecido en la *Segunda parte del
Romancero General*, Valladolid, 1605 (cit. por la edic. de Madrid,
1948, II, pág. 43).

Y tú, que todo lo rindes,
y a nadie guardas respeto,
contra quien no hay casa fuerte   35
ni cerrado monasterio;
    a quien rinden vasallaje
pobres, ricos, mozos, viejos,
papas, reyes, cardenales,
oficiales y hombres buenos,   40
    del calor que les infundes
envía un rayo, y sea de lejos,
porque, de lejos que venga,
bastará a dejarme ardiendo.
    Diré de tus muchas partes   45
las pocas que comprehendo,
y pues todo es empezar,
en tu servicio, comienzo:
    Cuando me nieguen algunas,
no podrán negarme, al menos,   50
que eres de sangre de reyes,
y aun ellos te pagan pecho.
    No naciste de pastores
entre lanudos pellejos,
ni de pedreros villanos   55
en pobres y humildes techos,
    sino en camas regaladas,
entre delicados lienzos,
do el regalo y la abundancia,
tu padre y madre, vivieron.   60
    De que con reyes casaste
testimonio hay verdadero,
contra quien no hay que alegar
el antiguo privilegio
    de que adonde están te den,   65
como a su reina, aposento,
y no sólo media cama,
sino la mitad del cuerpo.
    Y aunque eres mal recibida,
si te ves una vez dentro,   70
no aciertan a despedirte:
tal es tu buen tratamiento.
    ¿Quién no teme un año caro,
sino tú, que a un mesmo precio

comes en cualquier lugar,   75
en año abundante y seco?
   Si el de benigno, en un rey,
es el más noble epiteto,
¿quién da al mundo, como tú,
beninos de ciento en ciento?   80
   Si el bien dicen que ha de ser
deleitable, útil y honesto,
¿en quién, como en ti, se junta
todo bien con tanto extremo?
   Que deleitas, es muy llano;   85
que eres útil, es muy cierto;
pues a quien te tiene, excusas
mil achaques y mil duelos.
   ¿Quién da, cual tú, honestidad
aun a los más deshonestos,   90
haciendo que no descubran
aun las puntas de los dedos?
   Si ha de ser comunicable,
¿qué cosa hay en este suelo
que se comunique más   95
y se ensoberbezca menos?
   El hombre, que entre animales
es el más noble y perfecto,
¿tuviera superfluidad
a no estar tú de por medio?   100
   Pues cuando Naturaleza,
que nada crió imperfecto,
les dio para defenderse
uñas, picos, conchas, cuernos,
   al hombre, a quien dio por armas   105
la razón y entendimiento,
aunque después la malicia
le dio acero, plomo y hierro,
   en vano le hubiera dado
las uñas, si demás desto   110
no tuviera que rascar
y tuviera algo superfluo.
   Tú veniste a remediarlo,
y viendo que contra el yelo
nace sin defensa alguna   115
de plumas, conchas y pelos,

tú le cubrirás de escamas,
con que en mitad del invierno
se contraponga y resista
al más escabroso cierzo.   120
    Tú das a los holgazanes
sabroso entretenimiento,
y apacibles alboradas
a los que coges despiertos.
    ¿Quién jamás corrió parejas   125
con el hijuelo de Venus
si no tú, que eres su igual,
y aun que le excedes sospecho?
    Que si él va en cueros o en carnes
por uno y otro hemisferio,   130
tú corres éste y aquél,
y andas entre carne y cuero.
    Eres cual la dulce llaga,
eres gustoso veneno,
eres un fuego escondido,   135
eres aguado contento;
    eres congoja apacible,
sabroso desabrimiento,
eres alegre dolor,
eres gozoso tormento;   140
    enfermedad regalada,
pena sufrible, mal bueno,
que le aumenta y hace más
lo que parece remedio;
    eres enferma salud,   145
eres descanso inquïeto,
eres daño provechoso,
eres dañoso provecho;
    eres, en fin, un retrato
de Amor y de sus efectos,   150
do tan presto como el gusto
llega el arrepentimiento.
    Bien nacida, noble, ilustre,
reina, huésped de aposento,
privilegiada señora,   155
igualadora de precios;
    bien útil y deleitable,
comunicable y honesto,

suplefaltas de Natura,
retrato del dios flechero,   160
    dulce, gustosa, escondida,
regalo, alegria, contento,
apacible, regalada,
salud, descanso, provecho.
    Otro más sabio te alabe: 165
que ya he dicho lo que siento,
aunque de ti es lo mejor
decir más y sentir menos.

[*Las tres Musas,* 70]

781

Romance burlesco*

    De Valladolid la rica,
de arrepentidos de verla,
la más sonada del mundo
por romadizos que engendra;
    de aquellas riberas calvas   5
adonde corre Pisuerga,
entre frisones[1] nogales,
por héticas alamedas;
    de aquellas buenas salidas,
que, por salir de él son buenas,   10
do, a ser búcaros los barros,
fuera sin fin la riqueza[2];
    de aquel que es agora Prado
de la Santa Madalena,
pudiendo ser su desierto   15
cuando hizo penitencia,
    alegre, madre dichosa,
llego a besar tus arenas,
arrojado de la mar
y de sus olas soberbias;   20

* Anterior a 1605.
[1] *frisones,* gordos, gruesos.
[2] Porque las damitas habían dado en comer barro en forma de
búcaros. Cf. núms. 706, v. 12 y 736, v. 61.

traigo arrastrando los grillos,
a colgarlos en tus puertas,
donde sirvan de escarmiento
a los demás que navegan.

Tres años ha que no miro
estos valles ni estas cuestas,
enterneciendo con llanto
otros montes y otras peñas.

Tocas se ha puesto mi alma,
viuda de aquestas riberas,
y mi ventura mulata
se ha puesto del todo negra.

Mas, después que vi tus prados
con verde felpa de yerbas,
y vi tus campos con flores,
y tus mujeres sin ellas;

y después que a Manzanares
vi correr por tus arenas,
y que aun murmurar no osa
por ver que castigan lenguas;

considerada tu Puente,
cuyos ojos claros muestran
que aun no les basta su río
para llorar esta ausencia;

después que miré tus aves,
puestas en ramas diversas,
alegrar, como truhanes,
con música tu tristeza;

vista la Casa del Campo,
donde es tan buena la tierra,
que, aun sin tener esperanzas,
produce verdes las yerbas;

consideradas las fuentes
que el hermoso Prado riegan,
y por no salirse de él,
se entretienen con mil vueltas;

vistos los álamos altos,
que, celosos de sus yerbas,
estorban al sol la vista,
juntándose las cabezas;

bien paseadas tus calles,
donde no han quedado piedras:

25

30

35

40

45

50

55

60

que la lástima de verse
las ha convertido en cera;
    mirados los edificios,   65
en cuya suma belleza
tuvo fianzas el mundo
de ser su máquina eterna;
    consideradas las torres
que adornaban tu presencia,   70
que han parecido de viento,
siendo de mármoles hechas;
    y después de haber mirado
cómo en todas las iglesias
siempre de la Soledad   75
halla imagen el que reza;
    visto el insigne Palacio,
cuya majestad inmensa
al Tiempo le prometía
por excepción de sus reglas;   80
    miradas de tu Armería
las armas de tu defensa,
hechas a prueba de golpes,
mas no de Fortuna a prueba;
    después de consideradas   85
del Pardo insigne las fieras,
que hacen ventaja a los hombres
en no dejar sus cavernas,
    tantas lágrimas derramo,
que temo, si más se aumentan,   90
que he de acabar con diluvio
lo que la Fortuna empieza.
    En medio me vi de ti,
y no te hallaba a ti mesma,
Jerusalén asolada,   95
Troya por el suelo puesta,
    Babilonia destrüida
por confusión de las lenguas,
levantada por humilde,
derribada por soberbia.   100
    Eres lástima del mundo,
desengaño de grandezas,
cadáver sin alma, frío,
sombra fugitiva y negra,

aviso de presunciones,   105
amenaza de soberbias,
desconfianza de humanos,
eco de tus mismas quejas.
    Si algo pudieren mis versos,
puedes estar, Madrid, cierta   110
que has de vivir en mis plumas,
ya que en las del Tiempo mueras.

> [*Segunda parte del Romancero General*,
> Valladolid, 1605. (Madrid, 1948, pág. 52.)
> En *Las tres Musas*, 73.]

782

ROMANCE BURLESCO*

    Salió trocada en menudos
la luna en su negro coche,
y dionos su luz en cuartos
que parecieron chanflones[1].
    Estrellada como huevo   5
salió la morena noche;
estaba Pisuerga mudo,
Eco dormida en los montes.
    Las hojas no se bullían,
guardando el sueño conformes   10
a las aves, que en sus nidos
tomaban descanso entonces.
    Ya estaba cansado el grillo
de enfadar el cielo a voces;
ya no soplaban los aires,   15
sino solos los soplones,
    cuando, Dios y enhorabuena,
por una calle, a las once,
vi venir unas figuras
desfiguradas de pobres.   20

---

* Por la alusión al Pisuerga, en el verso 7, podría fecharse entre 1601 y 1606. Figura en el *Cancionero de 1628*.
[1] *chanflón*, moneda antigua que valía dos cuartos.

Pareciéronme mujeres
y, aunque de gestos feroces,
hice de la hambre salsa:
hablé a la una, y hablóme.

A mi casa me llevé   25
aquestos dos postillones,
cuyo color era escuro,
entre alazán y cerote.

Entrambas eran más largas
del copete a los talones   30
que pagas de hombre tramposo,
que esperanzas de la corte.

En lo delgado y lo flaco
me parecieron punzones;
de medio arriba, almaradas[2],   35
de medio abajo, garrotes.

Mostráronme unos cabellos
tan ásperos y disformes,
que pudieran ser silicio
del cuerpo de San Onofre.   40

Cuatro mohosos ojuelos,
moradores del cogote,
cuyas niñas eran viejas
y cuyo llanto era arrope.

Sendas narices büidas   45
a la manera de estoques,
que habían menester conteras
para no picar los hombres.

Sus dos bocazas, por grandes,
pudieran, entre señores,   50
delante del rey cubrirse,
que eran de tiros de bronce.

Al aceite de sus mantos,
que eran hechos de anascote[3],
vinieron tantas lechuzas,   55
que estorbaron mis amores.

Sus dos ropas, de picadas,
parecieron de jigote,

---

[2] *almarada*, puñal agudo, de tres aristas y sin corte.
[3] *anascote*, tela delgada de lana, de que se hacían algunos hábitos religiosos.

tocadas más de la peste
que de tocas y listones.   60
    Pareciéronme entremeses
con sus dos bobos, las pobres,
y ansí, con desdén y asco,
les dije, yéndome, a voces:
    «¿De qué cimenterio   65
salen tan flacas
doña Lezna junta
con doña Jara?»

> [*Las tres Musas*, 75, y ms. 3.795,
> Bibl. Nacional, f. 219.]

783

PINTA A UN DOCTOR EN MEDICINA QUE SE QUERÍA CASAR

ROMANCE SATÍRICO

    Pues me hacéis casamentero,
Ángela de Mondragón,
escuchad de vuestro esposo
las grandezas y el valor.
    Él es un médico honrado,   5
por la gracia del Señor,
que tiene muy buenas letras
en el cambio y el bolsón.
    Quien os lo pintó cobarde
no lo conoce, y mintió,   10
que ha muerto más hombres vivos
que mató el Cid Campeador.
    En entrando en una casa
tiene tal reputación,
que luego dicen los niños: 15
«Dios perdone al que murió».
    Y con ser todos mortales
los médicos, pienso yo
que son todos veníales,
comparados al dotor.   20
    Al caminante, en los pueblos,
se le pide información,

temiéndole más que a peste,
de si le conoce o no.
   De médicos semejantes   25
hace el rey, nuestro señor,
bombardas a sus castillos,
mosquetes a su escuadrón.
   Si a alguno cura y no muere,
piensa que resucitó,   30
y por milagro le ofrece
la mortaja y el cordón.
   Si acaso, estando en su casa,
oye dar algún clamor,
tomando papel y tinta,   35
escribe: «Ante mí pasó».
   No se le ha muerto ninguno
de los que cura hasta hoy,
porque antes [de] que se mueran
los mata sin confesión.   40
   De envidia de los verdugos
maldice al corregidor,
que sobre los ahorcados
no le quiere dar pensión.
   Piensan que es la Muerte algunos;   45
otros, viendo su rigor,
le llaman el dia del Juicio,
pues es total perdición.
   No come por engordar
ni por el dulce sabor,   50
sino por matar la hambre,
que es matar su inclinación.
   Por matar, mata las luces,
y si no le alumbra el sol,
como murciégalo vive   55
a la sombra de un rincón.
   Su mula, aunque no está muerta,
no penséis que se escapó:
que está matada de suerte,
que le viene a ser peor.   60
   Él, que se ve tan famoso
y en tan buena estimación,
atento a vuestra belleza,
se ha enamorado de vos.

No pide le deis más dote, 65
de ver que matáis de amor:
que, en matando de algún modo,
para en uno sois los dos[1].

Casaos con él, y jamás
vïuda tendréis pasión: 70
que nunca la misma Muerte
se oyó decir que murió.

Si lo hacéis, a Dios le ruego
que os gocéis con bendición;
pero si no, que nos libre 75
de conocer al dotor.

[*Las tres Musas,* 76]

784

EL CID ACREDITA SU VALOR CONTRA
LA INVIDIA DE COBARDES

En lenguaje antiguo

ROMANCE

Estando en cuita y en duelo,
denostado de zofrir,
el Cid al rey don Alfonso
fabló en esta guisa; oíd:
  «[Si] como atendéis los chismes 5
de los que fablan de mí,
atendiérades mis quejas,
mi sandez tuviera fin.

  »No supe vencer la invidia,
si supe vencer la lid, 10
pues hoy desfacen mis fechos
los dichos de algún malsín.

  »Mil banderas vos he dado;
esclavos más de cien mil;
y esos que de mí mormuran 15
sólo vos dan que reír.

---

[1] «Para en uno sois los dos» es un verso tradicional en ciertas
canciones de bodas y frase de felicitación ritual en las bodas
castellanas de la época.

»Yo, que supe daros reinos,
yago desterrado aquí,
y convusco yanta al lado
quien los sabe destroir.   20
    »Menguas ponen en mi honra
que las estodian en sí:
traidor me llaman a voces;
a vos os toca el mentir.
    »Cuando fuyan de Tizona,   25
por ser canalla tan vil,
todo saldrá en la colada:
de Colada no hay fuir.
    »En mataros tantos moros
cuido que los ofendí,   30
dejando huérfanos todos
los que caloñan[2] al Cid.
    »Faced que jozgue mi causa
el vallente, no el sotil:
que entre plumas y tinteros   35
aun Cristo vino a morir.»

[*Las tres Musas*, 214]

785

ROMANCE BURLESCO

A la orilla de un brasero
entre castañas y vino
(que es mejor que de un arr[oyo]
entre adelfas y lentiscos),
    envuelto en una cachera,   5
cargado de romadizo,
con un jamón por rabel,
y una bota por pellico,
    yo, el primer poeta de invierno
que han conocido los siglos   10
sin fuente, arroyo, ni juncos,
sin monte, flores, ni río,

---

[2] *caloñan*, calumnian.

así hablé a una mujer
(no hay aquí nombres fingidos
de Filis, ni de Belardo[1],   15
que ella es Juana y yo Francisco);
    díjele: «Son tus dos ojos
más hermosos y más lindos
que dos doblones de a cuatro
y tú más que un bolsón rico.   20
    »Más bellos que mil ducados
son tus cabellos y rizos,
y tu boca más preciosa
que una joya de oro fino.
    »Si no me pidieses nada,   25
y me dieras lo que pido,
tuviera yo más dineros,
y menos voces contigo.
    »No sé cómo se dan agnus[2],
ni cómo se dan vestidos,   30
que por mí, aunque andes en cueros,
no se me dará un comino.
    »Si quieres dientes de perlas,
ojos de cielo y zafiros,
tu boca será medida,   35
porque en versos soy un indio.
    »Si quieres manos de plata,
y pies de diamantes finos,
un Fúcar soy en poesía:
daréte de oro un abismo.   40
    »Tendrás el tierno soneto
recién sacado del nido,
la redondilla sabrosa,
romances como brinquiños[3].
    »Manteos con pasamanos   45
te dará el prado y el risco,
perlas y aljófar el alba,
esmeraldas los lentiscos.

---

[1] Filis y Belardo son los célebres nombres poéticos de Elena
Osorio y Lope de Vega.
[2] *agnus* o *agnusdei*, relicario que las mujeres especialmente llevaban al cuello.
[3] *brinquiños*, alhajas pequeñas que colgaban de las tocas y con
el movimiento parecían brincar. Cf. núms. 627, v. 26 y 706, v. 38.

»Tendrás tesoros de flores
que enriquezcan tu apetito,   50
porque el dinero no tiene
alegórico sentido.»
      Miróme a lo interesable,
y prolongando el hocico,
como a poeta de balde,   55
estas razones me dijo:
      «En casa no es menester;
socórrale Dios, amigo,
que gracias tiene la bula:
caliéntese, que está frío.»   60

> [*Maravillas del Parnaso*, f. 34. Di-
> versos mss. lo atribuyen a Que-
> vedo.]

786

SÁTIRA*

QUEVEDO

Los que quisieren saber
de algunos amigos muertos,
yo daré razón de algunos,
porque vengo del Infierno.
      Allá queda barajando   5
aquel que acá supo cierto
a cuántos venia su carta,
cual si fuera del correo.
      Un letrado y su mujer
penan por varios efectos: 10
él, por su mal parecer;
ella, por tenerle bueno.
      Doncellas hay camarines
por los barros que comieron,
y, como otras por sus culpas,   15
se condenan por deseos.

---

* Una versión distinta figura en la *Primavera y flor de Romances*, f. 125, de 1623.

Un amante sodomita,
bajando al escuro reino,
daba voces hacia el Limbo
por ver muchachos en cueros.   20
    Admiráronme las feas
de ver que allá lo están menos;
porque sin duda parecen
mejor allá en el Infierno.
    Al bajar allá dos lindos,   25
quedaron los diablos ciegos,
porque los lindos son gente
que el diablo no puede vellos.
    Los trajes que acá se usan
sirven allá de usos nuevos;   30
que ya traen todos los diablos
azul, guedejas y petos.
    Por sacar a su mujer
dicen que cantaba Orfeo,
y él me dijo, como amigo,   35
que era por verla allá dentro.
    Un mal casado pedía
que su mujer fuera al cielo,
por estar allá seguro
que no le pidiese celos.   40
    A un marido confiado,
por desengaños, le dieron
que peinándose el copete
se rastrillase los dedos.
    Casadas hay porque dejan   45
sus hijos por herederos
de la hacienda del marido
sin tenerle parentesco.
    Los médicos pasicortos
llegan allá tan corriendo,   50
que parece que postean
las vidas de sus enfermos.
    Por engañar en los dotes,
penaban todos los suegros,
y porque al casar las hijas   55
tenían forjados los nietos.
    No sólo los corcovados
sirven de cepas al fuego,

sino sus padres también
por los que hicieron mal hechos.   60
    A muchos que castigaban
por los cuernos que pusieron,
porque avise a sus maridos,
que eran frailes me dijeron.
    A las adúlteras monjas,   65
con devotos que tuvieron,
las vi penar entre rejas
por sus tactos y deseos.
    De solos los escribanos
no traigo conocimiento,   70
porque cuando van de acá
ya van demonios perfectos.
    Quien tuviere conocidos
escrebirles puede luego:
que un sastre que está expirando,   75
será mensajero cierto.

                    [Ms. 3.795 de la Bibl. Nacional,
                    f. 221.]

                        787

                    ROMANCE*

    Clarindo y Clarinda soy,
Anfriso, en esta persona,
hoy que me aprieto el sombrero
y no me prendo la toca;
    hoy que arrojo el abanico   5
cuando me ciño la hoja:
nadie se meta conmigo,
que haré tarquinada en todas.
    Grande desdicha es traer
lo más del cuerpo a la sombra,   10
anochecidos los miembros
y de tinieblas la gloria.

---

* Guarda relación con la loa-romance que principia «¡Vive cribas, que he de echar!», núm. 768. Incluso tiene algunos versos
iguales, como el 8.

Salgan mis piernas a luz;
que con campana invidiosa
el guardainfante y las mangas   15
avaharon[1] como sopas.
　Quiero hacer piernas, Anfriso,
para que sepan las otras
cómo las han de tener:
ni muy flacas ni muy gordas.   20
　¿En qué han pecado estos pies,
que siempre los arrebozan
faldas que los amortajan,
chapines que los ahogan?   25
　Tráiganlos de marimantas
mujeres que son puntosas
de zapatos, a quien sirven
sendas encinas por hormas.
　No yo, pues no tengo pie,   30
sin ser la mar ni ser onda,
ni pataza conocida
por los callos, como mona;
　ni juanete que le sirva
a los dedos de corcova,   35
ni zancajos que con hambre
los maldicientes me roan.
　Anfriso, mi pie es tan breve,
que pudo expedirle Roma,
y ser, por lo chico, el rey
que Granada nos pregona.   40
　El que levanta las faldas
ningún garbo destos goza,
pues quien arremanga atiende
sólo a meterse de gorra.
　Andar de manto y sotana,   45
muy licenciado de ropa,
es bueno para quien pisa
a lo tenazas en rosca.
　Han de criar estas ligas
telarañas en las rosas;   50
son murciélagos mis bajos,
que no hay sol que los conozca;

---

[1] *avaharon*, llenaron de vaho.

las zancas, de tenedor;
que a poder de pura borra,
por pantorrillas nos venden   55
las que compraron pelotas.

    Las que en malos pasos andan,
por andar en dos garlochas[2],
envainen en hopalandas
zancas y patas frisonas.   60

    Del captiverio de trapos
salgan estas piernas horras[3];
mis cuartos no son moneda
de talego ni de bolsa.

    Cansada estoy de ser Venus   65
en tus requiebros y coplas:
yo quiero ser matrimonio,
siendo Adonis y la diosa.

    A Marte quiero dar susto,
pues que le quitan vitorias   70
estos ojos a su estoque,
esta garganta a su gola.

    Viejo está ya Ganimedes:
temo que el águila propria
me lleve a dar a beber   75
celos a Juno, en la copa[4].

    Mas si, fiada en sus alas,
bajare con uñas corvas,
yo, que las bato en el aire,
le vengaré, cazadora.   80

    Las hermosuras pasteles
que cubren huesos y moscas,
con poca carne se valgan,
de hojaldres encubridoras.

    Que yo renuncio al amparo   85
de lo que la vista estorba,
y quiero mostrar sin velo
mi talle, pues que no es monja.

---

[2] *garlochas*, garrochas. (Por los altos chapines.)
[3] *horras*, libres.
[4] Alude al rapto de Ganimedes por un águila que le subió al Olimpo para servir de copero a Júpiter.

Tú, que, por lo que sospechas,
a retratarme te arrojas,
aprende lo que te falta
de lo que ves que me sobra. 	90

No quiero amatar candelas;
traer, Anfriso, las cosas:
que las muertas las encienden 	95
si las miran o las soplan.

[Edic. de Astrana Marín. «Esta loa —dice— se halla entre los manuscritos de la Biblioteca Nacional que pertenecieron a don Serafín Estébanez Calderón. La copia, del siglo XVIII, lleva la nota siguiente: "Este romance se sacó del borrador original que tiene el conde de Saceda".» Pero no hace más que copiar la nota que trae F. Janer en la edic. de la BAE, página 497, b.]

788

PINTA EL SUCESO DE HABER ESTADO UNA NOCHE CON UNA FREGONA

ROMANCE

Ya que al Hospital de Amor
me trujeron disparates,
donde, pasmada, mi bolsa
con los incurables yace,
escuchadme los que un tiempo 	5
del Amor fuisteis cofrades,
os contaré una aventura,
como caballero andante:
Saliéndome estotra noche
(pluguiera a Dios y a su Madre 	10
que el alma se me saliera
y no saliera a la calle)
con más hambre que no amor,
pues iban, de pura hambre,
con telarañas las tripas 	15
y con polvo los gaznates;

la luna, entre clara y yema,
alumbraba los umbrales:
que mi gana de comer
buscó apodo semejante.   20

Andaba muy poco a poco,
porque, con los fríos grandes,
dos crüeles sabañones
honraban mis carcañales.

Viendo estrellada la noche,   25
la noche quise cenarme[1]:
tentóme el diablo con piedras,
volviólas mi hambre en panes.

Tropecé y caí, señores,
no de privanzas reales,   30
mas de los más malos pies
que han visto nuestras edades.

Metíme en un charco sucio;
al ruido salió a mirarme,
con un candil, una moza: 35
¡Dios nos defienda y nos guarde!

Por San Antón me tenía,
viendo tentaciones tales,
que era frisona en el cuerpo
y mayor que un elefante.   40

Abrió la boca y rióse;
pensé que quería tragarme,
hecha ballena en el agua
de este Jonás miserable.

«Basta, que no trago —dije—   45
ballena, sin que me tragues.»
Oyendo aquesto llegóse
a procurar levantarme.

(Preguntábame si había
peces en aquel estanque,   50
viendo que tomaba liebres,
adonde los peces nacen.)

Sacóme de tal manera,
que, movida de mirarme,
me metió en la chimenea   55
para que así me enjugase.

[1] Por los llamados «huevos estrellados» o fritos.

Para estorbar las goteras
que llovían mis ijares,
después que bebí en ayunas,
no bastara el trastejarme[2].   60
  Díjome: «Mejor sería,
mi vida, que te acostases,
mientras vacio estos servicios[3]:
que estás mojado y es tarde».
  Martirizó mis narices,   65
porque en sus manos bestiales
tantos servicios traía
como un capitán de Flandes.
  . Nunca el enfermo a la purga
mostró más triste semblante,   70
ni el condenado al verdugo,
que yo le mostré al hablarme.
  A que vaciase aguardé;
vino, y, llegando a abrazarme,
de más de veinte guisados   75
me dio con olerla el aire.
  Preguntéle si tenía
alguna cosa fïambre;
diome no sé qué guisados:
lo que pasé, Dios lo sabe.   80
  Desnudóse, y desnudéme;
dijo que la requebrase,
luego que empecé a nadar
en el piélago de carne.
  «Es tu cara peregrina   85
—la dije con voz muy grave—,
calabaza es tu cabeza,
bordón tu nariz gigante.»
  Con esto quedó contenta;
durmióse, y por regalarme   90
dejóme una pierna encima
que pesaba diez quintales.

---

[2] *trastejar*, proveer de vestido y calzado al que lo necesita, pero
también, y más usual, «recorrer los tejados para limpiarlos y quitarles las goteras». (Covarrubias, *Tesoro*.) Quevedo juega con los
dos significados».
  [3] *servicios*, orinales. (Los del capitán de Flandes, citados más
abajo, son los que ha hecho en la guerra, y nada tienen que ver
con los otros.)

Yo, que no pude dormir
desvelado en ver su talle,
oí temerosos truenos,   95
temí fieras tempestades.
  Empecé, de puro miedo,
con gran prisa a santiguarme:
«Santa Bárbara —decía—,
mi culpa por pena baste».   100
  Mas viendo que olían mal
los truenos descomunales,
a fuerza de sucios soplos,
fui de la cama a arrojarme.
  Al golpe que di en el suelo,   105
mi señora doña Alfanje,
suspirando, dispertó
por detrás y por delante.
  Echóme en la cama menos,
y díjome: «Ingrato amante,   110
no ha merecido mi amor
que de ese modo me pagues».
  Yo la respondí: «Señora,
ni te mires ni te espantes,
que no he pegado los ojos,   115
porque el uno no pegaste.
  »Para corchete imagino
que infinito precio vale,
por lo soplón, tu trasero:
bien mis narices lo saben».   120
  «Ello amanecerá presto;
dormid a solas, mi ángel,
que yo, mientras que amanece,
me ocuparé en espulgarme.»
  Levantóse en cueros vivos,   125
más remendada que un jaspe,
con unas piernas urracas,
negras y blancas en partes.
  Unos parches que tenía
le pregunté si eran parches,   130
y respondió zahareña
que no eran sino lunares.
  En viéndolos vomité;
y ella, con cara de sastre,

me dijo si era de ahíto; 135
mas yo que entendí el achaque,
    de aqueste modo la dije:
«¿Para qué es el preguntarme
si es el vómito de hartura,
sabiendo que es de mirarte? 140
    »Abre la puerta, enemiga».
Corriendo fue por la llave;
abrió, y en saliendo afuera,
más saltos di que un danzante.
    Nunca pisa marinero, 145
cuando de borrasca sale,
más contento las arenas
que hacen a las aguas margen;
    ni más alegre el cautivo
que estuvo preso entre alarbes 150
abraza sus tiernos hijos,
que yo abracé los umbrales.
    Las torres, vistas de lejos,
me parecieron su imagen;
entré en mi casa y cerréme, 155
de miedo que tras mí entrase.
    Escarmentad, amadores;
guardaos que el diablo os engañe;
y estad ciertos que de noche
sólo vuelan estas aves. 160

[Ms. 4.067, Bibl. Nacional, f. 22 v.]

789

A UNA DAMA QUE PEDÍA JOYAS, DICIÉNDOLA QUE EN SUS
PARTES Y HERMOSURA ESTABA JUNTO UN TESORO, DONDE
ERA FUERZA BUSCAR LO QUE PEDÍA

ROMANCE

Cuando perlas orientales
pide que la traigan Menga,
la boca con que las pide
la tiene llena de perlas.

Quien las pide puede dallas, 5
pues con cualquier risa muestra
más que llora la mañana
cuando enriquece las yerbas.
  Si he de darla lo que quiere,
tengo de buscarlo en ella, 10
pues cuando perlas me pide
adonde las hay me enseña.
  Corales me pide y todo,
y, al pedírmelos, tropieza[n]
en corales sus palabras, 15
pues en[tre] sus labios suenan:
  que para darla cosa que no tenga,
la habré de dar mi amor y mi sospecha.

  Cuando hebras de oro me pide,
a ser su ladrón me fuerza; 20
pues, si se las he de dar,
he de hurtar las que se peina.
  Dice que desea diamantes,
y es porque nunca se tienta
el pecho, donde hallará 25
una mina desas piedras.
  Jazmín y rosa me pide:
y yo, para obedecerla,
para robar sus mejillas
la pido luego licencia. 30
  Ámbar pide que la dé,
y es que ya no se le acuerda
que de su aliento la gasta
en las palabras su lengua:
  que para darla cosa que no tenga, 35
la habré de dar mi amor y mi sospecha.

[Ms. 3.940, Bibl. Nacional, f. 166]

790

Romance en que maltrata a una dama que supone ser hija de boticario

No al son de la dulce lira,
en que suelen cantar otros,
sino de un ronco almirez
de un boticario asqueroso,
     escucha, doña Jarabe,   5
si tienes paciencia un poco,
la receta que conviene
para sanar tus antojos.
     Apolo me dé su ayuda;
mas, cuando no quiera Apolo,   10
ayudas[1] no han de faltarme,
siendo de botica todo.
     Acuérdate que naciste
entre girapliega[2] y polvos,
y que a poder de infusiones   15
se ha conservado tu toldo[3].
     Que pudiéndote llamar
tus padres, por nombre propio,
doña Espátula, quisieron
que tuvieses nombre godo.   20
     Destilando claras aguas,
porque en ti las hagan otros,
naciste para alquitara
de ungüente blanco y de mocos.
     Bolo arménico[4] vendiste;   25
que aunque sea único el bolo,
por serlo te regocijas,
y por serlo le haces cocos.
     No temes tú las heridas
del niño Amor poderoso,   30

---

[1] *ayudas,* purgas. (Es un juego de voces no muy original.)
[2] *girapliega,* especie de electuario compuesto de ingredientes purgantes.
[3] *toldo,* engreimiento. Cf. núms. 778, v. 126 y 854, v. 98.
[4] *bolo arménico,* o *bol arménico,* de Armenia, producto medicinal. «Tiene fuerza de desecar, de restriñir y de opilar los poros.» (Covarrubias, *Tesoro.*)

que, fïada en tus ungüentes,
menosprecias los incordios.
　　De bote en bote, señora,
te he de llenar, si me enojo,
de necia y de confiada   35
de entendimiento y de rostro.
　　Adoras un vizcaíno,
y dícenme que son todos
cortos sólo en el hablar
y éste es de ventura corto.   40
　　Si él es vizcaíno burro,
eres albarda en sus lomos,
que pareces entremés
en andar siempre con bobos.
　　¿Qué pecados son los suyos?   45
¿Por qué delitos o robos
le han condenado a quererte
los jüeces rigurosos?
　　De redomas que tragastes,
redomada estás de modo,   50
que no sufrirán tu pompa
los más sufridos demonios.
　　Ya ha llegado el desengaño
para ti y para ese rostro
que adora ese boticario   55
por sus botes y tu voto.
　　Esa dama de pastilla,
aquesas carnes de corcho,
la que quiere al estudiante
más necio que veinte tontos;   60
　　la de la cara de hereje;
la que a los niños es coco;
la del gesto y del visaje,
la de las gracias con moho...
　　Pero ¿adónde he de llegar?   65
Que ya parece que oigo
mil maldiciones crüeles
por mis versos rigurosos.
　　De todo, como en botica,
llevan estos versos toscos;   70
dorad la píldora, amigos,
tragad verdades con oro.

Recibid bien la ceniza
que en vuestras frentes os pongo,
y acordaos de que sois tierra   75
y que os volveréis en lodo.

> [Mss. de la Bibl. Nacional, signa-
> turas 4.067, f. 11 v., y 10.387,
> f. 234.]

791

A LA PERLA DE LA MANCEBÍA DE LAS SOLERAS

ROMANCE

Antoñuela, la Pelada,
el vivo colchón del sexto,
cosmógrafa que consigo
medía a estados[1] el suelo;
   la que tan interesada   5
eligió por juramento
(por no dar nada de gracia)
esto de «A mí, que las vendo»;
   la que en un zas de mantilla
y en un calar de sombrero   10
al talego más hinchado
le volvía en esqueleto,
   dejó los jaques, y dijo,
por no echar por esos cerros,
que era virtud su ganancia,   15
pues consistía en el medio.
   Si faltaba embarcación,
a todos los marineros
la daba, porque tenía
vaso para todos ellos.   20
   Nunca les pidió prestado
a sus tíos ni a sus deudos;
que, por no torcer su brazo,
a torcer daba su cuerpo.

---

[1] *estado*, medida de la estatura regular de un hombre.

Sin ser Antonia cobarde,   25
ha dado en decir el pueblo
que tuvo mil sobresaltos,
sin ser de susto ni miedo.
   Por ser tan caritativa,
dicen que se va al infierno,   30
y que se va por lo suyo,
como otros van por lo ajeno.
   Es por sus pasos contados,
aunque son pasos sin cuento,
más echada que un alano,   35
más hojeada que un pleito,
   más arrimada que un barco,
más raída que lo viejo,
más tendida que una alfombra,
más subida que los cerros,   40
   más flaca que olla de pobre,
más desgarrada que el mesmo.
Mas por todos estos mases,
que en la Pelada es lo menos,
   por ser ella tan liviana   45
(no me admiro del exceso),
desde su casa en la cárcel
con un soplo la metieron.
   Entró saludando a todos;
mas sus saludes no entiendo,   50
que sólo ella en un verano
pobló el hospital de enfermos.
   Asentáronla en el libro,
y no hicieron poco en esto,
porque ésta es la vez primera   55
que Antoñuela tuvo asiento.
   Al tomarla el escribano
confesión de lo que ha hecho,
ella niega a pies juntillas
lo que pecó a pies abiertos.   60
   Envíanla a la galera,
dándola un jabón por remo,
porque lave de los pobres
lo que ensució en otro tiempo.
   Salieron a recibirla   65
la Mellada y la Cabreros,

marcas² viejas, que ellas mismas
al diablo se dan por tercios.

De no usarse la Pelada,
se opiló luego al momento: 70
que es para ella comer barro
cualquier ejercicio honesto.

Envíanla a Antón Martín³,
donde yace, y donde creo
que purga la humana escoria   75
en una fragua de lienzo⁴.

> [Texto según la edic. de J. O.
> Crosby y Alvin F. Holman, en la
> *Rev. de Archivos, Bibliotecas y
> Museos*, LXVII, I, 1959, págs. 172-
> 174.]

792

DE DON FRANCISCO DE QUEVEDO

ROMANCE*

Pues el bien comunicado
suelen decir que es mayor,
quiero que sepáis el mío,
si puedo tenerle yo.

Hoy se cumplen cuatro meses   5
que dejé la confusión
y el tráfago de la Corte,
con justísima razón.

Partíme para Toledo
cuando despeñaba el sol   10
por las cumbres del ocaso
su dorado chirrïón.

---

² *marcas*, prostitutas. Según B. Sebastián Castellanos eran rameras o alcahuetas célebres en Madrid en la época de Quevedo. En
el tomo VI de su edición se dan algunas noticias.
³ Al hospital de Antón Martín, tan citado.
⁴ *fragua de lienzo*, alude a las *sudaderas* empleadas para curar
la sífilis.
* Por figurar en el *Cancionero antequerano* será anterior a 1627-
1628.

Iba yo en un macho rucio,
que nunca, a fe de quien soy,
anduve en tan malos pasos,   15
con ser tan gran pecador.
  Parábase el dicho macho,
o parábamos los dos,
yo en columbrando una hembra,
y él en oliendo un mesón.   20
  Era de una vieja verde
adonde entonces paró,
que fue parar en galeras,
al menos para mi humor.
  Volvíme al mozo de mulas,   25
no con poca indignación,
y le dije: «¿Quién es esta
mesonífera visión?»
  «Si a buscar viene aventuras
—el mozo me respondió—,   30
no es mala la que al presente
le ha ofrecido la ocasión.
  »Este género de viejas
no ha sabido lo que son,
que se comería las manos   35
tras su comunicación.
  »Son muy lindas guisanderas,
son aseadas y son
solícitas si hay salud,
Martas piadosas si no.   40
  »Dan a un hombre por enero
torrezno de bendición,
azúcar rosado en mayo,
y al desmayo, deacitrón[1].
  »Porque les suplan la edad,   45
al que ellas tienen amor,
sufrirán más que una yunque
y darán más que un reloj.»
  «No me digas más —le dije—;
basta decirme que son   50
gente que da y no recibe;
no hay más que decirme, no.»

---

[1] *deacitrón*, diacitrón, cidra confitada.

Al punto me resolví,
y hubo al primer envión
creciente de voluntades,   55
y al segundo, conjunción.
  Tratábame la tal vieja
por su daifo en cuanto amor,
por su primo en cuanto al vulgo
y en todo como a señor.   60
  Mujer de cuarenta abajo
no me hable desde hoy;
sólo las viejas me valgan,
que es valerme la razón.
  Porque es gastar con las mozas   65
hacienda y reputación,
como quien paga al verdugo
los azotes que le dio.
            [*Cancionero antequerano*, edic., 191]

793

ROMANCE

  Érase una madre
con tres hijas [s]olas,
todas tres doncellas,
una menos que otra.
  Tan prontas al daca,   5
que pienso que todas
fueron chupaderas
antes que personas.
  Bofes de los gatos,
gatos de las bolsas,   10
«No tengo» es su zape,
su miz es el «Toma».
  Las tres son las Parcas,
que, por mucha o poca,
entre las monedas   15
ninguna perdonan.
  A todas embisten,
desde doña Dobla
hasta doña Blanca,
aunque esté en Sidonia.   20

Es la buena vieja
gran predicadora;
de la seta, olvido;
de la ley, lisonja.
 Fue de los desmayos   25
primera inventora,
y receta un llanto
cuando se le antoja.
 Conoce un gastado
en viendo la sombra,   30
un talego en Flandes,
una finca en Troya.
 De los perros muertos[1]
deja grandes cosas
que sus hijas lean   35
escritas en contra.
 Las leyes que alega,
los textos y glosa,
son recipe *in primis*,
vestidos y joyas.   40
 Y porque no se entre
por la valentona
del amor ninguno
a la puerta cobra.
 Y por ser en esto   45
tan sutil y docta,
Escota la llaman
todos los que escotan.
 Con esta doctrina
pasan las tres mozas   50
harto recatadas;
tanto, que las sobra.
 Cuando las dos de ellas
bailan la chacona,
son dos Herodías   55
no menos airosas.
 Pero no hay segura
de sus dulces bocas
faldriquera humana
que esté a la redonda.   60

---

[1] *perros muertos*, engaños. Comp. núms. 738, v. 103 y 744, v. 67.

Bien bailan las niñas,
pero mejor toman;
Lucifer las vea,
Bercebú las oiga.
 Jinetes del gusto 65
que corréis sus costas,
¡alerta, que estafan!;
¡cuidado, que roban!
 Quien huyere de ellas
como de sus obras, 70
no tendrá acá bubas,
y allá tendrá gloria.
 Ésta, pues, en suma,
es la dulce historia
de la buena vieja 75
y estas tres señoras.

     [Ms. 3.795, Bibl. Nacional, f. 134.
     Publicado por Astrana Marín.]

794

LAS HIJAS DEL CID RUI-DÍAZ

ROMANCE

Con humildoso semblante,
en medio de tantas cuitas,
viéndose a un tronco amarrada,
ansí fabló doña Elvira:
 «Acatad, nobles infantes, 5
(si da lugar vuesa ira),
a ruego de dos mujeres,
que somos las vuesas mismas.
 »Non liguedes nuesas manos,
que a la vuesa faz se homillan; 10
cuidad non desate Dios
las manos de su justicia.
 »Si de ellas queréis las palmas
para el triunfo de homicidas,
¿qué triunfo palmas de fembra 15
vos endonarán de estima?
 »Non permitades que esposas
vuesas esposas aflijan,

que esposas traban las manos
y a esposas quitan las vidas.   20
    »Non desnudéis el acero,
que asaz estamos rendidas;
y cuidad non vertáis sangre
del Cid, cuya sangre es mía.
    »Que, si ofendida su espada,   25
mata la gente enemiga
(con no le haber parentesco),
¿qué hará su sangre ofendida?
    »Ved a doña Sol sin rayos;
cuidad dellos, que fulmina   30
justos rayos la venganza
contra vuesa fe maldita.
    »Non remesedes cabellos;
que vuesa fuerza abatida
no la tiene, cual Sansón,   35
escondida en la vedija.
    »Non tolcades las espuelas,
por ferir nuesas mejillas;
a vuesa piedad ponedlas,
que harto nueso mal camina.   40
    »De yernos viles, traidores,
y de desdichadas fijas,
¿qué nietos puede esperar
el Cid, sino alevosías?
    »Non fagáis desavenencias;   45
que es infame fechoría
quitar riendas al caballo
por dar riendas a la ira.
    »Recibid aquesta sangre
que vierte mi espalda fría;   50
que, por salir de traición,
la tendréis en más estima.
    »Non vos quiero plañir más
por su causa ni la mía;
que rogar a los traidores   55
es dar fuerzas a su ira.»

[Publicado por Astrana Marín, según copia de Gallardo de un códice del siglo xvii, en poder de
don Luis Valdés.]

795

ROMANCE BURLESCO EN QUE DICE LA NOVEDAD DE PASAR
DE EMPEÑOS HUMILDES Y DESNUDOS A EJECUCIONES
DE MÁS GALA

Así el glorioso San Roque
les dé licencia a las secas[1]
para que tenga algún hombre
necesidad de tus letras;
   así hagan sus oficios   5
este agosto las badeas[2],
llueva el cielo tabardillos,
dolor de costado y lepra;
   y así para que te llamen
los que de ti no se acuerdan   10
no haya otro médico vivo
de todos cuantos pelean;
   que te olvides por un rato
de las cosas que te cercan,
mientras de mi triste vida   15
te doy una larga cuenta.
   Un ahíto de fregonas,
digo, de damas de cerda,
me tiene, amigo doctor,
entrambos pies en la huesa.   20
   Quise atreverme a una dama:
ojalá no me atreviera,
que al criado con ponzoña
le mata la salud mesma.
   De pecadoras de viejo,   25
quiso subir mi soberbia
a oficiales de obra prima
del arte de las ofensas.
   Tuve ventura con una,
dormí con ella una siesta: 30
pienso que me probó el manto
como a otros la extraña tierra.
   Alzaba yo sayas mudas,
cuando las alcé de seda;

[1] *seca*, enfermedad de la garganta. Cf. 749, v. 151.
[2] *badea*, especie de sandía o melón.

no pensé volver en mí,   35
viendo sayas tan parleras.
   Y como yo estaba hecho
a ver las piernas en piernas,
pensé que era carne azul
lo que eran azules medias.   40
   Seis puntos solos calzaba;
yo, hecho a patas inmensas,
por los pies la pregunté,
como si no los trujera.
   Hízoseme novedad   45
ver carnes lisas y tiesas,
hecho a unos cuerpos de dura
de zapatos de vaqueta.
   De azogue son sus pedazos;
siempre en ellos se remeda;   50
bien se le entiende del sexto;
bien la lujuria menea.
   Fuera de comer, mi boca
sólo el besarla desea,
pues me la suele tener   55
muda por sobra de lenguas.
   Continuo peca con galas,
cosa que a todos alegra,
pues va cargado de brincos
el pecado en que ella peca.   60
   Malhaya yo, que gasté
mi vida en jugar a ciegas
a lo de Maricastaña,
por el libro de mi aldea.
   Besaba a lo mazorral   65
un beso con castañetas;
abrazaba de empujón,
martirizando caderas.
   Éranme pueblos en Francia[3]
lo que se llama gatesca,   70

---

[3] *«Pueblos son en Francia.* Esto dice el Antonio [Nebrija] en su *Vocabulario,* de las Gallias antiguas, de que ahora es buena parte Francia y Saboya, Cantones y Borgoña, porque como no conocidos ni comunicados acá, no les halló nombre en romance, y de allí se tomó en refrán por cosa no cierta y no conocida.» (Correas, *Vocabulario.*) Cf. el núm. 736, v. 143.

siendo lugares que pasa
a Italia el que blanco yerra.
    Con estas cosas, doctor,
y estas Indias descubiertas,
me siento de ella picado,   75
idólatra de sus rejas.
    No te pido que me cures;
pues te doy por malas nuevas
que no me puedes matar,
porque ya me ha muerto ella.   80
    Sólo pido que así Dios
te deje poblar iglesias
y San Antón a tu mula
del fuego suyo defienda;
    y ansí duren cien mil años   85
tus guantazos en conserva,
que mires qué nombre puso
a aqueste mal Avicena.
    Que yo pienso que mi muerte
fue errarme la cura negra,   90
curándome por martelo[4]
lo que se llama arrechera[5].
    Míralo, doctor amigo,
así a poder de recetas
ganes, matando a los moros,   95
por zancarrón, honra en Meca.

[Mss. 4.312, f. 286 y 1.952, f. 233,
Biblioteca Nacional.]

796

Enima del ojo de atrás

ROMANCE

    No os espantéis que me esconda;
pues, sobre cierto alboroto
y travesuras, me traí
todo el mundo sobre ojo.

[4] *martelo*, enamoramiento.
[5] *arrechera*, de «arrecho», tieso, erguido.

  Las más fueron niñerías   5
y travesuras de mozos,
que un tiempo fueron secretas,
pero ya las saben todos.
  De la cámara del rey
soy, aunque ando de rebozo,   10
y todo a puros servicios,
sin favor y sin sobornos.
  No han sonado bien mis cosas,
aunque han sido risa a otros;
algunas hice a traición: 15
hacerlas me fue forzoso.
  Desestímanme en mi patria,
como a los demás quejosos,
y hónranme los extranjeros
porque yo también los honro.   20
  Amigos y servidores
tengo, que yo los negocio
adondequiera que estoy,
que desto me precio sólo.
  Y para acabar conmigo   25
la gente de los demonios,
dan aposta a perseguirme,
que es de lo que más me corro.
  Detrás de todos me ando,
y verán, si yo no pongo   30
remedio, si no ha de heder
antes de mucho el negocio.

     [Ms. 108, Bibl. M. Pelayo, 163 v.
     Publicado por Astrana Marín.]

797

DE QUEVEDO*

ROMANCE

  En el ardor de una siesta,
(que también las siestas arden),
era Menga mariposa
orillas de Manzanares.

---

* Posterior a 1609, puesto que en el verso 60 se recuerdan otros
del romance de Góngora, «En el baile del ejido», que es de ese año.

Tan sin piedad abrasaban   5
los vivos caniculares,
que, sobre el campo, el arena
era un brasero de erraje.
    Encendióse mucho Menga,
y queriendo refrescarse,   10
dio con sus carnes al viento
y con su vestido al margen.
    Por los cristales se mete;
pero más viniera a holgarse
si se metieran por ella   15
a pedazos los cristales.
    Lavóse y aun relavóse
todas sus humanidades,
sin reservar en su cuerpo
ni pïante ni mamante.   20
    Palmadas se daba en todo;
pero más en una parte
donde fue desde la cuna
inclinada a palmearse.
    Cuando más arriba un viejo   25
se lavaba los pulgares
con que había muerto a muchos
Gomeles y Redüanes.
    Tan desnudo estaba y seco,
que, cuando llegó a bañarse,   30
pensó el río que era aborto
de sus mismas sequedades.
    Divisóla, y para verla
sin que nada le estorbase,
quiso alzarse cuanto pudo,   35
pero nada pudo alzarse.
    Mirábala temeroso
(había de ser un fraile):
que no se volviera virgen,
si se imaginara mártir.   40
    ¡Qué alegre que se pondría
el tal orejón de carne
de aquel casi vivo entonces,
o de aquel difunto casi!
    Encogiéronse de hombros   45
los señores genitales,

como quien dice: «¡Qué dicha,
si fuera treinta años antes!»
        Volvió los zafiros Menga,
y reparó en los balajes[1]   50
de aquella puente de plata
de mayos y navidades.
        Quedóse como el que mira
detrás de una flor un áspid:
(esto digo yo por Menga,   55
quedase como quedase.)
        Mas claro está que no pudo
dejar Menga de asustarse,
si no perdió la vergüenza
cuando perdió los corales[2].   60
        Salirse quiere y no acierta.
(Mucho fue que no acertase:
que salirse las mujeres
es una cosa muy fácil).
        Sobre aquel pastel en bote,   65
entrambas manos reparte:
la izquierda le cupo al suelo
y la derecha a la hojaldre.
        ¡Qué poco debió al demonio
que la puso en aquel trance   70
para tentación un hombre,
y para hombre un cadáver!
        Pues cuando Menguilla al ver[le],
como mujer se tentase
de aquel venerable Beda,   75
lo veda lo venerable.
        Si bien murmuran algunos
que no le pesara al ángel
que tras el Nuño Salido
salieran los siete infantes[3].   80
        Corrida quedó, en efecto;
pero fue de que mirase

---

[1] *balaje*, rubí de color morado.
[2] Alude a un verso de cierto romance de Góngora, archipopular,
que principia:
        En el baile del ejido
        (nunca Menga fuera al baile)
        perdió sus corales Menga
        un disanto por la tarde.
[3] Nuño Salido fue el ayo de los Siete infantes de Lara.

tan buen encaje de punta,
tan mala punta de encaje.

    En fin, cansados los dos   85
de verse y de contemplarse,
Menga se fue a sus basquiñas
y el vejete a sus pañales.

[Ms. 152, Bibl. Menéndez Pelayo, f. 230.
Publicado por Astrana Marín, según el
ms. 3.797, pero el orden y el texto es
mejor en el otro ms.]

798

ROMANCE

    «Admitan, vueseñorías,
dos frisonas voluntades
en amantes por arrobas,
a manera de vinagre.

    »Con antojos, y preñados,   5
nos juntamos esta tarde,
cuando no de Melïona[1],
galanas sí de comadre.

    »Mal podéis ser bien miradas
si os mira de aqueste talle   10
el señor cirio pascual,
aleluya de visajes.

    »Dios os defienda, señoras,
que de marido os amargue,
quien, para cansaros siempre,   15
aun no ha empezado a cansarse.

    »Con los antojos en pie,
acechaba como un ángel
el rodezno ballestero
de quien yo fui platicante.   20

---

[1] Abundan las alusiones literarias a la galantería de los nobles
moros del valle de Meliona y Benarax, entre Orán y Tremecén.
Véase la nota de J. García Soriano en las *Cartas filológicas* de
Cascales, vol. 103 de Clásicos Castellanos, págs. 100-102.

»Hermosísima señora,
cualquiera que [con] él cases,
¿a borujones² sin sueldo
te atreves a condenarte?
»Lobanillos ensartados   25
parece por esas calles,
poco magro para lonja,
mucho gordo para amante.
»Si como el uno ojo cierra,
entrambos ojos cerrase,   30
Cupido del Purgatorio,
no habrá tumba que le aguarde.
»Por lo noble es muy ilustre,
por lo pesado muy grave;
enamorado mondongo,   35
es todo tripas y sangre.
»La de ayer fue montería
con Dïanas a millares,
adonde puerco y montero
andaban a los alcances.»   40
Esto cantaba un pastor,
que en negras bayetas yace,
a la orilla de unas hachas
en estos caniculares.

[Ms. de don Antonio Rodríguez-
Moñino, f. 188 v.]

799

A UNA CENA QUE DIERON CINCO CABALLEROS,
CON UNA TORTILLA Y DOS GAZAPOS, UN JUEVES

ROMANCE

Érase una cena
con cinco personas;
todas cinco cenan;
una menos que otra.

---

² *borujón*, granos, bultos. Cf. el núm. 843, v. 19.

Sentámonos juntos,   5
desgracia notoria,
los dos de sombrero,
y los tres de gorra.

Tortilla y gazapos
se vieron en folga[1],   10
jueves que a las ancas
a su viernes toma.

Por lo endurecido,
don Andrés se torna
Faraón de platos,   15
plaga de las gomias.

Como las tres almas,
hubo las tres bocas;
fue la del Infierno,
que nada perdona.   20

El Narciso cáncer
y la rica joya
y el buen don Melchor[2]
fue la de la gloria;
pues por servilleta   25
come, con estola,
cabellos de ángel
como zanahoria.

Don Andrés Velázquez[3]
en la mesa angosta,   30
con tortilla en pena
y ciruelas hoscas.

La del purgatorio
era para todos.
Érase que se era   35
y una cosa, ¡ay cosa!,
dígole gazapo
y muérdole mom[i]a.

Propriedades tuvo
buenas para porra,   40

---

[1] *folga*, diversión, juerga. Cf. el núm. 759, v. 166.
[2] Quizá don Melchor de Borja, amigo de Quevedo desde 1612, que mandaba las galeras de Sicilia hasta que fue sustituido por don Octavio de Aragón.
[3] Andrés Velázquez, espía mayor y fiscal de los cohechos, uno de los que recibieron dádivas de Quevedo por encargo del Duque de Osuna.

era duro y recio,
la cabeza monda.
   Si destos gazapos
cantidad se topan,
para hacer coletos   45
juntaréis gran copia.
   Que a prueba de dientes
que atarazan[4] honras,
en el buen Quevedo
no hay temer pistolas.   50
   Pasa por gazapo,
nadie se lo estorba,
si no hay en la mesa
Galván que conozca.
   No hubo Doce pares,   55
mesa sí redonda,
donde fui, cu[i]tado,
Galalón de corvas.
   No alcancé gazapo,
mas, con patas, sopas: 60
mal remeda galgos
zanca de limosna.
   Jaula fue de fieras
la cena dichosa:
las hambres, caninas;   65
las porciones, onzas[5].
   Queso marzolino,
que de marzo toma
el volver de rabo,
a plegaria, ronzas[6].   70
   Miel a mojadedo,
como aquella gota
que el rico avariento
mendigaba a solas.
   El vinagre en frasco,   75
que, a prestar la esponja,

---

[4] En el ms., *atarrazan. Atarazar* es morder y romper con los
dientes.
   [5] *onza;* parece existir un juego de voces entre «onza», el animal
parecido a la pantera, y el peso que consta de 287 decigramos.
   [6] *ronzas*, quizá de *ronzar*, comer un manjar quebradizo produciendo ruido al quebrantarlo con los dientes.

el que apunta a Cristos,
la pasión remoza.
   Átomos de almíbar
y amagos de olla   80
suspendieron labios,
no juntaron moscas.
   Vino el salchichón
en mediana lonja,
que, como extranjero,   85
en ella negocia.
   Azuzó las sedes,
azoró las gorjas[7],
y dio a los gaznates
luego mal de gota.   90
   Fuímonos al río,
hartos de carroza,
a digerir ganas
con las tripas hondas[8].
   Hallámosle enjuto,   95
bueno para ropa,
en los puros huesos
y en las verdes ovas.
   Es reloj de arena
y, según me informan,   100
anda muy trasero
a todas las horas.
   Ráscase con nalgas
las viruelas locas,
y quedando hoyos   105
no hay quien le conozca.
   Gana de hacer aguas
tiene, o se me antoja:
mucha arena mea,
piedra se le forma.   110
   Niñas trasnochadas
hubo, y eran pocas,
y a zumo de culpas,
oliscaban todas.
   Lacayos en cueros,   115
que, bebidos, mojan

---

[7] *gorja*, como «gorga», garganta.
[8] A. Rodríguez-Moñino propone la enmienda «horras».

en pescadas[9] viejas,
pero en carnes mozas.

    Frescos nos volvimos
con la luna en tropa,   120
quedándose a escuras
nuestra cena sola.

    Jueves de la cena
fue la negra historia,
[que] sacó en vinagre   125
Judas en redoma.

    Marqués generoso
yo os llamaba ahora,
claro en epiteto
de embajada en coplas.   130

    Mas como los condes
la claridad gozan
desde el conde Claros,
todo seré sombras.

    En balde, Velada[10],   135
dure la memoria
desta prole vuestra,
huérfana de sopa.

    Por ahorrar dichos
para aquestas bodas   140
dicen se retira
Bonifaz[11] a Ronda.

    Y a desempeñarse
de alhajas graciosas:
que en Madrid se gasta   145
un Perú en fregonas.

    Para privilegio
poca salud goza,
que en salud y gracias
andan achacosas.   150

    Rúgese que lleva
pasas para arrobas,

---

[9] *pescada*, pescado seco y curado al aire.
[10] Don Antonio Sancho Dávila y Toledo, a quien Quevedo dirigió la famosa carta describiéndole el viaje real por Andalucía en 1624.
[11] Don Gaspar Bonifaz, elogiado por Lope de Vega en su *Laurel de Apolo*, a quien ya hemos visto rejonear en la fiesta de 1623. Vid. pág. 743.

barol[12] por zapatos,
esquifes por hormas.
　Yo, decilde go es[13],　　　　　155
con mi pata coja,
hecho platicante,
ando con mis cormas.
　A Mateo Montero[14]
dad, porque responda,　　　　　160
saludes que beba
cuando acá se gorman.
　A Mejía[15], encierros,
que es lo que le engorda;
poco «Ha remitido»,　　　　　165
mucho «Aparta, hola».
　Decid que le brindo,
a chupón de noria,
los ojos cerrados
una vez y otra.　　　　　170
　Va muy mal escrita
esta pobre nota,
que, de pura hambre,
aún no puse comas.
　En Madrid, y viernes,　　　　　175
donde «Aquí fue Troya»,
cena de tragedia,
quejas y parola.
　Yo, don Pan y Agua,
sin capelo en Roma,　　　　　180
caballero ayuno
de adviento de monjas.

[Ms. de don A. Rodríguez-Moñino, f. 147 v.]

---

[12] Sic en el ms. ¿Quizá «farol»? Bonifaz llevaba fama de tener unos pies inmensos.
[13] Así en el texto.
[14] Mateo Montero, íntimo amigo de Quevedo.
[15] Ignoro quién puede ser. Quizá don Agustín Mejía, padrino del célebre juego de cañas que describe don Francisco en «Contando estaba las cañas», aunque ya no era un mozo en 1623, y, en cambio, era personaje demasiado importante para andar en meriendas y en el Manzanares.

800

Al retrato del Rey*

ROMANCE

«Apenas os conocía,
viejo honrado, en buena fe;
así parezca yo a todos,
como vos me parecéis.

»En el borrego dorado   5
que en vuestro cuello se ve,
por León de nuestra España
conocí a vesa mesté.

»Pardiobre, que hasta pintado
amosáis[1] un no sé qué;   10
digo, de amor y de miedo,
por virtuoso y por rey.

»Tenéis buena catadura,
y cara de hombre de bien:
Dios se lo perdone al tiempo,   15
que no habiéis de envejecer.

»Oí decir a mi cura,
fablando más de una vez,
que érades home chapado
de caletre y de saber.   20

»¡Qué de batallas vencistis,
qué de triunfos que tenéis,
qué buen nombre que dejastes,
qué gloria gozáis por él!

---

* Figura en el famoso pliego (Madrid, 1653) del bachiller Engra-
va como romance «famoso» (Gallardo, *Ensayo*, I, cols. 1395-1403);
pero, sobre no saber nada de ese bachiller, uno de los romances,
«Estrecha cuenta con pago», se había publicado en el *Romancero
General*, como dicen los editores en la nota. Dada la autoridad del
ms. y las relaciones que guarda con el romance auténtico de Quevedo «Contaba una labradora», también en el mismo ms., la atri-
bución no es muy disparatada.
   A juzgar por las alusiones, a dos infantes (Ana y Felipe, nacidos en 1601 y 1605, respectivamente) y no a tres (la infanta María
nació en 1606), el poema sería de hacia 1605-1606, según J. O. Crosby, ob. cit., pág. 106.
   [1] *amosáis*, mostráis.

»Cuando, cercado de guardas,   25
en el palacio os miré[2],
no cuidaba que la muerte
entraba en tanto poder.

»Luego que vueso fin supe,
esto al menos me debéis,   30
que por traer por vos luto,
todo el gesto me tizné.

»Muy buenas cosas hicistes;
mas a mi juicio, pardiez,
el hacer rey a Filipo   35
la mejor de todas fue.

»Cómo hubiérades holgado
de verlo con tal mujer,
que él sólo la merecía,
y ella solamente a él.   40

»Quitáranos muchas canas
si llegárades a ver
cómo gobiernan entrambos
cuanto de su cetro es.

»¡Qué alegre con tales nietos   45
pasárades la vejez!
Que la muchacha es bonita
como mil oros, pardiez.

»Mas gracias que un jubileo
tiene para quien la ve,   50
aunque sale de año a año,
como el Rostro de Jaén[3].

»El infante es muy salado,
mas, ¿cómo no lo ha de ser
si nasció para ser pascua   55
un viernes santo a las diez?

»Y hablando con reminentia
zahorí, diz que ha de ser
más, porque todo lo sepa:
juro a san que me holgaré.   60

»Descansad, pues, noble viejo,
que con ellos bien podéis,
y vivan todos más años
que vivió Matusalén.»

---

[2] Parece aludir a su niñez, más o menos palatina.
[3] La Santa Faz de Jaén.

Esto le dijo a un retrato,　　　　　　65
que estaba en una pared,
del rey Filipe el Segundo
un villano sayagués.

[Ms. de don A. Rodríguez-Moñino, f. 152]

801

Romance

Sábado en Guadalajara
vimos a toda su Alteza,
Archiduque[1] por arrobas,
cara de santo de piedra.

Labio de beber a chorro,　　　　　　5
que dicen majestad belga,
los que, a pesar de Rodrigo,
llaman cava la taberna.

Tres jornadas de andadura
tiene su cara y su testa,　　　　　　10
pues madrugando de un labio,
se va a dormir a la oreja.

Dijo las siete palabras:
«copra», «vu Excelencia», «seda»,
«la sua persona», «obedisco»,　　　　　　15
«la matina», «andemo», «afreta».

Con vuestra carta mostró
archiducal complacencia;
diome el porte en coche y proa;
el Señor se lo agradezca.　　　　　　20

De sola aquesta jornada,
vuelvo como servilleta,
alemanisco de sorbo,
de un amago de su mesa.

Con él comió el Almirante[2],　　　　　　25
que, con taza recoleta,
a su talega de vidrio
daba muy corta respuesta.

[1] Archiduque don Fernando de Austria.
[2] Don Juan Alonso Enríquez de Cabrera, noveno Almirante de
Castilla.

De fraile mira las niñas,
mas a su concupiscencia   30
Vergel[3] se le ofreció ya
por lucero de braguetas.
　　Y viene el pobre señor,
entre Vergel y entre sierras,
con engarce de cuchillo,   35
con tapador de linterna[4].
　　Esto es, hablando de burlas,
que aseguro a Vuexcelencia
que es tan cortés como Hernán,
príncipe de muchas prendas.   40
　　El Almirante los honra,
y don Luis Bravo[5] los reza:
aquí mugre y allá caspa.
¡Harto os he dicho, miradlo![6]

[Ms. de A. Rodríguez-Moñino, f. 190]

802

FRAGMENTO AUTÓGRAFO DE UN ROMANCE*

a la orilla de vn Marqués
sentado estaua vn poeta:
que andan con Reyes y Condes
los que andauan con obejas[1].

[*Epistolario completo* (Madrid, 1946), página 23. Edic. de Astrana Marín.]

[3] Pedro Vergel, alguacil de la Corte, marido consentido, a juzgar por las crueles sátiras de Villamediana, Góngora y otros.
[4] Alusiones a los cuernos.
[5] Don Luis Bravo, que marcharía más tarde como embajador a Venecia, sustituyendo al de Bedmar, a raíz de la protesta de los venecianos después de la famosa conjura.
[6] Es un conocido verso del romance de Gaiferos: «vos ausente, ella mujer; / ¡harto os he dicho, miradlo!»
* En una carta del 21 de noviembre de 1615.
[1] Alusión a los romances pastoriles de la época.

803

ROMANCE DE LA ROMA*

Roma, hablando con perdón,
entre Ginebra y Sodoma,
que los perdones en Roma
ordinaria cosa son,

si deste golpe o caída, 5
con que has rompido mis paces,
las narices no te haces,
no las tendrás en tu vida.

Aunque se te suba el humo
a las narices ligero, 10
en un año todo entero
que no las halles, presumo.

De chisme tan infeliz
¿qué me darás por respuesta,
con una nariz de apuesta, 15
si es nariz o no es nariz?

Nariz de fuera del credo,
pues por un pezón te suenas;
nariz que en la cara apenas
te la puede hallar un pedo. 20

Grano que se entra de gorra,
a nariz contra sayón;
don Octavio de Aragón[1]
y San Carlos te socorra.

---

* Nótese que no es romance, sino redondillas.
[1] Don Octavio de Aragón, personaje que interviene en la política de 1615 a 1620, amigo del Duque de Osuna y de Quevedo,
mencionado en una carta del propio Quevedo al Duque, que comienza curiosamente así: «Don Otauio de Aragón a negoziado
como un san Carlos». Vid. *Obras en prosa*, edic. de Astrana Marín, pág. 1694. Don Octavio murió en Sicilia por el mes de noviembre de 1623, según una carta de A. de Almansa y Mendoza
(*Cartas*, Madrid, 1886), pág. 251. El poema será, por lo tanto,
anterior.

Bien te puedes atrever   25
a desorden en pecar,
pues que no pueden hallar
las bubas en qué comer.

Sólo este blasón te aplico,
que parece, tanto cuanto,   30
nariz de cuerpo de santo,
que siempre le falta el pico.

Perdónote lo que dices,
y sólo te doy por paga
el dejarte por mi aga[2]   35
con cuasi cuasi narices.

La llaneza de tu cara
en nada la disimulo,
pues profesara de culo,
si un ojo no le sobrara.   40

Extranjeros no eran buenos,
aunque más te regalaran:
que hay putos que no reparan
en un ojo más o menos.

Braquilla de los demonios,   45
no es bien que siempre me atices;
levanta tú tus narices
y no falsos testimonios.

Y dice a quien más agradas,
según él proprio publica,   50
que llevas la nariz chica
de ronda de bacinadas.

Hoy nos enseña tu cara
las mejillas sin arzón,
gargajos sin pabellón   55
y mocos sin alquitara.

---

[2] Sic en el manuscrito.

Consuelo para las chatas,
pues que llevan tus mejillas
las narices en cuclillas
y las faciones a gatas.   60

Por más que el testón matices,
no saldrás de cosa y cosa[3],
pues aunque fueras gangosa
no hablarás por las narices.

A tu nariz soy testigo   65
que han puesto pleito en derecho:
por teta la pide un pecho
y una panza por ombligo.

Y me ha dicho un hablador
que, con justicia y enojo,   70
la pide por roncha un piojo
y por cero un contador.

Y viéndola dicen todos
(no son éstas malas nuevas)
que arremangada la llevas   75
porque no te haga lodos.

No es justo que escandalices
con una cosa tan fea:
despacha luego a Judea
por un moño de narices.   80

Y alcanzarás narigón,
si dejarlo romo quieres,
si con devoción dijeres
refez con el corazón.

Quien te royó los zancajos   85
me certificó este día
que [tu] nariz se escondía
del mal olor de los bajos.

---

² *cosa y cosa*, adivinanza. Cf. el núm. 755, v. 97.

Que en ti se ve por indicios
que el olfato está sorbido,   90
siendo tan noble sentido
de servirse de resquicios.

Y cuando más te mesuras,
me ha dicho cierta mujer
que no hay quien pueda entender   95
tu olor por abreviaturas.

O cara y lenguaje muda
con buena resolución,
o llégate a la Pasión
y aprende a ser nariguda.   100

Sólo te confieso yo,
cuando a verte me acomodo,
que se va a Roma por todo,
pero por narices no.

Ven, vergonzante infeliz,   105
nariguilla de botón,
vete en casa del Bibón,
que dan sopa de nariz.

[Ms. de don A. Rodríguez-Moñino, folio 163 v. El texto del *Parnaso*, 475, b,
ofrece pocas garantías, a juzgar por lo
que dice González de Salas: «Ofendido
un gran señor del mal tercio que le hizo
una desnarigada, la castigó con versos suyos y ajenos. Y éstos, que se escribieron
entonces más rigurosos, aparecen ahora
con semblante más mesurado y decente».]

804

A Celestina*

REDONDILLAS

Yace en esta tierra fría,
digna de toda crianza,
la vieja cuya alabanza
tantas plumas merecía.

No quiso en el cielo entrar   5
a gozar de las estrellas,
por no estar entre doncellas
que no pudiese manchar.

[*Flores de poetas ilustres*, pág. 95]

805

A un avariento

REDONDILLAS

En aqueste enterramiento
humilde, pobre y mezquino,
yace envuelto en oro fino
un hombre rico avariento.

Murió con cien mil dolores,   5
sin poderlo remediar.
Tan sólo por no gastar,
ni aun gasta malos humores.

[*Flores de poetas ilustres*, 146, y
ms. 108, Bibl. Menéndez Pelayo,
f. 165, b.]

---

* Todos estos poemitas que proceden de las *Flores* son anteriores al 20 de septiembre de 1603, fecha de la dedicatoria.

806

A UN CRISTIANO NUEVO, JUNTO AL ALTAR DE SAN ANTONIO

REDONDILLA

Aquí yace Mosén Diego,
a Santo Antón tan vecino,
que, huyendo de su cochino,
vino a parar en su fuego.

[*Flores de poetas ilustres*, 152]

807

A UNA VIEJA QUE TRAÍA UNA MUERTE DE ORO

REDONDILLAS

No sé a cuál crea de los dos,
viéndoos, Ana, cual os veis:
si vos la Muerte traéis,
o si os trae la Muerte a vos.

Queredme la muerte dar,　　　　　5
porque mis males remate:
que en mí tiene hambre que mate
y en vos no hay ya qué matar.

[*Flores de poetas ilustres*, 154]

808

OTRA [ENIGMA] DEL CLAVO

REDONDILLAS

Aunque me veis entre dos
por tan valiente preciado,
ya por cierto mal he estado
puesto en las manos de Dios.

Y aunque así me veis aquí,　　　　　5
no me hagáis algún desdén,
pues veis que Cristo también
vertió su sangre por mí.

Indigno soy de la luz,
pues dicen los que lo vieron　　　　10
que mis hierros causa fueron
de que muriese en la cruz.

El que acertar con cordura
quisiere quién soy, al cabo
ha de dar una en el clavo　　　　　15
y ciento en la herradura.

> [Ms. 108, Bibl. Menéndez Pelayo,
> f. 164. Editado por Astrana Ma-
> rín, con la advertencia de faltar el
> v. 8, que aparece en el ms.]

809

A UNA ALCAHUETA QUE NO QUISO LA EXTREMAUNCIÓN

REDONDILLAS

Yace aquí, sin obelisco,
pobre de ofrenda y de cera,
la vieja que fue tercera,
a pesar de San Francisco.

De costumbres tan honradas,　　　　5
que, en medio de tanto afán,
se sustentó, como Orán,
a poder de cabalgadas.

Tan dadivosa a lo bueno,
mujer de tan lindo humor,　　　　10
que a cualquiera pecador
daba lo suyo y lo ajeno.

Moza, no dejó las viejas
hasta ponerlas corozas;
vieja, no dejó las mozas   15
hasta volverlas pellejas.

Si su ajuar le consideras,
fue digno de eterna fama,
pues me dicen que su cama
tuvo, sin cielo[1], goteras.   20

Fueron con ella ignorantes
Aristóteles, Platón,
y en lo de generación
admiró los estudiantes.

Supo agradar de mil modos   25
con su casa de placer,
pues en teniendo que hacer,
allí se lo hacían todos.

No quiso la Extremaunción
por no arder en la otra vida   30
en figura de torcida,
sino en forma de tizón.

[Ms. 108, Bibl. Menéndez Pelayo,
f. 165, c.]

810

A UN LETRADO DE MALA FAMA Y PRESUMIDO DE DOCTO

REDONDILLA

—¿Quién es usted? —¿Quién puede ser?
Quien de puro docto y grave
de todas las cosas sabe,
si no es de su mujer.

[Ms. 108, Bibl. Menéndez Pelayo,
f. 195, a.]

[1] Alude a las llamadas «camas de cielo». (Otra referencia en la
página 1078.)

811

Epitafio*

A Don Rodrigo Calderón, Marqués de Siete Iglesias,
que murió degollado en pública plaza

REDONDILLAS

Yo soy aquel delincuente,
porque a llorar te acomodes,
que vivió como un Herodes,
murió como un inocente.

Advertid los pasajeros   5
de lugares encumbrados,
que menos que degollados
no aplacaréis los copleros.

Hoy hago glorioso ya-
y antaño el proprio Cantó-   10
don Rodrigo Calderó-
mirá el tiempo cómo pa-

Cocodrilos descubiertos
son poetas vengativos;
que a los que se comen vivos   15
los lloran después de muertos.

Nadie con ellos se meta
mientras tuviere sentido;
que, al fin, a cada valido
se le llega su poeta.   20

Mi sentencia me azuzaron
con décimas que escribieron;
ellos la copla me hicieron,
y muerto me epitafiaron.

* Véase también el núm. 252.

Los que priváis con los reyes 25
mirad bien la historia mía:
guardaos de la poesía
que se va metiendo a leyes.

[Ms. 108, Bibl. Menéndez Pelayo, 217]

812

REDONDILLA

Deleite y necesidad
tienen la cara de hereje:
necesidad cuando nace
y deleite cuando muere.

[Ms. 3.797, Bibl. Nacional, f. 193
v. Publicado por Astrana Marín.]

813

A LA MUERTE DEL DUQUE DE OSUNA Y DE GARCI PÉREZ
DE ARACIEL, QUE MURIERON EN UN DÍA DE SAN MIGUEL

QUINTILLA

De Osuna y Aracïel[1],
con dos diferentes modos,
las almas pesó Miguel:
la de Osuna pesó a todos,
la de Pérez pesó a él. 5

[Ms. 108, Bibl. Menéndez Pelayo,
162 v.]

---

[1] Garci Pérez de Araciel, uno de los jueces que intervinieron en
el proceso de Osuna, no murió el 25 de agosto, en que muere el
Duque, sino el 26 ó 27. Véase James O. Crosby, ob. cit., pág. 133.

814

A UN MESONERO MORISCO LLAMADO MOISÉS

QUINTILLA

Moisés, rico mesonero,
yace aquí con su mujer;
mas no es Moisés el primero,
que deste nombre hubo dos:
aquel primero vio a Dios;   5
éste no lo pudo ver.

[Ms. 108, Bibl. Menéndez Pelayo,
f. 165.]

815

A MI SEÑORA DOÑA ANA CHANFLÓN, TUNDIDORA DE GUSTOS,
QUE DE PURO AÑEJA SE PASA DE NOCHE COMO CUARTO FALSO

Con enaguas la tusona
me parece una campana,
y como de fiesta va,
todos van a repicalla.
Enaguas no han de llamarse,   5
que es contradición muy clara;
llámense en vino, pues vemos
que al apetito emborrachan.

[*Poesías varias de grandes ingenios*,
de José Alfay, Zaragoza, 1654, pero
cito por mi edic. de 1946, página 149.]

816

AL MOSQUITO DE TROMPETILLA

DÉCIMA

Saturno alado, rüido
con alas, átomo armado,
bruja ave, aguijón alado,
cruel sangrador zumbido,
menestril, pulga, cupido,   5
clarín, chinche, trompetero;
no toques, mosca barbero,
que, mosquito postillón,
le vienes a dar rejón,
sin ser marido, a mi cuero.   10

[*Poesías varias de grandes ingenios,*
pág. 12.]

817

AL MOSQUITO DEL VINO

DÉCIMA

Mota borracha, golosa,
de sorbos ave luquete[1]:
mosco irlandés del sorbete,
y del vino mariposa.
De cuba rana vinosa,   5
liendre del tufo más fino,
y de la miel del tocino
abeja, zupia[2] mosquito:
yo te bebo, y me desquito
lo que me bebes de vino.   10

[*Poesías varias de grandes ingenios,*
pág. 65.]

---

[1] *luquete*, la rodajita de limón o naranja que se echaba en el
vino.
[2] *zupia*, los posos del vino.

818

[Décimas]

— Sola, amigo Coridón,
se declinó. — Dilo paso,
¿por qué caso? — Por el caso
que declinó Calderón.
—Mal caso, mala visión,   5
si bien yo no lo percibo.
Éste es un caso ablativo,
de quien no se debe hacer
caso, y a mi parecer
es ocaso en vocativo.   10

— Es concepto astrologal:
no estés con él muy ufano.
— Éste es el caso Seyano[1],
que en todos induce mal.
No es la culpa principal   15
sólo del caso. — ¿Eso pasa?
— Más dura tiene la basa
tan grande declinación.
— Dilo todo, Coridón.
— Juntáronse caso y casa.   20

[Ms. 108. Bibl. Menéndez Pelayo, f. 195.
Publicado, como todos los de este códice, por Astrana Marín, a través de una
copia en poder de don L. Valdés.]

---

[1] Alude a la leyenda del caballo de Seyano, tan funesto para
todos.

819

Epitafio*

[a un poeta]

—En esta piedra yace un mal cristiano.
—Sin duda fue escribano.
—No, que fue desdichado en gran manera.
—Algún hidalgo era.
—No, que tuvo riquezas y algún brío.   5
—Sin duda fue judío.
—No, porque fue ladrón y lujurioso.
—Ser ginovés o viudo era forzoso.
—No, que fue menos cuerdo y más parlero.
—Ese que dices era caballero.   10
—No fue sino poeta el que preguntas,
y en él se hallaron estas partes juntas.

[*Poesías varias de grandes ingenios,*
pág. 58.]

820

A un médico

Yacen de un home en esta piedra dura
el cuerpo yermo y las cenizas frías.
Médico fue, cuchillo de natura,
causa de todas las riquezas mías.

Y agora cierro en honda sepultura   5
los miembros que rigió por largos días,
y aun con ser Muerte yo, no se la diera,
si dél para matarle no aprendiera.

[*Flores de poetas ilustres,* 219]

* Por figurar en el *Cancionero de 1628,* será anterior.

821

AL SEPULCRO DE UN VARÓN DE MOHATRA*

SONETO[1]

Pregunta: Este sepulcro contra el tiempo fuerte,
fecho a tan leve costa de dinero,
Fama, ¿cúyo será?
Respuesta: De un caballero
que busca buen entierro y mala muerte.

Pregunta: ¿Por qué tan alta sube a costa tuya   5
esta máquina insigne desde el suelo?
Respuesta: Porque él gustó de que ella llegue al cielo,
ya que llegar no pudo el alma suya.

Pregunta: ¿Por qué le hizo tan alto y tan profundo,
si siete pies le bastan al presente?   10
Respuesta: Porque piensa el maldito, juntamente,
enterrar con su cuerpo todo el mundo.

[Ms. 108, Bibl. Menéndez Pelayo,
f. 157 v., b.]

822

A FAETÓN

EPITAFIO

Yace Faetón en esta tierra fría,
el que en vez de probar con noble celo
que del Sol descendía,
probó, cayendo, descender del cielo.

---

* *mohatra*, compra simulada, estafa. Cf. el núm. 704, v. 53.
[1] Aunque en el ms. pone *Soneto*, no lo es.

No lo[s] pises ni ultrajes,   5
caminante, sus huesos sepultados,
pues más de cuatro prueban sus linajes,
por imitalle, con morir quemados.

> [Ms. 108, Bibl. Menéndez Pelayo,
> f. 164 v.]

823

DON FRANCISCO DE QUEVEDO

A UN MÉDICO*

Aunque el doctor vaya a mula,
si al enfermo va a curallo,
va a caballo.

> [*Cuentos recogidos por don Juan
> de Arguijo*, BAE, vol. 176, pági-
> na 259]

824

de todo Meridiano Pasto [?] Mosca
de todo bodegón susto i tarasca
la hambre orixinal que a todos masca

> [Ms. autógrafo del British Mu-
> seum, edit. por J. O. Crosby, ob.
> cit., pág. 27.]

* Anterior a 1623, fecha de la muerte de Arguijo.

SÁTIRAS PERSONALES

RECETA PARA HACER SOLEDADES EN UN DÍA

SONETO

Quien quisiere ser culto en sólo un día,
la jeri (aprenderá) gonza siguiente:
fulgores, arrogar, joven, presiente,
candor, construye, métrica armonía;

poco, mucho, si no, purpuracía,   5
neutralidad, conculca, erige, mente,
pulsa, ostenta, librar, adolescente,
señas traslada, pira, frustra, arpía;

cede, impide, cisuras, petulante,
palestra, liba, meta, argento, alterna,   10
si bien disuelve émulo canoro.

Use mucho de *líquido* y de *errante,*
su poco de *nocturno* y de *caverna,*
anden listos *livor, adunco* y *poro.*

Que ya toda Castilla,   15
con sola esta cartilla,
se abrasa de poetas babilones,
escribiendo sonetos confusiones;
y en la Mancha, pastores y gañanes,
atestadas de ajos las barrigas,   20
hacen ya cultedades como migas.

[Va al frente de la conocida *Aguja de
navegar cultos,* impresa en el *Libro de
todas las cosas y otras muchas más,* del
mismo Quevedo, Madrid, 1631.]

826

Contra don Luis de Góngora*

DÉCIMAS

Ya que coplas componéis,
ved que dicen los poetas
que, siendo para secretas[1],
muy públicas las hacéis.
Cólica dicen tenéis,   5
pues por la boca purgáis;
satírico diz que estáis;
a todos nos dais matraca:
descubierto habéis la caca
con las cacas que cantáis.   10

De vos dicen por ahí
Apolo y todo su bando
que sois poeta nefando
pues cantáis culos así.
Por lo cual me han dicho a mí   15
que desde hoy en adelante
diga que obras vuestras cante,
por el mandado de Apolo,
con el son de un rabel sólo,
un rabadán ignorante.   20

No hay música donde estén
vuestros inmundos trabajos:
que si suenan bien los bajos,
los tiples no suenan bien.
Y cuando tonos les den   25
de los que el vulgo levanta,
¿cuál hombre o mujer que canta,
si tiene cabeza cuerda,

---

* Por las alusiones al Esgueva, las décimas deben de ser de
1603, y responden a las de Góngora «¿Qué lleva el señor Esgueva?»
   [1] Como ya se habrá visto, Quevedo juega con el significado de
«secreta», retrete, letrina.

a pies de coplas de mierda,
hará pasos de garganta?   30

Con Esgueva es vuestro enojo;
nombre de sucio le dan,
siendo, de puro galán,
todos sus males de ojo.
Con mucha razón me arrojo: 35
que sólo los bien nacidos
celebramos atrevidos;
que en otra conversación,
por ser sucios, como son,
no pueden ser admitidos.   40

Vuestros conceptos alabo,
pues, de pura buena pesca,
los hacéis a la gatesca,
pues los hacéis por el rabo.
Tenéis un ingenio bravo,   45
hacéis cosas peregrinas,
vuestras coplas son divinas;
sino que dice un dotor
que vuestras letras, señor,
se han convertido en letrinas.   50

Que alabe será muy justo
vuestras coplas mi voz sola,
pues por ser todas de cola,
se pegan a cualquier gusto.
Desde el scita al negro adusto,   55
y desde el Tajo dorado
al Nilo tan celebrado,
no hay ingenio tan machucho
ni crecido; mas ¿qué mucho,
si crece de estercolado?   60

Son tan sucias de mirar
las coplas que dais por ricas,
que las dan en las boticas
para hacer vomitar.
Un nombre os ando a buscar   65
que os venga derechamente,

y hallo que os llama un valiente,
que de Córdoba os conoce,
poeta de entre once y doce,
que es cuando vacia la gente.   70

   ¿Adónde hallaréis excusa
para lo que vemos todos,
pues fue en verano y sin lodos
tan rabiosa vuestra musa?
Si acaso Circe o Medusa,   75
o juntas ambas a dos,
os han mudado, por Dios,
que olvidéis tal prelacía
antes que la pulicía
venga a conocer de vos.   80

   Yo, por mí, no pongo duda
en que las coplas pasadas,
según están de cagadas,
las hicisteis con ayuda[2].
Más valdrá que tengáis muda   85
la lengua en las suciedades;
dejad las ventosidades:
mirad que sois en tal caso
albañal por do el Parnaso
purga sus bascosidades.   90

[Ms. 3.917, Bibl. Nacional, f. 184]

827

Escribió Quevedo contra Góngora y [se] defendió
Góngora [con] aquellas décimas suyas que empiezan
«Musa que sopla y no inspira». Y dice Quevedo*

DÉCIMAS

En lo sucio que has cantado
y en lo largo de narices,
demás de que tú lo dices,
que no eres limpio has mostrado.

---

[2] *ayuda*, purga. Cf. los núms. 790, v. 11 y 774, v. 29.
* Por las alusiones de los vv. 11-14, el poema será de 1603.

Eres hombre apasionado;   5
y por saber que es corona
la Pasión en tu persona,
es punto más necesario
que esté en el monte Calvario
puesta de hoy más tu Helicona.   10

    Traducir un hombre al rey
de francés en castellano,
mandándolo por su mano,
es justo, y por justa ley[1];
mas no [a] la plebeya grey   15
ni al rey por dinero ruego[2],
como tu pariente ciego;
y no hagas desto donaire;
que mi culpa es cosa de aire,
pero la tuya, de fuego[3].   20

    Por muy pequeña ocasión
sé que en perseguirme has dado:
de aquellos lo has heredado
que inventaron la Pasión.
Satírico no es razón   25
ser un hombre principal
que tiene sangre real;
yo lo sé: que tus pasados
fueron todos salpicados
con la de un Rey Celestial.   30

    Dirás: «Yo soy Racionero
en Córdoba de su iglesia»;
pues no es maravilla efesia
comprallo por el dinero.
Longinos fue caballero,   35
y Longinos fue judío;

---

[1] Alude Quevedo a cierta imputación de Góngora de que nuestro poeta había sacado a don Antonio de Villegas de casa del embajador de Francia para que le prendiesen, hecho ocurrido en 1601. «Musa, que en medio de un llano / llevando gente consigo, / tradujo al mayor amigo / de francés en castellano.» Edic. Millé, página 431.
[2] En el ms. se lee: «al Rey por dinero o ruego».
[3] Puede aludir a los antecedentes de converso de Góngora, o bien tacharle de afeminado, lo que se castigaba con el fuego.

de tu probanza[4] me río;
al deán engañado has;
mas podrá volverse atrás,
que no es el cabildo río.   40

Pues no fueron declinados
ni por «sermo» ni por «templo»
tus deudos, que, para ejemplo,
del Templo fueron echados,
quítate de esos cuidados,   45
que decir mal es mal trato;
no seas a [tu] vida ingrato;
guárdate tras esta salva,
no te muerda el perro de Alba[5]
o te arañe el rostro un gato.   50

[Ms. 108, Bibl. Menéndez Pelayo, f. 181.
Todos los poemas contra Góngora proce-
dentes de este ms. fueron publicados por
Miguel Artigas en *Don Luis de Góngora
y Argote. Biografía y estudio crítico*,
Madrid, 1925, págs. 365-379.]

828

Respuesta de don Francisco de Quevedo
a don Luis de Góngora*

ROMANCE

Poeta de *¡Oh, qué lindicos!*[1],
verdugo de los vocablos,
que a puras vueltas de cuerda
los haces que digan algo;

---

[4] *probanza*, de las pruebas de limpieza de sangre.
[5] *perro de Alba*, perro que por instinto descubría y mordía a los
judíos. Abundan las referencias literarias en el XVII. (Véase J. Gil-
let, «The "Coplas del Perro de Alba"», en *Modern Philology*,
XXIII, pág. 417, y XXIV, pág. 123.)
* Parece responder al soneto de Góngora que comienza «Anacreonte español, no hay quien os tope», de hacia 1609. Vid. edic. de
Millé, pág. 559.
[1] Alude al estribillo de «*¡oh qué líndico!*», de la letrilla que comienza «Que pretenda el mercader». (Edic. de Millé, pág. 440.)

perseguidor de los ríos,   5
como si fueras borracho,
sin perdonar a las fuentes
ni, por lo sucio, a los charcos[2];
    tú, que de tajo le diste
en un romancito a Tajo,   10
porque en las sierras de Cuenca
le dan los pinos de palos[3],
    acordársete debiera
de aquel buen tiempo pasado
que fuiste poeta Encina   15
por lo que te varearon.
    Poeta de bujarrones[4]
y sirena de los rabos,
pues son de ojos de culo
todas tus obras o rasgos;   20
    caballero, porque nunca
has caído de tu asno;
escoba de la basura
de las ninfas del Parnaso;
    poeta de lo comido,   25
musa de desatacados,
ingenio de melecina
que siempre apunta a lo bajo,
    no es posible que seas hijo
de ciudad a cuyos partos   30
debe Roma, y todo el mundo,
los Sénecas y Lucanos.
    Córdoba no te parió,
si no es que se hizo preñado

---

[2] Alusión a los muchos poemas en que Góngora habla iróticamente de los ríos, como en «A vos digo, señor Tajo», «Al pie de un álamo negro», «Manzanares, Manzanares», «Cayó enfermo Esguevilla de opilado».

[3] Parece aludir a ciertos versos del romance que comienza «A vos digo, señor Tajo»:

> Vos, que en las sierras de Cuenca
> (mirad qué humildes principios)
> nacéis de una fuentecilla
> adonde se orina un risco...
> vos, que por pena cada año
> de vuestros graves delictos,
> os menean las espaldas
> más de docientos mil pinos.

[4] *bujarrón,* sodomita. Cf. núms. 635, v. 20 y 639, v. 226.

algún arrabal de ti,   35
y que naciste en el campo.

    Racionero dicen que eres,
mas yo irracional te hallo,
aunque en la cola y lo sucio
canónigo eres del Rastro.   40

    Góngora te llaman todos,
ilustre apellido y claro,
mas viénete como al potro
el Manrique, por su amo.

    ¿Quién te mete con los griegos   45
aun [n]o siendo tú troyano?
¿Por qué de lo que no has visto
hablas como papagayo?

    ¿Qué te hizo Anacreonte
en los versos castellanos,   50
que le alabas cuando más
pretendes vituperallo?

    Sus «suavidades (llamaste)
de arrope»[5], y has acertado,
que es mosto dulce, y él hizo   55
dulce el mosto con su canto.

    Y al pobre Lope de Vega
te lo llevaste de paso
sólo por llamarse Lope,
de tu consonante esclavo.   60

    ¿Qué te movió a poner lengua
en dos ingenios tan raros,
sin ser bacines ni pullas,
que son vínculo a tus labios?

    Como Eróstrato[6], quisiste,   65
hallándote despreciado,
quemar lo mejor del mundo,
abrasar dos templos altos;

    que es tanta la infamia tuya,
que buscas nombre, afrentado   70

---

[5] Alusión a los versos del citado soneto de Góngora: «Anacreonte
español, no hay quien os tope / que no diga, con mucha cortesía, /
que ya que vuestros pies son de elegía, / que vuestras suavidades son de arrope. // ¿No imitaréis al terenciano Lope? (Véase
en la edic. de Millé, pág. 559.)
[6] Eróstrato de Efesia incendió el magnífico templo de Diana.

por medio de un gran castigo,
a costa de mil agravios.

Hiciéraste tus coplitas
una bueno y otro malo[7],
y cuando van por aceite   75
cantáranla[s] los muchachos.

De la brida a la jineta,
estribos cortos y largos
remataran de tus chistes
los conceptillos de asco,   80

y dejaras de pedir
antojos[8], de vista falto,
pues los que tú has menester
son los que traen los caballos.

Para sacar versos flojos,   85
o sea para soltarlos,
basta la vena que tienes:
hartos arrojas cada año.

No entendemos los greguescos
por acá, aunque los usamos;   90
dánoslos a entender tú,
que andas siempre en esos barrios.

[Y] advierte que ni Quevedo
ni Lope harán de ti caso,
para honrarte con respuesta: 95
que fuera grande pecado.

Yo, que soy un poetilla
hijo de todos los diablos,
humildemente nacido
entre hongos y entre esparto;   100

como el barbero aprendiz,
que para probar la mano
se ejercita en zanahorias
antes que en venas de brazos,

así yo poeticomienzo,   105
para ver cómo lo hago;
atreveréme después
a satirizar cristianos:

---

[7] Alude a cierta letrilla, atribuida a Góngora, que comienza
«Que un galán enamorado», cuyo estribillo alternado es «¡oh qué
bueno!», «¡oh qué malo!». Véase en la edic. de las *Letrillas* hecha
por R. Jammes (París, 1963), pág. 356.
[8] *antojos*, anteojos.

Gongorilla, Gongorilla,
de parte de Dios te mando   110
que, en penitencia de haber
hecho soneto tan malo,
    andes como Juan Guarín[9],
doce años como gato,
y con tu soneto al cuello,   115
por escarmiento y espanto.
    Y advierte que si respondes
a estos versos, mentecato,
que te aguarda por respuesta
otro romance más largo.   120
    Y que desde aqueste punto
toda mi vida consagro
a decir mal de tus cosas,
aun entre sueños hablando.
    Contra Galicia escribiste[10],   125
tierra de tocino y nabos,
que, como toda es limpieza,
toda junta te dio enfado.
    Muy dificultoso eres,
no te entenderá un letrado,   130
pues, aborreciendo puercos[11],
lo puerco celebras tanto.
    Cristiano viejo no eres,
porque aún no te vemos cano;
hi de algo, eso sin duda,   135
pero con duda hidalgo.
    Llámate quien te conoce
Mondonguero del Parnaso,
pues vaciar y llenar vientres
tienes solamente a cargo.   140
    Almorrana eres de Apolo,
por donde el dios, soberano
gracioso, purga inmundicias
y sangre, si está enojado.

---

[9] Alusión a la leyenda del ermitaño de Montserrat, Juan Garín,
que anduvo a gatas doce años.
[10] Véanse, por ejemplo, las décimas de «Oh montañas de Galicia»,
o el soneto «Pálido sol en cielo encapotado», edic. de Millé y Jiménez, págs. 345 y 558.
[11] Táchale de judío.

Dícenme tienes por lengua 145
una tripa entre los labios,
viendo que hablas con ella
ventosedad todo el año.
　Y para adelante digo
que te enmiendes de tus cargos, 150
y pues eres manicorto,
no seas tan lengüilargo.

[Ms. 108, Bibl. Menéndez Pelayo,
f. 175.]

829

Soneto*

Yo te untaré mis obras con tocino,
porque no me las muerdas, Gongorilla,
perro de los ingenios de Castilla,
docto en pullas, cual mozo de camino.

Apenas hombre, sacerdote indino, 5
que aprendiste sin christus la cartilla;
chocarrero de Córdoba y Sevilla,
y, en la Corte, bufón a lo divino.

¿Por qué censuras tú la lengua griega
siendo sólo rabí de la judía, 10
cosa que tu nariz aun no lo niega?

No escribas versos más, por vida mía;
aunque aquesto de escribas se te pega,
por tener de sayón la rebeldía.

[Mss. 3.795, f. 77 v., y 4.117, f.
284 v., de la Bibl. Nacional]

* A juzgar por el verso 9 (que alude claramente al soneto de
Góngora «Anacreonte español...»), el poema será de hacia 1609.

830

CONTRA EL MESMO [GÓNGORA]*

Dime, Esguevilla, ¿cómo fuiste osado
a subirte a las barbas del que ha sido
más escrito en España y más leído
y con más justo nombre celebrado?

Si porque te cantó le has mormurado,   5
tan solamente que te acuerdes pido
de que toman tus aguas apellido
de las que hace un pueblo tan honrado.

Guárdales, pues, respeto a versos tales,
que es muy necio en juzgar cosas tan varias   10
el que nunca salió de entre pañales.

¿Decir que son las coplas ordinarias,
si no tan llenas de agudeza, y tales,
que aun son a ojos de todos necesarias[1]?

[Ms. 3.795, Bibl. Nacional, f. 337 v. Inédito]

831

QUEVEDO CONTRA GÓNGORA

Vuestros coplones, cordobés sonado,
sátira de mis prendas y despojos,
en diversos legajos y manojos,
mis servidores me los han mostrado.

Buenos deben de ser, pues han pasado   5
por tantas manos y por tantos ojos,
aunque mucho me admira en mis enojos
de que cosa tan sucia hayan limpiado.

---

* Debe de ser de hacia 1603. (Entre los sonetos atribuidos a don
Luis figura uno que principia «Cayó enfermo Esguevilla de opilado». Millé, pág. 554, lo fecha en ¿1603?)
[1] Recuérdese que «necesaria» es el retrete.

No los tomé porque temí cortarme
por lo sucio, muy más que por lo agudo;   10
ni los quise leer por no ensuciarme.

Y así, ya no me espanta el ver que pudo
entrar en mis mojones a inquietarme
un papel de limpieza tan desnudo.

[Ms. 4.117, Bibl. Nacional, f. 285]

832

Contra D. Luis de Góngora y su poesía*

SONETO

Este cíclope, no siciliano[1],
del microcosmo sí, orbe postrero;
esta antípoda faz, cuyo hemisfero
zona divide en término italiano;

este círculo vivo en todo plano;   5
este que, siendo solamente cero,
le multiplica y parte por entero
todo buen abaquista veneciano;

el minoculo sí, mas ciego vulto[2];   10
el resquicio barbado de melenas;
esta cima del vicio y del insulto;

éste, en quien hoy los pedos son sirenas,
éste es el culo, en Góngora y en culto,
que un bujarrón le conociera apenas.

[Ms. 108, Bibl. Menéndez Pelayo,
f. 166.]

---

* Posterior, aunque no mucho, a 1613, fecha del *Polifemo*.
[1] Es una clara alusión al poema de *Polifemo*, de don Luis. Pero
las últimas sílabas de *siciliano* explican todo el soneto.
[2] *vulto*, latinismo, «rostro, cara».

833

Otro contra el dicho

soneto

Tantos años y tantos[1] todo el día;
menos hombre[2], más Dios, Góngora hermano.
No altar, garito sí; poco cristiano,
mucho tahúr; no clérigo, sí arpía.

Alzar[3], no a Dios, ¡extraña clerecía!,   5
misal apenas, naipe cotidiano;
sacar lengua y barato[4], viejo y vano,
son sus misas, no templo y sacristía.

Los que güelen tu musa y tus emplastos
cuando en canas y arrugas te amortajas,   10
tal epitafio dan a tu locura:

«Yace aquí el capellán del rey de bastos,
que en Córdoba nació, murió en Barajas
y en las Pintas[5] le dieron sepultura.»

> [Ms. 108, Bibl. Menéndez Pelayo,
> f. 166 v.]

834

Al mesmo D. Luis

soneto

¿Socio otra vez? ¡Oh tú, que desbudelas[1]
del toraz veternoso inanidades,
y en parangón de tus sideridades,
equilibras tus pullas paralelas!,

---

[1] *tantos*, pero de la baraja.
[2] *hombre*, un juego de cartas.
[3] *alzar*, en el juego, levantarse alguno con las ganancias, sin esperar a que los otros puedan desquitarse, y también mostrar las cartas.
[4] *barato*, dinero que da voluntariamente el que gana en el juego, y el que exige por fuerza el baratero, bravucón.
[5] Otro juego de voces, porque *Pintas* era un juego de cartas.
[1] *desbudelas*, evacuas.

por Atropos te abjuro que te duelas   5
de tus vertiginosas navidades,
que se gratulan neotericidades[2]
[y] craticulan sentas bisabuelas.

Merlincocaizando[3] nos fatiscas
vorágines, triclinios, promptuarios,   10
trámites, vacilantes icareas[4].

De lo ambágico y póntico troquiscas[5]
fuliginosos[6] vórtices y varios,
y, atento a que unificas, labrusqueas[7].

[Ms. 108, Bibl. Menéndez Pelayo,
f. 170 v.]

835

[Otro soneto contra Don Luis]

Verendo padre, a lástima movido
de verte sin consejo zumbeando,
por Helicona, te requiero y mando
que te vuelvas a E[s]gueva arrepentido;

que te aseguro que, a no haber salido   5
de lo que él va con su licuor lavando,
más dulce parescieras y más blando:
si bien tan viejo, no tan distraído.

Vuélvete al dios Apolo, y si con ira
despreciare tus ruegos, por tus vicios   10
enfadado de tantas necedades,

---

[2] *neotericidades*, de «neotéricos», los nuevos poetas romanos, que imitan a los alejandrinos, entre los que estaba Catulo, el mejor de ellos.
[3] *Merlincocaizando*, de *Merlín Cocayo*, Teófilo Folengo, 1491-1544, autor de un poema en latín macarrónico, que tuvo much[o] éxito, titulado *Baldus*.
[4] *icareas*, de Ícaro.
[5] *troquiscar*, como *trociscar*, «hacer "trociscos" o porciones de masa medicinal para píldoras».
[6] *fuliginosos*, denegridos, oscurecidos.
[7] Supongo que *labrusqueas* es creación de don Francisco sobre *labrusca*, viña silvestre. Pero no sé exactamente qué puede significar.

alza tu propria cara, calla y mira,
y en vez de hacerle nuevos sacrificios,
hazle otra *Garza*[1] y otras *Soledades*.

[Ms. 108, Bibl. Menéndez Pelayo,
f. 171.]

836

Al mesmo Góngora

soneto

Sulquivagante, pretensor de Estolo,
pues que lo expuesto al Noto solificas
y obtusas speluncas comunicas,
despecho de las musas a ti solo,

huye, no carpa, de tu Dafne Apolo   5
surculos slabros de teretes picas,
porque con tus perversos damnificas
los institutos de su sacro Tolo.

Has acabado aliundo su Parnaso;
adulteras la casta poesía,   10
ventilas bandos, niños inquïetas,

parco, cerúleo, veterano vaso:
piáculos perpetra su porfía,
estuprando neotéricos poetas.

[Ms. 108, Bibl. Menéndez Pelayo,
f. 171 v.]

[1] Se trata de las octavas gongorinas que comienzan «Ciudad glo-riosa, cuyo excelso muro», en honor de San Francisco de Borja por su beatificación. El soneto será, por tanto, posterior al 23 de noviembre de 1624. La alusión a la *Garza* se debe a que el jero-glífico sería «la garza que previniendo las tormentas grazna al romper el día». Vid. J. O. Crosby, ob. cit., pág. 135. Véase otras referencias a la *Garza* en los poemas núms. 838 y 841.

837

Otro soneto al mesmo Góngora

Ten vergüenza, purpúrate, don Luis,
pues eres poco verme[1] y mucho pus;
cede por el costado, que eres tus,
cito[2], no incienso; no lo hagamos lis.

Construye jerigonza paraís,   5
que circuncirca es del Polo mus[3];
vete a dudar camino de Emaús,
pues te desprecia el palo y el mentís.

Tu nariz se ha juntado con el os[4]
y ya tu lengua pañizuelo es;   10
sonaba a lira, suena a moco y tos.

Peor es tu cabeza que mi[s] p[i]es.
Yo, polo, no lo niego, por los dos;
tú, puto, no lo niegues, por los tres.

                         [Ms. 108, Bibl. Menéndez Pelayo,
                         f. 172.]

838

Contra el mesmo

soneto

¿Qué captas, noturnal, en tus canciones,
Góngora bobo, con crepusculallas,
si cuando anhelas más garcibolallas[1]
las reptilizas más y subterpones?

---

[1] *verme*, gusano.
[2] *tus, cito*, voces para llamar a los perros. Cf. núm. 772, v. 17.
[3] *mus*, lo mismo que *tus*.
[4] *os*, boca. Es voz latina.
[1] Vid. la nota al soneto «Verendo padre...», inserta en la página 1176.

Microcosmote Dios de inquiridiones,   5
y quieres te investiguen por medallas
como priscos, estigmas o antiguallas,
por desitinerar vates tirones[2].

Tu forasteridad es tan eximia,
que te ha de detractar el que te rumia,   10
pues ructas viscerable cacoquimia,

farmacofolorando como numia,
si estomacabundancia das tan nimia,
metamorfoseando el arcadumia[3].

> [Ms. 108, Bibl. Menéndez Pelayo,
> f. 172 v.]

839

AL MISMO

Esta magra y famélica figura,
cecina del Parnaso, musa momia,
cadáver de la infamia y la locura,
de todo bodegón cáncer y gomia[1];
este descomulgado,   5
con su proprio bonete encorozado,
doctor en mierda, gradüado en pujos,
que, para deshonrar a otros linajes,
luego les achacaba sus abuelos[2];
éste, que, permitiéndolo los cielos,   10
por desacreditar los más honrados
y dar a los modestos pesadumbres,
de los unos decía sus costumbres,
levantaba a los otros sus pecados;
éste, que en sí estudiaba   15
oprobios con que a todos deshonraba,

---

[2] *tirón*, aprendiz, novicio.
[3] Ignoro el significado de *numia* y *arcadumia*. Son, sin duda, creaciones arbitrarias de Quevedo.
[1] *gomia*, como *tarasca* en ciertas regiones.
[2] Es decir, les tildaba de judíos o moriscos.

aunque parece que es el racionero
de Zamora, yo quiero
que esta vez sola, porque no se ofenda,
del racionero cordobés se entienda.   20

[Ms. 108, Bibl. Menéndez Pelayo,
f. 166 v.]

840

EPITAFIO AL MESMO

Este que, en negra tumba, rodeado
de luces, yace muerto y condenado,
vendió el alma y el cuerpo por dinero,
y aun muerto es garitero;
y allí donde le veis, está sin muelas,   5
pidiendo que le saquen de las velas.

Ordenado de quínolas estaba,
pues desde prima a nona las rezaba;
sacerdote de Venus y de Baco,
caca en los versos y en garito Caco.   10
La sotana traía
por sota, más que no por clerecía.

Hombre en quien la limpieza fue tan poca
(no tocando a su cepa[1]),
que nunca, que yo sepa,   15
se le cayó la mierda de la boca.
Éste a la jerigonza quitó el nombre,
pues después que escribió cíclopemente,
la llama jerigóngora la gente.
Clérigo, al fin, de devoción tan brava,   20
que, en lugar de rezar, brujuleaba[2];
tan hecho a tablajero[3] el mentecato,
que hasta su salvación metió a barato.

---

[1] *cepa*, raíz y principio de alguna cosa; aquí, del linaje.
[2] *brujuleaba*, de «brujulear», en el juego de naipes, descubrir poco a poco las cartas para conocer por las rayas o pintas de qué palo son.
[3] *tablajero*, «el señor de la casa que da naipes y dados y lo demás; cosa defendida por las leyes, pero mal castigada». (Covarrubias, *Tesoro*.)

Vivió en la ley del juego,
y murió en la del naipe, loco y ciego;   25
y porque su talento conociesen,
en lugar de mandar que se dijesen
por él misas rezadas,
mandó que le dijesen las trocadas[4].
Y si estuviera en penas, imagino,   30
de su tahúr infame desatino,
si se lo preguntaran,
que deseara más que le sacaran,
cargado de tizones y cadenas,
del naipe, que de penas.   35
Fuese con Satanás, culto y pelado:
¡mirad si Satanás es desdichado!

> [Ms. 108, Bibl. Menéndez Pelayo,
> f. 167.]

841

AL MESMO

Alguacil del Parnaso, Gongorilla,
pues vives de las décimas que haces
y en los conventos pasces,
gorra de otra capilla en la capilla;
si Guadarrama no, ya Calcaborra,   5
o tus desvergonzadas canas borra
o envejece los dijes de tu seso;
la contrición suceda a lo travieso:
no te halle la muerte en esos labios,
u en esos cortezones,   10
en vez de misereres, coridones.
Tu décima he leído
contra el cojo poeta esclarecido.
Yo, que su ingenio admiro, no su paso,
no hago de ti caso;   15
que si de ti le hiciera,
cecina del Parnaso,

---

[4] *trocadas*, probablemente habrá que leer «trucadas», de «tru-
car: «hacer el primer envite en el juego de naipes, que llaman
el truque, y entonces se ganan o se pierden tres piedras». (*Diccionario de Autoridades.*)

musa momia, famélica figura,
darte seiscientos garrotazos fuera,
para lo que tu chola merecía,
poca palestra a la región vacía[1].   20

No sea griego Quevedo, sea troyano,
mas en romance, ingenio soberano.
No sea Lope latino,
mas fecundo escriptor, dulce y divino.   25
No sea fra[n]cés Juan Pablo[2];
¿estás contento, diablo?,
y solamente tú, Matus[3] Gongorra,
cuando garcicopleas[4] *Soledades*,
francigriega[s] latinas necedades;   30
siendo así (Mendocilla[5] me lo dijo)
obras ambas de artífice prolijo[6].

Dime, orejón poeta,
ver que se celebrara
de Quevedo el ingenio y la mollera,   35
¿de tanta invidia era[7]
para que, magras las quijadas rancias,
en ti le persiguieran a porfía
de un gerifalte boreal arpía[8]*?*
Trata de extremaunción y no de musas,   40
que escribes moharraches[9],

---

[1] Verso 1.007 de la *Soledad* segunda.
[2] Es Juan Pablo Mártir Rizo, presbítero, nieto de Pedro Mártir de Anglería, que tradujo obras del latín y del francés.
[3] *Matus*, viejo. Quevedo usa más de una vez esa voz. Cf. el número 677, v. 207.
[4] *garcicopleas* nada tiene que ver con Garcilaso, sino con *Garza*. Al margen del ms., al lado de los versos que Quevedo incrusta irónicamente de las *Soledades* y *Polifemo*, pone «*Garza*». Véase también la palabra en el verso 14 del soneto «Verendo padre, a lástima movido», núm. 835 y 838.
[5] Mendocilla es Andrés de Almansa y Mendoza, a quien Góngora envió alguna carta famosa para que la divulgase en la Corte.
[6] Verso 458 del *Polifemo*.
[7] Verso 1.008 de la *Soledad* segunda.
[8] Verso 1.011 de la misma *Soledad*.
[9] *moharraches*, mamarrachadas.

Bosco de los poetas,
todo diablos y culos y brag[u]etas,
que con tus decimillas,
adjetivas demonios y capillas;   45
contra el púlpito flechas,
contra Florencia[10] escribes,
y dicen lenguas ruines
que de atrás os conocen florentines[11].
Dejas pasar sin décima   50
al otro don Francisco[12],
que allá en Caramanchel tuvo su aprisco;
que de tu coche hizo sinagoga
y de entre tu manteo y tu sotana
la Sancta le agarró cierta mañana,   55
¿y al don Francisco sin Moisén copleas?
La vieja ley, carroño, lisonjeas.
¡Oh junta, culta sí, mas deshonesta,
a los rayos de Júpiter expuesta!
Dejad estas contiendas,   60
porque ya de vosotros
anda entre el judïazo y entre el juego
humo anhelando el que no suda fuego[13].
Sacerdote de anillo,
de cuantas veces truecas la comida,   65
trueca una vez la bufa, otra la vida.
Pues es tal por de dentro
tu cuerpo, ¡oh rapacilla calavera!,
que la propria comida se hace afuera;
y por no estar tan mal aposentados,   70
por tu boca reculan los bocados.
Pues tu lengua maldita,
que en Esgueva aprendió tan bajo oficio
(profesó ya de paño de servicio),
sus diligencias hace   75

---

[10] Alude al soneto que comienza «Doce sermones estampó Florencia», ataque de Góngora al padre jesuita Jerónimo de Florencia
(1565-1633), famoso predicador de la época.
[11] *florentines*, de Florencia, pero aquí, «afeminados».
[12] Ignoro quién puede ser ese «otro don Francisco». Quizá Francisco Morovelli de la Puebla, a quien tacha Quevedo de judío en
el poema de las *Necedades de Orlando*, pág. 1310 y en el poema 844.
Por lo demás, ignoro también ese episodio que cita nuestro poeta
en los versos siguientes.
[13] Verso 1.010 de la primera *Soledad*.

por no estar en tu boca, Dios la oiga;
y a las señas que hace de ahorcado,
sólo falta el verdugo; y yo sospecho
que te fuera consuelo,
según eres de sucio, si se advierte,   80
por ver un culo al trance de tu muerte.
Duélete de ti proprio,
pues tienes las quijadas
en esa nuez, que alguna vez fue cara,
impenetrable casi a la cuchara[14].   85

 A los pies de Quevedo
estás siempre en soneto y remoquete:
Luisillo, cosas tienes de juanete.
Musas merlincocayas bisabuelas,
meted al viejo adunco[15], si canoro,   90
vuestros corchos por uno y otro poro[16].
Pues ¿qué hiciérades todas,
• viéndole presidir en un garito,
cuando, pidiendo naipes y barato[17],
a bocados y coces   95
número crece y multiplica voces[18]?
Mas en las caduqueces que publica
quiere, sin admitir los desengaños,
que en letras pocas, lean muchos años[19].
[Que] ya envenena mucho cuanto toca   100
el prodigioso fuelle de su boca[20].

 No es tu ración de Córdoba, entrevelo[21];
que tus embestiduras y tus bribias[22]
dicen a los que somos cordobeses
que la tuya es ración de los marqueses.   105
Muda costumbres antes que pellejo,
si tu neutralidad sufre consejo.

---

[14] Verso 188 de la misma *Soledad* primera.
[15] *adunco*, latinismo que usó Góngora, «corvo», «combado».
[16] Verso 964 de la primera *Soledad*.
[17] *barato*, lo que daban algunos jugadores gananciosos a los mirones.
[18] Verso 277 de la primera *Soledad*.
[19] Verso 983 de la misma *Soledad*.
[20] Verso 348 del *Polifemo*.
[21] *entrevelo*, de *entrevar*, entender, conocer.
[22] *bribias*, artes de engañar. Es voz germanesca.

Paréceme que llamas como sueles,
tú y esotro mancebo de la honda,
un paladín de sienes que responda,   110
un marido linter[n]o[23],
breve de barba, duro no de cuerno[24].
¿Quién sino Satanás batir pudiera
berrendo y reverendo, y un judío
que se quemaba de mirar el río?   115
¿Quién pudo adjetivar sino tú solo,
que al vicio das la boga,
púlpito con garito y sinagoga?
Por eso, en insolente desatino,
sólo te codició Paravicino[25].   120
Y págalo Quevedo
porque compró la casa en que vivías[26],
molde de hacer arpías;
y me ha certificado el pobre cojo
que de tu habitación quedó de modo   125
la casa y barrio todo,
hediendo a Polifemos estantíos[27],
coturnos tenebrosos y sombríos,
y con tufo tan vil de *Soledades*,
que para perfumarla   130
y desengongorarla
de vapores tan crasos,
quemó como pastillas Garcilasos:
pues era con tu vaho el aposento
sombra del sol y tósigo del viento[28].   135

[Ms. 108, Bibl. Menéndez Pelayo,
f. 168.]

[23] *linterno,* cornudo.
[24] Verso 195 de la primera *Soledad.*
[25] Es el célebre predicador fray Hortensio Paravicino y Arteaga,
buen amigo de Góngora y el Greco.
[26] Quevedo compró, en efecto, la casa madrileña en que vivía
Góngora, a quien echó el 18 de noviembre de 1625. Vid. J. O. Crosby, pág. 137.
[27] *estantíos,* estancados, parados.
[28] Verso 466 de la primera *Soledad*

842

A un poeta corcovado que se valió de trabajos
ajenos de varios ingenios*

DÉCIMA

Yo vi la segunda parte
de don Miguel de Vanegas[1],
escrita por don Talegas
por una y por otra parte.
No tiene cosa con arte;   5
y así no queda obligado
el señor Adelantado[2],
por carta tan singular,
sino a volverle a quitar
el dinero que le ha dado.   10

[Poesías varias de grandes ingenios,
de J. Alfay, pág. 81.]

---

* Contra Ruiz de Alarcón por haber escrito el *Elogio descriptivo
a las fiestas que su Majestad del Rey Filipo IV hizo por su persona en Madrid a 21 de agosto de 1623 años, a la celebración de
los conciertos entre el serenísimo Carlos Estuardo, príncipe de Inglaterra, y la serenísima María de Austria, Infanta de Castilla,
Madrid, 1623,* que motivó tan crueles décimas de otros. Hasta el
cariñoso biógrafo de Alarcón, don Luis Fernández-Guerra y Orbe,
dice (*D. Juan Ruiz de Alarcón y Mendoza,* Madrid, 1871, pág. 394)
que las octavas de esa relación son pésimas: «Las octavas parecieron mal, muy mal, y con razón»; y no contentaron a nadie. El
propio Quevedo las comentó en prosa.
1 Miguel de Venegas es autor de otra *Relación de las admirables
y protentosas* (sic) *fiestas que el Rey de los Reyes, y señor de
los Monarcas, el César, Quarto Filipo... Por don* Miguel Venegas
de Granada, *rebisnieto legítimo por paterno y materno del rey
Zagal, último de Granada, y Gentilhombre de la casa de Su Majestad* (Madrid, 1623).
2 Lo era don Francisco Gómez de Sandoval y Padilla, duque de
Cea, que pagó la *Relación.*

843

SÁTIRA CONTRA DON JUAN DE ALARCÓN*

LETRILLA

Corcovilla

¿Quién es poeta juanetes,
siendo, por lo desigual,
piña de cirio pascual,
hormilla para bonetes?   5
¿Quién enseña a los cohetes
a buscar ruido en la villa?
        Corcovilla.

¿Quién tiene cara de endecha[1]
y presume de aleluya?   10
¿Quién, porque parezca suya,
no hace cosa bien hecha?
¿Quién tiene por pierna mecha
y torcida por costilla?
        Corcovilla.   15

¿Quién es don Tal Tolondrones,
de paréntesis formado,
un hombre en quien se ha juntado
samblea de burujones[2]?
¿Quién tiene con lamparones   20
pecho, lado y espaldilla?
        Corcovilla.

¿Quién fuera plaga de Egito,
si alcanzara a Faraón?

---

* Puesto que Alarcón muere el 1 de agosto de 1639, el poema
será anterior a esa fecha.
[1] *endecha,* poema elegíaco, melancólico y triste.
[2] *burujones,* bultos, granos gordos.

¿Quién tentara a San Antón,   25
licenciado orejoncito?
¿Quién nació contracorito[3],
con arzones como silla?
          Corcovilla.

   ¿Quién tiene espaldas con moño   30
de jibas, y, bien mirado,
tiene el pecho levantado
como falso testimonio?
¿Quién, para el primer demonio,
es Coco, con su carilla?   35
          Corcovilla.

   ¿Quién es muñeca de andrajos,
y tiene, en forma de zote,
las pechugas con cogote,
las costillas con zancajos?   40
¿Quién, siendo cabeza de ajos,
tiene bullicio de ardilla?
          Corcovilla.

   ¿Quién tiene talle de abrojo
o de rodaja de espuela?   45
¿Quién, a poder de chinela,
se mide con un gorgojo?
¿Quién pretende para piojo,
emboscado en coronilla?
          Corcovilla.   50

   ¿Quién para Indias cargó
espaldas, no mercancías,
y de allá trujo almofías[4]
que por jubón se vistió;
que cangrejo navegó   55
para volverse ranilla?
          Corcovilla.

---

[3] *contracorito*, que no sirve para *corito*, para llevar grandes pesos en la espalda como llevaban los *coritos*.
[4] *almofías*, jofainas.

Su padre fue picador,
según dicen los poetas,
pues en él hizo corvetas   60
y no hizo un arador⁵.
¿Quién es mirarle dolor?
¿Quién es mirarle mancilla?
          Corcovilla.

     ¿Quién anda engañando bobas,   65
siendo rico de la mar?
Y ¿quién es en el lugar
nonada entre dos corcovas?
¿Quién trae el alma en alcobas,
y consigo propio trilla?   70
          Corcovilla.

     ¿Quién del Derecho aprendió
a párrafo y no a letrado?
¿Quién, en coma consultado,
de tilde se gradüó?   75
¿Quién como lego aprendió
la doctrina y la cartilla?
          Corcovilla.

     Es hijo de un sabañón
barbado; mas es quimera,   80
que su línea es de Corbera
y sus líneas corvas son.
¿Quién es gámbaro⁶ con don
y cohete con varilla?
          Corcovilla.   85

     ¿Quién es letrado codillo
gradüado en una sesma⁷?
¿Quién, por lo corvo y cuaresma,
es el miércoles Corvillo?
¿Quién es, vestido, rastrillo,   90
y desnudo es una astilla?
          Corcovilla.

---

⁵ *arador,* el minúsculo arácnido que produce la sarna. (De ahí el juego con «picador».)
⁶ *gámbaro,* camarón.
⁷ *sesma,* como *sexma,* madero de doce dedos de ancho y ocho de grueso, sin largo determinado.

¿Quién tiene corcova infusa
y burujón *gratis dato*?
¿Quién no tiene miembro chato,   95
como se acostumbra y usa?
¿Quién da a todos garatusa,
si suelta la tarabilla?
    Corcovilla.

  ¿Quién a las chinches enfada?   100
¿Quién es en este lugar
corcovado de guardar,
con su letra colorada?
¿Quién tiene toda almagrada
como ovejita la villa?   105
    Corcovilla.

  ¿Quién parece con sotana
empanada de ternera?
¿Quién, si dos dedos creciera,
pudiera llegar a rana?   110
¿Quién puede ser almorrana
de la peor rabadilla?
    Corcovilla.

  ¿Quién parece entre juguetes,
por [lo] esquinado y lo lombo[8],   115
hombrecito de bïombo
o legado de juanetes?
¿Quién anda con dos pebetes
y güele contra pastilla?
    Corcovilla.   120

  ¿Quién es mosca y zalamero?
Y ¿quién, por lo extraordinario,
se viste un escapulario
de bacías de barbero?
¿Quién es cinco y vale cero,   125
pechugas con pantorrilla?
    Corcovilla.

[8] *lombo*, lomo.

¿Quién es una y vale tres,
y incluye forma de chita?
¿Quién, siendo esquilón de ermita,   130
un costal de güesos es?
¿Quién por el haz y el envés
parece una zancadilla?
    Corcovilla.

¿Quién es más mal inclinado   135
de los hombros que de talle?
¿Quién ensucia toda calle
de persona o retulado[9]?
¿Quién es un mono pelado,
burujones en gavilla?   140
    Corcovilla.

[Ms. 29, Acad. Lengua, f. 292 v.
y 4.066, Bibl. Nacional, f. 294 v.]

844

Del mismo a don Francisco Morovelli de Puebla*

SONETO

Convirtióse este moro, gran Sevilla,
persiguidor de todos tus linajes,
pues por sólo empatar hábitos, gajes
pagaste a su estupenda tarabilla.

[9] Alude a ciertos *rétulos*, rótulos, en almagre que aparecieron
por esquinas de Madrid, como éste, que copia don L. Fernández
Guerra, ob. cit., pág. 196:

    ¡Víctor, don Juan de Alarcón
    y el fraile de la Merced!
    Por ensuciar la pared,
    y no por otra razón.

* Francisco Morovelli de la Puebla (1575-1649), historiador, defensor del famoso Patronato de Santa Teresa, hombre erudito, pero impetuoso, que atacó a Quevedo en repetidos escritos. Véase J. O. Crosby, ob. cit., pág. 139, que piensa que el soneto datará de ¿1626 a 1628?, cuando tanto polemizaron a propósito de la *Política de Dios* y del Patronato.

Hoy te prefiere al resto de Castilla   5
quien hizo de tu honor tantos potajes,
aloque[1] de Moisés y Bencerrajes,
esto por raza, esotro por astilla.

En Belli cabe moro y cabe hebreo;
en Puebla, sinagoga con mezquita;   10
presume de lición por galileo:

testigo es Polión, lengua precita[2],
de cuando fue su agüelo, el idumeo,
pastilla ardiendo por la ley escrita.

> [Ms. 142, Bibl. Menéndez Pelayo,
> f. 43.]

845

Contra Juan Pérez de Montalbán

DÉCIMAS

El licenciado Libruno
dicen que por varios modos
hizo un libro *Para todos*,
no siendo para ninguno.
Al principio es importuno,   5
a la postre es almanaque,
baturrillo y badulaque;
y así, suplico al poeta
que en el libro no me meta,
y si me metió, me saque.   10

Oh dotor, tu *Para todos*,
entre el engrudo y la cola,
es juego de perinola[1],
digno de otros mil apodos.

---

[1] *aloque*, mezcla de vino tinto y blanco. Es decir, «mezcla de judío y moro».

[2] *precita*, réproba. (Ese *Polión* parece aludir a algún contemporáneo. ¿Sería Góngora?)

[1] *perinola*, especie de peonza pequeña, con cuatro caras, en las que lleva las letras S, P, D y T, que significa *Saca, Pon, Deja y Todo*. Por eso también las décimas llevan al frente esas letras, pero debajo pone: «Soy Poeta de Tienda».

Pues en él, de varios modos,   15
para idiotas y gabachos,
mezclas berzas con gazpachos,
quítale el «Saca» y el «Pon»
y el «Deja», y será peón
para todos los muchachos.   20

> [Al final de la *Perinola*, de 1632, en la
> edic. de A. Fernández Guerra, BAE, Ri-
> vadeneyra, t. XLVIII, pág. 478.]

846

REDONDILLAS DE DON FRANCISCO DE QUEVEDO
CONTRA EL DOCTOR DON JUAN PÉREZ DE MONTALBÁN

Doctor, Don tú te le pones,
el Montalbán no le tienes,
con que quitado uno y otro
sólo te queda Juan Pérez.

> [Ms. 4.044, Bibl. Nacional, f. 263 v.]

847

DIÁLOGO ENTRE MORALES Y JUSEPA*, QUE HABÍA SIDO
HONRADA CUANDO MOZA Y VIEJA DIO EN MALA MUJER

Pregunta: Maridito, ¿agora das
en dar paso a la espelunca?

Respuesta: Más vale tarde que nunca.

Pregunta: Al pagar no vale más.

* Trátase de Juan de Morales Medrano y de Jusepa Vaca, célebres representantes de la época. James O. Crosby dice que Jusepa
Vaca casó en 1602, y puesto que se alude a ella como mujer madura, la sátira podría ser de hacia 1620. Ob. cit., pág. 122.

Respuesta: Aunque es vieja mi mujer,   5
agrada de muchos modos:
el comer pagamos todos,
mas nadie paga el roer.

Pregunta: ¿Qué ha sido tu pensamiento
en este caso, lanudo?   10

Respuesta: Ser honrado y ser cornudo
con un proprio casamiento.

Pregunta: ¿Quién los dos contrarios goza?

Respuesta: Quien los titulillos deja.
Hoy soy cornudo de vieja   15
y he sido honrado de moza.

Pregunta: Nadie a la vieja la guiña.

Respuesta: La vieja sabe al que ve
vender mejor lo que fue
que vender lo que es la niña.   20

Pregunta: ¿Qué curiosidad te da
de examinar mi sonsaca[1]?

Respuesta: Temo que hasta aquí fue Vaca
y que agora lo estará.

Pregunta: ¿Qué es lo que te ha parecido   25
de mudanza tan notada?

Respuesta: Que a la tercera jornada
ha casado su apellido.

Pregunta: Sola la imaginación
me da cuartana y me aqueja.   30

Respuesta: Ten roña, marido oveja,
y no enfermes de león.

---

[1] *sonsaca*, robo, estafa. Cf. el núm. 535, v. 5.

Pregunta: No soy nada majadero.

Respuesta: Mal tus ganancias se guían.

Pregunta: Yo gocé lo que querían   35
y vendo lo que no quiero.

Respuesta: Cobraráste de tu mano
si con ser sufrido sales.

Pregunta: Hasta aquí he sido Morales;
desde aquí seré Medrano[2].   40

[Ms. 108, Bibl. Menéndez Pelayo,
f. 162 v.]

848

A Vallejo, cuando no quiso en una comedia
bajar en la nube, y bajó su mujer, Luisa de Robles*

REDONDILLAS

Quien no cayó en la tramoya
que andaba sin enviudar,
bien se pudiera fiar
aun del caballo de Troya.

Sin duda fue carnicero   5
quien el pasillo enmendó,
pues que la carne bajó
porque no subió el carnero.

---

[2] Es un juego de voces, puesto que el segundo apellido de Morales es Medrano. (Alusión al *medro*.) Vid. J. O. Crosby.

* Quizá sea Manuel Vallejo, famoso actor del XVII, casado con María de Riquelme, también representante famosa. Pero se duda si fue el Vallejo que estrenó la comedia de Ruiz de Alarcón *El Anticristo*, el 12 de diciembre de 1623, y que, debiendo volar en el segundo acto, no tuvo valor para ello, dejando que Luisa de Robles, comedianta también, lo hiciera en lugar suyo, lo que dio origen a más de un epigrama satírico, como cierto soneto de Góngora. (Vallejo no estaba casado con Luisa de Robles, sino con María de Riquelme.) Véase J. O. Crosby, ob. cit., pág. 127.

Mostró Luisa su osadía,
pues subió para enseñar   10
en el aire a descargar
a la nube en que venía.

[Ms. 108, Bibl. Menéndez Pelayo,
f. 192.]

JÁCARAS

849

CARTA DE ESCARRAMÁN A LA MÉNDEZ*

JÁCARA

Ya está guardado en la trena[1]
tu querido Escarramán,
que unos alfileres vivos[2]
me prendieron sin pensar.

Andaba a caza de gangas,   5
y grillos vine a cazar,
que en mí cantan como en haza
las noches de por San Juan.

Entrándome en la bayuca[3],
llegándome a remojar   10
cierta pendencia mosquito,
que se ahogó en vino y pan,

al trago sesenta y nueve,
que apenas dije «Allá va»,
me trujeron en volandas   15
por medio de la ciudad.

Como al ánima del sastre
suelen los diablos llevar,
iba en poder de corchetes
tu desdichado jayán.   20

Al momento me embolsaron,
para más seguridad,
en el calabozo fuerte
donde los godos[4] están.

---

* Apareció en un pliego suelto, impreso en Barcelona, en 1613.
Pero el poema debe de ser de hacia 1611.
[1] *trena*, cárcel, en lengua de germanía. Cf. núm. 757, v. 169.
[2] *alfileres vivos*, corchetes, ministros de la justicia.
[3] *bayuca*, taberna. Vid. el poema siguiente, v. 15.
[4] *godos*, principales, importantes. Cf. el núm. 639, v. 61 y el 871,
verso 125.

Hallé dentro a Cardeñoso,   25
hombre de buena verdad,
manco de tocar las cuerdas[5],
donde no quiso cantar.

Remolón fue hecho cuenta
de la sarta de la mar[6],   30
porque desabrigó a cuatro
de noche en el Arenal.

Su amiga la Coscolina
se acogió con Cañamar,
aquel que, sin ser San Pedro,   35
tiene llave universal.

Lobrezno está en la capilla.
Dicen que le colgarán,
sin ser día de su santo[7],
que es muy bellaca señal.   40

Sobre el pagar la patente[8]
nos venimos a encontrar
yo y Perotudo el de Burgos:
acabóse la amistad.

Hizo en mi cabeza tantos   45
un jarro, que fue orinal,
y yo con medio cuchillo
le trinché medio quijar.

Supiéronlo los señores,
que se lo dijo el guardián,   50
gran saludador de culpas,
un fuelle de Satanás.

Y otra mañana a las once,
víspera de San Millán,
con chilladores[9] delante   55
y envaramiento detrás,

a espaldas vueltas me dieron
el usado centenar,
que sobre los recibidos
son ochocientos y más.   60

---

[5] *cuerdas*, las del tormento.
[6] Es decir, «fue condenado a galeras».
[7] Porque el día del santo o cumpleaños solían regalar unas cadenillas que se colgaban al cuello.
[8] *pagar la patente*, pagar la novatada, dar dinero a los miembros viejos de un centro, institución, etc.
[9] *chilladores*, en germanía, los pregoneros que iban delante del verdugo, anunciando la causa del castigo. Cf. el núm. 859, v. 15.

Fui de buen aire a caballo,
la espalda de par en par,
cara como del que prueba
cosa que le sabe mal;
   inclinada la cabeza   65
a monseñor cardenal;
que el rebenque, sin ser papa,
cría por su potestad.

   A puras pencas se han vuelto
cardo mis espaldas ya;   70
por eso me hago de pencas
en el decir y el obrar.

   Agridulce fue la mano;
hubo azote garrafal;
el asno era una tortuga,   75
no se podia menear.

   Sólo lo que tenia bueno
ser mayor que un dromedal,
pues me vieron en Sevilla
los moros de Mostagán.   80

   No hubo en todos los ciento
azote que echar a mal;
pero a traición me los dieron:
no me pueden agraviar.

   Porque el pregón se entendiera   85
con voz de más claridad,
trujeron por pregonero
las sirenas de la mar.

   Invíanme por diez años
(¡sabe Dios quién los verá!)   90
a que, dándola de palos,
agravie toda la mar.

   Para batidor del agua
dicen que me llevarán,
y a ser de tanta sardina   95
sacudidor y batán.

   Si tienes honra, la Méndez,
si me tienes voluntad,
forzosa ocasión es ésta
en que lo puedes mostrar.   100

   Contribúyeme con algo,
pues es mi necesidad

tal, que tomo del verdugo
los jubones que me da;
   que tiempo vendrá, la Méndez,   105
que alegre te alabarás
que a Escarramán por tu causa
le añudaron el tragar.
   A la Pava del cercado,
a la Chirinos, Guzmán,   110
a la Zolla y a la Rocha,
a la Luisa y la Cerdán;
   a mama, y a taita[10] el viejo,
que en la guarda vuestra están,
y a toda la gurullada[11]   115
mis encomiendas darás.
   Fecha en Sevilla, a los ciento
de este mes que corre ya,
el menor de tus rufianes
y el mayor de los de acá.   120

[Parnaso, 341]

850

Respuesta de la Méndez a Escarramán

JÁCARA

   Con un menino del padre[1],
(tu mandil y mi avantal[2]),
de la cámara del golpe,
pues que su llave la trae,
   recibí en letra los ciento[3],   5
que recibiste, jayán,
de contado, que se vían
uno al otro al asentar.

---

[10] *taita* era la palabra infantil para designar al padre. (Aquí
«mama» y «taita» son los «padres» de la mancebía; los que la
explotaban y regían.)
[11] *gurullada*, tropa de corchetes y alguaciles. Es voz de germanía. Cf. el núm. 875, v. 377.
[1] *menino del padre*, niño o criadito enviado por el padre de la
mancebía.
[2] *mandil*, criado de rufián; *avantal*, delantal. Cf. núm. 856, v. 46.
[3] *los ciento*, los cien latigazos propinados a Escarramán.

Por matar la sed te has muerto;
más valiera, Escarramán,
por no pasar esos tragos,
dejar otros de pasar.

Borrachas son las pendencias,
pues tan derechas se van
a la bayuca[4], donde hallan,
besando los jarros, paz.

No hay quistión ni pesadumbre
que sepa, amigo, nadar:
todas se ahogan en vino;
todas se atascan en pan.

Si por un chirlo tan sólo
ciento el verdugo te da,
en el dar ciento por uno
parecido a Dios será.

Si tantos verdugos catas,
sin duda que te querrán
las damas por verdugado[5]
y las izas[6] por rufián.

Si te han de dar más azotes
sobre los que están atrás,
estarán unos sobre otros,
o se habrán de hacer allá[7].

Llevar buenos pies de albarda
no tienes que exagerar:
que es más de muy azotado
que de jinete y galán[8].

Por buen supuesto te tienen,
pues te envían a bogar[9];
ropa y plaza tienes cierta,
y a subir empezarás.

Quéjaste de ser forzado;
no pudiera decir más
Lucrecia del rey Tarquino,
que tú de su Majestad.

10

15

20

25

30

35

40

---

4 *bayuca*, taberna, en lenguaje germanesco. Cf. 849, v. 9.
5 Juego de voces entre «verdugado», «azotado por el verdugo», y «verdugado», «género de tela».
6 *izas*, en germanía, rameras, mozas del partido. Cf. núms. 693, v. 166 y 856, v. 47.
7 *hacer allá*, correrse, apartarse.
8 Los azotados eran paseados sobre un asno.
9 Juego de voces entre «a bogar», remar, y «abogar», defender.

    Esto de ser galeote   45
solamente es empezar;
que luego, tras remo y pito,
las manos te comerás.

    Dices que te contribuya,
y es mi desventura tal,   50
que si no te doy consejos,
yo no tengo que te dar.

    Los hombres por las mujeres
se truecan ya taz a taz,
y si les dan algo encima,   55
no es moneda lo que dan.

    No da nadie sino a censo,
y todas queremos más
para galán un pagano,
que un cristiano sin pagar.   60

    A la sombra de un corchete
vivo en aqueste lugar,
que es para los delincuentes
árbol que puede asombrar.

    De las cosas que me escribes   65
he sentido algún pesar:
que le tengo a Cardeñoso
entrañable voluntad.

    ¡Miren qué huevos le daba
el Asistente a tragar   70
para que cantara tiples,
sino agua, cuerda y cendal[10]!

    Que Remolón fuese cuenta,
heme holgado en mi verdad,
pues por aquese camino   *   75
hombre de cuenta será.

    Aquí derrotaron[11] juntos
Coscolina y Cañamar,
en cueros por su pecado,
como Eva con Adán.   80

    Pasáronlo honradamente
en este honrado lugar;

---

[10] Alusión a los tormentos sufridos por Cardeñoso en la cárcel.
[11] *derrotaron,* de hacer la derrota, arribaron, llegaron.

y no siendo picadores[12],
vivieron, pues, de hacer mal.

    Espaldas le hizo el verdugo;   85
mas debióse de cansar,
pues habrá como ocho días
que se las deshizo ya.

    Y muriera como Judas;
pero anduvo tan sagaz,   90
que negó, sin ser San Pedro,
tener llave universal.

    Perdone Dios a Lobrezno,
por su infinita bondad;
que ha dejado sin amparo   95
y muchacha a la Luján.

    Después que supo la nueva,
nadie la ha visto pecar
en público; que, de pena,
va de zaguán en zaguán.   100

    De nuevo no se me ofrece
cosa de que te avisar;
que la muerte de Valgarra
ya es añeja por allá.

    Cespedosa es ermitaño   105
una legua de Alcalá;
buen diciplinante ha sido:
buen penitente será.

    Baldorro es mozo de sillas,
y lacayo Matorral: 110
que Dios por este camino
los ha querido llamar.

    Montúfar se ha entrado a puto
con un mulato rapaz:
que, por lucir más que todos,   115
se deja el pobre quemar.

    Murió en la ene de palo[13],
con buen ánimo, un gañán,
y el jinete de gaznates[14]
lo hizo con él muy mal.   120

---

[12] *picador*, en germanía, ladrón que usa la ganzúa.
[13] *ene de palo*, la horca.
[14] *jinete de gaznates*, el verdugo, porque algunas veces se montaba sobre los ahorcados para rematarlos.

Tiénenos muy lastimadas
la justicia, sin pensar
que se hizo en nuestra madre,
la vieja del arrabal,
    pues sin respetar las tocas,   125
ni las canas ni la edad,
a fuerza de cardenales
ya la hicieron obispar[15].

    Tras ella, de su motivo,
se salían del hogar   130
las ollas con sus legumbres:
no se vio en el mundo tal;
    pues cogió más berenjenas[16]
en una hora, sin sembrar,
que un hortelano morisco   135
en todo un año cabal.

    Esta cuaresma pasada
se convirtió la Tomás
en el sermón de los peces,
siendo el pecado carnal.   140

    Convirtióse a puros gritos;
túvosele a liviandad,
por no ser de los famosos,
sino un pobre sacristán[17].

    No aguardó que la sacase   145
calavera o cosa tal:
que se convirtió de miedo
al primero Satanás.

    No hay otra cosa de nuevo:
que, en el vestir y el calzar,   150
caduca ropa me visto
y saya de mucha edad.

    Acabado el decenario,
adonde agora te vas,
tuya seré, que tullida   155
ya no me puedo mudar.

[15] La azotaron y la encorozaron, es decir, le pusieron en la cabeza una coroza, que por tener cierto parecido a una mitra dio origen a la voz «obispar».
[16] *coger berenjenas*, porque a los encorozados se las arrojaban al pasar por la calle.
[17] El que predicó en la misión. (Abundan en el siglo XVII las alusiones a las mancebas convertidas por los predicadores de la Cuaresma.)

Si acaso quisieres algo
o se te ofreciere acá,
mándame, pues, de bubosa,
yo no me puedo mandar.   160
   Aunque no de Calatrava,
de Alcántara ni San Juan,
te envían sus encomiendas[18]
la Téllez, Caravajal,
   la Collantes valerosa,   165
la golondrina Pascual,
la Enrique Maldegollada,
la Palomita torcaz.
   Fecha en Toledo la rica,
dentro del pobre hospital,   170
donde trabajos de entrambos
empiezo agora a sudar.

[*Parnaso,* 343]

851

CARTA DE LA PERALA A LAMPUGA, SU BRAVO*

JÁCARA

Todo se sabe, Lampuga;
que ha dado en chismoso el diablo,
y entre jayanes y marcas[1]
nunca ha habido secretario.
   Dios me entiende y yo me entiendo;   5
ya sé que te dan el pago
las señoras de alquiler,
las mancebitas de a cuatro[2].
   Dejásteme en Talavera
a la sombra de un gitano: 10
hombre gafo de los potros[3]
y aturdido de los asnos.

---

[18] Juego de voces, porque «encomiendas» pueden ser «dignidades en las órdenes militares» y «recuerdos», «mandas».

* Se publicó en los *Romances varios* de 1643, pág. 60, pero, naturalmente, es muy anterior.

[1] *marca*, ramera, manceba. Es voz de germanía.

[2] *de a cuatro*, de a cuatro reales o maravedís.

[3] *gafo*, paralítico, tullido, por los «potros» del tormento. Cf. número 864, v. 13.

No son los dotores los matasanos,
sino los procesos y el escribano.

A lo menos que se puede   15
pasan aquí los pecados:
tierra barata de culpas,
mucho amor y pocos cuartos.
A una mujer forastera,
los hijos del vidrïado[4]   20
no la dan, Lampuga, un gozque,
si pueden darle un alano.
En la feria de Torrijos
me empeñé con un mulato,
corchete fondos en zurdo,   25
barba y bigotes de ganchos.
En cas del padre[5] nos fuimos
por no escandalizar tanto,
y porque quien honra al padre,
diz que vive muchos años,   30
A soplos, como candil,
murió el malaventurado,
porque se halló cierta joya
antes de perderla el amo.
Diole, en llegando a Madrid,   35
pujamiento de escribanos,
y murió de mala gana,
de una esquinencia de esparto[6].
Como tórtola vïuda
quedé, pero no sin ramo,   40
pues en el de una taberna[7]
estuve arrullando tragos.
Al mar se llegó Gayoso,
por organista de palos;
dicen que llevó hacia allá   45
el juboncillo de cardo.
Con las manos en la masa
está Domingo Tiznado,

---

[4] «Llama *hijos del vidriado* a los talavereños, aludiendo a la fábrica de loza», anota Durán, *Romancero*, BAE, t. 16, pág. 590
(nota). *Vidriado* vale lo que «barro», «loza».
[5] *padre,* el que gobernaba la mancebía. Cf. núms. 856, v. 21 y
864, v. 1.
[6] *esquinencia de esparto,* angina de esparto. Lo ahorcaron.
[7] Las tabernas tenían un ramo como señal o distintivo.

haciendo tumbas a moscas
en los pasteles de a cuatro[8].   50

    El Gangoso es pregonero,
tiple de los azotados,
abreviando el «quien tal hace»,
al que no le paga el canto.

    Para las Ánimas pide   55
Zaramagullón el largo;
muy animado le veo
de meriendas y de sayo.

    Luquillas es aguador
con repostero[9] de andrajos;   60
con enaguas tiene el cuero,
muy adamado de tragos.

    Con nombre de Valdemoro,
vende, por azumbres, charcos:
ranas, en vez de mosquitos,   65
suelen nadar en los vasos.

    Mojarrilla acomodó
su barbaza de ermitaño,
aunque a solas con amigos
usa de malos resabios.   70

    Por aquí pasó el Manquillo,
por aquí pasó el Fardado,
solos y a pie, y cada uno
con ducientos de a caballo.

    Por arremangar un cofre   75
fueron, los desventurados,
la mitad diciplinantes,
jinetes de medio abajo.

    Iba delante el bramón[10],
y detrás el varapalo[11],   80
y con su capa y su gorra
hecho novio el «Sepancuantos».

    Ahogado con zaragüelles
murió Lumbreras el bravo,

---

[8] Es pastelero. Las bromas sobre el contenido de estos pasteles de a cuatro maravedís son lugares comunes en la literatura del siglo XVII.
[9] *repostero*, paño cuadrado, con las armas del príncipe o señor, el cual servía para ponerlo encima de las cargas de las acémilas.
[10] *bramón*, pregonero de la justicia. Es voz germanesca.
[11] *varapalo*, verdugo, en lengua de germanía.

con su poquito de credo,   85
sin sermón y sin desmayo.
   Pareció muy bien a todos:
que su amiga la Velasco
llenó la horca de ciegos,
que le juntaron muchachos.   90
   Todos aguardan, Lampuga,
que te suceda otro tanto:
que se ruge por acá
no sé qué de tu espinazo.
   Avisa de lo que fuere,   95
para que en todo mi barrio
conozcan lo que me debes;
que aun no he desdoblado el manto.

                  [*Parnaso*, 345]

852

RESPUESTA DE LAMPUGA A LA PERALA*

JÁCARA

   Allá va en letra Lampuga;
recógele, la Peral;
guarde el Señor tus espaldas,
y mi garganta San Blas.
   Hija, todos somos hombres;   5
nadie se puede espantar
ni de que azote el verdugo
ni de que apare[1] el rufián.
   Y pues a quien dan no escoge,
no tuve qué desechar,   10
aunque dos veces, de enojo,
me estuve por apear.
   Dígolo porque lo digo,
y no lo digo por más,
pues son acontecimientos   15
entre penca y espaldar.
   El ruin agravia a los buenos;
el rey no puede agraviar;

* Se publicó en los *Romances varios* de 1643, pág. 62.
[1] *apare*, robe.

estos señores se enojan,   20
y alégrase la ciudad.
    Con azotes y sin ellos,
se sabe mi calidad:
cien mientes te envío en blanco,
para quien hablare mal.
    Todo hijo de tintero[2]   25
no tiene que mormurar,
pues en Sanlúcar fui güésped
en cas de su Majestad.
    Luego el rigor de justicia
me hizo ruido detrás;   30
asentábanme un capelo,
y alzábase un cardenal.
    Calentábase el azote
en las costillas de Blas,
y pasaba de las mías   35
a la giba de Mochal.
    Como azotado novicio,
Monorros hizo ademán[3];
mas hanos dado palabra
que otra vez se enmendará.   40
    A Cogullo le sacaron
por un hurto venïal,
entre gente tan honrada,
a la vergüenza no más.
    Él es un bellaco pueblo,   45
y azotan en él muy mal:
azòtones desabridos,
a menudo y sin contar.
    La gente, mal inclinada;
de tan poca caridad,   50
que a un forastero azotado
ninguno le viene a honrar.
    Con un pícaro no hicieran,
amiga, tan gran maldad:
solo y sin muchachos iba,   55
y azotar que azotarás.

---

[2] *hijo de tintero*, cornudo. Porque los tinteros se hacían de cuerno.
[3] *hizo ademán*, demostró su debilidad.

Hanse servido de darme
ministerio de humedad,
donde empujando maderos
soy escribano naval[4].   60
　　Más raso voy que dia bueno;
con barba sacerdotal;
soy ovejita del agua
que me llaman con silbar.
　　Letrado de las sardinas,   65
no atiendo sino a bogar,
gradüado por la cárcel,
maldita universidad.
　　De un ginovés pajarito[5]
ya nos desnuda el chiflar,   70
y el ceñidor de una cuba
desnudos nos ciñe ya.
　　Andamos a chincharrazos
al dormir y al pelear;
siempre comemos bizcochos   75
de las monjas de la mar.
　　Es canónigo de pala
Perico, el de Santo Horcaz,
y lampiño de navaja
el desdichado Beltrán.   80
　　Entre los calvos con pelo
que se usan por acá,
Londoño, el de Talavera,
hace una vida ejemplar.
　　De limosnas se ha venido   85
tras mí la tuerta de Orgaz;
sus pecados son mi hacienda:
ella mi vino y mi pan.
　　Es ejemplo de pobretas,
y no la conocerás;   90
peca con mucha cordura
todo el día sin chistar.
　　Aguedilla la bermeja
se cansó de zarandar,
y está haciendo buena vida   95
en la venta del Abad.

---

[4] Lo han condenado a galeras.
[5] El cómitre de la galera, que era genovés.

A Padurre, mozo tinto
y tenebroso galán,
por traidor de zaragüelles
le mandaron chicharrar[6].   100

Por honrador del estaño[7],
escribe, de Madrid, Juan,
que Gazpe fue luminaria
del camino de Alcalá.

Queman por hacer moneda   105
a quien no sabe heredar,
y al que la hereda y deshace
no le han quemado jamás.

Ayer tuve una mojina[8]
por un pedazo de pan,   110
y con un harro de vino
di respuesta a un orinal.

No te gastes en mandiles[9];
estima tu calidad;
apártate de Carreño,   115
que tiene espalda mollar[10].

Más me cuestas de pregones
y suela de Fregenal,
que valen seis azotados
si los llegan a tasar.   120

Guárdame de ti un pedazo
para en acabando acá:
que seis años de galeras
remando se pasarán.

A todas esas señoras,   125
bullidoras del holgar,
las darás mis encomiendas:
que soy amigo de dar.

Hoy, este mes y este año,
aquí, pues no puedo allá,   130
en cas del señor Guardoso,
de manos de habilidad.

---

[6] Era sodomita y lo condenaron a morir quemado.
[7] *honrador del estaño*, monedero falso. Voz de germanía, como
las dos siguientes.
[8] *mojina*, mohína, disgusto, pendencia.
[9] *mandil*, el criado del rufián o ramera.
[10] *mollar*, débil, quebradiza; pero también se aplicaba al que era
fácil de persuadir. (Quiere decir que es un bergante que aguanta
mal en el potro del tormento.)

Yo seiscientos, porque firmo
ya del número cabal,
descontándome la tara   135
de los que sin cuenta dan.

[*Parnaso*, 347]

853

VILLAGRÁN REFIERE SUCESOS SUYOS Y DE CARDONCHA

JÁCARA

Mancebitos de la carda[1],
los que vivís de la hoja[2],
como gusanos de seda
tejiendo la cárcel propria,
  cuya azumbre es la colada,   5
cuya camisa, tizona;
Rodriguitos de Vivar
por conejos, no por obras;
  jayanes de arredro vayas[3],
cuya sed a todas horas   10
se calza, de vino añejo,
sin ir de camino, botas;
  paladines de la heria[4],
aventureros de trongas[5],
que, sin ser margen de libro,   15
andáis cargados de cotas[6];
  maullones de faldriqueras,
cuyos ratones son bolsas,
si el zape aquí del verdugo
no os va cantando la solfa;   20
  matadores como triunfos,
gente de la vida hosca,
más pendencieros que suegras,
más habladores que monjas;

[1] *mancebitos de la carda*, jaques, valentones.
[2] *hoja*, espada. Cf. núms. 688, v. 13 y 860, v. 78.
[3] *jayanes de arredro vayas*, jayanes de ir hacia atrás, valentones que huyen.
[4] *de la heria*, de la hampa. Es voz de germanía.
[5] *trongas*, mancebas, rameras. Es también voz germanesca.
[6] *cotas*, de acotaciones, glosas; pero aquí «armas».

murciégalos de la garra,   25
avechuchos de la sombra,
pasteles en recoger
por todo el reino la mosca:
escuchad las aventuras
de Villagrán y Cardoncha;   30
él en Sevilla, yo preso
en la venta de la horca.

En casa de los pecados
contra mi gusto me alojan
los corchetes que me prenden,   35
los cañutos que me soplan.

Con las cuerdas de Vizcaya
mi cítara suena ronca:
son ruiseñores del diablo
los grillos que me aprisionan.   40

Tiéneme aquí la morena[7]
Antoñuela Jerigonza,
más linda que mil ducados
y más bella que cien flotas.

Atollada[8] tengo el alma   45
de su trenzado en las roscas,
y ella me tiene sumido
su talle en el alma propria.

Cuando yo quiero reñir
con sesenta mil personas,   50
a sus ojos echo mano,
que son de Juan de la Orta[9].

Para matar, con mirarla,
muertes y heridas me sobran,
y de rayos, como nube,   55
me da munición su cofia.

De perlas y de rubíes
tengo un tesoro en su boca,
y con la plata del cuello
daré al Potosí limosna.   60

Yo vivo de que la miro,
pues no hay manjar que no coma

---

[7] *morena*, espada negra.
[8] *atollada*, atascada, sujeta.
[9] Célebre espadero de la época.

en la leche de sus manos
y en lo tierno de sus lonjas.

No consiento que la atisbe   65
el sol de la cara roja;
caliente a los que se espulgan;
váyase a enjugar la ropa.

Condenado estoy a muerte
desde que miré su forma,   70
donde yo, un fénix moreno,
quiero morir mariposa.

Acomúlanme jeridas
y algunas caras con hondas[10],
dos resistencias del «Sepan»[11],   75
y del árbol seco[12] otras.

Dos a dos y tres a tres,
hechos juego de la morra[13],
por Jerigonza reñimos
en la Puente de Segovia.   80

Tienen la tirria conmigo
los confesores de historias;
mas sólo Iglesia me llamo[14]:
pueden hacer que responda.

Vino a visitarme ayer   85
Maruja de las Vitorias,
por quien Cardoncha, en España,
todos los jaques asombra.

Un mayo vino en zapatos
y primavera llorosa,   90
ramillete de portante
y manojito de novias.

Es diluvio de sus penas,
porque ausente no le goza,
y por él, enternecida,   95
de noche a cántaros llora.

[10] *hondas*, cuchilladas.
[11] *resistencia*, la acción de resistir al pregonero que iba prego-
nando la justicia con el principio de «Sepan cuantos».
[12] *árbol seco*, alguacil, corchete. Cf. núms. 856, v. 37 y 865, v. 12.
[13] *juego de la morra*, juego vulgar entre dos personas que a un
mismo tiempo dicen cada una un número, que no pase de diez, e
indican otro con los dedos de la mano, y gana el que acierta el
número que coincide con el que resulta de la suma de los indica-
dos por los dedos.
[14] Es decir, se había acogido a sagrado.

Hecha de lágrimas fuente,
su fuego y sus luces moja;
y es lástima que su dueño
deje perder tanto aljófar.   100
    Sospecha que algunas izas
de las que en Sevilla bogan
se le usurpan y sonsacan
como aleves y traidoras.
    Yo no lo puedo creer;   105
pero si alguna pelota[15]
que agora tuerce soplillo,
convertida de buscona,
    ha cometido tal yerro
contra una fe tan heroica,   110
los dos la desafïamos,
retándola por la toca;
    ella a greña y a chapín,
yo a bocados y a manopla;
porque su amigo es mi amigo;   115
ella su amiga y su gloria.
    Y si es mujer de encarama,
con resabios de señora,
la reto la media dueña
y al escudero Cachondas.   120
    Avizorad las linternas:
que en pendencias amorosas
los chismosos y soplones
merecen ejecutoria.
    Decí a Cardoncha que venga   125
en zapatos por la posta;
que la iza le merece
aun el volar por lisonja.
    Ayer salió la Verenda
obispada de coroza[16]   130
por tejedora de gentes[17]
y por enflautar personas.

---

[15] *pelota*, ramera, mujer de mancebía.
[16] *obispada de coroza*, es decir, salió castigada con «coroza».
Cf. el núm. 774, v. 80.
[17] Por alcahueta.

A Miguelillo le dieron
una dádiva de ronchas,
cantándole el villancico   135
de «Quien tal hace»[18] con sorna.
    Maguzo por un araño
los diez sin sueldo retoca:
bogas[19] dicen que apalea,
y pensaba pescar bogas.   140
    A la Monda la raparon
una mirla[20] por tomona;
y pues monda faldriqueras,
no es nísperos lo que monda[21].
    A Grullo dieron tormento,   145
y en el de verdad de soga[22]
dijo nones, que es defensa
en los potros y en las bodas.
    Del cardo de Fregenal[23]
mucha penca se pregona,   150
y le gastan las espaldas
más que ensaladas y ollas.
    De azotes y de galeras
muy fértil el año asoma,
y al dinero le amenaza   155
gran cantidad de langostas.
    Yo, por salir de la sala,
me zamparé en una alcoba:
acuérdense allá de mí,
si alguna oración les sobra.   160

[*Parnaso,* 349]

---

[18] No se trata de un villancico precisamente, sino de la frase, que se pregonaba, «Quien tal hace que tal pague». Por repetirse mucho, como el villancico o estribillo, le llama así Quevedo.
[19] *bogas*, ciertos peces y también cuchillos pequeños de dos filos, que quizá sea el significado de la misma voz en el verso siguiente.
[20] *mirla*, oreja. Voz de germanía.
[21] *no es nísperos lo que monda*, es una frase hecha, como «sabe muy bien lo que se hace», «no se chupa el dedo».
[22] *en el de verdad de soga*, en el tormento de cordeles.
[23] La penca del verdugo, hecha de cuero de Fregenal, que tenía forma de cardo.

854

A UNA DAMA SEÑORA, HERMOSA POR LO RUBIO*

JÁCARA

Allá vas, jacarandina,
apicarada de tonos,
donde de motes y chistes
navega el Amor el golfo.
    Dios te defienda de guardas,   5
que son vivientes escollos
de galanes, que festejan
a puro susto de toros,
    del que, maridando arreo,
está amagando de novio,   10
como un Herodes, a niñas;
a viejas, como responso.
    Vete de boga arrancada
al portento milagroso,
que con hermosura andante   15
vence pantasmas y monstros.
    A la rubia de aventuras,
la que se peina bochornos,
de cuyas manos Charquías[1]
llena de nieve sus pozos;   20
    a la que, con Pelinegra,
lado a lado y hombro a hombro,
animosa de tocado,
con guedejudos tesoros,
    no recela los blasones   25
de la que nos dice a todos:
ébano y marfil *me fecit*,
en mujeres y escritorios,
    dirásla que soy un hombre
de menos juros que votos,   30

* Posterior a 1607, en que Pablo Charquías establece el negocio
de abastecer de nieve a Madrid. Véase James O. Crosby, ob. cit.,
pág. 107.
  No es propiamente una jácara, como verá el lector, pero González de Salas la incluye en ese grupo. Nosotros, por no deshacerlo, la hemos mantenido en este lugar.
  [1] *Charquías*, «el que inventó los pozos para guardar la nieve»,
anota González de Salas.

bien prendido por justicia,
que es gala de los demonios.

   Que son todas las estrellas
aprendices de sus ojos;
pues para estudiar sus rayos,					35
gastan muy rudo rescoldo.

   Y el sol, ¿cuándo lo soñó,
planeta carirredondo,
que puede ser platicante
de las chispas de su rostro?					40

   Al oro de su cabello
pidió limosna el de Colcos[2],
y Tíbar, envergonzante,
trocó a sus hebras su polvo.

   Pues lléguese la mañana,					45
con sus perlas y sus ostros[3],
a sus dos labios, que allá
se lo dirán de piropos[4].

   La nieve de su garganta
hace tiritar a agosto,					50
y el incendio de sus niñas
a enero le vuelve horno.

   El no sé qué de su cara
me tiene a mí no sé cómo;
por lo bellido y traidor,					55
su talle es Vellido Dolfos.

   Descartes de su hermosura,
que es decir nueves y ochos,
son las tales y las cuales
hermosurillas de corcho[5].					60

   Lo culto de su tocado,
de su donaire lo docto,
lo discreto de su ceño
tienen al pecado absorto.

   Cuando yo la considero					65
en lo interior y lo hondo,

[2] El vellocino dorado de Colcos.
[3] *ostros*, moluscos que proporcionaban la púrpura.
[4] *piropo*, variedad de granate, de color rojo de fuego, muy apreciado como piedra fina.
[5] Hermosuras sobre chapines de corcho, que en algunos casos eran de suelas muy gruesas.

me retientan los tarquinos[6],
menos reyes y más locos.

    Parece que como incendios
al instante que la topo;   70
y todos los arremetes
me azuzan el dormitorio.

    Si no soy yo, cuantos aman
en calles y locutorios,
a manera de rosarios,   75
tienen amores de cocos.

    Yo no soy galán de hachas[7],
pero soy galán de lomos;
yo me enciendo y me derrito:
de cereros me lo ahorro.   80

    Ir de tormento a un estribo,
hecho verdugo con potro,
dando vueltas a mi dama,
es muy pesado negocio.

    Yo seré amante casero,   85
como conejo, y, al proprio,
lo que perdiere por dulce,
lo desquitaré por gordo.

    No soy goloso de señas,
mas soy glotón de retozo: 90
no quiero andar a billetes,
y gusto de andar al morro.

    Gasto prosa con capilla,
por si hubiere gusto sordo,
conclusiones y argumentos   95
que prueban el daca y tomo.

    Ya sé que tiene galanes
de mucha grandeza y toldo[8];
mas ágüelos con mi chanza,
que yo aseguro mis sorbos.   100

    Dila que sepa gozar
la ventura que la otorgo:
que lenguaje para damas
yo mismo me le perdono.

                [*Parnaso*, 351]

---

[6] *tarquinos*, los deseos. (Por Tarquino, violador de Lucrecia.)
[7] De los que acompañaban con hachas, teas y faroles, a las damas por la noche.
[8] *toldo*, presunción. Cf. los núms. 778, v. 126 y 790, v. 16.

855

VIDA Y MILAGROS DE MONTILLA*

JÁCARA

En casa de las sardinas,
en un almario de azotes,
que en las galeras de España
una apellidan San Jorge,
   donde el capitán Correa   5
da mal rato con su nombre,
excusando en los alfaques
los corcovos del galope,
   cuando a la prima[1] rendida
pasan diez y molan[2] once,   10
dando música a las chinches,
que se ceban y le comen;
   harto de vino y remar,
devanado en un capote,
que, remolino de jerga,   15
si no le acuesta, le sorbe,
   Montilla, que en primer banco
arrempuja el primer gonce
al escritorio de chusma,
al vasar de los ladrones,   20
   tocando con la cadena
la jacarandina a coces,
y punteando a palmadas
con los dedos en el roble,
   imitando con la voz,   25
cuando se despega, al odre,
dijo con mucha tajada[3]
y en un falsete de arrope:
   «Quien tiene vergüenza, vele;
y quien no la tiene, ronque: 30

---

* Se publicó por primera vez en los *Romances varios* de 1640, página 148.
[1] *prima*, primero de los cuartos en que para las centinelas se dividía la noche, y comprendía desde las ocho a las once.
[2] *molan*, de *moler*, molestar, hacerse pesado, como «amolar».
[3] *tajada*, ronquera.

que a ningún sueño de bien
se le permite que sople.
   »Ponce se llamó mi padre,
y los muchachos lo Ponce
lo´ juntaron a Pilatos,   35
echándolo yo a Leones[4].
   »Fue tabernero en Sevilla;
las sedes se lo perdonen,
pues medió lluvias morenas
con apellido de aloque[5].   40
   »En naciendo, me incliné
a ser portero de cofres,
llavero de cerraduras,
de bolsas y joyas corte.
   »Gorjeando yo en la cuna   45
me temblaban los ratones,
y, en oyéndome, se daban
a los demonios los gozques.
   »Di en guardarropa de otros,
llevándome muchos hombres   50
por mozo de garabato[6],
de balcones en balcones.
   »Entrábamos yo y el fresco
por las ventanas de noche:
él, a guardarles el sueño;   55
yo, a guardarles los calzones.
   »Acuérdome que, en Madrid,
el libro de Acuerdo entonces
me dio, por falta de edad,
sin el borrico unos golpes.   60
   »Partíme para Toledo,
con asomo de bigotes,
en donde, pidiendo capas,
era muy bellaco pobre.
   »Huyendo de los corchetes,   65
por gustar más de botones,
fui a Consuegra, y me trató
como a su yerno su nombre.

---

[4] Por los Ponce de León, familia de la nobleza andaluza.
[5] El vino llamado «aloque», mezcla de tinto y blanco.
[6] *garabato*, gancho donde se cuelga la carne en las carnicerías.
Mozo de garabato, vale lo mismo que «ladrón». Es voz de germanía. Los hombres que lleva detrás son los de la justicia.

»Tropecé con el tintero:
di que hacer a los ringlones;   70
hubo el *este que declara*,
y más vistas que en un monte.

»Hiciéronme el *susodicho*,
y tras *este que depone*,
por su pie se vino el fallo,   75
acompañado de *conques*[7].

»Debajo de la camisa
me vistieron dos jubones:
el traje que más mal talle
hace a caballo en el orbe.   80

»Echáronme por seis años
la condenación salobre[8];
pasóse en un santiamén,
que es la cosa que más corre.

»Muy remachado de barba   85
salí de los eslabones.
A Granada enderecé
las uñaradas y el trote.

»Quitándoles dos borricos,
desasné cuatro pastores;   90
con borlas los disfracé
en la recua de Villodres[9].

»Llegamos a la ciudad,
con sus arres y mis joes;
campamos de mercaderes;   95
acreditábanos Roque.

»En el mesón de la Luna,
entrando de fuera un coche,
gané un talego y dos líos,
que me vinieron de molde.   100

»Halléme en la faldriquera
de un bendito sacerdote,
estando tomando cartas[10],
un burujón de doblones.

---

[7] Fórmulas judiciales.
[8] Es decir, lo condenaron a seis años a galeras.
[9] Pícaro que aparece en el romance «Hagamos cuenta con pago»,
página 983.
[10] *tomar cartas*, hacer o ganar la baza en un juego de naipes.

»Corrí[11] joyas, y decía,   105
por disimular, a voces:
"¡Tengan al ladrón!" yo mismo,
con su "¡Justicia, señores!".
    »En dar chirlos a maletas
en posadas y mesones,   110
gasté catorce navajas;
pero pagáronme el coste.
    »En las comedias traía
dos chiquillas de a catorce,
que cada tarde agarraban   115
con virillas dos alcorques[12].
    »Repartía los meninos,
a quien llamamos hurones,
en todas las apreturas,
a dar tientos con buen orden.   120
    »Junté diferentes muebles,
y en el carro de Antón Monje,
a la villa de Madrid
encomendé mis talones.
    »Topé con Mari Corvino   125
en la venta de Jaloque,
oreando unos pencazos
en medio de dos pringones.
    »Por decir "¿Adónde va
mi querido?", equivocóse,   130
y me dijo "miz querido";
hubo risa, y el "Perdone".
    »Atisbóme lo fundado[13],
y con mi bulto añusgóse[14],
desapareciendo pollos   135
en cas de los labradores.
    »Curaba de mal de madre[15]
con emplastos de cerote,
y acomodaba, de paso,
descuidos de lienzo y cobre.   140

---

[11] *correr*, arrebatar, robar.
[12] *con virillas dos alcorques; virillas*, las cintas con que se ataban los zapatos; *alcorques*, alpargatas. (Quevedo quiere decir que esas dos jóvenes «pescaban» en el teatro dos aldeanos.)
[13] *fundado*, enfundado.
[14] *añusgóse*, atragantóse. Cf. el núm. 761, v. 69.
[15] *mal de madre*, enfermedad de la matriz.

»Llegamos a Babilonia[16]
un miércoles por la noche;
tendí raspa[17] en el mesón
de Catalina de Torres.

»Andaba de mosca muerta,   145
aturdido de faciones,
con sotanilla y manteo
el carduzador[18] Onofre.

»Introdújome en caleta[19]
con cartas de no sé donde;   150
o el achaque daba lumbre[20],
o cobraba dellas portes.

»Por hermano de la chanza
zampaba en los bodegones,
y era juez entregador[21]   155
de fulleros y de flores[22].

»Gradüé de esportilleros[23]
al Tiñoso y a Perote,
y hacia el nido[24] se perdieron
con seis talegos de un conde.   160

»Tuve dos mozos de silla
por noticia y avizores
de la entrada de las casas,
puertas, ventanas y esconces[25].

»Con las mozas de fregar   165
anduve siempre de amores,
porque a sus amos perdiesen
lo que más guardan y esconden.

---

[16] *Babilonia*, la Corte.
[17] *raspa*, cierta trampa de los fulleros en el juego de naipes.
[18] *carduzador*, voz germanesca: el que negocia con la ropa que hurtan los ladrones.
[19] *caleta*, voz de germanía: ladrón que hurta metiéndose por un agujero, o escalando.
[20] *dar lumbre*, conseguir el lance o fin que se intentaba con algún disimulo.
[21] *juez entregador* era cualquiera de los seis protonotarios apostólicos españoles a quienes el nuncio del Papa debía someter el conocimiento de las causas que venían en apelación a su tribunal. (El personaje de la jácara quiere decir que resolvía las disputas de los jugadores.)
[22] *flores*, trampas de los fulleros en el juego. Es voz germanesca.
[23] *esportillero*, mozo que estaba en el mercado para llevar con su espuerta lo que se le mandaba.
[24] *nido*, casa. Es voz de germanía.
[25] *esconces*, ángulos.

»En la Puente Toledana,
yo y otros dos cobradores   170
recibimos un presente
de perniles y capones.

　　»Vendí parte a un despensero,
que dio cuenta a los señores[26];
y estando comiendo dos,   175
con salsilla de limones,

　　»alguaciles y corchetes
nos acedaron los postres,
llevándome a digerillos
a la troj de los buscones.   180

　　»Reconocióme un portero,
y el procesado enojóse,
y juntáronme las causas
el papel y los cañones[27].

　　»Granizó el diablo testigos   185
de lo que ni ven ni oyen;
pusiéronme en el caballo
de las malas confesiones[28].

　　»Andaba el "Di la verdad",
entre cuerdas y garrotes;   190
yo, en el valor y el negar,
fui doce pares y nones.

　　»Mas, por materia de estado,
que a mí se me volvió podre,
docientos, y diez de remo,   195
me cantaron los pregones[29].

　　»Dicen que lo manda el rey;
no lo creo, aunque me ahorquen;
que no le he visto en mi vida,
ni pienso que me conoce.   200

　　»La sala es algo enfermiza
de espaldas y de cogotes:
más quiero alcoba y iglesia[30]
que sala con relatores.»

　　　　　　　　　　　　[*Parnaso,* 353]

[26] *señores,* los de la justicia.
[27] *cañón,* soplón, en germanía. Cf. núms. 856, v. 45 y 858, v. 47.
[28] Es decir, lo pusieron en el potro.
[29] Fue condenado a docientos azotes y a diez años de galeras.
[30] Por la posibilidad de refugiarse en ella, de «acogerse a sagrado».

856

RELACIÓN QUE HACE UN JAQUE DE SÍ Y DE OTROS*

JÁCARA

Zampuzado en un banasto
me tiene su majestad,
en un callejón Noruega,
aprendiendo a gavilán.
 Gradüado de tinieblas   5
pienso que me sacarán
para ser noche de hibierno,
o en culto algún madrigal.
 Yo, que fui norte de guros¹,
enseñando a navegar   10
a las godeñas² en ansias³,
a los buzos⁴ en afán,
 enmoheciendo mi vida,
vivo en esta oscuridad,
monje de zaquizamíes,   15
ermitaño de un desván.
 Un abanico⁵ de culpas
fue principio de mi mal;
un letrado de lo caro,
grullo⁶ de la puridad.   20
 Dios perdone al padre Esquerra⁷,
pues fue su paternidad
mi suegro más de seis años
en la cuex[c]a⁸ de Alcalá,
 en el mesón de la ofensa,   25
en el palacio mortal,

---

* El poema, por la alusión en el v. 178, es posterior al 4 de febrero de 1623, en que se decreta el cierre de las mancebías.
¹ *guros*, alguaciles. Voz de germanía, como las siguientes.
² *godeñas*, mancebas importantes.
³ *navegar en ansias*, vivir los afanes (de amor u otros) propios de los rufos o pícaros. Cf. núms. 595, v. 3 y 865, v. 72.
⁴ *buzo*, ladrón muy diestro o que ve mucho.
⁵ *abanico*, soplón.
⁶ *grullo*, alguacil.
⁷ *padre*, pero de la mancebía. El encargado de administrarla y de guardar el orden. (El padre «Ezquerra» aparece en otras jácaras de la época.)
⁸ *cuexca*, casa, mancebía. Cf. núm. 864, v. 2.

en la casa de más cuartos
de toda la cristiandad.

Allí me lloró la Guanta,
cuando, por la Salazar,   30
desporqueroné dos almas
camino de Brañigal.

Por la Quijano, doncella
de perversa honestidad,
nos mojamos[9] yo y Vicioso,   35
sin metedores de paz.

En Sevilla, el árbol seco[10]
me prendió en el Arenal,
porque le afufé[11] la vida
al zaino[12] de Santo Horcaz.   40

El zapatero de culpas[13]
luego me mandó calzar
botinicos vizcaínos[14],
martillado el cordobán.

Todo cañón[15], todo guro,   45
todo mandil[16] y jayán,
y toda iza[17] con greña,
y cuantos saben fuñar[18],

me lloraron soga a soga,
con inmensa propriedad: 50
porque llorar hilo a hilo
es muy delgado llorar.

Porque me metí una noche
a Pascua de Navidad
y libré todos los presos[19],   55
me mandaron cercenar.

Dos veces me han condenado
los señores a trinchar,
y la una el maestresala
tuvo aprestado sitial.   60

[9] *mojamos*, herimos.
[10] *árbol seco*, corchete, alguacil.
[11] *afufé*, de *afufar*, huir, hacer huir. Cf. núm. 862, v. 91.
[12] *zaino*, traidor.
[13] *zapatero de culpas*, el juez.
[14] *botinicos vizcaínos*, grillos, que se fabricaban en Vizcaya.
[15] *cañón*, soplón.
[16] *mandil*, criado de rufianes o de rameras.
[17] *iza*, manceba, ramera.
[18] *fuñar*, revolver pendencias, armar bullicio.
[19] Por Pascua de Navidad solían indultarse presos.

    Los diez años de mi vida
los he vivido hacia atrás,
con más grillos que el verano,
cadenas que El Escurial.
    Más alcaides he tenido   65
que el castillo de Milán;
más guardas que monumento,
más hierros[20] que el Alcorán,
    más sentencias que el Derecho,
más causas que el no pagar,   70
más autos que el dia del Corpus,
más registros que el misal,
    más enemigos que el agua,
más corchetes que un gabán,
más soplos que lo caliente,   75
más plumas que el tornear.
    Bien se puede hallar persona
más jarifa y más galán;
empero más bien prendida
yo dudo que se hallará.   80
    Todo este mundo es prisiones;
todo es cárcel y penar:
los dineros están presos
en la bolsa donde están;
    la cuba es cárcel del vino,   85
la trox es cárcel del pan[21],
la cáscara, de las frutas,
y la espina, del rosal.
    Las cercas y las murallas
cárcel son de la ciudad;   90
el cuerpo es cárcel del'alma,
y de la tierra, la mar;
    del mar es cárcel la orilla,
y en el orden que hoy están,
es un cielo de otro cielo   95
una cárcel de cristal.
    Del aire es cárcel el fuelle,
y del fuego, el pedernal;
preso está el oro en la mina;
preso el diamante en Ceilán.   100

[20] Juega con la voz «yerro».
[21] *pan,* trigo.

En la hermosura y donaire
presa está la libertad;
en la vergüenza, los gustos;
todo el valor, en la paz.

Pues si todos están presos,
sobre mi mucha lealtad,
llueva cárceles mi cielo
diez años, sin escampar.

Lloverlas puede, si quiere,
con el peine y con mirar,
y hacerme en su Peralvillo
aljaba de la Hermandad[22].

Mas, volviendo a los amigos,
todos barridos están:
los más se fueron en uvas,
y los menos, en agraz.

Murió en Nápoles Zamora,
ahíto de pelear;
lloró a cántaros su muerte
Eugenia la Escarramán.

Al Limosnero, Azaguirre
le desjarretó el tragar:
con el Limosnero pienso
que se descuidó San Blas.

Mató a Francisco Jiménez
con una aguja un rapaz,
y murió muerte de sastre,
sin tijeras ni dedal.

Después que el padre Perea
acarició a Satanás
con el alma del corchete
vaciada a lo catalán[23],

a Roma se fue por todo,
en donde la enfermedad
le ajustició en una cama,
ahorrando de procesar.

Dios tenga en su santa gloria
a Bartolomé Román,

105

110

115

120

125

130

135

---

[22] La Santa Hermandad ajusticiaba en Peralvillo, lugar de Ciudad Real.
[23] Es una de las muchas alusiones de la época al bandolerismo catalán.

que aun con Dios, si no lo tiene,
pienso que no querrá estar.   140
      Con la grande polvareda,
perdimos a don Beltrán,
y porque paró en Galicia,
se teme que paró en mal.
      Xeldre está en Torre Bermeja;   145
mal aposentado está,
que torre de tan mal pelo
a Judas puede guardar[24].
      Ciento por ciento llevaron
los inocentes de Orgaz,   150
peonzas que, a puro azote,
hizo el bederre[25] bailar.
      Por pedigüeño en caminos,
el que llamándose Juan,
de noche, para las capas,   155
se confirmaba en Tomás,
      hecho nadador de penca,
desnudo fue la mitad,
tocándole pasacalles
el músico de *Quien tal*[26].   160
      Sólo vos habéis quedado,
¡oh Cardoncha singular!,
roído del *Sepan cuantos*
y mascado del varal.
      Vos, Bernardo entre franceses,   165
y entre españoles, Roldán,
cuya espada es un Galeno,
y una botica la faz,
      pujamiento de garnachas[27]
pienso que os ha de acabar,   170
si el avizor y el calcorro[28]
algún remedio no dan.
      A Micaela de Castro
favoreced y amparad,

[24] Porque, según la leyenda, Judas fue de pelo rojo. Vid. otra referencia en la pág. 875.
[25] *bederre*, verdugo.
[26] Fórmula empleada para pregonar la justicia que se hacía.
[27] *pujamiento de garnachas*, abundancia de togas. (*Pujamiento* era abundancia de humores, especialmente de sangre.)
[28] *avizor*, el ojo; *calcorro*, zapato.

que se come de gabachos   175
y no se sabe espulgar.
    A las hembras de la caja,
si con la expulsión fatal[29]
la desventurada Corte
no ha acabado de enviudar,   180
    podéis dar mis encomiendas,
que al fin es cosa de dar;
besamanos a las niñas,
saludes a las de edad.
    En Vélez, a dos de marzo,   185
que, por los putos de allá,
no quiere volver las ancas,
y no me parece mal.

[Parnaso, 356]

857

SENTIMIENTO DE UN JAQUE POR VER CERRADA
LA MANCEBÍA*

JÁCARA

    Añasco el de Talavera,
aquel hidalgo postizo
que en los caminos, de noche,
demanda para sí mismo;
    quien no tuvo cosa suya,   5
sin ser liberal ni rico,
hallador de lo guardado,
santiguador de bolsillos;
    el que en Medina del Campo
hizo de vestir al vino,   10
sastre de azumbres y arrobas,
ropero de blanco y tinto,
    con el cuello en el sombrero,
y en la espada el capotillo,

---

[29] Referencia a la Premática del 4 de febrero de 1623. Vid. el
poema siguiente.
  * El 4 de febrero de 1623 ordenaba Felipe IV «que de aquí adelante en ninguna ciudad, villa ni lugar de estos reinos se pueda
permitir ni permita mancebía ni casa pública».

lenzuelo por quitasol,   15
y a la brida en el camino,
   por daga la calabaza,
puñal de la sed büido,
desmallador de los quesos,
pasador de los chorizos,   20
   cuando el dios calentador,
Barbarroja de epiciclos,
en la contera del mundo
se está haciendo mortecino,
   después de soplar un canto,   25
para sentarse más limpio,
habiendo con el pañuelo
deshollinado el hocico,
   desabotonando el trago
a un tiempo con el vestido,   30
a puras calabazadas
se descalabró el gallillo;
   y vueltos ojos de gallo
los ojos amodorridos,
acostados en el sorbo,   35
ya ballesteros, ya bizcos,
   viendo cerrada la manfla[1],
con telaraña el postigo,
el patio lleno de yerba,
enternecido les dijo: 40
   «¡Oh mesón de las ofensas!
¡Oh paradero del vicio,
en el mundo de la carne,
para el diablo, baratillo;
   »en donde los cuatro cuartos   45
han sido por muchos siglos
ahorro de intercesiones,
atajo de laberintos!
   »¿Qué se hizo tanto padre
de sólo apuntados hijos?   50
¿Dónde fue el pecar a bulto,
si más fácil, menos rico[2]?
   »En ti trataba el dinero
como quien es al delito,

---

[1] *manfla*, mancebía. Cf. el núm. 865, v. 30.
[2] En *Parnaso*, estas dos cuartetas figuran invertidas.

costando unas bubas menos
que una libra de pepinos. 55

»Yo conocí la Chillona
en aquel aposentillo,
más tomada que tabaco[3],
más derretida que cirio. 60

»¿Quién vio la Maldegollada,
rodeada de lampiños,
cobrar el maravedí
después de los dos cuartillos? 65

»La Chaves, Dios la dé gloria,
me parece que la miro
pasar parches por lunares
y gomas por sarpullido.

»¿Dónde irán tantos calcillas, 70
pecadores de improviso,
que, a lo de porte de carta,
compraban los parasismos;

»los bribones de la culpa,
que acudían los domingos 75
a la sopa del demonio,
bordoneros[4] de entresijos?

»Sin prólogo de criadas,
gozaron los mal vestidos;
ni dueña pidió aguinaldo,
ni escudero vendió silbo. 80

»Costaba el arrepentirse
vellón, y no vellocino;
hizo el infierno barato:
los diablos fueron amigos.

»Era el pecado mortal 85
en ti de extraño capricho,
pues, por cualquiera cascajo,
nos dejaban meter ripio.

»La esperanza quitó el luego,
los celos quitaba el sitio; 90
poco dinero, la paga;
el entre, mucho martirio.

---

[3] No se olvide que el tabaco se «tomaba» entonces más que se fumaba.
[4] *bordonero*, de *bordonear*, que significa dos cosas: vagabundear y tentar la tierra con el bordón o bastón.

»Los deseos supitaños,
el colérico apetito,
¿adónde irán que no aguarden   95
el melindre o el marido?
»Pecados de par en par
ya se acabaron contigo,
y, no siendo menos, son
más caros y más prolijos.   100
»Aquí fue Troya del diablo;
aquí Cartago de esbirros:
aquí cayó en un barranco
el género femenino.»
Levantóse de tres veces,   105
y mal despierto de cinco,
llevando el vino muy mal,
pegó mosquitos al río.

[*Parnaso*, 359]

858

Desafío de dos jaques

jácara

A la orilla de un pellejo,
en la taberna de Lepre[1],
sobre si bebe poquito,
y sobre si sobrebebe,
Mascaraque el de Sevilla,   5
Zamborondón el de Yepes
se dijeron mesurados
lo de sendos remoquetes.
Hubo palabras mayores
de lo de «No como liebre»;   10
«Ni yo a la mujer del gallo
nadie ha visto que la almuerce.»
«¿Tú te apitonas conmigo?»
«¿Hiédete el alma, pobrete?»
«Salgamos a berrear,   15
veremos a quién le hiede.»

[1] Juan Lepre tenía su taberna en la calle de las Huertas. Casado con Ana González, murió el 25 de diciembre de 1634.

Hubo mientes como el puño,
hubo puño como el mientes,
granizo de sombrerazos
y diluvio de cachetes.   20

Hallóse allí Calamorra,
sorbe, si no mata, siete,
bravo de contaduría,
de relaciones valiente.   25

Con lo del «Ténganse, digo»,
y un varapalo solene,
solfeando coscorrones,
hace que todos se arredren.

Zamborondón, que de zupia²
enlazaba el capacete³,   30
armado de tinto en blanco,
con malla de cepa el vientre,

acandilando la boca
y sorbido de mofletes,   35
a la campaña endereza,
llevando el vino a traspieses.

Entrambos las hojarascas⁴,
en el camino, previenen:
el uno, la *Sacabucha*,
y el otro, la *Sacamete*.   40

Séquito llevan de danza;
en puros pícaros hierven;
por una y por otra parte
van amigos y parientes.

Acogióse a toda calza   45
a dar el punto a la Méndez
el cañón⁵ de Mascaraque,
Marquillos de Turuleque.

A la Puente Segoviana
los dos jayanes decienden,   50
asmáticos los resuellos,
descoloridas las teces.

Como se tienen los dos
por malos correspondientes,

---

² *zupia*, poso del vino; vino turbio y barato.
³ *capacete*, pieza de la armadura que cubría y defendía la cabeza. (Aquí tiene la significación de «cabeza».)
⁴ *hojarascas*, espadas.
⁵ *cañón*, soplón.

de espaldas van atisbando   55
los pasos con que se mueven.

   Manzorro, cuyo apellido
es del solar de los equis[6],
que metedor[7] y pañal
de paces ha sido siempre,   60
   preciado de repertorio[8],
y almanaque de caletre,
quiso ensalmar la pendencia,
y propuso que se cuele.

   Bramaban como los aires   65
del enojado noviembre,
y de andar a sopetones
los dos están en sus trece.

   Mojagón, que del sosquín[9]
ha sido zaino[10] eminente,   70
y en los soplos y el cantar
es juntos órgano y fuelles,
   dijo, en bajando a lo llano,
que está entre el Parque y la Puente:
«Para una danza de espadas,   75
el sitio dice coméme».

   Los dos se hicieron atrás,
y las capas se revuelven:
sacaron a relucir
las espadas, hechas sierpes.   80

   Mascaraque es Angulema,
científico, y Arquimedes,
y más amigo de atajos
que las mulas de alquileres.

   Zamborondón, que de líneas   85
ninguna palabra entiende,
y esgrime a lo colchonero,
Euclides de mantinientes,
   desatando torbellinos
de tajos y de reveses,   90

---

[6] «Sabidor es el término vulgar para sinificar la borrachez: *que está hecho una X.*» Nota de González de Salas.

[7] *metedor*, paño de lienzo que suele meterse debajo de los pañales de los niños.

[8] «Por hallar lo que no se pierde. La postrera copla lo muestra ansí, que habla del mismo.» Nota de González de Salas.

[9] *sosquín*, golpe dado de soslayo. Cf. el núm. 761, v. 41.

[10] *zaino*, traidor, falso.

le rasgó en la jeta un palmo,
le cortó en la cholla un jeme[11].
    El otro, con la sagita,
le dio en el brazo un piquete[12];
ambos están con el mes: 95
colorado corre el pebre[13].
    Acudieron dos lacayos
y gran borbotón de gente;
andaba el «Ténganse afuera»,
y «Llamen quien los confiese».   100
    Tirábanse por encima
de los piadosos tenientes,
amenazando la caspa,
unas heridas de peine.
    En esto, desaforada,   105
con una cara de viernes,
que pudiera ser acelga
entre lentejas y arenques,
    la Méndez llegó chillando,
con trasudores de aceite,   110
derramado por los hombros
el columpio de las liendres.
    El «¡Voto a Cristo!» arrojaba
que no le oyeron más fuerte
en la legua de Getafe   115
ni las mulas ni los ejes.
    «Cuando pensé que tuvieras
que contar más [de] una muerte,
¿te miro de Maribarbas,
con dos rasguños las sienes?   120
    »Ándaste tú reparando
si Moñorros me divierte,
¿y no reparas un chirlo
que todo el testuz te yende?
    »¿Estaba esa hoja en Babia,   125
que no socorrió tus dientes?
¿De recibidor te precias,
cuando por dador te vendes?»

---

[11] *jeme*, como palmo.
[12] *piquete*, herida de poca importancia.
[13] *pebre*, salsa en la que entra mucha pimienta y vinagre. Aquí
significa, claro está, la sangre de las heridas.

Llegóse a Zamborondón,
callando bonicamente,   130
y sonóle las narices
con una navaja a cercen,
    diciendo: «Chirlo por chirlo,
goce deste la Pebete;
quien a mi amigo atarasca[14],   135
mi brazo le calavere».
    A puñaladas se abrazan;
unos con otros se envuelven;
andaba el «moja la olla»
tras la goda[15] delincuente,   140
    cuando se vieron cercados
de alguaciles y corchetes,
de plumas y de tinteros,
de espadas y de broqueles.
    Al «¡Ténganse a la justicia!»,   145
todo cristiano ensordece.
«Favor al rey» piden todos
los chillones escribientes.
    La Méndez dijo: «Mancebos,
si favor para el rey quieren,   150
a mí me parece bien:
llévenle esta cinta verde[16]».
    Unos se fueron al Ángel,
con el diablo a retraerse;
otros, por medio del río,   155
tomaron trote de peces.
    Manzorro cogió dos capas,
una vaina y un machete:
que desde niño se halla
lo que a ninguno se pierde.   160

                              [*Parnaso*, 361]

---

[14] *atarascar*, morder, herir, rasgar.
[15] *goda*, rica, importante.
[16] Por ser el verde el color de la esperanza.

859

REFIERE MARI PIZORRA HONORES SUYOS Y ALABANZAS

JÁCARA

Con mil honras, ¡vive cribas!,[1]
me llaman Mari Pizorra;
y si en Jerez me azotaron,
me azotaron con mil honras.

Por lo menos no me vieron 5
en las espaldas corcova,
ni dije esta boca es mía
al levantar de la roncha.[2]

Tres amas a quien serví
de lo que llaman fregona, 10
dijeron que les vaciaba
en su servicio las joyas.

Si fue verdad, Dios lo sabe:
no quiero apurar historias;
basta que el chillón[3] no dijo 15
«hechicera» ni «coroza».

Puedo llevar descubierta
la cara por toda Europa,
porque he vendido mi manto
y porque no tengo toca. 20

A quien me llama liviana,
la desmienten cinco arrobas
que peso: tómeme a cuestas
el que me cuenta por onzas.

Nadie tiene que decir 25
de mi vida y de mis obras:
no soy la primer mujer
que contra su gusto azotan.

Si dicen que tengo amigos,
eso me sirve de loa: 30

---

[1] *¡vive cribas!*, ¡voto a Cristo! Cf. el núm. 768, v. 1.
[2] *levantar ronchas*, mortificar, pero aquí significa «levantar cardenales».
[3] *chillón*, en germanía, el pregonero que delante del verdugo anunciaba la causa del castigo. Cf. 849, v. 55.

que nunca es bueno que tengan
enemigos las personas.

   Verdad es que me entregué
a Mojarrilla el de Soria,
de quien dieron mala cuenta   35
algunos chismes de bolsas.

   Fue del mar, vino del mar;
si remaba, poco importa:
los hombres van a galeras,
que no tienen de ir las monjas.   40

   Lo del negro fue mentira
que me levantó la Monda.
¡Para mi punto era bueno
gastar pecados de sombra!

   Si ahorcaron a Pablillos,   45
la culpa tuvo la soga:
por lo menos murió bien,
y con ciegos a mi costa.

   La cabeza del verdugo
le servía de garzota[4],   50
y el *Deo gratias* de esparto
fue pepita[5] de la horca.

   Lo del corchete es verdad;
no haya miedo que me corra;
mas era muy bien nacido,   55
y soplón de ejecutoria.

   En mi vida eché las habas[6];
antes me echaba a mí propia;
llamáronme araña, y fue
porque andaba tras la mosca.   60

   Caséme con un mulato,
que fue la fama de Ronda:
tener marido de estraza
no sé yo para qué estorba.

   Comiendo la olla un martes   65
se quedó muerto en las sopas;
y me llaman Desollada,
y como siempre dos ollas.

---

[4] *garzota*, plumaje empleado en el adorno de los sombreros.
[5] *pepita*, enfermedad que las gallinas suelen tener en la lengua.
[6] *echar las habas*, una de las suertes de adivinar. Cf. los números 708, v. 36 y 762, v. 17.

Si mi vida es la que he dicho,
¿qué tienen que hablar las trongas[7]?   70
Tengan vergüenza, y aprendan
que hay mucho de unas a otras.

[*Parnaso,* 363]

860

MOJAGÓN, PRESO, CELEBRA LA HERMOSURA DE SU IZA

JÁCARA

Embarazada me tienen
estos grillos la persona;
mas, encarcelada y presa,
sólo a tus rizos les toca.
En casa de los bellacos,   5
en el bolsón de la horca,
por sangrador[1] de la daga
me metieron a la sombra.
Porque no pueda salir,
me engarzaron en las cormas,   10
y siempre mandan que siga.
¿Quién entenderá las ropas?
Si pudiera ver el sol,
viera brizna de tu cofia,
la brújula de tus ojos,   15
que dos firmamentos forman.
Tienes a Colón por risa,
pues que descubre tu boca
la margarita y las Indias,
perlas, rubíes y aljófar.   20
Con tu cara comparadas,
las caras que tienen todas,
aunque sean caraluisas,
me parecen carantoñas.
Hermosuras de taberna   25
son las que ostentan las otras,

---

[7] *trongas,* mancebas. Cf. el núm. 853, v. 14.
[1] *sangrador,* de sangrar, hurtar.

aguadas y mal medidas,
pez y pellejos y moscas.

   Tú miras con dos batallas,
donde, de estrellas, alojan   30
ejércitos que fulminan
amaneceres y auroras.

   Si el dios que se puso cuernos
de miedo que se los pongan,
te viera, Marica mía,   35
segura estuviera Europa.

   Si el Sol, que, al revés, tras Dafne
siguió luz la mariposa,
te atisba, los escabeches
no fueran hoy de corona[2].   40

   Las más lindas a tu lado,
si descuidada te asomas,
por cocos pueden servir
de cuentas y no de mozas.

   Y miente todo jayán,   45
y tresmiente toda tronga[3]
que presume de belleza
en donde sólo te nombran.

   Son hermosuras calvinas,
luteranas y hugonotas,   50
herejes de la que tienes,
que es la verdadera y sola.

   Ayer, porque llamó linda
a su muchacha Cazorla,
con remanente de nabos,   55
le di un sopapo de olla.

   Y si alguna te compite
entre busca y entre doña,
quier esgrima la chinela[4],
quier navegue la carroza,   60

   la reto de dueña a dueña
y en vestidos de tramoya[5],

[2] Porque para hacer el escabeche se solía —y suele— incluir un poco de laurel, y algunas coronas se hacen de esas hojas. (Dafne fue convertida en laurel cuando huía de Apolo.)

[3] *tresmiente*, de *tres*, en francés «muy», y *mentir*; como si dijera *muymiente*. *Tronga*, manceba.

[4] Es decir, «ya vaya a pie», en «chinela», en zapatillas.

[5] *de tramoya*, de importancia.

ruedos[6], barba de ballena[7],
manto de humo[8] y de gloria.

    Reto los siete planetas: 65
a Mercurio por la gorra,
a la Luna por el cuerno;
reto a Venus por la toca,
   al Sol por el oropel,
al dios Marte por la gola,   70
a Júpiter por el rayo,
al Viejo[9] por la corcova.

    Contigo cuantas estrellas
el capuz nocturno bordan
son braserillo de erraj,   75
son reluciente bazofia.

    Tu donaire es de la hampa,
tu mirar es de la hoja[10],
tus ojos en matar hombres
son dos Pericos de Soria[11].   80

    Yo soy el único amante
de la solamente hermosa;
para el amor que yo tengo,
Macías amó por onzas.

    Tú puedes tener invidia   85
a mi alma, pues te goza;
la dicha es gozarte a ti,
que no gozas de ti propria.

    Pues tienes cara de Pascua,
ten de la Pascua las obras: 90
da libertad a los presos,
y pido justicia y costas.

[Parnaso, 364]

---

[6] *ruedo*, orla interior que rodea la parte inferior de los vestidos talares.
[7] *barba de ballena*, lo que hoy llaman las mujeres «ballenas» para mantener tiesas determinadas prendas. (Se hacían de las láminas córneas y elásticas que tiene la ballena en la mandíbula superior.)
[8] *manto de humo*, el de seda negro y transparente que llevaban las mujeres en señal de luto. Cf. el núm. 753, v. 12.
[9] Al Tiempo.
[10] *hoja*, espada. (Es un juego con «ojo».)
[11] Personaje que aparece en alguna jácara.

861

Pendencia mosquito*

jácara

A la salud de las marcas[1]
y libertad de los jacos,
se entraron a hacer un brindis
en la bayuca[2] del Santo,
  Ganchoso el de Cienpozuelos,   5
Catalnilla la de Almagro,
Isabel de Valdepeñas
y Andresillo el desmirlado.
  A la carrera de sorbos
y al apretón de los tragos   10
nunca ha dado a yegua el Betis
potro que pueda alcanzarlos.
  Un cogollo de lechuga
fue el violón de este sarao:
que el que es bailarín castizo   15
no repara en lo templado.
  Como pobreta corriente,
sacó Isabel del regazo,
en la esquina de un lenzuelo[3],
unos garbanzos tostados.   20
  Diole primero a Ganchoso,
aunque Andrés era su gancho[4]:
que es muy cortesano el vino
en estómagos honrados.
  Encapotóse Catalna,   25
y, meciéndose a lo zaino[5],
al suelo, y luego a Isabel,
miró, y mordióse los labios.

---

* Apareció en *Romances varios*, 1640, pág. 24.
[1] *marcas*, rameras. Es voz de germanía, como muchas de las siguientes.
[2] *bayuca*, taberna.
[3] *lenzuelo*, pañuelo.
[4] *gancho*, amante.
[5] *a lo zaino*, con alguna intención, al soslayo. (De *mirar a lo zaino*.)

   Isabel, que se las pela,
soltó la taza y el jarro,   30
y terciando la mantilla,
ya en el hombro y ya en el brazo,
   dijo: «Seora Catalna,
¿de qué sirven arrumacos
ni mirarnos entre dientes?   35
Parece que somos santos».

   Arrimábanse las dos;
Ganchoso metió la mano,
diciendo: «Bueno está, reinas;
bueno está: chico pecado».   40

   «No muy chico —dijo Andrés—,
que aquí no somos morlacos;
entre bobos anda el juego;
no sino güevos asados.»

   «¿Qué güevos, di, mal nacido?   45
—dijo Isabel sollozando—.
Eso merece la penca
que se empeña por cuitados.

   »Acuérdate que en Toledo,
en casa de aquel letrado,   50
antes que se le perdiese,
te hallaste un zurrón de cuartos

   »y que por respleute[6] mío,
soldasmente[7] te limpiaron
con toalla de vaqueta[8]   55
el sudor del espinazo.

   »Acuérdate que en Sevilla,
en casa de un veinticuatro,
sin licencia de su dueño,
se salió tras ti un caballo,   60

   »y porque no te arrojasen
a apalear los lenguados[9],
vendí catorce sortijas
y mi jubón largueado.

   »No me dejará mentir   65
Mondoñedo el escribano,

---

[6] *respleute*, respeto.
[7] *soldasmente*, solamente.
[8] *toalla de vaqueta*, correa.
[9] Es decir, «porque no fueses a galeras».

que, por no escupir al cielo,
no supo hacer mal a un gato.»
　　　Rebosábanle a Ganchoso
lo bebido y lo escuchado,　　　　　　　　　　70
y, desatando la sierpe,
dijo, el gabïón[10] calando:
　　　«Lo que ha dicho Valdepeñas
ha sido muy bien jablado,
y mentirá, voto al cinto,　　　　　　　　　　75
quien dijere lo contrario.»
　　　Andresillo, la del Cid,
de las alforjas, sacando[11],
hubo de haber la que llaman
una de todos los diablos;　　　　　　　　　　80
　　　porque Ganchoso, hecho un perro,
desabrigando el sobaco,
le tiró dos tarascadas
al cofre de lo mazcado.
　　　«Cáscaras», dijo Andresillo,　　　　　　85
y tiróle un hurgonazo
al barrio de los cuajares,
y otro a la calle del trago.
　　　Si, por milagro de Dios,
Ganchoso baja la mano　　　　　　　　　　90
un canto de un real de a dos,
lo cuela de cabo a cabo.
　　　Mas quiso Dios y la Virgen
que Jeromillo el mulato
llegase en éstas y estotras,　　　　　　　　95
que salía de lo caro[12].
　　　Desembarazó la vaina,
y, antes de llegar cien pasos,
puso en paz a los pobretes,
que es Jerónimo un Bernaldo[13],　　　　　100
　　　diciendo: «Entre dos amigos,
camaradas más que hermanos,

---

[10] *gabión*, especie de cesto cilíndrico, sin suelo, que servía para formar la trinchera. Aquí parece tener el significado de «sombrero».
[11] «Sacando la espada.»
[12] Supongo que quiere decir que salía de la mancebía.
[13] Es decir, tan valiente como un Bernardo del Carpio, aunque Quevedo juega con los nombres de *Jerónimos* y *Bernardos*.

no es razón que haya mojinas[14];
vaya el malo para malo.
»Estas señoras honradas   105
bien pudieran excusarlo;
mas el demonio es sotil;
son mujeres, no me espanto.»
       «No se jable más en eso
—dijo Andrés—; ya está acabado,   110
loado sea el Hijo de Dios.
Toca, Ganchoso.» Y, tocando,
       se volvieron a dar gracias
de los peligros pasados
a la ermita de san Sorbo,   115
en el altar de san Trago.

[Parnaso, 366]

862

POSTRIMERÍAS DE UN RUFIÁN

JÁCARA

       Descosido tiene el cuerpo
a jiferadas[1] Gorgolla,
muy cerca de ensabanar
sus bienes y su persona.
       A su cabecera asisten   5
Aruñón el de Zamora,
Zangullo y Garabatea,
la Plaga y Mari Pizorra.
       Díjole el médico: «Hermano,
vos camináis por la posta;   10
en manos de Dios os dejo;
no hay pulso para dos horas».
       «Pesia al hígado que tengo,
¿eso me dice con sorna?
Morir de tres puñaladas   15
es muertecita de mosca.

---

[14] *mojinas*, pendencias. Cf. el núm. 852, v. 109.
[1] *jiferadas*, cuchilladas, de «jifero», cuchillo.

»Digo que no vengo en ello,
no es mi gusto ni mi honra;
apelo para un milagro;
la medicina sea sorda.   20

»Muérase de tres mohadas[2]
un calcillas y una monja;
eso, y morir de viruelas,
a los chiquillos les toca.

»Dile yo siete hurgonadas   25
a Palancón el de Ronda,
y levantóse en tres días,
¿y quiere que yo me esconda?

»Por lo que me ha visitado,
venda vusted esa cota,   30
que no se la pasarán
sino sus recetas solas.

»¿De su antuvión[3] no me escapo,
y escapéme de la horca,
no siendo vusté y su mula   35
menos palo y menos soga?»

En esto oyó los suspiros
que pujaba la Chillona,
con un llanto salpicón,
vertido a pura cebolla.   40

Díjola: «¿Por qué me vendes
ojos yescas por esponjas?
No me acudas con pucheros,
que aun me saben bien las ollas.

»Dice que el pulso me falta;   45
pues andemos a la morra[4];
cachetes, y no aforismos,
se lo dirán en la cholla.

»¿Cuándo se vio que muriese
hombre que sin asco sorba?   50
Si a la bota lo preguntan,
todo mi mal es de gota.»

La cuitada, que desea
que su conciencia disponga,

---

[2] *mohadas*, mojadas, cuchilladas. Vid. el núm. 856, v. 35.
[3] *antuvión*, golpe o acometimiento repentino.
[4] *andar a la morra*, como «andar al morro», andar riñendo, darse golpes.

no sé qué de testamento 55
le dijo con la voz honda.
   «¿Testamento? —dijo el jaque—.
¿Al escribano me nombras?
Yo quiero escurrir el jarro,
no quiero escurrir la bola. 60
   »¿Qué bienes muebles atisbas?
¿Qué raíces y qué joyas?
Haga por mí testamento
quien lo que debo no cobra.
   »¿Agora quieres que gaste 65
en ítem mases mi prosa,
cuando solamente en ti
dejaré una buena joya?
   »Yo no he de ser calavera
de las que dan en mandonas, 70
pues ninguno acetará
mi pellejo ni mi sombra.
   »Cuando haga testamento,
uña en que hacerle me sobra,
no ha menester lo del "Sepan" 75
una vida tan idiota.
   »Si de hoy en seiscientos años
estirare yo las corvas,
de mí sabrán las narices
lo que tocare a mi losa. 80
   »A muertos de mogollón⁵,
da de balde la perroquia,
de sepultura y asperges,
en el cimenterio, sopa.
   »A niños de la doctrina⁶ 85
no pienso pagar la solfa:
música que no he de oílla,
que la pague quien la oiga.»
   Díjole Garabatea:
«Amigo, la vida trota; 90
afufarse⁷ quiere el alma:
la güesa viene de ronda.

---

⁵ *de mogollón,* de gorra, de balde.
⁶ *niños de la doctrina,* se llamaban así a los acogidos a ciertos
colegios para niños pobres o huérfanos; solían llevar una vela en
los entierros, y cantar.
⁷ *afufarse,* huir. Cf. el núm. 856, v. 39.

»¡ Al demonio habéis de ver
con sus garras y su cola !»
«No me curo de guiñapos   95
—respondió con la voz ronca—.
»Yo le daré con las cruces,
si aquí se mete de gorra,
tal tunda, que se le acuerde
del látigo de la gloria.»   100
Y añadió, viendo aprestados
dos pelluzgones de estopa:
«¿ El postrer moño me endilgan ?
¡ Por Dios, que estamos de gorja⁸ !
»¿ Las estopas me aparejan   105
sin ser uso de fregona ?
¿ Soy yo buñuelo de burlas,
o soy de veras ventosa ?
»¿ No sabes lo que has de hacer ?
Contigo hablo, pelota: 110
arrebata de una rueca,
y hilarás una mazorca.»

[*Parnaso*, 371]

863

[Jácara de la venta]

Ya se salen de Alcalá
los tres de la vida airada:
el uno es Antón de Utrilla,
el otro Ribas se llama,
el otro Martín Muñoz,   5
sombre[re]ro de la fama.
Camino van de Madrid,
adonde la Corte estaba.
Llevan bravos ferreruelos¹;
por toquillas llevan bandas,   10
unas con cairel de oro
y otras con cairel de plata.

---

⁸ *estar de gorja*, estar uno alegre, festivo. Cf. núm. 696, v. 4.
¹ *ferreruelo*, capa corta.

Y en la venta de Viveros
se encontraron con tres damas,
adonde, por alegrarse,   15
esto de la venta cantan:
  «¡*Urruá, urruá, que en la venta está!*
¡*Urruá, urruá, que en la venta está!*»

«¿Dónde va tanto rigor,
valentía amontonada?»   20
«Negras, vamos a Madrid,
a negocios de venganza.»
  Allí hablara Marianilla
como mujer de importancia:
«No vayas allá, mi vida;   25
no vayas allá, mi alma:
  »que en la Corte, los valientes
reparan con las espaldas
el rigor de los jüeces
que están en aquella sala.   30
  »Y ese bravo de Portillo
con velleguines[2] de guarda,
si allá vas, te ha de prender:
más vale salto de mata.»
  «¡Vive Dios, que tengo de ir,   35
y dalles más cuchilladas
a los criados y a él
que tienen coleto y calzas.»
  «¡*Ay, Antón, que no te me vayas,*
porque me llevas la vida y el alma!»   40

«No se ha de alabar Portillo
de que le huyo la cara,
que en la suya pondré yo
la bula de mi cruzada;
  »que si tengo muchas deudas   45
de partidas asentadas,
la menor será de todas
hacelle dos mil tajadas.
  »Al salir de la taberna,
después de veinte coladas[3],   50

---

[2] *velleguín*, criado de la justicia.
[3] *colada*, copa.

toparé con la justicia,
que es honra mía buscalla;
	»porque después de las copas
andan muy bien las espadas:
que con agua fria pendencia			55
será pendencia de ranas;
	»y en todas mis pesadumbres
puntas y reveses andan,
que en mi vida tiré tajo
porque no supiese a agua.			60
	»¡Qué será ver los corchetes
entre broqueles y mallas,
unos de resurrección
y otros sobre las espadas!
	»Madrid es madre de todos;			65
embajadores no faltan,
donde de día estaremos,
que de noche todos campan.
	»Mi amor te da la obediencia,
mas concédeme que vaya			70
a asegurar tu temor
y a tomar por ti venganza.
	»Para la segunda parte,
lo que con Portillo pasa,
convido a vuesas mercedes,			75
y eso de la venta vaya:
	«¡Urruá, urruá, que en la venta está!
¡Urruá, urruá, que en la venta está!»

[Ms. 3.700, Bibl. Nacional, f. 72]

864

JACARANDINA

Estábase el padre[1] Ezquerra
en la cuexca[2] de Alcalá,
criando, como buen padre,
las hijas de Satanás.

---

[1] *padre*, pero de la mancebía. El que tenía a su cargo el gobierno y administración de la mancebía.
[2] *cuexca*, mancebía. Es voz germanesca.

Allí estaba la Garulla, 5
la Gangosa y la Peral,
la Plaga y otras señoras
de hedionda honestidad.
Culillos, la desmirlada,
acababa de llegar, 10
la que pasó por verruga
un encordio en Alcaraz.
Güera y gafa[3] y sin gallillo,
a fundar enfermedad,
vino de Ocaña la Miza 15
y puso tienda del mal;
la Chillona, que introdujo
los dácalas y el jurar
y la primera que en Burgos
puso la gatesca a real; 20
Ginesa, culo de hierro,
la que enseñó a pregonar
a diez y seis, y rapado
el gusto, en el Arenal;
con nalgas atarantadas[4], 25
la Berrenda de Roldán
pasó plaza de alquitara
y destilaba el lugar.
Dice que es lo suyo a gritos
la coche Caravajal, 30
por lo chiquito, el rey moro,
por lo estrecho, Gibraltar.
Todas estaban en celo,
avijonando un patán,
que en una mano las bragas 35
lleva, y en otra el caudal.
Una le enseña las piernas,
otra cierne el delantar;
aquí le sacan la lengua,
allí del ojo le dan. 40
La Plaga, como impedida,
no pudiendo zarandar[5],

---

[3] *Güera y gafa*, seca y medio paralítica.
[4] *atarantadas*, inquietas, bulliciosas.
[5] *zarandar*, colar el dulce con la zaranda, la criba.

con un tonillo achacoso,
cantó las barbas de Adán.
   Los relinchos de la porra   45
responden a su cantar:
que tiene muy supitañas
las chorretadas y el zas.
   A la Plaga se encamina,
llevado del ademán,   50
mujer que peló una calle
con un suspiro no más.
   Volcóla en el trincadero
con furor paternidad,
descubriéndola el bostezo   55
que nos sorbe el orinal.
   Mostraba aquel personaje
por melena de alemán,
de zurriagazos de pijas,
desportillado el mear.   60
   Hocicadas de derechos
miró por toda su faz
y un pendejo jacerino[6],
por ser pendejo de armar.
   Sobre ella se echó de buces,   65
que por su furia infernal
se le saltaron los sesos
en los pelos del zaguán.
   A cántaros descargaba
a la puerta, sin entrar,   70
gotas que tuvo achocadas[7]
desde esotra navidad.
   Ella que vio la presteza
y vómitos que le dan,
embadurnada, y no harta,   75
dijo, limpiando el lagar:
   «Cámaras[8] tenéis, el payo,
en el miembro genital,

---

[6] *jacerino*, de cota de malla. Cf. núms. 753, v. 6 y 759, v. 41.
[7] *achocadas*, colocadas unas detrás de otras, como las monedas que se colocan de canto. Cf. el núm. 732, v. 87.
[8] *cámara*, diarrea. (Es parodia del principio de cierta canción popular en la época, que comienza «Cámaras tenéis, amigo, / y duélenos».)

estampija; no estangurria,
os lleva el gusto en agraz.   80
   »Esperma lluvia os aviso
que es bellaca enfermedad,
porque un züardo estreñido
menos vierte y dura más.
   »Porra que lo hace con pujo   85
gusto y dinero nos da,
que la que descarga chirle
moja el pecado mortal.»
   Diéronse sendos limpiones
con andrajo de Ruán;   90
y ella cobra por entero,
aunque él pecó la mitad.
   Sobre un cuarto navarrisco[9],
y en cuartillo por sellar,
hubo araños y empellones   95
y amenazas de rufián.
   A los gritos salió el padre
con ropa de levantar,
apurando una tajada
con dos mendrugos de pan.   100
   Las niñas de la gotera[10],
en asomando la faz,
encaramaron las uñas,
empinaron el chillar.
   Engarrafóle el sombrero   105
Culillos la de Roldán;
dos tiran de la pretina,
otra le arranca un puñal.
   Las bofetadas andaban
donde las toman las dan,   110
los araños paga en coces,
que allí no se mete paz.
   La Plaga le hizo presa
en el nones de empreñar;
dos dedos se vio de tiple,   115
y a pique de Florián[11].

---

[9] *cuarto navarrisco,* moneda de escaso valor.
[10] *niñas de la gotera,* rameras.
[11] Florián, cierto cantor, capón, de la época.

«Parecemos caldereros
(dijo su paternidad,
llena la voz de migajas,
viendo revuelto el zaguán).   120
»Restitúyanle lo suyo;
trátese toda verdad;
vuélvanle los compañones
y el engendrador pulgar.»
Soltó la Plaga al instante   125
la herramienta del pecar,
en tortilla el cosquilloso,
en oblea lo demás.
Él, por el postigo afuera,
salió como un gavilán,   130
diciendo: «¡Qué caro vende
el infierno Satanás!»

[Ms. 108, Bibl. Menéndez Pelayo, f. 192,
editado por Astrana Marín, que no debió
de ver el ms., puesto que sólo edita 88
versos. Faltan del 37 al 80.]

BAILES

Los valientes y tomajonas*

BAILE

Todo se lo muque[1] el tiempo,
los años todo lo mascan,
poco duran los valientes,
mucho el verdugo los gasta.
 Son nuestras vidas un soplo;   5
hácennos grande ventaja
las vidas de los corchetes,
que de cien mil soplos[2] pasan.
 Vimos a Diego García,
cernícalo de uñas blancas,   10
soplavivo y soplamuerto,
árbol seco de la guanta[3];
alguacil que de ratones
pudo limpiar toda España,
cañuto[4] disimulado   15
y ventecito con barbas.
 Reinando en Andalucía
Butrón el de Salamanca,
so el poder de la Villodres,
floreció el buen Marco Ocaña.   20

---

* Posterior, por lo menos, a 1616, por las alusiones a los bailes
derivados del *Escarramán*, al que ya se considera «hecho tierra»
(v. 121). Pero se publicó en los *Romances varios* de 1643.
 [1] *muque*, come. Es voz de germanía.
 [2] *soplos*, delaciones.
 [3] *árbol seco de la guanta*, alguacil de la mancebía. Es también
voz germanesca, como otras de este poema. Cf. núms. 856, v. 37 y
853, v. 76.
 [4] *cañuto*, soplón; lo mismo que *ventecito*, del verso siguiente.

Más hombres asió que el vino;
más corrió que las matracas;
más robó que la hermosura;
más pidió que las demandas.

Fueron galgos del verdugo, 25
que le trujeron la caza,
Móstoles el de Toledo,
Obregón el de Granada.

Carrascosa, en Alcalá,
era duende de la manfla[5]; 30
hombre que a un sello en el golpe
le quiso quitar las armas.

En Sevilla, Gambalúa
fue corchete de la fama,
ventalle de las audiencias, 35
fuelle de todas las fraguas.

Con la muerte de estos vientos,
el mundo se quedó en calma;
mas toda pluma es ventosa
y todo alguacil la saja. 40

¡Quién vio a Gonzalo Jeñiz,
a Gayoso y a Ahumada,
hendedores de personas
y pautadores de caras;

al Garcés, en la hermosura, 45
Olmedo el de Calatrava,
en el pescuezo de un remo
estirándose las palmas;

en Zaragoza la bella,
a Martín de Santa Engracia, 50
que hizo los gigantones
con el verdugo en la plaza!

¡Quién vio a Perico de Soria,
sastre de vidas humanas,
matar con un agujón 55
más hombres que el beber agua!

Después, en cabo de Palos,
dio el pobrete con su barca,
y hecho racimo con pies,
se meció de mala gana. 60

---

[5] *manfla,* burdel. Cf. 857, v. 37.

Siguióle Lucas de Burgos,
y su hembra la Chicharra
de pena vendió mondongo
un año en la Jamardana.

El Tonelero acabó,   65
y el Afanador de Cabra
de un sonecillo de suela
repicado en las espaldas.

De un torniscón de una losa,
Pantoja, flor de la altana[6],   70
murió: lloráronle todos
los que navegan en ansias[7].

En Valladolid la rica,
campó mucho tiempo Malla,
y su Verenda gozó   75
el reino de las gitanas.

Mandáronle encordelar
los señores la garganta,
y oliendo las entrepiernas
al verdugo, perdió el habla.   80

De enfermedad de cordel,
aquel blasón de la espada,
Pero Vázquez de Escamilla,
murió cercado de guardas.

Fue respetado en Toledo   85
Francisco López Labada,
valiente de hurgón[8] y tajos,
sin ángulos ni Carranza[9].

Pasaron estos jayanes,
y los que siguen su manga[10],   90
por ellos, con vino tinto,
enlutada sed arrastran,

y entre lágrimas dormidas
por sus cuerpos y sus almas,
hacen el cabo de tragos,   95
y el túmulo, de las tazas.

---

[6] *flor de la altana*, flor de la iglesia, por acogerse siempre a sagrado. Vid. otra referencia en el núm. 869, v. 51.
[7] *ansias*, penas.
[8] *hurgón*, estocada.
[9] *Carranza*, el célebre tratadista Jerónimo de Carranza, autor de un famoso tratado de esgrima, titulado *Filosofía de las armas*, 1569.
[10] *manga*, partida, grupo de gente armada.

Veis aquí a *Escarramán*[11],
gotoso y lleno de canas,
con sus nietos y biznietos,
y su descendencia larga.   100

Del primero matrimonio
casó con la *Zarabanda*,
tuvo al *¡Ay!, ¡ay!, ¡ay!* enfermo,
y a *Ejecutor de la vara*.

Éste, andando algunos días   105
en la *Chacona* mulata,
tuvo a todo el *Rastro viejo*
y a los de la *Vida airada*.

El *Rastro viejo* casó
con la *Pironda*, muchacha   110
de quien nació *Juan Redondo*,
el de la rucia y la parda.

Juan Redondo fue soltero;
tuvo una hija bastarda,
que llaman la *Vaquería*,   115
mujer de buena ganancia.

Por ella de *Escarramán*
tienen por hembra la casa
las *Valientas* y *Santurde*
en el baile de las *Armas*.   120

Hecho está tierra el buen viejo,
y, con todo, no se hallan
sin sus bailes los tablados,
sin sus coplas las guitarras.

Y para que no se acabe   125
su familia ni su casta,
y porque los gustos tengan
rumbo y fiesta, baile y chanza,

en la ciudad de Toledo,
donde los hidalgos son,   130
nacido nos ha un bailito,
nacido nos ha un bailón.

Chiquitico era de cuerpo
y grande en el corazón;
astilla de otros valientes;   135
chispa de todo furor.

---

[11] *Escarramán*, famoso baile de la época, como los que se citan
en los versos siguientes.

Mató a su padre y su madre,
y un hermanito el mayor;
dos hermanas que tenía
puso al oficio trotón.   140

Una puso en la taberna
para todo sorbedor;
la otra, por más hermosa,
llevó a ganar al Cairón.

La niña, como novata,   145
no sabe navegar, no;
y el rufián, como es astuto,
dábale aquesta lición:

«Yo soy el rufián Tasquillos,
el rufián Mendrugo soy;   150
todo valiente barbado
oiga a lampiño dotor.

»Valientes que por su pie,
teniendo ya treinta y dos,
se fueron, como a la pila,   155
a lo penoso y rigor,

»son valientes convertidos:
sólo soy valiente yo,
que en el vientre de mi·madre
ascuras tuve cuistión.   160

»En el nombre de Maladros,
nuestro padre fundador,
sea, niñas, el daca y daca
tema de vuestro sermón.

»"¡Vive el dador!", dicen todos   165
desde que el mundo nació;
mas "el prometedor vive",
no lo ha dicho humana voz.

»De oficiales y tenderos,
y de todo cosedor,   170
todo dinero es dinero;
no tiene casta el doblón.

»El dinero del judío
y el dinero del señor,
todos prueban de la bolsa;   175
todos de un linaje son.

»Moneda que no se toma
es la moneda peor:

poco dinero, es dinero;
un real con otro, son dos.   180
      »Para ser mujer de prendas,
toma prendas de valor,
vida, y ásete a las ramas:
que prendas dineros son.
      »No haya almuerzo ni merienda,   185
comida ni colación,
pues por desquitarla el dueño
come más que un cavador.
      »Cajeros de ginoveses
regalado peje son;   190
esponjas para sus amos,
que, apretadas, dan licor.
      »Vejecito escribanía,
pues que, bien mirado al sol,
es tinta y papel su barba   195
de la pluma que guardó.
      »Mancebito perniborra,
dulcísimo paseador,
conjúrale como a peste
y échale en otra región.   200
      »Caballero linajudo,
desabrigado amador
que paga en genealogías,
métase a coronicón.
      »Donosos y bien hablados,   205
todo cuerpo bailador,
gaste con otro las gracias
y contigo el talegón.
      »Señoría, si es Venecia
o Génova, buenas son: 210
que hay señorías caninas
y título ladrador.
      »No titularás en vano,
es mandamiento mayor:
más vale doblón picaño   215
que príncipe sin doblón.»

Otras

«Porque veas que sabemos
de memoria la lición,
toca, que cuanto tocares
será la dotrina de hoy.»   220

Gusto y valentía,
dinero y juego
tiene la que no admite
prometimientos.

Dígalo *Rastrojo*,   225
que, de prudente,
de contado paga
lo que le quieren.

Helo por do viene
mi *Juan Redondo*,   230
con su cruz y sus armas
en el de a ocho.

Dime, ¿qué señas tiene
tu enamorado?
Es como un oro lindo,   235
doble y cruzado.

Dale, Perico;
no digo listones:
cadenas, digo.

Dale, muchacho;   240
que con darle camina
todo ganado.

Háganse a zaga;
que se ahorcan las mulas
con quien no paga.   245

De la *Carretería*
el baile es éste;
camino carretero
fue darlas siempre.

[*Parnaso*, 374]

866

LAS VALENTONAS, Y DESTREZA*

BAILE

Helas, helas por do vienen
la Corruja y la Carrasca,
a más no poder mujeres,
hembros de la vida airada.
  Mortales de miradura   5
y ocasionadas de cara,
el andar a lo escocido,
el mirar a lo de l'hampa.
  Llevan puñazos de ayuda
como perrazos de Irlanda,   10
avantales voladores,
chapinitos de en volandas.
  Sombreros aprisionados,
con porquerón en la falda,
guedejitas de la tienda,   15
colorcita de la plaza.
  Miráronse a lo penoso,
cercáronse a lo borrasca,
hubo hocico retorcido,
hubo agobiado de espaldas.   20
  Ganaron la palmatoria[1]
en el corral de las armas,
y encaramando los hombros,
avalentaron las sayas.

CORRUJA: De las de la hoja   25
              soy flor y fruto,
              pues a los talegos
              tiro de puño.

CARRASCA: Tretas de montante[2]
              son cuantas juego;   30

---

* Se publicó también en *Romances varios*, de 1643.
[1] *ganar la palmatoria*, ganar la palmeta. El niño que llegaba el primero a la escuela tenía derecho a obtener la palmeta que usaba el maestro para castigar.
[2] *tretas de montante*, tretas de esgrima. Cf. núm. 708, v. 100.

a diez manos tomo
y a dos peleo.

   Luego, acedada de rostro
y ahigadada de cara,
un tarazón[3] de mujer,   35
una brizna de muchacha
   entró en la escuela del juego:
Maripizca la Tamaña,
por quien Ahorcaborricos
murió de mal de garganta.   40
   Presumida de ahorcados
y preciada de gurapas[4],
por tener dos en racimo,
y tres patos en el agua,
   con valentía crecida   45
y con postura bizarra,
desembrazando a las dos,
en esta manera garla:

   «Llamo uñas arriba
a cuantos llamo,   50
y al recibo los hiero
uñas abajo.

   »Para el que me embiste
pobre y en cueros,
siempre es mi postura   55
puerta de hierro.»

   Rebosando valentía,
entró Santurde el de Ocaña;
zaino viene de bigotes
y atraidorado de barba.   60
   Un locutorio de monjas
es guarnición de la daga
que en *puribus* trae al lado,
con más hierro que Vizcaya.

---

[3] *tarazón*, trozo que se parte o corta de alguna cosa, especialmente de carne o pescado.
[4] *gurapa*, galera, voz de germanía. Cf. 867, v. 1.

Capotico de ante mulas,   65
sombrerico de la carda[5],
coleto de por el vivo,
más probado que la Pava.
    Entró de capa caída,
como los valientes andan,   70
azumbrada[6] la cabeza
y bebida la palabra:

«Tajo no le tiro,
menos le bebo;
estocadas de vino   75
son cuantas pego.»

    Una rueda se hicieron;
¿quién duda que de navajas?
Los codos tiraron coces;
azogáronse las plantas;   80
    trastornáronse los cuerpos,
desgoznáronse las arcas,
los pies se volvieron locos,
endiabláronse las plantas.
    No suenan las castañetas,   85
que, de puro grandes, ladran,
mientras al son se concomen,
aunque ellos piensan que bailan.
    Maripizca tomó el puesto;
Santurde tomó la espada;   90
con el montante el maestro[7]
dice que guarden las caras.

«De verdadera destreza
soy Carranza[8],
pues con tocas y alfileres   95
quito espadas.

»Que tengo muy buenos tajos
es lo cierto,

---

[5] *carda,* de gente de la carda, pícaros, valentones.
[6] *azumbrada,* bebida, por la medida «azumbre».
[7] Términos del juego de esgrima, como los siguientes.
[8] Es Jerónimo de Carranza. Véase la nota 9 en la pág. 1263.

y algunos malos reveses
también tengo.   100

»El que quisiere triunfar,
salga de oros,
que el salir siempre de espadas
es de locos.»

MAESTRO: Siente ahora la Corruja.   105
CORRUJA: Aquesta venida vaya.
MAESTRO: Jueguen destreza vuarcedes.
SANTURDE: Somos amigos, y basta.
MAESTRO: No es juego limpio brazal.
CORRUJA: Si no es limpio, que no valga. 110
MAESTRO: Siente vuarced.
SANTURDE: Que ya siento,
y siento pese a su alma.

Tornáronse a dividir
en diferentes escuadras,
y denodadas de pies,   115
todas juntas se barajan.

Cuchilladas no son buenas;
puntas, sí, de las joyeras.

Entráronme con escudos,
cansáronme con rodelas;   120
cobardía es sacar pies;
cordura sacar moneda.
Aguardar es de valientes,
y guardar es de discretas;
la herida de conclusión   125
es la de la faltriquera.
Cuchilladas no son buenas;
puntas, sí, de las joyeras.

Ángulo agudo es tomar;
no tomar, ángulo bestia;   130
quien viene dando, a mi casa
se viene por línea recta.

La universal es el dar;
cuarto círculo, cadena;
atajo, todo dinero;   135
rodeo, toda promesa.
  Cuchilladas no son buenas;
  puntas, sí, de las joyeras.

El que quisiere aprender
la destreza verdadera,   140
en este poco de cuerpo
vive quien mejor la enseña.

                                          [*Parnaso,* 377]

867

LOS GALEOTES

BAILE

Juan Redondo[1] está en gurapas[2],
lampiño por sus pecados,
porque dicen que cogió
treinta doncellas su carro.
  Por bailarle, diez vïudas   5
se hicieron diez mil andrajos;
empobreció mil barberos:
dejaron barbas por saltos.
  Dale, Perico murió;
que el dar matará a los diablos,   10
y por esta muerte y otras
vino a varear pescados.
  Por pedigüeño en caminos
es prebendado del charco;
porque arremangó una tienda,   15
porque pellizcó unos cuartos.

De adentro

¡El viento salta de tierra!
¡Mar bonanza! ¡Cielo claro!
¡Zarpá ferros! ¡Tocá a leva!

---

[1] *Juan Redondo, Dale, Perico,* etc., son bailes de la época.
[2] *gurapas,* galeras. Cf. 866, v. 42.

Suena una trompeta y salen la Cor[r]uja *y la* Pironda

Pironda: ¡A lindo tiempo llegamos!   20

Salen Juan Redondo *y* Santurde, *uno por un lado y otro por otro, con vestidos de forzados y birretes*

Santurde: ¡Partenza en nombre de Dios!

Juan Redondo: Lleve Bercebú este cabo.

Corruja: ¿Es Juan Redondo?

Pironda: ¿Es Santurde?

Juan Redondo: Los dos son, menos el santo.
      Oliscado me han vustedes   25
a personas del trabajo;
cuerpos de alquiler parecen,
y doncellitas de a cuatro.
      Cuando yo estaba en el siglo,
pienso, si ya no me engaño,   30
que las conocí a las dos
fruteritas del pecado.

Corruja: ¡Qué poca memoria tienen
los señores prebendados,
gradüados de peonza,   35
que andan a puro azotazo!

Pironda: ¿La Pironda y la Cor[r]uja
tan apriesa se olvidaron,
masicorales de bolsas[3],
y jugadores de manos?   40

Juan Redondo: ¡Pironda!...

Santurde: ¡Cor[r]uja!...

---

[3] *masicoral*, el que hacía ciertos juegos de mano. Aquí, «ladrones».

JUAN REDONDO: Hijas,
    desde que tengo este cargo,
    por vida del rey (que al fin
    soy costiller de sus bancos),
      que no he tenido más gusto.   45

SANTURDE: Ni yo he tenido descanso
    desde que empujo maderos
    y todos los golfos rasco.

CORRUJA: ¿No eran mejor las guitarras
    que los calabreses largos?   50
    Carretero fuiste, amigo,
    y en los caminos, cosario.

JUAN REDONDO: Troqué las ventas en golfos,
    y los caminos en faros,
    y las ruedas por los remos,   55
    y en este capote el sayo.

SANTURDE: ¡Malditas sean las ballenas
    y benditos sean los asnos,
    aunque en él, a puras pencas,
    se torne el verdugo cardo!   60
      Mulas pido y no delfines;
    salmones trocaré a grajos.

JUAN REDONDO: Lloro por el «¡Arre!», hija,
    en oyendo estos vocablos:
      «cala remos, pasa, boga,   65
    iza, canalla, a lo alto.»
    ¿En dónde estás, carro mío,
    que no te duele mi agravio?

SANTURDE: O no lo sabes, sin duda,
    o eres ya desleal, carro[4].   70

---

[4] Parodia de los conocidos versos del romarce del Marqués de Mantua:

    «¿Dónde estás, señora mía,
    que no te duele mi mal?
    O no lo sabes, señora,
    o eres falsa y desleal.»

| PIRONDA: | ¿Hase olvidado el bailar |
| | entre duelos y quebrantos? |

| SANTURDE: | Quien bien baila, tarde olvida. |

JUAN REDONDO:	Báilase mortificado.
	Puede tanto el natural,
	el son, la mudanza, el garbo,
	que bailamos el azote,
	la galera y el trabajo.

(75)

CORRUJA:	Mientras la prima rendida[5]
	se llega, señor hidalgo,
	vaya un poco de galera.

(80)

| SANTURDE: | Pues cante y mande nuestro amo. |

Un BAILARÍN, *por cómitre, con un pito, y cantan los* MÚSICOS

Cuando Amor quiere mandar
a los amantes remar,
como cómitre maldito,
lo primero toma el pito,
que lo primero es pitar.

(85)

Y cuando el amante espera
que ha de estar el pito mudo,
porque estén de su manera,
siendo el cómitre desnudo,
dice a todos «¡Ropa afuera!»

(90)

Quítanse todos la ropa

¡Ah, chusma, ropa afuera!
¡Ropa afuera, canalla!
Vayan fuera esas ropas;
vengan acá esas sayas.

(95)

---

[5] *prima*, primero de los cuartos en que para las centinelas se dividía la noche, y comprendía desde las ocho a las once.

Calar remos a una;
que el amante que guarda,
es menester que reme,
que la pobreza es calma.   100

Entren los espalderes[6]
con una boga larga,
saluden sin trompetas
a nuestra capitana.

Píquese más la boga,   105
que vamos dando caza,
porque nos den cambrayes
y diamantes y holandas.

Un dadivoso siento
soplar por las espaldas;   110
hágasele trinquete,
entena, mola[7] y gavia.

Dadle todas las velas
a quien da y a quien paga,
y fáltenle candiles   115
a quien ahorra y guarda.

Haced el caro al rico;
no hagáis al pobre cara;
iza, Cornara, iza;
da el timón a la banda.   120

Orza, puja en el precio,
que corremos borrasca;
guárdate de los secos,
de condición avara.

Y si fueren de oro,   125
éntrate por las barras.
Quien da en viejas, da en tierra:
ese pobre se encalla;

quien da en niñas de quince,
asegura su barca.   130
Puerto Rico es buen puerto,
que los demas son playa;

---

[6] *espalderes*, remeros que iban de espaldas a la popa de la galera para mirar y gobernar a los demás, marcando con su remo el compás de la boga.

[7] *mola*, término náutico catalán: el montón de soga hecha de cuerda de cáñamo arrollada de manera que pueda desenrollarse rápidamente.

para vanas y locas,
el Morro de la Habana.
Bailaremos, amaina, amaina,   135
pasa boga, canalla.

Haz tu curso, niña,
si es que navegas;
no de puerto en puerto,
de puerta en puerta.   140

De los mercaderes
a los plateros,
para sacar oros,
echa tus ferros[8].

No navegues nunca   145
con los Levantes,
que Ponientes de casa
son Buenos Aires.

Bajelito nuevo,
¡ay, que me anego!   150
¡Ay, que me ahogo,
y me matan las velas
a puros soplos!

Aires mejicanos,
venid y llevadme,   155
que los aires sin blanca
son malos aires.

¡Ay, que me ahogo,
y me matan las velas
a puros soplos!   160
¡Ay, que me aniego,
bajelito nuevo,
ay, que me aniego!

Fregatica nueva,
¿qué vas buscando?   165

---

[8] *ferros*, anclas.

Remolinos de pajes
y de lacayos.

Galeón tusona[9],
ten desde luego
la carrera de Indias   170
por tu paseo.

¡Ay, que me anego,
bajelito nuevo!
¡Ay, que me ahogo,
y me matan las velas   175
a puros soplos!

[*Parnaso,* 380]

868

Los sopones de Salamanca

BAILE

Un licenciado fregón,
bachiller de mantellina[1],
grande réplica en la sopa,
grande argumento en Esquivias,
de noche es el *quidam pauper*[2];   5
es el dómine de día;
si le convidan, bonete;
gorra, si no le convidan.
En vademécum de pez[3]
lleva lición de las viñas,   10
dicípulo a todas horas
de Platón y de Escudilla[4].

---

[9] *tusona,* ramera, buscona.

[1] *mantellina,* mantilla. Pero Quevedo juega con la voz *mantener* también.

[2] *quidam pauper,* un cualquiera, cualquier pobre. Cf. núm. 872, verso 63.

[3] *vademécum de pez,* una bota de vino. Llamábase «vademécum» al cartapacio o cartera de badana en que llevaban los estudiantes los libros y papeles.

[4] Es un juego de voces entre *escudilla,* especie de tazón grande, y un derivado quevedesco de Escoto, cuyos libros se estudiaban en la Universidad del siglo XVII.

Lleva por cuello y por puños
sus asomos de camisa,
talle de arrasar habares,   15
cara de engullir morcillas.
    Con un ferreruelo calvo[5]
y una sotana lampiña,
de un limiste[6] desbarbado,
entre capón y polilla,   20
    muy atusado de bragas,
muy único de camisa,
para el bodegón, Escoto,
para la estafa, tomista,   25
    a recibirle salió
(el Señor se lo reciba),
para las noches muy ama,
para las compras muy sisa,
    Catalina de Perales,
una gallega maldita,   30
más preciada de perniles
que Rute y Algarrobillas[7].
    Muy poco culta de caldos
por su claridá infinita,
abreviadora de trastos   35
dentro de una almondiguilla,
    y para el carnero verde
mujer de tan alta guisa,
que aun a la Libra del cielo
hurtara la media libra.   40
    Arrufaldada[8] de cara
y arrufianada de vista,
y la color y el aliento
entre cazuela y salchicha.
    Y porque oyendo latín   45
la conozca por la pinta,
la cantó muy cicerona
esta comezón latina:

---

[5] *ferreruelo*, capa corta, sin cuello ni camisa. *Calvo* porque por
el mucho uso y roce estaba ya pulido, brillante como una calva.
  [6] *limiste*, cierta clase de paño ordinario que se fabricaba en
Segovia.
  [7] Pueblos que llevaban fama por sus perniles.
  [8] *arrufaldada*, levantada o arremangada de faldas y también
arrufianada. Quevedo juega con los dos sentidos.

«*Pulgas me pican;*
el candil está muerto;   50
ergo sequitur sequitur
que me pican a tiento.

»Pulgas tengo, no hay dudar;
y si me dejo picar,
es de los que dan en dar   55
y con dineros replican.
Pulgas me pican;
el candil está muerto;
ergo sequitur sequitur
que me pican a tiento.»   60

Mal cosido y bien manchado,
lo que dicen hecho pizcas,
de sus zapatos morcillos,
apeó sus patas mismas
Martínez de Colombreras,   65
del bodegón porcionista[9],
catedrático de sexto
en casa de sus vecinas,
quien para dar madrugón
en la posada que habita,   70
mejor entiende en España
las leyes de la Partida[10];
en las vacantes de negra[11],
rige catreda de Prima,
y en materia de Digesto,   75
hombre que nunca se ahíta.
La Monda viene tras él,
encarnizada la vista
(si así guisara las ollas,
más medraran las barrigas),   80
tan aliñada de brodios
la vez que mondongoniza,

---

[9] *porcionista*, el estudiante que pagaba su pensión o porción en un colegio.
[10] Juego de voces entre *partida*, de *partir*, escapar, y *Partidas*, el famoso código.
[11] *negra*, de la espada llamada *negra*, para esgrimir. Cf. 736, v. 28.

que lo que en las tripas echa,
después hace echar las tripas.
  A las orillas de Tormes,   85
las topó su señoría,
que el título de corona[12]
ya de título se pica.
  Con un cañuto de sal
y en un pan unas sardinas,   90
presentaron la batalla
a un melonar y una viña.
  Y en tanto que el viñadero
o se ausenta o se desvía,
por amartelar los grumos,   95
cantaron esta letrilla:

  «Uva, si quieres subir
a la cabeza después,
hante de pisar los pies:
que no hay medrar sin sufrir.   100

  »Uva, déjate pisar,
si quieres ser estimada,
si no, veráste picada,
u dejaránte pasar.
  »Y si quieres preferir   105
tu humildad a cuantos ves,
hante de pisar los pies:
que no hay medrar sin sufrir.»

  Y porque el melón sabroso
no sienta que no le digan,   110
esta mortificación
le cantaron con malicia:

  «¡Qué hinchado y qué fanfarrón
entre las ramas habita!
Pues sepan que fue pepita,   115
aunque ya le ven melón.

---

[12] Quizá porque el licenciadillo llevaba una coronilla en la cabeza.

»La Fortuna, que le trata,
y con su verdor se huelga,
si no madura, le cuelga,
y si madura, le cata.   120
    »Dícenme que la hinchazón
por verdad nos la acredita:
pues sepan que fue pepita,
aunque ya le ven melón.

»Todas son burlas pesadas   125
en llegando el comprador,
pues cuanto fuere mejor,
más presto le harán tajadas.
    »Beso llama a la traición
del que su fin solicita: 130
pues sepan que fue pepita,
aunque ya le ven melón.

»Los que a su olor desalados
andan, como lisonjeros,
son los que por sus dineros   135
le han de comer a bocados.
    »Lo escrito del cortezón
viene a ser sentencia escrita:
pues sepan que fue pepita,
aunque ya le ven melón.»   140

[*Parnaso,* 383]

869

Cortes de los bailes

BAILE

Hoy la trompeta del Juicio
de los bailes de este mundo
al Parlamento los llama,
que en Madrid celebra el Gusto.

La Trápala y la Chacota,   5
la Hárbora y el Remusgo[1],
la Carcajada y el Vicio
quieren varïar el rumbo.

Los padres del Regodeo,
el bureo de los guros[2]   10
para remudar de bailes,
convocan los reinos juntos.

El *¡Ay!, ¡ay!, ¡ay!*[3] los lastima,
tan dolorido y tan mustio;
Escarramán los congoja,   15
preciado de la de puño[4].

Al *Rastro*, por presumido
de sabrosos descoyuntos,
ya no le pueden sufrir
las castañetas y el vulgo.   20

La *Capona* solitaria
y el *Tabaco* dado en humo,
por las malas compañías,
han perdido de su punto.

Y para que se mantengan   25
con movimientos sin susto,
el apetito los llama
a inventar nuevos columpios.

Ya por la imperial Toledo,
parlándolo viene el *Tufo*;   30
el *Rastro viejo* y *Rastrojo*
amenazan con los bultos.

Gusto y valentía,
dinero y juego,
todo se halla en la plaza   35
del *Rastro viejo*.

Dígalo *Rastrojo*,
que de valiente,
a puñadas come,
y a coces bebe.   40

---

[1] La juerga, la alegría.
[2] *guros*, alguaciles. Voz de germanía. Cf. núm. 856, v. 9.
[3] *el ¡Ay!, ¡ay!, ¡ay!*, baile de la época, como el *Escarramán*, tan famoso, el *Rastro*, y los que se citan, impresos en cursiva.
[4] *de la de puño*, de la espada.

Por la competencia antigua,
tras ellos despachó Burgos
a Inés la *Maldegollada*,
la melindrosa de tumbos.
    Hela, hela por do viene[5],   45
armada de enagua en puños,
pues con un *Ronquillo Alcalde*
prenden sus tonos a muchos.

    Armándose está en Utrera
ese buen *Miguel de Silva*,   50
flor de todas las altanas[6],
y el que otras flores marchita.
    Y por no callar con sorna,
sin que se entreven avispas[7],
a *Juan Malliz* pone al lado,   55
que es mohador[8] de la chica.
    El morciégalo de palo
lleva colgado en la cinta,
para que los sopetones
se detengan, si le atisban.   60

    Por Sevilla, *Escarramán*,
muy atufado y muy turbio,
con la Méndez a las ancas
bailaron nuevos insultos.

ESCARRAMÁN: Si tienes honra, la Méndez,   65
si me tienes voluntad,
forzosa ocasión es ésta
en que lo puedas mostrar.

MÉNDEZ: Si te han de dar más azotes
sobre los que están atrás,   70
o estarán unos sobre otros
o se habrán de hacer allá.

[5] Es imitación del famoso principio del romance viejo «Helo helo, por do viene...»
[6] *flor de todas las altanas*, flor de todas las iglesias, por acogerse siempre a sagrado. Cf. núm. 865, v. 70.
[7] *sin que se entreven avispas*, sin que se enteren los que avizoran. (Son voces de germanía.)
[8] *mohador*, mojador, heridor. De «mojar», herir. Cf. núm. 856, verso 35.

Muy lampiña la *Capona*,
y con ademanes brujos,
por Córdoba y por el Potro   75
viene calzada de triunfos.
Ésta es la *Capona*, ésta,
la que desquicia las almas,
la que sonsaca los ojos,
la que las joyas engaita.   80
Ésta bate por moneda
lo que mira y lo que baila,
Capona que a todo son
ya se le sube a las barbas.
Viene a votar por Jaén   85
Marianilla, la que supo,
al encontrar con sus marcas,
garlar en la venta puro.

Ya se salen de Alcalá
los tres de la vida airada,   90
el uno es Antón de Utrilla,
el otro Ribas se llama[9].
En la venta de Viveros
encontraron con sus marcas.
Allí habló *Marianilla*   95
como iza más anciana:
«Hételo por donde viene,
entre zambo y entre zurdo,
Juan Redondo por la Mancha,
carretero cejijunto.   100

»Hételo por do viene,
mi *Juan Redondo*:
hételo por do viene;
no viene solo.»

Y como padre de todos   105
y Adán de tanto avechucho,
el valiente *Escarramán*
de esta manera propuso:

---

[9] Estos cuatro versos son los del principio de la [*Jácara de la venta*], núm. 863.

«Están ya nuestros meneos
tan traídos y tan sucios,					110
que conviene que inventemos
novedades de buen gusto.
»Los movimientos traviesos,
estoy haciendo discurso,
¿de quién los aprenderemos					115
más vivos y menos burdos?
»¿De los locos? No me agrada.
¿De los bravos? Abernuncio.»

1.º:		Yo de los endemoniados
		lo más que he bailado estudio.				120
2.º:		No en balde te hacen guerra
		exorcismos y conjuros.

ESCARRAMÁN:	Si se han de estudiar meneos,
		ademanes, despachurros
			nuevos de risa y picantes,			125
		con tembladeras de muslos,
		yo digo que los tomemos
		de las cosquillas por hurto.

1.º:		Yo le sigo, yo lo apruebo.
2.º:		Yo concurro, yo concurro.					130

ESCARRAMÁN:	Pues no hay sino cosquillar,
		cosquíllese todo el mundo.
			Hijos, tocad a cosquillas,
		que ya las siento y me punzo.

MÚSICOS:		Todo hombre es concebido			135
		en cosquilla original:
		quien no las tiene en los lados,
		las tiene en el espaldar.
			Hay cosquilla cabriola,
		hay cosquilla mazorral,					140
		del concomo y del gritillo,
		con su poquito de ¡ay!
			Hay cosquillas de pellizco
		y cosquillas de arañar,

cosquillas de palpaduras 145
y cosquillaza mental.

Hay cosquillones barbados
en hombres de mucha edad,
que les están como al diablo
la cruz y el libro misal. 150

Cosquillas hay marïonas[10]
de risa con humedad,
cosquillas envergonzantes,
que andan de noche no más.

Cosquillas se usan postizas, 155
como pantorrillas ya;
quien de suyo no las tiene,
las compra donde las hay.

Siempre ha tenido Morales
cosquillas en el jugar; 160
mas la señora Jusepa[11]
no las consintió jamás.

Hay cosquillas pequeñitas,
de las que con ademán
dicen lo de la ventana, 165
y «haránme desesperar».

Para lo que se ofreciere,
advierta todo mortal
que no sufrimos cosquillas,
y las hacemos saltar. 170

[*Parnaso,* 385]

870

Las sacadoras

baile

En los bailes de esta casa
se advierte a todo cristiano
que han de sacar las mujeres,
que el hombre ha de ser sacado.

A sacar parto animosa 5
con mil uñas en dos manos;

---

[10] *marïonas,* de marión, afeminado.
[11] Alude a Jusepa Vaca, célebre actriz de la época, casada con Morales. Cf. núm. 847.

empezad, mis castañetas,
a requebrar los ochavos.
      Ladrad aprisa al dinero,
mis gozquecitos de palo,   10
ladrad y morded rabiosos
a las bolsas y a los gatos[1].
      Doblad por los avarientos,
tocá a nublo por bellacos,
repicad por dadivosos,   15
tañé a fuego por muchachos.
      Enterneced el dinero,
bien encaminados brazos;
haced en las faldriqueras
cosquillas a los dos lados.   20
      Dar pasos hacia el dinero
es andar en buenos pasos;
la mejor vuelta, cadena;
brinco de oro, el mejor salto.
      No porque salgo después   25
menos pido y menos bailo;
sacaros a todos quiero,
real a real y cuarto a cuarto.
      Castañetaza frisona[2]
son las armas que señalo,   30
concomo[3] de medio arriba,
bullido de medio abajo.
      Quisiera que fueran Judas
cuantos bailarines hallo:
que aun no me parecen mal   35
con bolsas los ahorcados.
      Allá voy con baile nuevo,
que *Escarramán* y los *Bravos,*
la *Corruja* y la *Carrasca*[4]
ponen miedo a los ancianos.   40
      Yo bailo a la Perinola,
y en cuatro letras señalo
saca y *pon,* y *deja* y *todo,*
con que robo por ensalmo.

---

[1] *gatos,* bolsillos para guardar el dinero.
[2] *frisona,* gorda, grande.
[3] *concomo,* como picazón interior, reconcomio.
[4] Bailes de la época. Vid. páginas anteriores.

    Yo los quiero relojes,   45
    y no muchachos,
    que me den cada hora
    y aun cada cuarto.

El reloj que me ha de dar,
y a quien tengo de querer,   50
cuatro horas ha de tañer:
de comer y de cenar,
de vestir y de calzar;
si no, luego le descarto.

    Yo los quiero relojes,   55
    [y no muchachos,
    que me den cada hora
    y aun cada cuarto].

Reloj que sin cuartos diere
horas muy bien concertadas,   60
ése da horas menguadas:
¡triste de la que le oyere!
El que cuartos no tuviere,
si tiene ochavos es harto.

    Yo los quiero relojes,   65
    [y no muchachos,
    que me den cada hora
    y aun cada cuarto].

Sale otra

Ya que mis dos hermanitas
a sacar se adelantaron,   70
mientras os sacan las dos,
yo, como indigna, os sonsaco.
    Reverencia os hace el alma;
ved que reverencia os hago,
que pudiera en un convento   75
ser paternidad a ratos.
    El caballero que da,
es caballero y le danzo:
quien guarda es el *Caballero,*

que de noche le mataron[5].   80
  Al villano se lo dan[6],
y quien no da es villano;
inviarle noramala
después de zapateado.
  Hágase rajas conmigo   85
en un baile de contado
el más pesado de pies
y más liberal de manos.

      La mejor mudanza
    es la que hago: 90
    del señor don Prometo
    a Pero Traigo.

            Sale el BAILARÍN

    Sacarme de mis casillas
  ha podido vuestro encanto;
  mas sacarme mi dinero,   95
  hijas, es negocio largo.
    Después que cuestan dinero,
  no estimo, aunque más preciados,
  en el baile de los negros,
  estos bailes de los blancos.   100
    Baile por baile me trueco,
  gracia por gracia me cambio;
  mas dotar mis castañetas
  no lo haré, pues no las caso.

        Para con vuestedes   105
      yo soy de Ocaña;
      mas para con vuestedes
      soy de la guarda.

      Tiene mi morena
      los ojos negros;   110
      téngase ella sus ojos,
      yo mis dineros.

---

[5] Es el baile del *Caballero de Olmedo*, no la comedia de Lope.
[6] Otro baile de la época muy famoso.

El quitarme el dinero
y enamorarme
no es matarme de amores, 115
sino de hambre.

«Dame», dijo la niña,
pidiendo en tiple;
pero yo, por no darla,
la di en el chiste[7]. 120

Bien sin alma quedas
esta jornada,
pues tras mi dinero
se te va el alma.

[*Parnaso,* 388]

871

Los nadadores

baile

Salen dos Mujeres *bailando y cantando*

El que cumple lo que manda,
anda, anda, anda, anda.

Quien de ordinario socorre,
corre, corre, corre, corre.

El que regala y no cela, 5
vuela, vuela, vuela, vuela.

Quien guarda, cela y enfada,
nada, nada, nada, nada.

Músicos

Al agua, nadadores;
nadadores, al agua; 10

---

[7] *Dar en el chiste* significaba también «acertar una cosa», «dar en el punto de la dificultad». Cf. núm. 686, v. 17.

alto a guardar la ropa,
que en eso está la gala.
　　En el mar de la Corte,
en los golfos de chanzas,
donde tocas y cintas　　　　　　　　　　　　15
disimulan escamas,
　　es menester gran cuenta,
porque a veces se atascan
en enaguas y ovas
nadadores de fama.　　　　　　　　　　　　20
　　Tiburón afeitado
anda por esas plazas,
armado sobre espinas,
vestido sobre garras.
　　Acuéstanse lampreas,　　　　　　　　　　25
sirenas se levantan;
son mero en el estrado,
son mielgas en la cama,
　　ya congrio con guedejas,
delfín con arracadas,　　　　　　　　　　　30
que pronostican siempre
al dinero borrascas.
　　Veréis unas atunes
cargadas de oro y plata,
con mantos de soplillo,　　　　　　　　　　35
vendiendo las ijadas.
　　Tapadas de medio ojo
cada punto se hallan,
abadejos mujeres,
arremedando caras.　　　　　　　　　　　40
　　El rico es el bonito,
el pobre es la pescada,
las truchas son las hijas,
las madres son las carpas.
　　Merluzas son las lindas,　　　　　　　　45
y por salmón se pagan;
comedlas como pulpos:
azote son su salsa.
　　Ballenas gordiviejas,
corto cuello y gran panza,　　　　　　　　50
muchachuelos sardinas
de ciento en ciento tragan.

Guárdese todo el mundo,
porque quien no se guarda
se le comen pescados   55
con verdugado y sayas.

Los amores, madre,
son como güevos:
los pasados por agua
son los más tiernos.   60
    Leandro en tortilla,
estrellada Hero;
los pobres, perdidos;
los ricos, revueltos;
    los celosos, fritos;   65
asados, los necios;
los pagados, dulces;
los sin blanca, güeros.

El amor es nadador
desnudo y desnudador.   70
El amar es, pues, nadar,
desnudar y desnudar.
    Al agua no la temen
ni mis brazos ni espaldas;
mi gaznate está sólo   75
reñido con el agua.
    Yo soy pez de la bota,
yo soy tenca[1] de Illana,
y soy el peje Osorio
y el barbo de la barba.   80
    De Sahagún soy cuba,
de San Martín soy taza,
soy alano de Toro,
y soy de Coca[2] marta[3].
    Soy mosquito[4] profeso,   85
soy aprendiz de rana;

---

[1] *tenca,* cierta clase de pez.
[2] Nombres de lugares famosos por sus vinos.
[3] *marta,* por mona, borrachera. (Era una frase hecha que registra Correas en su *Vocabulario*: «Cócale, Marta». «Marta, por mona».)
[4] El mosquito del vino.

de taberna y de loco
tengo el ramo que basta[5].

Zabúllete, chiquilla;
que por chica y delgada,   90
pasarás por anchova
para las ensaladas.
¡Oh cómo se chapuzan!
¡Qué sueltos se abalanzan!
Y con el rostro y brazos   95
las corrientes apartan.
Ya nadan de bracete;
ya sólo un brazo sacan;
ya, como segadores,
cortan la espuma blanca.   100
De espaldas dan la vuelta,
hechos remos las palmas;
la vuelta de la trucha
es la mejor mudanza.
Llegan al remolino;   105
juntos los arrebata:
las ollas se los sorben,
las ondas los levantan.
Cuatro bajeles vivos
parecen en escuadra,   110
que al Amor, que los lleva,
le vienen dando caza.
Ahogóse el cuitado:
salada muerte traga;
a coces y a rapiñas   115
a la orilla le sacan.

Si a nadar
otra vez entrare en el mar,
aunque todos me embelequen,
las tabernas se me sequen,   120
y se me llueva el tragar.

La que nada con poeta,
con mancebito veleta,
bailarín de castañeta,

[5] Porque se solía colocar un ramo en las tabernas.

godo[6] y peto, y todo trazas[7], 125
nadará con calabazas.

La que nada con mirlados,
carininfos y azufrados,
necios, pobres y hinchados,
no nada entre cuello y ligas: 130
ésa nada con vejigas.

La que nada con pelones,
y trueca dones en dones,
el paseo por doblones,
la cadena por la soga, 135
ésa nadando se ahoga.

Los amores, madre,
son como güevos:
los pasados por agua
son los más tiernos. 140
Leandro en tortilla,
estrellada Hero;
los pobres, perdidos;
los ricos, revueltos;
los celosos, fritos; 145
asados, los necios;
los pagados, dulces;
los sin paga, güeros.

[*Parnaso,* 390]

872

Boda de pordioseros

baile

A las bodas de Merlo,
el de la pierna gorda,
con la hija del ciego,
Marica la Pindonga,
en Madrid se juntaron 5
cuantos pobres y pobras

---

[6] *godo,* rico, principal. Cf. núms. 639, v. 61 y 849, v. 24.
[7] *trazas,* apariencias.

a la Fuente del Piojo
en sus zahúrdas moran.
   Tendedores de rasa[1],
bribones de la sopa,
clamistas de la siesta[2],
y mil zampalimosnas.
   Vino el esposo güero[3],
muy marido de cholla,
muy sombrero a la fiesta,
y al banquete, muy gorra.
   El dote, de palabra,
y las calzas, de obra;
de contado, la suegra,
y en relación, las joyas.
   La novia vino rancia,
muy necia y poco moza;
y sobre su palabra,
doncella, como todas.
   Llevaba almidonada
la cara y no la toca;
gesto como quien prueba
marido por arrobas.
   Sentáronse en un banco,
cual si fuera de popa:
que el matrimonio en pobres
es remo con que bogan.
   Cuando por una calle
el Manquillo de Ronda[4]
entró dando chillidos,
recogiendo la mosca.
   «Denme, nobles cristianos,
por tan alta Señora
(ansí nunca se vean),
su bendita limosna.»
   Columpiado en muletas
y devanado en sogas,

10

15

20

25

30

35

40

---

[1] *tendedor de rasa*, pobres que parecían tendedores vivos en telas con rasas. (*Rasa* es la abertura que se hace en las telas endebles al menor esfuerzo.)

[2] *clamistas de la siesta*, pedigüeños que se quejaban y gritaban a la hora de la siesta.

[3] *güero*, de huevo «huero» o «güero», el huevo del que no se puede obtener polluelo, por faltarle el germen del pollo.

[4] El Manquillo de Ronda es también personaje de alguna jácara.

Juanazo se venía
profesando de horca.

En un carretoncillo,   45
y al cuello unas alforjas,
Pallares con casquete
y torcida la boca,
   y el Ronquillo a su lado,
fingiendo la temblona,   50
cada cual por su acera,
desataron la prosa.

   Y levanta[n]do el grito,
dijeron con voz hosca
lo del *aire corruto*   55
y aquello de *la hora*[5].

   Con sus llagas postizas,
Arenas el de Soria
pide para una bula,
que eternamente compra.   60

   Romero el estudiante,
con sotanilla corta,
y con el *quidam pauper*[6],
los bodegones ronda.

   Con niños alquilados   65
que de contino lloran,
a poder de pellizcos,
por lastimar las bolsas,
   la taimada Gallega,
más bellaca que tonta,   70
entró de casa en casa
bribando la gallofa[7].

   Devanada en la manta,
la irlandesa Polonia,
con pasos tartamudos   75
y con la lengua coja,

---

[5] Recuérdese que Pablos, en el *Buscón* (Clásicos Castellanos, 3, 83), se hace pasar por pobre, y dice «lo ordinario de la hora menguada» y «aire corruto». Los mendigos decían que en funesta hora y por un aire corrompido les habían sucedido sus desgracias.

[6] *quidam pauper*, quizá frase escolar, cuyo significado exacto ignoro. Literalmente significaría «y con cualquier pobre». Véase otra alusión en el núm. 868, v. 5.

[7] *bribando la gallofa. Brivar* era «andar a la briva», vivir la vida de pícaros. *Gallofa,* la comida que se daba a los pobres que iban de Francia a Santiago de Galicia pidiendo limosna.

resollando mosquitos[8]
y chorreando monas[9],
hablaba de lo caro
con acentos de Coca.   80
  Tapada de medio ojo,
en forma de acechona,
con el «Ce, caballero»,
y un poco la voz honda,
  pide una vergonzante   85
con una estafa sorda
para un marido preso,
con parte que perdona.
  En figura de ciega,
Ángela la Pilonga,   90
tentando como diablo,
con un bordón asoma:
  «Manden rezar, señores,
de la Virgen de Atocha,
del Ángel de la Guarda.   95
La plegaria sea sorda.»
  Luego, puestos en rueda,
llegan todos y todas, ·
a dar las norabuenas,
que malas se las tornan.   100

1

  Que se gocen vustedes muchos años,
y que les dé Dios hijos, si quisiere;
y si ven que se tarda mucho en darlos,
que, como se usa agora,
los busque en otra parte la señora.   105

2

  Sea para bien de todos los vecinos;
y si acaso pudieren,
gócense por ahí con quien quisieren.

---

[8] Táchala de borracha. Los «mosquitos» son los del vino.
[9] *mona*, borrachera.

3

De vuestedes veamos
hijos de bendición.   110

1

Son, si lo apuras,
hijos de bendición, hijos de curas.

MUJER 1.ª: Dios sabe lo que siento
ver a vusté casado,
pudiendo, sin la ce, quedar asado.   115

MUJER 2.ª: En el alma me pesa, amiga mía,
el verte maridada,
pues para mi traer, siempre he querido
que, antes de ser venido, sea marido.

4

A todos el juntaros satisfizo.   120

NOVIA: Descanse en los infiernos quien lo hizo.

3

Suegra tienes; que al diablo te dé dotes.

NOVIO: Pues Dios me la reciba como azotes.

2 *(sic)*

Que ya no hay que tratar: buena
                          [es la moza;
y pues corre la edad, ande la loza[10].   125
Aquí no hay quien lo atisbe.

---

[10] *ande la loza,* como «¡Viva la juerga!». Vid. los núms. 572, v. 1
y 682, v. 258,

2 *(sic)*

Amigos, toda plaga vaya fuera,
y aclare su tramoya limosnera.

Cantan y bailan

Malito estaba y malo estoy,
y malo me quedo y malo soy.   130

Yo me llamo Perico
de la Gallofa,
carretero cosario
de la limosna.

Hay lisiados que piden   135
a cuantos quieren,
y muchachas lisiadas
por pedir siempre.

Dios le ayude, hermano,
dicen algunos,   140
como si el mendigo
fuera estornudo.

Pobres de calcilla,
cuello y cadena,
piden más con billetes   145
que con muletas.

[*Parnaso,* 392]

873

Los borrachos

BAILE

Echando chispas de vino,
y con la sed borrascosa,
lanzando en ojos de Yepes
llamas del tinto de Coca,
   salen de blanco de Toro,   5
hechos reto de Zamora,
ceñidas de Sahagún
las cubas, que no las hojas[1],
   Mondoñedo el de Jerez,
tras Ganchoso el de Carmona,   10
de su majestad de Baco
gentileshombres de boca:
   los soldados más valientes,
que en esta edad enarbolan,
en las almenas del brindis,   15
las banderas de las copas.
   A meterles en paz salen
la Escobara y Salmerona;
fénix del gusto la una,
cisne del placer la otra: 20
   dos mozas de carne y güeso,
no de las de nieve y rosa,
que gastan a los poetas
el caudal de las auroras.
   «Haya paz en las espadas   25
(dicen), pues guerra nos sobra
en las plumas de escribanos,
malas aves españolas.»
   De la campaña los sacan,
de donde se van agora   30
a enterrar en la taberna
más cuerpos que en la perroquia[2].

---

[1] *hojas*, espadas. Otras referencias en los núms. 853, v. 2 y 860, verso 78.
[2] *perroquia*, parroquia.

Envainan, y en una ermita
beben, ya amigos con sorna,
su pendencia hecha mosquitos: 35
aquí paz y despúes gorja[3].

Más vino han despabilado
que en este lugar la ronda,
que un mortuorio en Vizcaya
y que en Ambers una boda.   40

Tan gran piloto es cualquiera,
que por su canal angosta,
al galeón San Martín
cada mañana le emboca.

Siendo borrachos de asiento,   45
andan ya de sopa en sopa,
con la sed tan de camino,
que no se quitan las botas.

Vino y valentía,
todo emborracha;   50
más me atengo a las copas
que a las espadas.

Todo es de lo caro,
si riño o bebo,
o con cirujanos,   55
o taberneros.

Sumideros del vino,
temed sus tretas,
que, apuntando a las tripas,
da en la cabeza.   60

Ya los prende la Justicia,
que en Sevilla es chica y poca,
donde firman la sentencia
al semblante de la bolsa.

Sajóles el escribano   65
de plata algunas ventosas,
con que bajó luego al remo
el pujamiento de soga[4].

---

[3] *gorja*, divertimiento, alegría. Cf. núm. 696, v. 4.
[4] Es decir, en vez de ser ahorcados, fueron condenados a galeras.

Ya los llevan, y las fembras
van siguiendo sus derrotas,   70
cantando por el camino,
por divertir la memoria:

Cuatro erres esperan
al bien de mi vida
en llegando a la mar: 75
ropa fuera, rasura,
reñir y remar.

Llegan al salado charco,
en donde los vientos dan
a las nubes, con las olas,   80
cintarazos de cristal.
Ya los hacen eslabones
de la cadena real,
que son las más necesarias
joyas de su majestad.   85
Van embarcando a la gente,
y con forzosa humildad
a su cómitre obedecen,
que así diciéndoles va:
Ropa fuera, rasura,   90
reñir y remar.

                            [*Parnaso,* 394]

874

Las estafadoras

BAILE

Allá va con un sombrero,
que lleva, por lo de Flandes,
más plumas que la provincia,
más corchetes que la cárcel.
Va con pasos de pasión   5
de crucificar amantes,
y con donaires sayones
que los dineros taladren.

El talle, de no dejar
aun dineros en agraces;   10
aire de llevar la bolsa
al más guardoso en el aire.

En los ojos trae por niñas
dos mercaderes rapantes,
que al Rico Avariento cuentan   15
en el infierno los reales.

Dos demandas por empresa
con una letra delante:
«Mujer que demanda siempre,
Satanás se lo demande».   20

Lleva en sus manos y dedos
a todos los Doce Pares,
Galalones por las uñas,
y por la palma, Roldanes.

Una pelota en su pala   25
lleva, y escrito delante:
«Ha de quedar en pelota
quien me dejare que saque».

Y para que se acometan
y las viseras se calen,   30
los pífanos y las cajas
confusas señales hacen.

Tan, tan, tan, tan;
tan pobres los tiempos van,
que piden y no nos dan: 35
dan, dan, dan, dan.

No de punta en blanco
van armadas ya,
mas de puño en blanca
y de puño en real.   40

Botes de botica
no hacen tanto mal
como los de uña
que en las tiendas dan.

No sabe en su Tajo   45
el bolsón nadar:
viejas remolinos
sorben su caudal.

Del uñas abajo,
¿quién se esconderá?   50
Del uñas arriba
no basta volar.

Tan, tan, tan, tan;
tan pobres los tiempos van,   55
que piden y no nos dan:
dan, dan, dan, dan.

[*Parnaso,* 396]

POEMA HEROICO DE LAS NECEDADES Y LOCURAS DE ORLANDO

POEMA HEROICO DE LAS NECEDADES Y LOCURAS DE ORLANDO EL ENAMORADO*

Dirigido al hombre más maldito del mundo

CANTO PRIMERO

Canto los disparates, las locuras,
los furores de Orlando enamorado,
cuando el seso y razón le dejó a escuras
el dios enjerto en diablo y en pecado;
y las desventuradas aventuras   5
de Ferragut, guerrero endemoniado;
los embustes de Angélica y su amante,
niña buscona y doncellita andante.

Hembra por quien pasó tanta borrasca
el rey Grandonio, de testuz arisco,   10
a quien llamaba Angélica la Chasca[1],
hablando[2] a trochimochi y abarrisco[3].

* En una carta de Quevedo a Sandoval, del 11 de mayo de 1638, hay una alusión a ciertas estrofas de este poema. Sabiendo la enfermedad de don Alonso Messía, amigo y amanuense, dice: «suplico a v. m. cobre, entre sus papeles, todos los que son de mi letra, principalmente la *vida de Marco Bruto*, y unas octavas de *las locuras de Orlando*, que no los tengo, y será para mí gran pérdida quedar sin ellos». *Epistolario completo* (Madrid, 1946), página 411. J. O. Crosby, pág. 139, cree que el poema será de ¿1626-1628?

La edición del poema, con abundantes notas y correspondencias con el de Boyardo, ha sido publicada por María Malfatti (Barcelona, 1965). Véase E. Alarcos, «El poema heroico de las necedades y locuras de Orlando enamorado», *Mediterráneo*, IV (1946), págs. 25-63, y G. Caravaggi, «Il poema eroico de *Las necedades...* de Quevedo», en *Letterature Moderne*, 4 (Bologna, 1961), páginas 445 y siguientes.

[1] *chasca*, ramaje que se coloca sobre la leña para hacer carbón.
[2] En el texto, *andando*.
[3] *a trochimochi y abarrisco*, sin atención.

También diré las ansias y la basca
de aquel maldito infame basilisco
Galalón de Maganza, par de Judas,   15
más traidor que las tocas de vïudas.

Diré de aquel cabrón desventurado
que llamaron Medoro los poetas,
que a la hermosa consorte de su lado
siempre la tuvo hirviendo de alcagüetas;   20
por quien tanto gabacho abigarrado,
vendepeines, rosarios, agujetas,
y amoladores de tijeras, juntos,
anduvieron a caza de difuntos.

Vosotras, nueve hermanas de Helicona,   25
virgos monteses, musas sempiternas,
tejed a mi cabeza una corona
toda de verdes ramos de tabernas[4];
inspirad tarariras y chacona[5];
dejad las liras y tomad linternas;   30
no me infundáis, que no soy almohadas;
embocadas os quiero, no invocadas.

A ti[6], postema de la humana vida,
afrenta de la infamia y de la afrenta,
peste de la verdad introducida,   35
conciencia desechada de una venta,

---

[4] En las puertas o paredes de las tabernas se solían colocar ramos verdes. Abundan las referencias literarias.
[5] *chacona*, cierto baile y su tonada.
[6] Una versión distinta de los versos 33-72 publicó Astrana Marín como sátira independiente contra Morovelli de la Puebla, que ha vuelto a ser editada por J. O. Crosby, con mayor corrección (ob. cit., pág. 42 y ss.). Crosby sostiene que la versión del *Poema* es anterior, pero yo creo que es al revés y que además esas octavas pertenecían a una versión primitiva del poema. Por eso las publico aquí en nota:

CONTRA DON FRANCISCO MOROVELLI DE LA PUEBLA

A ti, postema de la humana vida,
afrenta de la infamia y de la afrenta,
peste de la verdad introducida,
conciencia desechada de una venta,
alma descomulgada, entretenida
en dar a Satanás almas en renta,
judísimo malsín Escarïote,
de tantos desatinos Don Quijote;

ánima condenada, entretenida
en dar a Satanás almas de renta,
judísimo malsín Escariote,
honra entre bofetones y garrote;

40

llámate don Antón, no don Francisco
Morobeli, si acaso no pretendes
que se queme lo moro por el cisco,
cuando con los carámbanos te enciendes;
sólo en mentar tan sucia sangre olisco,
porque la Puebla que en tus venas tienes
no es Puebla de Sanabria, fariseo:
es la puebla mujer del pueblo hebreo.

En materia de polvos, ¿quién te mete
a ti con Figueroa y con Galeno,
ni a don Beltrán, que se perdió, el pobrete,
con la gran polvareda y con el cieno?
Porque si en polvos Bercebú acomete
a fabricar mortífero veneno,
para que en polvos la ponzoña cuaje
es fuerza que se queme tu linaje.

El negro esclavo de quien eres tío
detuvo el palo, como buen pariente,
cuando se oyó la voz «¡Perro judío!»
y en ti se vio la fuga diligente.
Del doctor familiar, con mucho brío,
como a tercio relapso y delincuente,
de su brazo robusto, cierta esposa*
los huesos te brumó con una losa.

Licenciado, a quien, por borla, dio cencerro
Salamanca, y el grado de marrano;
tú, que a cualquiera padre sacas perro
sólo con que le toques con tu mano;
casado (por comer) con un entierro,
con quien pudiste ser vieja cristiano;
que por faltarte en cristiandad lo anejo,
fuiste cristiano vieja, mas no viejo,

derrama aquí con una salvadera,
pues está en polvos, todo tu linaje;
salgan progenitores vendestera,
aquel rabí con fondo en bencerraje;
los bojes, los cerotes, la tijera,
de quien, bufón, deciendes, y bardaje,
pues eres el *plus ultra* en desvaríos,
el *non plus ultra* en perros y judíos.

El alma renegada de tu agüelo
salga de los infiernos con un grillo,
con la descomulgada greña y pelo
que cubrió tan cornudo colodrillo;
y pues que por hereje contra el cielo
fue en el brasero chicharrón cuquillo,
venga ahora el cabrón, más afrentado
de ser tu agüelo que de ser quemado

* En el texto, *mariposa*.

doctor a quien, por borla, dio cencerro
Boceguillas[7], y el grado de marrano;
tú, que cualquiera padre sacas perro,
tocándole a tu padre con tu mano;
casado (por comer) con un entierro,   45
con que pudiste ser vieja cristiano;
que, por faltarte en cristiandad anejo,
fuiste cristiano vieja, mas no viejo,

el alma renegada de tu agüelo
salga de los infiernos con un grillo,   50
con la descomulgada greña y pelo
que cubrió tan cornudo colodrillo;
y, pues que, por hereje contra el cielo,
fue en el brasero chicharrón cuclillo[8],
venga agora el cabrón, más afrentado   55
de ser tu agüelo que de ser quemado.

Derrama aquí con unas salvaderas,
pues está en polvos, todo tu linaje;
salgan progenitores vendesteras,
y aquel rabí con fondo abencerraje;   60
los bojes, los cerotes, las tijeras,
de quien bufón deciendes y bardaje,
pues eres el *Plus-Ultra* desvaríos,
el *Non-plus-ultra* perros y judíos.

Atiende, que no es misa la que digo,   65
y son todos enredos y invenciones,
y vuelve a mi cantar, falso testigo,
en tus dos ojos cuatro mil sayones;
perro, con no decir verdad te obligo,

Atiende, que no es misa lo que digo,
ni son tus embelecos e invenciones;
vuélvome a mi cantar, falso testigo,
y en tus dos ojos cuatro mil sayones;
perro, que con decir verdad te obligo,
recibas la verdad de tus traiciones
con la benignidad que urdillas sueles
al noble que lo infamas si lo hueles.

[7] *Boceguillas*, como «barullo». Véase J. O. Crosby, ob. cit., página 47.
[8] No se olvide que los chicharrones son de cerdo y que el *cuclillo* sirve también para designar al cornudo. (En el texto, *cuchillo*. [Véase la versión primitiva.])

recibe estas maldades y traiciones 70
con la benignidad que urdirlas sueles
al bueno, que a sesenta leguas güeles.

Cuenta Turpín (¡maldiga Dios sus güesos,
pues tan escura nos dejó la historia,
que es menester buscar con dos sabuesos 75
una cabeza en tanta pepitoria!),
digo que cuenta ovillos de sucesos,
con que nos dio confusa la memoria
que, en las ochas[9] que veis, desarrebujo,
con verso suelto y con estilo brujo. 80

En la barriga de la blanca Aurora,
en el solar antiguo de los días,
donde hace pucheros, donde llora
el alba aljofaradas perlesías;
en la parte del cielo más pintora, 85
donde bebe la luz sus niñerías;
en el nido del sol, adonde el suelo,
entre si es no es, le ve en mal pelo,

un poderoso príncipe reinaba,
de grande tarazón[10] del mundo dueño, 90
donde la India empieza, y donde acaba
la murria el sol y la Tricara[11] el ceño.
Gradaso, el rey que digo, se llamaba;
rey que tiene más cara que un barreño,
y juega (ved qué fuerza tan ignota) 95
con peñascos de plomo a la pelota.

Dábase a los demonios cada instante
(que era más presuroso que bigardo),
por adquirir el duro rey gigante
la fuerte Durindana y a Bayardo; 100
ciñe la espada el más feroz bergante,
y el caballo, por fuerte y por gallardo,
le tiene otro bribón, que hará tajadas
a quien los pide, a coces y estocadas.

---

[9] *ochas*, octavas. (Se refiere a las octavas del poema.)
[10] *tarazón*, pedazo. Cf. núms. 687, v. 89 y 691, v. 17.
[11] *Tricara*, la luna.

Recobrar el rocín juró Gradaso 105
y a Durindana, en un escuerzo[12] de oro,
y así, mandó venir paso entre paso
al indio cisco, tapetado y loro[13];
por adquirirlos[13bis] dejará el ocaso
manchado en sangre y anegado en lloro; 110
a Francia marcha con cien mil legiones,
y más de la mitad con lamparones[14].

Más lleva de ochocientos mil guerreros,
escogidos a mocos de candiles[15];
por el calor los más vienen en cueros, 115
tapados de medio ojo con mandiles[16];
más de los treinta mil son viñaderos,
con hondas en lugar de cenojiles[17];
seis mil, con porras; nueve mil con trancas;
los demás, con trapajos y palancas. 120

Sólo para vencer a Carlo Mano,
con tal matracalada[18] a París baja;
todo el pueblo católico cristiano
ha propuesto rapársele a navaja.
Pero dejemos este rey pagano, 125
que el mar, para venir, de naves cuaja,
y volvamos a Carlos el torrente,
que en París ha juntado mucha gente.

Para Pascua de Flores determina
hacer una gran justa, y ha llamado 130
la gente más remota y más vecina;

---

[12] *escuerzo*, sapo.
[13] *tapetado*, de color oscuro; *loro*, de color moreno que tira a negro, amulatado.
[13 bis] En el texto, *adquirirlas*. (La enmienda, muy plausible, es de María Malfatti.)
[14] Según la tradición, los reyes de Francia curaban los lamparones o escrófula en el cuello. (Abundan mucho, en el propio Quevedo, las referencias a esa virtud.)
[15] En el texto, *mandiles*.
[16] En el texto, *candiles*.
[17] *cenojiles*, «la cinta con que se ata la media calza por debajo de la rodilla». Covarrubias, *Tesoro*.
[18] *matracalada*, revuelta, muchedumbre de gente.

mucho del rey potente y coronado;
vino también inmensa bahorrina[19],
y mucho picarón desarrapado;
que, como era la fiesta en Picardía,
ningún picaronazo se excluía.

135

No quedó paladín que no viniese,
a puto el postre[20], a celebrar el día,
ni moro que ambición no le trujese
de mostrar con valor su valentía.
¡Fue cosa extraña que en París cupiese
tanta canalla y tanta picardía!
Que todo andante vino asegurado,
si no fuese traidor u renegado.

140

De España vienen hombres y deidades,
pródigos de la vida, de tal suerte,
que cuentan por afrenta las edades,
y el no morir sin aguardar la muerte:
hombres que cuantas hace habilidades
el yelo inmenso y el calor más fuerte,
las desprecian, con rábanos y queso,
preciados de llevar la Corte en peso.

145

150

Vinieron con sus migas los manchegos,
que, a puros torniscones de guijarros,
tienen los turcos y los moros ciegos,
sin suelo y vino, cántaros y jarros;
con varapalos vienen los gallegos,
mal espulgados, llenos de catarros,
matándose a docenas y a palmadas
moscas, en las pernazas afelpadas.

155

160

Vinieron extremeños en cuadrillas,
bien cerrados de barba y de mollera;
los unos van diciendo «¡Algarrobillas[21]!»;
los otros apellidan «¡A la Vera[22]!»;
en los sombreros llevan por toquillas

165

---

[19] *bahorrina*, conjunto de gente ruin y soez.
[20] *a puto el postre,* lo mismo que *a puto el postrero,* registrado por Correas, *Vocabulario:* «Ir a porfía cuál llegará el primero».
[21] Algarrobillas, lugar famoso por sus jamones.
[22] Vera de Plasencia, famosa por sus frutas.

cordones de chorizo[s], que es cimera
de más pompa y sabor que los penachos
para quien se relame los mostachos.

Portugueses, hirviendo de guitarras,
arrastrando capuces, vienen listos,   170
compitiendo la solfa a las chicharras,
y todos con las botas muy bienquistos;
vinieron, muy preciados de sus garras,
los castellanos con sus votoacristos;
los andaluces, de valientes, feos,   175
ꞏcargados de patatas y ceceos

Vini[e]ron italianos como hormigas,
más preciados de Eneas que posones[23];
llenas de macarrones las barrigas,
iban jurando a fe de macarrones;   180
los alemanes, rubios como espigas,
haciendo de sus barbas sus jergones
y haciendo cabeceras los capotes,
mullen, para acostarse, sus bigotes.

El rey Grandonio, cara de serpiente,   185
barba de mal ladrón, cruel y pía,
el primero rey zurdo que en Poniente
se ha visto, por honrar la zurdería;
Ferragut el soberbio, el insolente,
el de superlativa valentía,   190
el de los ojos fieros, por lo bizco,
pues se afeitaba con cerote y cisco.

Vino el rey Balugante poderoso,
de Carlos ilustrísimo pariente,
recién convalecido de sarnoso,   195
hediendo al alcrebite[24] y al ungüente;
serpentín[25], más preciado de pecoso
que un tabardillo; Isolier[26] valiente,

---

[23] *posón*, especie de asiento que se hace de espadaña o de soga
de esparto. (Es un juego de voces entre *Eneas y aneas*, de cuyas
hojas se hacen los asientos de sillas, ruedas...) Véase el v. 232.
[24] *alcrebite*, azufre. Cf. el núm. 549, v. 12.
[25] *serpentín*, especie de culebrina, pieza de artillería.
[26] En el texto, *y Soler*. Corrección de E. Alarcos. («Isolier» es el
personaje que cita el propio Boyardo.)

y otros muchos gentiles y cristianos,
que son en los etcéteras fulanos.   200

Sorda París a pura trompa estaba,
y todas trompas de París[27] serían;
aquí el tambor en cueros atronaba;
allí las gaitas rígidas gruñían;
a bofetadas, por sonar, ladraba   205
el pandero; las calles parecían
hablar en varias lenguas: cada esquina
era pandorga de don Juan de Espina[28].

Pintado está Palacio de libreas,
la ciudad es jardín con las colores,   210
ruedan los bocacíes y las creas[29],
y en oropel chillados resplandores[30];
sobrevestes de frisa y cariseas[31],
con muchos culcusidos y labores;
de enanos y de pajes hubo parvas;   215
cocheros y lacayos, como barbas.

Llegóse, pues, el señalado día
de la justa de Carlos, y a su mesa
inmensa se embutió caballería,
con sumo gasto y abundante expesa[32];   220
fueron los mascadores a porfía

---

[27] *trompa de París*, instrumento musical, llamado también *trompa gallega* y *birimbao*.

[28] Don Juan de Espina es uno de los personajes más curiosos e interesantes de la época. Ávido de saber, lleno de curiosidad, reunió una espléndida biblioteca y museo. Don Francisco habla de él, con grandes elogios, al final de los *Grandes anales de quince días*; «y en muchos años, en todo género de cosas, fue su casa abreviatura de las maravillas de Europa... Todo esto compró para estudio de los artífices, no para adorno de sus aposentos». *Obras en prosa*, edic. cit., págs. 594-598.

[29] *bocací*, lienzo teñido de diversos colores; *crea*, cierto lienzo entrefino, usado en camisas, forros, sábanas, etc.

[30] *resplandor*, pomada o mezcla de albayalde y otras cosas empleada por las damas de la época.

[31] *sobreveste*, especie de túnica que se usaba sobre la armadura o el traje; *frisa*, tela burda de lana; *carisea*, tela basta de estopa que se tejía en Inglaterra, y muy usada en el siglo XVII para ropas de cama pobre.

[32] En el texto, *expensa*, que no rima. Astrana Marín: *expresa*, cuyo sentido ignoro. Alarcos prefiere *expesa*, pero no dice qué sentido le da. Quizá fuera posible leer *espesa*, sucia, suciedad.

(según Turpín, en su verdad, confiesa),
más de cuarenta mil, en una sala
que llegó de París hasta Bengala.

Los hilos portugueses se gastaron[33]   225
en solamente tablas de manteles,
y de tocas de dueñas fabricaron
toallas, con ayuda de arambeles[34];
siete mil reposteros se ocuparon
en colgar los caminos de doseles;   230
hubo escaños, banquetas, bancos, sillas,
posones[35] y silletas de costillas.

Siete leguas de montes Pirineos
para las cantimploras arrancaron,
que con sus remolinos y meneos   235
a zorra, como a fiesta, repicaron;
en los aparadores, los trofeos
de la sed y la hambre colocaron,
y cuatro mil vendimias repartidas,
temblando estaban ya de ser bebidas.   240

Hubo sin cuenta cangilones de oro,
tinajas de cristal y balsopetos
de vidro[36], en que bebiese el bando moro;
jarros de grande corpanchón, discretos;
de talegas de plata, gran tesoro,   245
que a las tazas penadas echan retos,
simas de preciosísimos metales
para beber saludes[37] imperiales.

Aparadores hubo femeninos
para todas las damas convidadas,   250
salpicados de búcaros muy finos,
y dedales de vidro, y arracadas;
brincos de sorbo y medio cristalinos:

[33] En el texto, *Los hijos portugueses le gastaron.*
[34] *arambel*, colgaduras de paños que se empleaban para adorno o cobertura, y también, andrajo o trapo que cuelga del vestido.
[35] *posones*. Véase, más arriba, la nota 23.
[36] Ignoro qué clase de *balsopetos* son los de vidrio. No he podido encontrar ninguna referencia y todas se refieren a la bolsa grande que se llevaba sobre el pecho o a la faltriquera falsa.
[37] *saludes*, de *salud*, con referencia a los brindis. Por ser costumbre alemana, le llama Quevedo «imperial».

que las mujeres siempre son aguadas,
y los gustos que al alma nos despachan
y, con ser tan aguados, emborrachan.

255

Como corito en piernas, el tocino
azuza todo honrado tragadero;
cocos le hace[38], desde el plato, al vino
el pernil, en figura de romero;
y aquel ante[39], vilísimo mezquino,
de las pasas y almendras, que primero
se usó con martingalas y con gorras,
junto a los orejones hechos zorras.

260

De natas mil barreños y artesones,
tan hondos, que las sacan con calderos,
con sogas de tejidos salchichones;
los brindis, con el parte de los cueros,
llevan, con su corneta y postillones,
correos diligentes y ligeros;
resuenan juntos en París mezclados
los chasquidos del sorbo y los bocados.

265

270

Las damas, a pellizcos, repelaban
y resquicio de bocas sólo abrían;
los barbados las jetas desgarraban,
y a cachetes los antes embutían;
los moros las narices se tapaban,
de miedo del tocino, y engullían,
en higo y pasa y en almendra tiesa,
solamente los tantos[40] de la mesa.

275

280

Dábanse muy aprisa en los broqueles
los torreznos y jarros; tan espesos
fueron estos combates y crüeles,
que el tocino dejaron en los güesos;
ochocientas hornadas de pasteles
soltaron, de pechugas de sabuesos,
tan colmados de moscas, que fue llano
que no dejaron moscas al verano.

285

---

[38] *hacer cocos,* halagar a uno con fiestas o ademanes.
[39] *ante,* primer plato, principios. Cf. el núm. 773, v. 177.
[40] *tantos,* relieves, desperdicios. (Vid. otro ejemplo en la página 1348.)

Reinaldos, que, por falta de botones,
prende con alfileres la ropilla,   290
cerniendo el cuerpo en puros desgarrones,
el sombrero con mugre, sin toquilla;
a quien, por entrepiernas, los calzones
permiten descubrir muslo y rodilla,
dejándola lugar por donde salga   295
(requiebro de los putos) a la nalga,

viéndose entre los otros hecho añicos,
y devanado en pringue y telaraña,
mirando está los maganceses ricos,
y al conde Galalón, ardiendo en saña;   300
guiñaba el Magancés[41] con los hocicos;
advirtiéronlo bien Francia y España:
el paladín, que es gloria de las lises,
se estaba rezumando de mentises.

Dos manadas de suegras no gruñeran   305
tanto como él, con la pasión, gruñía:
«Si tantas majestades no lo vieran
—hecho un Bermejo el paladín decía—,
presto los convidados todos vieran
mi valor y tu infame cobardía: 310
comiera magancesas carnes crudas,
porque me dieran cámaras[42] de Judas».

A las espaldas de Reinaldo estaba,
más infame que azote de verdugo,
un maestro de esgrima[43] que enseñaba   315
nueva destreza, a güevo y a mendrugo:
don Hez, por su vileza, se llamaba,
descendiente de carda[44] y de tarugo,

---

[41] *Magancés*, Galalón.
[42] *cámaras*, diarrea.
[43] Es una clara alusión a su enemigo Pacheco de Narváez, el célebre tratadista del arte de esgrimir, vecino de la Gran Canaria, según reza la portada de su *Libro de las grandezas de la espada...*, Madrid, 1600. Pacheco fue uno de los autores del libelo *Tribunal de la justa venganza* (1635).
[44] *carda* puede ser dos cosas: la cabeza terminal del tallo de la cardencha, empleada para sacar el pelo a paños y felpas, y el

a quien, por lo casado y por lo vario,
llamó el emperador *Cuco Canario*.   320

Era embelecador de geometría,
y estaba pobre, aunque le daban todos;
ser maestro de Carlos pretendía;
pero, por ser cornudo hasta los codos,
su testa ángulos corvos esgrimía,   325
teniendo las vacadas por apodos;
éste, oyendo a Reinaldos, al instante
lo dijo al rey famoso Balugante.

Díjole Balugante al maestrillo
(pasándole la mano por la cara):   330
«Dile al señor de Montalbán, Cuquillo,
que mi grandeza su inquietud repara;
que pretendo saber, para decillo,
si en esta mesa soberana y clara
se sientan por valor, o por dinero,   335
por dar su honor a todo caballero».

Reinaldos respondió: «Perro judío,
dirás al rey que, en esta ilustre mesa,
el grande emperador, glorioso y pío,
honrar todos los huéspedes profesa;   340
que, después, la batalla y desafío
quien es el caballero lo confiesa:
que, a no tener respeto, las cazuelas
y platos le rompiera yo en las muelas»[45].

El falso esgrimidor, que le escuchaba   345
en galardón[46] su natural vileza,
de mala gana la respuesta daba;
viendo que en su maldad misma tropieza,
Galalón, que los chismes acechaba,
no levanta del plato la cabeza,   350

---

instrumento que consiste en una tabla con un pedazo de becerrillo
cuajado de clavos para preparar el hilado de la lana.
   [45] «Hasta aquí el autor», apostilla Aldrete. Luego dice: «Prosigue
el autor».
   [46] En el texto, *en Galalón*. Astrana Marín enmendó *galalonó*. Se-
guimos la lección y puntuación propuesta por E. Alarcos.

y el desdichado plato se retira,
y a los diablos se da de que le mira.

Echaban las conteras al banquete
los platos de aceitunas y los quesos;
los tragos se asomaban al gollete;   355
las damas a los jarros piden besos;
muchos están heridos del luquete;
el sorbo, al retortero trae[47] los sesos;
la comida, que huye del buchorno,
en los gómitos vuelve de retorno.   360

Ferraguto, agarrando de una cuba
que tiene una vendimia en la barriga,
mirando a Galalón hecho una uva,
le hizo un brindis, dándole una higa[48]:
«No tengas miedo —dijo— que se suba   365
a cabeza tan falsa y enemiga
el vino; que sin duda estará quedo,
por no mezclarse allá con tanto enredo.

»Bebe, conde traidor, u de un cubazo
desgalalonaré los paladines.»   370
Y si Roldán no le detiene el brazo,
acaba en él la casta a los malsines.
A todos tiene ya cagado el bazo,
y si no suenan cajas[49] y clarines
y rumores de guerra no esperados,   375
allí quedan sus güesos derramados.

El son alborotó la gurullada[50]:
en pie se ponen micos, lobos, zorros,
unos con la cabeza trastornada;
otros desviñan la cabeza a chorros;   380
en los alegres, anda carcajada;
en los furiosos, árdense los morros,

---

[47] En el texto, *tras los sesos.*
[48] *dándole una higa,* burlándose.
[49] *cajas,* tambores.
[50] *gurullada,* cuadrilla de gente baladí. En germanía, «junta de
rufianes y de mancebas». Cf. el núm. 849, v. 115.

la voz bebida, las palabras erres,
y hasta los moros se volvieron Pierres.

Galalón, que en su casa come poco, 385
y a costa ajena el corpanchón ahíta,
por gomitar, haciendo estaba el coco;
las agujetas y pretina quita;
en la nariz se le columpia un moco;
la boca en las horruras[51] tiene frita[52], 390
hablando con las bragas infelices
en muy sucio lenguaje a las narices.

Danle los Doce Pares de cachetes;
también las damas, en lugar de motes[53];
mas él dispara ya contrapebetes, 395
y los hace adargar con los cogotes;
cuando, por entre sillas y bufetes,
se vio venir un bosque de bigotes,
tan grandes y tan largos, que se vía
la pelamesa[54], y no quien la traía. 400

Y luego se asomaron cuatro patas,
que dejan legua y media los zancajos,
y cuatro picos de narices chatas,
a quien los altos techos vienen bajos;
después, por no caber, entran a gatas, 405
haciendo las portadas mil andrajos,
cuatro gigantes; que, aunque estaba abierta,
sin calzador, no caben por la puerta.

Levantáronse en pie cuatro montañas,
y en cueros vivos cuatro humanos cerros; 410
no se les ven las fieras guadramañas[55],
que las traen embutidas en cencerros.

---

[51] *horruras*, bascosidades.
[52] *frita*, fritada y cualquier manjar frito.
[53] *mote*, frase o tema inicial de un pasatiempo literario, frecuente entre damas y galanes de los siglos XVI y XVII, que consistía en glosar o ampliar dicha frase, llamada cabeza de mote.
[54] *pelamesa*, pelambrera.
[55] *guadramañas*. Ignoro qué sean «fieras guadramañas». Sólo encuentro *guadramaña* con el valor de «treta», «embuste». Quevedo se refiere con seguridad a cierta parte del cuerpo, la única que llevan cubierta.

En los sobacos crían telarañas;
entre las piernas, espadaña y berros;
por ojos en las caras, carcabuezos[56],   415
y simas tenebrosas por bostezos.

Puédense hacer de cada pantorrilla
nalgas a cuatrocientos pasteleros,
y dar moños de negra rabadilla
a novecientos magros escuderos;   420
cubren, en vez de vello, la tetilla
escaramujos, zarzas y tinteros,
y, en tiros[57] de maromas embreadas,
cuelgan postes de mármol por espadas.

Rascábanse de lobos y de osos,   425
como de piojos los demás humanos,
pues criaban, por liendres de vellosos,
erizos y lagartos y marranos;
embutióse la sala de colosos,
con un olor a cieno de pantanos,   430
cuando detrás inmensa luz se vía:
tal al nacer le apunta el bozo al día.

Empezó a chorrear amaneceres,
y prólogos de luz, que el cielo dora;
en doñ[a] Alda ajustó los alfileres   435
ver un flujo de sol tan a deshora;
las que tienen mejores pareceres,
a cintarazos de la nueva aurora,
con arremetimiento[58] de tocados,
parecieron un coro de letrados.   440

Clarice enderezó con prisa el moño;
rizó los aladares Galerana;
afilóse Armelina de madroño
contra el rubí, que teme la mañana;
púsose en arma en ellas el otoño   445

---

[56] *carcabuezos*, los barrancos que hacen las aguas en tierras movedizas.
[57] *tiro*, cuerda puesta en garrucha o máquina para subir una cosa.
[58] En el texto, *arrepentimiento*. La enmienda es de E. Alarcos.

contra la primavera soberana;
acicalan las manos y los labios,
temblando los bellísimos agravios.

Y ya que su venida dispusieron
tantos caniculares y buchornos,   450
almas y corazones previnieron
para ser mariposas en sus tornos;
en ascuas todos juntos se volvieron
antes que los mirasen los dos hornos
que en las propias estrellas hacen riza[59]   455
y chamuscan las nieves en ceniza.

Entraron las dos Indias en su cara,
y el ahíto de Midas en su pelo,
pues Tibar por vellón se confesara
con el que cubre doctamente el velo;   460
con premio por su plata se trocara
la más cendrada que copela[60] el cielo,
y por venirles corto el nombre dellos,
ésta se llamó tez, aquél cabellos.

Relámpagos de perlas fulminaba   465
cuando el clavel donde la[s] guarda abría
y a los que con la risa aprisionaba
con la propia prisión enriquecía;
su vista por sus manos la pasaba,
porque llegue templada, si no fría;   470
deja, con sólo su mirar travieso,
a Carlos sin vasallos y sin seso.

Incendio son las canas imperiales;
la sala y el palacio son hogueras;
los ojos, dos monarcas celestiales,   475
a quien viene muy corto ser esferas;
pasa con movimientos desiguales,

---

[59] *hacer riza*, causar gran destrozo y mortandad en acción de guerra.
[60] *copela*, de *copelar*, fundir metales en una «copela», especie de vaso de figura de cono truncado, hecho con cenizas de huesos calcinados.

ya mirando de burlas, ya de veras;
ahorrando tal vez para abrasarlos,
con dejar que la miren, el mirarlos.   480

Con triste y estudiada hipocresía,
de sus dos llamas exprimió rocío,
que en los asomos lágrimas mentía:
tal es de invencionero su albedrío;
por otra parte, el llanto se reía,   485
obediente al hermoso desvarío;
dulce veneno lleva de rebozo:
disculpa al viejo y ocasión al mozo.

Por todos se reparte sediciosa,
con turbación aleve y hazañera;   490
va, cuanto más humilde, belicosa;
huye la furia y el temor espera;
y con simplicidad facinorosa,
usurpando vergüenza forastera,
mezclando reverencias con desmayos,   495
en la tierra postró cielos y rayos.

Rechina Ferragut por los ijares;
humo y ceniza escupe el conde Orlando;
Oliveros la quiere hacer altares;
Reinaldos de robarla está trazando;   500
y en tanto que se están los Doce Pares
y cristianos y moros chicharrando,
el conde Galalón sólo se mete,
por venderla, en servirla de alcagüete.

Detrás de la doncella, de rodillas,   505
se mostró bien armado un caballero
de buen semblante, para entrambas sillas
con promesas de fuerte y de ligero;
los reyes se levantan de las sillas;
suspenso está el palacio todo entero,   510
cuando, apartando de rubí dos venas,
estas circes[61] habló y estas sirenas:

---

[61] *circes* (de Circe), palabras engañosas, traicioneras.

«El grito que la trompa de tu fama
pronuncia por el orbe de la tierra,
sagrado emperador, a verte llama   515
cuantos anhelan premios de la guerra;
la que trocó ser ninfa por ser rama
y en siempre verde tronco el cuerpo cierra,
los abrazos guardó para tu frente,
que negó descortés al sol ardiente[62].   520

»No despreció tu nombre los retiros
donde nací (a llantos destinada):
con él se consolaron mis suspiros,
y mi temor se prometió tu espada;
dejé ricos palacios de zafiros;   525
destiné mi remedio en mi jornada;
pongo a tus pies las lágrimas que lloro,
y calzarélos con melenas de oro.

»Uberto de León, mi pobre hermano,
es éste que me sigue sin ventura;   530
el reino le quitó duro tirano
que darnos muerte sin piedad procura;
su castigo y mi bien está en tu mano;
dame remedio, u dame sepultura:
que también es remedio, si se advierte,   535
hacer que el desdichado alcance muerte.

»Más allá de la Tana[63] diez jornadas,
oí decir las fiestas que previenes,
adonde juntas miro y convocadas
tantas excelsas coronadas sienes;   540
donde tantas vitorias como espadas
y tantos triunfos como lanzas tienes,
asegurando el premio al que venciere,
de cualquiera nación y ley que fuere.

»Mi hermano, a quien enciende ardor glorioso 545
de dar a conocer su valentía,
viene a tu corte, emperador famoso;

[62] Alude al mito de Dafne, convertida en laurel, huyendo de la
persecución del Sol.
[63] Tana, lago de Abisinia que tiene en su interior varias islas,
y también ciudad de Egipto.

a tomar buena parte deste día:
al moro y al cristiano belicoso
que de justar con él tendrá osadía,   550
señala campo en el Padrón del Pino,
junto al sepulcro de Merlín divino.

»Mas ha de ser con tales condiciones,
aprobadas por todos una a una,
que, en perdiendo la silla y los arzones,   555
quien los perdió no pruebe más fortuna;
el que cayere quedará en prisiones,
sin poder alegar excusa alguna,
y el que a mi hermano derribare en tierra
me ganará por premio de la guerra.   560

»Hacer podrá mi hermano libremente
su camino, si alguno le venciere,
con sus cuatro gigantes y la gente
que en su cuartel y pabellón tuviere;
yo, escándalo y fatiga del Oriente,   565
pagaré la vitoria que perdiere,
y Angélica será, por Carlo Mano,
premio del enemigo de su hermano.

»Premio seré, señor, de mi enemigo.»
«No serás —dijo Ferragut rabiando—   570
sino de aqueste brazo: yo lo digo,
y sobra y basta, y mienten aun callando;
no se me da de Satanás un higo;
a tu hermano estoy ya despedazando:
y vamos al Padrón desafiados;   575
que aun a Merlín me comeré a bocados.»

Uberto dijo: «En el Padrón te espero;
que no temo amenazas arrogantes».
«Ya estoy allá —responde—; darte quiero,
mancebo, de barato tus gigantes.»   580
Orlando dijo: «Yo saldré primero»;
y Galalón, quitándose los guantes:
«No ha de ser esto —dijo— zacapella[64];
yo quiero responder por la doncella».

[64] *zacapella*, riña. Cf. núm. 534, v. 14.

«No es éste tu lugar —dijo Reinaldos—:   585
la cocina te toca, y no la sala,
pues es tu inclinación revolver caldos[65];
vete, conde embustero, noramala;
y pues los chismes son tus aguinaldos,
tu medra, enredos; la traición, tu gala,   590
ponte en aquesa boca dos corchetes,
u haré tu sacamuelas mis cachetes.»

Carlos, que vio la grita y tabahola,
y que Oliveros agarró una tranca,
revestida la cara en amapola   595
y extendiendo una mano y una zanca,
mandó escurrir a Galalón la bola,
que a toda furia por la puerta arranca;
manda que nadie chiste, y con severa
voz, a todos habló desta manera: 600

«Cuando la compasión y la hermosura
tienen audiencia de tan altas gentes,
el furor descompuesto y la locura
infama, no acredita, los valientes;
la suerte ha de ordenar esta aventura,   605
y no los desatinos insolentes;
quéjese de las suertes el postrero,
y no me lo agradezca a mí el primero.

»Merecida ha de ser, no arrebatada,
Angélica, en mi tierra, paladines;   610
y no es del todo báculo mi espada,
ni olvida la batalla en los festines;
también tienen mi sangre alborotada
las sospechas del pie por los chapines;
y no es esto envidiar vuestros trofeos: 615
que aun caben en mi edad verdes deseos.

»Y tú, motín de Francia soberano,
tú, disensión hermosa de mi imperio,
puedes estar segura con tu hermano;
no yo de tu divino captiverio.»   620

[65] *revolver caldos*, desenterrar cuentos viejos para mover disputas o rencillas.

Y olvidando los años y lo cano,
en quien es el requiebro vituperio,
en lo que está diciendo a la doncella
se detiene, por sólo detenella.

Ella, con hermosura divertida, 625
y con una humildad ocasionada,
en cada paso arrastra alguna vida,
en cada hebra embota alguna espada:
si mira, cada vista es una herida,
y cada herida muerte, si es mirada: 630
entró en la sala a lágrimas y ruego,
y salió de la sala a sangre y fuego.

Uberto dijo: «En el Padrón aguardo,
con lanza en ristre, de mi arnés cubierto».
Responde Ferragut: «Nunca me tardo: 635
date por calavera ya y por muerto.
Si ha de salir primero el más gallardo,
el primero seré, yo te lo advierto;
y guárdese la suerte de burlarme,
que abrasaré la suerte por vengarme». 640

Quedaron atronados de belleza;
quedó lleno de noche escura el día;
de esclavitud adoleció la alteza;
de yermo y soledad la compañía.
Vasalla fue de un ceño la grandeza; 645
venció la de un mirar la valentía:
conformáronse moros y cristianos
a idolatrar la nieve de dos manos.

Naímo, aunque tenía quebrantada
del largo paso de la edad la vida, 650
sintió la sangre anciana recordada[66]
de la ferviente juventud perdida;
fue a requerir, con la pasión, la espada:
no se acordó que no la trae ceñida,
y en el primero impulso, de travieso, 655
echó menos la espada con el seso.

[66] *recordada*, de *recordar*, despertar.

No bien la reina del Catay[67] famosa
habia dejado el gran palacio, cuando
Malgesí, con la lengua venenosa,
todo el infierno está claviculando: 660
todo demonichucho y diabliposa
en to[r]no de su libro está volando;
hasta los cachidiablos llamó a gritos,
con todo el arrabal de los precitos[68].

De ver tan prodigioso desconcierto   665
en su librillo, a cántaros lloraba;
a Carlos vio despedazado y muerto,
la corte sola, y a París esclava;
fuele por los demonios descubierto   670
que la falsa doncella que lloraba
es del rey Galafrón hija heredera;
como el padre, maldita y embustera;

que, por su gusto y su consejo, viene
a repartir cizaña en Picardía;
que a su hermano nombró (¡maldad solene!)   675
Uberto de León, siendo Argalía;
que el padre Galafrón, que tras él viene,
le dio el mejor caballo que tenía,
llamado *Rabicán*, no por el brío,   680
mas por ser de un rabí perro judío.

Una endrina parece con guedejas;
tiene por pies y manos volatines[69],
de barba de letrado las cernejas,
de cola de canónigo las clines;
pico de gorrïón son las orejas;   685
los relinchos se meten a clarines;
breve de cuello, el ojo alegre y negro,
más revuelto que yerno con su suegro.

---

[67] Angélica.
[68] *precito*, condenado a las penas del infierno. (Debajo pone: «Hasta aquí el autor». Y después: «Prosigue el autor».)
[69] *volatín*, volatinero.

Diole un arnés forjado de manera,
que está más conjurado que las habas[70];   690
y todo, por de dentro y por de fuera,
se enlaza con demonios, por aldabas;
y porque a todos venza en la carrera,
aunque se amarren al arzón con trabas,
una lanza le dio que, cuando choca,   695
derriba las montañas si las toca.

Galafrón le envió de aquesta suerte,
porque en todo lugar fuese invencible:
diole un anillo de virtud tan fuerte,
que le hace valiente y invisible;   700
a tu por tu[71] se pone con la muerte,
y no hay encantamento tan terrible,
que, si le ve, no haga que le sueñe,
y que se desendiable y desendueñe.

Y para que provoque la aventura,   705
con él envía a Angélica, su hermana:
que ofreciendo por premio su hermosura,
la justa es cierta, la vitoria llana;
enseñándola hechizos la asegura,
y toda la arte mágica profana,   710
con orden que, en venciendo los guerreros,
se los remita todos prisioneros.

Visto el engaño, Malgesí tenía
urdida su venganza extrañamente.
Mas dejémosle, y vamos a Argalía,   715
que ya está en el Padrón junto a la fuente.
En el gran llano un pabellón se vía,
defensa a la estación del sol ardiente;
por de fuera a las lluvias muestra ceño,
y por de dentro primavera al sueño.   720

Hácese fuerte mayo en estos llanos;
levántase el verano con la tierra;
repártense los árboles lozanos

---

[70] Porque las habas se empleaban en la adivinación.
[71] *a tu por tu,* se tutea.

en copete y guedejas de la sierra;
no se vieron jamás con nieve canos,   725
vejez que a los verdores hace guerra,
y en tan bien ordenada pradería
siempre está mozo el año y niño el día.

Con lágrimas sonoras, Filomena[72],
cítara de dolor, a los sentidos   730
derrama el epitafio de su pena,
en traje de canción, por los oídos;
Narciso, con el agua entre la arena,
a tierna flor los miembros reducidos,
muestra el favor del cielo que recibe,   735
pues con lo que murió florece y vive.

Corvo el peral su fruta está temiendo[73],
blasón piramidal, para el verano,
y en su pomo el limón contrahaciendo
los pechos virginales en el llano;   740
está el nogal robusto produciendo
aradas nueces, y el granado ufano,
desabrochado, su familia tiende,
y a la avarienta piña reprehende.

En tronco de esmeralda ramos bellos   745
con fruto de oro, con la flor de plata,
al Sol el rostro, a Daf[n]e los cabellos,
siempre verde el naranjo los retrata;
nevados y encendidos puedes vellos,
que la fruta y la flor al cielo ingrata   750
es a su juventud flagrante nieve
en que Favonio sus perfumes bebe.

Aquí la vid, al olmo agradecido,
celosa esconde en pámpanos y lazos,
y el tronco, ya galán, y ya marido,   755
con las hojas requiebra sus abrazos;
de su corteza Amor está vestido,

---

[72] *Filomena*, el ruiseñor.
[73] E. Alarcos propone leer «teniendo».

los sarmientos dan flechas a sus brazos,
y los racimos llenos y pendientes
dan a la sed desprecio de las fuentes.   760

En pie se alza, en medio de los llanos,
grande jayán de bronce, vedejudo[74],
de espigas coronado, en cuyas manos
se muestra corvo arado cortezudo:
el semicapro Pan, entre villanos,   765
le nombra religioso pueblo rudo,
de cuya boca negra se deriva
un arroyuelo de agua por saliva.

Deciende por el pecho, murmurando,
lengua de plata artificiosamente,   770
y las duras vedijas remojando,
desperdicia en aljófar el corriente;
llega a los pies de cabra resbalando,
con ronco son de cítara doliente,
y, líquido pintor de blanca plata,   775
en los pies la cabeza le retrata.

Razona la agua entre las guijas bellas;
con Céfiro conversan ramos bellos;
cantan los pajarillos sus querellas;
las hojas callan cuando cantan ellos;   780
ellos y el agua, cuando cantan ellas;
y el pájaro parece, al respondellos,
músico que, fiado en su garganta,
con tres diversos instrumentos canta.

Con atrevida espalda, un monte suena,   785
herido de las ondas, y, fiado
en la ley que está escrita con arena,
canas iras desprecia al mar turbado;
al nacimiento de alta y fértil vena
dura cuna le da por el un lado,   790
tan vecino del mar, que un propio acento
llora su muerte y ríe su nacimiento.

[74] *vedejudo*, peludo.

A la tumba sonora de los ríos,
líquido monumento de las fuentes,
lleva con ronco son sus vados fríos,   795
y, agonizando en perlas, sus corrientes:
descanso de la sed de los estíos,
que descienden con polvo las crecientes,
donde, por atender a su lamento,
le hizo orilla grande alojamiento.   800

Magnífico domina la llanura,
arbitro de los mares y la tierra,
y, con más fortaleza que hermosura,
menos previene el ocio que la guerra;
docta igualmente y rica arquitectura   805
le corona de almenas y le cierra;
con él descuida todo el valle el sueño,
sin recatar de algún collado el ceño.

Es crédito común que dentro habita,
deste palacio, o fuente, o monumento,   810
la mente de Merlín, a quien, prescrita
cárcel, fabrica eterno encantamento:
para quien la pregunta, resucita;
y vive en las cenizas un acento,
que, siendo lengua del sepulcro obscuro,   815
pronuncia las perezas del futuro.

Tal es el sitio, tal la gran llanura
donde su pabellón puso Argalía,
y tanta de su bosque la espesura,
que el sol distila en él pálido el día;   820
descolorido con la sombra obscura,
escasas señas ve de luna fría;
parece lo demás que el campo cierra
parte del cielo que cayó en la tierra.

Angélica enseñaba a ser hermosas   825
a las plantas más raras y más bellas;
de sus ojos las flores y las rosas
aprenden en el suelo a ser estrellas;
y con las trenzas de oro vitoriosas
(que, libres, Jove no se atreve a vellas),   830

el Sol esfuerza el tiro de su coche,
y se puebla de sol la propia noche.

Al sueño blando se entregó Argalía;
durmiendo estaba Angélica en el prado;
a hurto de sus ojos campa el día,   835
que, abiertos, le tuvieron congojado;
los gigantes la guardan a porfía,
que los tiene la justa con cuidado;
arden amantes peñas y corrientes,
y son requiebros de cristal las fuentes.   840

Tiene en el dedo el encantado anillo
donde ligado está todo planeta,
cuando, con su nefando cuadernillo,
sobre un demonio bayo a la jineta,
con las clines de cabo de cuchillo,   845
Malgesí, con barbaza de cometa,
apareció, mirando desde el viento
al sol dormido, al fuego soñoliento.

Vio sobre un tronco a Angélica dormida,
y que en su guarda están cuatro gigantes,   850
y díjoles: «¡Canalla malnacida,
vosotros moriréis como bergantes;
y esta embustera de la humana vida,
cárcel, delito y juez de los amantes,
acabará en los filos desta espada   855
el intento fatal de su jornada!»

Dijo, y entre pentágonos y cercos[75],
murmuró invocaciones y conjuros,
con la misma tonada que los puercos
sofaldan[76] cieno en muladares duros;   860
a los Demogorgones y a los Güercos[77]
de los retiramientos más escuros
trujo, para que el sueño le socorra,
y a los cuatro gigantes dé modorra.

---

[75] *pentágonos y cercos* (círculos), mágicos.
[76] *sofaldan*, de *sofaldar*, levantar cualquier cosa para descubrir otra. Otro caso en 542, v. 4.
[77] *Demogorgones y Güercos*, demonios.

El hermanillo de la Muerte[78] luego   865
se apoderó de todos sus sentidos,
y soñoliento y plácido sosiego
los dejó sepultados y tendidos:
no de otra suerte el embustero griego,
a poder de los brindis repetidos,   870
acostó la estatura del Ciclope
en las estratagemas del arrope[79].

Vase, para triunfar de sus despojos,
Malgesí con la espada a la doncella;
mas en llegando a tiro de sus ojos,   875
se le cae de la mano y se le mella;
en suspiros se vuelven los enojos;
todo su encanto se aturdió con vella;
con su hermosura, enamorado, habla,
y al fin no sabe ya lo que se diabla.   880

Encantados se quedan los encantos;
hechizados se quedan los hechizos;
son los tesoros que contempla tantos
como las minas crespas de sus rizos:
están unos sobre otros los espantos,   885
y los rayos del sol parecen tizos;
los demonios se daban a sí mismos[80],
viendo de la belleza los abismos.

Ni alzar los ojos ni bajar la espada,
en éxtasi de amor, Malgesí pudo;   890
la lengua a su pasión tiene amarrada;
más parece que está muerto que mudo;
prueba a dejarla en sueños encantada;
mas el anillo le sirvió de escudo;
revocóle el infierno los poderes,   895
y todo se encendió de arremeteres.

La espada arroja en tierra, por cobarde;
por inútil, con ella el libro arroja;
viendo que no hay gigante que la guarde,

---

[78] El Sueño.
[79] Alude al sueño de Polifemo, emborrachado por Ulises.
[80] Recuérdese «darse a los diablos», «darse a los demonios». (Es una construcción típica de Quevedo.)

el no embestir con ella le congoja;   900
y porque el luego le parece tarde,
del manto que le cubre se despoja,
y, sediento de estrellas y de luces,
se arrojó sobre Angélica de bruces.

Engarrafóse[81] della, que del sueño   905
despierta, con el golpe, dando voces;
Argalía, a los gritos, con un leño
salió, y a Malgesí machacó a coces;
ella le araña y él la llama dueño;
mas andan los trancazos tan atroces,   910
y le muelen el bulto de manera,
que le vuelven los güesos en cibera.

Luego que le vio Angélica en el llano,
despatarrado, conoció quién era.
«Éste es el nigromante y el tirano   915
Malgesí —dijo—; no es razón que muera;
sino que, atado por mi propia mano,
por la mejor hazaña y la primera,
a poder de mi padre vaya preso,
donde le quemarán güeso por güeso.»   920

Para poder echarle las prisiones,
a los gigantes por sus nombres llama;
mas ellos, a manera de lirones,
roncando están tendidos en la grama;
tanta fuerza tuvieron las razones,   925
tal sueño por sus miembros se derrama,
que, viendo cómo están, vivos apenas,
los dos le devanaron en cadenas.

Lïado está de pies y colodrillo,
sin poder rebullirse ni quejarse;   930
al pie de un robre columbró el cuchillo
Angélica; tomóle por vengarse,
y viendo al otro lado el cuadernillo
(en que sólo pudiera restaurarse),
le tomó y, en abriéndole, al momento,   935
se granizó de diablos todo el viento.

[81] *engarrafóse*, agarróse fuertemente.

En demonios la tierra se escondía,
el propio mar en diablos se anegaba,
y demonios a cántaros llovía,
y demonios el aire resollaba;   940
uno brama, otro chilla y otro pía,
y en medio del rumor que se mezclaba,
dijo una voz que andaba entre los ramos:
«A tu obediencia cuantos ves estamos.

»Escoge, pues que puedes, como en peras,   945
diablos, y manda.» «Lo que mando y quiero
—respondió con palabras muy severas—
es que con vuelo altísimo y ligero,
y en volandas, cortando las esferas,
llevéis este nefando prisionero,   950
y por más que, afligido, gruña y ladre,
se le entreguéis a Galafrón, mi padre.»

«Llevarémosle así como lo mandas
—un diablísimo dijo—, en dos vaivenes,
y, como tú lo ordenas, en volandas,   955
para el fin y el efeto que previenes;
colas y garras han de ser sus andas;
perdona que no va en dos santiamenes,
porque como son cabos de oraciones,
no admiten semejantes postillones.»   960

«En este encantador, diréis, le envío
juntos los embelecos de la corte,
que preso el endiablado mago impío,
no hay espada ni fuerza que me importe;
que en el anillo que me dio confío,   965
y en mi hermano, y su lanza, que es mi norte,
que todos Doce Pares he de atarlos
y a cargas remitírselos con Carlos.»

Dijo; y, dando crujidos, al instante,
Malgesí por el aire desparece;   970
llegó al Catay, y, viéndole delante,
Galafrón le recibe y agradece;
con el librillo, Angélica al gigante
que más dormido está desadormece.

Ya deshecho el encanto, ya despiertos,   975
se desperezan con los cuellos tuertos.

Fin del canto primero

CANTO SEGUNDO

Sobre el echar las suertes en Palacio
andan los paladines a la morra;
en cédulas se gasta un cartapacio
con los nombres, y dentro de una gorra
se mezclan, y en un cofre de topacio,   5
que bien labrada plancha de oro aforra,
los derramó, revueltos con su mano,
la excelsa majestad de Carlo Mano.

Añusga[1] Ferragut, atisba Orlando;
estáse haciendo trizas Oliveros;   10
Montesinos se está desgañitando,
y todos juntos quieren ser primeros:
a la Fortuna están amenazando,
si los saca segundos o terceros,
cuando un niño inocente, de mantillas,   15
a sacar empezó las cedulillas.

El primer nombre que el muchacho afierra
Astolfo fue, el inglés magro y enjuto.
«Yo soy Astolfo, y soy de Ingalaterra
—dijo, dándose al diablo, Ferraguto—;   20
miente la cedulilla; si lo yerra,
este muchacho es hijo de algún puto;
que yo he de ser Astolfo en todo el mundo».
Mas el muchacho le sacó el segundo.

«Ser él primero, y yo segundo, ha sido   25
—dijo— ser yo primero; que el cuitado
es un cabillo de hombre bien vestido,
y es un chisgarabís pintiparado,

---

[1] *añusga*, se atraganta. Cf. el núm. 855, v. 134.

perfeto embestidor, nunca embestido,
grande persona de pedir prestado,   30
y en llegando dará de colodrillo,
porque no es el justar ser maridillo.»

Tercero fue Reinaldo el mendicante;
el cuarto fue Dudón, noble guerrero;
tras él Grandonio[2], desigual gigante,   35
a quien siguen Otón y Berlingiero;
luego, el invicto emperador triunfante;
después de treinta, Orlando fue postrero,
el cual, de rabia de tan mal despacho,
quiso comerse el cofre y el muchacho.   40

Ya el madrugón del cielo amodorrido
daba en el Occidente cabezadas,
y pide el tocador, medio dormido,
a Tetis, y un jergón v dos frazadas;
el mundo está mandinga[3] anochecido,   45
de medio ojo las cumbres atapadas,
cuando acabaron de sacar las suertes
los paladines, regoldando muertes.

Era Astolfo soror, por lo monjoso,
poco jayán y mucho tique mique[4],   50
y más cotorrerito que hazañoso,
con menos de varón que de alfeñique;
vistióse blanco arnés, fuerte y precioso,
que no habrá cañaheja[5] que le achique,
por ser el pobrecito tan delgado,   55
que parecía un alfiler armado.

En las nalgas llevaba por empresa
una Muerte pintada en campo rojo;
el mote su mortal cerote expresa,
y dice así: «La Muerte llevo al ojo».   60

---

[2] En el texto, *Brandonio*. Emilio Alarcos comprueba con el texto de Boyardo la equivocación de los editores.
[3] *mandinga*, negro del Sudán. (Naturalmente, Quevedo quiere decir que era noche oscura.)
[4] *tique mique*, como *tiquismiquis*, escrúpulos de poquísima importancia.
[5] *cañaheja*, caña.

En el yelmo, que cuatro libras pesa,
lleva, en vez de penacho, un trampantojo[6],
un basilisco, un médico y un trueno,
como quien dice: «Aténgome a Galeno».

Y como si supiera gobernallos,   65
u tenerse en alguna de las sillas,
siempre tuvo la flor de los caballos
que Betis apacienta en sus orillas,
y ni sabe correllos ni parallos,
agora juegue cañas o canillas;   70
al fin, con voz de títere indispuesta,
el caballo mejor que tiene apresta.

Era morcillo, que a la vista ofrece
con lumbre de los ojos noche negra,
que igualmente le adorna y lobreguece,   75
cuyos relinchos son truenos en Flegra[7];
blanca estrella la frente le amanece,
que torvas iras de su ceño alegra;
prolija clin y ondosa, de tal arte,
que la introduce el viento en estandarte.   80

Anhela fuego, cuando nieve vierte
en copos de la espuma, y generoso,
solicita los plazos de la muerte,
igualmente galán y belicoso;
tan recio sienta el pie, hiere tan fuerte   85
el campo, que parece que, animoso,
rubrica en las arenas el castigo,
o que cava el sepulcro al enemigo.

Como en torre muy alta y descollada
se columbra un cernícalo y un tordo,   90
o sobre alto ciprés la cogujada,
o lobanillo en cholla de hombre gordo,
así se divisaba la nonada,

---

[6] *trampantojo*, ilusión, trampa, engaño.
[7] *Flegra*, región donde fueron derrotados los Gigantes.

bazucada[8] en los troncos del bohordo[9];
corre el caballo, el garabís se enrosca,   95
y parece que corre con la mosca.

Triste se parte el justador mezquino,
si bien la mancebita le provoca,
y en su copete el Colcos vellocino,
pues atropella al sol, si con él choca.   100
Por otra parte, en el Padrón del Pino,
la calavera de Merlín le coca[10];
en cruces va su cuerpo devanando,
y tales cosas entre sí pensando:

«Yo soy tamarrizquito[11] y hombre astilla: 105
valdréme contra Uberto de la chanza,
y entre los dos arzones de la silla,
no ha de saber hallarme su pujanza;
sin duda ha de causarle maravilla
el ver solo el caballo con la lanza,   110
y ha de pensar de cosa tan extraña
que es un caballo pescador de caña.

»Yo, en tanto que se admira, presuroso,
daré con él en tierra en un instante;
la mozuela verá mi rostro hermoso,   115
y me querrá por dueño y por amante;
de cualquier suerte, yo seré dichoso,
solamente poniéndome delante:
del encuentro no tengo que guardarme,
pues hará más en verme que en matarme.»   120

De monte en monte va, de llano en llano,
en estos pensamientos divertido;
deja la sierra a la siniestra mano,
y sigue el bosque en robres escondido;

---

[8] *bazucada*, mezclada, confundida.
[9] *bohordo*, lanza corta arrojadiza de que se usaba en las fiestas de caballería, que comúnmente servía para arrojarla contra un armazón de tablas. Otro tipo de bohordo consistía en una caña de seis palmos, cuyo primer cañuto se llenaba de arena para que pesase más.
[10] *coca*, le hace cocos para asustarle.
[11] *tamarrizquito*, muy pequeño.

maligna luz del astro soberano 125
más espanta que alumbra, y el rüido
que confunde en rumor el horizonte
con los cristales que despeña un monte.

Cansadas de caminos retorcidos
del río sonoroso las corrientes, 130
en pacíficos lagos extendidos
descansan las jornadas de sus fuentes;
coronados están, como ceñidos,
de sauces y de hayas eminentes;
tienen por baño y por espejo el lago 135
la luna errante, el sol errante y vago.

Nada enjuta la luz del firmamento;
el ocioso cristal de la laguna
arde en trémulo y vario movimiento,
y en el fondo se ve más oportuna; 140
riza espumoso el lago fresco viento,
que en los golfos pudiera ser fortuna;
tiemblan las ondas, y, en doblez de plata,
la luna ya se encoge y se dilata.

Mas él, que fía en sola su hermosura 145
y antes quiere afilarla que la espada,
se paró para verse la figura
y si va la guedeja bien rizada;
mas no lo consintió la noche escura,
y así, con presunción desconsolada, 150
prosiguió en los galopes[11bis] y los trotes,
amoldándose a tiento los bigotes.

Ya las chafarrinadas de la aurora
burrajeaban[12] nubes y collados,
y el platero del mundo, que le dora, 155
asomaba buriles esmaltados,
cuando Astolfo, que todo lo enamora,
llegó al Padrón y puestos señalados;

[11bis] En el texto, *golpes.*
[12] *burrajeaban,* de *burrajear,* hacer rasgos o figuras por mero entretenimiento o por ejercitar la pluma.

los gigantes, que vieron que venía,
a cornadas[13] llamaron a Argalía.   160

Sale, y, por verle, cierra los dos ojos,
puesta[13bis] encima la mano en tejadillo,
como quien mira moscas o gorgojos,
u, desde lejos, cucaracha u grillo;
y valiéndose, al fin, de los antojos,   165
de un cascabel armado vio un bultillo;
enfadóse de velle, y a encontrallo,
a media rienda, enderezó el caballo.

Astolfo, hecho invisible, se dispara;
mas diciendo «Ox aquí», de un garrotazo,   170
despatarrado en tierra dio de cara
con él, que a toda Francia cagó el bazo;
los gigantes, que ven que no declara
si vive, ni con pierna ni con brazo,
para cogerle andaban por los llanos,   175
como quien busca pulga, con las manos.

Lleváronle a la tienda de Argalía,
donde en prisión Angélica le encaja;
miraba sus lindezas y decía:
«¿De qué puede servir lindo en migaja?   180
Pizca y hermoso, es todo fruslería;
mi fuego no se atiza bien con paja».
Cuando de Ferragut oyó en el cuerno
todas las carrasperas del infierno.

Espeluznóse el monte encina a encina;   185
el sol dicen que dio diente con diente,
y al duro retumbar de la bocina,
Angélica, las manos en la frente,
apuntaló la máquina divina;
demudóse el gigante más valiente;   190
afirmóse Argalía en los estribos,
y apercibió los trastos vengativos;

---

[13] *a cornadas*, es decir, con los cuernos, como los de caza.
[13 bis] En el texto, *puesto*.

cuando, sobre un caballo más manchado
que biznieto de moros y judíos,
rucio, a quien no consienten ser rodado[14]   195
los brazos de su dueño, ni sus bríos,
se mostró Ferragut escollo armado,
bufando en torbellinos desafíos,
y con ladrido de mastín prolijo,
estas palabras, renegando, dijo: 200

«Daca tu hermana, u daca la asadura:
escoge el que más quieres destos dacas;
tu cuñado he de ser, u sepultura,
y los gigantes he de hacer piltracas.»
Uberto respondió: «Mi lanza dura   205
castigará tus brutas alharacas».
«Pues bien te puedes dar por alma en pena»
—replicó Ferragut—, y alzó una entena[15].

Muy poco es lo de un toro contra un toro
para comparación de aquesta guerra;   210
mas no bien le tocó la lanza de oro
a Ferragut, cuando cayó por tierra;
no le quitó la fuerza su decoro,
sino el encanto que la lanza cierra:
cual pelota de viento dio caída,   215
para saltar con fuerza más crecida.

Un salto dio, que vio la coronilla
del promontorio del mayor gigante,
y desnudas diez varas de cuchilla,
para Argalía parte fulminante;   220
el cual, viendo su cólera amarilla,
le dijo: «Diablo, u caballero andante,
según capituló Carlos severo,
pues que caíste, quedas prisionero».

«¿Qué es prisionero, pícaro alcagüete?   225
Carlo Mano es mi mano y hojarasca;
cumpla el emperador lo que promete,

---

[14] *rodado*, se aplica al caballo o yegua que tiene manchas, redondas generalmente, más oscuras que el color general de su pelo.
[15] *entena*, como *antena*, el palo mayor de las embarcaciones.

y tú prevén tu vida a mi borrasca.»
Y a los cuatro gigantes arremete,
como a las caperuzas la tarasca[16],   230
diciendo: «Malandrines y protervos,
yo os haré albondiguillas de los cuervos».

Mas los gigantes dieron tal aullido,
viéndose condenar a albondiguillas,
que dejaron el campo ensordecido,   235
alzando mazas, troncos y cuchillas;
Angélica, el abril descolorido
y pálido el jardín de sus mejillas,
dice: «¿Cómo ha de atarse de algún modo
éste que es diablo desatado en todo?»   240

Argesto, el más robusto y más membrudo,
el primero le embiste denodado;
luego, Lampordo, gigantón velludo,
todo de cerdas negras afelpado;
después, Urgano, el narigón tetudo;   245
el último, Turlón, desmesurado,
más grueso y abultado que un coloso
y más largo que paga de tramposo.

Lampordo le arrojó primero un dardo,
y a no ser encantado Ferraguto,   250
le saca el unto y le derrama el lardo[16 bis];
mas él, que es tan valiente como astuto,
tal brinco dio, con ánimo gallardo,
y tal revés en el gigante bruto,
que le achicó, dejándole en el llano   255
sin piernas; de gigante, medio enano.

---

[16] En el texto, *de tarasca*. Corrección de E. Alarcos, que encuentra la explicación en el *Tesoro* de Covarrubias: «Una sierpe contrahecha, que suelen sacar en las fiestas de regocijo... Los labradores, cuando van a las ciudades el día del Señor, están abobados de ver la tarasca, y si se descuidan, suelen los que la llevan alargar el pescuezo, y quitarles las caperuzas de la cabeza, y de allí quedó un proverbio de los que no se hartan de alguna cosa: que no es más echarla en ellos que echar caperuzas a la tarasca». (Correas, *Vocabulario*, registra: «Echar caperuzas a la tarasca», y explica: «Como a cosa sin suelo».)

[16 bis] En el texto, *caldo*, que no rima con *gallardo*. M. Malfatti propone la lección que aceptamos. (*Lardo*, lo gordo del tocino.)

Sin parar ni decir oste ni moste,
tal cuchillada dio en la panza a Urgano,
que, aunque la reparó con todo un poste,
todo el mondongo le vertió en el llano;   260
no hay lobo que en la carne se regoste
de las ovejas que perdió el villano
como el sangriento Ferragut se hincha
en los gigantes que descose y trincha.

Mas en tanto que a Urgano despachurra,   265
con un nogal entero, enarbolado,
Argesto[17] sobre el yelmo le da zurra
tal que, a no ser de cascos encantado,
allí le desmenuza y le chuchurra[18];
saltó el yelmo dos leguas destrizado;   270
quedó con la cabeza descubierta,
y un bosque apareció de greña yerta.

La boca, como olla que se sale
hirviendo, espumas derramó rabiosas;
y, como el rayo de la nube sale   275
en culebras de fuego sinüosas,
embiste fiero con Argesto[19], y dale,
por medio de las sienes espaciosas,
tal golpe, que, partiéndole la jeta,
quedó el medio testuz hecho naveta.   280

Turlón, que ve los suyos en carnaza,
hechos tantos[20], fiado en ser forzudo,
por las espaldas a traición le abraza;
mas Ferragut, que siente fuerte el ñudo,
su cuerpo de un tirón desembaraza;   285
saca bastón herrado el monstro crudo,
y le enarbola en ángulo mazada;
mas Ferragut le opone recta espada.

---

[17] En el texto, *Lampordo*, pero E. Alarcos hace notar que Lampordo, nueve versos antes, ha quedado «sin piernas; de gigante, medio enano». En el texto de Boyardo léese «Argesto».
[18] *chuchurra*, machaca.
[19] En el texto, *Lampordo*.
[20] *tantos*, relieves, desperdicios. (Véase pág. 1319.)

Turlón, que sabe poco de destreza,
con descomunal golpe se abalanza   290
a romperle la espada y la cabeza;
mas Ferragut, que en sueños vio a Carranza[21],
la espada le libró con ligereza
y los perfiles de un compás le avanza,
dándole una estocada por los pechos,   295
que los livianos le dejó deshechos.

«Si tienes más gigantes —le decía—,
vengan, u resucita, infame, aquéstos;
volverlos ha a matar mi valentía;
que mis brazos a más están dispuestos.»   300
«Contra toda razón —dijo Argalía—
quebrantas los capítulos honestos;
date a prisión, pues el concierto ha sido
que quede prisionero el que ha caído.»

«¿Qué prisión, qué concierto, ni qué nada?   305
—replicó Ferragut con voz de gallo—;
cúmplalo Carlo Mano si le agrada;
que yo sólo del cielo soy vasallo.»
Astolfo, a quien la grita alborotada
pudo del sueño en su razón tornallo,   310
por ver si puede componerlos, sale;
mas poco en esto, como en todo, vale.

«Dame —le dijo Ferragut— tu hermana,
que la quiero sorber con miraduras,
y ha de ser mi mujer, u esta mañana   315
te desabrocharé las coyunturas;
no me gastes arenga cortesana,
ni me hagas medallas y figuras[22];
tu muerte en mis palabras te lo avisa;
no quiero dote: dácala en camisa.»   320

---

[21] Alude al famoso tratadista del arte de esgrimir, Jerónimo de Carranza, sevillano, autor de la *Filosofía de las armas*, 1852. Pero siempre se burla de estas maneras científicas de esgrimir.

[22] *hacer medallas y figuras*, hacer movimientos o ademanes ridículos.

Argalía, que ve que le desprecia
y que su honor y su razón ofende,
que le pide la cosa que más precia,
que, monstro, el templo del Amor pretende
con cuerpo formidable y alma necia,   325
en tal coraje el corazón enciende,
que, olvidando la lanza de mohíno,
junto al Padrón se la dejó en el Pino.

Y viendo su cabeza desarmada,
le dijo: «Toma un yelmo, que no quiero   330
ni he menester llevar ventaja en nada:
que sé guardar la ley de caballero.»
«A casco raso aguardaré tu espada
—dijo el descomunal aventurero—;
no quiero yelmo, casco ni casquillo: 335
por yelmo traigo yo mi colodrillo.

»Si tuviera lugar, me chamorrara²³
este pelo que traigo jacerino²⁴,
y, si fuera posible, me calvara,
y te aguardara como perro chino.   340
¿Yelmo me ofreces? Mírame a la cara,
caballerito del Padrón del Pino;
que imagino tan muelle tu braveza,
que aun estoy por quitarme la cabeza.»

Y diciendo, y haciendo, y en volandas,   345
salta sobre el caballo y arremete
con acciones furiosas y nefandas,
y como espiritado matasiete.
«Yo quiero concederme mis demandas:
remítome a mi puño y mi cachete;   350
tu hermana, a quien yo miro, y que me mira,
enciende los volcanes de mi ira.»

Ni demonios que van con espigones²⁵
huyendo de reliquias, conjurados,

---

²³ *chamorrara*, esquilara, trasquilara.
²⁴ *jacerino*, de cota de malla.
²⁵ *espigón*, aguijón, espiga o punta de un instrumento puntiagu-

ni en la sopa[26] revueltos los bribones,   355
ni cañones de bronce disparados,
ni pleito en procesión por los pendones,
ni pelamesa[27] de los mal casados,
ni gallegos en bulla, ni calderas
en choque de vasares y espeteras,   360

    se pueden comparar con el estruendo
que resonó del choque y cuchilladas
con que los dos se estaban deshaciendo,
a puro torniscón de las espadas.
Las armas, con el sol, están ardiendo   365
y arrojando centellas fulminadas;
a poder de los tajos y reveses,
en fraguas se volvieron los arneses.

    Se majan, se machucan, se martillan,
se acriban y se punzan y se sajan,   370
se desmigajan, muelen y acrebillan,
se despizcan, se hunden y se rajan,
se carduzan[28], se abruman y se trillan,
se hienden y se parten y desgajan:
tan cabal y tan justamente obran,   375
que las mismas heridas que dan cobran.

    Nube de polvo los esconde ciega,
que, acortando nublosa el sol y el día,
hace crecer el suelo con la brega,
que ardor de los caballos esparcía;   380
cólera los ahoga, y los anega
sudor humoso, blanca espuma fría;
son, ardiendo en los golpes de sus manos,
dos Etnas que martillan dos Vulcanos.

---

do. Pero *ir con espigón* significaba «retirarse picado o con resentimiento».

[26] Alude a la sopa que repartían en ciertos conventos, a los que acudían los *briviones* o *bribones*, Covarrubias, *Tesoro*, en la voz *brivión*, dice: «El hombre perdido que no quiere trabajar, sino andarse de lugar en lugar y de casa en casa, a la gallofa y la sopa».

[27] *pelamesa*, riña en que se tiran del pelo los contendientes.

[28] *carduzan*, cardan.

Argalía le asienta en la mollera   385
golpe descomunal; pero la espada
del pelo resurtió, como pudiera
resurtir[29] de una peña adiamantada;
viola sin sangre, y vio la cabellera,
no sólo sana, sino más rizada,   390
y dijo con espanto, alzando el hierro:
«Éste, por coronilla, trae un cerro».

Cuando con las dos manos, levantado
sobre los dos estribos, Ferraguto,
para acabar de un lance lo empezado,   395
con intento dañado y resoluto,
sobre el yelmo descarga tal nublado,
que Angélica previno llanto y luto;
mas, viendo que no deja en él rasguño,
un gesto hizo al sol, al cielo un zuño[30].   400

Apártase Argalía con espanto,
y Ferragut, confuso en su fiereza.
Dijo Argalía: «Si es de cal y canto
tu greña, hago saber a tu braveza
que estas armas que ves templó el encanto».   405
«También templó mi cuerpo y mi cabeza
—respondió Ferragut—, y sólo un lado
encomendó el encanto a mi cuidado.

»Tu hermana me darás, y sahumada,
por si el temor ha hecho de las suyas;   410
que no respeta encantos esta espada,
ni te valdrá que charles, ni que huyas.»
«Dártela —dijo— por mujer me agrada;
mas debes conocer que han de ser suyas
estas resoluciones: si ella gusta,   415
por mí, tu boda acabará la justa.»

«Pues ve respahilando[31], y a tu hermana
dirás que yo la quiero por esposa,

---

[29] *resurtir*, retroceder por un choque.
[30] *zuño*, ceño, y muy de enojos.
[31] *ir raspahilando*, ir con presteza, rápidamente. Cf. núm. 763,
verso 46.

y que tengo razón, y tengo gana,
y dirás que también tengo otra cosa.»   420
Argalía, con maña cortesana,
dice al pagano: «Mientras voy, reposa;
que presto volveré con la respuesta».
Y partió como jara de ballesta.

En un daca las pajas a la tienda   425
llegó; dijo a su hermana lo que pasa;
ella que ve la catadura horrenda
de aquel vestiglo, testa de argamasa,
la figura rabiosa y estupenda,
un demonio con gestos de Ganasa[32],   430
que la dan por marido en cuerpo broma,
ánima zancarrón, por lo Mahoma,

hilo a hilo, con llanto costurero,
lloraba, maldiciéndose, y decía:
«¿Cómo, siendo mi hermano y caballero,   435
siendo Angélica yo, siendo Argalía,
una fantasma fondos en tintero
por marido me ofreces este día,
un hombre tentación, carantamaula[33],
que no puede enseñarse sino en jaula?   440

»¿No ves aquellas manos, cuyos dedos
manojos son de abutagados sapos?
¿Aquellos ojos enguizgando[34] miedos?
¿Los miembros ganapanes y guiñapos?
Blancos los labios son; negros y acedos   445
los dientes, entoldados con harapos
de pan mascado, y la color, que espanta,
con sombras de estantigua y marimanta[35].

---

[32] *Ganasa.* Cómico famoso del siglo XVI, llamado Juan Alberto Nasali, de Bérgamo. (Véase E. Cotarelo, «Noticias biográficas de Alberto Ganasa», en la *Revista de Archivos, Bibliotecas y Museos,* XIX (1908), págs. 42-61.)

[33] *carantamaula,* careta de aspecto horrible. Cf. núms. 745, v. 64 y 748, v. 31.

[34] *enguizgando,* estimulando, incitando. (En el texto, *niegos.* La corrección, plausible, es de M. Pelayo.)

[35] *marimanta,* fantasma.

»¿Éste habia de emboscar en mis cabellos
el jabalí que miras erizado?   450
¿Éste, con sus ronquidos y resuellos,
mi sueño bramará puesto a mi lado?
¿Han de pringarse aquestos brazos bellos
en la cochambre de ese endemoniado?
¿Este postema de soberbia y saña   455
en mí descansará su guadramaña[36]?

»Antes, con alto rayo sacudido
de la diestra de Júpiter Tonante,
en las voraces llamas encendido,
caiga el cuerpo, en incendios relumbrante,   460
y el espíritu eterno, desceñido,
descienda puro y castamente amante;
descienda, y, enemigo siempre a Febo,
palpe las sombras del noturno Erebo.

»Las sombras palpe, pues arder clavado,   465
constelación amante, no merece,
ni ser familia al sol, que el estrellado
pueblo con hacha espléndida enriquece;
solamente me niega mi cuidado
la muerte, que mi pena le merece,   470
porque pueda mejor sentir mi suerte;
mas en tanto dolor no falta muerte.

»No falta muerte, no; que esta ventura
tengo, y en esta fe de morir, vivo;
¡oh, qué recibimiento, Muerte dura,   475
si vienes presurosa, te apercibo!
Ven, cerrarás en honda sepoltura
el fuego más discreto y más altivo
que ardió humanas medulas; ven y cierra
mucho imperio de amor en poca tierra.   480

»Cúbrame poca tierra, si expirare,
pues me será más leve, si muriere,

[36] *guadramaña*. Véase nota 55 del canto primero.

la que desta desdicha me apartare
que la que en esta arena me cubriere;
tú, cielo, contarás al que pasare   485
el grave caso que tus astros hiere;
oblígueos el dolor en que me hallo,
a ti, a decillo; al huésped, a llorallo.»

La risa de la Aurora en sus dos ojos,
en más preciosas perlas, era llanto;   490
mas, sintiendo Argalía sus enojos,
y viendo su dolor, la dijo: «En tanto
que yo viere del sol los rayos rojos,
no temas fuerza, ni poder de encanto:
yo moriré, yo, Angélica, primero   495
que el oro de tus trenzas dé a su acero».

Restituyóse al alma la afligida
doncella, y dijo: «Lo que puede el arte
disponer con prudencia prevenida
no es bien dejarlo al ímpetu de Marte;   500
si mueres, ¿qué más muerte que mi vida,
sola, y mujer, y en tan remota parte?
Mejor es defenderos con la maña
que con promesas de dudosa hazaña.

»Vuelve, y dirás al bárbaro tirano   505
que antes quiero la muerte que admitillo;
yo, en tanto que combates al pagano
en su furor, usando de mi anillo,
me despareceré dejando el llano;
de Malgesí me llevo el cuadernillo,   510
y a la selva de Ardeña conducida,
aguardaré segura tu venida.

»Presto podrás perderte de su vista,
si al caballo que riges le das rienda;
iremos al Catay, adonde alista   515
sus gentes nuestro padre, porque entienda
cuánta dificultad en su conquista
pone esta casta contumaz y horrenda.»
Dijo, y, viendo la traza bien dispuesta,
Argalía volvió con la respuesta.   520

Llega, y «Daca tu hermana, lo primero»,
le dijo Ferragut, todo casado.
«No quiere», respondió. «Pues yo la quiero;
que ya la tengo un hijo aparejado;
en cuanto dices mientes todo entero;   525
tú serás muerto, y yo seré cuñado;
su marido he de ser, quiera o no quiera,
y su dote será tu calavera.»

Tal tirria le tomó, que se abalanza
para despedazarle a toda furia;   530
Argalía se opone a su pujanza,
por defenderse, y por vengar su injuria;
Angélica se vale de su chanza,
dejando a buenas noches su lujuria;
vuélvele las espaldas Argalía,   535
y, volando, le deja y se desvía.

«Si huyes, gozaré de la chicota»,
Ferragut dijo, y al volver la cara,
no vio della ni rastro ni chichota[37],
que va embolsada en una nube clara;   540
hornos ardientes por los ojos brota;
furioso a todas partes se dispara;
brama, gime, rechina, ladra, aúlla,
y en estallidos su congoja arrulla.

«Si al cielo con Mahoma te has subido   545
—dijo—, yo bajaré a la tierra el cielo;
si acaso en los infiernos te has sumido,
no se le cubrirá al infierno pelo;
si en el profundo mar te has zabullido,
con el fuego que exhalo enjugarélo;   550
si los diablos te llevan en cadena,
tras ellos andaré, marido en pena.

---

[37] *chichota*, pizca, parte mínima de una cosa. Cf.: «y dijo que
llevado por bien, harían dél cera y pabilo, y que le diría todo lo
que deseaba saber sin faltar chichota». Quevedo, *Cuento de Cuentos*, en *Obras en prosa*, edic. cit., pág. 796, b.

»Marido en pena y boda perdurable,
te seguiré sin admitir reposo,
hasta que en tu persona desendiable,   555
berrïondo[38], los ímpetus de esposo:
si en la guerra parezco formidable,
debajo de las mantas soy donoso;
si vas volando por los campos verdes,
buenos diez pares de preñados pierdes.»   560

Tales cosas, corriendo por los cerros,
iba gritando, y de uno en otro prado;
tras él, en varias tropas, corren perros:
iba de todas suertes emperrado;
y con son de pandorga[39] de cencerros,   565
bate al caballo el uno y otro lado,
le pica y le atolondra a mojicones,
y el pescuezo le masca a mordiscones.

«Montes por donde corre este alcagüete
(—dijo—, que no es posible son hermanos),   570
sed coroza a su testa y su copete,
y a los pies della os extended en llanos;
ninguna seña dellos me promete
la tierra, ni los cielos soberanos;
pues no puedo alcanzarle en este lance,   575
mi maldición y la de Dios le alcance.

»Déjasme en paz y métesme la guerra
dentro del corazón con tus tramoyas;
ningún paso que das el golpe yerra
en mis entrañas, nuevamente Troyas,   580
pues los engaños de Sinón encierra,
como el Paladïón[40], tu rostro en joyas;
tras ti revolveré, con fe prolija,
el mundo, polvo a polvo y guija a guija.»

Y allá va con los diablos, sin camino;   585
y pues él va dejado de la mano

---

[38] *berriondo*, ¿como «berrendo»?
[39] *pandorga*, figurón a modo de estafermo, que en cierto juego antiguo daba con el brazo al jugador poco diestro.
[40] Sinón fue quien introdujo el caballo de madera en Troya. (Por estar consagrado a Palas, se llamó «Paladión».)

de Dios, siga su loco desatino,
y volvamos a Astolfo, que en el llano,
viéndose solo en el Padrón del Pino,
arrastrando a manera de gusano,   590
saca el hocico y todo el campo espía:
ni a Ferragut atisba, ni a Argalía.

Hállase solo y sale como zorra
que, hambrienta, a husmo de los grillos anda;
aquí tuerce la oreja, allí la morra[41],   595
por si rumor alguno se desmanda;
mas, viendo su persona libre y horra
de prisión y batalla tan nefanda,
su yelmo enlaza, saca de la estala[42]
su caballo, y le ensilla y le regala.   600

Y viendo, acaso, que la lanza de oro
de cierto al Pino se quedó arrimada,
sin saber el encanto, por decoro,
por compañera se la da a su espada.
Mírala y dice: «Aquí llevo un tesoro: 605
de molde me vendrá para empeñada:
no la pienso probar en los guerreros;
antes pienso romperla en los plateros».

Monta a caballo, mas tan poco monta,
que le tiene el caballo, y no le siente;   610
y, con temor del bosque, se remonta
por la campaña a paso diligente.
Lo que ha pasado y lo que vio le atonta;
cuando, al pasar los vados de un corriente,
un caballero armado se aparece,   615
que todo le espeluzna y le estremece.

Era el señor de Montalbán, Reinaldo,
que, como era tercero a Ferraguto,
tras él desde París, sudando caldo,
se vino con intento disoluto: 620

---

[41] *morra.* No he hallado el significado, exacto aquí, de esta palabra. Parece referirse a «labios», «hocicos», «morros». (*Morra* era un juego vulgar.)
[42] *estala,* establo.

que amor no estudia a Bártulo ni a Baldo,
por ser monarca eterno y absoluto,
ni escucha textos, ni obedece leyes,
ni respeta las almas de los reyes.

A Astolfo reconoce en la estatura;   625
de Ferragut pregunta los sucesos;
cuéntale del pagano la aventura
y el molimiento de sus pobres huesos;
cómo Angélica puso su hermosura
en cobro, y que, temiendo los excesos   630
de Ferragut, huyendo va Argalía,
y Ferragut siguiéndole a porfía.

Óyele, y, sin hacer de Astolfo caso,
ni responder, la rienda dio a Bayardo,
diciendo: «Para el fuego en que me abraso,   635
poco es correr, pues aun volando tardo;
matalote⁴³ juzgara yo a Pegaso
para seguir al justador gallardo;
si yo la alcanzo al paso que la sigo,
a Montalbán la llevaré conmigo».   640

Como con la nariz bebe el sabueso
aliento de las huellas del venado
y, desvolviendo el monte más espeso,
las matas solicita y el sembrado,
así Reinaldo, con mirar travieso,   645
registra el campo de uno y otro lado;
Angélica sospecha que es cualquiera
engañoso rumor de la ribera.

Ya, llamado de sombra que está lejos,
se precipita con ardientes sañas;   650
déjase persuadir de los reflejos
del sol, porque retratan sus pestañas.
La desesperación le da consejos;
examina lo opaco a las montañas;
no hay tronco ni caverna que no inquiera,   655
y entre fieras la busca como fiera.

---

⁴³ *matalote*, la caballería flaca, llena de mataduras.

Dejémosle siguiendo su deseo,
y volvamos a Astolfo, que camina,
y que a París, aunque por gran rodeo,
hecho un títere armado, se avecina.   660
En la ciudad entró con el trofeo
de la lanza de oro peregrina;
encontró con Orlando, que, a la puerta,
aguarda del suceso nueva cierta.

Contó cómo Argalía y la doncella,   665
sin saber dónde y cómo, van huyendo,
y cómo Ferraguto va tras ella,
y que, a los tres, Reinaldos va siguiendo.
Maldice rayo a rayo, estrella a estrella,
al sol y al cielo, con suspiro horrendo,   670
Orlando, y dijo en cólera encendido:
«¿Dónde estoy yo, si Angélica se ha ido?

»Quítateme, muñeco, de delante;
que te haré baturrillo de un cachete.»
El malhadado caballero andante,   675
sin replicar, partió como un cohete;
a Durindana empuña fulminante,
y con el viento líquido arremete,
diciendo: «Si yo gozo sus despojos,
por Durindana ceñiré sus ojos».   680

Cayó muda la noche sobre el suelo,
sobrada de ojos y de lenguas falta;
sin voz estaba el mar, sin voz el cielo;
la luna, con azules ruedas, alta,
hiere con mustio rayo el negro velo,   685
maligna luz que la campaña esmalta;
yace dormido entre la yerba el viento,
preso con grillos de ocio soñoliento,

cuando, para aguardar a que se ría
de sus locuras, u con él, la Aurora,   690
con su cuidado por dormir porfía;
mas no se lo consiente el bien que adora;
el seso, desde Angélica a Argalía,
desconcertado, no reposa un hora;

porque en ansias y penas semejantes, 695
no sabe el sueño hallar ojos amantes.

Más lucha que descansa con el lecho:
vuélvele duro campo de batalla[44];
con el desvelo ardiente de su pecho,
a sí mismo se busca y no se halla, 700
y dice: «El sol y el día ¿qué se han hecho?
¿Quieren dejar al mundo de la agalla?
¿Háseles desherrado algún caballo,
que no relinchan a la voz del gallo?»

Mas, viendo que la tez de la mañana 705
ensancha los resquicios, diligente,
la cruz besa devoto en Durindana;
luego del lado la dejó pendiente;
las armas viste, y, de color de grana,
banda en púrpura y oro y plata ardiente; 710
la sobreseña[45] del escudo quita
y el no ser conocido solicita.

Monta a caballo y, ajustado el freno,
dijo, mirando al cielo: «Claustro santo,
de misterios de luz escrito y lleno, 715
Argos de oro y estrellado manto,
favorece las ansias en que peno;
que yo te ofrezco, si consigo tanto,
humos preciosos que de mí recibas,
y en voces muertas, intenciones vivas». 720

Dijo, y a todo caminar se arroja
a buscar el camino sin camino,
adestrado de sola su congoja
y arrastrado de amante desatino;
registra yerba a yerba, y hoja a hoja 725
el campo, obedeciendo a su destino,
y sigue, a persuasión de sus cuidados,
los otros dos, que van descaminados.

---

[44] Es un conocido verso de Petrarca, soneto XX, parte 1.ª: «e duro campo di battaglia il letto».

[45] *sobreseña*, como *sobreseñal*, distintivo o divisa que tomaban los caballeros armados.

CANTO TERCERO

Llegóse el plazo que a la justa había
señalado el gran Carlos y a su gente;
el Indo le lavó la cara al día,
y en perlas nevó el oro de su frente;
con más joyas el cielo se reía;   5
ardió en piropos el balcón de Oriente:
por verle, las estrellas, embobadas,
detuvieron al sueño las jornadas[1].

[*Las tres Musas*, 308]

---

[1] «Hasta aquí el autor», señala Aldrete.

APÉNDICE
LA TOMA DE VALLES RONCES

Por un exceso de rigor (vid. pág. CXXXIII), me decidí a suprimir de esta edición la sátira de la *Toma de Valles Ronces,* ya que en tres mss. de la época (dos de don A. Rodríguez-Moñino y el XCIV de la Hispanic Society de América, de Nueva York, núm. 44) figura a nombre de Díaz Plantel. Pero nuevas consideraciones me obligan a incluirla, aunque en un apéndice, por creer que don Francisco de Quevedo pudo muy bien ser su autor. Más aún, las razones de tipo estilístico, en esta ocasión importantísimas, obligan a repensar el problema.

Sabemos, por una anónima *Relación* de hacia 1636, que don Francisco de Quevedo, además de escribir la conocida carta a Luis XIII, con motivo de la declaración de guerra del 6 de junio de 1635, escribió también una sátira contra los franceses: «El señor don Juan de Jáuregui ha sacado un discurso sobre que se ha de hablar y tratar bien de palabras a los enemigos, el cual, dicen, lo han tomado muy mal los superiores. La jácara que ha compuesto el Sr. don Francisco de Quevedo contra los franceses sigue otro estilo, y va con ésta»[1]. Que esta sátira de don Francisco circulase bajo el seudónimo de Díaz Plantel no es, precisamente, inexplicable, puesto que sabemos cómo un Jáuregui, por ejemplo, había reaccionado contra la carta a Luis XIII de don Francisco, advirtiendo a Felipe IV del «poco aviso de algunos que debieron más cautelarse»[2]. Y lo que se dice en la sátira obligaba a Quevedo a cautelarse.

No conocemos otra sátira contra los franceses que ofrezca, además, tantas concordancias estilísticas con la obra poética de Quevedo. Al revés de lo que sucede con otros poemas tantas veces atribuidos, como el *Memorial* «Católica, sacra, real Majestad», esta sátira reúne en su totalidad los mejores recursos quevedescos

[1] Véase más detalles en L. Astrana Marín, *La vida turbulenta de Quevedo* (Madrid, 1945), págs. 147 y 148.
[2] En A. Rodríguez Villa, *La Corte y Monarquía de España en los años 1636 y 1637* (Madrid, 1886), pág. 62.

y además los más frecuentes y usados, incluyendo el vocabulario. Basta simplemente anotar el uso, tan frecuente, del substantivo en función de adjetivo: «retablo / de títeres galeones» (vv. 9-10); «sopapos escariotes» (v. 15); «almagrado dignidad» (v. 39); el uso, archiquevedesco y único, de *galalón* por *traidor*: «guisar mohatras de reinos / y potajes galalones» (vv. 27-28); o el de incrustar voces latinas, chocarreras y burlescas, en los versos: «casamentero *in utroque*» (v. 22); «al *quodam* clérigo pob·e» (v. 37); el uso, muy quevedesco, de versos de romances o frases hechas: «Ojos que la vieron ir / a la madre reina entonces, / no la verán más en Francia»[3] (vv. 53-55); o el hallazgo de ingeniosísimas metáforas, llenas del más agudo conceptismo, únicas en la poesía del siglo XVII, como el convertir al duque de Criqué en «quiquiriquí sincopado» (v. 81).

Por todo esto, me decido a incluir de nuevo la sátira. Parece evidente que sólo Quevedo pudo ser su autor, lo que averiguaron ya los copistas de los manuscritos del siglo XVIII.

LA TOMA DE VALLES RONCES[*]

ROMANCE

Mala la hubisteis, franceses,
la caza[1] de Valles Ronces,
donde los Doce y el Trece[2]
no llegaron a catorce.
Sin respetar vuestros Pares,   5
reduciéndolos a nones,
toda vuestra Picardía
echó don Fernando a doce[3].

[3] Correas, *Vocab.*, registra:
　　　Ojos que le vieron ir
　　　no le verán más en Francia;
　　　ojos que le vieron ir,
　　　no le verán más venir.
Que, a su vez, procede del romance viejo «Oh, Belerma».

[*] Los mss. llevan un comentario en prosa, anónimo, que utilizamos. Fue publicado por F. Janer en la BAE, LXIX, páginas 528-542.

[1] «Dícelo el autor por la entrada que hicieron los mariscales de Xatillon y Breza en el país de Brabante..., el año pasado de 1635.» (Después de acercarse a Bruselas fueron derrotados por el Infante Cardenal.)

[2] Alude a los doce Pares y a Luis XIII.

[3] Se refiere a la derrota de los franceses en Picardía en el año 1636.

¿Qué se hizo aquel retablo
de títeres galeones[4],   10
con velas de candelero
de tinieblas exteriores,
    a quien la mano de Judas[5],
con sopapos escariotes,
suele matar una a una,   15
al son de lamentaciones?

    Cargados de vendepeines,
armados de amoladores,
y de tramposos de queso,
persecución de ratones[6].   20

    ¿Adónde está el Cardenal,
casamentero *in utroque*[7],
con capelo por de Roma,
y con roncha por de azote?

    ¡Oh, quién viera a Su Eminencia,   25
de pimientos[8] sacerdote,
guisar mohatras de reinos
y potajes galalones[9]!

    En lo sierpe y en lo armado
es retrato de San Jorge,   30
si el calendario romano
manda que lo San le borren.

    En un cofre jacerino[10]
puede encerrar sus temores,
advirtiendo de que el pueblo   35
quiere menearle el cofre.

---

[4] «Retablo de títeres galeones llama el autor a aquella poderosa
armada que el año pasado de 1636 condujo el francés, con ayuda
de los holandeses... pues habiendo navegado tres meses a vista
de muchos puertos de S. M. (Dios le guarde), no obró cosa alguna.»
Comentarios.

[5] *Mano de Judas*, «aquella de palo que en las tinieblas mata
las candelas al compás de los salmos y lamentaciones.» *Comentarios*.

[6] Alude a los franceses que venían a España desempeñando esos
oficios.

[7] Alusión a las intrigas de Richelieu por casar al Duque de Or-
leáns con su sobrina, la viuda de Combalet.

[8] *pimientos*, el color de la púrpura.

[9] «Llámalo Galalón porque es el mayor traidor que ha tenido
Francia, que vendió al emperador Carlo Magno y sus Pares, do
perecieron todos en la famosa de Roncesvalles.» *Comentarios*.

[10] *jacerino*, de acero.

¡Oh, si le viera Lüynes[11]
al *quodam* clérigo pobre,
almagrado dignidad,
Antecristo de la Corte!   40

De la Combalet[12], princesa
fiambre, ¿qué nuevas corren?
Que al Monsiur su marido
le ofrece la muerte en dote[13].

Virginidad achacada   45
a impotencias garañones;
doncella de Parlamento,
por pleitos y senadores[14].

Memoransi sin cabeza[15],
Richelieu hidra disforme[16],   50
huérfano con madre el rey,
adivine quien lo oye.

Ojos que la vieron ir
a la reina madre entonces,
no la verán más en Francia   55
hasta que sea de españoles[17].

El general Bermellón,
Valeta por otro nombre,
bonete de punta en blanco,
hígado de los Pernones[18];   60
el Veimar catabatallas[19],

[11] Protector, al principio, de Richelieu.
[12] Sobrina del Cardenal.
[13] Se decía que Combalet murió envenenado por su mujer.
[14] «Malas lenguas quieren decir que el Cardenal, ya viejo y garañón, a su sobrina la Combalet le quitó una flor la más preciosa de su jardín, y fue sin ella a poder del monsieur su marido, y sobre el caso hubo demandas y respuestas en el Parlamento.» *Comentarios.*
[15] Alusión a la muerte del duque de Memoransi.
[16] «Llama el autor al Cardenal Richelieu "hidra disforme" por las muchas atrocidades, traiciones y maldades que ejecutó contra la reina madre.» *Comentarios.*
[17] «Juró [la reina madre] no volvería más a Francia hasta ver quitado aquel tirano del mundo, o hasta que españoles gobernasen la Francia.» *Comentarios.*
[18] «Éste es el cardenal de la Valeta... Llámale "Bermellón" por la púrpura sagrada que deja al vestir las armas; "hígado de los Espernones", dícelo porque los tiene malos, y por ser el pariente mayor de aquel apellido y familia en Francia.» *Comentarios.*
[19] «Éste es el marqués de Veymar, biznieto de Juan Federico, duque de Sajonia, grande enemigo y rebelde del señor Emperador Carlos V... ahora en la insigne y memorable batalla de Norlinga, vencido, huyó del ímpetu y valor de los españoles y alemanes, dejando desamparados y presos a sus compañeros.» *Comentarios.*

que en Norlinga dijo «Oxte»,
y dejó a sus compañeros
sin saber cómo ni dónde;
    La Forza y el Xatillón[20],   65
muy gentil par de hugonotes,
conquistadores de niñas
y escaladores de monjes[21];
    el príncipe de Condé,
risa de los borgoñones,   70
que estando en Dola pregunta:
«¿A dó la que se me esconde?»
    El ejército real
de los cincuenta mil hombres,
que se juntan cada día   75
por soñarse cada noche;
    el de Parma[22], por el queso,
famoso entre sorbedores,
que *parma in glorius alva*
sale de los escuadrones;   80
    quiquiriquí[23] sincopado,
gran domador de los odres,
que, si se llega a Milán,
amilanado se acoge;
    el padre Joseph[24], que deja   85
disciplina y canelones,
por militar disciplina,
con su capucho de bronce,

[20] «Éstos son los mayores herejes de Francia y cabezas de la facción hugonota.» *Ídem.*
[21] «Son muy viciosos y lascivos. El género femenino no está muy seguro de su diligencia en el campo, en poblado, ni en sagrado.» *Ídem.*
[22] «Éste es el Duque de Parma, que... se ligó con el rey de Francia y con el duque de Saboya para infestar los estados de esta Corona; y todos, con un poderoso ejército a cargo del Duque de Criqui... entraron en los confines del estado de Milán, y expugnaron el fuerte de Veleta y sitiaron a Valencia del Po.» *Comentarios.* (Fueron derrotados por don Martín de Aragón.)
[23] El duque de Criqué.
[24] «Fraile francisco capuchino, hermano del cardenal de Richelieu, valido del Cristianísimo, y en su nombre le ha enviado con varias embajadas... Presume de gran cortesano y bizarro soldado... Por eso dice el autor que deja la disciplina de su orden por militar en la guerra, y que su capucho de sayal se ha vuelto de bronce.» *Comentarios.*

    ¿adónde han vuelto la grupa,
sin decir oste ni moste,   90
con miedo de que el *per omnia*
in seculorum les corten?

    La Capela y Chatelete[25],
que pudren, ¡Dios los perdone!
Pues que a Corbie ve pelar,   95
su barba París remoje.

    ¿A cómo cuesta Lorena,
gabachísimos señores?
Restitüir es ahorro:
no le obliguen a que cobre.   100

    Los desquites del Tomás
ya les van costando al doble:
el pagar ciento por uno
no es estilo de ladrones.

    Las tres lises que ajustaron   105
con nuestra España sus flores,
aire alemán las marchita
y manchegos regañones.

    ¿A qué les sabe Galasso?
¿Cómo va de coscorrones?   110
¿Juan de Uvert no les acuerda
el *Parce mihi* del bosque?

    Picolomini les trilla
y les siega con sus trotes,
y, a pura caballería,   115
manda la campaña a coces.

    Con la grana del Marqués
han de quedar uniformes
cardenales cuantos bugres[26]
ladran al imperio gozques.   120

    ¿No lo vieron en Valencia,
donde aquel glorioso joven[27]
a tres ejércitos hizo
retirar a pescozones?

---

[25] Los fuertes de la Capela y Chatelet se rindieron sin mucho esfuerzo al ejército del príncipe Tomás de Saboya, quien después tomó Corbie, ayudado por los ejércitos de los condes Galaso, Piccolomini y Juan de Uvert.

[26] *bugres*, extranjeros, sodomitas.

[27] «Éste es el esclarecido joven y temprano capitán el marqués de Celada», que derrotó a los franceses en Valencia del Po.

¿El Cristianísimo piensa 125
que la virtud de sus toques[28]
ha de sanar de los sacos
como de los lamparones?

Sin hígados por lo ajeno
no es cordura echar el bofe, 130
ni porque en su muladar
canten los gallos, se entonen.

Que el águila que al sol mira
no aguarda remifasoles,
y las plumas de sus alas 135
son de batir los cañones.

Muy desconcertadas andan
las horas de sus relojes,
pues siendo todas menguadas,
quiere que en ellas les sobre. 140

Todo lo que les escribo
es zumo de relaciones,
exprimido de corrillos
en el coche de los pobres.

[Mss. 29, Academia de la Lengua,
f. 2, y 4.066, Bibl. Nacional, f. 2.]

---

[28] Juego de voces entre *su estoque* y los *toques* con que los reyes de Francia curaban los lamparones, escrófulas de la garganta.

ÍNDICE DE PRIMEROS VERSOS

Págs.

Págs.

Págs.

Págs.

Págs.